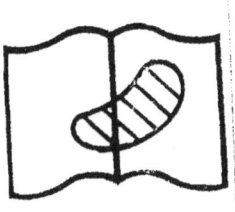
Illisibilité partielle

Couvertures supérieure et inférieure manquantes

PAGINATION MULTIPLE

VALABLE POUR TOUT OU PARTIE
DU DOCUMENT REPRODUIT

INVENTAIRE-SOMMAIRE

DES

ARCHIVES DÉPARTEMENTALES

ANTÉRIEURES A 1790,

RÉDIGÉ PAR M. GRAS, ARCHIVISTE.

GIRONDE.

A, B, C

ARCHIVES CIVILES. — SÉRIE C.

1

TOME PREMIER.

PARIS,
IMPRIMERIE ET LIBRAIRIE ADMINISTRATIVES
DE PAUL DUPONT.

1864.

ARCHIVES CIVILES DE LA GIRONDE.

NOTICE SUR LA SÉRIE C.

(INTENDANCE ET BUREAU DES FINANCES DE LA GÉNÉRALITÉ DE BORDEAUX.)

Les Archives de la Gironde ont rarement attiré l'attention des savants, à cause de l'opinion, malheureusement fondée, que les Anglais, en abandonnant, en 1451, la Guyenne, ont emporté les documents les plus précieux de son histoire. Les désastres de la première révolution, si funestes aux papiers des anciennes communautés et des classes privilégiées, sont encore venus diminuer les richesses de ces Archives. Depuis, par l'effet d'une indifférence qui ne saurait s'expliquer, les divers dépôts de ces papiers, et particulièrement ceux du département et de l'ancienne magistrature, ont été constamment abandonnés, dépouillés et laissés dans la confusion.

Le premier préfet de la Gironde, M. Thibaudeau, fit vendre un très-grand nombre de papiers qu'il jugea inutiles, et ce qui resta fut placé dans un corps de bâtiment de l'ancien archevêché, devenu siège de la préfecture.

Sous M. de Lacroix, successeur de M. Thibaudeau, les Archives durent céder leur place à une imprimerie et furent reléguées dans les combles du même édifice.

En 1808, l'hôtel de la préfecture étant devenu palais impérial, les Archives furent transportées d'urgence dans une des maisons des rues attenantes, où elles restèrent déposées pendant deux ans, pour, de là, être ensuite installées, en 1810, sous l'administration de M. Gary, dans les combles de l'hôtel, affecté définitivement à l'administration préfectorale, où elles furent entassées.

En 1814, à l'approche de l'armée anglaise, on emballa précipitamment les Archives les plus importantes pour les diriger sur Libourne, d'où elles ne revinrent à Bordeaux, mais incomplètes et en désordre, que lorsque la paix fut rétablie.

Enfin, en 1818, sous l'administration du comte de Tournon, elles sortirent des combles de la préfecture pour être définitivement placées dans le local qu'elles occupent aujourd'hui, l'ancien couvent des Carmes, aux Chartrons, propriété départementale qui fut appropriée à cet effet. Ce changement se fit encore sans direction, sans surveillance; un grand nombre de papiers s'égara et il s'ensuivit une confusion générale qui ne permettait plus de rien retrouver.

Cet état de désordre durait encore en 1836, quand, pour la construction du nouveau palais de justice, le préfet ordonna de réunir, dans le local affecté aux Archives départementales, toutes les Archives judiciaires provenant de l'ancien Parlement de Bordeaux et des juridictions de son ressort, alors déposées dans l'ancien couvent des Minimes, destiné à faire partie de cette nouvelle construction.

DEBUT DE PAGINATION

Le dernier déménagement se fit comme les précédents, ou plutôt avec une négligence toujours croissante. Les liasses furent rompues et les papiers dispersés. La plus grande partie de ces documents furent jetés dans les diverses salles du bâtiment et confondus avec ceux des Archives départementales.

On se demande si, après de pareils bouleversements, les Archives du département peuvent être autre chose qu'un dépôt aussi incomplet que confus, ou bien il faut que ce même dépôt ait été d'une bien grande richesse pour offrir encore quelques parties intéressantes.

A vrai dire, ce vaste dépôt avait à peine attiré l'attention de l'autorité supérieure. Depuis son origine, aucune mesure n'avait été prise pour arriver à un dépouillement des pièces confusément entassées dans les diverses salles qui les renfermaient. Cette initiative fut prise par le comte de Pressac qui, par un arrêté du 31 décembre 1837, ordonna qu'il fût procédé au dépouillement, à la mise en ordre, au classement et à la confection d'inventaires de toutes ces Archives, et à cet effet commit M. Gras, ancien notaire, qui est parvenu à mettre en lumière des richesses auxquelles on était loin de s'attendre.

En effet, tous les anciens documents des Archives civiles antérieures à 1789, qui ont concouru à former la série C des Archives de la Gironde, dont l'analyse se trouve renfermée dans ce volume, émanent de l'Intendance et du Bureau des finances de l'ancienne Généralité de Bordeaux.

Cette Généralité comprenait un Bureau des finances et du domaine, et sa circonscription s'étendait sur 2,740 paroisses dépendantes du Bordelais, du Périgord, du Sarladais, de l'Agenois, du Condomois, des Lannes, du Bigorre, des pays de Marsan, de Labour et de Soule.

Ces mêmes paroisses se trouvaient réparties, pour la perception des impôts et affaires domaniales, en six Élections, savoir : Bordeaux, Périgueux, Sarlat, pays de taille personnelle, et Agen, Condom et les Lannes, pays de taille réelle, et, pour l'administration générale, en vingt-cinq subdélégations, qui comprenaient : Bordeaux, Libourne, La Réole, Lesparre, Vitrezay, Blaye, Sainte-Foy, Périgueux, Bergerac, Thiviers, Nontron, Ribérac, Agen, Marmande, Nérac, Casteljaloux, Villeneuve, Clairac, Monflanquin, Dax, Saint-Sever, Bayonne et Condom.

Sur vingt-six intendants qui se sont succédé dans cette Généralité depuis M. de Bellebat, nommé en 1618, jusqu'à M. de Néville, nommé en 1786, dix seulement ont laissé des traces de leur passage, mais principalement MM. de Boucher, de Tourny, Boutin, de Sargès, Esmangart, de Clugny et Dupré de Saint-Maur.

La série C se compose donc des fonds de l'Intendance et de plus du Bureau des finances. Elle comprend 3,600 articles, dont 3,325 liasses renfermant en moyenne 100 pièces chacune, et 275 registres ou volumes manuscrits. Sur ce nombre d'articles, 3,184 liasses et 198 registres ou volumes proviennent du fonds de l'Intendance, et 141 liasses et 77 registres ou volumes du fonds du Bureau des finances.

Voici l'ordre dans lequel ces divers documents ont été rangés et inventoriés :

Actes de l'Intendance depuis 1700 jusqu'en 1789, où sont traitées toutes les matières qui se rattachent à l'intérêt de la contrée durant cette période et offrent des particularités curieuses et oubliées ;

Ordonnances des divers intendants qui se sont succédé depuis Faucon de Riz jusqu'à Dupré de Saint-Maur (1686-1785) ;

Correspondance de l'Intendance (257 articles, 1720 à 1789) avec les ministres et hauts fonctionnaires, traitant des affaires de l'Intendance en général, des lettres de grâce, des offices, des maîtrises, des confirmations de titres, des ordres du Roi, etc. ;

Correspondance de l'intendant avec les subdélégués et divers fonctionnaires des subdélégations (427 art., 1722 à 1789) ;

Offices municipaux (240 art., 1696 à 1789), suppression des droits réservés, élections des officiers, plaintes, discussions, lettres, mémoires, juridictions, préséances, retraites, destitutions, nominations, etc.;

Villes et communautés (160 art., 1680 à 1789), revenus, charges, dépenses, redditions de comptes, privilèges, instances, procès, achats de propriétés, vacants communaux, juifs convertis ;

Hôpitaux, prisons, maisons de force (52 art., 1348 à 1789), statuts, arrêts, lettres patentes, revenus, charges, officiers de santé, trésoriers, comptes, enfants trouvés, règlements, administration, frais d'entretien, secours, mémoires, etc. ;

Ville de Bordeaux, embellissements (121 art., 1722 à 1786), Palais du Parlement, Cour des Aides, Hôtel de la Bourse, portes de ville, salle de spectacle, place Royale, place Dauphine, place Bourgogne, allées et place de Tourny, allées et place d'Aquitaine, Hôtel de l'Intendance, Hôtel des Monnaies, maisons de force et de correction, ouvertures de rues aux Chartrons et églises, port de Bordeaux, jardins publics, marchés, halles, école d'équitation, Hôtel-de-Ville, fontaines, etc. ;

Agriculture (44 art., 1741 à 1789), tabac, sa culture, ferme générale et sa suppression, plantations et arrachements des vignes, culture des mûriers, de la garance, des betteraves, prairies, bestiaux, exportation et importation, défrichements, vacants communaux, landes, essais de mise en culture, etc. ;

Grains, approvisionnements (106 art., 1716 à 1789), circulation, disettes, famine, informations, intervention du Parlement, fonds d'aumône, secours, prêts de semences, importations, exportations, conservation, prix, proportions et rapports, boulangeries, émotions populaires, etc. ;

Pépinières (55 art., 1723 à 1789), dépenses, comptes, envois et demandes d'arbres, états et mémoires, etc. ;

Haras (34 art., 1729 à 1789), leur établissement dans le Bordelais, mémoires et détails sur les produits, renseignements, visites, instructions, ordonnances et dénombrement des chevaux de la Généralité, etc. ;

Manufactures (35 art., 1710 à 1789), papeteries, faïenceries, tanneries, céruse, cendres gravelées, verreries, toiles à voiles, indiennes, serges, divers mémoires, etc. ;

Commerce (49 art., 1636 à 1783), établissement d'un Conseil royal, commerce avec le Levant, négociants étrangers, courtiers royaux, vins, eaux-de-vie, salaisons, matières résineuses, charbon de terre, bureau des fermes, prohibitions, privilèges, juridictions consulaires, foires de Bordeaux, poids et mesures, productions locales, etc.;

Marine, amirauté, délestage (31 art., 1693 à 1780), approvisionnements, chanvres, bois de construction, vaisseau le *Bordelais*, officiers de l'amirauté, juridictions, priviléges, attributions, service de santé, phares, tour de Cordouan, délestage, emploi du lest, règlement à cet effet, etc. ;

Corporations d'arts et métiers (126 art., 1520 à 1789), maîtrises, création d'offices, statuts, délibérations, jurandes, règlements, revenus, charges, etc. ;

Ponts et chaussées, travaux publics, navigation (168 art., 1689 à 1789), travaux des routes, constructions et réparations des ponts et ponceaux, pavés, améliorations de la navigation des rivières, digues, écluses, chemins de halage, moulins, marais, dessèchements, indemnités, maisons démolies, entrée de la rivière devant Bordeaux, projets de défense de la rivière en cas de guerre, projet d'un pont devant Bordeaux, établissement d'un moulin aux Chartrons, rapports sur les obstacles mis à la navigation, entreprises, marchés, adjudications, plans et devis, ingénieurs, etc. ;

Corvées (37 art., 1720 à 1787), entretien des chemins, ordonnances, répartitions des fonds alloués, coopération de la noblesse et du clergé, commissaires et syndics, rôles sur les corvéables, recouvrements, rachats, remontrances du Parlement, délibérations des communautés, exemptions, réclamations, etc. ;

Travaux de charité (3 art., 1756 à 1765), affectations de fonds, distributions aux subdélégations, mendicité, distributions de secours, etc. ;

Fortifications (5 art., 1651 à 1770), ville et citadelle de Blaye, maisons démolies, construction du fort Médoc, Château-Trompette, Fort-Louis, Fort-du-Hâ ;

Militaires, milice (114 art., 1686 à 1789), recrues, levées, répartition dans la Généralité, solde, gardes-côtes, troupes provinciales, milice bourgeoise, service intérieur, subsistances, vivres, étapes, discipline, entretien, mouvements, transports, logements, engagements, recrutement, invalides, grenadiers de Guyenne, etc. ;

Poudres et salpêtres (6 art., 1696 à 1789), fabrication, règlements, directeurs, priviléges, soumissions, adjudications, répressions d'abus ;

Maréchaussée (18 art., 1750 à 1789), états des opérations et tournées, attributions, brigades, verbaux, déserteurs ramenés, rébellions, frais extraordinaires ;

Domaine du Roi (217 art., 1612 à 1689), ordonnances, droits domaniaux, verbaux d'aveux et dénombrements de diverses propriétés relevant du Roi situées dans le Bordelais, le Périgord, le Sarladais, l'Agenois, le Condomois et les pays de Marsan et les Lannes, papiers terriers, cens et rentes, ensaisinements, hommages, aliénations, concessions, fermes, droits divers perçus, comptablie, douanes, droits maritimes, bureaux des trésoriers généraux, monnaie, etc. ;

Carte de la Guyenne par Belleyme (3 art., 1760 à 1786), notes, renseignements et traités pour son exécution ;

Cadastres (3 art., 40 registres, 1672 à 1673), arpentements de diverses paroisses et juridictions de la Généralité ;

Taille (29 cartons, 1 registre, 1701 à 1789), répartitions et assiette dans les différentes Élections, recherches des abus, instructions, mémoires, correspondance ministérielle, taille tarifée, projets de rôles, taxes d'offices, décharges, modérations, moins-imposés, exemptions, employés et recouvrements ;

Capitation (110 cartons, 5 registres, 1695 à 1789), déclarations du Roi, arrêts, mémoires, taxes, rôles de répartition, états des nobles et privilégiés des Élections et des habitants de la ville de Bordeaux, comptes, décharges, modérations, non-valeurs, réclamations, plaintes, etc. ;

Vingtièmes et dixièmes (42 cartons, 1710 à 1776), évaluations des revenus, répartitions, comptes, comptabilité, décharges, modérations, exemptions, édits, arrêts, instructions et correspondance ;

Impositions particulières et extraordinaires (83 cartons, 1705 à 1787), rôles, répartitions, suppressions de charges et offices, logements militaires, fourrages, hôpitaux, régents, entretien des églises, ports de mer, ordonnances, arrêts, instructions, situations, comptes, etc. ;

Octrois, charges locales (21 cartons, 1677 à 1789), octrois des villes et communautés, comptes et revenus, offices de receveurs et contrôleurs, déclarations, arrêts, instructions, comptes et correspondances, etc. ;

Finances, objets divers (36 art., 1698 à 1789), don gratuit, taxes sur les agents des finances, centième denier, droits d'échange, sou pour livre, amortissement, droits de prélation, domaine d'Occident, marques des marchandises, contrôles, pensions, rentes sur l'État, créances, secours, comptabilité et correspondance, etc. ;

Instruction publique (11 cartons, 1725 à 1789), étudiants de Bordeaux, émotions, écoles et cours publics, Facultés, colléges de Bordeaux, Agen, Périgueux, Sarlat, Académie, régents, correspondance de l'intendant, etc. ;

Imprimerie, librairie (4 cartons, 1783 à 1788), règlements, visites, inspecteurs, saisies de livres, priviléges, instructions et correspondance ;

Communautés religieuses (23 art., 1696 à 1789), assemblées provinciales, priviléges, charges, chapitres, fabriques, établissements pieux, ordres militaires, leurs rapports avec l'Intendance ;

Noblesse de la Généralité (15 cartons, 1687 à 1789), bans et arrière-bans, revues, vérifications de titres et preuves de noblesse, demandes d'exemptions et dignités, etc. ;

Chancellerie (6 cartons, 1744 à 1761), rapports de l'Intendance avec le Parlement, la Cour des Aides et les notaires, prérogatives, préséances, priviléges, création d'offices, mémoires, arrêts, règlements, correspondance ministérielle;

Justice, procès et procédures (38 cartons, 1760 à 1779), justices royales et seigneuriales, frais de justice, procès des communautés et des Religionnaires, arrêts et jugements par attribution rendus par l'intendant ;

Événements extraordinaires (7 cartons, 1721 à 1789), inondations, incendies, assassinats, meurtres, réjouissances publiques, etc.;

Officiers des eaux et forêts, mémoires sur procès, mesure des terres dans le ressort des Élections, tribunal des maréchaux, carte de la Généralité, don d'un vaisseau de ligne au Roi, inondation de 1770, suppression des receveurs généraux, poisson de la Teste, traités avec les puissances, expulsion des Anglais en 1756, mémoires divers, etc. (27 cartons, 1720 à 1789.)

Gras,
Archiviste de la Gironde.

Département de la Gironde.

INVENTAIRE-SOMMAIRE

DES

ARCHIVES DÉPARTEMENTALES ANTÉRIEURES A 1790.

SÉRIE A.

(Actes du pouvoir souverain. — Domaine public. — Apanage. — Famille royale.)

ACTES DU POUVOIR SOUVERAIN.

A. 1. (Carton.) — 72 pièces (49 sur papier, imprimées, 23 sur parchemin).

1627-1702. — Édits des rois de France Louis XIII et Louis XIV : — concernant les offices aux saisies réelles, — les ecclésiastiques, — les hôpitaux et maladreries, — le droit de régale, — les domaines aliénés et les droits domaniaux, — le grand-maître des eaux et forêts, — les officiers de la table de marbre, — les secrétaires des chancelleries, — les offices héréditaires, — l'aliénation des hautes justices, — les petits domaines, — le droit de chasse et de pêche, — la police du corps des marchands et des communautés, — les chevaliers d'honneurs, — les présidents des élections, — les arpenteurs, priseurs et mesureurs des terres, — les commissaires de marine, — les offices de syndics perpétuels, — les procureurs postulants près les Cours de Parlements.

A. 2. (Carton.) — 111 pièces (32 sur papier, imprimées, 79 sur parchemin).

1702-1709. — Édits du roi Louis XIV : — relatifs aux chancelleries, — aux essayeurs des eaux-de-vie, — aux offices de contrôleurs économes, — aux domaines de mainmorte, — aux privilèges de l'artillerie, — aux contrôleurs des épices, — aux insinuations, — à la création des receveurs généraux des domaines, — à la suppression des courtiers, — aux receveurs des gabelles et des consignations, — aux commissaires des saisies réelles, — aux gages des offices des maires et des chancelleries, — aux lettres de noblesse, — aux auditeurs des Comptes, — aux privilèges des colonels-majors et capitaines, — aux offices des deniers patrimoniaux, — aux présidents des bureaux des finances, — aux poids et mesures, — aux registres des baptêmes, mariages et sépultures, — aux conservateurs des hypothèques, — à la commutation des offices de conservateurs généraux en charge de trésoriers de France, — aux gardes des archives, — aux médecins et chirurgiens, — aux Cours des Aides, — aux gouverneurs, — aux marqueurs des étoffes en bas de soie.

A. 3. (Carton.) — 80 pièces (19 sur papier, imprimées, 61 sur parchemin).

1710-1717. — Édits des rois Louis XIV et Louis XV : — concernant les octrois, — la suppression des receveurs triennaux des amortissements, — les commissaires aux saisies réelles, — les juridictions consulaires, — les greffiers des baptêmes, mariages et sépultures, — les deniers communs, — les domaines et bois, — le contrôle des actes notariés, — les rentes sur les finances, — les îles et îlots, — les lieutenants de police, — les marchands de vins, — les receveurs généraux des finances et des tailles, — les commissaires aux revues, — les eaux et forêts, — les conseillers du Roi, — les esclaves de couleur, — la Chambre de Justice, — les billets au porteur, — les marchandises voiturées par terre, — les passe-ports, — la suppression des maires, échevins en Bretagne, — la vente des petits domaines, — les officiers payeurs des gages et contrôleurs des tailles, — les congés militaires, — les gouverneurs et capitaines châtelains, — la suppression des offices de greffiers conservateurs et de contrôleurs des registres des baptêmes, mariages et sépultures.

A. 4. (Carton.) — 74 pièces (44 sur papier, imprimées, 30 sur parchemin).

1718-1767. — Édits du roi Louis XV : — concernant les objets d'or et d'argent fabriqués, — l'union des bénéfices, — les rentes viagères, — la suppression des maréchaussées anciennes et la création des nouvelles, — les invalides de la marine, — la suppression et rétablissement des officiers municipaux, — les priviléges des chirurgiens jurés royaux, — les secrétaires du Roi, — les constitutions au denier trente, — les offices des receveurs et contrôleurs généraux des domaines et bois, — les priviléges de la Compagnie des Indes et de l'Ordre du Saint-Esprit, — les arts et métiers, — les offices de la généralité de Bordeaux, Auch et Montauban; — les toiles peintes, — les conseillers gardes des sceaux, secrétaires des chancelleries ; — les ponts et chaussées, — les rentes héréditaires, — les droits sur la cire, le suif et le papier; — la juridiction royale, — la noblesse militaire.

A. 5. (Carton.) — 33 pièces (16 sur papier, imprimées et 17 sur parchemin).

1768 à 1788. — Édits des rois Louis XV et Louis XVI : — concernant le don gratuit, — les rentes constituées et viagères, — les droits sur l'amidon, — les offices de conseillers, maires, échevins, jurats ; — la création et la suppression d'offices dans les Parlements, — la circulation des vins, — les receveurs généraux des finances, — les priviléges en faveur du Corps helvétique, — les Assemblées provinciales, — les tribunaux d'exception, — la Cour plénière, — les portions congrues.

A. 6. (Carton.) — 27 pièces, dont 6 imprimées sur papier et 21 sur parchemin.

1700 à 1726. — Lettres patentes des rois Louis XIV et Louis XV : — concernant le don gratuit, — les agents de change, — le traité de commerce entre la France et les villes anséatiques ; — les fabriques de bas, — la banque générale, — l'imposition et la levée des sommes accordées au Roi par le clergé de France, au lieu et place de la capitation ; — le don gratuit, — le règlement pour le service des gardes-côtes, — le règlement pour les capitaines de vaisseaux, — les collectes des tailles, — les sucres raffinés, — les droits sur les vendanges, — les fermes générales.

A. 7. (Carton.) — 28 pièces, papier (2 imprimées, 26 sur parchemin).

1728-1747. — Lettres patentes du roi Louis XV, concernant le transit des sucres raffinés, — les droits sur les marchandises, — les déclarations des marchandises dans les bureaux des cinq grosses fermes, — les marchandises venant des îles et des colonies, — les couvents de filles, — les tabacs.

A. 8. (Carton.) — 44 pièces, papier (18 imprimées, 26 sur parchemin).

1750 à 1780. — Lettres patentes des rois Louis XV et Louis XVI : — concernant les rentes héréditaires et viagères, — le terrier des comtés d'Agenais, Condomois et de la ville de Bergerac ; — la Chambre royale, — la ferme générale des postes, — les contrats de constitution et de reconstitution des rentes, — le don gratuit à payer par les villes de Calais, Épernay, Joinville, le bourg de Damery, les villes de Lyon, Châlons, Poitiers, Bonneval, Saint-Fargeau, Sables-d'Olonne, Saint-Valery-sur-Somme, Périgueux, villes et bourgs de la généralité d'Auch, Sainte-Foy-en-Agenais, Blaye et Bourg ; — l'abonnement des villes de Niort, Dourdan, Saint-Maixant et Château-Vilain ; — l'hôpital militaire des gardes françaises, — les toiles peintes et imprimées, — l'octroi sur les grains et les cuirs ; — la liberté du commerce et le droit d'aubaine, — la Société royale de Médecine, — les décorations ecclésiastiques.

A. 9. (Carton.) — 47 pièces, papier (4 imprimées et 43 sur parchemin).

1781 à 1789. — Lettres patentes du roi Louis XVI : — concernant les arts et métiers, — l'abolition des droits d'aubaine en faveur des États palatins, des États du comte de Leyen, des principautés de Salm, des sujets de Brandebourg, Auspuch et Bareith, des Russes et Anglais ; — les fonderies royales de Ruelle, — les jeux, — les colons français anoblis, — la réciprocité entre la France et la Suisse en cas de faillites, — les fabricants étrangers, — le droit d'aubaine, — les secrétaires greffiers du point d'honneur, — les vins et les cidres, — les billets à ordre, — les lettres de change, — les priviléges du point d'honneur, — les offices de notaires, — les vins falsifiés, — l'administration provinciale, — la déclaration des droits de l'homme, — la constitution des municipalités, — l'admission des non catholiques aux emplois, — les décrets de l'Assemblée nationale.

A. 10. — (Carton.) — 125 pièces, papier (62 imprimées et 63 sur parchemin).

1610 à 1709. — Déclarations des rois Louis XIII et Louis XIV : — sur le clergé de France, — la Compagnie des Indes, — les bénéfices, — les amendes et condamnations, — la réunion des domaines, — les hôpitaux, — l'ordre du Mont-Carmel, — les portions congrues des curés perpétuels, — les rentes sur les tailles et sur l'Hôtel-de-Ville de Paris, — la capitation, — les fortifications des villes, — les capitaineries de chasse, — les priviléges des maîtres de

SÉRIE A. — ACTES DU POUVOIR SOUVERAIN.

postes, — les notaires, tabellions et procureurs; — les secrétaires de Sa Majesté, — les droits des évêques, — les priviléges des maires, — les biens des aliénés, — les lieutenants des maréchaux de France, — les officiers d'amirauté, — le tabac, — les élections, — les ponts et chaussées, — les poids et mesures, — les insinuations, — les officiers de marine, — la table de marbre, — les péages, — les officiers de chancellerie, — les eaux et forêts, — la culture des terres.

A. 11. (Carton.) — 115 pièces (52 imprimées, papier et 63 sur parchemin).

1710 à 1724. — Déclarations des rois Louis XIV et Louis XV : — sur les rentes et augmentations de gages, — les billets de monnaie, — les domaines engagés, — les arts et métiers, — les boucheries, — les procès criminels, — la réception des avocats, — la table de marbre, — les Facultés de droit, — les substitutions, — le clergé, — la capitation, — la religion prétendue réformée, — les lettres de change, — les billets au porteur, — la banque générale, — la traite des noirs, — les trésoriers de France, — l'amirauté de Marennes, — la navigation, — les billonneurs, — les loteries, — les insinuations, — les offices municipaux, — les officiers de troupes, — l'anoblissement, — les forêts, — la Constitution *Unigenitus*, — les diamants, — les juges et consuls en charge,—les chancelleries,—les grâces accordées aux criminels, — les princes légitimés, — les religionnaires.

A. 12. (Carton.) — 59 pièces (21 imprimées, papier et 38 sur parchemin).

1725 à 1750. — Déclarations du roi Louis XV : — sur les banqueroutes, — les marais salants, — le clergé, — la pêche du poisson de mer, — le domaine d'Occident, — les taillables, — les insinuations, — l'usurpation de noblesse, — les billets sous signature privée, — les bulles des Papes, — les donations, — la religion prétendue réformée, — les cafés, — les fermes,— le contrôle des actes, — les finances, — l'hérédité des notaires, procureurs et huissiers; — les offices de chevaliers d'honneur, — les trésoriers des hôpitaux, — le droit d'insinuation pour les actes translatifs de propriété, — les droits seigneuriaux, — les tabacs étrangers, — les nègres esclaves.

A. 13. (Carton.) — 65 pièces (32 imprimées, papier et 33 sur parchemin).

1751 à 1789. — Déclarations des rois Louis XV et Louis XVI : — concernant les cartes à jouer, — la juridiction ecclésiastique, — la noblesse militaire, — l'hôpital de Paris, — le don gratuit, — les droits sur les fermes, — le cadastre général, — la liquidation des dettes de l'État, — les octrois, — les droits des villes et communautés, — le dessèchement des marais, — le défrichement des landes,— les tabacs, — la Caisse d'amortissement,— les chirurgiens de la marine, — les officiers de la Cour des Aides, — les successions échues aux sujets de Bavière, — l'union des bénéfices,— les riverains des côtes marines,—les finances, — les priviléges des communautés séculières et régulières, — les inhumations dans les églises, — les assurances maritimes, — l'abolition de la question préparatoire, — les terrains pour cimetières, — les grains, — l'assemblée des États généraux, — la sanction du décret de l'Assemblée nationale sur les impositions.

A. 14. (Carton.) — 60 pièces (55 imprimées, papier, 5 sur parchemin).

1702 à 1747. — Ordonnances des rois Louis XIV et Louis XV : — concernant les régiments irlandais, — le pain de munition, — le payement des troupes, — les congés aux officiers de cavalerie et infanterie, — les livrées, — la sûreté de la navigation, — la Chambre de Justice, — le commerce des colonies françaises, — la contagion des vaisseaux, — les testaments, — le transférement du Parlement de Paris à Pontoise, — le Conseil de conscience et de commerce, — la réforme dans les troupes françaises et étrangères, — les rations d'étapes, — la milice, — les postes, — les convois pour les îles françaises d'Amérique, — les substitutions.

A. 15. (Carton.) — 57 pièces, papier (imprimées).

1749 à 1788. — Ordonnances des rois Louis XV et Louis XVI : — sur les mendiants, — la défense d'acquérir des biens-fonds dans les échelles du Levant et de Barbarie, — la milice, — le payement des troupes françaises et étrangères,—la taxe des postes,—les commissaires des guerres, — la compagnie de maréchaussée de l'Ile-de-France, — les milices, — l'assemblée des régiments provinciaux, — les déserteurs, — l'épizootie, — la suppression de trois régiments créés pour la garde des îles de France et de Bourbon.

A. 16. (Carton.) — 139 pièces (122 imprimées, papier, 17 sur parchemin).

1611 à 1719. — Arrêts du Conseil d'État : — concernant la religion réformée, — les recouvrements des droits de francs-fiefs, — les postes et messageries de France, — les fermiers et détenteurs des domaines, — l'amirauté de Bayonne, — les officiers présidiaux de Sarlat, — les gentilshommes, — les bourgeois, — les rentes des maires et échevins, — les deniers publics, — les auditeurs des comptes, — les commandeurs de Malte, — le don gratuit, — les droits seigneuriaux, — les matières d'or et d'argent, — le pied fourché, — les vins, — les titres de propriété de M. le duc de Roquelaure sur les péages de Montfort et Aillac, — les péages du comté de Fleix, appartenant à M. le duc de Biron ; — la marque des étoffes, — la ferme générale, — l'Ordre militaire de Saint-Louis, — la réunion générale des domaines, — le remboursement des rentes sur l'Hôtel-de-Ville de Paris, — les billets de banque, — le contrôle des actes sous signature privée, — les usurpateurs de noblesse.

A. 17. (Carton.) — 82 pièces, papier (imprimées).

1720. — Arrêts du Conseil d'État : — concernant les actions rentières, — les soieries, — le remboursement de rentes au profit de ceux dont les biens sont en régie pour fait de religion, — les rentes sur l'Hôtel-de-Ville de Paris, — les domaines engagés, — le payement des dettes des villes et communautés, — les rentes au denier cinquante, — les rentes provinciales, — les foires du royaume, — la contagion, — les fabriques de bas, — les beurres et fromages, — les droits sur les savons étrangers, — les bestiaux.

A. 18. (Carton.) — 63 pièces, papier (imprimées).

1720. — Arrêts du Conseil d'État : — concernant le transit des marchandises, — le commerce d'Angleterre, — les matières d'or et d'argent,—les billets de banque et la monnaie, — la Compagnie des Indes, — la sortie des blés, — les tabacs, — les fermes unies, — les tailles, — les rentes du clergé, — les communautés ecclésiastiques et hôpitaux du royaume,—les plantations d'arbres sur les grandes routes, — le commerce des castors, — les cardinaux,—les évêques, archevêques et autres bénéficiers du royaume.

A. 19. (Carton.) — 129 pièces (119 imprimées, papier, 10 sur parchemin).

1721 à 1739. — Arrêts du Conseil d'État : — concernant les notaires,—la fabrication des étoffes, — les marchandises du Levant,—l'interdiction du commerce par mer dans les ports de Provence, — la suppression des droits sur les quais, ports, etc, ; — les impositions, — la contagion, — la chasse, — les courtiers jaugeurs et inspecteurs des boucheries et des boissons, — le droit des échats, — le droit de confirmation, — les juifs convertis, — le contrôle, — les rentes du clergé, — la déclaration des marchandises en chargement, — le cinquantième du revenu des biens,— les offices municipaux, — les plantations de vignes, — les grosses fermes, — les défenses de tuer des agneaux, — les actes de foi et hommages, — l'érection d'un monument pour le Roi, — les subrogations pour les droits d'amortissement, — les donations d'immeubles, — les commissions du grand sceau, — l'anticipation des maires et jurats sur les droits des juges royaux.

A. 20. (Carton.) — 54 pièces (52 imprimées, papier, 2 sur parchemin).

1741 à 1755. —Arrêts du Conseil d'État : — concernant la nomination du personnel des ponts et chaussées,—les impositions du clergé de France, — le serment de fidélité au Roi prêté par les archevêques,—les octrois municipaux, — les sceaux et honoraires en faveur des villes qui obtiendront des lettres patentes, — les offices municipaux, — les mines de houille et de charbon, — les colonies françaises d'Amérique, — les offices des contrôleurs généraux des finances, — les parties casuelles, — la défense aux baillis sénéchaux de prendre la qualité de maire, — les apprêts des laines, — les prises en mer sur l'ennemi,—les étoffes précieuses, — les beurres d'Angleterre, d'Écosse et d'Irlande, — la navigation, — la défense aux villes de procéder à aucune élection d'officiers.

A. 21. (Carton.) — 14 imprimés sur papier.

1756. — Arrêts du Conseil d'État : — concernant les plantations de garance dans les marais, — les clous venant de l'étranger, — le droit d'entrée sur les oranges, — les navires armés pour la pêche, — l'entrée des drogueries et épiceries dans le royaume par les ports de Dieppe, Honfleur, Caen, Boulogne, Agde et Toulon, en acquittant dans ces ports les droits d'entrée ; — les marchandises de Flandre, — la carte générale de France, — les nouveaux parchemins timbrés de Pierre Henriet, — les droits sur les viandes.

A. 22. (Carton.) — 43 pièces (41 imprimées, papier, 2 sur parchemin).

1757 à 1766.—Arrêts du Conseil d'État : — concernant la déclaration au greffe des Eaux et Forêts de tous les bois de futaie, balivaux ; — l'annulation d'un arrêt du Conseil d'État qui condamne les Jésuites à payer huit millions de livres aux héritiers d'Ambroise Guys, — les réparations aux maisons presbytérales, — les offices municipaux, — la pêche, — les lettres de change, — les papiers du Canada, — les revenus attribués à divers collèges, — les indemnités sur les rentes, — les réparations aux bâtiments des bénéfices et des Jésuites, — les droits sur les papiers dorés et argentés aux entrées à Paris, — les cotons, — les

SÉRIE A. — ACTES DU POUVOIR SOUVERAIN.

porcelaines, — les créanciers de la guerre, — les marques des mousselines et toiles, — les créances sur les munitionnaires d'Italie, — le contrôle des rentes au denier vingt-cinq, — les gouverneurs et lieutenants du Roi, — les abus dans les monastères, — les bois de teinture.

A. 23. (Carton.) — 111 pièces (107 imprimées, papier, 4 sur parchemin).

1767 à 1771. — Arrêts du Conseil d'État : — concernant les arts et métiers, — le payement de la finance, — la capitation, — le recouvrement des droits réunis au domaine, — les droits sur les sucres étrangers, — la caisse d'escompte, — la morue sèche, — le remboursement des billets de loterie, — les papiers du Canada, — les logeurs en garni, — les encouragements aux négociants qui enverront des morues sèches dans les îles de l'Amérique, — le commerce des noirs, — la taxe sur les bœufs, cochons et viandes salées ; — le charbon de bois, — les soies, — les cuirs tannés et en couleurs, — les mesureurs de grains, — les huiles, — les savons, — les pépinières, — les sirops, — les tafias, — les mûriers blancs, — les ormes, — les noyers, — les coupes de bois sur les grandes routes, — le contrôle des rentes assignées sur les revenus du Roi, — le payement des droits dans la mouvance du Roi, — la prohibition d'un journal intitulé : *Clé du Cabinet des Princes*.

A. 24. (Carton.) — 55 pièces (50 imprimées, papier, 5 sur parchemin).

1772. — Arrêts du Conseil d'État : — concernant le règlement pour les revenus casuels, — la cassation d'une sentence des officiers de la Sénéchaussée d'Abbeville, relative au navire échoué sur la côte de Berech ; — la taxe des gardes-étalons, — les droits sur les huiles, savons et liqueurs spiritueuses ; — les sels, — le droit de passe-debout, — les pèse-liqueurs, — le droit de confirmation de noblesse, — le marc d'or, — les fermes générales unies, — les droits d'amortissement, — les péages, — la poudre à giboyer, — les terres incultes, — les toiles peintes ou imprimées, — les droits d'amirauté, — les brefs de la Cour de Rome, — le remboursement des offices de présidents et conseillers supprimés, — les lettres de propriété des bâtiments de mer, — la jauge des navires, — les caravanes dans le Levant, — la marque des étoffes.

A. 25. (Carton.) — 165 pièces (161 imprimées, papier, 4 sur parchemin).

1773. — Arrêts du Conseil d'État : — concernant le remboursement des quittances provenant des offices supprimés ; — le Grand-Conseil et la Cour des Aides de Paris, — les droits d'octroi, — les fermes unies de France, — la responsabilité des officiers sur les ports, — les actes des notaires, — le change des monnaies, — les droits sur le sel, — la vente du tabac, — les péages, — le droit de bac, — les droits de péage, — les contrats de rentes, — la confirmation des anoblis, — le charbon de terre, — la société des Jésuites, — la fabrication de la monnaie, — le droit d'amortissement et d'affouage, — les vins, — les rentes dues par les communautés de Paris, — l'exemption des droits de bacs en faveur de la maréchaussée, — les droits domaniaux, — les pépinières, — les mûriers, — les chanvres et lins, — la nourriture des pauvres, — les ancres venant de l'étranger, — les poudres et salpêtres.

A. 26. (Carton.) — 39 pièces imprimées sur papier.

1774 à 1779. — Arrêts du Conseil d'État : — concernant les perruquiers, — les rentes, — les tailles, — les arrérages, — les officiers des Cours supérieures, — les sénéchaux, — les baillis, — l'obéissance envers le roi de France Louis XVI, — la justice à rendre au peuple, — les biens des Jésuites, — les grains et farines, — le droit du sol pour livre, — l'affranchissement du droit d'amortissement des actes passés entre le clergé, — le service des maréchaussées, — l'épizootie, — les maisons abbatiales, — les franc-fiefs, — les enfants trouvés, — la navigation, — les cautionnements des receveurs des fermes et régies générales, — les syndics des communautés, — la marque des moutons, — l'administration dans le Dauphiné, — les denrées des Provinces Unies et de Hollande, — les munitions d'artillerie, — les péages, — les poudres et salpêtres, — les fromages du Nord (Hollande), — les gages des lieutenants du roi de France Louis XVI.

A. 27. (Carton.) — 18 pièces, papier (imprimées), 1 sur parchemin.

1780 à 1782. — Arrêts du Conseil d'État : — concernant les cimetières, — la signification faite, à la requête du sieur Carajot et compagnie, au commissaire général des ports ; — la marque des étoffes, — les droits d'entrée à Paris sur les gazes, — les commissions pour les vins, — les messageries royales, — le roulage, — la capitation, — les amendes des condamnations arbitraires, — les droits sur la bonneterie, — les droits sur les chapeaux, — le droit d'uniforme sur les chevaux, mulets, etc. ; — les droits sur les sucres, — la défense de transporter les métiers et outils de fabrication, — l'exemption de droit sur les futaies.

A. 28. (Carton.) — 12 pièces imprimées sur papier.

1784 à 1789. — Arrêts du Conseil d'État : — concernant les réparations des églises et presbytères, — les droits sur les cuivres, les coutils, les poissons frais, les toiles peintes et imprimées ; — le centième denier pour les actes portant réunion de l'usufruit à la propriété d'un immeuble, — les marchandises allant à l'étranger, — les armements de commerce pour les colonies françaises, — les actes d'affirmation des voyages, — les bâtiments des gens de mainmorte, — les grains, — l'approvisionnement des marchés.

FAMILLE ROYALE.

A. 29. (Carton.) — 4 pièces imprimées sur papier.

1700 à 1771. — Lettres patentes de Louis XIV pour conserver au roi d'Espagne le droit de succession à la couronne de France. — Édit de Louis XIV qui admet à la succession de la couronne de France le duc du Maine et le comte de Toulouse. — Lettres patentes de Louis XV qui ordonnent l'enregistrement aux Parlements de l'arrêt du Parlement de Paris qui déclare M. le duc d'Orléans régent pendant la minorité du Roi. — Autres Lettres patentes, en forme d'édit, portant approbation et ratification du contrat d'échange entre le Roi et M. le comte d'Eu.

Département de la Gironde.

INVENTAIRE-SOMMAIRE

DES

ARCHIVES DÉPARTEMENTALES ANTÉRIEURES A 1790.

SÉRIE B.

(Cours et Juridictions. — Parlements. — Bailliages. — Sénéchaussées et autres Juridictions secondaires. — Cour des comptes. — Cour des aides. — Cour des monnaies.)

PARLEMENT DE BORDEAUX.

B. 1. (Cahier.) — Grand in-4°, 29 feuillets, papier.

1463. — Arrêts relatifs à certains pourvois contre des décisions rendues par les Sénéchaussées du Périgord, de Saintonge, de l'Agenais et de Guienne, parmi lesquels on remarque celui de certains habitants de diverses localités du Périgord se refusant à payer à M. Peris de Reynac, chevalier, le droit appelé le Trance de la paix, droit royal qu'on dit avoir précédé celui de la taille ; — sentence du sénéchal d'Agen, rendue contre un sieur de Cassaigne, écuyer, où se trouvent mentionnés le mariage, en même temps que le testament du maréchal Poton de Xaintrailles, la relation de la prise de cette ville à force d'armes sur la veuve du maréchal, et, enfin, la revendication de divers droits réclamés contre le garde-scel de la ville de Saint-Jean-d'Angély, par messire Robert, évêque d'Angoulême, etc.

B. 2. (Cahier.) — Grand in-4°, 85 feuillets, papier.

1469-1471. — Arrêts et ordonnances relatifs : — à diverses décisions de la Cour, rendues sur des appellations de sentences rendues par les Sénéchaussées de son ressort ; — à une ordonnance du premier président, conférant le titre de conseiller lay et maître des requêtes de son hôtel à André Pellet, licencié ès lois ; — à certains privilèges de la ville de La Réole ; — à une ordonnance qui enjoint, sous peine de cinq marcs d'argent, au clerc de la ville de Bordeaux de faire nettoyer et laver les rues, avec défense de laisser entrer en ville, pendant cette opération, les gens de la Sénéchaussée du pays de Saintonge, même ceux de Blaye, Lormont et La Bastide ; — à une ordonnance qui intime aux maire et jurats de Saint-Émilion de faire établir un parquet pour la Cour, en même temps que deux ou trois bonnes hôtelleries approvisionnées de vivres taxés à juste prix, attendu son bon plaisir de venir siéger en ville ; — à l'élargissement de Jean et Pierre Talerant, seigneurs de Grignols, prisonniers détenus sous la prévention de divers excès et délits ; — à la rentrée de la Cour en la ville de Bordeaux, attendu le danger de maladie qui se manifestait à Saint-Émilion, où un *brau* venait de mourir de maladie ; — à l'héritage d'Isabeau de Larochebeaucourt, en contestation entre Jean de Rofignac et Jean de Brigolange.

B. 3. (Registre.) — In-folio, 220 feuillets, parchemin.

1472-1489. — Arrêts et ordonnances concernant : — les padouants des bords de la rivière de la Garonne devant Saint-Macaire et Langon ; — la condamnation à une amende de 400 livres, infligée à Guy de Belleville, seigneur de Mirambeau, pour fait de rébellion ; — le lestage, ancrage et jaugeage des navires du port de Bordeaux ; — la châtellenie de Castelnouvel, en Limousin, contestée à Alain d'Albret, par Jean Beaupoil, seigneur de La Force ; — le droit de guet, contesté par les syndics des habitants de Lesparre à Isabeau de Latour, tutrice de Gabriel d'Albret, sire de Lesparre ; — la dîme de certaines paroisses de l'Agenais, contestée par la dame Quitterie de Benquet, tutrice de Jean Lebret, son fils, à l'évêque de Condom ; — les lettres de rémission accordées à Jean Roland, atteint et convaincu d'avoir rogné des pièces d'or et d'argent; — la maintenue de Raymont, évêque de Bazas, en la possession de l'abbaye de Fonguilhem; — la place de Sainte-Bazeille, contestée à Gaston de Montferrant par Jean de Ségur, seigneur de Pardaillan; — les seigneuries de Biron, Montault et Puybeyton, indivises entre les Montferrant et les Poncet de Gontault;—les revenus de l'abbaye Sainte-Croix, contestés à Pierre, cardinal de Foix, qui en était l'abbé, par Gaston de Foix et Jean de Labarrière, évêque de Bayonne; — la pension de trois mille livres et quatre cents charges de blé, servie à Isabeau-Louise et Jeanne de Lebret par le seigneur de Lebret, leur père, sur ses revenus de Nérac et les moulins qu'il possédait dans l'Agenais. — la terre et seigneurie de Comps, contestée à Amanieu de Lagonte et à Marie de Luxe, sa femme, par Guy de Monpezat; — le droit de guet, contesté au seigneur de Blanquefort, Jean de Durefort, par les habitants du lieu; — la possession de l'abbaye de Verteuil, en Médoc, contestée à Gaston de Foix par le Chapitre Saint-André de Bordeaux.

B. 4. (Registre.) — In-folio, 194 feuillets, parchemin.

1481-1488. — Arrêts et ordonnances relatifs : — à l'entérinement du don fait par le Roi à Thomas de Lansac de la terre de Saint-Savin-Montendre; — à la licitation des biens de Jeanne de Bordeaux entre Jeanne Guffey et Pierre Grimond ; — aux redevances servies à Odet Deydie, comte de Comminges, par ses vassaux de sa vicomté de Fronsac ; — à Jean de Soupre, condamné pour avoir dit et proféré des paroles scandaleuses et séditieuses envers le Roi et la chose publique ; — aux charges imposées envers le Roi aux habitants de Speletta, Castro et Amoux ;—à la seigneurie de Puybeton, contestée par Poncet de Gontault à Jean de Montferrant; — à l'exécution d'une transaction passée entre les habitants de Sainte-Livrade et Guy de Monpezat, leur seigneur; — aux agrières servies par les habitants de Chalays à Jean de Talerand, leur seigneur ; — au guet que devaient les manants et habitants de Monguion à messire Ardouin de Maillé, seigneur dudit lieu ; — à la dépossession de Thibaut de Budos, par Jean de Foix de Candalle, de sa terre de Budos; — à la terre de Montgaillard, en litige entre Clerc de Gramont contre Jean de Salignac; — à la terre de Monbahut, en litige entre Jean de Caumont, seigneur de Lauzun, contre Jean de Planial, écuyer, seigneur de Pujois; — au péage de Ladouze, perçu par le seigneur d'Abzac, seigneur du lieu; — à la jouissance des terres de Gardes et Bonnegarde, discutée par Gaston de Foix, captal de Buch, contre les mineurs de Béarn, dits de Saint-Morne, seigneurs desdits lieux ; — à l'abbaye de Clayrac, sous Pons de Salignac, son administrateur perpétuel ; — au repaire de Nouailles, disputé au seigneur Mathieu Brachet, sieur de Montagut, par la dame Chaneronne, femme de Jean de Pompadour; — à la chanterie de Saintes, en litige entre messire Étienne Blosset, évêque de Lisieux, contre François de Chabot; — à certains droits dans le comté de Cominge, détenus par Tristan de Lescun, au préjudice de Marguerite de Saulmes, veuve de Jean Darmaignac, comte de Cominge, maréchal de France.

B. 5. (Cahier.) — Grand in-4°, 146 feuillets, papier.

1485-1486. — Arrêts et ordonnances, rendus par la Cour, se composant de Tindo, premier président, Brugier, vice-président, Jean de Chassaigne, Gaille de Leymerie, Johan Bonnal, Raymond Dufour, Johan de Bruzard, Robert de Pompadour, Johan Rapts, Jacques Juer, conseiller à Périgueux, et concernant, savoir : un hommage rendu au Roi devant la Cour, par le sieur de Candalle, des terres et seigneuries qu'il tenait de lui et de la couronne ; — une ordonnance enjoignant au payeur des exploits et amendes de payer au premier président et au conseiller Pompadour une somme de cent douze livres dix sols, dépensée en voyages faits par ordonnance de la Cour; — un arrêt rendu entre Poncet de Gontault et les enfants de David de Montferrant, concernant la succession de ce dernier; — un partage de la seigneurie de Blaignac entre messire Ardouin de Maillé et Marguerite de Laroche, sa femme, et les enfants de messire Guy Chenyn; — une plainte en matière d'excès formée devant la Cour par messire de Maillé contre les habitants de Frontenay-Labatut; — un pourvoi contre une sentence du sénéchal de Guienne, formé par François de Montaigne, seigneur de Roussillon, contre Gaston de Lalande, seigneur Du Tasta ; — la condamnation d'un sieur Gaborias à avoir la tête tranchée au pilori de la ville de Bordeaux, pour être mise à un pal, sur l'un des poteaux de la ville, côté de la rivière, et le corps pendu à un gibet, le tout pour réparation de l'homicide commis par lui contre sa femme; — la demande que fait à la Cour messire Étienne de Lamartonnie, conseiller du Roi, de prêter serment devant elle en la qualité de second président, dont il venait d'être pourvu par le Roi, etc.

B. 6. (Registre.) — 62 feuilles détachées, in-folio, parchemin.

1491. — Arrêts interlocutoires, ou de défaut, ou de remise, concernant les personnes et les lieux qui suivent, savoir : le syndic de l'abbaye de Saint-Ferme; — les manants et habitants du lieu du Puch et de Dieulival, en Bazadais ;— Gaston de Foix, comte de Candalle;

— Eymerie du Chastenier ; — Barnabé Jousselin, prêtre ; — Élie Beaupoil, dit Prevot, écuyer, demandeur en matière d'obligation et d'hypothèques, contre Julienne de Polignac ; — Étienne et Thomas de Lur, frères, écuyers, de l'autorité de maître Jean de Lur, leur curateur, contre messire Pierre de Rohan, chevalier, maréchal de France ; — les doyens et chanoines du Chapitre de Saintes, contre messire Guillaume de Lange, prêtre et prieur de Brie ; — Jean et Pierre de Ségur, père et fils, contre Amanieu Ferrand, écuyer, sieur de Mauvoisin ; — Jean Talerand, prieur de Chalais, demandeur en matières d'excès, meurtre et homicide, contre Jean Beaupoil et autres ; — Antoine de Fayole, écuyer, demandeur en crimes et délits, contre Jean de Monbrun, écuyer, Jean Dubarry et autres ; — Jean, évêque de Bazas, contre les habitants de la ville ; — l'évêque de Condom, contre le syndic des manants et habitants dudit Condom ; — Jeanne de Lebret contre dame Quitterie de Lebret et Quitterie de Benquet, héritiers et bien-tenants de Girault Jean, Pierre et la dame de Lebret ; — les manants et habitants de Sallebœuf, entre deux mers, contre messire Vincent Gaillard, curé dudit lieu ; — Charles, comte de Taillebourg, appelant du sénéchal de Saintonge, contre Marinette de Sainte-Mare, demoiselle, dame de Saint-Seurin-Duzet ; — Bertrand, sieur et baron d'Estissac, contre les chanoines de Saint-Front de Périgueux ; — Mathieu Verthamon, appelant du juge temporel de l'évêque de Limoges.

B. 7. (Registre.) — 108 feuilles détachées, in-folio, parchemin.

1492-1493. — Arrêts par défaut, interlocutoires ou de remise concernant : — le syndic de l'abbaye de Saint-Sever contre Raymond Daydie, abbé commendataire de ladite abbaye ; — Gabriel de Lebret, sire de Lesparre, contre Gaston de Foix de Candalle ; — Jean de Foy, sieur de Lautrec, contre Jeanne et Madeleine Daydie, dame de Castillon, en Médoc, et Jean de Talerand, prince de Chalais ; — Frère Bernarard Gros, commandeur du Temple, contre Jean de Monferrand, administrateur perpétuel de la chapelle de Villeneuve-d'Agen ; — messire Guillaume Bonnafoux, appelant du sénéchal de Périgord, contre Gabriel Dumas, évêque de Périgueux ; — Pierre Latour, appelant de Jean Ponsse, prévôt de l'Ombrière ; — le comte de Ventadour, demandeur en reprise d'instance, contre Giles de Maumont ; — le syndic de la ville de Mont-de-Marsan, contre la reine de Navarre ; — Bertrand Deslissac, Jean Dabzac et Bertrand de Clermont, contre les consuls de Bergerac ; — le cardinal André, appelant d'Amelin, exécuteur de lettres royaux ; — Antoine Dumonasté, évêque d'Aire, contre Bernard Dabadie et autres, pour excès commis ; — Jean et Jeannot de Lostange, appelant de Bertrand Peyrieur, exécuteur de lettres de querelle.

B. 8. (Cahier.) — In-folio, 13 feuillets, parchemin.

1505. — Arrêts concernant : — une reprise de procès entre Jacques de Saint-Marc contre André Bourdeille, veuve de François Laroche Chaudry, seigneur dudit lieu ; — messire Benoît-Jean de Saint-Mauriz, abbé de l'abbaye d'Eysse, à Villeneuve-d'Agen, condamné par le sénéchal d'Agen à entretenir, ainsi que le faisait Guy de Monbrun, son prédécesseur, des religieux et novices dans ladite abbaye, et, en outre, d'y commettre un religieux de l'ordre pour pourvoir tant à la correction des religieux, qu'aux autres services de son ministère, etc.

B. 9. (Registre.) — In-folio, 262 feuillets, parchemin.

1510-1511. — Arrêts : — contre l'évêque et comte d'Agen, le cardinal Léonard, au sujet d'une pêcherie de la rivière de Gironde, dont les pieux étaient une entrave à la navigation, et dont le syndic des marchands fréquentant la rivière demandait la suppression ; — contre Jean de Mauvilhac, au sujet d'un crime de rapt (plaignant, Armand de Caumont, seigneur de Lauzun) ; — au profit des habitants du Port-Sainte-Marie, en Agenais, contre le procureur général, au sujet de leurs privilèges ; — prescrivant l'enlèvement de tous les auvents des maisons de la ville de Bordeaux, et défense d'en construire, sous peine de cinq marcs d'or ; — en faveur des habitants de la ville de Bergerac contre messire de Pontbriene et la dame de Montréal, au sujet des privilèges qui leur avaient été concédés avec les seigneuries de Mourens et de Manbandier ; — des habitants de la ville de Mezin contre Vidault de Cazeneuve, au sujet de l'emploi d'une somme de 300 livres, produit d'une amende imposée par la Cour ; — d'Isabeau, Marguerite et Jeanne de Salignac, contre messire de Crignac, au sujet des privilèges de la terre de Jumilhac ; — contre Grimond Eyquem, sieur de Montaigne, et Simon Bouloys, marchand, condamnés à bailler à Vrignolies, marchand, neuf pipes de pastel bon et marchand, reste de trente-neuf pipes mises en dépôt par Vrignolles en la maison d'Eyquem ; — au profit de Charles de Lespinais et Lucrèce de Pons, sa femme, contre François de Pons, au sujet d'un fait dénié, concernant des créances indivises.

B. 10. (Registre.) — 180 feuillets, parchemin.

1510-1514. — Arrêts et ordonnances concernant : — une condamnation infligée à un seigneur haut justicier de

100 livres d'amende et de privation d'exercer ce droit pour en avoir abusé; — ordonnant le payement d'arrérages de rentes dues au Chapitre Saint-André par Jean de Foix, archevêque de Bordeaux, pour être employés en réparation de l'église et de la nef de la cathédrale Saint-André de Bordeaux; — concernant le droit de guet, réclamé par la dame de Lescun, vicomtesse de Fronsac, aux habitants de sa vicomté; — la maintenue de Pierre de Lur, vicomte d'Uza, contre les prétentions de Pierre de Rohan, maréchal de France, en la possession des terres de la banlieue de Libourne, paroisse de Néac, de Puynormand, Ribérac et Gensac, dont jouissait Marie de Farolz, mère dudit vicomte d'Uza; — l'Université de Bordeaux qui ne pourrait admettre à l'avenir aucun chirurgien sans que la Cour en soit avertie; — autorisant l'évêque de Condom à faire graver ses armes sur les portes de la ville, à côté de celles du Roi; — condamnant, à la requête de Jean Vrignolles, notaire à Paris, Grimond Eyquem et Simon Bouloys, marchands et bourgeois de Bordeaux, à lui délivrer quatre pipes de pastel qu'ils retiennent sans droits; — ordonnant la réintégration du droit de guet pour le château de Châteauneuf, en faveur du baron de Caumont; — le remboursement fait par Guilhem de Lestonnat à la dame Dufour d'une somme de 1,400 livres, formant sa dot; — condamnant à 400 livres envers le Roi et 300 livres de dommages contre François Goumard, chanoine de Saintes, pour enlèvement d'une jeune fille à marier.

B. 11. (Registre.) — In-folio, 122 feuillets, parchemin.

1512-1513. — Arrêts interlocutoires relatifs : — à une plainte contre le seigneur Guy de Monpezat par les manants et habitants dudit Monpezat, pour fait d'excès et délits commis contre eux; — à une interprétation de titre concernant divers droits afférents à François de Laroche et Jacques de Montalembert contre Pierre de Polignac; — à la revendication d'une maison occupée par Grimond Eyquem, par Pierre de Lacomme; — contre Jean Rolland et Odette Guérin, sa femme; — à des comptes de fermages pour la terre de Puybarban à régler entre Jean de Pis, écuyer, sieur d'Embreux, et maître Arnaud Dugua, juge de La Réole; — à la demande en production de titres formée par le syndic des marchands fréquentant la Dordogne contre : 1° messire d'Albret, seigneur Darnal; 2° Jean de Foix, archevêque de Bordeaux; 3° Odet de Foix, seigneur de Fronsac; 4° Jean de Durfort, seigneur de Condat; 5° Ogier de Grammont, seigneur de Blaignac; 6° Raymond Descodica; 7° Poncet de Carbonnere; 8° Alain de Foix, seigneur de Castillon; 9° François de Labalme; 10° les Carmes de Razac; 11° Jean Dupont; 12° Louis Castelnau, et 13° Jean de Bruilhac, tous ayants droit ou prétendant en avoir sur ladite rivière de Dordogne.

B. 12. (Registre.) — In-folio, 170 feuillets, parchemin.

1513-1514. — Arrêts et ordonnances concernant : messire de Latourville, chevalier, prince de Thalemon, et sa femme, seigneur et dame de Taillebourg, au sujet du refus que font les manants et habitants de la juridiction de Taillebourg de lui servir le droit de guet; — un pourvoi de Pothon de Ségur contre l'exécution d'une sentence obtenue contre lui devant le sénéchal de Guienne par l'abbé de Sainte-Croix; — une condamnation à 300 livres d'amende contre Jean de Foix, écuyer, seigneur de Savignac, pour avoir abusé de son autorité; — un interlocutoire au sujet de divers droits seigneuriaux contestés à messire de Malmont, abbé d'Uzerches, par les comtes de Lamarche et d'Aley, tuteurs des dames Anne de Beloigne; — un appel du juge de Monteton par Étienne Bothelu, condamné à être enchaîné et torturé, comme prévenu du meurtre d'un sieur de Bertholo. — Interlocutoire au sujet d'arrérages de fermes pour Jean de Foix, archevêque de Bordeaux, contre Armand de Pontac, Grimond Eyquem et Pierre Beloys, fermiers assesseurs de l'archevêché. — Arrêt qui condamne les habitants des paroisses de Champaignolles, Tesson, Cernac, dépendantes de la châtellenie de Pons, à servir au seigneur du lieu chacun an un bian; — qui condamne messire Gaston d'Oudoings, seigneur de Funarçon, à payer à sa belle-sœur, la somme de onze mille livres, de sa constitution.

B. 13. (Feuilles détachées.) — 10 feuillets in-folio, parchemin.

1515. — Arrêts et ordonnances relatifs : — à la condamnation prononcée, pour cause d'excès et délits commis, contre François de Caumont, Étienne Dufour, Pierre de Civrac, Peyrot de Lamothe, Bernard Forcade, Jean Danglade, François Destuer, sieur de Thonenz; — à l'admission de René de Bretagne, comte de Penthièvre, à exercer le retrait des droits qu'il avait concédé étant mineur à Odet Deydie sur les terres de Ribérac et de Peluche, et à la demande du duc de Duselfort, qui réclame à la Comptablie de Bordeaux la remise des sommes perçues sur sa provision de vin, en même temps que les douze sols perçus par tonneau.

B. 14. (Registre.) — In-folio, 112 feuillets, parchemin.

1518-1521. — Arrêts et ordonnances relatifs : — à messire Antoine de Lostange, évêque d'Angoulême, à raison de divers fiefs dépendants de cet évêché, qui lui étaient contestés par Anne de Praher, veuve du seigneur de Lafaye ; — à un retrait lignager exercé par la dame veuve de Canteloube par puissance de fief sur divers immeubles acquis d'elle par Gaston de Foix, comte de Canalle ; — aux manants et habitants de la Juridiction de Montferrant au sujet du droit de fromentade qu'ils servaient au seigneur baron de Montferrant, à raison des padouants qui leur avaient été concédés ; — à un partage et délimitation de propriétés entre Charles de Montferrant, Jeanne de Lamothe et Pierre de Lur et Isabeau de Montferrant, sa femme ; — à un droit de pacage, prendre, couper et emporter du bois pour leur besoin personnel, contesté par Antoine de Montbrison, seigneur de Montaigne, aux manants et habitants de sa seigneurie ; — à la délimitation des propriétés des mineurs de Jean de Laroche, seigneur de Sabran, avec celles de Guy de Chernel, seigneur de Boisredon.

B. 15. (Feuilles détachées.) — In-folio, 10 feuillets, parchemin.

1519. — Arrêts interlocutoires.

B. 16. (Cahier.) — In-folio, 92 feuillets, parchemin.

1519-1520. — Arrêts et ordonnances concernant . — Jacques de Sainte-More, seigneur de Magelon, appelant du sénéchal de Saintonge, contre Antoine de Monheron, seigneur de Montaigne ; — Bernard de Ségur, seigneur de Fauguerolles, contre François Taleirant, seigneur de Grignols ; — Guy de Gontault, chevalier, seigneur de Saint-Genès, et les habitants de la Linde ; — Alain d'Albret, comte de Dreux et Rhétel ; — Hélie de Polignac, chambellan du Roi, appelant du sénéchal de Saintonge, contre le prieur d'Arthiac ; — les marchands fréquentant les rivières de la Garonne et du Lot contre divers seigneurs interceptant la navigation ; — Madeleine de Lescun, vicomtesse de Castillon, contre Catherine Dandoingt, veuve de messire François de Gramont ; — messire François d'Estissac, chevalier, seigneur dudit lieu, appelant du sénéchal du Périgord, contre Penelle Lagrange.

B. 17. (Registre.) — In-folio, 347 feuillets, parchemin.

1523-1524. — Arrêts et ordonnances concernant : — le transférement du siége du Parlement en la ville de Libourne, vu les dangers de la peste à Bordeaux ; — la défense qui est faite par la Cour aux taverniers de laisser jouer aucun jeu de hasard, cartes, dés, etc. ; — la confirmation d'une sentence du juge de Tombebœuf, qui condame un sieur Maigne à avoir la tête tranchée pour un rapt par lui exercé sur une fille de douze ans ; — confirmant des sentences des jurats de Bordeaux, qui condamnent les coupables de l'enlèvement d'une jeune fille à être battus, fustigés, avoir les oreilles coupées et à être bannis perpétuellement ; — concernant l'exécution du testament d'Alain, sire d'Albret, entre le roi Henri de Navarre, Jean Deaultefort et Geoffroy et Jacques de Périsse ; — la confirmation de la constitution par les maire et jurats de Bordeaux de cinq ou six bacheliers pour faire des lectures publiques du droit canon et civil ; — l'ordonnance contre les accapareurs de blés ; — l'ordonnancement du compte du déménagement des tapisseries, tableaux et bancs de la Cour de Bordeaux à Libourne ; — l'envoi de messires Geoffroy Lachassaigne et Jean de Belcier, conseillers, pour disperser une bande de cinq cents aventuriers réunis dans le Limousin, le Périgord et l'Agenais pour y exercer des pilleries ; — l'accusation faite contre Élie de Lescure de fabrication de fausse monnaie à Saint-Émilion ; — la maintenue du frère Sébastien Biré, religieux de l'ordre de Cîteaux, à la tête de l'abbaye de Bonlieue ; — la saisie de la terre et seigneurie de Hieul, faite à la requête du vicomte de Turenne contre François Deydie, seigneur de Ribérac ; — la réclamation des habitants de Sarlat de l'ancien privilège qui leur accordait un droit sur les vins entrant en ville, connu sous le nom de Joquet ; — le pacage des bestiaux dans les palus d'Anguieux, Nozegrand et Colombier, en la vicomté de Fronsac ; — la police de la boulangerie et la vente du pain en détail ; — la revendication par le roi de Navarre contre Charles de Caumont des terres de Monpouillan et Samazan comme dépendances du duché d'Albret.

B. 18. (Cahier.) — In-folio, 36 feuillets, parchemin.

1528. — Arrêts et ordonnances concernant : — les manants et habitants de Gironde refusant de servir le droit d'aquets à la dame Dujuge, dame dudit lieu ; — la dame de Villeneuve, marquise de Thouars, demandant l'exécution d'un arrêt contre Gaston de Foix ; — une ordonnance prescrivant à tous logeurs de s'enquérir auprès de tous les allants et venants logeant chez eux s'ils n'ont été, depuis trente jours au moins, en des lieux pestiférés ; — autre ordonnance prescrivant aux gens d'Église d'augmenter leurs aumônes ; — concernant la réclamation formée par Marie d'Angleterre, douairière de France, du produit des amendes provenant des cas et délits perpétrés en étant dedans le comté de Saintonge.

B. 19. (Feuillets détachés.) — In-folio, 12 feuillets, parchemin.

1529. — Fragment d'un registre d'arrêts et ordonnances.

B. 20. (Registre.) — In-folio, 323 feuillets, parchemin.

1531-1532. — Arrêts et ordonnances relatifs : à une ordonnance qui prescrit le rabillage et la réparation de toutes les routes, ponts et passages du ressort de la Cour par les seigneurs et habitants, sur les ordres de commissaires députés ; — la demande du roi de Navarre, prescrivant aux évêques de Bazas, d'Acqs, Bayonne, Agen, Condom et Ayre, d'avoir à nourrir tous les pauvres étant sur toutes les terres et juridictions de leurs diocèses selon les valeurs qu'ils reçoivent desdites terres ; — relatif à la demande en partage des biens dépendants de la succession de Bertrand de Pellegrue, seigneur de Cambes, formée par Louise de Pellegrue, dame d'Eymet, sa nièce ; — à l'ordonnance qui prescrit, sur la demande de messires de Laroche-Chaudry et leurs proches, que Jeanne et Françoise de Pons, filles de Jacques de Pons, seigneur de Mirambeau, seront mises en liberté pour être interrogées sur leur intention d'entrer en religion professe ; — à la condamnation prononcée par la Cour, de 750 livres d'amende faite par fait de congrégations, assemblées illicites et ports d'armes contre les seigneurs de Sainte-More, Cadillac, de La Rivière de Camarsac, de Montferrant et de Portetz ; — à l'ordonnance qui prescrit à tous les prélats, gens d'Église et autres, d'immédiatement se cotiser pour venir au secours des pauvres de la Sénéchaussée de Limoges mourant de faim dans les rues, le tout à peine de cent marcs d'argent contre les contrevenants ; — à une injonction donnée au seigneur Laguilhan et autres hauts justiciers de faire arrêter les voleurs et malfaiteurs composant les bandes qui circulent dans les Sénéchaussées du Périgord ; — à une ordonnance qui prescrit au payeur des gages de la Cour de compter à Flory, roi de la Basoche, 75 livres tournois à lui taxées pour les jeux et farces qu'il lui a plu de faire ; — à l'élargissement de Jean de Foix, détenu pour subornement de témoins ; — à la réquisition faite par le procureur général de démolir la cathédrale de Sarlat, menaçant ruine ; — aux armes du seigneur et de la dame de Lansac, sa femme, produites autour et par dehors les couvents de la Nonciade et de la Mercy de Bordeaux ; — à l'appel formé par le roi de Navarre contre Jeanne de Lur, veuve de François Duzard, à raison de la revendication de divers fiefs par elle détenus ; — à la limitation de la terre de Sainte-Livrade ; — à des injures proférées par messire Arnaud de Lavie, conseiller, contre M. de Brassac, président.

B. 21 (Registre. — In-folio, 250 feuillets, parchemin.

1532-1533. — Arrêts et ordonnances concernant, notamment : — la demande formée devant la Cour par Jeanne Descars, dame douairière de Caumont, contre Alain de Foix et Françoise de Monpezat, sa femme, pour obtenir l'exécution d'un arrêt qui lui alloue une restitution des fruits des biens indûment jouis par les défendeurs ; — une ordonnance qui prescrit que les saumons, lamproies et colacs pêchés dans la Gironde et la Dordogne ne pourront être vendus ailleurs que sur le marché de Bordeaux ; — la condamnation infligée à messire de Bar, prieur de l'église et prieuré de Soulac, une des plus anciennes fondations en l'honneur de Notre-Dame, d'avoir à réparer ladite Église, tombant en ruine, et à rétablir le service divin, avec les revenus du prieuré supprimés ; — sur les remontrances des syndics et chanoines de Saint-Seurin, qui exposent qu'aux veillées qui se font en l'église Saint-Seurin et autres églises du diocèse, il se dit des chansons déshonnêtes et se fait grandes dissolutions, excès et scandales ; qu'à la dernière veillée, jour de Sainte-Claire, avaient été faits grands excès, dissolutions et scandales en l'église Sainte-Eulalie de Bordeaux, où plusieurs filles avaient été violées, dont quelques-unes étaient mortes, et aussi à la veille de la fête de Pentecôte, en l'église d'Arveyres, avaient été commis trois meurtres, la Cour prohibe lesdites veillées ; — annonce des décès de messires Odier et de Branne, conseillers en la Cour ; — concernant le pacage exercé par les habitants de Monpezat dans les bois et forêts desdits lieux ; — la jouissance des seigneuries de Blanquefort, Pujols et Rauzan, indivise entre Jean de Durfort, seigneur de Duras, et Catherine de Biron, veuve dudit François de Durfort ; — la défense faite à toutes sortes de personnes d'emporter hors de la Sénéchaussée de Guienne aucun bois, soit de chauffage, soit merrain, soit de construction, à peine de mille livres d'amende.

B. 22. (Registre.) — In-folio, 425 feuillets, parchemin.

1533-1534. — Arrêts et ordonnances relatifs, notamment . — aux candidats présentés à la nomination du Roi pour pourvoir au remplacement de messire Bertrand de Tustal, décédé ; — à une demande en production de pièces réclamées par François de Benquet, conseiller, et Adam de Benquet, son fils, contre Raimond de Ferrand, seigneur de Lavison ; — à la demande faite par les gouverneurs de l'hôpital des Quinze-Vingts aveugles à Paris, que les indulgences octroyées audit hôpital soient publiées sans rétribution ; — à la plainte adressée à la Cour par le roi et les suppôts de la Bazoche de Bordeaux contre les perruquiers de la même ville, qui veulent se mêler à leurs jeux et farces, et faire un roi à leur intention ; — à une production de pièces demandée à la Cour par Jean Deplas, évêque de Bazus, contre Michel Deplas, conseiller, son frère ; — à la demande que fait à Jean de Durfort, seigneur de Civrac, tuteur des enfants de feu François de Durfort, la dame Catherine de Biron, dame douairière de Duras, de son compte de tutelle ; — à messires Bernard Badet, Jean Bareyre et Jean Denoyer, candidats présentés par la Cour, en remplacement de Jean Ferrand, conseiller, décédé ; — à la demande formée par messire Damelin, conseiller, que l'on informe contre messire de Bordeaux, qui, à la tête de quinze hommes, était venu l'assiéger dans sa maison de Casteljaloux ; — à la défense d'aller par la ville de Bordeaux sans lumière après la cloche de la retraite, avec armes, masqué ou déguisé ; — aux remontrances du président Boyer aux jurats de Bordeaux sur la négligence qu'ils apportent à la répression des vagabonds, à faire nettoyer les rues, à faire payer les taxes imposées sur les chevreaux, moutons, bœufs ; à réparer les pavés et à faire visiter les apothicaires ; — à l'ordonnance qui prescrit de chasser de la ville de Saint-Yriez les femmes de mauvaises mœurs fréquentant les moines, doyens, chanoines et gens d'Église du couvent de cette ville.

B. 23. (Registre.) — In-folio, 383 feuillets, parchemin.

1540-1542. — Arrêts et ordonnances concernant, notamment : — la demande adressée à la Cour par messire Jean de Laval, lieutenant général pour le Roi en Bretagne, de faire charger au port de Bordeaux cinquante tonneaux de vin pour sa provision, sans payer les droits accoutumés ; — divers excès imputés par le syndic des manants et habitants de la vicomté de Juilliac à François de Béarn, seigneur dudit lieu ; — le péage d'Arrouille disputé par Anne de Pardaillan contre Pierre de Marsan, seigneur de Roquefort ; — la liquidation de la succession des auteurs de Régine de Lamarthonie ; — une demande en réparation d'excès, poursuivie par Jean de Calvimont, président en la Cour, et Marguerite Talerant, sa femme ; — le partage de la succession de Jeanne de Lastour entre ses neveux et nièces ; — messire Pierre Duchâtel, évêque de Tulle, lecteur du Roi, à raison d'un appel du sénéchal du Quercy contre les habitants de Veyrac, au sujet d'un entérinement de lettres royaux ; — Adrien d'Aspremont, seigneur d'Orthez, contre les manants et habitants de sa juridiction, au sujet d'un droit de guet ; — Antoine de Monpezat, seigneur de Savigniac, pour son fils, sieur Danglade, contre le curé de Cameyrac, au sujet des dîmes de la paroisse ; — Charles de Rochefort, baron de Saint-Angel, contre les religieux du couvent de ce nom, à raison d'arrérages des cens et rentes qu'ils devaient se servir respectivement.

B. 24. (Registre.) — In-folio, 570 feuillets, parchemin.

1541-1542. — Arrêts et ordonnances se rapportant, notamment : — à la succession de Thomas Donissan, dévolue à Pierre de Donissan de La Prade, en qualité de tuteur des enfants mineurs, et Marguerite Gassies, sa veuve ; — à Bertrand de Cassaignac, appelant d'une sentence du juge de La Réole, qui le condamne à la question et torture ; — à une injonction faite au payeur des gages de la Cour de payer, sous peine de prison, aux présidents et conseillers leurs gages échus ; — à une demande faite par René, vicomte de Rohan, à la Cour, de lui faire expédier quatre-vingts tonneaux de vin pour sa consommation, sans payer les droits de coutume ; — à une opposition d'Alain de Durfort à ce qu'il soit touché aux douves des murs de la ville d'Agen ; — à la propriété du chastel et terre de Savignac contestée à André de Pys par Charles de Gramont, archevêque de Bordeaux ; — à la réception du serment des jurats de Saint-Sever, contestée à Philibert de Beaujeu, aumônier de la Reine, coseigneur de la ville de Saint-Sever ; — à la proscription de l'incinération des landes, à cause du danger des incendies ; — à la condamnation à être fouettée prononcée contre une nourrice pour avoir couché avec elle un enfant de trois mois ; — à la condamnation à l'exil et à faire amende honorable de Jean de Pommière, accusé d'avoir proféré des paroles hérétiques ; — à l'envoi d'un commissaire à Libourne pour l'exécution de l'édit des gabelles ; — à une condamnation de 500 livres d'amende envers les maire et jurats de Libourne pour n'avoir pas exécuté les ordres de la Cour ; — au soulèvement de la Saintonge contre l'édit des gabelles ; — à la dénonciation faite à la Cour par le procureur général contre les religieux des abbayes de la Tesseaille, Sablonçeau et Pleine-Selve, gens mal vivants, vagabonds, dissolus, ne vacquant aucunement au service divin, et allant nuit et jour piller, vagabonder et paillarder, portant arbalètes et autres arnoys ; — à l'autorisation donnée à Arnaud de Turenne, sieur de Massolie, d'édifier un moulin sur la rivière de l'Ile ; — à la cotisation ordonnée entre l'archevêque de Bordeaux, les évêques de Bazas, Agen, Condom, Périgueux, Sarlat, Limoges, Saintes, Acqs, Bayonne et Ayre, pour payer les frais à faire pour les procès intentés contre plusieurs personnages du ressort, sectateurs, fauteurs et auteurs de doctrines réprouvées, etc.

B. 25. (Registre.) — In-folio, 251 feuillets, parchemin.

1543-1544. — Arrêts et ordonnances concernant, notamment : — l'enregistrement des lettres patentes du 9 novembre 1543, qui instituent le roi de Navarre amiral du duché de Guienne ; — le remboursement d'une somme de

12,000 livres exigée par François Deydie et Françoise de Salignac, sa femme, contre Jean d'Albret, baron de Myossens ; — une production d'hommage exigé du curé de la paroisse de Mazères, en Bazadois, par Andron de Lansac, seigneur de Roquetaillade ; — un pourvoi des consuls du Port-Sainte-Marie contre le seigneur de Luzignan, au sujet d'un droit de péage ; — une cotisation des manants et habitants de Mézin, exigée par les consuls de la ville ; — contre Bernard de Gramont, prévenu d'avoir attenté à l'autorité du juge de Moncuq ; — relatif à la possession et jouissance de la baronnie de Lastour, contestée à Martial de Bort par Françoise de Montal, dame de Bajaumont ; — au refus que fait le syndic des religieux de Saint-Angel à Charles de Rochefort, seigneur, d'un local de sépulture dans le couvent de Saint-Angel ; — à l'entérinement de lettres d'État pour François de Saint-Aulaire, panetier du Roi ; — à une reprise d'instance de François Belcier, premier président, et Louise Polignac, sa femme ; — à Jean Belcier, conseiller au grand Conseil, contre les doyens et chanoines de Taillebourg.

B. 26. (Registre.) — In-folio, 455 feuillets, parchemin.

1545-1546. — Arrêts et ordonnances principalement relatifs : — à l'héritage de Jacquette Monberon, en litige entre Guy Deydie, vicomte de Charlus, et Anne de Monberon, demoiselle ; — à l'exécution d'un arrêt de la Cour au profit de Gérault Roussel, évêque d'Oléron, abbé de Cleyrac, contre Antoine de Surmentrand, au sujet de diverses redevances féodales ; — au payement d'un tableau exécuté par le peintre Luc Macherque pour l'ornement de la grande chambre de la Cour ; — au partage de la succession de feu Antoine Larochechandry, seigneur de Saint-Germain, entre ses héritiers et ayants droit ; — à la commission donnée par la Cour à François de Caldour et Gaillard de Lavie d'instruire sur le crime d'hérésie imputé à Jean Bouchier, bénédictin ; — au refus que fait Aguesseau de rembourser la finance attachée à l'office de sénéchal récemment supprimé et dont il était nanti ; — à la dame Marie Laboursière, veuve du président Boyer, qui demande l'exécution du testament de son mari pour ce qui regarde les pauvres de Saint-André ; — aux reproches adressés par le Conseil privé au président de Lachassaigne, délégué pour aller à la Cour, à raison des troubles survenus à Libourne lors de l'édit de la gabelle ; — au décès du premier président François de Belcier ; — aux inhibitions et défenses faites à toutes sortes de gens de s'assembler, ni taverner, ni boire, ni manger, les jours de fêtes, sous peine du fouet ; — à la défense faite à toutes personnes d'entrer dans la Cour, à cause de l'imminence de la peste régnant à Bordeaux, sauf aux avocats, procureurs, gens d'Église et gentilshommes ;

— à la défense faite par des seigneurs hauts justiciers, leurs officiers, maires et consuls des paroisses de refuser l'hospitalité aux étrangers, sous prétexte du danger de la peste ; — à la négligence apportée par les chapelains, prébendiers, bénéficiers des églises métropolitaines, à donner les leçons de théologie qu'ils sont tenus de faire suivant les décrets et concordats ; — à l'injonction faite aux prieurs de Saint-James, Camparian, Bardanac, Cayac, Saint-Julien et Saint-Antoine, de donner des secours aux pauvres de l'hôpital Saint-André ; — à la défense faite aux habitants de Marmande de laisser jouir tranquillement François de Caumont, baron dudit lieu, de ses bois de Grignolets ; — aux poursuites exercées par l'official d'Agen contre Johan Bernède pour avoir professé plusieurs propositions hérétiques.

B. 27. (Cahier.) — In-folio, 10 feuillets, parchemin.

1546. — Arrêts et ordonnances interlocutoires du Parlement.

B. 28. (Registre.) — In-folio, 455 feuillets, parchemin.

1545-1546. — Arrêts et ordonnances du Parlement rendus par les commissaires envoyés par le Roi pendant sa surséance : — prescrivant que tous les procès pour hérésies entamés soient repris, en même temps qu'il soit publié dans les églises un monitoire contre les détenteurs et recéleurs des charges et procédures afférentes jusqu'à révélations ; — composant une cotisation aux habitants de Blaye : par Louis de Saint-Gelays, seigneur de Lansac ; — contenant une rente de 100 livres tournois réclamée par Geoffroy de Pompadour, vicomte de Biron, à François de Rofignac, sieur de Conseignes ; — défendant à tous les habitants valides de Bordeaux de communiquer avec les pestiférés de la ville sous peine d'être enfermés ; — défendant aux lieutenants des Sénéchaussées de nommer des procureurs sans l'agrément du Roi ; — procédure pour homicide imputé à Jean Lestrade, Pierre Villechose, seigneur de Basty, et Marguerite de Reth, sa femme ; — nomination d'Antoine de Belcies, conseiller en la Cour ; — constitution de rente de Guillaume de Pons, seigneur de Mirambeau, en faveur de la mère Ancelle, de l'Annonciade ; — le procureur général signale à la Cour que les reliques et images sacrées de l'abbaye de Saint-Jean-d'Angély ont été vendues par certains religieux sans nécessité ; — concernant la remise au greffe de toutes les instructions commencées contre les hérétiques ; — l'homologation des lettres de rémission données à Jean de Monberon, seigneur dudit lieu, de l'homicide par lui commis sur un sieur Dubreuil, bourgeois de Bordeaux ; — la

Département de la Gironde.

INVENTAIRE-SOMMAIRE

DES

ARCHIVES DÉPARTEMENTALES ANTÉRIEURES A 1790.

SÉRIE C.

(**Administrations provinciales.** — **Intendances.** — **Subdélégations.** — **Élections.** — **Bureau des finances.** — **États provinciaux.** — **Principautés.** — **Régences.**)

INTENDANCE DE BORDEAUX.

C. 1. (Carton.) — 35 pièces, dont 2 en parchemin.

1686-1736. — Ordonnances de MM. de Faucon de Ris, de Labourdonnaye, de Lamoignon et de Boucher, intendants de Bordeaux, concernant : — la visite des rivières de la Généralité ; — les foires de Bordeaux ; — la défense d'envoyer d'une ville dans une autre des matières d'or et d'argent ; — les payements en billets de banque ; — le mouillage des navires à l'île de Patiras (port de Panillac) ; — le règlement pour les étoffes contagieuses ; — la ferme des droits sur les vins ; — les mendiants ; — la défense de planter des vignes ; — de faire laver des laines grasses dans les jalles, ni d'y faire rouir des chanvres ; — de transporter à l'étranger les grains, légumes, etc. ; — concernant les fourrages, les digues et plantations sur la rive de la Garonne ; — les attroupements illicites ; — le tirage au sort entre les retardataires ; — le droit de confirmation ; — le pavé du chemin royal de Langoiran ; — la nourriture des bestiaux, etc.

C. 2. (Carton.) — 33 pièces imprimées, papier.

1737-1740. — Ordonnances de M. de Boucher, intendant de Bordeaux, concernant : — la défense de planter de la vigne ; — les moulins à nef sur les rivières ; — la capitation de la noblesse ; — les fournitures aux troupes de passage ; — les fourrages ; — la mendicité ; — la navigation des rivières ; — les maîtres de poste ; — la capitation des villes et communautés de la Généralité ; — la milice ; — le dénombrement de la population ; — les droits de contrôle ; — les étrangers ; — la mortalité des bêtes à laine ; — la plantation d'arbres sur les routes de Libourne et Toulouse ; — les chanvres ; — la préparation des cuirs ; — la morve des chevaux ; — les droits d'octroi sur les grains.

C. 3. (Carton.) — 36 pièces, papier.

1741-1744. — Ordonnances de MM. de Boucher et Aubert de Tourny, intendants de Bordeaux, concernant : — les routes ; — les chemins royaux ; — la capitation des valets, paysans et bourgeois ; — les alignements ; — les chemins vicinaux ; — les chairs salées ; — les porteurs de contraintes ; — les postes aux chevaux ; — le dixième ; — les corvées ; — les gardes-étalon ; — la milice ; — les portefaix de Bordeaux ; — le remboursement des maisons démolies pour former la place Royale ; — les tableaux pour servir à la nomination des collecteurs ; — les syndics de paroisses ; — le logement des étrangers ; — l'adjudication de l'église de Soulac ; — un pont sur le Mauron ; — les comptes des communautés ; — le droit de quarantain ; — la construction d'un ponceau près le village de Serayre ; — les plantations d'arbres sur les grands chemins ; — les aqueducs ; — les poudres et salpêtres.

C. 4. (Carton.) — 45 pièces, papier.

1745-1747. — Ordonnances de M. de Tourny, intendant de Bordeaux, concernant : — les religionnaires ; — les chanvres ; — la nomination des collecteurs ; — le logement des étrangers ; — les trésoriers des communes ; — la coupe des bois taillis ; — le moulin de M. Gourgues ; — le moulin à poudre de Saint-Médard ; — le hallage sur la Dordogne ; — les poudres et salpêtres ; — les corvées ; — le contrôle des étoffes ; — la taille réelle ; — le papier terrier ; — le bannissement du sieur Rougier, milicien ; — les adjudications des travaux de la navigation ; — les grains ; — les haras ; — les fourrages ; — les impositions ; — le remplacement de l'avoine par le seigle ; — les secours aux indigents ; — les frais de contrainte ; — les commissions d'archers ; — la défense de porter des armes.

C. 5. (Carton.) — 28 pièces imprimées.

1767-1785. — Ordonnances de MM. de Fargès Esmangart et Dupré de Saint-Maur, intendants de Bordeaux, concernant : — les syndics des milices ; — les exemptions et les fuyards ; — la répartition de la taille ; — les étapes ; — les accidents survenus sur les récoltes ; — les rôles de la capitation de la noblesse ; — les casernes de Libourne ; — les grains ; — les régiments provinciaux ; — les foires et marchés ; — les logements des gens de guerre ; — le marché de Nontron ; — les chevaux atteints de la morve ; — le rachat des corvées.

C. 6. (Portefeuille.) — 110 pièces, papier.

1709-1744. — Correspondance de MM. de Labourdonnaye, de Courson, de Boucher et de Tourny, intendants de Bordeaux, avec les ministres Le Peletier, d'Argenson, Le Blanc, d'Aguesseau, de Lavrillière, d'Armenonville, le duc d'Antin, le cardinal de Fleury, Amelot, Orry et le maréchal de Biron, relative : à des renseignements sur un gentilhomme du Périgord, nommé Sainton ; — aux significations d'huissiers ; — à des croix brisées dans la commune de Fieux, près Nérac (Lot-et-Garonne), par un nommé Pierre Arbrissan ; — à des dégradations commises dans la forêt de la communauté de Donzac par M. Pinsùn, ingénieur en chef de Navarreins ; — à un procès entre M. Charles de Verthamont et Mme de Beynac ; — à un individu décédé dans une auberge de Bordeaux, où il était connu sous le nom de Schenck, tandis que son nom véritable était Ernest-Rodolphe d'Estrammer, comte d'Estrammer, seigneur de Waren, et qu'il était conseiller aulique et chambellan du roi de Pologne, électeur de Saxe.

C. 7. (Portefeuille.) — 86 pièces, papier.

1718-1729. — Correspondance de MM. de Courson et de Boucher, intendants de Bordeaux, avec les ministres d'Aguesseau, le duc d'Antin, Le Blanc, de Lavrillière, de Breteuil et de Chauvelin, concernant : — des demandes d'absents ou de militaires pour obtenir leur intervention auprès des autorités locales, soit pour recueillir des héritages qui leur étaient dévolus, soit pour contraindre ceux qui les détenaient injustement à leur en faire la restitution, soit pour obtenir des renseignements au sujet des successions ouvertes à leur profit. — On y remarque les noms de Mlle Descairat de Loustelnau, de Mlle Coste Badie, Du Luc, de Gachon, François Misset, Isabeau Belloc, Antoine Rolland de Jurande, Roddes de la Morlière et le baron Dagos.

C. 8. (Portefeuille.) — 117 pièces, papier.

1718-1724. — Correspondance de MM. de Courson et de Boucher, intendants de Bordeaux, avec les ministres Le Peletier, d'Argenson, Le Blanc, Law, Dodun, de La Houssaye et de Gaumont, concernant : — le payement des charges locales ; — des renseignements demandés à l'intendant sur les nommés Pontphily, Bélétré et Meuleu, bretons signalés comme coupables d'excitation à la révolte ; — un arrêt de la Cour, du 29 octobre 1720, qui défend à toutes les Cours et juges ordinaires et extraordinaires de faire aucune application des amendes, soit à prononcer des aumônes contre les condamnés, si ce n'est dans le cas où il aura été commis sacrilège ; — les droits de la ferme des greffes réclamés par les directeurs de la Compagnie des Indes ; — la caisse du Domaine ; — la destruction des timbres.

C. 9. (Portefeuille.) — 105 pièces, papier.

1718-1731. — Correspondance de MM. de Courson et de Boucher, intendants de Bordeaux, avec les ministres Le Blanc, d'Aguesseau, de Maurepas, de Breteuil, de Chauvelin, d'Armenonville, d'Angervilliers et de Lavrillière, relative : — à des demandes adressées aux ministres et à la Cour par des créanciers, pour intervenir auprès de l'autorité locale, afin d'obtenir le remboursement des sommes qui leur sont dues par des personnes à l'égard desquelles les voies ordinaires de contrainte avaient été employées sans succès, à cause de leur position sociale. — Parmi ces personnes, on distingue notamment : MM. de La Guyzie, de Mortier, La Brousse, Du Bernard, de Laffitte, de Tarraube, Rozier de Gorse, le marquis de Lacapelle de Charbonnières, de Férussac, de Martignac, du Gravier et le marquis de Lusignan.

C. 10. (Portefeuille.) — 135 pièces, papier.

1719-1739. — Correspondance de MM. de Courson et de Boucher, intendants à Bordeaux, avec les ministres Baudry, d'Argenson, de Lavrillière, d'Armenonville, Dodun, de Breteuil, Le Blanc, de Chauvelin, de La Houssaye, Amelot, d'Ormesson, d'Aguesseau et d'Angervilliers, rela-

SÉRIE C. — INTENDANCE DE BORDEAUX.   3

tive : — aux maîtres cartiers de la ville de Bergerac (Dordogne) ; — au logement du curé de Saint-Laurent-sur-Manoire ; — à un scandale dans la paroisse de la Nouaille, en Périgord, causé par un nommé Raynaud, cabaretier ; — à la nommée Laville, détenue avec son fils dans les prisons de Périgueux (Dordogne), pour assassinat ; — à une plainte de M. Merlet contre le curé de Londres, près Marmande (Lot-et-Garonne), pour soustraction de papiers de famille ; — à une procédure entre le sieur de Baritault et le sieur Domenge, avocat au Parlement de Bordeaux.

C. 11. (Portefeuille.) — 103 pièces, papier.

1719-1752. — Correspondance de MM. de Courson, de Boucher et de Tourny, intendants à Bordeaux, avec les ministres Le Blanc, de Breteuil, de Lavrillière, d'Aguesseau, de Chauvelin, Amelot, d'Argenson et de Paulmy, relative : — à des demandes d'absents ou de militaires pour obtenir leur intervention auprès des autorités locales, soit pour recueillir des héritages qui leur étaient dévolus, soit pour contraindre ceux qui les détenaient injustement à leur en faire la restitution, soit pour obtenir des renseignements au sujet des successions ouvertes à leur profit. — De ce nombre sont : Gabriel de Lor, Andurand, Bonnegarde, de Basignan, Lacour de Transforet, Thomaseau, Rivière de Saint-Pierre, Gouzil, Bacon, de Larue.

C. 12. (Portefeuille.) — 85 pièces, papier.

1723-1767. — Correspondance de MM. de Boucher, de Tourny et Boutin, intendants de Bordeaux, avec les ministres Orry, de Baudry, Amelot, Bertin, de Laverdy et de Chauvelin, concernant : — l'affaire Fargès, relative à la liquidation du service des vivres ; — la ferme des octrois de la ville de Vitry ; — le privilège des sabotiers et charrons ; — la création des rentes viagères ; — les offices de commissaires aux inventaires ; — les courtiers jaugeurs ; — la communauté des arts et métiers ; — la nomination de François-Philibert Duchesne, vicomte de Montréal, à l'office de conseiller enquêteur et commissaire examinateur en la Sénéchaussée et siége présidial de Périgueux (Dordogne) ; — l'adjudicataire des fermes.

C. 13. (Portefeuille.) — 119 pièces, papier ; 1 en parchemin.

1725-1741. — Correspondance de M. de Boucher, intendant de Bordeaux, avec les ministres Dodun, Amelot, d'Aguesseau, le régent Louis, duc d'Orléans, d'Angervilliers et le comte Du Muy, relative : — à un mémoire contre l'abbé Caussade, curé de Bangas, qui a fait démolir sans autorisation une partie des murs de ville de Saint-Pastour (Lot-et-Garonne) ; — à une contestation entre le juge royal et le lieutenant de police de Thiviers, à l'occasion de la nomination du greffier ; — à une demande de secours du sieur Mouravel de Lavergne, chargé d'une nombreuse famille ; — aux prieurés de Pille et de Bonnefon, du diocèse de Bazas ; — aux offices de greffiers et d'huissiers ; — au nommé Antoine, né à Montpellier (Hérault), se disant fils naturel du prince Charles de Danemark, frère du roi Frédéric IX, et de demoiselle de Plantade, fille de M. de Plantade, conseiller à la Cour des Aides de la ville de Montpellier ; — à la détention du sieur de Valoubière.

C. 14. (Portefeuille.) — 100 pièces, papier.

1730-1743. — Correspondance de MM. de Boucher et de Tourny, intendants de Bordeaux, avec les ministres d'Aguesseau, d'Angervilliers, de Chauvelin, Amelot et de Maurepas, relative : — à des demandes d'absents ou de militaires pour obtenir leur intervention auprès des autorités locales, soit pour recueillir des héritages qui leur étaient dévolus, soit pour contraindre ceux qui les détenaient injustement à leur en faire la restitution, soit pour obtenir des renseignements au sujet des successions ouvertes à leur profit. Parmi le nombre des suppliants, on voit figurer les noms de MM. d'Aux, Du Laurier, officier de l'Hôtel des Invalides ; Uchard, aide-major ; de L'Isle, capitaine ; Dumas, major ; Lagrange, chevalier de Saint-Louis ; François Meynier, Rechardy, de Mirabel, Patras, Desmarets, Scheffern, Raymond Lafore, Du Noyer, de Coutures.

C. 15. (Portefeuille.) — 88 pièces, papier.

1733-1767. — Correspondance de MM. de Boucher et de Fargès, intendants de Bordeaux, avec les ministres Orry, de Chauvelin et de Laverdy, relative : — au contrôle des actes de foi et hommage, adjudications de bois, etc., passés devant les juges-greffiers et autres officiers de justice, et qui sont de nature à être faits également par-devant notaires ; — à la Compagnie des Indes ; — à la permission accordée aux négociants des ports et villes maritimes d'envoyer leurs vaisseaux en Irlande ; — aux étoffes et toiles peintes des Indes, de la Perse et de la Chine ; — à la sortie des vieux linges ; — à la pêche des harengs ; — à l'exemption des droits de visite des cuirs de buffles qui pourront être préparés dans les différentes villes et lieux du royaume : — à l'établissement d'une Caisse d'escompte ; — à l'expédition des bonnets façon de Tunis à destination du Levant.

C. 16. (Portefeuille.) — 105 pièces, papier.

1734-1745. — Correspondance de MM. de Boucher

et de Tourny, intendants à Bordeaux, avec les ministres d'Angervilliers, Orry, le cardinal de Fleury, de Chauvelin, d'Aguesseau, Amelot et de Cremille, relative : — à des demandes adressées aux ministres et à la Cour par des créanciers, pour intervenir auprès de l'autorité locale afin d'obtenir le remboursement des sommes qui leur sont dues par des personnes à l'égard desquelles les voies ordinaires de contrainte avaient été employées sans succès, à cause de leur position sociale. — De ce nombre sont : MM. Du Bayne, Du Camps, de Raynal, capitaine; de La Coste, de Saubat, de Montviel, inspecteur d'infanterie; le comte de Marquessac, de La Cardonnie, le baron d'Andiran, Constant de Picquemolle, Faucher de Fontagniac, de Lagarde de La Jorrie, Melon de Rauzan, Rieucourt de Bernard, garde du corps; de Campagnac et de Cherval.

C. 17. (Portefeuille.) — 116 pièces, papier.

1740-1767. — Correspondance de MM. de Boucher, de Tourny et Boutin, intendants de Bordeaux, avec les ministres Amelot, d'Aguesseau, Machault, de Saint-Florentin, d'Argenson, le maréchal de Noailles, de Chauvelin, Bertin et le duc de Choiseul, relative : — à diverses plaintes portées par M. de Ségur de Montazeau contre le sieur Mirat, pour violences ; — par le curé de Villeneuve-d'Agen (Lot-et-Garonne) contre le sieur Delerm ;—au père Bonjour, religieux Doctrinaire à Treignac, pour mauvais traitements qu'il a reçus du sieur Laborde ; — à Fialde, vicaire de Villeneuve-d'Agen, contre le sieur Lacroix; — au curé de Lados contre le sieur Benel.

C. 18. (Portefeuille.) — 109 pièces, papier.

1743-1759. — Correspondance de M. de Tourny, intendant de Bordeaux, avec les ministres Amelot, Orry, de Maurepas, de La Houssaye, d'Aguesseau, de Saint-Florentin, d'Argenson, de Courteille et de Trudaine, concernant : — le rétablissement du marché de bestiaux à Bordeaux ; — les embellissements de la ville ; — le couvent des Capucins ; — le buste du Roi pour le local de la Bourse ; — le principal du collége de Guienne ; — le député au Bureau de commerce ; — les réclamations de M. Fauquier, conseiller au Parlement de Bordeaux, au sujet du payement du prix de deux maisons par lui vendues à la ville ; — une plainte de M. l'ambassadeur de Hollande au sujet de l'inhumation des individus de sa nation ; — les prières composées par le rabbin des juifs, à l'occasion de la maladie du Roi et de celle du Dauphin ; — une décision judiciaire au sujet de la ferme des octrois ; — le projet d'établissement de deux quais sur le port pour faciliter le chargement et le déchargement des navires ; — la statue équestre du Roi ; — la Bourse ; — les plaintes des officiers des troupes bourgeoises ; — le projet de M. le duc de Richelieu de faire rouler un opéra de six en six mois alternativement entre Bordeaux et Toulouse.

C. 19. (Portefeuille.) — 240 feuillets, papier, en 14 cahiers.

1743-1766. — Cahiers et notes de l'intendant de Bordeaux contenant : — l'enregistrement de la correspondance de M. Boutin avec les ministres, le contrôleur général des finances et autres fonctionnaires ; — requêtes pour la milice envoyées aux subdélégués ;— états ou répertoires ou notes contenus sur des feuilles de papier détachées, parmi lesquels se trouvent la mention ou l'enregistrement des ordonnances de M. de Tourny, rendues sur diverses matières, et des fragments d'inventaires des papiers et cartons des divers bureaux de l'intendance.

C. 20. (Portefeuille.) — 63 pièces, papier.

1744-1778. — Correspondance de MM. de Tourny, Boutin et de Fargès, intendants de Bordeaux, avec les ministres d'Aguesseau, duc de Choiseul et Bertin, relative à des demandes d'absents ou de militaires pour obtenir leur intervention auprès des autorités locales, soit pour recueillir des héritages qui leur étaient dévolus, soit pour contraindre ceux qui les détenaient injustement à leur en faire la restitution, soit pour obtenir des renseignements au sujet des successions ouvertes à leur profit. — De ce nombre sont : MM. de Fleury Dessudres, écuyer, Fauché, Du Buc, Arquier frères, Jean Lalande, le comte Beaupré, Vieusens d'Aglan, Canat, Blainé, Lormand et Dechegaray.

C. 21. (Portefeuille.) — 114 pièces, papier.

1745-1751. — Correspondance de M. de Tourny, intendant de Bordeaux, avec les ministres d'Aguesseau, de Saint-Florentin et de La Reynière, concernant : — la réclamation du sieur Barré, curé de Cezac, pour arrérages de pension ;—la défense à tous huissiers et sergents royaux d'entrer dans les maisons pour capturer ceux qu'ils seraient chargés d'arrêter pour dettes civiles ; — la création d'une Bourse consulaire à Périgueux (Dordogne) ; — un placet du sieur Raymond de Mayne, officier de la louveterie du Roi ; — la contestation entre Mme la baronne d'Andiran et les créanciers de son père.

C. 22. (Portefeuille.) — 111 pièces, dont 2 en parchemin.

1746-1749. — Correspondance de M. de Tourny, intendant de Bordeaux, avec les ministres d'Aguesseau, de La Houssaye, d'Argenson et de Saint-Florentin, relative : — à des demandes adressées aux ministres et à la Cour par des créanciers, pour intervenir auprès de l'autorité locale, afin d'obtenir le remboursement de sommes qui leur sont dues par des personnes à l'égard desquelles les voies ordinaires de contrainte avaient été employées sans succès, à cause de leur position sociale. — Dans ce nombre figurent : MM. de La Capelle-Biron, de Saint-Astier, Pierre Cadroy, écuyer, seigneur de la maison noble de Calavis; d'Escayrac, écuyer ; de Blanche de Labadie.

C. 23. (Carton.) — 104 pièces, papier.

1749-1773. — Correspondance de MM. de Boucher et de Tourny, intendants de Bordeaux, avec les ministres de Trudaine, Orry, Bertin et Terray, concernant : — les enfants-trouvés d'Agen ; — la noblesse de Mme la baronne de Bauzeil, en Agenais ; — le droit de franc-fief ; — le contrôle des actes notariés ; — les droits de contrôle des rentes assignées sur les revenus du Roi ;— des discussions particulières ; — le rôle des biens fonds de la noblesse de l'élection de Bordeaux ; — un vol d'actes originaux commis dans l'étude de Jean Joyeux, notaire à Monpon, élection de Périgueux (Dordogne) ;—une demande de réduction d'impositions du sieur Bernard Roche, ancien conseiller du Roi, et son avocat au Sénéchal et Présidial de Bordeaux, pour pertes de récoltes occasionnées par la gelée.

C. 24. (Portefeuille.) — 131 pièces, papier.

1750-1760. — Correspondance de MM. de Tourny et Boutin, intendants de Bordeaux, avec les ministres de Trudaine, de Lamoignon, de Paulmy, d'Argenson et de Crémille, relative à des requêtes adressées aux ministres et à la Cour par des créanciers, pour demander leur intervention auprès de l'autorité locale, afin d'obtenir le remboursement des sommes qui leur sont dues par des personnes à l'égard desquelles les voies ordinaires de contrainte avaient été employées sans succès, à cause de leur position sociale, et parmi lesquelles on remarque les noms de : — MM. de Poujade, lieutenant général à Bergerac (Dordogne); de Gigounoux, de Fontanillie, de Mestre, de Laval, Duclaux de Lalot, Gombauld, seigneur de Lagrange, de Perusse, colonel; de Fournel, de Castelnau, de Biran, Dordaigne-Casy de Roques, de Marbotin, de Saint-Simon, Duperrier de Rive et de Fontenil.

C. 25. (Portefeuille.) — 121 pièces, papier.

1751-1776. — Correspondance de MM. de Tourny, Boutin, de Fargès et Esmangart, intendants de Bordeaux, avec les ministres de Sartine, de Chauvelin, de Machault, Désilhouette, de Choiseul, d'Ormesson, Turgot, de Miromesnil, Rigoley d'Oguy et de Boullongue, concernant : — les domaine de Durfort et châtellenie de Ruffiac ; — des demandes de dégrèvements d'impositions occasionnées par la perte de bestiaux par l'épizootie et des vins par la gelée ; — la dîme de l'abbaye de la Sauve ;— les vingtièmes dont M. de Richemont demande à être déchargé ; — le droit de prélation ; — les officiers municipaux de Tartas (Landes) ; — les boucheries de Dax (id.) ; — une demande de renseignements sur le compte de M. de Lostière de Casteljaloux, ancien page de Mme la Dauphine ; — M. Lolanie de La Chapelle de Brantome (Dordogne) ; — la ferme du tabac dans la province du Béarn ; — le fermier des boucheries de Dax.

C. 26. (Portefeuille.) — 121 pièces, papier.

1752-1769. — Correspondance de MM. de Tourny, Boutin, de Curson et de Fargès, intendants de Bordeaux, avec les ministres de Lamoignon, de Saint-Florentin, de Sartine, de Maupeou, le duc de Choiseul, Bertin, d'Argenson, d'Angervilliers, d'Ormesson, relative : — aux maîtres de danse ; — au service des curés ; — aux renseignements demandés sur un nommé Dardanelle, qui avait écrit une lettre remplie de menaces contre Mme la marquise de Pompadour ; — à la maison de Saint-Cyr ; — à la régie des biens des Jésuites ; — aux assemblées des francs-maçons ; — à des placets au sujet de diverses procédures ; — aux paroisses de villes murées ; — à Mme la comtesse de Belle-Isle ; — à une plainte du sieur Boudet de Marsac, consul de la ville de Clairac, contre le commis à la recette générale des finances de Bordeaux ;—au projet d'agrandissement des maisons de la Salpêtrière et de Bicêtre, reconnues insuffisantes pour le logement des prisonniers.

C. 27. (Portefeuille.) — 104 pièces, papier.

1756-1768. — Correspondance de MM. de Tourny, Boutin et de Fargès, intendants de Bordeaux, avec les ministres de Paulmy, de Crémille, de Saint-Florentin, de Beaumont et le duc de Choiseul, relative à des demandes d'absents ou de militaires pour obtenir leur intervention auprès des autorités locales, soit pour recueillir des héritages qui leur étaient dévolus, soit pour contraindre ceux qui les détenaient injustement à leur en faire la restitution, soit pour obtenir des renseignements au sujet de ces successions ouvertes à leur profit. — Au nombre des suppliants, figurent : MM. Gamet de Carty, Pontual, capitaine de dragons ; Malherbe, garde du corps ; Marsalès, Lafaye, Mme de Saint-Aulaire, Buzet de Condom (Gers), Boudet, Duverger, Aradel et Duclairac.

C. 28. (Portefeuille.) — 124 pièces, papier.

1758-1759. — Correspondance de M. de Tourny, intendant de Bordeaux, avec les ministres Berryer, de Crémille, de Beaumont, de Saint-Florentin, de Courteille, d'Ormesson, Bertin, les maréchaux de Belisle et de Richelieu, et MM. Duchesne de Beaumanoir, Darvin, de Sorlus, Mel, de Couloussac, Thibaut, Jourdain, de Lamestrie, Bellet, Gorsse, Tauros, etc., pendant son séjour à Paris, concernant : — la défense des côtes de Guienne contre les Anglais ; — la distribution de livres immoraux et hostiles à l'État ; — les vols de bijoux dans les spectacles ; — la demande de lettres de don de prélation faite par M. Pascaud de Pauléon, sur plusieurs héritages vendus par son frère, noble Jean-Jacques de Cheyssac ; — MM. Charmail de Trevy frères, seigneurs de Pascalet, et noble Jean-Joseph de Mathieu de Casquer, avocat en la Cour, demandant que, par ordre du Roi, la veuve du sieur Mathieu et sa fille, leurs parentes, soient enfermées dans la maison de force d'Agen (Lot-et-Garonne) ; — le dommage causé par la foudre à la fabrique de poudre de Saint-Médard ; — l'établissement d'une maison de refuge à Sarlat (Dordogne), réclamé par l'évêque du diocèse ; — l'envoi de deux frégates et de quelques chaloupes pour défendre l'entrée de la rivière.

C. 29. (Portefeuille.) — 120 pièces, papier.

1761-1769. — Correspondance de MM. Boutin et de Fargès, intendants de Bordeaux, avec les ministres de Crémille, de Sartine, de Choiseul, de Courteille, de Maupeou, Bertin, de Saint-Florentin, relative à des requêtes adressées aux ministres et à la Cour par des créanciers, pour solliciter leur intervention auprès de l'autorité locale, afin d'obtenir le remboursement des sommes qui leur sont dues par des personnes à l'égard desquelles les voies ordinaires de contrainte avaient été employées sans succès, à cause de leur position sociale. — Dans ce nombre, on voit figurer : MM. de Sorlus, le marquis de La Capelle, de Cadroy, le chevalier d'Aux, de Cambon de La Nigrye, de Lascazes, de L'Hostelnau, Dufour de Berger, de Lafargue, de Bonnefort, de Hurtevent, de Fauville de Saint-Remy, de Boulainvilliers, de Balignac, de Saint-Philippe, de Lamezan et de Casmont.

C. 30. (Carton.) — 106 pièces, papier.

1761-1776. — Correspondance de MM. Boutin, de Clugny et Esmangart, intendants de Bordeaux, avec les ministres de Courteille, de Beaumont, Cochin et Bertin, au sujet des oppositions formées par divers seigneurs hauts justiciers de la Généralité contre la répétition exercée par le domaine contre eux, pour obtenir le remboursement des frais de justice faits par le Roi pour la répression des crimes et délits commis dans leur juridiction, et ce, d'après les dispositions de l'ordonnance du Roi de 1670. — Parmi ces seigneurs, on distingue : MM. le duc de La Force, le marquis de Fumel, de Raignac, le duc d'Aiguillon, de Jumilhac, de Beauronne, de Frespech, d'Urval et de Saint-Chamazy, de Bellict et de Verteuil.

C. 21. (Carton.) — 166 pièces, papier.

1762-1767. — Correspondance de MM. Boutin et de Fargès, intendants de Bordeaux, avec le ministre de Marville, concernant : — la circulation des grains destinés à l'alimentation de Bordeaux ; — la subsistance des colonies ; — l'auditoire de Bazas (Gironde) ; — l'envoi de graine de mûrier ; — la fabrique des toiles à voiles d'Agen (Lot-et-Garonne) ; — les casernes de Libourne (Gironde) ; — la manufacture de Montignac ; — la construction de l'église du Nérac ; — l'établissement d'une verrerie près Villeneuve-d'Agen ; — le détail d'un orage singulier qui a éclaté le 6 juillet 1767, sur la ville de Condom ; — lettre de M. de Mathisson, subdélégué à Nérac (Lot-et-Garonne), dans laquelle il rend compte à l'intendant de l'exaltation produite sur les protestants de cette ville par l'arrestation de trois de leurs coreligionnaires détenus dans les prisons d'Agen ; — concernant le pont de Périgueux ; — la gelée de 1767 ; — Marie-Thérèse d'Esparbès, prieure royale du monastère de Prouillan de la ville de Condom (Gers).

C. 32. (Carton.) — 114 pièces, papier.

1762-1776. — Correspondance de MM. Esmangart, de Clugny et Dupré de Saint-Maur, intendants de Bordeaux, avec les ministres d'Ormesson et Bertin, concernant diverses demandes en diminutions ou décharges d'impositions, de capitations et de vingtièmes, motivées sur des pertes occasionnées par la gelée, la grêle, les inondations, l'épizootie, les incendies de bâtiments, etc. ; — demandes de secours adressées à l'intendant par des pères de famille qui sont dans l'impossibilité de pour-

SÉRIE C. — INTENDANCE DE BORDEAUX.

voir à la nourriture et à l'entretien de leurs nombreux enfants sans l'assistance du Gouvernement. — Du nombre des personnes qui sollicitent ces faveurs sont : MM. le marquis de Roquefort, Balateau de Lafeuillade, de Belcombe, Bechon de Caussade, de Polignac, le comte de Ramiède, de Coëtlogon et de Miromesnil.

C. 33. (Portefeuille.) — 127 pièces, papier.

1766. — Correspondance de M. Boutin, intendant de Bordeaux, avec les ministres d'Ormesson, le duc de Choiseul, Bertin, de Maupeou, de Boullongue, de Courteille et de Sartine, concernant : — les intérêts des reconnaissances des papiers de la colonie du Canada ; — les courtiers brevetés ; — les huissiers d'Agen (Lot-et-Garonne) ; — les pensionnaires du Roi ; — les impositions ; — les gardes-étalons ; — la reddition des comptes de dépenses faites pour des familles allemandes se rendant aux colonies françaises d'Amérique ; — les passe-ports à l'étranger ; — le logement des troupes ; — les jurats de Blaye (Gironde) ; — l'office du juge royal de Bazas (id.) ; — la préséance entre la maréchaussée et le procureur du Roi d'Agen.

C. 34. (Portefeuille.) — 117 pièces, papier.

1766. — Correspondance de M. Boutin, intendant de Bordeaux, avec les ministres d'Ormesson, Bertin, de Beaumont, de Choiseul, de Boullongue, de Laverdy, de Maupeou et de Courteille, relative : — aux impositions ; — à la justice d'Étauliers ; — à l'office d'avocat du Roi d'Agen (Lot-et-Garonne) ; — aux Capucins de Bordeaux ; — aux étoffes de soie et de laine ; — à la perte des récoltes ; — à la baronnie d'Étauliers ; — au remboursement des dettes de l'État ; — à des porcelaines imitant celles de la Chine ; — aux biens et revenus des villes du royaume ; — à une déclaration du Roi qui fixe les délais accordés pour la représentation des titres de toutes les rentes et intérêts dus par l'État aux hôpitaux et aux colléges.

C. 35. (Portefeuille.) — 100 pièces, papier.

1768. — Correspondance de MM. de Fargès et Esmangart, intendants de Bordeaux, avec le ministre d'Ormesson, concernant l'édit du Roi, du mois de décembre 1764, portant que, pour être inscrits sur les états des finances, les porteurs de titres sur l'État devaient justifier de la légitimité de leurs droits. — Parmi les titulaires de ces titres, on distingue : MM. Courtade de Quissac, Antoine de Goyon, Caillous, lieutenant-conseiller, François Drouillard, Dupuy-Labarthe, Dubedat de Torrebren, Goyon de Verduzan, de Campagno, Courtade de Salis de Condom (Gers), les comtes de La Tresne et de Verthamont, Gérard Descamps de Dunes, de La Gobie, Pâris de Monmartel, de Gervain, Marie Denine de Lavergne, Louis de Cambes, de Brousse, Marie-Henriette de Castellane, Laurent de Loyac, Labal de la Peyrière, de Saint-Hilaire, Marie Bernard de Varenne.

C. 36. (Portefeuille.) — 85 pièces, papier.

1768. — Correspondance de M. de Fargès, intendant de Bordeaux, avec le ministre d'Ormesson, relative à l'édit du Roi, du mois de décembre 1764, portant que, pour être inscrits sur les états des finances, les porteurs de titres sur l'État devaient justifier de la légitimité de leurs droits. — Dans le nombre des titulaires, on remarque : MM. de Marsan, de Leymarie, Valeton de Boissière, Dulion, marquis de Campet, de Calvimont, Sarrazin de Bellecombe, de Bories, de Varenne, Dufour de La Jarte, de Beauregard, de Teynac, de Noiret, de Gaultier, de Bastard, grand maître des eaux et forêts de Guienne, Deschan de Pressac, de Timbrune, marquis de Valence, de Monbet, de Malaprade, de Montezun, de Senzac ; les communautés des horlogers, droguistes, parfumeurs, épiciers, pharmaciens, quincailliers, miroitiers, marchands de blé, gantiers, charpentiers, cordonniers, imprimeurs, libraires, horlogers, etc., et divers hôpitaux, chapitres et couvents.

C. 37. (Portefeuille.) — 168 pièces, papier.

1768-1772. — Correspondance de M. Esmangart, intendant de Bordeaux, avec les ministres Turgot et de Meulan, concernant : — l'établissement d'une manufacture d'indiennes à Bourg (Gironde) ; — les manufactures des pauvres dans les hôpitaux ; — les fabricants de papier de l'Angoumois et du Limousin ; — les rôles de la capitation ; — la maladie des bestiaux dans le Limousin ; — la réexpédition des grains à l'étranger ; — les militaires traités à l'hôpital de Sainte-Foi et autres de la Généralité ; — l'ordonnance du Roi portant règlement sur les voitures qui doivent être fournies aux troupes en marche ; — l'exportation du chiffon hors du royaume ; — les attelages des voitures à deux roues ; — les ravages causés par la grêle dans l'Élection des Lannes ; — un envoi de riz pour les pauvres du diocèse de Rodez ; — l'imposition ordonnée sur tous les habitants du ressort du Parlement de Bordeaux pour les gages des officiers de cette Cour.

C. 38. (Carton.) — 117 pièces, papier.

1769-1775. — Correspondance de MM. de Fargès et Esmangart, intendants de Bordeaux, avec les ministres d'Invau et d'Ormesson, relative à l'édit du Roi, du mois de décembre 1764, portant que, pour être inscrits sur les états des finances, les porteurs de titres sur l'État devaient justifier de la légitimité de leurs droits. — Parmi les titulaires de ces titres, on distingue : MM. Pierre-Gervain de Roquepiquet, Richard de Pichon, de Montlezun, Gabriel-Barthélemy de La Raissière, de Lormand, de Meyre, Chapy de La Bruyère, messire Claude de Sarrau, le baron de Fauguerolles, Policard d'Orozen, Jean de Benić, Bernard de Beaumont, Jean-Baptiste de La Rigaudie, Philippe-Paul de Maillard de Lafaye, de Rastouil, François Dalbessard, Pierre de Montis, l'hôpital Saint-Jacques de la ville d'Agen (Lot-et-Garonne), les Augustins de Bordeaux, la maison de charité de Cadillac (Gironde), les religieuses de Sainte-Claire de Périgueux (Dordogne).

C. 39. (Portefeuille.) — 116 pièces, papier.

1770. — Correspondance de M. de Fargès, intendant de Bordeaux, avec les ministres d'Ormesson, Bertin, duc de Choiseul et de Sartine, concernant : — l'essartement des bois ; — les imprimeurs et libraires de Bordeaux ; — la construction d'une halle à la Parade (Lot-et-Garonne) ; — la poudre de mine pour les ingénieurs ; — les impositions ; — l'administration municipale du Nérac ; — la réunion de l'office de lieutenant général de Libourne (Gironde) au corps de ville ; — la papeterie de Durban ; — les enfants-trouvés de Bordeaux ; — la visite des livres à la Bourse ; — le directeur de la poste de Clairac ; — une créance contre la communauté de Mezin (Lot-et-Garonne) ; — des insultes au directeur des postes de Bazas (Gironde) ; — les libraires suppôts de l'Université de Bordeaux ; — les chirurgiens de Périgueux (Dordogne) ; — le prix des offices de perruquiers ; — les priviléges du maire de Monségur ; — un ouvrage du sieur Raulin sur les accouchements.

C. 40. (Portefeuille.) — 116 pièces, papier.

1770. — Correspondance de MM. de Fargès et Esmangart, intendants de Bordeaux, avec les ministres d'Ormesson, de Choiseul, Bertin, Cochin, de Beaumont, de Richelieu, de Sartine et Terray, relative : — aux arrêts du Conseil qui ordonnent la suspension des billets des fermes générales ; — au droit de prélation ; — à l'état des corps et communautés d'arts et métiers autorisés par lettres patentes ;— aux lettres de confirmation de noblesse du sieur de La Grange de Verges ; — à une demande de secours pour cause d'incendie ; — à des contestations entre les secrétaires du Roi et les officiers du bureau des finances ; — aux Dominicains de Bergerac (Dordogne) ; — à l'ordre d'arrêter le sieur de la Zistanie ; — à l'érection en comté des terres de Cocumont et de Briolet ; — à une concession d'atterrissements en faveur de M. de Flamarens ; — à la verrerie de La Couture ; — aux obstacles apportés aux défrichements de la part des curés.

C. 41. (Portefeuille.) — 127 pièces, papier.

1770. — Correspondance de MM. de Fargès et Esmangart, intendants de Bordeaux, avec les ministres d'Ormesson, Bertin, de Choiseul, de Sartine, de Boullongue et Cochin, concernant : — les travaux du pont de Sauveterre (Gironde) ; — des demandes de secours, de modérations et exemptions d'impositions, en considération des pertes éprouvées sur les récoltes par la grêle et le débordement de la Garonne ; — la confirmation des lettres de noblesse du sieur Clergeau ; — les travaux de charité ; — l'entrée des vins à Tonneins (Lot-et-Garonne) ; — le sieur Léglise de Lalande, père de treize enfants vivants ; — la réduction du pied-fourché d'Agen (id.), dont se plaignent les anciens adjudicataires ; — la misère du Périgord ; — le moyen de fertiliser les terres ; — les directeurs de la Chambre de commerce de Bordeaux ; — les créanciers de la succession de M. le marquis de Fimarcon.

C. 42. (Portefeuille.) — 134 pièces, papier.

1770. — Correspondance de MM. de Fargès et Esmangart, intendants de Bordeaux, avec les ministres d'Ormesson, Bertin, de Choiseul, le duc de Praslin et de Trudaine, relative : — au droit d'entrée sur l'huile de vitriol de provenance étrangère ; — à l'inondation de la Garonne ; — au refus des bateliers de porter du secours aux inondés ; — à l'érection en comté des terres de Cocumont et de Briolet, de Monségur et de Vitrezai ; — au droit de prélation ; — à l'exploitation de la mine de charbon de Saint-Lazare (Dordogne), par M. le marquis de Rastignac ; — à la défense d'exporter des grains ; — à la Commission des tailles ; — aux moyens de détruire les loups ; — à l'amélioration de la culture des terres ; — au bois pour la construction d'une frégate ; — au commerce des bestiaux ; — au passage de Saint-André-de-Cubzac.

C. 43. (Portefeuille.) — 95 pièces, papier.

1770. — Correspondance de MM. de Fargès et Esmangart, intendants de Bordeaux, avec les ministres de Choiseul, Bertin, d'Ormesson, de Sartine et de Boullongue, relative : — aux murs de ville de Cassenueil (Lot-et-Garonne) ; — à l'hôpital de Saint-Macaire (Gironde) ; — à des demandes d'indemnités à raison des pertes occasionnées par l'inondation ; — au droit de prélation ; — à la police des grains ; — aux Pénitents bleus de Sarlat (Dordogne) ; — aux travaux à exécuter à l'Hôtel de la Monnaie de Bordeaux ; — aux plaintes des employés de la poste aux lettres contre M. de Solminiac ; — aux libraires suppôts de l'Université de Bordeaux ; — à M. de La Grange de Vergès, gouverneur de la ville du Port-Sainte-Marie (Lot-et-Garonne), qui demande la croix de Saint-Louis.

C. 44. (Portefeuille.) — 127 pièces, papier.

1770. — Correspondance de MM. de Fargès et Esmangart, intendants de Bordeaux, avec les ministres d'Ormesson, de Choiseul, Bertin, de Lavrillière, de Trudaine, de Sartine et Rigoley d'Oguy, concernant : — le pont de Sauveterre (Gironde) ; — le droit de prélation ; — le droit de pied-fourché d'Agen (Lot-et-Garonne) ; — la nomination des directeurs de la chambre de commerce ; — les Bénédictins de Bordeaux ; — la grêle dans le Sarladais (Dordogne) ; — les créanciers de la succession de M. le marquis de Fimarcon ; — la plainte du marquis de Civrac contre l'ordonnance du juge de La Teste qui défend la sortie et le passage des grains ; — la défense d'exporter les avoines à l'étranger ; — la maladie occasionnée par l'usage du seigle ergoté ; — les Filles de la Foi de Villeréal (Lot-et-Garonne) ; — l'établissement de deux foires à Barbaste.

C. 45. (Portefeuille.) — 104 pièces, papier.

1771. — Correspondance de M. Esmangart, intendant de Bordeaux, avec les ministres Bertin, d'Ormesson, Rigoley d'Oguy et de Sartine, concernant : — les maîtres de poste de Périgueux (Dordogne) ; — des lettres interceptées à Castillonnès (Lot-et-Garonne) ; — Picou, père de treize enfants ; — les livres prohibés ; — les priviléges des officiers du Présidial de Périgueux ; — les offres du point d'honneur ; — les Bénédictins de Bordeaux ; — l'exportation du lin et des farines ; — l'apparence des récoltes ; — les impositions ; — les chargements et déchargements des grains ; — le sieur Davarège de Servanche, gentilhomme du Roi ; — les précautions à prendre pour la sortie des grains ; — les receveurs des tailles.

C. 46. (Portefeuille.) — 114 pièces, papier.

1771. — Correspondance de M. Esmangart, intendant de Bordeaux, avec les ministres d'Ormesson, d'Oguy, Bertin, de Boullongue et d'Aguesseau, relative : — à l'église des Pénitents bleus de Sarlat (Dordogne) ; — à un nommé Saint-Vincent, père de dix enfants ; — aux voitures à deux roues ; — au droit de pied-fourché ; — aux Dames de la Foi de Bergerac (Dordogne) ; — aux priviléges de la ville de Périgueux ; — aux biens des religionnaires fugitifs ; — à l'hôpital de Thiviers ; — aux boucheries d'Agen (Lot-et-Garonne) ; — aux pertes causées par l'inondation ; — à la circulation des peaux de lièvre et de lapin ; — au défrichement de la commune de Mios ; — à la police du commerce des grains ; — à la maladie populaire qui règne à Fumel ; — aux pommes de terre.

C. 47. (Portefeuille.) — 126 pièces, papier.

1771. — Correspondance de M. Esmangart, intendant de Bordeaux, avec les ministres d'Ormesson, Trudaine, Rigoley d'Oguy, Bertin et de Boullongue, relative : — à l'approvisionnement du Périgord ; — aux octrois de Bordeaux ; — aux grains de Nérac (Lot-et-Garonne) ; — à la verrerie de Saint-Macaire (Gironde) ; — à la nomination des officiers municipaux de Condom (Gers) ; — au bureau de poste de Langon (Gironde) ; — aux religieuses de Sainte-Croix de Bordeaux ; — à un échange entre l'abbesse de la Règle et le vicomte de Bonneval ; — à une gratification accordée à des négociants qui ont transporté en France des grains venant de l'étranger ; — à l'administration municipale de Condom ; — à la réhabilitation du sieur Queyssat ; — à l'état du prix des grains.

C. 48. (Portefeuille.) — 97 pièces, dont 2 en parchemin.

1771. — Correspondance de M. Esmangart, intendant de Bordeaux, avec les ministres de Sartine, Bertin et d'Ormesson, relative : — à la police sur les grains ; — à une plainte portée contre M. Dupin, président de la Cour des Aides ; — à la taille de Coutras ; — au droit de prélation ; — à la rentrée du Parlement ; — aux anoblissements ; — à la contagion à bord des navires ; — à l'état des grains importés ; — aux élections de Condom ; — aux droits sur les chevaux ; — aux maladies de Bourteilles ; — au sel étranger ; — à l'élévation d'une matte à Taillebourg pour arrêter l'invasion de la rivière.

C. 49. (Carton.) — 57 pièces, papier.

1771-1775. — Correspondance de MM. Esmangart et de Clugny, intendants de Bordeaux, avec les ministres de Maupeou, Joly de Fleury, Terray, de Sartine et Necker, relative : — à l'utilité de cultiver les patates ; — aux travaux de la route de Langon à Bazas (Gironde) ; — au retard des courriers ; — à la graine de lin ; — à une discussion entre la ville et l'hôpital de Sarlat (Dordogne) ; — au passage pour la Guadeloupe ; — à l'infidélité d'un nommé Lafargue, commis à la recette des tailles à Bordeaux ; — au sieur Merlin, renfermé à Bicêtre pour escroquerie d'argent au moyen d'un faux testament ; — au bureau royal des correspondances ; — à la recherche des jeunes gens évadés des maisons paternelles ; — à la subsistance des troupes envoyées à Saint-Domingue.

C. 50. (Carton.) — 98 pièces, papier.

1771-1775. — Correspondance de MM. de Fargès et Esmangart, intendants à Bordeaux, avec le ministre d'Ormesson, relative : — à l'édit du Roi du mois de décembre 1764, portant que, pour être inscrits sur les états des finances, les porteurs de titres sur l'Etat devaient justifier de la légitimité de leurs droits. — Parmi les titulaires figurent : MM. de Fonbrauge, Gabriel de Soulié, Paty de Bellegarde, de Troupenat de La Maure, Arnauld de Moubet, Catherine de Gironde, veuve de Cluzel, Jean-François de La Barrière, de Chillaud, de Roquevert, de Laborie, Isabeau de Caupos, veuve d'Antoine de Chassaing, Faget de Cazeaux, Nicolas de Varennes, Antoine de La Ville, Françoise Chasseraud de La Tour, Marie-Marguerite de Fayet, Lacayre de Campsel, de Pousol, Marie et Catherine de Carrigues.

C. 51. (Portefeuille.) — 153 pièces, papier.

1772. — Correspondance de M. Esmangart, intendant de Bordeaux, avec les ministres Bertin, Rigoley d'Oguy, de Boullongue, d'Ormesson, de La Houssaye, de Sartine, de Beaumont et de Trudaine, concernant : — les postes ; — les offices municipaux d'Eymet et autres ; — la halle aux grains de Bordeaux ; — l'hôpital de Tonneins (Lot-et-Garonne) ; — les droits sur l'amidon et les papiers ; — les haras ; — les livres étrangers ; — les moulins de fabrique anglaise ; — le contrôle des actes de résignation d'offices ; — les négociants de Bordeaux ; — la poste de Lipostey ; — les maladies dans le Périgord ; — l'octroi de Villeneuve ; — la nomination des officiers municipaux de Clairac (Lot-et-Garonne) ; — les observations faites sur le varech.

C. 52. (Portefeuille.) — 136 pièces, papier.

1772. — Correspondance de M. Esmangart, intendant de Bordeaux, avec les ministres de Lavrillière, de Maupeou, de Trudaine, Bertin, d'Ormesson, Rigoley d'Oguy et de Boullongue, concernant : — un projet de déclaration du Roi au sujet des frais de justice dans le ressort du Parlement de Bordeaux ; — une plainte du sieur du Bedat, garde du corps du Roi, contre le sénéchal d'Agen (Lot-et-Garonne), à raison des lenteurs qu'il apporte dans l'affaire qu'il poursuit contre sa mère ; — les places d'imprimeurs vacantes à Bordeaux ; — Jean Rigal, ancien fourrier au régiment du Roi, qui réclame son patrimoine dont on s'est emparé pendant son absence ; — le règlement sur les matières employées à la fabrication de l'amidon ; — la dette du sieur de La Chaumardie, meurtrier de M. Roche de Puyrogier ; — les dégâts occasionnés par la gelée ; — la demoiselle Aubier, religieuse des Filles de la Foi de Bergerac (Dordogne) ; — les courtiers royaux ; — l'importation des grains ; — une demande de desséchement de marais faite par M. Cabarus.

C. 53. (Portefeuille.) — 118 pièces, dont 2 en parchemin.

1772. — Correspondance de M. Esmangart, intendant de Bordeaux, avec les ministres Rigoley d'Oguy, d'Ormesson, Bertin, de Boullongue, de Sartine, de Trudaine, relative : — aux maîtres de poste ; — à l'hôpital d'Issigeac (Dordogne) ; — aux assemblées des protestants ; — à la Société d'agriculture ; — aux poudres à giboyer ; — à la nomination des jurats de Bordeaux ; — au séminaire de Marmande (Lot-et-Garonne) ; — aux gardes-étalons ; — au comte Néguichard, ancien colonel, qui demande l'intervention du ministre auprès de Mme de La Pause pour lui faire compter une somme de 3,000 livres ; — au transport et séjour des vins à Bordeaux ; — aux vins du Quercy ; — à la nomination de MM. d'Arche, d'Ambrus et Monbalen, gentilshommes, à la charge de consuls à Bordeaux ; — au payement des gages du Parlement ; — au centième denier dû par les offices de judicature, police, finances et autres ; — à l'épizootie sur le gros bétail ; — à Marie Favière, déshéritée par ses parents à cause de sa conversion à la religion catholique.

C. 54. (Portefeuille.) — 109 pièces, dont 1 en parchemin.

1772. — Correspondance de M. Esmangart, intendant à Bordeaux, avec les ministres Bertin, d'Ormesson, Terray, de Maupeou, le duc de Lavrillière et de Trudaine, concernant : — l'hôtel de ville de Pujols (Lot-et-Garonne) ; — les employés des fermes ; — les pertes éprouvées par les paroisses du Périgord par suite de la gelée et de la grêle ; — l'archevêché de Bordeaux ; — les religieuses de Saint-Romain-de-Blaye (Gironde) ; — les navires partant pour l'Ile de France ; — le sieur Lamarque, père de douze enfants vivants ; — le droit de prélation de Barthélemy La Roche et de Roux de La Baronnie ; — le passage de Cubzac ; — la prohibition de la sortie des châtaignes ; — l'autorisation d'acheter en Angleterre six mille quintaux de chanvre de Russie ; — les moulins à sucre de fabrique anglaise; — l'île du bassin d'Arcachon; — l'autorisation accordée aux sieurs de Brivasac et de La Colonie d'aller où bon leur semblera, excepté à Bordeaux; — la mise en loterie de la terre de La Guerche, appartenant à Mᵐᵉ la marquise de La Gallissonnière; — les assemblées des protestants à Clairac et à Tonneins (Lot-et-Garonne).

C. 55. (Portefeuille.) — 149 pièces, papier.

1772. — Correspondance de M. Esmangart, intendant de Bordeaux, avec les ministres Rigoley d'Ogny, Bertin, d'Ormesson, de Trudaine, de Boullongue et de Sartine, concernant : — les postes d'Astafort (Lot-et-Garonne) et de Libourne (Gironde); — un nommé Vistorte, père de dix enfants; — la ferme du poids de la ville d'Agen (Lot-et-Garonne); — les droits d'entrée sur les toiles peintes; — les vins de Cahors (Lot) à la destination de l'Inde; — les Dames de la Foi de Sarlat (Dordogne); — les lots et ventes; — les fossés de ville de Condom (Gers); — les colonies françaises; — les ermites d'Agen; — les malheurs occasionnés par le débordement de la Garonne; — les foires et marchés de Saint-Loubès; — les plaintes contre les infidélités qui se commettent dans les envois des vins dans nos colonies; — la perception des droits d'amirauté.

C. 56. (Portefeuille.) — 145 pièces, papier.

1773. — Correspondance de M. Esmangart, intendant de Bordeaux, avec les ministres Terray, Bertin, de Sartine, de Boullongue, Trudaine, d'Ormesson, de Maupeou et de Boynes, relative : — au chapitre de Bazas (Gironde); — aux droits de confirmation de noblesse; — aux jeux publics dans les salles de spectacle; — à l'hôpital des enfants trouvés; — aux variations de l'aiguille aimantée; — à l'incendie de la verrerie de La Mangine, près Bazas; — à l'exportation des farines; — à l'importation des avoines; — à l'entrée des vins à Clairac (Lot-et-Garonne); — à la création de la vicomté de Pauliac; — aux octrois des villes et hôpitaux; — aux enfants trouvés des provinces à Paris; — à la navigation des rivières; — à l'érection de la terre de Bonas en marquisat; — aux droits sur les cuirs; — au bail des octrois de la ville de Bordeaux; — à l'acquisition d'un emplacement pour l'église de Libourne (Gironde).

C. 57. (Portefeuille.) — 137 pièces, papier.

1773. — Correspondance de M. Esmangart, intendant de Bordeaux, avec les ministres Terray, de Sartine, Bertin, de Boullongue, de Trudaine, d'Ormesson, de Maupeou, de Beaumont et de Boynes, relative : — aux droits de prélation; — au droit sur les laines exportées à l'étranger; —

à un secours de 1,000 livres accordé à l'hôpital de Blaye (Gironde); — à une plainte portée contre le sénéchal d'Agen (Lot-et-Garonne); — aux droits d'entrée sur les chanvres et lins; — aux gages du Parlement de Bordeaux; — aux droits sur les dentelles; — à l'acquisition d'un terrain pour le chapitre de Condom (Gers); — au marc d'or; — aux encanteurs de Bordeaux; — à un secours accordé au sieur Turpin, père de quatorze enfants; — au port d'armes; — au vol de la collecte de Saint-Pierre-de-Castets; — aux gratifications accordées aux nouveaux convertis; — au magasin d'entrepôt des marchandises pour la Guinée; — à la caisse publique destinée à prêter sur gages; — à la voiture des deniers de la recette; — à une concession de terrain près du bassin d'Arcachon; — à l'exportation du chanvre pour l'Espagne.

C. 58. (Portefeuille.) — 154 pièces, papier.

1773. — Correspondance de M. Esmangart, intendant de Bordeaux, avec les ministres Bertin, Terray, de Sartine, de Boullongue, de Trudaine, d'Ormesson, de Maupeou, de Beaumont et de Boynes, relative : — aux foires et marchés de Limeuil et du Bugue (Dordogne); — au droit de pêche sur la Dordogne; — à la perte des récoltes dans le Périgord, par suite des pluies et des orages; — au droit de comptablerie; — à l'hôpital de Sainte-Livrade; — aux charcutiers de Bordeaux; — à la grêle dans le Médoc; — au commerce des drogues; — aux courtiers de Bordeaux; — au chapitre de Saint-Émilion (Gironde); — aux revenus de la ville de Bordeaux; — aux droits de l'hôpital sur les grains; — à l'exportation des farines; — à l'écroulement du palais épiscopal d'Agen (Lot-et-Garonne); — à l'entrée d'un navire dans le bassin d'Arcachon; — aux donations de l'hôpital d'Agen.

C. 59. (Carton.) — 160 pièces, papier.

1773. — Correspondance de M. Esmangart, intendant de Bordeaux, avec les ministres de Boynes et d'Ormesson, concernant : — les officiers municipaux de Condom (Gers); — les gages des officiers du Parlement; — le transport du bois de marine; — les greniers d'abondance; — l'embarras des subsistances; — les grains et farines de Montauban et de Toulouse à destination de Bordeaux; — la taxe du pain; — les états du mouvement des militaires dans les hôpitaux; — l'incendie de l'évêché de Condom; — les administrateurs de Saint-Domingue au sujet du sieur Pillat de La Coupe; — les troubles dans la province de Guienne à l'occasion de la cherté des subsistances; — un mémoire destiné à venger l'histoire du siècle de Louis XIV; — la préséance entre les lieutenants des maréchaux de France et les officiers de justice ; — les administrateurs de l'hôpital de la charité de Sarlat (Dordogne).

C. 60. (Portefeuille.) — 139 pièces, papier.

1773-1776. — Correspondance de MM. Esmangart, de Clugny et Dupré de Saint-Maur, intendants de Bordeaux, avec les ministres Terray et de Beaumont, relative : — aux frais de justice à la charge du trésor ; — aux visas des exécutoires ; — à l'exécution du nommé Trompet ; — aux frais faits par la maréchaussée de Bayonne et celle de Dax pour procédures instruites pour crimes de meurtre, viols, incendies et vols de grands chemins ; — à la nourriture des prisonniers détenus dans les prisons de Sarlat (Dordogne) ; — à la nommée Eymarie, de la paroisse de Breuil, accusée d'inceste ; — aux frais de la succession du frère Jean Meynadé-Granger de Fontclaire, religieux Prémontré ; — aux enfants trouvés de la sénéchaussée de Dax (Landes) ; — aux gratifications accordées à un médecin et à un chirurgien de Marmande, à raison des services qu'ils ont rendus pendant l'épidémie.

C. 61. (Portefeuille.) — 126 pièces, dont 1 en parchemin.

1774. — Correspondance de M. Esmangart, intendant de Bordeaux, avec les ministres de Maupeou, Terray, Bertin, de Laverdy, d'Ormesson et le duc de Lavrillière, concernant : — les droits sur les toiles et draps ; — le logement des religieuses de la Foi de Tonneins (Lot-et-Garonne) ; — la clôture des héritages ; — le cimetière de Saint-Seurin, de Bordeaux ; — la capitation ; — le commerce des colonies ; — le droit de prélation ; — la vaine pâture ; — des demandes de secours par des pères chargés d'un nombre considérable d'enfants ; — les harengs de Dunkerque ; — la louveterie ; — la taille ; — les défrichements ; — une révolte à Hourtins (Gironde), au sujet des farines ; — un ciment d'une qualité supérieure ; — les frais du terrier de Dunes ; — une transaction avec les officiers municipaux de Condom (Gers) ; — l'interdiction du journal *L'Iris de Guienne* ; — l'arrêt du Conseil qui ordonne que les maréchaussées, dans l'exercice de leurs fonctions, jouiront à l'avenir de l'exemption de tous droits de bacs sur les rivières.

C. 62. (Portefeuille.) — 143 pièces, papier.

1774. — Correspondance de M. Esmangart, intendant de Bordeaux, avec les ministres Bertin, Terray, d'Ormesson, de Boynes, de Marville, de Cotte, de Boullongue et de Lavrillière, concernant : — les rentes sur les tailles ; — les juifs avignonais établis à Bordeaux ; — le règlement sur la police des assemblées municipales d'Agen (Lot-et-Garonne) ; — l'office de perruquier ; — la demande d'un emprunt de 100,000 livres par l'évêque d'Agen, pour la reconstruction d'une nouvelle maison épiscopale ; — diverses demandes de secours ; — les ravages occasionnés par un orage et une grêle effroyable tombée dans les environs de Bergerac (Dordogne) : — les priviléges des gens de mer ; — la mort de Louis XV ; — l'épizootie des bestiaux ; — la communauté des cordonniers et savetiers ; — un édit du roi Louis XVI sur son avénement ; — les eaux minérales ; — le sieur Lespinasse Du Barrail ; — Moutard de Lassaigne ; — un dépôt de fusils à Nérac ; — Pierre Bougue, père de 20 enfants.

C. 63. (Portefeuille.) — 168 pièces, papier.

1774. — Correspondance de M. Esmangart, intendant de Bordeaux, avec les ministres Terray, d'Ormesson, Bertin, de Boullongue, Turgot, de Beaumont, Miromesnil, de Sartine et de Méville, relative : — à des demandes de secours et décharges d'impositions ; — au chapitre Saint-André de Bordeaux ; — au procès des officiers municipaux de Bazas (Gironde) contre le chapitre ; — aux officiers municipaux de Nérac (Lot-et-Garonne) ; — à la taille ; — à la boulangerie ; — aux murs de ville de Damazan (id.) ; — à la maladie des bestiaux ; — aux impositions ; — à l'exportation des châtaignes ; — à une plainte des officiers municipaux de Marmande (Lot-et-Garonne) contre un cordelier ; — au couvent des Augustins de la ville d'Agen (id.) ; — à la demande d'un secours de 183,300 livres faite par le chapitre d'Agen pour les réparations de son église qui tombe de vétusté ; — au droit de prélation.

C. 64. (Portefeuille.) — 160 pièces, papier.

1774. — Correspondance de M. Esmangart, intendant de Bordeaux, avec les ministres Bertin, Turgot, d'Ormesson, de Trudaine, de Beaumont, Miromesnil et de Boullongue, relative : — à la demande de lettres patentes de noblesse en faveur de Saint-Frix de Liliendhal, consul adjoint du Danemark ; — aux remises d'impositions ; — aux demandes de secours de divers pères de famille chargés d'un nombre considérable d'enfants ; — à la régie des droits sur les cuirs ; — à l'inspection des boucheries ; — au droit de contrôle et marques d'or et d'argent ; — aux droits sur les fers-blancs ; — à la pêche de la morue ; — à l'autorisation accordée aux armateurs de l'Océan et de la Manche de faire venir du sel de l'Espagne et du Portugal ; — au droit de prélation ; — aux prisons de Mézin (Lot-et-Garonne) ; — à la démolition de la maison pricurale de Montagrier (Dordogne) ; — à la confirmation des priviléges des juifs ; — à la navigation des rivières ; — au don gratuit de Bordeaux ; — aux demandes de secours pour pertes de bestiaux.

C. 65. (Carton.) — 115 pièces, papier.

1774-1775. — Correspondance de M. Esmangart, intendant de Bordeaux, avec les ministres de Boynes et de Trudaine, concernant : — le mouvement des militaires dans les hôpitaux ; — des lettres de M. Vicq-d'Azyr sur la contagion du bétail et les moyens de la combattre ; — l'établissement d'ateliers de charité sur les différentes routes du département d'Agen (Lot-et-Garonne) ; — L'*Histoire du Périgord* ; — les travaux de l'Intendance ; — les directeurs de la chambre de commerce ; — la route de Bordeaux à Bayonne par les grandes landes ; — les casernes de Libourne ; — la construction du palais au collége de La Magdeleine ; — la graine de mûrier blanc ; — la fourniture de l'étape ; — la louveterie ; — M. Basterot de La Barrière, capitaine de vaisseau ; — un ouvrage de M. Maupin sur les vignes ; — M. de Valframbert, nommé ingénieur des ponts et chaussées à Bordeaux ; — la nomination de l'abbé Desbiey, de l'Académie des sciences, à l'inspection de la librairie.

C. 66. (Carton.) — 90 pièces. papier.

1774-1775. — Correspondance de MM. Esmangart et de Clugny, intendants de Bordeaux, avec les ministres Bertin et Turgot, concernant : — des pensions viagères accordées par le Roi, sur le trésor royal, à diverses personnes de la Généralité de Bordeaux ; — Jean Loiseau, père de treize enfants ; — la dame Deschamps de La Motte, religieuse du couvent de la Foi de Villeréal (Lot-et-Garonne) ; — Jeanne de Scandaliac ; — Anne et Marguerite Bruzac, protestantes converties ; — Marie-Anne et Marthe de Guérin ; — mademoiselle Françoise de Constantin ; — Jeanne Gravier ; — Trouvé, père de treize enfants ; — mademoiselle de Royneau ; — madame de Peychalvet ; — Marie Guichard, nouvelle convertie.

C. 67. (Carton.) — 105 pièces, papier.

1774-1784. — Correspondance de MM. de Boutin, Esmangart et Dupré de Saint-Maur, intendants de Bordeaux, avec les ministres de Vergennes, Miromesnil, Turgot, de Beaumont et Necker, concernant : — une demande en partage de succession formée par Jean Michelon, de Libourne ; — l'infidélité de plusieurs notaires ; — une affaire entre les engagistes de Montpont et les officiers de justice ; — les officiers et cavaliers de la maréchaussée de la lieutenance de Bayonne (Basses-Pyrénées) ; — aliénation de divers immeubles appartenant aux protestants ; — les frais de justice ; — la confirmation de ventes accordées par le Roi.

C. 68. (Portefeuille.) — 154 pièces, papier.

1775. — Correspondance de M. Esmangart, intendant de la Généralité de Bordeaux, avec les ministres Turgot, Lenoir, d'Ormesson, Bertin, de Trudaine, de Sartine et de Boullongue, relative : — à un mémoire sur l'impôt du don gratuit de Bergerac (Dordogne) ; — à la perte des bestiaux par l'épizootie, et demandes de secours réclamés à ce sujet ; — aux dégâts considérables occasionnés par les eaux pluviales à la porte du Pin, à Agen (Lot-et-Garonne ; — à la verrerie de Bourg (Gironde) ; — à un établissement de charité à Sarlat (Dordogne) ; — à un remède contre l'épizootie ; — à la suppression du chapitre Saint-Romain de Blaye (Gironde) ; — à la répétition d'un legs fait par la Reine, mère de Louis XIII ; — à la verrerie de Mitchell, de Bordeaux ; — au droit de prélation ; — aux murs de ville de la Rious (Gironde) ; — à une concession de terrain à Condom (Gers) ; — au canal de Castres ; — au bassin d'Arcachon (Gironde) ; — au prieuré de Montagrier (Dordogne).

C. 69. (Portefeuille. — 192 pièces, papier.

1775. — Correspondance de M. Esmangart, intendant de Bordeaux, avec les ministres Bertin, d'Ormesson, Trudaine, de Boullongue, de Beaumont et de Vergennes, relative : — à des demandes de secours pour remplacer les bestiaux enlevés par l'épizootie ; — à la *Gazette de Cythère* mise au pilon par arrêt du Parlement ; — aux canaux de navigation depuis Bayonne (Basses-Pyrénées) ; — au bassin d'Arcachon (Gironde) ; — à la suppression du couvent de Sainte-Claire, de Tartas (Landes) ; — au don gratuit de la ville de Dax (id.) ; — à la maladie épizootique ; — à la sortie des grains ; — à l'exercice de la chirurgie dans le Bazadais ; — aux prêtres et religieux italiens ; — à la pêche du saumon ; — au syndic des pauvres ; — aux priviléges de Saint-Jean-de-Luz et Siboure (Basses-Pyrénées) ; — à la vente du tabac à Bayonne ; — à des plaintes de l'ambassadeur d'Espagne au sujet de la visite d'un navire ; — aux juifs ; — au droit de prélation ; — à la liberté du commerce des bœufs.

C. 70. (Portefeuille.) — 94 pièces, papier.

1775. — Correspondance de M. Esmangart, intendant

de Bordeaux, avec les ministres de Trudaine, de Marville, d'Ormesson, Bertin, de Beaumont, de Boullongue et le maréchal de Mouchy, relative : — à l'établissement d'une verrerie à Bordeaux ; — à l'inspection des manufactures ; — aux plaintes de l'abbé Castex contre le sénéchal de Nérac (Lot-et-Garonne) ; — à l'église cathédrale d'Agen (id) ; — au projet de construction de casernes dans cette ville ; — aux juges et consuls de Bordeaux ; — à l'octroi de Villeneuve-de-Marsan ; — à la perte des bestiaux ; — au prix des grains ; — aux droits sur les fers noirs ; — au sucre ; — à la garance ; — aux livres, — aux Capucins de Nérac ; — aux officiers municipaux et au juge seigneurial d'Orthez ; — aux religieuses de l'Annonciation de Bazas ; — à l'érection du fief de Monbeau en comté.

C. 71. (Portefeuille.) — 123 pièces, papier.

1775. — Correspondance de M. Esmangart, intendant de Bordeaux, avec les ministres d'Ormesson, le maréchal de Mouchy, le cardinal de Rohan, Bertin, Turgot, de Boullongue, Trudaine et de Beaumont, concernant : — la tournée de M. le maréchal de Mouchy dans son gouvernement ; — le sieur Cadroy, père de dix enfants ; — le défrichement du grand marais, près Bayonne (Basses-Pyrénées), par le baron de L'Auriol ; — des plaintes du seigneur de Saint-Julien contre le curé de sa paroisse ; — la nombreuse famille de Léglise de La Lande. ; — la juridiction consulaire d'Agen (Lot-et-Garonne) ; — les octrois de Périgueux (Dordogne) ; — les lettres de noblesse des sieurs Neyrac ; — l'érection de la terre de Cours en vicomté ; — les frais de transport des deniers de la recette de Sarlat ; — la régie des droits des hypothèques ; — les encouragements aux défricheurs.

C. 72. (Portefeuille.) — 84 pièces, papier.

1775. — Correspondance de M. Esmangart, intendant de Bordeaux, avec les ministres d'Ormesson, Bertin, de Marville, le maréchal de Mouchy et Turgot, relative : — au droit de prélation ; — à l'état des paroisses de la Généralité ; — aux Dames de la Foi de Villeréal (Lot-et-Garonne) ; — aux pertes de bestiaux et aux demandes de secours pour les remplacer ; — aux habitants du Condomois ; — à l'hôpital de Monpazier (Dordogne) ; — à la capitation ; — à l'art des accouchements ; — aux Dames de la Foi de Beaumont (Dordogne.) ; — à l'enseignement de la langue anglaise ; — à la culture du tabac ; — aux privilèges des étapiers ; — à Mme la comtesse de Forcalquier ; — au lieutenant criminel de Bordeaux ; — aux enfants trouvés ; — à l'incendie du sieur Betzman ; — au sieur Burcke, prêtre ir-

landais de nation, aumônier des Dames religieuses Carmélites du grand couvent de la ville de Bordeaux.

C. 73. (Portefeuille.) — 176 pièces, papier.

1775. — Correspondance de M. Esmangart, intendant de Bordeaux, avec les ministres Bertin, d'Ormesson, de Boullongue, de Trudaine, de Beaumont, de Vergennes, de Fourqueux et Turgot, relative : — à l'office de lieutenant général à Condom (Gers) ; — à la chancellerie de Dax (Landes) ; — à la démolition de l'église Saint-Vivien-les-Bazas (Gironde) ; — aux chirurgiens d'Agen (Lot-et-Garonne) ; — aux convois militaires ; — aux vins de La Plume (id.) ; — aux impositions ; — à l'octroi de Peyrehorade (Landes) ; — à la manufacture de Tonneins (Lot-et-Garonne) ; — au commerce des laines ; — à la confirmation de noblesse du sieur Dupin ; — au traitement contre le ténia ; — à la vente de marchandises abandonnées dans les magasins de la douane ; — à un procédé pour le lavage des laines ; — au sieur Frix de Liliendhald, Danois, consul adjoint.

C. 74. (Portefeuille.) — 107 pièces, papier.

1775. — Correspondance de M. Esmangart, intendant de Bordeaux, avec les ministres Bertin, d'Ormesson, de Marville, Turgot, de Boullongue, Trudaine, relative : — à la confirmation de noblesse du sieur Couloussac ; — aux questions adressées aux médecins sur les maladies populaires ; — aux impositions ; — aux pertes de bestiaux ; — à l'entrepôt de morues à Bordeaux ; — à la démolition de la porte neuve d'Agen (Lot-et-Garonne) ; — à la baronnie de Caussade ; — aux arrérages de rentes ; — à la graine de tabac de Clairac ; — aux droits du marc d'or ; — aux droits réservés de la ville de Bordeaux ; — au prix des grains ; — aux droits d'amortissement ; — aux privilèges accordés aux pays de Mont-de-Marsan, Turban et Gabardan ; — à la manufacture d'Agen ; — au privilège des employés des fermes ; — à la confection des rôles des vingtièmes.

C. 75. (Portefeuille.) — 73 pièces, papier.

1775. — Correspondance de M. de Clugny, intendant de Bordeaux, avec le ministre d'Ormesson, relative : — à la direction des vingtièmes ; — aux commissaires des tailles ; — à l'imposition de 80,000 livres sur la capitation pour l'entretien des dépôts de mendicité ; — à une plainte grave des habitants de Monflanquin (Lot-et-Garonne) contre leur subdélégué et son secrétaire ; — à la perte des récoltes par la gelée et la grêle ; — aux modérations et décharges d'impositions ; — aux secours accordés à des familles surchargées d'enfants ; — au sieur Duranteau, avocat au Parlement, père de treize enfants ; — à un mémoire adressé à M. le contrôleur général par MM. de Coëtlogon, de Miromesnil et de Maisoncel, au sujet de l'augmentation de leurs vingtièmes.

C. 76. (Carton.) — 127 pièces, papier.

1775. — Correspondance de M. Esmangart, intendant de Bordeaux, avec les ministres de Trudaine, de Fourqueux, Bertin et Amelot, relative : — à la suppression des corvées ; — à l'établissement d'une verrerie sur la Nive ; — au projet d'un canal de la Garonne au bassin d'Arcachon (Gironde) ; — à la navigation des rivières ; — aux arrêt, règlement, ordonnances et projet d'arrêt qui attribuent à l'intendant la connaissance de tous les faits et contestations sur les rivières ; — aux dégâts occasionnés au mur de garantie de Saint-Jean-de-Luz par la mer qui menaçait d'envahir la ville ; — à l'écroulement du mur des écuries de la maison du Roi, à Agen (Lot-et-Garonne) ; — aux escroqueries de Dalpujet de Betleassise, juif de Bordeaux.

C. 77. (Carton.) — 75 pièces, papier.

1775. — Correspondance de MM. Esmangart et de Clugny, intendants de Bordeaux, avec les ministres de Boullongue et Bertin, concernant : — des secours accordés aux hôpitaux d'Ussel, de Saint-André-de-Bordeaux et Bayonne ; — l'imposition sur les vins pendant six années dans la commune de Belvès-en-Périgord, pour subvenir aux frais d'un nouvel hôtel de ville ; — la vente des communaux de Saint-Loubès ; — la nomination d'un maître d'école à Roquefort ; — le pied-fourché d'Agen (Lot-et-Garonne); — les privilèges en faveur des fermiers des droits de greffe ; — une plainte des habitants de Sainte-Foy contre les officiers municipaux de la même ville ; — la confirmation des droits de terrage ; — une plainte du commerce de Granville au sujet d'un droit qui se perçoit à Bordeaux sur la morue.

C. 78. (Portefeuille.) — 82 pièces, dont 1 en parchemin.

1776. — Correspondance de M. Dupré de Saint-Maur, intendant de Bordeaux, avec les ministres d'Ormesson et de Beaumont, relative : — à la ferme des octrois de la ville de Dax (Landes) ; — aux tailles de l'Élection d'Agen (Lot-et-Garonne) ; — aux secours accordés à des familles nombreuses ; — au collège de Cadillac (Gironde) ; — aux services militaires ; — aux maire et échevins de Tournon (Lot-et-Garonne) ; — aux décharges d'impositions motivées par la perte des récoltes ; — aux habitants de Sarlat (Dordogne), qui demandent la suppression de l'imposition de la collecte ; — au curé de La Sauve (Gironde) ; — aux habitants de Lacadie (Landes), qui demandent une décision de l'affaire concernant le fonds commun appelé la Lande-du-Gert ; — à une plainte des collecteurs de Saint-Philippe-en-Agenais, contre les quatre frères de Funel de Roquebrune, au sujet du recouvrement de leurs impositions.

C. 79. (Portefeuille.) — 84 pièces, papier.

1776. — Correspondance de MM. Dupré de Saint-Maur et de Clugny, intendants de Bordeaux, avec le ministre d'Ormesson, concernant : — le traitement des maniaques ; — la confirmation des privilèges ; — le sieur Vistorte, juge de Sainte-Livrade, père de vingt enfants ; — les demandes de secours pour cause d'indigence et de nombreuse famille ; — les réclamations contre le contrôleur des vingtièmes ; — les pertes occasionnées par la grêle et l'épizootie dans le pays de Marsan (Landes) ; — les pensions militaires ; — le service des convois militaires ; — les incendies ; — les chirurgiens ; — l'exemption des tailles ; — une plainte des officiers municipaux de Tournon (Lot-et-Garonne) au sujet des poursuites exercées contre eux pour le paiement de leurs impositions ; — la réunion de la paroisse d'Estigarde à la ville et communauté de Gabarret ; — un détournement de deniers par le nommé Montauzet, collecteur.

C. 80. (Carton.) — 93 pièces dont 1 en parchemin.

1776. — Correspondance de MM. de Clugny et Dupré de Saint-Maur, intendants de Bordeaux, avec le ministre de Boullongue, concernant : — les droits d'octroi sur les bœufs ; — les comptes des communautés ; — les impositions relatives aux travaux publics de la juridiction de Penne ; — une plainte sur la mauvaise administration des officiers municipaux de Sainte-Foy (Gironde) ; — les droits de greffe ; — le pied-fourché d'Agen (Lot-et-Garonne) ; - les droits de halle et de marché de la paroisse de Habas, de la subdélégation d'Auch ; — le droit de voirie ; — l'épizootie ; — le droit sur la morue ; — la nomination des consuls de la communauté de Beaumont-en-Périgord ; — une bergerie de Jean Dubosc, établie dans la paroisse de Jau-en-Médoc ; — un libelle diffamatoire contre le subdélégué et les officiers municipaux de Villeneuve (Lot-et-Garonne) ; — les sieurs de Surrac, du Port Sainte-Marie ; — les droits d'octroi de Nérac ; — un arrêt du Conseil qui défend aux juges royaux de faire aucune application d'amendes autrement qu'au profit du Roi.

C. 81. (Carton.) — 104 pièces, papier.

1776. — Correspondance de MM. de Clugny et Dupré de Saint-Maur, intendants de Bordeaux, avec les ministres de Beaumont, Cochin et de Miromesnil, au sujet : — des oppositions formées par divers seigneurs hauts justiciers de la Généralité contre la répétition exercée par le domaine contre eux pour obtenir le remboursement des frais de justice faits par le Roi pour la répression des crimes et délits commis dans leur juridiction, et ce, d'après les dispositions de l'ordonnance du Roi de 1670 ; — seigneurs opposants : — MM. le duc d'Aiguillon, le comte de Flamarens, Pelet de Gontaud, Courtade de Salis, le vicomte d'Escliguac, de Varennes, le marquis de Saint-Alvère, seigneur de Saint-Méard, le comte de Montréal, de La Roquetinbaud, le seigneur Du Temple, le seigneur d'Hazera, de Peyrehorade, de Lavauguyon et de Bugassac.

C. 82. (Carton.) — 111 pièces, papier.

1776. — Correspondance de MM. de Clugny et Dupré de Saint-Maur, intendants de Bordeaux, avec les ministres de Maurepas, Malesherbes, de Beaumont, le maréchal duc de Mouchy, de Fargès et d'Ormesson, relative : — aux travaux de la navigation et des routes ; — aux vagabonds et gens sans aveu, tant Français qu'étrangers ; — aux travaux de charité : — à un arrêt du Conseil qui fixe la largeur des chemins à ouvrir dans le royaume ; — au pont de Dax (Landes) ; — aux droits sur les sucres ; — aux morues sèches et aux sardines pressées ; — à un arrêt du Conseil qui fixe à un an le délai accordé aux propriétaires pour planter sur leurs terrains, le long des routes ; — à un arrêt du Conseil d'État du Roi qui ordonne une imposition annuelle de 800,000 livres pour être employée aux travaux du canal de Picardie et de celui de Bourgogne.

C. 83. (Carton.) — 130 pièces, papier.

1776-1777. — Correspondance de MM. de Clugny, Esmangart et Dupré de Saint-Maur, intendants de Bordeaux, avec les ministres de Beaumont, Cochin et Débonnaire Des Forges, au sujet des oppositions formées par divers seigneurs hauts justiciers de la Généralité contre la répétition exercée contre eux par le domaine pour obtenir le remboursement des frais de justice faits par le Roi pour la répression des crimes et délits commis dans leur juridiction, et ce, d'après les dispositions de l'ordonnance du Roi de 1670 ; seigneurs opposants : — le marquis de Flamarens, de Lusignan, le seigneur de Saint-André de Cubzac, le marquis de Poyanne, les seigneurs de Clermont et de Gayan, le maréchal de Noailles, l'abbé de Sorbe, évêque de Grenoble, Mme de Calvimont, de Pressas, le duc de Bouillon, le comte de Lastours, de Castandet, de Bazillac, de Bourdeilles, la marquise de Senneville, de Batz, de Labouheyre et d'Orthez.

C. 84. (Carton.) — 130 pièces, papier.

1776-1777. — Correspondance de MM. de Clugny et Dupré de Saint-Maur, intendants de Bordeaux, avec le ministre Bertin, relative : — à des pensions viagères accordées par le Roi, sur le trésor royal, à — Mlle de Constantin ; — Mme Deschamps de La Motte ; — Jeanne Dubarty, nouvelle convertie ; — la veuve Fougère, mère de onze enfants ; — Jeanne Brulatour ; — Mlle Lally de Doursal ; — Daniel Morel et Marie Jarlan, nouvellement convertis ; — Marie Brun, mère de dix enfants ; — Jean Mendès, juif converti ; — Jérôme Laporte, père de onze enfants ; — Marie-Anne La Perière de Lampenat, nouvelle convertie ; — Raymond de La Nauze, père de neuf enfants ; — Marie et Suzanne Gravier, nouvelles converties.

C. 85. (Carton.) — 118 pièces, papier.

1776-1777. — Correspondance de MM. de Clugny et Dupré de Saint-Maur, intendants de Bordeaux, avec les ministres d'Ormesson, de Montbarey, Rigoley d'Oguy et Necker, concernant : — des demandes en diminutions ou décharges d'impositions, de capitations et de vingtièmes, motivées sur des pertes occasionnées par la gelée, la grêle, les inondations, l'épizootie, les incendies de bâtiments, etc., par des pères de famille qui sont dans l'impossibilité de subvenir à l'entretien et à la nourriture de leurs nombreux enfants sans l'aide du gouvernement. Pétition des sieurs : Darodes de Choisy, Delas de Valende, Laborie de La Molie, d'Esterac de Loustanneau, le comte de Marin, de Basquiat, baron de Toulouzette, de Fumel, le vicomte de Fortisson, le comte de Viance, le duc de Grammont et Gerbons de La Grange.

C. 86. (Carton.) — 90 pièces, papier.

1776-1783. — Correspondance de MM. de Clugny et Dupré de Saint-Maur, intendants de Bordeaux, avec les ministres Malesherbes, Bertin, Necker, Amelot et de Vergennes, relative : — à la déclaration du Roi qui ordonne la représentation des titres concernant la noblesse et les priviléges des communautés séculières et régulières ; — à la démolition de la maison abbatiale du diocèse de Dax (Landes) ; — à l'église de Notre-Dame de Puy-Paulin ; — au palais Gallien ; — à la concession de seize journaux de terrain par les Chartreux de Bordeaux en faveur des sieurs Brothier, père et fils ; — à l'acteur Duquesnoy ; — à l'hôpital de Saint-Macaire (Gironde) ; — à l'hôpital de Fronsac (id.) ; — à la voirie ; — à l'établissement de deux Filles de la Charité que M. Lafargue, curé de Clottes, a l'intention de fonder dans sa paroisse.

C. 87. (Carton.) — 100 pièces, papier.

1777. — Correspondance de MM. Esmangart et de Clugny, intendants de Bordeaux, avec les ministres de Maupeou, Joly de Fleury, Terray, de Sartine et Necker, concernant : — l'établissement d'un pont sur la rivière de l'Isle, près le château de Jumilhac (Dordogne) ; — les messageries ; — les manufactures d'étoffes ; — une plainte contre la Cour des Aides de Bordeaux ; — les gardes jurés ; — l'exportation du bois de buis ; — la manufacture de laine de Tournon ; — la concession d'un terrain faisant partie des fossés de la ville de Cazères ; — la manufacture de tabac de Tonneins (Lot-et-Garonne) ; — la maîtrise des eaux et forêts ; — les dettes de la communauté des arts et métiers.

C. 88. (Carton.) — 105 pièces, dont 1 en parchemin.

1777. — Correspondance de M. Dupré de Saint-Maur, intendant de Bordeaux, avec les ministres Necker, Bertin et d'Ormesson, relative : — à la salle de spectacle de Bayonne (Basses-Pyrénées) ; — à la taille de la communauté d'Useste ; — au produit de la recette des tailles de Sarlat (Dordogne) ; — au bureau des finances de Bordeaux ; — aux droits sur les toiles de Nankin ; — aux sels de la consommation de Bordeaux ; — aux fabriques d'amidon ; — aux écoles vétérinaires ; — à l'administration de la loterie royale ; — à une maladie épidémique à Brantôme ; — aux travaux de la barre de Bayonne commencés depuis le commencement du siècle ; — au rétablissement des foires et marchés de bestiaux ; — aux ventes et reventes des domaines ; — aux nitrières et à la fabrication du salpêtre.

C. 89. (Carton.) — 100 pièces, papier.

1777. — Correspondance de M. Dupré de Saint-Maur, intendant de Bordeaux, avec le ministre Bertin, relative : — à une affaire du duc de Lesparre avec ses censitaires ; — à l'emprisonnement d'un capitaine américain et d'une actrice du théâtre de Bordeaux ; — aux droits de prélation de Francescas (Lot-et-Garonne) ; — à la démolition du mur de ville de Risele (Gers) ; — à l'arrivée de Monsieur, frère du Roi, à Bordeaux ; — à une sédition des habitants de Marmande (Lot-et-Garonne) ; — aux communaux de Loupes (entre deux mers) ; — à la réunion des deux hôpitaux de Dax (Landes) ; — aux priviléges des carrosses de place ; — à la pêche du saumon à Hendaye (Basses-Pyrénées) ; — aux ports d'armes ; — à l'abbaye de Fontgauffier, dans le diocèse de Sarlat (Dordogne) ; — aux places de boursiers ; — aux préséances ; — aux religieux Carmes de Bordeaux.

C. 90. (Carton.) — 101 pièces, papier.

1777. — Correspondance de M. Dupré de Saint-Maur, intendant à Bordeaux, avec le ministre Bertin, concernant : — l'aliénation de l'hôpital de Bayonne (Basses-Pyrénées) ; — la demande du sieur Duval d'être autorisé à prendre la qualité d'écuyer ; — la maison de la Foi de Villeréal (Lot-et-Garonne) ; — les mariages des pauvres filles ; — les concessions de terrain de la ville de Condom (Gers) ; — la démolition des portes de la ville de Mont-de-Marsan (Landes) menaçant ruine ; — la démolition de la maison abbatiale de Jourdes ; — la demande de lettres de noblesse de Patrice Mitchell, verrier à Bordeaux.

C. 91. (Carton.) — 70 pièces, papier.

1777. — Correspondance de M. Dupré de Saint-Maur, intendant de Bordeaux, avec le ministre Bertin, concernant : — les ports d'armes ; — les droits de prélation ; — l'anoblissement de Gisson, chevalier de Saint-Louis ; — les cessions de terrains faites par la ville d'Agen (Lot-et-Garonne) ; — les jurats de Bordeaux ; — les aliénés ; — l'hôpital de Bergerac (Dordogne) ; — une émeute à Périgueux (id.), à l'occasion de la cherté des grains ; — le desséchement des marais d'Arcins.

C. 92. (Carton.) — 164 pièces, papier.

1777-1778. — Correspondance de M. Dupré de Saint-Maur, intendant de Bordeaux, avec les ministres de Beaumont, de Fargès et Terray, concernant notamment : — un visa d'exécutoire décerné contre le sieur La Claretie, prévenu d'assassinat ; — les enfants trouvés de la subdélégation de Saint-Sever (Landes) ; — le payement des salaires des témoins dans les procédures criminelles ; — un crime commis à Puymirol sur la personne du sieur

Job; — la nourriture des prisonniers; — des réclamations du sieur Ferret, greffier du Présidial de Nérac (Lot-et-Garonne); — l'exposition de deux enfants sur la grande route de Bordeaux à Toulouse, dans le marquisat de Lusignan; — un arrêt de la Cour des Monnaies, qui fait défense à toutes personnes, de quelque qualité et condition qu'elles soient, de faire entrer dans le royaume des espèces de billon et de cuivre de fabrique étrangère; — les réparations des prisons de Saint-Sever.

C. 93. (Carton.) — 112 pièces, papier.

1777-1781. — Correspondance de M. Dupré de Saint-Maur, intendant de Bordeaux, avec les ministres Necker, d'Ormesson, Bertin, de Miroménil, de Montbarey et d'Angervilliers, relative : — à des demandes en diminutions ou décharges d'impositions, de capitations et de vingtièmes, motivées sur des pertes occasionnées par la grêle, les inondations, l'épizootie, les incendies, etc., formées par : MM. Gontier de Biran, Brunet de Gombaud, Poquet de Puilhery, le comte de Châteaurenard, de La Jarte, le comte de Fumel, le comte de Narbonne, le duc d'Aiguillon, de Ségur, de Montareau, le maréchal de Biron, Picou, père de 15 enfants vivants; — concernant la découverte, par le sieur de Soublette, d'une quantité de kaolin et de petun-sé suffisante pour alimenter toutes les fabriques de porcelaines de France, etc.

C. 94. (Carton.) — 164 pièces, papier.

1777-1780. — Correspondance de MM. Meulan, d'Alb..is et Dupré de Saint-Maur, intendants de Bordeaux, avec les ministres de Trudaine, de Fourqueux, de Vergennes, de Sartine, de Fargès et de Beaumont, concernant : — le droit de perception sur des munitions destinées aux colonies anglo-américaines; — le navire le *Meulan*, de Bordeaux, capturé par une frégate anglaise au débouquement de Saint-Domingue; — la construction d'un moulin sur la Diouze; — le passage, à Bordeaux, de Monseigneur le comte d'Artois; — un arrêt du Conseil d'État du Roi, qui défend à toute personne d'exporter les métiers, ainsi que les outils et instruments propres aux manufactures; — les mesures de prévoyance et de sûreté à prendre dans la délivrance des passe-ports à l'étranger; — l'arrestation d'un nommé Dalpuget de Belleassise, pour de nombreuses escroqueries par lui commises de complicité avec une prétendue comtesse de Falkenstein, etc.

C. 95. (Carton.) — 93 pièces, papier.

1778. — Correspondance de M. Dupré de Saint-Maur, intendant de Bordeaux, avec le ministre Bertin, relative : — à des pensions viagères accordées par le Roi, sur le trésor royal, à diverses personnes de la Généralité de Bordeaux, parmi lesquelles Mlle de Charron, qui veut abjurer la religion protestante; — Mlle de La Motte, nouvelle convertie; — Paul Labat, ancien capitaine de navire; — Charlemagne, chirurgien-major; — Mlle Antoinette Du Queyla; — Armand-Louis Rodrigues, juif converti; — Mlle de Laprade de Borie; — les demoiselles Guérin de Lachèze; — Demestre et Marie Baurel, nouveaux convertis.

C. 96. (Carton.) — 107 pièces, papier.

1778. — Correspondance de M. Dupré de Saint-Maur, intendant de Bordeaux, avec les ministres Necker, Débonnaire de Forges, d'Ormesson, de Boullongue, de Cottes et de Sartine, relative : — au sieur Couloussac, ancien subdélégué à Agen (Lot-et-Garonne); — à la répartition de la taille; — à la loterie royale; — à la capitation des domestiques; — aux corps de garde des fermes de Bayonne (Basses-Pyrénées); — au sieur Doazan, qui sollicite une place de médecin dans la Généralité; — à l'exportation des farines; — à la perception des droits d'octroi de Dax (Landes); — aux concessions du nommé Lemarchand, dans la juridiction de Libourne (Gironde); — à l'autorisation d'exporter les planches de pin; — à l'eau-de-vie et au tafia de nos colonies; — aux prérogatives attachées aux charges de la maison du Roi; — à la manufacture de laine de Tournon et à la manufacture de tabac de Tonneins (Lot-et-Garonne); — au privilège accordé aux fermiers des messageries; — à la répartition des vingtièmes; — aux chemins de Labourd (Basses-Pyrénées); — à une plainte de la communauté de Hagetmau contre ses consuls et la collecte de Cazères (Landes), etc.

C. 97. (Carton.) — 77 pièces, papier.

1778. — Correspondance de M. Dupré de Saint-Maur, intendant de Bordeaux, avec les ministres de Boullongue, de Cotte, Necker, d'Ormesson, de Trudaine et Turgot, relative : — à l'entrée et à la vente des vins à Libourne; — à l'établissement d'une verrerie à Bordeaux; — aux bâtiments de la Cour des Aides; — à l'administration des chemins; — aux honoraires des officiers municipaux de Blaye (Gironde); — au cabotage et roulage des marchandises; — à la taille; — au privilège accordé aux fermiers des messageries; — à la répartition des vingtièmes et aux gratifications accordées aux employés de cette administration; — aux plaintes des maîtres de barques; — à l'état du produit des récoltes; — au privilège du maître de poste du Carbon-Blanc ; — à l'embarquement de dix-huit mille barils de bœuf salé pour les Isles-du-Vent, etc.

C. 98. (Carton.) — 119 pièces, papier.

1778. — Correspondance de M. Dupré de Saint-Maur, intendant de Bordeaux, avec le ministre Bertin, relative : — à un don de deux mille livres en faveur des religieuses Annonciades de Paris ; — à la pêche du saumon à Handaye (Basses-Pyrénées) ; — à une plainte contre le lieutenant du Roi de la ville de Dax (Landes) ; — à la petite poste de Bordeaux ; — aux octrois d'Asparren, en pays de Labourd (Basses-Pyrénées) ; — aux priviléges de la ville de Dax ; — aux curés de Bordeaux ; — à l'hôpital de Périgueux (Dordogne) ; — à une concession de terrain à Condom (Gers) ; — à l'hôpital de Villeneuve-d'Agen (Lot-et-Garonne) ; — à la rosière de Cantenac ; — à la chambre de commerce ; — aux prisonniers de Cubzac ; — à la fête de M. le maréchal de Duras ; — aux bois de construction destinés pour la marine, etc.

C. 99. (Carton.) — 109 pièces, papier.

1778. — Correspondance de M. Dupré de Saint-Maur, intendant de Bordeaux, avec le ministre Bertin, concernant : — les priviléges de la ville de Bergerac (Dordogne) ; — les prisonniers de Périgueux (id.) ; — les jurats de Bordeaux ; — les mines de charbon de terre, près de Dax (Landes) ; — les filles de charité de Bergerac ; — Charles Mendès, juif nouvellement converti ; — les religieuses de Sainte-Ursule du Port Sainte-Marie (Lot-et-Garonne) ; — le collège d'Aire (Landes) ; — l'évêque d'Agen (Lot-et-Garonne) ; — les prisonniers de Domme (Dordogne) ; — l'accouchement de la Reine ; — l'abbaye du Mont-de-Marsan (Landes) ; — le défrichement des marais ; — le droit de prélation ; — une plainte sur les abus qui se sont commis dans l'administration de la communauté de Barie.

C. 100. (Carton.) — 107 pièces, dont 2 en parchemin.

1778-1779. — Correspondance de M. Dupré de Saint-Maur, intendant de Bordeaux, avec les ministres Necker et de Boullongne, concernant : — les gratifications du vingtième ; — les pensions sur les fonds libres ; — les octrois de Peyrehorade (Landes), ; — les fabriques d'amidon ; — les vacants de Condom (Gers) ; — le droit de fret ; — les arrêts sur les corvées ; — la halle de Saint-Loubès (Gironde) ; — le fief de Puypaulin ; — la navigation du Drot ; — les fonds réservés de Dax (Landes) ; — les provenances de la Hollande ; — les dépenses de la ville de Bordeaux ; — des difficultés survenues entre quelques négociants et les receveurs des fermes du Roi au sujet des quinze pour cent sur les objets du commerce de la Hollande ; — une demande de secours en faveur des habitants de Mios, qui ont perdu la totalité de leurs récoltes par un ouragan qui a détruit, en outre, plusieurs de leurs habitations ; — les sels nécessaires à la pêche de la morue, etc.

C. 101. (Portefeuille.) — 137 pièces, papier.

1778-1785. — Correspondance de M. Dupré de Saint-Maur, intendant de Bordeaux, avec les ministres Bertin, Necker, de Cotte, Joly de Fleury, de Vergennes et le duc de Bouillon, relative : — au baron de Candalle qui demande que le receveur des impositions de Dax (Landes) soit autorisé à lui prêter la somme de 4,000 livres, afin de pouvoir nourrir sa famille et les journaliers indigents qu'il emploie à la culture de ses terres ; — aux plaintes de l'évêque de Dax (Landes), au nom du chapitre du Saint-Esprit, à Bayonne, et du curé de Saint-Étienne, à l'occasion de l'établissement du cimetière des juifs portugais ; — à des demandes de secours pour pertes de bestiaux et de récoltes ; — à la vente des matériaux provenant de la démolition du temple des protestants de La Roche-Chalais ; — à une demande de secours formée par la dame Tardif de Cugnac de Monpazier ; — à la succession de l'abbé Chappe d'Auteroche, académicien, décédé en Californie le 1er août 1769 (il était parti de Paris le 18 septembre précédent, par ordre de la cour, pour cette destination, où il a fait l'observation de Vénus) ; — à deux exemplaires de l'*Avis au Peuple sur sa santé*, par Tissot ; — au *Manuel des Dames de Charité*, ou formules de médicaments faciles à préparer ; — aux droits réservés de la ville de Bayonne ; — à l'érection d'un hôpital à Saint-Barthélemy-en-Agenais.

C. 102. (Portefeuille.) — 139 pièces, papier.

1778-1779. — Correspondance de M. Dupré de Saint-Maur, intendant de Bordeaux, avec les ministres Necker et Bertin, concernant : — l'exportation du bois à brûler ; — l'octroi sur les porcs ; — les offices municipaux de La Réole (Gironde) ; — les ports d'armes ; — l'hôpital de Périgueux (Dordogne) ; — la mort de Mme Bertin ; — le palais Gallien ; — les alarmes du commerce de Bordeaux relativement à la présence des corsaires à l'entrée de la rivière, et les mesures prises par M. de Sartine pour les expulser ; — les droits réservés de la ville de Dax (Landes) ; — la prévôté de Bazas (Gironde), —

l'entrepôt des colonies; — les landes de Cubzac; — les métiers à bas; — les sardines; — le partage des communaux de la paroisse de Montfort; — les enfants trouvés; — les étapes; — les franchises de Saint-Jean-de-Luz (Basses-Pyrénées); — les harengs étrangers; — les grains de semence, etc.

C. 103. (Carton.) — 93 pièces, papier.

1779. — Correspondance de M. Dupré de Saint-Maur, intendant de Bordeaux, avec les ministres Necker, d'Ormesson et de Boullongue, relative : — au collecteur de Soulac; — aux contrôleurs du vingtième; — aux impositions du pays de Labourd et pays réunis (Basses-Pyrénées); — aux landes de Marsan; — aux priviléges des gardes des eaux et forêts; — aux forges de la marine; — à la répartition de la taille de Sarlat (Dordogne); — à l'administration de la ville de Bordeaux; — aux pêcheurs de Bassens; — à un mémoire par lequel le sieur de Muller demande la concession, à titre d'acensement, de douze journaux de fonds à prendre dans les landes d'Uchac, avec offre de payer au Domaine un cens annuel de trois sols par journal; — à la mise en liberté du sieur Burot, collecteur de Soulac, etc.

C. 104. (Carton.) — 77 pièces, papier.

1779. — Correspondance de M. Dupré de Saint-Maur, intendant de Bordeaux, avec les ministres Necker, Débonnaire de Forges et de Cotte, relative : — aux poudres et salpêtres; — aux fromages de Hollande; — aux dépenses de la ville de Bordeaux; — à l'élection des députés du commerce; — aux sardines en vert; — aux rôles et frais de bureau du vingtième; — aux gages du président du Présidial de Bordeaux; — à la concession d'un marais; — aux corvées; — à la halle de Saint-Loubès; — aux priviléges de la ville de Bordeaux; — à la forge de Saint-Paul-de-Dax (Landes); — au moulin à poudre de Saint-Médard (Gironde); — à l'exportation des grains par le canal du Languedoc; — à la navigation et aux péages; — à la rage; — au canal entre la Garonne et l'Adour; — aux priviléges des conseillers rapporteurs du point d'honneur; — à la nature des contraintes pour le recouvrement des impositions.

C. 105. (Carton.) — 101 pièces, papier.

1779. — Correspondance de M. Dupré de Saint-Maur, intendant de Bordeaux, avec les ministres Necker, Lenoir, de Boullongue, Débonnaire de Forges, relative : — aux recherches pour parvenir à la découverte du sieur Magen-

thiès; — à la pension de M. l'intendant; — aux traitements des gouverneurs et commandants généraux et particuliers; — aux revenus de la chambre de commerce et de la juridiction consulaire; — aux grains de semence; — aux dépenses de la ville de Bordeaux; — à une fabrique d'amidon; — aux frais de justice; — aux enfants trouvés; — à la police du spectacle de Bordeaux; — à la fortification d'une ville seigneuriale; — aux comptes de la communauté-prévôté de Bazas (Gironde); — à la navigation de la Garonne; — à la petite poste de Bordeaux; — aux frais de justice dans la seigneurie de Monpon; — à une plainte contre un arrêt de la Cour des Aides de Bordeaux; — au recouvrement des impositions dans les Élections des Lannes et de Dax (Landes), etc.

C. 106. (Carton.) — 79 pièces, papier.

1779. — Correspondance de M. Dupré de Saint-Maur, intendant de Bordeaux, avec le ministre Bertin, concernant : — le droit de prélation; — l'hôpital de Roquefort; — la petite poste de Bordeaux; — l'église de Nérac (Lot-et-Garonne); — une plainte contre le sieur Bonnet, vicaire d'Auradou-en-Agenais; — Charles Williams, agent du commerce à Surate; — l'emploi qu'il s'agit de faire des biens de la communauté religieuse de Sainte-Claire de Roquefort (Landes), etc.

C. 107. (Carton.) — 114 pièces, papier.

1779. — Correspondance de M. Dupré de Saint-Maur, intendant de Bordeaux, avec les ministres Bertin, Necker et de Boullongue, concernant : — le droit de prélation; — les bains sur la Garonne; — les marais de Blaye (Gironde); — les sucres bruts; — les tafias; — les enfants trouvés; — les bois de construction de la marine; — l'église de Nérac (Lot-et-Garonne); — les fabriques d'amidon; — le pain de pommes de terre, — le roulage; — le mont-de-piété; — la chartreuse de Bordeaux; — les denrées de Hollande — la ferme des octrois d'Agen (Lot-et-Garonne); — les ports d'armes; — les assemblées du commerce; — les dettes de la comédie; — l'entrée des sels étrangers; — la défense aux rouliers et voituriers d'entreposer les marchandises et l'ordre de les transporter directement au lieu de leur destination; — les *nouvelles à la main*; — la marque des moutons; — l'hôpital d'Agen (Lot-et-Garonne), etc.

C. 108. (Carton.) — 106 pièces, papier.

1779. — Correspondance de M. Dupré de Saint-Maur, intendant de Bordeaux, avec le ministre Bertin, relative :

— au château de Lormont, dépendant de l'archevêché de Bordeaux; — à l'échange de l'abbaye de Saint-Amand; — aux dames de Sainte-Catherine de Villeneuve-d'Agen (Lot-et-Garonne); — aux priviléges de la ville de Bordeaux; — à une aliénation des Chartreux; — à l'agent des maîtres de bateaux; — au port de Sainte-Marie; — aux jurats de Cauderot; — à l'hôpital de Roquefort; — à l'académie de musique; — à une contestation entre le sieur de Goyon de La Herouse, maire de la ville de Montréal (Gers), et le sieur Darquisan, procureur du Roi au siége royal de la même ville; — à l'ouverture d'une porte dans le mur de ville de Dax; — au sieur Vignolles, curé de Casteljaloux, et le chapitre de cette ville; — au droit de prélation; — à la demande du sieur de Chapelain de faire supprimer la maison de son abbaye de Blazimont.

C. 109. (Carton.) — 125 pièces, papier.

1779. — Correspondance de M. Dupré de Saint-Maur, intendant de Bordeaux, avec le ministre Bertin, concernant : — un cours d'accouchement à Périgueux (Dordogne); — la mairie de Dax (Landes); — l'école chrétienne de Belvès (Gironde); — la réunion des biens des religieuses de Saint-Benoît à l'hôpital de Casteljaloux (Lot-et-Garonne); — les statuts de la confrérie du tiers ordre de Saint-François; — les mines de charbon; — les réparations de l'église des Récollets de Bergerac (Dordogne); — les juifs avignonais; — le droit de prélation; — le desséchement des marais de Floirac; — le cimetière de l'hôpital Saint-Jacques d'Agen; — l'administration municipale de Condom (Gers); — l'office d'infirmier de Saint-Sever (Landes); — le recurement du lit de La Gravette; — le Te Deum chanté dans tout le royaume à l'occasion des avantages remportés par les troupes de terre et de mer sur les Anglais.

C. 110. (Carton.) — 137 pièces, papier.

1779-1780. — Correspondance de M. Dupré de Saint-Maur, intendant de Bordeaux, avec le ministre Bertin, relative : — aux insultes publiques faites au maire et au corps de ville de Monségur (Gironde) par le sieur Pelletand, instituteur de cette localité; — à la fête donnée par le commerce de Bordeaux à l'occasion du retour de M. le comte d'Estaing; — à l'école de chirurgie d'Agen (Lot-et-Garonne); — aux carrosses de place; — aux assemblées de jeux; — au droit de prélation; — à une fabrique de porcelaine dans le pays de Labourd (Basses-Pyrénées); — aux communaux de Gabarret; — aux murs de ville d'Astafort (Lot-et-Garonne); — à la confirmation des priviléges de la ville d'Eymet (Dordogne); — à la municipalité de Nontron (id.), troublée dans ses fonctions; — aux octrois de Bayonne (Basses-Pyrénées); — aux impositions de la communauté de Saint-Justin-de-Marsan (Landes); — aux sœurs hospitalières de Sainte-Marthe de Périgueux (Dordogne), etc.

C. 111. (Carton.) — 79 pièces, papier.

1779-1780. — Correspondance de M. Dupré de Saint-Maur, intendant de Bordeaux, avec les ministres Bertin, de Vergennes, Montbarey et Necker, concernant : — la municipalité de Condom (Gers); — la confirmation des ventes; — l'évêché de Condom; — les Dames de la Foi de Bayonne (Basses-Pyrénées); — la police de Grignols; — les murs de ville d'Astafort (Lot-et-Garonne); — les Frères Mineurs d'Aquitaine; — les consuls et habitants de Marignac (Généralité d'Auch); — la régie des droits domaniaux; — la chambre du commerce de Bordeaux; — une grêle sans exemple dans le Périgord; — la forêt du Roi dans le Blayais; — les carrosses de place de Bordeaux; — la manufacture de Bordeaux; — le droit de port d'armes concédé au sieur Phiquepal Guiron de Gontaud, à raison des services importants qu'il a rendus dans son canton; — les opérations de M. le baron de Villers, ingénieur de la marine, à La Teste (Gironde), etc.

C. 112. (Carton.) — 93 pièces, dont 2 en parchemin

1780. — Correspondance de M. Dupré de Saint-Maur, intendant de Bordeaux, avec les ministres Bertin et de Vergennes, relative : — aux archives de Condom (Gers) et de Puymirol (Lot-et-Garonne); — aux étalons arabes; — aux reconnaissances de lettres de noblesse; — aux priviléges de la ville de Bergerac (Dordogne); — aux lettres de noblesse du sieur Lamouroux; — à la fabrique de porcelaine de Cibourre (Basses-Pyrénées); — au droit de prélation; — à la conservation de la chasse; — à la police des spectacles de Bayonne (Basses-Pyrénées); — aux lettres de noblesse du sieur de Vedrines; — à l'abbaye de Saint-Sauveur du Bugue; — au séminaire d'Acqs (Landes); — à la retraite de M. Bertin; — à un conflit entre les officiers municipaux et ceux de la justice de Nontron; — à la démolition d'une porte de ville à Mauvezin (Gers); — à une plainte du curé contre le seigneur de Nanthiac; — à l'*Histoire de la Guienne*; — aux talents du curé d'Audrivaux pour rebouter les fractures.

C. 113. (Carton.) — 112 pièces, papier.

1780. — Correspondance de M. Dupré de Saint-Maur,

intendant de Bordeaux, avec les ministres Necker et de Cotte, relative : — à l'hôpital de Montignac (Dordogne) ; — aux brasseries de bière ; — à l'épizootie ; — à la navigation de la Garonne ; — à la nomination de douze receveurs généraux des finances ; — aux marais de Floirac ; — au député de la ville de Bordeaux ; — aux prisons civiles ; — au défrichement des Landes ; — à la rivière du Ciron ; — à l'hôpital Saint-Jacques d'Agen (Lot-et-Garonne) et à celui de Lesparre (Gironde) ; — à la halle de Saint-Loubès (id.) ; — au droit de franc-fief en concours avec l'imposition des vingtièmes ; — au syndic de Queyrac, en Médoc ; — aux numéros des maisons des villes ; — aux rentes données ou léguées aux gens de mainmorte ; — aux plaintes du sieur Limousin, curé de Rasac, etc.

C. 114. (Carton.) — 129 pièces, papier.

1780. — Correspondance de M. Dupré de Saint-Maur, intendant de Bordeaux, avec les ministres Bertin et de Vergennes, relative : — à la police de Mugron (Landes) ; — au droit de prélation ; — aux brevets des tailleuses ; — au nommé Pedrine, nouveau converti ; — à la conservation de la chasse ; — à M. de Polastron, commandant les pays de Comminges ; — aux écrivains de Bordeaux ; — à l'union d'une chapelle à l'hôpital de Frousac (Gironde) ; — à la nomination des jurats de Bordeaux ; — aux religieuses de Sainte-Claire de Périgueux (Dordogne) ; — à l'anoblissement de M. Martin de Deymier ; — à la pêche dans la rivière de la Bidassoa ; — à l'épizootie ; — à l'alignement des rues Saint-Rémy et Porte Dijeaux ; — à l'établissement de deux filles de charité à Clottes ; — au port d'armes ; — au nommé Fleureau, ostéologiste, recommandé par Mme la duchesse de Civrac ; — à la demoiselle de Doursal ; — à la cathédrale d'Agen (Lot-et-Garonne).

C. 115. (Carton.) — 170 pièces, dont 2 en parchemin.

1780. — Correspondance de M. Dupré de Saint-Maur, intendant de Bordeaux, avec les ministres Necker, de Cotte, Delessart et de Montcrau, relative : — au produit des récoltes ; — aux chancelleries des hypothèques ; — à la rivière du Ciron ; — aux précautions à prendre au sujet de l'introduction des laines venant de l'étranger ; — aux rôles des vingtièmes de la juridiction de Sainte-Foy ; — aux droits d'enregistrement des titres des privilégiés de l'Élection de Sarlat (Dordogne) ; — à la navigation de la Garonne ; — aux plaintes contre le receveur des fermes de Saint-Justin (Landes) ; — à la manière de détacher les laines dans les mégisseries ; — à l'entrepôt de tabac de Bordeaux ; — à l'hôpital de Saint-Macaire (Gironde) ; — à l'octroi de Périgueux (Dordogne) ; — aux privilèges des habitants de Bergerac (id.) ; — à l'emprunt de la ville de Bordeaux ; — au tarif des droits des officiers des Élections ; — à l'île du Bec-d'Ambès ; — à la ville et aux Bénédictins de Mézin (Lot-et-Garonne) ; — aux vingtièmes des domaines de M. le duc de Bouillon ; — aux manufactures de toile d'Agen (Lot-et-Garonne) ; — aux jurés-priseurs ; — aux sardines des côtes d'Espagne ; — aux acquisitions faites par les ecclésiastiques.

C. 116. (Carton.) — 84 pièces, dont 1 en parchemin.

1781. — Correspondance de M. Dupré de Saint-Maur, intendant de Bordeaux, avec le ministre de Vergennes, concernant : — les privilèges des veuves des chirurgiens de Bordeaux ; — les privilèges de la ville d'Excideuil ; — la naissance de Monseigneur le Dauphin ; — l'hôpital d'Eymet (Dordogne) ; — la desserte de la paroisse du Petit Sainte-Foy ; — le droit de prélation ; — la charge du grand sénéchal des Lannes ; — les réparations des églises du diocèse de Condom (Gers) ; — les murs de ville de Monségur (Gironde) ; — les religieuses de la communauté de Sainte-Catherine-de-Sienne ; — un *Te Deum* en actions de grâces des avantages remportés par l'armée navale de Sa Majesté et par ses troupes combinées avec celles des États-Unis de l'Amérique ; — les plaintes du curé et des habitants d'Anthé contre le chevalier Dugravier, qui a fait abattre une croix dans la paroisse ; — la nomination de deux nouveaux jurats de Bordeaux.

C. 117. (Carton) — 70 pièces, papier.

1781. — Correspondance de M. Dupré de Saint-Maur, intendant de Bordeaux, avec le ministre de Vergennes, concernant : — le cours public et gratuit de mathématiques par l'abbé de Pont Des Gémaux ; — la nomination du secrétaire de l'hôtel de ville de Bordeaux ; — le don du droit de prélation ; — l'église de Nérac (Lot-et-Garonne) ; — le chapitre Saint-Seurin, de Bordeaux ; — les *Nouvelles à la main* ; — la salle de spectacle de Bayonne (Basses-Pyrénées) ; — l'hôpital de Montségur ; — les Frères de la Charité de Cadillac (Gironde) ; — le centenaire Lamothe ; — les religieuses du port Sainte-Marie ; — les Bureaux de charité ; — les bals et jeux ; — la préséance entre les officiers de justice et les officiers municipaux de Marmande (Lot-et-Garonne) ; — le corps de garde de la patrouille d'Eymet (Dordogne).

C. 118. (Carton.) — 94 pièces, papier.

1781. — Correspondance de M. Dupré de Saint-Maur,

SÉRIE C. — INTENDANCE DE BORDEAUX.

intendant de Bordeaux, avec le ministre de Vergennes, concernant : — Jean Reclus, père de dix enfants ; — les sœurs hospitalières de Montpasier (Dordogne) ; — l'alignement des rues Saint-Rémy et Porte Dijeaux ; — le pavé de la rue Dufour-aux-Chartrons (Bordeaux) ; — les Cordeliers de Bordeaux ; — les privilèges de la ville de Bayonne (Basses-Pyrénées) ; — le magasin à poudre de Bordeaux ; — une affaire portée au criminel contre le maire d'Eymet ; — le cours d'accouchement professé à Périgueux (Dordogne) ; — une grêle extraordinaire tombée à Dax (Landes) ; — la fontaine publique de Villeréal (Lot-et-Garonne) ; — une demande de secours de Mme Destor de Montenot ; — le règlement municipal de Peyrehorade (Landes) ; — la préséance entre la ville et le Présidial de Condom (Gers).

C. 119. (Carton.) — 104 pièces, papier.

1781. — Correspondance de M. Dupré de Saint-Maur, intendant de Bordeaux, avec les ministres La Millière, Joly de Fleury et Necker, relative : — à un procès entre les habitants de Courrensan (Gers) et le baron de Cadignan, leur seigneur, au sujet de la banalité des moulins de ladite seigneurie ; — à la marque des étoffes ; — à la navigation de la rivière du Drot ; — à la circulation des vins dans la sénéchaussée de Bordeaux ; — aux droits des juges des manufactures ; — à la défense de la côte de Gascogne ; — au marché de Dax (Landes) ; — à l'importation des sardines de Galice dans le pays de Labourd et à Bayonne (Basses-Pyrénées) ; — aux accidents survenus dans les terres du maréchal de Biron par suite d'inondations ; — au secret de la correspondance ; — au sieur Favereau de Bélair, rapporteur du point d'honneur ; — aux habitants de la paroisse de Mollon (entre deux mers) qui demandent la cassation d'un arrêt de la Cour des Aides.

C. 120. (Carton.) — 118 pièces, papier.

1781-1782. — Correspondance de M. Dupré de Saint-Maur, intendant de Bordeaux, avec les ministres Joly de Fleury, de Colonia et Necker, relative : — aux droits sur les étoffes ; — à la communauté de Tonneins-Dessus (Lot-et-Garonne) ; — à la police de la navigation ; — à une mine de charbon près de Terrasson (Dordogne) ; — aux privilèges des marchands de Dax (Landes) ; — aux juifs portugais et avignonnais ; — aux réparations de l'hôpital d'Agen (Lot-et-Garonne) ; — à l'établissement d'un change à Sarlat ; — aux brevets des perruquiers de la ville de Dax et Bayonne (Basses-Pyrénées) ; — à l'exportation du lin en Espagne ; — au monastère de Prouillan, à Condom (Gers) ; — à l'importation des sardines de Galice dans le pays du Labourd et Bayonne ; — à la jauge bordelaise ; — à la monnaie de billon ; — à la défense d'exporter des grains et farines ; — au régent de Gazaupouy.

C. 121. (Carton.) — 134 pièces, papier.

1781-1789. — Correspondance de MM. Dupré de Saint-Maur et de Néville, intendants de Bordeaux, avec les ministres Terray et Débonnaire de Forges, relative : — aux visas d'exécutoires ; — aux traitements des chirurgiens et médecins pour les soins rendus aux prisonniers malades ; — aux enfants trouvés de Tournon et Monflanquin (Lot-et-Garonne) ; — aux émoluments de l'office de procureur du Roi à Périgueux (Dordogne), etc.

C. 122. (Carton.) — 97 pièces, dont 1 en parchemin.

1781-1785. — Correspondance de M. Dupré de Saint-Maur, intendant de Bordeaux, avec le ministre Bertin, relative : — aux clefs des archives de la ville de Condom (Gers) ; — aux officiers municipaux de Nontron (Dordogne) ; — au droit de prélation ; — aux officiers municipaux de Dax (Landes) ; — à la Société littéraire de Périgueux (Dordogne) ; — à la reconstruction de la maison épiscopale de Lombez (Gers) ; — à la démolition d'une porte de ville à Mauvezin (Gers) ; — aux officiers municipaux de Roquefort-de-Marsan (Landes) ; — aux mines de charbon sur la rivière de Vezère ; — à la châtellenie de Montpezat (Lot-et-Garonne) ; — aux privilèges des carrosses de place ; — au licenciement des grenadiers royaux de la Gironde ; — à des mémoires sur procès entre les communautés ou villes de Bergerac (Dordogne), Agen (Lot-et-Garonne), Sainte-Foy, Bazas et La Réole (Gironde) ; — à un recueil des édits de création d'offices ; — aux instructions sur les ateliers de charité.

C. 123. (Carton.) — 97 pièces, dont 1 en parchemin.

1781-1790. — Correspondance de MM. Dupré de Saint-Maur et de Néville, intendants de Bordeaux, avec les ministres Joly de Fleury, Delessert et Boutin, relative : — à diverses réparations faites à l'Hôtel de la Monnaie de Bordeaux ; — à des demandes de secours pour pertes de chevaux ; — aux incendies dans la subdélégation de Bazas (Gironde) ; — à la grêle tombée dans la paroisse de La Trenne ; — aux décharges d'impositions ; — à la requête du sieur Clemenceau, par laquelle il demande à être admis dans la compagnie des monnayeurs de Bordeaux, etc.

C. 124. (Carton.) — 85 pièces, papier.

1782. — Correspondance de M. Dupré de Saint-Maur, intendant de Bordeaux, avec le ministre de Vergennes, relative : — à la cure d'Excideuil ; — aux brevets de médecin ; — aux lettres de noblesse de Gontier Ducluseau ; — à la police de Montignac ; — au couvent des Cordeliers de Bordeaux ; — au droit de prélation ; — aux passe-ports ; — à l'érection en duché des terres de Civrac, Blaignac, Rigaud et Lalande ; — aux honoraires du sieur abbé du Pont de Jumeaux pour les leçons particulières de mathématiques ; — au vicomte de Mélignan et au sieur Darodes de Mezin (Lot-et-Garonne) ; — aux plaintes des officiers municipaux de Tl'viers (Dordogne) ; — au sujet de la nomination du sieur Duchadeau à la charge de collecteur des tailles, etc.

C. 125. (Carton.) — 107 pièces, papier.

1782. — Correspondance de M. Dupré de Saint-Maur, intendant de Bordeaux, avec les ministres Joly de Fleury et de Ségur, relative : — à la verrerie de Mitchell ; — aux cordonniers ; — aux lits militaires ; — au bois de construction pour la marine ; — aux étapes ; — aux aliénés ; — aux forçats évadés ; — aux chariots pour fourrages ; — aux demandes d'emploi ; — aux réclamations des propriétaires de la rue de Bordes, à Bordeaux, au sujet de la stagnation des eaux dans le quartier de la manufacture ; — aux soldats atteints de maladies incurables ; — au sieur Brun, qui demande d'être nommé médecin de l'hôpital d'Avesnes ; — aux chevaux de la poste de Castres atteints de la morve ; — au passage de Monseigneur le comte d'Artois, revenant de Cadix ; — à l'entrée à Bayonne de 40 tonneaux de sel venant d'Espagne ; — aux entrepreneurs de la verrerie de Lacanau (Gironde).

C. 126. (Carton.) — 86 pièces, papier.

1783-1785. — Correspondance de M. de Saint-Maur, intendant de Bordeaux, avec les ministres d'Ormesson et de Calonne, concernant : — les impositions sur les juifs de Bayonne (Basses-Pyrénées) ; — une gratification de 2,000 livres en faveur de M. Lescure, président de l'Élection de Sarlat (Dordogne), pour frais d'un voyage à Paris pour se justifier de diverses imputations dirigées contre lui, et renfermées dans différents mémoires adressés au ministère ; — la formation d'établissements de roulage ; — la régie des postes et des messageries ; — des secours extraordinaires accordés en raison de la rigueur de l'hiver et des débordements de 1784 ; — des contestations au sujet des franchises de la ville de Bayonne et du pays de Labourd (Basses-Pyrénées) ; — l'envoi de 40,000 piastres à Brest pour le compte des actionnaires de l'expédition de Chine.

C. 127. (Carton.) — 99 pièces, papier.

1784-1785. — Correspondance de M. Dupré de Saint-Maur, intendant de Bordeaux, avec les ministres de Vergennes, La Millière et Rigoley d'Oguy, concernant : — des demandes d'aliénation de divers immeubles appartenant aux protestants ; — les honoraires des subdélégués ; — les différentes manières d'administrer l'électricité dans le traitement des maladies ; — un arrêt du Conseil sur la vente et le débit du tabac ; — l'exportation en Espagne du bois de chêne courbe du Nord ; — M. de Lacépède, président de la Société littéraire d'Agen (Lot-et-Garonne) ; — le mauvais état des chemins de Bordeaux à Paris ; — les viandes préparées pour la marine ; — l'exemption des charges publiques ; — la construction d'un moulin à scie sur la rivière de Salat, dans la juridiction d'Oust (Généralité d'Auch) ; — des confirmations de ventes et donations ; — la défense de faire des plantations, tant au-dessus qu'au-dessous des ponts, capables de s'opposer à l'écoulement des eaux.

C. 128. (Carton.) — 107 pièces, papier.

1784-1787. — Correspondance de MM. Boutin et de Néville, intendants de Bordeaux, avec les ministres de Vergennes, La Millière, de Breteuil, de Ségur et de Mouchy, relative : — à la police générale ; — à des demandes de secours sollicités par madame la comtesse de La Mothe-Montfort en raison de son abjuration ; — aux contestations soulevées contre la famille de La Mothe au sujet de ses titres de noblesse ; — au projet de l'établissement d'une subdélégation à Mussidan ; — aux commissions de capitaine des chasses de la terre de Créon ; — à la promenade de Saint-Ybard ; — à une réclamation de M. Morlas de Lagarde de Condom (Gers), au sujet de la succession de Mlle Gonnois de Panblan ; — à une réclamation de M. Lallier de La Tour, inspecteur des ponts et chaussées à Périgueux (Dordogne), contre une ordonnance de MM. Boutin et Boisgibault, concernant les corvées ; — à une pension de 300 francs accordée au sieur de Bousol, ancien garde du corps ; — à Mme de Brezets, religieuse.

C. 129. (Carton.) — 86 pièces, papier.

1784-1789. — Correspondance de M. de Néville, intendant de Bordeaux, avec le ministre de Vergennes,

SÉRIE C. — INTENDANCE DE BORDEAUX.

relative : — à des secours demandés au Roi par les officiers municipaux de Blaye (Gironde), pour l'élargissement du chenal de leur port et autres ouvrages nécessaires pour en faciliter les abords ; — au rôle des biens-fonds de la noblesse de Moulis et Poujaux ; — aux impositions de l'académie de Bordeaux ; — à des demandes de secours pour pertes de bétail occasionnées par la maladie, et des récoltes par la grêle et l'incendie ; — état estimatif de ces pertes dans la juridiction de La Réole ; — à une plainte adressée à M. de Vergennes par le nommé Darricau et le curé de Saint-Paul-en-Born contre le syndic de cette paroisse, au sujet de ses exactions ; — à des demandes de modération des vingtièmes ; — à l'altération des rôles de Dieulivol par le nommé Gémard, collecteur de cette paroisse, etc.

C. 130. (Carton.) — 131 pièces, papier.

1786-1789. — Correspondance de M. de Néville, intendant de Bordeaux, avec le ministre La Millière, relative : — au prix de 600 livres fondé par le Roi pour déterminer les rapports qui existent entre l'état du foie et les maladies de la peau ; — à la succession Lostanges, chevalier, baron de Paillé ; — à un spécifique contre la gale ; — à la découverte faite par le sieur Lavalade de Sainte-Foy d'un moulin à moudre le froment donnant un produit triple des moulins à vent ; — aux maladies vénériennes ; — aux maladies chroniques et aux fièvres ; — aux eaux de Barèges ; — à l'inspection de la maréchaussée ; — aux prix décernés par la Société royale de médecine ; — à quatre mémoires sur les causes de la maladie aphteuse connue sous les noms de *muguet*, *millet*, *blanchet*, à laquelle les enfants sont sujets, et sur le traitement à suivre pour la guérir ; — à deux règlements du Roi, l'un pour la formation d'un Conseil royal des finances et du commerce, et l'autre pour l'établissement de quatre intendants des finances et d'un intendant du commerce.

C. 131. (Carton.) — 127 pièces, papier.

1788-1789. — Correspondance de M. de Néville, intendant de Bordeaux, avec les ministres La Millière, de Breteuil, de Vergennes, de Miromenil et Bertin, relative : — au sieur Bayle, curé d'Escassefort en Agenais ; — à l'exemption de logement des gens de guerre ; — au couvent des Cordeliers de Rions (Gironde) ; — à Mlle Deschamps, nouvelle convertie ; — à une requête de Peychaud-Combes par laquelle il demande le cordon de l'ordre de Saint-Michel ; — à une plainte portée contre Travey, régisseur des biens de M. de La Barberie et d'Arcambal pour insultes envers le commissaire de marine ; — au jeu de bague ; —

GIRONDE. — SÉRIE C.

à des secours sollicités par Mme de La Mothe et à divers mémoires, lettres, rapports, etc., tendant à prouver les droits de sa famille aux titres de noblesse qu'on lui conteste.

C. 132. (Registre.) — In-quarto, 141 feuillets, papier.

1621. — Ordres de payements délivrés au nom du Roi par MM. Gabriel de Guénégaud, sieur dudit lieu et Du Plessis ; Vincent Bouhier, Balthasar Philippeaux, Paul Ardier, sieur de Beauregard, Bertrand Massé, sieur de La Bazinière, etc., trésoriers et conseillers du Roi en son Conseil d'État ; — à MM. le duc d'Épernon, lieutenant général gouverneur en Guienne, Valence, de Noailles, etc. — Les diverses sommes spécifiées dans ces ordres devaient être affectées aux payements des charges, à l'achat des chevaux de remonte et autres services publics.

C. 133. (Registre.) — In-folio, 61 pièces, reliés en parchemin.

1770-1775. — États d'importations et exportations de grains fournis par M. le receveur des fermes du Roi à Blaye (Gironde).

C. 134. (Registre.) — Grand in-quarto, 270 feuillets, papier.

1775. — Inventaire des arrêts du Conseil d'État portant maintenue ou suppression des péages, passages, pontonnages, travers et autres droits dans la Généralité de Bordeaux, dressé d'après les ordres de M. Esmangart, intendant de la Généralité.

C. 135. (Registre.) — In-folio, 112 feuillets, papier.

1777. — Distribution des affaires de la Généralité, concernant les bureaux de l'Intendance de Bordeaux (1re partie).

C. 136. (Registre.) — In-folio, 96 feuillets, papier.

1778. — Distribution des affaires de la Généralité concernant les bureaux de l'Intendance de Bordeaux (2e partie).

C. 137. (Registre.) — In-folio, 83 feuillets, papier.

1778. — Distribution des affaires de la Généralité concernant les bureaux de l'Intendance de Bordeaux (3e partie).

C. 138. (Registre.) — In-folio, 103 feuillets, papier.

1778-1779. — Distribution des affaires de la Généalité, concernant les bureaux de l'Intendance de Bordeaux (4ᵉ partie).

C. 139. (Registre.) — In-folio, 135 feuillets, papier.

1778-1783. — Distribution des affaires de la Généralité, servant à l'enregistrement des requêtes, mémoires et lettres adressés à l'Intendance de Bordeaux.

C. 140. (Registre.) — In-folio, 94 feuillets, papier.

1779. — Distribution des affaires de la Généralité concernant les bureaux de l'Intendance de Bordeaux.

C. 141. (Registre.) — in-folio, 161 feuillets, papier.

1779-1780. — Distribution des affaires de la Généralité concernant les bureaux de l'Intendance de Bordeaux.

C. 142. (Registre.) — In-folio, 154 feuillets, papier.

1780-1781. — Distribution des affaires de la Généralité de la province concernant les bureaux de l'Intendance de Bordeaux.

C. 143. (Registre.) — In-folio, 142 feuillets, papier.

1781-1782. — Distribution des affaires de la Généralité de la province concernant les bureaux de l'Intendance de Bordeaux.

C. 144. (Registre.) — In-folio, 161 feuillets, papier.

1783. — Distribution des affaires de la Généralité concernant les bureaux de l'Intendance de Bordeaux.

C. 145. (Registre.) — In-folio, 128 feuillets, papier.

1784-1785. — Distribution des affaires de la Généralité servant à l'enregistrement des requêtes, mémoires et lettres concernant le bureau de M. Chauveton.

C. 146. (Registre.) — In-folio, 140 feuillets, papier.

1785. — Distribution des affaires de la Généralité concernant les bureaux de l'intérieur de l'Intendance de Guienne sous l'administration de M. de Néville.

C. 147. (Registre.) — In-folio, 94 feuillets, papier.

1785. — Affaires instruites pendant l'administration de M. de Néville, intendant à Bordeaux.

C. 148. (Registre.) — In-folio, 154 feuillets, papier.

1786. — Distribution des affaires de la Généralité concernant les bureaux de l'Intendance de Guienne, sous l'administration de M. de Néville.

C. 149. (Registre.) — In-folio, 306 feuillets, papier.

1786. — Enregistrement des demandes et affaires des subdélégations.

C. 150. (Registre). — In-folio, 153 feuillets, papier.

1786-1787. — Distribution des affaires de la province concernant les bureaux de l'Intendance de Bordeaux.

C. 151. (Registre.) — In-folio, 150 feuillets, papier.

1786-1788. — Distribution d'affaires de la province concernant les bureaux de l'Intendance de Bordeaux.

C. 152. (Registre.) — in-folio, 208 feuillets, papier.

1786-1790. — Résumé des affaires soumises au comité de l'Intendance de Bordeaux et décisions prises par ce comité.

C. 153. (Portefeuille.) — 103 pièces, papier.

1720-1727. — Correspondance de MM. de Courson et Boucher, intendants de Bordeaux, avec les ministres d'Argenson, d'Aguesseau, d'Harmenonville, Le Blanc, d'Ormesson, de Chauvelin et d'Angervilliers, relative : — à des demandes en grâce ou commutations de peines adressées à la Cour par des condamnés pour crimes, savoir : les sieurs Greniers frères, meurtriers du sieur de La Grange ; — François Léonardon, meurtrier de François de Courcelles, sieur de La Brousse ; — Jacques Lonquet de La Bastidette, meurtrier du sieur de Bories (lettre de recommandation de M. le duc d'Aumont en sa faveur) ; — Elie Aubarbier, meurtrier de Jean de La Bonneille ; — de Bourio, capitaine, meurtrier de Grégoire d'Autefort ; — le sieur de Roussillon, — Sorbier de Fongravières, — Berard, meurtrier du sieur de Fouregaud, — Philippe de Ragier de Canet, etc.

C. 154. (Portefeuille.) — 126 pièces, papier.

1729-1734. — Correspondance de M. Boucher, in-

SÉRIE C. — INTENDANCE DE BORDEAUX. 27

tendant de Bordeaux avec les ministres d'Aguesseau, Le Blanc, d'Argenson, d'Ormesson, de Chauvelin et d'Angerviliers, relative : — à des demandes en grâce ou commutations de peines adressées à la Cour par divers condamnés pour crimes, savoir : — le sieur de La Pradelie ; — Sucre de Lacombe, — le sieur de Guerre Du Tuquet, meurtrier du sieur de Tauriat ; — François et Antoine Durechail frères, meurtriers du sieur de Puymorin de Brochard ; — le sieur de La Serve, — le sieur d'Aulnay, — Étienne de Vassal de Sineuil, — le chevalier Louis de Parreau, — le chevalier de Bourran, — Jean-Baptiste de Losses de Plaisance.

C. 155. (Portefeuille.) 76 pièces, papier.

1735-1742. — Correspondance de M. Boucher, intendant de Bordeaux, avec les ministres de Chauvelin, d'Argenson, d'Ormesson et d'Aguesseau, relative : — à des demandes en grâce ou commutations de peines adressées à la Cour par divers condamnés pour crimes, savoir : — Louis et Armand de Larmandie, — Serrurier, meurtrier de La Planese de Gallé ; — le sieur de Nivelle de La Motte, — le sieur de Raymond Foucaud de Bost, — le sieur François Du Repaire de Challai, meurtrier de Jean Chassin de Mansac, son cousin-germain ; — le sieur de Bayne, — Gontier de La Contaudie, meurtrier de Gontier Du Lac de Salles, son parent ; — le sieur de Marcillaud de La Vallette, meurtrier de Millet des Junis.

C. 156. (Portefeuille.) — 90 pièces, papier.

1743-1745. — Correspondance de M. de Tourny, intendant de Bordeaux, avec les ministres d'Aguesseau et d'Argenson, relative : — à des suppliques au Roi par divers particuliers condamnés pour crimes, à d'obtenir des lettres de grâce ou des commutations de peines. — Suppliants : — les sieurs de Girodet de Peyssière et de La Loze, prêtres, meurtriers de leur frère aîné ; — de Vassogne de La Bréchérinie, meurtrier de M. Thiliat ; — Couzard, — Gauteron, — Dumas, Ramié et Bramarie, meurtriers de Pierre Rameau ; — Chaubinet frères, écuyers de Camiac (entre deux mers) (Gironde) ; — Cheminades, capitaine au second bataillon des milices de Paris, etc.

C. 157. (Portefeuille.) — 91 pièces, papier.

1746-1748. — Correspondance de M. de Tourny, intendant de Bordeaux, avec les ministres d'Aguesseau et d'Argenson, relative : — à des suppliques adressées au Roi par divers condamnés pour crimes, afin d'obtenir des lettres de grâce ou des commutations de peines. — Suppliants : — Pierre et Jean Guignard, frères, et Marguerite, leur mère, auteurs de l'homicide commis sur la personne de Pierre Blanc, boucher du Pont-Neuf ; — François Magrin, meurtrier de Mathieu Escot, bourgeois de Castelnau (Gironde) ; — Reyssac de Bellevue, meurtrier de Jean Peyronnet ; — Boulbens Du Preuil, ancien lieutenant, meurtrier du sieur Beauregard de Lage, fils du juge d'Excideuil (Dordogne).

C. 158. (Portefeuille.) — 93 pièces, papier.

1749-1750. — Correspondance de M. de Tourny, intendant de Bordeaux, avec les ministres d'Argenson et d'Aguesseau, relative : — à des demandes en grâce ou commutations de peines adressées à la Cour par divers condamnés pour crimes, au nombre desquels figurent : — Jean Cyprien Bernède, auteur d'un meurtre commis dans les environs de Tartas (Landes) ; — David Léon, lieutenant au régiment de Conti, meurtrier de Joseph Cantau, son valet ; — Duperrier, meurtrier d'Antoinette Laporte, aubergiste à Agen (Lot-et-Garonne) ; — Puirobert, lieutenant au régiment Dauphin, meurtrier d'un paysan de la juridiction de Montignac (Dordogne), etc.

C. 159. (Portefeuille.) — 97 pièces, papier.

1751-1752. — Correspondance de M. de Tourny, intendant de Bordeaux, avec les ministres de Machault, d'Argenson et de Saint-Florentin, relatives à des demandes en grâce ou commutations de peines adressées à la Cour par divers condamnés pour crimes, parmi lesquels on remarque : Du Puy de Monicaut, meurtrier du sieur Cazalet ; — Jean Lambert et Françoise Chadouin, sa mère, meurtriers du nommé Château-de-Nauthiat en Périgord (Dordogne) ; — Barrau de La Nauze ; — Jean Lapeyrollerie ; — Pierre Michellet, Borderie.

C. 160. (Portefeuille.) — 112 pièces, papier.

1753-1755. — Correspondance de M. de Tourny, intendant de Bordeaux, avec les ministres d'Argenson et de Saint-Florentin, relative : — à des suppliques adressées au Roi par divers condamnés pour crimes, afin d'obtenir des lettres de grâce ou des commutations de peines. — Suppliants : — Pierre Sabre de Monségur en Agenais (Lot-et-Garonne) ; — Bertrand Goynard, meurtrier de son beau-père ; — Jean Dupin, meurtrier d'André Chadaurne ; — Durand de Bentagnac et de Carabelles, meurtriers de Seguy fils.

C. 161. (Portefeuille.) — 103 pièces, papier.

1756-1757. — Correspondance de M. de Tourny, intendant de Bordeaux, avec les ministres de Machault, d'Argenson et Saint-Florentin, relative à des demandes en grâce ou commutations de peines adressées à la Cour par divers condamnés pour crimes, parmi lesquels : — Bellerose et Saint-Marc, meurtriers d'un nommé Laffont ; — Jammes Dumourier, écuyer, et Du Tel, meurtriers du sieur Malardeau ; —Sourichon de La Côte ;— François Solon, meurtrier de Pierre Jardel ; — Pierre Venthanac, meurtrier de son fils ; — Fourcaud de Moumey ; — Fougière, accusé du crime de faux ; — Pierre Sandeau, grenadier du bataillon de milice de Bergerac (Dordogne), complice de l'homicide commis sur la personne de Pierre Luquet ; — Jean-Baptiste Grimond, meurtrier du sieur Guilloutet.

C. 162. (Portefeuille.) — 66 pièces, papier.

1758. — Correspondance de MM. de Tourny et Boutin, intendants de Bordeaux, avec les ministres de Saint-Florentin, Berryer, Maupeou, de Courteille et Machault, relative à des demandes en grâce ou commutations de peines adressées à la Cour par divers condamnés pour crimes, parmi lesquels : — Gravias, curé d'Angairac, meurtrier de François Pons, son neveu ; — Biès, garde du Roi, meurtrier de son frère ; — Guillaume Durens, consul d'Agen (Lot-et-Garonne), et Lajeunesse, sergent du guet, meurtriers d'un jeune homme de la localité ; — Barthélemy Lamarque, meurtrier de Pierre Laborde ; — Bernard Bonnard ; — Jean Chabanais, etc.

C. 163. (Portefeuille.) — 126 pièces, papier.

1759-1760. — Correspondance de MM. de Tourny et Boutin, intendants de Bordeaux, avec les ministres de Saint-Florentin, Berryer, de Maupeou, de Courteille et Machault, relative à des demandes en grâce ou commutations de peines adressées à la Cour par divers condamnés pour crimes, savoir : — Malbès fils ; — Faget de Villeneuve, lieutenant réformé au régiment de La Marlière ; — Villeneuve de Source, — le marquis Dubois Descourt de La Maisonfort, officiers de marine, meurtriers d'Aubin Bruneau de Périgueux ; — Savary de Barsalou en Agenais (Lot-et-Garonne), meurtrier d'Étienne Marquez, son voisin, etc.

C. 164. (Portefeuille.) — 94 pièces, papier.

1760-1765. — Correspondance de MM. de Tourny et Boutin, intendants de Bordeaux, avec les ministres de Saint-Florentin, de Maupeou, de Courteille et Machault, relative à des demandes en grâce ou commutations de peines adressées à la Cour par divers condamnés pour crimes, savoir : — Jean Ladret, — Merlhier de Lagrange, — Pierre Landau, — Pierre Lavaux, — Bernard Gourgues, — Delpech, — Jeanne Sauvé, — Jean et Louis Authier, — Pierre Martel, etc.

C. 165. (Carton.) — 130 pièces, papier.

1766-1772. — Correspondance de MM. Boutin, de Fargès et Esmangart, intendants de Bordeaux, avec les ministres de Maupeou, Langlois, Bertin et d'Aguesseau, relative à des demandes en grâce ou commutations de peines adressées à la Cour par divers condamnés pour crimes d'homicide, savoir : — de La Chaise, meurtrier du fils d'un avocat de Bordeaux (recommandé par Mme la comtesse de Périgord) ; — Dubreuil, meurtrier de son frère ; — Joseph-Marie d'Anglade, écuyer, sieur d'Autièges, — le chevalier Brindeau, — Losse, femme Boudey et Boucher, dit Rey, meurtrier d'un inconnu ; — Vital Cassagne, — Chamouleau, meurtrier de François d'Elliac, dit Le Comte ; — Dandoit, officier de marine, meurtrier d'un matelot ; — Jean Calmette, — François Rouvès, meurtrier de Pierre Laborie ; — Jean Séguin, meurtrier du nommé Eyquem ; — Rives de Borredon, meurtrier du sieur Bonnal, négociant, etc.

C. 166. (Carton.) — 92 pièces, papier.

1773-1775. — Correspondance de M. Esmangart, intendant de Bordeaux, avec les ministres de Maupeou et de Miromenil, relative à des demandes en grâce ou commutations de peines adressées à la Cour par divers condamnés pour crimes d'homicide, savoir : — Passerieux, ancien fourrier des grenadiers de France, meurtrier de François Peschier, cavalier de maréchaussée (recommandé par M. le comte de Jumilhac) ; — Jacques Fourcaud de Monnay ; — Duvignac, meurtrier d'un matelot ; — Grenier de Saint-Hilaire, meurtrier du nommé Marcheplaigné ; —Gervain de Lambertie, meurtrier de son domestique ; — Du Pouy, meurtrier du nommé Lauga, etc.

C. 167. (Carton.) — 104 pièces, papier.

1776. — Correspondance de MM. de Clugny, Dupré de Saint-Maur et de Fargès, intendants de Bordeaux, avec les ministres de Miromenil, de Maupeou et de Beaumont, relative à des demandes en grâce ou commutations de peines adressées à la Cour par divers condamnés pour crimes d'homicide : — Marie Gaubert et Marie Chambat, meurtriers de Jean Constant, leur beau-frère ; —Jacoubert de Lasplanes, garde du Roi ; — Grégoire comte de Gardies, meurtrier de son domestique ; — Alenet, dit Melon, — Larreguy de Saint-Jean de Luz, meurtrier du nommé Lamazon ; — Hélies,

SÉRIE C. — INTENDANCE DE BORDEAUX.

garçon chirurgien, meurtrier du nommé Barsieurgues; — Jean Galban, meurtrier du nommé Claude Baurillon, son beau-frère, etc.

C. 168. (Carton.) — 142 pièces, papier.

1777-1779. — Correspondance de MM. de Clugny et Dupré de Saint-Maur, avec les ministres de Miromenil et Bertin, relative à des demandes en grâce ou commutations de peines adressées à la Cour par divers condamnés pour crimes d'homicide, savoir : — Pierre Landronie et Émile Sautet, meurtriers de Jérôme Lavergne-Sannier de La Chaumardie; — Dastelet, meurtrier de M. Bauville; — Rougié, — Romain Benassit, de Bourg; — Arbaudie Raymond, meurtrier de Pierre Laval ; — Roques de Condom, — Larreguy; — Barrère, meurtrier du nommé Daubas; — Poursin, meurtrier de la nommée Nicolau, femme Sorbier; — Badie, meurtrier du nommé Oberon, etc.

C. 169. (Carton.) — 99 pièces, papier.

1780-1781. — Correspondance de M. Dupré de Saint-Maur, intendant de Bordeaux, avec les ministres de Miroménil et de La Boullaye, relative à des demandes en grâce ou commutations de peines adressées à la Cour par divers condamnés pour crimes d'homicides. — Suppliants : — Landey, meurtrier de Berthonneau ; — Jeantet Dessart et Larrivière frères, meurtriers d'un nommé Bache; — Rivès, condamné à mort pour meurtre commis sur la personne du sieur Guerat; — Laborde, Durozet et Dupont, meurtriers de Bernard Lasalle-Lafon, meurtrier de Morin ; — Lacau, meurtrier de Dupont, — Bauzet, meurtrier de Pinaut ; — Mandat, dit Francillon, meurtrier de Trambouillaud ; — le sieur de Villars de Poulignac, etc.

C. 170. (Carton.) — 138 pièces, papier.

1782-1783. — Correspondance de M. Dupré de Saint-Maur, intendant de Bordeaux, avec les ministres de Miromenil et de Ségur, relative à des demandes en grâce ou commutations de peines adressées à la Cour par divers condamnés pour crimes d'homicides. — Suppliants : — Meynard Guillaume, soldat accusé d'homicide sur la personne du nommé Lavigne, fourrier dans le régiment du Beaujolais; — Hugon, femme de Jean Conte, son fils, les nommés Puigerole de Minaud et Fourgeaud, meurtriers du nommé Cabrol ; — Jean-Baptiste Destouet, notaire royal à Saint-Sever, prévenu d'homicide ; — Labadie et Laribeau, meurtriers du nommé Sarge ; — Lachaud, meurtrier du nommé Dupont ; — Bonafoux, garde du corps du Roi, meurtrier du nommé Vincent ; — Marsan Julian, meurtrier du nommé Sarrazin ; — Fort Bedin, meurtrier de Michel Bonnat, etc.

C. 171. (Carton.) — 84 pièces, a ni.

1784-1790. — Correspondance de MM. Dupré de Saint-Maur et de Néville, intendants de Bordeaux, avec le ministre de Miromenil, relative à des demandes en grâce ou commutations de peines adressées à la Cour par divers condamnés pour crimes d'homicide, savoir : — Jean Bigneau et Jean Boulin, meurtriers du nommé Coulaud; — Clairac et Maneriau, meurtriers de Jean Tresbarats; — Rousselière (Pierre), meurtrier du nommé Austruy ; — Léonard Passefond, — Arnault Gilbert Lucat, meurtrier de son frère ; — Léonard Vaisset et François Bourdet, — Pierre Lissandre, meurtrier de Simon Pleignes ; — Remazeilles, meurtrier d'Anne Sabathier, sa femme; — François de Combe Albert; — de Villoutrey de Sainte-Marie, meurtrier du sieur Le Clerc, ingénieur des ponts et chaussées ; — Guyet de La Prade, meurtrier du sieur Beyssac-Lafourcade, meurtrier involontaire de sa fille; — Pierre de Pey, meurtrier de Jacques Chaise ; — Sarrasin, meurtrier de Delmas.

C. 172. (Carton.) — 112 pièces. papier.

1720-1723. — Correspondance de M. de Boucher, intendant de Bordeaux, avec les ministres d'Argenson, d'Aguesseau, d'Armenonville, Dodun et de Gaumont, concernant : — les charges et offices dont divers particuliers désiraient être pourvus ; — les informations prises par l'intendant et son avis sur le mérite et l'aptitude des postulants ; — la nomination du sieur Commès, notaire à Bordeaux, pour faire le recouvrement des sommes imposées par arrêt du Conseil aux juifs de la Généralité d'Auch et de Guienne, à l'occasion de l'avènement du Roi à la couronne et qui doivent être payées sans modération. — Demande de dispense d'âge de M. La Brousse, qui désire succéder à son père dans la présidence de la Cour des Aides. — Demande de même dispense par M. Du Puy pour l'office de procureur du Roi à Condom ; — de M. Drouillard, contrôleur des finances de Guienne, qui désirerait joindre à sa charge celle de trésorier de France, etc.

C. 173. (Carton.) — 102 pièces, papier.

1726. — Correspondance de M. Boucher, intendant de Bordeaux, avec les ministres Dodun, Le Peletier, de Gaumont et Le Blanc, relative : — aux droits de confirmation ; — à la vente des maîtrises ; — à un arrêt du Conseil qui prononce l'interdiction des notaires, procureurs, huissiers et sergents qui n'auront pas payé le droit de confirmation dans la quinzaine du jour de la signification de cet arrêt, etc.

C. 174. (Carton.) — 105 pièces, papier, et 1 en parchemin.

1727. — Correspondance de M. Boucher, intendant de Bordeaux, avec les ministres Le Pelletier et de Gaumont, relative : — à la confirmation et à la vente des maîtrises ; — aux comptes rendus au sujet de cette vente ; — au droit de confirmation et à la proposition adressée par l'intendant au contrôleur général de faire emprisonner les notaires, sergents, huissiers, etc., qui refusent de payer le droit de confirmation.

C. 175. (Portefeuille.) — 95 pièces, papier.

1728-1729. — Correspondance de M. Boucher, intendant de Bordeaux, avec les ministres Le Pelletier, de Gaumont et de La Houssaye, concernant : — les comptes des produits des droits de confirmation dus sur l'avènement du Roi à la couronne ; — celui de la vente des maîtrises. — Demandes en décharges formées par Muraille, greffier de l'Élection d'Agen (Lot-et-Garonne) ; — par des charpentiers de la marine à Blaye (Gironde) ; — par la communauté d'Aiguillon (Lot-et-Garonne) ; — par Jean Viaud, — par Guillaume Dallenet, — par Pierre Policard, — par Nicolas Reusse, etc.

C. 176. (Portefeuille.) — 129 pièces, papier.

1730. — Correspondance de M. Boucher, intendant de Bordeaux, avec les ministres Le Pelletier, de Gaumont et de La Houssaye, relative : — à l'incorporation des juifs avignonais ; — à la finance des lettres de maîtrise ; — à une réclamation des cabaretiers de Lusignan, en Agenais (Lot-et-Garonne) ; — à Pierre Rigaud de Pincuil (Dordogne) ; — au sieur de Caussade, etc.

C. 177. (Portefeuille.) — 66 pièces, papier.

1731. — Correspondance de M. Boucher, intendant de Bordeaux, avec les ministres Le Pelletier, de Gaumont et de La Houssaye, concernant : — les îles et îlots ; — les marchands et artisans de Villeneuve en Agenais ; — MM. de Boulède, — Odet de Gravier, — de Gombaud, écuyer de Libourne (Gironde) ; — Louis de Jehan, de Bordeaux, — de Ravillon, de Sarlat (Dordogne), — Benjamin de Feytis, de Saint-Capraxy, etc.

C. 178. (Portefeuille.) — 123 pièces, papier.

1732-1735. — Correspondance de M. Boucher, intendant de Bordeaux, avec les ministres de Gaumont, d'Angervilliers, Orry, Bertin, d'Aguesseau, de Baudry et d'Ormesson, relative : — aux comptes des droits de confirmation et à la vente des maîtrises ; — à la communauté de Mezin (Lot-et-Garonne) ; — aux îles et îlots ; — aux propriétaires d'atterrissements. — Demandes adressées par MM. de Labrosse de Puyrigord, capitaine de dragons ; — de Moncade, de Condom (Gers), — Marrobert de La Coste de Besson, de Sarlat (Dordogne), — Chapon de Montagnac, en Périgord (id.), — de Forcade, capitaine au régiment de Santerre ; — Gaston de Forcade, — de Saint-Loubert, Bazas (Gironde), — Duchesne de Montréal, lieutenant général au Présidial de Périgueux (Dordogne).

C. 179. (Portefeuille.) — 139 pièces, papier.

1736-1738. — Correspondance M. Boucher, intendant de Bordeaux, avec les ministres de Gaumont, d'Angervilliers, Orry, d'Aguesseau, Bertin, de Baudry et d'Ormesson, relative : — au marquis de Chazeron, — à Françoise Canaple ; — à Godefroy de Cosson, comte de Lisle, lieutenant des maréchaux de France ; — à Jean-Baptiste Grenier, — à de Porte, sieur de Beaumont, — à de Lansac, marquis de Roquetaillade, — au maréchal de Biron, — au comte de Marcellus, lieutenant ; — à Bonnal, — à Binaud, garde du corps ; — à de Saint-Clair, — aux propriétaires des palus des Queyries, etc.

C. 180. (Portefeuille.) — 88 pièces, papier.

1738-1741. — Correspondance de M. Boucher, intendant de Bordeaux, avec les ministres de Gaumont, d'Angervilliers, Orry, d'Aguesseau, Bertin, de Baudry et d'Ormesson, concernant : — les sieurs Pierre Cartier, procureur du Roi à Sainte-Foy (Dordogne) ; — Lavaur, juge royal et Bach, procureur du Roi à Villefranche (Lot-et-Garonne) ; — le marquis de Montferrant, — Lesage, — François de Lasserre, — de Gravé de Blaye, lieutenant-colonel ; — de Majance, conseiller en la Cour de Bordeaux ; — le duc de Saint-Simon, etc.

C. 181. (Portefeuille.) — 102 pièces, papier.

1742-1743. — Correspondance de M. Boucher, intendant de Bordeaux, avec les ministres de Gaumont, d'Angervilliers, d'Aguesseau, Bertin, Orry, de Baudry et d'Ormesson, concernant : — les sieurs de Lescure et la demoiselle Mosies, sa belle-sœur, — mademoiselle Ezemar de Lagardère, de La Réole (Gironde), — le duc de La Force, — Marthe de Loupes, — de Doat, président à mortier au Parlement de Pau (Basses-Pyrénées) ; — Forcade de La

Grezère-Grenier de Taudias, — Jean Linch, négociant de Bordeaux.

C. 182. (Carton.) — 86 pièces, 2 en parchemin.

1752-1775. — Correspondance de MM. de Tourny, Boutin, Fargès, de Clugny, Esmangart et Dupré de Saint-Maur, avec les ministres de Trudaine, de Boullongue, Bertin, de Laverdy et de Maupeou, relative : — à l'office de président des traites à Bordeaux ; — aux jurés-cricurs ; — aux fonctions d'huissier ; — au sieur Vigneron, lieutenant aux parties casuelles de la juridiction de Blaye (Gironde) ; — aux Dames de la Foi de Villeréal (Lot-et-Garonne) ; — à la démolition d'une porte de ville à Agen (id) ; — au droit de prélation ; — aux Cordeliers de la ville d'Excideuil.

C. 183. (Carton.) — 111 pièces, papier.

1776. — Correspondance de MM. de Clugny et Dupré de Saint-Maur, intendants de Bordeaux, avec les mêmes ministres, concernant : — les juifs portugais de Bayonne (Basses-Pyrénées) ; — l'hôpital de la ville de Domme (Dordogne) ; — les officiers municipaux de Condom (Gers) ; — des mines de cuivre en pays de Labourd (Basses-Pyrénées) ; — la manufacture de Montpazier (Dordogne) ; — l'arrivée à Bordeaux du duc et de la duchesse de Chartres ; — la démolition de deux portes de la ville de Marmande (Lot-et-Garonne) ; — l'église Saint-Martin à Saint-Jean-de-Luz (Basses-Pyrénées).

C. 184. (Carton.) — 120 pièces, papier.

1776. — Correspondance de MM. de Clugny et Dupré de Saint-Maur, intendants de Bordeaux, avec les mêmes ministres, concernant : — la cure de Vandays ; — la communauté des Ursulines de Saint-Emilion (Gironde) ; — des abus commis dans la ville de Cassencuil (Lot-et-Garonne) ; — les droits perçus dans le port de Dantzick (Prusse) ; — les jurats de Bordeaux ; — des demandes de secours pour perte de bestiaux ; — une contestation entre le juge et les officiers municipaux de Villeneuve (Lot-et-Garonne) ; — l'église de Saint-Albert, en Périgord (Dordogne) ; — les juifs avignonais ; — la confirmation des privilèges.

C. 185. (Portefeuille.) – In-folio, 4 cahiers contenant 109 feuillets, papier.

1752-1753. — Analyses des lettres écrites à M. de Tourny, intendant, par : les ministres d'Argenson, de Courteille, le comte de Muy, le comte de Saint-Florentin, Bertin, le marquis de Paulmy, de Ségent, d'Ormesson, Rouillé, de Baudry, le comte d'Aigmont, de Vaudières, de Boullongue, le marquis de Voyer, de Lamartinière, premier médecin du Roi ; Desprez, premier commis de la guerre ; Prévost, trésorier général des ponts et chaussées ; le maréchal de Noailles, d'Etigny, intendant d'Auch ; Lemaistre, trésorier des fortifications ; les fermiers généraux des postes, le comte d'Eu, de Gerseuil, les fermiers généraux des étapes, de La Reynie, le contrôleur général, le duc de Béthune, de Bernage et Lebret.

C. 186. (Portefeuille.) — In-folio, 3 cahiers contenant 147 feuillets, papier.

1754-1756. — Analyses des lettres écrites à M. de Tourny, intendant de Bordeaux, par : MM. de Trudaine, d'Ormesson, le garde des sceaux, le comte de Saint-Florentin, le marquis de Paulmy, Rouillé, le comte d'Argenson, Berryer, le marquis de Chauvelin, Prévost, de Saint-Contest, de Courteille, le Chancelier, de Silhouette, le comte Du Muy, de Montrégard, de Vaudières, le marquis de Voyer, Bertin, de Ségent, premier commis de la guerre ; de Séchelles, contrôleur général ; le comte d'Eu, le maréchal de Noailles, le marquis de Marigny, Berton et Charret, contrôleur général de l'artillerie.

C. 187. (Portefeuille.) — In-folio, 5 cahiers contenant 136 feuillets, papier.

1743-1745. — Analyses des lettres écrites à M. de Tourny, intendant de Bordeaux, par : MM. d'Argenson, Amelot, Du Muy, de Gaumont, de Saint-Florentin, de La Houssaye, de Trudaine, de Fulvy, Baudry, d'Ormesson, de Maurepas, Bertin, Rouillé, de Courteille, de Machault, de Chauvelin, le duc de Penthièvre, le Persan, le comte d'Eu, le Bailly de Frontay, La Granville, Châteauvillard, de Marville, Le Tourneur de Brou, de Rochas, de Chevery, le maréchal de Noailles, Dufort, de Vougny, Douin, Aubry, Boullongue, d'Aguesseau, le maréchal de Biron.

C. 188. (Portefeuille.) — In-folio, 2 cahiers contenant 102 feuillets, papier.

1746-1747. — Analyses des lettres écrites à M. de Tourny, intendant, par : MM. d'Ormesson, le comte de Maurepas, d'Argenson, de Trudaine, de Machault, de Fulvy, de Baudry, de Marville, de Saint-Florentin, le comte d'Eu, Du Muy, le duc d'Harcourt, Dufort, de Roissy, de La Houssaye, Bertin, Le Normant, le duc de Bouillon, le duc de Penthièvre, de Brou, Berryer, Desy, trésorier général des ponts et chaussées ; le marquis de Puysieulx.

C. 189. (Portefeuille.) — In-folio, 2 cahiers contenant 102 feuillets, papier.

1748-1749. — Analyses des lettres écrites à M. de

Tourny, intendant, par : MM. le comte de Maurepas, de Trudaine, le comte d'Argenson, de Baudry, de Saint-Florentin, Desy, trésorier général des ponts et chaussées ; d'Ormesson, le comte Du Muy, de Fulvy, Berryer, Bertin, Aubry, Prévost, trésorier général des ponts et chaussées ; Le Normand, de La Houssaye, de Machault, Puysieulx, de Roissy, de Courteille, Segent, premier commis du bureau de la guerre ; le comte d'Eu, Douin, Lallemant de Retz, Rouillé, secrétaire d'État ; Chénevière, premier commis de la guerre ; le maréchal de Noailles, Maboul et de Boullongue.

C. 190. (Portefeuille.) — In-folio, 2 cahiers contenant 89 feuillets, papier.

1750. — Analyses des lettres écrites à M. de Tourny, intendant, par : MM. Bertin, de Trudaine, d'Ormesson, le comte d'Argenson, de Saint-Florentin, de Courteille, Rouillé, de Fulvy, le comte Du Muy, Prévost, Lamorlière, de Montaran, Berryer, Lamartinière, premier chirurgien du Roi ; de Baudry, Duparc, Le Normand, Borda, trésorier des ponts et chaussées ; le duc de Bouillon, Le Tourneur, le marquis de Puysieulx.

C. 191. (Portefeuille.) — In-folio, 2 cahiers contenant 107 feuillets, papier.

1751. — Analyses des lettres écrites à M. de Tourny, intendant, par : MM. le comte de Saint-Florentin, d'Ormesson, de Trudaine, d'Argenson, Rouillé, le comte Du Muy, Bertin, de Courteille, de Fourqueux, Borda, trésorier général des ponts et chaussées ; Segent, premier commis du bureau de la guerre ; de Baudry, La Regnière, Berryer, Prévost, trésorier général des ponts et chaussées ; de Boullongue, le marquis de Puysieulx, Fumeron, premier commis de la guerre ; le comte d'Eu, le marquis de Paulmy, le marquis de Boyer, de Chauvelin, de Saint-Laurent, Desprès, premier commis du bureau de la guerre.

C. 192. (Portefeuille.) — In-folio, 3 cahiers contenant 145 feuillets, papier.

1757-1758. — Analyses des lettres écrites à M. de Tourny, intendant, par : MM. le contrôleur général, de Courteille, le comte de Saint-Florentin, d'Ormesson, le maréchal de Noailles, de Trudaine, Rouillé, le garde des sceaux, d'Argenson, le marquis de Chauvelin, les fermiers généraux, Jonnel, intendant des postes ; le marquis de Paulmy, de Beaumont, de Moras, secrétaire d'État de la marine et contrôleur général des finances ; le chancelier, Bertin, le comte Du Muy, le marquis de Marigny, les fermiers généraux des postes, de Lamartinière, de Boullongue, de Villeneuve, maître des requêtes ; Borda, Berryer, le maréchal de Bellisle, Pallu, de Segent, Heron, Charret, le marquis de Voyer, de Cremille, le duc de Choiseul, de Silhouette, de Barillon, secrétaire du Roi ; Devault, inspecteur général des milices du royaume ; de Massiac et l'abbé comte de Bernis.

C. 193. (Portefeuille.) — In-folio, 4 cahiers contenant 129 feuillets, papier.

1759-1760. — Analyses des lettres écrites à M. de Tourny, intendant de Bordeaux, par : MM. de Cremille, de Trudaine, Berryer, le maréchal de Bellisle, le comte de Saint-Florentin, de Beaumont, le duc de Choiseul, de Courteille, de Boullongue, de Rouillé, d'Ormesson, de Silhouette, le comte Du Muy, de Laborde, Foullon, intendant de la guerre, le chancelier, le contrôleur général, le marquis de Chauvelin, de Lamoignon, de Vault, Bertin, trésorier général des parties casuelles ; Pajot, le maréchal de Richelieu, de Voyer d'Argenson, le marquis de Marigny, de Sartine, l'évêque d'Orléans, le cardinal de Luynes, Dubois, chef du bureau de la guerre ; Prévost, trésorier général des ponts et chaussées.

C. 194. (Portefeuille.) — In-folio, 4 cahiers contenant 117 feuillets, papier.

1761-1762. — Analyses des lettres écrites à M. Boutin, intendant à Bordeaux, par : MM. de Chauvelin, de Cremille, de Courteille, de Trudaine, le comte de Saint-Florentin, d'Ormesson, Devault, Bertin, trésorier des parties casuelles ; le duc de Choiseul, ministre des affaires étrangères ; Berryer, l'évêque d'Orléans, Bénardy, le chancelier, Penotet, commis du bureau de la guerre ; de Sartine, le contrôleur général, Boulogne, le garde des sceaux, de Beaumont, Borda, trésorier des ponts et chaussées, Lasserre, de Lamoignon, Chourt, de Marigny, de Voyer, le duc de Praslin, Monteau, de Brou, le maréchal de Richelieu, l'amiral de France, Voyer d'Argenson, de Savigny, intendant de Paris ; Pont-Carré de Viarme, le chevalier de Nicolaï, le duc de Lavauguyon, le marquis de Vibray.

C. 195. (Portefeuille.) — In-folio, 3 cahiers contenant 145 feuillets, papier.

1763-1764. — Analyses des lettres écrites à M. Boutin, intendant de Bordeaux, par : MM. le duc de Choiseul, ministre des affaires étrangères ; Bertin, secrétaire l'État ; de Saint-Florentin, le duc de Praslin, de Chauvelin, d'Ormesson, le contrôleur général, de Maupeou, de Courteille, Trudaine, le garde des sceaux, de Boullongue, le vice-

SÉRIE C. — INTENDANCE DE BORDEAUX.

chancelier, de Brou, de Sartine, de Beaumont, de Lamoignon, Choart, Douin, Langlois de Recotte, Berms, d'Argenson, l'évêque d'Orléans, Berryer, de Cremilles, Jannel, le duc de Bouillon.

C. 196. (Portefeuille.) – In-folio, 3 cahiers contenant 140 feuillets, papier.

1764-1768. — Analyses des lettres écrites à MM. Boutin et de Fargès, intendants de Bordeaux, par : MM. de Courteille, d'Ormesson, le duc de Choiseul, ministre des affaires étrangères ; de Beaumont, Bertin, trésorier des parties casuelles ; de Laverdy, de Trudaine, le duc de Praslin, le contrôleur général, le chancelier, Nouette, l'évêque d'Orléans, de Sartine, de Maupeou, Prévost, trésorier général ; le comte de Saint-Florentin, Jannel, le duc de Biron, de La Houssaye, Borda, trésorier des ponts et chaussées ; le vice-chancelier, Barbier de Chauvelin, Denuis, de Lasserre, Foulon, Boullogne, Boullongue, de Savigny, intendant de Paris ; Châteauvillars, de La Barberie, La Bussière, commis de la guerre ; de Montigny, intendant des finances ; de Cotte, intendant du commerce ; Lefèvre, commissaire des guerres et inspecteur général des Invalides ; Boutin, le comte de Meré, secrétaire des commandements du duc de Penthièvre ; le maréchal de Sainty, Langlois, Cochin, d'Espagnac, Séguin, d'Invau, le duc d'Orléans.

C. 197. (Portefeuille.) – In-folio 4 cahiers contenant 161 feuillets, papier.

1768-1769. — Analyses des lettres écrites à M. de Fargès, intendant de Bordeaux, par : MM. Bertin, le chancelier, Langlois, d'Ormesson, le contrôleur général, le duc de Choiseul, ministre des affaires étrangères ; d'Invau, le duc de Praslin, Cochin, Montigny, de Trudaine, de Beaumont, d'Espagnac, l'évêque d'Orléans, de Sartine, Boullongue, de Calonne, Bourgelat, Boutin, Turgot, Borda, trésorier général des ponts et chaussées ; les régisseurs de l'habillement des troupes, le comte de Saint-Florentin, Prévost, le duc de Biron, Journet, intendant d'Auch, Maréchal d'Aine, Du Cluzel, Dupré de Saint-Maur, le duc de Bouillon, Tronchin, fermier général ; — de Brienne, de Lyonnais, Jullien, intendant d'Alençon ; Pelletier, Clugny de Nuis, de Saint-Priest, de Maupeou, de Gourgues, Taboureau, intendant de la province du Hainaut ; Choart et Bertier, intendant de Paris, etc.

C. 198. (Registre.) – In-folio, 174 feuillets. papier.

1773. — Transcription des lettres adressées par M Bertin, ministre, à M. Esmangart, intendant de Bordeaux, et de l'intendant à la Cour, relatives : — à l'hôpital de Montignac (Dordogne) ; — aux officiers municipaux de Périgueux ; — aux réparations de la maison épiscopale de Condom (Gers) ; — aux droits de prélation ; — aux enfants trouvés ; — à la navigation de la Garonne ; — aux haras ; — au ruisseau du Moron ; — aux nouveaux convertis ; — à la disette des grains ; — à l'établissement d'une caisse publique destinée à prêter sur gages ; — aux Bénédictins de Marmande (Lot-et-Garonne) ; — au droit de pêche sur la Dordogne ; — aux Ursulines du port Sainte-Marie (id.) ; — aux Cordeliers de la province d'Aquitaine ; — à la baronnie du château de l'Ile d'Oléron ; — au collège des Oratoriens de Condom (Gers).

C. 199. (Registre.) – In-folio, 59 feuillets, papier.

1773. — Enregistrement des lettres écrites par MM. Bertin, Terray, d'Ormesson, de Boynes, de Boullongue et de Sartine, à M. Esmangart, intendant de Bordeaux, relatives : — aux réparations de la maison du Roi, à Agen (Lot-et-Garonne) ; — aux rôles de la capitation ; — aux pertes des récoltes par la grêle ; — à la vérification de la noblesse du sieur de Laborie de Pinerie ; — à l'autorisation de réparer les églises et presbytères de vingt paroisses de la Généralité ; — aux réclamations des inspecteurs et sous-ingénieurs des ponts et chaussées ; — à la chasse aux loups ; — aux secours à l'hôpital de Blaye (Gironde) ; — aux moyens mis en usage pour assurer la subsistance des habitants de la Généralité ; — à de nombreuses demandes de secours de pères de famille surchargés d'enfants ; — à la clôture des héritages dans La Chalosse (Landes) ; — aux deux régiments, Condé-cavalerie et Dauphin-dragons, envoyés dans la Généralité pour contenir l'émeute soulevée à Bordeaux et dans les environs, à l'occasion de la cherté des vivres ; — aux réparations de l'église de La Montjoie (Lot-et-Garonne) ; — aux travaux de charité ; — aux vins de Clairac.

C. 200. (Registre.) — In-folio, 20 feuillets, papier.

1785-1786. — Analyses des lettres écrites par MM. les ministres d'Ormesson, Bertin et Necker, à M. Dupré de Saint-Maur, intendant de Bordeaux, relatives : — aux pertes des récoltes ; — à la réparation des chemins vicinaux ; — à l'hôpital d'Agen (Lot-et-Garonne) ; — aux secours pour cause d'incendies ; — aux défrichements ; — à l'atelier de charité d'Issigeac (Dordogne) ; — à la construction d'un hôtel de ville à Castelmoron (Lot-et-Garonne) ; — à la maladie des yeux ; — aux pères Capucins de Condom (Gers) ; — au logement des troupes à Libourne (Gironde) ; — à la construction de la halle de Lévignac (Lot-et-Garonne) ; — aux noyés ; — à la prestation de serment du sieur Pichard de Caumont, lieutenant de louveterie; — au pavage des rues de Marmande (Lot-et-Garonne); — à la chasse aux loups dans la juridiction de Montpont (Dordogne); — à la fontaine de Nontron (id.); — aux pertes de bestiaux; — à l'exemption des corvées; — aux foires et marchés de Brantôme (Dordogne); — aux bacs.

C. 201. (Carton.) — 112 pièces et 4 cahiers contenant 48 feuillets, papier.

1776-1777. — Analyses des lettres écrites à M. Dupré de Saint-Maur, intendant de Bordeaux, par : le comte de Saint-Germain, MM. de Sartine, d'Ormesson, de Fargès, Bertin, le prince de Montbarey, de Trudaine, Rigoley d'Ogny, de Beaumont, de Boullongue, de Marville, Necker, Bertier, de Bonnaire, de Forges, Miromenil, le comte de Vergennes, le maréchal de Sainsey, de Cotte, le maréchal de Mouchy, de Montaran, Amelot, Le Noir, relatives : — à l'incendie de la caserne de la maréchaussée de Dax (Landes); — à la forme à observer pour la formation et l'entretien des routes; — au rétablissement de la navigation de la rivière de l'Isle; — aux fabricants de cartes; — aux nègres esclaves qui ont suivi leurs maîtres en France; — à la réapparition de la maladie épizootique; — à l'établissement d'un port franc à Bayonne (Basses-Pyrénées); — aux routes de Bordeaux à Paris et de Bordeaux à La Rochelle; — à l'édit au sujet des communautés des arts et métiers; — à des demandes de séquestration; — à la création de la loterie royale de France; — aux officiers de la sénéchaussée de Condom (Gers); — à la fabrication à Birmingham (Angleterre) de plus de 30,000 louis faux; — à la suspension de la sortie des grains, etc.

C. 202. (Carton.) — 176 feuillets en 15 cahiers, papier.

1778-1779. — Analyses des lettres écrites par : MM. Bertin, de Cotte, Miromenil, Necker, de Montbarey, de Sartine, Rigoley d'Ogny, de Boullongue, de Montaran, Berthier, de Bonnaire de Forges, de Marville, Amelot, Lenoir et de Vergennes, ministres, à M. Dupré de Saint-Maur, intendant de Bordeaux, relatives : — au voyage de l'abbé Chappe d'Auteroche, envoyé en Californie par le Gouvernement; — aux détenus dans les dépôts de mendicité; — au marquis d'Amou et aux officiers municipaux de Bayonne (Basses-Pyrénées), au sujet d'une glacière construite sur le terrain des fortifications; — aux détails affligeants des besoins qu'éprouvent les habitants du diocèse d'Aire (Landes); — au projet de division du cours de la Garonne; — aux grains étrangers; — au projet pour faciliter l'entrée des vaisseaux dans le bassin d'Arcachon; — aux moyens à prendre pour défendre l'entrée de la rivière de Bordeaux; — à la construction d'un hôtel de ville à Périgueux (Dordogne); — aux dames Ursulines du Port-Sainte-Marie (Lot-et-Garonne); — à la translation à Saint-Sever (Landes) du siège présidial de Bayonne (Basses-Pyrénées); — au chevalier de Villers, au sujet du canal d'Arcachon; — au sieur Laroche du Bouscat, détenu au château de Lourdes, etc.

C. 203. (Carton.) — 190 feuillets en 16 cahiers, papier.

1780-1781. — Analyses des lettres écrites à M. Dupré de Saint-Maur, intendant de Bordeaux, par : MM. Bertin, Necker, de Montbarey, de Bonnaire de Forges, de Sartine, Berthier, de Cotte, Rigoley d'Ogny, de Marville, de Vergennes, de La Boullaye, Amelot, Lenoir, de Tolozan, Toynel, de Ségur, le marquis de Castries, de Miromenil, le maréchal de Mouchy, de Lessart, de Colonia, de La Michodière, Joly de Fleury, le marquis de Polignac, de La Millière et de Villevault, relatives : — à l'autorisation accordée à M. le maréchal de Mouchy d'établir une école pour l'instruction des canonniers gardes-côtes; — aux représentations des États de Bretagne au sujet de l'introduction par Saint-Jean-de-Luz (Basses-Pyrénées) des sardines d'Espagne; — à une demande de secours réclamés de M. de Beaumont, comte de Bouzolle, en considération de sa nombreuse famille; — à l'établissement d'une société littéraire à Périgueux (Dordogne); — au droit de prélation; — à l'évêque de Sarlat (id.), contre Dussumier, ancien fermier; — à la requête adressée au Conseil par l'évêque de Bazas et son chapitre, pour être maintenus dans le droit de nommer deux jurats de cette ville; — au sieur Clarke, qui demande des lettres de reconnaissance de noblesse; — à de nouvelles plaintes du maire de Nontron (Dordogne) contre le juge du lieu; — à la police de Dax (Landes); — à un projet de canal de navigation et de défrichement dans les Landes, etc.

C. 204. (Carton.) — 130 feuillets en 11 cahiers, papier.

1782-1783. — Analyses des lettres écrites à M. Dupré de Saint-Maur, intendant de Bordeaux, par MM. de La Millière, Joly de Fleury, de Vergennes, de Bonnaire de Forges, de Colonia, marquis de Ségur, Bertier, de Montaran, de La Michodière, de Flesselles, Esmangart, marquis de Castries, Rigoley d'Ogny, de Lessart, Amelot, d'Ormesson, de Beaumont, de Villevault, de La Boullaye, de Miromenil, les maréchaux de Richelieu, de Ségur et de Castries, de Calonne et de Poullogne, relatives : — à la reconstruction des ponts de Périgueux (Dordogne); — à la culture du chanvre; — au pont de Dax (Landes); — aux corvées; — au pont de Bordeaux; — aux lettres de grâce; — à la comptabilité des hôpitaux militaires; — aux parties casuelles ; — aux maladies des bestiaux ; — aux murs de ville de Monségur (Gironde) ; — à la mendicité ; — aux comptes des villes et communautés ; — aux ateliers de charité ; — à la concession de l'île de Preignac, demandée par M. de Ségur ; — au monastère de Prouillan, à Condom (Gers) ; — à la capitation ; — au baron de La Houze, ministre plénipotentiaire du roi de Danemark ; — à des plaintes de Mᵐᵉ la marquise de Lostange, etc.

C. 205. (Carton.) — 96 feuillets en 8 cahiers, papier.

1784-1785. — Analyses des lettres de la Cour écrites à M. Dupré de Saint-Maur, intendant de Bordeaux, par : MM. le maréchal de Ségur, le comte de Vergennes, Bertier, Rigoley d'Ogny, de Tolozan, de Calonne, de La Millière, le maréchal de Castries, de Bonnaire de Forges, de Lessart, le marquis de Polignac, de La Boullaye, de Colonia, de Montaran, Bertin, Devin de Gallande, le duc d'Aiguillon, de Savigny, de Marville, de Breteuil, le maréchal de Mouchy et Boutin, relatives : — aux commissaires des guerres ; — au chemin d'Angoulême (Charente) ; — à Limoges (Haute-Vienne) ; — aux désastres causés par un ouragan dans la Généralité ; — à la hauteur de la digue du moulin de M. le baron de Hontaux, fixée par arrêt du Conseil ; — à des lettres de rémission ; — à des demandes de secours ; — aux droits d'entrée des plombs ouvrés ; — au moulin économique des Chartrons ; — aux îles et îlots de la Gironde et de la Dordogne ; — à la règle de distribution des secours accordés à ses peuples par le Roi ; — aux fortifications des places de la Généralité ; — au dépôt de mendicité de Bordeaux ; — au port de Bergerac (Dordogne) ; — aux directeurs de la maison de force de Bordeaux ; — aux frais de justice ; — à un moulin à scie de Sarlat (Dordogne), etc.

C. 206. (Registre.) — In-folio, 135 feuillets, papier.

1774. — Lettres écrites par M. le contrôleur général à M. Esmangart, intendant de Bordeaux, et de celui-ci au contrôleur général, concernant : — la marque des draps et des toiles ; — les grains ; — les revenus patrimoniaux de la ville de Bordeaux ; — la manière de faire le ciment ; — l'exemption des bacs et passages en faveur de la maréchaussée ; — les gratifications aux officiers de troupes ; — la pêche des harengs ; — l'émeute qui eut lieu à Hourtins relativement à un droit que les habitants de la côte prétendaient avoir sur les effets des naufragés ; — la suppression des offices des poissonniers ; — la direction des monnaies ; — les travaux de charité de la Généralité de Bordeaux ; — la mendicité ; — le nouveau palais de justice de Bordeaux ; — l'exemption du payement de la capitation en faveur des Suisses et Genevois ; — le don gratuit ; — la dotation des religieux et religieuses, etc.

C. 207. (Registre.) — In-folio, 53 feuillets, papier.

1774. — Enregistrement des lettres écrites par M. le duc d'Aiguillon à M. Esmangart, intendant de Bordeaux, relatives : — à la milice ; — à l'approvisionnement des fourrages ; — aux voitures de transport pour les troupes — à la rébellion des habitants de Gontaud ; — au traitement des officiers d'artillerie, — aux fortifications de Blaye (Gironde) ; — à la lumière et au chauffage des troupes ; — aux eaux minérales ; — aux poudres ; — aux déserteurs ; — aux casernes ; — aux équipements ; — à l'inspection des hôpitaux ; — à l'épidémie de Tonneins ; — à la création de la légion corse ; — au collège royal de La Flèche (Sarthe) ; — aux enrôlements ; — aux fortifications de Bordeaux ; — aux assemblées des régiments provinciaux ; — au logement des chefs de bataillon ; — au prix des rations de fourrages ; — au mouvement des troupes ; — au produit des récoltes ; — à une fourniture de 300 pièces de canon en fer, etc.

C. 208. (Registre.) — In-folio, 48 feuillets, papier.

1774. — Enregistrement des lettres écrites par M. d'Ormesson à M. Esmangart, intendant de Bordeaux, concernant : — l'inondation qui eut lieu à Thouars (Lot-et-Garonne) ; — les Bénédictins de La Réole (Gironde) ; — la louveterie ; — l'acquisition d'un cimetière pour la paroisse Saint-Sylvestre ; — les presbytères ; — les pertes de bestiaux ; — le logement des troupes ; — la capitation des juifs portugais ; — les Filles de la Foi de Tonneins (Lot-et-Garonne) ; — l'église de Nérac (id.) ; — la poste de Mussidan (Dordogne) ; — les travaux de charité ; — les dunes ; — les impositions ; — les officiers du Présidial de Bordeaux ; — la clôture des héritages ; — les tailles ; — les droits réservés de Sainte-Foy (Gironde) ; — les impositions des biens de l'ordre de Malte ; — les procureurs et huissiers de Rauzan ; — les vingtièmes de la ville de Bordeaux ; — les habitants de Soulac en Médoc (Gironde) ; — le maréchal de Biron ; — Mousson de L'Étang, Montard de Lassaigne, Lespinasse de Barail, etc.

C. 209. (Portefeuille.) — In-folio, 2 cahiers, l'un de 30 feuillets et l'autre de 35, papier.

1775. — Enregistrement des lettres écrites par M. d'Ormesson à MM. Esmangart et de Clugny, intendants de Bordeaux, concernant : — les réparations à faire à l'église, au clocher et au cimetière de Saint-Aignan (Gironde) ; — un secours de 3,000 livres accordé à M. le comte de Narbonne, en considération de sa nombreuse famille ; — la demande faite par les officiers municipaux de la ville d'Agen (Lot-et-Garonne) de l'établissement d'une caserne pour loger les gens de guerre ; — une nouvelle demande de fonds pour la construction de l'église de Nérac (Lot-et-Garonne) ; — les plaintes de l'évêque d'Aire (Landes) contre des maquignons qui avaient ramené la maladie épizootique dans plusieurs paroisses de son diocèse ; — les observations relatives à la suppression des corvées ; — les moyens pour fabriquer le salpêtre avec une méthode économique ; — le transport par mer des grains, farines et légumes ; — la demande du résultat des expériences faites par M. Vicq-d'Azyr, concernant la maladie épizootique et les instructions au sujet de cette maladie ; — les droits de péage, bacs, etc. ; — la confection du canal d'Arcachon à Bordeaux ; — le commerce des chevaux et mulets ; — le traitement de la rage, etc.

C. 210. (Carton.) — 111 pièces, papier.

1726-1773. — Correspondance de MM. de Boucher, de Tourny, Boutin et Esmangart, intendants de Bordeaux, avec MM. le comte de Monville, de Chauvelin, de Saint-Florentin, Bertin et le duc de Lavrillière, ministres, relative à des ordres du Roi concernant : — MM. Barrère, prêtre ; — Décès, chanoine du bourg du Saint-Esprit (Bayonne) ; — La Sère La Guibaut, religieux barnabite ; — Barberin, renfermé à Lourdes pour libertinage ; — Zistanie, lieutenant au régiment de Soubise, dégradé ; — Jean Guignan, pour avoir détourné au préjudice de son père une somme de neuf mille livres ; — mademoiselle de Laville de Marmande (Lot-et-Garonne), pour son évasion du couvent ; — Ménager, renfermé au fort de Brescou pour inconduite ; — Jean Lascou, interné dans la maison du Bon-Pasteur de Sarlat (Dordogne).

C. 211. (Carton.) — 104 pièces, papier.

1774-1775. — Correspondance de M. Esmangart, intendant de Bordeaux, avec les ministres Bertin et le duc de Lavrillière, à raison des ordres du Roi, concernant : — les demoiselles Ducasse, — Jeanne Jugie et Du Bousquet de Caubeyres, internées dans les couvents ; — Deaujard de Virazeil, premier président, autorisé à aller à Paris ; — les nommés Rabat ; — Verdery ; — Menager ; — Mallet ; — La Benette ; — Roger fils aîné ; — Dubroca ; — Gontaud ; — le curé de Saint-Julien ; — Lescazes ; — Buisson ; — Betbeder ; — le curé de Roussenac ; — les dames Delage et Louise Goruaut.

C. 212. (Carton.) — 120 pièces, papier.

1775-1776. — Correspondance de MM. Esmangart, de Clugny et Dupré de Saint-Maur, avec les ministres Bertin et Malesherbes, relative à des ordres du Roi concernant : — le curé de Saint-Vincent-de-Paul, accusé d'avoir enlevé la femme du sieur Girardeau ; — la réclusion dans un couvent de la fille Morin, protestante ; — Bidegarey, à cause de la conduite de sa femme ; — la fille de M. Gavarret, internée pour inconduite dans un couvent ; — M. de Laluminade, à cause des mauvais traitements qu'il reçoit de son fils ; — Guillaume Valat d'Espalais, perturbateur du repos public ; — l'internement du chevalier de Ferragut au château de Lourdes (Hautes-Pyrénées) ; — la demoiselle Bentéjac de Périgueux (Dordogne) enlevée à ses parents ; — MM. Roussel ; — François Dumaix ; — Davreman ; — Joseph Serrazy ; — Jean Lascou.

C. 213. (Carton.) — 108 pièces, papier.

1777. — Correspondance de M. Dupré de Saint-Maur, intendant de Bordeaux, avec le ministre Bertin, relative aux ordres du Roi, concernant : — Jeanne Arpajon, détenue dans la maison du Bon-Pasteur de Sarlat (Dordogne) ; — la demoiselle Audié, renfermée dans la maison des Filles de la Foi de Bergerac (Dordogne) ; — la dame de Luxe, renfermée dans le couvent des Bénédictines d'Agen (Lot-et-Garonne) sur la demande de son mari, qui profitait de sa retraite pour dissiper le bien de ses enfants, etc.

C. 214. (Carton.) — 102 pièces, papier.

1777. — Correspondance de M. Dupré de Saint-Maur, intendant de Bordeaux, avec les ministres Bertin et Amelot, au sujet des ordres du Roi, concernant : — la demoiselle Gravier ; — Léon Naulet, renfermé dans le château Trompette pour inconduite ; — la demoiselle Ursule Cobeyran ; — la demoiselle Ducheyron ; — Gervain de La Lambertie ; — la demoiselle de Durville ; — Jean Lagarde ; — madame Marsan de Meilhan ; — le sieur de Viseux ; — Dupin fils ; — madame Blanchard de Boine ; — madame Coupry ; — Marie Sourdes, renfermée dans la maison de refuge de Sarlat (Dordogne).

C. 215. (Carton.) — 73 pièces, papier.

1778. — Correspondance de M. Dupré de Saint-Maur, intendant de Bordeaux, avec le ministre Bertin à raison des ordres du Roi, concernant : — les nommés Lafont ; — Jean Delfaut ; — Escaron Razat et Joandy, détenus dans les prisons de Sarlat (Dordogne) pour excitation à une

SÉRIE C. — INTENDANCE DE BORDEAUX.

émeute à Domme (Dordogne), à l'occasion de la cherté des vivres ; — Rappel de Bordeaux ; — Anne de Lally Deursal ; — François Serre ; — les demoiselles de Baillet, demandant à entrer dans le couvent de Notre-Dame de Bordeaux ; — de Fortisson, détenu à Navarrenx (Basses-Pyrénées) ; — Marthe et Louise Guerin de La Chaise ; — la demoiselle Delbech ; — mademoiselle Charron.

C. 216. (Carton.) — 112 pièces, papier.

1778. — Correspondance de M. Dupré de Saint-Maur, intendant de Bordeaux, avec le ministre Bertin, au sujet des ordres du Roi, concernant : — la demoiselle Gavarret ; — Claude Faveyrat ; — Driolle, protestant, détenu dans les prisons de La Réole (Gironde), pour avoir séduit et épousé une jeune fille catholique ; — Jeanne Foucault ; — Élisabeth Trapaud, renfermée dans le couvent de la Visitation de Périgueux (Dordogne), pour mauvaise conduite ; — Marie Ducros ; — Magdeleine Vigier. — Montaut, de la juridiction de Marmande (Lot-et-Garonne) ; — Carmail, détenu dans les prisons de Saint-Macaire (Gironde), pour avoir moulté le valet de ville de cette localité ; — la dame Roullier et sa fille ; — la veuve Miramont ; — la demoiselle Remonteil ; — Guillaume Brun, atteint de folie ; — Anne Cougoul, pour prostitution ; — Jean-Gabriel Darmana, renfermé dans le château de Lourdes (Hautes-Pyrénées), pour irrégularité de conduite.

C. 217. (Carton.) — 117 pièces, papier.

1778. — Correspondance de M. Dupré de Saint-Maur, intendant de Bordeaux, avec les ministres Bertin et Amelot, au sujet des ordres du Roi, concernant : — Louis Mathieu, condamné à la marque, pour vols commis avec effraction ; — Bernarde Lagarde, détenue dans la maison de refuge d'Agen (Lot-et-Garonne), à cause de sa vie de débauche ; — Moreau, Étienne, transporté aux colonies pour sévices envers son père ; — la nommée Gamot, renfermée dans la maison de refuge de Cahors (Lot), pour ses désordres scandaleux ; — Lacroix (Antoine) ; — la dame Roullier, détenue dans le couvent des Ursulines de Libourne (Gironde) ; — Josué Dubernat ; — la demoiselle Vincente de Iriarte, pour mauvaise conduite ; — Laboubée, détenu au château de La Garde, près Marseille (Bouches-du-Rhône) ; — la demoiselle Charlot de Sauvage et Richard, détenu pour dettes dans les prisons de Bayonne (Basses-Pyrénées).

C. 218. (Carton.) — 116 pièces, papier.

1779. — Correspondance de M. Dupré de Saint-Maur, intendant de Bordeaux, avec les ministres Bertin et Ame-lot, relative aux ordres du Roi, concernant : — Rapet fils, détenu à l'abbaye de Marmoutiers (Vendée) ; — Beylat de Libourne (Gironde) ; — Montet, détenu au château de Lourdes (Hautes-Pyrénées) ; — de La Roche Du Bouscat ; — Marie Jarlan ; — Dupin, pour excès commis sur le sieur Albert, avocat à Monségur (Lot-et-Garonne) ; — le père Cauchies, barnabite, pour scandale ; — la femme Hébérard, pour inconduite ; — La Vielle, fils du procureur du sénéchal de Dax (Landes) ; — la demoiselle Bonnamy ; — Saint-Seve, détenu dans le couvent des Cordeliers de Moncuq (Lot) ; — Bouisson, atteint de folie furieuse ; — la dame et la demoiselle Rouillé, etc.

C. 219. (Carton.) — 126 pièces, papier.

1779. — Correspondance de M. Dupré de Saint-Maur, intendant de Bordeaux, avec le ministre Bertin, relative aux ordres du Roi, concernant : — le sieur Labadie de Lalande ; — la demoiselle Maydieu, renfermée dans la maison de refuge de Cahors (Lot), pour sa conduite scandaleuse ; — Sarrazin de Villeneuve (Lot-et-Garonne), pour excès ; — Françoise Séres, aliénée ; — David Lopès, détenu au château de Belle-Isle en mer (Morbihan) ; — de Calvimon, pour violences ; — Goyon, pour inconduite ; — la nommée Cazelet, renfermée dans le refuge de Tarbes pour mauvaise vie ; — Dalpuget de Belleassise ; — le sieur Durocher ; — la dame Rivière ; — Benjamin, nègre appartenant à M. de Mauconseil.

C. 220. (Carton.) — 119 pièces, papier.

1779. — Correspondance de M. Dupré de Saint-Maur, intendant de Bordeaux, avec le ministre Bertin, au sujet des ordres du Roi, concernant : — Étienne-Amant Cressen, détenu au château de Lourdes (Hautes-Pyrénées) pour excès ; — la demoiselle Faure, renfermée dans la maison des Filles de la Foi de Bergerac (Dordogne) pour cause de libertinage ; — Cécile Duprat veuve Bernès ; — Duboucher de Dax (Landes) ; — Chadeau de Cauderot, pour mauvais traitement exercé sur Mauriac, valet de ville ; — Anne Jacoupy Lafon ; — l'abbé Valentin d'Écullion, du diocèse de Lyon (Rhône), atteint de folie ; — Marthe Caillou ; — la demoiselle de Gabelle, aliénée ; — la demoiselle Thérèse Maydieu ; — Beraud, curé de Lantignac (Lot-et-Garonne), pour violences ; — Eyraud, marchand, de Sauveterre (Gironde).

C. 221. (Carton.) — 117 pièces, papier.

1780. — Correspondance de M. Dupré de Saint-Maur, intendant de Bordeaux, avec les ministres Bertin, de Vergennes et de Sartine, relative aux ordres du Roi, concernant : — mademoiselle Vigier, détenue dans la maison des Filles de la Foi de Bergerac (Dordogne);—Catherine Lafourcade, renfermée dans la maison de force de Bordeaux, pour scandale ; — mademoiselle de G.... de La Roche, détenue dans la maison du Bon-Pasteur de Cahors (Lot), pour libertinage; — mademoiselle de Verthamont de Labastide (Gironde) ; — le sieur Capdeville, curé d'Aymet, relégué dans la communauté de Buglose; — Hiriard, curé de Bidart, renfermé dans le séminaire d'Auch (Gers), à raison des scandales causés par son inconduite; — Gabriel Bocher de Saint-Ange, détenu au couvent des Cordeliers de Rions (Gironde), pour inconduite ; — madame de Villepontoux, détenue dans le couvent de la Visitation de Périgueux (Dordogne).

C. 222. (Carton.) — 121 pièces, papier.

1780. — Correspondance de M. Dupré de Saint-Maur, intendant de Bordeaux, avec les ministres de Vergennes, Bertin et de Sartine, relative aux ordres du Roi, concernant : —Lopès, détenu au château de Belle-Isle en mer (Morbihan); — mademoiselle Lespinasse ; — Jeanne Cap de Gelle, détenue dans la maison de refuge d'Agen (Lot-et-Garonne), pour inconduite ; — Jeanne Saudiland, renfermée dans le couvent de la Visitation de Bordeaux ; — Versaveaux, fils du maître de poste de Tavernes (Var), pour vol de harnais des voitures des courriers ; — madame Faure du Mas d'Agenais (Lot-et-Garonne), pour aliénation ; — la dame de Marselly ; — la demoiselle Combis de La Caze, détenue dans la communauté des Ursulines de Carcassonne, qui demande la révocation des ordres dont elle a été l'objet.

C. 223. (Carton.) — 119 pièces, papier.

1780. — Correspondance de M. Dupré de Saint-Maur, intendant de Bordeaux, avec les mini tres Bertin, de Sartine et de Vergennes, relative aux ordres du Roi, concernant : — le sieur Théodore Dupré de Longueval ; — les demoiselles Roger, détenues dans le couvent de Sainte-Foy (Dordogne) ; — Brisson, renfermé dans les prisons de Bordeaux ; — Couchies, religieux barnabite, pour calomnies; — Brunet de Gombaud, renfermé au château de La Richardie, près Périgueux (Dordogne), pour inconduite ;— Thibaut Serres, relégué au couvent des Cordeliers de La Réole (Gironde) ; — l'abbé Daunac, renfermé au château de Lourdes (Hautes-Pyrénées), pour inconduite ; — des nègres et négresses, esclaves appartenant à divers propriétaires.

C. 224. (Carton.) — 107 pièces, papier.

1781-1782. — Correspondance de M. Dupré de Saint-Maur, intendant de Bordeaux, avec les ministres de Vergennes, Amelot et Bertin, relative aux ordres du Roi, concernant : — les nommés Raimbault et Bernard Descatha, renfermés dans le château de Lourdes (Hautes-Pyrénées), pour leur conduite scandaleuse ; —le sieur de Paulion, originaire de Nîmes (Gard), détenu au château Trompette à Bordeaux, pour inconduite ; — Du Pin fils, de Monségur, pour menaces de mort contre son père ; — Pierre Lafarge, renfermé au couvent des Cordeliers du Mas d'Agenais (Lot-et-Garonne), pour démence ; — madame Dufresne du Burguet, séquestrée dans la communauté de Bourbon en Limousin, pour avoir voulu se marier en secondes noces à un homme fort au-dessous de sa condition ; — Marguerite Boucheron, détenue au dépôt de mendicité de Bordeaux ; — le sieur Capdeville, curé d'Aymet (Dordogne); — les sieurs Cantarel et Dalpuget, de Belleassise ; — la femme Duffau, de La Garrigue.

C. 225. (Carton.) — 104 pièces, papier.

1782. — Correspondance de M. Dupré de Saint-Maur, intendant de Bordeaux, avec les mêmes ministres, relative aux ordres du Roi, concernant : — Antoinette de Maux, renfermée dans la maison du Bon-Pasteur de Sarlat (Dordogne), pour l'irrégularité de sa conduite ; — Delabaratz Detchabiague, détenu au château de Lourdes (Hautes-Pyrénées), pour mauvais traitements exercés envers sa femme ; — mademoiselle du Cheyron ; — mademoiselle Dupont, de Gourville, détenue au refuge de Limoges (Haute-Vienne), à cause du déréglement de sa conduite ; — Jean Lafargue, atteint d'aliénation ; — Toinette Pigier, femme Périer, détenue au refuge de Sarlat, pour avoir excité des jeunes personnes à la débauche ; — le sieur Bideault, relégué au château de Lourdes ; — la femme Subran, enfermée au refuge d'Agen, pour inconduite.

C. 226. (Carton.) — 96 pièces, papier.

1782. — Correspondance de M. Dupré de Saint-Maur, intendant de Bordeaux, avec les ministres de Vergennes et Amelot, relative aux ordres du Roi, concernant : — Suzanne Sastral, au sujet de la demande qu'elle fait d'être reçue dans le couvent des nouvelles catholiques de Bergerac (Dordogne) ; — Bernard Descatha, détenu au château de Lourdes (Hautes-Pyrénées) ; — la demoiselle Dupont de Gourville, retenue à Limoges (Haute-Vienne), dans la maison de refuge ; — Du Pin fils, détenu au château de Lourdes ; — le baron de Navaille Banos, au sujet de son transfèrement des Frères de la Charité de Cadillac (Gironde), où il était détenu, au château de Lourdes ;—la demoiselle Gabel de Calezin, pour sa démence, et Marguerite

SÉRIE C. — INTENDANCE DE BORDEAUX.

Labadie, femme Labarrère, enfermée dans la maison de refuge de Bordeaux, pour ses dérèglements.

C. 227. (Carton.) — 109 pièces, papier.

1762. — Correspondance de M. Dupré de Saint-Maur, intendant de Bordeaux, avec les mêmes ministres, relative aux ordres du Roi, concernant : — Marguerite Daymé, internée dans la maison de charité de Cahors (Lot), pour être instruite de la religion catholique ; — Jeanne Brunier, retenue à Agen (Lot-et-Garonne), à la maison de refuge ; — la demoiselle Sandilands, enfermée aux Bénédictines de Bordeaux ; — Pierre Courtade, expulsé de Rions (Gironde), pour son inconduite ; — Toinette Mau, renfermée au Bon-Pasteur de Sarlat (Dordogne) ; — Jeanne Bernier, renfermée à la maison de refuge d'Agen (Lot-et-Garonne) ; — Antoinette Pigier, de Sarlat, séquestrée dans son domicile pendant deux ans ; — Cantard d'Armaignac, interné ; — le baron de Braux ; — Thibaut, capitaine de navire ; — la veuve Carton, au sujet de son fils ; — Deleix (Jacques), dit Sans Peur, à raison de la conduite de sa fille.

C. 228. (Carton.) — 122 pièces, papier.

1762. — Correspondance de M. Dupré de Saint-Maur, intendant de Bordeaux, avec les mêmes ministres, relative aux ordres du Roi, concernant : — le sieur Puistienne de Nérac (Lot-et-Garonne), détenu au couvent des religieux Tiercaires de Barbaste (id.) ; — Marguerite Martel, femme Noyrit, enfermée au refuge d'Agen (Lot-et-Garonne) ; — Anne Trapaud, cloîtrée par suite de sa conduite scandaleuse avec le sieur Mauriac ; — Louise Pouyaud, renfermée dans une maison de force pour s'opposer à son mariage ; — Jeanne et Marie Durand, au sujet de leur admission aux Filles de la Foi de Bergerac (Dordogne) ; — la demoiselle Charles de Sauvage et madame Dauricoste, son aïeule ; — Rose Marty, à raison de la demande qu'elle fait d'être reçue à la Communauté de la Foi de Beaumont ; — Flore Texier, de Bourdeilles ; — le sieur Capdeville, curé d'Aymet (Dordogne), interné à Sarlat (id.) pour inconduite ; — Jeanne Pejat, pour avoir séduit le jeune Laumont, enfermée en la maison de force d'Agen (Lot-et-Garonne).

C. 229. (Carton.) — 112 pièces, papier.

1763. — Correspondance de M. Dupré de Saint-Maur, intendant de Bordeaux, avec le ministre de Vergennes, relative aux ordres du Roi, concernant : — Anne Ferrière, détenue au refuge de Sarlat (Dordogne), pour inconduite ; — mademoiselle Laborie de Labatut, enfermée dans la communauté du Bon-Pasteur à Toulouse (Haute-Garonne) ;

pour l'irrégularité de sa conduite ; — mademoiselle Jullien, détenue au refuge de Sarlat, pour dissolution de mœurs ; — Du Cheylard de La Quérésie, relégué dans la maison de force de Cadillac (Gironde), pour cause de démence ; — mademoiselle Privat, qui demande des secours pour pouvoir payer sa pension au couvent des Ursulines de Saint-Émilion (Gironde) ; — mademoiselle Gabel de La Gravette.

C. 230. (Carton.) — 100 pièces, papier.

1763. — Correspondance de M. Dupré de Saint-Maur, intendant de Bordeaux, avec le ministre de Vergennes, relative aux ordres du Roi, concernant : — Guillaume de La Gondie, enfermée chez les Frères de la Charité de Cadillac (Gironde), pour cause de démence ; — mademoiselle Françoise Sarraudie, détenue au refuge de Sarlat (Dordogne), pour inconduite ; — la demoiselle Dupont de Gourville, renfermée au refuge de Limoges (Haute-Vienne) ; — Marie Lapeyre, pour débauche ; — la veuve Rudelle, enfermée au Bon-Pasteur de Cahors (Lot) ; — Goyon de Brichot, détenu au château de Lourdes (Hautes-Pyrénées), à raison d'excès graves commis par lui sur diverses personnes : — la détention pendant deux ans, dans le même château, du sieur d'Arrignand fils, de Dax (Landes), à cause des dérèglements de sa conduite ; — Maine de Biran fils ; — Raymond du Vergès ; — François de Saint-Sever.

C. 231. (Carton.) — 92 pièces, papier.

1763. — Correspondance de M. Dupré de Saint-Maur, intendant de Bordeaux, avec le ministre de Vergennes, relative aux ordres du Roi, concernant : — Marie Garreau, détenue au Bon-Pasteur de Sarlat (Dordogne), pour le scandale de ses débauches ; — madame Laroche de Girac, pour inconduite ; — Marie Desclaux, détenue dans la maison de force d'Agen (Lot-et-Garonne), à cause de sa mauvaise vie ; — Petit Jean de Linières, renfermé dans la maison des Écoles Chrétiennes d'Angers, à raison de sa prodigalité ; — Robert dit La Lisse, pour excès ; — Flore Texier ; — Marie-Anne Saint-Esprit Suares mère, nouvelle convertie ; — la demoiselle Jeanne-Laly Doursal ; — Du Pin fils.

C. 232. (Carton.) — 92 pièces, papier.

1763. — Correspondance de M. Dupré de Saint-Maur, intendant de Bordeaux, avec le ministre de Vergennes, relative aux ordres du Roi, concernant : — la demoiselle Bidegaray, reléguée dans un couvent pour y expier les désordres de sa conduite ; — Maine de Biran, renfermé dans le château de Lourdes (Hautes-Pyrénées), pour inconduite ; — Magdeleine Merle, renfermée au refuge d'Agen

(Lot-et-Garonne); — M. de Goyon fils, détenu au château de Lourdes, à raison d'excès commis sur diverses personnes; — la femme Gué, détenue au refuge d'Agen; — la nommée Ferrière, condamnée pour vol; — la demoiselle Anne Bruzac, à laquelle il a été accordé une pension de 150 livres; — le sieur Dolabaratz d'Etchabiague; — mademoiselle de Servanches, fille d'un gentilhomme ordinaire du Roi.

C. 233. (Carton.) — 98 pièces, papier.

1783. — Correspondance de M. Dupré de Saint-Maur, intendant de Bordeaux, avec le ministre de Vergennes, relative aux ordres du Roi, concernant : — le sieur Clément, fils du procureur de Saint-Dizier, détenu au fort de Brescou (Hérault), pour vol; — Gontier de Montirat, pour crimes ; — Riquet fils, renfermé dans le château de Lourdes (Hautes-Pyrénées), pour inconduite ; — la femme du sieur Bouchereau, chirurgien-major, détenue au couvent des Ursulines de Marmande (Lot-et-Garonne), pour conduite scandaleuse ; — mademoiselle Victoire de Borie, pour excès contre sa mère; - - les demoiselles Guérin de Monsoucy, retirées dans la communauté des Dames de la Foi de Villeréal (Lot-et-Garonne); — la demoiselle Du Cheyron qui demande à embrasser la religion catholique; — Louis de Barbazan; — mademoiselle Dutinet de Villarzac ; — Catherine Clergeon, femme Estaffort, pour démence; — mademoiselle Marie de Malleville; — le sieur Daunassans, curé de Laspeyres (Lot-et-Garonne), relégué pour un mois au séminaire de Condom (Gers).

C. 234. (Carton.) — 83 pièces, papier.

1783. — Correspondance de M. Dupré de Saint-Maur, intendant de Bordeaux, avec le ministre de Vergennes, relative aux ordres du Roi, concernant : — le sieur Barrière de Beaufort, détenu au château Trompette (Bordeaux), pour excès commis sur Lallier de Latour, sous-ingénieur des ponts et chaussées du département de Périgueux, au moment où il était dans l'exercice de ses fonctions; — Riquet fils, détenu au château de Lourdes (Hautes-Pyrénées), en vertu des ordres accordés par le Roi, sur la demande de son père, sollicite la révocation de ces ordres.

C. 235. (Carton.) — 101 pièces, papier.

1784. — Correspondance de M. Dupré de Saint-Maur, intendant de Bordeaux, avec MM. les ministres de Vergennes et de Breteuil, relative aux ordres du Roi, concernant : — Pierre Delsuc, renfermé dans la maison des Frères de la Charité de Cadillac (Gironde), pour démence ;

Jeanne Crevy, femme Delor de Bergerac (Dordogne), pour conduite scandaleuse ; — la demoiselle Cleyrac de Belin, détenue au Bon-Pasteur de Cahors (Lot), pour libertinage ; — Jean Du Chatenay de Mallet ; — Louis Lalliat, de Chatillon; — Paul Duroi de Villers ; — Claude de Labarre, détenus dans la maison de force de Cadillac ; — Louise Alamion, détenue au refuge de Sarlat (Dordogne), pour avoir fait périr ses deux enfants ; — Honorée Pouzarque, détenue au Bon-Pasteur de Sarlat, pour inconduite ; — la dame de Faissac, religieuse de Sainte-Claire, séquestrée au couvent de Millau (Aveyron).

C. 236. (Carton.) — 101 pièces, papier.

1784. — Correspondance de M. Dupré de Saint-Maur, intendant de Bordeaux, avec les mêmes ministres, relative aux ordres du Roi, concernant : — Marie Georges, femme Lasserre, reléguée au dépôt de mendicité de Bordeaux, pour mauvaise vie ; — Dupac de Massoline, garde du corps, emprisonné pour dettes; — de Barbarin fils, détenu pour vol, à Bicêtre (Seine) ; — Marie Borie, détenue au refuge d'Agen (Lot-et-Garonne); — mademoiselle de Labassade, renfermée dans une maison de force, pour vie scandaleuse ; — Brethoux de Labarde, conseiller à la Cour des Aides, qui demande la séquestration de son fils, pendant deux ans, chez les Frères de la Doctrine Chrétienne à Angers (Maine-et-Loire).

C. 237. (Carton.) — 100 pièces, papier.

1784. — Correspondance de M. Dupré de Saint-Maur, intendant de Bordeaux, avec les mêmes ministres, relative aux ordres du Roi, concernant : — Joseph Roussel, détenu à la maison de force de Cadillac (Gironde), comme maniaque ; — Jeanne Massabeau, renfermée dans la maison de refuge d'Agen (Lot-et-Garonne), pour inconduite ; — madame Dursain, détenue à l'hôpital de Tours (Indre-et-Loire), pour mauvaise vie; — Marguerite Merle, détenue au refuge d'Agen, pour vie déréglée et scandaleuse ; — une demande de séquestration au mont Saint-Michel contre le sieur Obyrne, lieutenant au régiment de Valsh, pour dissipation.

C. 238. (Carton.) — 108 pièces, papier.

1785. — Correspondance de M. Dupré de Saint-Maur, intendant de Bordeaux, avec les ministres de Calonne, de Vergennes, le maréchal de Castries et le maréchal de Ségur, relative aux ordres du Roi, concernant : — le nommé Alary, détenu à l'hôpital de la Charité de Cadillac (Gironde), pour folie furieuse ; — le nègre Tourillon, appartenant à M. Brunet Duvivier, renvoyé à Saint-Domingue; — Faugère, détenu au château de Lourdes (Hautes-Pyrénées); — Marguerite de Guérin de La Chaise, qui sollicite une pension de 200 livres pour lui servir de dot dans la communauté de Montpazier (Dordogne); — Marie Runeau et Louise Rebel, détenues au Refuge d'Agen (Lot-et-Garonne), pour conduite scandaleuse, — la femme Faure de Cadaujac, renfermée dans le couvent de la Magdeleine de Bordeaux, pour inconduite; — les demoiselles Meydieu, détenues au Refuge de Cahors (Lot).

C. 239. (Carton.) — 104 pièces, papier.

1785. — Correspondance de M. Dupré de Saint-Maur, intendant de Bordeaux, avec les mêmes ministres, relative aux ordres du Roi, concernant : — Marie Housty d'Eymet, renfermée au Refuge de Bordeaux, pour aliénation d'esprit; — Jeanne Boyon et M. d'Escairac, son séducteur; — les frères Bontemps, pour mauvais traitements exercés sur leur père; — Denis Passagua, détenu au château de Lourdes (Hautes-Pyrénées); — Rimbault, renfermé au fort Brescou, (Hérault), pour inconduite.

C. 240. (Carton.) — 119 pièces, papier.

1786. — Correspondance de M. Le Camus de Néville, intendant de Bordeaux, avec MM. de Vergennes, les maréchaux de Castries et de Ségur, et de Breteuil, ministres, relative aux ordres du Roi, concernant : — Laporte fils, de Villeneuve d'Agen (Lot-et-Garonne), accusé de vol au préjudice de son père; — Chavauson de Ternan, détenu pour inconduite dans la maison de Cadillac (Gironde); — Françoise Sarrandie, séquestrée dans la maison de force du Bon-Pasteur de Sarlat (Dordogne), pour libertinage; — Boireau, renfermé au couvent des Capucins de Tarbes (Hautes-Pyrénées); — la femme Burène, de Clairac (Lot-et-Garonne), pour excès; — Bonnemaison, renfermé dans la maison de Cadillac, pour cause de frénésie; — Parpin, capitaine de navire, qui demande l'ordre de faire enfermer sa femme; — le sieur de Grignol de Brantôme, qui sollicite des ordres pour faire passer son fils aux îles.

C. 241. (Carton.) — 115 pièces, papier.

1786. — Correspondance de M. Le Camus de Néville, intendant de Bordeaux, avec les mêmes ministres, relative aux ordres du Roi, concernant : — le sieur de La Faige de Gaillard, religieux de la congrégation de Saint-Maur, détenu au château de Lourdes (Hautes-Pyrénées), pour avoir rédigé un mémoire diffamatoire contre ses supérieurs; — Le Court et Juillotte, élèves de l'Opéra, détenus dans les prisons de Bordeaux; — Louis Rolland, renfermé dans le château de Ferrières, près Castres (Tarn), pour sa conduite désordonnée et crapuleuse; — Catherine Gay de La Grave, de Périgueux (Dordogne), séquestrée dans une maison de détention pour conduite scandaleuse; — Magdeleine Merle, détenue au Refuge d'Agen (Lot-et-Garonne), pour inconduite; — Étienne Lavernie, enfermé dans les prisons de La Villeneuve d'Agen (id.).

C. 242. (Carton.) — 85 pièces, papier.

1787. — Correspondance de M. Le Camus de Néville, intendant de Bordeaux, avec les ministres de Vergennes, de Breteuil et le maréchal de Ségur, relative aux ordres du Roi, concernant : — Pierre Bonnefon, frénétique, renfermé à Bicêtre (Seine), pour avoir tué son père d'un coup de hache; — Mlle Dayart, détenue dans la maison du Bon-Pasteur de Cahors (Lot), pour libertinage; — Mlle Dupin de Vergne, pour folie; — Catherine Gay, séquestrée dans la maison du Bon-Pasteur de Sarlat (Dordogne), pour conduite scandaleuse; — de Fayolles, renfermé dans la maison de Cadillac, pour démence; — Bayle, sous-lieutenant détenu au dépôt de mendicité de Bordeaux, pour excès; — Marie Delpech, détenue au Bon-Pasteur de Sarlat, pour inconduite.

C. 243. (Carton.) — 85 pièces, papier.

1787. — Correspondance de M. Le Camus de Néville, intendant de Bordeaux, avec les mêmes ministres, relative aux ordres du Roi, concernant : — les demoiselles de Fayolles, enfermées dans le couvent de force de Cahors (Lot), pour inconduite; — la nommée Huguet, détenue au Refuge d'Agen (Lot-et-Garonne), pour libertinage; — Delrieu, renfermé au dépôt de mendicité de Bordeaux, comme maniaque; — Mlle de Treilles, détenue dans la maison de Refuge de Toulouse (Haute-Garonne), à raison de son inconduite et d'un vol de 6,000 livres fait à son père; — Marie-Anne Salinières, retenue au Refuge d'Agen, pour les désordres de sa conduite; — la demoiselle de Paul de Blanquinane, pour l'empêcher de contracter mariage avec un roturier.

C. 244. (Carton.) — 86 pièces, papier.

1787. — Correspondance de M. Le Camus de Néville, intendant de Bordeaux, avec les mêmes ministres, relative aux ordres du Roi, concernant : — Ambroise de Laroche et le sieur Tenet, évadés du château de Lourdes (Hautes-Pyrénées), où ils étaient détenus; — la femme Jean Chevreux, marin, renfermée à la maison de force de Bordeaux; — Cadiot, pour excès contre sa famille; — Jean de Vassal, détenu au château de Lourdes, pour inconduite; — Louise Rigot, pour mauvaise conduite; — la demoiselle Darbo, renfermée à la maison de force de Tarbes (Hautes-Pyrénées), pour libertinage.

C. 245. (Carton.) — 100 pièces, papier.

1788. — Correspondance de M. Le Camus de Néville, intendant de Bordeaux, avec les mêmes ministres de Vergennes et de Breteuil, relative aux ordres du Roi, concernant: — Magdeleine de Lile de Tarde; — la demoiselle Castaing d'Astafort, détenue au Refuge de Cahors (Lot), pour mauvaises mœurs; — Marie Huguet, renfermée au Refuge d'Agen, pour prostitution; — Marie Vergnés, femme Salles, détenue au même Refuge d'Agen (Lot-et-Garonne), pour inconduite; — de Vassal, détenu au château de Lourdes (Hautes-Pyrénées); — Marie Largeteau, femme Clochar, enfermée au Refuge de Sarlat (Dordogne), pour libertinage; — Sophie Edwards, jeune Anglaise, enlevée par un nommé Placide, danseur de corde attaché au spectacle de Nicolet; — la demoiselle Draveman; — le sieur Lascous, maniaque; — Marie Fauché; — Joseph Lasserre de Saint-Ciprien, pour excès commis envers ses père et mère.

C. 246. (Carton.) — 106 pièces, papier.

1788. — Correspondance de M. Le Camus de Néville, intendant de Bordeaux, avec les mêmes ministres, relative aux ordres du Roi, concernant: — Déroziers de La Réole, détenu au château de Lourdes (Hautes-Pyrénées), pour excès sur ses père et mère; — Jeanne Bellard, renfermée dans la maison de force d'Agen (Lot-et-Garonne), pour prostitution; — de Sansac de Bazens, détenu au château de Lourdes, pour inconduite; — le comte de Fagea, exilé à Bordeaux; — de Lajonie, séquestré dans la maison des Frères de la Charité de Cadillac (Gironde), pour excès et menaces contre son père; — Mme Lapeyre de La Réole, enfermée à l'hôpital de force de Cahors (Lot), pour démence; — Louis Lalliot, de Châtillon et Chatenet de Mallet, détenus dans la maison de force de Cadillac (Gironde); — Paul Duroy de Villers, maniaque; — le sieur Chavansot de Ternan, pour mauvaise conduite; — Louise Alanion et Louise de Bonnal de La Roquette.

C. 247. (Carton.) — 71 pièces, papier.

1788. — Correspondance de M. Le Camus de Néville, intendant de Bordeaux, avec les mêmes ministres, relative aux ordres du Roi, concernant: — Mlle Louise de Marbotin, détenue au Refuge d'Agen (Lot-et-Garonne), pour le scandale de sa conduite; — Barberin, dragon au régiment de La Rochefoucauld, détenu à Bicêtre (Seine); — le chevalier d'Héral, renfermé au château de Lourdes (Hautes-Pyrénées); — Pierre Borie de La Pomarède, pour démence; — Mlle Anne Dauriac, pour inconduite; — la demoiselle Gabrielle Rodrigues, Anne Bonnefoux et Jeanne Beausse pour conduite scandaleuse; — Joseph Quentin; — Arnal fils; — Bernard Lestage; — Mathias Augé.

C. 248. (Carton.) — 100 pièces, papier.

1789. — Correspondance de M. Le Camus de Néville, intendant de Bordeaux, avec les ministres de Breteuil et de Vergennes, relative aux ordres du Roi, concernant: — le nommé Roques, de Condom (Gers), détenu au fort Brescou (Hérault), pour vol; — Louis Gabourin, de Bordeaux, pour excès; — Françoise Guiboudre de Mézin (Lot-et-Garonne), enfermée au Refuge d'Agen, pour vol; — Jean Rimbault, renfermé au château de Bicêtre (Seine), pour fabrication de fausses lettres de change; — de Lajonie, séquestré dans la maison des Frères de la Charité de Cadillac (Gironde); — Courrèges, détenu dans la maison de force de la même ville, pour démence; — Jeanne Garrigues Dursin, renfermée au Refuge de l'Isle-Bouchard (Indre-et-Loire).

C. 249. (Carton.) — 100 pièces, papier.

1789. — Correspondance de M. Le Camus de Néville, intendant de Bordeaux, avec les mêmes ministres, relative aux ordres du Roi, concernant: — Beziat, prêtre de Cassagne, près Condom (Gers); — Lespès de Lostelnau, pour inconduite et excès; — François Dupuy, renfermé au fort Brescou (Hérault), pour inconduite; — l'abbé Bouger, détenu au couvent de Miramont, près Fleurance (Gers); — Philippe Ferribre, détenu depuis vingt ans dans le couvent de Picpus, à Barbaste (Lot-et-Garonne), qui demande sa mise en liberté; — Marie Garreau, détenue au Refuge d'Agen (Lot-et-Garonne), pour inconduite; — Vassal de Bellegarde, renfermé au château de Lourdes (Hautes-Pyrénées).

C. 250. (Carton.) — 75 pièces, papier.

1789-1790. — Correspondance de M. Le Camus de Néville, intendant de Bordeaux, avec les mêmes ministres, relative aux ordres du Roi, concernant: — Marie Chavalon, veuve Vérac, détenue depuis dix ans au Refuge de Sarlat (Dordogne), pour mauvaise conduite; — Destein Tardieu, du Port-Sainte-Marie (Lot-et-Garonne), relégué à Gimont (Gers), pour usure; — Jean Laroche, détenu au château de Lourdes (Hautes-Pyrénées), pour inconduite;

— Isabeau de Bauredon de Rimonteil, de Laurenque-en-Agenais (Lot-et-Garonne) ; — Louise Alanion, Louise de Bonnal et Henriette Dinety, détenues dans la maison de Refuge de Sarlat, pour l'irrégularité de leur conduite, obtiennent leur mise en liberté.

C. 251. (Carton.) — 49 pièces, dont 4 parchemins.

1774. — Correspondance de MM. Esmangart, de Clugny et Dupré de Saint-Maur, intendants de Bordeaux, avec les ministres d'Ormesson, Turgot, Bertin, de Trudaine et Necker, relative : — aux frais de formation des états de répartition des impôts ; — à la solde de la maréchaussée ; — aux étapes ; — aux crues des tailles ; — aux fourrages du quartier d'hiver ; — aux milices ; — au logement des Filles de la Foi établies à Tonneins (Lot-et-Garonne) ; — aux appointements des ingénieurs et inspecteurs des ponts et chaussées ; — à l'entretien des chemins ; — à la reconstruction des ponts ; — à la navigation de la rivière de l'Isle ; — au service de la louveterie ; — aux réparations des ports maritimes du royaume ; — au logement des officiers de l'artillerie et du génie de la marine.

C. 252. (Carton.) — 112 pièces, 17 en parchemin.

1775-1776. — Correspondance de MM. de Clugny et Esmangart, intendants de Bordeaux, avec les mêmes ministres, relative : — à l'entretien des pépinières ; — aux ponts et chaussées ; — aux commissions des tailles ; — aux convois militaires ; — aux dépôts de mendicité ; — au rétablissement des chemins de la Généralité ; — à la construction des canaux ; — à la navigation de la Charente ; — — aux travaux du port de Saint-Jean-de-Luz (Basses-Pyrénées) ; — au rachat des offices municipaux ; — aux fortifications de la ville de Bayonne (Basses-Pyrénées) ; — aux gratifications des maîtres de poste.

C. 253. (Carton.) — 105 pièces, dont 8 en parchemin.

1777-1778. — Correspondance de M. Dupré de Saint-Maur, intendant de Bordeaux, avec les mêmes ministres, relative : — aux différentes postes sur la route de Bordeaux à Limoges ; — aux rôles des nobles et privilégiés, des employés des fermes, des traites et tabac, de ceux du Domaine et des domestiques du Parlement, de la Cour des Aides et du Bureau des finances ; — aux appointements des gouverneurs ; — aux officiers et archers des maréchaussées ; — aux étapes des gens de guerre ; — à la navigation des rivières ; — au logement des troupes.

C. 254. (Carton.) — 57 pièces, dont 1 en parchemin.

1704-1786. — Correspondance de MM. Dupré de Saint-Maur et Le Camus de Néville, intendants de Bordeaux, avec les ministres d'Ormesson, Miromenil et de Vergennes, concernant : — les offices des maîtres perruquiers de Dax (Landes) ; — le droit de prélation ; — la ferme générale des postes ; — les privilèges et immunités de la foire de Beaucaire ; — les collecteurs Meynac et Célérier, détenus à la conciergerie du Parlement de Bordeaux, pour assassinat sur la personne du curé de Sainte-Foy (Dordogne), pour cause de religion ; — les contrats et actes assujettis à l'insinuation.

C. 255. (Portefeuille.) — 55 pièces, papier.

1716-1760. — Correspondance de MM. de Courson et de Tourny, intendants de Bordeaux, avec les ministres Le Peletier, Machault et d'Ormesson, relative : — à la subdélégation générale accordée par le Roi pendant l'espace de six mois à M. Duchesne de Beaumanoir, premier secrétaire de l'Intendance ; — aux secrétaires, à leurs appointements, à leurs travaux et à leurs opérations : — à des états de gratification en faveur de MM. de Sorlus, subdélégué à Bordeaux, Maignol à Périgueux (Dordogne), Couloussac, à Agen (Lot-et-Garonne), Goyon, à Condom (Gers), Prouzet, à Villeneuve (Lot-et-Garonne), de Biran, à Bergerac (Dordogne), de Jully, à Sarlat (id.), de Mazères, à Nérac, et Faget de Cazaux, à Marmande (Lot-et-Garonne), de Lafon, à Casteljaloux, Bulle, à Libourne, et Bourriot, à Bazas (Gironde).

C. 256. (Carton.) — 125 pièces, papier.

1768-1784. — Correspondance de MM. de Fargès, Dupré de Saint-Maur et Le Camus de Néville, intendants de Bordeaux, avec les ministres Bertin, d'Ormesson, de Calonne, de Vergennes et De Lessart, relative ; — aux gratifications accordées aux secrétaires, commis et subdélégués de l'Intendance dont les noms suivent, savoir : MM. Chauveton, Geniés, Sommarty, Sauteron, Plisson, Caille, Galineau, Larrieu, La Servière, Courtois, Forastié, Duchêne, de Goyon de Lassalle, subdélégué à Cadillac (Gironde), de Biran, subdélégué à Bergerac, Rochefort, à Thiviers (Dordogne), Belloc de Gauzelle, à Clairac (Lot-et-Garonne), Ducasse, à Casteljaloux (id.), Ducournau, à Bayonne (Basses-Pyrénées), Basquiat, à Saint-Sever, et Cist, à Mont-de-Marsan (Landes).

C. 257. — (Carton.) 125 pièces, papier.

1785-1790. — Correspondance de MM. Dupré de Saint-Maur et Le Camus de Néville, intendants de Bordeaux, avec les mêmes ministres, relative : — aux frais de bureau et aux gratifications accordées aux secrétaires de l'Intendance et aux subdélégués de la Généralité de Bordeaux, parmi lesquels on remarque : MM. Duchesne de Beaumanoir, à Bordeaux, Sarrasin, à Agen (Lot-et-Garonne), Bourriot, à Bazas (Gironde), Brondeau, à Condom (Gers), Dunoguès, à La Réole (Gironde), Goutaud, à Blaye (Gironde), Eydely, à Périgueux (Dordogne), Favereau, à Libourne, Chalvet, à Castillonnés (Lot-et-Garonne), Colombet, à Marmande (id.), et Bellet, à Sainte-Foy (Dordogne).

C. 258. (Carton.) — 58 pièces, papier.

1763-1785. — Correspondance de MM. Boutin, Dupré de Saint-Maur et Le Camus de Néville, intendants de Bordeaux, avec les ministres Bertin, de Calonne et de Vergennes, relative : — aux gratifications et appointements accordés aux secrétaires et subdélégués de l'Intendance avec divers états à l'appui ; — MM. Duchesne de Beaumanoir, Desprésailles, Forestier, La Servière, Abra, Sarrasin, Bourriot, Bellot de Gauzelle, Colombet, de Biran, Du Boffrand, Lavau de Gayon, Du Noguès, Goyon de Lassalle, Ducourneau, Chegaray, Brondeau, Lagarde, Le Rou, Mathisson-Ménoire, Goutaud, Bellet, Favereau, La Croze, de Meyrignac, Pourteyron, de Rochefort, etc.

C. 259. (Carton.) — 107 pièces, papier.

1773-1788. — Comptes ou mémoires des fournitures d'encre, papier, portefeuilles, cire, règles, crayons, écritoires, etc., faites à l'intendant et à ses bureaux par le sieur Racle, imprimeur et marchand de fournitures de bureau ; — projets d'ordonnances de l'intendant qui en ordonnent le payement par le receveur général.

C. 260. (Carton.) — 8 cahiers contenant 97 feuillets et 28 pièces détachées.

1776-1786. — Comptes ou mémoires produits par le sieur Racle, imprimeur de l'intendance, de toutes les impressions par lui faites pour l'intendant et ses bureaux ; — projets d'ordonnances de payements desdits comptes par l'intendant sur le receveur général.

C. 261. (Carton.) — 102 pièces, papier.

1775-1787. — Comptes et mémoires — présentés, par le sieur Caillavet de la chandelle qu'il a fournie à l'intendant pour l'éclairage de ses bureaux ; — par le sieur Lebrun, du bois qu'il a fourni pour le chauffage de ces mêmes bureaux.

C. 262. (Portefeuille.) — 85 pièces, 1 parchemin.

1714-1758. — Correspondance de MM. de Courson, Boucher et de Tourny, intendants de Bordeaux, avec les ministres Le Blanc, Dodun, Le Peletier, Orry, d'Aguesseau, de Chauvelin, le cardinal de Fleury, de Breteuil, Amelot, d'Ormesson, de Saint-Florentin, de Maurepas, de Courteille, de Boullongue et de Lamoignon, concernant : — la nomination des consuls, laissée à la disposition des intendants, dans certains cas ; — l'établissement d'une garde de la prévôté de l'Hôtel de l'Intendance ; — la nomination de M. Aubert de Tourny à l'intendance de Bordeaux ; — une gratification annuelle de 6,000 livres en sa faveur ; — la demande d'un congé formée par le même pour se rendre à Paris où il est appelé par des affaires de famille.

C. 263. (Portefeuille.) — 82 pièces, 1 parchemin, 1 plan.

1758-1770. — Correspondance de MM. de Tourny, Boutin et de Fargès, intendants de Bordeaux, avec les ministres Bertin, le maréchal de Bellisle, le duc de Choiseul, de Laverdy, Orry et Terray, relative : — aux distributions des prix dans les listes d'invitations faites par l'intendant pour assister à cette solennité ; — à l'autorisation accordée à M. de Tourny de prolonger son séjour à Paris ; — au droit de contre-seing ; — à la franchise des lettres ; — aux abus qui se commettent sous le couvert de l'Intendance ; — aux prérogatives de l'intendant à l'égard des jurats, des officiers municipaux et autres fonctionnaires ; — aux honneurs à rendre à l'intendant lors de son passage dans une ville.

C. 264. (Portefeuille.) — 93 pièces, papier.

1722-1749. — Correspondance du subdélégué avec l'intendant, concernant : — M. de Roquebrune, pour intérêts de famille ; — le loyer de M. Vallet, curé de Paillet (Gironde) ; — la construction de l'hôtel de la Bourse ; — les réparations de l'église, clocher et cimetière de Cantois en Benauge ; — une contestation entre les Bénédictins de Sainte-Croix de Bordeaux et les habitants de Macau, au sujet de la taille ; — une imposition de 636 livres sur la paroisse de Martillac, pour travaux faits à l'église de ladite communauté ; — les chevaux attaqués de la morve ; — une recommandation à l'intendant par M. de Bethune en faveur de MM. Bagués, Imbert et de Bigos, gardes du corps du Roi dans sa compagnie ; — le bail à ferme des prairies de la communauté de Sainte-Croix ; — les vacants de la paroisse de Sainte-Croix-du-Mont.

C. 265. (Portefeuille.) — 109 pièces, papier.

1750-1753. — Correspondance du subdélégué de Bordeaux avec l'intendant, relative : — à la ferme des prairies de la communauté de Saint-Macaire (Gironde), consentie pour 15 ans aux sieurs Faye et Labarrière ; — à une contestation entre le sieur Laurens de Lestang, syndic des habitants de Puynormand, et Guillaume Vaisse, curé de ladite paroisse, au sujet de la dîme du millet ; — à l'élection des jurats de Saint-Macaire ; — l'établissement d'une brasserie à Bordeaux, par M. de Marcilly ; — au redressement de la rue Sainte-Catherine à Bordeaux ; — au projet d'établissement d'une subdélégation dans l'entre-deux-mers ; — à la nécessité d'arracher la moitié des vignes dans la province de Guienne ; — à une contestation entre les habitants de la paroisse de Salles et M. Duplancher, conseiller du Roi en la Cour et prieur de ladite paroisse, au sujet de la dîme des agneaux.

C. 266. (Portefeuille.) — 106 pièces, papier.

1754-1757. — Correspondance du subdélégué de Bordeaux avec l'intendant, relative : — à la reddition des comptes de la ville de Saint-Macaire (Gironde) par Barnabé Dusilhou, jurat alternatif de ladite communauté ; — à la taxe des frais d'un procès soutenu par la communauté de Montpezat (Gironde) contre Joseph Lorman de Bellifle ; — à la location du dogre l'*Élisabeth* de La Rochelle, à M. de Tourny, par Jean Mégo, capitaine, à raison de 180 livres par mois, pour servir de corvette au vaisseau le *Dramataire*, garde-côtes :— à l'imposition sur le sel ; — aux palus de Saint-Loubès ; — à une contestation entre les maire et jurats de Cadillac (Gironde), et le sieur Allard, procureur syndic, au sujet du droit de pêche ; — au sieur Chabanne, chirurgien juré, à Castres (Gironde).

C. 267. (Portefeuille.) — 122 pièces, papier.

1758. — Correspondance du subdélégué de Bordeaux avec l'intendant, concernant : — les habitants de Balizac, Guillos et Budos, au sujet des pacages dans la lande de La Cantau ; — le prix des grains ; — le triste état des revenus de la ville de Saint-Macaire (Gironde) ; — le nommé Jamon, postillon de la poste de Barp, condamné pour insultes envers un particulier qu'il conduisait à la prison et à quarante livres en faveur des pauvres de la communauté ; — la restauration de l'hôtel de ville de Cadillac (Gironde) ; — l'établissement d'écuries dans la même localité pour loger les chevaux des dragons de la Reine ; — la défense de laisser sortir les grains et bestiaux ; — la plainte de madame de Montfayon contre son mari à raison de sa conduite scandaleuse et de ses dilapidations.

C. 268. (Portefeuille.) — 122 pièces, papier.

1758-1759. — Correspondance du subdélégué de Bordeaux avec l'intendant, relative :— à François Gaillard, gentilhomme, verrier de verre à vitre, à Langon (Gironde) ; — à l'établissement des Sœurs grises à Savignac ; — à la maison presbytérale de Cadillac (Gironde) ; — à l'hôpital de Saint-Macaire (*id.*) ; — à l'entretien des routes royales de Bordeaux à Toulouse (Haute-Garonne) ; — aux droits d'amortissement et des francs-fiefs ; — aux fourrages et vivres des troupes de passage ; — aux frais de transport d'artillerie ; — aux réparations du couvent des Capucins de Cadillac ; — au casernement des troupes ; — à l'établissement de commissaires de quartier à Bordeaux ; — aux Dames de la Foi de Cadillac ; — à madame Riquet de Cadillac, au sujet de la vente de son château ; — à l'adjudicataire des routes royales de Bordeaux à Toulouse (Haute-Garonne).

C. 269. (Portefeuille.) — 124 pièces, papier.

1759. — Correspondance du subdélégué de Bordeaux avec l'intendant, relative : — au capitaine du guet à Bordeaux, nommé Rousselle, au sujet d'arrérages de solde ; — aux Frères de l'École chrétienne de Bordeaux ; — aux ordonnances de décharges et modérations ; — aux règlements pour le passage de la Dordogne à Cubzac ; — à l'embellissement de la porte d'Aquitaine ; — aux réparations urgentes à faire à l'église métropolitaine de Saint-André à Bordeaux ; — aux octrois de Bordeaux ; — au desséchement des marais d'Embarès ; — à la fondation de l'hôpital de Cadillac (Gironde) ; — aux droits du délestage perçus sur les bâtiments français et étrangers qui sont entrés dans le port de Bordeaux ; — à une supplique de madame Lasalle de Dallibert, qui sollicite de M. l'intendant un emploi pour son fils ; — à un projet d'ordonnance contre les prédicants ; — à une demande de concession des landes de Bordeaux par une compagnie de gentilshommes.

C. 270. (Portefeuille.) — 100 pièces, papier.

1760. — Correspondance du subdélégué de Bordeaux avec l'intendant, relative : — à la confection des rôles des vingtièmes ; — aux états d'ordonnances de modérations et décharges ; — à une réclamation de M. Dumas, négociant, au sujet d'une somme de 10,704 livres 19 sols 6 deniers que lui doit la ville de Bordeaux ; — aux religieuses Carmélites de Saint-Joseph, de Bordeaux ; — aux filles de Sainte-Marthe, à Saint-Macaire (Gironde) ; — aux fontaines de Bordeaux ; — aux réparations de l'église du Chartron ; — à la construction de l'école des Frères, rue des Tanneries ; — à la bâtisse des Dames de la Foi ; — au cours de mathématiques du sieur Pelt ;

— à une machine hydraulique; — au projet d'établir des casernes à Sainte-Foy; — aux remèdes d'Helvétius.

C. 271. (Portefeuille.) — 119 pièces, papier.

1760-1761. — Correspondance du subdélégué de Bordeaux avec l'intendant, relative : — aux juge et officiers municipaux de Bourg; — aux poudres livrées aux troupes de Cadillac (Gironde); — au guet de Bordeaux; — au logement du curé de Saint-André-du-Bois; — aux soldats malades à Cadillac; — au munitionnaire des vivres et au fermier des octrois de Bordeaux; — aux lots et ventes; — aux marais de Verteuil; — aux priviléges de la ville de Bordeaux; — aux fournitures des casernes; — aux terres incultes de Sainte-Croix-du-Mont; — au logement des gens de guerre; — aux officiers du génie; — à une ordonnance de MM. les maire, sous-maire et jurats, gouverneurs de Bordeaux, juges criminels et de police, portant règlement pour les compagnies du guet de l'hôtel de ville de Bordeaux; — à mademoiselle Séguin, régente à Cadillac.

C. 272. (Portefeuille.) — 100 pièces, papier.

1761. — Correspondance du subdélégué de Bordeaux avec l'intendant, relative : — au sieur Malivert, fermier de la messagerie de Bordeaux à Toulouse (Haute-Garonne); — aux hôpitaux du Médoc; — à l'Hôtel de la Monnaie; — à un échange entre M. le duc de La Force et la communauté de Caumont; — au don gratuit; — aux courtiers royaux; — au franc-fief; — aux fontaines et lanternes de la ville de Bordeaux; — aux réparations des casernes de Bourg; — à la maison presbytérale de Bruges; — aux appointements et fourrages des officiers généraux; — à la fourniture de pain aux déserteurs; — à une imposition pour frais d'un procès de la communauté de Soulignac; — à une prétention du directeur des domaines au sujet de la tenue des livres des marchands; — à une affaire de M. d'Arche de La Salle avec la ville de Bordeaux, au sujet de l'acquisition d'une maison.

C. 273. (Portefeuille.) — 100 pièces, papier.

1761-1762. — Correspondance du subdélégué de Bordeaux avec l'intendant, relative : — aux abus commis à Saint-André-de-Cubzac sur la fourniture des voitures et chevaux; — aux frais de course pour le régiment de Guienne; — aux créances de la ville de Bordeaux; — au pied-fourché; — aux impositions sur les rôles d'offices; — aux courtiers brevetés; — à la chancellerie et aux greffiers en chef du Parlement de Bordeaux; — au moulin de la Chartreuse de Barsac; — à la pêche du mulue à Mimizan; —

aux droits sur la tare des marchandises; — aux réparations des murs de ville de Bourg; — à une autorisation de plaider accordée à la communauté de Rions; — à la vente des vins à Bordeaux; — aux octrois de Bordeaux; — aux abus sur les vins saisis à Cadillac; — au logement des troupes à Blanquefort (Gironde); — à un arrêt du Conseil qui ordonne la remise des clefs du bureau de la délivrance de la monnaie.

C. 274. (Portefeuille.) — 100 pièces, papier.

1762. — Correspondance avec le subdélégué de Bordeaux, avec l'intendant, relative : — aux palus vacants de Saint-Loubès; — à la fourniture d'un corps de garde ou caserne à Lormont; — au pain des prisonniers de Bordeaux; — aux lots et ventes; — à l'établissement d'une poste à Bordeaux; — à la forge d'Uza; — à la poste de Virelade; — à l'hôtel du gouvernement à Bordeaux; — à la démolition de la tour de Bourg; — à la culture des mûriers; — aux réparations de la maison de ville de Saint-Macaire (Gironde); — aux médecins de Bordeaux; — au vingtième et capitation de Bordeaux; — au logement des gens de guerre chez les R. P. Bénédictins de Macau; — aux étapes; — au syndic des matelots de Pauillac; — au vingtième des notaires de Bordeaux; — aux vacants de Saint-Macaire.

C. 275. (Portefeuille.) — 106 pièces, papier.

1762-1763. — Correspondance du subdélégué de Bordeaux avec l'intendant, relative : — à la faïencerie de Poudensac; — au logement des gens de guerre; — aux Frères des Écoles chrétiennes de Bordeaux; — au transport des équipages des troupes; — à la fourniture de bois aux casernes; — aux pasteurs béarnais de La Teste; — aux perruquiers de Bordeaux; — aux frais de la Maréchaussée à l'occasion des religionnaires; — aux foires et marchés de La Teste (Gironde); — aux courtiers brevetés; — aux communaux du Taillan; — aux juifs portugais; — à l'arpentement de Bordeaux; — à la bourse de Bordeaux; — à la vente des vins à Loignan; — aux salpêtres; — à une affaire entre la juridiction et les Bénédictins de Macau; — aux frais de course de Bordeaux, à Pau (Basses-Pyrénées); — aux priviléges des vins de Bourg; — à la permission d'exporter des grains; — à l'île près Saint-Macaire.

C. 276. (Portefeuille.) — 100 pièces, papier.

1763. — Correspondance du subdélégué de Bordeaux avec l'intendant, relative : — à la maison des enfants trouvés de Bordeaux; — aux fêtes du diocèse; — au nouveau sol pour livre ; — à l'école publique d'arpentage à Bordeaux ; — au salaire des huissiers ; — au pavillon de l'hôtel de ville de Saint-Macaire (Gironde); — aux marais de Saint-Loubès ; — à la suppression d'une fête votive à Budos ; — aux juifs avignonnais ; — à des médicaments fournis aux pauvres de Lormont ; — au casernement de la maréchaussée ; — à des autorisations pour plaider ; — aux frais de casernement de Saint-André-de-Cubzac ; — aux recrues provinciales ; — à une affaire de la communauté de Sainte-Croix-du-Mont ; — au tableau de la collecte de Bordeaux ; — aux livres pour les Écoles chrétiennes de Bordeaux ; — aux fournitures de bois aux casernes ; — aux taux de la capitation.

C. 277. (Portefeuille.) — 94 pièces, papier.

1764. — Correspondance du subdélégué de Bordeaux avec l'intendant, concernant : — les corvées de la paroisse de Carignan ; — l'adjudication des biens des Jésuites à Saint-Macaire (Gironde) ; — la répartition des impositions ; — les octrois de Bordeaux ; — les grains et farines ; — la fortification des châteaux de Bordeaux ; — le défrichement de Certes ; — une saisie de fruits au préjudice de M. de Férussac-d'Agassac en Médoc ; — un vol de deniers royaux fait chez le collecteur de Sainte-Croix-du-Mont ; — l'équipement de la maréchaussée ; — la manufacture de faïence de Sadirac ; — les notaires ; — le pesage des cuirs ; — le poids des voitures employées au transports des équipages des troupes ; — des farines trouvées défectueuses à Bordeaux ; — l'envoi de seigles de Paris pour le compte du Roi ; — un projet de déclaration du Roi pour rétablir le bon ordre en la faculté de droit de Bordeaux ; — la farine livrée par M. le duc de Lorges ; — les religieuses de l'Annonciade de Bordeaux.

C. 278. (Portefeuille.) — 104 pièces, papier.

1765. — Correspondance du subdélégué de Bordeaux avec l'intendant, relative : — aux dépenses et revenus de la maison de force de Bordeaux ; — à la construction d'une digue par les propriétaires de Blanquefort ; — aux privilèges des salpêtriers ; — au recouvrement du rôle des armateurs ; — au desséchement des marais de Bordeaux et d'un projet de canal ; — au dénombrement des enfants trouvés ; — aux privilèges des vins de Cadillac ; — au droit de pêche de M. Le Berthon, à Virelade ; — aux loteries étrangères ; — à la maison des Carmélites ; — au passage des troupes ; — à la nomination des consuls de la Bourse ; — à l'établissement d'une École publique de chirurgie à Bordeaux ; — aux inspecteurs des perruquiers de Bordeaux ; — à une autorisation de plaider accordée à la communauté de Bourg ; — aux protestants qui demandent la liberté de l'exercice public de leur religion ; — aux bénéfices des Jésuites ; — aux économats de Bordeaux.

C. 279. (Portefeuille.) — 120 pièces, papier.

1766. — Correspondance du subdélégué de Bordeaux avec l'intendant, relative : — à l'administration de la justice dans les affaires de commerce ; — aux revenus de la communauté de Saint-Macaire (Gironde); — aux fortifications du Château-Trompette (Bordeaux); — au cimetière de Saint-André ; — aux voitures pour les troupes ; — aux revenus du prieuré de Saint-Sauveur ; — aux juifs portugais ; — au cimetière des protestants ; — au collège de Guienne ; — à la poste de Saint-André-de-Cubzac ; — à la milice de Bordeaux ; — à la sacristie du Château-Trompette ; — au remède du sieur Payn contre les fièvres ; — aux livres prohibés ; — à l'étuve des grains ; — aux salaisons ; — à la cotisation des valets ; — à la Gazette d'Agriculture.

C. 280. (Portefeuille.) — 109 pièces, papier.

1767. — Correspondance du subdélégué de Bordeaux avec l'intendant, relative : — aux salpêtres ; — aux octrois de Bordeaux ; — au recouvrement des tailles ; — à l'incendie de la maison de M. Renaire ; — à la délivrance des passe-ports ; — aux vacants de Sainte-Croix-du-Mont ; — aux brevets de maîtrises ; — aux vacants de Pian ; — à la démolition de la tour de Bourg (Gironde); — au don gratuit ; — aux tanneurs ; — au logement du salpêtrier ; — aux imprimeurs ; — aux Carmélites de Bordeaux ; — à la taille des bourgeois ; — à la verrerie du sieur Sansamé ; — au logement des gens de guerre ; — à l'autorisation de plaider accordée à la communauté de Saint-Germain-d'Esteuil ; — aux PP. Jacobins de Bordeaux ; — au régent de Cadillac ; — au transport des bagages militaires ; — à divers mémoires de particuliers.

C. 281. (Portefeuille.) — 100 pièces, papier.

1768-1769. — Correspondance du subdélégué de Bordeaux avec l'intendant, relative : — au desséchement des marais de Cantenac ; — à l'hôpital de Saint-Macaire (Gironde); — aux frais de courses de la maréchaussée ; — aux Bénédictins de Bordeaux ; — aux montagnes de sable à Lèges ; — à la maison de force de Bordeaux ; — aux octrois sur la farine ; — aux landes de Bordeaux ; — à l'entretien des canaux de La Teste ; — à la maladie des bestiaux à Bruges ; — à l'office d'arpenteur ; — aux menuisiers ; — aux libraires ; — à la capitation des officiers de la chancellerie ; — à une autorisation de plaider accordée à la communauté de Blanquefort (Gironde) ; — aux bois de Bourdenne ; — au vingtième d'industrie.

C. 282. (Portefeuille.) — 122 pièces, papier.

1769-1770. — Correspondance du subdélégué de Bordeaux avec l'intendant, relative : — à l'entrée des vins à Bordeaux ; — à la nomination de l'ingénieur en chef du Château-Trompette ; — à la réparation des fossés du fort Médoc ; — à la destitution du régent du collège de Cadillac ; — aux concerts ; — au cours d'accouchement de Bordeaux ; — aux enfants trouvés ; — aux Frères de la Charité de Cadillac ; — à la verrerie de Dubuisson à Bordeaux ; — aux ingénieurs-géographes ; — aux grandes routes ; — aux religionnaires ; — aux postes des gardes de ferme à Labastide et à Lormont ; — à une plainte des officiers municipaux de Cadillac contre le collecteur ; — à la messagerie de Bordeaux ; — à la vente des livres à la Bourse ; — aux lettres de noblesse du sieur Vandenbranden ; — aux affaires domaniales ; — à la régie de Bourg ; — à l'artillerie de Bordeaux ; — à la collecte des vitriers.

C. 283. (Portefeuille.) — 103 pièces, papier.

1771. — Correspondance du subdélégué de Bordeaux avec l'intendant, relative : — à la communauté des maîtres cordonniers et aux inspecteurs et contrôleurs de ladite communauté ; — à des demandes de secours sollicités par le curé Du Porge en faveur des pauvres de sa paroisse ; — à des réparations à faire au clocher de l'église de Bourg (Gironde) ; — au pavage de la raffinerie des poudres et salpêtres ; — au sieur Pezenas de Grenier, gentilhomme, père de douze enfants ; — à la maladie des bestiaux à Ambès et Ambarès ; — aux Frères de la maison de charité de Cadillac ; — à la ferme des messageries de Bordeaux à Toulouse (Haute-Garonne) ; — aux réparations de la clôture du cimetière et du chemin du port de Saint-André-de-Cubzac ; — à la défense d'exporter les châtaignes.

C. 284. (Portefeuille.) — 100 pièces, papier.

1771. — Correspondance du subdélégué de Bordeaux avec l'intendant, relative : — à la capitation des officiers du Parlement de Bordeaux ; — aux gages du sieur Matbec, greffier en chef des requêtes du Palais ; — à la prohibition de l'entrée des sardines venant de l'étranger ; — à la réparation des dégâts causés aux fossés de la chaussée du fort Médoc par les bestiaux des habitants des paroisses de Lamarque et de Cussac ; — à l'essartement des bois le long des grandes routes ; — au casernement de la maréchaussée de Sainte-Foy (Dordogne) ; — au curement des chéneaux de Cussac et de Lamarque ; — aux voitures ; — aux voitures pour la conduite des prisonniers ; — à la poste de Bellevue ; — au transport des tabacs ; — à la nomination d'un chirurgien au fort Médoc ; — au défrichement des landes ; — à un mémoire imprimé, de M° Pierre Réaud, curé de la paroisse de Léognan, appelant comme d'abus d'un décret d'ajournement personnel de l'official et du lieutenant criminel du sénéchal de Guienne, contre M° Jean-Joseph Ducros, archidiacre de l'église métropolitaine.

C. 285. (Portefeuille.) — 154 pièces, papier.

1772. — Correspondance du subdélégué de Bordeaux avec l'intendant, relative : — à l'éloge funèbre de Jean Barbot, président à la Cour des Aides ; — aux poudres et salpêtres ; — à l'extrême misère des habitants de Molon et de Gradignan ; — à la réexportation des grains ; — à un nommé Bernard, père de treize enfants ; — aux fermes du Roi ; — aux Dames de La Visitation de Bordeaux ; — aux offices de courtier ; — aux lettres de maîtrise des arts et métiers ; — au défrichement des marais de Cantenac ; — aux poids et mesures ; — au progrès de la population ; — à la conduite des condamnés aux galères ; — à la petite poste de Bordeaux ; — à la maladie des bestiaux ; — aux fermiers des messageries de Bordeaux ; — aux imprimeurs de Bordeaux ; — à l'adjudicataire général des fermes du Roi ; — aux perruquiers de Bordeaux ; — au transport des tabacs ; — à la fixation du prix du sel à Castelnau ; — à la subsistance des pauvres.

C. 286. (Portefeuille.) — 100 pièces, papier.

1773. — Correspondance du subdélégué de Bordeaux avec l'intendant, concernant : — des demandes de secours pour les pauvres de Saint-André-de-Cubzac et du Taillan ; — le logement des troupes et le transport des bagages militaires ; — la régie des droits sur les cuirs ; — les sieurs Garros et Jean Guérin accusés d'avoir détourné des grains venant de Nantes (Loire-Inférieure) à destination de La Teste (Gironde) ; — les seigles ergotés ; — la réunion de la communauté des savetiers à celle des cordonniers ; — des saisies d'étoffes provenant de fabriques étrangères ; — les revenus et les dépenses de la ville de Bordeaux ; — la jauge des mesures ; — les offices d'huissiers et des jurés-priseurs, vendeurs de biens meubles ; — le partage de la lande de Saint-Sulpice ; — le cours des grains ; — des plaintes contre les entreposeurs du tabac de Virginie.

C. 287. (Portefeuille.) — 115 pièces, papier.

1773. — Correspondance du subdélégué de Bordeaux avec l'intendant, relative : — à des demandes de secours pour les pauvres des communautés de Saint-Martin, de Haux, de Tauriac, d'Arsac, de Soussans, de Moulis, etc,

— à la nomination d'un régent à Preignac ; — à la réunion de la communauté des hôteliers à celle des pâtissiers ; — à l'approvisionnement des fourrages pour le régiment Dauphin-dragons ; — au casernement des troupes ; — aux offices d'inspecteurs des cordonniers ; — aux transports des équipages militaires ; — à la cession d'un emplacement situé sur le port de la ville de Bourg, en faveur du sieur Inhore, par les maires et jurats de la ville ; — aux grains venant de l'étranger ; — au casernement du régiment de Condé à Blanquefort (Gironde) ; — au syndic des gens de mer ; — à Élisabeth de Magdonell, d'origine irlandaise ; — au logement de troupes à Saint-Macaire (Gironde) ; — aux terres vagues et padouens de la communauté de Sainte-Croix-du-Mont.

C. 288. (Portefeuille.) — 112 pièces, papier.

1774. — Correspondance du subdélégué de Bordeaux avec l'intendant, relative : — au casernement des troupes ; — à des saisies de marchandises prohibées ; — à l'approvisionnement des fourrages du régiment de Condé-cavalerie ; — à une demande d'autorisation de plaider, formée par les officiers municipaux de Bourg, contre le sieur Lafosse, juge et procureur du Roi de ladite communauté ; — aux grains arrivant de l'étranger ; — à la poste de Cavignac ; — aux padouens de Cussac ; — à la composition de la farine de méteil ; — à l'administration des remèdes anti-vénériens ; — à la poudre pour l'exercice à feu ; — à la déclaration frauduleuse d'une caisse de velours de Gênes ; — à la saisie de cette caisse par les employés des fermes du Roi ; — à l'adjudication des réparations à faire à l'église de Pompignac ; — aux convois militaires, etc.

C. 289. (Portefeuille.) — 112 pièces, papier.

1774. — Correspondance du subdélégué de Bordeaux avec l'intendant, relative : — aux chargements de bois pour la ville de Dantzick ; — à des réparations au collège de Cadillac ; — à la vérification de la caisse du don gratuit ; — à Pierre Boutinet et Pierre Perroleau, déserteurs expédiés aux colonies ; — à la pêche des harengs à Dunkerque (Nord) ; — au magasin des poudres de Lormont ; — aux apparences de la récolte ; — aux ravages occasionnés par la grêle dans les paroisses d'Hosteins, d'Illats et Saint-Laurent (Gironde) ; — au débordement de la Garonne en 1770 ; — à la ferme des prairies de la communauté de Saint-Macaire (Gironde) ; — aux chevaux de la poste de Cavignac atteints de contagion ; — à une demande en autorisation de plaider formée par la communauté de Bourg ; — à un procès entre les officiers municipaux et les officiers de justice de la ville de Bourg, au sujet de l'édit du Roi qui ordonne la suppression de certaines communautés religieuses.

C. 290. (Portefeuille.) — 127 pièces, papier.

1775. — Correspondance du subdélégué de Bordeaux avec l'intendant, concernant : — des demandes de secours en faveur des pauvres de Saint-Martial de Bordeaux ; — le transport des effets militaires ; — l'autorisation de la sortie des seigles par les ports de la Flandre française et de la Picardie ; — les revenus et charges de l'hôtel de ville de Bordeaux ; — l'établissement d'une école publique de physique expérimentale tenue, à Bordeaux, par M. Pett, écuyer ; — la maladie des bestiaux ; — la nomination d'inspecteurs de la librairie ; — la communauté des savetiers et cordonniers ; — des contestations élevées au sujet du rôle des tailles de la paroisse Saint-André-de-Cubzac ; — les grains arrivant de l'étranger ; — le passage de Labastide à Bordeaux.

C. 291. (Portefeuille.) — 143 pièces, papier.

1775. — Correspondance du subdélégué de Bordeaux avec l'intendant, relative : — aux inspecteurs du contrôle ambulant du vingtième ; — au logement des gens de guerre ; — à des contestations entre la communauté des cordonniers et ses inspecteurs ; — à l'approvisionnement des troupes ; — à l'hôpital de Saint-André de Bordeaux ; — à la saisie des marchandises étrangères ; — aux foires et marchés de Saint-Loubès ; — aux forges d'Uza ; — au dénombrement des troupeaux de La Teste (Gironde ; — aux Bénédictines de Saint-Benoît de Bordeaux ; — aux réparations des tentes du camp établi dans les Landes ; — aux communaux de Sainte-Croix-du-Mont ; — à la construction d'une horloge à Cadillac (Gironde) ; — aux fournitures du corps de garde à Cubzac ; — à l'exportation des châtaignes.

C. 292. (Portefeuille.) — 107 pièces, papier.

1776. — Correspondance du subdélégué de Bordeaux avec l'intendant, concernant : — la maison du Bon-Pasteur de Bordeaux ; — les bayles de la communauté des savetiers ; — l'entreprise des convois militaires ; — les rôles de la taille de la paroisse de Cestas ; — la verrerie royale de Mitchell à Bordeaux ; — les poissonniers ; — les Juifs portugais et espagnols ; — les frais de casernement des troupes ; — les élèves de l'école vétérinaire ; — des saisies de marchandises prohibées ; — la fourniture des lits des galeux ; — l'exemption du logement des gens de guerre ; — la verrerie de Bourg (Gironde) ; — un accident funeste arrivé, le 21 avril 1776, au passage de Cubzac, où un cheval précipita du bac dans la Dordogne un homme qu'on ne vit plus reparaître; — l'évasion des forçats du port de Rochefort; — les communaux de Mérignac; — le desséchement des marais de Cantenac.

C. 293. (Portefeuille.) — 122 pièces, papier.

1776. — Correspondance du subdélégué de Bordeaux avec l'intendant, relative : — aux droits sur les marchandises étrangères; — au logement des troupes; — à la vente d'une partie des communaux de Saint-Loubès; — à l'état du commerce; — aux équipements militaires; — à la taille de la communauté de Créon (Gironde); — aux loteries; — aux casernes de la maréchaussée; — à la salaison des bœufs; — au transport des mendiants; — au bois de construction; — aux ventes des terrains appartenant à la ville de Bordeaux; — au syndicat de la communauté de Castres (Gironde); — aux fonds d'aumônes; — à des distributions de riz pour les pauvres.

C. 294. (Portefeuille.) — 92 pièces, papier.

1776. — Correspondance du subdélégué de Bordeaux avec l'intendant, relative : — aux distributions de riz faites à l'hôpital de Bazas (Gironde); — à la maison de refuge d'Agen (Lot-et-Garonne); — à la manufacture de Sarlat (Dordogne); — à l'hôpital de Meilhan (Lot-et-Garonne); — à la régie des vingtièmes; — aux corvées pour le transport des bagages militaires; — au logement de M. le comte de Fumel; — aux réparations de la salle du théâtre de Bordeaux; — à l'enlèvement des boues et bourriers; — à l'entretien de la tour de Cordouan; — à la jauge des barriques; — aux maladies épizootiques; — à l'entretien du jardin public; — au droit sur le poisson salé; — aux octrois de Bordeaux; — au règlement général pour la régie et administration des vingtièmes dans le duché de Bourgogne, comtés et pays adjacents; — à l'exportation des farines; — à la réparation du peyrat de Lormont.

C. 295. (Portefeuille.) — 125 pièces, papier.

1777. — Correspondance du subdélégué de Bordeaux avec l'Intendant, concernant : — les octrois de Bordeaux; — les servitudes de l'hôtel de l'Intendance; — la marche des troupes; — l'exportation de la résine et du goudron; — le don gratuit; — la construction d'un hangar pour le brigantin de l'intendant; — le logement des officiers d'artillerie; — l'évasion des forçats du bagne de Rochefort; — le défrichement du marais de Cantenac; — la chasse aux loups; — une saisie de treize montres au préjudice du sieur Berthez, horloger à La Réole (Gironde); — le centenaire Jouanelle; — le passage de Cubzac; — la régie des vivres; — des autorisations pour plaider, demandées par des villes et communautés d'habitants; — les Cordeliers de Lesparre; — les fermiers et régisseurs généraux des biens des Religionnaires fugitifs.

C. 296. (Portefeuille.) — 108 pièces, papier.

1777. — Correspondance du subdélégué de Bordeaux avec l'intendant, relative : — aux impositions de la paroisse de Cambes; — aux lits des galeux; — à l'arrestation de la femme Sarraud, pour propos séditieux tenus au sujet de la cherté des grains; — aux dégâts causés par des paysans au peyrat de Margaux; — aux corvées des chemins de la communauté de Saint-André-de-Cubzac; — à l'exportation du riz; — aux salaisons de bœufs provenant de Grenade; — à la maladie du charbon; — à l'exportation des bois merrains; — aux voitures employées aux transports des prisonniers; — au droit de huitain sur le poisson de La Teste (Gironde); — à la communauté des vitriers; — aux syndics et adjoints de la communauté des libraires de Bordeaux; — à des avis sur des abus qui se commettent au préjudice des intérêts de la ville de Bordeaux.

C. 297. (Portefeuille.) — 121 pièces, papier.

1777-1778. — Correspondance du subdélégué de Bordeaux avec l'intendant, relative : — aux frais de casernement des troupes à Saint-André; — au péage de Cubzac sur Dordogne; — aux convois militaires; — au droit de pêche sur les rivières navigables; — à la nomination des collecteurs; — aux officiers municipaux de Bourg (Gironde); — à l'exemption du logement des gens de guerre; — à la ferme des prairies de la communauté de Saint-Macaire (Gironde); — aux frais de syndicat de Saint-Mexans; — à la ferme des octrois de Saint-Macaire; — aux Cordeliers de Lesparre; — à l'estey de la cravette; — à la taille de la paroisse de Sainte-Hélène; — à une entreprise sur les communaux de Mimisan; — au bureau d'aumône de Saint-Macaire; — à une représentation de la Chambre de commerce de Bordeaux sur l'extension qui a été donnée à la perception des droits d'octroi de cette ville; — au droit de traite foraine.

C. 298. (Portefeuille.) — 97 pièces, papier.

1778. — Correspondance du subdélégué de Bordeaux avec l'intendant, relative : — à l'exportation des cordages; — aux réparations de la communauté de Martignas; — à Claude-Henry Bailly, évadé du bagne de Rochefort; — à la nomi-

SÉRIE C. — INTENDANCE DE BORDEAUX.

nation du syndic de la paroisse d'Ambarès ; — à des contraventions aux règlements sur les messageries ; — à une pension de retraite de 500 livres, allouée à Charrière, porte-drapeau du régiment de Royal-vaisseaux ; — aux relais de postes ; — au dépôt des mendiants ; — à la verrerie de M. Charles Bigot, écuyer, à Saint-Macaire ; — aux ateliers de charité ; — aux secours accordés aux familles pauvres de Gujan ; — aux maîtres pêcheurs ; — à un mouvement de la population de Sarlat (Dordogne), au sujet de la cherté des vivres ; — aux débits de tabac ; — à la réglementation du prix du pain.

C. 299. (Portefeuille.) — 114 pièces, papier.

1778. — Correspondance du subdélégué de Bordeaux avec l'intendant, relative : — à l'établissement d'une filature de laines à Cadillac (Gironde) ; — au vingtième d'industrie ; — au logement des troupes ; — à la poste de Pierre-Brune ; — aux voitures employées au transport de la marine ; — à la concession d'un emplacement sur le port de Bourg (Gironde) par les maires et jurats de ladite ville ; — au logement du curé de Capian ; — aux communaux du Belier ; — à la fourniture du pain aux troupes ; — aux étapes de la maréchaussée ; — à la formation du guet à pied et à cheval ; — à des chaloupes insubmersibles ; — aux prisonniers de Saint-André-de-Cubzac ; — au droit sur le poisson qui se vend sur le marché de Bordeaux ; — à des arrêts concernant les corvées ; — à la rosière de Cantenac.

C. 300. (Portefeuille.) — 80 pièces, papier.

1778. — Correspondance du subdélégué de Bordeaux avec l'intendant, relative : — à la Chambre du commerce de Bordeaux ; — à des demandes de secours en faveur des habitants de Sadirac et Saint-Genès ; — au transport des grains en Espagne ; — à la nouvelle composition de la maréchaussée ; — aux orfèvres ; — au dépôt des furieux ; — aux marais d'Arcins ; — à la rosière de Cantenac ; — au loyer des écuries pour les troupes à Cadillac ; — aux foires des bestiaux à Auros ; — aux maîtres pâtissiers de Bordeaux ; — aux privilèges des employés des farines ; — aux gages du régent de Saint-Magne ; — aux secours accordés par le Roi aux pauvres de Lesparre (Gironde) ; — à la petite poste de Bordeaux ; — au chemin de Mios ; — aux grains de semence ; — aux sous-fermiers des messageries royales de la route de Bordeaux à Montauban (Tarn-et-Garonne).

C. 301. (Portefeuille.) — 120 pièces, papier.

1778. — Correspondance du subdélégué de Bordeaux avec l'intendant, relative : — aux contraventions des courriers ; — aux provisions de l'office de maire de Cadillac (Gironde) ; — au pont de Tarascon ; — à la réexportation des farines ; — aux privilèges des lieutenants de la louveterie ; — aux droits sur la résine ; — à l'exposition des enfants ; — au château Trompette ; — à la salle de spectacle de Bordeaux ; — à la messagerie de Toulouse (Haute-Garonne) ; — aux chargements de munitions de guerre ; — à la loterie royale ; — à la verrerie de Saint-Macaire (Gironde) ; — à une battue aux loups ; — à la réparation d'un pont, à Bourg ; — à un prospectus concernant l'armement de huit frégates proposé par souscription par des armateurs de Bordeaux ; — au projet d'établissement d'une subdélégation à Bourg (Gironde) ; — à la réparation de l'église de Bruges (id.) ; — au transport du bois de marine ; — aux offices municipaux de Bourg (id.).

C. 302. (Portefeuille.) — 119 pièces, papier.

1779. — Correspondance du subdélégué de Bordeaux avec l'intendant, concernant principalement : — l'exportation de la résine et du goudron en Espagne ; — des autorisations accordées aux communautés pour plaider ; — la capitation des bourgeois ; — le desséchement du marais d'Arcins ; — l'hôpital militaire de Bayonne (Basses-Pyrénées) ; — les marais de Cantenac ; — une saisie des fruits de la terre de Bizac, appartenant à messire Léonard de Brivazac, conseiller honoraire au Parlement de Bordeaux ; — la messagerie de Labastide à Libourne ; — les convois militaires ; — les manufactures de Bordeaux ; — des battues aux loups ; — les transports de grains à Marseille ; — les droits d'octroi sur les vins de Castres ; — les comptes de la communauté de Bourg (Gironde) ; — les privilèges des étapiers, etc.

C. 303. (Portefeuille.) — 128 pièces, papier.

1779. — Correspondance du subdélégué de Bordeaux avec l'intendant, concernant : — la levée des canonniers et matelots ; — le transport des poudres ; — les lits militaires ; — la taille et les octrois de Bordeaux ; — les gardes-côtes de La Teste ; — les exemptions du sort ; — l'office de poissonnier ; — la pêche des harengs en Hollande ; — les messageries de Bordeaux à Montauban et à Toulouse ; — les frais de procès des communautés de Portets et Castres (Gironde) ; — la salle de spectacle de Bordeaux ; — la réexportation des fèves ; — la maladie des bestiaux ; — le service de la garde-côte ; — les rentes sur les tailles ; — la salaison des bœufs ; — la permission accordée aux habitants de Cantenac de contribuer à frais communs au desséchement de leurs marais et d'en partager ensuite le terrain entre eux ; — le projet d'une halle à Bordeaux, etc.

C. 304. (Portefeuille.) — 100 pièces, papier.

1778. — Correspondance du subdélégué de Bordeaux avec l'intendant, relative : — à la levée des matelots gardes-côtes ; — au logement des troupes ; — à des plaintes contre les officiers municipaux de Bourg (Gironde) ; — aux hôpitaux de Bordeaux ; — aux matières résineuses ; — à la réparation du pavé au devant du collège de La Magdeleine ; — au presbytère de Sainte-Hélène ; — aux charpentiers des bâtiments civils ; — au casernement de la maréchaussée de La Teste (Gironde) ; — à la halle de Saint-Loubès ; — à la nomination du syndic du Porge ; — aux Bénédictins de Bordeaux ; — aux réparations de l'église et du presbytère de Saint-Pierre-de-Cailleau ; — aux fermes du Roi ; — au curement des fossés du Porge ; — à une roue de nouvelle construction pour les moulins à eau ; — au bail des près communs de Sainte-Croix-du-Mont, etc.

C. 305. (Portefeuille.) — 90 pièces, papier.

1779. — Correspondance du subdélégué de Bordeaux avec l'intendant, concernant : — les étapes des troupes ; — le desséchement des marais d'Arcins ; — l'escorte des deniers royaux ; — l'envoi de vingt canons de huit et de cinquante boulets à Saint-Sébastien ; — les frais de procès au sujet de la halle Saint-Loubès ; — la salle de spectacle de Bordeaux ; — les bois de construction pour la marine ; — la réparation du pont d'Audenge-en-Buch ; — les viandes salées ; — la culture des vignes ; — la sûreté publique ; — les concerts d'amateurs ; — la verrerie de Saint-Macaire (Gironde) ; — l'établissement d'une filature et d'une fabrique de couvertures à Bordeaux.

C. 306. (Portefeuille.) — 93 pièces, papier.

1779. — Correspondance du subdélégué de Bordeaux avec l'intendant, relative : — aux réparations de la citadelle de Blaye (Gironde) ; — à l'équipement du corps royal d'artillerie ; — aux privilèges des gardes magasins des poudres et salpêtres ; — à un déchargement de matières résineuses à l'île de Rhé ; — aux fromages de Hollande ; — à la réparation de l'horloge du palais ; — à la démolition d'une maison, rue Sainte-Catherine, menaçant ruine ; — au château du Hâ ; — aux frais du plan de la halle de Saint-Loubès ; — aux dons gratuits ; — aux marais salants de Certes ; — aux frais de recurement des fossés du Porge ; — au contrôle des vingtièmes de Bourg ; — à la capitation des cordonniers ; — à la lande de Baurech.

C. 307. (Portefeuille.) — 112 pièces, papier.

1780. — Correspondance du subdélégué de Bordeaux avec l'intendant, concernant : — des travaux exécutés au passage du ruisseau d'Aubiac ; — un procès entre les habitants et le curé de Guillos, au sujet de la dîme ; — une demande en indemnité formée par Jean Bellanger de Saint-Savin pour perte de bestiaux ; — les dons gratuits ; — les incendies ; — les droits sur l'introduction de la vaisselle d'argent ; — l'arrestation de Michel Lafon, commis au bureau des lettres de Saint-Macaire (Gironde), pour manquement envers le maire et jurats de ladite communauté ; — les maîtrises des menuisiers, serruriers et tailleurs d'habits ; — les frais de milice ; — la verrerie de Saint-Macaire ; — la fourniture des invalides du château Trompette ; — l'exportation du bois d'acajou.

C. 308. (Portefeuille.) — 119 pièces, papier.

1780. — Correspondance du subdélégué de Bordeaux avec l'intendant, relative : — aux comptes de la communauté de Bourg (Gironde) ; — aux chargements de vins pour les colonies ; — au logement des officiers et des canonniers gardes-côtes à Lormont ; — à l'exportation des sucres ; — à l'établissement d'un ponton pour le radoub des navires ; — aux poudres et salpêtres ; — au service des fermes ; — aux marais de Floirac ; — aux chiens enragés ; — au transport des bois de la marine ; — aux droits des marchandises à Pauillac ; — aux dégâts causés par les eaux dans la paroisse du Porge ; — aux réparations du chemin de Paris ; — à la messagerie de La Teste ; — à la saisie de marchandises prohibées.

C. 309. (Portefeuille.) — 99 pièces, papier.

1780. — Correspondance du subdélégué de Bordeaux avec l'intendant, concernant : — la contagion apportée par les laines ; — la réception d'un orfèvre ; — la formation de la rue Sainte-Thérèse-aux-Chartrons et des demandes d'indemnités faites par M. Labescau pour cession de terrain ; — l'établissement à Bordeaux d'une manufacture de savon par M. le chevalier de Lacham, ancien capitaine d'infanterie ; — le dépôt des laines et autres matières susceptibles de produire des épizooties ; — les matelots gardes-côtes à Cantenac ; — les cuirs venant de Dantzick ; — les gages du secrétaire de la ville de Bourg (Gironde) ; — un projet de nivellement des landes, etc.

C. 310. (Portefeuille.) — 96 pièces, papier.

1780. — Correspondance du subdélégué de Bordeaux avec l'intendant, concernant : — la messagerie des lettres de La Teste ; — la verrerie du sieur Mitchell à Bordeaux ; — les comptes des revenus de la communauté de Rions

(Gironde) ; — des demandes de secours en riz, en faveur des habitants de Macau ; — le logement des troupes à La Teste ; — le nommé Dumenieu, ouvrier à la verrerie de Bourg (Gironde), condamné à trois jours d'emprisonnement pour insubordination ; — des contraventions en matière de roulage ; — l'agrandissement de l'église de Grandignan ; — la réparation du magasin de la douane ; — le rétablissement de l'appent dans la cour des fermes.

C. 311. (Portefeuille.) — 98 pièces, papier.

1780. — Correspondance du subdélégué de Bordeaux avec l'intendant, relative : — aux acquits à caution ; — à l'établissement d'une école publique de botanique à Bordeaux ; — au cours d'accouchement ; — à la réparation du clocher de Carignan, incendié par le feu du ciel ; — au syndicat d'Arzac ; — aux privilèges des employés de la régie ; — à la réparation du presbytère de Sainte-Hélène ; — aux chargements de vins pour le service du Roi ; — aux gages du régent de Preignac ; — à Claudine Maurais, détenue dans le couvent de la Magdeleine de Bordeaux ; — à la fabrique de porcelaine de Pouteins ; — à l'exportation des brais et goudrons, etc.

C. 312. (Portefeuille.) — 74 pièces, papier.

1780. — Correspondance du subdélégué de Bordeaux avec l'intendant, relative : — au droit de prélation ; — à la vente d'une île formée à l'extrémité du Bec-d'Ambès (Gironde) ; — à la situation de la caisse du délestage ; — au moulin à poudre de Saint-Médard (Gironde) ; — aux frais de logement des canonniers gardes-côtes à Lormont ; — à la vérification des poids et mesures ; — à la pépinière de Bordeaux ; — aux décors de la salle de spectacle ; — aux chevaux attaqués de la morve ; — à l'établissement de corps de garde aux portes de ville, près l'archevêché ; — à l'exportation du chanvre ; — à la navigation du Ciron ; — aux droits des officiers des élections ; — à l'imposition des vingtièmes sur des domaines dépendants du duché d'Albret, appartenant à M. le duc de Bouillon, etc.

C. 313. (Portefeuille.) — 80 pièces, papier.

1785-1789. — Correspondance du subdélégué de Bordeaux avec l'intendant, relative : — à l'établissement des juifs avignonais et portugais à Bordeaux ; — à la capitation des armateurs ; — à la nomination du sieur Meynier ; — à la collecte de La Teste (Gironde) ; — aux taxes d'offices ; — à la capitation des domestiques de MM. les présidents et conseillers du Parlement ; — au syndicat de Blanquefort

(Gironde) ; — à diverses demandes en décharges et modérations d'impôt ; — à la capitation de la noblesse.

C. 314. (Portefeuille. — 155 pièces, papier.

1751-1757. — Correspondance du subdélégué, des villes, communautés et particuliers de son ressort avec l'intendant, concernant : — un mémoire des habitants de Fronsac, qui demandent à s'imposer pour rétablir leur presbytère ; — le droit du pied fourché ; — le refus des maire et jurats de Saint-Émilion de laisser entrer dans la paroisse d'autres vins que ceux récoltés sur leur territoire ; — la reddition des comptes de la communauté de Libourne ; — la délibération du conseil de ville qui accorde 300 livres pour la réparation de l'église des Cordeliers ; — un mémoire concernant le sieur Bulle, subdélégué, et son procès avec un sieur Barboteau ; — une affaire entre le sieur Lavau et Lescure de Saint-Émilion, à l'occasion de la taille ; — le produit des droits sur les sels ; — la démolition de la porte Saint-Émilion à Libourne ; — la destitution du directeur de la poste, à cause de sa religion ; — un emprunt consenti par les maire et jurats de Libourne ; — un extrait de l'arrêt du Conseil d'État, portant règlement pour le lestage et le délestage des vaisseaux et barques qui iront dans le port de Libourne.

C. 315. (Portefeuille.) — 100 pièces, papier.

1758. — Correspondance du subdélégué de Libourne avec l'intendant, concernant : — la démolition de la porte Saint-Émilion à Libourne (Gironde) ; — la destitution du sieur Gaes, buraliste de la poste aux lettres de Laroche, pour protestantisme ; — les frais de courses de la maréchaussée de Coutras ; — Pierre Geneviève, détenu dans les prisons de Libourne ; — le casernement des troupes à Vayres ; — la construction des casernes à Libourne ; — la réparation des fusils ; — les assemblées des protestants ; — la réception du juge ; — l'établissement d'une faïencerie à Libourne ; — les revenus de la communauté de Saint-Émilion (Gironde) ; — l'arrestation des matelots en état de désertion.

C. 316. (Portefeuille.) — pièces, papier.

1758. — Correspondance du subdélégué de Libourne avec l'intendant, concernant : — les troupes bourgeoises de Libourne (Gironde) ; — la réparation de l'église de Castillon ; — la plantation de mûriers sur le grand chemin de Castillon ; — les impositions de Coutras ; — les gages des commis à l'inventaire ; — la fourniture du pain pour les troupes ; — les élections consulaires de Libourne —

les corvées ; — la découverte d'un dépôt d'armes des Religionnaires.

C. 317. (Portefeuille.) — 101 pièces, papier.

1758. — Correspondance du subdélégué de Libourne avec l'intendant, concernant : — la destitution du régent de Castillon pour incapacité ; — la fourniture du bois des troupes ; — l'exemption des gens de guerre ; — le casernement de la cavalerie à Libourne (Gironde) ; — les magasins des munitionnaires ; — la fabrique de faïencerie de Pierre Tastet à Libourne ; — le syndicat de Laroche-Chalais (Dordogne) ; — la réquisition des chevaux ; — le pavage de la ville de Libourne ; — l'approvisionnement des fourrages ; — des états de frais faits par les communautés pour le transport d'armes à la citadelle de Blaye (Gironde).

C. 318. (Portefeuille — 101 pièces, papier.

1759. — Correspondance du subdélégué de Libourne avec l'intendant, relative : — à la fourniture d'ustensiles aux officiers du régiment de La Fère ; — au logement et aux fourrages des troupes ; — au recensement des chevaux pour le service des convois militaires ; — au régent de Saint-Émilion ; — au logement du syndic de l'hôpital de Libourne ; — à une pension de 150 livres en faveur de la nommée Chevalier, nouvelle convertie ; — à la milice de Libourne ; — à un projet de construction d'une église à Laroche, — à Castillon.

C. 319. (Portefeuille.) — 141 pièces, papier et 1 plan.

1760. — Correspondance du subdélégué de Libourne avec l'intendant, concernant : — le loyer de la caserne de cavalerie ; — la rétribution des collecteurs ; — le logement du colonel du régiment de La Fère ; — l'envoi d'un chirurgien dans le Canada ; — les magasins de fourrages ; — la fourniture d'ustensiles pour l'infanterie ; — les nouveaux convertis ; — les sœurs de la Foi de Castillon ; — un legs de vingt mille livres, fait par Henry de La Tour d'Auvergne, vicomte de Turenne, en faveur des pauvres de la terre de Castillon ; — la plantation de mûriers ; — les maire et jurats de Libourne (Gironde).

C. 320. (Portefeuille.) — 100 pièces, papier.

1761. — Correspondance du subdélégué de Libourne avec l'intendant, concernant : — les gages du régent de Rauzan ; — la poste de Libourne ; — le logement et le transport des équipages militaires ; — l'entrepreneur des casernes ; — l'adjudication du bois et de la lumière ; — la réquisition des chevaux ; — l'établissement d'une compagnie du régiment de la Reine-dragons à Laroche-Chalais (Dordogne) ; — les réparations des chemins ; — une affaire de préséance entre les jurats de Libourne et le procureur général du Présidial, à la suite d'une distribution du pain bénit ; — la verrerie à verre plat du sieur Bigot à Libourne.

C. 321. (Portefeuille.) — 101 pièces, papier.

1761. — Correspondance du subdélégué de Libourne avec l'intendant, relative : — au logement des gens de guerre ; — à des réparations d'armes ; — aux casernes de Libourne (Gironde) ; — aux registres de baptême ; — à la milice bourgeoise ; — aux lots et ventes ; — à l'emploi de visiteur ; — aux rôles d'offices ; — à l'établissement d'une manufacture de verre plat à Libourne ; — aux voitures pour le transport des troupes ; — au logement des Sœurs de charité de Fronsac (Gironde) ; — aux frais de patrouille ; — au régent de Castillon ; — à l'histoire chronologique de Libourne.

C. 322. (Portefeuille.) — 119 pièces, papier.

1762-1763. — Correspondance du subdélégué de Libourne avec l'intendant, concernant : — le logement des troupes ; — les frais municipaux de la communauté de Branne ; — la capitation des domestiques des ecclésiastiques ; — les assemblées des protestants ; — certains abus dans les délibérations de l'hôtel de ville de Libourne ; — les postes et les messageries ; — les privilèges de la ville de Libourne ; — le droit d'échange ; — le service de l'hôpital de Libourne ; — les statuts des maîtres-cordonniers ; — l'opposition du sieur Biot, entrepreneur des casernes de Libourne, sur tous les fonds de la communauté.

C. 323. (Portefeuille.) — 118 pièces, papier.

1763. — Correspondance du subdélégué de Libourne avec l'intendant, concernant : — le presbytère, l'hôpital, le pavé et les dettes de la ville de Libourne (Gironde) ; — le délestage ; — les corvées de Vignonet ; — mademoiselle de Queyssac renfermée au couvent de Saint-Émilion (Gironde) ; — l'apposition des scellés sur les effets de M. l'évêque de Lescar (Basses-Pyrénées) ; — les dégâts occasionnés par la grêle dans la paroisse de Saint-Génès ; — les pavés de Saint-Émilion ; — les casernes de Libourne ; — les vacants de Saint-Loubès ; — le recurement des fossés de Libourne ; — l'exportation des grains ; — le recurement des fossés d'Izan, etc.

C. 324. (Portefeuille.) — 92 pièces et un plan.

1764. — Correspondance du subdélégué de Libourne avec l'intendant, relative : — au passage de Saint-Jean-de-Blagnac ; — à divers domaines du Roi engagés à la ville de Libourne (Gironde) ; — aux réparations du port ; — au presbytère de Libourne ; — aux chevaux attaqués de la morve ; — au déblaiement des sables ; — aux assemblées des protestants ; — aux contestations des maire et jurats de Libourne touchant leurs prérogatives respectives ; — à la navigation de la rivière de l'Isle ; — au bail des terreaux de la ville de Libourne ; — au prix des grains ; — aux priviléges des officiers du sénéchal ; — aux corvées pour les chemins ; — aux transports des équipages, etc.

C. 325. (Portefeuille.) — 136 pièces et 2 plans.

1765. — Correspondance du subdélégué de Libourne avec l'intendant, concernant : — l'octroi de Castillon (Gironde) ; — les Sœurs de charité de Fronsac ; — l'hôtel de ville de Saint-Émilion ; — la construction d'une chapelle à Laroche ; — la taille des officiers du Présidial de Libourne ; — le transport des bagages militaires ; — la valeur de l'abbaye de Guîtres ; — les gages du régent de Saint-Martin-du-Bois ; — les dettes de la ville de Libourne envers la paroisse du Puypaulin ; — le logement du régiment de Foix ; — les réparations des chemins de Rauzan, de Tourteyrac et de Monpon, etc.

C. 326. (Portefeuille.) — 88 pièces, papier.

1770. — Correspondance du subdélégué de Libourne avec l'intendant, concernant : — les corvées militaires ; — les déserteurs ; — une dette de la communauté de Libourne envers les religieuses de Marmande (Lot-et-Garonne) ; — la loterie ; — le casernement de la maréchaussée de Libourne ; — les gages du régent d'Abzac ; — la nomination du syndic de Saint-Jean-de-Rauzan ; — les comptes de la communauté de Saint-Émilion ; — le logement des gens de guerre ; — les seigles arrivant de l'étranger ; — le résiliement du bail des octrois, etc.

C. 327. (Portefeuille.) — 88 pièces, papier.

1771. — Correspondance du subdélégué de Libourne avec l'intendant, relative : — aux corvées de Sainte-Terre ; — au projet d'une halle et d'une fontaine à Libourne (Gironde) ; — aux marais salants de Certes en Buch (id) ; — à la nomination de Chancel aux fonctions d'adjoint du commissaire des guerres ; — à une vente de bois pour la construction des casernes ; — à l'alignement des rues de la ville de Libourne ; — aux chargements et déchargements des grains et farines ; — aux convois militaires ; — à la disette des grains et farines ; — à des secours demandés pour les pauvres ; — à la culture des terres ; — à la nomination du maire de Libourne.

C. 328. (Portefeuille.) — 130 pièces, papier.

1772. — Correspondance du subdélégué de Libourne avec l'intendant, relative : — aux réparations des fontaines publiques de Coutras (Gironde) ; — à l'agrandissement de l'hôpital de Libourne (id.) ; — à la juridiction prévôtale ; — au logement des gens de guerre ; — à des saisies d'étoffes prohibées ; — à la clôture d'une ruelle infecte et dangereuse à Libourne ; — à l'usurpation de la terrasse de la porte Bouquière à Saint-Émilion ; — aux priviléges des gardes des haras ; — au service dans les places et les quartiers ; — à la ferme du pied-fourché ; — à l'acquisition de l'emplacement et des matériaux de l'église de Saint-Thomas par la ville de Libourne, etc.

C. 329. (Portefeuille.) — 131 pièces, papier.

1772. — Correspondance du subdélégué de Libourne avec l'intendant, relative : — aux lots et ventes ; — au logement des gens de guerre ; — à la messagerie de Lormont à Labastide ; — à des frais de procès de la communauté de Saint-Magne de Castillon ; — aux offices municipaux ; — à la concession d'un emplacement dans les fossés de la ville de Libourne (Gironde) en faveur d'un nommé Bégaud ; — à la démission de Pierre Bayonne, syndic de la banlieue de Libourne ; — à l'entretien de l'horloge de Castillon.

C. 330. (Portefeuille.) — 100 pièces papier, dont 1 plan.

1773. — Correspondance du subdélégué de Libourne avec l'intendant, concernant : — un procès entre le sieur Campagnac et la communauté de Coutras (Gironde), au sujet de la taille ; — le mouvement des troupes ; — les propositions d'un nouvel octroi à Libourne ; — des gratifications demandées par les commissaires des guerres ; — la nomination des officiers municipaux de Castillon ; — la vente par la communauté de Libourne (Gironde) d'un emplacement vide dépendant des fossés de la ville ; — le médecin des pauvres ; — l'alignement de la ville de Libourne ; — le logement d'un détachement du régiment Dauphin à Castillon ; — diverses demandes de secours pour les pauvres, etc.

C. 331. (Portefeuille.) — 100 pièces, papier.

1772. — Correspondance du subdélégué de Libourne avec l'intendant, relative : — à des envois de grains à Libourne (Gironde) ; — à la tranquillité publique ; — aux rôles d'office ; — à la taxe des gardes étalons ; — aux droits sur le sel ; — au transport des marrons à Dunkerque ; — au rétablissement du chemin de Libourne à Saint-Jean-de-Blagnac ; — à la suppression d'une ruelle à Libourne ; — au recouvrement des impôts ; — ou don gratuit ; — aux casernes de la maréchaussée ; — au logement des gens de guerre ; — au transport des fourrages ; — aux gages du régent de Saint-Émilion (Gironde) ; — à l'établissement d'un manége à Libourne, etc.

C. 332. (Portefeuille.) — 85 pièces papier, dont 2 plans.

1773. — Correspondance du subdélégué de Libourne avec l'intendant, relative : — à la marche des troupes ; — à des distributions de riz et de fèves aux pauvres ; — au déblaiement des écuries des casernes de Libourne (Gironde) ; — à l'administration municipale de Castillon (id.) ; — au recensement de la population de Libourne ; — au choix et à la nomination d'un médecin pour les pauvres ; — au logement des gens de guerre ; — aux honoraires du prédicateur de Coutras ; — à l'établissement de boucheries et d'un hangar pour la vente des farines, près l'église de Saint-Thomas de Libourne ; — à un magasin des fourrages, etc.

C. 333. (Portefeuille.) — 109 pièces, papier.

1774. — Correspondance du subdélégué de Libourne avec l'intendant, relative : — à la mortalité des bestiaux dans la paroisse de Saint-Sulpice ; — aux Sœurs de charité de Fronsac ; — aux rôles d'offices ; — aux comptes de la communauté de Libourne (Gironde) ; — à la voirie urbaine ; — aux réparations de l'église Saint-Thomas ; — aux arrérages de rente dus aux pauvres de la paroisse de Puypaulin par la communauté de Libourne ; — aux fonctions de procureur du Roi de la prévôté ; — à des demandes de la communauté de Libourne pour la conservation du droit de pêche dans la Dordogne ; — à l'hôpital Saint-James de Libourne ; — à sa fondation et à son utilité, etc.

C. 334. (Portefeuille.) — 110 pièces, papier.

1774. — Correspondance du subdélégué de Libourne avec l'intendant, relative : — aux gages du régent de Saint-Michel-Larivière ; — à un procès entre les habitants de Castillon (Gironde), au sujet de leur église paroissiale, contre l'hôpital du même lieu ; — à la fourniture du pain des prisonniers de Libourne (Gironde) ; — aux droits réservés sur les viandes consommées par les troupes ; — aux agents voyers ; — aux services des postes et des messageries ; — au dépôt des registres des naissances, mariages et sépultures ; — aux haras de Libourne ; - à la fourniture du bois et de la lumière pour les troupes, etc.

C. 335. (Portefeuille.) — 109 pièces, papier.

1775. — Correspondance du subdélégué de Libourne avec l'intendant, concernant : — la fourniture de médicaments pour combattre la maladie des bestiaux ; — la désinfection des étables ; — la caserne de la maréchaussée et l'hôpital de Libourne (Gironde) ; — l'établissement des foires à Laroche ; — la fourniture des fourrages ; — les réparations de l'église de Saint-Thomas de Libourne ; — les rôles d'offices ; — diverses demandes de secours en faveur des pauvres ; — des dégradations occasionnées par la tempête aux bâtiments des casernes ; — une créance des religieuses de Marmande (Lot-et-Garonne) sur la communauté de Libourne ; — l'amnistie des déserteurs ; — le transport des équipages militaires, etc.

C. 336. (Portefeuille.) — 120 pièces, papier.

1775-1776. — Correspondance du subdélégué de Libourne avec l'intendant, relative : — à l'état des lits des casernes ; — aux frais de patrouille de la légion corse ; — au logement des gens de guerre ; — à l'épizootie ; — au prix du pain ; — à la fourniture du bois et de la lumière des troupes ; — au traitement des galeux ; — à la taille des fermiers ou régisseurs de la comté de Coutras (Gironde) ; — aux gages du régent de Saint-Pierre-de-Castels ; — aux comptes de la communauté de Libourne (Gironde) ; — à la fourniture de la paille des prisonniers ; — à l'entreprise des messageries de Libourne à Périgueux ; — aux revenus et charges de la communauté de Libourne, etc.

C. 337. (Portefeuille.) — 127 pièces, papier.

1776. — Correspondance du subdélégué de Libourne avec l'intendant, relative : — à la nomination de Chancel à la charge de commissaire des guerres ; — à la poste de Libourne ; — aux chevaux attaqués de la morve ; — au transport de divers matériaux pour la confection d'une nouvelle salle de spectacle ; — à l'alignement de la rue Sauveuve ; — aux revenus et dépenses de la communauté de Libourne (Gironde) ; — au service des convois militaires ; — à l'établissement d'un corps de garde à Laroche-Chalais ; — aux réparations du château de Fronsac ; — aux bois de construction pour la marine; — aux ravages occasionnés par la grêle dans la paroisse de Castillon (Gironde), etc.

C. 338. (Portefeuille.) — 131 pièces, papier.

1780. — Correspondance du subdélégué de Libourne avec l'intendant, relative : — à la nomination des collecteurs; — au bois de chauffage pour les troupes; — à la location du magasin des fourrages; — à une créance des Bénédictines de Marmande (Lot-et-Garonne) sur la communauté de Libourne (Gironde); — au transport des bois de la marine; — à la nomination de Langlois aux fonctions de sous-directeur des haras et de M. Gérard Granjean pour la fourniture des étapes aux militaires; — à une battue aux loups; — aux logements des gens de guerre; — à la réparation des bateaux du passage de Cathérineau sur la rivière de l'Isle; — à la reddition des comptes de la communauté de Rauzan; — à la ferme des messageries de Libourne; — à la fabrique de faïencerie de Henry Séguin à Lussac (Gironde); — aux gages du sieur Faugerolles, chirurgien des pauvres de Rauzan, etc.

C. 339. (Portefeuille.) — 118 pièces, papier.

1781-1782. — Correspondance du subdélégué de Libourne avec l'intendant, relative : — aux casernes de Libourne (Gironde); — à l'établissement des salaisons; — aux réjouissances publiques à l'occasion de la naissance de Monseigneur le Dauphin; — à la réparation des écuries de Libourne; — aux gages du régent de Rauzan; — à l'ouverture d'une carrière à Puynormand; — à la confirmation des ventes; — aux honoraires du prédicateur de Guîtres; — à la nomination du maire de Castillon (Gironde ; — à des contestations entre madame Magnat et les habitants de Saint-Sulpice au sujet du changement d'un chemin vicinal; — aux acquits à caution; — à une plainte du fermier des messageries, à raison de la fermeture des portes de la ville de Saint-Émilion (Gironde).

C. 340. (Carton.) — 104 pièces, papier.

1754-1767. — Correspondance du subdélégué de La Réole avec l'intendant, concernant : — la nomination des syndics forains de la juridiction de La Réole (Gironde); — une demande en réduction de capitation du sieur Jean Dunogués de Castelgaillard, ancien officier du régiment de Querey; — des indemnités pour pertes de récoltes occasionnées par la grêle ; — la construction de plusieurs ponts sur le nouveau chemin de La Réole à Bazas (Gironde); — les seigles ergotés; — la milice de La Réole; — la nomination du greffier secrétaire; — les étalons; — le logement des gens de guerre; — le don gratuit; — les puits et fontaines; — les réparations des pavés; — les ateliers de travaux de charité de La Réole, etc.

C. 341. (Carton.) — 100 pièces, papier.

1768-1770. — Correspondance du subdélégué de La Réole avec l'intendant, relative : — à la nomination du garde-magasin des poudres; — à la revue du régiment de la Reine; — au logement des gens de guerre; — à des dommages causés par le débordement de la Garonne; — au transport des bagages militaires; — au droit de port d'armes; — aux gages consulaires; — à la milice bourgeoise ; — aux frais de transport de blés de La Réole (Gironde) à Bordeaux; — à la confirmation des titres de noblesse de la famille Dunogués; — au cours d'accouchement; — à l'enfouissement des bestiaux morts de maladie ; — aux frais municipaux de la communauté de Gironde ; — au rétablissement d'un mur de ville à La Réole, etc.

C. 342. (Carton.) — 113 pièces, papier.

1771. — Correspondance du subdélégué de La Réole avec l'intendant, relative : — à l'administration municipale de La Réole ; — à l'exemption des logements des gens de guerre ; — à la ferme des boucheries ; — à la nomination du maire de La Réole (Gironde) ; — aux droits réservés; — aux gages du régent principal de La Réole ; — aux patrouilles ; — aux prix des grains ; — aux voitures pour les transports des bagages militaires ; — aux remboursements de fournitures de chevaux ; — à la destitution du secrétaire greffier de l'hôtel de ville de La Réole, etc.

C. 343. (Carton.) — 105 pièces, papier

1771-1772. — Correspondance du subdélégué de La Réole avec l'intendant, relative : — à des secours pour inondations ; — à des abus commis dans le recouvrement des impositions par le collecteur de Foncaude; — à des démarches faites par Dunogués pour être réintégré dans les priviléges et exemptions accordés aux nobles; — aux recouvrements de la communauté de Barie; — au refus de la place de maire de La Réole (Gironde) par Duval; — à l'hôpital de Meilhan; — à des préservatifs contre la carie des grains; — à des dégâts occasionnés par la grêle dans la communauté de Castelmoron; — à la révision des comptes des officiers municipaux de la ville de Meilhan; — aux 8 sols pour livre du droit de boucherie à La Réole, etc.

C. 344. (Carton.) — 108 pièces, papier.

1773. — Correspondance du subdélégué de La Réole

avec l'intendant, concernant : — les droits réservés ; — les règlements pour le transport des grains ; — le don gratuit ; — les travaux de charité ; — l'hôpital de Meilhan ; — le logement des gens de guerre ; — le tabac des troupes ; — la nomination des officiers municipaux de la communauté de Gironde ; — l'approvisionnement des marchés de La Réole (Gironde) ; — les étapes et voitures pour les troupes ; — la fourniture des fourrages ; — les gages des officiers municipaux de La Réole ; les impositions à cet effet et les oppositions des syndics forains, etc.

C. 345. (Carton.) — 108 pièces, papier.

1773. — Correspondance du subdélégué de La Réole avec l'intendant, concernant : — des dommages occasionnés par le débordement de la Garonne ; — des demandes de secours pour les pauvres ; — une requête des habitants des paroisses de Fontet, Puybarban, Floudès, Bassanne et Blaignac, au sujet des réparations des levées destinées à préserver leur territoire de l'invasion des eaux de la Garonne ; — la reddition des comptes de la communauté de Meilhan (Lot-et-Garonne) ; — les droits réservés ; — des démarches faites par Dunoguès pour être réintégré dans le droit de port d'armes ; — l'hôpital de Meilhan ; — les charges et dépenses annuelles de ladite communauté de Meilhan ; — les étapes et les convois militaires ; — la disette des grains ; — les ateliers des travaux de charité, etc.

C. 346. (Carton.) — 126 pièces, papier.

1774. — Correspondance du subdélégué de La Réole avec l'intendant, relative : — à l'exemption du logement des troupes ; — au moulin de la veuve Labarthe à La Réole (Gironde) ; — aux Sœurs de charité de l'hôpital de Meilhan (Lot-et-Garonne) ; — à la répartition de la capitation entre la ville de La Réole et la campagne ; — à la concession faite par les jurats de La Réole de diverses parties du bois Majoux ; — à la ferme des droits réservés ; — à la surveillance des vagabonds ; — à la nomination des jurats de La Réole ; — à la maladie des bestiaux ; — au don gratuit ; — au logement des officiers ; — aux noyés rappelés à la vie, etc.

C. 347. (Carton.) — 133 pièces, papier.

1775. — Correspondance du subdélégué de La Réole avec l'intendant, relative : — à l'adjudication des ouvrages nécessaires pour préserver la paroisse de Bourdelles des inondations de la Garonne ; — à la maladie des bestiaux ;

— à des décharges d'impositions pour cause d'incendies ; — au logement des gens de guerre ; — aux foires de La Réole ; — au commerce des bestiaux ; — au remboursement du prix des offices municipaux ; — à un procès entre les régisseurs du domaine du Roi et la communauté de La Réole, au sujet de la redevance de certaines îles ; — à la ferme des boucheries ; — à la démolition de la tour de l'Horloge de La Réole ; — à la réunion des offices de maire et de procureur du Roi, etc.

C. 348. (Carton.) — 93 pièces, papier.

1776. — Correspondance du subdélégué de La Réole avec l'intendant, concernant : — l'amnistie des déserteurs ; — le recensement de la population ; — des réparations faites dans la ville de Miramont ; — la reconstruction du presbytère de Castillon (Gironde) ; — l'évasion du sieur Duborie des prisons de La Réole (id.), où il était détenu pour divertissement des deniers royaux ; — la nomination des prud'hommes ; — la liquidation de l'office de maire de La Réole ; — l'adjudication des petites boucheries ; — le casernement des troupes ; — le droit de prélation ; — les Sœurs de l'hôpital de Meilhan ; — la fourniture de bois et chandelle pour les troupes, etc.

C. 349. (Carton.) — 124 pièces, papier.

1777-1778. — Correspondance du subdélégué de La Réole avec l'intendant, concernant : — la démolition de la maison du sieur Fortin Laplante, qui menaçait ruine ; — des contestations entre de Montaugé et la communauté de La Réole (Gironde), au sujet de la coupe d'arbres ; — la reddition des comptes de ladite communauté de La Réole ; — le droit de prélation ; — l'établissement d'une faïencerie à Meilhan (Lot-et-Garonne) ; — le rétablissement des foires de bestiaux à La Réole ; — la perte des récoltes occasionnée par le débordement de la Garonne ; — la réparation des pavés de la ville de La Réole, à l'occasion de l'arrivée de Monsieur, frère du Roi, etc.

C. 350. (Portefeuille.) — 94 pièces, papier.

1779-1780. — Correspondance du subdélégué de La Réole avec l'intendant, relative : — à une contestation entre les jurats de La Réole et M. de Montaugé, au sujet d'une coupe d'arbres ; — à l'hôpital de La Réole et à l'impossibilité d'y loger une certaine quantité d'enfants trouvés ; — aux obligations des collecteurs ; — aux exemptions du logement militaire ; — à une demande en dégrèvement d'impositions faite par Aubert de Saint-Michel ; — à l'établissement des jetées en pierre au-dessous du village du Pas-Saint-Georges, pour garantir les terres des débordements de la Garonne; — à un procès entre les communautés de Monségur et La Réole (Gironde) contre de Baleyssac, qui se trouvait imposé deux fois pour le même objet dans ladite communauté, etc.

C. 351. (Portefeuille.) — 91 pièces, papier.

1781-1785. — Correspondance du subdélégué de La Réole avec l'intendant, concernant : — les officiers municipaux de La Réole; — une plainte des officiers de Sainte-Foy (Gironde), qui sont sans desservant; — des demandes de secours des Sœurs Hospitalières de Meilhan (Lot-et-Garonne) pour le rétablissement de leur hôpital; — une contestation entre le maire et le premier jurat de la Gironde; — la messagerie de Pau (Basses-Pyrénées) à Bordeaux; — la reddition des comptes de la communauté de La Réole; les recouvrements des impositions; — des abus commis dans les fournitures de voitures et chevaux aux soldats sortant des hôpitaux et revenant des eaux; — une demande de noble Antoine de Montangé, ancien capitoul de la ville de Toulouse (Haute-Garonne), aux fins d'être exiné du rôle de la capitation de la noblesse; — la décharge d'impositions en faveur du sieur de Lamothe, pour pertes éprouvées par l'inondation et la grêle, etc.

C. 352. (Portefeuille.) — 97 pièces, papier.

1786. — Correspondance du subdélégué de La Réole avec l'intendant, concernant : — des demandes en modérations ou décharges d'imposition faites par MM. de Baritault, de Peyrusse, Ezemar Du Cros, ancien garde du corps, P. de Bourdelles, Lassime, de Piis, Vincent de Fournetz, ancien major, Lavaissière, Gergerez, médecin, de Rousol, Jean Bouchereau, Jeanne de Soyres, veuve de messire Duran de Laubessa, etc.

C. 353. (Portefeuille.) — 105 pièces, papier.

1747-1762. — Correspondance du subdélégué de Bazas avec l'intendant, concernant : — la réparation de l'église de Meilhan (Lot-et-Garonne); — la construction du presbytère de Pissos; — du cimetière et des églises de Saint-Félix-de-Foncaude (Gironde), des Pommiers, des Esquerdes et de Saint-Christophe de Romestaing; — le logement du curé de Barie; — la refonte de la cloche de l'église paroissiale de Sainte-Foy-la-Longue; — les réparations de la maison curiale du grand Aillas; — des contestations élevées au sujet d'une île nouvellement formée dans la Garonne, vis-à-vis de Cauderot (Gironde); — les gages du régent d'Aillas; — une rente par le trésor royal en faveur de l'hôpital de Meilhan; — l'entrepôt de tabac de Langon (Gironde); — des difficultés dans les recouvrements des tailles, etc.

C. 354. (Portefeuille.) — 106 pièces, papier.

1763. — Correspondance du subdélégué de Bazas avec l'intendant, relative : — aux comptes de la communauté de Gironde; — au transport des bagages militaires; — à la déclaration des papiers du Canada; — à la fourniture des étapes; — à la publication des arrêts; — aux vacans de Masseilles; — au droit d'ensaisinement et de contrôle; — à des abus dans les postes aux chevaux; — aux dommages occasionnés aux récoltes par la grêle, la gelée et les inondations; — à l'île de Bournan, à Sainte-Bazeille; — à la démolition de la porte Lataillade à Bazas (Gironde); — à la réunion de l'office de lieutenant général de police; — à la réparation des fontaines publiques de Gironde; — aux déserteurs; — à la mise en liberté de Jeanne Videau, détenue pour libertinage à la maison de force de Bordeaux, etc.

C. 355. (Portefeuille.) — 158 pièces, papier.

1764-1765. — Correspondance du subdélégué de Bazas avec l'intendant, concernant : — la reddition des comptes de la communauté de Bazas (Gironde); — les étapes pour les voitures gratis; — la poste des bateaux; — les landes de Bazas; — les revenus et les charges de ladite communauté de Bazas; — les privilèges d'exemption des tailles; — les écoles chrétiennes; — la verrerie de Bazas; — les fonds d'aumône; — les haras; — les privilèges des habitants de Bazas; — les réparations d'un puits public et de la fontaine de Gironde; — le transport des bagages des troupes; — le dénombrement des habitants de Bazas; — les gages du régent de Castets; — la poste de Lipostey; — le remboursement des offices des présidents au Présidial, etc.

C. 356. (Portefeuille.) — 140 pièces, papier.

1766-1767. — Correspondance du subdélégué de Bazas avec l'intendant, relative : — au bureau de tabac de Langon (Gironde); — à l'administration de la communauté de Bazas; — aux miliciens; — aux revenus et dépenses de la ville de Lagon; — aux droits de greffe; — aux fours à chaux; — à la reconstruction de l'église de l'hôpital de Bazas (Gironde); — à la ferme des boucheries; — à la poste de Langon; — aux gages du régent de Saint-André, du-Bois; — à la réédification de la porte Saint-Gervais à Langon; — aux nouvelles mesures; — à la construction d'un abreuvoir et d'une nouvelle fontaine à Bazas ; — aux réparations de l'hôtel de ville de Langon ; — au don gratuit ; — au numérotage des maisons de Langon, etc.

C. 357. (Portefeuille.) — 83 pièces, papier.

1768. — Correspondance du subdélégué de Bazas avec l'intendant, relative : — aux pensions des invalides ; — aux frais de bureau du subdélégué de Bazas ; — à la capitation de Langon ; — à la cession d'une maison par la communauté de Bazas (Gironde) en faveur du chanoine Lansac ; — à l'établissement des Frères de l'École Chrétienne ; — à l'habillement des valets de ville de Langon (Gironde) ; — aux gages des échevins ; — à la construction d'un pont à Saint-Pey ; — aux ustensiles des troupes ; — au don gratuit ; — à l'essai des semis de pins ; — au transport des fourrages ; — au défrichement des terres incultes ; — à la réparation des avenues de Langon ; — à la culture des pommes de terre ; — aux abreuvoirs et lavoirs publics de Bazas, etc.

C. 358. (Portefeuille.) — 119 pièces, papier.

1769-1770. — Correspondance du subdélégué de Bazas avec l'intendant, concernant : — les pensions des officiers et soldats invalides ; — la nomination du maire de Bazas (Gironde) ; — la culture des pommes de terre ; — la poste de Langon (Gironde) ; — les revenus et dépenses annuelles de la communauté de Meilhan (Lot-et-Garonne) ; — des secours accordés aux pauvres de la paroisse de Belin ; — les gages des officiers municipaux de Langon ; — la construction des fours à chaux ; — la fourniture des vivres des troupes employées à la poursuite des contrebandiers ; — la réparation de la route de Lipostey ; — le droit de quarantain ; — la démission de Bourriot, subdélégué de Bazas, pour cause de mauvaise santé, etc.

C. 359. (Portefeuille.) — 112 pièces, papier.

1771-1776. — Correspondance du subdélégué de Bazas avec l'intendant, relative : — aux réparations du chemin de Rouillan à Bazas (Gironde) ; — à un projet d'achat d'une maison presbytérale au bourg d'Auros ; — au logement du curé de Saint-Vincent ; — aux gages des officiers municipaux titulaires de Langon (Gironde) ; — au nommé Laroque, détenu dans les prisons de Langon pour cause de démence furieuse ; — aux priviléges des gardes-étalons ; — à une demande de graines de pins pour semis ; — aux gages du régent de Grignols ; — au logement des gens de guerre ; — aux précautions à prendre contre l'épizootie.

C. 360. (Portefeuille.) — 101 pièces, papier.

1776. — Correspondance du subdélégué de Bazas avec l'intendant, concernant : — le logement des troupes ; — les précautions contre l'invasion de l'épizootie ; — la verrerie de Bazas (Gironde) ; — une plainte contre les ouvriers de ladite verrerie ; — les alarmes causées dans la ville de Bazas par quelques incendiaires inconnus que l'augmentation du prix des grains y avait attirés ; — le produit des récoltes ; — les embaucheurs et fauteurs de désertion ; — l'établissement des postes dans les Petites-Landes ; — la réparation du chemin de Gans à Aillas ; — les casernes de la maréchaussée de Bazas menaçant ruine ; — la cession d'un terrain appartenant à la communauté de Langon (Gironde) en faveur de Vacqué, en dédommagement de celui qu'il avait perdu lors de la formation du nouveau chemin de Bazas et de celui de Preignac ; — les réparations de l'église de Preignac, etc.

C. 361. (Portefeuille.) — 100 pièces, papier.

1777. — Correspondance du subdélégué de Bazas avec l'intendant, relative : — aux comptes des communautés ; — aux foires et marchés ; — au passage de Monsieur, frère du Roi, à Langon ; — aux seigles ergotés ; — à un mémoire sur la maladie connue sous le nom de charbon pestilentiel ; — à une émeute à l'occasion de la circulation des grains ; — au chemin de Langon (Gironde) à Bazas (id.), Casteljaloux et Nérac (Lot-et-Garonne) ; — au changement de route de Bordeaux à Bayonne (Basses-Pyrénées) ; — à la maladie des bêtes à laine dans la contrée de Cazeneuve et Captieux ; — à une contestation entre les syndics de la prévôté de Bazas et les nommés Viamouret et Martin exclus de la collecte principale, etc.

C. 362. (Portefeuille.) — 100 pièces, papier.

1777-1778. — Correspondance du subdélégué de Bazas avec l'intendant, relative : — au recouvrement des comptes de la communauté de Bazas (Gironde) ; — aux grains de semence ; — aux ateliers des travaux de charité ; — aux assemblées de la communauté de Bazas ; — au rachat des corvées ; — au chemin de Boussères à Feugarolles (Lot-et-Garonne) ; — à une indemnité accordée à la veuve Testamale, de Langon, pour dégradations des meubles de la chambre occupée par M. Cascastel, officier dans le régiment de Royal-vaisseaux ; — à un cloaque formé sur un chemin public près l'hôpital de Langon ; — à la foire de Villandraut ; — aux messageries ; — aux offices municipaux de Langon ; — aux désordres qui se commettent ordinairement à Villandraut, le jour de la foire qui s'y tient le jour des Cendres.

C. 363. (Portefeuille.) — 100 pièces, papier.

1778. — Correspondance du subdélégué de Bazas avec l'intendant, concernant : — les comptes de la communauté de Bazas (Gironde) ; — le prix du pain ; — le rachat des corvées ; — les priviléges des gardes-magasins des poudres et salpêtres ; — la poste de Langon (Gironde) ; — le logement des gens de guerre ; — la nomination de quatre syndics principaux de la prévôté de Bazas ; — la réformation de la brigade de la maréchaussée de Bazas ; — la réparation des chemins ; — le don gratuit ; — la maladie des bestiaux ; — le rachat des corvées ; — le recouvrement des comptes de la communauté de Bazas.

C. 364. (Portefeuille.) — 108 pièces, papier.

1779. — Correspondance du subdélégué de Bazas avec l'intendant, concernant : — le transport des foins destinés à la poste de Lipostey ; — la concession des landes de Muret ; — le communal de Lugo de Belin ; — la mort de M. Bourriot, subdélégué de Bazas (Gironde) ; — les réparations de l'auditoire et des prisons du Présidial ; — les priviléges des gardes de la connétablie ; — des demandes de secours pour l'hôpital de Bazas ; — le casernement de la maréchaussée ; — la répartition de la taille ; — la juridiction d'Uzeste ; — le vingtième d'industrie des huissiers du Présidial de Bazas ; — un dépôt de riz destiné au soulagement des pauvres de l'hôpital de cette ville.

C. 365. (Portefeuille.) — 103 pièces, papier.

1780. — Correspondance du subdélégué de Bazas avec l'intendant, concernant : — les loteries ; — les discussions au sujet de la distribution des billets entre mademoiselle Villards, de Saint-Pierre d'Aurillac, et la femme Lobis, de Langon (Gironde) ; — les gages des officiers municipaux de Langon ; — le transport des fourrages pour le service de la poste de L'Hospitalet ; — le logement des gens de guerre ; — des distributions de riz aux maisons de charité de Bazas, Langon et Meilhan ; — la navigation du Ciron ; — le transport des bois de la marine et de laines pour les lits de la garnison du château Trompette (Bordeaux) ; — l'adjudication des travaux à faire à l'auditoire et aux prisons du siége présidial de Bazas.

C. 366. (Portefeuille.) — 119 pièces, papier.

1781. — Correspondance du subdélégué de Bazas avec l'intendant, relative : — à une demande de brevet d'artiste vétérinaire, en faveur de Jean Romazeilles, de la paroisse de Pompejac ; — aux recouvrements de la communauté de Langon (Gironde) ; — aux chiens féroces ; — à la messagerie de Bazas (Gironde) et à la saisie de chevaux ; — à une instance portée à la Cour des Aides entre M. le procureur général et M. Malescot, au sujet de la noblesse de ce dernier ; — aux transports de laines pour le château Trompette ; — aux battues aux loups ; — à des créances contre la communauté de Langon ; — au mauvais état du bac du passage de Belin, sur la rivière de Leyre ; — aux gages du chirurgien de Castelnau (Gironde) ; — au logement des gens de guerre ; — aux gratifications allouées à Lasgourgues aîné, maître de poste à Lipostey ; — aux réparations de l'auditoire du sénéchal de Bazas et des prisons en dépendantes.

C. 367. (Portefeuille.) — 97 pièces, papier.

1782-1786. — Correspondance du subdélégué de Bazas avec l'intendant, relative : — à l'envoi de plusieurs brigades de maréchaussée pour l'arrestation des vagabonds et mendiants qui faisaient des ravages considérables dans les environs de Sore et de Meilhan (Lot-et-Garonne) ; — à la taxe du pain ; — au transport de bois de Noaillan à Langon (Gironde) ; — à l'approvisionnement de fourrages à Lipostey, pour les chevaux de relais à l'occasion du passage de Monseigneur le comte d'Artois ; — au couvent des Ursulines de Langon ; — à la vente d'une mule attaquée de la morve ; — à la verrerie de Bazas et aux plaintes contre les ouvriers de cet établissement ; — à l'exemption du logement des gens de guerre ; – à la capitation de Bazas ; à des demandes de modérations ou remises de capitation, par Jean Dupouy, pour pertes éprouvées par l'incendie de ses pignadas, et par Vital Labrousse, pour perte d'un bœuf, etc.

C. 368. (Carton.) — 102 pièces, papier.

1744-1761. — Correspondance du subdélégué de Lesparre avec l'intendant, concernant : — les honoraires du régent de Macau ; — les réparations du presbytère de Loirac et de l'église de Parempuyre ; — les canaux pour l'écoulement des eaux des marais de Lamarque et de Cussac ; — la taxe de la mine de sel ; — la réparation de deux maisons de M. Récateau, juge de Lesparre, pour y loger les soldats du régiment de Bigorre ; — l'hôpital de Lesparre ; — la fourniture de bois et d'ustensiles pour le camp de Talbot, en Médoc ; — l'hôpital de Pauillac ; — le transport d'artillerie ; — le service de la maréchaussée de

Lesparre ; — la fourniture de pain aux troupes ; — les marais de Vertheuil ; — les frais de casernement ; — la suppression de la poste du Médoc.

C. 369. (Carton.) — 110 pièces, papier.

1762-1763. — Correspondance du subdélégué de Lesparre avec l'intendant, relative : — à la fourniture des bois et lumière pour les troupes ; — à l'hôpital de Lesparre ; — au marais de Saint-Vivien ; — au logement du géographe ; — au recurement de la Jalle de Laborde et Cantenac ; — à la réparation de la chapelle du Verdon ; — au dessèchement des marais du Médoc ; — aux magasins de fourrages ; — à l'île de Patiras ; — à la mortalité des bestiaux ; — à la fourniture de remèdes aux hôpitaux ; — aux ravages occasionnés par la grêle dans la communauté de Saint-Estèphe ; — aux droits d'échange ; — aux frais de casernement ; — aux foires du Médoc.

C. 370. (Portefeuille.) — 112 pièces, papier.

1764-1769. — Correspondance du subdélégué de Lesparre avec l'intendant, concernant : — le dessèchement des marais de Lesparre ; — la fourniture des bois et lumière pour les troupes du Médoc et les contestations à ce sujet entre le sieur Latapy, entrepreneur, et Bontemps ; — le terrain occupé par la batterie ; — la maladie des bestiaux ; — le traitement de M. Durfort Leobard, lieutenant du fort Médoc ; — la pension des invalides ; — la confection d'un peyrat à Saint-Estèphe ; — les appointements du chapelain du Verdon ; — le casernement des invalides à Lesparre ; — la perte des récoltes par la gelée ; — la taxe du pain ; — les calculs des géographes ; — les gages du secrétaire de la subdélégation ; — la nomination d'un commissaire général à Lesparre ; — la réunion de paroisses ; — la réparation des rues de Lamarque, etc.

C. 371. (Portefeuille.) — 99 pièces, papier.

1770-1772. — Correspondance du subdélégué de Lesparre avec l'intendant, relative : — au produit des récoltes ; — aux réquisitions de voitures pour le transport des sels du port de Lamarque à Castelnau (Gironde) ; — à la réparation des chaussées de Lamarque et paroisses circonvoisines ; — à la mort de Bastcrot, de Saint-Vincent, subdélégué de Lesparre ; — à la demande en faveur de Pouard, pour la subdélégation vacante ; — au rouissage du chanvre ; — à la maladie des bestiaux ; — aux dommages occasionnés par la grêle ; — à des demandes de décharges de capitation ; — au casernement de la maréchaussée ; — à la misère des habitants de Carcans ; — à la réparation du chemin de Moulis au port de Lamarque ; — à la reconstruction de deux ponts sur la route de Bordeaux à La Maréchale.

C. 372. (Portefeuille.) — 132 pièces, papier.

1773-1778. — Correspondance du subdélégué de Lesparre avec l'intendant, relative : — au chargement des grains ; — à des demandes de secours en faveur des pauvres de Pauillac (Gironde) ; — à des blés d'Espagne chargés en fraude aux ports de La Maréchale et de Saint-Vivien ; —aux réparations des casernes de la maréchaussée de Lesparre ; — aux comptes de la communauté de Cussac ; — à la réparation du fort Médoc ; — à la maladie des bestiaux ; — à l'arrestation de plusieurs particuliers pour troubles occasionnés sur la côte de Hourtins ; — au prix du sel ; — à la foire de Lesparre ; — à la réparation de l'église de Saint-Romain d'Ordonnac ; — aux chevaux attaqués de la morve.

C. 373. (Portefeuille.) — 98 pièces, papier.

1745-1753. — Correspondance du subdélégué de Blaye avec l'intendant, concernant : — l'arrestation de deux bourgeois de Blaye pour avoir insulté le sieur Dumas, chirurgien-major ; — l'imposition sur le sel ; — la réparation de la fontaine publique de Blaye (Gironde) ; — une plainte du curé d'Etauliers contre le nommé Martin et sa femme ; — la ferme du bail des revenus de la ville de Blaye ; — Lemoine, contre son fils ; — la reddition des comptes de Jacques Ducluseau, trésorier de l'hôtel de ville de Blaye ; — les bourriers et immondices ; — le logement des gens de guerre.

C. 374. (Portefeuille.) — 96 pièces, papier.

1754-1758. — Correspondance du subdélégué de Blaye avec l'intendant, relative : — à l'exemption du logement des gens de guerre ; — à des réclamations pour surcharges d'impôts ; — à l'établissement d'un corps de garde à l'hôtel de ville de Blaye (Gironde) ; — à des autorisations pour contracter des emprunts ; — aux corvées ; — au logement des troupes ; — aux bois de chauffage ; — à la fourniture des lits pour les troupes ; — aux mulets pour les convois militaires ; — aux remèdes pour les fièvres ; — à des envois de farine pour les troupes ; — à la police militaire ; — au pâté de Blaye ; — à la défense faite aux juifs de s'établir à Blaye ; — à la réparation de la citadelle et des armes provenant du désarnement ; — aux soldats malades du régiment de Bigorre.

SÉRIE C. — INTENDANCE DE BORDEAUX.

C. 375. (Portefeuille.) — 94 pièces, papier.

1759-1760. — Correspondance du subdélégué de Blaye avec l'intendant, relative : — aux revenus de la ville de Blaye (Gironde) ; — à l'exemption du logement des gens de guerre ; — aux travaux des fortifications de la ville de Blaye ; — à la fourniture du pain pour la troupe ; — au magasin des fourrages ; — au logement du major ; — à la réparation de l'escalier de la tour de l'Ile devant Blaye ; — aux prix des grains ; — à des plaintes sur la mauvaise qualité des farines ; — à la réparation de la chapelle de l'île au Pâté ; — à la distribution de fèves ; — à des créances des dames Bénédictines de Marmande (Lot-et-Garonne) sur la communauté de Blaye ; — à la réparation de la maison des Dames de la Foi ; — à l'hôpital de Blaye ; — à l'écroulement de deux greniers où se trouvaient déposés des blés pour le compte du Roi.

C. 376. (Portefeuille.) — 127 pièces, papier.

1761-1762. — Correspondance du subdélégué de Blaye avec l'intendant, concernant : — la réquisition de bateaux pour le passage des troupes ; — le nommé Labrande, détenu dans les prisons de Blaye pour vol et assassinat ; — les corvées militaires ; — les prud'hommes ; — les étapes ; — une plainte portée par le garde-magasin des vivres contre Bourdellas, meunier de la ville de Blaye ; — une créance de M. de Montez sur la ville de Blaye ; — le transport des équipages militaires ; — la marque des bois de construction ; — la fourniture de médicaments à l'hôpital de Blaye ; — le logement des Dames de la Foi ; — les recrues nationales ; — les bateaux du Verdon et de La Maréchalle pour le passage des troupes.

C. 377. (Portefeuille.) — 90 pièces, papier.

1763-1765. — Correspondance du subdélégué de Blaye avec l'intendant, concernant : — la poste aux lettres de Blaye (Gironde) ; — les gages de l'aumônier de l'Ile devant Blaye ; — le bateau de passage du fort Médoc et du Pâté ; — un projet du garde d'artillerie pour prévenir la disette des bois ; — la réparation des fortifications de la citadelle ; — les maîtrises des savetiers ; — les comptes de la communauté de Blaye ; — l'entrepôt des vins étrangers ; — les communaux de Blaye ; — la vente de 482 couvertes ayant appartenu au casernement ; — la réclamation de M. Gontault, fils, pour un brevet d'agrégature ; — l'office de courtier ; — la nomination de M. Héraud aux fonctions de capitaine du port de Blaye.

C. 378. (Portefeuille.) — 123 pièces, papier.

1766-1768. — Correspondance du subdélégué de Blaye avec l'intendant, relative : — au communal de Blaye ; — au casernement des troupes ; — au franc-fief ; — aux Dames de la Foi ; — à de nouvelles constructions près la citadelle ; — aux gages du régent ; — aux réparations du cimetière de Donnezac ; — aux filles débauchées ; — aux frais de bureau de la subdélégation ; — à la police des prisons ; — au nommé Michel Sabois, dit Laval, déserteur ; — à l'alignement du chemin ouvert derrière la rue dite Jean Eymier ; — aux revenus et dépenses de la ville de Blaye ; — à la démolition de la tour de Bourg ; — à la réparation des casernes de la citadelle ; — à l'office de conseiller d'honneur au Présidial ; — au débit de tabac de Blaye.

C. 379. (Portefeuille.) — 71 pièces, papier.

1769-1770. — Correspondance du subdélégué de Blaye avec l'intendant, relative : — à l'exemption du logement des gens de guerre ; — à la direction des postes ; — aux dames de la Foi ; — aux revenus et dépenses de la ville de Blaye (Gironde) ; — au transport des bagages à Saintes (Charente-Inférieure) ; — au logement des convalescents ; — aux frais de bureau de M. de Gontault, subdélégué ; — aux parties casuelles ; — aux domaines ; — au bois pour l'hôpital ; — aux lits des officiers ; — aux chevaux attaqués de la morve ; — à la réparation du port ; — à la nomination de M. Gontault, fils, aux fonctions d'adjoint à la subdélégation ; — aux leçons publiques de M. Rives, docteur en médecine, etc.

C. 380. (Portefeuille.) — 128 pièces, papier.

1771-1772. — Correspondance du subdélégué de Blaye avec l'intendant, relative : — aux frais de patrouille ; — au commerce des marrons ; — au casernement de la maréchaussée ; — aux déserteurs du régiment d'infanterie de Bretagne ; — à la recette de la ville ; — à la réparation des fortifications de la citadelle ; — à la perte des récoltes ; — au logement des gens de guerre ; — à l'administration municipale ; — aux voitures servant au transport des troupes ; — au contrat de mariage de M. David ; — à la situation de l'hôpital de Blaye (Gironde) ; — au chapitre de l'abbaye Saint-Romain ; — aux contraventions au règlement des haras ; — aux gages de l'éclusier de la citadelle de Blaye.

C. 381. (Portefeuille.) — 129 pièces, papier.

1773. — Correspondance du subdélégué de Blaye

avec l'intendant, concernant : — le défrichement des communaux de Blaye (Gironde) ; — le logement des troupes ; — des secours accordés à l'hôpital de Blaye ; — la nomination des officiers municipaux ; — l'arrivée de 525 quintaux de grains provenant de Marans (Charente-Inférieure) ; — les travaux des corvées ; — la réparation des linges de l'hôpital de Blaye ; — le transport des matériaux pour les fortifications ; — les priviléges des gardes-étalons ; — la nomination du trésorier de la communauté de Blaye ; — la fourniture du bois aux troupes ; — des demandes de secours pour les pauvres de la paroisse de Saint-Sauveur ; — les comptes de la communauté de Blaye ; — les arrérages du don gratuit ; — l'exportation des châtaignes ; — la fourniture du pain à l'hôpital de Blaye, etc.

C. 382. (Portefeuille.) — 138 pièces, papier.

1774-1775. — Correspondance du subdélégué de Blaye avec l'intendant, relative : — à l'établissement d'une poste de Saint-André à Blaye ; — à la réparation du chemin du marais de Blaye (Gironde) à la ville ; — aux comptes de la communauté ; — aux juifs commerçants ; — à la maison occupée par la poste d'Étauliers ; — aux appointements de Jean Corsain, casernier de la place de Blaye ; — aux gages de l'assesseur ; — aux haras ; — aux appointements des officiers municipaux ; — à l'exportation des châtaignes ; — à la construction du fort Médoc ; — aux précautions à prendre pour éviter la contagion des maladies épidémiques ; — à la fourniture de l'étape aux troupes ; — au logement du curé de Blaye ; — aux effets de campement ; — aux frais de bateaux pour le transport des troupes, etc.

C. 383. (Portefeuille.) — 122 pièces, papier.

1776. — Correspondance du subdélégué de Blaye avec l'intendant, relative : — à une contestation entre la communauté de Blaye (Gironde) et Raussac, apothicaire, à raison de l'emplacement de la halle et marché public ; — à la nomination de M. de Gontault à la subdélégation de Blaye ; — au logement du curé de Saint-Germain ; — aux étapes ; — à l'établissement d'un médecin à Blaye ; — aux déserteurs et à leurs condamnations ; — à des plaintes contre le directeur de la poste de Blaye et à son arrestation ; — à la réparation des fortifications de la citadelle de Blaye ; — aux effets des gardes-côtes ; — à l'entreprise des lits militaires ; — au service des vivres ; — à la réunion des offices municipaux ; — à la nomination du maire de Blaye ; — à la saisie de bestiaux ; — à diverses demandes en modérations et décharges d'impôts, etc.

C. 384. (Portefeuille.) — 71 pièces, papier.

1777. — Correspondance du subdélégué de Blaye avec l'intendant, relative : — au loyer du magasin des lits militaires ; — au régisseur des vivres ; — aux convois militaires ; — au logement des officiers de la garnison ; — aux effets à remplacer dans les bâtiments militaires de la citadelle de Blaye ; — à la paille des prisonniers ; — à des autorisations pour plaider ; — à la poste de Blaye ; — à la maladie des bestiaux ; — à la régie du droit sur le sel ; — aux gardes-haras ; — à la suppression des honoraires pour la signature des comptes, etc.

C. 385. (Portefeuille.) — 99 pièces, papier.

1778-1779. — Correspondance du subdélégué de Blaye avec l'intendant, concernant : — les revues des troupes, — l'hôpital de Blaye (Gironde) ; — la pension du médecin ; — une contestation entre le syndic et les officiers municipaux de Blaye au sujet des comptes de la communauté ; — la fourniture des lits militaires ; — la poste de Blaye ; — le magasin des vivres ; — les droits réservés ; — l'adjudication des ouvrages des fortifications de la citadelle de Blaye ; — les étapes ; — les frais de bureau de la subdélégation ; — le logement des gens de guerre ; — un projet de suppression de la poste aux chevaux de Blaye ; — réclamations à ce sujet de MM. les maire et jurats de cette ville ; — le mouvement des troupes ; — M. Gontault, fils, qui demande la commission d'adjoint de la subdélégation.

C. 386. (Portefeuille.) — 113 pièces, papier.

1779-1780. — Correspondance du subdélégué de Blaye avec l'intendant, concernant : — le choix des notables de la ville de Blaye (Gironde) ; — le transport des canons de Blaye à la pointe du Verdon ; — la nomination de onze prud'hommes ; — les enfants trouvés de l'hôpital de Blaye ; — la fourniture des marmites et chaudières pour les troupes ; — la levée des matelots gardes-côtes ; — le bureau des fermes ; — les bateaux de transport ; — le syndicat de Cars ; — la levée de charpentiers de bâtiments civils pour l'île d'Aix ; — la fourniture de la paille et du bois ; — le don gratuit ; — les offices de jurats ; — le logement des gens de guerre ; — le tirage de la milice, etc.

C. 387. (Portefeuille.) — 112 pièces, papier.

1780-1781. — Correspondance du subdélégué de Blaye avec l'intendant, concernant : — le service des carriers ; — un procès pour la vente du sel ; — les grati-

SÉRIE C. — INTENDANCE DE BORDEAUX.

fications du médecin des pauvres de Blaye; — les réparations des fortifications; — l'exemption du logement des gens de guerre; — les gages du régent de Blaye (Gironde); — la vente des bois provenant de la batterie de la pointe de Grave; — les droits réservés; — la reddition des comptes de la communauté de Blaye; — Jean Duclos, soldat au régiment de Languedoc, condamné aux galères perpétuelles pour vol et désertion; — la fourniture de bois et lumière aux troupes; — les barques de passage; — la provision de sel pour les habitants, etc.

C. 388. (Portefeuille.) — 118 pièces, papier.

1786-1789. — Correspondance du subdélégué de Blaye avec l'intendant, concernant : — le logement des officiers; — la réunion des offices municipaux; — la perte des récoltes; — le chantier de construction du nommé Limousin, de Blaye (Gironde); — la défectuosité du pain de munition; — les réparations des fortifications; — la poste aux chevaux; — les manufactures; — la fourniture de fourrages; — l'hôpital; — diverses demandes en modération d'impôts; — Catherine Mingot, mère de dix enfants; — le syndicat de la communauté de Cars, etc.

C. 389. (Portefeuille.) — 112 pièces, papier.

1744-1751. — Correspondance du subdélégué de Sainte-Foy avec l'intendant, concernant : — les Filles de la Foi de Gensac; — les réparations du grand chemin de Saint-Antoine de Queyret à Pellegrue; — des demandes de répression contre divers habitants d'Eynesse, pour insultes faites au curé dudit lieu; — le recurement du ruisseau du Rival en la paroisse de Saint-Aulaye; — les réparations du pont du Doucet et de deux chaussées à la charge des paroisses de Pujols, Saint-Pey-de-Castets et Moulies; — le logement de la brigade de la maréchaussée de Sauveterre (Gironde); — le recurement des ruisseaux de la Durege et de Touron-Gabardan; — les réparations de la nef de l'église de Saint-Léger; — la ferme des boucheries de Sauveterre; — la construction de l'hôtel de ville de Sainte-Foy; — les comptes de la communauté de Sauveterre, etc.

C. 390. (Portefeuille.) — 105 pièces, papier.

1752-1755. — Correspondance du subdélégué de Sainte-Foy avec l'intendant, relative : — aux consuls de Gensac; — à la construction de l'hôtel de ville de Sainte-Foy; — au logement des gens de guerre; — au recensement des bœufs, charrettes et chevaux pour le transport des équipages militaires; — à un bail à rente d'un pré et fossés le long du mur de la ville de Sainte-Foy, passé au nommé Goulard par les maire et consuls de ladite communauté; — aux comptes de Castelmoron; — aux réparations des murs de ville de Sainte-Foy; — à l'entretien et arrosement des dehors de la ville de Sainte-Foy, etc.

C. 391. (Portefeuille.) — 125 pièces, papier.

1756-1757. — Correspondance du subdélégué de Sainte-Foy avec l'intendant, relative : — aux habitants de la paroisse de Saint-Aulaire contre le sieur Barrade, incendié; — à l'habillement des valets de ville de Castelmoron-d'Albret; — à la veuve de Jean Chignon pour argent remis à la poste à destination de Grenoble; — au nommé Eymeric pour reliquat des comptes de la collecte d'Eynesse; — au sieur Geard, premier consul de Gensac, au sujet d'avances pour pavés; — à la reddition des comptes de Sainte-Foy; — à la fourniture des fourrages; — aux frais de casernement; — au logement des troupes; — à la réparation du chemin de Saint-Laurent au port de la Rivière; — à l'emplacement de la halle de Sainte-Foy, etc.

C. 392. (Portefeuille.) — 127 pièces, papier.

1758. — Correspondance du subdélégué de Sainte-Foy avec l'intendant, relative : — à l'établissement de casernes à Sainte-Foy; — aux réparations de l'hôpital; — aux logements militaires; — à la survivance de la subdélégation; — à M. Bellet fils; — aux Dames de la Foi; — aux dispenses de Rome, en faveur de Jacques Rousseau, pour épouser Marie Naud, sa cousine, de la paroisse de Caplong; — aux assemblées des religionnaires; — aux dépenses des troupes; — aux comptes de la communauté de Castelmoron; — au rôle d'office de Lamothe-Montravel; — aux réparations de l'église de Flaujaques; — à l'établissement de greniers à grains à Pellegrue; — aux ports d'armes; — aux frais de la maréchaussée de Montravel, etc.

C. 393. (Portefeuille.) — 75 pièces, papier.

1759. — Correspondance du subdélégué de Sainte-Foy avec l'intendant, relative : — à la poste de Monpont; — à la visite des routes et chemins de la subdélégation de Sainte-Foy; — à la sortie de Toinette, fille d'Antoine, de la maison des Dames de la Foi de Gensac; — à l'établissement d'un vicaire à Coubeyrac; — aux réparations de l'église de Sainte-Foy (Gironde); — au logement et fourrages de la maréchaussée; — à la construction de casernes à Sainte-Foy; — à un procès entre le maire et les consuls de Sainte-Foy, concernant leurs fonctions; — aux frais de casernement à la charge des religionnaires ; — aux réparations des casernes et de l'écurie du Fleix, etc.

C. 394. (Portefeuille.) — 101 pièces, papier.

1759. — Correspondance du subdélégué de Sainte-Foy avec l'intendant, relative : — à la fourniture du bois aux troupes ; — à la ferme du Quarantain ; — aux religionnaires d'Appelles ; — au logement des missionnaires ; — à la résignation de la cure de Sainte-Foy (Gironde) ; — au logement des troupes ; — à des contestations entre les subdélégations de Libourne et de Sainte-Foy, au sujet de leurs limites respectives ; — aux corvées militaires ; — aux boucheries de Castelmoron ; — à la reddition des comptes de la communauté du Puy et Coutures ; — aux grains d'aumône ; — à la pension du chirurgien de Sainte-Foy ; — aux comptes de Villemartin ; — au transport des équipages ; — aux frais de casernement, etc.

C. 395. (Portefeuille.) — 95 pièces, papier.

1760. — Correspondance du subdélégué de Sainte-Foy avec l'intendant, concernant : — les revenus de la ville de Sainte-Foy (Gironde) ; — les assemblées des protestants ; — les frais de casernement de Lamothe-Montravel ; — les dommages occasionnés par la grêle dans la communauté de Saint-Remy de Monpont ; — les comptes de la communauté de Ruch ; — une rente due par le sieur Andrault à l'hôpital de Sainte-Foy ; — le logement des gens de guerre ; — la police des grains ; — les matelots de Flaujaques ; — la distribution de fèves aux pauvres ; — les Dames de la Foi ; — certains abus sur les logements ; — les rôles de la capitation ; — les corvées militaires ; — la reddition des comptes des communautés de Gensac et Soumensac ; — les étapes ; — l'habillement des valets de ville de Sainte-Foy, etc.

C. 396. (Portefeuille.) — 136 pièces, papier.

1761. — Correspondance du subdélégué de Sainte-Foy avec l'intendant, concernant : — la maison servant d'hôpital à Sainte-Foy (Gironde) ; — la nomination des collecteurs ; — l'élection du maire de Sainte-Foy ; — les plaintes portées contre le maire ; — la fourniture de chevaux aux troupes ; — les privilèges de la ville de Sauveterre ; — la reddition des comptes de Castelmoron ; — les gages du chirurgien de Gensac ; — le loyer des casernes de Lamothe ; — un procès entre le décimateur et le syndic fabricien de Riocaud ; — la reconstruction de l'hôtel de ville de Sauveterre ; — l'entrée des vins à Sainte-Foy ; — le logement des officiers ; — les boulangers de Sainte-Foy ; — les dettes de la communauté de Sauveterre ; — l'achat de l'emplacement de la halle de Sainte-Foy, etc.

C. 397. (Portefeuille.) — 123 pièces, dont 1 plan.

1762. — Correspondance du subdélégué de Sainte-Foy avec l'intendant, concernant : — les écuries pour la cavalerie ; — le recouvrement des impôts ; — la fourniture du bois et lumière aux troupes ; — l'inspection du régiment du Roi ; — un projet de construction de casernes ; — le droit d'amortissement ; — les frais municipaux de Sainte-Foy ; — le transport des équipages militaires ; — la réparation des casernes ; — le logement des gens de guerre ; — la nomination des officiers municipaux de Sainte-Foy ; — le logement et la fourniture des ustensiles des officiers ; — les accidents survenus sur les récoltes ; — la suppression des gages du régent de Gardonne ; — le logement d'une compagnie du Roi à Monpont, etc.

C. 398. (Portefeuille.) — 98 pièces, papier.

1763. — Correspondance du subdélégué de Sainte-Foy avec l'intendant, relative : — à la répartition de la taille ; — à la pension du sieur Duroi nouveau converti ; — à l'aliénation d'un moulin sur le ruisseau de Veneirol, appartenant à la communauté de Sainte-Foy ; — à des réjouissances publiques au sujet de la paix ; — à la fourniture des casernes et écuries ; — à la comparaison de la taille et du vingtième ; — à un procès entre les bouchers et les consuls de Sainte-Foy ; — aux encouragements à l'agriculture ; — à la fourniture du bois et lumière des troupes ; — à l'entretien et réparation des armes ; — aux vacants du duc de Bouillon dans la communauté de Castelmoron ; — à une diminution d'impôts faite par Riffaud de Saint-Vivien, pour pertes occasionnées par incendie ; — aux frais de casernement ; — à l'habillement des valets de ville de Sainte-Foy, etc.

C. 399. (Portefeuille.) — 100 pièces, papier.

1764-1765. — Correspondance du subdélégué de Sainte-Foy avec l'intendant, relative : — à la nomination des consuls de Sainte-Foy (Gironde) ; — à un procès entre le fermier du droit de quarantain et la communauté de Sainte-Foy ; — aux frais municipaux ; — à l'augmentation des gages du régent de Blazimont ; — aux frais de divers procès soutenus par les consuls de Sainte-Foy ; — à un projet d'établissement d'une faïencerie par le sieur Petit ; — au sous-fermier des droits du greffe ; — à l'habillement des valets de ville ; — aux dégâts occasionnés par la grêle dans la paroisse de Villeneuve-de-Puychagut ; — aux biens et revenu des collèges ; — à l'établissement d'un régent grammairien à Sauveterre, etc.

C. 400. (Portefeuille.) — 102 pièces papier.

1765-1766. — Correspondance du subdélégué de Sainte-Foy avec l'intendant, relative : — à l'office du maire électif de Sainte-Foy (Gironde) ; — à la répartition des impôts sur la juridiction de Sainte-Foy ; — aux droits de péage à Sauveterre ; — à l'habillement des valets de ville ; — à l'élection des consuls de Sainte-Foy ; — à la réparation des chemins de la communauté de Pouchat ; — au transport des bagages militaires ; — aux gages du maire de Sauveterre ; — aux gratifications du subdélégué ; — au don gratuit ; — aux gages du régent de Saint-Ferme ; — à des autorisations de plaider ; — aux Dames de la Foi ; — à la vérification des rôles de Sainte-Foy, etc.

C. 401. (Portefeuille.) — 99 pièces, papier.

1767-1769. — Correspondance du subdééglué de Sainte-Foy avec l'intendant, relative : — à une plainte portée contre les jurats de Blazimont, au sujet de la fourniture des chevaux pour les troupes ; — à l'arrosement des prairies ; — à des autorisations de plaider ; — à la construction de l'hôtel de ville de Sauveterre ; — au numérotage des maisons de Sainte-Foy (Gironde) ; — à l'habillement des valets de ville ; — aux voitures pour le transport des troupes ; — à la réparation du port de Sainte-Foy ; — aux droits du gouverneur ; — à la nomination des officiers municipaux de Sainte-Foy ; — aux gages du régent de Pujols ; — au casernement du régiment de la Reine-dragons ; — à la réparation des deux ponts à Pardailhan, etc.

C. 402. (Portefeuille.) — 81 pièces, papier.

1770. — Correspondance du subdélégué de Sainte-Foy avec l'intendant, concernant : — les revenus et dépenses de la communauté de Sainte-Foy ; — l'augmentation des gages d'Antoine Beaunac, régent à Sauveterre ; — l'habillement des valets de ville de Sainte-Foy (Gironde) ; — les frais municipaux de Castelmoron ; — le casernement des troupes ; — l'hôpital de Sainte-Foy ; — la fourniture de remèdes ; — la reddition de comptes de Sainte-Foy ; — les gages d'un chirurgien ; — le logement des Filles de l'Enfant Jésus de Gensac ; — les recouvrements des impôts ; — les taxations des collecteurs, etc.

C. 403. (Portefeuille.) — 88 pièces, papier.

1771. — Correspondance du subdélégué de Sainte-Foy avec l'intendant, concernant : — une créance de la communauté de Sainte-Foy (Gironde) contre la succession d'un nommé Rabot ; — les frais municipaux de la communauté de Castelmoron ; — la destitution de deux régents de Sainte-Foy ; — les frais de casernement ; — le logement de la maréchaussée de Sauveterre ; — les comptes de la communauté de Pellegrue ; — des demandes des communautés en autorisation de plaider ; — les ravages occasionnés dans la communauté de Castelmoron par la grêle et les inondations ; — les gages du régent de Saint-Pierre-d'Eyrans ; — la perte des récoltes par la gelée ; — le logement des Dames de la Foi de Gensac ; — les réparations de l'hôtel de ville de Sauveterre, etc.

C. 404. (Portefeuille.) — 115 pièces, papier.

1772-1773. — Correspondance du subdélégué de Sainte-Foy avec l'intendant, concernant : — les frais des charrois pour le transport des troupes ; — la distribution des grains aux pauvres ; — la réparation de l'église de Massugas ; — les revenus et charges de la ville de Sainte-Foy ; — le logement des Dames de la Foi de Gensac ; — l'invention de machines utiles ; — le recouvrement des impôts ; — les dommages occasionnés dans le canton de Sainte-Foy par la neige et la gelée ; — le démembrement de la juridicion de Sauveterre de la subdélégation de Sainte-Foy ; — le presbytère de Gensac ; — les comptes de la communauté de Pardailhan ; — les réparations d'une chaussée, du lavoir, du puits commun et de l'hôtel de ville de Pellegrue, etc.

C. 405. (Portefeuille.) — 101 pièces, papier.

1773. — Correspondance du subdélégué de Sainte-Foy avec l'intendant, concernant : — le casernement des troupes à Sainte-Foy (Gironde) ; — le logement des gens de guerre ; — les convois militaires ; — le don gratuit ; — des créances contre la communauté de Sainte-Foy ; — les droits réservés ; — l'arrestation de Pierre Denois, pour calomnie envers les officiers municipaux de Sainte-Foy ; — la construction d'une halle au Fleix ; — la nomination du maire de Sauveterre ; — le bail et l'adjudication des fonds de la communauté de Sainte-Foy ; — les offices municipaux de Castelmoron ; — l'établissement des foires et marchés à Cubjac ; — l'hôpital Sainte-Marthe, etc.

C. 406. (Portefeuille.) — 100 pièces, papier.

1773-1774. — Correspondance du subdélégué de Sainte-Foy avec l'intendant, relative : — à la fourniture des fourrages ; — aux frais de casernement ; — à la distribution de fèves aux pauvres de la communauté de Duras ; — aux droits réservés ; — aux attributions du trésorier de la ville de Sainte-Foy ; — aux priviléges du greffier de la prévôté ; — aux comptes de la communauté de Sainte-Foy (Gironde) ; — à l'emprisonnement du collecteur de Soussac ; — à des demandes de secours en faveur des habitants de Castelmoron ; — aux honoraires du vicaire ; — à la vente des grains ; — à la perte des récoltes occasionnée par la grêle et les inondations ; — à la nomination d'un régent à Castelmoron, etc.

C. 407. (Portefeuille.) — 108 pièces, papier.

1774-1775. — Correspondance du subdélégué de Sainte-Foy avec l'intendant, relative : — aux gages d'un prédicateur de carême à Pujols ; — au casernement des troupes ; — aux gages du régent de Sainte-Foy (Gironde) ; — au recouvrement des impôts ; — à la fourniture du pain des prisonniers ; — aux voitures de transport pour les troupes ; — à la nomination du sieur Dupuy à la lieutenance de la grande louveterie ; — à l'exemption du logement des gens de guerre ; — à la vente des fourrages ; — aux arrérages des droits réservés ; — à la nomination des collecteurs ; — au commerce des vins ; — aux commissions de vétérinaires à bœufs ; — à des plaintes contre les huissiers aux tailles de la communauté de Castelmoron ; — à la maladie des bestiaux ; — aux priviléges des gardes-magasins à poudre, etc.

C. 408. (Portefeuille.) — 100 pièces, papier.

1776. — Correspondance du subdélégué de Sainte-Foy avec l'intendant, concernant : — les priviléges des officiers du point d'honneur ; — la création de la loterie royale ; — le passage des troupes ; — les réparations de l'hôpital de Sainte-Foy (Gironde) ; — les transports des bois de construction pour la marine ; — la nomination du secrétaire de la communauté de Saint-Ferme ; — le traitement des fièvres épidémiques ; — le recouvrement des impôts ; — les comptes de la communauté de Castelmoron et de Gensac ; — les convois militaires ; — la nomination des collecteurs ; — une demande de pension faite par la veuve du sieur Penault, officier du régiment de La Force, en considération de son indigence et de son âge avancé, etc.

C. 409. (Portefeuille.) — 100 pièces, papier.

1776-1777. — Correspondance du subdélégué de Sainte-Foy (Gironde) avec l'intendant, concernant : — une plainte contre Malet et Lapeyronnie, fermiers du don gratuit ; — la nomination des consuls de Saint-Ferme ; — les réparations du presbytère de Saint-Ferme ; — les exemptions du sort de la milice ; — les commissions des vétérinaires à bœufs ; — l'achat d'un presbytère à Pujols ; — les réparations des églises de Montravel, de Saint-Méard-de-Curson et de Saint-Brice ; — le casernement des troupes ; — les grains de semence ; — l'exemption du logement des gens de guerre ; — les gages du régent de Gensac ; — les comptes de la communauté de Castelmoron ; — les réparations de l'hôpital de Sainte-Foy, etc.

C. 410. (Portefeuille.) — 112 pièces, papier.

1777-1778. — Correspondance du subdélégué de Sainte-Foy (Gironde) avec l'intendant, relative : — aux frais de bureau du subdélégué ; — à la louveterie ; — à la situation de l'hôpital de Sainte-Foy ; — à l'assemblée des notables ; — à la commission d'artistes vétérinaires pour Jean Testal ; — à la nomination du syndic de Pujols ; — au loyer de la maison curiale de Gensac ; — aux comptes de la communauté de Bergerac ; — à la nomination du régent de Sainte-Foy ; — aux commissions des gardes généraux des eaux et forêts ; — au collége de Sainte-Foy ; — aux gages du trésorier de la communauté de Sauveterre ; — au rétablissement du marché de Pellegrue ; — aux grains d'aumône, etc.

C. 411. (Portefeuille.) — 100 pièces, papier.

1779-1780. — Correspondance du subdélégué de Sainte-Foy (Gironde) avec l'intendant, relative : — à la régie des biens saisis ; — au recouvrement des impôts ; — aux comptes de la communauté de Pujols ; — au transport des bois de construction de la marine ; — à la nomination des collecteurs ; — à l'habillement des valets de ville de Sainte-Foy ; — aux droits réservés ; — à Guyet de La Gravade, lieutenant de la louveterie ; — aux matelots fugitifs ; — au logement des gens de guerre ; — à la reconstruction de l'église Saint-Martin-de-la-Roquette ; — à la maladie des bestiaux ; — au logement du curé de Nastringue ; — aux droits de péage au port du Fleix ; — à la nomination du syndic de la paroisse de Massugas ; — au produit des récoltes, etc.

C. 412. (Portefeuille.) — 98 pièces, papier.

1780-1782. — Correspondance du subdélégué de Sainte-Foy (Gironde) avec l'intendant, relative : — aux comptes de la communauté de Blazimont ; — à la régie des biens saisis ; — au logement des gens de guerre ; — à des autorisations de plaider ; — aux frais de procès des communautés ; — aux commissions pour le traitement des bestiaux ; — aux étapes de la brigade de la maréchaussée de Bergerac (Dordogne) ; — aux comptes de la communauté de Pardaillan ; — au transport des bois de la marine ; — aux frais de casernement; — aux ravages occasionnés par la grêle dans la subdélégation de Sainte-Foy; — à M. Dilholle, sous-lieutenant de la louveterie, à Monpont;—aux bureaux de charité de Sainte-Foy; — à l'anoblissement de M. Étienne de Paultre, etc.

C. 413. (Portefeuille.) — 99 pièces, papier.

1783-1785. — Correspondance du subdélégué de Sainte-Foy avec l'intendant, relative : — à l'exemption du logement des gens de guerre; — à l'envoi de remèdes pour les pauvres; — à la demoiselle Marie-Miette Lafon, reçue dans la maison des Dames de la Foi de Libourne (Gironde) ; — à la ferme de la dîme de la paroisse de Gardonne;—aux commissions d'officiers de la louveterie;— à diverses demandes en remises ou modérations d'impôts; — au logement et subsistance des matelots licenciés; — au transport des bois de construction pour la marine royale ; — à la détention de quatre matelots dans les prisons de Sainte-Foy pour contrebande, etc.

C. 414. (Carton.) — 112 pièces, papier.

1743-1751. — Correspondance du subdélégué de Périgueux (Dordogne) avec l'intendant, concernant : — les frais du greffier de la maréchaussée de Périgueux à l'occasion de l'assassinat commis sur la personne d'un nommé Clervau par dom Miquel, Espagnol ; — le logement du curé de Clermont de Beauregard ; — une plainte du sieur de Monthozon contre le nommé Méry Boyer, pour injures atroces proférées par ce dernier contre ledit sieur de Monthozon; — l'exemption du droit d'entrée des vins en faveur des R. P. Récollets de Périgueux ; — la nomination des consuls de Brantôme ; — la marque et contrôle des ouvrages d'or et d'argent; — la vente des vieilles mesures pour la construction d'un corps de garde à Périgueux ; — la démolition d'une tour à Brantôme; — le presbytère de l'Isle, etc.

C. 415. (Carton.) — 112 pièces, papier.

1752-1756. — Correspondance du subdélégué de Périgueux (Dordogne) avec l'intendant, concernant : — les religieuses de Sainte-Claire de Périgueux, au sujet de l'entrée de leur vin; — le passage des troupes; — la fourniture du bois et du linge pour les casernes ; — des contestations entre les consuls de Périgueux et le maire titulaire de cette ville; — les privilèges attachés au corps des invalides ; — la reddition des comptes de la communauté de l'Isle; — les commissions d'huissiers aux tailles; — le transport des équipages militaires; — les exemptions du logement des gens de guerre et des corvées; — les gages de l'office de maire de Périgueux; — l'élection consulaire de l'Isle, etc.

C. 416. (Carton.) — 100 pièces, papier.

1757-1758. — Correspondance du subdélégué de Périgueux (Dordogne) avec l'intendant, concernant : — la fourniture du bois de chauffage aux troupes; — le logement du curé de Saint-Front; — l'arrestation du sieur T......, prévôt de Larochechalais, condamné aux galères perpétuelles pour contravention aux édits du Roi pour fait de religion; — la réparation des effets de la milice ; — les déserteurs; — l'envoi de la maréchaussée pour les arrêter ; — le départ des miliciens pour Landau ; — la confection de deux cents habits ; — une réclamation en indemnité par Monseigneur l'évêque de Périgueux pour l'abandon d'une partie d'un pré pour la formation du grand chemin qui doit aboutir au nouveau pont de la ville de Périgueux ; — les Dames de Sainte-Claire ; — la ferme des octrois, etc.

C. 417. (Carton.) — 109 pièces, papier.

1758. — Correspondance du subdélégué de Périgueux (Dordogne) avec l'intendant, relative : — à l'hôpital Sainte-Marthe de Périgueux; — à la faïencerie de Babut-Martin à Bergerac (Dordogne); — à l'approvisionnement des grains ; — à la perte des récoltes par la gelée ; — aux enfants abandonnés ; — à la nomination des consuls de Périgueux; — à des demandes de secours pour les pauvres; — à la réparation des pavés de la ville de Périgueux ; — à la régie des biens des religionnaires fugitifs;—aux Frères des Écoles chrétiennes ; — à une dénonciation contre M. Maignol, subdélégué, par M. de Lapeyrière fils, avocat, qui accuse ledit sieur Maignol de faire bâtir sa maison par corvées et de vendre les armes ; — à la construction de la porte de Barbacane à Périgueux, etc.

C. 418. (Carton.) — 100 pièces, papier.

1759. — Correspondance du subdélégué de Périgueux (Dordogne) avec l'intendant, concernant : — les taxes d'office des privilégiés ; — l'escorte de la voiture du trésor; — le collège de Périgueux ; — des autorisations pour plaider ; — les comptes des octrois de Périgueux ; — les frais de réception de M. le maréchal de Richelieu ; — le produit de l'octroi sur les vins ; — la taxe des journées des huissiers aux tailles ; — les frais de ports d'armes ; — la communauté des religieuses de Notre-Dame de Périgueux; — le pavage des places, etc.

C. 419. (Carton.) — 112 pièces, papier.

1759-1760. — Correspondance du subdélégué de Périgueux (Dordogne) avec l'intendant, relative : — à l'envoi de riz et légumes pour les pauvres ; — à la réunion des offices ; — à l'octroi de Périgueux ; — à l'exemption du logement des gens de guerre ; — aux offices de changeurs ; — à l'équipement des volontaires ; — à la vente des grains ; — aux frais de recouvrement des tailles ; — à la police du marché aux grains ; — aux rôles d'office ; — au régent de Mussidan ; — à Dominique Thibaud, prieur d'Auriac, accusé du crime de lèse-majesté, d'intelligence et complot concerté avec les ennemis de l'État ; — à son acquittement ; — au logement des Frères des Écoles chrétiennes ; — à la réception de M. le maréchal duc de Richelieu à Périgueux, etc.

C. 420. (Carton.) — 112 pièces, papier.

1760. — Correspondance du subdélégué de Périgueux (Dordogne) avec l'intendant, relative : — à l'acquisition d'une maison pour loger les pauvres ; — à la fourniture des étapes ; — à François Beraud, maître d'armes à Périgueux ; — à la construction d'un nouveau pont sur l'Isle ; — au casernement des troupes ; — au logement des Frères des Écoles chrétiennes ; — aux comptes des octrois de Périgueux ; — à l'exemption du logement des gens de guerre ; — aux gages du régent de Bugue ; — à la démission de Jean Vacher, maître de poste à Carrivaux ; — au rétablissement des foires et marchés à Thiviers ; — au recouvrement des impositions et des abus concernant le logement des troupes ; — aux religieuses de Sainte-Claire d'Excideuil, etc.

C. 421. (Portefeuille.) — 100 pièces, papier.

1761. — Correspondance du subdélégué de Périgueux (Dordogne) avec l'intendant, concernant : — le loyer du corps de garde de Périgueux ; — les dépenses des recrues provinciales ; — la manufacture de faïencerie de Thiviers (Dordogne) ; — le logement des troupes de passage ; — la réparation de la maison des pauvres de Périgueux ; — l'exemption du logement des gens de guerre ; — la fourniture des étapes ; — l'entrée des vins pour les hôpitaux ; — les convois militaires ; — des contestations entre le sieur Labrousse et les officiers municipaux de Périgueux au sujet de la préséance ou grades dans le contrôle des patrouilles ; — le loyer du palais du Présidial ; — le collège des jésuites ; — le logement de l'exécuteur, etc.

C. 422. (Portefeuille.) — 100 pièces, papier.

1761. — Correspondance du subdélégué de Périgueux (Dordogne) avec l'intendant, concernant : — la reddition des comptes de l'hôtel de ville de Périgueux ; — la fourniture du pain des prisonniers ; — les droits et prérogatives des seigneurs Daydie dans le comté de Riberac (Dordogne) ; — le transport des équipages des troupes ; — le projet de l'établissement d'une juridiction consulaire à Périgueux ; — l'exemption du logement des troupes ; — le don gratuit ; — le logement des serviteurs de l'Église ; — les titres de noblesse de la famille de Montozon de Rimolas ; — la poste de La Coquille ; — la construction de la maison de l'exécuteur ; — la fourniture de bois, guérites et capotes des troupes, etc.

C. 423. (Portefeuille.) — 115 pièces, papier.

1761-1762. — Correspondance du subdélégué de Périgueux (Dordogne) avec l'intendant, relative : — au payement des impôts ; — à la fourniture des voitures aux troupes ; — à la maison des Hospitalières de Riberac (Dordogne) ; — aux patrouilles et logements militaires ; — aux brevets de courtiers ; — à la poste de Manavard ; — aux employés aux tailles ; — aux frais de recouvrement ; — à la fourniture de souliers ; — au casernement des troupes à Thiviers ; — à l'envoi des brigades à la poursuite d'une bande de brigands répandus dans les environs de Périgueux ; — à l'escorte des deniers du Roi ; — au remplacement des jésuites du collège de Périgueux, etc.

C. 424. (Portefeuille.) — 115 pièces, papier.

1762. — Correspondance du subdélégué de Périgueux (Dordogne) avec l'intendant, relative : — à la proportion de la taille de Périgueux ; — aux frais d'impression des mandements ; — à la réparation des casernes et à leurs fournitures ; — à l'exemption du logement des gens de guerre ; — à des abus sur les recouvrements des impôts ; — au transport des équipages militaires ; — aux remèdes d'Helvétius ; — aux corvées employées aux réparations des chemins, pour faciliter le passage des troupes ; — à l'inspection des casernes ; — aux chevaux de selle ; — aux nouvelles recrues ; — aux frais de patrouille, etc.

C. 425. (Portefeuille.) — 100 pièces, papier.

1763. — Correspondance du subdélégué de Périgueux (Dordogne) avec l'intendant, relative : — aux Canadiens employés aux défrichements des terres ; — à la nomination d'un adjoint à la subdélégation de Nontron ; — au prix

SÉRIE C. — INTENDANCE DE BORDEAUX. 71

des fourrages ; — aux mendiants et vagabonds ; — à l'achat d'armes et d'habillements pour les troupes ; — à la poste de Périgueux ; — aux voitures pour les troupes; — aux recouvrements des tailles des nobles et des privilégiés ; — à l'adjudication de l'octroi et aux réparations des murs de la ville de Périgueux ; — au salaire des huissiers, etc.

C. 426. (Portefeuille.) — 100 pièces, papier.

1763-1764. — Correspondance du subdélégué de Périgueux (Dordogne) avec l'intendant, relative : — aux revenus et charges de la ville de Périgueux ; — à une gratification en faveur de M. de Versac, pour avoir conduit des soldats réformés ; — au payement des troupes ; — aux papiers du Canada ; — au logement des officiers à Thiviers (Dordogne) ; — au transport des équipages militaires ; — à l'élection consulaire à Périgueux ; — à la médecine des animaux ; — aux frais des étapes ; — à la démolition des deux pavillons du pont de Périgueux ; — à la malpropreté des rues de Saint-Martin de Freyssengas, près Thiviers ; — à l'exploitation du moulin de M. le marquis d'Allogny, de Saint-Astier (Dordogne), etc.

C. 427. (Portefeuille.) — 85 pièces, papier.

1764. — Correspondance du subdélégué de Périgueux (Dordogne) avec l'intendant, relative : — au logement de l'exécuteur ; — au recouvrement des impôts ; — à la composition du régiment de Rouergue ; — au salaire des huissiers ; — au transport des équipages militaires ; — aux vacants appartenant au Roi ; — aux casernes de la maréchaussée de Mussidan ; — au consulat de Thiviers (Dordogne) ; — à l'adjudication de l'octroi de Périgueux ; — à l'envoi de remèdes pour les pauvres ; — au recensement de la population de Périgueux ; — au logement des gens de guerre ; — au rôle des corvées, etc.

C. 428. (Portefeuille.) — 115 pièces, papier.

1765-1766. — Correspondance du subdélégué de Périgueux (Dordogne) avec l'intendant, concernant : — un soi-disant chevalier de Carle de La Caze, capitaine de dragons, accusé de vol et filouterie ; — la situation des maisons de charité du district de Périgueux ; — la disette des grains ; — les exemptions pendant dix années de la taille, vingtième et autres impositions en faveur des défrichements ; — des contestations entre le procureur du Roi et les consuls de Périgueux au sujet de leurs fonctions à l'hôtel de ville ; — les encouragements pour l'agriculture ; — les réparations des chemins de la communauté d'Excideuil (Dordogne) ; — l'octroi de Périgueux ; — les offices de perruquiers ; — les frais de casernement ; — l'exemption des corvées ; — la subsistance du peuple ; — le prix des grains ; — les privilèges des prairies artificielles, etc.

C. 429. (Portefeuille.) — 118 pièces, papier.

1766-1767. — Correspondance du subdélégué de Périgueux (Dordogne) avec l'intendant, concernant : — la nomination de M. Lamerthie de Lagrange aux fonctions d'assesseur à la maréchaussée de Périgueux ; — les apparences des récoltes ; — les revenus de la communauté de Limeuil ; — la construction des prisons de Périgueux ; — la cherté du blé ; — l'envoi de remèdes pour les pauvres ; — l'échange des droits seigneuriaux ; — la noblesse du sieur Guihou de l'Enclos contestée par les habitants de Saleyras ; — la construction du presbytère de Périgueux ; — la réunion du village de Paleu à la paroisse de Gardedeuil ; — le recensement de la population de Périgueux ; — le don gratuit ; — les réparations de l'hôtel de ville, etc.

C. 430. (Portefeuille.) — 115 pièces, papier.

1768-1769. — Correspondance du subdélégué de Périgueux (Dordogne) avec l'intendant, relative : — à la liberté du commerce des grains ; — à un procès entre la communauté de Mussidan et les sieurs Beaupuy et Latané, au sujet du détournement du cours du ruisseau qui traverse ladite ville de Mussidan ; — au don gratuit ; — au transport des équipages militaires ; — à Marguerite Laroumagne, détenue dans la prison de Bergerac (Dordogne) pour sa mauvaise vie ; — aux ravages occasionnés par la grêle dans la communauté de Bourdeilles ; — aux réparations du dépôt de mendicité de Périgueux ; — au casernement de la maréchaussée ; — aux privilèges des invalides ; — à l'établissement d'une fabrique de couvertures à Périgueux, etc.

C. 431. (Portefeuille.) — 87 pièces, papier.

1770-1771. — Correspondance du subdélégué de Périgueux (Dordogne) avec l'intendant, relative : — à l'approvisionnement des grains pour la ville de Périgueux ; — des autorisations accordées aux communautés pour plaider ; — aux établissements d'ateliers de charité ; — au nommé Henry Mat, du Toulx, de la juridiction d'Excideuil, condamné à être pendu pour avoir tué deux hommes à coups de bêche ; — à l'exemption du logement des gens de guerre ; — à l'exportation des châtaignes ; — aux déserteurs amnistiés ; — aux haras du Périgord ; — à la circulation des grains ; — aux Dames Hospitalières de Périgueux ; — aux poursuites pour le recouvrement des tailles de la noblesse ; — au collége de Périgueux, etc.

C. 432. (Portefeuille.) — 100 pièces, papier.

1771. — Correspondance du subdélégué de Périgueux (Dordogne) avec l'intendant, relative : — à l'établissement d'un relais à Montignac ; — au logement de la maréchaussée de Mussidan ; — aux limites de la subdélégation de Périgueux et de Sarlat (Dordogne) ; — à la fourniture des étapes ; — au logement des gens de guerre ; — à la mort de monseigneur de Premeaux, évêque de Périgueux ; — aux recouvrements du 20e des offices de notaire ; — à l'établissement d'un cours d'accouchement tenu par M. Lacombe, médecin ; — au mauvais état du chemin du faubourg des Récollets, à Périgueux ; — à la maladie qui règne dans le canton de Bourdeilles ; — au payement du 20e d'industrie des huissiers de la justice de Bourg ; — à la police des huissiers aux tailles ; — aux inquiétudes causées par la cherté des subsistances à Périgueux.

C. 433. (Portefeuille.) — 113 pièces, papier.

1772. — Correspondance du subdélégué de Périgueux (Dordogne) avec l'intendant, relative : — au recouvrement des impôts ; — au 20e des revenus et octrois de la ville de Périgueux ; — au nommé Varraillon, régent à Branthôme ; — à l'hôpital de Périgueux ; — au logement des gens de guerre ; — à la perte des récoltes ; — aux limites des subdélégations de Périgueux et de Sarlat (Dordogne) ; — au casernement de la maréchaussée de Branthôme ; — aux droits réservés ; — au logement des troupes ; — à l'exemption des francs-fiefs ; — aux établissements des forges de la subdélégation de Périgueux ; — à un projet de règlement pour l'exercice des contraintes réunies dans l'Election de Périgueux ; — aux huissiers aux tailles ; — à une requête de madame la supérieure du monastère des religieuses de Sainte-Ursule, de Périgueux, au sujet de l'église de cette communauté.

C. 434. (Portefeuille.) — 109 pièces, papier.

1773. — Correspondance du subdélégué de Périgueux (Dordogne) avec l'intendant, concernant : — le logement des gens de guerre ; — les remèdes pour les pauvres ; — le transport des foins pour le service de la poste ; — les autorisations accordées aux communautés pour plaider ; — la réparation du chemin de Périgueux à Angoulême (Charente) ; — l'approvisionnement des grains ; — la réparation de l'église de Badefols ; — la fourniture des étapes ; — les frais de la milice de Montreu ; — le recouvrement des impositions ; — les gages du régent du Bugue ; — les déserteurs ; — la police de Périgueux ; — le transport des bagages militaires ; — l'hôpital de Branthôme ; — les comptes de l'octroi de Périgueux, etc.

C. 435. (Portefeuille.) — 109 pièces, papier.

1773. — Correspondance du subdélégué de Périgueux (Dordogne) avec l'intendant, concernant : — le produit des récoltes ; — la réparation de la fontaine de Coursac ; — les frais de communauté ; — le cours d'accouchement du sieur Brachet, chirurgien à Périgueux ; — les foires et marchés de Limeuil (Dordogne) et du Bugue ; — les convois militaires ; — la poste de Mussidan ; — les messageries de l'Hôtel-Dieu de Périgueux ; — la fourniture de médicaments pour les pauvres ; — le casernement de la maréchaussée de Branthôme ; — un remède contre la goutte ; — l'installation des officiers municipaux de Périgueux, etc.

C. 436. (Portefeuille.) — 89 pièces, papier.

1774. — Correspondance du subdélégué de Périgueux (Dordogne) avec l'intendant, relative : — à la nomination de M. Deffieux à la direction de la poste de Périgueux ; — au logement des gens de guerre ; — aux prix des grains ; — à la maladie épidémique dans la communauté de Bassillac ; — à l'octroi et aux biens patrimoniaux de Périgueux ; — au produit des récoltes ; — à la fourniture des étapes ; — aux arrérages du don gratuit ; — au casernement de la maréchaussée de Branthôme ; — aux dommages occasionnés sur les récoltes dans les cantons de Périgueux par la gelée, la grêle et les inondations ; — à la nomination du maire de Périgueux.

C. 437. (Portefeuille.) — 100 pièces, papier.

1774. — Correspondance du subdélégué de Périgueux (Dordogne) avec l'intendant, relative : — à la nomination du maire de Périgueux ; — aux comptes de l'octroi ; — aux charges de la ville de Périgueux ; — au logement des troupes ; — à la médiocrité des récoltes ; — à la maladie des bestiaux ; — à un mémoire du sieur Lespinasse, chirurgien, sur la maladie épidémique de 1771 ; — à l'exemption du logement des gens de guerre ; — à la poste de Mussidan ; — au droit de prélation, etc.

C. 438. (Portefeuille.) — 111 pièces, papier.

1775. — Correspondance du subdélégué de Périgueux (Dordogne) avec l'intendant, concernant : — la maladie des bestiaux ; — la nomination des huissiers aux tailles ; — M. de Mensignac, maire de Périgueux ; — les droits sur les grains; — le recouvrement des impôts ; — la poste de Mussidan ; — la carte de la province ; — les précautions contre l'épizootie ;—le vingtième des octrois de Périgueux; — le logement des gens de guerre ; — la levée des troupes provinciales ; — les foires de bestiaux à Périgueux ; — les noyés rappelés à la vie ; — l'inspecteur des haras ; — le mouvement des troupes, etc.

C. 439. (Portefeuille.) — 97 pièces, papier.

1775. — Correspondance du subdélégué de Périgueux (Dordogne) avec l'intendant, concernant : — la tournée de M. le duc de Mouchy dans le Périgord ; — l'envoi d'une brigade de maréchaussée à Bergerac (Dordogne) pour la répression d'une révolte ; — le recouvrement des impôts ; —une demande de secours du sieur Saunier de Bourdeilles pour cause d'incendie ;—les pertes causées par l'épizootie ; — les Sœurs hospitalières de Périgueux ; — le logement des gens de guerre ; — le transport des bagages militaires ; — les défrichements ; — la poste de Périgueux ; — la suppression des régiments provinciaux, etc.

C. 440. (Portefeuille.) — 128 pièces, papier.

1776. — Correspondance du subdélégué de Périgueux (Dordogne) avec l'intendant, relative : — aux réparations de l'église de Mensignac ; — à la construction d'une grange par M. Rayé, curé de Sainte-Marie de Chignac ; — aux convois militaires ;—à la poste de Tavernes ; — aux dépenses du dépôt de mendicité de Périgueux ; — à madame Sauret, mère de neuf enfants ; — à la diligence de Périgueux ; — au transport des fourrages ; — à la cessation de l'épidémie qui s'était déclarée à Brantôme ; — aux haras du Périgord ; — au recouvrement des impositions ; — au cours d'accouchement de M. Brachet, chirurgien à Périgueux ; — à l'escorte des deniers publics, etc.

C. 441. (Carton.) — 95 pièces, papier.

1777. — Correspondance du subdélégué de Périgueux (Dordogne) avec l'intendant, concernant : — les frais et les difficultés du transport des grains ; — les convois militaires ; — les travaux de charité de la communauté du Bugue ; — l'encouragement pour l'importation des grains ;—l'épidémie dans la communauté de Thénon ; — les frais de milice ; — le logement des gens de guerre ; — le transport des fourrages de la poste de Mussidan ;—les assemblées de la communauté de Mensignac ; — la répartition de la taille ; — les privilèges des employés aux poudres et salpêtres ; — les frais de recouvrement contre les nobles et les privilégiés ; — le payement des invalides ; — les postes de Périgueux

GIRONDE. SÉRIE C.

et Maraval ; — le bois et lumière des troupes ; — les hôpitaux de Périgueux et de Brantôme, etc.

C. 442. (Carton.) — 102 pièces, papier.

1778-1785. — Correspondance du subdélégué de Périgueux (Dordogne) avec l'intendant, concernant : — le transport des équipages militaires ;—les frais de traitement des bestiaux ; — le logement des gens de guerre ; — les ateliers de charité de Périgueux ; — l'envoi de secours aux habitants de Thénon atteints de la maladie épidémique ; — la cherté des grains ; — les permissions de vendre ; — les pompes à incendie ;—les privilèges de la ville de Périgueux ; — l'envoi de secours aux pauvres de Saint-Pierre de Chiniac ; — la messagerie de Périgueux ; — la mise en liberté de quatre prisonniers de Périgueux détenus dans les prisons de Bordeaux pour avoir pris part à une révolte au sujet des grains ; — la suppression de la maréchaussée de Brantôme, etc.

C. 443. (Portefeuille.) — 115 pièces, papier.

1742-1754. — Correspondance du subdélégué de Bergerac (Dordogne) avec l'intendant, relative : —aux abus sur la répartition de la taille ; — aux sieurs Compère, Marquis, Pascaliot et Prudous détenus dans les prisons de Bergerac pour voies de fait sur le sergent et des soldats de recrue du chevalier de Libertat, capitaine au régiment de Normandie ; — à des insultes faites par le sieur Hébérard, apothicaire, au curé d'Issigeac (Dordogne) ; — à des excès commis par le seigneur de Mons sur la personne du nommé Honoré ; — à la réparation du pont de Bergerac ; — aux grains de semence ; — à la confiscation de plusieurs barriques de vin entrées en fraude dans la ville de Bergerac ; — aux privilèges des habitants de La Linde ; — à la reconstruction de l'église de Prigondrieu ; — à la refonte de la cloche de la communauté de Lamongie, etc.

C. 444. (Portefeuille.) — 100 pièces, papier.

1755-1758. — Correspondance du subdélégué de Bergerac (Dordogne) avec l'intendant, relative : — à la fourniture de chevaux aux troupes ; — à la réparation de l'église de Sadillac ; — au transport des équipages militaires ; — aux frais du casernement des troupes à Eymet ; — à mademoiselle Dumarchet, nouvelle convertie, retirée au couvent des Dames de la Foi de Bergerac ; — aux prisonniers religionnaires ; — aux droits de passage au port de La Linde ; — à la nomination des officiers municipaux de Bergerac ; — à l'établissement d'une manufacture à Bergerac ; — à l'achat d'une maison presbytérale à Cogulot, près d'Eymet ; — aux assemblées des protestants, etc.

10

C. 445. (Portefeuille.) — 98 pièces, papier.

1758. — Correspondance du subdélégué de Bergerac (Dordogne) avec l'intendant, relative : — à la révocation d'un régent protestant à Eymet ; — aux marchés aux grains d'Issigeac et de La Linde ; — à la bourse des pauvres d'Eymet ; — à la manufacture de faïencerie de Bergerac ; — à la milice bourgeoise ; — au logement des troupes ; — au renouvellement des consuls de Bergerac ; — aux fourrages de la maréchaussée ; — à la nourriture des vagabonds et mendiants ; — à mademoiselle Élisabeth Brian, nouvelle convertie, etc.

C. 446. (Portefeuille.) — 128 pièces, papier.

1759. — Correspondance du subdélégué de Bergerac (Dordogne) avec l'intendant, concernant : — l'état des récoltes ; — les frais d'une mission à Eymet ; — les casernes de Bergerac ; — les ports d'armes ; — le passage des troupes dans la communauté de La Linde ; — la reddition des comptes de la communauté d'Issigeac ; — les grains d'aumône ; — les gages du régent d'Eymet ; — les transports d'armes ; — les dettes de la ville de Bergerac ; — le droit de franc-fief ; — les priviléges de la ville de Bergerac ; — la fabrique de faïencerie de Jean Babut à Bergerac ; — le droit de pontonage ; — le logement de M. le duc de La Trémouille à Bergerac ; — les ravages occasionnés par la grêle dans plusieurs paroisses de l'élection de Sarlat ; — les collecteurs de la capitation ; — l'emplacement, les maisons et jardin concédés par le Roi aux Pères Jésuites de Bergerac ; — les titres de la ville de Bergerac.

C. 447. (Portefeuille.) — 125 pièces, papier.

1760. — Correspondance du subdélégué de Bergerac (Dordogne) avec l'intendant, concernant : — mademoiselle Vignal, nouvelle convertie, — l'agrandissement du collège de Bergerac ; — les réparations du chemin de Cahuzac ; — les frais de casernement ; — les enfants des protestants à la manufacture de Bergerac ; — la régie des biens des religionnaires absents ; — les grains d'aumône ; — la fourniture des étapes ; — le recouvrement des impôts ; — le rouissage des chanvres ; — la désobéissance des consuls d'Eymet ; — la nomination d'un troisième régent au collége de Bergerac ; — l'imposition des frais de casernement ; — la recette pour faire l'eau rouge vulnéraire ; — la collecte de la capitation de Bergerac.

C. 448. (Portefeuille.) — 113 pièces, papier.

1763-1764. — Correspondance du subdélégué de Bergerac (Dordogne) avec l'intendant, relative : — au relevé des naissances et des morts ; — aux remèdes d'Helvétius ; — à la construction d'une église succursale à Bergerac ; — aux déserteurs amnistiés ; — au logement des gens de guerre ; — aux frais de casernement ; — à la réparation de la nef de l'église Saint-George de Monclard ; — à l'emprisonnement de Pierre Rougerie, atteint de démence furieuse ; — à la répartition de la capitation ; — à l'établissement d'un asile pour les pauvres de Bergerac ; aux messageries ; — à la fourniture du bois et lumière pour le corps de garde ; — à la réparation des pavés de la ville de Bergerac ; — au chemin d'Eymet à Sainte-Foy (Gironde) ; — à une fourniture de canons provenant de la forge de Jomélière en Périgord.

C. 449. (Portefeuille.) — 115 pièces, papier.

1765-1766. — Correspondance du subdélégué de Bergerac (Dordogne) avec l'intendant, concernant : — les comptes de la communauté d'Eymet ; — les priviléges des invalides ; — les abus commis dans l'administration de la communauté d'Eymet par les officiers municipaux de ladite ville ; — la revente du domaine de la ville de Bergerac ; — le don gratuit ; — les gages des régents d'Eymet et de Beaumont ; — les frais de construction du pont de La Linde ; — les octrois d'Issigeac ; — les biens et revenus de la communauté d'Eymet ; — la milice de Bergerac ; — l'hôpital de Beaumont ; — la mort de M. de Biran, subdélégué à Bergerac ; — le logement du garde-magasin des poudres ; — la distribution par la nommée Vital d'une huile propre à la guérison des rhumatismes ; — des demandes de modérations d'impositions ; — des plaintes contre le sieur de Labrousse, régisseur de la maison de La Rochefoucauld.

C. 450. (Portefeuille.) — 100 pièces, papier.

1767-1768. — Correspondance du subdélégué de Bergerac (Dordogne) avec l'intendant, relative : — à des renseignements sur les Genevois établis dans la subdélégation de Bergerac ; — au don gratuit ; — aux frais de procès de la communauté de Monbos ; — au prix du blé ; — à la répartition de la taille ; — au tirage de la milice ; — à l'approvisionnement du régiment de la Reine-dragons ; — au logement des troupes ; — aux enchères du domaine de Bergerac ; — à la revue du régiment de la Reine ; — à la police des vins ; — au transport des fourrages ; — à la nommée Michelle Loumagne détenue pour libertinage ; — au pavage de l'avenue de la ville de Bergerac ; — à des autorisations pour plaider ; — aux collecteurs de la capitation, etc.

SÉRIE C. — INTENDANCE DE BORDEAUX.

C. 451. (Portefeuille.) — 62 pièces, papier.

1768-1774. — Correspondance du subdélégué de Bergerac (Dordogne) avec l'intendant, relative : — au logement des troupes ; — à des demandes d'autorisations pour plaider ; — au transport des fourrages ; — aux ravages occasionnés par la grêle dans la paroisse de Mauzat ; — à des plaintes portées contre les fermiers des péages sur les rivières de Dordogne et Vezère ; — à la circulation des grains ; — à l'élection des consuls de La Linde ; — à la milice d'Issigeac ; — au don gratuit ; — à la maladie des bestiaux ; — à l'incendie d'une maison des plus considérables de Bergerac ; — au collecteur de Varenne.

C. 452. (Portefeuille.) — 89 pièces, papier.

1775. — Correspondance du subdélégué de Bergerac (Dordogne) avec l'intendant, concernant : — la maladie des bestiaux ; — la mort de M. de Biran, subdélégué ; — le don gratuit ; — l'installation du secrétaire de la ville de Bergerac ; — le logement des gens de guerre ; — les réparations de l'église de Monbazillac ; — l'établissement d'une brigade de maréchaussée à Bergerac ; — les marchés aux grains ; — La surveillance de la librairie ; — les frais de casernement de La Linde ; — les apparences des récoltes ; — la régie des biens des religionnaires ; — la démission des officiers municipaux de Bergerac, etc.

C. 453. (Portefeuille.) — 92 pièces, papier.

1776. — Correspondance du subdélégué de Bergerac (Dordogne) avec l'intendant, concernant : — l'exemption de la milice ; — les frais de bureau de la subdélégation ; — la fabrique de la faïencerie du sieur Babut à Bergerac ; — les convois militaires ; — la revue des troupes ; — un procès entre M. de Paty et la communauté de Beaumont au sujet du droit de police ; — l'envoi de la maréchaussée à la poursuite d'un nommé Daujon, chef de voleurs, qui répandait la terreur dans les environs de Bergerac ; — mademoiselle Anne Fogère, maîtresse d'école à La Linde ; — l'érection du sénéchalat de Bergerac en Présidial ; — l'émotion populaire de Bergerac, causée par la rareté du blé sur le marché ; — les patrouilles de la maréchaussée de Bergerac.

C. 454. (Portefeuille.) — 118 pièces, papier.

1777. — Correspondance du subdélégué de Bergerac (Dordogne) avec l'intendant, concernant : — les priviléges des soldats provinciaux ; — les comptes de la communauté de Beaumont ; — les étapes de la maréchaussée de Bergerac pour la conduite de divers particuliers séditieux des paroisses de Poyonne et de Saint-Geours-d'Auribat dans les prisons de Bordeaux ; — les poursuites dirigées contre une bande de voleurs ; — la répartition de la taille ; — les frais de procès des communautés ; — le commerce des vins ; — les ravages occasionnés par la grêle dans la subdélégation ; — l'établissement d'un marché à Monclard ; — la fonderie du suif de Bergerac ; — le bureau d'aumône ; — la fourniture du pain des prisonniers, etc.

C. 455. (Portefeuille.) — 122 pièces, papier.

1778. — Correspondance du subdélégué de Bergerac (Dordogne) avec l'intendant, relative : — à la sûreté publique ; — au traitement des maladies chroniques ; — aux semences avancées aux cultivateurs ; — au commerce des vins ; — à la nomination de M. Gonthier de Biran fils aux fonctions d'adjoint à la subdélégation ; — à des contraventions aux règlements des messageries ; — au produit des récoltes ; — au transport des bois de la marine ; — aux priviléges des habitants de Bergerac ; — à l'admission au couvent de Beaumont de mademoiselle Jeanne Courtine, nouvelle convertie ; — aux mesures de police contre une bande de contrebandiers armés ; — à la circulation des grains ; — au logement des gens de guerre, etc.

C. 456. (Portefeuille.) — 71 pièces, papier.

1779. — Correspondance du subdélégué de Bergerac (Dordogne) avec l'intendant, relative : — aux rôles d'office ; — au commerce des vins ; — à l'administration municipale de Bergerac ; — au logement des gens de guerre ; — au sieur Géraud, entrepreneur de la fabrique de salpêtre, accusé d'avoir frappé un sergent de ville de Bergerac ; — à la réparation de l'église des PP. Récollets de Bergerac ; — à la régie des biens des religionnaires ; — au rachat des corvées ; — à la nomination de M. Lacoste de Laval au grade de lieutenant de la louveterie ; — aux étapes de la maréchaussée ; — aux réparations du palais de Bergerac ; — aux sœurs de l'hôpital de Montpazier, etc.

C. 457. (Portefeuille.) — 107 pièces, papier.

1780. — Correspondance du subdélégué de Bergerac (Dordogne) avec l'intendant, relative : — au droit de confirmation de ventes ; — aux vins de Saint-Laurent ; — à la réclusion du nommé Mianne de la communauté de Beaumont pour démence furieuse ; — aux gens suspects ; — au logement des gens de guerre ; — au droit de bancage aux foires et marchés ; — aux droits de péage au port de La Linde et à l'arrestation du fermier pour concussion ; — aux fraudes sur la confection des barriques ; — à la maladie des bestiaux ; — au transport des bois pour la marine

— aux ravages occasionnés par la grêle ; — au bail du droit de passage sur le pont de Bergerac ; — à l'administration des hôpitaux, etc.

C. 458. (Portefeuille.) — 94 pièces, papier.

1781-1782. — Correspondance du subdélégué de Bergerac (Dordogne) avec l'intendant, concernant : — l'exemption du logement des gens de guerre ; — le droit de confirmation ; — la fourniture des chevaux et voitures pour les troupes ; — les chiens dangereux ; — les gages du régent de la communauté de Cours de Pilles ; — les ravages occasionnés par la grêle dans la subdélégation ; — la régie des biens des religionnaires fugitifs ; — l'incendie de la papeterie du sieur Lavaysse, à Couze, près La Linde ; — le traitement de la rage ; — le rachat des corvées ; — la ferme du droit de péage du pont de Bergerac ; — le transport des bois de la marine ; — les priviléges de la ville de Bergerac, etc.

C. 459. (Portefeuille.) — 81 pièces, papier.

1783-1785. — Correspondance du subdélégué de Bergerac (Dordogne) avec l'intendant, concernant : — l'entretien du pont de Bergerac ; — les droits sur les bateaux ; — le casernement des troupes ; — M. de Vallambreuse nommé commissaire des classes de la marine à Bergerac ; — les étapes de la maréchaussée ; — le logement des gens de guerre ; — les frais des rôles ; — l'hôpital de Bergerac ; — le recouvrement des impositions ; — les priviléges de la ville de Bergerac confirmés en 1784, par arrêt du Conseil.

C. 460. (Registre.) — 101 feuillets, papier, in-folio, relié en parchemin.

1766-1790. — Enregistrement des requêtes de la subdélégation de Bergerac (Dordogne). — Lettres de MM. de Laur, chevalier de Saint-Louis, — Fraigneau, lieutenant criminel, — Chanaud de Lestan, — mademoiselle Élisabeth de Sirvens, — Carrière de Mouvert, écuyer, — Dugueyla de La Bernardie, — Rochon de Vormeselle, — le comte de Foulcauld de Lardimalie — Vassal de Bellegarde, — le marquis de Chaban, — de Gastebois de Bourdouly, — Fayole de La Vidalie, — de Boulède, écuyer, seigneur de Villard, — Guiraud, sieur de Pujol, — Nadal de Lamothe, — la demoiselle de La Calliandière, — François de Laramade, écuyer, — d'Adhémar du Rocq, ancien officier, — Grossoleil de Bellevue. — d'Augeard, seigneur de Terregand, etc

C. 461. (Portefeuille.) — 106 pièces, papier.

1782. — Correspondance du subdélégué de Sarlat (Dordogne) avec l'intendant, relative : — à la vérification des quittances des nobles et des privilégiés ; — au droit de quarantain ; — à des contestations entre M. Laville, ancien consul et la communauté de Belvès, au sujet d'un procès perdu par le premier ; — aux comptes de la communauté de Montignac ; — à l'établissement d'une manufacture à Sarlat ; — à l'hôpital de Montignac ; — au collége de Sarlat ; — à la nomination des consuls de Saint-Cyprien ; — à la plantation de mûriers ; — à la fourniture du bois des troupes ; — au passage des grenadiers royaux à Miramont ; — à des abus commis par les receveurs des tailles et collecteurs de Sarlat ; — à la halle de Montpazier ; — à la destruction des papillons, etc.

C. 462. (Portefeuille.) 113 pièces, papier.

1763. — Correspondance du subdélégué de Sarlat (Dordogne) avec l'intendant, relative : — au logement des troupes ; — aux salaires des huissiers aux tailles ; — à la contagion sur les bestiaux ; — au passage du régiment du Roi à Sarlat ; — aux prairies artificielles ; — aux papiers du Canada ; — à la maison de refuge de Sarlat ; — à la fourniture des chevaux et voitures pour le transport des équipages militaires ; — à l'entrepôt de tabac de Sarlat ; — au recouvrement des impositions ; — à la noblesse de M. de Beaupuy, gentilhomme de Sarlat ; — au changement du messager de Montpazier, etc.

C. 463. (Portefeuille.) — 83 pièces, papier.

1764. — Correspondance du subdélégué de Sarlat (Dordogne) avec l'intendant, relative : — à l'exemption des tailles ; — à une plainte de madame de Calvimont contre le collecteur de Sarlat ; — à la fourniture des étapes ; — à l'élection consulaire de Belvès, dispute dans l'assemblée entre le chevalier de Lauzat et le sieur Bel ; — à la nomination des consuls de Sarlat ; — à des usurpations au préjudice de la communauté de Domme ; — à l'exemption du logement des gens de guerre ; — à la levée des impositions ; — à la fermeture d'un passage dit la rue Noire à Sarlat ; — à l'hôpital de Montignac, etc.

C. 464. (Portefeuille.) — 100 pièces, papier.

1765. — Correspondance du subdélégué de Sarlat (Dordogne) avec l'intendant, relative : — à l'établissement d'une maison pour les pauvres à Sarlat ; — aux cours d'accouchement ; — à des contestations entre les communautés de Domme-Vieille et Cenac au sujet de l'établissement d'une foire ; — aux haras ; — au recouvrement des impôts ; — à la misère extrême des habitants de la paroisse de Soulaure ; — au défrichement des terres ; — au prieuré de Rivès ; — au pavage du grand chemin de Landrevy à Sarlat ; — aux privilèges des gardes-magasins des poudres ; — à l'exemption du droit d'octroi pour le vin des prisonniers ; — à la démolition d'un mur public de la ville de Belvès menaçant ruine, etc.

C. 465. (Portefeuille.) — 78 pièces, papier.

1766. — Correspondance du subdélégué de Sarlat (Dordogne) avec l'intendant, relative : — aux dépenses pour le traitement des personnes mordues par un loup enragé ; — à la vente de domaines ; — à l'acquisition d'une maison pour l'hôpital de Sarlat ; — au don gratuit ; — à la manufacture de Montignac ; — au pavé de l'église de Domme ; — aux revenus de la ville de Montpazier ; — aux dommages occasionnés par la grêle ; — au charbon de terre ; — à des abus dans la distribution des lettres au bureau des postes de Montignac ; — à l'élection des consuls de Sarlat ; — à l'abbaye de Cadouin ; — à l'acquisition d'un jardin pour la maison du Bon-Pasteur de Sarlat, etc.

C. 466. (Portefeuille.) — 122 pièces, papier.

1767. — Correspondance du subdélégué de Sarlat (Dordogne) avec l'intendant, concernant : — la vente des marchandises et effets existant dans les manufactures de Montignac, Sarlat et Eymet (Dordogne), aux sieurs Gradis, Lindo et Astruc, négociants de Bordeaux ; — le don gratuit ; — la réparation du pavé de Sarlat ; — la nomination des consuls de Belvès ; — la maison de refuge de Sarlat ; — les gages des receveurs des tailles ; — le droit de quarantain ; — l'administration de l'hôpital de Sarlat, etc.

C. 467. (Portefeuille.) — 118 pièces, papier.

1768-1769. — Correspondance du subdélégué de Sarlat (Dordogne) avec l'intendant, concernant : — le logement des invalides ; — la maison de refuge de Sarlat ; — les grains de semence ; —le cours d'accouchement de Sarlat ; — la circulation des grains ; — la réparation de l'église de Belvès ; — l'histoire du Périgord ; — les fermiers des dîmes ecclésiastiques ; — l'arrestation des mendiants ; — la manufacture de Montignac ; — les moyens de se garantir des inondations de la rivière de Vezère, etc.

C. 468. (Portefeuille.) — 112 pièces, papier.

1744-1751. — Correspondance du subdélégué de Sarlat (Dordogne) avec l'intendant, concernant : — une notice sur la fondation de la ville de Montpazier ; — la fourniture du pain des prisonniers ; — la démolition d'un moulin au faubourg de la Rigaudie (Sarlat) ; — la réparation des prisons ; — la navigation de la rivière de Dordogne ; — le passage du régiment de dragons d'Eymon à Belvès ; — la fourniture d'ustensiles aux troupes ; — les ravages occasionnés par la grêle ; — le commerce des grains, etc.

C. 469. (Portefeuille.) — 126 pièces, papier.

1752-1756. — Correspondance du subdélégué de Sarlat (Dordogne) avec l'intendant, relative : — à l'achat d'une maison pour le logement du curé de Sigoulès ; — à l'aliénation d'un terrain appartenant à la ville de Domme ; — aux privilèges de la ville de Beaumont pour l'entrée des vins ; — aux grains de semence ; — à l'imprimerie de Jean-Baptiste Rabin, à Sarlat ; — au passage des troupes ; — au pavage de la place publique de Montpazier ; — au collège de Domme ; — à la liberté du commerce ; — aux règlements de police ; — à des usurpations au préjudice de la ville de Belvès ; — aux recouvrements des impositions, etc.

C. 470. (Portefeuille.) — 111 pièces, papier.

1757-1758. — Correspondance du subdélégué de Sarlat (Dordogne) avec l'intendant, relative : — aux ports d'armes ; — aux corvées ; — au logement des gens de guerre ; — aux gages du régent de Bersac et Beauregard ; — à des contestations au sujet de l'union d'un prieuré au collège de Sarlat ; — à la cession d'un terrain en faveur du père gardien des Récollets ; — à la construction de l'hôpital de Sarlat ; — au couvent de Sainte-Claire ; — à des amendes contre les cabaretiers ; — aux octrois de Sarlat ; — à l'interdiction du cimetière de Brenat ; — à la construction du collège de Sarlat, etc.

C. 471. (Portefeuille.) — 111 pièces, papier.

1758-1759. — Correspondance du subdélégué de Sarlat (Dordogne) avec l'intendant, relative : — à l'acquisition de la maison et enclos des religieuses de Sainte-Claire ; — au droit de péage du port de Capet en faveur de M. de Beaumont ; — à la nomination de M. de Mérignac aux fonctions d'adjoint à la subdélégation de Sarlat ; — au logement des troupes à Issigeac ; — aux rôles d'office ; — aux droits sur les vins ; — aux privilèges des salpêtriers ; — au don gratuit ; — à la saisie des toiles teintes ; — aux frais de procès des communautés ; — aux droits du subdélégué ; — à l'hôpital de Montaignac, etc.

C. 472. (Portefeuille.) — 111 pièces, papier.

1759-1760. — Correspondance du subdélégué de Sarlat (Dordogne) avec l'intendant, relative : — à mademoiselle Louise Paviot, pensionnaire à la maison des Filles de la Foi de Beaumont ; — à la veuve Cabane, détenue dans la maison du Bon-Pasteur de Montpazier, pour inconduite ; — à l'hôpital de Beaumont ; — à la fermeture d'une petite rue à Sarlat ; — aux jeux de hasard ;— à Pierre Daugié et Denis Mazolles, syndics, collecteurs de la paroisse du Beil, poursuivis pour divertissement de deniers royaux ; — à l'établissement des frères des Écoles chrétiennes de Sarlat ; — aux frais d'une mission à Eymet, etc.

C. 473. (Portefeuille.) — 111 pièces, papier.

1760-1761. — Correspondance du subdélégué de Sarlat (Dordogne) avec l'intendant, relative : — aux frais de courses de la maréchaussée de Sarlat ; — au recouvrement des impositions ; — à l'état des revenus des villes et communautés ; — aux frères des Écoles chrétiennes ; — aux biens incultes ; — au logement des gens de guerre ; — à la perte des récoltes ; — à des demandes de secours ; — à la réparation du presbytère de Berbiguières ; — aux jeux de hasard ; — à la fête votive d'Andrix ; — à l'église de Monferrand ; — aux dommages occasionnés par le débordement de la Dordogne ; — à la forêt de Labessède ; — aux armes de la ville de Sarlat, etc.

C. 474. (Portefeuille.) — 111 pièces, papier.

1761. — Correspondance du subdélégué de Sarlat (Dordogne) avec l'intendant, concernant : — le sieur Brugues, pour divertissement de deniers royaux ; — l'envoi de 50 hommes du régiment de Cambis et de 3 brigades de maréchaussée à la poursuite de contrebandiers ; — les droits sur les cuirs ; — Marguerite Chassaing, sœur à la Miséricorde de Prats de Carlux ; — le payement des troupes de la marine ; — la suppression de cabarets ; — les octrois de Montpazier ; — le logement des gens de guerre ; — les honoraires du prédicateur de Salagnac ; — les déserteurs ; — la formation de six compagnies de troupes bourgeoises, etc.

C. 475. (Portefeuille.) — 105 pièces, papier.

1770. — Correspondance du subdélégué de Sarlat avec l'intendant, concernant : — la liquidation du prix de l'office de président à Sarlat (Dordogne) ; — la conservation des enfants ; — la nomination des officiers municipaux de Sarlat ; — l'acquisition d'un emplacement pour la construction d'un hôpital à Montignac ; — la réparation des canaux qui traversent la ville de Sarlat ; — l'entreprise des étapes ; — la réparation du bateau de passage à Badefols ; — la maison de refuge de Sarlat ; — la manufacture de Montignac ; — les grains de semence ; — la nomination de M. Fajol aux fonctions de maire à Sarlat ; — le logement de la maréchaussée ; — l'exploitation d'une mine à Belvès par M. le marquis de Rastignac.

C. 476. Portefeuille.) — 115 pièces, papier.

1771. — Correspondance du subdélégué de Sarlat (Dordogne) avec l'intendant, relative : — au don gratuit ; — à un appel comme d'abus entre l'évêque et les habitants de Domme, au sujet de la translation de l'église de Condom ; — à l'association des Pénitents bleus ; — aux frais de procès des communautés ;— à la situation de la ville de Sarlat par rapport à ses revenus ;—à la régie des biens des religionnaires fugitifs ; — à la maladie des bestiaux ; — à l'arrestation de Pierre Maury, dit Picou, pour démence furieuse ; — au logement de la maréchaussée de Montignac ; — au succès du traitement d'une maladie épidémique dans la communauté de Saint-Vincent-de-Casse ; — aux réparations de l'hôtel de ville de Sarlat.

C. 477. (Portefeuille.) — 114 pièces, papier.

1771-1772. — Correspondance du subdélégué de Sarlat (Dordogne) avec l'intendant, relative : — à l'envoi d'une barrique de riz à la maison de refuge de Sarlat ; — à la marche des troupes ; — au logement de la maréchaussée ; — à l'élection des consuls de Villefranche ; — à la réparation de l'église des Pénitents de Sarlat ; — à la culture des mûriers ; — au salaire des huissiers aux tailles ; — au transport des bagages militaires ; — à la réparation des murs de clôture de la maison des Dames de la Foi de Belvès ; — à l'hôpital de Martignac ; — aux pertes occasionnées par un incendie dans la maison des Dames de la Foi de Sarlat.

C. 478. (Portefeuille.) — 101 pièces, papier.

1773. — Correspondance du subdélégué de Sarlat (Dordogne) avec l'intendant, relative : — aux arrérages du don gratuit ; — à la reconstruction des prisons de Villefranche ; — aux casernes de la maréchaussée de Montignac ; — aux droits réservés ; — aux frais des réparations de l'hôtel de ville de Sarlat ; — au transport des deniers royaux ; — aux frais des procès des communautés ; — à la misère dans le Sarladais ; — au transport des grains et fourrages ; — à la maison des religieuses de Notre-

Dame de Sarlat ; — à l'établissement d'un octroi à Montpazier, etc.

C 479. (Portefeuille.) — 100 pièces, papier.

1774. — Correspondance du subdélégué de Sarlat (Dordogne) avec l'intendant, relative : — aux offices municipaux de Montpazier ; — à la construction d'un pont sur le ruisseau traversant le bourg de Coli ; — à l'hôpital de Montpazier ; — à des demandes de secours pour les pauvres ; — à une contestation entre le chapitre et la communauté de Sarlat au sujet de l'alignement d'une maison ; — à la destitution des employés aux tailles de Sarlat ; — à la réparation du pont de Daglan ; — aux droits de contrôle ; — au don gratuit ; — au recouvrement des impôts ; — à la cherté des grains ; — à la misère des habitants de Villefranche.

C. 480. (Portefeuille.) — 89 pièces, papier.

1774-1775. — Correspondance du subdélégué de Sarlat (Dordogne) avec l'intendant, concernant : — la réparation de la maison de Charité de Montpazier ; — les frais de procès de la communauté de Belvès ; — les offices municipaux ; — les gages du régent de Montpazier ; — le logement des gens de guerre ; — la fourniture des étapes ; — les noyés rappelés à la vie ; — la guérison de trois personnes traitées de la rage ; — la réparation de l'hôtel de ville de Sarlat ; — le traitement des bestiaux ; — les réparations de l'église de Fougoulat et du presbytère de Marcory.

C. 481. (Portefeuille.) — 100 pièces, papier.

1775. — Correspondance du subdélégué de Sarlat (Dordogne) avec l'intendant, concernant : — le projet d'un canal à Sarlat ; — les commissions d'huissiers aux tailles ; — les offices municipaux de Montpazier ; — les comptes de la communauté de Belvès ; — les foires et marchés de la subdélégation ; — la maladie des bestiaux ; — la levée de soldats provinciaux ; — les réparations de l'église de Saint-Quintin ; — les frais de bureau du subdélégué ; — la nomination des officiers municipaux de la ville de Domme ; — les frais de transport des deniers de la recette ; — des abus commis à la direction de la poste aux lettres de Terrasson ; — le service des convois militaires.

C. 482. (Portefeuille.) — 100 pièces, papier.

1776. — Correspondance du subdélégué de Sarlat (Dordogne) avec l'intendant, relative : — à la manufacture de Sarlat ; — à la réparation du clocher de l'église de Montignac ; — à la répartition de la taille ; — au logement des gens de guerre ; — à la caserne de la maréchaussée de Montignac ; — à la nomination du syndic de Tursac ; — à la maladie épidémique sur les habitants de la communauté de Terrasson ; — à la réparation de l'hôtel de ville de Sarlat ; — à la maison de Charité de Montpazier ; — aux gages du régent de Saint-Léon ; — aux frais de bureau du subdélégué ; — aux convois militaires ; — aux réparations du parquet et de l'auditoire de Sarlat.

C. 483. (Portefeuille.) — 107 pièces, papier.

1776-1777. — Correspondance du subdélégué de Sarlat (Dordogne) avec l'intendant, concernant : — la maladie des bestiaux ; — le logement de M. Verdier, curé de la paroisse de Saint-Cybranet ; — les réparations des églises de Larroque-Gajac, de Grives et de Marsales ; — l'achat d'une horloge pour la paroisse d'Auriac ; — les noyés rappelés à la vie ; — les réparations des casernes de la maréchaussée et de l'hôtel de ville de Sarlat ; — le rétablissement du parquet du présidial ; — la maison de refuge ; — les foires de Saint-Léon-sur-Vezère ; — la prime pour la destruction des loups.

C. 484. (Portefeuille.) — 113 pièces papier.

1777-1778. — Correspondance du subdélégué de Sarlat (Dordogne) avec l'intendant, concernant : — les priviléges des gardes des eaux et forêts ; — la construction d'une fontaine à Sarlat ; — la liberté du commerce des grains ; — le rachat des corvées ; — les comptes de la communauté de Sarlat ; — le recouvrement des impositions ; — le logement des gens de guerre ; — la préparation des cuirs ; — l'office de maire de Terrasson ; — les étapes de la maréchaussée de Domme ; — la réparation de la fontaine publique de Montignac ; — les octrois de Sarlat ; — la fourniture de chevaux et charrettes pour les troupes, etc.

C 485. (Portefeuille.) — 125 pièces, papier.

1778. — Correspondance du subdélégué de Sarlat (Dordogne) avec l'intendant, relative : — aux réparations de l'hôtel de ville de Sarlat ; — à la maladie des bestiaux ; — à l'établissement d'un atelier de charité à Baynac ; — aux octrois et aux comptes de la communauté de Sarlat ; — à la reconstruction de l'hôtel de ville et des prisons de Belvès ; — à la poste de Sarlat ; — aux grains de semence ; — à la circulation des grains ; — à la fourniture des étapes ; — aux frais de milice ; — aux droits de placage à Sarlat ; — au logement des troupes ; — aux frais de transport de riz et de fèves pour les pauvres.

C. 486. (Portefeuille.) — 100 pièces, papier.

1779. — Correspondance du subdélégué de Sarlat (Dordogne) avec l'intendant, relative : — aux gages du régent de Villefranche ; — à la maison de refuge de Sarlat ; — aux embaucheurs et fauteurs de désertion ; — aux honoraires du sieur Henry, ingénieur ; — au choix d'un local pour la tenue des foires de Villefranche ; — à l'escorte des deniers royaux ; — aux comptes de la communauté de Belvès ; — aux travaux de charité ; — à la maison du Bon-Pasteur de Sarlat ; — aux priviléges des gardes-magasins des poudres et salpêtres ; — à la levée des troupes provinciales ; — au collége de Sarlat ; — à la reconstruction de l'hôtel de ville de Belvès, etc.

C. 487. (Portefeuille.) — 92 pièces, papier.

1779-1780. — Correspondance du subdélégué de Sarlat (Dordogne) avec l'intendant, concernant : — les gages des officiers municipaux de Montpazier ; — l'adjudication des octrois de la ville de Sarlat ; — les réparations de l'église paroissiale de Grives ; — le logement des gens de guerre ; — l'établissement d'une imprimerie à Sarlat ; — les droits d'entrée de l'octroi de Sarlat ; — les prix des vins de Domme ; — l'hôpital de Montignac ; — les vacants de La Bessède ; — les rôles d'office.

C. 488. (Portefeuille.) — 100 pièces, papier.

1780. — Correspondance du suddélégué de Sarlat (Dordogne) avec l'intendant, relative : — aux manufactures de Monpazier et de Montignac ; — aux exemptions du logement des gens de guerre ; — à la rétribution du messager de Montpazier ; — aux comptes de la communauté de Belvès ; — aux troupes provinciales ; — à la nomination de M. Gérard aux fonctions de maire de Sarlat ; — à l'inspection des poudres ; — à l'hôpital de Montignac ; — aux priviléges de la communauté de Sarlat ; — aux grains de semence ; — au contrôle des vingtièmes ; — au défrichement des communaux de Sarlat ; — à la réparation du pavé du pont de Daglan, etc.

C. 489. (Portefeuille.) — 103 pièces, papier.

1781-1782. — Correspondance du suddélégué de Sarlat (Dordogne) avec l'intendant, concernant : — la fourniture des voitures et chevaux pour le transport des équipages militaires ; — l'établissement d'un corps de garde à Montignac ; — la perte des récoltes ; — la maison de MM. de la congrégation de la Mission ; — l'arrestation des vagabonds ; — la maison du Bon-Pasteur de Sarlat ; — l'octroi de Montpazier ; — les gages du régent de Villefranche ; — l'administration municipale de Belvès ; — les grains de semence ; — les priviléges des gardes-magasins des poudres et salpêtres ; — le marché aux grains de Villefranche ; — les gratifications du subdélégué de Sarlat ; — le recouvrement des impôts ; — le contrôle du vingtième ; — le logement des troupes, etc.

C. 490. (Portefeuille.) — 104 pièces, papier.

1782-1784. — Correspondance du subdélégué de Sarlat (Dordogne) avec l'intendant, relative : — aux officiers municipaux de Montignac ; — à l'habillement et gages du valet de ville ; — aux réjouissances à Sarlat à l'occasion de la naissance du Dauphin ; — à un arrêt du conseil qui ordonne que les habitants de Sarlat continueront à être imposés à la taille de propriété dans les paroisses où ils ont des biens ; — aux frais des étapes de la maréchaussée ; — à Joseph Roussel, maniaque, détenu dans la maison des frères de la Charité de Cadillac ; — aux frais de médicaments et de visites du médecin ; — à l'exemption du logement des gens de guerre.

C. 491. (Portefeuille.) — 111 pièces, papier.

1785-1786. — Correspondance du subdélégué de Sarlat (Dordogne) avec l'intendant, relative : — à la fourniture des chevaux et voitures pour les troupes ; — à des demandes en modérations de tailles pour pertes de récoltes et de bestiaux ; — aux rôles d'office ; — à l'abonnement des tailles de la ville de Sarlat ; — à Paul Maignol, collecteur de la paroisse de Saint-Martial, accusé d'abus dans la rédaction de son rôle ; — aux dégâts occasionnés dans la paroisse de Saint-Léon par le débordement de la rivière de Vezère, etc.

C. 492. (Portefeuille.) — 113 pièces, papier.

1762-1772. — Correspondance du subdélégué de Ribérac (Dordogne) avec l'intendant, concernant : — les villes et communautés devant composer la subdélégation ; — l'hôpital et les écoles publiques de Riberac ; — le casernement des troupes ; — la fourniture des fourrages, bois et lumière ; — le logement des officiers ; — les papiers du Canada ; — les réjouissances à l'occasion de la paix ; — la contagion sur les bestiaux ; — les convois militaires ; — les corvées ; — la capitation des Sœurs hospitalières de Riberac ; — l'érection en comté de la terre de M. de Chapt de Rastignac ; — un projet de fondation d'un hôpital à Riberac ; — la misère des habitants ; — la poste de Saint-Méard ; — le don gratuit ; — le commerce des grains ; — le rétablissement du petit pont de la levée du Chalard, à Riberac, etc.

C. 493. (Portefeuille.) — 130 pièces, papier.

1773-1786. — Correspondance du subdélégué de Riberac (Dordogne) avec l'intendant, concernant : — l'hôpital de Riberac ; — le transport des grains ; — les effervescenses populaires et les arrestations des principaux émeutiers ; — l'exemption du logement des gens de guerre ; — les précautions à prendre contre l'épizootie ; — les frais de procès de la communauté de Chanteyrac ; — les foires de Riberac ; — les soldats provinciaux ; — le logement des troupes ; — les vétérans retraités ; — le recensement de la population de Riberac ; — la perte de bestiaux ; — l'affaire de M. le maréchal de Mouchy et la communauté de Riberac, au sujet de la propriété des prairies de Cherval ; — la refonte de la cloche de l'église de Saint-Martin.

C. 494. (Portefeuille.) — 104 pièces, papier.

1743-1754. — Correspondance du subdélégué de Nontron (Dordogne) avec l'intendant, relative : — à la réparation de l'église de Milhat ; — à la construction d'un pont en pierre sur le ruisseau de Varagues ; — aux salaires des huissiers ; — à la construction d'un pont en bois à Saint-Front-la-Rivière, sur la Dronne ; — à un procès intenté à la communauté de Nontron par M. Mazerat, avocat, qui se plaignait d'avoir été porté indûment sur le tableau de collecte ; — à une plainte du subdélégué de Nontron contre les coureurs de nuit.

C. 495. (Portefeuille.) — 109 pièces, papier.

1756-1762. — Correspondance du subdélégué de Nontron (Dordogne) avec l'intendant, relative : — au renouvellement des rôles de Varagnes ; — aux droits d'octroi de Nontron ; — au rétablissement d'une maison ruinée par l'alignement du chemin de Thiviers ; — aux priviléges des employés à la fabrication des canons ; — au logement des troupes ; — aux abus dans les exemptions de la milice ; — au père gardien des Cordeliers de Nontron ; — aux déserteurs ; — aux frais de garnison ; — aux vols et brigandages commis dans la paroisse de La Chapelle-Pommiers ; — à l'arrestation d'un nommé Dumerie ; — aux recrues provinciales ; — à la fourniture des canons ; — au transport des mines pour le Roi ; — à la réparation de l'hôpital de Nontron.

C. 496. (Portefeuille.) — 124 pièces, papier.

1762-1766. — Correspondance du subdélégué de Nontron (Dordogne) avec l'intendant, relative : — à une demande de M. de Champagnac, capitaine en retraite à Saint-Pardoux-La-Rivière, en augmentation de pension ; — aux voitures pour le transport des canons ; — au logement des gens de guerre ; — aux exemptions de la taille ; — à la contagion des bestiaux ; — à la fourniture des chevaux pour les troupes ; — à la construction du presbytère de Feuillade ; — à la vente et achat d'habillements et d'armes des soldats ; — à la réparation de la fontaine publique de Nontron ; — aux corvées militaires ; — au recouvrement des impôts ; — à la nomination de M. de Villarcy aux fonctions d'adjoint à la subdélégation de Nontron ; — au prix des grains ; — à la perte des récoltes ; — au don gratuit.

C. 497. (Portefeuille.) — 119 pièces, papier.

1766-1769. — Correspondance du subdélégué de Nontron (Dordogne) avec l'intendant, relative : — aux frais de traitement de sept individus mordus par des loups enragés ; — à la fourniture des canons ; — aux corvées militaires ; — à l'exemption des tailles ; — à la fourniture des étapes ; — au don gratuit ; — aux poudres et salpêtres ; — à la messagerie et à la poste de Mareuil ; — à la réparation de la fontaine de Nontron ; — aux pertes des récoltes occasionnées par la gelée ; — au vingtième de l'industrie ; — au passage des troupes ; — aux grains de semence ; — aux rôles d'office ; — aux priviléges des salpêtriers.

C. 498. (Portefeuille.) — 117 pièces, papier.

1770-1773. — Correspondance du subdélégué de Nontron (Dordogne) avec l'intendant, concernant : — le vingtième d'industrie ; — les ateliers de charité ; — les assemblées illicites ; — le don gratuit ; — le logement des gens de guerre ; — l'établissement d'un corps de garde à Mareuil ; — les convois militaires ; — les exemptions de la collecte ; — les pertes de bestiaux ; — la misère des habitants de Miallot ; — les frais de procès des communautés ; — les dommages occasionnés par la grêle ; — un ordre du Roi qui permet à M. de Lavie, ci-devant président à mortier, au Parlement de Bordeaux, de sortir de la ville de Nontron et d'aller partout où il voudra ; — le passage des troupes ; — la population de la communauté de Milhac, etc.

C. 499. (Portefeuille.) — 124 pièces, papier.

1773-1776. — Correspondance du subdélégué de

Nontron (Dordogne) avec l'intendant, concernan : — l'exemption de la taille ; — la fourniture de remèdes pour les pauvres ; — l'installation des officiers municipaux ; — les comptes de la communauté ; — les réparations de l'hôpital et de la fontaine publique ; — les foires et l'établissement de deux valets de ville à Nontron ; — la vente de grains ; — la perte des récoltes ; — les réparations du presbytère de Teyjac ; — des désordres survenus dans la ville de Nontron ; information contre les auteurs de ces désordres ; — les convois militaires ; — les déserteurs.

C. 500. (Portefeuille.) — 106 pièces, papier.

1777-1789. — Correspondance du subdélégué de Nontron (Dordogne) avec l'intendant, concernant : — l'importation des grains ; — le vol d'une valise remplie des effets de M. Daguerre, capitaine du régiment des recrues ; — le logement des gens de guerre ; — les grains de semence ; — la taxe du pain ; — le sieur Ratineau, maître de billard, condamné à trois jours de prison pour avoir laissé jouer chez lui des jeux de hasard ; — la confrérie de Nontron ; — les religieux des ordres de la Rédemption ; — l'établissement d'une brigade de maréchaussée à La Roche-Beaucourt ; — la nomination du syndic fabricien de Saint-Paul-de-Reilhat ; — les frais de réparation de la fontaine de Nontron.

C. 501. (Registre.) — 116 feuillets, papier.

1732-1787. — Enregistrement des requêtes de la subdélégation de Nontron, adressées à l'intendant par : — François Favard, sieur de Latour ; — Antoine-Albert, curé de Nontron ; — Jean de Valine, sieur de Mareuil ; — Joseph Ruben, sieur de Laulandie ; — de Lajartre ; — Millet de Villards ; — le chevalier Dubreuil ; — mademoiselle de Lisle ; — M. de Champagnac ; — de Laborderie ; — de Laterrière ; — le chevalier Defforges ; — le sieur de Lavalette ; — François Desbordes, sieur Desroches ; — le baron de Saint-Angel ; — le chevalier de Vassal.

C. 502. (Portefeuille.) — 121 pièces, papier.

1761-1771. — Correspondance du subdélégué de Thiviers (Dordogne) avec l'intendant, relative : — au transport des équipages militaires ; — à la disette des grains ; — à l'exemption des corvées militaires en faveur des paroisses de Nanteuil, Corgnac et Eyzérat ; — aux mesures des grains ; — aux réparations de l'abreuvoir de Thiviers ; — aux remèdes contre la rage ; — au tirage de la milice ; — aux dommages occasionnés par la gelée ; — à la fourniture des étapes ; — aux grains de semence ; — aux frais de bureau du subdélégué ; — aux règlements sur les chemins et sur les défrichements ; — au don gratuit ; — à la poste de La Coquille ; — aux travaux de charité ; — aux dépenses locales de Thiviers ; — au logement de la maréchaussée ; — au rétablissement d'une porte de la ville de Thiviers.

C. 503. (Portefeuille.) — 118 pièces, papier.

1772-1774. — Correspondance du subdélégué de Thiviers (Dordogne) avec l'intendant, relative : — à la fourniture des chevaux pour les troupes ; — au sous-traitant des étapes ; — aux priviléges des gardes-étalons ; — aux régiments provinciaux ; — aux contraventions au règlement des voitures ; — à l'état des récoltes ; — à l'augmentation du prix des grains ; — à l'ouverture des ateliers de charité ; — à l'état des paroisses formant la subdélégation de Thiviers ; — aux arrérages du don gratuit ; — à la vente des offices municipaux ; — aux voitures pour les déserteurs malades ; — aux dommages occasionnés par la gelée ; — au passage des troupes ; — à la police municipale d'Exideuil ; — à l'entretien des prisons de Thiviers.

C. 504. (Portefeuille.) — 98 pièces, papier.

1775-1789. — Correspondance du subdélégué de Thiviers (Dordogne) avec l'intendant, relative : — au loyer du parquet et des prisons de Thiviers ; — aux frais de réparation de la fontaine publique de La Mourenne ; — au passage des troupes ; — au don gratuit ; — à la tenue des foires aux bestiaux à Thiviers ; — aux droits réservés ; — aux convois militaires ; — au casernement des troupes ; — aux précautions à prendre contre l'épizootie ; — à la fourniture des étapes ; — au logement des gens de guerre ; — à la levée des soldats provinciaux ; — au commerce des bestiaux ; — à la direction de la poste de Thiviers ; — aux réparations de la charpente de l'église de Dussac ; — au plan du pont de Jumilhac ; — aux frais de milice.

C. 505. (Portefeuille.) — 86 pièces, papier.

1759-1778. — Correspondance du subdélégué de Vitrezay (Gironde) avec l'intendant, concernant : — les apparences de la récolte ; — la levée de la milice ; — les réparations du presbytère et des murs du cimetière de Saint-Ciers-de-la-Lande ; — l'établissement de la papeterie du sieur Nias, à Donnezac ; — le transport des équipages militaires ; — la surveillance des vagabonds ; — les encouragements pour défrichement ; — la destruction des taupes ; — des abus commis sur la répartition de la taille ;

SÉRIE C. — INTENDANCE DE BORDEAUX.

— le traitement des bestiaux atteints de l'épizootie ; — les ravages occasionnés par la gelée ; — la population de Saint-Palais ; — les foires de Saint-Ciers ; — les désastres causés par le débordement de la rivière de Gironde.

C. 506. (Portefeuille.) — 101 pièces, papier.

1774-1782. — Correspondance du subdélégué de Vitrezay (Gironde) avec l'intendant, concernant : — les états de production des paroisses de la subdélégation ; — les dommages causés par un incendie dans le domaine de madame Berrier, en la paroisse de Saint-Louis ; — la voirie urbaine de Saint-Palais ; — l'administration des haras ; — les précautions à prendre contre la maladie des bestiaux ; — le passage des troupes ; — les emprunts faits par les communautés ; — les battues aux loups ; — l'enregistrement des titres de noblesse ; — le traitement de la maladie de la rage ; — les frais de bureau du subdélégué ; — l'établissement d'un bureau de poste à Saint-Aubin ; — un meurtre commis, pour un raisin, sur la personne d'un nommé Prolongeau ; — les vols de bestiaux dans la communauté de Vitrezay ; — les bureaux de charité ; — la marque des étoffes, etc.

C. 507. (Portefeuille.) — 114 pièces, papier.

1730-1748. — Correspondance du subdélégué d'Agen (Lot-et-Garonne) avec l'intendant, relative : — au droit de pêche ; — aux comptes de la communauté d'Agen ; — aux ravages occasionnés par le débordement de la Garonne dans la communauté d'Espalais ; — à une plainte du curé de Verteuil contre une femme de mauvaise vie ; — aux réparations des prisons d'Agen ; — au pavage des rues de la ville de Villeréal ; — aux droits de quarantain ; — aux consuls de la ville de Clairac ; — à la révision des comptes de la communauté du Port-Sainte-Marie ; — à des abus dans les ventes des cuirs ; — à la police contre les bouchers ; — au recurement et l'élargissement du ruisseau de Fromadan ; — à la nomination des receveurs des tailles ; — aux frais de nourriture des pauvres d'Agen.

C. 508. (Portefeuille.) — 106 pièces, papier.

1749-1753. — Correspondance du subdélégué d'Agen (Lot-et-Garonne) avec l'intendant, relative : — à la créance d'un nommé Defaure sur la communauté d'Agen ; — aux grains de semence ; — aux réparations de la maison, des écuries et manèges du Roi de la ville d'Agen ; — à la construction d'un mur de ville près la porte Saint-Antoine ; — au reliquat des comptes de la communauté de La Sauvetat ; — aux procès des communautés ; — à l'exemption du logement des gens de guerre ; — au salaire du maître d'armes d'Agen ; — à l'augmentation des gages des valets de ville ; — aux droits du greffe de la subdélégation ; — aux plaintes contre le maître de poste du Port-Sainte-Marie ; — au transport des grains.

C. 509. (Portefeuille.) — 118 pièces, papier.

1754-1757. — Correspondance du subdélégué d'Agen (Lot-et-Garonne) avec l'intendant, relative : — à l'anoblissement de M. Granon, maire de la ville d'Agen ; — aux gages du valet de ville de Cauzac ; — à l'élection consulaire d'Agen ; — au logement des troupes de passage ; — aux frais de construction d'un canal à Clairac ; — à la communauté des épingliers ; — à Pierre Ducasse, créancier de la communauté de Bajamont ; — aux octrois d'Agen ; — à l'élection des consuls de Valence ; — à la police de Tournon ; — aux gages du régent de la paroisse de Lacourt ; — aux frais municipaux de Fregimont ; — aux réparations des prisons d'Agen ; — aux droits du secrétaire de l'Hôtel de Ville de Marmande, etc.

C. 510. (Portefeuille.) — 118 pièces, papier.

1757-1758. — Correspondance du subdélégué d'Agen (Lot-et-Garonne) avec l'intendant, relative : — à la fourniture des étapes ; — au renouvellement des robes des consuls du Port-Sainte-Marie ; — aux comptes de la communauté de Clermont-Dessus ; — aux frais d'enterrement des noyés ; — aux frais de procès de la communauté d'Agen ; — aux réparations du parquet du Port-Sainte-Marie ; — à la nomination des consuls d'Agen ; — aux patrouilles ; — à l'arrachement des arbres de l'allée Saint-Antoine ; — aux frais des pépinières ; — aux jeux prohibés ; — aux grains de semence.

C. 511. (Portefeuille.) — 104 pièces, papier.

1759. — Correspondance du subdélégué d'Agen (Lot-et-Garonne) avec l'intendant, concernant : — l'office de consul à Agen ; — le logement des troupes ; — le vin d'honneur pour les élections consulaires ; — les frais de réception du maréchal de Richelieu à Agen ; — le presbytère de la paroisse de Sainte-Ruffine ; — les frais de procès de la communauté d'Agen ; — le produit des récoltes ; — Antoine Jaubert, détenu dans les prisons de Puimirol pour démence furieuse ; — la fourniture des étapes ; — l'équipement des invalides ; — la distribution des aumônes ; — les Sœurs Hospitalières de Langon ; — le prix des grains ; — les réparations aux îles du Port-Sainte-Marie.

C. 512. (Portefeuille.) — 100 pièces, papier.

1759-1760. — Correspondance du subdélégué d'Agen (Lot-et-Garonne) avec l'intendant, concernant : — l'habillement des soldats du guet d'Agen ; — les gages du secrétaire de la communauté de Puimirol ; — les comptes de la communauté de Miramont-d'Aiguillon ; — le don gratuit ; — le logement des troupes ; — la réparation de l'îlot du Gravier à Agen ; — la fourniture des étapes ; — les consuls du Port-Sainte-Marie ; — l'habillement des valets de ville d'Agen ; — le vingtième d'industrie ; — la ferme des messageries d'Agen à Bordeaux.

C. 513. (Portefeuille.) — 100 pièces, papier.

1760. — Correspondance du subdélégué d'Agen (Lot-et-Garonne) avec l'intendant, concernant : — les ermites de Saint-Vincent-d'Agen ; — le couvent du Tiers-Ordre ; — la réunion d'offices ; — le recouvrement des impôts ; — le recurement des ruisseaux de la paroisse de Gouts ; — une dette de la communauté de Castelculier ; — la réception du maréchal de Richelieu à Agen ; — la reddition des comptes de la communauté du Port-Sainte-Marie ; — la reconstruction des boucheries de Puimirol ; — les grains de semence ; — le choix du subdélégué d'Agen ; — le sieur Lajeunesse, employé aux tailles, détenu dans les prisons d'Agen pour détournement de fonds ; — les droits sur les cuirs ; — le logement des gens de guerre, etc.

C. 514. (Portefeuille.) — 100 pièces, papier.

1761. — Correspondance du subdélégué d'Agen (Lot-et-Garonne) avec l'intendant, concernant : — les comptes des collecteurs ; — les gratifications des soldats du guet d'Agen ; — M. Marabat, détenu dans les prisons d'Agen pour reliquat de comptes ; — l'emploi de deniers de l'octroi ; — la reddition des comptes de la communauté de Monbalen ; — la direction des étapes ; — la réparation de la maison du Roi à Agen.

C. 515. (Portefeuille.) — 100 pièces, papier.

1761. — Correspondance du subdélégué d'Agen (Lot-et-Garonne) avec l'intendant, concernant : — l'entrée des vins d'étapes ; — les frais de recouvrement des impôts ; — une plainte des laboureurs de Clermont-Dessus, au sujet de la fourniture des voitures de transport et du logement des gens de guerre ; — les provisions du consul titulaire d'Agen ; — la reddition des comptes de la communauté de Puimirol ; — divers travaux de la ville d'Agen ; — les réparations de l'église de Monbalen ; — les comptes de la communauté de Montaigu ; — les revenus des anciens biens patrimoniaux de la ville et communauté d'Agen, etc.

C. 516. (Portefeuille.) — 82 pièces, papier.

1761. — Correspondance du subdélégué d'Agen (Lot-et-Garonne) avec l'intendant, concernant : — la réparation de l'église de Saint-Denis-de-Vitrac ; — la capitation des privilégiés ; — la démolition des quatre portes dans l'intérieur de la ville d'Agen ; — les revenus et charges de la communauté d'Aiguillon ; — le choix du subdélégué d'Agen ; — les frais de casernement ; — les abus sur les répartitions des tailles ; — la marche des troupes ; — la construction d'un puits et le pavage de la ville d'Agen ; — la maison religieuse des Jacobins ; — le recurement des fossés de la communauté de Puimirol ; — M. Michau, géographe du Roi ; — l'augmentation des gages du régent de Saint-Maurin ; — les dommages occasionnés par la grêle, etc.

C. 517. (Portefeuille.) — 100 pièces, papier.

1762. — Correspondance du subdélégué d'Agen (Lot-et-Garonne) avec l'intendant, relative aux hommages de la ville d'Agen ; — à Magdeleine Moyse et ses deux sœurs, renfermées au Refuge d'Agen pour prostitution ; — aux recouvrements des impositions ; — à la rébellion du sieur Lambert et à l'information à laquelle elle a donné lieu ; — à la pépinière de Villeneuve ; — à la reddition des comptes de la communauté d'Agen ; — à la fourniture des étapes ; — aux contrebandiers ; — aux droits sur les cuirs ; — à la ferme du poids public ; — au logement des troupes ; — à la levée des recrues ; — aux droits sur les cartes ; — à la maison d'école de jeunes filles à Marmande (Lot-et-Garonne) ; — aux privilèges des officiers des Élections ; — au logement du curé de Basens, près le Port-Sainte-Marie ; — à la ferme des boucheries de La Sauvetat.

C. 518. (Portefeuille.) — 89 pièces, papier.

1762. — Correspondance du subdélégué d'Agen avec l'intendant, relative : aux commissions d'inspecteurs aux tailles ; — à la fourniture des étapes ; — à des contestations au sujet de l'élagage des arbres de l'allée du Gravier d'Agen ; — aux religieux du Tiers-Ordre ; — à la ferme du droit de passage au Port-Sainte-Marie ; — à des abus dans la répartition de la capitation ; — à l'augmentation des gages du sonneur de la retraite d'Agen ; — à la réparation des murs de clôture de la maison des R. P. Augus-

SÉRIE C. — INTENDANCE DE BORDEAUX. 85

tins ; — au rétablissement de l'ordre dans les archives de l'Hôtel de Ville d'Agen ; — à la démolition des prisons de l'officialité ; — à la ferme des boucheries de La Sauvetat ; — à l'augmentation des gages des gardes-îles, appartenantes à la communauté d'Agen.

C. 519. (Portefeuille.) — 90 pièces, papier.

1762. — Correspondance du subdélégué d'Agen (Lot-et-Garonne) avec l'intendant, relative : — aux dégâts occasionnés par la grêle et la gelée ; — aux élections des consuls de Castelsagrat ; — aux voitures des équipages militaires ; — aux réjouissances à l'occasion de la paix ; — à l'hommage de la ville d'Agen ; — au logement des gens de guerre ; — à l'hôpital de Saint-Jacques de Castillonnés ; — au recouvrement des impôts ; — au vingtième des octrois d'Agen ; — à la police des bestiaux ; — à la marche des troupes ; — à l'augmentation des gages du régent de Puimirol.

C. 520. (Portefeuille.) — 102 pièces, papier.

1763. — Correspondance du subdélégué d'Agen (Lot-et-Garonne) avec l'intendant, relative : — à la démolition de la chapelle Sainte-Catherine, à Agen ; — aux comptes de la communauté du Port-Sainte-Marie ; — à la ferme du droit de quarantain ; — à l'inventaire des archives de l'Hôtel de Ville d'Agen ; — aux dépenses de l'Hôtel de Ville ; — au logement des troupes ; — à la démolition et reconstruction des prisons de l'évêché ; — à la fourniture du bois aux invalides ; — au logement des officiers ; — aux gages du consul de Clermont-Dessus ; — au transport des équipages militaires ; — au vingtième des octrois d'Aiguillon.

C. 521. (Portefeuille.) — 102 pièces, papier.

1764. — Correspondance du subdélégué d'Agen (Lot-et-Garonne) avec l'intendant, concernant : — l'élection des nouveaux consuls d'Agen ; — des secours accordés aux familles allemandes ; — les corvées ; — les frais de recouvrement ; — le rétablissement de l'hôpital Saint-Jacques-d'Agen ; — les plantations sur des atterrissements du Port-Sainte-Marie ; — la vente des arbres du Gravier d'Agen ; — la suppression de l'office de secrétaire de la subdélégation ; — les requêtes des habitants de Daulmeyrac pour surcharges de capitation ; — la nomination de commissaires pour rétablir l'ordre dans les archives de l'Hôtel de Ville d'Agen ; — la reddition des comptes de la communauté de Clermont-Dessus ; — les frais de pavage de la ville d'Agen.

C. 522. (Portefeuille.) — 110 pièces, papier.

1764. — Correspondance du subdélégué d'Agen (Lot-et-Garonne) avec l'intendant, concernant : — la démolition d'une tour et la vente des arbres du Gravier d'Agen ; — les autorisations accordées aux communautés pour plaider ; — les frais de casernement ; — la reconstruction d'un puits à Agen ; — les chevaux de louage ; — le droit de quarantain ; — la maison de Refuge d'Agen ; — le logement du directeur des postes de Valence ; — les pensions militaires ; — l'hôpital d'Agen ; — la fourniture des étapes ; — les frais municipaux de la communauté de Soumensac ; — les accidents sur les récoltes ; — l'élargissement de l'arceau de la tour de l'horloge du Port-Sainte-Marie, etc.

C. 523. (Portefeuille.) — 97 pièces, papier.

1765. — Correspondance du subdélégué d'Agen (Lot-et-Garonne) avec l'intendant, concernant : — la ferme du passage de la Garonne, devant le Port-Sainte-Marie ; — la dépense de trois enfants estropiés ; — la réparation du chemin du Mas à Casteljaloux ; — les nouvelles prisons d'Agen ; — l'habillement des soldats du guet ; — les grains de semence ; — les bateaux-poste d'Agen ; — la friponnerie d'un huissier aux tailles ; — l'élection des consuls d'Agen ; — la ferme de la boucherie de La Réole ; — les réparations du ruisseau de Laffasse ; — les gages du présidial et le pavage de la ville d'Agen, etc.

C. 524. (Portefeuille.) — 86 pièces, papier.

1765. — Correspondance du subdélégué d'Agen (Lot-et-Garonne) avec l'intendant, concernant : — la taxe des frais des recouvrements ; — la révision des comptes de la communauté du Port-Sainte-Marie ; — les frais des huissiers royaux ; — la vente des arbres du Gravier d'Agen ; — les atterrissements formés devant le port Sainte-Marie ; — les logements militaires ; — les manufactures de toiles à voiles à Agen ; — la maison de Refuge ; — les ravages occasionnés par les débordements de la Baïse et de l'Auvignon ; — la nomination de Barret au greffe d'Agenais ; — la reddition des comptes de la communauté de Clermont ; — le dénombrement des habitants d'Agen, etc.

C. 525. (Portefeuille.) — 107 pièces, papier.

1766. — Correspondance du subdélégué d'Agen (Lot-et-Garonne) avec l'intendant, relative : — aux comptes de la communauté de Frospech ; — aux réparations de la maison presbytérale de Monbusch ; — à la fourniture des étapes ; — à l'exemption du logement des gens de guerre ;

— à la maison de force d'Agen; — aux réparations des couvents des religieuses d'Aiguillon; — aux honoraires d'un prédicateur à Puimirol; — aux frais de service pour M. le Dauphin; — au transport des armes de la communauté d'Agen à la manufacture; — à la pesée des cuirs; — aux travaux à exécuter pour garantir la communauté d'Aiguillon des inondations du Lot et de la Garonne; — au logement de M. Mesplés, garde-magasin des poudres à Valence.

C. 526. (Portefeuille.) — 104 pièces, papier.

1766-1767. — Correspondance du subdélégué d'Agen (Lot-et-Garonne) avec l'intendant, relative : — au prix des grains; — à la levée de la milice; — au numérotage des maisons de la ville d'Agen, à l'occasion du logement des troupes; — au traitement des dartres; — à la ferme du bac du Port-Sainte-Marie; — à la réparation du puits public d'Agen; — à Chaubart, huissier aux tailles, accusé d'un vol de 2,400 livres au préjudice du collecteur de Tournon; — à la proposition d'une nouvelle subdélégation à Valence; — aux revenus et dépenses de la communauté de Penne; — aux réparations de l'hôpital d'Agen; — à la perte des récoltes par la gelée; — à la manufacture des toiles à voile; — aux comptes de la communauté d'Agen; — à l'augmentation des gages du secrétaire de la communauté d'Aiguillon; etc.

C. 527. (Portefeuille.) — 100 pièces, papier.

1767-1768. — Correspondance du subdélégué d'Agen (Lot-et-Garonne) avec l'intendant, relative : — aux comptes de la communauté d'Agen; — à une créance de Pierre Gelou sur la communauté de Saint-Maurin; — au logement des troupes; — aux jeux de hasard; — à la salle de spectacle d'Agen; — à la séquestration des pauvres mendiants à l'hôpital de la manufacture; — aux enfants trouvés; — à l'entreprise des étapes et la fourniture des voitures de transport; — aux pertes éprouvées par le débordement de la Garonne; — à la nomination des collecteurs; — aux réparations et embellissements des dehors de la ville d'Agen; — à la reconstruction des boucheries de Puimirol, etc.

C. 528. (Portefeuille.) — 100 pièces, papier.

1768-1769. — Correspondance du subdélégué d'Agen (Lot-et-Garonne) avec l'intendant, relative : — au recouvrement des impôts; — à la ferme du droit de quarantain; — à la reddition des comptes de la communauté de La Montjoye; — aux réparations des palissades construites sur les bords de la Garonne dans la juridiction de Golfech; — aux pertes occasionnées par le débordement de la Garonne; — aux réparations de l'abattoir d'Agen; — à l'adjudication de la rue Pavéo-du-Faubourg-du-Lot à Aiguillon; — à la répartition de la capitation; — aux privilèges du sieur Noubel, libraire-imprimeur à Agen, etc.

C. 529. (Portefeuille.) — 100 pièces, papier.

1769. — Correspondance du subdélégué d'Agen (Lot-et-Garonne) avec l'intendant, relative : — à l'éboulement d'un mur au Port-Sainte-Marie, appartenant au sieur Merle, ancien maire, qui voudrait faire supporter à la communauté les frais de sa reconstruction; — aux PP. Capucins; — à l'incendie de la maison de M. Chemin à Agen; — à l'établissement d'un cours d'accouchement à Agen, par madame Ducoudray; — à un vol commis dans une auberge d'Agen, au préjudice de M. Faudoas, lieutenant-colonel au régiment de la Reine; — à l'élection des échevins de la ville d'Agen; — aux réparations de l'Hôtel de Ville de Montaigut; — aux émoluments du secrétaire de la subdélégation, etc.

C. 530. (Portefeuille.) — 100 pièces, papier.

1770. — Correspondance du subdélégué d'Agen (Lot-et-Garonne) avec l'intendant, concernant : — les réparations de l'hôpital d'Agen; — les procès des communautés; — la police des bestiaux; — les pacages; — la fourniture des étapes; — la marche des troupes; — les pertes occasionnées par les inondations de la Garonne; — l'adjudication de la ferme des biens de la communauté d'Aiguillon; — la construction d'un mur de soutènement à l'aqueduc du Gravier d'Agen; — la maladie des bestiaux; — la réparation des chemins d'Aiguillon; — les ateliers de charité; — les comptes de la communauté d'Agen, etc.

C. 531. (Portefeuille.) — 94 pièces, papier.

1770. — Correspondance du subdélégué d'Agen (Lot-et-Garonne) avec l'intendant, concernant : — la noblesse du sieur Lagrange du Port-Sainte-Marie; — le produit des récoltes; — l'office du lieutenant de police; — l'exportation des blés; — le recouvrement des impôts; — la maison des Augustins de la ville d'Agen; — la subsistance de deux orphelins de la communauté d'Espalais; — le cadastre de l'Agenais; — les dommages occasionnés par les débordements de la Garonne; — le logement des gens de guerre; — l'assemblée des bataillons de la milice; — la ferme des biens de la communauté de Clermont; — la fourniture des étapes et des voitures pour les troupes, etc.

SÉRIE C. — INTENDANCE DE BORDEAUX.

C. 532. (Portefeuille.) — 86 pièces, papier.

1770-1771. — Correspondance du subdélégué d'Agen (Lot-et-Garonne) avec l'intendant, concernant : — le droit du pied-fourché ; — l'état des récoltes ; — l'office de lieutenant de police du Port-Sainte-Marie ; — les prisons d'Agen ; — les remèdes pour les plaies ; — la reconstruction du pont du Roi dans la paroisse de Saint-Cirq ; — la poste de La Magistère ; — les frais des recouvrements d'impôts ; — les pertes éprouvées par le débordement de la Garonne ; — les grains avariés ; — la construction d'une levée pour préserver de l'inondation les fonds de la paroisse de Sainte-Radegonde ; — la misère des habitants de Saint-Côme ; — la fourniture des étapes ; — le logement des gens de guerre ; — le droit de quarantain, etc.

C. 533. (Portefeuille.) — 100 pièces, papier.

1771. — Correspondance du subdélégué d'Agen (Lot-et-Garonne) avec l'intendant, concernant : — la pension accordée par la communauté d'Aiguillon au sieur Marac, chirurgien des pauvres ; — la maison de Refuge d'Agen ; — le logement des gens de guerre ; — les priviléges de la noblesse ; — les saisies de grains ; — la fourniture des étapes ; — les haras ; — les religieuses de la communauté de Saint-Joseph ; — une dette du domaine envers l'hôpital général d'Agen ; — les enfants trouvés ; — les plantations sur le terrain du Gravier d'Agen ; — la construction de l'hôpital ; — la démolition de l'ancienne porte Sainte-Marie ; — l'établissement d'un régent à Clermont-Dessus ; — les grains de semence, etc.

C. 534. (Portefeuille.) — 100 pièces, papier.

1771. — Correspondance du subdélégué d'Agen (Lot-et-Garonne) avec l'intendant, concernant : — la perte des récoltes ; — l'envoi de riz à la maison de Refuge d'Agen ; — le relevé du cadastre de la juridiction de Daudas ; — les réparations de l'Hôtel de Ville de Tournon ; — les patrouilles ; — le prix des grains ; — l'acquisition d'une maison et d'un jardin par la communauté d'Agen ; — les gages du régent de Lusignan ; — le vol des vases sacrés de l'église de Monbusq ; — les frais municipaux de la commune de Villeneuve ; — la nourriture des enfants abandonnés ; — le cours d'accouchement d'Agen, etc.

C. 535. (Portefeuille.) — 83 pièces, papier.

1772. — Correspondance du subdélégué d'Agen (Lot-et-Garonne) avec l'intendant, relative : — au mauvais état de la fontaine publique du Port-Sainte-Marie ; — aux ravages occasionnés à Agen et à La Réole par les débordements de la Garonne ; — à l'exemption du logement des gens de guerre ; — aux plaintes des habitants de la ville d'Agen, au sujet de la fermeture de la rue de la Reine ; — au cours d'accouchement d'Agen ; — aux réparations du Peyrat ; — au droit de prélation ; — au consulat de Beauville ; — à la reconstruction de l'hôpital d'Agen ; — à la réparation des fossés et aqueduc du Port-Sainte-Marie ; — aux commissions des contrôleurs du vingtième ; — aux offices municipaux d'Agen, etc.

C. 536. (Portefeuille.) — 100 pièces, papier.

1772. — Correspondance du subdélégué d'Agen (Lot-et-Garonne) avec l'intendant, relative : — aux soldats malades à l'hôpital d'Agen ; — aux gages du régent de Clermont-Dessous ; — aux frais de la vérification des rôles ; — au logement des gens de guerre ; — à la réparation de la maison du Roi à Agen ; — à la disette des farines ; — à la maladie et à la misère des habitants de la paroisse de Sainte-Foy ; — aux réparations du Palais de justice ; — au recouvrement des impôts ; — au droit de quarantain ; — aux Sœurs de la Charité et à leur régime ; — à la réparation des prisons et aux revenus de la communauté d'Agen, etc.

C. 537. (Portefeuille.) — 100 pièces, papier.

1772. — Correspondance du subdélégué d'Agen (Lot-et-Garonne) avec l'intendant, relative : — à l'office de greffier de l'Hôtel de Ville d'Agen ; — aux réparations de l'hôpital ; — au renouvellement des robes consulaires ; — au traitement des bestiaux ; — aux indemnités sur les étapes ; — à la suppression de la subdélégation de Casteljaloux ; — aux procès des communautés ; — aux comptes de la paroisse de Saint-Maurin ; — à l'entretien des couvertures de la maison, manége et écuries du Roi ; — à un accident malheureux arrivé à des travailleurs sur la grande route de Coulayrac ; — au logement des gens de guerre, etc.

C. 538. (Portefeuille.) — 89 pièces, papier.

1773. — Correspondance du subdélégué d'Agen (Lot-et-Garonne) avec l'intendant, relative : — à la répartition de la capitation ; — aux comptes de la communauté de Beauville ; — à l'administration municipale de Castelsagrat — aux assemblées de la communauté d'Agen ; — à l'approvisionnement des grains ; — à une souscription d 60,000 livres ; — aux logements militaires ; — à la fermeture de la rue de la Reine à Agen ; — aux religieuses du couvent du Port-Sainte-Marie ; — au droit de prélation ; — à des demandes de secours pour les pauvres de Puimirol ; — aux ateliers de charité, etc.

C. 539. (Portefeuille.) — 100 pièces, papier.

1773. — Correspondance du subdélégué d'Agen (Lot-et-Garonne) avec l'intendant, relative : — à la situation de l'hôpital de Saint-Jacques d'Agen ; — au droit de quarantain ; — à la démolition d'un arceau à Agen ; — à des plaintes contre les officiers municipaux d'Aiguillon ; — aux droits réservés ; — à des demandes de secours en faveur de la maison de Refuge d'Agen ; — à la misère des habitants de Villeréal ; — aux gages du garde des îles de la communauté d'Agen ; — à l'assemblée des trois ordres ; — à l'adjudication de la boucherie de carême à Agen ; — à la reconstruction de l'hôpital ; — à l'envoi des grains ; — aux réparations du palais ; — au logement des gens de guerre ; — au droit de prélation, etc.

C. 540. (Portefeuille.) — 100 pièces, papier.

1773. — Correspondance du subdélégué d'Agen (Lot-et-Garonne) avec l'intendant, relative : — à l'incendie d'une partie de la maison du Roi à Agen ; — à la vente des matériaux provenant de la démolition de la porte du Port-Sainte-Marie ; — aux réparations du Palais de justice d'Agen ; — aux gages du régent du Port-Sainte-Marie ; — à la reconstruction de l'hôpital ; — à l'incendie de trois maisons ; — aux mesures des grains ; — aux réparations de la maison du Roi ; — aux gages du médecin des pauvres d'Aiguillon ; — à l'achat des robes consulaires et à la composition de la jurade d'Agen ; — au logement des gens de guerre, etc.

C. 541. (Portefeuille.) — 100 pièces, papier.

1773. — Correspondance du subdélégué d'Agen (Lot-et-Garonne) avec l'intendant, relative : — à l'approvisionnement des grains ; — à l'exemption du logement des gens de guerre ; — aux gages du secrétaire de Tournon ; — à l'hôpital de Saint-Jacques d'Agen ; — au projet de reconstruction de l'Hôtel de Ville ; — à l'emprisonnement de Geraud Chalié, collecteur de Beauville, pour divertissement des deniers publics ; — à la reconstruction du pont qui conduit de la ville d'Agen aux communautés de Madaillan et Luzignan ; — au traitement du médecin d'Aiguillon ; — aux réparations de la maison du Roi à Agen, etc.

C. 542. (Portefeuille.) — 100 pièces, papier.

1773. — Correspondance du subdélégué d'Agen (Lot-et-Garonne) avec l'intendant, relative : — aux réparations des prisons de la ville d'Agen ; — aux comptes de la communauté de Goudourville ; — au casernement des troupes ; — aux Carmes d'Agen ; — à la nomination des officiers municipaux de La Magistère et de Valence ; — à la reconstruction de l'hôpital d'Agen ; — aux réparations de l'Hôtel de Ville, des prisons de La Sauvetat et de la maison du Roi à Agen ; — à la police des grains ; — au logement des gens de guerre ; — à la destruction de trois maisons au village de Couleyrac par le débordement de la Garonne, etc.

C. 543. (Portefeuille.) — 100 pièces, papier.

1774. — Correspondance du subdélégué d'Agen (Lot-et-Garonne) avec l'intendant, concernant : — la reconstruction de l'hôpital d'Agen ; — le traitement de la maladie des bestiaux ; — la fourniture des étapes ; — la nomination des officiers de la milice bourgeoise ; — le logement des gens de guerre ; — les frais de réparation de la maison, manège et écuries du Roi à Agen ; — les arrérages de la pension du sieur Singlade aîné, chevalier de Saint-Louis ; — la réparation de la salle de spectacle d'Agen ; — la reconstruction de l'archevêché ; — la démolition d'une maison du Port-Sainte-Marie ; — les comptes de la communauté de Tonneins-Dessus ; — les frais de casernement, etc.

C. 544. (Portefeuille.) — 100 pièces, papier.

1774. — Correspondance du subdélégué d'Agen (Lot-et-Garonne) avec l'intendant, concernant : — la reconstruction de l'hôpital d'Agen ; — la maison de refuge ; — les religieux Carmes ; — la fourniture du bois et lumière aux troupes ; — l'état des logements ; — la perte des récoltes ; — les réparations du Palais de justice ; — le séquestre des grains ; — l'exemption du logement des gens de guerre ; — les comptes de la communauté de Golfech ; — les religieuses de Notre-Dame d'Agen ; — les arrérages du don gratuit ; — les officiers municipaux de Castelsagrat ; — les plantations sur le Gravier, au devant de l'hôpital de la manufacture d'Agen, etc.

C. 545. (Portefeuille.) — 100 pièces, papier.

1774. — Correspondance du subdélégué d'Agen (Lot-et-Garonne) avec l'intendant, concernant : — les réparations de l'hôpital d'Agen ; — le recouvrement des impôts ; — les gages de secrétaire de la ville d'Agen ; — les comptes de la communauté d'Aiguillon et de La Sauvetat-de-Savères ; — les réparations des écuries du Roi ; — les gages du sieur Berit, régent d'Aiguillon ; — les frais de réparation du chemin de Monbran ; — les gages du médecin d'Aiguil-

SÉRIE C. — INTENDANCE DE BORDEAUX. 89

ton ; — la maladie des bestiaux ; — les discussions élevées entre les notaires royaux et le corps de ville d'Agen au sujet du droit patrimonial ; — les dommages causés aux possessions de la communauté d'Agen par le débordement de la Garonne ; — le droit de quarantain, etc.

C. 546. (Portefeuille.) — 55 pièces papier.

1774. — Correspondance du subdélégué d'Agen (Lot-et-Garonne) avec l'intendant, concernant : — le prix du pain ; — la maison de force d'Agen ; — la perte des récoltes ; — l'adjudication des réparations de l'hôpital d'Agen ; — la maison des Carmes-Déchaussés ; — le logement des gens de guerre ; — les gages du régent de la ville d'Aiguillon ; — le sieur Lafont, laboureur de la juridiction de Castelsagrat, accusé d'assassinat suivi de vol ; — la maladie des bestiaux.

C. 547. (Portefeuille) — 100 pièces, papier.

1775. — Correspondance du subdélégué d'Agen (Lot-et-Garonne) avec l'intendant, relative : — à l'établissement d'une juridiction consulaire à Agen ; — à la maladie des bestiaux ; — au droit de quarantain ; — aux réparations de l'église cathédrale d'Agen ; — à la maison de refuge ; — aux logements militaires ; — à la poste de La Magistère ; — à l'importation des bestiaux ; — à des gratifications accordées aux troupes pour avoir fait le service des patrouilles ; — à la reconstruction d'une maison de la communauté de Saint-Cirq, abattue par le débordement de la Garonne ; — au casernement des troupes ; — aux comptes de la communauté de Galapian, etc.

C. 548. (Portefeuille.) — 85 pièces, papier.

1775. — Correspondance du subdélégué d'Agen (Lot-et-Garonne) avec l'intendant, relative : — aux réparations de l'église cathédrale d'Agen ; — à la ferme du droit de quarantain ; — à la maladie des bestiaux ; — à la foire du Gravier ; — à des demandes de secours en faveur de la maison de refuge d'Agen ; — à la situation de la caisse du régiment de la Reine ; — à la poste de Port-Sainte-Marie ; — au recouvrement des impôts ; — aux frais de casernement ; — à la reconstruction de la maison presbytérale de la communauté de Monbusq ; — aux réparations du pavé de Tournon, etc.

C. 549. (Portefeuille.) — 100 pièces, papier.

1775. — Correspondance du subdélégué d'Agen (Lot-et-Garonne) avec l'intendant, relative : — à la démolition de l'ancien hôtel de ville d'Agen ; — à la fourniture des

GIRONDE. — SÉRIE C.

étapes ; — aux précautions à prendre contre l'épizootie ; — à la perte des récoltes par la grêle ; — à l'établissement d'une école de chirurgie à Agen ; — à l'exemption des corvées et du logement des gens de guerre ; — à la composition du corps municipal de la ville d'Agen ; — aux travaux à exécuter pour garantir la communauté d'Aiguillon du débordement de la Garonne ; — aux foires d'Agen ; — aux réparations de la maison du Roi ; — à la reconstruction de l'hôpital ; — à la fourniture des fourrages ; — aux gages du secrétaire de la communauté de Puimirol ; — à la pension du médecin d'Aiguillon, etc.

C. 550. (Portefeuille.) — 83 pièces, papier.

1775. — Correspondance du subdélégué d'Agen (Lot-et-Garonne) avec l'intendant, relative : — à la discipline des assemblées municipales d'Agen ; — à l'envoi d'une brigade de maréchaussée à la poursuite d'une bande de vagabonds répandus dans la juridiction d'Aiguillon ; — à la formation d'une société d'amusement à Agen ; — à la ferme du droit de passage à Agen ; — à la maladie des bestiaux ; — au droit de quarantain ; — à la reconstruction de l'hôpital ; — à la démolition de la façade de l'hôtel de ville d'Agen ; — à la fourniture des fourrages ; — aux comptes de la communauté de Port-Sainte-Marie ; — au logement des gens de guerre, etc.

C. 551. (Portefeuille.) — 100 pièces, papier.

1775. — Correspondance du subdélégué d'Agen (Lot-et-Garonne) avec l'intendant, concernant : — la réparation du pont de Mondot, situé dans la communauté de Castelculier ; — les notaires royaux de la ville d'Agen ; — le pavage des rues de Tournon ; — la construction des casernes d'Agen ; — les réparations de la maison du Roi ; — l'entretien des maisons presbytérales de Castelsagrat, de Thezac et de Monbusq ; — les réparations de l'église de Saint-Sixte ; — la ferme de la boucherie et du passage de Port-Sainte-Marie.

C. 552. (Portefeuille.) — 110 pièces, papier.

1776. - Correspondance du subdélégué d'Agen (Lot-et-Garonne) avec l'intendant, concernant : — le logement des gens de guerre ; — la fourniture des étapes ; — les frais de casernement ; — l'hôpital général d'Agen ; — les précautions à prendre pour le transport des deniers royaux ; — la maladie des bestiaux ; — le recouvrement des impôts ; — l'ouverture d'une nouvelle porte à Agen ; — les comptes de la communauté de Clermont-Dessus ; — des observations sur une maladie épidémique qui a régné à Brantôme, depuis le mois de décembre 1775 jusqu'au mois de

12

mars 1776 ; — l'augmentation des gages du régent de Saint-Maurin ; — les comptes de la communauté de Galapian ; — des arrérages de rentes dus par la communauté de Port-Saint-Marie à la dame Dubedat, etc.

C. 553. (Portefeuille.) — 100 pièces, papier.

1776. — Correspondance du subdélégué d'Agen (Lot-et-Garonne) avec l'intendant, concernant : — le logement des gens de guerre ; — les priviléges de la noblesse ; — le recouvrement des impôts ; — la maison des Filles de la Charité d'Agen ; — le renouvellement des officiers municipaux de Tournon ; — la reconstruction de l'hôpital d'Agen ; — la poste d'Aiguillon ; — les appointements du secrétaire greffier de Clermont-Dessus ; — la vente de deux maisons de la communauté de Buzet, pour la construction d'une maison presbytérale ; — le local de l'ancien évêché d'Agen ; — le casernement des troupes ; — la reddition des comptes de la communauté de Casteleulier, etc.

C. 554. (Portefeuille.) — 110 pièces, papier.

1776-1777. — Correspondance du subdélégué d'Agen (Lot-et-Garone) avec l'intendant, concernant : — les réparations de l'église de Castillon ; — la vente de la maison des Cordeliers d'Agen , pour le casernement des troupes ; — les réparations de l'église d'Enqueyrac ; — la reconstruction de l'hôpital d'Agen ; — les frais de procès de la communauté de Frégimont ; — les gages du secrétaire de Clermont-Dessus ; — les réparations de la maison du Roi ; — les revenus de la ville d'Agen ; — l'approvisionnement des fourrages ; — la construction d'une digue pour préserver la ville d'Agen des inondations de la Garonne, etc.

C. 555. (Portefeuille.) — 110 pièces, papier.

1777. — Correspondance du subdélégué d'Agen (Lot-et-Garonne) avec l'intendant, concernant : — le casernement de la cavalerie dans la maison des Carmes ; — les réparations du pont de Mondot ; — les foires d'Agen ; — la ferme de la boucherie de Port-Sainte-Marie ; — des autorisations pour plaider ; — le passage de Monsieur à Agen ; — les dommages occasionnés par le débordement de la Garonne ; — l'envoi de 296 fusils à Agen ; — les réparations de la maison du Roi ; — le maître de poste d'Aiguillon ; — les frais d'étapes des cavaliers de la maréchaussée ; — la conduite des déserteurs ; — la ferme des droits de passage ; — l'établissement d'une digue sur la Garonne au-devant de l'hôpital général d'Agen, etc.

C. 556. (Portefeuille.) — 100 pièces, papier.

1777. — Correspondance du subdélégué d'Agen (Lot-et-Garonne) avec l'intendant, concernant : — les réparations de l'hôtel de ville et des prisons de Tournon ; — les comptes de la communauté de Beauville ; — le logement des gens de guerre ; — les réparations de la maison du Roi ; — la construction de l'hôtel de ville d'Aiguillon ; — les grains de semence ; — les écuries de la cavalerie ; — les remèdes pour les pauvres ; — l'office de secrétaire greffier de la communauté de port Sainte-Marie, etc.

C. 557. (Portefeuille.) — 103 pièces, papier.

1777-1778. — Correspondance du subdélégué d'Agen (Lot-et-Garonne) avec l'intendant, concernant : — le passage de Monsieur à Agen ; — la démolition de la porte de ville d'Agen ; — le pavage des rues de Port-Sainte-Marie ; — la répression de la mendicité ; — le passage des troupes ; — les étapes de la brigade de la maréchaussée de Villeneuve ; — le bureau de charité d'Agen ; — le casernement des chevaux du régiment Royal-Champagne dans la maison des Religieux Carmes ; — les gages du messager de Tournon.

C. 558. (Portefeuille.) — 100 pièces, papier

1778. — Correspondance du subdélégué d'Agen (Lot-et-Garonne) avec l'intendant, concernant : — la ferme du pied fourché ; — l'approvisionnement des grains pour la ville d'Agen ; — les gages du procureur syndic d'Aiguillon ; — la réparation de l'église de Bazens, près le Port-Sainte-Marie ; — le bail des revenus patrimoniaux de la communauté d'Aiguillon ; — le mouvement des troupes ; — les exemptions du logement des gens de guerre ; — l'office de receveur trésorier d'Agen ; — les ravages occasionnés par la grêle ; — les frais de recouvrement ; — l'ouverture du chemin de Boussères à Feugarolles par Thouars ; — la maladie des bestiaux : — les gages du régent d'Espalais ; — l'établissement d'une école de chirurgie à Agen, etc.

C. 559. (Portefeuille.) — 100 pièces, papier.

1779. — Correspondance du subdélégué d'Agen (Lot-et-Garonne) avec l'intendant, relative : — à l'administration municipale de Golfech ; — aux frais du procès de la communauté de Vitrac avec le curé de la paroisse à raison de la dîme ; — aux gages du régent de La Magistère ; — au recouvrement des impôts ; — au bail des boucheries de Port-Sainte-Marie ; — aux chevaux morveux ; — à l'exemption du logement des gens de guerre ; — aux comptes de la communauté de Clermont-Dessus ; — à l'envoi d'un détachement de maréchaussée à la poursuite d'une bande de voleurs répandus dans la juridiction de

Beauville ; — à la réparation de la halle et du pavé d'Aiguillon ; — au service des pompes à incendie, etc.

C. 560. (Portefeuille.) — 95 pièces, papier.

1779. — Correspondance du subdélégué d'Agen (Lot-et-Garonne) avec l'intendant, relative : — à la capitation des ecclésiastiques ; — à la maladie des bestiaux ; — aux corvées militaires ; — aux gages du maire de Puimirol ; — à la ferme du passage de la Garonne devant la ville d'Agen ; — aux gages du régent de Port-Sainte-Marie ; — à l'escorte des deniers royaux ; — à l'état des récoltes ; — aux grains de semence ; — au logement des gens de guerre ; — au choix d'un consul à Quissac ; — à la ferme des boucheries de Port-Sainte-Marie.

C. 561. (Portefeuille.) — 115 pièces, papier.

1780. — Correspondance du subdélégué d'Agen (Lot-et-Garonne) avec l'intendant, relative : — au logement des gens de guerre ; — au cadastre de Fumel ; — à la ferme du passage de Port-Sainte-Marie ; — au droit de quarantain ; — à l'établissement d'une école publique de chirurgie à Agen ; — au péage des deux chapitres d'Agen ; — aux matelots fugitifs ; — aux assemblées de la communauté de Castelculier ; — aux gages du régent de Puimirol ; — aux comptes de la communauté de Tournon ; — aux droits réservés ; — au recouvrement des impôts ; — aux réparations de la maison du Roi à Agen ; — à la maladie des bestiaux, etc.

C. 562. (Portefeuille.) — 115 pièces, papier.

1780. — Correspondance du subdélégué d'Agen (Lot-et-Garonne) avec l'intendant, relative : — aux chevaux attaqués de la morve ; — à la maladie des bestiaux ; — aux frais procès des communautés ; — aux gages du régent de Puimirol ; — au logement des gens de guerre ; — à l'établissement de l'hôpital de la manufacture d'Agen ; — au renouvellement du cadastre de la communauté d'Agen ; — aux Religieux Dominicains ; — à la ferme des communaux de Puimirol ; — aux arrérages d'une rente due à M⁽ᵐᵉ⁾ de Ruat par la communauté de Tournon, etc.

C. 563. (Portefeuille.) — 113 pièces, papier, dont 2 plans.

1781. — Correspondance du subdélégué d'Agen (Lot-et-Garonne) avec l'intendant, concernant : — la construction d'une berme pour protéger la rive droite de la Garonne devant Agen ; — les comptes de la communauté d'Espalais ; — les droits de passage au Port-Sainte-Marie ; — la maladie des bestiaux ; — la concession d'un emplacement appartenant à la ville d'Agen en faveur du sieur Castan, aubergiste ; — les frais municipaux de la communauté de La Montjoye ; — le recouvrement des impôts ; — la ferme des vacants de Puimirol ; — des plaintes contre l'administration de la poste aux lettres de Tournon ; — la ferme du passage de la Garonne devant Agen ; — les patrouilles de Port-Sainte-Marie ; — une demande de fusils ; — les réparations de l'hôpital de la ville d'Agen, etc.

C. 564. (Portefeuille.) — 113 pièces, papier.

1781. — Correspondance du subdélégué d'Agen (Lot-et-Garonne) avec l'intendant, concernant : — les titres de noblesse de M. Assolent ; — le comte de Laville, au sujet de la réparation d'un chemin contigu à son château de Lacepède ; — la créance du sieur Couston sur la communauté de La Sauvetat ; — la maladie des bestiaux ; — le logement des gens de guerre ; — l'emprisonnement d'un garçon charpentier pour insultes envers les officiers municipaux de Beauville ; — des demandes en réduction de tailles formées par MM. Laurier (Pierre), chirurgien, de Bazignan, chevalier de Saint-Louis, commandant le sixième régiment des chevau-légers ; Nadigier, greffier du Présidial d'Agen, Philippe Perrin, avocat, etc.

C. 565. (Portefeuille.) — 86 pièces, papier.

1786-1787. — Correspondance du subdélégué d'Agen (Lot-et-Garonne) avec l'intendant, concernant : — la fourniture des étapes ; — plusieurs demandes en décharges et diminutions d'impôts par noble Louis Dordé ; — Jean Chanbon ; — Louis Carrieux ; — François Lapoujade ; — Jean-Baptiste Veremandoy, père de huit enfants ; — le chevalier de Saint-Gilles ; — Jean Boisseau ; — Boret de Rivezol, procureur du Roi en la maréchaussée d'Agen ; — Moulinier ; — d'Escayrac ; — Louis Roudanes, greffier en l'ordinaire, — et la dame Blanche de Mothes, etc.

C. 566. (Portefeuille.) — 82 pièces, papier.

1788-1789. — Correspondance du subdélégué d'Agen (Lot-et-Garonne) avec l'intendant, concernant : — la nomination des collecteurs ; — le nommé Sirech, collecteur des paroisses d'Anthé et Saint-Philip, détenu dans les prisons d'Agen pour défaut de payement de plusieurs articles de ses rôles ; — plusieurs demandes en décharges ou modérations d'impôts par de Lagrange, ancien garde du Roi ; — madame Marie Bajolle de Monségur ; — Charles de Mussy ;

— Merle, maître chirurgien de Puimirol ; — de Montesquiou d'Agen ; — Joseph de Mélignan ; — Chauron Du Colombier, etc.

C. 567. (Carton.) — 118 pièces, papier.

1782. — Correspondance du subdélégué d'Agen (Lot-et-Garonne) avec l'intendant, relative : — à l'envoi d'une brigade de maréchaussée à la poursuite d'une bande de voleurs réfugiés dans les environs de Clairac ; — à la construction d'une halle à Agen ; — à la subsistance des soldats voyageant isolément ; — aux gages du messager de la communauté de Beauville ; — à diverses demandes en décharges ou modérations de tailles par Ignace Gardès, de Clermont-Dessus ; — Jean Lacoste ; — Montardit de La Parade ; — le chevalier Dusorbier de La Tourrasse, officier d'infanterie, — et de Bellecombe, gouverneur de Saint-Domingue, etc.

C. 568. (Carton.) — 119 pièces, papier.

1782-1785. — Correspondance du subdélégué d'Agen (Lot-et-Garonne) avec l'intendant, relative : — à l'apparition de la suette à Agen ; — aux convocations des assemblées de la communauté de La Magistère ; — à l'acquisition de l'emplacement de l'ancien évêché d'Agen pour l'établissement d'une halle ; — au renouvellement des rôles ; — aux robes des consuls d'Agen ; — aux amendes des condamnations arbitraires et de police ; — à l'exemption du logement des gens de guerre ; — au droit de quarantain, etc.

C. 569. (Portefeuille.) — 148 pièces, papier.

1743-1747. — Correspondance du subdélégué de Marmande (Lot-et-Garonne) avec l'intendant, concernant : — une imposition pour payer l'arpentement général du territoire de la communauté de Monbalen ; — les réparations de l'auditoire de Monségur ; — l'acquisition de la place du château de Marmande faite par la communauté ; — une demande de M. le marquis de Tombebœuf en autorisation d'imposer sa communauté, pour subvenir aux frais d'un nouveau cadastre ; — la clôture du cimetière de Fauillet ; — la nécessité de réparer l'auditoire et les prisons de La Réole qui tombent en ruine ; — la maison des Dames de l'Enfant-Jésus établies à Tonneins ; — les plaintes du curé de Boussès contre le nommé Pinard ; — le fermier du passage de M. le duc d'Aiguillon à Marmande ; — une affaire du curé de Tombebœuf contre le sieur Riquet, consul dudit lieu ; — les réparations des murs de ville et de la porte de Lama à Marmande ; — la plainte du sieur Jurieu,

curé de Grateloup, au sujet des insultes dont il est l'objet de la part de ses paroissiens.

C. 570. (Portefeuille.) — 97 pièces, papier.

1748-1751. — Correspondance du subdélégué de Marmande (Lot-et-Garonne) avec l'intendant, concernant : — une rixe survenue entre deux habitants de la communauté de Toupinerie à l'occasion de l'empêchement que l'un d'eux voulait mettre au passage de la procession des Rogations sur un chemin où elle avait toujours passé ; — un procès entre la famille Gendron et les maire et consuls de Monségur ; — les Religieuses Ursulines de Marmande ; — la créance du sieur Benoît de Rapin, avocat, écuyer, seigneur de la maison noble de Goulard, sur la communauté de Sainte-Bazeille ; — la reconstruction du pont de Lévignac ; — le comte de Flamarens et le duc de La Force, au sujet d'ouvrages pratiqués par ce dernier, à la naissance du canal de Montaigut et qui nuisent à la propriété dudit comte de Flamarens ; — un mémoire du sieur de Guionnet, conseiller au Parlement, contre les consuls de Marmande, au sujet des eaux de son moulin, situé à la porte de Lama ; — les revenus de la communauté de La Gruère.

C. 571. (Portefeuille.) — 96 pièces, 1 cl. parchemin.

1752. — Correspondance du subdélégué de Marmande (Lot-et-Garonne) avec l'intendant, concernant : — divers vols de blé commis par des matelots au préjudice de négociants de Marmande ; — la circulation des grains ; — les gages du régent latin du mas d'Agenais ; — un mémoire des maires, consuls et procureur syndic de la ville de Marmande, contre Jean-Eustache de Bazin, juge royal de ladite ville ; — les grains de semence ; — une affaire entre M. de Veanteuil de Lavaissière, ancien capitaine, et les maire, consuls et syndic du mas d'Agenais, au sujet de la distribution du bois provenant de la coupe de la forêt commune ; — une contestation entre les maire et consuls de la communauté de Tonneins-Dessous et le sieur Dandurand, comptable de ladite communauté ; — les gages du secrétaire de la communauté de Monségur ; — la réunion des offices municipaux de Marmande ; — les terrains perdus par le sieur Coudroy de L'Isle, par suite des débordements de la Garonne.

C. 572. (Portefeuille.) — 81 pièces, papier.

1753-1754. — Correspondance du subdélégué de Marmande (Lot-et-Garonne) avec l'intendant, concernant : — les difficultés du recouvrement des impositions ; — un règlement portant fixation du nombre de prud'hommes de la communauté de Sainte-Bazeille, parmi lesquels seraient pris les jurats et consuls; — la vérification du contrôle des habitants et des rôles de la capitation de Marmande par M. de Lavau, commissaire de la marine; — une insulte faite à un consul de Tonneins-Dessus; — une affaire entre l'hôpital et la communauté de Marmande; — une querelle entre le subdélégué et le juge royal de Marmande, qui a attiré à ce dernier une vive réprimande de la part de l'intendant; — une contestation entre le lieutenant criminel de Marmande représentant le juge, et les maire et consuls de cette ville, au sujet de la préséance; — les comptes de la communauté de Tonneins-Dessus; — l'arrêt d'évocation du conseil de l'affaire des consuls de Marmande, au sujet de la rente constituée de la ville,

C. 573. (Portefeuille.) — 86 pièces, papier.

1755-1756. — Correspondance du subdélégué de Marmande (Lot-et-Garonne) avec l'intendant, concernant : — le logement des dragons à Monségur; — le sieur Dunogués, garde du corps du Roi et la communauté du mas d'Agenais, au sujet d'une maison servant de caserne; — la mission de Duras; — les entreprises du sieur Bazin contre les offices municipaux de Marmande; — les poursuites et la condamnation d'un boucher pour avoir vendu de la brebis pour du mouton; — les désastres occasionnés par la grêle à Gontaut; — les requêtes des maire et consuls de Monségur, au sujet des réparations à faire à la maison du régent, aux murs du cimetière et à la refonte de la cloche de l'église; — les plaintes des maire et jurats de Monségur contre les commis des postes de leur ville; — les prud'hommes de Monségur; — une requête de madame Marguerite de Champs, veuve de feu de Lentillac, ancien capitaine d'infanterie, à l'occasion d'une erreur de compte commise au préjudice de son mari; — les administrateurs de l'hôpital de Marmande.

C. 574. (Portefeuille.) — 126 pièces, papier.

1757-1758. — Correspondance du subdélégué de Marmande (Lot-et-Garonne) avec l'intendant, relative : aux plaintes des officiers de la compagnie de Brioude en quartier à Monségur, au sujet de leur logement; — à une battue ordonnée dans quelques paroisses pour détruire des bêtes féroces qui s'y sont montrées et qu'on suppose atteintes de la rage; — à l'autorisation accordée à la communauté de Libourne d'emprunter à la paroisse Puypaulin la somme de 15,000 livres à rente constituée; — aux plaintes du sieur Despeyroux, maître de poste à Marmande; — au comte de Pons et aux Religieuses Bénédictines de Marmande, au sujet d'un prêt de 40,000 livres aux communautés de Libourne et Blaye; — à une lettre du duc de Lavau-guyon par laquelle il demande la place du premier consul de Tonneins-Dessus pour M. de Lescun; — aux sieurs Rabié et Cicéron, régents de Sainte-Bazeille; — à la forme du recouvrement des frais de casernement à la charge des seuls Religionnaires; — à l'élection des officiers municipaux de Tonneins-Dessous; — à la lettre d'avis de l'emprisonnement du nommé Vilheme, dragon, et à sa condamnation aux galères.

C. 575. (Portefeuille.) — 133 pièces, papier.

1758. — Correspondance du subdélégué de Marmande (Lot-et-Garonne) avec l'intendant, relative : — à la prorogation de l'élection consulaire de Tonneins-Dessous; — aux frais de passage des troupes et à la reddition des comptes de la communauté de Marmande; — aux casernes de Tonneins; — à la somme de 2,000 livres due par la communauté de Marmande à M. de Raymond; — à la rébellion du sieur Delmas contre les séquestres et à l'affaire de M. Prelet, conseiller au Parlement; — à la désobéissance de Gendron fils, de Monségur; — aux nouveaux consuls de Marmande; — aux frais de casernement; — aux grains cariés; — à une plainte contre les collecteurs et les dépenses de la communauté de Grateloup; — au privilége des salpêtriers; — à la réédification de l'église de Tonneins; — à l'affaire des Religieuses de Marmande avec M. de Pons; — à la plainte des consuls de Tonneins-Dessous contre Peyrot et l'emprisonnement de ce dernier; — à une affaire entre la ville et l'hôpital de Marmande; — à l'assemblée de la communauté de Samazan et à une plainte contre un consul; — à la reconstruction du pont de Canteranne; — à la disette des grains; — aux collége et casernes de Marmande; — à la mission de Pujol; — au passage à Marmande de M. le maréchal duc de Richelieu, de madame la duchesse d'Aiguillon, de madame la comtesse d'Egmont et de MM. les présidents de Gasc, de Barbot, d'Estillac, etc.

C. 576. (Portefeuille.) — 97 pièces, papier.

1759. — Correspondance du subdélégué de Marmande (Lot-et-Garonne) avec l'intendant, relative : — à la mission de Saint-Sernin de Duras; — à une affaire entre le sieur Ladoue et les consuls de Marmande; — aux honoraires d'un prédicateur pour prêcher l'avent à Miramont; — aux frais de casernement; — à la caserne et au presbytère de Tonneins-Dessous; — aux honoraires de l'aumônier de l'hôpital de Marmande; — aux dévastations et aux vols commis par les recrues volontaires de Montauban; — à une méthode pour la conservation du froment, — à madame Second, prieure des Dames Bénédictines de Marmande; —

à l'arrestation des esclaves français et étrangers; — aux élections consulaires de La Sauvetat; — au prix des grains et du pain; — aux déprédations qui se commettent dans la forêt de Saint-Vincent du mas d'Agenais; — aux consuls de Marmande et à M. Faget; — à l'église paroissiale de Tonneins; — aux avances faites par le receveur à la communauté du mas d'Agenais; — à l'érection des terres de M. de Lavauguyon en duché-pairie; — au logement des troupes à demeure; — à la nomination des officiers municipaux de Marmande; — aux étapes.

C. 577. (Portefeuille.) — 86 pièces, papier.

1759. — Correspondance du subdélégué de Marmande (Lot-et-Garonne) avec l'intendant, relative : — aux rôles de la capitation de Marmande; — à l'autorisation accordée au sieur de Lassalle de Le Roy, syndic, de vendre et d'aliéner le capital de la rente sur les tailles de l'Élection d'Agen appartenant aux habitants de Tonneins, pour le prix être employé à la rééedification de leur église; — au casernement de Monségur; — à la saisie faite par M. de Raymond sur les revenus de la communauté de Marmande; — à la taille du petit séminaire; — à un envoi de 400 tonneaux de fèves à M. l'évêque d'Agen, pour la subsistance des pauvres; — au service des étapes; — à l'avis de la diminution du prix des grains; — au logement des gens de guerre; — au transport des fourrages; — à une affaire entre le juge et les consuls de Marmande, au sujet des comptes de leur communauté; — aux plaintes de l'évêque d'Agen contre les consuls de Villeneuve et de Tonneins; — aux régents de Sainte-Bazeille; — aux règlements sur le petit séminaire de Marmande; — à un nouveau différend entre le juge, le maire et les consuls de Marmande.

C. 578. (Portefeuille.) — 98 pièces, papier.

1760. — Correspondance du subdélégué de Marmande (Lot-et-Garonne) avec l'intendant, relative : — aux voitures et chevaux à fournir aux troupes; — aux étapes; — au casernement des troupes en quartier à Tonneins; — au doublement de la capitation; — à la taille du séminaire; — aux secours gratuits fournis à de pauvres familles; — au collège de Marmande; — à la réunion des offices de Monségur; — à l'échange par la communauté de Caumont de 100 journaux de forêt avec le duc de La Force, contre le droit de la moitié des boucheries, 12 journaux 2/3 de pré et 4 journaux de terre; — les gages du médecin du mas d'Agenais; — au scandale causé dans la paroisse de Taillecavat par la demoiselle de Boisredon, veuve Richier-Laborde, et le nommé Pigassat, son domestique; — à l'élection des consuls de Sainte-Bazeille; — aux contrats de rentes consentis par les villes de Blaye et de Libourne en faveur des Dames Bénédictines de Marmande; — aux consuls et au juge de cette ville; — aux Dames de la Foi; — aux bateaux-poste; — aux honoraires du prédicateur de Tonneins, contestation à ce sujet entre l'évêque et les consuls; — aux comptes d'octroi et patrimoniaux de Marmande

C. 579. (Portefeuille.) — 136 pièces, papier.

1761. — Correspondance du subdélégué de Marmande (Lot-et-Garonne) avec l'intendant, relative : — à l'état des revenus de la communauté de Marmande; — à l'opération du 20e de l'industrie faite à Miramont; — à l'autorisation de plaider accordée aux habitants de Tonneins-Dessus; — à l'ordre donné aux consuls de cette communauté de payer aux Capucins d'Agen la somme imposée à ladite communauté pour les honoraires du prédicateur de leur ordre, sous peine d'amende; — aux deux régents de Duras; — aux dettes de la communauté de Marmande; — au droit de quarantain; — aux ravages occasionnés dans la paroisse de Maurillac par la grêle et les inondations; — à un mémoire au sujet d'une dotation de 20,000 livres au petit séminaire de Marmande; — au passage des troupes; — au pain fourni aux déserteurs; — à la nomination de M. de Bonnafoux, en qualité d'adjoint à M. Faget de Cazaux, subdélégué de Marmande; — aux fabriques d'huile; — à la communauté de Marmande contre le receveur des revenus casuels; — aux comptes de cette communauté; — au collège ou régence de Marmande.

C. 580. (Portefeuille.) — 103 pièces, papier.

1762. — Correspondance du subdélégué de Marmande (Lot-et-Garonne) avec l'intendant, relative : — au régent de Marmande; — aux nouveaux consuls de cette communauté; — au nommé Dusant, père de 12 enfants; — à l'insulte faite au sieur Bouïc, consul, par le sieur Bazin, juge à Marmande; — à l'indemnité réclamée par le médecin Boniot pour les soins qu'il a donnés aux soldats malades à l'hôpital de Monségur; — à la plainte des officiers municipaux de Marmande contre un commissaire aux requêtes; — à la réunion des offices municipaux; — aux mesures à prendre contre les voyageurs suspects; — au projet d'établissement d'une maison de Filles de la Foi à Marmande et d'une école pour les jeunes filles; — aux Bénédictines de Marmande et de la ville de Libourne, au sujet des intérêts d'une somme de 36,000 livres qui leur est due par cette dernière; — au doublement de la capitation et à la vérification des rôles; — aux comptes de la communauté de Marmande; — à la construction d'un clocher à Tonneins; —

aux réparations de la maison des Filles de l'Enfant-Jésus ; — à la reddition des comptes de la communauté de Monségur.

C. 581. (Portefeuille.) — 111 pièces, papier.

1763. — Correspondance du subdélégué de Marmande (Lot-et-Garonne) avec l'intendant, relative : — aux bois de construction pour la marine ; — à une méthode pour conserver les grains ; — à la nomination des consuls de Marmande ; — à la libre circulation des grains et farines ; — à l'arpentement général de la juridiction de Londres ; — aux désordres de la communauté de Marmande ; — à la collecte du mas d'Agenais ; — à une affaire entre les officiers municipaux de Marmande et le procureur du Roi de la justice royale ; — aux abus dans le consulat de Samasan et aux plaintes des habitants ; — au droit de quarantain ; — au détail des réjouissances et de la cérémonie qui eurent lieu à Marmande à l'occasion de la publication de la paix ; — à l'enfouissement des bestiaux morts de la contagion ; — à la concession d'une île de 50 ou 60 journaux, vis-à-vis Sainte-Bazeille ; — aux papiers du Canada ; — à l'établissement d'une nouvelle subdélégation à Tonneins ; — au relevé des comptes de la communauté de Marmande.

C. 582. (Portefeuille.) — 100 pièces, papier.

1764. — Correspondance du subdélégué de Marmande (Lot-et-Garonne) avec l'intendant, concernant : — les grains de semence ; — les ravages occasionnés par la grêle dans plusieurs paroisses ; — la disette dans les juridictions de Lauzun, Puydauphin et Monbahus, où les habitants n'ont pour toute nourriture que du son bouilli avec des herbes ; — la réunion du mas d'Agenais à la subdélégation de Casteljaloux ; — la réunion de la régence principale de Marmande au petit séminaire ; — les fonds d'aumônes ; — le projet de réunion des deux communautés de Tonneins ; — le sieur Cicéron, régent de Sainte-Bazeille ; — les comptes rendus à la communauté par les officiers municipaux de Marmande ; — les secours distribués aux pauvres ; — les dépenses du casernement pour deux compagnies en quartier à Marmande ; — les désordres occasionnés par la grêle à Duras et ses environs, et les demandes de secours en faveur des habitants atteints par ce fléau ; — l'élection des consuls de Marmande ; — les créanciers de madame la baronne de Seiches ; — la maison presbytérale de Beaupuy.

C. 583. (Portefeuille.) — 105 pièces, papier.

1764-1765. — Correspondance du subdélégué de Marmande (Lot-et-Garonne) avec l'intendant, concernant : — le mauvais état de l'hôpital de Monségur ; — des demandes de secours pour les pauvres de Lauzun ; — la disette de Villeneuve d'Agenais, Saint-Barthélemy et Tombebœuf ; — l'ordonnance portant règlement pour constater les divers accidents qui pourront arriver sur les récoltes ; — les consuls de Mauvezin ; — les impositions de la ville de Marmande ; — le greffe de la communauté de Duras ; — les Religieuses de Saint-Benoît de Marmande qui ne cessent de réclamer les rentes qui leur sont dues par les communautés de Blaye et Libourne ; — les consuls de Marmande en procès avec le juge au sujet du jettin appartenant à la communauté ; — le tableau de la collecte de Marmande ; — les frais d'une information ordonnée par les consuls de Gontaud ; — l'autorisation accordée à la communauté de Taillebourg pour plaider ; — la fourniture du bois et de la lumière pour le corps de garde de Marmande ; — les pauvres de cette ville ; — l'inspecteur des poudres et salpêtres ; — la capitation ; — les corvées ; — les privilèges de la ville de Marmande ; — les abus dans la répartition de la capitation ; — le séminaire de Marmande.

C. 584. (Portefeuille.) — 119 pièces, papier.

1765. — Correspondance du subdélégué de Marmande (Lot-et-Garonne) avec l'intendant, concernant : — les dégâts occasionnés par la grêle dans plusieurs juridictions ; — l'arrestation et l'élargissement du nommé Vergier, atteint de démence ; — MM. Fayet de Cazaux et Lavau de Gayon, conflit entre ces deux subdélégués ; — la corvée militaire ; — les abus dans le rôle de l'industrie ; — la réunion de la juridiction de Tombebœuf à celle de Clairac ; — l'élection des consuls de Marmande et la dette de la communauté de cette ville ; — une plainte contre le collecteur et l'huissier Belbeze de Duras ; — l'arrêt de la Cour des Aides de Bordeaux qui accorde 28 journaux nobles à M. de Mares, de l'île qui porte son nom ; — les fonds d'aumônes ; — le don gratuit ; — le presbytère de Lauzun ; — un mémoire du subdélégué de Marmande au sujet de la répartition de la capitation ; — les étapes ; — la graine de trèfle ; — les impositions de Lévignac ; — le régent de Sainte-Bazeille ; — le désordre qui règne dans cette communauté ; — les honoraires des consuls de Marmande ; — les chemins et les corvées.

C. 585. (Portefeuille.) — 102 pièces, papier.

1766. — Correspondance du subdélégué de Marmande (Lot-et-Garonne) avec l'intendant, relative : — au presbytère de la paroisse de Saint-Nazaire ; — aux dégâts occasionnés par les débordements de la Garonne ; — au sursis accordé à la communauté de Lévignac pour le payement de ses impositions, à raison des pertes qu'elle a éprouvées sur ses récoltes ; — aux poursuites exercées contre les habitants de Duras pour le recouvrement des impositions ; — à des empiétements sur le chemin de Marmande à Saint-Avit ; — à la reddition des comptes et aux abus dans la communauté de Samazan ; — à la nomination des consuls de Marmande ; — à l'arrêté des comptes de la communauté de Tonneins ; — au choix d'une régente pour la communauté de Duras ; — à un crime d'infanticide ; — à l'émission de huit écus de trois livres faux mis en circulation par des soldats du régiment de Vivarais ; — aux consuls de Duras ; — au collecteur principal de Gontaud ; — aux relais des troupes de passage ; — aux revenus de la ville de Marmande, etc.

C. 586. (Portefeuille.) — 109 pièces, papier.

1766. — Correspondance du subdélégué de Marmande (Lot-et-Garonne) avec l'intendant, relative : — aux comptes et titres de la communauté de Meillan ; — aux désastres occasionnés par la gelée ; — à des demandes en décharge d'impositions formées par MM. de Gastebois de Marignac ; de Longueval ; messire Jean de Ferrand ; Séauvaud ; Jean Roy ; Jean Laperche de La Ramière ; de Lagrange, sieur de Ferregues ; messire Pierre, marquis de Saivignac, et Pierre Vivie de Regie, à raison des pertes qu'ils ont éprouvées par la gelée et les inondations ; — à l'ordonnance qui autorise la communauté de Marmande à plaider contre le juge ; — à des abus dans les assemblées et dans les rôles de la capitation de la communauté de Lauzun ; — à l'essai du blé de mars pour semence ; — aux collecteurs de Marmande ; — au sieur Malardeau, secrétaire de la communauté de Duras ; — à la réformation des rôles de la taille de Puymiclan.

C. 587. (Portefeuille.) — 101 pièces, papier.

1767. — Correspondance du subdélégué de Marmande (Lot-et-Garonne) avec l'intendant, concernant : — les titres de noblesse du sieur Cruzel de Corbian ; — les arrérages de la rente due aux Ursulines de Marmande par la communauté de Libourne ; — le dénombrement de la population de Marmande ; — les poursuites pour le recouvrement du 20ᵉ d'industrie ; — les débordements de la Garonne ; — la nomination des consuls de Marmande ; — les plaintes contre les employés aux tailles ; — la fourniture des grains de semence aux cultivateurs pauvres ; — le transport des bagages des troupes de Marmande à Agen ; — la répartition du don gratuit ; — les réparations des fontaines de Marmande, de Tonneins et de La Réole ; — les mémoires sur les classes ; — la milice ; — la régente de Duras ; —

l'emprisonnement d'un séquestre de Mauvezin trompé par les promesses de M. de Montour ; — le don gratuit de Duras ; — le rôle de la capitation de Tonneins ; — l'annulation de l'engagement contracté par le nommé Gerbaud pour le régiment d'Auvergne ; — les désordres de la communauté de Gontaud.

C. 588. (Portefeuille.) — 134 pièces, papier.

1768. — Correspondance du subdélégué de Marmande (Lot-et-Garonne) avec l'intendant, concernant : — les assemblées de Duras ; — la collecte de Cauderot ; — les abus pratiqués dans la répartition de la capitation de Birac ; — l'homologation d'un traité fait par les habitants de Virazel pour l'arpentement de leur communauté ; — la gelée et le débordement de la Garonne ; — une plainte de M. Joly de Blazon, consul électif de Sainte-Bazeille, contre Mouchet, consul titulaire ; — la condamnation à l'amende d'un prud'homme de Monségur pour refus de paraître aux assemblées ; — l'arrestation d'un huissier aux tailles ; — le plan de l'îlot ; — l'abus des concessions d'îles et graviers ; — la réédification du petit clocher de l'église de Hautevignes ; — la corderie de Tonneins ; — les gages du médecin et du régent de Taillecavat ; — la mouture économique ; — l'arpentement de la communauté de Londres ; — les difficultés relativement au transport des bagages des troupes et autres services publics ; — le règlement sur le logement des troupes.

C. 589. (Portefeuille.) — 64 pièces, papier.

1769. — Correspondance du subdélégué de Marmande (Lot-et-Garonne) avec l'intendant, relative : — aux comptes de plusieurs collecteurs ; — à une lettre de blâme de l'intendant aux officiers municipaux de Marmande, au sujet de M. Lavau de Gayon, leur subdélégué ; — au payement du plan du territoire de Taillebourg ; — à la même communauté contre le sieur Meyniel et la demoiselle Valade, sa belle-sœur, à raison des plantations faites sur l'île de la Garonne, appelée l'îlot ; — à la formation d'une nouvelle subdélégation à Monségur ; — à la destitution du sieur Cicéron, régent de Sainte-Bazeille ; — aux gages du régent de la communauté de Puymiclan ; — aux plaintes portées à l'intendant au sujet de la répartition de la capitation dans la juridiction de Monségur ; — aux vexations commises par deux huissiers aux tailles ; — au recouvrement des impositions de la paroisse de Saint-Pardon ; — au passage à Marmande de madame la comtesse de Lamarche et de M. de Laval ; — à la réunion de cinq juridictions de la subdélégation de Buzas à celle de Marmande ; — à la troupe destinée à poursuivre les contrebandiers ; — à la fontaine de

Marmande ; — à l'emprisonnement d'un collecteur ; — au prix du tabac.

C. 590. (Portefeuille.) — 122 pièces, papier.

1770. — Correspondance du subdélégué de Marmande (Lot-et-Garonne) avec l'intendant, concernant : — un procès entre les sieurs Tessier et Boulin et les officiers municipaux de Monségur ; — la confirmation de ventes faites par des religionnaires ; — l'incendie de l'hôtel de ville de Marmande attribué à un fou nommé Saint-Aubin ; — les réclamations de madame Second, prieure des religieuses de Saint-Benoît de cette ville, au sujet des rentes qui sont dues à sa communauté par les villes de Blaye et Libourne ; — la libre entrée des cordages à Bordeaux ; — la reddition des comptes de la communauté de Lauzun ; — l'entreprise de la fourniture des vivres ; — l'adjudication des revenus de la communauté de Marmande ; — les assemblées illicites dans la communauté de Puymiclan ; — l'administration municipale de Marmande ; — le sursis accordé aux habitants de Saint-Géraud-du-Bois pour le payement de leurs impositions, à cause des accidents survenus à leurs récoltes ; — l'acquisition d'une maison pour y construire la halle et le corps de garde de Marmande ; — le cours d'accouchement de Monségur ; — l'établissement de charité de Marmande ; — les comptes de la communauté de Lauzun ; — l'île de Baillias.

C. 591. — (Portefeuille.) — 100 pièces, papier.

1771. — Correspondance du subdélégué de Marmande (Lot-et-Garonne) avec l'intendant, relative : — à une requête présentée par plusieurs habitants de Monségur en autorisation de plaider contre leur seigneur ; — au naufrage de l'argent provenant des recettes de Londres et de Puymiclan ; — aux chevaux et juments de la communauté de Caumont attaqués d'une gale contagieuse et aux précautions prises à ce sujet ; — au rôle de la capitation de la juridiction de Marmande ; — au don gratuit de Sainte-Bazeille ; — aux comptes de cette communauté ; — à l'adjudicataire général des étapes et le sieur Aloy de La Sauvetat de Caumont ; — aux réparations des boucheries et échoppes de Marmande ; — à la ferme du quarantain à Tonneins ; — aux plaintes du maître de poste de Marmande contre les loueurs de chevaux et l'ordonnance de l'intendant, à laquelle ces plaintes ont donné lieu ; — au projet de créer un chef-lieu de subdélégation à Monségur, par démembrement de celle de Marmande et Sainte-Foy ; — au compte rendu par le syndic receveur de la communauté de Monségur ; — au casernement de la maréchaussée de Marmande ; — à l'insuffisance des grains dans la juridiction de Monségur.

C. 592. (Portefeuille.) — 115 pièces, papier.

1771. — Correspondance du subdélégué de Marmande (Lot-et-Garonne) avec l'intendant, relative : — à la formation du rôle de la capitation de la communauté de Lauzun ; — à l'élargissement et plantation des chemins autour de la ville de Marmande ; — à l'arrêt du conseil portant fixation des dépenses ordinaires et annuelles de cette ville ; — à une maladie épidémique à Tonneins et à ses environs ; — à la description des ravages qu'elle y exerce, et dont les détails affligeants se trouvent consignés dans une lettre de M. Pineau, curé de cette paroisse, et dans celle de MM. les docteurs Laperche père et fils ; — aux secours de toute nature envoyés par l'intendant, pour les malheureux atteints de ce fléau, et à l'ordre transmis par M. le duc de Lavauguyon à son intendant sur les lieux de distribuer aux malades tous les secours dont ils peuvent avoir besoin ; — aux comptes de la communauté de Monségur ; — aux officiers municipaux de Duras et au collecteur ; — aux assemblées des protestants de Tonneins et de Clairac ; — au remède du médecin Beaupuy contre la fièvre ; — aux maladies qui règnent à Damazan ; — aux gages des consuls du mas d'Agenais.

C. 593. (Portefeuille.) — 90 pièces, papier.

1775. — Correspondance du subdélégué de Marmande (Lot-et-Garonne) avec l'intendant, concernant : — les presbytères de Cambes, Saint-Juin, Cauderot et autres ; — le passage des troupes à Marmande ; — la réunion de la communauté de Baries à La Réole ; — les mesures ordonnées pour arrêter les progrès de la maladie épizootique ; — les plaintes d'un consul de Marmande contre un de ses collègues ; — le mécontentement des officiers municipaux du mas d'Agenais au sujet de la conduite d'un détachement du régiment de la Reine, — le rétablissement de l'administration de Tonneins-Dessus ; — l'ordre du maréchal de Mouchy de faire faire une chasse aux loups dans la forêt de Duras et autres bois du pays ; — le règlement du prix de la viande à Monségur ; — l'église de Baries ; — l'emprisonnement pendant un mois du nommé Coursan, meunier ; — le logement des Filles de la Foi de Tonneins ; — la créance de 36,000 livres des Religieuses Bénédictines de Marmande ; — le rétablissement des foires aux bestiaux.

C. 594. (Portefeuille.) — 91 pièces, papier.

1775. — Correspondance du subdélégué de Marmande (Lot-et-Garonne) avec l'intendant, concernant : — la mise en liberté du nommé Ducourneau, détenu par ordre du

Roi ; — l'installation des officiers municipaux de la communauté de Baries;—les droits réservés des communautés de Tonneins-Dessus et Tonneins-Dessous ; — les droits réservés de Damazan, contre un boucher; — le presbytère de la paroisse de Baupuy, tombant en ruine ; — les réparations d'une fontaine de Marmande ; — la reddition des comptes de la communauté de Tonneins-Dessus ; — les côtes de tabac employées comme remède contre l'épizootie; — les précautions à prendre pour empêcher la propagation de cette maladie ; — les chevaux attaqués de la morve ; — les logements des gens de guerre et celui des Dames de la Foi de Tonneins ; — les entrepreneurs des étapes d'Etauliers ; — un contrat d'engagement fait aux ancêtres du duc d'Aiguillon, des comtés d'Agenois et Condomois ; — le compte rendu à la communauté de Monpouillan, par Jean Daney, de Sendex ; — la plainte du sieur Redeuil, notaire à Castets, contre M. Laveau de Gayon, subdélégué à Marmande.

C. 595. (Portefeuille.) — 93 pièces, papier.

1776. — Correspondance du subdélégué de Marmande (Lot-et-Garonne) avec l'intendant, relative : — aux réparations à faire à la ville et banlieue de Miramont ; — aux réparations de plusieurs églises ; — aux gages du régent du mas d'Agenais ; — aux réparations de la fontaine de Damazan ; — au pont en bois appelé au pré Peytrau, menaçant ruine ; — à la construction des presbytères de Cambes et de Gontaud ; — à la translation de l'église de la communauté de Duras ; — au logement des gens de guerre au mas d'Agenais ; — aux exemptions de logement ; — aux rôles de la capitation de Marmande ; — aux à-compte qui doivent être fournis aux soldats sortant des hôpitaux ; — aux droits réservés de la communauté de Tonneins ; — au devis des réparations à faire à la fontaine de Lama à Marmande ; — à des travaux d'assainissement à exécuter dans cette ville ; — aux frais de transport des fourrages et équipages des troupes.

C. 596. (Portefeuille.) — 91 pièces, papier.

1776. — Correspondance du subdélégué de Marmande (Lot-et-Garonne) avec l'intendant, relative : — au sieur Partarrieu, régent de la communauté de Seiches ; — aux eaux-de-vie de marc de raisin ; — à la convocation d'une assemblée extraordinaire des notables habitants de la communauté de Tonneins-Dessous, pour délibérer sur les moyens de suivre l'opposition qu'ils ont formée à un arrêt du Conseil obtenu par le fermier du don gratuit ; — au logement des gens de guerre ; — à l'emprisonnement du nommé Ducourneau ; — à l'emplacement de la nouvelle église de Baries ; — aux nouvelles écoles royales militaires; — au maître de poste de Cauderot ; — au procès de la communauté de Duras, contre le sieur Martineau, de la paroisse de Sainte-Colombe, au sujet des frais de ce procès; — aux recouvrements de la taille ; — à la répétition des avances faites pour la communauté de Monpouillan par le sieur Daney, l'un de ses jurats ;— à l'hôpital de Marmande ; — à la condamnation de la communauté de Monpouillan à 200 fr. d'amende pour contraventions par elle commises dans la forêt qu'elle possède ; — à la revue des gens de mer ; — au recouvrement des impositions de la communauté de Lévignac ; — à la liberté du commerce des bestiaux.

C. 597. (Portefeuille.) — 106 pièces, papier.

1777. — Correspondance du subdélégué de Marmande (Lot-et-Garonne) avec l'intendant, relative : — au rétablissement de trois foires à Lamothe-Landeron ; — aux collecteurs de La Sauvetat de Caumont ; — à la répartition de la capitation de Marmande ; — aux comptes de la communauté de Samazan ; — à la construction d'un presbytère dans cette paroisse ; — au procès-verbal des officiers municipaux contre le nommé Chambaudet, qui les a gravement insultés dans le lieu consacré au service divin ; — au tirage au sort de la milice ; —aux privilèges des ex-consuls de Marmande ; — au refus des officiers municipaux de Marmande de recevoir dans leur assemblée le sieur Bernard Foucaud, nommé quatrième consul par le Roi ; — aux comptes de la communauté de Villeton ; — aux foires du bétail à Tonneins et à Marmande ; — à l'acquisition d'une maison par la communauté de Tonneins-Dessus, pour en faire un hôtel de ville ; — au passage de Monsieur, frère du Roi ; — au débordement de la Garonne ; — au logement des officiers de marine ; — à la fontaine de La Gruère ; — au régent de Marmande ; — à la dette de la ville de Libourne ; — aux travaux de charité, etc.

C. 598. (Portefeuille.) — 70 pièces, papier.

1778. — Correspondance du subdélégué de Marmande (Lot-et-Garonne) avec l'intendant, relative : —aux comptes de la communauté de Villeton ; —à la réclusion du nommé Montaud, de la communauté de Virazel, atteint de démence furieuse ; — aux discussions municipales de La Gruère ; — au rôle de la capitation de Marmande ; — aux difficultés pour la circulation des grains ; — au sieur Dupeyron, père de douze enfants ; — au logement des Dames de la Foi de Tonneins ; — aux réparations à la halle Saint-Barthélemy ; — à un mémoire sur la pénurie des ouvriers pour la culture des terres ; — à l'établissement d'un bureau de charité à La Gruère ; — aux distributions de riz aux pauvres ; — à une trame ourdie par les nommés Giresse et Redeuil, notaire, contre les jurats de la communauté de Baries et M. Laveau de Gayon, subdélégué de Marmande ; — au rôle des impositions du mas d'Agenais ; — à l'arpentement de la communauté de La Gruère ; — à un placet du sieur Foucaud, ancien consul à Marmande.

C. 599. (Portefeuille.) — 74 pièces, papier.

1778. — Correspondance du subdélégué de Marmande (Lot-et-Garonne) avec l'intendant, relative : — au sieur Dunogué, collecteur de la juridiction du mas d'Agenais ; — aux gages du médecin du mas et de Caumont ; — aux travaux des chemins ; — au choix d'un médecin chargé de la correspondance relative à l'épidémie et aux épizooties ; — à un ouvrage contre le célibat des prêtres ; — aux rôles de la capitation de la noblesse ; — à la levée du cours de la Garonne, par M. Fontaine, ingénieur-géographe ; — au régent de Seiches ; — au droit du quarantain royal à Tonneins ; — à la messagerie de Bordeaux à Toulouse ; — aux frais de milice ; — au bois de chauffage du régiment de Bourbon ; — aux domaines du Roi.

C. 600. (Portefeuille.) — 111 pièces, papier.

1779. — Correspondance du subdélégué de Marmande (Lot-et-Garonne) avec l'intendant, relative : — à l'île de Granon ; — à la capitation et au vingtième ; — à l'atelier de salpêtre à Tonneins ; — aux réparations du mur du couvent des capucins à Marmande ; — au logement des Dames de la Foi de Tonneins ; — au rétablissement du port de Tonneins-Dessus ; — à l'envoi de charpentiers civils à l'île d'Aix ; — à la capitation des gens de mer ; — à la suppression des vingtièmes d'industrie de Tonneins-Dessus ; — aux frais de reconstruction de l'église de Baries ; — à la pension du médecin du mas d'Agenais ; — à l'état de la population de Marmande ; — à l'élection consulaire de cette ville ; — à l'envoi de M. Forcarde de La Grezère à Paris, en qualité de député, pour soutenir les droits de la communauté de Marmande sur l'île de Granon ; — à une levée de charpentiers à destination de Rochefort ; — à la poste de Cauderot ; — au recouvrement des impositions dans la communauté de Duras ; — à un manquement grave commis envers les officiers municipaux de Sainte-Bazeille ; — à une battue dans la juridiction de Cauderot, pour détruire les loups ; — au logement des gens de guerre ; — à la capitation des domestiques, etc.

C. 601. (Portefeuille.) — 108 pièces, papier.

1780. — Correspondance du subdélégué de Marmande (Lot-et-Garonne) avec l'intendant, concernant : — l'envoi de troupes à Montaut, pour comprimer la révolte à laquelle la translation du cimetière avait donné lieu ; — les comptes de la collecte de Duras ; — les abus dans la répartition de la capitation de Puydauphin ; — l'île de Granon ; — la demande de 200 charpentiers pour les ateliers de construction de Rochefort ; — l'hôpital de Marmande ; — le principal du collége de Monségur et les officiers municipaux de cette communauté ; — la formation des rôles de la capitation de Londres ; — une levée de marins ; — la vérification des rôles de Marmande ; — la condamnation du sieur Pelletand, régent de Monségur, à huit jours de prison pour manquement envers les officiers municipaux de cette communauté ; — une lettre de M. l'évêque de Bazas, relative aux gages de la régente de Monségur ; — les fonds de charité pour être appliqués à la construction d'une côte et d'une cale à Tonneins-Dessus, pour descendre à la Garonne, etc.

C. 602. (Portefeuille.) — 111 pièces, papier

1780. — Correspondance du subdélégué de Marmande (Lot-et-Garonne) avec l'intendant, concernant : — l'accaparement des vins pour en faire hausser le prix ; — les laines filées venant de Hambourg ; — les officiers de justice et les officiers municipaux de Marmande, au sujet de la préséance ; — les foires et marchés d'Allemans autorisés sur la demande de M. le comte de Sansac ; — l'hôpital de Monségur et les Sœurs de l'ordre de Nevers ; — le logement des Dames de la Foi de Tonneins ; — les élections municipales de Marmande ; — la destruction de l'île dite l'Ilot, dont la situation nuit à la juridiction de Taillebourg ; — le défrichement des marais de Lamothe-Landron ; — les titres de noblesse de M. de Mothes, conseiller au parlement ; — la régente de Monségur ; — la culture, la récolte et la préparation du tabac ; — les réparations de l'église et la clôture du cimetière d'Aignac ; — les comptes de la communauté de Gontaut ; — le rôle d'office de la capitation de Monségur ; — l'imposition municipale de Tonneins-Dessus ; — la réduction des gages municipaux du mas d'Agenais ; — la répartition de la capitation de Marmande et les fermiers des boucheries de cette ville.

C. 603. (Portefeuille.) — 94 pièces, papier.

1781. — Correspondance du subdélégué de Marmande (Lot-et-Garonne) avec l'intendant, concernant : — diverses demandes en réduction ou exemption de la capitation ; — les collecteurs principaux de la ville de Marmande ; — deux lettres de recommandation de M. l'intendant à M. de

Vergennes et à M. le marquis de Castries, ministres, en faveur de M. Lavau de Gayon, commissaire de la marine et subdélégué à Marmande ; — les priviléges d'un héraut d'armes de la connétablie ; — les rôles de la communauté de Cauderot ; — la pension du médecin du mas d'Agenais ; — le logement des gens de guerre à Gontaud ; — l'urgence des réparations à faire à l'église de La Gruère ; — la défense d'exercer des poursuites dans la communauté de Caumont, pour le recouvrement de la capitation contre les femmes des matelots absents pour le service du Roi ; — le régent de la communauté de Gontaud.

C. 604. (Portefeuille.) — 80 pièces, papier.

1781. — Correspondance du subdélégué de Marmande (Lot-et-Garonne) avec l'intendant, concernant : — les comptes de la communauté de Tonneins-Dessus ; — les graviers de La Gruère et Tolsac, cédés à M. le comte de Bruel, gentilhomme de Monsieur, frère du Roi ; — la révision et réformation des rôles de la capitation de Cambes ; — les réparations de l'hôtel de ville de Lévignac ; — une rente de la communauté de Tonneins-Dessus sur le Trésor public ; — M. Izard, docteur en médecine à Monségur, correspondant de l'académie de Bordeaux ; — le logement des Dames de la Foi de Tonneins ; — le casernement de la maréchaussée de Marmande ; — la halle de Saint-Barthélemy ; — l'accident survenu sur les récoltes de la juridiction de Duras, à la suite d'un orage ; — la boucherie de Samazan ; — les droits du seigneur et des officiers municipaux ; — les gages des matelots ; — la fièvre rouge à Monpont.

C. 605. (Portefeuille.) — 135 pièces, papier.

1782-1784. — Correspondance du subdélégué de Marmande (Lot-et-Garonne) avec l'intendant, concernant : — un procès-verbal dressé contre Guipouy, maître du bateau de poste de Marmande, à la requête de Pierre Guenin, habitant d'Agen, adjudicataire du droit de quarantain, pour contravention à l'ordonnance du 28 avril 1775, en chargeant le salin royal sur trois bateaux ; — la réunion de la juridiction de Duras à la subdélégation de La Réole ; — la reddition des comptes de la communauté de La Gruère ; — plusieurs demandes en décharge ou réduction de capitation ; — l'adjudication des grande et petite boucherie de Sainte-Bazeille.

C. 606. (Registre.) — grand in-4°, 131 feuillets, papier.

1767-1789. — Livre d'enregistrement des requêtes de la subdélégation de Marmande (Lot-et-Garonne) adressées à l'intendant, où on remarque les noms de MM. de Dauber de Peyrelongue, — le marquis de Salvignac, — Gerard de Piis de La Mothe, — de Vassal, — Mathias de Maurin, — de Miraben, — de Fontaine-Marie, — Cuiller de Beaumanoir, — Guy Gros de La Mothe, — Bocry de La Boissière, — de Condom, — Merle de Massonneau, — Honoré de Villepreux, — de Forcade, — Chabrier de Pelombet, — Phelipeaux de Bellisle, — de Peyronny, — Boucherie de Brisson, — Tastes de Labarthe, — Duniagou de Beauséjour sieur de La Bourdette, — Faget de Cazaux, — Boutet de Labadie, — Bentzman de Chrétien, — Peygry de Boucherie, — Laubarede de Brunet, — Daney de Sendex, — Rayne de Loménie, — Dunogué, — Gervain d'Estaget, — Dupin de Lafeuillade, — Barbe de Laubarède, — de Melet, — Gauche de Bourrillon, — Bentzman, Menou, — Romefort, écuyer, — Le Blanc de Mauvezin, — Boucherie de Mignon, — la marquise de Ladouze, — le comte de Marcellus, — le comte de Mac-Carty, baron de Levignac, — l'église de Langlade, — le chevalier de Piis, — Duhamel, vicomte de Castels, — Lassalle de Lisle, — Lamartinie, écuyer, etc.

C. 607. (Portefeuille.) — 113 pièces, papier.

1756-1758. — Correspondance du subdélégué de Nérac (Lot-et-Garonne) avec l'intendant, concernant : — l'exhibition des rôles de la communauté de Sainte-More, réclamés par le syndic ; — la demande du renvoi du sieur Ducruc du secrétariat de la ville de Meillan ; — les comptes de la communauté de Nérac ; — le sieur Larralde au sujet de la reddition des comptes de son père, ex-commis de la communauté de cette ville ; — les poursuites exercées contre le sieur Dugous, écuyer, pour obtenir le payement de ses tailles ; — la rareté du foin ; — la fourniture du bois de chauffage aux troupes ; — l'abus de l'emploi des maréchaussées aux corvées des chemins ; — une demande de 30,000 livres pour la construction de l'église de Nérac ; — l'amnistie accordée aux déserteurs ; — la conversion de la famille Ducasse de Fieux à la religion catholique ; — les religionnaires d'Espiens ; — la cérémonie qui a eu lieu à Nérac, à l'occasion de la pose de la première pierre de l'église, etc.

C. 608. (Portefeuille.) — 123 pièces, papier.

1759-1760. — Correspondance du subdélégué de Nérac (Lot-et-Garonne) avec l'intendant, relative : — aux priviléges des religieux de la grande observance de Saint-François de Nérac ; — à la dette de la communauté de Mézin ; — à l'arrivée à Lavardac de 500 cartaux de fèves destinées au diocèse de Condom ; — à l'achat par la communauté de

Feugarolles d'une maison pour en faire son hôtel de ville ; — à la fontaine publique de Fieux ; — à la fourniture du bois et de la lumière aux troupes ; — aux prix des grains ; — à la verrerie de Nérac ; — à des demandes de secours ; — à l'église de Nérac ; — à l'empêchement que veulent mettre les maire et consuls de Nérac à l'entrée, dans leur ville et juridiction, des vins récoltés hors de sa banlieue ; — aux états des militaires en congé de semestre ; — aux abus sur le logement des troupes ; — aux Dames de la Foi de Nérac ; — au canal et recurement de l'Auvignon ; — au débordement des rivières ; — aux offices municipaux de Francescas ; — aux revenus patrimoniaux et d'octroi de diverses villes ou bourgs de la subdélégation.

C. 609. (Portefeuille.) — 77 pièces, papier.

1761. — Correspondance du subdélégué de Nérac (Lot-et-Garonne) avec l'intendant, relative : — aux comptes des communautés de Calignac, Lausseignan, Lavardac, La Montjoie, Xaintrailles, Francescas et Fieux ; — à la nourriture dans les prisons des miliciens fuyards ; — au mandement de l'intendant sur la capitation de 1761, pour la communauté de Nérac ; — à la construction de l'église paroissiale de cette ville ; — à l'élection consulaire ; — à François de Laroche Du Bouscat, écuyer, sieur de Labastide, premier consul de La Montjoie ; — à la construction d'un corps de garde pour les patrouilles bourgeoises et les réparations de l'hôtel de ville de Nérac ; — aux fourrages de la maréchaussée ; — aux abus de la part des huissiers aux tailles ; — aux grains préservés de la carie au moyen de la chaux et du sel ; — à la généalogie du sieur Daurian.

C. 610. (Portefeuille.) — 77 pièces, papier.

1762. — Correspondance du subdélégué de Nérac (Lot-et-Garonne) avec l'intendant, relative : — aux recettes et dépenses de la communauté de Nérac ; — aux difficultés pour la formation du rôle des maisons ; — aux relais pour le transport des équipages des troupes ; — à M. le baron de Lisse, au sujet du padouen d'Andiran ; — au refus des habitants de Nazareth de payer le nouvel octroi ; — aux réparations du pont de Berdoulet ; — à la demande de M. de La Mazelière, qui désire acheter l'office de maire de Nérac, vacant par le décès de son oncle ; — aux gages du régent de la communauté de Fieux ; — à une demande d'indemnité réclamée par M. Dupré à la ville de Nérac, pour la privation d'une source qu'on lui a enlevée et qu'on a réunie à celles qui alimentent la fontaine publique ; — à une contestation entre les consuls de Montgaillard et le juge de cette communauté ; — aux déserteurs prisonniers ; — à la liberté de l'exportation des grains ; — à la vérification des rôles de la capitation de Nérac ; — aux prairies artificielles, etc.

C. 611. (Portefeuille.) — 82 pièces, papier.

1763. — Correspondance du subdélégué de Nérac (Lot-et-Garonne) avec l'intendant, relative : — aux gratifications accordées à deux laboureurs de Vianne et de Montgaillard ; — au projet de construction d'une halle à Buzet ; — aux deniers de l'octroi de Nérac affectés à la reconstruction de l'église ; — à la liberté générale de faire circuler les grains dans tout le royaume ; — à un mémoire sur la maladie des bestiaux indiquant le remède pour les guérir ; — à la publication de l'arrêt du conseil relativement aux papiers du Canada ; — au palais et aux prisons de Nérac ; — aux vérifications, inventaires et ordre des archives ; — à la suppression des gages du régent ; — aux démolitions et réparations de bâtiments publics de Nérac ; — aux comptes des communautés du Frechou, de Feugarolles, Thouars, Moncrabeau, Espiens et Montaignac ; — à la perte des récoltes des paroisses d'Artigues et Marcadis par la grêle et l'inondation.

C. 612. (Portefeuille.) — 106 pièces, papier et 1 plan.

1764-1765. — Correspondance du subdélégué de Nérac (Lot-et-Garonne) avec l'intendant, concernant : — les difficultés qu'éprouve le collecteur de la ville et juridiction de Nérac pour le recouvrement des impôts ; — le scandale causé à Vianne par deux valets du moulin de cette localité, à l'occasion de la demoiselle Trois-Henris de Courrejoles, qui est à toute heure l'objet des insultes les plus grossières de la part de ces deux misérables ; — l'état des dépenses faites par la ville de Nérac, à l'occasion de l'arrivée de M. le maréchal duc de Richelieu, gouverneur de la province ; — des demandes de décharges d'arrérages d'impositions ; — les plaintes de M. de Limon contre le collecteur de Lavardac ; — les tailles et les impositions de cette ville ; — l'état des prisons ; — l'élection des consuls de La Montjoie ; — l'autorisation accordée à cette communauté de plaider contre M. le duc de Bouillon ; — le plan des dehors de la ville de Lavardac et d'une partie de l'intérieur de la ville, etc.

C. 613. (Portefeuille.) — 126 pièces, papier.

1766-1769. — Correspondance du subdélégué de Nérac (Lot-et-Garonne) avec l'intendant, concernant : — le droit de souchet de la ville de Nérac ; — l'arrêt de la Cour des Aides contre la communauté de Nazareth ; — le seigle ergoté ; — les barrières de Nérac ; — les états de comparaison de la taille et des vingtièmes; — les haras de Nérac; — les comptes de la communauté de Vianne; — la pépinière de Nérac; — les assemblées des protestants et l'arrestation de trois de leurs prédicants; — le padouen d'Andiran; — l'écluse et le moulin de Buzet; — la milice de Nérac; — le projet d'un établissement de poste à Nérac demandé par M. l'évêque de Condom; — le don gratuit et les travaux de l'église de Nérac; — les pèlerins vagabonds; — le pont et le port de Lavardac; — une lettre de M. Mathisson, subdélégué à Nérac, au sujet d'une fausse citation de J.-J. Rousseau, tirée de Charron, théologal de Condom; — le don de prélation demandé par M. Daux sur la baronnie de Saint-Médard; — les terrines de perdrix de Nérac.

C. 614. (Portefeuille.) — 66 pièces, papier.

1771-1774. — Correspondance du subdélégué de Nérac (Lot-et-Garonne) avec l'intendant, concernant : — M. le chevalier de Brondeau, ancien mousquetaire, impliqué dans un crime d'assassinat, et auquel on a donné la ville de Nérac pour prison, qui demande à être jugé le plus promptement possible; — le collège royal de La Flèche; — l'assemblée des régiments provinciaux de la Généralité; — Bernard Puistienne, détenu au couvent des religieux du Tiers Ordre de Barbaste; — l'évasion de Marie-Catherine Lasserre de Nérac de la maison de force de Bordeaux, où elle était enfermée; — les prix des fourrages; — MM. Delafargue, maréchal de camp, Dulion de Monplaisir, ci-devant capitaine au régiment de Conty, infanterie, et Lassalle de Laffite, capitaine au corps des grenadiers de France; — la demande faite au Roi par M. le marquis de Marin du don du droit de prélation sur deux faisandes situées à la Montjoie; — les réparations à faire à l'église paroissiale de Saint-Loup, communauté de Montagnac; — les eaux minérales; — l'ordre de faire arrêter et conduire à la maison des Cordeliers de La Montjoie le sieur Nolibé de Nérac.

C. 615. (Portefeuille.) — 111 pièces, papier.

1775. — Correspondance du subdélégué de Nérac (Lot-et-Garonne) avec l'intendant, concernant : — les frais de transport des fourrages et le prix de la ration; — les imprimeries qui doivent être supprimées; — les officiers de la maréchaussée de Dax; — la réapparition de la maladie sur les bestiaux; — le logement des quatre cavaliers du commissaire général préposés à la garde du pont de Bordes; — les travaux de l'église de Nérac; — des demandes de secours et de modération d'impositions motivées par des pertes de bétail; — l'arrêt du conseil qui décharge les villes de la subdélégation de Nérac des arré-

rages du don gratuit, à cause des pertes qu'éprouve la province; — les murs du cimetière de Nérac.

C. 616. (Carton.) — 114 pièces, papier.

1776. — Correspondance du subdélégué de Nérac (Lot-et-Garonne) avec l'intendant, relative : — à l'entrepreneur des convois militaires et aux officiers municipaux de Nérac, au sujet de la fourniture des chevaux et charrettes; — aux loyers des maisons et écuries servant de casernes aux troupes; — au sieur Détrois, lieutenant de louveterie à Nérac; — à l'état du prix des denrées; — à une ordonnance du Roi contre les embaucheurs et fauteurs de désertion; — aux déserteurs amnistiés; — au sieur Philippe de Laroche Du Bouscat; — à l'arrêté de clôture des comptes des recettes et dépenses de la construction de l'église de Nérac au 12 octobre 1775; — aux abus commis dans les rôles de la capitation de Buzet; — à l'église de Saint-Loup; — au privilège du garde-magasin des poudres; — à l'instruction sur la maladie des bêtes à laine, connue sous le nom de claveau ou picote; — aux précautions à prendre contre l'épizootie; — aux chevaux attaqués de la morve; — à la répartition de la capitation de la communauté de Thouars; — aux fermiers de l'octroi de Nérac.

C. 617. (Carton.) — 111 pièces, papier.

1777. — Correspondance du subdélégué de Nérac (Lot-et-Garonne) avec l'intendant, relative : — aux hôpitaux de charité; — aux frais de casernement des troupes; — aux abus dans le service des convois militaires; — aux étapiers de la ville de Nérac; — aux honoraires du médecin de la paroisse de Buzet; — à l'exigence des bateliers de la Garonne pour le transport des blés destinés à l'approvisionnement de la Généralité d'Auch; — à l'affreuse misère des habitants de la communauté de La Gruère; — à l'aliénation de terrains de la communauté de Boussès; — à l'église de la paroisse de Nazareth tombée de vétusté; — à une plainte du sieur Fleury de Pérignon, consul de La Montjoie, contre Pierre Bastit de La Plume; — à la reddition des comptes de la communauté de Boussès; — à la plainte du garde-étalon de Lavardac contre son confrère du Port-Sainte-Marie.

C. 618. (Carton.) — 100 pièces, papier.

1778. — Correspondance du subdélégué de Nérac (Lot-et-Garonne) avec l'intendant, relative : — aux secours accordés à treize paroisses de la subdélégation de Nérac ravagées par la grêle; — à la maladie des bestiaux; — à une requête des maire et consuls de La Montjoie, par laquelle ils demandent à se défendre contre une action qui leur a été intentée par le seigneur des lieux pour les obliger à aller eux-mêmes prendre dans son château les morts de sa famille, les porter à l'église et les descendre au caveau de leur sépulture ; — aux réparations de l'hôtel de ville de Moncrabeau ; — aux gages du médecin de Buzet ; — aux minotiers de Nérac ; — aux grains de semence ; — aux fonds d'aumône ; — au sieur de Laroche Du Bouscat, renfermé au château de Lourdes ; — à la nomination de M. Mathisson fils, en qualité d'adjoint à son père, subdélégué à Nérac ; — aux octrois et secours pour l'église de cette ville ; — à un certificat de noblesse de M. Gramon de Villemontès ; — à la mort de M. Mathisson père, subdélégué à Nérac.

C. 619. (Registre.) — 60 feuillets, grand in-4°, papier.

1767-1788. — Livre d'enregistrement des requêtes de la subdélégation de Nérac (Lot-et-Garonne) adressées à l'intendant, où on remarque les noms de MM. Josué de Madaillan de Montalaire ; — Raigniac de Varenne ; — Duroy de Lalanne-Renaud de Bazignan ; — Paul de La Gaussie ; — de Castillon ; — de Monier ; — Bartouil de Taillac ; — de Bellefond ; — Bertrand Vigier, seigneur de Gamot ; — Labeyrie de Lamolie ; — de Lespinasse ; — Arnaud de Patras de Campagne ; — de Pichard ; — le baron de Trenqueleon ; — le chevalier Rolland ; — Paul de La Mazelière ; — Gabriel d'Arblade, baron de Séailles ; — Duprat de Mazelière, écuyer ; — Dudrot de Capdebosc, écuyer ; — Louis de Bouzet, marquis de Marin ; — Anne de Pedesclaux Du Bournac, épouse du sieur de Mazelière ; — Dorien de Caupenne, écuyer ; — de Brassier-Jousselin, écuyer, seigneur de La Grange-Monrepos ; — Du Gravier de La Crosse, Baron de Saint-Loup ; — Marc-Antoine Dangeros, écuyer ; — Louis de Polignac ; — Belloc-Castillon de Mouchan ; — Lagarde de Gerbons, écuyer ; — de Perès ; — de Roquaing ; — Laverny Du Commun, écuyer ; — Labastide Du Bouscat de Laroche, écuyer ; — Magnos de Ferbaux ; — Gramon de Villemontès ; — Pérignon de Lafont, écuyer, etc.

C. 620. (Carton.) — 133 pièces, papier.

1699-1743. — Correspondance du subdélégué de Nérac (Lot-et-Garonne) avec l'intendant, concernant : — les comptes du sieur Lafitte, consul et collecteur de Moncrabeau ; — le régiment de Danois ; — les comptes de la communauté d'Andiran ; — le double enrôlement d'un nommé Bourdens ; — la vente à l'enchère du blé, farine, foin, avoine, etc., qui sont dans les magasins du Roi à Nérac ; — les états des sommes dues par le munitionnaire ; — l'ordre d'arrestation contre le nommé Charles Legrand, soi-disant chevalier de Saint-Hubert ; — l'attribution donnée aux juridictions consulaires pour connaître des faillites et banqueroutes ; — la fourniture des fourrages aux compagnies de cavalerie en quartier à Nérac ; — la signification au sieur Gerbons de Lagrange de l'ordre du Roi qui lui défend d'approcher de Nérac à une distance moindre de six lieues ; — la confection d'un nouveau cadastre de la communauté du Frechou.

C. 621. (Carton.) — 131 pièces, dont 2 plans, papier.

1744-1755. — Correspondance du subdélégué de Nérac (Lot-et-Garonne) avec l'intendant, concernant : — les désordres au sujet de la distribution des vivres et fourrages au régiment royal Cantabres de passage à Nérac ; — une plainte des médecins de cette ville contre le lieutenant du premier chirurgien ; — les receveurs des consignations et les commissaires aux saisies réelles du sénéchal de Nérac ; — le rang que doivent occuper dans les cérémonies publiques les lieutenants de MM. les maréchaux de France ; — le *Te Deum* chanté à l'occasion de la victoire remportée par l'armée française sur les Espagnols ; — les gages du régent de la communauté de Calignac ; — les réparations de l'auditoire du présidial et sénéchal de Nérac ; — un ordre du Roi pour faire arrêter et conduire au château de Lourdes le quatrième fils de madame la marquise de Lussan ; — le mémoire de la famille du sieur Gerboux de Lagrange, par lequel elle demande que ledit Gerboux, que dix années d'exil n'ont pu guérir de son inconduite, soit renfermé dans le même château ; — un plan terrier du palais et prisons de la ville de Nérac ; — le rétablissement de la fontaine de Vianne.

C. 622. (Carton.) — 103 pièces, papier.

1779-1783. — Correspondance du subdélégué de Nérac (Lot-et-Garonne) avec l'intendant, relative : — à l'édit du 16 septembre 1776, concernant les embaucheurs et fauteurs de désertion ; — à la demande d'ordres formée par le sieur Gabel de La Gravette pour faire enfermer sa sœur à l'hôpital général de Cahors ; — à la mise en liberté, pour cause de maladie, du sieur de Laroche Du Bouscat, détenu au château de Lourdes ; — à un sauf-conduit délivré à M. de Rozières de Goulard de Montagne ; — aux lettres de rémission en faveur de Jean Lafargue, homicide du nommé Capot ; — au chevalier de Rolland ; — à des demandes de décharge de capitation ; — à un certificat de M. Antoine d'Hozier de Serigny, chevalier, juge d'armes de la noblesse de France, constatant que la généalogie de la famille de Nicolas de Faulong se trouve dans l'*Armorial général de la noblesse de France*, au registre onze, tome X ; — aux grâces accordées par le Roi à l'occasion de la naissance du Dauphin ; — au règlement sur l'admission des élèves aux écoles militaires.

C. 623. (Carton.) — 77 pièces, papier.

1784-1789. — Correspondance du subdélégué de Nérac (Lot-et-Garonne) avec l'intendant, relative : — à une plainte de M. Bartouilh, lieutenant criminel au siége de Nérac, adressée à M. le maréchal de Ségur, contre le sieur de Feuillide, capitaine de dragons, neveu ; — aux ouvriers qui vont porter l'industrie nationale à l'étranger ; — à des demandes de saufs-conduits ; — à la mauvaise administration des hôpitaux militaires ; — au service des convois militaires et au pain des troupes en marche ; — à l'admission aux écoles de l'artillerie et du génie des enfants de la jeune noblesse ; — à la demande de M. le marquis de Lusignan du droit de prélation sur la terre d'Ambrux ; — à M. de Rozières de Gaston, qui demande un arrêt de surséance de deux ans ; — aux prix des grains ; — au discours prononcé par le Roi, le 23 avril 1787, à l'assemblée des notables ; — à l'ordre accordé aux sieur et dame de Salinières de La Garenne de faire enfermer pendant deux ans leur seconde fille au refuge d'Agen.

C. 624. (Portefeuille.) — 118 pièces, papier ; 1 plan.

1744-1753. — Correspondance du subdélégué de Casteljaloux (Lot-et-Garonne) avec l'intendant, concernant : — la condamnation du sieur Balade, boucher de Tonneins-Dessus, à dix livres d'amende et au payement d'une chèvre qu'il avait fait dévorer par ses chiens ; — la réparation du chemin de Houillès allant de Tonneins à Mont-de-Marsan ; — la réparation d'un appartement de la maison des Filles de l'instruction charitable de l'Enfant-Jésus de Casteljaloux ; — divers mémoires sur les marais de Casteljaloux avec l'annexe du plan de la ville et de ses environs ; — le bail à ferme des biens de la communauté de La Gruère ; — les réparations de l'église de Casteljaloux.

C. 625. (Portefeuille.) — 126 pièces, papier.

1754-1758. — Correspondance du subdélégué de Casteljaloux (Lot-et-Garonne) avec l'intendant, concernant : — les contestations entre le maire de Damazan et les consuls de ladite ville, au sujet des sommes perçues sur le prix du bail de la ferme des boucheries ; — les droits de collecte ; — la vente de bois faite par la communauté de Castel-Amouroux ; — la coupe des arbres de la promenade de Casteljaloux ; — les comptes des communautés de Villefranche, de Callonges, de Casteljaloux et du Puch de Gontault ; — la ferme des biens de la communauté de Villefranche du Queyran ; — les frais de casernement ; — les gages du régent de Callonges ; — les droits sur les papiers ; — la ferme de l'impôt des vins de Casteljaloux.

C. 626. (Portefeuille.) — 102 pièces, papier.

1759-1761. — Correspondance du subdélégué de Casteljaloux (Lot-et-Garonne) avec l'intendant, concernant : — une contestation entre les R. P. Capucins et la communauté de Casteljaloux au sujet de neuf arbres ; — le logement des gens de guerre ; — la reddition des comptes de la communauté de Villeneuve-du-Queyran ; — le prix des grains ; — l'adjudication du produit de l'impôt du vin pour la réédification de l'église de Casteljaloux ; — les nouveaux convertis ; — les pertes éprouvées par le débordement de la rivière de l'Avance ; — la fourniture des étapes ; — la plantation de la croix de la mission à Casteljaloux.

C. 627. (Portefeuille.) — 104 pièces, papier.

1762-1764. — Correspondance du subdélégué de Casteljaloux (Lot-et-Garonne) avec l'intendant, concernant : — la reddition des comptes de la communauté de Damazan ; — certains abus dans la répartition de la capitation ; — les gages du régent de Casteljaloux ; — la levée des recrues provinciales ; — la construction d'une halle sur la place Saint-Raphaël, à Casteljaloux ; — les assemblées des protestants ; — la fourniture de chevaux aux troupes ; — la culture du trèfle et de la luzerne ; — la reddition des comptes des communautés de Casteljaloux et de Monheurt ; — la maladie des bestiaux ; — les frais de transport des bois de la marine ; — la construction d'une fontaine à Casteljaloux, etc.

C. 628. (Portefeuille.) — 100 pièces, papier.

1764-1768. — Correspondance du subdélégué de Casteljaloux (Lot-et-Garonne) avec l'intendant, concernant : — le projet d'établissement d'une nouvelle subdélégation à Tonneins ; — les frais de loyer pour le corps de garde de la patrouille de Casteljaloux ; — la cherté des grains ; — les gages de madame Beaucreux-Dubourdieu, maîtresse d'école à Damazan ; — la déclaration des alluvions et atterrissements du mas d'Agenais ; — le transport des équipages militaires ; — la réunion du mas à Casteljaloux ; — le logement des gens de guerre ; — le don gratuit ; — les foires de Casteljaloux ; — la fourniture du pain des prisonniers.

C. 629. (Portefeuille.) — 107 pièces, papier.

1769-1779. — Correspondance du subdélégué de Casteljaloux (Lot-et-Garonne) avec l'intendant, concernant :

SÉRIE C. — INTENDANCE DE BORDEAUX.

— la disette des grains ; — l'envoi d'une ordonnance de 4,000 livres pour la subsistance des pauvres ; — la fourniture du pain aux mendiants ; — les revenus patrimoniaux de la ville du Mas-d'Agenais ; — un échange de fonds entre M. le comte de Flamarens et la communauté de Damazan ; — des demandes d'amnistie en faveur des déserteurs ; — le transport des bois de construction pour la marine ; — le rétablissement d'une halle avec des foires et marchés en la ville de Monheurt, — l'entreprise des convois militaires ; — la réparation du chemin de Casteljaloux à Bazas ; — la translation de la Cour des Aides de Bordeaux à Casteljaloux.

C. 630. (Portefeuille.) — 107 pièces, papier.

1776-1778. — Correspondance du subdélégué de Casteljaloux (Lot-et-Garonne) avec l'intendant, relative : — à la chasse aux loups ; — aux gages du régent de Damazan ; — à l'épizootie ; — aux frais de casernement ; — au recouvrement des impôts ; — au supplément du prix du bail des biens de la communauté de Villefranche ; — aux comptes de la communauté de Damazan ; — à l'exemption du service de la milice ; — au droit de livrée ; — à la nourriture et à l'entretien d'un nommé Marsalot, détenu à Casteljaloux pour folie furieuse ; — aux réparations du presbytère de Pindères et de l'hôtel de ville de Bouglon ; — aux gages du régent de Labastide-de Castel-Amouroux ; — aux réparations du chemin du Cap-du-Bos à Damazan ; — au logement des gens de guerre.

C. 631. (Portefeuille.) — 70 pièces, papier.

1779. — Correspondance du subdélégué de Casteljaloux (Lot-et-Garonne) avec l'intendant, relative : — aux revenus des religieuses de Saint-Benoît de Casteljaloux ; — à l'exemption des corvées ; — à la construction d'un puits au bourg du Houillès ; — au sieur Vignoles, vicaire à Casteljaloux, pour manquement envers le subdélégué ; — aux gages du médecin de Damazan ; — à la réunion des biens de la communauté religieuse de Saint-Benoît à l'hôpital de la ville de Casteljaloux ; — au levé du cours de la Garonne par M. Colas, ingénieur géographe ; — au recouvrement des impôts ; — à la refonte des cloches de Casteljaloux ; — aux bois, taillis et landes de la communauté de Labastide-de Castelmoron, etc.

C. 632. (Portefeuille.) — 95 pièces, papier.

1780-1783. — Correspondance du subdélégué de Casteljaloux (Lot-et-Garonne) avec l'intendant, relative : — aux bois des religieuses Bénédictines de Casteljaloux ; — au traitement des personnes mordues par des chiens enragés ; — à la battue aux loups ; — à la ferme des octrois de Casteljaloux ; — au droit des livrées consulaires ; — à la concession d'un cloaque hors les murs de la ville de Casteljaloux par ladite communauté en faveur de M. Ducasse, procureur du Roi ; — au transport des bois de la marine ; — aux honoraires du prédicateur de Villefranche ; — aux causes de la disette du bois de chauffage ; — aux droits de préséance du lieutenant général de police de Damazan ; — aux réparations du pont à l'entrée de la ville du Puch-de-Gontaud, etc.

C. 633. (Portefeuille.) — 99 pièces, papier.

1741-1748. — Correspondance du subdélégué de Villeneuve (Lot-et-Garonne) avec l'intendant, concernant : — le mauvais état de l'hôtel de ville de Sainte-Livrade ; — des voies de fait exercées par les sieurs Sallesse et de Combabelles, Religionnaires, sur le curé de Sauveterre-d'Agenais ; — la liquidation de la créance de madame la marquise de Castelmoron contre le sieur Meydieu, son ancien fermier ; — les impositions des biens de M. le marquis de Belsunce ; — des contestations entre le sieur de Gramont, lieutenant général de police à Castillonnès et les maire et consuls du même lieu, à l'occasion de l'ouverture d'une porte de la ville, etc.

C. 634. (Portefeuille.) — 91 pièces, papier.

1749-1751. — Correspondance du subdélégué de Villeneuve (Lot-et-Garonne) avec l'intendant, concernant : — les comptes de la communauté de Penne ; — les grains de semence ; — la reddition des comptes de Monflanquin ; — une demande en garantie faite par Jean-Baptiste Fauché aubergiste de Sainte-Livrade, contre Jacques Malateste, de la somme qu'il a été contraint de payer à Vital Rabin, cavalier de maréchaussée, dont le cheval avait été blessé par ledit Malateste ; — une demande en modération d'impôt de M. Lalande de Pesquie de la paroisse de Valoilles, etc.

C. 635. (Portefeuille.) — 115 pièces, papier.

1752-1754. — Correspondance du subdélégué de Villeneuve (Lot-et-Garonne) avec l'intendant, concernant : — l'estimation des biens-fonds et maisons pris pour la formation du foirail à Villeneuve-d'Agen ; — les comptes de la communauté de Penne ; — des contestations entre les consuls de Villeneuve et Marie-Joseph d'Orfeuille, juge royal, à raison de la préséance ; — les appointements du secrétaire de la communauté de Penne ; — les gages d'Étienne Delsuc, carillonneur de la paroisse Sainte-Catherine de Villeneuve ; — la saisie de fausses mesures

GIRONDE. — SÉRIE C.

chez les meuniers ; — les comptes de la communauté de Monflanquin ;—Jean Houralou, forgeron de Sainte-Livrade, accusé de faux, etc.

C. 636. (Portefeuille.) — 85 pièces, papier.

1756-1758. — Correspondance du subdélégué de Villeneuve (Lot-et-Garonne) avec l'intendant, relative : — — aux comptes de la communauté de Monclar ; — au payement d'une rente de 200 livres due à l'hôpital par la communauté de Villeneuve ; — aux droits de la charge de procureur du Roi de Penne ; — à la nomination des collecteurs ; — aux frais de casernement ; — à l'élection consulaire de Casseneuil ; — aux religieuses de Notre-Dame de Villeneuve ; — au transport des équipages des troupes ; — à la vente d'une petite rue, consentie à Jean Javel par la communauté de Castelmoron ; — au logement des gens de guerre ; — à l'augmentation des gages du médecin de Penne.

C. 637. (Portefeuille.) — 100 pièces, papier.

1758. — Correspondance du subdélégué de Villeneuve (Lot-et-Garonne) avec l'intendant, relative : — au logement des troupes ; — à la police des boucheries ; — à une dénonciation sur la nouvelle élection des consuls de Villeneuve ; — aux droits de plaçage aux foires de Penne ; — à l'acquisition par Jean Javel d'une rue inutile à la communauté de Castelmoron ; — aux réparations de la porte de ville et à la reddition des comptes de la communauté de Penne ; — aux gages des consuls de Sainte-Livrade ; — à la dette de la communauté de Villeneuve envers l'hôpital dudit lieu ;— à la dénonciation d'un Religionnaire employé aux tailles ; — à une plainte contre le nommé Carrière, au sujet d'un dépôt d'armes.

C. 638. (Portefeuille.) — 106 pièces, papier.

1759-1760. — Correspondance du subdélégué de Villeneuve (Lot-et-Garonne) avec l'intendant, concernant: — l'élection du premier consul de Casseneuil ; — les grains d'aumône ; — les lods et ventes ; — une friponnerie du sieur Villeneuve au préjudice de la comtesse de Marsan ; — la taille des arbres de la promenade de Penne ; — la pension de mademoiselle de Carlanne retenue au couvent du tiers ordre d'Agen ; — les gages du régent de Pujols ; — une plainte contre le directeur de la poste de Casseneuil ; — la distribution de 100 sacs de haricots aux pauvres de la subdélégation ; — les revenus et dépenses de la communauté de Villeneuve.

C. 639. (Portefeuille.) — 99 pièces, papier.

1762-1763. — Correspondance du subdélégué de Villeneuve (Lot-et-Garonne) avec l'intendant, relative : — à la plantation des mûriers ; — aux terres incultes de la communauté de Penne ; — aux réparations de la fontaine de Villeneuve ; — à la publication de la paix ; — aux boucheries ; — au commerce des grains ; — à l'adjudication des revenus de la ville de Villeneuve ;—à l'arpentement de la communauté de Monclar ;—au recouvrement des impôts ;— à la réparation du chemin de Galanton en la paroisse de Casseneuil ;—aux patrouilles ;—aux autorisations accordées aux communautés pour plaider ; — à l'hôpital de Penne.

C. 640. (Portefeuille.) — 119 pièces, dont 4 plans.

1764-1765. — Correspondance du subdélégué de Villeneuve (Lot-et-Garonne) avec l'intendant, concernant : — le recouvrement des impôts ; — la suppression des gages du médecin de Penne ; — l'établissement d'ateliers de charité à Villeneuve ; — la reddition des comptes de la communauté de Sainte-Livrade ; — les boucheries ; — l'apparition d'une maladie épidémique à Villeneuve ; — la réunion de la confrérie du Saint-Esprit à l'hôpital de Penne ; — les impositions du marquis d'Hauterive ; — les autorisations accordées aux communautés pour plaider.

C. 641. (Portefeuille.) — 102 pièces, papier.

1765-1772. — Correspondance du subdélégué de Villeneuve (Lot-et-Garonne) avec l'intendant, concernant : — les dettes de la communauté de Villeneuve ; — les revenus de la communauté de Saint-Étienne ; — l'administration de Sainte-Livrade ; — les poudres et salpêtres ; — les moyens d'encourager l'agriculture ; — les grains de semence ; — l'élection consulaire de la communauté de Penne ; — la construction d'un chemin de Villeneuve à Bergerac ; — l'exemption des corvées ; — la subsistance des pauvres ; — le logement des troupes ; — la fourniture des étapes ; — l'escorte des grains ; — les travaux de charité ; — les gratifications du secrétaire de la subdélégation.

C. 642. (Portefeuille.) — 100 pièces, papier.

1773. — Correspondance du subdélégué de Villeneuve (Lot-et-Garonne) avec l'intendant, concernant : — les travaux de charité de la communauté de Penne ; — le casernement des troupes ; — des demandes de secours en faveur des pauvres ; — le consulat de la communauté de

Penne ; — le droit de quarantain ; — la fourniture des étapes ; — les travaux des avenues de la ville de Villeneuve ; — les comptes de la communauté de Pujols ; — le recouvrement des impôts ; — la ferme des droits d'octroi de Villeneuve ; — les comptes de la communauté de Fumel ; — les offices municipaux de Villeréal et de Sainte-Livrade.

C. 643. (Portefeuille.) — 111 pièces, dont 1 plan.

1774. — Correspondance du subdélégué de Villeneuve (Lot-et-Garonne) avec l'intendant, relative : — à la prestation de serment des officiers municipaux de Casseneuil ; — à la fourniture des étapes ; — au vinaigre des quatre voleurs ; — au traitement des bestiaux ; — à la nomination du secrétaire de la communauté de Villeneuve ; — à la réquisition des bouviers pour le transport des graves ; — à la réunion de la confrérie du Saint-Esprit, à l'hôpital de Penne ; — au nommé Garraud, détenu pendant huit jours dans les prisons de Sainte-Livrade ; — aux difficultés de la perception des droits d'octroi de Villeneuve ; — au transport des fourrages ; — aux frais de cadastre de la communauté de Casseneuil.

C. 644. (Portefeuille.) — 95 pièces, papier.

1775-1776. — Correspondance du subdélégué de Villeneuve (Lot-et-Garonne) avec l'intendant, relative : — aux précautions à prendre pour empêcher la communication de l'épizootie ; — aux frais de casernement ; — au loyer du bureau du receveur et contrôleur des fermes du Roi ; — à des contestations entre les officiers municipaux de Villeneuve et le juge royal, au sujet d'une entreprise par ce dernier sur les murs de ville de ladite communauté ; — aux comptes de la communauté de Villeneuve ; — au transport des grains ; — à l'enlèvement de Mlle Vieulle par M. de Fleurans, gentilhomme de l'Agenais ; — à la réparation du clocher de l'église de Saint-Étienne de Villeneuve.

C. 645. (Portefeuille.) — 100 pièces, papier.

1776. — Correspondance du subdélégué de Villeneuve (Lot-et-Garonne) avec l'intendant, relative : — aux réparations de l'église de Sainte-Foy-de-Caille ; — à l'écroulement de la maison d'Antoine Delmouly, de la communauté de Penne ; — à la réparation de la chapelle du bourg de Saint-Antoine ; — au renouvellement du corps municipal de Villeneuve ; — au casernement des troupes ; — à la fourniture des bois de lits, matelas, marmites, etc ; — à des plaintes contre le subdélégué et les officiers municipaux de Villeneuve ; — au cadastre de Fumel ; — à la reconstruction du clocher de l'église de Saint-Étienne de Villeneuve ; — aux bancs des boucheries de cette ville.

C. 646. (Portefeuille.) — 109 pièces, papier.

1777. — Correspondance du subdélégué de Villeneuve (Lot-et-Garonne) avec l'intendant, relative : — au refus des bouchers de payer les droits de la ferme des octrois ; — à la nomination du facteur de la poste aux lettres de Fumel ; — à l'incendie de la maison de M. Malauzet, marchand à Villeneuve ; — à l'achat de deux pompes à feu ; — aux frais municipaux de la communauté de Tombebouc ; — aux foires de la communauté de Penne ; — à la navigation du Lot ; — aux réparations du chemin du Port-de-Pascau au Cap-du-Boscq ; — aux papeteries ; — au cadastre de Fumel ; — aux frais du plan de la communauté de Villeneuve ; — au choix des officiers municipaux de Fumel ; — à la dégradation de l'écluse du moulin du sieur Bonnal, sur le Lot, paroisse de Saint-Sernin.

C. 647. (Portefeuille.) — 105 pièces, papier.

1778. — Correspondance du subdélégué de Villeneuve (Lot-et-Garonne) avec l'intendant, concernant : — la nomination du maire de Villeneuve ; — la cherté des subsistances ; — le sieur Fraisse, notable de Pujols, condamné à une amende de dix livres pour avoir refusé d'assister à une assemblée de ladite communauté de Pujols ; — le maître de poste du Port-Sainte-Marie ; — les rôles du vingtième de l'industrie ; — des demandes de secours pour les pauvres ; — l'exportation des farines ; — le casernement des troupes ; — le rachat des corvées ; — l'autorisation de planter du tabac ; — les mesures des grains ; — l'adjudication des octrois de Villeneuve.

C. 648. (Registre.) — in-4°, 83 feuillets, papier.

1775-1789. — Livre d'enregistrement des requêtes de la subdélégation de Villeneuve (Lot-et-Garonne) adressées à l'intendant, dans lesquelles on remarque les noms de MM. Belloc, jurat de Saint-Étienne ; — Demaydieu-Bonnefon ; — Antoine Vincens, avocat ; — Boissière de Villeneuve ; — le chevalier de Caussade de Monclar ; — Milhac de Dordé ; — Lanauze de Ramonde, avocat à Monclar ; — Bercegol aîné ; — d'Artainsec, employé aux fermes du Roi ; — Vistorte, juge à Sainte-Livrade ; — Dupuy, procureur du Roi à Monclar ; — la comtesse de Guiscard ; — de Montalembert ; — Fontarget, écuyer ; — de Cabuzac ; — messire Louis-Emmanuel Moultezun de Laspeyres ; — Bechon de Caussade, écuyer, à Sainte-Livrade ; — le comte de Fumel-Montaigu ; — le marquis Raffin d'Hauterive ; — Thouron de Pons ; — Rives de Bosredon ; — Cousseau de Beaufort ; — Lagrange de Laborderie ; — Albert de Laval ; — Delpech de Baget ; — la comtesse Cadrieu de Guiscard ; — Cassany de Mazet ; — Marraud de Naudy ; — Lamothe de Lestan ; — Mothes de Blanche ; — Blancaud de Beauregard ; — Fressingues de Miramont ; — de Calvimont ; — Vassal de Monviel ; — Lamothe de Chamborost ; — la baronne de Montlezun.

C. 649. (Carton.) — 110 pièces, papier.

1779-1780. — Correspondance du subdélégué de Villeneuve (Lot-et-Garonne) avec l'intendant, concernant : — les frais municipaux de la communauté de Casseneuil ; — la construction des moulins à minot sur la rivière du Lot ; — les dépenses des réjouissances publiques de Sainte-Livrade ; — le choix des officiers municipaux de Villeneuve ; — les comptes de la communauté de Casseneuil ; — le loyer d'une boutique pour le poids public ; — les gages du chirurgien de la communauté de Penne ; — les grains de semence ; — le bureau de la perception du droit de quarantain ; — la pension du médecin des pauvres de Villeneuve ; — le logement des troupes ; — la prestation de serment de M. de Mazet, lieutenant de louveterie ; — la régie des biens des Religionnaires fugitifs.

C. 650. (Carton.) — 115 pièces, papier.

1780-1781. — Correspondance du subdélégué de Villeneuve (Lot-et-Garonne) avec l'intendant, concernant : — les dépenses de la communauté de Villeneuve ; — la construction d'une nouvelle boucherie à Penne ; — l'exemption de la milice ; — le service des convois militaires ; — l'adjudication des octrois de Villeneuve ; — les gages du médecin de Valence ; — une créance de la confrérie du Saint-Esprit sur la communauté de Penne ; — les rôles de la capitation du Fumel ; — les frais de course de la maréchaussée ; — les contestations entre le juge et les consuls de Fumel ; — la concession d'un emplacement pour la construction du presbytère de Gontaud.

C. 651. (Carton.) — 109 pièces, papier.

1782-1789. — Correspondance du subdélégué de Villeneuve (Lot-et-Garonne) avec l'intendant, relative : à la reconstruction de l'hôtel de ville de Casseneuille ; — à la fourniture des étapes ; — à une créance de M. de Mazet sur le chevalier du Gravier ; — à la distribution de remèdes aux pauvres ; — aux dommages occasionnés dans la communauté de Villeneuve par le débordement de la rivière du Lot ; — à l'incendie de la maison de Charles Roux, forgeron de la juridiction de Tombeboue ; — à des demandes en réduction d'impôts par Antoine Delsol, de Caumont ; — Fumel ; — Louis Masquard, ancien officier ; — de Cassaune, chevalier de Saint-Louis.

C. 652. (Portefeuille.) — 106 pièces, papier.

1757-1760. — Correspondance du subdélégué de Clairac (Lot-et-Garonne) avec l'intendant, concernant : — l'honoraire du prédicateur de Castelmoron ; — l'élection des jurats de cette communauté ; — les mesures de police pour la tenue du marché aux grains de Clairac, pour empêcher l'accaparement par les minotiers ; — la prohibition du port d'armes ; — le casernement des gens de guerre à Castelmoron ; — l'indemnité demandée par les Jésuites pour la cession d'un terrain qu'ils ont faite pour la formation de la place de Clairac ; — les Religionnaires ; — la construction de l'église succursale de Longueville ; — un mémoire sur les droits et prérogatives dont le sieur Belloc de Gauzelle, maire de Clairac, prétend avoir le droit de jouir en vertu des édits du Roi ; — la dette de la communauté envers la charité ; — le recouvrement de la capitation du vingtième de Grateloup ; — les nouveaux droits sur les vins ; — la reddition des comptes de la communauté de Castelmoron ; — les élections consulaires de Lafitte et de Laparade ; — les états des revenus de diverses communautés, etc.

C. 653. (Portefeuille.) — 129 pièces, papier.

1751-1762. — Correspondance du subdélégué de Clairac (Lot-et-Garonne) avec l'intendant, concernant : — le maire et les consuls de Clairac, au sujet de la taxe du pain ; — l'élection des nouveaux consuls de cette ville ; — le maire et le curé de Clairac ; — une saisie de fèves avariées ; — le doublement de la capitation ; — les réparations des chemins ; — la culture du tabac ; — la reddition des comptes de la communauté de Lafitte ; — la fourniture de pain aux prisonniers ; — les nouveaux consuls de Laparade et leur refus de prêter serment ; — une affaire entre cette communauté et M. le duc d'Aiguillon au sujet des droits de boucherie ; — les revenus et charges de la communauté de Lafitte ; — les priviléges des Suisses ; — le régent de Lafitte et les protestants ; — les assemblées de ces derniers ; — les recrues provinciales ; — la tentative d'assassinat contre le Roi et le meurtre d'un garde du palais par deux individus inconnus, dont l'un portait le costume d'abbé ; — la capitation des domestiques ; — l'évasion de trois criminels des prisons de Clairac ; — des plaintes contre un huissier aux tailles ; — les inscriptions françaises et latines composées par Salomon de Lisle pour la statue équestre de Louis XV, etc.

C. 654. (Portefeuille.) — 89 pièces, papier.

1762-1764. — Correspondance du subdélégué de Clairac (Lot-et-Garonne) avec l'intendant, relative : — à la répartition de la capitation et aux comptes de la communauté de Lafitte ; — à la transaction faite entre le révérend père messire Gérard Roussel, évêque d'Oleron, seigneur, abbé de Clairac, et les manants et habitants de cette ville, qui règle la justice politique ; — à un mémoire sur l'hôtel de ville de Clairac ; — aux porteurs de papiers du Canada ; — à la boucherie de Granges ; — à la disette et la circulation des grains ; — au marquis de Flamarens, au sujet de sa créance sur la communauté de Clairac ; — aux frais de casernement ; — à la police ; — à l'affaire du maire de Clairac contre le curé ; — à un mémoire sur la nécessité de l'établissement d'un Conseil politique ; — à la reddition des comptes de la juridiction de Lafitte ; — à l'état des affaires de la communauté de Grateloup ; — à l'opposition formée contre l'entrée des eaux-de-vie provenant des colonies et connues sous les noms de tafias et eaux-de-vie de sirops ; — à la police des écoles.

C. 655. (Portefeuille.) — 448 pièces, papier.

1765. — Correspondance du subdélégué de Clairac (Lot-et-Garonne) avec l'intendant, concernant : — la misère extrême qui règne dans la paroisse de Colleignes, causée par le ravage des récoltes par la grêle ; — les gages du secrétaire de la communauté de Lafitte ; — la grêle de Laparade ; — la demande d'autorisation de la communauté de Verteuil de contracter un emprunt pour acheter des blés pour semences et pour la subsistance des pauvres ; — l'interdiction du régent de Laparade ; — la réunion des communautés de Montpezat et du Temple à la subdélégation de Clairac, démembrées de celle de Villeneuve ; — une lettre de M. le duc de Lavanguyon, qui recommande à la charité de M. l'intendant les malheureux habitants de Grateloup, que la grêle, pendant cinq années consécutives, a plongés dans la misère la plus affreuse ; — l'état des dettes passives de la communauté de Clairac ; — le désordre des archives de Grateloup ; — le consulat et la jurande de cette communauté, etc.

C. 656. (Portefeuille.) — 85 pièces, papier.

1766. — Correspondance du subdélégué de Clairac (Lot-et-Garonne) avec l'intendant, concernant : — la capitation de Nicolle ; — les contestations survenues entre Belloc de Gauzelle, les consuls et le régent de cette communauté, au sujet de la répartition de ses rôles ; — les opérations de la milice ; — une plainte de Glory, avocat au Parlement, contre le régent de Nicolle ; — un mémoire de Baboulène, curé de cette paroisse ; — une requête du sieur Doumengeaux, ancien régent de Laparade ; — le recurement du ruisseau de Tolbac ; — la nouvelle route de Clairac à Villeneuve ; — le régent et la régente de Grateloup ; — l'état des frais municipaux de Lafitte ; — l'arpentement de la communauté de Saint-Vincent.

C. 657. (Portefeuille.) — 87 pièces, papier.

1767-1768. — Correspondance du subdélégué de Clairac (Lot-et-Garonne) avec l'intendant, relative : — à une distribution de fèves aux pauvres de Longueville ; — aux détails sur les assemblées des protestants et leurs ministres ; — au vingtième d'industrie : — à la fondation d'un hôpital et à l'achat d'un presbytère à Castelmoron ; — à la reddition des comptes de la communauté de Saint-Sardos de Montpezat ; — au rétablissement d'un régent à Grateloup ; — au recouvrement de la capitation de Lafitte ; — aux frais municipaux de cette communauté ; — à la demande d'élargissement du sieur Valentin, garde-étalon, détenu dans les prisons de Marmande par ordre du Roi ; — à l'état des revenus et des dépenses de la communauté de Clairac ; — à un moulin économique ; — à l'institution d'une fête aux laboureurs ; — au commerce des grains ; — à la situation de la paroisse de Lacépède ; — à une émeute à Montaut à l'occasion d'une vente de blé ; — aux foires de Clairac ; — à une fabrique de lin peigné et en rame.

C. 658. (Portefeuille.) — 81 pièces, papier.

1770-1771. — Correspondance du subdélégué de Clairac (Lot-et-Garonne) avec l'intendant, concernant : — l'emprisonnement de Roux, caution du collecteur de Lafitte ; — les frais municipaux de cette communauté ; — le ban des vendanges à Clairac ; — le rétablissement du pavé de Montpezat ; — l'imposition d'une somme de mille livres pour payer l'arpentement et un livre terrier que cette communauté a fourni au duc d'Aiguillon ; — l'autorisation accordée aux maire et échevins de Clairac de plaider contre leur curé ; — les comptes rendus par les collecteurs aux échevins de Nicolle ; — des observations physiques ; — des secours accordés aux pauvres par l'abbé de Clairac ; — la saisie des grains de semence ; — les comptes de la communauté ; — une contravention sur la marque des cuirs ; — la subsistance des pauvres de Coleignes ; — une procédure contre le curé de Lafitte ; —

les frais municipaux de cette communauté ; — une lettre de Mgr. l'évêque d'Agen relative au curé Laboubée ; — les rentes en grains.

C. 639. (Portefeuille.) — 87 pièces, papier.

1772. — Correspondance du subdélégué de Clairac (Lot-et-Garonne) avec l'intendant, concernant : — la communauté de Clairac et son curé ; — l'imposition de la communauté de Lafitte, débitrice envers les pauvres ; — la nomination des officiers municipaux de Clairac ; — leurs réclamations contre divers arrêts du Parlement de Bordeaux, qui attribuent à l'abbé de cette communauté le droit de nommer à tous les offices municipaux ; — l'édit du Roi de 1767 sur l'administration des villes et bourgs du royaume ; — la copie du brevet accordé par le roi Henri le Grand en faveur du chapitre de Saint-Jean-de-Latran de Rome, par lequel Sa Majesté consent à l'union de l'abbaye de Clairac à la même capitulaire dudit chapitre et approuve le concordat passé par ordre de Sa Majesté entre MM. de Joyeuse, de Béthune, et le chapitre ; — les distributions d'aumônes dans les campagnes ; — les rentes ecclésiastiques ; — l'imposition du fermier du droit de quarantain ; — l'abbé et les religieux de Pérignac.

C. 660. (Portefeuille.) — 88 pièces, papier.

1773. — Correspondance du subdélégué de Clairac (Lot-et-Garonne) avec l'intendant, concernant : — la subsistance des pauvres de Clairac ; — les emprunts et les ventes d'arbres faits pour subvenir aux besoins des habitants ; — la lettre du curé de Grateloup sur les causes de la rareté des grains ; — une émeute à la halle de Clairac ; — l'atelier de charité de cette communauté et le refus du curé de contribuer pour l'entretien de cette œuvre ; — l'imposition de 2,000 livres pour indemniser les boulangers de leurs pertes ; — les attroupements et les informations contre les émeutiers ; — les envois de blé de l'Armagnac et les difficultés des transports ; — les officiers municipaux de Clairac ; — les comptes de la communauté de Montpezat ; — le logement des gens de guerre ; — les maladies qui règnent dans la subdélégation de Clairac et l'envoi de remèdes par l'intendant ; — la reddition des comptes de la communauté de Lafitte ; — le don gratuit de Castelmoron.

C. 661. (Portefeuille.) — 109 pièces, papier.

1774-1776. — Correspondance du subdélégué de Clairac (Lot-et-Garonne) avec l'intendant, concernant : — la police des boucheries de Clairac ; — la régence de Saint-Sardos de Montpezat, dont les habitants ne veulent pas le rétablissement ; — la relation de la fête donnée par M. de Laperrière aux francs laboureurs et au public, à l'occasion de la nomination du duc d'Aiguillon au ministère de la guerre ; — les réparations de moulins et d'une écluse ; — la répartition de la capitation de Montpezat ; — la reddition des comptes de la communauté de Clairac ; — l'emprisonnement du nommé Jarry pour manquement envers l'autorité ; — les réparations de l'église de Longueville ; — la malversation d'un collecteur ; — le rôle des tailles ; — un noyé rappelé à la vie, gratification accordée à ce sujet ; — l'avénement et le sacre du Roi ; — la maladie épizootique ; — les frais de logement des troupes ; — l'approvisionnement des fourrages pour les gardes-étalons ; — une affaire de la communauté de Lafitte ; — une dette de la communauté de Clairac contractée pour venir au secours des pauvres ; — les officiers municipaux de Castelmoron.

C. 662. (Portefeuille.) — 126 pièces, papier.

1777-1779. — Correspondance du subdélégué de Clairac (Lot-et-Garonne) avec l'intendant, relative : — aux gages du maire de Clairac ; — à l'auditeur des comptes de la communauté de Lafitte ; — aux comptes de la communauté de Villeton ; — aux taxations des collecteurs ; — à la violation des sépultures par le curé de Lafitte ; — à la défense de tenir des foires aux bestiaux jusqu'à nouvel ordre ; — aux comptes de la communauté de Laparade ; — à une imposition de mille livres pour frais du procès de Lafitte et aux gages du régent de cette communauté ; — au régent latin de Clairac ; — aux requêtes adressées à l'intendant par le sieur Guérin, adjudicataire du quarantain royal de l'Agenais ; — aux rôles de la taille de Clairac ; — à la reddition des comptes de la communauté de Lafitte ; — au droit de prélation ; — à la nomination de nouveaux consuls à Clairac.

C. 663. (Portefeuille.) — 117 pièces, papier, dont 7 plans.

1780-1781. — Correspondance du subdélégué de Clairac (Lot-et-Garonne) avec l'intendant, relative : — à la culture, la récolte et la préparation du tabac ; — aux désordres scandaleux de la communauté de Lafitte, occasionnés par son curé ; — aux assemblées nocturnes provoquées par cet ecclésiastique ; — à la lettre du cardinal de Bernis, ministre du Roi à Rome, au sujet de la question de l'abbaye à Clairac ; — à deux lettres, l'une de M. de Vergennes et l'autre de M. Caulet, vicaire général à Agen, concernant des plaintes des habitants de Lafitte contre M. Laboubée, leur curé, et l'arrestation de ce dernier pour être conduit au château de Lourdes ; — au rôle de la capitation ; — à Dutil, régent latin à Clairac ; — à des demandes en décharge de la capitation ; — à l'exemption de la capitation en faveur des matelots employés pour le service du Roi ; — à Guéraldin, Italien, domestique de l'abbé de Clairac, nommé à la direction de la poste aux lettres de cette ville par le crédit de son maître et à la lettre de l'intendant à M. de Longchamp, administrateur des postes, pour demander sa révocation ; — au vingtième d'industrie ; — au logement du curé de Lafitte ; — à la nomination des officiers municipaux de cette communauté.

C. 664. (Portefeuille.) — 135 pièces, papier.

1782-1783. — Correspondance du subdélégué de Clairac (Lot-et-Garonne) avec l'intendant, relative : — aux rôles de la capitation ; — aux comptes des revenus et des dépenses de la communauté de Tonneins-Dessus ; — aux contestations entre les consuls et les sieurs Baqué et Courrin au sujet de ces comptes ; — à un procès-verbal dressé par le corps de ville de Clairac contre l'abbé Anselmy, administrateur du chapitre de Saint-Jean-de-Latran de Rome, seigneur abbé de Clairac, à raison d'une injure faite à la communauté de cette ville en la personne de messire Arnaud de Gripière de Moncroc, en allumant le feu de joie à l'occasion des victoires remportées sur terre et sur mer par les troupes de Sa Majesté ; — aux collecteurs de la ville et juridiction de Clairac ; — au quarantain de l'Agenais.

C. 665. (Cahier.) — grand in-4°, 30 feuillets.

1782. — Enregistrement des requêtes soumises au subdélégué de Clairac (Lot-et-Garonne), où figurent les noms de : Jean-Luc-Abel Montilhaud ; — Jean Dupin, collecteur à Damazan ; — Cancella aîné, de Nicolle ; — Jean Durancel ; — messire René-Alexandre d'Auray, comte de Brie, chevalier de Saint-Louis ; — François Labat, chevalier de Vivens ; — Pierre Bertrand ; — les demoiselles Bizet, sœurs, et Petit-David, négociant à Tonneins (Lot-et-Garonne).

C. 666. (Portefeuille.) — 112 pièces, papier.

1750-1755. — Correspondance du subdélégué de Monflanquin (Lot-et-Garonne) avec l'intendant, concernant : — les voies de fait de plusieurs particuliers exercées sur le fils du sieur Germa, jurat de la communauté de Monflanquin ; — la reddition des comptes de l'hôpital de cette communauté ; — des contestations entre les maire et jurats de la ville de Monségur, et François Gendron, sellier, accusé d'avoir lancé des pierres contre un nommé Coudert, habitant dudit Monségur ; — les gages de Pierre Pellavy, chirurgien des pauvres de Monflanquin ; — les frais de casernement et le déplacement des consuls de la communauté de Born ; — le prix des grains ; — les gages du messager de Castillonnés ; — le rouissage des chanvres.

C. 667. (Portefeuille.) — 105 pièces, papier.

1756-1759. — Correspondance du subdélégué de Monflanquin (Lot-et-Garonne) avec l'intendant, concernant : — le service du messager de Castillonnés à Bergerac ; — la fourniture du bois de chauffage pour les troupes ; — le logement des gens de guerre ; — les gages du régent de Bonbahus ; — les réparations de l'hôtel de ville ; — la nomination des consuls et le loyer des prisons de Monflanquin ; — la construction d'un nouvel abreuvoir à Castillonnés ; — la créance de M. Boulle sur la communauté de Cancon ; — le droit d'ensaisinement ; — la nomination du messager de la communauté de Cahuzac.

C. 668. (Portefeuille.) — 105 pièces, papier.

1760-1761. — Correspondance du subdélégué de Monflanquin (Lot-et-Garonne) avec l'intendant, concernant : — la demande d'un bureau de poste aux lettres par les habitants de Cancon ; — l'établissement des Dames de la Foi de Villeréal ; — les frais du logement du missionnaire à Castillonnés ; — l'augmentation des gages du secrétaire de la communauté de Montaud ; — une créance de l'hôpital de Monflanquin sur la communauté dudit lieu ; — les recrues du régiment de Normandie ; — les comptes des communautés de Born, Montaud, Monbahus, Blanquefort, Pauilhac, Montviel, Cancon, Moynet, Cahuzac et Monflanquin ; — la construction des casernes et écuries de Villeréal.

C. 669. (Portefeuille.) — 100 pièces, papier.

1761. — Correspondance du subdélégué de Monflanquin (Lot-et-Garonne) avec l'intendant, concernant : — les comptes des communautés de Born et Boynet ; — les cadastres des communautés de la subdélégation ; — la découverte d'une mine de fer dans la paroisse de Monségur, — les gages des consuls de Monflanquin ; — la nomination des cotisateurs ; — les gages du régent de Paulhiac ; — le recouvrement des impôts ; — les frais de la communauté de Castelnau de Gratecombe ; — l'élection des consuls de Cancon ; — la destitution du secrétaire de Castillonnés ; — les grains de semences.

C. 670. (Portefeuille.) — 116 pièces, papier.

1762-1763. — Correspondance du subdélégué de Monflanquin (Lot-et-Garonne) avec l'intendant, relative : —

aux comptes des communautés de Rayet, Monflanquin, Castelnau, Saint-Pastour et Villeréal; — à l'engagement de Jean Ganié pour le régiment de Normandie; — à la fourniture du bois pour les troupes; — au logement des gens de guerre; — aux abus commis dans l'administration des revenus de la communauté de Monflanquin; — aux comptes de la communauté de Monbahus; — à la disette des grains; — aux Dames de la Foi de Beaumont; — aux papiers du Canada; — au sieur Salesses, collecteur de Saint-Capraize, accusé de concussion; — au rétablissement de l'hôpital et à la construction des casernes de Castillonnés.

C. 671. (Portefeuille.) — 108 pièces, papier.

1764-1766. — Correspondance du subdélégué de Monflanquin (Lot-et-Garonne) avec l'intendant, relative : à la disette des grains; — aux foires de Castillonnés; — au recouvrement des impôts; — à la réunion de l'office de maire de Monflanquin; — à la nomination du secrétaire de la communauté de Castillonnés; — au transport des deniers publics; — à la misère extrême des habitants de Gabuzac; — à l'administration municipale de Monflanquin; — au droit d'ensaisinement; — aux paroisses ravagées par la grêle; — aux réparations des avenues de la ville de Monflanquin; — aux modérations sur les vingtièmes et la capitation pour pertes des récoltes occasionnées par la gelée; — à l'établissement des Dames de la Charité de Cancon.

C. 672. (Portefeuille.) — 99 pièces, papier.

1767-1770. — Correspondance du subdélégué de Monflanquin (Lot-et-Garonne) avec l'intendant, relative : — au don gratuit; — aux grains de semence; — au sieur Luit, huissier aux tailles, détenu dans les prisons de Monflanquin pour avoir distribué des billets en forme d'ordre à des jeunes filles pour une prétendue milice de leur sexe; — à la reddition des comptes de la communauté de Cancon; — à la police des cabarets; — aux réparations du chemin de Villeneuve, à Bergerac; — aux réparations de l'hôpital de Castillonnés; — à M. Missandre, gentilhomme de l'Agenais, détenu au château de Lourdes pour refus de payement de ses impositions; — aux dommages occasionnés dans la subdélégation par la gelée; — au transport des fourrages.

C. 673. (Portefeuille.) — 120 pièces, papier.

1771-1772. — Correspondance du subdélégué de Monflanquin (Lot-et-Garonne) avec l'intendant, relative : — à la reconstruction de l'hôtel de ville de Monflanquin; —
à des demandes de secours en faveur des pauvres de Castillonnés; — aux frais de patrouille; — à la nomination de M. Bideron, chevalier de Saint-Louis, aux fonctions de premier échevin de Castillonnés; — à la sortie des grains; — à la suppression d'une charge de notaire à Monflanquin; — aux permissions de vendre; — aux réparations de l'hôpital de Castillonnés.

C. 674. (Portefeuille.) — 103 pièces, papier.

1773. — Correspondance du subdélégué de Monflanquin (Lot-et-Garonne) avec l'intendant, relative : — à la nomination des officiers municipaux de Monflanquin; — à M. Fabre de Fontanette, consul de Saint-Pastour, qui demande à être déchargé des fonctions de sa charge; — au commerce des grains; — aux frais de traitement des bestiaux; — au service des convois militaires; — au logement de l'intendant à son passage à Monflanquin; — à des demandes de secours en faveur des pauvres de Villeréal; — au logement et à la subsistance des troupes; — aux précautions à prendre pour la tenue de la foire de Castillonnés; — au recouvrement des impôts.

C. 675. (Portefeuille.) — 127 pièces, papier.

1774-1776. — Correspondance du subdélégué de Monflanquin (Lot-et-Garonne) avec l'intendant, concernant : — la reconstruction de l'hôtel de ville de Monflanquin; — la nomination de M. Lerou fils à la subdélégation de Monflanquin; — Fournier Garre, père de onze enfants; — l'apparition d'une maladie épidémique à Sauveterre, produite par la malpropreté des rues; — la nomination du premier consul de Villeréal; — la fourniture des remèdes et les honoraires du médecin des pauvres de Sauveterre; — la nomination du greffier de la communauté de Monbahus; — la maladie des bestiaux.

C. 676. (Portefeuille.) — 109 pièces, papier.

1777-1784. — Correspondance du subdélégué de Monflanquin (Lot-et-Garonne) avec l'intendant, concernant : — l'église de Saint-Grégoire de la communauté du Rayet; — l'établissement d'une régence à la Capelle-Biron; — les droits d'amortissement; — la réparation du pavé des rues de Sauveterre; — les bureaux d'aumônes; — la misère extrême des habitants de Sauveterre; — la restitution des grains de semences; — l'entretien de l'horloge de Monflanquin; — les gages du valet de ville de Castelnau; — le port des deniers à la recette; — la nomination des collecteurs de la communauté de Gavaudun; — les comptes de la communauté de Castelnau de Gratecombe; — la pension du sieur Pellary, détenu au château de Lourdes ; — les pertes éprouvées dans la subdélégation de Monflanquin par la grêle et les inondations.

C. 677. (Portefeuille.) — 95 pièces, papier.

1748-1774. — Correspondance du subdélégué de Castillonnés avec l'intendant, concernant : — la composition des juridictions de la nouvelle subdélégation de Castillonnés (Lot-et-Garonne) ; — une plainte portée par frère Jean-François, religieux profès de l'ordre des R. P. Cordeliers, vicaire de Villeréal, et M. Constantin, curé de la paroisse, contre la femme Vernet, au sujet de discours injurieux et diffamatoires dont ils ont été l'objet de la part de cette dernière ; — le recurement du ruisseau de la Douine en la paroisse de Montauriol ; — la reconstruction de la fontaine de Castillonnés ; — les Religionnaires d'Eymet ; — un mémoire sur les fièvres malignes et épidémiques qui régnaient tous les ans dans l'Agenais ; — la construction d'écuries à Castillonnés, pour loger les chevaux des troupes de passage.

C. 678. (Portefeuille.) — 103 pièces, papier.

1775. — Correspondance du subdélégué de Castillonnés (Lot-et-Garonne) avec l'intendant, relative : — à la construction d'une fontaine publique à Castillonnés ; — à des plaintes sur la conduite des protestants de la ville d'Eymet ; — à la gratification accordée à M. de Lassaigne, médecin à Villeréal, pour avoir traité les pauvres pendant le cours de l'épidémie de 1774, qui régnait dans la terre de Biron ; — aux comptes de la communauté de Castillonnés ; — aux précautions contre l'épizootie ; — à la démolition d'une tour à Castillonnés ; — à la remise des armes confiées à divers particuliers de la juridiction de Montaud ; — à la réparation du puits commun de la communauté de Cahuzac ; — au transport des grains ; — à la nomination du quatrième consul de Saint-Pastour ; — à l'hôpital de Castillonnés ; — aux gages du régent de Montaud.

C. 679. (Portefeuille.) — 97 pièces, papier.

1776. — Correspondance du subdélégué de Castillonnés (Lot-et-Garonne) avec l'intendant, concernant : — le supplément des gages du secrétaire de la communauté de Castillonnés ; — la fourniture de chevaux pour les troupes ; — la place de second consul de Villeréal ; — les réparations du presbytère de Saint-Martin de Transfort ; — les frais du bureau du subdélégué ; — une ordonnance de 300 livres en faveur de M. de Gatebois, en considération de sa nombreuse famille ; — le loyer du presbytère de la paroisse Saint-Amand en Boisse ; — la messagerie de Castillonnés.

GIRONDE. — SÉRIE C.

C. 680. (Portefeuille.) — 93 pièces, papier.

1777-1778. — Correspondance du subdélégué de Castillonnés (Lot-et-Garonne) avec l'intendant, relative : — à l'envoi de riz pour les malades du canton de Castillonnés ; — à la construction d'un petit corps de caserne, de deux fontaines et au pavé des rues de Castillonnés ; — à la disette des grains ; — à des demandes de secours ; — aux foires d'Issigeac ; — aux frais de transport des deniers royaux ; — à la fourniture de remèdes aux pauvres ; — à la construction des casernes et écuries à Castillonnés ; — à la réparation de l'église de Valettes ; — aux fièvres épidémiques et malignes dans l'Agenais.

C. 681. (Portefeuille.) — 102 pièces, papier.

1779-1784. — Correspondance du subdélégué de Castillonnés (Lot-et-Garonne) avec l'intendant, concernant : — le supplément des gages du régent de Saint-Pastour ; — le recouvrement des impôts ; — la maladie des bestiaux ; — la construction de la maison presbytérale de la communauté de Boisse ; — le logement du curé de Saint-Barthélemy ; — la construction des casernes de Castillonnés ; — l'amnistie de Jean Vié, déserteur ; — la noblesse de M. de Guyon ; — la pension du chirurgien de Tourliac ; — le transport des bois de la marine ; — les gages du messager de Villeréal ; — une battue aux loups sous la direction de M. Brizac, lieutenant de louveterie ; — le logement des gens de guerre.

C. 682. (Carton.) — 88 pièces, papier.

1760-1781. — Correspondance du subdélégué de Condom (Gers) avec l'intendant, concernant : — les états des revenus patrimoniaux et d'octrois des villes et bourgs de la subdélégation de Condom ; — diverses demandes en exemptions ou modérations d'impôts, par : — madame de Cadignan ; — la veuve Sentex ; — Labadie de Tougé de Montguillem ; — Jean Gourraigne, collecteur de Caunes ; — Jean Beziat de Condom ; — Jean Bégué, de la paroisse d'Abrin ; Lacapère, procureur du Roi au Présidial de Condom ; — la veuve de Jean Lasmoles ; — Arnaud Goux de Larroumieu ; Étienne Dulong d'Astafort et Arnaud Benquet, collecteur à Blaziert.

C. 683. (Carton.) — 67 pièces, papier.

1782. — Correspondance du subdélégué de Condom (Gers) avec l'intendant, relative : — à diverses requêtes en exemptions ou modérations d'impositions, par : — Jean

Courties ; — d'Anglade, lieutenant-colonel au régiment du colonel général des dragons ; — Molier, ancien capitaine d'infanterie ; — Bonot de Jourdeau d'Astafort, ancien brigadier des gardes du corps du Roi ; — la veuve Lartigue ; — Daniel Duprat, fermier du domaine de Miranne, paroisse du Pommaro ; — Philippe Despiau de Caussens et Marie Baubens, veuve Condom ; — aux revenus patrimoniaux et d'octrois.

C. 684. (Registre.) — In-4°, 48 feuillets, papier.

1775-1777. — Livre d'enregistrement des requêtes de la subdélégation de Dax (Landes), concernant : — MM. Pierre de Labat, ancien garde du corps ; — Chambre André, chevalier, baron de Drergonne ; — de Batz d'Armanthieu ; — Boustat de Salle, conseiller au Présidial de Dax ; — Salvat de Neurisse, baron de Lalague, lieutenant général au sénéchal de Tartas (Landes) ; — Larcilhet, garde du corps du Roi ; — Lamarque, conseiller au sénéchal de Saint-Sever, père de quinze enfants ; — de Fortisson de Habas ; — Bartouilh de Blanque ; — Dantin Dars (Pierre), baron de Sauveterre ; — Thomas Moreau de Savenay ; — le comte de Flamarens.

C. 685. (Registre.) — In-4°, 39 feuillets, papier.

1777-1789. — Livre d'enregistrement des requêtes de la subdélégation de Dax (Landes), concernant : — MM. Bachelier de Castéja, écuyer ; — Saintcristau, chevalier de Saint-Louis ; — les frères Borda, écuyers ; — Bédoréde et Pierre de Lonné, chevaliers de Saint-Louis ; — Laugar ; — Membre, écuyer et curé de la paroisse de Mès ; — Darmana, écuyer ; — Du Boucher ; — Sos du Réau, seigneur de Castaignet ; — Dupuy de Sauvescure, écuyer ; — La'as, chevalier de Saint-Louis, major de la citadelle de Bayonne (Basses-Pyrénées) ; — Boismarie de Borda ; — Lacause de Larrader ; — Bachelier de Talamon, écuyer ; — madame Daspramont de Montréal, baronne de Peyrchorade (Landes).

C. 686. (Registre.) — In-4°, 60 feuillets, papier.

1775-1789. — Livre d'enregistrement des requêtes de la subdélégation de Saint-Sever (Landes), concernant : — MM. Busquet, maire de la ville de Saint-Sever ; — Poyussan, écuyer, ancien officier ; — Dantin Dars, baron de Sauveterre-Vieille-Vieille ; — le baron de Toulouzette de Saint-Sever ; — Saint-Espès de Lichandre ; — d'Artigues, écuyer, habitant de la ville d'Aire, pour perte de bétail ; — Marc-Antoine Vautery de Caumont ; — Marsan, sous-lieutenant de louveterie ; — Captan (Pierre), écuyer, chevalier de Saint-Louis, ancien major du régiment de Condé-cavalerie, pour perte de bestiaux et surcharges de capitation ; — André Brux, baron de Miramont, pour grêle ; — Caplane Jean et Étienne Gayré, fermiers des droits d'octrois de la ville de Saint-Sever (pertes éprouvées par l'épizootie) ; — messire Jacques Bruxs, chevalier de Saint-Louis, major-inspecteur du régiment des bandes béarnaises (pertes de bestiaux et cas fortuits).

C. 687. (Registre.) — In-4°, 22 feuillets, papier.

1775-1790. — Livre d'enregistrement des requêtes de la subdélégation de Bayonne et Labour (Basses-Pyrénées), concernant : — MM. Arnaud, directeur de la Monnaie d'Orléans, pour sa capitation ; — Moyse-Rodrigues Brandam, agent d'échange au Bourg-Saint-Esprit ; — Bouet Lebrun, ancien capitaine du guet à Bayonne ; — Dolabarats d'Etchiague, écuyer, de Saint-Jean de Luz ; — Laforcade (Jean), entrepreneur des bois et lumières pour les troupes ; — Caunègre de Pinsolle, procureur du Roi au sénéchal de Bayonne ; — les maîtres de billard de cette ville (droits perçus par l'état-major) ; — Moysset, Jean-Baptiste, enseigne de vaisseau ; — Duprirel, lieutenant civil et criminel de la juridiction de Marenne ; — Riquet Bernard, contrôleur des actes et receveur des domaines du Roi ; — David Laurent, adjudicataire des fermes royales unies de France.

C. 688. (Carton.) — 86 pièces, papier.

1779-1780. — Correspondance du subdélégué de Pauilhac (Gironde) avec l'intendant, relative : — aux maladies qui règnent dans plusieurs paroisses du Médoc ; — aux poudres et salpêtres ; — au transport de bois destiné au port de Brest ; — au logement du curé de Sainte-Hélène (Gironde) ; — à une requête du sieur David, adjudicataire des fermes du Roi ; — aux matelots gardes-côtes de Lesparre et au corps de garde de Soulac ; — aux prix des matériaux destinés aux fortifications de Blaye ; — à la reddition des comptes de la communauté de Queyrac ; — à la taxe des journées d'hommes et de chevaux pour le service du Roi dans le Médoc ; — aux marais salants de Certes ; — à un procès entre les habitants de Jau et l'abbé de Monbalen ; — à l'entrepôt de tabac de Lesparre (Gironde) ; — à la démolition de la batterie de la pointe de Grâve.

C. 689. (Carton.) — 84 pièces, papier.

1774-1781. — Correspondance du subdélégué de Pauilhac (Gironde) avec l'intendant, relative : — aux privilégiés compris au rôle de la taille de la paroisse de

Soulac (Gironde); — aux maladies qui affligent les habitants du Médoc; — au rétablissement et à l'armement des batteries de la pointe de Grâve, Castillon et Pauilhac (Gironde); — aux étrangers suspects arrêtés et mis en liberté; — à la fixation du prix du sel au magasin de Castelnau; — aux transports des sels; — à une autorisation pour plaider demandée par la communauté de Vendays; — au garde-magasin des poudres et salpêtres; — à l'arrivée à Lesparre d'un détachement de dragons du régiment de Chartres; — au transport de canons à la batterie de la pointe de Grâve; — au défrichement d'une terre inondée à Moulis; — aux frais de casernement, etc.

C. 690. (Carton.) — 86 pièces, papier.

1782-1789. — Correspondance du subdélégué de Pauilhac (Gironde) avec l'intendant, relative: — à la réformation d'une ordonnance du bailli de Lesparre, qui prive la communauté de Grayan du droit de pacage dans les landes, vacants et étangs de La Bareyre; — au desséchement des padouens de Ludon (Gironde); — au bois de bourdaine servant à la fabrication de la poudre; — à la suppression du bureau des expéditions des navires à Pauilhac; — au bois de construction pour la marine; — au commandant d'une division des fermes du Roi, à Castelnau; — à des décharges d'impositions; — à la destitution du syndic d'Ordonnac, etc.

C. 691. (Carton.) — 71 pièces, papier.

1784-1790. — Correspondance du subdélégué de Cadillac (Gironde) avec l'intendant, relative : — à la perte des récoltes par les gelées, la grêle et les inondations; — à l'exécution des rôles de la taille et aux plaintes à ce sujet; — à la capitation de Preignac (Gironde); — aux plaintes du curé de Veyries; — à des états d'inscription des requêtes; — aux officiers municipaux de la ville de Saint-Macaire et au sieur Itier, fermier des prairies de cette communauté; — à une requête de la dame de Losse, veuve de Gensac, de la paroisse de Pujols, en réduction de la capitation pour pertes de récoltes.

C. 692. (Portefeuille.) — 115 pièces, papier.

1765.—Correspondance de l'intendant, relative:—à un mémoire de la ville et communauté de Périgueux (Dordogne), qui demandent des lettres patentes particulières;—aux renseignements fournis par les villes et bourgs sur leur administration municipale, savoir : — Périgueux; — Nérac (Lot-et-Garonne); — Lauzun; — Sarlat (Dordogne); — Condom (Gers);—Meilhan(Lot-et-Garonne);—La Réole (Gironde);—Bergerac (Dordogne); — Monflanquin (Lot-et-Garonne); — Bordeaux; — Bourg; — Castillon; — Cadillac; — Libourne; — Saint-Émilion et Saint-Macaire (Gironde);—Agen; — Aiguillon; — Clairac; — Castillonnés et le Port-Sainte-Marie (Lot-et-Garonne); — Sainte-Foy (Gironde); — Marmande; — Tonneins-Dessous; — Villeneuve; — Sainte-Livrade (Lot-et-Garonne); — Bazas (Gironde); — Casteljaloux (Lot-et-Garonne); — Langon (Gironde); — Sauveterre (id.); — Mezin (Lot-et-Garonne); — Monségur; — Sainte-Bazeille; — le Mas-d'Agenais (id.); — Rions et Saint-Andreas (Gironde).

C. 693. (Portefeuille.) — 70 pièces, papier.

1695-1703.—Correspondance de l'intendant, concernant : — les rôles de la répartition de la finance des nouveaux offices des corps et communautés des marchands et artisans des villes et bourgs de la Généralité de Bordeaux; — les états des sommes qui doivent être payées par les officiers du Présidial et Sénéchal de Bordeaux, Libourne, par les officiers des justices royales de Bourg, d'Embarès, Saint-Émilion (Gironde), La Linde (Dordogne), Villefranche, du Port-Sainte-Marie (Lot-et-Garonne), etc.; — la finance des offices de conseillers gardes-sels réunis à leurs corps; — les états de modérations sur les taxes desdits offices; — les taxes sur les communautés des procureurs des justices royales et seigneuriales pour la réunion des offices de certificateurs des criées; — l'adjudication du bail du privilège exclusif de la vente de la neige et de la glace dans toute l'étendue de la Généralité de Guienne.

C. 694. (Portefeuille.) — 70 pièces, papier.

1704-1710.—Correspondance de l'intendant, concernant : — la création des subdélégations; — la fixation des gages et de la finance des subdélégués de Bordeaux, Libourne (Gironde), Périgueux, Bergerac et Sarlat (Dordogne), Agen et Nérac (Lot-et-Garonne), Condom (Gers), Bazas (Gironde), Dax (Landes), Bayonne (Basses-Pyrénées), Aire, Saint-Sever et Tartas (Landes), Casteljaloux (Lot-et-Garonne), Tarbes (Hautes-Pyrénées) et Mont-de-Marsan (Landes); — la fourniture des fourrages des commissaires provinciaux des guerres; — la taxe sur les courtiers volants; — les rôles de réformation et modération des sommes qui doivent être payées par les officiers des bailliages, Sénéchaussées, vicomtés, prévôtés, viguéries, châtellenies et autres juridictions royales de la Généralité de Bordeaux; — la création des charges de l'artillerie; — l'édit du Roi portant création en titre d'office d'un conseiller rapporteur du point d'honneur.

C. 695. (Portefeuille.) — 118 pièces, dont 9 en parchemin.

1699-1711.—Correspondance de l'intendant, concernant : — le payement des taxes des commissaires enquêteurs et examinateurs ; — un arrêt du Conseil qui ordonne le payement d'une somme de 97,240 livres répartie dans les six Élections ; — la finance de l'office du syndic perpétuel de la paroisse de Postiac ; — maître Jacques Pesme, chargé du recouvrement de la finance provenant de la vente des offices de trésoriers de fabriques et confréries des villes et communautés de la Généralité ; — l'office de greffier de l'hôtel de ville de Casteljaloux (Lot-et-Garonne) ; — la suppression des inspecteurs de matériaux ; — l'acquisition des droits d'amortissement et francs-fiefs par les trésoriers de France ; — les augmentations de gages sur les chancelleries créées par l'édit de décembre 1708 ; — la création de nouveaux officiers ; — la finance des inspecteurs des eaux et forêts ; — le recouvrement du sixième denier, etc.

C. 696. (Portefeuille.) — 102 pièces, dont 2 en parchemin.

1712-1715.—Correspondance de l'intendant, concernant : — le recouvrement des taxes en exécution de l'édit d'octobre 1710 ; — le sieur Bonnefont, conseiller référendaire en la chancellerie de Bordeaux ; — l'établissement de deux notaires-syndics dans les villes où il y a moins de huit notaires ; — les contrôleurs des greffes des hôtels de ville ; — les rôles de la réformation des taxes imposées aux notaires ; — l'augmentation des gages attribués aux officiers vétérans ; — les offices de conseillers du Roi, gardes et dépositaires des archives ; — la création d'offices de greffiers, gardes-conservateurs des registres de baptêmes, mariages et sépultures ; — la finance des offices de syndics et commissaires vérificateurs des rôles des tailles de la paroisse de Lugo et Seauze ; — les bureaux de consignation ; — le recouvrement des sommes dues par les gens d'affaires, etc.

C. 697. (Portefeuille.) — 103 pièces, papier.

1716-1776.—Correspondance de l'intendant, concernant : — les comptes de la vente des offices et des augmentations de gages attribués aux officiers des chancelleries ; — la création d'inspecteurs et contrôleurs des maîtres et gardes dans les corps des marchands et des jurés dans les communautés des arts et métiers ; — la communauté des perruquiers ; — l'état des sommes payées par les communautés des arts et métiers ; — un arrêt du Conseil d'État qui admet, moyennant finance, les villes et communautés à acquérir la dispense de donner un homme vivant et mourant pour les offices municipaux qu'elles pouvaient avoir réunis et d'en payer l'annuel et les droits de mutation ; — la suppression des offices de jurés vendeurs, prud'hommes, contrôleurs, marqueurs, lotisseurs et déchargeurs de cuirs ; — la réunion des offices d'avocat et de procureur du Roi à Agen (Lot-et-Garonne).

C. 698. (Portefeuille.) — 113 pièces, papier.

1714-1717.—Correspondance de l'intendant, concernant : — la suppression de vingt-quatre inspecteurs des tailles dans la Généralité de Bordeaux ; — le remboursement des offices municipaux de la communauté du Mas-d'Agenais (Lot-et-Garonne) ; — une créance due à cette communauté par les villes de Périgueux, Bergerac et Sarlat (Dordogne) ; — la suppression des charges municipales des villes de Castillon, Sainte-Foy (Gironde) et Bergerac ; — le remboursement des offices municipaux de la communauté de Libourne (Gironde) ; — la réunion des offices de lieutenants de maire et assesseurs, conseillers du Roi, contrôleur du greffe de l'hôtel de ville de Libourne ; — la confirmation des maire et jurats de cette ville en la possession de la réunion des offices de police ; — l'état des charges municipales des communautés de Blaye, Saint-Macaire et Bourg (Gironde).

C. 699. (Portefeuille.) — 112 pièces, papier.

1718.— Correspondance de l'intendant, concernant : — la suppression des offices municipaux de Condom (Gers), Langon et Bazas (Gironde), Meilhan, Pellegrue, Castelmoron, Damazan, Casteljaloux, Geusac (Lot-et-Garonne), Ligardes et Sauveterre ; — les frais municipaux de la ville et communauté de Mézin (Lot-et-Garonne) ; — le remboursement de la charge de maire de Bazas ; — des contestations entre la communauté de Bazas et les habitants de la prévôté dudit lieu au sujet de l'entrée des vins.

C. 700. (Portefeuille.) — 98 pièces, papier.

1719.—Correspondance de l'intendant, concernant :—la suppression des offices créés depuis 1690 ; — le remboursement des offices supprimés ; — la demande de M. Bacon, ancien maire alternatif de la ville de Blaye (Gironde), en remboursement d'une somme de 10,000 livres qu'il a payée pour la finance principale de ses deux offices ; — un arrêt du Conseil qui casse l'élection des prud'hommes de la ville de Bazas (Gironde) ; — une demande du sieur Pagès, receveur du courtage à Bordeaux, en remboursement de sa charge ; — la liquidation de la finance des offices supprimés des

SÉRIE C. — INTENDANCE DE BORDEAUX.

vérificateurs des rôles ; — l'état des provisions des commissaires et contrôleurs aux revues, etc.

C. 701. (Portefeuille.) — 103 pièces, papier.

1719-1737.—Correspondance de l'intendant, concernant : — la suppression de gouverneurs, majors de ville et lieutenants de Roi ; — le remboursement des offices de maires des villes de Beaumont, Domme, Belvès, Montpazier et Sarlat (Dordogne), et Villefranche ; — la suppression de l'office de contrôleurs des tailles de La Réole (Gironde) ; — l'état des officiers municipaux de la ville de Périgueux (Dordogne) ; — le remboursement des offices des maires de Nontron, Ribeyrac, Bourdeilles, Saint-Pardoux, Thiviers, l'Isle, Branthôme, La Linde, Excideuil et Bergerac (Dordogne), etc.

C. 702. (Portefeuille.) — 72 pièces, papier.

1728-1738.—Correspondance de l'intendant, concernant : — le remboursement des offices municipaux ; — une créance de 15,000 livres due à la communauté du Mas-d'Agenais (Lot-et-Garonne) par les villes de Périgueux, Bergerac et Sarlat (Dordogne) ; — la liquidation des offices de maire, assesseur, procureur du Roi et lieutenant général de police de la communauté du Mas-d'Agenais ; — l'état des dettes passives de ladite communauté.

C. 703. (Portefeuille.) — 96 pièces, papier.

1697-1763.—Correspondance de l'intendant, relative : — à la finance des offices de conseillers du Roi, gardes-sels des bailliages, Sénéchaussées et prévôtés créés par édit du mois de novembre 1796 ; à la reddition des comptes de l'imposition ordonnée à cause de la suppression des officiers, contrôleurs, visiteurs des suifs ; — à la création de huit millions de rentes, qui furent nommées *rentes provinciales* (ces rentes se percevaient sur les deniers des tailles pour en former un capital de billets de banque au denier cinquante) ; — à la gratification des commis aux recettes générales des finances et des receveurs des tailles chargés du recouvrement des rentes provinciales, etc.

C. 704. (Portefeuille.) — 73 pièces, papier.

1716-1723.—Correspondance de l'intendant, relative : — à un arrêt du Conseil d'État qui modère les droits des décrets volontaires des immeubles ; — à la régie des droits réservés des offices supprimés par l'édit du mois d'août 1716 ; — aux tiers-référendaires taxateurs des dépens ; — aux vérificateurs et rapporteurs des défauts ; — aux receveurs et contrôleurs des amendes et épices ; — aux greffiers, gardes-conservateurs des minutes, des arrêts et sentences, des enquêteurs et commissaires examinateurs ; — aux gardes des archives des cours et juridictions ; — aux trésoriers de France, etc. ; — au payement des droits sur les défauts ; — aux amendes contre différents officiers du grenier à sel, pour contravention à la perception des droits réservés, etc.

C. 705. (Portefeuille.) — 81 pièces, papier.

1724.—Correspondance de l'intendant, concernant : — la consignation des amendes ; — le produit des droits réservés ; — les vacations des juges ; — les états des offices royaux des villes de Condom (Gers), Libourne (Gironde), Villeneuve (Lot-et-Garonne), Sainte-Foy, Périgueux et Bergerac (Dordogne), Agen (Lot-et-Garonne) ; — une contestation entre les cordonniers du faubourg des Chartrons (Bordeaux) et le directeur de la régie des droits réservés, au sujet d'une consignation d'amende ; — la défense aux sous-fermiers des droits réservés de percevoir les droits d'adjoints sur les procès-verbaux d'apposition, levées de scellés et inventaires, etc.

C. 706. (Portefeuille.) — 99 pièces, papier.

1716-1718. — Correspondance de l'intendant, concernant : — une déclaration d'emprunt faite par Michel Trigant, greffier, secrétaire de la ville et communauté de Libourne (Gironde) ; — l'augmentation des gages des officiers des hôtels de ville, de police, greffiers, etc. ; — les états des offices municipaux de la ville de Libourne (Gironde) supprimés par édit du mois de juin 1717 ; — le remboursement des offices municipaux de la ville de Périgueux (Dordogne) ; — les nouvelles soumissions des officiers supprimés pour être rétablis dans leurs offices ; — soumissionnaires : MM. de Ségur, lieutenant de maire à Bordeaux ; — Trigant, lieutenant du Roi à Libourne (Gironde) ; — Brondeau, maire de Libourne ; — Pignol, maire de Villefranche ; — Bourgoing, lieutenant de maire de Monségur (Lot-et-Garonne) ; — Pierre Tapinpis, lieutenant de maire à Sarlat (Dordogne) ; — Blaise Jude, premier jurat à Langon (Gironde).

C. 707. (Portefeuille.) — 92 pièces, papier.

1719-1745.—Correspondance de l'intendant, concernant : — le remboursement des offices municipaux de la communauté de Périgueux (Dordogne) ; — les états des nouvelles soumissions faites par les anciens officiers municipaux pour rentrer dans leurs offices, savoir : — MM. Bernard Mondiet, contrôleur du greffe de l'hôtel de ville de Saint-Macaire

(Gironde); — Pierre Larue, maire Du Puch-de-Gontaud; — Bertrand de Lamouroux, écuyer, sieur de Laroque-Cusson, maire de Montpazier (Dordogne); — Joseph de Ségur, chevalier, vicomte de Cabanac, lieutenant de maire à Bordeaux ;— le remboursement des offices de la communauté de Nérac (Lot-et-Garonne) ; — la liquidation des offices municipaux de la ville de Bordeaux, etc.

C. 708. (Portefeuille.) — 85 pièces, papier.

1745-1747.— Correspondance de l'intendant, concernant : —une contestation entre les consuls de Marmande (Lot-et-Garonne) et les officiers de justice du même lieu, relative à leurs droits respectifs ; — le sieur Anglade, greffier, secrétaire de l'hôtel de ville de Bazas (Gironde), qui prétendait avoir le droit de porter la robe consulaire dans les cérémonies publiques ; — la vente des offices municipaux ; — le produit annuel des revenus matrimoniaux et d'octrois des villes et communautés de la Généralité de Bordeaux ; — la démission de M. Lebbé des fonctions de premier consul de la ville de Mézin (Lot-et-Garonne) ; — la nomination des consuls des communautés de Duras, de Frespech et de Mézin (id.), etc.

C. 709. (Portefeuille.) — 85 pièces, papier.

1748-1766.—Correspondance de l'intendant, relative : —à des contestations entre les consuls de Mézin (Lot-et-Garonne) et M. Brescon, lieutenant général de police, au sujet des prérogatives et privilèges de la charge de ce dernier ;— à une procédure entre le sieur Barot, procureur syndic, et les consuls d'Agen (Lot-et-Garonne), concernant l'entrée des vins et la police journalière de la ville ; — au rachat d'un homme vivant et mourant proposé aux villes et communautés de la Généralité de Bordeaux ; — aux revenus des parties casuelles ; — aux renseignements demandés par M. le contrôleur général sur les gages, émoluments, privilèges et exemptions attribués aux officiers municipaux lors de l'édit du mois d'août 1764 ; — aux gages des maires, consuls, procureurs du Roi des communautés de Sainte-Foy (Gironde), Castelmoron et Sauveterre (Lot-et-Garonne), Pellegrue et Gensac (Gironde), Condom (Gers), Clairac, Verteuilh et Le Temple (Lot-et-Garonne), etc.

C. 710. — (Portefeuille.) — 48 pièces, papier.

1767-1768.—Correspondance de l'intendant relative : —au prix du charbon et des bois à brûler dans les communautés de la Généralité de Bordeaux ; — à divers édits, déclarations du Roi et arrêts du Conseil d'État, sur la création, suppression et réunion des offices des jurés, mouleurs, visiteurs, compteurs, peseurs et mesureurs tant pour les bois que pour les grains ; — aux droits sur les bois de chauffage ; — aux noms des villes et bourgs où les droits de mesurage ne sont point perçus ; — aux droits des vendeurs de poisson de mer frais, sec et salé ; — aux difficultés éprouvées à la Cour des Aides de Bordeaux, au sujet des enregistrements des édits sur les offices réunis au domaine, etc.

C. 711. — (Portefeuille.) — 90 pièces, papier.

1718-1736.—Correspondance de l'intendant, concernant : — les élections de maire et consuls de la ville de Périgueux (Dordogne) et les contestations au sujet de ces élections ; — la nomination des consuls d'Agen (Lot-et Garonne) ; — la démission de M. Masquard, ex-garde du corps du Roi ; — les frais de logement des officiers du régiment d'Anjou ; — les règlements et instructions sur les élections des officiers de la Généralité de Bordeaux, tant sur l'ordre à observer dans les réunions que sur les moyens d'éviter les cabales et brigues qui s'y faisaient dans certaines circonstances ; — MM. Delmas, Champier, Lestelle, Buffière, Fonfrède, Dufort, Gardette, Ratier, Coquet de Gueyze, Daribau et Guiton, avocat, jurats de la ville d'Agen ; — les élections des consuls de Bergerac (Dordogne), etc.

C. 712. — (Portefeuille.) — 104 pièces, papier.

1737.—Correspondance de l'intendant, concernant :— le sieur Lespinasse, lieutenant de maire par commission de la communauté d'Agen (Lot-et-Garonne) ;—la nomination des officiers municipaux des communautés de Clermont-Dessus, Monségur et Mézin, Condom (Gers) et Bourg (Gironde) ; — les règlements sur les rangs et séances des officiers municipaux rétablis par l'édit de novembre 1733 ; — la plainte du sieur Loupiac, consul de Villeneuve (Lot-et-Garonne), au sujet de son installation ;— les offices municipaux de La Montjoie (Lot-et Garonne) ; — les contestations entre M. Sarrau de Lacassaigne et la communauté d'Agen, au sujet de l'entrée des vins ; — la suspension de la vente des offices municipaux, etc.

C. 713. — (Portefeuille.) — 106 pièces, papier.

1738-1739.—Correspondance de l'intendant, concernant :— les officiers municipaux de la ville de Bergerac (Dordogne), Agen (Lot-et-Garonne), et Saint-Émilion (Gironde); la vente des offices municipaux ; — le remboursement d'une somme de 650 livres avancée par le sieur Lafabrie, secrétaire de l'hôtel de ville de Monflanquin (Lot-et-Garonne), pour l'acquisition de l'office de secrétaire de ladite communauté ; — les contestations entre le sieur

SÉRIE C. — INTENDANCE DE BORDEAUX.

Daulhième, avocat et consul de Nérac (Lot-et-Garonne), et M. de Lamazelière, lieutenant général au siége présidial de la ville, au sujet des prérogatives attachées à leurs fonctions ; — la plainte de M. le grand vicaire de Monseigneur l'évêque de Bazas (Gironde) contre le sieur Ducluzat, jurat de ladite ville, qui lui aurait disputé le rang et la préséance à l'assemblée tenue au bureau de l'hôpital Saint-Antoine, etc.

C. 714. — (Portefeuille.) — 100 pièces, papier.

1740-1743. — Correspondance de l'intendant, concernant : — le gouverneur de Monségur et les consuls de cette communauté, qui viennent le troubler dans les fonctions et prérogatives de sa charge ; — les contestations entre les consuls de Nérac (Lot-et-Garonne) et les officiers du sénéchal, relatives aux droits de préséance ; — les gages du sieur Leglou, consul de Castel-Moron ; — la vente des offices municipaux ; — une plainte des consuls de Nérac contre M. de Lamazelière, lieutenant général au Présidial, au sujet des droits de préséance ; — un arrêt du Conseil d'État faisant défense aux villes et communautés de procéder à aucune élection d'officiers ; — la reddition des comptes de la communauté de Sainte-Bazeille (Lot-et-Garonne) ; — la nomination des nouveaux consuls de la communauté de Lagarde, etc.

C. 715. — (Portefeuille.) — 100 pièces, papier.

1743-1744. — Correspondance de l'intendant, concernant : — les élections consulaires de la communauté de Saint-Martin ; — des contestations entre le maire et les consuls de Périgueux (Dordogne) ; — une plainte du sieur Dallaux, consul de Sainte-Livrade (Lot-et-Garonne), contre les consuls électifs dudit lieu, qui s'opposent à l'enregistrement de ses provisions ; — les contestations entre le sieur Dautraigue, ancien jurat électif de la ville de Monségur (Lot-et-Garonne), et M. Mazeau, gouverneur en titre d'office de ladite ville, au sujet des places qu'ils doivent occuper à l'église ; — la nomination du premier consul de la communauté de La Gruère ; — les contestations entre les consuls et les officiers de justice de Marmande (Lot-et-Garonne), au sujet de leurs droits respectifs, etc.

C. 716. — (Portefeuille.) — 100 pièces, papier.

1744. — Correspondance de l'intendant, concernant : — le mode de prestation de serment des maires qui ont été en charge dans la ville de Sainte-Foy (Dordogne) ; — les contestations entre les sieur Bourdet et Jammes, titulaires des deux offices de consuls anciens de la ville de Clairac (Lot-et-Garonne), à l'occasion de la première place, que chacun d'eux prétendait occuper ; — la prestation de serment des maire et consuls de Sainte-Foy (Gironde) ; — les offices municipaux de Sainte-Livrade et Nérac (Lot-et-Garonne), et Langon (Gironde) ; — les comptes de la communauté de Mezin (Lot-et-Garonne) ; — la plainte du curé de Lavardac contre le sieur Castaing, premier consul dudit lieu, pour n'avoir point assisté à un *Te Deum* ; — la construction de la maison de ville de Sainte-Foy ; — les gages du maire du Port-Sainte-Marie (Lot-et-Garonne), etc.

C. 717. — (Portefeuille.) — 100 pièces, papier.

1744. — Correspondance de l'intendant, relative : — aux offices municipaux de la communauté de Rozan (Gironde) ; — à l'élection des consuls de Rignac ; — à des contestations entre le maire et les consuls de Périgueux (Dordogne) ; — aux offices municipaux des communautés de Sainte-Foy (Gironde), Gontaud, Sainte-Livrade et Monflanquin (Lot-et-Garonne), Thiviers (Dordogne), et Bazas (Gironde) ; — à des contestations entre le lieutenant général et les officiers municipaux de Bazas au sujet de droits honorifiques ; — aux gages des officiers municipaux d'Agen (Lot-et-Garonne) ; — à la nomination des maire et consuls de Périgueux (Dordogne) ; — à des contestations entre les officiers municipaux et le juge royal de Thiviers, au sujet des honneurs et prérogatives attachés à leurs charges.

C. 718. — (Portefeuille.) — 100 pièces, papier.

1744. — Correspondance de l'intendant, relative : — aux officiers municipaux de Gratecambe, Castelculier, Agen, Lafitte, Clermont-Dessus et Taillecavat (Lot-et-Garonne) ; — la démission du sieur Seguy, second consul électif de Villeneuve-d'Agen ; — la nomination des officiers municipaux des communautés de Villeréal, Sainte-Bazeille, Clermont-Dessus, Cauderot et Montagnac (Lot-et-Garonne), et Sarlat (Dordogne).

C. 719. — (Portefeuille.) — 102 pièces, papier.

1744-1746. — Correspondance de l'intendant, concernant : — une contestation entre les sieurs Laporterie et Masson, jurats de Langon (Gironde), au sujet du chaperon ; — la nomination des officiers municipaux des communautés de Castillon, Langon, Sainte-Foy et Saint-Macaire, Castelculier, Taillecavat, Clairac, Sainte-Bazeille et Monflanquin (Lot-et-Garonne) ; — les offices municipaux de Condom (Gers), Nontron (Dordogne), et Saint-Pardoux-la-Rivière ; — les contestations entre les lieutenants généraux de police et les officiers municipaux de plusieurs villes de la Généralité de Bordeaux ; — les offices municipaux de la communauté de Duras et de celle de Castelmoron (Lot-et-Garonne) ; — les contestations entre les officiers municipaux de Bazas (Gironde) et le sieur Anglade, greffier, qui prétendait avoir le droit de porter la robe consulaire aux processions solennelles.

C. 720. — (Portefeuille.) — 102 pièces, papier.

1746.—Correspondance de l'intendant, concernant : — la plainte du sieur Bourriot, maire titulaire de la ville de Bazas (Gironde), pour troubles apportés dans les prérogatives de sa charge par le procureur général du Roi de la juridiction dudit lieu ; — la nomination des officiers municipaux des communautés de Bruch et Mézin (Lot-et-Garonne);—les gages du sieur Legleu, premier consul perpétuel de Castelmoron ; — la révocation du deuxième consul de la ville d'Agen ; — une plainte du sieur de Brescon, lieutenant général de police de Mézin, contre les consuls, qui lui refusaient l'entrée et la séance aux assemblées de ladite communauté ; — la mauvaise administration de la municipalité de Sainte-Foy (Gironde).

C. 721. — (Portefeuille.) — 102 pièces, papier.

1747-1748. — Correspondance de l'intendant, concernant : — une plainte des maire et consuls de la ville d'Agen (Lot-et-Garonne) contre le procureur du Roi dudit lieu, au sujet de leurs fonctions ; — la suspension des élections consulaires ; — la démission de M. de Masparault, premier consul de la ville de Penne ; — des contestations entre les officiers municipaux de la ville d'Agen, à l'occasion du rang que devait occuper le sieur Cassé, nouvellement pourvu de l'office de consul alternatif de ladite ville ; — la destitution de M. Baillou, premier consul de Pellegrue, pour protestantisme ; — les abus commis par les consuls titulaires de la ville de Condom (Gers) ; — la reddition des comptes de la communauté de Périgueux (Dordogne).

C. 722. — (Portefeuille.) — 103 pièces, papier.

1748.—Correspondance de l'intendant, concernant :— les consuls de la ville d'Agen, Lafitte près Clairac (Lot-et-Garonne) et Cadillac (Gironde) ; — l'office de lieutenant général de police de la communauté de Marmande (Lot-et-Garonne) ; — les lettres patentes de provision de gouverneur de la ville et château de Puymirol, accordées à M. de Baine, capitaine au régiment d'infanterie des Landes, en considération des services qu'il avait rendus à l'État, etc.

C. 723. — Portefeuille.) — 103 pièces, papier.

1748-1749.—Correspondance de l'intendant, concernant : — une opposition de Jean d'Alaux, conseiller du Roi, juge à Sainte-Livrade, à une ordonnance de l'intendant ; —la nomination des officiers municipaux des communautés de Sainte-Livrade, Saint-Pardoux-la-Rivière et Nontron (Lot-et-Garonne) ; Saint-Andréas et Périgueux (Dordogne); Saint-Émilion, Castillon et Sainte-Foy (Gironde) ; Montpezat et Castelmoron (Lot-et-Garonne); Fongrave, Fronsac, Genissac, Coutras, La Teste-de-Buch et Montignac (Gironde);— la nomination de l'homme vivant et mourant des villes de Sarlat, Belvès, Domme, Montpazier (Dordogne) et Villefranche (Lot-et-Garonne) ; — la réunion aux communautés des offices municipaux restant à lever de ceux créés dans la Généralité par édit du mois de novembre 1733 ; — les élections consulaires de la ville d'Agen (Lot-et-Garonne).

C. 724. — (Portefeuille.) — 116 pièces, papier.

1749-1750.—Correspondance de l'intendant, concernant : — des contestations sur la nomination des jurats de Bazas (Gironde) ; — un arrêt du conseil qui interdit de ses fonctions le sieur Duclutat, pourvu en titre de l'office de jurat ancien de la ville de Bazas (Gironde) ; — les élections des officiers municipaux des communautés de Cadillac et Saint-Macaire (Gironde) ; Thiviers et l'Isle (Dordogne) ; Sauveterre, Villefranche-de-Queyran, Castelmoron d'Albret, Meilhan et Sainte-Livrade (Lot-et-Garonne), et Langon (Gironde).

C. 725. — (Portefeuille.) — 78 pièces, papier.

1722-1766. — Correspondance de l'intendant avec le contrôleur général, au sujet de attributions des maire, sous-maire et syndics de l'hôtel de ville de Bordeaux ; — mémoires sur une contestation entre les jurats de Bordeaux et le sieur Dubosq, clerc de ville, relative aux divers droits et prérogatives qu'en sa dite qualité de clerc de ville, il prétendait s'arroger ; — arrêt du Conseil qui détermine les droits et obligations de cette charge.

C. 726. — (Portefeuille) — 105 pièces, papier.

1750-1751.—Correspondance de l'intendant, concernant : — des provisions d'offices municipaux restant à vendre de la création du mois de novembre 1733 ;—les élections des officiers municipaux des communautés de Lavardac, Calignac, Francescas, Montagnac, Nérac, Meilhan, Marmande, Buzet, Casteljaloux, Damazan, La Gruère-du-Puch, de Gontaud, Villefranche-de-Queyran, Clairac, Sainte-Livrade et Vianne (Lot-et-Garonne), Bazas, Langon, La Réole et Cadil-

SÉRIE C. — INTENDANCE DE BORDEAUX.

lac (Gironde) et de Bergerac (Dordogne) ; — la réunion à la ville de Périgueux des offices municipaux restant à vendre de la création du mois de novembre 1733 ; — la ville de Périgueux qui demande la décharge de l'exécution de l'arrêt du 10 octobre 1747 au sujet de l'homme vivant et mourant.

C. 727. (Portefeuille.) — 119 pièces, papier.

1751. — Correspondance concernant : — les élections des officiers municipaux des communautés de Montréal (Gers), Bergerac (Dordogne), Meilhan (Lot-et-Gaaonne), Bazas et Cadillac (Gironde), Sainte-Livrade, Fouguerolles, Andiran, Saint-Bastour et Clairac (Lot-et-Garonne), Libourne et Gensac (Gironde).

C. 728. (Portefeuille.) — 109 pièces, papier.

1752. — Correspondance concernant : — les élections des officiers municipaux des villes et communautés de Fouguerolles, Nérac, Damazan, Cancon, Saint-Pastour, Montflanquin et Penne (Lot-et-Garonne) ; — les charges de la ville de Périgueux (Dordogne), Sainte-Foy (Gironde), Casseneuil (Lot-et-Garonne) ; — la nomination d'Étienne-Auguste de Boissonade, écuyer, aux fonctions de major de la milice bourgeoise de la ville d'Agen (Lot-et-Garonne) ; — les élections des consuls de Dunes (id.) et de Bergerac (Dordogne).

C. 729. (Portefeuille.) — 104 pièces, papier.

1752-1753. — Correspondance concernant : — le refus des maire et jurats de Langon (Gironde) d'admettre le deuxième et quatrième jurats à prêter serment ; — les élections des officiers municipaux des communautés de Langon, Meilhan, Clairac et Sainte-Livrade (Lot-et-Garonne), Bazas et Cadillac (Gironde), Bergerac (Dordogne) ; — la réunion des offices municipaux ; — le remboursement de deux offices de jurats de la ville de Clairac (Lot-et-Garonne).

C. 730. (Portefeuille.) — 112 pièces, papier.

1753. — Correspondance concernant : — la nomination des officiers municipaux des communautés de Sarlat (Dordogne), Monclar, Villeneuve et Villeréal (Lot-et-Garonne).

C. 731. (Portefeuille.) — 112 pièces, papier.

1753. — Correspondance concernant : — l'élection

GIRONDE. — SÉRIE C.

des consuls du Mas d'Agenais, Monclar, La Parade, Dunes, Damazan, Marmande (Lot-et-Garonne), Sarlat (Dordogne), Sainte-Foy, Gensac (Gironde), Condom (Gers), Clermont-Dessus, Port-Sainte-Marie et Grateloup (Lot-et-Garonne) ; — une discussion entre les sieurs Ducan et Servières, jurats de Bazas (Gironde), au sujet des honoraires du flambeau ; — le refus de Nebout, consul d'Aiguillon (Lot-et-Garonne), de prestation de serment ; — l'office de procureur syndic de la ville de Blaye (Gironde) ; — la défense aux Religionnaires d'assister aux assemblées pour nommer les consuls, etc.

C. 732. (Portefeuille.) — 100 pièces, papier.

1754. — Correspondance concernant : — les élections consulaires des villes et communautés d'Agen, Clairac, le Port-Sainte-Marie, La Sauvetat de Savères, Bruch et Tournon (Lot-et-Garonne) ; — des jurats de la ville d'Agen : MM. Coquet de Gueyze, Bissière, Bory père, Darribau, Malebaysse, Coquet-Monbrun, Lalanne, procureur ; Costas, médecin ; Bompart, Depau de Labernède, Vigué, Espinasse, juge royal ; Delpech, procureur ; Sarraud-d'Arasse, Salat, Cazabonne, Rangouse, Chevalier, Chabrié, ancien juge ; Demolinger, médecin ; Dartus, Lamarque, Lescale de Vérone, Redon de Fontenilles, Champier, chevalier de Saint-Lazare ; Gounon, Basignan, commandeur de Saint-Lazare, etc.

C. 733. (Portefeuille.) — 108 pièces, papier.

1754. — Correspondance concernant : — les frais municipaux de la communauté de Tombebœuf ; — la reddition des comptes de la communauté de Birac ; — l'élection des consuls de Sainte-Bazeille et de Tonneins-Dessous (Lot-et-Garonne) ; — la démission du sieur Mazeau des fonctions de consul et collecteur de la communauté de Seiches ; — les élections des consuls du Mas d'Agenais, Lamothe-Landeron, Samazan, Tonneins-Dessus, Marmande, La Sauvetat de Caumont, Taillecavat et Duras (Lot-et-Garonne), etc.

C. 734. (Carton.) — 100 pièces, papier.

1755. — Correspondance concernant une plainte du corps des prud'hommes et du conseil de ville de La Réole (Gironde), contre leur maire et jurats ; — les élections des officiers municipaux des communautés de La Réole, Bergerac (Dordogne), Astafort (Lot-et-Garonne), Thiviers, Fongrave, Langon (Gironde), Tonneins-Dessus et Tonneins-Dessous (Lot-et-Garonne), Cancon, Rouffiac, du Ledat, Cadillac (Gironde), Mézin et Bruch (Lot-et-Garonne), Con-

16

dom (Gers), Samazan et Nicolle (Lot-et-Garonne); — l'état des offices municipaux restant à vendre de la création de 1733; — la défense aux nouveaux convertis d'occuper aucune fonction dans les municipalités, etc.

C. 735. (Carton.) — 112 pièces, papier.

1756. — Correspondance concernant: — les élections des consuls des communautés de Clairac, Castelmoron-sur-le-Lot et Marmande (Lot-et-Garonne); — diverses contestations élevées au sujet des élections; — maire et consuls de Clairac: MM. Belloc de Gauzelle, Bertrand, lieutenant de maire; — Ricotier, Lavau, Desmoges, Cazabone, Grenier, notaire; — Salinières, Roussel, chirurgien; — Salomon de l'Isle, ancien officier; de Larmandie, écuyer; Gravet, bourgeois; Bordes, orfèvre; Guichonet, etc.

C. 736. (Carton.) — 109 pièces, papier.

1756-1757. — Correspondance concernant: — les élections des officiers municipaux des communautés de Sainte-Livrade et Villeneuve (Lot-et-Garonne), Sarlat (Dordogne), Caseneuil, Nérac et Agen (Lot-et-Garonne), Andréas, Blaye, Bourg, Bordeaux, Cadillac, Castillon, Saint-Émilion, Libourne, Saint-Macaire et Rions (Gironde), Bergerac, Brantôme, Excideuil, l'Isle, Périgueux, Thiviers, Belvès, Domme, Montpazier (Dordogne), Villefranche, Aiguillon, Castelmoron, Grateloup, La Parade, Larroquetimbaud, La Sauvetat de Caumont, Port-Sainte-Marie, Marmande, Monflanquin, Montpezat, Puymirol, Tournon, Valence et Villeréal (Lot-et-Garonne), etc.

C. 737. (Carton.) — 110 pièces, papier.

1757-1765. — Correspondance concernant: — des difficultés entre les nouveaux élus de la communauté de Penne, au sujet de la préséance; — la nomination des officiers municipaux des communautés de Sainte-Bazeille, Sainte-Livrade (Lot-et-Garonne), Sarlat (Dordogne), Castelsagrat, Marmande, Monflanquin, Penne et Mézin (Lot-et-Garonne); — les offices municipaux réunis par les villes et communautés de Bordeaux (Gironde), d'Agen, Aiguillon et Astafort (Lot-et-Garonne), Bazas, Langon, Blaye, Bourg (Gironde), Bergerac, Belvès et Brantôme (Dordogne), Buzet et Casseneuil (Lot-et-Garonne), Cadillac (Gironde); — la reddition des comptes des communautés de Villeneuve-d'Agen, Monclar, Penne (Lot-et-Garonne) et Sainte-Foy (Gironde); — la forme d'administration des villes et communautés; — les frais municipaux de la ville de Sauveterre; — les revenus de la communauté de Castelmoron; — l'élection des consuls de Gontaud (Lot-et-Garonne), etc.

C. 738. (Carton.) — 100 pièces, papier.

1765-1768. — Correspondance de l'intendant, concernant: — la finance de l'office de M. Duval, maire de Sainte-Foy (Gironde); — l'administration des villes et communautés de Marmande, Tonneins-Dessous, Tonneins-Dessus, Gontaud, Miramont, Lauzun, La Sauvetat-de-Caumont (Lot-et-Garonne), Langon et Bazas (Gironde), Condom, Montréal et Vopillon (Gers), Mézin et Astafort (Lot-et-Garonne), Larressingle, Beaumont, Larroque, Torrebren, Courrensan, Louspeyrous, Fourcès, Villeneuve, Gazaupoy, Belmont, Castelnau-Fimarcon, Larroumieu, Abriu, Blaziert, Roquepine, Le Mas, Marsolan, Lagarde, Rignac, Larroque-en-Galin, Pouy-Roquelaure, Ligardes, Dunes, Ayzieu, Toujouse, Monguillem, Lias, Larée (Gers) et Clairac (Lot-et-Garonne); — la nomination de M. Roux de La Baronnie, maire à Puymirol (id.); — M. d'Anglade à Condom (Gers); — Fayol à Sarlat (Dordogne), etc.

C. 739. (Carton.) — 100 pièces, papier.

1768. — Correspondance de l'intendant, concernant: — divers mémoires au sujet de contestations entre les officiers municipaux de Libourne (Gironde); — les élections des officiers municipaux de Libourne et de Penne en Agenais; — les prétentions du duc d'Aiguillon sur le droit de nommer les maires de Sainte-Livrade (Lot-et-Garonne); — une réclamation de quelques habitants de la communauté de Belvès (Dordogne), contre les élections des officiers municipaux de ladite communauté; — des contestations entre les officiers de justice et les officiers municipaux de Belvès sur le rang qu'ils doivent occuper dans les processions et autres cérémonies publiques; — une plainte des habitants d'Aiguillon (Lot-et-Garonne), contre les élections municipales de leur communauté; — des contestations au sujet de la nomination du procureur syndic de la ville de Libourne; — les élections des échevins de Ligardes (Gers).

C. 740. (Carton.) — 100 pièces, papier.

1768-1769. — Correspondance de l'intendant, relative: — aux élections des officiers municipaux des communautés de Montignat, Castelsagrat, Clermont-Dessus, Port-Sainte-Marie, Mézin et Astafort (Lot-et-Garonne), Domme (Dordogne), Condom (Gers), Sauveterre et Saint-Émilion (Gironde); — aux dissensions dans le corps de ville de Libourne (Gironde), au sujet des fonctions et prérogatives attachées à la place de procureur syndic de ladite ville; — aux désordres et abus commis dans les élections municipales de la communauté de la Linde (Dordogne) ; — à la nomination des officiers municipaux de Clairac, Beauville, Tonneins et Nérac (Lot-et-Garonne) ; — à une plainte des habitants de Villeréal (id.), contre les abus pratiqués dans les élections.

C. 741. (Carton.) — 102 pièces, papier.

1769-1770. — Correspondance de l'intendant, relative : — à la nomination des officiers municipaux des communautés d'Astafort (Lot-et-Garonne), Bazas et Saint-Macaire (Gironde) ; — à des contestations entre le curé de Mézin (Lot-et-Garonne) et celui de Trigan, notables de ladite ville de Mézin, au sujet des droits de préséance ; — à la nomination de M. Bonnard à la place de conseiller de la ville de Marmande (Lot-et-Garonne) ; — à la créance du sieur Castets, échevin de la communauté de Condom (Gers) ; — à un procès entre la communauté de Montréal (id.) et la demoiselle de Balarin, au sujet des droits de directe ; — à l'administration de la ville de Sarlat (Dordogne) et à la désunion dans le corps de ville ; — à la démission de deux officiers de la ville de Condom (Gers), etc.

C. 742. (Carton.) — 114 pièces, papier.

1770-1771. — Correspondance de l'intendant, concernant : — un mémoire de la ville de Penne (Lot-et-Garonne), au sujet de l'augmentation des officiers municipaux de cette communauté ; — le rétablissement d'un consul au bourg et paroisse Saint-Étienne, juridiction de Sainte-Livrade (id.) ; — une plainte des échevins de Cancon, contre le juge président l'assemblée tenue pour l'élection des officiers municipaux ; — le maire et le syndic du Mas d'Agenais (Lot-et-Garonne) ; — l'administration municipale de Thiviers (Dordogne) ; — les prétentions des conseillers de ville de Condom (Gers) ; — la nomination des officiers municipaux de Clairac (Lot-et-Garonne et de La Réole (Gironde) ; — la nomination de M. de Lartigue en qualité de maire de Mézin (Lot-et-Garonne) ; — la communauté de Marmande (id.) ; — les élections municipales de Villeneuve (id.) ; — la nomination de M. Gripierre de Moncroc aux fonctions de maire du Port-Sainte-Marie (id.) ; — la nomination du maire de Libourne (Gironde) ; — l'administration de la communauté de La Réole (id.) ; — les privilèges accordés à un ancien consul de Damazan (Lot-et-Garonne) ; — des contestations entre les officiers municipaux de Thiviers (Dordogne).

C. 743. (Carton.) — 104 pièces, papier.

1771-1772. — Correspondance de l'intendant, concernant : — une délibération adressée au Roi par les échevins, conseillers de ville et notables de la communauté de Puymirol (Lot-et-Garonne), par laquelle ils supplient Sa Majesté de vouloir bien continuer le sieur Roux de La Baronnie, leur maire actuel, dans les mêmes fonctions pendant trois années ; — les officiers municipaux de Casteljaloux (Lot-et-Garonne) ; — la nouvelle élection des consuls d'Agen (id.) ; — la nomination du maire de Marmande (id.) et l'intervention de M. le duc d'Aiguillon à ce sujet ; — M. Dautreuil de Bressolles, maire de la ville de Clermont-Dessous ; — la communauté de Domne (Dordogne) ; — les conseillers de ville supprimés à Condom (Gers) ; — l'administration municipale de la communauté de Villefranche (Lot-et-Garonne) ; — la nomination du sieur de Lemarque à l'office de maire de Montréal (Gers) ; — l'administration municipale de Blaye (Gironde) ; — les nominations d'échevins pour plusieurs villes de l'Agenais ; — la réunion des charges municipales de Sainte-Foy (Gironde) ; — les offices municipaux de la communauté de Sainte-Bazeille, celles d'Agen et Nérac (Lot-et-Garonne).

C. 744. (Carton.) — 107 pièces, papier.

1772-1773. — Correspondance de l'intendant, concernant : — l'administration municipale d'Agen (Lot-et-Garonne) ; — les offices municipaux de Blaye (Gironde) ; — la vente des charges de diverses communautés ; — l'état des revenus et dépenses de la communauté de Libourne (Gironde) ; — les corps municipaux de la subdélégation de Marmande (Lot-et-Garonne) ; — les officiers municipaux de Sainte-Foy (Gironde) ; — une ordonnance de prise de corps rendue par M. Duplessis, duc de Richelieu et de Fronsac, contre Jean Fourcassies-jeune, de Langon (Gironde) ; — une plainte de Jean Casenave, bourgeois et jurat de la ville de Langon, contre le maire de cette ville ; — l'état des offices municipaux créés par édit du mois de novembre 1771, dans les villes de Clairac, La Parade, Verteuil et Castelmoron (Lot-et-Garonne) ; — la division qui existe dans la ville de Saint-Macaire (Gironde), au sujet de l'élection du maire ; — une plainte du sieur Bodet, prêtre bénéficier de l'église Saint-Jean de Libourne (id.), contre la dernière élection des notables de cette communauté, etc.

C. 745. (Carton.) — 102 pièces, papier.

1773. — Correspondance de l'intendant, relative : — à la liste des sujets propres à remplir les charges municipales des villes d'Agen et de Tournon (Lot-et-Garonne) ; — aux élections des officiers municipaux de Thiviers et Périgueux (Dordogne), Bazas, Langon, La Réole, Blaye et Sainte-Foy (Gironde), Casteljaloux, Meilhan, Caumont, Monflanquin, Villeréal, Castillonnés, Puch, Gontaud, Casseneuil, Penne, Sainte-Livrade, Villeneuve, Monclar, Aiguillon, Castelsagrat, Clermont-Dessus, le Port-Sainte-Marie, Puymirol, Valence, La Sauvetat-de-Savères, Castelculier, La Montjoie et Miramont (Lot-et-Garonne).

C. 746 (Carton.) — 100 pièces, papier.

1773. — Correspondance de l'intendant, relative : — aux officiers municipaux d'Excideuil (Dordogne) et d'Astafort, Nérac, Moncrabeau, Lavardac, Montagnac et Vianne (Lot-et-Garonne) ; — à M. Baron, écuyer, baron de Trenquelcon, et M. Capot de Feuillide qui figurent dans cette dernière communauté, le premier en qualité de maire et le second en celle de premier consul ; — à une plainte de M. Léotard de Ricard, ancien garde du corps du Roi, maire de Villeréal (Lot-et-Garonne), contre M. Guérin de La Chaize, premier consul ; — la démission du procureur syndic de Vianne ; — la nomination des officiers municipaux de Gironde ; — les consuls de Mézin (Lot-et-Garonne) ; — la nomination des officiers municipaux de Sainte-Foy (Gironde), Penne, La Parade, La Sauvetat-de-Caumont, Damazan, La Gruère et Villeneuve-d'Agenais (Lot-et-Garonne) ; — le sieur Gerbaud de La Faye, consul à Périgueux (Dordogne) : — le sieur de Soires, maire de Castelmoron (Lot-et-Garonne) ; — la nomination des officiers municipaux d'Agen, Puymirol, le Port-Sainte-Marie, La Sauvetat-de-Savères, La Montjoie, Castelsagrat, Castelculier, Saint-Pastour, Miramont, Mézin, Monheurt et Montpezat (Lot-et-Garonne), etc.

C. 747. (Carton.) — 100 pièces, papier.

1773. — Correspondance de l'intendant, concernant : — un mémoire anonyme contre les officiers municipaux de Sainte-Foy (Gironde) ; — l'arrestation de la nommée Bellamy de Condom (Gers), à l'occasion d'une émeute qu'elle avait suscitée et des menaces qu'elle avait faites de mettre le feu à la ville, et un mémoire calomnieux adressé à M. Bertin par le frère de cette dernière, bénéficier de la cathédrale de Condom, contre les officiers municipaux de cette ville ; — l'administration municipale de la ville de Belvès (Dordogne) ; — l'avertissement donné par l'intendant et par ordre du ministre au sieur Sarrasin, greffier de la communauté de Penne (Lot-et-Garonne), d'être, à l'avenir, plus circonspect dans sa conduite ; — l'administration municipale de la ville d'Agen ; — les corps de ville de Gontaud, Tournon, Sainte-Bazeille, Castelmoron, Valence, Penne, Fauillet et Cauderot (Lot-et-Garonne) et Montréal (Gers).

C. 748. (Carton.) — 100 pièces, papier.

1773. — Correspondance de l'intendant, relative : — aux officiers municipaux des communautés de Casseneuil, Saint-Pastour, La Gruère, Casteljaloux, Valence, Pujols, Tonneins-Dessus, Caumont, Villeréal et Agen (Lot-et-Garonne), Rions, Saint-Macaire, Bourg et Castillon (Gironde) ; — à M. Béchon de Caussade, maire de Fontanelle, consul de Saint-Pastour (Lot-et-Garonne) ; — à des plaintes contre le sieur Duhard, premier consul de Castelsagrat, auquel on reproche, entre autres choses, de n'être pas catholique ; — à l'état des dépenses faites pour la construction de deux écuries pour la compagnie de Dugoulé du régiment de Condé-Cavalerie en garnison à Saint-Macaire.

C. 749. (Carton.) — 90 pièces, papier.

1773. — Correspondance de l'intendant, concernant : — les officiers municipaux des villes et communautés de Tonneins-Dessous, Monflanquin, Castelmoron, Clairac, Bruch, Clermont-Dessus, Casteljaloux, Tournon, Miramont, Damazan, Monhaurt, Castelculier, Agen, Saint-Pastour, Aiguillon, Cauderot, Sainte-Livrade, Monclar, Castillonnés, Villeréal, Castelsagrat, La Sauvetat-de-Savères, le Port-Sainte-Marie, La Parade (Lot-et-Garonne), Langon, Gensac, Sauveterre, Bazas, La Réole et Libourne (Gironde), Sarlat et Thiviers (Dordogne) ; — l'interdiction du sieur Marca de Zelle, maire de Langon ; — le sieur Boissonneau, secrétaire greffier de cette communauté.

C. 750. (Carton.) — 106 pièces, papier.

1773-1774. — Correspondance de l'intendant, concernant : — la nomination des officiers municipaux des villes du Mas d'Agenais, Villeréal (Lot-et-Garonne) et La Réole (Gironde) ; — les plaintes des juge et procureur d'office de la ville de Langon (id.), contre les officiers municipaux de ladite ville pour empiétement sur leurs fonctions ; — le refus du maire de Langon d'installer le sieur Jean Cazenave dans l'office de premier jurat ; — la mauvaise administration de la communauté de Castillonnés (Lot-et-Garonne) et les plaintes des habitants à ce sujet ; — la nomination de MM. Helias, avocat, et Borderie jeune, en remplacement des sieurs Laplace et Berard, premier et deuxième consuls de ladite communauté ; — les prétentions du prieur de l'abbaye de Saint-Marin au diocèse d'Agen (Lot-et-Garonne) sur le droit de nommer les consuls de cette communauté.

C. 751. (Carton.) — 110 pièces, papier.

1774. — Correspondance de l'intendant, concernant :

— les élections des conseils municipaux de Tournon, Sainte-Bazeille, Astafort et Agen (Lot-et-Garonne), Saint-Émilion, Blaye et Libourne (Gironde), Bergerac (Dordogne), Mont-de-Marsan (Landes) et Condom (Gers); — la nomination de M. Fargues, aux fonctions de procureur syndic de la ville de Sarlat (Dordogne); — de Gérard Lacoste, à celle de receveur trésorier de Villefranche (Lot-et-Garonne); — la démission de M. de Laroche-Aymon de la charge de maire de Périgueux (Dordogne); — les élections des consuls de Thiviers (id.); de Beaumont, du Port-Sainte-Marie, Saint-Pastour, Cauderot, Villefranche (Lot-et-Garonne), etc.

C. 752. (Carton.) — 110 pièces, papier.

1774. — Correspondance de l'intendant, concernant: — les nominations du premier jurat de Saint-Macaire et des consuls de Castelnau (Gironde); — la réunion des offices municipaux d'Astafort (Lot-et-Garonne) et de Montpazier (Dordogne); — les élections des officiers municipaux de Francescas (Lot-et-Garonne) et du premier consul de Montréal (Gers); — l'acquisition de l'office de maire de Valence d'Agen (Lot-et-Garonne); — le remplacement des consuls de Marmande, Tonneins-Dessous, Agen (id.) et Domme (Dordogne); — les gages des officiers municipaux de Mézin; — la résignation de l'office de Villeneuve; — la prestation de serment des officiers municipaux de Marmande; — les élections des consuls du Port-Sainte-Marie; — l'installation des officiers municipaux de Marmande; — les élections du consul du Port-Sainte-Marie; — l'installation des officiers municipaux de Tournon et de Valence (Lot-et-Garonne); — l'élection des consuls de Condom (Gers).

C. 753. (Carton.) — 106 pièces, papier.

1775-1776. — Correspondance de l'intendant, concernant: — la réception d'officiers municipaux d'Agen et Villeneuve (Lot-et-Garonne); — un placet adressé au Roi par les habitants de Montréal (Gers), dans lequel ils supplient Sa Majesté de vouloir, dans l'intérêt du bien public, révoquer le sieur de Goyon, des fonctions de maire de leur ville; — une ordonnance de révocation rendue par le Roi contre les sieurs Guilon de Bonrepos et Vidalon, avocats, Gardet fils, procureur, et L'huilier, notaire, assesseurs de l'Hôtel-de-Ville d'Agen, et le sieur Roux de Lasalle, contrôleur de la recette des deniers de cette communauté; — les officiers municipaux de Montpezat et de Marmande (Lot-et-Garonne); — la composition du corps municipal d'Agen; — la communauté d'Aire (Landes); — la réunion de l'office de lieutenant général de police au corps de ville de Saint-Sever (id.); — les officiers municipaux de Saint-Nicolas, de Grâve et Saint-Macaire (Gironde); Ladeveze, La Gruère et Valence (Lot-et-Garonne), etc.

C. 754. (Carton.) — 100 pièces, papier.

1776. — Correspondance de l'intendant, concernant: — la nomination de M. Campot, en remplacement du sieur Barrière, secrétaire greffier de la communauté du Mas d'Agenais (Lot-et-Garonne); — de Breton, troisième jurat de la ville de Langon (Gironde); — la demande de M. Forcade de Caubeyran de la commission de maire ou de commissaire de police de la communauté de Grignols; — une autre demande de M. Duportal de l'office de maire de Castelmoron (Lot-et-Garonne); — Jean Lasmolles, nommé quatrième consul de la ville de Condom (Gers), en remplacement de M. Audié, notaire, démissionnaire; — les nominations des officiers municipaux de Saint-Jean-de-Luz (Basses-Pyrénées), Mont-de-Marsan, Caumont et Saint-Justin (Landes).

C. 755. (Carton.) — 88 pièces, papier.

1776. — Correspondance de l'intendant, concernant: — les prétentions de Cabrol, en qualité de secrétaire greffier de la communauté de Sainte-Foy (Gironde); — une requête du sieur Bonac, juge de Pellegrue, au sujet des abus introduits dans ladite communauté; — la nomination des officiers municipaux du Mas d'Agenais, Villeneuve, Casseneuil, Puymirol (Lot-et-Garonne) et Condom (Gers); — les états indicatifs de la ville de Bordeaux où les officiers municipaux de la création de 1773 et ceux de la création de 1771 ont été réunis par les communautés, ou levés par des particuliers; — des contestations entre les officiers municipaux et ceux du Présidial de Dax (Landes), sur le rang que ces deux corps doivent tenir dans les processions et cérémonies publiques, etc.

C. 756. (Carton.) — 100 pièces, papier.

1776. — Correspondance de l'intendant, concernant: — des états de proposition à diverses fonctions municipales; — des exemptions de ces charges; — les élections des officiers municipaux des communautés de Caumont, Saint-Sever (Landes), Saint-Justin (id.), Valence, Puymirol, Puch de Gontaud et Clermont-Dessus (Lot-et-Garonne), Bergerac (Dordogne); — les gages des consuls de Mézin et de la Montjoie (Lot-et-Garonne); — la nomination des officiers municipaux de Condom (Gers), Hagetmau (Landes), Saint-Macaire, Miramont, Tournon, Tombebouch (Lot-et-Garonne), Tartas (Landes) et Sarlat (Dordogne); — l'administration de Villefranche (Lot-et-Garonne).

C. 757. (Carton.) — 100 pièces, papier.

1776. — Correspondance de l'intendant, concernant : — la nomination des municipaux des communautés de Puymirol, Agen, La Sauvetat de Savères, La Montjoye, Castelsagrat, Castelculier, Penne, La Parade, Sauveterre de Caumont, Mézin, Damazan, Monheurt, La Gruère, Villeneuve, Montpezat et Miramont (Lot-et-Garonne), Sainte-Foy (Gironde), Condom et Montréal (Gers) ; — des contestations entre le maire et les consuls de la ville de Montréal; — la démission du sieur Tinèdre, second consul de Marmande (Lot-et-Garonne).

C. 758. (Carton.) — 100 pièces, papier.

1776. — Correspondance de l'intendant, concernant : — les élections des officiers municipaux des communautés de Tournon, Casseneuil, Bouglon, Saint-Maurin, Barie, (Lot-et-Garonne), Bergerac (Dordogne), Fontgrave, Taillebourg (Lot-et-Garonne), Condom (Gers) et Tartas (Landes); — la démission du chevalier de Carbonneau des fonctions de maire de Puymirol (Lot-et-Garonne) ; — l'administration municipale de la communauté de Castelmoron (id.); — la démission de Jean Brugère de la place de premier consul de Castelmoron; — la nomination de M. Coulon aux fonctions de deuxième consul d'Astafort (Lot-et-Garonne) ; — la démission de M. Lansac, second consul de la ville du Port-Sainte-Marie (id.) ; — les gages du greffier de Sainte-Bazeille (id.), etc.

C. 759. (Carton.) — 100 pièces, papier.

1776. — Correspondance de l'intendant, concernant : — des mémoires de proposition de candidats pour remplir des charges municipales ; — l'office de receveur de la ville de Montpazier (Dordogne) ; — la nomination du sieur Boissier à la place de greffier de l'Hôtel-de-Ville d'Agen (Lot-et-Garonne) ; — la plainte du maire de Valence, contre la négligence du sieur Couronac, second consul dudit lieu ; — des réclamations des habitants de Mugron (Landes), sur les désordres occasionnés par le maire et le procureur du Roi de leur communauté ; — la nomination des officiers municipaux de la communauté de Libourne et La Réole (Gironde), Castelmoron, Villeréal et La Montjoie (Lot-et-Garonne) ; — les nominations de M. Salvandy, à la place de premier consul de la ville de Condom, et de Joseph Bourret, aux fonctions de procureur syndic de la communauté de Montréal (Gers) ; — la prestation de serment de MM. Heraud et Cloupeau de L'Isle, consuls de Marmande (Lot-et-Garonne).

C. 760. (Carton.) — 100 pièces, papier.

1777. — Correspondance de l'intendant, concernant : — la démission de Gayet des fonctions de premier consul de La Montjoye (Lot-et-Garonne(; — les élections des officiers municipaux de ladite communauté ; — la nomination des sieurs Franc Lespinasse et Cabos aux places de premier et deuxième consuls de Montagnac, en remplacement des sieurs Besse et Dufau, démissionnaires ;—Laffite, lieutenant de maire de la ville d'Aire (Landes), en remplacement du sieur Félix ;—la démission du sieur Renous, secrétaire greffier de Villefranche (Lot-et-Garonne) ; — les nominations et démissions des officiers municipaux de Saint-Justin et Aire (Landes), Tournon, Clairac, Fougrave, Caumont, La Sauvetat, Villeneuve-d'Agen (Lot-et-Garonne), Saint-Émilion (Gironde) et Larroumieu (Gers).

C. 761. (Carton.) — 100 pièces, papier.

1777. — Correspondance de l'intendant, concernant : — la démission de Buyssière, consul de la communauté de Montaigut ; — les élections des officiers municipaux de Saint-Jean-de-Luz (Basses-Pyrénées), Villefranche, Montagnac, Damazan, La Sauvetat de Caumont, Monclar, Tournon, Saint-Maurin, La Montjoye, Nérac (Lot-et-Garonne), Condom (Gers), Saint-Émilion (Gironde) ; — la nomination de Jacques Roux aux fonctions de second consul de la communauté de Pujols, (Lot-et-Garonne) ; — la démission du chevalier Duvivier, premier consul de la communauté de La Sauvetat ; — les élections des consuls de Fumel et Villeréal (Lot-et-Garonne), etc.

C. 762. (Carton.) — 100 pièces, papier.

1777. — Correspondance de l'intendant, concernant : — l'insuffisance des officiers municipaux et la nécessité d'en augmenter le nombre dans plusieurs localités ; — la nomination du sieur Vernadet à la charge de premier consul de la ville de Gensac (Lot-et-Garonne) et de M. Martel, notaire, à celle de deuxième consul de la même ville ; — les irrégularités dans l'assemblée de la communauté de Penne (id.), tenue pour la réunion des offices municipaux ; — les honoraires de Joseph Rivière, syndic receveur de la communauté de Gabarret (id.) ; — le remboursement du prix de l'office de juge du siège de Tournon (id.) ; — les élections des officiers municipaux des communautés de Saint-Macaire (Gironde), Verdun, Castillonnés, Issigeac (Lot-et-Garonne) ; — la démission de Pierre Cazabonne, second consul de la ville de Clairac (id.); — la nomination du sieur Goyon de Larrieu aux fonctions de premier échevin de la communauté de La Gruère (id.), etc.

C. 763. (Carton.) — 100 pièces, papier.

1777. — Correspondance de l'intendant, concernant : — des contestations entre M. de Paty, seigneur de la communauté de Beaumont en Périgord (Dordogne), et plusieurs habitants de cette ville, au sujet de l'exercice de la police et de la voirie; — l'opposition du duc de Lavauguyon, seigneur de Villeton, à l'établissement d'un corps municipal dans cette communauté; — la demande du duc de Grammont à être autorisé à rembourser les charges municipales de sa terre d'Arzac ; — la nomination de M. Frisel de Vilasse, aux fonctions de maire de Villeneuve-d'Agen (Lot-et-Garonne); — les dispenses accordées à M. Saint-Amand de La Grange de continuer à exercer les fonctions de premier syndic du Port-Sainte-Marie (Lot-et-Garonne); — la nomination de Barbe de Laubarède à la place de consul de La Sauvetat de Caumont (id.); — la destitution du sieur Larrieu, échevin de la communauté de La Gruère (id.), pour avoir détourné à son profit l'argent destiné au soulagement des pauvres, etc.

C. 764. (Carton.) — 83 pièces, papier.

1777. — Correspondance de l'intendant, concernant : — la nomination de Jean Malaudy aux fonctions de premier consul de la communauté de Villeton (Lot-et-Garonne) ; — les nominations de Jacques Gourrin, à celles de deuxième consul, de Jean Faure, à celles de procureur syndic, de Dabadie, notaire, au secrétariat de l'Hôtel-de-Ville, de Pierre Lacombe, à la place de trésorier receveur de ladite communauté de Villeton ; — les gages des consuls de la ville d'Agen (Lot-et-Garonne) ; — la nomination du sieur Martin à la place de premier consul de la communauté de La Sauvetat de Caumont (id.), en remplacement de M. Vivier de Bellonne, décédé ; — les règlements de la municipalité de la ville de Sarlat (Dordogne) ; — les élections municipales de La Montjoie, Damazan et Villeneuve (Lot-et-Garonne) ; — la réunion des quatre offices municipaux de la ville de La Réole (Gironde), moyennant deux mille livres de finance, etc.

C. 765. (Carton.) — 100 pièces, papier.

1778. — Correspondance de l'intendant, concernant:— la nomination de Jean Ladous, chirurgien, à la place de 6ᵉ consul de la ville de Condom (Gers), en remplacement du sieur Lasmolles, démissionnaire;— les élections des officiers municipaux des communautés de Montréal (Gers), Castillonnés, La Montjoye, Tournon, Caumont, Castelnau-de-Gratecambes (Lot-et-Garonne) et Bayonne (Basses-Pyrénées); — la nomination de M. Lamothe (Marius) aux fonctions de maire de la ville de Mézin (Lot-et-Garonne) et celle de M. Descamps de Lagraula à celle de premier consul de la même ville; — les plaintes des officiers municipaux de la communauté de Saint-Émilion (Gironde), sur la nomination faite, par ordonnance royale, du sieur Troquart pour la place de jurat du même lieu.

C. 766. (Carton.) — 100 pièces, papier.

1778. — Correspondance de l'intendant, concernant : — des pièces relatives à un écrit injurieux pour les consuls de la ville de Condom (Gers), intitulé : *Avis à la bourgeoisie*, et qui attira à son auteur, M. d'Anglade, de sévères réprimandes de la part de M. l'intendant et du Conseil; — la nomination de l'assesseur de la communauté de Villeneuve-de-Marsan ; — les offices municipaux des communautés de La Réole (Gironde); — la nomination de Jacques Fayol à la place de greffier de la ville de Thiviers (Dordogne) ; — M. Chodias, chevalier de Saint-Louis, qui demande la place de maire de la ville de Bourg (Gironde), à perpétuité ; — les élections des officiers municipaux des communautés du vieux Boucau, près Bayonne (Landes), Blaye (Gironde) et Agen (Lot-et-Garonne).

C. 767. (Carton.) — 100 pièces, dont 1 en parchemin.

1778. — Correspondance de l'intendant, concernant : — la nomination des officiers municipaux des communautés de Castillonnés, Gabarret, La Gruère, Tonneins-Dessus (Lot-et-Garonne) ; Issigeac (Dordogne) et Saint-Justin (Landes), — des représentations sur la mauvaise administration des revenus de la municipalité de Bagetmau (id.); — la nomination du sieur Penne aux fonctions de secrétaire greffier de la communauté de Villeneuve (Lot-et-Garonne), en remplacement du sieur Carrière, décédé ; — une plainte du premier jurat de Castelmoron en Albret, contre le maire de la même communauté, qui se refuse aux propositions qui lui ont été faites pour le remboursement du prix de la finance de son office ; — l'administration municipale de la communauté de Saint-Jean-de-Luz (Basses-Pyrénées); — l'office de trésorier-receveur de l'Hôtel-de-Ville de Sainte-Foy (Gironde), etc.

C. 768. (Carton.) — 100 pièces, papier.

1778. — Correspondance de l'intendant, concernant : — la nomination d'Élie Vauton de La Serve à la place de premier consul de la communauté de Thiviers (Dordogne), en remplacement du sieur Cras, décédé ; — des contestations entre les officiers municipaux de Castelmoron et le sieur Bignon, maître particulier et ancien maire, au sujet de sa finance ; — la démission de M. Daugiras de Castelgaillard des fonctions de maire de Lavardac (Lot-et-Garonne) ; — le remplacement des maires et consuls démissionnaires des communautés de Villeneuve-de-Marsan et Monflanquin (Lot-et-Garonne), Domme et Sarlat (Dordogne); — la nomination du sieur Maurice Petit aux fonctions de la charge de secrétaire greffier de la ville de Casteljaloux, en remplacement du sieur Larrieu, décédé, etc.

C. 769. (Carton.) — 102 pièces, papier.

1778-1779. — Correspondance de l'intendant, concernant : — la nomination du sieur Sylvestre Fureau à la place de deuxième consul du Mas d'Agenais (Lot-et-Garonne), en remplacement du sieur de Laborde, démissionnaire ; — l'achat des offices municipaux de la ville d'Agen (id.); — la nomination des officiers municipaux des communautés de Cadillac et Monségur (Gironde); — la démission de M. Du Tast, échevin de la ville de Bayonne (Basses-Pyrénées) ; — le remplacement des officiers municipaux des communautés de Caumont, Villeneuve-de-Marsan et du Puch de Gontaud (Lot-et-Garonne) ; — les nominations du sieur Michel Duclaud, aux fonctions de consul de la ville de Périgueux (Dordogne), et Troquart, à la charge de jurat de Saint-Émilion (Gironde).

C. 770. (Carton.) — 100 pièces, papier.

1779. — Correspondance de l'intendant, concernant : — la réunion des charges municipales de la communauté de Tartas (Landes) ; — la nomination du sieur Laffite aux fonctions de maire de la ville d'Aire (id.), en remplacement du sieur Roquade, démissionnaire ; — le sieur Fossé, lieutenant de maire ; — Artaud, premier jurat, et le sieur Borda, assesseur en la même ville d'Aire ; — les nominations des officiers municipaux des communautés de Lavardac et Damazan (Lot-et-Garonne) et Domme (Dordogne) ; — la nomination de M. Villadary Destermes aux fonctions de maire de Nontron, en remplacement de M. Labrousse de Lagrange, démissionnaire.

C. 771. (Carton.) — 114 pièces, papier.

1779. — Correspondance de l'intendant, concernant : —la nomination de Barthélemy de La Crosse aux fonctions de maire de la communauté de Duzas, en remplacement de M. Beylard, démissionnaire ; — la démission de M. Pédelupé, collecteur à Saint-Justin (Landes) ; — les prétentions de madame de Monségur, concernant le droit de nommer aux offices municipaux de la ville de Monségur ; — les démissions et nominations des officiers municipaux des communautés de Saint-Jean-de-Luz (Basses-Pyrénées), Saint-Macaire (Gironde), Tonneins-Dessus, Lavardac, Agen, Nontron et Astafort (Lot-et-Garonne), Sauveterre (Gironde), Périgueux (Dordogne) et Aire (Landes) ; — des contestations entre les officiers municipaux et le lieutenant de roi, de Navarreins (Basses-Pyrénées), au sujet des réjouissances qui eurent lieu à l'occasion des avantages remportés par les troupes du Roi sur les Anglais.

C. 772. (Carton.) — 117 pièces, papier.

1779. — Correspondance de l'intendant, concernant : — la nomination des officiers municipaux des communautés de Villeneuve-de-Marsan, Puymirol, Caumont, Agen et Port-Sainte-Marie (Lot-et-Garonne) ; — le renouvellement du corps municipal de la ville de Roquefort (Landes) ; — l'enlèvement des archives de la ville de Saint-Émilion (Gironde) ; — les gages du maître d'école de Gabarret (Landes) ; — la nomination de M. Mothes de Blanche, lieutenant des maréchaux de France, aux fonctions de maire de Villeneuve-d'Agen (Lot-et-Garonne) ; — le sieur Monbec, premier, Dufour, deuxième, Biers aîné, troisième, Laudié, quatrième consuls, et le sieur Delmas Du Radal, procureur syndic de ladite communauté de Villeneuve-d'Agen, etc.

C. 773. (Carton.) — 119 pièces, papier.

1779. — Correspondance de l'intendant, concernant : — les plaintes des habitants de la communauté de Clermont-Dessus (Lot-et-Garonne) ; — les prétentions de M. le duc d'Aiguillon sur le droit de nommer aux places municipales de la ville d'Agen (id.) ; — la réunion des offices municipaux de la ville de Bourg (Gironde) ; — les gages du secrétaire greffier de la communauté de Puymirol (Lot-et-Garonne) ; — la municipalité et la police de la ville de Dax (Landes) ; — le choix des notables de ladite ville ; — les élections municipales de la ville de Bayonne (Basses-Pyrénées) ; — la nomination des jurats de la communauté du vieux Boucaud ; — l'office de procureur fondé de la communauté de Nontron (Lot-et-Garonne) ; — la nomination de M. de Laboissière aux fonctions de maire de Villeréal (id.), en remplacement du sieur de Malleville.

C. 774. (Carton.) — 178 pièces, papier.

1779. — Correspondance de l'intendant, concernant :

— François Lespaut à la place de quatrième consul de la communauté de Puymirol (Lot-et-Garonne), en remplacement de Pezet, démissionnaire ; — des plaintes des habitants de Clermont-Dessus (id.) sur la conduite de leurs officiers municipaux ; — la nomination de Pierre Debayle, Cabanieux et Arnaud Girosse à la charge de jurats de la communauté de Barie ; — la nomination des officiers municipaux des communautés de Fumel, Bruch, Agen et La Sauvetat-de-Caumont (Lot-et-Garonne) ; — la démission de Jean-Marie Cadroy, maire de la ville d'Aire (Landes) ; — les élections consulaires de la ville de Castillonnés et Villeréal (Lot-et-Garonne) et Domme (Dordogne) ; — l'office de trésorier de la ville de Saint-Sever (Landes).

C. 775. (Carton.) — 115 pièces, dont 1 en parchemin.

1779. — Correspondance de l'intendant, concernant : — la communauté de Saint-Ferme ; — l'installation de M. Lamothe-Labadie dans les fonctions de maire de la communauté de Bruch (Lot-et-Garonne) ; — la démission du sieur Sudraud, maire de la ville de Saint-Émilion (Gironde) ; — la charge de secrétaire greffier de la ville de Casteljaloux (Lot-et-Garonne) ; — des plaintes contre le sieur Pesquidous, second jurat de Saint-Justin (Landes) ; — la démission du sieur Carpentay, maire de la ville de Cadillac (Gironde) ; — la place de secrétaire greffier de Villefranche (Lot-et-Garonne) ; — l'installation du sieur Palmade, nommé jurat de la ville de Saint-Émilion ; — l'administration municipale de la ville d'Agen (Lot-et-Garonne) ; — la réunion de l'office de lieutenant général de police au corps de ville de Saint-Sever, etc.

C. 776. (Carton.) — 100 pièces, papier.

1780. — Correspondance de l'intendant, concernant : la nomination des officiers municipaux des communautés de Gontaud, Bourg, Penne et Villeneuve-d'Agen (Lot-et-Garonne) ; — les démissions de Casimir Boc, premier consul de Caumont, et de Joseph Sansac de Tapol, consul du Port-Sainte-Marie (idem) ; — la réclamation du sieur Lacroix, secrétaire greffier de la communauté de Puymirol sur le refus de fonds pour l'achat du papier des rôles de taille ; — le renouvellement des officiers municipaux de la communauté de Favillet ; — la nomination de M. Degans à la charge de lieutenant général du Sénéchal de Casteljaloux (Lot-et-Garonne) ; — des contestations entre Sudreau, ancien maire de Saint-Emilion, et les officiers municipaux de ladite communauté au sujet de certains papiers soustraits de l'hôtel de ville ; — les attributions du procureur syndic de la communauté de Sainte-Livrade (Lot-et-Garonne) ; — la réclamation du sieur Fourcade pour l'établissement, en sa faveur, d'une charge de maire à Castelmoron (id.) ; — la nomination de M. Ballias à la place de procureur syndic de la ville de La Réole (Gironde), etc.

C. 777. (Carton.) — 100 pièces, papier.

1780. — Correspondance de l'intendant, concernant : — la nomination du sieur Pastech à la place de deuxième consul de la communauté de Saint-Maurin, en remplacement du sieur Lacoste, démissionnaire ; — l'élection du premier consul de Bergerac (Dordogne) ; — le renouvellement des officiers municipaux des communautés de Gontaud, Bascous, Amou, Tournon, Penne, Villeneuve-d'Agen et Villefranche (Lot-et-Garonne) ; — les gages du secrétaire greffier de Taillebourg (id.) ; — la prestation de serment du sieur Cluzel, quatrième consul de Clermont (id.) ; — la nomination de M. Lespinasse aux fonctions de maire de Montaignac (id.) ; — de M. Carpentey, à Cadillac (Gironde) ; — de M. Deveaulx, chevalier de Saint-Louis, à Montignac ; — les élections consulaires du Mas-d'Agenais et Agen (Lot-et-Garonne) et Ligarnes (Gers).

C. 778. (Carton.) — 100 pièces, papier.

1780. — Correspondance de l'intendant, concernant : — l'office de maire de Vianne (Lot-et-Garonne), sollicité par madame la marquise de Cucé, en faveur de M. Gabel de La Gravette ; — l'installation de M. Lafitte de Maut en la place de troisième consul à Saint-Sever (Landes) ; — la nomination de M. de Laurière, chevalier de Saint-Louis, aux fonctions de maire de la communauté de Penne (Lot-et-Garonne), en remplacement de M. de Montalembert, démissionnaire ; — la prestation de serment de M. de Lagrange, nommé maire de Puymirol (id.) ; — la nomination de M. Lavielle à la place de secrétaire greffier de la communauté de Pujols (id.) ; — les élections consulaires des communautés de Saint-Émilion (Gironde) ; — Saint-Jean-de-Luz (Basses-Pyrénées) ; — Bergerac (Dordogne) ; — Tournon (Lot-et-Garonne) ; — l'installation de M. de Lacrosse dans les fonctions de maire de la ville de Duras (id.).

C. 779. (Carton.) — 100 pièces, papier.

1780. — Correspondance de l'intendant, concernant : — un ordre du Roi qui enjoint aux officiers du Sénéchal et Présidial de Condom (Gers) d'aller en corps et non par députation complimenter Mgr l'évêque à chaque départ ou arrivée dans son diocèse ; — des contestations entre les officiers municipaux de Saint-Jean-de-Luz (Basses-Pyrénées), concernant les droits de préséance ; — la démission de Jean Lacoste, troisième consul de la ville de La Parade (Lot-et-Garonne) ; — Lafosse, trésorier receveur de la communauté de Mugron (Landes) ; — le choix des nouveaux sujets propres à remplir les fonctions d'officiers municipaux des communautés de Casseneuil (Lot-et-Garonne), Saint-Émilion, Cadillac, Castillon, Montiguac (Gironde), Port-Sainte-Marie et Penne (Lot-et-Garonne).

C. 780. (Carton.) — 100 pièces, papier.

1780. — Correspondance de l'intendant, concernant : — la composition du corps municipal de la communauté de Monségur ; — les nominations du sieur Dufour, ancien garde du Roi, à la place de premier consul du Port-Sainte-Marie (Lot-et-Garonne), et du sieur Carmentran, notaire, à celle de quatrième consul du même lieu ; — les élections consulaires des communautés de Sainte-Livrade, du Mas-d'Agenais, Gontaud (Lot-et-Garonne), Saint-Émilion, Cadillac, La Réole (Gironde) et Saint-Jean-de-Luz (Basses-Pyrénées) ; — la nomination du sieur Bourdet à la place de procureur syndic de la communauté de Gabarret (Landes) ; — des contestations entre le nommé Delfraisses, ancien receveur, et les consuls de Clermont-Dessus (Lot-et-Garonne), au sujet de la reddition des comptes de leur communauté ; — la réunion des charges municipales de la communauté de Tartas (Landes), etc.

C. 781. (Carton.) — 108 pièces, papier.

1780. — Correspondance de l'intendant, concernant : — les officiers municipaux de la Linde et de Périgueux (Dordogne) ; — la place de maire de Monségur, sollicitée par M. Rambaud, négociant de ladite ville ; — la nomination du sieur de Luz, de Valence, aux fonctions de premier consul de la communauté de Saint-Maurin, en remplacement de M. Bru, admis à la retraite ; — Duniagou de la Bourdette nommé maire du Mas-d'Agenais, au lieu et place du sieur Peros, démissionnaire ; — M. de La Barchède, ancien officier d'infanterie, réclamant la place de maire de Roquefort ; — les gages du greffier de la communauté de Puymirol (Lot-et-Garonne) ; — la démission du sieur Lopert Tartas de la charge de procureur syndic de la communauté de Gabarret (Landes) ; — les nominations de M. Dufour, ancien garde du Roi, et Carmentran, notaire, aux charges de consul du Port-Saint-Marie (Lot-et-Garonne) ; — Borie, notaire royal, en remplacement du sieur Ruffe, procureur syndic de la communauté de Tournon (id.) ; — les élections des officiers municipaux des communautés de Saint-Maurin, La Montjoie, Sainte-Livrade (Lot-et-Garonne), Castillon et Saint-Macaire (Gironde) ; — la nomination de M. de Gérard, chevalier de Saint-Louis, aux fonctions de maire de Sarlat (Dordogne).

C. 782. (Carton.) — 106 pièces, papier.

1780. — Correspondance de l'intendant, concernant : — des mémoires, observations, correspondance et ordonnance de l'intendant relatifs à des contestations entre les jurats et la communauté de Bascous et M. de Cist, subdélégué de Mont-de-Marsan (Landes), et les nommés Landrieu et Ferré, adjudicataires des travaux par corvées ; — une rébellion aux ordres du Roi au sujet des corvées ; — les sujets proposés pour les places de jurats de la ville de La Réole (Gironde), parmi lesquels on remarque MM. Dufour, avocat, Soubiroux, Richon et Pouverreau fils ; — la démission de M. de Laurière, maire de la ville de Penne (Lot-et-Garonne) ; — une plainte de madame de Montalembert contre le sieur Redon, consul de cette communauté, à raison de propos tenus par lui, et injurieux pour la mémoire de son mari, etc.

C. 783. (Carton.) — 103 pièces, papier.

1780-1781. — Correspondance de l'intendant, concernant : — un conflit entre les officiers municipaux de Nontron (Lot-et-Garonne) et ceux de la justice de la même localité ; — l'administration municipale de la communauté de Lévignac ; — le règlement du conseil concernant l'administration de la ville d'Épernay (Marne) ; — l'évêque de Bazas (Gironde), qui demande à être maintenu dans le droit de nommer les deuxième et quatrième jurats de ladite ville ; — la démission de M. Mourques de Carrère, troisième consul de Tournon (Lot-et-Garonne) ; — la nomination de M. Duverger, chevalier de Saint-Louis, aux fonctions de maire de Tournon, en remplacement de M. Godailh, démissionnaire ; — la demande de M. le comte de La Douze d'être dispensé de remplir la place de maire de la ville de Périgueux (Dordogne) ; — la nomination des prud'hommes de la ville de La Réole, etc.

C. 784. (Carton.) — 100 pièces, papier.

1781. — Correspondance de l'intendant, concernant : — M. Coste, jurat à Saint-Émilion, qui sollicite sa retraite à raison du dérangement de sa santé ; — la démission de M. Rambaud de la charge de jurat de la ville de Saint-Émilion (Gironde) ; — la réclamation du sieur Neau, syndic, receveur de la ville de Libourne (id.), au sujet de la caution exigée par les maire et jurats de ladite ville pour les fonctions de sa charge ; — la nomination des officiers municipaux des communautés d'Aire (Landes), du Mas et Villeréal (Lot-et-Garonne) ; — la nomination du sieur de Lobit, chevalier de Saint-Louis, aux fonctions de maire de Mont-de-Marsan (Landes), en remplacement du chevalier de Cours ; — la démission du sieur Pastech, second consul de la communauté de Saint-Maurin ; — la nomination des consuls de Sarlat (Dordogne), Montignac et du lieutenant de maire de Peyrehorade (Landes).

C. 785. (Carton.) — 100 pièces, papier.

1781. — Correspondance de l'intendant, concernant : — une plainte des habitants de Villeréal (Lot-et-Garonne) contre leurs officiers municipaux, qui ne résident pas dans la communauté ; — la nomination de M. Boussat de Montigny à la charge de second consul de la communauté de Castillonnès (Lot-et-Garonne), en remplacement du sieur Lagrausse ; — la prestation de serment de MM. Fauré, notaire royal, et Pierre Pezet, nommés par ordre du Roi, le premier à la place de procureur syndic et le second à la place de receveur-trésorier de la communauté de Puymirol (Lot-et-Garonne) ; — la nomination des officiers municipaux des communautés de La Réole (Gironde), Cassenueil, Penne, La Sauvetat-de-Caumont, Astafort, Tournon, Castelnau-de-Gratecambe, Lamothe-Landeron et Gontaut (Lot-et-Garonne) et Villeneuve-de-Marsan (Landes), etc.

C. 786. (Carton.) — 109 pièces. papier.

1781. — Correspondance de l'intendant, concernant : — les changements progressifs arrivés dans l'administration des revenus de l'Hôtel-de-Ville de Blaye (Gironde) ; — une réclamation des habitants de Blaye au sujet de la réunion des offices municipaux et du droit réclamé par M. Duperrier, en sa qualité de grand sénéchal, de nommer à la place de maire de ladite ville ; — l'inventaire des pièces relatives à la réunion des offices municipaux ; — la reddition des comptes de la ville de Blaye.

C. 787. (Carton.) — 107 pièces, papier.

1781. — Correspondance de l'intendant, concernant : — l'admission à la retraite du sieur chevalier Duverger, maire de la ville de Tournon ; — la démission de M. Battulmarin des fonctions de procureur syndic de la ville de Castillon (Gironde) ; — la nomination de Joseph Dasque, médecin, à la charge de premier jurat de la ville de Roquefort (Landes), en remplacement du sieur Lalanne, démissionnaire ; — les abus introduits dans la communauté de Villeréal par la négligence des consuls de ladite ville ;

— la nomination des officiers municipaux des communautés du Port-Sainte-Marie, Tournon, La Gruère et Montagnac (Lot-et-Garonne), Saint-Émilion (Gironde), Mont-de-Marsan et Aire (Landes) et Belvès ; — la charge de trésorier de la ville d'Agen (Lot-et-Garonne) ; — des contestations entre le sieur Neau, syndic receveur de la ville de Libourne, (Gironde), et les jurats de cette ville, à l'occasion de la caution dont le premier voulait être dispensé, etc.

C. 788. (Carton.) — 100 pièces, papier.

1781. — Correspondance de l'intendant, concernant : — le rétablissement dans l'exercice de leurs fonctions des officiers municipaux de la communauté de Nontron (Lot-et-Garonne), qui avaient été suspendus momentanément par le Parlement de Bordeaux, à la requête de M. le président de La Ville ; — les démissions et nominations des officiers municipaux des communautés de Gabarret (Landes), Puymirol, Marmande et Castillonnès (Lot-et-Garonne), et Castillon (Gironde) ; — la nomination de M. de Lobet, chevalier de Saint-Louis, aux fonctions de maire de Mont-de-Marsan (Landes), en remplacement du chevalier de Cours, démissionnaire ; — la composition du corps municipal de la communauté de Bascous ; — la démission de M. Peychaud-Combes de la charge de premier jurat de la ville de Bourg (Gironde) ; — la nomination de M. Caustandet à la place de secrétaire greffier de la ville de Saint-Sever (Landes), etc.

C. 789. (Carton.) — 102 pièces, papier.

1781. — Correspondance de l'intendant, concernant : — la réunion des officiers municipaux de la communauté de Blaye (Gironde) ; — la réclamation de M. le comte de Maccarty, propriétaire de la baronnie de Lévignac, contre le nouvel établissement du corps municipal de cette communauté, qu'il prétendait être contraire à ses droits de seigneurie et de justice ; — le choix de M. de Gontaud, subdélégué au département de Blaye, pour procéder à la liquidation du prix principal, frais et loyaux coûts des offices réunis de ladite communauté ; — la nomination des officiers municipaux des communautés de Saint-Maurin, Sarlat (Dordogne), Sauveterre, le Port-Sainte-Marie (Lot-et-Garonne) et Cadillac (Gironde) ; — le remplacement des notables de la municipalité de Dax (Landes).

C. 790. (Carton.) — 100 pièces, papier.

1781. — Correspondance de l'intendant, concernant : — les sujets proposés pour la composition du corps municipal de la communauté de Lafitte (Lot-et-Garonne) ; —

les nominations des officiers municipaux de Puycasquier, Cadillac, Castillon et Bourg (Gironde), Bergerac et Sarlat (Dordogne), Caumont, Fumel, Villeneuve et Tournon (Lot-et-Garonne); — les prétentions du comte de Maccarti sur le droit de nommer les consuls de la communauté de Lévignac; — le sieur Campinas, notaire royal, qui demande d'être dispensé de remplir la place de trésorier-receveur de la ville de Goutaud (Lot-et-Garonne); — la démission du sieur Descamps de Lagraula, premier consul de Mézin (id.).

C. 791. (Carton.) — 100 pièces, papier.

1761. — Correspondance de l'intendant, concernant : — le décès de M. Lavaich, maire de Castillon (Gironde), et le sieur Jay, premier jurat, qui demande à lui succéder dans lesdites fonctions de maire; — la nomination des officiers municipaux des communautés de Castillon, Libourne et La Réole (Gironde) et Tournon (Lot-et-Garonne ; — une plainte des consuls de Fumel contre le secrétaire de leur communauté pour insubordination ; — la prestation de serment du sieur Pastech, second consul de la communauté de Saint-Maurin ; — les officiers municipaux de Puymirol (Lot-et-Garonne), qui demandent le remplacement du sieur Caze, procureur syndic de leur communauté ; — la nomination de M. Meilhan à la place de premier jurat de la ville de La Réole, en remplacement du sieur Dufour; — des contestations entre le sieur Pugens, procureur syndic de la ville de Condom (Gers), et M. Caillous, au sujet du dénombrement de ladite communauté, etc.

C. 792. (Carton.) — 90 pièces, papier

1781. — Correspondance de l'intendant, concernant : — la nomination des officiers municipaux des communautés de Lafitte (Lot-et-Garonne), Langon et Cadillac (Gironde) ; — le rachat des corvées de la communauté de Bascous ; — des contestations et l'emprisonnement de deux habitants de ladite communauté pour désobéissance à l'administration des chemins ; — la démission de M. Duverger des fonctions de maire de la ville de Tournon (Lot-et-Garonne) ; — la nomination du procureur syndic de la ville de Langon (Gironde) ; — un arrêt du Parlement de Bordeaux qui maintient le marquis d'Amou dans le droit de nommer les jurats, etc.

C. 793. (Carton.) — 101 pièces, papier.

1782. — Correspondance de l'intendant, concernant : — l'installation de M. Blaise Lafontan dans les fonctions de maire de la ville d'Arzac et du sieur Dussaupouy dans celles de jurat dudit lieu ; — le rejet de la démission du sieur Boucherie de Peigry, jurat de la communauté de Duras (Lot-et-Garonne) ; — la nomination des officiers municipaux des communautés de Saint-Sever (Landes), Montréal (Gers), Nérac (Lot-et-Garonne), Sauveterre, Saint-Macaire et Gensac (Gironde); — la nomination de M. de Saint-Paul aux fonctions de maire de la ville de Dax (Landes); — de MM. Troupenat et Casse à celles de premier et deuxième consuls de la communauté de Montpezat, en remplacement de MM. Malbec et Régnade, démissionnaires; — la nomination de M. de Marquessac aux fonctions de maire de Sarlat (Dordogne), etc.

C. 794. (Carton.) — 100 pièces, papier.

1782. — Correspondance de l'intendant, relative : — à la démission du sieur Cosset fils de la place de quatrième consul de la ville de Bergerac (Dordogne) ; — à la demande du sieur Lagarrigue de l'office de secrétaire greffier de l'hôtel de ville de La Gruère (Lot-et-Garonne) ; — au déplacement du sieur Vaqué, secrétaire greffier de la communauté de Caumont (id.) ; — à la nomination des officiers municipaux des communautés de Villefranche-du-Kayran, Penne, Pardaillan et Duras (Lot-et-Garonne) ; — à la nomination de Jean Durand de Lagrangère, avocat, aux fonctions de maire de la ville de Libourne (Gironde), en remplacement de Bertrand Reynaud, démissionnaire ; — au renouvellement des robes consulaires de la ville d'Agen (Lot-et-Garonne) ; — aux abus introduits dans l'administration de l'Hôtel-de-Ville de Villeneuve-de-Marsan (Landes), etc.

C. 795. (Carton.) — 100 pièces, papier.

1782. — Correspondance de l'intendant, relative : — à une plainte contre le sieur Rabié, consul de Villeneuve-d'Agen (Lot-et-Garonne), au sujet de son commerce sur les grains ; — à la nomination de M. Montilban de Ribet à la place de syndic receveur de la communauté de La Parade (Lot-et-Garonne) ; — aux élections des prud'hommes et des auditeurs des comptes de la communauté d'Eymet ; — à la proposition du sieur Papin fils pour la place de lieutenant de maire de la ville d'Aire (Landes) et du sieur Cadroy à celle d'assesseur du même lieu ; — aux nominations des officiers municipaux des communautés de Créon (Gironde), Duras et Astafort (Lot-et-Garonne), Saint-Émilion (Gironde), Saint-Sever (Landes) et Saint-Jean-de-Luz (Basses-Pyrénées) ; — aux comptes de la communauté de Condom (Gers).

SÉRIE C. — INTENDANCE DE BORDEAUX.

C. 796. (Carton.) — 108 pièces, papier.

1782. — Correspondance de l'intendant, concernant : — un mémoire présenté à l'intendant au nom de la communauté de Gabarret (Landes) par quelques particuliers isolés, pour demander le remplacement du sieur Molé, premier jurat, par le nommé Descudé ; — l'administration de la ville de Montignac ; — l'installation de M. Durand de La Grangère dans la charge de jurat de la ville de Libourne (Gironde), en remplacement du sieur Reynaud ; — le refus du sieur Lacoste de la charge de quatrième consul de la communauté de Preyssas ; — la nomination des officiers municipaux des communautés de Gabarret (Landes), Blaye et Langon (Gironde) et de Saint-Jean-de-Luz (Basses-Pyrénées) ; — l'administration de la ville et juridiction de Sainte-Foy (Gironde) ; — un emprunt de 7,000 livres par les principaux habitants de la ville de Bourg (Gironde) pour le payement du prix des offices municipaux, réunis par arrêt du 2 novembre 1779 ; — un conflit entre les officiers municipaux de Nontron (Lot-et-Garonne) et le juge dudit lieu, etc.

C. 797. (Carton.) — 113 pièces, papier.

1782. — Correspondance de l'intendant, concernant : — la nomination de M. Lartigue aux fonctions de maire de la ville de Mézin (Lot-et-Garonne), en remplacement du sieur Lamothe, admis à la retraite ; — la police de la communauté de Montignac ; — les gages du procureur syndic de la communauté de Gabarret (Landes) ; — la nomination de M. le baron de Calard à la place de maire à Clermont-Dessus (Lot-et-Garonne) ; — une plainte des habitants de la paroisse Saint-Étienne contre Meynadie, consul de Sainte-Livrade (Lot-et-Garonne) ; — la nomination de Raymond de Cruzelle aux fonctions de maire de Villefranche (id.), en remplacement de M. Lassauhole, décédé ; — les robes consulaires de la communauté de Puymirol ; — la nomination de M. de Marquessac aux fonctions de maire de la ville de Sarlat (Dordogne), en remplacement du chevalier Gérard, décédé ; — la nomination de Joseph Dolhabarats, premier échevin de Saint-Jean-de-Luz (Basses-Pyrénées), à la place de Bidegarry, démissionnaire.

C. 798. (Carton.) — 105 pièces, dont 2 en parchemin.

1782. — Correspondance de l'intendant, concernant : — la nomination de M. Broqua à la place de commissaire de la subdélégation de Mont-de-Marsan (Landes), et le refus des officiers municipaux de ladite ville de le reconnaître en cette qualité ; — des contestations entre M. de Cist, subdélégué de Mont-de-Marsan, et les jurats de la communauté de Bascons (id.), au sujet du rachat des corvées ; — les élections des corps municipaux de la ville de Bordeaux ; — les prétentions de M. de Maccarty, seigneur de Lévignac, sur le droit de nommer aux offices de ladite localité ; — le renouvellement des officiers municipaux de la ville de Bazas (Gironde), etc.

C. 799. (Carton.) — 100 pièces, papier.

1782. — Correspondance de l'intendant, concernant : — le remplacement des officiers municipaux de la ville de La Réole (Gironde) ; — des contestations entre les anciens jurats et les habitants de la juridiction de Clermont-Dessus (Lot-et-Garonne), au sujet de la réunion des offices municipaux de ladite communauté ; — des discussions entre le syndic général du pays de Labour et le procureur du Roi du bailliage d'Ustaritz (Basses-Pyrénées), par rapport à la tenue des assemblées audit pays ; — la nomination d'Alexis Miramont à la charge de secrétaire greffier de la communauté de Sainte-Foy (Gironde), et du sieur Bergeraud à celle de trésorier de La Gruère (Lot-et-Garonne) ; — les élections consulaires des communautés de Saint-Sever et de Villeneuve-de-Marsan (Landes), etc.

C. 800. (Carton.) — 100 pièces, papier.

1783. — Correspondance de l'intendant, concernant : — les gages du sieur Pugens, procureur syndic de l'Hôtel-de-Ville de Condom (Gers) ; — la nomination du sieur Duvin aux fonctions de secrétaire greffier de Mont-de-Marsan (Landes) ; — les élections consulaires des communautés de Saint-Émilion (Gironde), Bruch, Saint-Maurin, Pujols (Lot-et-Garonne) et Ustaritz (Basses-Pyrénées) ; — la réclamation des officiers de l'Élection de Sarlat (Dordogne) pour la préséance en toutes les assemblées et cérémonies publiques sur les consuls et avocats de ladite ville ; — l'installation du sieur Larrard de Claverie dans la charge de premier consul à Nérac (Lot-et-Garonne) ; — des frais de procès de la ville de Bazas (Gironde) ; — la démission du sieur Lelon, troisième consul de Castillonnés (Lot-et-Garonne).

C. 801. (Carton.) — 100 pièces, papier.

1783. — Correspondance de l'intendant, concernant : — l'admission à la retraite de MM. La Mothe-Dabadie et Dulong, maire et premier consul de Bruch (Lot-et-Garonne), et la nomination de M. Birac en qualité de deuxième consul ; — la nomination des officiers municipaux des communautés de Bruch, Cauderot (Lot-et-Garonne), Gabarret

(Landes), Saint-Jean-de-Luz et Bayonne (Basses-Pyrénées) ; — les nominations de MM. Larivière de Boulon aux fonctions de maire de la communauté de Montignac, en remplacement du sieur Bevaux, démissionnaire, et du sieur Sudeau à celles de quatrième consul à Sarlat (Dordogne) ; — les élections consulaires des communautés du Mas-d'Agenais (Lot-et-Garonne) et de Condom (Gers). — Parmi les sujets présentés à Sa Majesté pour occuper les places municipales de la ville de Condom, on remarque les noms de MM. le comte de Lamezan, le comte de Poudenas, le comte de Marin, chevalier de Saint-Louis, Dubernet, écuyer, de Moncade, chevalier de Saint-Louis, Moussaron, lieutenant particulier du Présidial, etc.

C. 802. (Carton.) — 100 pièces, papier.

1783. — Correspondance de l'intendant, concernant : — la nomination de M. le chevalier Rolland, de Seze aîné et Latuillière aux fonctions de jurats de la ville de Bordeaux ; — la réunion à la communauté de Duras de l'office de secrétaire greffier ; — le renouvellement des officiers municipaux de Blaye (Gironde) et de La Montjoie (Lot-et-Garonne) ; — la démission de M. Fourtet, premier consul à Montréal (Gers) ;—celle de M. Malateste de Beaufort de Paillolles, premier consul de Villeneuve-d'Agen (Lot-et-Garonne) ; — les gages des régents de Libourne (Gironde) ; — la police de la communauté de Montfort ; — des contestations entre la communauté de Saint-Jean-de-Luz (Basses-Pyrénées) et le curé Larréguy, au sujet du payement de sept années d'arrérages d'une prébende dont il était titulaire ; — les élections consulaires des communautés de Sainte-Foy (Gironde), Sarlat (Dordogne), Gabarret et Nérac (Lot-et-Garonne) ; — des contestations entre la communauté de Samazan et le seigneur dudit lieu au sujet de l'exercice de la police, etc.

C. 803. (Carton.) — 100 pièces, papier.

1783. — Correspondance de l'intendant, concernant : — la prestation de serment des officiers municipaux de la ville de Condom (Gers) ; — les élections consulaires des villes d'Astafort, Villeréal (Lot-et-Garonne) et Tartas (Landes) ; — la démission de M. Labarthe des fonctions d'assesseur à Gabarret (id.) ; — la nomination de M. Gérard Du Cousso de Magnet à la place de premier consul de la communauté de Montréal (Gers), en remplacement de Jean-Marie Fourtet, démissionnaire ; — celles de MM. Boc de Marestaing, Laborde et Dunogué aux charges de maire, premier et deuxième consuls de la ville du Mas-d'Agenais (Lot-et-Garonne).

C. 804. (Carton.) — 100 pièces, papier.

1783. — Correspondance de l'intendant, concernant : — un mémoire adressé à l'intendant par les officiers municipaux de Monségur pour demander qu'il soit pourvu à la place de troisième jurat de cette ville ; — les élections des officiers municipaux des communautés de Monségur (Gironde), Périgueux (Dordogne), Valence-d'Agen (Lot-et-Garonne) et Rions (Gironde) ; — l'établissement d'un maire et de deux consuls à Tombebœuf (Lot-et-Garonne) ; — la nomination de M. Moyse Bourrillon, avocat, aux fonctions de premier consul à Tonneins-Dessus (id.) ; — celles de Jean Saboureau aux fonctions de deuxième, et Abraham Descayrans de troisième consuls de la même localité ; — de M. de La Ville, à la charge de procureur syndic à Sarlat (Dordogne),—de Bertrand Dussoulés, à celle de trésorier de la communauté de Villefranche-du-Queyran (Lot-et-Garonne) ; — la démission de M. Larrieu de la place de secrétaire de la communauté de La Gruère (id.) ; — le changement de deux consuls et du secrétaire greffier de la ville de Caumont (Lot-et-Garonne) ; — une plainte des officiers municipaux de Sainte-Foy (Gironde) contre le sieur Duchau, leur collègue, etc.

C. 805. (Carton.) — 100 pièces, papier.

1783. — Correspondance de l'intendant, concernant : — la nomination de M. Patras de Campagno à la place de maire de la communauté de Francescas (Lot-et-Garonne), en remplacement du sieur Dupin, admis à la retraite ; — du sieur Fauché, à celle de secrétaire greffier de Saint-Pastour ; — l'installation des officiers municipaux de Valence-d'Agen (Lot-et-Garonne) ; — l'élection de M. Bailac à la place de quatrième directeur-trésorier de la Chambre de commerce de Bayonne (Basses-Pyrénées) ; — la démission de M. Lisse de Carbonnié des fonctions de maire de La Sauvetat-de-Caumont (Lot-et-Garonne) ; — les élections consulaires de Sainte-Foy (Gironde) ; — la démission du sieur Danglade de la place de consul de la ville de Mézin (Lot-et-Garonne) ; — des contestations entre les officiers du Présidial et les officiers municipaux de la ville de Sarlat (Dordogne), au sujet du local occupé par le siège du Présidial, etc.

C. 806. (Carton.) — 100 pièces, papier.

1783. — Correspondance de l'intendant, concernant : — l'administration municipale de la ville de Blaye (Gironde) ; — une plainte de M. de Vidal, maire de la ville de Castelsagrat contre les sieurs Antoine Raffy, Damblard, Jean Labatut, Pierre Rodier, Jean Bach, Jean Casanave et Géraud Meysonnié, jurats dudit lieu, pour refus d'assister aux assemblées de ladite communauté ; — la nomination de Pierre Fauché aux fonctions de secrétaire greffier de la communauté de Saint-Pastour et de Jean Dulaguay à celles de Cadillac (Gironde) ; — une réclamation des maire, consuls et procureur syndic de la communauté de Clairac (Lot-et-Garonne), pour être réintégrés dans l'exercice de leurs fonctions, etc.

C. 807. (Carton.) — 100 pièces, papier.

1783. — Correspondance de l'intendant, relative : — à des plaintes portées par les maire et consuls de Clairac (Lot-et-Garonne) contre l'abbé Anselmy, chanoine, vicaire général de Saint-Jean-de-Latran de Rome, administrateur de l'abbaye de cette ville, au sujet des élections municipales ; — à la nomination du sieur Patras de Campagno aux fonctions de maire de Francescas (Lot-et-Garonne), en remplacement du sieur Dupin, admis à la retraite ; — à des plaintes du sieur Lescure, président au bureau de l'Élection de Sarlat (Dordogne), contre les officiers municipaux de ladite localité ; — au rétablissement des officiers municipaux de la ville de Clairac ; — à des abus commis dans l'administration municipale de la communauté de Villeneuve-de-Marsan (Landes) ; — aux élections consulaires de la communauté de Monségur (Gironde) ; — à une réclamation des habitants de Mugron (Landes) au sujet de la réunion des offices, etc.

C. 808. (Carton.) — 100 pièces, papier.

1783. — Correspondance de l'intendant, relative : — à des contestations entre M. de Cist, subdélégué à Mont-de-Marsan (Landes) et la communauté de Bascous (id.), au sujet du rachat des corvées de ladite localité ; — à la reddition des comptes de la ville de Grenade (id.) ; — à la nomination du sieur Lasserre à la charge de procureur syndic de la ville de Nérac (Lot-et-Garonne) ; — du sieur Dupuy à la place de deuxième consul de la communauté de Moncrabeau ; — du sieur Duvin à celle de secrétaire de la ville de Mont-de-Marsan (Landes) ; — à la démission d'Élie Rulleau, jurat àSai nt-Émilion (Gironde) ; — à l'installation du sieur Larivière de Boulou dans la place de maire de Montignac et de Jean Boyer dans celle de secrétaire greffier du même lieu ; — à une discussion entre les officiers municipaux et le juge de la juridiction de Puch de Gontaud (Lot-et-Garonne), au sujet de l'exercice de la police ; — à la nomination de M. Baillot de Florensac à la place de maire de la ville de Castillonnés (Lot-et-Garonne), etc.

C. 809. (Carton.) — 102 pièces, papier.

1783-1784. — Correspondance de l'intendant, relative : — à la démission des sieurs Desmazes et Mispoulet, premier et deuxième consuls de la ville de Clairac (Lot-et-Garonne) ; — aux gages du sieur Pugens, procureur syndic de la ville de Condom (Gers) ; — à une réclamation des maire et consuls de la communauté de Puch de Gontaud (Lot-et-Garonne) contre un arrêt du Parlement de Bordeaux qui leur interdit l'exercice de la police ; — au sieur Fournier de Laribet, premier consul de Monclar (id.) ; — aux élections consulaires de la ville de Langon (Gironde) ; — à la démission du sieur Gabriel Gaube Barole des fonctions de syndic receveur de la communauté de Roquefort de Marsan (Landes) ; — à l'élection des notables de la ville de Blaye (Gironde) ; — au remboursement des frais de procès de la communauté de Langon (id.), etc.

C. 810. (Carton.) — 100 pièces, papier.

1784. — Correspondance de l'intendant, relative : — à la nomination des officiers municipaux de la ville d'Agen et d'Astafort (Lot-et-Garonne), Saint-Émilion (Gironde), Sarlat et Domme (Dordogne), Saint-Sever (Landes) ; — à la démission de M. de Lartigue de la place de maire de la ville de Mézin (Lot-et-Garonne) ; — à des contestations entre M. de Cist, subdélégué de Mont-de-Marsan, et la communauté de Bascous (Landes), au sujet du rachat des corvées ; — aux offices de secrétaire greffier de Nérac et Castillonnés (Lot-et-Garonne) ; — à des représentations sur l'administration de la ville de Tartas (Landes) ; — à la réunion des offices municipaux d'Agen (Lot-et-Garonne) ; — aux élections municipales de Sainte-Bazeille (id.) ; — à la nomination du sieur Aubin Roux à la charge de secrétaire greffier à Saint-Macaire (Gironde) ; — aux gages des anciens officiers municipaux de la ville de Blaye (Gironde), etc.

C. 811. (Carton.) — 100 pièces, papier.

1784. — Correspondance de l'intendant, relative : — à la nomination du sieur Misery aux fonctions de second consul à Castillonnés (Lot-et-Garonne), en remplacement de M. Pierre Boussac de Montigny, admis à la retraite ; — à la prestation de serment des officiers municipaux de la ville de Blaye (Gironde) ; — aux élections consulaires des communautés de Marmande, Cauderot (Lot-et-Garonne) ; — à la démission de Joseph Bourret, procureur syndic de la ville de Montréal (Gers), et à celle de M. de Lartigue, maire de Mézin (Lot-et-Garonne) ; — à la nomination de M. de Bazignan aux fonctions de maire de la ville d'Agen (id.);— à la liste des sujets à nommer aux charges municipales de Tonneins-Dessus (id.) ; — aux élections consulaires de la communauté de Fongrave, etc.

C. 812. (Carton.) — 103 pièces, papier.

1784-1785. — Correspondance de l'intendant, relative : — à une lettre de M. le duc d'Aiguillon, qui demande que l'un des consuls de Penne, qui habite la campagne, établisse sa résidence habituelle dans cette ville ; — à une plainte du sieur Dufraisse de Boredon, échevin de Nontron (Lot-et-Garonne), contre les officiers de la justice seigneuriale dudit lieu ; — à l'administration municipale de la ville de La Réole (Gironde) ; — à la nomination de MM. de Gestas, de Paty, Minvielle, de Salgourde, Brachou, Vilote, Saint-Girons, Aquart, Charles Bruneaud et Gachet Delile aux fonctions de jurats de la ville de Bordeaux ; — à un procès de la communauté de Langon (Gironde) et à sa demande en autorisation de plaider; — à la place de procureur du Roi de Villeneuve-d'Agen (Lot-et-Garonne), sollicitée par Pierre de Maydieu de Bonnefond ; — à la nomination de François Sauvage à la place de premier consul à Buch, en remplacement de Bernard Nobcèque, démissionnaire ; — de Jean de Boutot de La Rivière à celle de consul de Saint-Maurin (Lot-et-Garonne), etc.

C. 813. (Carton.) — 103 pièces, papier.

1785. — Correspondance de l'intendant, concernant : — la nomination du chevalier de Ravilhan aux fonctions de maire de la ville de Sarlat (Dordogne), en remplacement de M. de Marqueyssac, démissionnaire ; — du sieur Labegonie à celles de procureur syndic de la même ville; — la démission de Bernard Ferbos de la charge de jurat de la communauté de Saint-Macaire (Gironde) ; — les élections consulaires des communautés de Monflanquin, Penne, Villeneuve-d'Agen et Casseneuil (Lot-et-Garonne) ; — une plainte du sieur Maydieu, fabricant de farines à Villeneuve-d'Agen, contre les consuls de ladite communauté; — une insulte faite à un consul de Casseneuil par un particulier de l'endroit ; — la levée des deniers royaux de la communauté de Sainte-Livrade (Lot-et-Garonne), etc.

C. 814. (Carton.) — 108 pièces, papier.

1785. — Correspondance de l'intendant, concernant : une requête du sieur Massac tendante à être admis à lever les offices de conseiller du Roi et de trésorier receveur des deniers patrimoniaux de la ville et communauté de Nérac (Lot-et-Garonne) ; — le remplacement des officiers municipaux de Périgueux (Dordogne) ;—le renouvellement des anciens maire et consuls de la communauté de La Montjoie (id.);— une plainte contre le sieur Nolibois, syndic de ladite communauté, pour n'avoir pas assisté à la messe célébrée le jour de Saint-Louis pour le Roi et la famille royale ; — un délai de six semaines accordé au sieur Mellac, secrétaire greffier à Nérac (Lot-et-Garonne), pour le payement de la finance de son office, etc.

C. 815. (Carton.) — 102 pièces, papier.

1785. — Correspondance de l'intendant, concernant : — la nomination des officiers municipaux de la ville de Cadillac (Gironde); — une plainte des habitants et du syndic du chapitre de Saint-Blaise de Cadillac sur les abus et les illégalités qui se sont glissés dans l'assemblée du 13 novembre 1785, présidée par M. Duchesne de Beaumanoir, subdélégué à Bordeaux ; — la nomination des consuls de la ville de Clairac (Lot-et-Garonne) ; — une plainte contre les officiers municipaux de la communauté de Grateloup ; — la nomination de MM. Delard et Fournet aux fonctions de maire et second consul de la ville de Clairac (Lot-et-Garonne), etc.

C. 816. (Carton.) — 114 pièces, papier.

1785. — Correspondance de l'intendant, concernant : — des plaintes contre les officiers municipaux de Gontaud (Lot-et-Garonne) ; — la demande de la communauté de Sainte-Bazeille d'être admise à réunir les offices municipaux créés pour cette ville par l'édit de février 1771, aux offres de payer 6,000 livres de finance ; — la nomination de MM. Joly de Blazon, de Sabla, aux fonctions de maire de Sainte-Bazeille ;— de Pierre Guichard de La Vigerie, en remplacement de M. Dauzac de Lamartinie, maire de Caumont (Lot-et-Garonne), démissionnaire ; — le renouvellement des officiers municipaux de la communauté de Gontaud-en-Agenais (id.) ; — les élections des consuls de Marmande, Mézin (id.) et Monségur (Gironde) ; — la nomination de Pierre Barbe de Laubarède à la charge de premier consul de la communauté de La Sauvetat (Lot-et-Garonne), en remplacement de Jacques Contausse de Saint-Martin, démissionnaire ; — la démission de M. Lasseigne, consul à Villeréal (id.) ; — les gages du secrétaire greffier de la communauté d'Issigeac, etc.

C. 817. (Carton.) — 108 pièces, papier.

1785. — Correspondance de l'intendant, concernant : —la nomination des officiers municipaux des communautés de Bergerac (Dordogne), La Linde (id.), Sauveterre, Libourne et Saint-Émilion (Gironde); — une requête de M. Massac, tendant à être admis à lever les offices de conseiller du Roi, trésorier receveur des deniers patrimoniaux de la ville et communauté de Libourne (Gironde); — la nomination du sieur Banizette, notaire royal, à la place de secrétaire greffier de Libourne; — la réclamation des habitants de Rauzan pour l'établissement d'un maire, de jurats et d'un procureur syndic en leur communauté; — la nomination de Paul Gauban à la place de syndic receveur de La Réole (Gironde); — la mauvaise administration de la communauté de Blazimont, etc.

C. 818. (Carton.) — 101 pièces, papier.

1785. — Correspondance de l'intendant, concernant : — l'opposition des notaires de Blaye (Gironde) à la translation du sieur Simon, notaire en Saintonge; — l'établissement d'une Bourse consulaire à Périgueux (Dordogne) réclamée par le corps des marchands de ladite ville; — Jean Vialatte, notaire à Gujan, qui demande la translation de son notariat au bourg d'Arès, paroisse d'Andernos (Gironde); — les revenus et les dépenses de la communauté de Bazas (Gironde); — les démissions des sieurs Bidegarray, échevin de Saint-Jean-de-Luz (Basses-Pyrénées), et du comte de La Hitte, maire et consul de la ville de Grenade (Landes); — la réunion des offices municipaux de Mont-de-Marsan (id.); — l'opposition des notaires de Cassenouil (Lot-et-Garonne) à la création d'un quatrième office de notaire dans leur localité, etc.

C. 819. (Carton.) — 106 pièces, papier.

1786. — Correspondance de l'intendant, concernant : — les nominations du sieur Ducros à la place de quatrième consul de la ville d'Agen (Lot-et-Garonne), en remplacement du sieur Lafont de Cujula, et celle du sieur Dubruel de Broglio à celle de troisième consul à Tournon (id.) ; — une plainte du sieur Baboulène, notaire, sur la mauvaise administration de la communauté de Beauville ; — la nomination de Bertrand Barbe à la charge de consul de Castelculier, en remplacement de Lamothe, démissionnaire; — une gratification au sieur Cruzel, secrétaire-greffier de l'Hôtel-de-Ville du Port-Sainte-Marie (Lot-et-Garonne) ;— le changement des officiers municipaux de la communauté de Castelsagrat, d'Agen et de Tournon (id.) ;—les comptes de la communauté d'Agen ; — le remboursement par la communauté de Clermont-Dessus (id.) d'une somme prêtée pour acquérir les offices municipaux ; — la nomination des sieurs Crabières et Nayssens aux places de premier et deuxième consuls de la ville de Valence (Lot-et-Garonne) et du sieur Ducom à celle de secrétaire-greffier de la même localité; — des contestations entre le maire et les consuls de Villeneuve d'Agen (id.) au sujet du sieur Malauzet, garde-fourleau, destitué par lesdits consuls pendant l'absence du maire, etc.

GIRONDE. SÉRIE C.

C. 820. (Carton.) — 101 pièces, papier.

1786. — Correspondance de l'intendant, concernant : — la nomination de M. Justian, juge royal, aux fonctions de maire de la ville de Mézin (Lot-et-Garonne), en remplacement de M. de Lartigue, démissionnaire, et de M. Deche à celles de second consul de ladite localité; — la démission du sieur Lanusse, procureur-syndic de Mézin ; — les élections consulaires des communautés d'Astafort (Lot-et-Garonne) et de Thiviers (Dordogne); — la démission de MM. Gérard Du Cousso de Maignet et Joseph Dubourg, premier et deuxième consuls de Montréal (Gers); — une insulte faite au sieur Bourdelle, premier consul de Thiviers (Dordogne), par un nommé Bonneau, son voisin ;— une plainte du sieur Lacombe contre le procureur syndic de la ville de Clairac (Lot-et-Garonne);— les nominations des sieurs Cazabonne à la place de premier consul de Clairac en remplacement du sieur Desmazes, démissionnaire ; — de Malbec et Jean Belly à celles de second et quatrième consuls de la ville de Laparade (Lot-et-Garonne), en remplacement de Jacques Durival de Rigade et Plantau, démissionnaires, etc.

C. 821. (Carton.) — 100 pièces, papier.

1786. — Correspondance de l'intendant, relative :— à la nomination de M. Garry à la place de second consul de Villeneuve-d'Agen (Lot-et-Garonne), en remplacement de Jean Bonnal, démissionnaire;— de Hugues Fournier à celle de premier consul de Montclar, et de Jean Laplace aux fonctions de procureur-syndic de la communauté de Castillonnés (Lot-et-Garonne); — aux élections consulaires des communautés de Sauveterre, Sainte-Foy et Libourne (Gironde) ; — aux plaintes relatives à la municipalité et à la répartition des impositions de la communauté de Blazimont ; — à la nomination de Jean-Omer Aymen à la place de second jurat de la ville de Castillon (Gironde), en remplacement de M. de Lafaye, démissionnaire ; — à des contestations entre le sieur Durand, jurat, et le sieur Favercau, maire de la ville de la Libourne (id.), au sujet de l'envahissement par les enfants des jurats de la loge de spectacle réservée pour les officiers municipaux de ladite localité, etc.

C. 822. (Portefeuille.) — 100 pièces, papier.

1786. — Correspondance de l'intendant, relative : — à la nomination à la place de maire de Nérac (Lot-et-Garonne

18

de M. Laval de Moncroc, écuyer-lieutenant de MM. les maréchaux de France, en remplacement de M. Larrat de Claverie, décédé; — à la nomination des officiers municipaux des communautés de Saint-Macaire (Gironde) et de La Montjoie (Lot-et-Garonne) ; — à la prestation de serment de M. Ducos de Saint-Barthélemy, maire de Francescas (id.), en remplacement de M. Patras de Campaigno, démissionnaire; — à une plainte du seigneur de La Montjoie contre le nouveau régime municipal de la communauté; — au renouvellement des officiers municipaux de la communauté de Nérac ;— à la nomination de MM. Jaubar de Saint-Aman et Germain, chirurgien, aux places de premier et deuxième consuls de Montaignac (id.); — à la charge de contrôleur du greffe de l'Hôtel-de-Ville de La Réole (Gironde); — au remplacement du sieur Delas de Labarthe, deuxième consul à Gironde ; — à un projet de règlement concernant l'administration de La Réole, etc.

C. 823. (Portefeuille.) — 103 pièces, papier.

1786. — Correspondance de l'intendant, relative : — à l'opposition des notaires d'Eymet (Dordogne) à la demande du sieur Loche d'un office de notaire en ladite localité; — à la nomination de Jean Labatut Des Thuileries aux fonctions de maire de Monségur (Gironde), en remplacement du sieur Dupin, démissionnaire;—à des notables de la communauté de Monhurt (Lot-et-Garonne);—aux élections consulaires de la ville de Marmande (id.) ; — au remplacement des officiers municipaux de la communauté de Gontaud (id.); — à la nomination de M. de Mondenard à la place de maire de la ville de Caumont, en remplacement du sieur Guichard de La Vigerie; de Meynière et de Bordes à celles de premier et deuxième consuls dudit lieu.

C. 824. (Portefeuille.) — 100 pièces, papier.

1786. — Correspondance de l'intendant, relative : — aux revenus et charges des communautés de Villeneuve, Monclar, Sainte-Livrade , Bonnaguil , Fumel, Lastreilles, Puycalvary, Fongrave, Mousempront, Cuzorn, Saint-Front, Condesaigue, Lamaurelle, Hauterive, Pujols, Tombebœuf, Dalmayrac, Casseneuil et Penne (Lot-et-Garonne) ; — aux honoraires des officiers municipaux de La Réole (Gironde), Nérac, Agen (Lot-et-Garonne) et Condom (Gers) ;— à la nomination des officiers municipaux de Libourne (Gironde), Périgueux et Sarlat (Dordogne) ; — à la réunion des offices municipaux de la communauté d'Amou et de la ville de Grenade (Landes) ; — au remplacement des officiers municipaux de la communauté de Gabarret (id.) ; — au rétablissement de la charge de lieutenant de police de Créon (Gironde); — à la nomination du sieur Molènes aux fonctions de maire de la ville de Domme (Dordogne), etc.

C. 825. (Portefeuille.) — 102 pièces, papier.

1786-1787. — Correspondance de l'intendant, relative : — à l'opposition des officiers municipaux de Sarlat (Dordogne) à la réception du nommé Borie à l'office de lieutenant de l'Élection; — à celle de M. le duc de Liancourt à l'établissement des offices de notaires dans la communauté d'Estyssac ; — à une demande du sieur Sébastien Lebrun de Lafosse, avocat, de la levée de l'office de conseiller assesseur civil et criminel en l'Élection de Bordeaux ;—à la demande de l'érection d'un siège royal à Villefranche-de-Louchapt (Dordogne) ; — à une réclamation de madame Berryer pour la réunion de la justice de Vitrezay à celle d'Étauliers et du fief du marais de Saint-Simon ; — à la nomination de M. Delage de Laborie à la place de premier consul de Thiviers (Dordogne) ; — à une réclamation du sieur Fayol, ancien secrétaire-greffier de la ville de Thiviers à l'effet d'être remboursé des avances par lui faites pour le service du greffe dudit lieu, etc.

C. 826. (Portefeuille.) — 107 pièces, papier.

1787. — Correspondance de l'intendant, relative : — à la charge de lieutenant de police à Mézin (Lot-et-Garonne), devenue vacante par le décès du sieur Darode de Choisy, auquel le sieur Castets, avocat, demande à succéder; — à l'admission à la retraite du sieur de Maignet et à la nomination de Jean Daignan à la place de troisième consul de la ville de Montréal (Gers), en remplacement du sieur Bentejac, chirurgien, démissionnaire ; — à une demande des provisions de l'office de secrétaire-greffier de l'Hôtel-de-Ville de Condom (Gers) par les sieurs Audié et Duneau; — aux élections consulaires de Monguilhem (Gers) ; — au renouvellement du corps municipal de Condom et à un procès de ladite communauté contre le domaine et le duc d'Aiguillon concernant les murs et fossés de ville; — à la démission de M. Justian, maire de la ville de Mézin, etc.

C. 827. (Portefeuille.) — 101 pièces, papier.

1787. — Correspondance de l'intendant, relative : — au remplacement du maire de Nérac (Lot-et-Garonne) ; — à la nomination du sieur Bonot de Saint-Victor aux fonctions de maire de la ville de La Montjoie (id.) ; — aux gages du sieur Lapeyrusse, consul de Nérac (id.), et du sieur Depenne, secrétaire-greffier de la communauté de Villeneuve-d'Agen (id.) ;—à la démission du sieur Delgay, consul de Lavardac (id.) ; — à la nomination du sieur Dantin, notaire royal, à la place de procureur-syndic de la ville de Casseneuil (id.); — à une plainte du sieur Chamboret, juge royal de la communauté de Penne, contre M. de Montalembert, maire de Tournon (Lot-et-Garonne), qui refuse de prêter serment devant lui, etc.

C. 828. (Portefeuille.) — 102 pièces, papier.

1787. — Correspondance de l'intendant, relative : — à la réclamation du sieur Beraut, procureur du Roi en l'Élection de Condom (Gers), pour le rétablissement du second office d'avocat du Roi en la Sénéchaussée et Siége présidial de cette ville ; — à une requête du sieur Paul-Romain Chaperon tendante à être admis à lever aux parties casuelles l'office de conseiller en la Sénéchaussée de Libourne (Gironde) ; — à l'office de lieutenant de juge de la juridiction de Penne et de Tournon (Lot-et-Garonne) ; — à une contestation entre les procureurs de Périgueux (Dordogne) et la dame veuve Achard, au sujet de l'office de procureur provenant de son mari ; — à la réunion des justices de Saint-Martial et de Cusignac à celle de Cherval ; — à une demande des officiers en la juridiction des traites et ports de la ville de Bordeaux d'un troisième et semblable office en faveur du sieur Tessier, etc.

C. 829. (Portefeuille.) — 102 pièces, papier.

1787. — Correspondance de l'intendant, relative : — au remplacement des officiers municipaux des communautés de Montpezat, Laparade et Grateloup (Lot-et-Garonne) ; — au refus de la place de maire de Libourne par M. de Bayly, chevalier de Saint-Louis ; — aux plaintes sur la mauvaise administration de Clairac (Lot-et-Garonne) ; — aux nominations des sieurs Branlat et Banière aux places de premier et deuxième consuls de la communauté de Baries, de Bernard Dutilh à celle de secrétaire-greffier du même lieu ; — à la démission du sieur Bouchereau, ancien chirurgien-major, de la place de jurat à Cauderot (Lot-et-Garonne) ; — au renouvellement des consuls des communautés de Miramont, Marmande et Gontaud (id.) ; — à une plainte contre le curé de Caumont pour une querelle à l'occasion de la reddition des comptes de la communauté par les anciens comptables, etc.

C. 830. (Portefeuille.) — 108 pièces, papier.

1787. — Correspondance de l'intendant, concernant : — des plaintes graves portées contre le sieur Bergès, consul à Mézin (Lot-et-Garonne), qui ont eu pour résultat sa révocation et celle du sieur Mazet, secrétaire de la communauté ; — les élections des échevins et clerc assesseur de la ville de Bayonne (Basses-Pyrénées) ; — l'administration municipale de la communauté de Cadillac (Gironde) ; — la nomination de M. Castarède, négociant, aux fonctions de troisième consul de la ville de Mézin, en remplacement du sieur Bergès ; — de M. Meigre à celles de secrétaire-greffier du même lieu à la place du sieur Mazet, destitué ; — une réclamation du sieur Bergès contre sa destitution et celle du sieur Mazet, son beau-père, des places de consul et de secrétaire-greffier de la ville de Mézin, etc.

C. 831. (Portefeuille.) — 107 pièces, papier.

1787. — Correspondance de l'intendant, concernant : — le remplacement des officiers municipaux de la communauté d'Ustaritz et Bayonne (Basses-Pyrénées) ; — la désunion dans le corps municipal de Villefranche (Lot-et-Garonne) ; — la prestation de serment de Michel Tauzin, maire de la ville de Saint-Jean-de-Luz (Basses-Pyrénées) ; — de Gratien Ducos et Bertrand Laborde, échevins dudit lieu ; — un emprunt de 4,000 livres par la ville de Grenade (Landes), pour le rachat des offices municipaux ; — la confirmation de la nomination du sieur Cabaré, receveur de Villeneuve-de-Marsan (id.), jusqu'à l'apurement de ses comptes ; — les assemblées des officiers municipaux de la ville de Grenade (id) ; — une plainte du sieur Malaute, ancien jurat, contre le sieur Noël, maire de la communauté de Gabaret (Landes), pour injures proférées par ce dernier contre sa personne en pleine assemblée, etc.

C. 832. (Portefeuille.) — 100 pièces, papier.

1787. — Correspondance de l'intendant, concernant : — des renseignements fournis sur la moralité du sieur Paganel, ex-huissier, qui se propose d'acheter la charge de secrétaire-greffier de la communauté de Penne ; — des plaintes des maire et jurats de Duras contre Lacroix frères ; — des contestations entre les officiers de justice et les officiers municipaux de la ville de Castillon (Gironde), au sujet du droit de préséance ; — les gages du secrétaire-greffier de la communauté de Montaud (Lot-et-Garonne) ; — une insulte faite au sieur Dama, premier consul de Bouglon (Landes), par le sieur Cadrouil, forgeron, à l'occasion de l'abatage d'une jument atteinte de la morve ; — la nomination des sieurs Sauret et Anduran aux charges de premier et deuxième consuls de la communauté de Monhurt (Lot-et-Garonne) ; — du sieur Virac, à celle de secrétaire-greffier de l'Hôtel-de-Ville de Saint-Macaire (Gironde), en remplacement du sieur Roux, décédé ; — des contestations entre les jurats de Saint-Macaire au sujet du droit de préséance ; — la démission du sieur Tailhié, troisième consul de Villeneuve (Lot-et-Garonne); — le remplacement des officiers municipaux de la ville d'Agen (id.), etc.

C. 833. (Portefeuille.) — 102 pièces, papier.

1787-1788. — Correspondance de l'intendant, concernant : — le tableau de jurade de la communauté de Blazimont (Lot-et-Garonne), où on remarque les noms suivants : Martineau, juge ; Pierre de Saint-Jean ; Saint-Jean de Laula, lieutenant de juge ; Augan de Caban ; Lamothe, procureur fiscal, etc. ; — la démission de M. Babot, premier consul à Sainte-Foy (Gironde) ; — la réunion des offices municipaux de la communauté de Libourne (id.) ; — la nomination de Jean-Baptiste de Seze aux fonctions de procureur-syndic de la communauté de Saint-Émilion (id.), en remplacement du sieur Augrand, démissionnaire ; — le renouvellement des robes des officiers municipaux de Libourne ; — les démissions des sieurs Loys, premier consul à Sarlat (Dordogne) ; — Gouzot de La Bégonie, procureur-syndic de la même ville ; — Dupuy de Marsillac, maire de Monclar ; — les élections des consuls d'Issigeac et de Sainte-Livrade (Lot-et-Garonne), etc.

C. 834. (Portefeuille.) — 102 pièces, papier.

1788. — Correspondance de l'intendant, concernant : — une plainte du sieur Vernejoul contre le subdélégué de Monflanquin (Lot-et-Garonne), à l'occasion de sa destitution des fonctions de maire qu'il exerçait en ladite ville ; — l'autorisation accordée, par les officiers municipaux de la communauté de Monflanquin, à M. le chevalier de Rossane, d'extraire des pierres de la carrière située sur la promenade publique ; — le renouvellement des officiers municipaux de la ville de Monflanquin ; — la nomination de M. Migot aux fonctions de maire de la ville de Périgueux (Dordogne) ; — le renouvellement des consuls de Lavarlac, Montaignac, La Gruère et Nérac (Lot-et-Garonne) ; — l'établissement d'un office d'huissier à Castillonnés (id.), etc.

C. 835. (Portefeuille.) — 100 pièces, papier.

1788. — Correspondance de l'intendant, concernant : — une réclamation des officiers municipaux de la ville de Rions (Gironde) contre un arrêt du Conseil du 11 février 1788 qui maintient M. le comte de Raymond dans le droit de nommer aux places municipales de cette communauté, dont il est seigneur ; — une plainte du chevalier de Goyon contre les protestants qui occupent des places consulaires en la communauté d'Eymet (Dordogne) ; — la nomination des consuls de la communauté de Grateloup (Lot-et-Garonne) ; — les réparations du chemin de Tonneins (id.), endommagé par le débordement de la Garonne ; — les assemblées de la communauté de Montpezat (id.) ; — une plainte du sieur Fournet, consul de Clairac, contre le maire et le premier consul de ladite localité, qui ne remplissaient aucune des fonctions de leurs places ; — le remplacement des consuls de Castelmoron (Lot-et-Garonne), etc.

C. 836. (Portefeuille.) — 100 pièces, papier.

1788. — Correspondance de l'intendant, concernant : — la désunion dans la municipalité d'Agen (Lot-et-Garonne) ; — le renouvellement des officiers municipaux de ladite localité ; — la nomination de Bellarche et Itier aux charges de consuls de la communauté de La Sauvetat de Savères (id.), en remplacement des sieurs Hugonis et Pagès, démissionnaires ; — les gages des officiers de la ville d'Agen ; — une discussion relative au remplacement du secrétaire-greffier de la communauté de Bauzeil (Lot-et-Garonne), qui refuse de remettre les papiers de sa gestion avant d'avoir touché le payement de ses gages, etc.

C. 837. (Portefeuille.) — 110 pièces, papier.

1788. — Correspondance de l'intendant, concernant : — les gages du secrétaire-greffier de la communauté de Castelculier (Lot-et-Garonne) ; — M. Justian de Penin, maire de Mézin (id.) ; — des difficultés éprouvées par M. de Mondenard de Roquelaure, maire de la communauté de Caumont (Lot-et-Garonne), au sujet de la reddition des comptes de ladite localité ; — la démission de Jacques Bordes, second consul à Caumont ; — l'opposition de la communauté de Monségur (Gironde) à la nomination du sieur Berthonneau aux fonctions de maire ; — le renouvellement des consuls de La Montjoye, Castelculier, du Port-Sainte-Marie et Puymirol (Lot-et-Garonne) ; — la nomination du sieur Astier à la charge de secrétaire-greffier de la communauté de La Sauvetat de Savères (id.) ; — le remplacement du maire de Bourg (Gironde) et des consuls de la communauté de Montheurt (Lot-et-Garonne) ; — la nomination des jurats de Bordeaux, etc.

C. 838. (Portefeuille.) — 113 pièces, papier.

1788. — Correspondance de l'intendant, concernant : — l'installation de M. Dauraut, écuyer, dans la charge de premier consul de la communauté de Lévignac ; — des abus introduits dans l'administration municipale de ladite localité ; — la nomination des officiers municipaux de la ville de

Monségur, où on remarque les noms suivants : Éloy Robert, Tessier et Boniol, jurats ; Desplats, procureur syndic ; Labatut Des Tuileries, maire ; Jacques Dupin, maire, et Clary, jurat ; — une requête du sieur Berthonneau, tendant à être admis à lever aux parties casuelles la charge de maire de la ville de Monségur et l'opposition à sa nomination, etc.

C. 839. (Portefeuille.) — 102 pièces, papier.

1788.—Correspondance de l'intendant, concernant : les élections des officiers municipaux de la ville de Dax (Landes) ; — la nomination de Blaise Lafontan aux fonctions de lieutenant de maire de la ville d'Arzac, et d'Arnaud Dussau Pouy à celles de deuxième consul audit lieu ; — l'augmentation des gages des valets de ville de la communauté de Mugron (Landes) ; — des troubles dans les assemblées de cette localité à l'occasion de l'élection de ses officiers municipaux ; — la nomination de M. le baron Dantin Dars aux fonctions de maire de ladite communauté, etc.

C. 840. (Portefeuille.) — 112 pièces, papier.

1788.—Correspondance de l'intendant, concernant : — le remplacement du sieur Boulin de La Prade, second consul de la communauté de Lévignac ; — un arrêt du Conseil d'État portant règlement pour l'élection des officiers municipaux de Bayonne (Basses-Pyrénées) ; — la démission de M. Labatut Des Tuilleries des fonctions de maire de la ville de Monségur (Gironde) ; — une plainte du sieur Dauraut, premier consul de Lévignac, contre le sieur Bardèche, ancien consul, qui se refuse à rétablir au secrétariat les titres et papiers dont il est détenteur et qui appartiennent à ladite communauté ; — la nomination de Poydenot aux fonctions de maire de la ville de Bayonne en remplacement du sieur Verdier, démissionnaire ; — les prétentions des sieur et dame de Peyre, seigneurs de Lahet, paroisse de Sare, en pays de Labour, au sujet du droit de préséance en l'église de ladite paroisse sur les maire, jurats et abbé de ladite communauté ; — le renouvellement des officiers municipaux d'Ustaritz, Saint-Justin et Villeneuve-de-Marsan (Basses-Pyrénées) ; — la nomination d'Antoine Arcilh, avocat, à la place de procureur-syndic de la ville de Gontaud (Lot-et-Garonne), etc.

C. 841. (Portefeuille.) — 102 pièces, papier.

1789.—Correspondance de l'intendant, relative : — au remplacement des consuls des communautés de Vianne, La Montjoie, Nérac et Francescas (Lot-et-Garonne) ; — à la démission des sieurs Chausenque, Tamisey de Larroque et Armand, des fonctions de maire, premier et deuxième consuls de la communauté de Gontaud (id.) ; — à la nomination de M. Barouillet à la place de premier consul de la communauté de Cauderot, en remplacement de M. Bouchereau, démissionnaire ; — à des contestations élevées dans la municipalité de Lévignac ; — au renouvellement des officiers municipaux de ladite localité ; — à la nomination du sieur Desplats aux fonctions de maire de la ville de Monségur (Gironde), et du sieur Laurent Boniol à celles de procureur-syndic de la même communauté ; — aux élections consulaires de Favillot, etc.

C. 842. (Portefeuille.) — 100 pièces, papier.

1789.—Correspondance de l'intendant, concernant : — le remplacement des officiers municipaux de la ville de Saint-Macaire (Gironde) ; — des troubles fomentés dans ladite ville par les jurats déplacés ; — le refus de deux officiers municipaux de remettre les robes de jurats ; — la nomination de M. Dulion de Gasques aux fonctions de maire de la communauté Castelsagrat, en remplacement du sieur Antoine Duhard, démissionnaire ; — le remplacement des officiers municipaux des communautés de Monflanquin, Duras (Lot-et-Garonne) et Périgueux (Dordogne) ; — le payement des gages des officiers municipaux de Montpazier (id.) ; — la nomination du sieur Dulcide Biers à la place de premier consul à Villeneuve-d'Agen (Lot-et-Garonne), en remplacement du sieur Cantagrel, démissionnaire ; — de Singlade, à celle de premier consul de la communauté de Monclar (id.), etc.

C. 843. (Portefeuille.) — 101 pièces, papier.

1789.—Correspondance de l'intendant, concernant : — le remplacement des consuls et du procureur-syndic de la communauté de Tournon (Lot-et-Garonne) ; — des officiers municipaux de la ville d'Agen (id) ; — les gages du secrétaire de la communauté de Saint-Maurain (id.) ; — la démission du sieur Leaumont de la charge de second consul de la ville d'Aiguillon (id.) ; — l'installation du sieur Duluc à la place de quatrième consul de Port-Sainte-Marie (id.) ; — des insultes faites aux officiers municipaux de la communauté de Fumel (id.) par le sieur Lechoux, huissier dans l'assemblée du Tiers État de la ville, etc.

C. 844. (Portefeuille.) — 100 pièces, papier.

1789.—Correspondance de l'intendant, concernant : — l'état des villes et communautés de la Généralité où il a été établi des offices municipaux ; — noble Joseph Darbo de

Cazaubon, écuyer, et noble Bertrand-Louis de Lannefranque, ancien jurat de Mugron (Landes) ; — la nomination des officiers municipaux de la ville de Bergerac (Dordogne), Bazas (Gironde), Burdos et Saint-Jean-de-Luz (Basses-Pyrénées); — la nomination de M. Hiriart à la charge de syndic général du pays de Labour (id.); — une réclamation de M. Garrelon, maire de Grenade (Landes), au sujet des assemblées des États des bastilles de Marsan (id.); — des plaintes de plusieurs gentilshommes de ladite ville contre le sieur Dufau, procureur-syndic, pour avoir prononcé dans l'assemblée tenue le 16 janvier 1789 un discours rempli d'imputations calomnieuses contre la noblesse de Marsan ; — l'administration municipale de Mont-de-Marsan (Landes) ; — le changement des officiers municipaux de Saint-Sever (id.), etc.

C. 845. (Portefeuille.) — 100 pièces, papier.

1789. — Correspondance de l'intendant, concernant : — une plainte du sieur Héraut, ancien jurat de la ville de Blaye (Gironde), à l'occasion des cabales et des irrégularités des élections des officiers municipaux de ladite ville ; — les observations des procureurs au Parlement de Bordeaux sur les droits à l'exercice des charges municipales ; — des contestations entre le sieur Alard-Clerc, secrétaire de la communauté de Cadillac (Gironde), et le sieur Saubet, trésorier de ladite ville, au sujet du droit de préséance ; — les élections consulaires de la ville de Cadillac ; — la reddition des comptes de ladite communauté ; — le payement des gages du sieur Martinet, secrétaire de la communauté de Villeréal (Lot-et-Garonne) ; — les comptes de la communauté d'Issigeac ; — la démission de M. Chalvet des fonctions de premier consul de Castillonnés (id.) ; — des contestations entre les officiers municipaux et le juge royal de Puch-de-Gontaud au sujet de l'exercice de la police (id.), etc.

C. 846. (Portefeuille.) — 88 pièces, papier.

1789. — Correspondance de l'intendant, concernant : — les élections des consuls de Montréal (Gers) et Monheurt (Lot-et-Garonne) ; — la nomination de Joseph Dauricu de Tarsac, chevalier de Saint-Louis, à la place de maire de la ville de Mézin (Lot-et-Garonne), en remplacement du sieur Justian, démissionnaire ; — la formation du corps municipal de la ville de Condom (Gers); — des difficultés suscitées aux officiers municipaux de la communauté d'Astafort (Lot-et-Garonne) relativement à l'exercice de leurs fonctions par les membres du comité de la même ville ; — la permission accordée aux sieurs Cazenave et Galoupeau d'assister aux assemblées de la communauté de Langon (Gironde) ; — l'établissement d'une foire pour les bestiaux à Langon ; — les gages des officiers municipaux de ladite localité ; — l'établissement d'un corps municipal dans la communauté de Rauzan, etc.

C. 847. (Portefeuille.) — 94 pièces, papier.

1790. — Correspondance de l'intendant, concernant : — l'augmentation des gages du secrétaire de la communauté de Bruch (Lot-et-Garonne) ; — le remplacement des officiers municipaux dudit lieu ; — la liste des membres de la municipalité de Peyssas ; — la nomination de M. Lugat aux fonctions de maire de Saint-Hilaire-de-Nouaille ; — le renouvellement des officiers municipaux des communautés de Fontaines, Marsalès, Saint-Félix-de-Villodeix et Reillac ; — une plainte du sieur Ballix, consul à Villeton (Lot-et-Garonne), contre un menuisier de ladite localité qui l'aurait insulté dans l'exercice de ses fonctions ; — la nomination des officiers municipaux des communautés de Lestignac, Biarrotte, Sainte-Marie de Gosse, Louvigny, Maulis et Saint-Sever (Landes), etc.

C. 848. (Portefeuille.) — 100 pièces, papier.

1716-1717. — Correspondance de l'intendant, relative : — à l'arrêt du Conseil d'État du 8 septembre 1716, concernant la liquidation des offices supprimés par édit du mois d'août précédent ; — la nomination des commissaires chargés de cette liquidation ; — à l'état des sommes reçues sur le recouvrement de la vente des offices de commissaires créés par édit du mois de mars 1702, et de celles provenant de la vente des offices de greffiers aux inventaires créés par le même édit ; — à l'état des droits attribués aux offices de greffiers-gardes-conservateurs des minutes, créés par édit du mois d'août 1713 ; — à l'état du produit de la vente des offices de gardes des archives de l'Hôtel-de-Ville de Bordeaux, de l'Hôtel-de-Ville d'Agen (Lot-et-Garonne) ; du Parlement, de la Cour des Aides, du Bureau des finances, Présidiaux, Sénéchaussées, prévôtés, Eaux et Forêts, Cour des Monnaies, police, Amirauté, Consulats et autres juridictions royales de la Généralité de Bordeaux ; — à l'état de la finance des gages et augmentations de gages des offices de receveurs ancien, alternatif et triennaux des amendes et épices de la Cour et juridiction de la ville de Bordeaux et des Sénéchaux de Périgueux, etc.

C. 849. (Portefeuille.) — 106 pièces, papier.

1717-1721. — Correspondance de l'intendant, relative à la suppression des offices : — de rapporteurs de défaut dans les Présidiaux et Sénéchaux ; — de greffiers-gardes-conservateurs des minutes des arrêts, sentences, etc. ; — de

SÉRIE C. — INTENDANCE DE BORDEAUX.

commissaires enquesteurs et examinateurs dans les Présidiaux, Sénéchaux et autres juridictions ; — de syndics des huissiers ; — de certificateurs des décrets volontaires et leurs contrôleurs ; — de conservateurs des offices de France ; — de conservateurs de gages intermédiaires ; — de receveurs et contrôleurs des amendes des Cours et juridictions de Bordeaux ; — de receveurs et contrôleurs des amendes des Présidiaux et Sénéchaux de la Généralité ; — de receveurs et contrôleurs des épices et vacations pour les Cours et juridictions de Bordeaux ; — de tiers référendaires taxateurs des dépenses, leurs contrôleurs et syndics, de procureurs pour les Cours et juridictions de Bordeaux ; — de gardes des archives des Cours et juridictions de la Généralité ; — d'inspecteurs des amendes, etc ; — concernant un arrêt du Conseil qui ordonne que les fonds provenant de la recette des amendes de consignation seront employés au remboursement des offices supprimés par l'édit du mois d'août 1716, etc.

C. 850. (Portefeuille.) — 43 pièces, papier; 26 pièces, parchemin.

1693-1724. — Correspondance de l'intendant, relative : — à un arrêt du Conseil d'État du Roi qui fait défenses à tous maires, échevins, syndics et autres de donner aucuns logements de gens de guerre aux pourvus et commis à l'exercice d'essayeurs et contrôleurs des ouvrages d'étain, ni de les augmenter à l'ustensile ; — à la réduction au denier vingt des rentes et augmentations de gages qui ont été créées au plus fort denier ; — aux lettres de provision de l'office de conseiller commissaire particulier aux revues accordées par le Roi à Jacques de Lagarde, et au logement des gens de guerre à La Roche-Chalais (Dordogne) ; — à de pareilles lettres pour le même office à Saint-Macaire (Gironde) accordées à André Rufs, nommé en remplacement de M. Dutoya ; — au sieur Pellé de Bridoire, nommé à l'état et office d'exempt du Roi et chevalier du guet dans la maréchaussée d'Albret, en remplacement de son père ; — aux lettres patentes de maître gantier accordées à Jean Baudas et aux diverses quittances délivrées par le trésorier des parties casuelles.

C. 851. (Portefeuille.) — 115 pièces, papier.

1708-1723. — Correspondance de l'intendant, concernant : — les nominations et réceptions à l'office de conseiller du Roi, lieutenant de maire alternatif et mi-triennal de MM. Roch Seguin, à La Réole (Gironde); Vios de Biben, à Tartas (Landes) ; Tournier, à Villeton ; Louis de La Salle, à Tonneins (Lot-et-Garonne) ; Jean Despérières, à Habas; François Golfier, à Excideuil (Dordogne); Pierre Vallais, à Langon (Gironde); Jean-Baptiste Sarrasin, à Agen (Lot-et-Garonne); Denis de Vigier Du Cause, à Condom (Gers) ; — les nominations de Jean-Baptiste de Chantegrit et Jean Valton sieur de Boissière aux offices de secrétaires du Roi près la chancellerie de la Cour des Aides de Bordeaux ; — Jean Redon nommé contrôleur, et Claude Juliot inspecteur-contrôleur des tailles ; — la déclaration du Roi portant révocation de la survivance attribuée par l'édit de décembre 1709 et rétablissement du droit annuel des offices et charges ; — les offices sujets au payement du prêt et droit annuel ; — les officiers des Bureaux des finances, etc.

C. 852. (Portefeuille.) — 102 pièces, papier.

1724-1737. — Correspondance de l'intendant, relative : — à deux arrêts du Conseil concernant le payement du prêt et droit annuel ; — aux payeurs des gages et à la situation de leur caisse ; — aux plaintes des officiers du Parlement contre le sieur La Lanne, payeur des gages ; — à deux ordonnances du Bureau des finances de Guienne contre MM. Duplessy et de Pichon, conseillers au Parlement, rendues sur la requête du sieur La Lanne ; — à un arrêt du Conseil qui règle les clauses et conditions auxquelles les officiers de judicature, justice et finance seront admis au droit annuel de leurs offices ; — aux consignations et aux receveurs ; — à la nomination de Pierre Roullin à l'office de conseiller-secrétaire de Sa Majesté, maison et couronne de France en la chancellerie près la Cour des Aides de Bordeaux, etc.

C. 853. (Portefeuille.) — 103 pièces, papier.

1738-1744. — Correspondance de l'intendant, concernant : — la nomination et prestation de serment de Jean Maurin en qualité de conseiller-secrétaire du Roi près la Cour des Aides de Montauban (Tarn-et-Garonne); — celle d'Antoine Lozes, conseiller du Roi, garde des sceaux en la chancellerie du Parlement de Bordeaux ; — le prêt et le droit annuel ; — Pierre Magne, sieur de Sols, conseiller du Roi près la Chambre des Comptes du comté de Bourgogne ; — Henri Dumas, conseiller-secrétaire du Roi près le Parlement de Bordeaux ; — une réclamation de madame la présidente de Villandrault au sujet des gages dus à son mari ; — les consignations et les commissaires aux saisies réelles.

C. 854. (Portefeuille.) — 100 pièces, papier.

1744. — Correspondance de l'intendant, concernant : — les juridictions royales ; — les procureurs du Roi ; — les juges des prévôtés, les juges royaux, les procureurs postulants, les notaires, les huissiers, les sergents royaux et ordinaires ; — les chanoines de Saint-Caprais de la ville d'Agen (Lot-et-Garonne); — l'hérédité des offices de notaires, procureurs et huissiers; — l'état des notaires de la Sénéchaussée d'Agen et de celle de Bazas (Gironde); — l'état des procureurs et des huissiers du Parlement, de la Cour des Aides, du Sénéchal et Présidial et des autres juridictions de la ville de Bordeaux.

C. 855. (Portefeuille.) — 86 pièces, papier.

1744-1745. — Correspondance de l'intendant, relative: — au sieur François Dissac, procureur postulant au Parlement de Bordeaux; — aux notaires de Castelnau (Gironde); — aux vacances d'offices; — au droit de résignation des offices des contrôleurs des finances, notaires, procureurs, huissiers et sergents royaux; — à l'état des juridictions qui relèvent du Sénéchal de Casteljaloux (Lot-et-Garonne); — à l'état des notaires royaux de la Sénéchaussée de Nérac (id.); — aux états des procureurs, notaires, huissiers et sergents des Sénéchaux et Présidiaux d'Agen et Castelmoron (id.) et de Condom (Gers); — aux officiers des Élections; — aux greniers à sel; — au prêt annuel; — à la retenue du 10e des gages, etc.

C. 856. (Portefeuille.) — 99 pièces, papier.

1745. — Correspondance de l'intendant, concernant: — les officiers de l'Élection et les greniers à sel; — les rôles des sommes qui doivent être payées par les présidents, conseillers, lieutenants, assesseurs, élus, avocats et procureurs de S. M., greffiers et autres officiers des Élections du royaume, pour jouir de l'hérédité de leurs offices; — l'état des ventes ordinaires et extraordinaires dans la province de Guienne des bois appartenant au Roi; — la vente de la forêt de Riumes, du ressort de la Maîtrise de l'Isle-Jourdain (Gers); — des demandes de modération d'impôts; — la déclaration du Roi du 12 janvier sur l'hérédité des offices des substituts des procureurs du Roi des sièges et juridictions royales, des jurés vendeurs, priseurs de meubles et arpenteurs royaux; — un arrêté du Conseil d'État du Roi contre les notaires, procureurs et huissiers des juridictions royales qui sont en retard pour le payement de la finance de l'hérédité de leurs offices; — la régie du recouvrement des finances.

C. 857. (Portefeuille.) — 100 pièces, papier.

1746-1747. — Correspondance de l'intendant, relative: — au recouvrement de la régie de Maurice Charvre; — à l'état de situation du recouvrement des Élections de Bordeaux, Périgueux et Sarlat (Dordogne), Agen (Lot-et-Garonne) et Condom (Gers); — à l'état des finances demandées suivant les rôles aux officiers des Élections pour l'acquisition sur le pied du denier vingt des deux deniers de la taille, de celles réglées par décision de l'intendant, des taxations fixes et des modérations accordées; — à la perception des droits par le sieur Muraille, greffier de la cour de l'Élection d'Agen; — à noble Jean Gombeaux, écuyer-conseiller, secrétaire du Roi, maison et couronne de France; — à la création des offices d'inspecteurs et contrôleurs pour les barbiers et perruquiers; — aux offices d'inspecteurs et contrôleurs des arts et métiers; — à un arrêt du Conseil concernant la chirurgie et *barberie*; — aux communautés des marchands et artisans; — à la retenue du *dixième sur le montant des gages* attribués aux officiers de l'Élection d'Agen, etc.

C. 858. (Portefeuille.) — 119 pièces, papier.

1748-1751. — Correspondance de l'intendant, concernant: — les finances à payer par les officiers des Élections de la Généralité de Bordeaux, tant pour le rachat du prêt et de l'annuel que pour l'acquisition des taxations, suivant l'avis de M. l'intendant en date du 29 mars 1748; — officiers: MM. Durand Doumère président en l'Élection de Bordeaux; — Pierre Luc Itey, lieutenant; — Pierre Treyssac procureur du Roi; — Cocuille, président en l'Élection de Périgueux; — Jean-François Sourniè de La Charmie, lieutenant; — Jean Montauson, procureur du Roi; — Dumoulin de Leybardie, greffier; — Saint-Loubert, pour l'office de notaire royal à Lias, Larrée et Monguillam en Armagnac, etc.

C. 859. (Portefeuille.) — 106 pièces, papier.

1752-1753. — Correspondance de l'intendant, relative aux charges et offices de notaires royaux; — huissiers; — jaugeurs; — vergeurs; — poissonniers; — mesureurs de sel; — encanteurs; — sacquiers; — taverniers; — empaqueteurs; — auneurs; — raffineurs des poids et mesures; — marqueurs de vin; — visiteurs de rivière; — crieurs jurés des enterrements; — demandes faites pour la levée desdits offices : Joseph Courounat pour l'office de notaire royal à Valence-d'Agen (Lot-et-Garonne); — Jean-Baptiste Petiteau à Rauzan; — Jean-Baptiste Lavialle à Bellefond; — Clément Lapeyrère à Courreusan, en Condomois; — Portepain pour l'office d'huissier au Siège présidial de Bazas (Gironde); — Michel Laurens à la Cour des Aides de Bordeaux; — Lacoste au Siège présidial d'Albret, etc.

C. 860. (Portefeuille.) — 106 pièces, papier.

1753. — Correspondance de l'intendant, concernant : —

SÉRIE C. — INTENDANCE DE BORDEAUX. 145

les offices et charges de receveurs de consignations ; — avocats du Roi ; — procureurs postulants ; — notaires royaux ; — huissiers ; — inspecteurs et contrôleurs des cordonniers. — Demandes faites pour la levée desdits offices par : MM. Gabriel Barré, pour l'office de payeur des gages du Parlement de Bordeaux ; — Pouvereau, pour celui de procureur postulant au siége de La Réole (Gironde) ; — Dublan, pour l'office de notaire royal à Bourg (id.), — Boisse, à Issigeac ; — Henri Desse, à Begadan ; — Joseph Courounat, à Valence-d'Agen (Lot-et-Garonne) ; — Moreau, à l'Esparron, près La Roche-Chalais ; — Antoine Girondel, à Saint-Amand de Roquepine ; — Geraud Jaubert, pour l'office de sergent royal à Montfort en Sarladais (Dordogne) ; — François Bauzet, à Rions, etc.

C. 861. (Portefeuille.) — 100 pièces, papier.

1754. — Correspondance relative : — aux charges et offices de conseillers ; — lieutenants généraux de police ; — procureurs postulants ; — notaires royaux ; — huissiers et perruquiers. — Demandes faites pour la levée de ces offices par : Delasescuras, pour la charge de lieutenant général de police à Thiviers (Dordogne) ; — Lapeyrère, pour l'office de notaire royal à Courrensan en Condomois (Gers) ; — Duportal, à Fouguerolles ; — Roques, en la résidence de Laforie ; — Guillaume Pachot, à Saint-Mayme de Leverel en Périgord (Dordogne) ; — Vital Malardeau en la paroisse de Caubon ; — Sarrasin en la ville de Penne (Lot-et-Garonne) ; — Jean Dupeyron, à Montégut ; — Paul Salban, pour l'office d'huissier à Castelnau de Gratecambe ; — Portepain, au siége présidial de Bazas (Gironde) ; — Raymond Cheyreau, à Créon, etc.

C. 862. (Portefeuille.) — 100 pièces, papier.

1754-1755. — Correspondance relative : — aux charges et offices de conseillers ; — procureurs postulants ; — notaires royaux ; — huissiers et perruquiers. — Solliciteurs de ces charges et offices par : MM. Pierre Dumas, pour l'office de conseiller secrétaire du Roi en la Cour des Aides de Bordeaux ; — Jean-Jacques Rideau, procureur postulant au Présidial de Bazas (Gironde) ; — Charon, notaire royal à Saint-Sulpice de Riberac ; — Ollié, à Eyrans ; — Frigneau, à Cahuzac en Agenais ; — Réjou, à Saint-Germain ; — Étienne Guirou, à Roquefort ; — Arnaud Lapeyre, pour l'office d'huissier à Cubjac en Périgord ; — Pastoureau, au siége de l'Amirauté de Bordeaux ; — Capmas, à La Gruère, etc.

GIRONDE. — SÉRIE C.

C. 863. (Portefeuille.) — 100 pièces, papier.

1755-1756. — Correspondance concernant : — les charges et offices de procureurs postulants, notaires royaux et huissiers. — Demandes faites pour la levée desdits offices par : Pastoureau, pour celui de procureur postulant au siége de Bourg (Gironde) ; — Bourbon, pour celui de notaire royal à Saint-Laurent-du-Baston en Périgord (Dordogne) ; — Pierre Moysen, à Podensac ; — Dambier, à Monpont ; — Jean Petit, pour l'office d'huissier à Champagnac en Périgord ; — Pierre Tourteau, à Pauillac (Gironde) ; — Bertrand Lacoste, au Port-Sainte-Marie (Lot-et-Garonne) ; — Jean Tatin, à Blaye (Gironde) ; — Jean Boyance, au siége présidial de Bazas (id.) ; — Jean-Baptiste Labarrière, à Saint-Macaire (id.), etc.

C. 864. (Portefeuille.) — 118 pièces, papier.

1756. — Correspondance concernant : — les charges et offices de conseillers, notaires royaux et huissiers. — Solliciteurs de ces divers offices par : MM. de Selves, pour celui de conseiller au siége présidial de Sarlat (Dordogne) ; — pour l'office de notaire royal, Pierre Latapie, à Martillac ; — Pierre Bezon, à Saint-Léon ; — Faure, à Puimirol (Lot-et-Garonne) ; — Rouzier, à Doulmeyrac ; — Claude, à Saint-Ciers-La-Lande ; — pour celui d'huissier, Simon Indré, à Bugue en Périgord (Dordogne) ; — Traven, à Castelmoron ; — Ricaud et Brunet, au siége de Bordeaux, etc.

C. 865. (Portefeuille.) — 108 pièces, papier.

1758. — Correspondance relative : — aux charges et offices de procureurs postulants, payeurs des gages, notaires royaux et huissiers. — Demandes faites pour la levée desdits offices par : MM. Antoine Dubernet, pour l'office de payeur des gages au Parlement de Bordeaux ; — pour l'office de notaire royal, Cabanet, à Razac-d'Eymet (Dordogne) ; — Brun, à Sainte-Foy (Gironde) ; — Amouroux, à Villefranche (Lot-et-Garonne) ; — Trasrieu, à Combebonnet ; — Rouzier, à Doulmayrac ; — Gorsse, à Bergerac (Dordogne) ; — François Lavalade, à Saint-Estèphe (Gironde) ; — François Ramière, à Baynac ; — Jean Fontaine, à Sainte-Colombe ; — Jean-Elie Duportal, à Fauguerolles ; — pour l'office d'huissier, Trasrieu (Joseph), au siége de Penne (Lot-et-Garonne) ; — Pierre Guichard, à Chancelade ; — Pierre Thomasson, à la résidence du Vieux-Mareuil, etc.

19

C. 866. (Registre.) — Grand in-4°, 100 feuillets, papier.

1764. — Inscription des demandes faites par divers pour la levée des offices aux parties casuelles par : Jean Labarrière, pour l'office de procureur postulant au bailliage de Saint-Macaire (Gironde) ; — Batanchon, garde-marteau en la Maîtrise des eaux et forêts de Bordeaux ; — Arnaud Malus, pour l'office de premier huissier à la Table de marbre ; — Baptiste Vachot, sergent royal à Sainte-Eulalie-d'Embarès ; — Martin Bedou, à la Table de marbre de Bordeaux ; — Ostande Garmaing, pour l'office de notaire royal à Mios ; — Bolle, à Barsac ; — Joseph-Tiburce Orthion, à Saint-Maixant ; — Groscassaul, pour l'office de conseiller honoraire à Bordeaux ; — Jean-Baptiste Gueychaud, procureur postulant de la ville de Bourg (Gironde) ; — Belso, notaire à Cadillac (id.) ; — Oré, à Saint-Maixant ; — Pierre Seurin, à Bordeaux, etc.

C. 867. (Portefeuille.) — 100 pièces, papier.

1759-1760. — Correspondance relative : — aux charges et offices de lieutenants en la Maîtrise des eaux et forêts, d'assesseurs, procureurs du Roi, notaires royaux et huissiers. — Demandes faites pour obtenir la levée desdits offices par : MM. Claverie, pour l'office de lieutenant en la Maîtrise des eaux et forêts de Bordeaux ; — Chamillac, pour celui d'assesseur à Bergerac (Dordogne) ; — La Roche, pour l'office de procureur du Roi à Astafort (Lot-et-Garonne) ; — pour celui de notaire royal, Bernard Courtade, à Ligardes (Gers) ; — Vacquier, à la résidence de Lacourt en Agenais ; — Grugier, à Saint-Genis ; — Brun, à Sainte-Foy-sur-Dordogne ; — Rouby, à Monferran en Périgord ; — Cabanet, à Monmadelès ; — Rey, à Monflanquin (Lot-et-Garonne) ; — pour celle d'huissier, Pierre Thomasson à la résidence du Vieux-Mareuil ; — Rampillon, à Castillonnés, et Jean Sert, à Villeneuve-d'Agen, etc.

C. 868. (Portefeuille.) — 110 pièces, papier.

1760-1761. — Correspondance relative : — aux charges et offices de procureurs postulants, notaires royaux et huissiers. — Levée desdits offices par : MM. Cabrol, pour l'office de procureur postulant au siège royal de Sainte-Foy ; — pour l'office de notaire royal, Bernard Courtade, à Ligardes en Condomois (Gers) ; — Grugier, à Saint-Genis ; — Laboyrie, à Lavazan ; — Pecheyran, à Calviac en Sarladais (Dordogne) ; — Durand, à Montazeu ; — Arnaud Gautier et Jean Devillard, à Brantôme ; — Jean-Louis Mazion, à Pouzin en Vivarès ; — Louis Pozère, à Saint-Michel-Larivière ; — Fourcade, à Uzeste ; — pour l'office de sergent royal, Jean Delmilhac, à Issigeac (Dordogne) ; — Larrieu, à Sainte-Foy ; — Bulce, à Saint-Pastour, etc.

C. 869. (Portefeuille.) — 115 pièces, papier.

1761. — Correspondance relative : — aux charges et offices de greffiers, arpenteurs, mesureurs, notaires royaux et huissiers. — Demandeurs pour la levée desdits offices par : MM. Salvané pour l'office de greffier en la Maîtrise de Bordeaux ; — Pierre Lacombe, pour celui d'arpenteur-mesureur à Bergerac (Dordogne) ; — Sarrazy, pour l'office de notaire royal à Sainte-Livrade (Lot-et-Garonne) ; — Pastoureau, à Bourg (Gironde) ; — Pierre Larrivière, à Bergerac ; — Masson, à la résidence de Montpasier (Dordogne) ; — Bernard Courtade, à Ligardes (Gers) ; — François Debotas, à Authiac en Périgord ; — Reynaud, à Saint-Léon-de-Grignols ; — Pierre Moulinier, pour l'office d'huissier à Vitrezay ; — Joseph Mothes et Pierre Lebbé, à Condom (Gers) ; — Jean Fontagne, à La Linde (Dordogne), etc.

C. 870. (Portefeuille.) — 107 pièces, papier.

1762. — Correspondance relative : — aux charges et offices de sénéchaux d'épée, lieutenants de juges, procureurs postulants, conseillers du Roi, médecins, experts mesureurs, notaires royaux et huissiers. — Demandes faites pour obtenir la levée desdits offices par : MM. le marquis de Civrac, pour la charge de sénéchal d'épée du Bazadais ; — Jean Perrier, pour l'office de lieutenant en la prévôté royale de Thiviers (Dordogne) ; — Roux, pour celui de procureur postulant au siège de Vitrezay ; — Clerin, à Condom (Gers) ; — Eymond, à la prévôté d'Embarès (Gironde) ; — Joseph Dubourg, pour l'office de conseiller du Roi, médecin à Nérac (Lot-et-Garonne) ; — Blanc, pour celui de juré expert à Bordeaux ; — Léonard Mondin Molinier, pour l'office de notaire royal à Monesteyrols, près Monpont ; — Bourdichon en la juridiction de Montravel ; — Pierre Manin, à Montpazier (Dordogne) ; — Portepain, pour l'office d'huissier à Bazas (Gironde) ; — Gisse, à Monpont ; — Jean-Baptiste Lacoste, à Nérac, etc.

C. 871. (Portefeuille.) — 90 pièces, papier.

1763. — Correspondance relative : — aux charges et offices de conseillers au Parlement, procureurs postulants, greffiers, notaires royaux, huissiers et archers.

— Demandes faites pour la levée desdits offices par : MM. de Poissat, pour la vente de son office de président au Présidial de Tulle (Corrèze) ; — Jean Ducasse, pour l'office de procureur postulant à Barsac (Gironde) ; — Sarrazin, greffier en chef de la juridiction de Penne (Lot-et-Garonne) ; — Jean Vital et Jean Royal, notaires royaux à Gontaud ; — Delrieu, à Quinsac ; — Bertrand de Balen, à Grignols ; — Jean André, à Sainte-Colombe ; — Banizette, à Saint-Martin de Curson ; — Larrey, à Condom (Gers) ; — Batcave, à Libourne (Gironde) ; — Jean Chaigne, à Monségur (id.) ; — Jean Cazcils, pour l'office de sergent royal en la Sénéchaussée de Lannes ; — Martial Deffarge, à Miramont ; — Jean Courtey, à Sainte-Marie-de-Chignac ; — Brunet, pour l'office d'archer-garde de la connétablie et maréchaussée de France à la résidence de Bordeaux.

C. 872. (Portefeuille.) — 105 pièces, papier.

1764. — Correspondance concernant : — les charges et offices de procureurs postulants, médecins aux rapports, greffiers, notaires royaux, huissiers, archers et perruquiers. — Demandes faites pour obtenir la levée desdits offices par : MM. Audebert, pour l'office de procureur postulant au siège présidial de Périgueux (Dordogne) ; — Duprat, pour celui de médecin aux rapports en la ville de Condom (Gers) ; — Audrault, pour l'office de greffier en chef à Sainte-Foy ; — Cazade, notaire à La Réole (Gironde) ; — Leyraud, à Dagonnas en Périgord ; — Servant, à Auros ; — Jean Guary, pour l'office d'huissier à Castelnau-de-Gratte-Cambe ; — Duclusseau, à Champaigne en Périgord ; — Bertrand Lacoste, au Puch-de-Gontaud (Lot-et-Garonne) ; — Raymond Ouby, pour l'office d'archer-garde de la connétablie à Périgueux ; — Chaubard, à Agen ; — Gravières, pour une place de barbier et baigneur-étuviste à Agen, etc.

C. 873. (Portefeuille.) — 105 pièces, papier.

1764. — Correspondance relative : — aux charges et offices de procureurs postulants, avocats du Roi, greffiers, notaires royaux et huissiers. — Solliciteurs pour la levée desdits offices par : MM. Scurin, pour l'office de procureur postulant en la prévôté royale de Barsac (Gironde) ; — Cledier, pour celui d'avocat du Roi à Lauzerte ; — Chalvet, au siège de Bergerac (Dordogne) ; — Antoine Belvezet, pour l'office de greffier en chef en la Sénéchaussée de Figeac (id.) ; — Bernard Grenier, pour celui de notaire royal à la résidence de Terrasson ; — Jean Lacroix, à Puimirol (Lot-et-Garonne) ; — Jean Froin, à Saint-Ciers-eu-Vitrezay ; — Sicaire Eyriaud, à Saverliac en Périgord (Dordogne) ; — Coicault à Saint-Maurice d'Aubiac ; —

— Lachaux, pour l'office d'huissier à Tournon (Lot-et-Garonne) ; — Brunet et Bouchet, pour l'office d'huissier général d'arme de la connétablie à la résidence de Bordeaux, etc.

C. 874. (Portefeuille.) — 101 pièces, papier.

1765. — Correspondance relative : — aux charges et offices de conseillers rapporteurs du point d'honneur, commissaires contrôleurs aux saisies réelles, procureurs postulants, greffiers, notaires royaux, huissiers et perruquiers. — Demandeurs pour la levée de ces divers offices par : MM. Labatut, pour l'office de conseiller rapporteur du point d'honneur à Bordeaux ; — Barthélemy Castera, pour celui de conseiller du Roi, commissaire contrôleur aux saisies réelles au siège présidial de Condom (Gers) ; — Lacroix Delboulbe et Lafargue, pour les offices de procureurs postulants en la juridiction de Puimirol (Lot-et-Garonne) ; — Saumer de La Brousse, greffier de la maréchaussée de Périgueux (Dordogne) ; — Jean Dubois, pour l'office de notaire royal à Cherval ; — Cazamajou, à Bergerac (id.) ; — Bouron, à Castres (Gironde) ; — Francès, à Villefranche en Périgord ; — Jean Julia, pour l'office d'huissier à Laparade (Lot-et-Garonne) ; — Pierre Mouly, à Tournon (id.) ; — Jean Fargès, pour la place de barbier-perruquier à Périgueux (Dordogne), etc.

C. 875. (Portefeuille.) — 105 pièces, papier.

1765-1766. — Correspondance concernant : — les charges et offices de conseillers, procureurs du Roi, notaires royaux, huissiers et perruquiers. — Demandes faites pour obtenir la levée desdits offices par : MM. Jean Cazieux Dindat, pour l'office de conseiller du Roi près le Parlement de Bordeaux ; — Lacoste, au Port-Sainte-Marie ; — Cluseau de Biran, au Sénéchal de Bergerac (Dordogne) ; — Jean Cousin, pour l'office de notaire royal à Tonneins-Dessus (Lot-et-Garonne) ; — Belso, à Cadillac (Gironde) ; — Thomas Lordelot, à Bonnetan ; — Valet, à Monbahus ; — Jean Jacques, pour l'office d'huissier royal à Montclar (Lot-et-Garonne) ; — André Lacoste, au Présidial de Sarlat (Dordogne) ; — Pierre Capdeville, à Langon (Gironde) ; — Endureau, à Miramont en Agenais ; — Deffarges, au même lieu ; — Pierre Souteyron, en la Sénéchaussée de Bazas (Gironde) ; — Joseph Coudert, pour la place de barbier-perruquier ; — Boignade, étuviste, à Périgueux (Dordogne).

C. 876. (Portefeuille.) — 100 pièces, papier.

1766. — Correspondance relative : — aux charges et

offices de conseillers, juges royaux, procureurs postulants, greffiers, notaires royaux, médecins du Roi et perruquiers. — Demandes faites pour la levée desdits offices par : MM. Joseph Bezian, avocat, pour l'office de conseiller au siége de Bergerac (Dordogne) ; — Pierre Ventous de La Perrière, au Présidial de Périgueux (id.) ; — Bordes, à Condom (Gers) ; — Pierre Tumarelle, à Périgueux (Dordogne) ; — Jean-Joseph-Marie Dorfeuille, avocat, pour l'office de conseiller juge royal, civil et criminel de Villeneuve-d'Agen (Lot-et-Garonne) ; — Delboulbe, procureur postulant à Puimirol (id.) ; — Cabrol, pour l'office de greffier en chef de la juridiction de Sainte-Foy ; — Dubarry, pour celui de notaire royal à Fleurat en Périgord ; — Michel Mozeau, à Lacouture ; — Duballen, à Grignols ; — Jean Pechemajon, pour l'office de sergent royal à Sarlat (Dordogne) ; — Endureau, à Miramont ; — Dubruel, pour celui de médecin du Roi à Villeneuve-d'Agen ; — la création de quatre nouveaux offices de perruquiers à Bordeaux, etc.

C. 877. (Portefeuille.) — 100 pièces, papier.

1767. — Correspondance relative : — aux charges et offices de procureurs postulants, notaires royaux, huissiers et perruquiers. — Demandes faites pour la levée desdits offices par : MM. Pierre-Denis Lacaze, pour l'office de procureur en la Sénéchaussée de Condom (Gers) ; — Clavier, à Monflanquin (Lot-et-Garonne) ; — Pierre Rateau, à Sauveterre ; — Jean Augieras, pour l'office de notaire royal à Basset en Périgord ; — Pierre-René Furet, à Sainte-Foy ; — Bolle, à Barsac (Gironde) ; — George Jalaniat, à Saint-Angel en Périgord ; — Pierre d'Albespeyre, à Poudenas en Condomois (Lot-et-Garonne) ; — Pierre Cangardet, à Villefranche en Périgord ; — Pierre Deseymeris, à Mussac ; — Mathieu Faurel, à Excideuil (Dordogne) ; — Joseph de Burga, pour l'office d'huissier au Port-Sainte-Marie (Lot-et-Garonne) ; — Pierre Bruneteau, à Bourg en Medoc ; — François Chateau, à Périgueux (Dordogne) ; — Jean-Baptiste Laborde, à Laparade ; — Michel Barbelanne, pour la place de perruquier à Condom ; — Paul Saint-Genès, à Nerac, etc.

C. 878. (Portefeuille.) — 100 pièces, papier.

1767-1768. — Correspondance concernant : — les charges et offices de procureurs, notaires royaux, huissiers, présidents, conseillers honoraires, lieutenants de prévôté. — Demandes faites pour obtenir la levée desdits offices par : MM. Jean-Louis Ségaliés, avocat et procureur au Parlement de Bordeaux, pour l'office de commissaire aux saisies réelles de ladite ville ; — Desmes, pour celui de greffier en chef au siége royal de Tournon (Lot-et-Garonne) ; — Antoine Monò, avocat, pour l'office de notaire royal à Astafort (id) ; — Cassaigne, à Blanquefort ; — Pierre Larivière, au Verdon (Gironde) ; — Dupuis, à Saint-Peys-d'Armens ; — Pierre Lhuilier, à Agen (Lot-et-Garonne) ; — Arnaud Malus, pour l'office d'huissier à la Table de marbre de Bordeaux ; — Pierre Mussé, à Blanquefort ; — François Chatéau, à Thiviers (Dordogne) ; — Merveille, pour le remboursement de l'office de président en la Sénéchaussée de Périgueux (Dordogne) ; — Groscassant, pour l'office de conseiller honoraire en la Sénéchaussée de Bordeaux, etc.

C. 879. (Portefeuille.) — 100 pièces, papier.

1769. — Correspondance relative : — aux charges et offices de conseillers, lieutenants particuliers, juges royaux, procureurs du Roi, notaires royaux et huissiers. — Demandes faites pour la levée desdits offices par : MM. Herman de Gasc, pour l'office de conseiller au siége présidial de Bazas (Gironde) ; — Rambaud en la Sénéchaussée de Bordeaux ; — Pierre Champêtre, au siége présidial de Condom (Gers) ; — Desplas de La Chambadie et Mathurin Boys de Meyrignac, pour l'office de lieutenants particuliers au siége présidial de Sarlat (Dordogne) ; — de Jeanne, pour celui de juge royal à Bourg (Gironde) ; — Martial Jarleton, pour celui de procureur du Roi en la juridiction royale de Londres en Agenais ; — Pierre Delrieu, pour l'office de notaire royal à Badefol ; — Jean Laffite, à Moustey ; — Pierre Bonnet, au Coux en Sarladais ; — Annet de La Boussarie, à Biras en Périgord ; — Joseph Duburga, pour l'office d'huissier à Lacenne ; — Pierre Desroches, à Mareuil ; — Jean Lamothe, à La Sauvetat de Savères, etc.

C. 880. (Portefeuille.) — 100 pièces, papier.

1768. — Correspondance relative : — aux charges et offices de procureurs, greffiers, lieutenants royaux, notaires et huissiers. — Demandes pour la levée desdits offices par : MM. Jean-Baptiste Peychaud, pour l'office de procureur postulant au siége de Bourg (Gironde) ; — Étienne Lafargue, à Puimirol (Lot-et-Garonne) ; — Desmes, pour celui de greffier en chef au siége royal de Tournon (id.) ; — Salat de Lacoste, greffier à Penne (id.), — Vigneron, pour l'office de lieutenant en la juridiction royale de Blaye (Gironde) ; — Ostang Garnung, pour celui de notaire royal à Mios ; — Pierre Boissière, à Eymet (Dordogne) ; — Pierre Barbarou, à Sauveterre ; — Barthélemy Lahoyrie, à Lerm; — Antoine Magardeau, à Beaupouget ; — Jean Castaigna, à Villegauge ; — Jean Lafage, à Gavaudan ; — Pierre Seurin, à Barsac (Gironde) ; — Étienne Tissedre, pour l'office d'huissier à Castelsagrat; — François Chateau, à Thiviers (Dordogne); — Bernard Lacour, à Chanterac; — François Roi, à Saint-Christophe-du-Double, etc.

C. 881. (Portefeuille.) — 87 pièces, papier.

1769. — Correspondance relative : — aux charges et offices de conseillers secrétaires maison couronne de France, de notaires royaux, huissiers et avocats du Roi. — Solliciteurs pour la levée desdits offices par : MM. Jean-Élie Sans, pour l'office de conseiller secrétaire couronne de France, audiencier en la chancellerie près le Parlement de Bordeaux; — Guy Menoire de Beaujeau, près le même Parlement; — Jean Nicaudie, pour l'office de notaire royal à Moncuq; — Pierre Dufraysse, à Sarrasat; — Pierre Lajarre, à Saint-Pardoux de Drône ; — La Rivière, à Rouffignac ; — Pierre Delrieu, à Badefol ; — Roturier, pour l'office d'huissier à Berson ; — Jean Secondat, à Puiguillem ; — de Burga, à Laparade ; — Jean Courteix, à Sainte-Marie de Chignac ; — Bargnes, au siége royal de Villefranche; —Lasserre, au siége de la Table de marbre du Palais de Bordeaux, etc.

C. 882. (Portefeuille.) — 100 pièces. papier.

1769. — Correspondance relative: — aux charges et offices de conseillers, lieutenants criminels, notaires royaux et huissiers. — Demandes faites pour la levée desdits offices par : MM. Soulier, pour l'office de conseiller en la Sénéchaussée de Périgueux (Dordogne) ; — Pierre Gaschies, au siége présidial de Condom (Gers) ; — Roche de Puyroger, au siége de Périgueux; — Bartouilh de Taillac, pour celui de lieutenant criminel au siége de Nérac (Lot-et-Garonne) ; — Thimothée de Bouchercau, à Castelmoron (id.) ; — François Eyquard, pour l'office de notaire royal à Lugaignac ; — Mathurin Bardy, à Leguillat, près Saint-Just en Périgord ; — Antoine Monié à Astafort (Lot-et-Garonne); — Pierre Lambert, à Lesparre (Gironde); — Jean Comes, à Sauveterre (id.) ; — Jean Baysselance, à Queyssac ; — Jean Eyssartier, pour l'office d'huissier, à Saint-Martial d'Albarede ; — Jean-Baptiste David, à Fouilloux, et Nicolas Clerc, à Sainte-Hélène en Hourtin, etc.

C. 883. (Portefeuille.) — 100 pièces papier.

1769. — Correspondance concernant : — les charges et offices de procureurs postulants, greffiers, notaires royaux, huissiers et jurés arpenteurs. — Demandes pour obtenir la levée desdits offices par : MM. Daniel Martin, pour l'office de procureur postulant au siége royal de Castillonnés (Lot-et-Garonne) ; — Pierre Fauré, à Puimirol (id.) ; — Touzel, pour celui de greffier en chef à Castelmoron (id.) ; — François Gontier, pour l'office de notaire royal à Saint-Laurent-du-Baton en Périgord ; — Bertrand Chollet, à Saint-Jean-de-Buch; — Baptiste La Barrière, à Saint-Maixant ; — Jean Destrilles, à Rauzan ; — Jean-Baptiste Rateau, à Castelmoron ; — Joseph Méric, à Clermont ; — François Delsey, à Notre-Dame de Lacourt ; — Joseph Doussat, pour l'office de sergent royal à Brenac de Montignac ; — Arnaud Capmas, à La Gruère (Lot-et-Garonne) ; — Jean Courteix, à Sainte-Marie de Chignac ; — François Bergés, pour celui de juré arpenteur à Mezin (Lot-et-Garonne) ; — Bertrand Dutauzin, à Landiras, et André Giraudeau, à La Brede (Gironde), etc.

C. 884. (Portefeuille.) — 100 pièces, papier.

1770. — Correspondance relative : — aux charges et offices de procureurs postulants, notaires royaux et huissiers. — Solliciteurs pour la levée desdits offices par : MM. Jean Bruzac, pour l'office de procureur postulant au Sénéchal de Bergerac (Dordogne) ; — Desgranges, pour celui de notaire royal, à Poussat en Périgord ; — Antoine Aubisse, à Marsanoys en Périgord ; — Guillaume Ramefort, à Saint-Androny ; — Branche Du Pilon, à Saint-Laurent-du-Pardoux ; — Jacques Janeau, à Saint-Émilion (Gironde) ; — Antoine Toreille, à Languais en Périgord ; — Fonzale de Vaux, à Sarlat (Dordogne) ; — Coutelier, à Eymet (id.) ; — Giraudeau, à Salles-en-Buch ; — Pierre Mousson, en la paroisse de Capdrol et Marsallés ; — Jean Duc, pour l'office d'huissier à Pauillac (Gironde) ; — Pierre Petit Desroches, au Vieux-Marcuil ; — Antoine Lamy, à Saint-Médard, et Armand Lapeyre, à Mesmes de Peyrol, etc.

C. 885. (Portefeuille.) — 100 pièces, papier.

1770. — Correspondance concernant : — les charges et offices de conseillers, notaires royaux, greffiers et huissiers. — Demandes faites pour la levée desdits offices par : MM. Fontemoing, pour l'office de conseiller au siége présidial de Libourne (Gironde) ; — Vidard, pour celui de notaire à Dolmeyrac et La Maurelle en Agenais, — Pierre Tarnaudie Des Salles, à Nadaillac en Périgord ; — Jacques Fradet, à Cars ; — Pochet de La Vergnere, à Cubjac ; — Gautier, en la paroisse de Beauregard en Sarladais ; — Aunet Gaussarie, à Saint Frontd'Alemps en Périgord ; — Cazamajou, à Saint-Maurin en Agenais ; — François Colombeix, à Lussiac ; — Guérineau, à Madaillan ; — Bédérines, pour l'office de greffier en chef de la justice royale de Damazan (Lot-et-Garonne) ; — Lasaisset, pour celui d'huissier à Périgueux (Dordogne) ; — Brun, à Castelculier (id.), etc.

C. 886. (Portefeuille.) — 107 pièces, papier.

1770-1771. — Correspondance relative : — aux charges et offices de procureurs, notaires royaux, huissiers et conseillers. — Demandes faites pour obtenir la levée desdits offices par : MM. Vergniol, pour celui d'avocat du Roi réuni à l'office de procureur du Roi, au siège de Bergerac (Dordogne) ; — Esprit Figuière, pour celui de procureur postulant au siège royal de Castillonnés (Lot-et-Garonne) ; — Louis Martin, pour l'office de notaire royal à Tombeboeuf ; — François Lagrange, à Sarlat (Dordogne) ; — Étienne Lafon, à Montbos-de-Peguillin en Périgord ; — Cazamajou, à Clermont en Agenais ; — Pierre Petit Duperra, à Monsec en Périgord ; — Jean Augan, à Sauveterre ; — Jean Sainsirgue, à Blaye (Gironde) ; — Pierre Bordenave, pour l'office de sergent royal à Saint-Pierre-de-Bat ; — Pierre Raimond Bertrand, à Castelsagrat (Dordogne) ; — Pierre La Colle, à Saint-Saturnin en Périgord ; — Malet, pour l'office de conseiller au Présidial de Périgueux (Dordogne) ; — Bourdeilles à celui d'Agen (Lot-et-Garonne), etc.

C. 887. (Portefeuille.) — 95 pièces, papier.

1772-1773. — Correspondance relative : — aux charges et offices de procureurs du Roi, notaires, juges royaux, lieutenants particuliers, huissiers et médecins. — Demandes faites pour la levée desdits offices par : MM. Delmas, pour celui de procureur du Roi au siège de Castillonnés (Lot-et-Garonne) ; — de Seyorac, juge au même lieu ; — Delpech de Ferrières, pour l'office de lieutenant particulier assesseur criminel au siège de Sarlat (Dordogne) ; — François Meynorde, notaire royal, à Saint-Seurin-sur-l'Isle ; — Laurens Pines, à Neyrac ; — Joseph Grelety, à Grignols ; — François Andrieux, à Abzac ; — François Goyon, à Sauveterre ; — Jean Vessie, à Bonnaguil en Agenais ; — Élie Bouyssel, à Larroque ; — Trincq, pour l'office d'huissier au siège de Créon (Gironde) ; — Martel, à Bourg (id.) ; — Étienne Lespinasse, à La Sauvetat d'Eymet (Dordogne) ; — Duffau, pour l'office de conseiller du Roi, médecin en la ville d'Agen (Lot-et-Garonne), etc.

C. 888. (Carton.) — 100 pièces, papier.

1774. — Correspondance concernant : — les charges et offices des juges royaux, assesseurs, notaires, procureurs, huissiers et perruquiers. — Demandes faites pour obtenir la levée desdits offices par : MM. de Seyorat, pour l'office de juge de Castillonnés (Lot-et-Garonne) ; — Pierre de Ladoire, pour celui d'assesseur au siège présidial de Bordeaux ; — François Parairé, notaire royal à Lamothe-Landeron ; — Bardy, à Léguilhac en Périgord ; — Delmas, à La Sauvetat de Savères ; — Élie Gratiolet, à Pompignac ; — Joseph Dunonguey, à Certes (Gironde) ; — Pierre Birat, en la paroisse d'Izon (Id) ; — Recaudon, à Saint-Jean-de-Gardonne ; — Antoine Delpech, pour l'office d'huissier à La Sauvetat de Caumont ; — Valette, de La Garrigue, à Périgueux (Dordogne) ; — Alexis Balavoine, à Castelnau ; — Honoré Layet ; — Pierre Bordes et Jean Feyzeau, pour des brevets de perruquiers à Bordeaux, etc.

C. 889. (Carton.) — 97 pièces, papier ; 2 pièces, parchemin ; 1 plan.

1774-1775. — Correspondance concernant : — les charges et offices de lieutenants généraux de police, de procureurs, notaires royaux, huissiers, juges royaux et perruquiers. — Demandes faites pour obtenir la levée desdits offices par : MM. Payant, pour l'office de lieutenant général de police à Créon (Gironde) ; — Maignol, procureur général à la Cour des Aides de Bordeaux ; — Joseph Larrieu, procureur au siège royal de La Gruère (Lot-et-Garonne) ; — Jean Vilette, pour l'office de notaire à Aiguillon (id.) ; — Banizette, à Grezinat en Périgord ; — Louis-Benoît Lubat, à Sainte-Marie-de-Grun ; — Arnaud Noyrit, à La Foy ; — Antoine Campagnac, à Saint-Martin-de-Cahuzac ; — réclamation de M. le comte de Beaumont, pour l'établissement de divers offices de notaires royaux dans l'étendue de la communauté de La Roque ; — Guerre, pour l'office d'huissier à Monhurt (Lot-et-Garonne) ; — Jean Tauzin, à Pujol ; — Guyonnet, conseiller honoraire au Parlement de Bordeaux, pour l'office de juge royal de Marmande (id.), etc.

C. 890. (Carton.) — 100 pièces, papier.

1775. — Correspondance relative : — aux charges et offices de conseillers, lieutenants généraux, receveurs de consignations, notaires royaux, procureurs, huissiers, archers-gardes des connétablies et perruquiers. — Demandes faites pour la levée desdits offices par : MM. Jacques Bateau, pour l'office de conseiller du Roi

SÉRIE C. — INTENDANCE DE BORDEAUX.

en la prévôté de Blaye et Vitrezay (Gironde); — Pierre Dumas, au siège présidial de Bordeaux; — Étienne de Latornerie, pour l'office de lieutenant général de police en la Sénéchaussée de Condom (Gers); — Jean-François Lesieur, receveur des consignations à Bergerac (Dordogne); — Arnaud Bernard, notaire royal à Lesparre (Gironde); — Jean Tournier, à Saint-Jean-Dataux, en Périgord; — Guyon, à Pommiers; — Étienne Marcillac, à Saint-Laurent-d'Arce; — Laurent Déjean, à Belvès; — Béraut, pour les fonctions de procureur au siège royal d'Ambarès (Gironde); — Courtey, pour l'office d'huissier à Périgueux (Dordogne); — Cardinal, à Saint-Laurent en Médoc; — Bertrand Hervé, pour celui d'archer-garde de la connétablie de Saint-Alvèze en Périgord, etc.

C. 891. (Carton.) — 100 pièces, papier.

1775. — Correspondance concernant : — les charges et offices de conseillers, maires, juges royaux, notaires, procureurs, huissiers, archers-gardes des connétablies et perruquiers. — Demandes faites pour la levée desdits offices par : MM. de La Jarte, pour l'office de conseiller au siège de Périgueux (Dordogne); — de Cajus, assesseur au tribunal de Guyenne; — Arnaud Dupuy, pour l'office de maire à Valence-d'Agen (Lot-et-Garonne); — de Rufs, juge royal à Saint-Macaire (Gironde); — Étienne Durand, notaire royal à Saint-Jean-de-Mesplès; — Jean Tournier, à Saint-Jean-Dataux, en Périgord; — Boutet de Labadie, procureur du Roi à Marmande (Lot-et-Garonne); — Cartier, à Sainte-Foy; — Pierre Gros, pour l'office d'huissier à Champagne; — André Palanque, à Saint-Sauveur; — Basterrèche, pour l'office d'archer-garde de la connétablie près le bailliage de Labourt (Basses-Pyrénées), etc.

C. 892. (Carton.) — 116 pièces, papier.

1775-1776. — Correspondance relative : — aux charges et offices de notaires royaux, lieutenants des Maîtrises des eaux et forêts, avocats du Roi, procureurs et huissiers. — Demandes faites pour obtenir la levée desdits offices par : MM. Jean Beaudu, pour l'office de notaire royal à Saint-Seurin (Bordeaux); — Brunet, à Miramont; — Cornu, à Saint-Savin; — Ruffe, à Tournon (Lot-et-Garonne); — Jean Rey, à Monflanquin (id.); — Fauché, à Macau (Gironde); — de Croisant, à Chalais en Périgord; — Blanc, pour l'office de lieutenant en la Maîtrise des eaux et forêts de Bordeaux; — gages attribués à deux offices d'avocat du Roi du Présidial de Libourne (Gironde); — opposition des procureurs de Saint-Sever (Landes) à l'établissement d'un neuvième office de procureur sollicité par M. Beauvais; — Pierre Arsans, pour l'office d'huissier à Libourne; — Fraysse, à Saint-Privat en Périgord; — Laugert, à Villefranche (Lot-et-Garonne), etc.

C. 893. (Carton.) — 100 pièces, papier.

1777-1780. — Correspondance de MM. de Fargès, Miroménil, Dufour et Necker, ministres, avec M. Dupré de Saint-Maur, intendant de Bordeaux, et de ce dernier avec les subdélégués, concernant : — les charges et offices de maires, secrétaires-greffiers, procureurs du Roi, trésoriers, lieutenants généraux de la Table de marbre, notaires royaux, huissiers, lieutenants particuliers et changeurs. — Demandes faites pour la levée desdits offices par : MM. Bessière de Lucante, pour la charge de maire de Tournon (Lot-et-Garonne); — Chadeau, premier consul à Thiviers (Dordogne); — Renoux, pour l'office de secrétaire-greffier pour l'Hôtel-de-Ville de Penne (Lot-et-Garonne); — Herbert, pour celui de procureur du Roi en la Monnaie de Bordeaux; — Louis Rivière, receveur des revenus patrimoniaux de la ville d'Agen (id); — Nau, pour le remboursement de la finance de son office de lieutenant général de la Table de marbre à Bordeaux; — Bertrand, pour l'office de notaire royal à La Réole (Gironde); — Arzac, à la résidence de Rouaillan; — Martin Rudeuil, huissier à Excideuil (Dordogne); — Villeneuve de Bonnal, changeur à Villeneuve-d'Agen (Lot-et-Garonne), etc.

C. 894. (Carton.) — 100 pièces, papier.

1781. — Correspondance de MM. de Vergennes, de Miroménil, Joly de Fleury, et Necker, ministres, avec M. Dupré de Saint-Maur, intendant de Bordeaux, et de ce dernier avec les subdélégués, relative : aux charges et offices de conseillers-rapporteurs du point d'honneur, notaires royaux, procureurs, conseillers du Roi, contrôleurs des consignations, huissiers et encanteurs jurés pour la vente des vins. — Demandes faites pour obtenir la levée desdits offices par : MM. Rouquet de Lapleine, au sujet de l'enregistrement des provisions de sa charge de conseiller-rapporteur du point d'honneur en l'Élection de Sarlat (Dordogne); — d'Hiriart, pour l'office de notaire royal à Anglet; — Pierre Chefas, à Saint-Front; — Dalesme, à Saint-Astier (Dordogne); — Pierre Delpit, en la paroisse de Beaumont; — Gillet, procureur à Sarlat (id.); — Duvigneau, à Mont-de-Marsan

(Landes); — Gorsse, pour l'office de conseiller à Bergerac (Dordogne); — Jarreau, contrôleur des consignations au Parlement de Bordeaux; — Mathieu François, huissier, à Villefranche (Lot-et-Garonne); — Jean Garde, à Queynac; — Bouzeran, à Damazan (id.); — Dupérié, pour la commission d'encanteur juré pour la vente des vins, etc.

C. 895. (Carton.) — 100 pièces, papier.

1781-1782. — Correspondance de MM. Débonnaire de Forges, de Miroménil, Joly de Fléury et Necker, ministres, avec M. Dupré de Saint-Maur, intendant de Bordeaux, et de ce dernier avec les subdélégués, relative aux charges et offices de maîtres particuliers des eaux et forêts, procureur du Roi, notaires royaux, huissiers et perruquiers. — Demandes faites pour la levée desdits offices par : MM. Guiet de Laprade, pour l'office de maître particulier des eaux et forêts de Bordeaux; — Labaig, pour celui de notaire royal à Saint-Loubouer; — Jean Potier, à Civrac; — Darnige, à Tremoulat; — Martin Duronea, à Bayonne (Basses-Pyrénées); — Delpit, à Beaumont; — Rastouil, pour l'office d'huissier à Saint-Ferme; — Barailles, à la résidence de Saint-Martial; — Jean Semirot, à Belleves; — Guy Gounaud, au bourg de Saint-Privat; — Jean Deyries, à Grignols; — Louis Champfort, en la prévôté royale d'Entre-Deux-Mers (Gironde); — Larrieu, pour un brevet de perruquier à Dax (Landes), etc.

C. 896. (Carton.) — 100 pièces, papier.

1782. — Correspondance de MM. de Vergennes, de Miroménil, Joly de Fleury et d'Ormesson, ministres, avec M. Dupré de Saint-Maur, intendant de Bordeaux, et de ce dernier avec les subdélégués, relative : aux charges et offices de sénéchaux d'épée, procureurs, lieutenants généraux, assesseurs, notaires royaux et huissiers. — Solliciteurs pour la levée desdits offices par: MM. le comte de Raugouse de Labastide, pour la charge de sénéchal d'épée des Lannes; — Pierre Juge et Lachaud, pour l'office de procureurs postulants au siége de Sarlat (Dordogne); — Coste, à Saint-Émilion (Gironde), et Cheyron, à La Sauvetat-à-Caumont; — Joseph de Donnegens, pour l'office de conseiller au siège royal de Saint-Jean-d'Angely (Charente-Inférieure); — Limouzin, pour celui de lieutenant général au Présidial de Libourne (Gironde); — gages du sieur La Ruffie, lieutenant de juge, à Damazan (Lot-et-Garonne); — Lacoste, pour l'office de notaire royal en la paroisse de Calès en Sarladais; — La Peyre de Mensignac en la paroisse d'Emoutier en Périgord; — Gintrac, à Razat; — Jean Vignolle, pour l'office d'huissier à la résidence de Cazeneuve; — François Desfossés, à Saint-Émilion (Gironde), etc.

C. 897. (Carton.) — 104 pièces, papier.

1782. — Correspondance de MM. de Miroménil, Débonnaire de Forges, Delessart et Joly de Fleury, ministres, avec M. Dupré de Saint-Maur, intendant de Bordeaux, et de ce dernier avec les subdélégués, relative : aux charges et offices de conseillers, procureur du Roi, greffiers des Monnaies, notaires royaux, huissiers et receveurs des consignations. — Demandes pour la levée desdits offices par : MM. Arnaud fils, avocat pour l'office de conseiller au Sénéchal de Guienne; — Lavau, pour celui de procureur du Roi en la Maîtrise de Bordeaux; — Pierre Tancogne, pour l'office de notaire royal à Castillonnés (Lot-et-Garonne); — Benoît Sicard, à Laroquetimbaut; — Jean-Baptiste Saint-Marc, à Podensac (Gironde); — Raymond-Marangé, à Saint-Martin-du-Bois; Castaing, à Gazaupouy (Gers); — Jean Cassou, pour l'office d'huissier, à Mezin (Lot-et-Garonne); — Dubayle, au siège de Tartas (Landes); — Jean Coutenat, à Créon (Gironde); — Pierre Garreau, en la paroisse de Fraysse, etc.

C. 898. (Carton.) — 100 pièces, papier.

1782. — Correspondance de MM de Miroménil, d'Ormesson, Joly de Fleury, Débonnaire de Forges et de Beaumont, ministres, avec M. Dupré de Saint-Maur, intendant de Bordeaux, et de ce dernier avec les subdélégués, relative à la levée des charges et offices de conseillers, juges, notaires royaux, procureurs, huissiers et perruquiers. — Demandes pour l'obtention desdits offices par : MM. Jean-Baptiste Bion de Luzan, pour l'office de conseiller au Présidial de Condom (Gers); — Thomas Hazera, notaire royal à Certes (Gironde); — Pierre Génibaud, à Lévignac; — Roux, à Rignac; — Jean Ducros, à Bourniquet en Sarladais; — Hiriart, à Ustaritz (Basses-Pyrénées); — Émery, pour l'office de procureur postulant à Blaye (Gironde); — Pierre Juge, à Sarlat (Dordogne); — Jean Denis, pour l'office d'huissier à La Gruère; — Louis Boisseau, à Saint-Crépin de Bourdeilles; — Gabouriaud, à Gornac; — Jean Grégoire, au siège royal de Sauveterre; — Bernard Laborde, pour un brevet de perruquier, à Dax (Landes); — contestations entre M. de La Croze, subdélégué à Monpont, et M. de La Peyrière, au sujet de l'office de la châtellenie de Monpont, etc.

C. 809. (Carton.) — 90 pièces, papier.

1783. — Correspondance de MM. de Miroménil, Joly

de Fleury, d'Ormesson, de Calonne et Delessart, ministres, avec M. Dupré de Saint-Maur, intendant de Bordeaux, et de ce dernier avec les subdélégués, relative : aux charges et offices de conseillers, notaires royaux, juges, huissiers, procureurs du Roi et perruquiers. Au nombre des solliciteurs de ces divers offices, on voit figurer les noms de : MM. Bion de Luzan, pour l'office de conseiller au Présidial de Condom (Gers); — d'Arnaud, au siége de Bordeaux; — Nicolas Bourdeaux, pour l'office de notaire royal à la résidence de Villefranche de Louchapt; — Jean Courtez, à Espiet; — Bru de La Grèze, à Durval et Puleyrac; — Jean Gugnaire, à Montcuq; — indemnité réclamée par le sieur Partarrieu, au sujet de la suppression de son office de juge royal en la prévôté de Bazas (Gironde); — Laborde, pour l'office de juge à La Gruère (Lot-et-Garonne); — Pierre Lacroix, pour l'office d'huissier à Villeneuve de Puychagut-Lambert, pour un brevet de perruquier à Bayonne (Basses-Pyrénées), etc.

C. 900. (Carton.) — 97 pièces, papier.

1784-1785. — Correspondance de MM. Bertin, d'Ormesson, de Calonne et Miromenil, ministres, avec MM. Boutin et Dupré de Saint-Maur, intendants de Bordeaux, et de ces derniers avec les subdélégués, relative à des demandes faites par divers particuliers pour la levée des charges et offices de trésoriers de France, notaires royaux, huissiers, juges, procureurs et perruquiers : MM. Carton, trésorier de France au Bureau des finances de Bordeaux ; — Castaing, pour l'office de notaire royal en la paroisse de Cazeaux ; — Lagorce, en la résidence de Blis de Bord, en Périgord ; — François Villette de La Borie, en la paroisse de La Grives ; — Bernard Rampillon, à Lausun en Agenais ; — Jean Balsé, à Castelnau de Grate-Cambe ; — Maulauzet, à Villeneuve (Lot-et-Garonne) ; — Bourricaud, à Branne ; — suppression de l'office de juge en la prévôté de Bazas (Gironde) ; — Bereaud ; — François Gourseau ; — Joseph Lagrange et Jean Lecours, pour des brevets de perruquiers en la ville de Périgueux (Dordogne), etc.

C. 901. (Carton.) — 102 pièces, papier.

1785. — Correspondance de MM. Boutin, de Vergennes, de Calonne, de Breteuil et Débonnaire de Forges, ministres, avec M. de Néville, intendant de Bordeaux, et de ce dernier avec les subdélégués, relative à des demandes faites pour obtenir la levée des charges et offices de greffiers de la Monnaie, de conseillers, directeurs de la Monnaie, procureurs, notaires, sergents royaux et de grand sénéchal du Condomois, par : MM. Louis-Clair Marraquier, pour l'office de greffier de la Monnaie de Bordeaux ; — Naverre, conseiller à la Cour de Guyenne ; — François Seguy, pour l'office de directeur de la Monnaie de La Rochelle (Charente-Inférieure) ; — Pierre Fumeau, sergent royal à Saint-Martin ; — Jean Lataste, à Portets (Gironde); — François Jaubert, à Belvès (id.) ; — Jacques Goarnalusse, à Sauveterre (id.) ; — François Coché, à Branne (id.) ; — Jean Éclaucher, pour l'office de notaire royal à Saint-Méard ; — Simon Gallot, à Puységur ; — Jean Brun, procureur à Saint-Macaire (Gironde) ; — François Causserouge, à Créon (id.) ; — le baron de Monplaisir, pour la charge de grand sénéchal du Condomois, etc.

C. 902. (Carton.) — 92 pièces, papier.

1785-1786. — Correspondance de MM. de Calonne et Bertin, ministres, avec MM. de Néville et Boutin, intendants de Bordeaux, et de ces derniers avec les subdélégués, relatives : aux charges et offices de notaires royaux, changeurs et huissiers. — Demandes pour la levée de ces offices, par : MM. Fourès, huissier à Larroque-Timbaut ; — François Chateau, à la résidence de Cubzac ; — Tailleferie, à l'île de Mensignat ; — Roubenne, au siége royal de Saint-Louis ; — Pierre Guilhem, pour l'office de notaire royal à Saint-Marcel du Bugue ; — Jean Vedrines, pour l'office de changeur à Nérac (Lot-et-Garonne), et Joseph Mingault, pour Blaye (Gironde) ; — Jacques, pour l'office d'huissier à Tombebœuf ; — Rey, à Samazan ; — Jean Dufourg, à Cauderot ; — François Martinel, à La Gruère (Lot-et-Garonne) ; — Dejay, à la résidence de Beaupouye ; — Boussier, pour le transférement de son notariat de Saint-Sauveur à Lesparre, etc.

C. 903. (Carton.) — 101 pièces, papier.

1786. — Correspondance de MM. Bertin, Boutin, Débonnaire de Forges, de Calonne, Devin de Galande et de Miromenil, ministres, avec M. Dupré de Saint-Maur, intendant de Bordeaux, et de ce dernier avec les subdélégués, relative à la levée des charges et offices de changeurs, juges, procureurs, notaires royaux et huissiers, sollicitée par : MM. Jean Anglade, pour le rétablissement du change de la prévôté de La Réole (Gironde) ; — de Cazes, à Libourne (id.) ; — Jacques Dubor, à Bordeaux ; — Brice-Jean Laborde et Paul La Roche, au même lieu ; — Bonnefont, pour l'office de juge à Astafort (Lot-et-Garonne) ; — Dufaure, pour celui de procureur du Roi en la Maîtrise des eaux et forêts de Guyenne ; — Pierre Bertrand, au siége de Créon (Gironde) ; — Jean Endurand, pour l'office de notaire à Pauillac (id.) ; — Bardèche, à Théobon ; —

Cantagrol, pour l'office d'huissier à Pujols, et Pierre Ferret, pour la paroisse de Lanquais, en Sarladais, etc.

C. 904. (Carton.) — 100 pièces papier.

1786-1787. — Correspondance de MM. de Calonne, de Miromenil, Lambest, de Villedeuil et de Fourqueux, avec M. de Néville, intendant de Bordeaux, et de ce dernier avec les subdélégués, relative à la levée des charges et offices de notaires royaux et huissiers, sollicitée par : MM. Jean Souffron, pour l'office de notaire à Limeuil ; — Bariasson, à Valeuil, en Périgord ; — Soulier, à Salagnac ; — Couleau, à Monbalen, en Agenais ; — Pierre Methout, à Saint-Méard ; — Chavay, à Excideuil (Dordogne) ; — François Villate, à Saint-Cybranet, en Sarladais ; — Villate de Laborie, à Castelnau ; — Jean Mariès, pour l'office d'huissier à Verteuil ; — Segonzac de La Nauve, à Saint-Étienne ; — Guillaume Routeix, à Saint-Barthélemy, juridiction de Monpont, etc.

C. 905. (Carton.) — 100 pièces, papier.

1787-1788. — Correspondance de MM. de Villedeuil, Lambest, Boutin, de Calonne, de Fourqueux et Débonnaire de Forges, ministres, avec M. de Néville, intendant de Bordeaux, concernant diverses demandes faites pour la levée des charges et offices de conseillers, changeurs, procureurs du Roi, notaires royaux, huissiers, contrôleurs et directeurs de la Monnaie, parmi lesquelles on remarque celles de : M. Alexandre Bonnard, pour l'office de changeur à Marmande (Lot-et-Garonne) ; — Marin, pour celui de procureur au même lieu ; — Roux, avocat, pour la charge de procureur du Roi au siège de la Monnaie de Bordeaux ; — François Goteron, pour l'office de notaire royal à Bussière ; — Badil, Vergnol, à La Sauvetat de Caumont ; — Petit, pour la paroisse du Change, en Périgord ; — Jean Constantin, pour l'office d'huissier à Saint-Pastour ; — Jean Peyronnet, pour l'office de directeur de la Monnaie de Bordeaux, etc.

C. 906. (Carton.) — 105 pièces, papier.

1788. — Correspondance de MM. Lambest, Débonnaire de Forges, de Villedeuil et de Calonne, ministres, avec M. de Néville, intendant de Bordeaux, et de ce dernier avec les subdélégués, relative à des demandes pour la levée des offices et charges de notaires royaux, procureurs et sergents, dans lesquelles on distingue les noms de : MM. Guillaume de Joui, notaire à Gruyan ; — Joseph Peyrelade, à Saint-Julien-de-Bourdeilles ; — de Mazière, à Saint-George-de-Mussidan (Dordogne) ; — Antoine Bonis ; — Jean Brousse, à Carvès, Élection de Sarlat ; — Cipierre, pour l'office de notaire à Excideuil (Dordogne) ; — Lavaud, à la résidence d'Eyzerat, près Thiviers (id.) ; — Laborie, pour l'office de sergent royal au siège présidial d'Agen (Lot-et-Garonne) ; — Aulpetit, à l'Isle ; — Fayot de Laborye, huissier à Saint-Martial-de-Dronne ; — Davidou, à Belvès, et Faye, à Jumilhac, etc.

C. 907. (Carton.) — 96 pièces, papier.

1788-1789. — Correspondance de MM. Débonnaire de Forges et Delessart, ministres, avec M. de Néville, intendant de Bordeaux, et de ce dernier avec les subdélégués, relative ; — à des demandes formées par divers pour la levée des charges et offices d'huissiers, graveurs de la Monnaie, conseillers et notaires royaux, dans lesquelles demandes figurent les noms de : MM. Astier, pour un office d'huissier au siège royal de Castelnau-de-Grate-Cambe ; — Teissier, huissier royal à Lacapelle, et Biron en Agenais ; — Charpentier, pour l'office de graveur de la Monnaie de Bordeaux ; — Campagne, pour celui de conseiller au Sénéchal de la même ville ; — Dobsan, notaire royal à Condom (Gers) ; — Castaing, à La Montjoie (Lot-et-Garonne) ; — Dubroca, à Tours (id.) ; — Bousquet, à Simeyrol, en Sarladais ; — démission du sieur Bulle, procureur du Roi au siège de la maréchaussée de Libourne (Gironde).

C. 908. (Carton.) — 98 pièces, papier.

1710-1743. — Correspondance entre MM. les ministres de La Vrillière, le duc de Noailles, le duc d'Antin, de Saint-Florentin, de Chauvelin, Orry, Amelot et MM. de Curson et Boucher, intendants de Bordeaux, relative : aux élections des jurats de Bordeaux, parmi lesquels on remarque les noms de : MM. le chevalier de Mons ; — de Montaigne Du Taillant ; — Pontac de Langlade ; — de Lancre ; — Dumas ; — Fauquier ; — Dominge ; — Bruneau ; — de Vertamon ; — Fortin ; — Ribail ; — Desaigues ; — Villeneufve ; — Mérignac ; — Silvestre ; — Lamarre ; — Saint-Cricq ; — de Lamotte ; — Dalesme ; — Saint-Clément de Citran ; — Billate ; — de Gères de Montignac ; — Rochet et Cousin, etc.

C. 909. (Carton.) — 95 pièces, papier.

1744-1747. — Correspondance entre les ministres de Saint-Florentin, d'Aguesseau, d'Argenson et MM. Boucher et de Tourny, intendants de Bordeaux, au sujet des élections des jurats de Bordeaux, parmi lesquels on remarque les noms de : MM. de Tortaty de Villeneuve ; — de Gerès-Baquey ; — Tournaire ; — Bareyre ; — Planche ; —

Petit, avocat ; — Billatte, bourgeois ; — Dississary ; — Lafore ; — Demons de Saint-Pauly ; — Destoup ; — Pérès ; Montaigne-Beausoleil ; — Robarel ; — Despiaux, avocat ; — Claude Mercier ; — de Loupes ; — Maignol ; — Saint-Aignan et Ferran, etc.

C. 910. (Portefeuille.) — 119 pièces, papier.

1748-1752. — Correspondance de MM. de Saint-Florentin, d'Aguesseau et de Lamoignon, ministres, avec M. de Tourny, intendant de Bordeaux, au sujet des élections des jurats de cette ville, parmi lesquels on remarque : MM. Desaigues ; — Roborel ; — Barbeguière ; — Mercié ; — Ferran ; — Lassalle, écuyer ; — Sorinde ; — Despiau de Citran ; — Pérès Duvivier ; — Fayard ; — Petit ; — Louis Ponset ; — Paul Baulos ; — Galatheau ; — Grateloup ; — Barreau de Mouviel ; — Ledoux ; — Gombaud ; — Malleret et Saincric, etc.

C. 911. (Portefeuille.) — 118 pièces, papier.

1752-1769. — Correspondance de MM. les ministres de Saint-Florentin, de Lamoignon et Bertin, avec MM. de Tourny, Boutin et Fargès, intendants de Bordeaux, relative aux élections des jurats de cette ville, parmi lesquels on remarque les noms de : MM. Galatheau ; — Quayraut ; — Brochon ; — Reynal ; — Baulos ; — Ollé ; — Rulleau ; — Dussant de Saint-Laurens ; — Martin Du Tyzac ; — le chevalier de Gascq ; — Dumoulin ; — Brezès ; — Lapause, Kater, écuyer ; — Duranteau ; — Richet ; — Menoire ; — Decamps ; — Combelle ; — Bruneau et Quin, etc.

C. 912. (Portefeuille.) — 102 pièces, papier.

1744-1764. — Jugements de l'intendant rendus par attribution, relatifs : — aux contestations entre l'Hôtel-de-Ville de Bordeaux et les sieurs Duval, pour exporles et reconnaissances d'une maison située rue du Bauhaut ; — à Guillaume Nadeau, garçon boucher, pour contravention ; — à Rochefort, architecte, au sujet des lods et ventes ; — à Dumas, prêtre, pour indemnités de maisons appartenant au chapitre Saint-Seurin, cédées pour l'embellissement de la ville ; — à la veuve Léon Malherre, pour remboursement d'une maison démolie ; — à Jeanne Dufour, Jean Flouguelaire et Raymond Bergey, à l'occasion de l'ouverture d'une rue en la palus des Chartrons ; — à Chassaigne et Fabre, pour le payement de terrains par eux acquis sur le port ; — à Pelet, Policard, Lafourcade et Saugeon, pour reconnaissances des maisons qu'ils possèdent sur la place Royale ; — à Vital Rector, chanoine, pour indemnité de la tour Saint-Julien, etc.

C. 913. (Portefeuille.) — 86 pièces, dont 1 plan d'une partie du palais Gallien.

1747-1771. — Jugements de l'intendant rendus par attribution, concernant : — des contestations entre les jurats de Bordeaux et Louis Viaud, négociant, pour exporle et reconnaissance d'une maison située rue de la Vieille-Corderie ; — Dumoulin, négociant, pour indemnité d'une maison à la porte de Bourgogne ; — Jean Berdole, pour fermeture de jour en sa maison ; — Mittchel, pour remboursement et indemnité de terrain pris pour le jardin public ; — Dubouil, pour une maison cédée par le sieur Castex pour la formation de la place Dauphine ; — Poivert, au sujet de deux échoppes comprises dans l'alignement de la rue Fondaudége ; — Anne Hugon, pour indemnité d'un emplacement servant à la construction de la salle de la comédie ; — Antoine Guiraudon, pour terrains cédés pour la formation du jardin public ; — Lasserre, au sujet de la démolition de deux échoppes pour la construction de la porte du Chapeau-Rouge, etc.

C. 914. (Portefeuille.) — 102 pièces, dont 4 en parchemin.

1741-1749. — Mémoires, requêtes, inventaires de titres et assignations produits devant l'intendant, concernant : — les contestations entre l'Hôtel-de-Ville de Bordeaux et M. Charles-Louis de Secondat, chevalier, seigneur de Montesquieu, au sujet de la délimitation des communautés de Léognan et de Martillac ; — un procès contre Georges Sandillan, accusé d'avoir soustrait trois tonneaux de vin d'un navire étranger ; — des instances entre les jurats de Bordeaux et le sieur Ribes (Jean), négociant à Toulouse, au sujet de certains approvisionnements de grains ; — Chevalier, pour rentes dépendantes de la directité de la ville ; — Treilhes, pour arrérages de rentes d'une échoppe sise entre la porte du Caillou et la porte de Luc-Majour ; — Philippon et Silvain, au sujet des lods et ventes d'une maison hors les murs entre la porte Tourny et la porte Dauphine ; — les sieurs Bertrand et d'Auche, boulanger, et Roche et Delpy, acquéreurs de la maison noble de Ferrare (Bègles).

C. 915. (Portefeuille.) — 70 pièces, papier.

1750-1759. — Mémoires, requêtes, inventaires et significations de titres produits devant l'intendant, relatifs : — à des instances entre les jurats de Bordeaux et les sieurs de Civrac et Moyse Desbaille, négociant, au sujet de la directe d'une maison située dans les rues Bouhaut et

Veyrines; — aux commissionnaires de grains; — aux demoiselles Tiffonnet, pour usurpation d'un terrain hors la porte Saint-Julien; — à Delhoste, fabricant de minot à Nérac (Lot-et-Garonne); — aux propriétaires des échoppes entre la porte du Caillou et la tour du Luc-Majour.

C. 916. (Portefeuille.) — 98 pièces, papier.

1742-1755. — Correspondance entre MM. de La Houssaye, d'Aguesseau, de Saint-Florentin et de Courteille, ministres, avec MM. Boucher et de Tourny, intendants de Bordeaux, relative : — à divers sujets de discussion qui ont existé entre les intendants et les jurats de Bordeaux, soit pour obliger ceux-ci à se faire autoriser dans les procès qu'ils croyaient devoir intenter, soit à l'égard de la communication des registres de l'Hôtel-de-Ville, soit à cause des visites à rendre par les jurats aux intendants, et à l'égard du droit d'assembler les jurats à l'intendance; sur ces divers objets, la Cour a eu à se prononcer maintes fois, et, par suite, des décisions sont intervenues.

C. 917. (Portefeuille.) — 54 pièces, papier.

1724-1787. — Correspondance de MM. le comte de Saint-Florentin, de Chauvelin, d'Aguesseau, de Lamoignon, de L'Averdy et Boutin, ministres, avec MM. Boucher et Bertin, intendants de Bordeaux, concernant : — les discussions qu'ont eues les jurats avec le chapitre Saint-André, — le chapitre Saint-Seurin, — les intendants, — le Sénéchal et le Présidial, — le directeur de la douane, — l'état-major du Château-Trompette, — l'Amirauté. — Mémoire du sieur Malleret, lieutenant criminel de police, qui demande un dédommagement à raison du préjudice que lui a occasionné l'établissement des commissaires de quartier et une plainte de divers habitants de Bordeaux contre leurs juges présidiaux, sur ce qu'ils n'entrent jamais en nombre suffisant pour juger les causes présidiales, ce qui nuit beaucoup à leurs intérêts.

C. 918. (Portefeuille.) — 166 pièces, papier.

1709-1761. — Correspondance entre MM. Boucher, de Tourny et Bertin, intendants de Bordeaux, et M. de Courteille, ministre, relative : — aux discussions qui ont existé entre le maire et les jurats de Bordeaux et les fermiers du domaine du Roi, au sujet des amendes prononcées et requises par les premiers, tant en matière civile et criminelle que pour fait de police ou autrement, tant dans la ville de Bordeaux que dans ses faubourgs et banlieue.

C. 919. (Portefeuille.) — 87 pièces, papier.

1642-1756. — Correspondance entre MM. Amelot, de Chauvelin, d'Aguesseau, d'Ormesson, d'Argenson, de Saint-Florentin et de Marville, ministres, et MM. Boucher et de Tourny, intendants de Bordeaux, concernant : — l'évocation des procès des jurats et des personnes qui ont exercé ces fonctions au Sénéchal de Libourne (Gironde), et par appel au Grand Conseil; — les fondements de cette évocation et les raisons qui la combattent; — les discussions qu'il y a eu entre le Parlement et la Cour des Aides sur la compétence pour juger des procès de la ville, et les décisions de la Cour intervenues à cet égard.

C. 920. (Portefeuille.) — 120 pièces, papier.

1745-1753. — Correspondance des jurats de Bordeaux avec M. de Tourny, intendant, concernant : — la démolition de six maisons sur la place Royale; — une affaire des compagnons boulangers; — le sieur de Savignac; — l'excédant de la dépense de l'hôpital Saint-André; — le projet d'une chaussée le long du parapet du Château-Trompette; — un incendie sur la place Canteloup; — des emplacements hors la porte des Salinières; — les jeux de hasard; — les marchands de résine et brai; — une requête de la veuve Sarrade et de son fils, au sujet de l'indemnité de leur maison, sise à la porte Saint-Germain.

C. 921. (Portefeuille.) — 107 pièces, papier.

1721-1741. — Correspondance entre MM. de Gaumont, de Breteuil, d'Armenonville, de Morville, de Chauvelin, d'Angervilliers, Amelot et d'Aguesseau, ministres, et MM. de Curson et Boucher, intendants de Bordeaux, concernant : — un vol de palissades sur les chemins couverts de la citadelle de Blaye; — la construction d'un auditoire et d'un lieu pour serrer les papiers du greffe; — des contestations entre les jurats et M. Roubiac, major de la citadelle, au sujet de la police; — une plainte de Mme Dumantet et de son frère contre les jurats, qui, accompagnés de deux ingénieurs et d'un détachement de six fusiliers, sont venus arrêter les maçons occupés à la construction de leurs maisons sur le lieu appelé au Rat, situé à l'extrémité de la ville de Blaye; — la construction de l'Hôtel-de-Ville de Blaye; — une créance du sieur Mallard sur cette ville; — des contestations entre le commandant de la citadelle et le sieur Augeau, procureur du Roi; — la nomination des prud'hommes, etc.

C. 922. (Portefeuille.) — 103 pièces, papier.

1746-1767. — Correspondance de MM. les ministres

d'Argenson, Machault, Lamoignon, de Saint-Florentin, le duc de Saint-Simon, le maréchal de Belisle, Bertin et Trudaine, avec MM. de Tourny, Bertin et Fargès, intendants de Bordeaux, concernant : — la nomination de Jean Ciros à la place de chirurgien-major de la citadelle de Blaye (Gironde) ; — la cessation du supplément de solde accordé à douze canonniers employés à la tour de l'Isle ; — des contestations entre les notaires et les jurats, au sujet du logement des gens de guerre ; — les émoluments du gouverneur ; — la démission du chirurgien-major de la citadelle ; — des contestations entre les officiers municipaux de Blaye et les membres de la confrérie du Saint-Sacrement, qui prétendaient avoir le droit de porter le dais dans les processions, etc.

C. 923. (Portefeuille.) — 114 pièces, papier.

1720-1769. — Correspondance de MM. Bertin, le duc de Choiseul, Trudaine, Le Blanc, de Breteuil et d'Angervilliers, ministres, avec MM. de Curson, Boucher, de Tourny et Fargès, intendants de Bordeaux, concernant : la liberté du commerce des îles ; — le droit de bourgeoisie contesté au sieur Lalande, chirurgien-major de la citadelle de Blaye (Gironde) ; — des contestations entre les jurats et le major de la citadelle de Blaye, au sujet du transport des équipages du régiment du Boulonais ; — une réclamation de la supérieure des Filles de la Charité de Blaye, de l'augmentation de deux sœurs pour le service de l'hôpital ; — les changements à opérer dans ledit hôpital ; — des contestations entre le prieur et les administrateurs, au sujet de ses honoraires, etc.

C. 924. (Portefeuille.) — 77 pièces, papier.

1736-1762. — Correspondance entre MM. de La Houssaye, d'Ormesson, Bertin et de Courteille, ministres, et MM. Boucher, de Tourny et Boutin, intendants de Bordeaux, concernant : — diverses instances qu'ont eu à soutenir les maire et consuls de Bergerac (Dordogne), au sujet d'une dénonciation faite contre eux pour prévarication dans leurs fonctions ; — la communauté de Bergerac, au sujet d'une réclamation qui lui a été faite par un sieur de Beyne, qui se prétendait son créancier.

C. 925. (Portefeuille.) — 120 pièces, papier.

1750-1769. — Ordonnances de M. de Tourny, comptes des receveurs et correspondance des maires et consuls de la ville de Bergerac, concernant : — l'élection des maire, consuls et la nomination des prud'hommes ou jurats ; — les comptes et revenus de la communauté de Bergerac ; — la procédure instruite par la Cour des Aides contre les maire et jurats de Bergerac, au sujet de la perception des huit deniers par livre de viande, pour être employés aux réparations, constructions et décorations diverses ; — rapport de M. l'inspecteur général des ponts et chaussées à M. de Tourny, intendant de Bordeaux, constatant l'utilité et la nécessité de ces divers travaux.

C. 926. (Portefeuille.) — 101 pièces, papier.

1726-1755. — Correspondance entre MM. Amelot, de La Houssaye, Orry, d'Argenson et de Saint-Florentin, ministres, et MM. Boucher et de Tourny, intendants de Bordeaux, concernant : — une réclamation du prieur des Carmes de la ville d'Agen, au sujet d'arrérages de rente dus à son ordre par ladite ville ; — les dames Religieuses du Chapelet ; — les religieux Minimes ; — des contestations entre les maire, consuls et le sieur Barret, procureur syndic de la ville d'Agen, au sujet des droits et prérogatives attachés à sa charge ; — la nomination de M. le marquis de Valence aux fonctions de commandant de la ville d'Agen ; — les élections des officiers de ladite ville, etc.

C. 927. (Portefeuille.) — 139 pièces, papier.

1719-1768. — Correspondance de MM. de Gaumont, d'Argenson, d'Aguesseau, de Chauvelin, de Lamoignon, Bertin, d'Ormesson, de Maupeou, de L'Averdy, le maréchal de Villars et Cochin, ministres, avec MM. de Courson, Boucher, Boutin et de Fargès, intendants de Bordeaux, concernant : — la ferme du droit de quarantain ; — la plainte du sieur Costas, avocat, contre la veuve Roger, qui refuse de remettre la quittance de la finance de l'office de conseiller garde-scel au Présidial d'Agen (Lot-et-Garonne), pour laquelle il a payé la somme de 2,000 livres ; — des contestations entre le lieutenant général d'Agen et le sieur Doilhen, président au même siège ; — les officiers du Présidial d'Agen, au sujet de la confirmation de l'exemption du logement des gens de guerre ; — la nomination du sieur Labrunie à la charge d'huissier ; — des contestations entre le lieutenant criminel, le procureur du Roi de la Sénéchaussée d'Agen et les consuls de la même ville, au sujet de la portion de la juridiction criminelle exercée par ces derniers, etc.

C. 928. (Portefeuille.) — 110 pièces, papier ; 1 plan.

1720-1769. — Correspondance de MM. de Chauvelin, de Saint-Florentin, de Beaumont, Bertin, de Courteille, d'Invau et Cochin, ministres, avec MM. Boucher, Boutin, de Tourny et Fargès, intendants de Bordeaux, concernant : — la maison de Refuge et du Bon-Pasteur de la ville d'Agen (Lot-et-Garonne) ; — la police ; — les prisons ; — l'évasion des prisonniers ; — le rétablissement des prisons ; — le major des troupes bourgeoises de la ville ; — la nomination du procureur de la communauté ; — la réclamation des syndics et jurés des marchands détaillistes, au sujet de la nomination des députés en l'Assemblée des Notables ; — les appointements du garde des Iles ; — l'administration de la ville ; — la réclamation du sieur Argenton, médecin de la Maison de Force d'Agen, pour arrérages de gratifications, etc.

C. 929. (Portefeuille.) — 102 pièces, papier; 1 pièce, parchemin; 1 plan.

1728-1773. — Correspondance de MM. le duc d'Antin, de Chauvelin, de La Houssaye, Amelot, de Silhouette, de Beaumont, de Courteille, Bertin, de Lamoignon, de Saint-Florentin et Langlois, ministres, avec MM. de Courson, Boucher, de Tourny, Boutin et Fargès, intendants de Bordeaux, concernant : — la réélection de MM. Seurin et de Lalanne dans la charge de consuls ; — une cabale dans les élections consulaires ; — les gages des officiers municipaux ; — l'insuffisance des revenus de la communauté ; — la réunion des offices municipaux ; — les priviléges des jurats ; — la reddition des comptes de la ville d'Agen (Lot-et-Garonne).

C. 930. (Carton.) — 106 pièces, papier.

1783-1784. — Correspondance entre MM. Necker, de La Houssaye et de Vergennes, ministres, et M. Dupré de Saint-Maur, intendant de Bordeaux, relative : — à la réunion des offices municipaux de la ville de Bayonne (Basses-Pyrénées) ; — à l'administration des communautés ; — aux assemblées municipales de la communauté de Condom (Gers) ; — à la réunion des offices municipaux de la ville d'Agen (Lot-et-Garonne) ; — au remplacement du secrétaire greffier de la communauté de Bourg ; — à la démission de Vincent Laborde, médecin, des fonctions de premier consul de la ville du Mas-d'Agenais (Lot-et-Garonne) ; — à celle des sieurs Rouzier et Duluc, jurats de Cadillac (Gironde) ; — aux nominations de Jean-Baptiste Soulau à la place d'assesseur de la ville du Mas, en remplacement du sieur Larrieu, démissionnaire ; — du sieur Gombaud, premier consul à Issigeac ; — de M. Laforêt Courregeoles aux fonctions de maire de Verteuil ; — à la démission de M. Bonnot, maire de la ville d'Astafort (Lot-et-Garonne).

C. 931. (Carton.) — 111 pièces, papier.

1784. — Correspondance de MM. les ministres de Vergennes et d'Ormesson avec M. Dupré de Saint-Maur, intendant de Bordeaux, relative : — à la nomination du sieur Gourbeaux aux fonctions de premier consul de la communauté d'Issigeac (Dordogne), en remplacement de M. Gorsse de Capdeville, démissionnaire ; — à la police de la ville de Libourne (Gironde) ; — à la démission de M. Bonnal, négociant, de la charge de consul de Villeneuve-d'Agen (Lot-et-Garonne) ; — à une plainte du sieur Péjouan, trésorier-receveur de la communauté de Gontaud, au sujet des tracasseries à lui suscitées par les officiers municipaux de la localité ; — aux nominations du sieur Farbos de Luzan à la charge de deuxième assesseur de la ville de Grenade ; — de Desmazes et Niagues, aux fonctions de premier et deuxième consuls de Clairac (Lot-et-Garonne) ; — de Durrien de Maisonneuve, à celles de maire de Castillonnés, en remplacement du sieur Baillot de Florensac et du sieur Chalvet au consulat de ladite localité, etc.

C. 932. (Carton) — 100 pièces, papier.

1784. — Correspondance de M. le ministre de Vergennes avec M. Dupré de Saint-Maur, intendant de Bordeaux, relative : — aux nominations de MM. Raynal aux fonctions de second consul de la ville de Domme, en remplacement du sieur Sarlat, démissionnaire ; — Lavan, à celles de jurat de la ville de Saint-Émilion (Gironde) ; — Antoine Mouchet, médecin, et Pierre Deymier, aux charges de premier et deuxième consuls de Sainte-Bazeille (Lot-et-Garonne) ; — à la police municipale de la communauté de Mézin (Lot-et-Garonne) ; — à la nomination de M. Beton, ancien capitaine d'infanterie, à la place de deuxième consul de Sarlat (Dordogne) ; — à une demande du sieur Lartigue, pour la levée aux parties casuelles de l'office de procureur du Roi en l'Hôtel-de-Ville de Mont-de-Marsan (Landes) ; — aux gages du secrétaire-greffier de la communauté de Saint-Maurin et à l'habillement du valet de ville dudit lieu ; — aux assemblées générales de la communauté de Condom (Gers).

C. 933. (Portefeuille.) — 85 pièces, papier.

1719-1760. — Correspondance de MM. de Gaumont, Le Pelletier, de La Houssaye, Dodun et d'Ormesson, ministres, avec MM. de Courson, Boucher et de Tourny, intendants de Bordeaux, concernant : — la réduction des dettes de la communauté de Bordeaux au denier 50 ; — le remboursement des maisons démolies. — Intéressés audit remboursement : M¹¹ᵉ de Laville, veuve d'Autiège ; — M¹¹ᵉ de Giac ; — Billote ; — Étienne Denis ; — les dames Religieuses de Saint-Benoît, — les dames Constant et Junca ; — M. de Montaigne Du Taillan ; — François Cornac ; — Desmanot ; — M¹¹ᵉ Lauvergnac ; — les emprunts de l'Hôtel-de-Ville, etc.

C. 934. (Portefeuille.) — 90 pièces, papier.

1719-1775. — Correspondance de MM. de Morville, le cardinal de Fleury, de La Houssaye, d'Aguesseau, de Lamoignon, Machault, de Saint-Florentin, Bertin, de Courteille, Langlois, Trudaine, de Montigny et d'Invau, ministres, avec MM. de Courson, Boucher, de Tourny, Boutin et Fargès, intendants de Bordeaux, concernant : — les dettes passives de l'Hôtel-de-Ville de Bordeaux ; — les réclamations des créanciers pour le payement de leurs créances. — Créanciers : MM. le président Lalanne ; — Delpech, maître des requêtes ; — Méan et plusieurs fournisseurs, etc.

C. 935. (Portefeuille.) — 96 pièces, papier.

1730-1760. — Correspondance de MM. de Chauvelin, d'Aguesseau, d'Ormesson, de Courteille, de Lamoignon, Amelot et de Saint-Florentin, ministres, avec MM. Boucher et de Tourny, intendants de Bordeaux, relative : — à la construction du presbytère de Pauillac ; — de l'église de Saint-Vincent-de-Paul en Ambès (Gironde) ; — à l'état de la jalle de Blanquefort (id.) ; — aux sieurs Jean et Jacques Basset, de la communauté d'Arbanats, prisonniers détenus dans les prisons de Portets (Gironde) ; — à Étienne Teycheney, Jean Sauvervie et Bernard Suberbère, de la même paroisse, détenus en la conciergerie du Parlement de Bordeaux pour vol d'œuvres, lattes et aubiers, sur la propriété de Mᵐᵉ de Gascq, baronne de Portets ; — à la démolition d'un bâtiment construit par le sieur Aupit sur la voie publique du bourg de Verdelais ; — à la réparation de la chapelle d'Arveyres ; — à la concession des vacants de La Mathe appartenant à la communauté de Valeyrac en Médoc ; — aux landes de Biscarrosse ; — à la construction de l'église de Castillon-sur-Dordogne ; — à la nomination du régent de la communauté de Rions, etc.

C. 936. (Portefeuille.) — 89 pièces, papier.

1743-1779. — Correspondance entre MM. de Courteille, d'Ormesson et Bertin, ministres, avec MM. de Tourny, Boutin et Fargès, intendants de Bordeaux, relative : — à la révision des comptes des revenus patrimoniaux et d'octrois de la ville et communauté de Saint-Sever (Landes) ; — aux plaintes contre le juge et quelques particuliers de la communauté de Vayres, qui trouvaient le moyen de s'exempter de la taille et d'autres impositions, en raison des fermes qu'ils exploitaient, en se faisant passer pour régisseurs des propriétaires ; — à des contestations entre les sieurs Menadier, Hause et Lafourcade, au sujet du rétablissement d'un pont à Preignac ; — à la complantation de vignes dans les vacants ou padouens de la communauté de Saint-Macaire ; — à des contestations à l'occasion d'une halle à Saint-Loubès.

C. 937. (Portefeuille.) — 100 pièces, papier ; 1 pièce, parchemin ; 2 plans.

1757-1769. — Correspondance de MM. les ministres de Beaumont, d'Aguesseau, de Cremille et de La Houssaye, avec MM. Boucher et de Tourny, intendants de Bordeaux, relative : — à un projet d'édification d'un couvent pour les Dames de la Foi ; — à l'achat d'une maison et au devis estimatif des réparations à faire pour l'appropriation de ce local ; — à la fondation de l'hôpital par le duc d'Épernon, à Cadillac (Gironde) ; — aux différends entre le seigneur du lieu et la communauté ; — aux élections des consuls ; — à un procès au sujet du remboursement de l'office de maire ; — aux délibérations des officiers municipaux ; — aux droits de prélation ; — aux engagistes du domaine du Roi, etc.

C. 938. (Portefeuille.) — 109 pièces, papier.

1743-1746. — Correspondance entre M. de Tourny, intendant de Bordeaux, les jurats et le subdélégué de Libourne (Gironde), concernant : — les droits de bourgeoisie ; — les troupes bourgeoises ; — les réparations d'une tour à l'Hôtel-de-Ville ; — des contestations à l'occasion du régent principal du collège ; — l'entrée des vins ; — des contestations entre la communauté et M. Favereau, avocat du Roi au Présidial de Libourne, pour arrérages de ses gages.

C. 939. (Portefeuille.) — 93 pièces, papier.

1725-1756. — Correspondance de MM. d'Aguesseau, de La Houssaye, d'Argenson, Dodun et Le Pelletier, ministres, avec MM. Boucher et de Tourny, intendants de Bordeaux, concernant : — les confréries de Saint-Clair et du Saint-Esprit ; — les honneurs dus aux officiers des Cours souveraines ; — le passage et le logement des troupes ; — le délestage ; — la police de la ville de Libourne (Gironde); — l'hôpital; — les décorations et embellissements de la ville, ses revenus et ses charges.

C. 940. (Portefeuille.) — 93 pièces, papier.

1679-1757. — Correspondance de M. le maréchal duc de Richelieu et d'Ormesson, ministres, avec MM. de Tourny et Fargès, intendants de Bordeaux, concernant : — la police de la ville de Libourne (Gironde) ; — les armements pour les colonies d'Amérique ; — les bacs et passages ; — la reddition des comptes ; — la taille et les impositions de la communauté.

C. 941. (Portefeuille.) — 117 pièces, papier.

1679-1757. — Correspondance entre MM. Boucher et de Tourny, intendants de Bordeaux, et les jurats et subdélégués de Libourne (Gironde), concernant les prud'hommes. — On y remarque les noms de : MM. Battar, notaire ; — Mathieu, bourgeois ; — Feuillade, avocat ; — Fontemoing, négociant ; — Chaperon, notaire ; — Derieux, médecin ; — Barboteau ; — Cambarot, procureur ; — Piffon, marchand drapier ; — Fourcaud, négociant ; — Lemoine, avocat ; — Naujarède Raymond ; — Belliquet, avocat ; — Roy aîné ; — Duperrieu, négociant ; — Daugereau, maire, etc.

C. 942. (Portefeuille.) — 112 pièces, papier.

1737-1762. — Correspondance de MM. de Saint-Florentin, de La Houssaye et Berryer, ministres, avec MM. Boucher, de Tourny et Boutin, intendants de Bordeaux, concernant : — les élections des maires et jurats de Libourne (Gironde) ; la ferme du droit du pied fourché ; — la résiliation du bail consenti en faveur du sieur Jacques d'Albert ; — les droits maritimes et d'échanges ; — les droits seigneuriaux ; — des contestations entre la communauté et M. Louis de Voizin, écuyer, à l'occasion du payement du droit des lods et ventes résultant des acquisitions par elles faites par échanges dans la ville et juridiction de Libourne, etc.

C. 943. (Portefeuille.) — 74 pièces, papier; 1 plan.

1679-1769. — Correspondance entre MM. de Baudry, de Saint-Florentin, Trudaine, de Montigny, d'Argenson, le duc de Choiseul, le duc de Praslin et Dodun, ministres, et MM. de Courson, de Tourny, Boutin, Boucher et de Fargès, intendants de Bordeaux, concernant : — la construction des casernes de Libourne (Gironde) ; — l'administration de la ville, ses revenus et ses charges ; — le droit du pied fourché ; les priviléges de la communauté ;

— un traité entre les officiers municipaux et les fermiers généraux pour les droits de 300 pipes de sel ; — le don gratuit ; — les droits de traite et de comptage ; — les emprunts de l'Hôtel-de-Ville.

C. 944. (Portefeuille.) — 100 pièces, papier.

1739-1780. — Correspondance entre MM. de Baudry, de Saint-Florentin, Bertin et Trudaine, ministres, et MM. Boucher, de Tourny et Boutin, intendants de Bordeaux, relative : à l'office de maire de Sainte-Foy ; — à des contestations au sujet de l'administration de ladite communauté ; — à la nomination des officiers de la milice bourgeoise de Sainte-Foy (Gironde) ; — au collége des Récollets ; — à des contestations entre M. le duc d'Aiguillon et les maire et jurats de Sainte-Foy, au sujet de la propriété de l'Hôtel-de-Ville de ladite localité, etc.

C. 945. (Portefeuille.) — 97 pièces, papier.

1780-1789. — Devis, adjudications de travaux et délibérations des communautés de Saint-Hilaire, Petit-Clairac, Saint-Martin-du-Puy, Dieulivol, Neufonds, Aurioles, Rimons, Lenclave, Saint-Martin-de-Lerm, Camiran, Saint-Romain, Mestérieux, etc., concernant : — l'acquittement de leur tâche sur la confection de la route de Sainte-Foy à Saint-Macaire et l'adjudication des divers travaux à exécuter à l'église et au cimetière d'Aurioles et Listrac.

C. 946. (Carton.) — 91 pièces, papier.

1779-1789. — Devis, adjudications et délibérations des communautés, relatives : à la reddition des comptes des communautés de Massugas et de Listrac ; — à l'adjudication des travaux de la route de Sainte-Foy à Sauveterre ; — aux réparations de la maison presbytérale de la commune du Puy ; — à la tâche des chemins à la charge des communautés de Blazimont et de Saint-Antoine-du-Queyret ; — aux délibérations prises par diverses communautés au sujet de l'acquittement de la tâche sur la route de Sainte-Foy à Saint-Macaire par Sauveterre.

C. 947. (Portefeuille.) — 127 pièces. papier.

1697-1778. — Correspondance entre MM. Orry, de Courteille, Le Blanc, La Vrillière, de Chauvelin, de Lamoignon, de Maupeou, d'Invau, Bertin, d'Ormesson, ministres, et MM. de Courson, Boucher, de Tourny, Boutin et de Fargès, intendants de Bordeaux, concernant : — les affaires de la communauté de la ville de La Réole (Gi-

SÉRIE C. — INTENDANCE DE BORDEAUX. 161

ronde); — affaire en revendication contre le domaine par la famille Duval en 1749, touchant la propriété du château; — la destitution d'un major de La Réole; — la confirmation des anciens privilèges, sur la demande qu'en firent les habitants en 1730; — une demande d'exemption de logement de la part du procureur du Roi; — des affaires de capitation et prix d'offices; — les pièces d'un procès, au sujet de l'entrée des vins en ville, entre les jurats et le sieur Tartas; — un mémoire sur l'élection des prud'hommes; — un devis des ouvrages à faire au port en 1746; — une contestation entre MM. Bonsol et les jurats au sujet de l'entrée des vins en ville; — *le bois Majou*, vacant, prétendu communal par les jurats de La Réole; — un procès avec le domaine, mémoires et pièces de la communauté de La Réole pour justifier ses prétentions.

C. 948. (Carton.) — 109 pièces, papier.

1719-1776. — Correspondance de MM. de La Vrillière, de La Houssaye, de Courteille, d'Argenson, de Chauvelin, de Lamoignon et d'Ormesson, ministres, avec MM. de Courson, Boucher, de Tourny et Boutin, intendants de Bordeaux, relative : — à l'établissement d'un Hôtel-Dieu hors les murs de la ville de Saint-Macaire (Gironde); — au passage des troupes; — à des contestations au sujet des logements militaires; — aux officiers de la justice royale de Saint-Macaire; — à une enquête des maire et jurats, à l'occasion de leurs impositions; — aux vacants et inféodations de Saint-Macaire; — aux privilèges de la ville, à ses charges, à ses revenus et à ses dettes, etc.

C. 949. (Portefeuille.) — 116 pièces, papier; 1 plan.

1728-1771. — Correspondance de MM. de Chauvelin, Trudaine, Amelot et de Courteille, ministres, avec MM. Boucher et de Tourny, intendants de Bordeaux, concernant : — la destitution des sieurs Hermand et de Saint-Spès, jurats de la ville de Bazas (Gironde); — les privilèges de la ville de Bazas; — l'établissement d'un collège dans cette ville sous la direction des Barnabites; — une demande du sieur Terrier, régent, aux fins d'être autorisé à ouvrir le mur de ville pour donner du jour à son école; — la restitution d'une tour à la ville; — la prévôté royale de Bazas. — une plainte des maire et jurats de Bazas contre le sieur Cabanac, lieutenant de police; — un édit du Roi qui supprime les offices de procureurs de police et des Hôtels-de-Ville, et les réunit à ceux des procureurs des juridictions royales; — les états des affaires de la subdélégation; — l'office de lieutenant général de police; — des contestations entre Mgr l'évêque de Bazas et les jurats de ladite ville au sujet du droit des boucheries; — l'acquisition du terrain des Cordeliers destiné au nouveau cimetière de Bazas.

C. 950. (Portefeuille.) — 119 pièces, papier.

1730-1774. — Correspondance de MM. Orry, Amelot, d'Aguesseau et de Chauvelin, ministres, avec MM. Boucher et Esmangart, intendants de Bordeaux, relative : — aux anciens privilèges de l'église de Bazas (Gironde); — aux contestations entre les évêques, le chapitre et les officiers municipaux de Bazas, soit au sujet des vacants, soit à l'occasion des boucheries, etc.

C. 951. (Portefeuille.) — 113 pièces, papier.

1725-1753. — Correspondance de MM. d'Ormesson, de Courteille, de Saint-Florentin et de La Houssaye, ministres, avec MM. Boucher et de Tourny, intendants de Bordeaux, relative : — à un procès à l'occasion du déplacement d'un banc dans l'église de Cocumont; — à une dénonciation calomnieuse formulée par les jurats de Langon (Gironde) contre M. Bourriot, subdélégué à Bazas (id.); — à la composition de la jurade de Grignos et aux abus dans les élections des consuls; — aux précautions à prendre pour garantir l'église et le bourg de Coutures contre le débordement de la Garonne; — aux comptes de la communauté de Caubon; — à l'imposition de 22 livres 1 sou pour la réception de l'évêque de Bazas à Marcellus en Bazadois; — à la nomination d'un syndic principal, d'un fractionnaire de rôles et d'un greffier à Rauzan; — à la distribution des gages entre les deux régents dudit lieu; — à la ferme des petites boucheries de La Réole, etc.

C. 952. (Portefeuille.) — 107 pièces, papier.

1706-1777. — Correspondance de MM. d'Ormesson, de Chauvelin, d'Angervilliers, de La Houssaye, Orry, d'Invau, de Saint-Florentin, de Trudaine et de Courteille, ministres, avec MM. Boucher, de Tourny, Boutin, Fargès et de Clugny, intendants de Bordeaux, relative : — aux contraintes exercées contre les habitants de Branens pour la levée de l'impôt; — aux réclamations du curé de Gironde contre le sieur Duprat, débiteur envers la fabrique; — à la répartition de la taille réelle et aux vacants de la communauté de Cauderot; — à une instance entre M. de La Lande, conseiller au Parlement de Bordeaux, et les habitants de la communauté de Bélin, à l'occasion de leurs droits et privilèges sur les bois, landes et vacants de ladite communauté ; — à un procès entre la communauté de Meilhan et M. le duc de Bouillon au sujet du dénombrement des rentes de la communauté ; — à un projet d'établissement d'un couvent de Capucins à Monségur ; — à des contestations entre cette communauté et M. le comte de Guilleragne au sujet de l'élection des consuls ; — au devis des réparations à faire au pont de La Sauvetat-de-Caumont ; — à une aliénation de terrain par la communauté de Langon (Gironde) ; — aux réparations de l'Hôtel-de-Ville et à la construction de l'auditoire des prisons de Sauveterre ; — aux prétentions de M. Puynormand sur le droit de péage dans la ville de Sauveterre, etc.

C. 953. (Portefeuille.) — 60 pièces, papier.

1723-1761. — Correspondance de MM. de La Vrillière, d'Ormesson, Orry et Machault, ministres, avec MM. Boucher et de Tourny, intendants de Bordeaux, concernant : — les marais de Blaye (Gironde) (terre combustible), incendiés en 1725 et 1726 ; — la décharge des impositions accordée par arrêt du Conseil du 25 septembre 1731 à ceux qui avaient été victimes de ce désastre ; — les terres appartenant au Gouvernement et au duc de Saint-Simon ; — le défrichement des landes et le desséchement des marais de la terre et seigneurie de Montendre, près la comtau de Blaye, etc.

C. 954. (Portefeuille.) — 109 pièces, papier.

1647-1772. — Correspondance de MM. de Trudaine, Cochin, de Courteille, Le Péletier, ministres, avec MM. de Courson, de Tourny, Fargès et Boutin, intendants de Bordeaux, concernant : — des contestations élevées entre les propriétaires des marais de Blaye (Gironde) et les fermiers du domaine ; — les défrichements et partages des marais et landes de la comtau de Blaye.

C. 955. (Carton.) — 60 pièces, papier.

1680-1698. — Comptes, avec les pièces à l'appui, concernant : — la reddition des comptes, par-devant M. de Ris, intendant en Guienne, par les maire et jurats de la ville de Périgueux (Dordogne), à raison d'une somme de 13,500 livres imposée en 1677 sur la ville et banlieue de Périgueux (Dordogne) ; cette somme devait être employée à l'ustensile des troupes d'infanterie qui devaient hiverner sur les frontières ; — des contestations : 1° entre Jacques-Buste Jacob, fermier des greffes, et Jean Dordé, bourgeois de Bordeaux, caution dudit Jacob ; 2° entre Bernard Peynaud, greffier de la juridiction de Puynormand, et Jean Bucherie, lieutenant du Sénéchal de Fronsac au siège de Coutras (Dordogne), au sujet des sommes levées en la paroisse de Saint-Seurin, tant pour l'ustensile et habits des soldats que pour les gages du capitaine de la milice ; 3° entre Jean Moreau, ci-devant receveur ambulant des formules et domaines dans le département de Bordeaux, et Guillaume Cassaing, directeur desdites formules, au sujet de la clôture des comptes dudit Moreau et des apostilles mises auxdits comptes par Cassaing.

C. 956. (Portefeuille.) — 120 pièces, papier ; 1 pièce, parchemin.

1739-1755. — Correspondance de MM. de Saint-Florentin et de Courteille, ministres, avec M. de Tourny, intendant de Bordeaux, relative : — à un projet d'établissement d'une manufacture de soie et coton à Périgueux (Dordogne) ; — à la représentation des bourgeois par députés dans les assemblées du corps de ville ; — au droit de franc-fief ; — aux discussions entre les consuls et le maire de Périgueux à l'occasion des prérogatives attachées à sa charge ; — à la procédure entre les consuls et M. Dambois, maire de Périgueux, au sujet de sa noblesse contestée par lesdits consuls.

C. 957. (Portefeuille.) — 111 pièces, papier ; 3 pièces, parchemin.

1743-1760. — Correspondance de MM. de Courteille, de Baudry, de Saint-Florentin, de Trudaine et de Lamoignon, ministres, avec M. de Tourny, intendant à Bordeaux, relative : — à une réclamation de M. Dambois, maire perpétuel de Périgueux (Dordogne), au sujet du payement de sa charge ; — aux offices municipaux ; — au logement des gens de guerre ; — à la juridiction consulaire ; — aux revenus de l'Hôpital-Général de la ville de Périgueux, soit en biens-fonds, rentes foncières, obligations ou rentes constituées, quittances de finances et rentes sur le clergé, etc.

C. 958. (Portefeuille.) — 104 pièces, papier.

1741-1751. — Correspondance de M. de Tourny, intendant de Bordeaux, avec les maire et jurats de Périgueux, concernant : — la reddition des comptes de la communauté ; — les contestations entre MM. les maire et jurats, les chanoines et le chapitre, au sujet de l'entrée des blés et des vins ; — à un don de 15,000 livres fait par les habitants de la ville de Périgueux pour fournir à la levée de dix compagnies d'infanterie.

C. 959. (Portefeuille.) — 94 pièces, papier.

1726-1758. — Correspondance de MM. Amelot et

de Courteille, ministres, avec MM. Boucher et de Tourny, intendants de Bordeaux, relative : — aux anciens titres et privilèges de la communauté de Périgueux (Dordogne) ; — à l'établissement de l'Hôpital-Général ; — à des discussions entre les bourgeois et habitants de la ville et Jacques Coloumbat, sous-fermier des domaines de la Généralité de Bordeaux, au sujet du droit de franc-fief ; — à la police de la voirie ; — aux revenus patrimoniaux et d'octroi de Périgueux.

C. 960. (Portefeuille.) — 112 pièces, papier.

1710-1739. — Correspondance de MM. de Baudry, de La Houssaye, de Chauvelin, d'Angervilliers, d'Aguesseau et Amelot, ministres, avec MM. de La Tour de Gallois et Boucher, intendants de Bordeaux, relative : — à l'acquisition d'une maison pour l'établissement des casernes de la ville de Périgueux (Dordogne) ; — au remboursement des charges municipales ; — aux contestations entre le chapitre de Périgueux et les consuls de ladite ville ; — à un impôt de quatre deniers pour livre pour les viandes qui se débitent dans les boucheries ; — à la nomination du sieur Courtel de Grammont, conseiller, aux fonctions de second consul, en remplacement du sieur Dujarrié, destitué pour incapacité ; — à une plainte de M. Lamothe-Pinot contre la communauté de Périgueux au sujet de l'entrée des vins ; — aux réparations du chemin de Périgueux à Limoges (Haute-Vienne).

C. 961. (Portefeuille.) — 114 pièces, papier ; 1 plan.

1740-1748. — Correspondance de MM. de La Houssaye et Amelot, ministres, avec MM. Boutin et de Tourny, intendants de Bordeaux, relative : — à une réclamation des PP. Jésuites du collège de Périgueux (Dordogne), au sujet des arrérages qu'ils prétendent leur être dus par la ville et communauté ; — à une contestation entre les dames Datis, au sujet d'une créance de 130,000 livres sur la ville de Libourne (Gironde) ; — au logement des troupes ; — au procès entre les consuls et M. Dambois, maire de Périgueux, au sujet des clefs de l'Hôtel-de-Ville ; — à la composition de la jurade de Périgueux ; — à une réclamation des cavaliers de la maréchaussée au sujet des droits d'entrée ; — à l'indemnité du messager de la poste de Périgueux ; — à la reddition des comptes de la communauté, etc.

C. 962. (Portefeuille.) — 114 pièces, papier ; 1 plan.

1749-1765. — Correspondance de MM. de Courteille, Bertin, de Saint-Florentin, de Lamoignon et de Maupeou, ministres, avec MM. de Tourny et Boutin, intendants de Bordeaux, relative : — aux revenus de la ville de Périgueux (Dordogne) ; — aux gages du maire ; — à la construction du pont de Saint-Aignan, sur le chemin de Montignac ; — au pont de la Bouse ; — à l'hôpital de Sainte-Marthe de Périgueux ; — aux réparations du clocher de l'Hôtel-de-Ville ; — à une demande de gratification en faveur du sieur Dupuy, pour avoir géré le greffe de la maréchaussée de Périgueux jusqu'à la nomination d'un nouveau greffier ; — aux corvées ; — aux dégradations faites aux maisons de M. Allemand de La Bouège, à l'entrée de la ville de Nontron, par l'effet de l'explosion d'une mine pendant la réparation des chemins, etc.

C. 963. (Portefeuille.) — 97 pièces, papier.

1719-1745. — Correspondance de MM. de Courson et Boucher, intendants de Bordeaux, avec les subdélégués et les ministres Dodun, de Chauvelin, Law, d'Aguesseau, Orry, d'Ormesson, de Trudaine et de La Houssaye, concernant : — les contestations entre les habitants de Bergerac (Dordogne) et d'Issigeac, au sujet de la descente des vins ; — le passage des troupes ; — les charrois ; — la réclamation des habitants d'Excideuil (Dordogne) pour la confirmation de leurs privilèges et franchises, et le remboursement d'une somme de 86,802 livres qu'ils prétendaient avoir dépensée en 1652 et 1653 pour la subsistance des troupes ; — l'incarcération du sieur Daterme, collecteur de la paroisse d'Allemans, pour détournement de deniers publics ; — la demande par la communauté de Villefranche, en Périgord, de l'établissement d'un octroi sur les vins et le sel, et d'un impôt de 2,400 livres pour la construction d'une fontaine ; — la ferme de la halle de la communauté de l'Isle.

C 964. (Portefeuille.) — 94 pièces, papier ; 1 plan.

1744-1757. — Correspondance de M. de Tourny, intendant de Bordeaux, avec les subdélégués et M. le ministre de Courteille, concernant : — les contestations élevées entre les habitants de la paroisse d'Angoisse, en Périgord, et ceux de la paroisse de Payssac, à l'occasion de la délimitation de leurs communautés ; — la reddition des comptes et la nomination des consuls de Thiviers (Dordogne) ; — les demandes d'exemption d'impôts par les habitants de la communauté de Cahuzac pour pertes de récoltes ; — l'entrée des vins à Naussanes ; — le rétablissement de la fontaine sur la place de Nontron (mémoire, devis) ; — des contestations entre le maire et les consuls de Périgueux (Dordogne).

C. 965. (Portefeuille.) — 76 pièces, papier.

1719-1762. — Correspondance de MM. de Courson, Boucher, de Tourny et Boutin, intendants de Bordeaux, avec les subdélégués et MM. les ministres de La Vrillière, d'Aguesseau, de La Houssaye, de Lamoignon, Bertin et de Courteille, concernant : — les élections consulaires de la ville de Sarlat (Dordogne) et les abus dans lesdites élections ; — la nomination des collecteurs ; — la construction d'un abreuvoir et d'un lavoir à Sarlat ; — des contestations entre les officiers municipaux de Sarlat et les marchands de la même ville au sujet de la perception d'un droit de 5 sous pour l'entrée des cuirs et des peaux préparées ; — une plainte des habitants de Mucidan contre le sieur Gédéon Latané, juge audit lieu, accusé de protestantisme ; — les élections des consuls de la communauté de Saint-Cyprien, etc.

C. 966. (Portefeuille.) — 114 pièces, papier.

1705-1770. — Correspondance de MM. de Courson, Boucher, de Tourny, Boutin et de Fargès, intendants de Bordeaux, avec les subdélégués et MM. les ministres de La Houssaye, Amelot, de Courteille, d'Argenson, Demoras, d'Ormesson, de L'Averdy, Orry et Bertin, concernant : — la taxe des débits de vin ; — les réparations de la prison, de la halle et de la fontaine publique de Montpazier (Dordogne) ; — les priviléges des habitants de Bergerac (Dordogne) pour le transport de leurs vins à l'étranger ; — le rapport de M. Vimar, ingénieur et inspecteur des ponts et chaussées, sur la visite des travaux de la ville de Bergerac ; — l'élection des consuls de ladite communauté ; — les réparations des ponts sur le Drot ; — une plainte contre les officiers municipaux d'Eymet (Dordogne) qui avaient, sans autorisation, fait exécuter des travaux aux murs de ville, etc.

C. 967. (Portefeuille.) — 104 pièces, papier.

1734-1757. — Correspondance de M. Boucher, intendant de Bordeaux, avec les subdélégués et MM. les ministres de La Houssaye et d'Ormesson, concernant : — la liquidation d'une créance du sieur de Saint-Gilis de Grave sur la communauté de Montagut ; — des plaintes sur la mauvaise administration des revenus de la communauté de Coubebonnet ; — l'exemption des tailles en faveur du sieur Raymond Dumayne, lieutenant de louveterie ; — l'arrentement des tours de la ville de Sainte-Foy ; — les robes consulaires et les habillements des valets de ville du même lieu ; — le récurement du ruisseau de Talzac, sis en la communauté de Monclar ; — les frais de confection des rôles de la capitation et la reddition des comptes de la communauté de Penne (Lot-et-Garonne) ; — des contestations entre le sieur Reverdy et les consuls de la communauté du May, au sujet de la réparation de la fontaine ; — l'organisation des patrouilles pour empêcher les vols fréquents qui se commettaient dans la ville du Mas-d'Agenais, etc.

C. 968. (Portefeuille.) — 80 pièces, papier.

1737-1759. — Correspondance de l'intendant avec les subdélégués, concernant : — un extrait des anciens legs et dons faits par divers particuliers à l'église de Notre-Dame de Tonneins-Dessous ; — une créance de la demoiselle Goumois sur ladite communauté ; contestations à ce sujet ; — un échange de terrain entre la communauté et le sieur Joseph Niquet, inspecteur de la manufacture des tabacs de Tonneins ; — la nomination du procureur syndic de ladite communauté ; — le logement d'une compagnie de dragons du régiment Dauphin ; — les comptes de la communauté de Tonneins-Dessus ; — la disette des grains à Aiguillon ; — le récurement des ruisseaux de Gouts et de la Beuse ; — les gages des valets de ville de la communauté de Penne ; — le payement des gages de Jean Delard, jurat de la ville de Villeneuve-d'Agen, etc.

C. 969. (Portefeuille.) — 106 pièces, papier.

1746-1758. — Correspondance de l'intendant avec les subdélégués, concernant : — les récurements et les élargissements des ruisseaux de la communauté de Clairac (Lot-et-Garonne) ; — une réclamation des consuls et habitants de la communauté de Lafitte-en-Agenais, tendante à ce que les fonds provenant du remboursement du capital de l'indemnité des tabacs fussent employés au payement des ouvrages nécessaires pour le changement de la halle dudit lieu ; — les indemnités accordées aux cultivateurs ; — les comptes de la communauté de Clairac et de Lafitte ; — la vente de la coupe des bois de la communauté de Clairac ; — l'exemption des corvées, etc.

C. 970. (Portefeuille.) — 71 pièces, papier; 2 pièces, parchemin.

1739-1768. — Correspondance de l'intendant avec les subdélégués, concernant : — les gages des officiers municipaux et la reddition des comptes de la communauté de Monflanquin (Lot-et-Garonne) ; — une créance du sieur Étienne Nonlabade sur la communauté de Cassenueil ; — la disette des grains ; — l'entrée des vins étrangers ; — les frais de construction du quai de la Magistère sur la grande

SÉRIE C. — INTENDANCE DE BORDEAUX. 165

route de Bordeaux à Toulouse; — les réparations des chemins et la construction du pont de Lapeyrie sur la rivière de la Masse dans la communauté de Preyssas; — la vente de la viande cuite à Miramont; — les honoraires du prédicateur de Verteuil; — les frais des feux de joie de la communauté de Puymirol (Lot-et-Garonne); — le refus obstiné du curé de la paroisse de Taillebourg aux avis qu'il avait reçus pour le renvoi de sa servante; — une ordonnance de l'intendant qui enjoint audit curé de renvoyer ladite servante dans le délai de trois jours, et si, à l'expiration de ce délai, il n'a pas obéi à ses ordres, ladite servante sera arrêtée et détenue dans les prisons de Marmande, aux dépens dudit curé, etc.

C. 971. (Portefeuille.) — 85 pièces, papier.

1759-1765. — Correspondance entre MM. d'Ormesson et Bertin, ministres, et Boutin, intendant de Bordeaux, relative : — au projet de réunion des deux communautés de Tonneins-Dessus et Tonneins-Dessous (Lot-et-Garonne), proposée par le duc de La Vauguyon. — États des revenus et charges des deux communautés ; — mémoire sur la réédification de l'église de Mercadieu.

C. 972. (Portefeuille.) — 100 pièces, papier.

1719-1751. — Correspondance de MM. Boucher et de Tourny, intendants de Bordeaux, avec les subdélégués et MM. les ministres de La Houssaye et de Courteille, concernant : — le logement des troupes à Agen (Lot-et-Garonne); — l'établissement d'un petit séminaire à Marmande; — la capitation de la noblesse et la distribution de grains aux pauvres de Sainte-Livrade; — une demande en autorisation d'impôts pour la communauté de Laugnac; — les procès de la ville d'Agen; — les foires et marchés de ladite ville; — les comptes de la communauté de Castillonnés; — les frais de casernement et des bois de chauffage; — les réclamations des gentilshommes qui se plaignent d'être compris dans le rôle de casernement.

C. 973. (Portefeuille.) — 100 pièces, papier.

1610-1756. — Correspondance de M. de Tourny, intendant de Bordeaux, avec les subdélégués et MM. les ministres de Machault et de Courteille, concernant : — l'opposition des consuls et habitants de la ville de Villeneuve-d'Agen à un arrêt du Conseil du 20 juillet 1613 portant maintenue du gouvernement de ladite ville au profit de François de Monferrand, seigneur dudit lieu ; — l'administration de l'hôpital de Villeneuve-d'Agen (Lot-et-Garonne) ; — l'arrestation et détention du sieur Fialdès pour s'être refusé à monter la garde afin de protéger une nouvelle plantation d'arbres sur les remparts de la ville de Villeneuve ; — la reddition des comptes de la communauté de Castillonnés par MM. Delias, maire, Martin et Delbourg, consuls dudit lieu ; — des contestations au sujet de ces comptes, etc.

C. 974. (Portefeuille.) — 111 pièces, papier.

1721-1769. — Correspondance de MM. de Courson, Boucher, de Tourny et de Fargès, intendants de Bordeaux, avec les subdélégués et MM. les ministres d'Aguesseau, Amelot, de Chauvelin, de Lamoignon, d'Invau, de La Houssaye, de Saint-Florentin, de Beaumont et Bertin, concernant : — la taille des biens nobles de la communauté de Lusignan ; — les dettes de la ville d'Agen (Lot-et-Garonne); — les prétentions des maire et consuls sur l'administration de l'hôpital de Villeneuve-d'Agen ; — le choix des officiers municipaux de cette communauté ; — le projet de changement des boucheries dudit lieu ; — des contestations sur les élections de Villeneuve ; — les revenus et charges de ladite communauté ; — les comptes de la ville d'Agen ; — une plainte du sieur Delmas, procureur du Roi à Castillonnés, contre les consuls dudit lieu, qui se servaient des deniers de la communauté pour poursuivre des procès en leur nom contre le lieutenant de police, etc.

C. 975. (Portefeuille.) — 100 pièces, papier.

1608-1773. — Correspondance de MM. de Tourny, Esmangart et de Fargès, intendants, et MM. les subdélégués et MM. les ministres de Maupeou, de Boullongne, de Courteille et de La Vrillière, concernant : — la réunion de l'office de lieutenant général de police au corps des officiers municipaux du Port-Sainte-Marie (Lot-et-Garonne) ; — les fermes des droits de chevrerie, de la vente de la morue et de souchet de la ville d'Agen ; — la réclamation d'indemnités par les anciens fermiers du droit de pied-fourché de ladite ville ; — les réparations des murs de la ville d'Agen; — les gages du garde de l'arsenal ; — les réjouissances publiques à l'occasion de la convalescence du Roi (1745); — l'augmentation des gages des valets de ville et des soldats du guet; — des brouilleries dans le corps municipal d'Agen, etc.

C. 976. (Portefeuille.) — 113 pièces, papier; 1 pièce, parchemin.

1700-1750. — Correspondance de M. Boucher, intendant de Bordeaux, avec les subdélégués et MM. les ministres de La Vrillière, d'Ormesson, de Chauvelin, d'Aguesseau et Le Péletier, concernant : — les seigneurs hauts justiciers et les habitants de la paroisse de Bias ; — une discussion au sujet de la taille entre les paroisses de Bias et Tombebouch ; — la rébellion des habitants de Langon au sujet des arrérages des redevances par eux dues à M. Chazeron ; — la disette des grains ; — la demande du sieur Bru, collecteur de la communauté de Saint-Maurin, en remboursement d'avances ; — le refus d'allocation de fonds demandés par le syndic de la communauté de Bajaumont, pour soutenir un procès contre M. Chazeron ; — des contestations entre les habitants de Beauville et le comte de Talleyrand, au sujet de la nomination des consuls et de l'exemption des tailles de ses domaines ; — des plaintes des consuls de Castelculier contre le sieur Espinasse, juge dudit lieu, au sujet de l'administration de la police, etc.

C. 977. (Portefeuille.) — 108 pièces, papier.

1504-1751. — Correspondance de M. Boucher, intendant de Bordeaux, avec les subdélégués et MM. les ministres de La Vrillière, Orry, de Gaumont, d'Ormesson et d'Aguesseau, concernant : — des contestations entre l'évêque et les habitants de Casseneuil au sujet du rétablissement du chœur de l'église ; — les émeutes provoquées par la tentative de désarmement de quelques jeunes gens de Casseneuil par la maréchaussée ; — les comptes de la communauté de Bruch ; — un procès entre les habitants de la communauté de Frespech et le receveur des domaines de Bordeaux pour usurpation de terres sur le domaine du Roi ; — le surpied des rôles de la taille de la juridiction de Saint-Ferme ; — un procès de M. le duc d'Aiguillon contre les habitants de Madaillan ; — les gages du régent de la communauté de Roquecor ; — la discussion entre l'abbé de Mesplès et les deux consuls de la paroisse de Granges, à l'occasion de la fête locale dudit lieu ; — l'augmentation du salaire du secrétaire de la communauté de Monbalen ; — les frais d'arpentement de la paroisse de Pardaillan ; — les réparations du pont de Coquès en la communauté de Penne ; — la disette de Cambes ; — la créance du sieur Buisson sur la communauté de Boynet ; — les comptes des communautés de Clermont-Dessous et de Pujols, etc.

C. 978. (Portefeuille.) — 112 pièces, papier.

1714-1757. — Correspondance de MM. de Tourny et Boucher, intendants de Bordeaux, avec les subdélégués et MM. les ministres de Gaumont, de Chauvelin, Orry, de Courteille et de La Houssaye, concernant : — les comptes de la communauté de La Sauvetat-de-Savères ; — la rétribution de l'organiste de la ville de Villeneuve-d'Agen ; — les assemblées des consuls d'Aiguillon ; — l'établissement d'un hôpital dans cette ville ; — la vérification des comptes de la communauté de Birac ; — la réunion de l'office de lieutenant général de police au corps de ville de Gontaud ; — les comptes de ladite communauté ; — le reliquat des comptes de la communauté de Monsempron ; — un procès entre M. de Pompadour et la communauté de Sommensac, etc.

C. 979. (Portefeuille.) — 121 pièces, papier.

1714-1763. — Correspondance de MM. de Courson et Boucher, intendants de Bordeaux, avec les subdélégués et MM. les ministres de Gaumont, de Chauvelin, d'Aguesseau et de La Houssaye, concernant : — une réclamation de l'abbé de Graves au sujet d'une imposition, en trois années, de la somme de 7,385 livres 11 sous 6 deniers ; — une discussion entre les consuls et le juge de Montpezat, au sujet des droits de préséance ; — la reddition des comptes de la communauté de Lauzun ; — les Filles de la Foi de Clairac (Lot-et-Garonne) ; — les concussions du juge de Monflanquin ; — la résignation de l'office de maire de cette ville par le sieur Ducoudut en faveur du sieur Vernejoul, etc.

C. 980. (Portefeuille.) — 103 pièces, papier.

1724-1765. — Correspondance de MM. Boucher et de Tourny, intendants de Bordeaux, avec les subdélégués et MM. les ministres d'Ormesson, de Lamoignon, de Courteille, de Saint-Florentin et Dodun, concernant : — une transaction entre le sieur Descorbiac, seigneur de Lamothe-Dursault et les consuls de la communauté de Castelsagrat, au sujet d'un procès relatif à la nobilité de certains fonds possédés, par ces derniers en la juridiction de ladite communauté ; — le recouvrement des deniers publics de la communauté de Puymirol (Lot-et-Garonne) ; — la misère extrême dans ladite localité ; — la confirmation des priviléges des officiers municipaux de Puymirol ; — une affaire entre les consuls, le juge et le seigneur de Castelmoron ; — le rétablissement des marchés et la réparation de l'horloge de ladite communauté ; — le casernement des troupes ; — le reliquat des comptes et les dégradations du cimetière de Sainte-Foy ; — des insultes faites au curé de Saint-Laurent-de-Pradoux ; — la suppression de l'office de maire dans les villes où il y a moins de 4,500 habitants, etc.

C. 981. (Portefeuille.) — 109 pièces, papier.

1719-1768. — Correspondance de MM. de Courson, Boucher, de Tourny, Boutin et de Fargès, intendants de Bordeaux, avec les subdélégués et MM. les ministres d'Argensou, Bertin, d'Aguesseau, Amelot, de Chauvelin, d'Angervilliers, de L'Averdy, d'Ormesson, de La Houssaye et de Saint-Florentin, concernant: — la reddition des comptes de la communauté de Grateloup ; — l'annulation de l'élection des consuls de la même communauté ; — les élections des officiers municipaux de Port-Sainte-Marie ; — des contestations à l'occasion de la nomination du chapelain et l'annulation par le Roi des élections des consuls dudit Port-Sainte-Marie ; — les assemblées de jurades ; — la maison des Filles de la Foi de Tonneins ; — des contestations entre les consuls de Tonneins-Dessus et Tonneins-Dessous à l'occasion de leurs prérogatives, etc.

C. 982. (Portefeuille.) — 102 pièces, papier.

1681-1769. — Correspondance de MM. Boucher, de Tourny, Boutin et de Fargès, intendants de Bordeaux, avec les subdélégués et les ministres d'Ormesson, de Baudry, de Chauvelin, de La Houssaye, de Beaumont, le duc de Choiseul et d'Invau, concernant : — la dépense de la maréchaussée et de la milice de la communauté de Cancon, en Agenais ; — la distribution des coupes de bois aux habitants de la ville du Mas-d'Agenais ; — la vente de la coupe de 600 journaux de bois de la même communauté ; — une discussion entre les Religieuses du Mas et la communauté dudit lieu ; — la reconstruction de la halle de la communauté de La Parade, etc.

C. 983. (Portefeuille.) — 83 pièces, papier.

1719-1773. — Correspondance de MM. de Courson, Boucher, de Tourny et de Fargès, intendants de Bordeaux, avec les subdélégués et MM. les ministres d'Ormesson, Bertin, de La Vrillière et de Chauvelin, concernant : — la construction de la halle et les réparations de l'Hôtel-de-Ville de Sainte-Livrade ; — les devis et détail estimatif des ouvrages ; — les élections des consuls de ladite communauté ; — les frais de récurement du ruisseau de Tolzac situé dans la communauté de Monclar ; — les consuls de Tournon ; — les dettes de la communauté et les brouilleries municipales, etc.

C. 984. (Carton.) — 81 pièces, papier.

1667-1776. — Correspondance de M. Esmangart, intendant de Bordeaux, avec le subdélégué de Condom (Gers), concernant : — un procès entre la communauté de cette ville, M. le duc d'Aiguillon, seigneur engagiste, et Mgr d'Anterroches, évêque dudit Condom ; consultations, mémoires, demande en autorisation de plaider et brouilleries suscitées par le sieur d'Anglade, etc.

C. 985. (Carton.) — 90 pièces, papier.

1777-1781. — Correspondance de MM. Esmangart et Dupré de Saint-Maur, intendants de Bordeaux, avec le subdélégué de Condom (Gers) et M. le maréchal de Mouchy, ministre, concernant la suite du procès de la communauté de Condom entre M. le duc d'Aiguillon et Mgr l'évêque d'Anterroches.

C. 986. (Portefeuille.) — 120 pièces, papier.

1716-1720. — Correspondance de M. de Courson, intendant de Bordeaux, avec les subdélégués et les ministres de Gaumont, d'Ormesson, Law et Pelletier, concernant les dettes des communautés d'Andiran, Bergerac, Monclar, Clairac, Condom, Périgueux, Saint-Orens, Mongaillard, Montégut, Sainte-Bazeille et Agen.

C. 987. (Portefeuille.) — 119 pièces, papier.

1720-1732. — Correspondance entre MM. de Courson et Boucher, intendants de Bordeaux, avec les subdélégués et les ministres d'Ormesson, de Gaumont, Gilbert Des Voisins, de La Houssaye et le cardinal de Fleury, concernant : — les dettes des communautés de Libourne, Sarlat, Bergerac, Casteljaloux, Meilhan, Bazas, La Réole, Marmande, Tonneins-Dessus, Tournon, Sainte-Foy-en-Agenais, Lavardac, Caussignan, Monheurt, Mézin, Nérac, Condom, Damazan, Montaignac, Périgueux, Villeneuve, Arsac, la comtau de Castres et de Portets, Agen, Monflanquin, Bourg et La Sauvetat.

C. 988. (Portefeuille.) — 112 pièces, papier.

1737-1743. — Correspondance de MM. Boucher et de Tourny, intendants de Bordeaux, avec les subdélégués et les ministres de La Houssaye et d'Ormesson, concernant : — les députations des officiers municipaux ; — les dettes des communautés de Périgueux (Dordogne), Castelmoron, Sainte-Foy, Mezin, Sarlat, Agen, Captieux et Condom (Gers).

C. 989. (Portefeuille.) — 103 pièces, papier.

1744-1753. — Correspondance de M. de Tourny, intendant de Bordeaux, avec les subdélégués, concernant : — des autorisations de plaider accordées : aux communautés de Saint-Martin-de-Morens en Bénauge contre le sieur Lachau, négociant, héritier du sieur Pizannes, ancien curé dudit lieu, au sujet d'un legs fait par ce dernier aux pauvres de ladite paroisse ; — à la communauté de Vallagrins contre les habitants d'Hosteins, au sujet des droits de pacage dans les communaux; — les droits de pacage de La Teste; — les habitants de Limeyrac; — la communauté de Bouzic en Sarladais contre le prieur, décimateur dudit lieu; — la ville de Libourne (Gironde) contre les RR. PP. Jésuites pour arrérages de rentes foncières et directes, etc.

C. 990. (Portefeuille.) — 87 pièces, papier.

1753-1756. — Correspondance de M. de Tourny, intendant de Bordeaux, avec les subdélégués, au sujet de diverses autorisations pour plaider, accordées à la communauté de Libourne pour la réunion de l'office de lieutenant général de police, moyennant une indemnité au titulaire; — à la communauté de Francescas, contre le comte de Julliac; — à la comtau de Castres et de Portets, contre les eaux et forêts; — à la communauté de Mézin, contre le receveur du domaine pour les droits d'ensaisinement; — à la ville de Marmande (Lot-et-Garonne), contre le sieur Bazin, juge, au sujet de la direction de l'hôpital; — à la communauté de Camps, contre son curé, pour droit de dîme sur les haricots; — à celle de Cocumont, contre le sieur Jean Boc, officier aux invalides et collecteur, pour divertissements de fonds; — à la communauté de Ludon, contre M. de Pomiers, au sujet de la clôture d'une prairie dont ladite communauté prétendait avoir le droit de recueillir les herbes mortes, etc.

C. 991. (Portefeuille.) — 91 pièces, papier.

1755-1779. — Correspondance de MM. de Tourny et Dupré de Saint-Maur, intendants de Bordeaux, avec les subdélégués, concernant: — les autorisations pour plaider accordées aux communautés de Lesparre, contre Chadirac, se disant bourgeois de Bordeaux; — à la communauté de Saint-Médard-en-Jalle, contre M. de La Salle, au sujet des padouens et communaux; — à la ville de Libourne (Gironde), contre le fermier du droit de comptage; — un emprunt par ladite ville à l'hôpital d'une somme de neuf mille livres, pour le payement de la charge de lieutenant général de police; — à la ville de Condom (Gers) contre les eaux et forêts; — l'acquisition des maisons des Religieuses de Sainte-Claire, pour le rétablissement de l'hôpital de Montignac; — un procès entre le marquis de Castelnau et M. de Fortisson de Saint-Maurice, au sujet de certains travaux faits par ce dernier sur la rivière de l'Adour, etc.

C. 992. (Portefeuille.) — 89 pièces, papier.

1743-1768. — Correspondance de M. de Tourny, intendant de Bordeaux, avec les subdélégués et les ministres de Machault et de Courteille, relative: — aux revenus et charges des communautés de Condom, Larroumieu, Montréal, Astafort, Mézin, Ligardes, Bazas, Langon, La Réole, Meilhan, Cauderot, Nérac, Nazareth, Lavardac, Moncrabeau, Francescas, Lausseignan, Thouars, Buzet, Vianne, La Montjoie, Andiran, Sauveterre, Castelmoron-d'Albret, Marmande, Tonneins-Dessus, Tonneins-Dessous, Gontaud, Duras, Favillet, Miramont, Lévignac, La Sauvetat-de-Caumont, Casteljaloux, Villeton, La Gruère, Villefranche, Monheurt, Damazan, Bouglon, Labastide-de-Castelamouroux, Sainte-Bazeille, le Mas-d'Agenais, Monségur, Caumont, Agen, Auguillon, le Port-Sainte-Marie, Clairac, Puymirol, Castelculier, Villeneuve-d'Agen, Castillonnés, Monflanquin, Penne, Villeréal, Sainte-Livrade, Sainte-Foy, Périgueux, Bergerac, La Linde, Excideuil, Sarlat, Beaumont, Issigeac, Montpazier, Belvès, Eymet, Bordeaux, Libourne, Blaye, Bourg, Cadillac, Saint-Macaire, Rions et Saint-Émilion, etc.

C. 993. (Portefeuille.) — 80 pièces, papier; 2 pièces, parchemin.

1743-1754. — Instances, mémoires et requêtes, concernant: — les contestations entre les maire et jurats de Bazas (Gironde) et M. Dabadie, lieutenant général au siège du Présidial dudit lieu, à l'occasion de certains droits honorifiques; — un procès entre les jurats de la communauté de Bourg et le sieur Moutonnet, charpentier, au sujet des réparations par lui, faites au clocher de ladite ville de Bourg; — une instance entre la ville de Blaye et divers particuliers, pour refus de corvées; — un procès entre le sieur Roche et la communauté du Mas-d'Agenais, au sujet d'une créance sur ladite communauté; — une instance entre M. Vignes, curé de Cadillac, et le syndic de la palus de Sabarège, etc.

C. 994. (Portefeuille.) — 94 pièces, papier.

1744-1764. — Correspondance de l'intendant de Bordeaux avec les subdélégués concernant: — la reddition des comptes des communautés de Nontron, Vitrezay, Blaye, Lesparre, Condom, Villeneuve, La Réole, Bergerac, Beaumont, Gensac, Sauveterre, Castelmoron, Sainte-Foy, Libourne et Saint-Émilion, etc.

C. 995. (Portefeuille.) — 77 pièces, papier.

1745-1765. — Correspondance de MM. de Tourny et Boutin, intendants de Bordeaux, avec les subdélégués, concernant: — la reddition des comptes des communautés de L'Isle, Brantôme, Thiviers, Excideuil, Périgueux, Montpazier, Belvès et Sarlat.

SÉRIE C. — INTENDANCE DE BORDEAUX.

C. 996. (Portefeuille.) — 123 pièces, papier.

1744-1780. — Correspondance de l'intendant de Bordeaux avec les subdélégués, relative : — aux revenus et charges des communautés du Mas-d'Agenais, Condom, Périgueux, Bergerac, Sarlat, Libourne, Agen, Bourg, Cadillac, Sainte-Aulaye, Villefranche, Minzac, Montazeau, Nasteringues, Lamothe, Saint-Avid-de-Tizac, Le Canet, La Rouquette, Le Fleix, Gardonne, Saint-Méard, Sainte-Foy, Puychagut, Theobon, Pardaillan, Sommensac, Sauveterre, Gensac, Castelmoron, Saint-Ferme, Pujols, Ruch, Mauriac, Doluzon, Saint-Antoine du Queyret, Villemartin, Moulioz, Landeray, Blazimont, Damazan, Le Puch, Monheurt, Calonges, Lougrezet, Labastide, Moncassin, Fargues, Bouglon, Ruffiac, etc.

C. 997. (Portefeuille.) — 95 pièces, papier.

1740-1747. — Correspondance de l'intendant de Bordeaux avec les subdélégués, concernant : — les comptes des communautés de Tonneins-Dessous, La Gruère, Verteuil, Le Mas-de-Mazères, Casseneuil, Parentis, Meinizan, Gontaud, Lévignac, Caumont, Duras, Damazan, Lamothe-Landeron, Saint-Barthélemy, Fumel, Castelmoron, Monclar, Montpezat, Larroumieu, Monguillem et Condom.

C. 998. (Portefeuille.) 96 pièces, papier.

1742-1758. — Correspondance de l'intendant de Bordeaux avec les subdélégués, concernant : — la reddition des comptes des communautés du Fieux, Francescas, Fougarolles-d'Albret, Buzet, Espiens, Lavardac, Agen, Tournon, Lafitte près Clairac, Clairac, Banjaumont, Saint-Maurin, Clermont-Dessus, Clermont-Dessous, Preysas, Combebonnet, Sarlat, Sainte-Foy, Sommensac et Aiguillon.

C. 999. (Carton.) — 110 pièces, papier.

1747-1765. — Correspondance de l'intendant de Bordeaux avec les subdélégués, concernant : — la reddition des comptes des communautés de La Réole, Castelmoron-sur-le-Lot, La Parade, Saint-Vincens, Clairac, Grateloup, Lacépède, Lafitte, Villeneuve, Monclar, Fongrave, Fumel, Pujols et Sainte-Livrade.

C. 1000. (Carton.) — 104 pièces, papier.

1756-1765. — Correspondance de l'intendant de Bordeaux avec les subdélégués, concernant : — la reddition des comptes des communautés de Cadillac, Saint-Macaire, Poudensac, Bourg, Sainte-Bazeille, Tonneins-Dessus, Tonneins-Dessous, Gontaud, Le Mas-d'Agenais, Monségur, Lévignac, Favillet, Duras, La Sauvetat de Caumont, Miramont, Nicole et Marmande.

C. 1001. (Carton.) — 79 pièces, papier.

1763-1780. — États des revenus des communautés de Bourg, Cadillac, Saint-Macaire, Rions, Libourne, Blaye, Aiguillon, Bazas, Sarlat, Agen, Mont-de-Marsan, Villeton, Uzan, Sainte-Gemme, Lussac, Coutures, Saint-Pastour, Villeréal, La Réole, Generac, Campugnan, Saugon, Saint-Christoly, Cartelègue, Beaupouyet, Saint-Sauveur-de-Lalande, Saint-Martial, Douchapt, Manthiac, Saint-Paul-La-Roche, Sainte-Marie-de-Frugie, Saint-Romain, Thiviers, Nautheuil, Jumilhac, Audiran, La Montjoie, Buzet, Nazareth, Castelneau-Fimarcon, Blaziert, Roquepine, Pouy-Roquelaure, Astafort, Luzignan, Le Port-Sainte-Marie, Bruch, Sévignac, Puymirol, Golfech, Beauville, Tournon, Faugerolles, Laroque-Timbaud, etc.

C. 1002. (Portefeuille.) — 99 pièces, papier.

1773. — États des revenus des communautés de Blaye, Bourg, Casteljaloux, Monclar, Condom, Mézin, Monpon, Monheurt, Castelsagrat, La Montjoie, Belvès, Puymirol, Gontaud, Périgueux, Saint-Pastour, La Parade, Sarlat, Damazan, Bazas, Thiviers, Villefranche, Libourne, Castelmoron, Penne, Villeneuve-d'Agen, Castillonnès, Monflanquin, Sauveterre, Bergerac, Saint-Émilion, La Réole, Rions, Saint-Macaire, Cadillac, Belvès, Montpazier, Beaumont, La Linde, Issigeac, Eymet, Agen, Aiguillon, Clairac, Le Port-Sainte-Marie, Castelculier, Montpezat, Pujols, Casseneuil, Tombeboucq, Gavaudun, Castelneau-de-Gratecambe, Cancon, La Capelle-Biron, Le Temple-du-Breuil, Monbahus, du Rayet, Villeréal, Fongrave, Hauterives, Monségur-d'Agenais, La Maurette, Doimeyrac, Montréal, Boynet, Sommensac, Théobon, Montviel, Larroumieu, Ligardes, Pellegrue, Cauderot, Langon, Nérac, Moncrabeau, Buzet, Thouars, Laverdac, Francescas, Xaintaraille, etc.

C. 1003. (Portefeuille.) — 112 pièces, papier.

1768-1770. — Correspondance de MM. de Fargès et Esmangart, intendants de Bordeaux, avec les subdélégués et MM. les ministres Langlois, d'Invau, Bertin et d'Ormesson, relative : — à la reddition des comptes des villes et communautés de Saint-Émilion, Caumont, Grateloup, Verteuil, Aiguillon, Nicolle, Damazan, Villeneuve-d'Agenais, Montpezat, Nérac, Penne, Monclar, Gontaud, Tonneins-Dessus, Tournon et Cadillac.

GIRONDE. — SÉRIE C.

C. 1004. (Portefeuille.) — 115 pièces, papier.

1770-1777. — Correspondance de M. de Fargès, intendant de Bordeaux, avec les subdélégués et MM. les ministres Langlois, Bertin et d'Invau, relative : — aux comptes des communautés de Monségur, Marmande, Agen, Libourne, La Réole, Monpon, Sainte-Foy, Dax, Mont-de-Marsan, Clairac, Belvès, Blaye, Seiches, Castelculier, Bergerac, Thiviers, Saint-Palais et Sarlat.

C. 1005. (Carton.) — 80 pièces, papier.

1776. — Correspondance des subdélégués avec M. Dupré de Saint-Maur, intendant de Bordeaux, concernant : — les états des communautés des marchands et artisans établis en jurande ; — la liquidation des dettes des communautés d'arts et métiers ; — les éclaircissements demandés sur chaque profession établie en communauté ; — la suppression des jurandes.

C. 1006. (Carton.) — 140 pièces, papier.

1777-1780. — Correspondance de M. Dupré de Saint-Maur, intendant de Bordeaux, avec les subdélégués, relative à des mémoires, requêtes et comptes, concernant : — les officiers municipaux de la ville de La Réole contre le sieur Faucher, commissaire des guerres et ancien maire de ladite ville, au sujet du remboursement de sa charge de maire ; — la liquidation des comptes de la communauté de La Réole ; — la reddition des comptes par le sieur Gauban, notaire, syndic de ladite communauté, arrêtés par l'intendant en présence des jurats.

C. 1007. (Portefeuille.) — 127 pièces, papier.

1775-1776. — Correspondance de l'intendant de Bordeaux avec les subdélégués, concernant : — les emprunts et les dettes des communautés d'Agen, Blaye, Bergerac, Bordeaux, Castillonnès, Clairac, Casteljaloux, Dax, La Réole, Lafitte près Clairac, Libourne, Mont-de-Marsan, Monflanquin, Marmande, Monclar, Nérac, Penne, Périgueux, Sarlat, Sainte-Foy, Villeneuve, Lesparre, Bazas, Saint-Émilion, Nontron, Thiviers, Saint-Palais et Bayonne.

C. 1008. (Portefeuille.) — 99 pièces, papier.

1761-1771. — Correspondance de l'intendant de Bordeaux avec les subdélégués, concernant : — la reddition des comptes des communautés de Condom, Larressingle, Vopillon, Montréal, Beaumont, Torrebren, Louspeyroux, Fourcès, Villeneuve, Mézin, Roquepine, Abrin, Puy-Roquelaure, Castelnau, Rignac, Saint-Martin-de-Goyne, Berrac, Saint-Mézard, Astafort, Dunes, Ligardes, Marsolan, Saint-Sever, et diverses demandes de décharges ou réductions d'impôts.

C. 1009. (Portefeuille.) — 122 pièces, papier.

1772-1774. — Correspondance de l'intendant de Bordeaux avec les subdélégués, concernant : — la reddition des comptes de la communauté de Saint-Sever ; — les réclamations en décharges ou modérations d'impôts, de : MM. Pissaro frères, — Raymond Pillore, — Nicolas Roze, marchand ; — Antoine Grasset, — Saintonge, — Arnaud Cheverry, — Pierre Bertrand, — mademoiselle veuve Meyer, — Jean Videau, — Jean Labrousse, — Jean Gassies, père, — Pierre Ladurantie, — Guillaume Sarreau, etc.

C. 1010. (Portefeuille.) — 120 pièces, papier.

1775-1776. — Correspondance de l'intendant de Bordeaux avec les subdélégués, relative : — à la diminution du prix du fermage de l'octroi de la ville de Saint-Sever, en faveur de Jean Caplonne et d'Étienne Gueyze, fermiers dudit octroi ; — à diverses réclamations en décharges ou modérations d'impôts par les individus dont les noms suivent : Monblanc, élève en chirurgie à Bordeaux ; — Jean-Barthélemy Labastide ; — les maîtres menuisiers ; — Jeanne Joquet, veuve Boyer ; — Jean Gay ; — Arnaud Condé ; — Francia de Beaufleury, banquier de Bordeaux ; — la veuve Viant ; — Jean Gâchet, pâtissier-rôtisseur ; — Rose Luga, modiste ; — Marguerite David ; — Jean Laroche ; — Pelissier, chevalier de Saint-Louis ; — à la reddition des comptes de la ville d'Aire, etc.

C. 1011. (Portefeuille.) — 115 pièces, papier.

1777. — Correspondance de l'intendant de Bordeaux avec les subdélégués, concernant : — la reddition des comptes des communautés d'Eymet, Bordeaux, Bonbahus, Libourne, Guiche, Castelmoron, Astafort, Saint-Maurin, Tombebonnet, Lusignan, Dominipech, Casteljaloux, La Réole, Sauveterre, La Sauvetat de Savières, Castelsagrat, Penne, Golfech, La Parade, La Linde, Blaye, etc.

C. 1012. (Portefeuille.) — 121 pièces, papier.

1778. — Correspondance de l'intendant de Bordeaux avec les subdélégués, relative : — à la reddition des comptes des communautés du Port-Sainte-Marie, Peyre, Hagetmau, Estibaux, Le Vieux-Boucaud, Marsolan, Agen, Cussac, Donzac, Clermont-Dessus, Pujols, Gensac, Dax, Mont-de-Marsan, Castelculier, La Gruère, Bergerac, Nérac, Ambrux, **Tombebœuf, Souprosse,** Loumeracq, **Penne,** Bonnut, **Villeton, Pomarez, Blaye, Saint-Sever,** Lausun, Tournon, etc.

C. 1013. (Portefeuille.) — 105 pièces, papier.

1772. — Correspondance de l'intendant de Bordeaux avec les subdélégués, concernant : — les revenus et charges des communautés de Thiviers, Buzet, Gontaud, Excideuil, Feuguerolles d'Albret, Mézin, Favillet, La Gruère, Villeton, Belvès, Sarlat, Domme, Le Mas-d'Agenais, Marmande, Villefranche, Le Puch-de-Gontaud, Damazan, Sainte-Bazeille, Tonneins-Dessous, Tonneins-Dessus, Aiguillon, Le Port-Sainte-Marie, Agen, Castelmoron, Clairac, Monségur, Sainte-Livrade, Penne, Villeneuve-d'Agen, Castillonnès, Monflanquin, Astafort, Bergerac, Nérac, Blaye, Libourne, Saint-Émilion, La Réole, Périgueux, Condom, Montréal, Thouars, Sauveterre, Labastide-de-Castelmouroux.

C. 1014. (Portefeuille.) — 98 pièces, papier.

1777. — Correspondance de l'intendant de Bordeaux avec les subdélégués, concernant : — les revenus et charges des communautés de Gironde, Meilhan, La Réole, Cazères, Gabarret, Grenade, Mont-de-Marsan, Roquefort, Villeneuve, Monclar, Penne, Beaumont, Villeréal, Castillonnès, Blaye, La Linde, Monflanquin, Saint-Sever, Casteljaloux, Bouglon, Le Puch, Damazan, Cussac, Saint-Émilion, Libourne, Montagnac, Sarlat, Belvès, Domme, Agen, Aiguillon, Castelculier, Castelsagrat, Le Port-Sainte-Marie, Puymirol, Tournon, Marmande, Tonneins-Dessous, La Gruère, La Sauvetat-de-Caumont, Miramont, Caumont, Le Mas-d'Agenais, Villeton, Astafort, Mézin, Montréal, Condom, Larroumieu, Dunes, Duras, Lévignac, Gontaud, Favillet, La Montjoie, Nérac, Bayonne, Sarlat, etc.

C. 1015. (Carton.) — 104 pièces, papier.

1744-1787. — Correspondance de intendant de Bordeaux avec les subdélégués, concernant : — la reddition des comptes des communautés de Clairac, Villeneuve, Monclar, Penne, Sainte-Foy, Saint-Émilion, Bouglon, Tombebœuf, Sarlat, Dax, Bayonne et Blaye ; — diverses demandes des communautés en autorisation de défendre ou plaider ; — les frais de procès ; — une concession de terrain par la ville de Langon ; — la location d'une maison pour les séances des officiers municipaux et du corps de ville de Libourne ; — le payement d'une maison acquise pour la communauté de Sainte-Livrade ; — la nomination du syndic de Daignac ; — la réunion de la paroisse de Larbey à Saint-Sever ; — les assemblées de la communauté de Mussidan, etc.

C. 1016. (Carton.) — 109 pièces, papier.

1782-1788. — Correspondance de l'intendant de Bordeaux avec les subdélégués, concernant : — la reddition des comptes des communautés de Queyrac, Cussac, Rauzan, Libourne, Sauveterre, Gensac et Pujols.

C. 1017. (Carton.) — 93 pièces, papier.

1783-1789. — Correspondance de l'intendant de Bordeaux avec les subdélégués, relative : — à la reddition des comptes des communautés de Duras, Meilhan, La Réole, Coutures, Landiras, Cadillac, Rions, Blaye, Bazas, Grignols et Langon.

C. 1018. (Carton.) — 102 pièces, papier.

1777-1782. — Correspondance de l'intendant de Bordeaux avec les subdélégués, relative : — à la reddition des comptes des communautés de Nérac, Moncrabeau, Condom, Dunes, Astafort, Mézin, Lavardac, Gontaud, Barie, La Gruère, Gabarret, Casteljaloux et Buzet.

C. 1019. (Carton.) — 122 pièces, papier.

1778-1782. — Correspondance de l'intendant de Bordeaux avec les subdélégués, relative : — à la reddition des comptes des communautés de Bayonne, Labenne et Capbreton, Gabarret, Mées, Hins, Casordite, Dax, Heugas, Mugron, Saint-Sever, Hagetmau, Arzac, Magt, Mouguerre, Pimbo, Peyrehorade, La Réole, Sarlat, Brantôme, Villeneuve-d'Agen, Tournon, Castillonnès, Caseneuil, La Magistère, Valence, Le Temple et Tombeboue.

C. 1020. (Carton.) — 117 pièces, papier.

1779-1785. — Correspondance de l'intendant de Bordeaux avec les subdélégués, relative : — à la reddition des comptes des communautés de Sainte-Foy, Puychagut, Theobon, Sommensac, Pradailhan, Gensac, Pellegrue, Sauveterre, Pujols, Ruch, Moriac, Doluzon, Saint-Antoine-du-Queyret. Lenderoy, Saint-Ferme, Blazimon, Mouliez, Villemartin, Bernac, Blaye, Bourg, Castets, Bazas, Langon, Saint-Loubert, Mazerac, Bieujac ; — aux pièces d'un procès entre la communauté de Condom et l'évêque dudit lieu, au sujet du payement du cens auquel ce dernier prétendait avoir droit, etc.

C. 1021. (Carton.) — 81 pièces, papier.

1783. — Correspondance de l'intendant de Bordeaux avec les subdélégués, concernant : — la reddition des comptes des communautés de Bayonne, Mont-de-Marsan, Gabarret, La Montjoie, Mézin, Peyrehorade, Villefranque, Douzac, Le Temple, Gensac, Goudourville, Sainte-Bazeille et Lourquen.

C. 1022. (Carton.) — 120 pièces, papier.

1783-1784. — Correspondance de l'intendant de Bordeaux avec les subdélégués, relative : — à la reddition des comptes des communautés de Bayonne, Mézin, La Réole, Meilhan, Cadillac, Excideuil, Thiviers, Monflanquin, Sarlat, Domme, Belvès, Casteljaloux, Damazan, Villefranche, Villeneuve, Monclar, Libourne, Castillon, Agen, Le Port-Sainte-Marie, Tournon, Aiguillon, Saint-Maurin, Casseneuil, Bonnet, Fourcès, Izatsou, Villeton, Condom, Roquecor, Saint-Sever, Sainte-Foy, Blaye, Gensac, Bazas, Tonneins-Dessus, Rauzan, Fumel, La Parade, La Montjoie et Le Temple.

C. 1023. (Carton.) — 76 pièces, papier.

1774-1781. — Correspondance de MM. de Clugny et Dupré de Saint-Maur, intendants de Bordeaux, avec les subdélégués et MM. les ministres de Boullongue, Necker et Débonnaire de Forges, concernant : — des contestations au sujet de la régie des droits des hypothèques et des greffes entre les officiers municipaux de la ville de Bordeaux et les régisseurs des droits de greffes ; — les huit sous pour livre sur les émoluments des greffes de l'Hôtel-de-Ville ; — la régie des greffes contre les sieurs Léon Serre, maître en chirurgie au Port-Sainte-Marie ; — Baillot Duverdier, chevalier de Saint-Louis, à Sarlat, et contre Benquey, boulanger à Bazas, etc.

C. 1024. (Carton.) — 90 pièces, papier.

1782-1789. — Correspondance de M. Dupré de Saint-Maur, intendant à Bordeaux, avec les subdélégués et MM. les ministres Joly de Fleury, Necker, Miroménil et le baron de Breteuil, concernant : — diverses contestations au sujet des droits des hypothèques et des greffes entre MM. Duris, greffier en chef à Saint-Sever, et le fermier du greffe ; — le contrôleur de Tonneins contre le greffier d'office de la juridiction de Monheurt ; — le régisseur contre le sieur Durand, greffier en chef au Sénéchal de Libourne, au sujet des attributions et des priviléges dudit greffier ; — le sieur Darricau contre le receveur de Dax relativement au droit de ferme et d'augmentation exigé par ledit receveur ; — l'administration du domaine contre le sieur Perey, commis-greffier au Bureau des finances de Bordeaux, à raison de contraventions et de droits recélés dans ledit greffe.

C. 1025. (Carton.) — 82 pièces, papier.

1776-1783. — Correspondance de M. Dupré de Saint-Maur, intendant de Bordeaux, avec les subdélégués et MM. les ministres de Miroménil, Bertin, de Sartines, Necker, Amelot et de Vergennes, concernant : — des contestations entre le Bureau des finances de Bordeaux et les jurats de Libourne au sujet des droits que ces derniers prétendaient avoir sur les alignements de leur ville ; — les épices des officiers du parquet de Bordeaux ; — la réclamation du sieur Delage, lieutenant particulier du Présidial de Sarlat, pour la présidence aux bureaux d'administration de l'hôpital et du collége en l'absence de l'évêque et du lieutenant général du même siége ; — une demande de M. Frix de Bazignan pour l'érection en baronnie de plusieurs terres situées dans le ressort de la sénéchaussée de Condom ; — une requête du syndic du diocèse de Périgueux par laquelle il sollicite l'autorisation d'acheter une échoppe pour y placer les livres du clergé.

C. 1026. (Carton.) — 101 pièces, papier.

1773-1786. — Correspondance de MM. de Saint-Maur et de Néville, intendants de Bordeaux, avec les subdélégués et MM. les ministres de Vergennes, Joly de Fleury, d'Ormesson, Débonnaire de Forges et Bertin, concernant : — une plainte des habitants de la paroisse d'Autevigne contre M. Dalbessard au sujet de la redevance des droits seigneuriaux ; — la défense au sieur Troplong d'élever au-dessus des murs de la ville de Bordeaux un bâtiment qu'il faisait construire dans le voisinage du couvent des Religieuses de Saint-Benoît ; — la reconstruction d'une échoppe affectée au service commun de la ferme de Bayonne ; — un brevet du Roi accordé aux sieurs Rhemi de Namur, pour recueillir la succession de leur frère décédé à la Guadeloupe ; — des contestations entre le sieur Longuefosse, syndic du quartier du château dans la paroisse de Pouillon, et le nommé Laborde, à raison d'entreprises faites par ce dernier sur la place publique de Bourg ; — les défenses aux maire et jurats de Bordeaux de troubler les officiers du Bureau des finances dans l'exercice de la voirie sur les grands chemins, rues et places des villes, faubourgs et banlieue de Bordeaux, etc.

SÉRIE C. — INTENDANCE DE BORDEAUX.

C. 1027. (Carton.) — 98 pièces, papier.

1787-1789. — Correspondance de M. de Néville, intendant de Bordeaux, avec les sudélégués et MM. les ministres de Lamoignon, La Vrillière, le baron de Breteuil, Débonnaire de Forges, Necker, Villedeuil, de Saint-Priest et de Vergennes, concernant :—une plainte du sieur Malus contre le sieur Jamain, notaire à Ambarès, pour recel d'actes ; — une requête de l'abbé Gontaut de Biron, tendant à être autorisé à faire démolir une ancienne tour dans l'enceinte du monastère de Moirac ; — une plainte contre le sieur Le Bel, receveur des fermes dans le département de Puyo et de Habbas, pour violences exercées sur la personne de Louis Dubonnet, fermier de M. le comte de Poudenx de Castillon, près Tartas (Landes) ; — la suppression des Religieux de Clugny à Mezin ; — le droit de pêche sur la rivière de Dordogne en faveur du chapitre de Saint-Émilion ; — les prétentions de M. Boulin de Bresserat, habitant de Monségur, au sujet du droit de port d'armes et de l'exemption des charges publiques pour les bons et agréables services qu'il avait rendus à ladite ville de Monségur, etc.

C. 1028. (Portefeuille.) — 113 pièces, papier; 1 plan.

1693-1776. — Correspondance de M. Boutin, intendant de Bordeaux, avec les subdélégués et MM. les ministres de Courteille, Bertin, de L'Averdy, d'Ormesson et Orry, concernant : — les communautés en général, leurs dettes, leurs procès, leurs comptes, leurs assemblées, leurs revenus et charges, leurs partages des communaux ; — diverses communautés qui ne faisaient plus partie de la Généralité de Bordeaux et qui dépendaient des pays de Labour, des Lannes, de Dax et de Bayonne.

C. 1029. (Carton.) — 52 pièces, papier; 1 pièce parchemin.

1733-1753. — Correspondance de M. de Tourny, intendant de Bordeaux, avec les subdélégués, relative à des requêtes, concernant : — les contestations entre M. Bourriot, maire de Bazas, et M. Dabadie, lieutenant général au Sénéchal dudit Bazas, au sujet de leurs droits honorifiques; — les maire et jurats de Bourg, contre les sieurs Dulac, Duverger et Moutonnet, concernant certains travaux exécutés pour l'embellissement des deux places du port de la ville de Bourg ; — le recueil des différents édits de création des offices de gouverneurs, lieutenants de roi, maires, jurats, etc.; — la ferme du greffe du tribunal civil et criminel de Saint-Émilion par Philippe Janeau.

C. 1030. (Portefeuille.) — 110 pièces, papier.

1683-1770. — Correspondance de l'intendant de Bordeaux avec les subdélégués, concernant : — la reddition des comptes des villes et communautés de Callonges, Monheurt, Puch-de-Gontaud, Marcellus, Villefranche, du Queyran, Lavardac, Sainte-Foy, Clermont-Dessus, Villeneuve-d'Agen, Lamaurelle, Tombebouc, Le Temple, Monpezat, Pauliac, Lastreilhes, Blanquefort, Gavaudun, Monségur, Fumel, Sauveterre, Cazorn, Monsempron, Castillonnès, Cancon, Casseneuil, Monbahus, Castelnau-de-Gratecambes, Penne, Sainte-Livrade, Monclar, Fongrave, Saint-Front, Bonaguil, Condesaignes, Boynet, Puycalvary, La Parade, Monflanquin, Villeréal, Hauterive, Born, Saint-Pastour, Dolmayrac, Mézin, Aiguillon, Clairac et La Réole.

C. 1031. (Carton.) — 106 pièces, papier ; 1 pièce, parchemin.

1771-1776. — Correspondance de MM. Esmangart et de Clugny, intendants de Bordeaux, avec les subdélégués et MM. les ministres Bertin, de Miroménil, d'Ormesson et de Boullongne, concernant : — les procès de diverses communautés, savoir : la communauté de L'Isle-Saint-Georges contre la demoiselle Gaucher, veuve du sieur Tournade, ancien capitaine d'infanterie, au sujet de l'imposition de ses biens ; — la communauté de Beaunne contre l'abbaye de Chancelade, à l'occasion de la dîme du blé d'Espagne ; — les dépens d'un procès de la communauté de Calignac ; — la paroisse de Pouillon, au sujet d'une cession de landes par elle faite à un particulier ;—les jurats de Ferses contre les Religieuses de Sainte-Claire de Dax pour empiétement sur les communaux ; — la communauté de Saint-Vincent contre les habitants dudit lieu, pour dégradations des communaux ; — la ville de Dax contre le sieur Nogaro, adjudicataire des droits de boucherie, etc.

C. 1032. (Carton.) — 98 pièces, papier; 2 pièces parchemin.

1776. — Correspondance de MM. Dupré de Saint-Maur et de Clugny, intendants de Bordeaux, avec les subdélégués et MM. les ministres Auguy et d'Ormesson, concernant : — les plaintes des habitants de Villeneuve-d'Agen (Lot-et-Garonne) contre les oppressions de leur subdélégué et de leurs officiers municipaux ; — la communauté de Saint-Julien-en-Born contre l'abbé Desbiey, pour anticipations sur les communautés de ladite paroisse ; — les jurats de Lugut contre des quidams qui avaient sali à dessein le banc qu'ils occupaient à l'église ; — les habitants de Hugas contre leur curé ; — les habitants de Saint-Meard de Gurson contre le décimateur, qui exigeait des prestations contraires à l'usage;—les habitants de Castelsagrat contre les héritiers du curé dudit lieu, au sujet des réparations de plusieurs bâtiments dépendant du presbytère, etc.

C. 1033. (Carton.) — 92 pièces, papier; 1 pièce, parchemin.

1769-1776. — Correspondance de MM. de Clugny, de Fargès et Esmangart, intendants de Bordeaux, avec les subdélégués et M. d'Ormesson, ministre, concernant :—les officiers municipaux de Lafitte, au sujet de la caution douteuse du deuxième échevin nommé collecteur et qui, en cette qualité de caution, s'était saisi des rôles de la taille dont il faisait le recouvrement;—les habitants de Labenne et de Capbreton contre le sieur de Saint-Martin leur seigneur, au sujet du droit de pêche dont les habitants avaient la possession immémoriale ; — la communauté de Pouillon contre le sieur Mora, au sujet des landes vendues par ladite communauté ; — la paroisse de Bougue-en-Marsan contre les gros décimateurs ; — la communauté de Sainte-Marie contre les nommés Galtier et Saint-Aubin, au sujet de la propriété de la place publique dudit lieu, etc.

C. 1034. (Carton.) — 103 pièces, papier.

1777. — Correspondance de MM. Esmangart et Dupré de Saint-Maur, intendants de Bordeaux, avec les subdélégués et MM. les ministres d'Ormesson et de Boullongne, concernant : — le procès des habitants de Macau contre les usurpateurs d'un chemin public ; — la communauté de Grenade, au sujet de l'usurpation d'une chapelle appartenant aux habitants ; — la communauté de Cocumont contre M. Royne, au sujet du droit de banvin d'oustade (d'août) ; — la communauté de Mensignac contre M. Langlade, sieur de Lagrange, pour usurpation de noblesse;—le syndic de la communauté de Bourdeix en Périgord contre le sieur Thomas, officier d'artillerie, au sujet de l'exemption de la taille ; — la communauté de Saint-Marais contre le sieur Bacon du Gourdet, à l'occasion de la taille, etc.

C. 1035. (Carton.) — 104 pièces, papier.

1777-1783. — Correspondance de M. l'intendant de Bordeaux avec les subdélégués, concernant : — la communauté de Sorres contre un particulier pour usurpation de communaux ; — le fermier des revenus de Cadillac pour indemnités des pertes qu'il a éprouvées par les débordements de la Garonne ; — des contestations au sujet du partage des communaux des paroisses de Heugas et de Nontron ;— la clôture des landes de Mimbaste et Clermont; — les habitants de la ville de Périgueux contre une confrérie de Pénitents, au sujet de la propriété de l'église paroissiale dudit lieu ; — les habitants de Preignac, à l'occasion de la jouissance du lavoir et de la fontaine ; — la communauté de Castillon contre le sieur Lafaye pour anticipation sur la place publique, etc.

C. 1036. (Portefeuille.) — 121 pièces, papier.

1718-1752. — Correspondance de l'intendant de Bordeaux avec les subdélégués, concernant : — les revenus et charges des communautés de Cadillac, Gensac, Villeneuve, Libourne, Saint-Émilion, Castillon, Coutras, La Roche-Chalais, Rauzan, Villeréal, Monclar, Penne, Belvès, Sarlat, Beaumont, La Linde, Eymet, Issigeac, Marmande, Tonneins-Dessous, Casteljaloux, Castillonnès, Tonneins-Dessus, Bergerac, Duras, Agen, Aiguillon, Beauville, Bruch, Castelsagrat, Luzignan, La Montjoie, Montégut, Le Port-Sainte-Marie, Puymirol, Preissas, La Roquetimbaut, Tournon, Valence, Lalande en Agenais, Brantôme, Bourdeille, Excideuil, L'Isle en Périgord, Mussidan, Nontron, Périgueux, Saint-Pardoux, Thiviers, Montpazier, Caumont, Damazan, Francescas, Le Mas-d'Agenais, Montagnac, Monheurt, Nérac, Villeton, Villefranche-du-Queyran, Bazas, Langon, La Réole, Meilhan, Cambes, Clairac, Castelmoron, Sainte-Foy, Sauveterre, Monségur, Blaye, Bourg, Saint-Macaire, Rions, Condom, Larroumieu, Astafort, Ligardes, Montréal, Mézin, etc.

C. 1037. (Portefeuille.) — 97 pièces, papier.

1752. — Correspondance de l'intendant de Bordeaux avec les subdélégués, concernant les revenus et charges des communautés de Périgueux, Bergerac, La Linde, Excideuil, Casteljaloux, Villeton, La Gruère, Villefranche-du-Queyran, Monheurt, Damazan, Bouglon, Labastide-de-Castelmouroux, Agen, Le Port-Sainte-Marie, Clairac, Aiguillon, Puymirol, Castelculier, Sauveterre, Castelmoron-d'Albret, Gensac, Pujols, Sarlat, Beaumont, Issigeac, Montcazier, Belvès et Eymet.

C. 1038. (Portefeuille.) — 102 pièces, papier.

1752. — Correspondance de l'intendant de Bordeaux avec les subdélégués, concernant : — les revenus et charges des communautés de Bazas, Langon, La Réole, Meilhan, Cauderot, Le Mas-d'Agenais, Monségur, Caumont, Sainte-Bazeille, Marmande, Miramont, Lévignac, Tonneins-Dessus, Tonneins-Dessous, Favillet, La Sauvetat-de-Caumont, Duras et Gontaud.

C. 1039. (Portefeuille.) — 121 pièces, papier.

1719-1764. — Correspondance de l'intendant de

Bordeaux avec les subdélégués, concernant : — les revenus et charges des communautés de Nérac, Luvardac, Moncrabeau, Francescas, Lausseignan, Thouars, La Montjoie, Buzet, Andiran, Nazareth, Vianne et Bergerac.

C. 1040. (Portefeuille.) — 109 pièces, papier ; 1 pièce, parchemin.

1587-1768. — Correspondance de MM. de Boucher et de Tourny, intendants de Bordeaux, avec MM. de Saint-Florentin, de Lamoignon, le duc de Bouillon, La Vrillière, Bertin et d'Ormesson, ministres, concernant : — un mémoire secret adressé à l'intendant sur les Doctrinaires du collége de la ville de Nérac ; — les contestations entre les habitants de cette ville et lesdits Doctrinaires ; — des lettres patentes d'Henri III et d'Henri IV portant fondation et confirmation du collége de Nérac ; — un contrat de constitution de rente en faveur de cet établissement ; — un brevet de Louis XIII portant don dudit collége aux prêtres de la Doctrine chrétienne ; — divers mémoires adressés au Roi à leur sujet.

C. 1041. (Portefeuille.) — 114 pièces, papier.

1744-1756. — Comptes et états relatifs : — aux dépenses de l'Hôtel-de-Ville de Bordeaux, à l'occasion du passage de madame la Dauphine ; — au *Te Deum* chanté en l'honneur de la prise de la ville et château de Gand ; — au passage du maréchal de Nouailles, de la comtesse de Toulouse et du duc de Duras, ambassadeur à la cour d'Espagne ; — au *Te Deum* à l'occasion de la naissance de monseigneur le duc de Berri ; — aux réjouissances au sujet de la prise de l'île de Minorque ; — aux réparations de la salle de spectacle ; — à la fourniture du pain des prisonniers et des archers du guet ; — à la construction d'un corps de garde près la porte du Pont-Saint-Jean ; — au loyer de l'hôpital Saint-Louis servant aux enfants exposés, etc.

C. 1042. (Portefeuille.) — 107 pièces, papier.

1741-1757. — Comptes et états relatifs : — aux recettes et dépenses de l'Hôtel-de-Ville de Bordeaux ; — au loyer des corps de garde des patrouilles bourgeoises ; — aux dépenses faites à l'occasion de l'arrivée de l'archevêque de Bordeaux ; — à l'installation des nouveaux jurats ; — aux réparations de la salle de spectacle ; — aux travaux et fournitures pour l'Hôtel-de-Ville ; — aux frais de réjouissance ; — aux réparations de la maison des Sœurs de la Charité de la paroisse Saint-Éloy ; — au payement des commis employés à l'inventaire des titres et papiers de l'Hôtel-de-Ville ; — à la fermeture des portes de ville ; — à la réparation du grand pavillon servant de principale entrée dans la cour de l'Hôtel-de-Ville ; — au passage de madame la Dauphine à Bordeaux, etc.

C. 1043. (Portefeuille.) — 114 pièces, papier.

1756-1759. — Comptes et états relatifs : — aux réjouissances publiques ; — à la construction de l'aqueduc de la place Saint-Julien ; — aux réparations du portail de la porte Saint-Julien, des écuries du manège, des prisons et de l'Hôtel-de-Ville ; — aux gratifications accordées aux valets de chambre de M. de Saint-Florentin, à ceux de M. le contrôleur général, aux suisses et aux laquais ; — aux réparations des cours de l'Hôtel-de-Ville ; — aux menues dépenses journalières de la ville ; — aux droits d'amortissement ; — aux frais des commis employés à l'inventaire des archives ; — aux transports de terre au jardin public ; — à l'établissement d'une pompe au puits de la fontaine des Augustins ; — à la construction de la charpente des tours de l'Hôtel-de-Ville, etc.

C. 1044. (Portefeuille.) — 126 pièces, papier.

1738-1759. — États concernant : — les menues dépenses de l'Hôtel-de-Ville, avec les états qui ont été fournis depuis l'année 1738, jusques et y compris l'année 1759 ; — la recette des loyers de la salle de spectacle et l'emploi qui en a été fait en menues dépenses pour ledit Hôtel-de-Ville.

C. 1045. (Portefeuille.) — 115 pièces, papier.

1757. — États de dépenses et mandements relatifs : — aux menues dépenses de l'Hôtel-de-Ville de Bordeaux ; — aux frais des patrouilles ; — aux réparations de la porte Saint-Julien et de l'Hôtel du Gouvernement ; — aux réjouissances publiques ; — aux appointements des commis employés au dépouillement des archives de l'Hôtel-de-Ville ; — aux atterrissements le long du port ; — à l'habillement des soldats du guet ; — à la fourniture de bois et chandelles pour les corps de garde ; — à la construction de la porte Berry ; — à la naissance du comte d'Artois ; — aux réparations des tours de l'Hôtel-de-Ville et du collége de Guyenne ; — à la fourniture d'ustensiles de cuisine ; — aux frais de transports de terre au jardin public, etc.

C. 1046. (Portefeuille.) — 100 pièces, papier.

1757-1758. — Comptes de dépenses et mandements relatifs : — aux menues dépenses de l'Hôtel-de-Ville de Bordeaux ; — aux gratifications allouées à l'hôpital Saint-Louis ; — à la location de l'appartement occupé par le marquis de Narbonne, maréchal de camp ; — aux gratifications des employés de la ville ; — à la statue équestre du Roi ; — aux réparations de la charpente des tours de l'Hôtel-de-Ville ; — au loyer du corps de garde des patrouilles bourgeoises ; — au déblaiement de la plate-forme ; — à l'arrivée de Mgr le maréchal de Thomond ; — au pavage des rues de la ville ; — aux réjouissances à l'occasion de la naissance du comte d'Artois ; — à la construction d'une échoppe pour le portier de la porte Saint-Julien ; — aux réparations de la Maison-de-Force et de l'Hôpital-des-pauvres, etc.

C. 1047. (Portefeuille.) — 100 pièces, papier.

1758. — Comptes de dépenses et mandements relatifs : — aux déblaiements de la plate-forme ; — aux lods et ventes ; — à l'enlèvement des terres de la Maison-de-Force ; — aux réparations de la fontaine de l'Or et des pompes à feu ; — à l'ameublement de l'Hôtel du Gouvernement ; — aux réjouissances publiques ; — aux réparations de l'Hôtel-de-Ville ; — aux menues dépenses de la ville ; — à l'entretien des fusils ; — à la location du corps de garde des patrouilles bourgeoises ; — à l'arc de triomphe à la porte du Caillau, à l'occasion de l'arrivée de M. le maréchal duc de Richelieu ; — à la construction de la chapelle Saint-Louis aux Chartrons, etc.

C. 1048. (Portefeuille.) — 72 pièces, papier.

1758. — Comptes de dépenses et mandements relatifs : — à l'arrivée à Bordeaux de Mgr le duc de Richelieu ; — aux menues dépenses de l'Hôtel-de-Ville ; — à la réparation de la galerie de l'Hôtel du Gouvernement ; — au loyer du portier de la porte d'Aquitaine ; — à la fourniture du pain des prisonniers ; — aux gratifications allouées au professeur de rhétorique du collége de Guyenne ; — à l'alignement de la rue de Berri ; — aux réparations des appartements de la maison Dorade ; — à la construction de la Maison-de-Force ; — à l'établissement d'une nouvelle compagnie du guet à cheval ; — à la réparation des appartements de l'Hôtel-de-Ville ; — à la construction du bâtiment de l'Académie royale au jardin public, etc.

C. 1049. (Portefeuille.) — 100 pièces, papier.

1759. — Comptes de dépenses et mandements relatifs : — aux réparations des grilles du jardin public ; — à l'embellissement de l'Hôtel du Gouvernement ; — aux réparations de l'horloge de l'Hôtel-de-Ville ; — aux frais du pavage ; — aux réjouissances publiques ; — à l'établissement de nouvelles fontaines sur le port ; — aux réparations du pavillon de l'hôpital et des écuries du guet ; — à la fourniture de bois et lumières des corps de garde ; — à la réparation de la maison Dorade ; — à la construction de la Maison-de-Force ; — à l'établissement d'une nouvelle compagnie du guet à cheval ; — à la réparation des appartements de l'Hôtel-de-Ville ; — à la construction du bâtiment de l'Académie royale, du jardin public, etc.

C. 1050. (Portefeuille.) — 88 pièces, papier.

1691-1760. — Comptes de dépenses et mandements relatifs : — aux revenus patrimoniaux et d'octroi de la ville de Bordeaux ; — aux menues dépenses de l'Hôtel-de-Ville ; — à divers états des charges et intérêts à payer à la ville ; — à l'acquisition d'une maison située rue Saint-Paul, près l'Hôtel du Gouvernement ; — à la fourniture et entretien des meubles de l'Hôtel de la Mairie et de la maison de campagne de M. le maréchal de Montrevel ; — au loyer des appartements de M. de Narbonne ; — aux frais de réception du maréchal de Thomond et du comte de Langeron, commandant de la province ; — aux réparations de l'Hôtel du Gouvernement ; — aux frais des loyers des maisons et écuries pour les officiers et domestiques du gouverneur, etc.

C. 1051. (Portefeuille.) — 119 pièces, papier.

1751-1759. — Comptes de dépenses et mandements concernant : — la fourniture des robes consulaires ; — les menues dépenses de l'Hôtel-de-Ville ; — les réparations de la fontaine des Augustins, de la pompe du Marché Neuf et de l'Hôtel du Gouvernement ; — le pavage des rues de la ville ; — les frais de transports de terre de la place Dauphine ; — les réparations des ponts des ruisseaux du Peugue et de Ladevèze, des écuries des soldats du guet et de la porte Saint-Julien ; — la reconstruction des bâtiments incendiés de l'Hôtel-de-Ville ; — la fourniture du pain des prisonniers ; — le recurement de l'estey (ruisseau) du Peugue ; — le déblaiement des terres de la rue de Berry ; — les frais d'habillement des soldats du guet à cheval ; — la réparation du local occupé par l'aumônier de la Maison-de-Force, etc.

C. 1052. (Portefeuille.) — 100 pièces, papier.

1760-1761. — Comptes de dépenses et mandements concernant : — la construction d'un bateau pour le service du port ; — les réparations du Château-Trompette ; — la reconstruction du pont sur le fossé de l'allée royale de l'Archevêché ; — les réparations des fontaines ; — les frais d'installation des jurats ; — le logement des lieutenants des gardes de M. le maréchal duc de Richelieu ; — l'ameublement de l'Hôtel du Gouvernement ; — le logement du capitaine du guet à pied ; — les loyers des corps de garde des patrouilles bourgeoises ; — les fournitures de bureau ; — le pain des prisonniers ; - les réparations du pavillon du jardin public ; — les frais du logement de M. le duc de Lorges, lieutenant général des armées du Roi, etc.

C. 1053. (Portefeuille.) — 22 cahiers in-folio, 332 feuillets, papier.

1742-1762. — Comptes des recettes et dépenses de la ville de Bordeaux produits par le trésorier de la ville aux maire et jurats, comprenant les revenus patrimoniaux et d'octroi, et les dépenses ordinaires et extraordinaires de la ville pour chacune desdites années.

C. 1054. (Portefeuille.) — 100 pièces, papier.

1761. — Comptes de dépenses et mandements concernant : — les frais d'illuminations de la ville de Bordeaux ; — l'habillement des soldats du guet à pied ; — l'entretien des pauvres de l'enclos ; — le pavage de la rue Angélique aux Chartrons ; — le logement du commis du gouverneur ; — les réparations de l'aqueduc de la Visitation ; — les réparations de l'Hôtel-de-Ville, de la fontaine Sainte-Colombe et de l'horloge de la ville ; — les fournitures de bureau ; — les frais des réjouissances publiques à l'occasion des avantages remportés dans la Hesse par les troupes françaises sur les ennemis ; — les réparations des appartements du duc de Lorges et de la fontaine du Marché-Neuf ; — l'achat de terrain pour la formation du jardin public ; — les réparations de la maison de force, etc.

C. 1055. (Portefeuille.) — 118 pièces, papier.

1761. — Comptes de dépenses et mandements relatifs : — aux frais d'entretien du jardin public et des fontaines de la ville ; — aux menues dépenses de l'Hôtel-de-Ville ; — au logement du duc de Lorges, lieutenant général des armées du Roi ; — aux réparations de la maison de force et des appartements de l'hôtel du gouvernement ; — au pavage des rues ; — au logement des pauvres de l'enclos ; — aux frais de transport de gravier sur la place Royale et sur le quai ; — à la réparation de la porte du jardin public du côté des Chartrons ; — à l'ameublement de l'hôtel du gouvernement, du manège et de l'Hôtel-de-Ville ; — aux frais du logement de M. Thuillier, inspecteur général des dragons, etc.

C. 1056. (Portefeuille.) — 100 pièces, papier.

1762. — Comptes de dépenses et mandements concernant : — les réparations de la maison de force ; — le pavage de la calle du Port-Saint-Jean ; — la démolition des maisons pour la formation de la place Dauphine ; — les menues dépenses de l'Hôtel-de-Ville ; — le logement du portier de la porte Sainte-Eulalie ; — l'entretien des fossés de l'allée des Tanneurs ; — le loyer de la maison occupée par M. le duc de Lorges, lieutenant général des armées du Roi ; — les réparations des prisons ; — les frais d'impression ; — le loyer de la maison occupée par M. Pujols, maréchal général de logis ; — l'ameublement de l'Hôtel-de-Ville ; — les réparations des murs de la ville ; — l'entretien des armes des soldats du guet.

C. 1057. (Portefeuille.) — 100 pièces, papier.

1762-1763. — Comptes de dépenses et mandements concernant : — les menues dépenses de l'Hôtel-de-Ville ; — les réparations de la salle du concert, de la calle d'embarquement de Labastide et de l'Hôtel-de-Ville ; — le recurement de l'*estey* (ruisseau) de la Devèze ; — l'entretien du jardin de monseigneur le duc de Richelieu ; — les réparations du brigantin de la ville ; — le pavage de la chaussée le long des allées de Tourny et de la porte Saint-Germain dite de Tourny, jusqu'à la chaussée des fossés du Chapeau-Rouge ; — les frais d'impression et fournitures de bureau ; — une gratification de 7,000 livres accordée à M. Jonis jeune, en récompense des soins qu'il a donnés à l'établissement des pompes de la machine hydraulique pour l'élévation des eaux des fontaines de la ville etc.

C. 1058. (Portefeuille.) — 5 cahiers in-folio, 49 feuillets, papier.

1746-1764. — États concernant : — les revenus patrimoniaux et d'octroi de la ville de Bordeaux arrêtés par les jurats en 1747 ; — les dettes actives (1764) ; — les nouveaux embellissements et constructions projetées ou commencées et le produit des emplacements hors ville : — les domaines de la ville de Bordeaux divisés en trois articles (domaines propres, domaines directs et les charges ou offices domaniaux, arrêté en jurade en 1764) ; — mémoire sur les comtés d'Ornon, baronnie de Veyrines, prévôté d'Eyzines et d'Entre-deux-mers ; on y rappelle les titres primitifs qui établissent la propriété en faveur de la ville.

C. 1059. (Portefeuille.) — 103 pièces, papier.

1759-1763. — Comptes de dépenses et mandements concernant : — l'ameublement de l'hôtel du gouvernement : — la construction de deux branches d'aqueducs entre les fossés des Carmes et les fossés des Tanneurs ; — les menues dépenses de l'Hôtel-de-Ville ; — la construction des bureaux des commis de la porte d'Aquitaine ; — la fourniture du pain des prisonniers;—les frais du logement de M. Faucher, secrétaire de monseigneur le gouverneur;—les réparations de la fontaine, du pont-levis du Château-Trompette et des pompes de la ville; — les frais d'éclairage des corps de garde; — la distribution du pain des pauvres; — les impressions et fournitures de bureau.

C. 1060. (Portefeuille.) — 100 pièces, papier.

1764. — Comptes de dépenses et mandements relatifs: — à l'ameublement de l'Hôtel-de-Ville; — au loyer de la maison occupée par le comte de Jauzac et le baron de Thuillier; — à la fourniture du pain des prisonniers; — à l'entretien des pompes et fontaines de la ville; — aux réparations de la porte d'Aquitaine et du pont-levis du Château-Trompette; — au recurement de l'aqueduc du jardin public; — aux impressions et fournitures de bureau; — aux frais du repas à l'occasion de la réception des jurats; — au loyer des meubles des officiers généraux; —aux réparations de l'horloge; - aux gratifications allouées à M. Broc, professeur de philosophie, etc.

C. 1061. (Portefeuille.) — 106 pièces, papier.

1759-1761. — Comptes de dépenses et mandements relatifs: — aux réparations de la couverture de la maison de la Plate-forme; — aux peintures des appartements du collége de Guyenne; — à l'entretien du port; — aux réparations de l'Hôtel-de-Ville;—aux frais d'atterrissement ou formation d'un quai, près le pont de la manufacture, pour déposer les bourriers (boues et ordures de la ville);— à la démolition de maisons pour l'embellissement de la ville; — aux menues dépenses de l'Hôtel-de-Ville; — au logement du duc de Lorges; — aux réparations de l'aqueduc du Pont-Saint-Jean; — à l'adjudication de l'emplacement n° 49 sur la rue des Deux-Places en faveur de Jean Robat, etc.

C. 1062. (Portefeuille.) — 100 pièces, papier.

1759-1766. — Comptes de dépenses et mandements concernant:— les réparations de l'hôtel du gouvernement; — le logement des soldats du guet; — les frais d'impressions et fournitures de bureau; — les réparations de la fontaine Saint-Projet et du collége de Guyenne; — les frais de patrouille; — les pompes du Marché-Neuf et de la fontaine Trompette; — le recurement du ruisseau du Peugue; — les réparations de la salle d'audience des jurats et des Écoles chrétiennes à Sainte-Eulalie; — les achats et transports de vins pour l'Hôtel-de-Ville; — les dépenses occasionnées par l'arrivée de monseigneur le prince de Beauvau, commandant la province de Guyenne, etc.

C. 1063. (Portefeuille.) — 100 pièces, papier.

1766. — Comptes de dépenses et mandements concernant:—les menues dépenses de l'Hôtel-de-Ville;—les réparations de l'hôtel du gouvernement et de la maison de l'École chrétienne de Sainte-Eulalie; — le pavage du dehors de la porte des Capucins; — les gratifications des commis des archives de l'Hôtel-de-Ville; — les frais d'entretien des fontaines, des patrouilles et des fournitures et impressions de bureau; — les appointements du sieur Vignau, professeur à l'École de médecine; — les réparations du pont-levis du Château-Trompette et de la maison de force, etc.

C. 1064. (Portefeuille.) — 8 cahiers in-folio, 246 feuillets, papier.

1766-1773. — Comptes en recettes et dépenses de la ville de Bordeaux, rendus à MM. les maire et jurats par M. Guy Cholet, trésorier, receveur des deniers tant patrimoniaux que d'octrois de ladite ville, et arrêtés non-seulement par les maire et jurats, mais encore par tous les commissaires chargés de cet examen.

C. 1065. (Portefeuille.) — 98 pièces, papier.

1673-1678. — Comptes de dépenses et mandements concernant : — les menues dépenses de l'Hôtel-de-Ville de Bordeaux; — la nourriture et le traitement des filles-mères; — les frais de chauffage de l'Hôtel-de-Ville pendant l'année 1772, montant à 5,522 livres et 3 sous; — les repas d'usage de l'Hôtel-de-Ville; — les présents faits par la ville à divers fonctionnaires; — l'habillement des soldats du guet; — la fourniture du pain des prisonniers; — l'ameublement de l'Hôtel-de-Ville; — les impressions et frais de bureau; — le salaire des sonneurs de clochettes; — les réparations des fontaines; — les lanternes de la ville; — la nourriture des pauvres de l'enclos d'Arnaud Guiraud; — la construction de l'Hôtel-de-Ville; — les réparations du nouveau collége, etc.

C. 1066. (Portefeuille.) — 92 pièces, papier.

1669-1775. — Correspondance de M. Esmangart, intendant de Bordeaux, avec le ministre Turgot et les maires et jurats de cette ville, concernant: — les dettes contractées par l'Hôtel-de-Ville de Bordeaux; — l'administration de ses biens et de ses revenus; — l'augmentation des appointements des jurats; — les droits d'entrée et de sortie des marchandises;—divers arrêts du Conseil d'État; — des comptes de dépenses et mandements.

SÉRIE C. — INTENDANCE DE BORDEAUX.

C. 1067. (Portefeuille.) — 83 pièces, papier.

1774-1775. — Correspondance de M. Esmangart, intendant de Bordeaux, avec MM. d'Ormesson et Terray, ministres, concernant : — les revenus et les dépenses de l'Hôtel-de-Ville de Bordeaux, ensemble divers états à ce relatifs.

C. 1068. (Portefeuille.) — 129 pièces, papier.

1668-1782. — Correspondance de MM. de Courson et Dupré de Saint-Maur, intendants de Bordeaux, avec le ministre Desmaretz et des subdélégués, concernant : — divers états des revenus de la ville de Bordeaux tant en octrois, que grosses et petites fermes ; — certaines recettes extraordinaires ; — l'administration des revenus de la ville ; — des redditions de comptes avec des observations sur la matière ; — enfin, l'arrivée, le passage et le retour à Bordeaux du comte d'Artois et du duc de Bourbon en 1782.

C. 1069. (Portefeuille.) — 119 pièces, papier.

1717-1758. — Correspondance de M. de Tourny, intendant de Bordeaux, avec MM. de Courteille et le garde des sceaux, concernant : — une ordonnance rendue par cet intendant le 8 juin 1751 et confirmée par arrêt du Conseil de 1753, par suite de laquelle les délibérations prises par les maires et jurats concernant les remises des lods et ventes sur les acquisitions faites dans la mouvance et censive de la ville furent cassées et annulées, pour n'avoir pas été soumises à l'intendant et revêtues de son visa, et de plus il ordonna de procéder au recouvrement de ces mêmes droits. Contre l'exécution de cette ordonnance, les jurats et maires se pourvurent auprès du ministre, à qui ils adressèrent un mémoire qui rappelle les droits féodaux de la ville avec les titres qui les autorisent ; et, à cet effet, des extraits de comptes de recettes, des relevés de ventes de biens en censive de la ville et autres documents furent joints aux divers dossiers que cette affaire produisit. Ce sont toutes les pièces relatives à l'exécution de cette ordonnance qui sont contenues dans cet article.

C. 1070. (Portefeuille.) — 39 pièces, papier ; 1 pièce, parchemin.

1752-1767. — Diverses instances entre MM. les jurats de Bordeaux, avec le chapitre Saint-Seurin ; — M. de Paty ; — le chapelain d'Arnaud de La Caze ; — le propriétaire de la maison noble du Pont-de-Langon ; — le prieur du séminaire de Saint-Raphaël ; — le chapelain de Pey-de-Montigny ; — la trézaine de Saint-André ; — le tout en matière de fiefs ou d'indemnités ; — le privilége des habitants de Bordeaux de posséder des fiefs et maisons nobles sans payer le droit de franc-fief.

C. 1071. (Portefeuille.) — 25 pièces, papier.

1707-1775. — Reconnaissance des cens et rentes et ordonnances concernant : — divers baux à fiefs qui établissent la directe de la ville sur divers emplacements au dehors des murs de Bordeaux ; — un dénombrement des fiefs de la ville et un mémoire relatif à leur directe ; — des minutes d'ordonnances rendues par MM. les intendants dans quelques instances relatives à la directe de la ville et particulièrement en celle concernant la dame Élisabeth de Chamillard, marquise de Talleyrand ; — un dossier concernant les contestations entre le receveur du Domaine et la ville au sujet de la directe de celle-ci, dans lequel on trouve l'avis de M. de Besons ; — contestations entre la ville et divers particuliers et notamment avec M. de Fossier, seigneur d'Olivier, dans la paroisse de Léognan.

C. 1072. (Portefeuille.) — 114 pièces, papier.

1756. — États nominatifs concernant : — l'expulsion des Anglais, Irlandais et Écossais de Bordeaux et autres lieux de la Généralité ; — divers états des individus de la même nation, tant de ceux qui résidaient dans Bordeaux que de ceux qui y étaient naturalisés et qui pouvaient y être tolérés ; on y remarque les noms de: MM. Darcy ; Jacques Donnell, natif de Dublin ; François Burh, Irlandais ; Henry Morgan ; French de Durat, gentilhomme irlandais ; Denis O'Conor ; Johnston ; John Thomson ; Jean Walsh ; Guillaume Kerr ; Mac Carthy ; Jean Byrne ; Ollivier Kelly ; Dubuisson ; Blac ; Georges Lawe ; Coppinger ; Linsch ; Lauton ; Sullivan Sinit, etc.

C. 1073. (Portefeuille.) — 124 pièces, papier.

1756. — Correspondance de M. de Tourny, intendant de Bordeaux, avec le ministre de Saint-Florentin et les subdélégués concernant : — l'expulsion des Anglais, Irlandais et Écossais et les permissions particulières qui furent accordées à plusieurs d'entre eux pour continuer leur résidence dans la Généralité de Bordeaux ; on y remarque les noms de : MM. Ainslie, négociant écossais ; Guillaume Coppinger ; Mac-Carthy ; Bonfield ; Jean Byrne ; Jean Méade, Kéarney ; Samuel de Lap ; Thomas Barton ; Willoughby, gentilhomme irlandais ; Jacques Macdonnall ; Jacques Smith, etc.

C. 1074. (Portefeuille.) — 92 pièces, papier.

1710-1762. — Correspondance de M. l'intendant de Bordeaux avec M. le ministre de Saint-Florentin et les subdélégués, concernant : — l'expulsion des Anglais, Irlandais et Écossais et les permissions accordées à plusieurs d'entre eux pour continuer leur résidence à Bordeaux ; parmi ces derniers on remarque les noms de : MM. Jacque Babe ; Robert Lacy ; Mathieu O'Connor ; Ulick Burk ; Henry Hanton ; Henry Hanlon ; Charles Allan ; Mac-Carthy ; Edmond Power ; Coppinger ; Jacques Karney ; Nicolas Inerheny ; Édouard Swinburne ; Jean Néade ; David Bonfield, etc.

C. 1075. (Portefeuille.) — 91 pièces, papier.

1617-1759. — Correspondance de M. de Tourny, intendant de Bordeaux, avec MM. de Maurepas, Rouillé, de Saint-Florentin et Dodun, ministres, concernant : — l'exercice de la police par les jurats de Bordeaux dans les sauvetats (sauveté) de Saint-André et Saint-Seurin, contesté par les chapitres de ces églises ; — la police du port de la ville, tant à l'égard des navires incendiés ou enfoncés, qu'à l'égard des bâtiments à l'ancre dans le port ; — la police sur les logeurs ; — les défenses aux capitaines de vaisseau de tirer le canon ; — les jeux de hasard ; — l'établissement d'un combat de taureaux au faubourg Saint-Seurin ; — la permission de quêter ; — les ordonnances et règlements de police, etc.

C. 1076. (Portefeuille.) — 99 pièces, papier.

1562-1775. — Correspondance de MM. Boucher, Boutin, de Fargès et de Tourny, intendants de Bordeaux, avec MM. les ministres Dodun, le cardinal de Fleury, de Chauvelin, Amelot, de Saint-Florentin, Berryer, le duc de Choiseul, d'Ormesson et La Vrillière, concernant : — la création des offices de procureurs du Roi, greffiers, commissaires des quartiers et huissiers pour l'exercice de la police ; — les règlements de police pour la ville et les faubourgs de Bordeaux ; — l'augmentation du guet d'une compagnie à cheval, sa composition, sa solde, son entretien et ses règlements.

C. 1077. (Portefeuille.) — 96 pièces, papier ; 1 plan.

1703-1759. — Ordonnances et règlements concernant : — la livrée des domestiques ; — la police en général ; — la taxe des œuvres (échalas) pour les vignes ; — le contrôle des étrangers venant à Bordeaux ; — l'établissement des lanternes de la ville ; — la destruction des nids à chenilles ; — l'enlèvement des boues et bourriers ; — l'arrivée et le départ des étrangers ; — les bals masqués et divertissements du carnaval ; — les incendies ; — l'établissement des commissaires de quartiers ; — les pauvres mendiants et vagabonds.

C. 1078. (Portefeuille.) — 105 pièces, papier ; 1 plan.

1697-1776. — Arrêts et ordonnances, concernant : — le choix des commissaires de quartiers ; — l'établissement de lanternes dans les villes du royaume ; — les bains publics sur la Garonne ; — les cabaretiers et aubergistes ; — la taxe de la viande ; — les compagnons artisans ; — les jeux défendus et les fonds affectés à l'entretien des lanternes ; — une lettre du ministre d'Ormesson à M. Boucher, intendant de Bordeaux, au sujet de ces fonds.

C. 1079. (Portefeuille.) — 93 pièces, papier.

1606-1775. — Correspondance de MM. de Courson, Boutin, Boucher, de Fargès et de Tourny, intendants de Bordeaux, avec les ministres Dodun, La Vrillière, de Chauvelin, de Breteuil, Trudaine, de Saint-Florentin, d'Armenonville, le duc de Choiseul et d'Ynvau, concernant : — des affaires particulières à la ville de Bordeaux ; — ses vacants ; — les registres de l'Hôtel-de-Ville ; — les emplacements à adjuger ; — la banlieue de la ville ; — le jardin de l'Hôtel-de-Ville ; — ses tours, ses prisons et les marais de Bordeaux ; — l'hôtel de la marine qui, dans le principe, avait été destiné aux Dames de la Foi, et qui, suivant une délibération du 25 mai 1763, fut offerte au Roi pour 50,000 livres, avec laquelle somme la ville aurait souscrit pour la construction d'un vaisseau du Roi.

C. 1080. (Portefeuille.) — 119 pièces, papier.

1733-1766. — Correspondance entre MM. Boucher, Boutin et de Tourny, intendants de Bordeaux, et MM. de Courteille, de Saint-Florentin, Demoras, d'Angervilliers, Amelot et d'Aguesseau, relative : — à l'administration de la ville de Bordeaux ; — à ses revenus, cens, rentes, lods et ventes ; — aux comptes et gages des jurats, du procureur-syndic, du major de la ville et de son agent à Paris ; — aux jugements par attributions rendus contre les locataires débiteurs de la ville ; — à une plainte du sieur Dupin, officier d'infanterie, contre le sieur Caillavet, jurat de Bordeaux, pour violences exercées sur sa personne ; — au passage du duc de Duras, ambassadeur en Espagne ; — à l'exemption des patrouilles ; — à la fourniture des pavés de la ville, etc.

SÉRIE C. — INTENDANCE DE BORDEAUX.

C. 1081. (Portefeuille.) — 117 pièces, papier.

1719-1771. — Correspondance des jurats de Bordeaux avec MM. de Courson, Boucher, de Tourny et de Fargès, intendants, et de ces derniers avec MM. Langlois, Bertin, La Vrillière, d'Ormesson, de Morville, Le Blanc, de Chauvelin, Louis d'Orléans et Saint-Florentin, ministres, concernant : — les terrains de la ville de Bordeaux, que les jurats se proposaient de vendre en 1768, et l'acquisition par eux faite de divers droits possédés sur la halle par M. de Latrenne ; — les droits de censive et les condamnations par défaut ; — l'élection des jurats et de la noblesse.

C. 1082. (Portefeuille.) — 132 pièces, papier.

1703-1789. — Correspondance des jurats de Bordeaux avec MM. Boucher, de Tourny, Boutin, de Fargès, de Clugny et de Néville, intendants, avec MM. d'Aguesseau, Demoras, de Saint-Florentin, de Courteille, de Paulmy, de Crémille, Massias, de Silhouette, Turgot, Laverdy et La Millière, ministres, concernant : — l'entrée du maréchal de Richelieu à Bordeaux ; — les logements militaires ; — l'établissement de fontaines le long du port ; — la police intérieure de l'Hôtel-de-Ville ; — l'établissement des pompes à incendie ; — la sépulture de monseigneur d'Argenson, archevêque de Bordeaux ; — la place que doivent occuper les intendants dans les séances publiques de l'Hôtel-de-Ville, etc.

C. 1083. (Portefeuille.) — 62 pièces, papier, 2 plans.

1718-1767. — Correspondance de MM. de Courteille, d'Ormesson, Terray, Bertin et de Boullongue, ministres, avec MM. de Tourny, Esmangart et Boutin, intendants de Bordeaux, et de ces derniers avec les subdélégués d'Agen, concernant : — la maison dite du Roi à Agen (Lot-et-Garonne) ; — deux plans dressés par ordre de M. de Courson, intendant, des casernes projetées sur les écuries du Roi ; — les travaux de réparation et d'entretien de ce bâtiment ; — l'acquisition de plusieurs maisons destinées à être démolies pour dégager les abords de la maison du Roi et former une place devant ladite maison ; — les lettres patentes du Roi qui autorisent ces diverses acquisitions ; — la vente et le produit des matériaux provenant de ces démolitions ; — l'origine, la destination et les diverses augmentations faites à ladite maison du Roi ; — les prétentions des consuls d'Agen à la jouissance de ce bâtiment.

C. 1084. (Portefeuille.) — 106 pièces, papier.

1751-1771. — Correspondance de MM. d'Ormesson et de Courteille, ministres, avec M. de Tourny, intendant de Bordeaux, et de ce dernier avec le subdélégué d'Agen, concernant : — la situation des fonds faits tant pour l'entretien de la maison du Roi à Agen (Lot-et-Garonne) que pour l'excédant des intérêts des dettes du pays d'Agenais ; — l'acquisition faite par M. de Tourny, intendant de Bordeaux, moyennant la somme de 5,100 livres, d'une maison appartenant au sieur de L'Age, pour procurer par sa démolition une largeur suffisante à la rue qui conduit à celle appelée de la Maison-du-Roi ; — la vérification et liquidation des dettes du pays d'Agenais ; — une imposition de 1,500 livres destinées aux réparations et entretien de la maison du Roi ; — l'adjudication de l'entretien des couvertures de la maison, manège et écuries du Roi ; — l'imposition de la taille.

C. 1085. (Portefeuille.) — 130 pièces, papier; 1 pièce, parchemin; 2 plans.

1747-1783. — Correspondance de MM. de Tourny et Esmangart, intendants de Bordeaux, avec MM. de Courteille, Terray, Bertin, d'Ormesson et de Boullongue, concernant : — diverses réparations faites à la maison du Roi et à la digue en pierre qui borde les allées du gravier de la ville d'Agen ; — la vente à l'enchère des meubles de rebut provenant de la maison du Roi ; — deux plans des écuries du Roi ; — l'adjudication des réparations à faire à la maison, au manège, aux écuries du Roi et aux combles de l'Hôtel-de-Ville d'Agen ; — l'octroi qui se lève à Agen pour le payement des gages des officiers du Présidial de cette ville.

C. 1086. (Portefeuille.) — 94 pièces, papier.

1714-1731. — Correspondance de MM. de Courson et Boucher, intendants de Bordeaux, avec MM. les ministres Pont-Chartrain, de La Vrillière, d'Aguesseau, de Morville, d'Armenonville, de Saint-Florentin, de Maurepas et de Chauvelin, au sujet des juifs convertis. On y remarque les noms de Suzanne Henriquez, mademoiselle Gommès, mademoiselle Delcampos, Esther Gradis, Rica et Abigail, Mézes, Fossa, Nunès, etc.

C. 1087. (Portefeuille.) — 91 pièces, papier.

1736-1758. — Correspondance de MM. Boucher et de Tourny, intendants, avec MM. les ministres de Chauvelin, Amelot et de Saint-Florentin, concernant : — les juifs convertis, parmi lesquels on remarque les noms de MM. Charles-Honoré Pinto, Pereyre, Catherine Salon Delpuget, Duval, les filles Bomarin, Francia, Mendès, etc.

C. 1088. (Portefeuille.) — 84 pièces, papier.

1740-1772. — Correspondance de MM. de Tourny, Boucher, Boutin et de Fargès, intendants de Bordeaux, avec MM. les ministres, le comte du Muy, de Saint-Florentin, de Boullongue; l'évêque d'Orléans et Amelot, au sujet des juifs convertis. On y remarque les noms de mademoiselle Delpuget, madame Pescoto, Antoinette Loppès, Claudine Linde, François Tellès Dacosta, Cadette de Pas, etc.

C. 1089. (Portefeuille.) — 103 pièces, papier; 3 pièces, parchemin.

1656-1763. — Correspondance de MM. de Labourdonnaye, de Courson, Boucher et de Tourny, intendants de Bordeaux, avec MM. les ministres de La Vrillière, Le Blanc, Orry, le maréchal de Bellisle, de Chauvelin et Dodun, concernant : — l'habitation des juifs portugais dans la ville de Bordeaux; — le dénombrement de leurs familles; — diverses ordonnances à ce sujet; — les droits de 4 livres par tonneau établis sur les vins casser, que les juifs danois et hambourgeois font fabriquer à Bordeaux pour leur usage; — des discussions à l'occasion de ces droits; — divers arrêts concernant les juifs; — l'établissement et les privilèges des juifs, etc.

C. 1090. (Portefeuille.) — 124 pièces, papier.

1731-1768. — Correspondance de MM. Boucher, de Tourny et Boutin, intendants de Bordeaux, avec MM. Orry, de Machault, Bertin, d'Aguesseau, d'Argenson, Louis de Bourbon et de Saint-Florentin, ministres, relative : — à la capitation des juifs portugais; — à leurs règlements pour secourir leurs pauvres; — à leur culte; — à leur religion; — à leur synagogue; — à l'habitation des juifs dans Bordeaux; — au dénombrement de leurs familles, où l'on voit figurer les noms de Izaac Pescote, Jacob Mendès, Daniel Tellès Dacosta, Benjamin Rodrigue Sarceda, Esther Vas Dolivera, Rachel Raphaël, Abigail de Castre, Antoine Lopès Salcedo, Abraham Gommés Silva, Moïse Francia, Jacob Pereyra, Rachel Carvalo, Abraham Fernande Dias, Sara Gradis, etc.

C. 1091. (Portefeuille.) — 100 pièces, papier.

1722-1740. — Correspondance de M. Boucher, intendant de Bordeaux, avec MM. les ministres d'Aguesseau, d'Angervilliers, Orry et Amelot, au sujet des juifs avignonais établis à Bordeaux, parmi lesquels on voit figurer les noms de Joseph Vidal, Joseph Petit, Joseph Delpuget, Sema David, Joseph Cassin, Moyse Saint-Paul, Lion Carcassonne, Izaac Rouget, Samuel Atar, Joseph Couën, Jaquassue, dit Perpignan, Jacques de Suzia, Israël Prophat, Antoinette Perrier, Catherine Lop de Paz, veuve Médine, etc.

C. 1092. (Portefeuille.) — 102 pièces, papier.

1740-1753. — Correspondance de MM. Boucher et de Tourny, intendants de Bordeaux, avec MM. les ministres Orry et de Saint-Florentin, concernant : — les juifs avignonais établis à Bordeaux; — la tolérance qui leur a été accordée de fréquenter les foires et marchés, à la condition qu'ils exposeront leurs marchandises en vente sous les halles et sur les places publiques, au lieu de les vendre en cachette dans les chambres d'auberge et autres lieux publics; — l'expulsion des juifs avignonais, allemands et tudesques; — divers mémoires à ce sujet. On y voit figurer les noms de MM. Izaac Roget, Lange Veuve, Jacob et Emmanuel Delpuget, Vidal, Natam, Solom, Lyon Petit, Astruc, Mendès.

C. 1093. (Portefeuille.) — 104 pièces, papier.

1754-1778. — Correspondance de MM. de Tourny et Fargès, intendants de Bordeaux, avec MM. les ministres de Saint-Florentin, d'Aguesseau, de Boullongue et d'Ormesson, concernant : — les juifs avignonais établis à Bordeaux; — une affaire entre le sieur de La Porte, receveur général des impositions royales de la ville de Toulouse, et le juif Mendès France, négociant à Bordeaux; — une contestation entre les marchands de draps et de soieries de Périgueux et les nommés Nathan, Astruc et Lange, juifs avignonais; — des lettres patentes du Roi en faveur des juifs ou nouveaux chrétiens avignonais établis à Bordeaux; — les juifs du Pont-Saint-Esprit de Bayonne; — les marchands drapiers de Bordeaux et les juifs; — la prière du grand rabbin Tama pour demander à Dieu un heureux accouchement de la Reine. On y remarque en outre les noms de MM. Samuel Rouget, Lyon Petit, Israël Delpuget, Leatte Coëns, Joseph Carcassonne, Jacob Perpignan, Léa Lange, Hana de Castro, Noël Vidal, Ester Pinto, Moyse Soria, Abraham Dacosta, Blanche Garcia, Jacob Nunez. Sara Olivera, Daniel David et Jacob Gomès Cassères.

C. 1094. (Portefeuille.) — 23 pièces, papier.

1720-1761. — Correspondance de M. de Tourny, intendant de Bordeaux, avec MM. Amelot, de Boullongue et de Trudaine, relative : — à la nomination de M. de Loyac pour remplir les fonctions d'administrateur de l'hospice des Incurables de Bordeaux; — à l'engagement pris par la ville de faire confectionner les ouvrages à faire en maçonnerie et charpenterie audit hôpital; — aux statuts de l'hôpital Saint-Louis pour les enfants trouvés de ladite ville de Bordeaux; — à l'état des recettes et dépenses dudit hôpital; — au mouvement des enfants trouvés et aux frais qu'ils occasionnent annuellement pour leur nourriture et leur entretien.

C. 1095. (Carton.) — 117 pièces, papier.

1750-1769. — Correspondance de MM. de Tourny, de Fargès, Esmangart, Boutin et Dupré de Saint-Maur, intendants de Bordeaux, avec MM. d'Argenson, de Crémille, Foullon, le duc de Choiseul, le duc d'Aiguillon, de Saint-Germain, de Ségur et le maréchal de Castries, ministres, et les subdélégués, concernant : — les certificats mortuaires des militaires décédés dans les hôpitaux de la Généralité; — l'entrée et la sortie des militaires; — les règlements sur les hôpitaux; — les états de journées des malades; — les états de décomptes concernant les hôpitaux de la Généralité.

C. 1096. (Carton.) — 89 pièces, papier.

1760-1775. — Correspondance de MM. Boutin et Esmangart, intendants de Bordeaux, avec MM. de Crémille, le duc de Choiseul, le maréchal du Muy et le comte de Saint-Germain, ministres, les commissaires des guerres et les subdélégués, relative : — aux suppléments de solde accordés aux hôpitaux de charité pour le traitement des soldats; — aux retenues faites aux troupes pour les journées d'hôpitaux de soldats externes; — aux billets d'entrée et de sortie des hôpitaux; — aux feuilles de solde et aux certificats mortuaires de ceux qui y sont décédés; — aux instructions concernant les soldats reçus dans lesdits hôpitaux; — aux adjudications des fournitures des hôpitaux militaires de Bayonne, Saint-Jean-Pied-de-Port et Navarreux, etc.

C. 1097. (Carton.) — 113 pièces, papier.

1776-1780. — Correspondance de M. Dupré de Saint-Maur, intendant de Bordeaux, avec MM. de Clugny, le comte de Saint-Germain, le duc de Choiseul et de Montbarrey, ministres, les commissaires des guerres et les subdélégués, concernant : — les journées des soldats malades à l'hôpital de la Charité de Condom; — l'augmentation du prix des journées des soldats admis à l'hôpital de Saint-Sever; — les états des dépenses des hôpitaux de la Généralité; — une ordonnance du Roi sur les hôpitaux militaires; — les retenues faites aux troupes pour journées d'hôpitaux; — divers états des plus bas officiers retirés et les plus aptes à être employés dans l'administration des hôpitaux militaires, etc.

C. 1098. (Carton.) — 112 pièces, papier.

1781-1784. — Correspondance de M. Dupré de Saint-Maur, intendant de Bordeaux, avec MM. les ministres de Ségur, d'Ormesson, de Vergennes et La Millière, MM. les commissaires des guerres et les subdélégués, concernant : — le traitement des officiers de santé des hôpitaux; — les états des hôpitaux de la Généralité et les journées des soldats malades; — les règlements des amphithéâtres des hôpitaux militaires de Strasbourg, Metz, Lille, Brest et Toulon; — les brevets expédiés en faveur des médecins et chirurgiens attachés particulièrement au service des troupes dans les hôpitaux de charité de la Généralité; — les abus au sujet de la fourniture des voitures pour le transport des soldats sortant des hôpitaux ou revenant des eaux; — les marchés passés avec la marine pour la fixation du prix des journées des marins malades, etc.

C. 1099. (Carton.) — 91 pièces, papier.

1785-1789. — Correspondance de MM. Dupré de Saint-Maur et de Néville, intendants de Bordeaux, avec MM. le maréchal de Castries, de Vergennes, le maréchal de Ségur, le comte de Brienne, La Millière, le baron de Breteuil et La Tour-du-Pin, ministres, et les subdélégués, concernant : — les soldats et marins reçus dans les hôpitaux militaires; — la surveillance des hôpitaux; — le traitement des malades à l'hôpital de Bayonne; — les privilèges et exemptions des officiers de santé des hôpitaux militaires; — la nomination du sieur Lassanne fils, médecin ordinaire de la Reine, aux fonctions d'inspecteur des hôpitaux de la Généralité; — l'administration de l'hôpital de Périgueux; — les retenues sur les troupes, tant françaises qu'étrangères, pour traitement des malades et blessés dans les hôpitaux de Bayonne, etc.

C. 1100. (Portefeuille.) — 115 pièces, papier.

1727-1758. — Correspondance de MM. Boucher et de Tourny, intendants de Bordeaux, avec MM. les ministres de Chauvelin, le comte de Morville, Orry, de Fulvy, Amelot, d'Aguesseau, d'Argenson, de Saint-Florentin, de Machault, le maréchal de Noailles et les subdélégués, relative : — aux comptes de l'hôpital Saint-André présentés par les trésoriers dudit hôpital; — aux charges supportées par lesdits trésoriers; — aux contestations élevées à ce sujet;—aux refus de divers particuliers de la place de trésorier de cet hôpital; — aux règlements intervenus à cet égard, etc.

C. 1101. (Portefeuille.) — 114 pièces, papier; 2 plans.

1619-1778. — Correspondance de MM. de Tourny, Boucher et Boutin, intendants de Bordeaux, avec MM. les ministres d'Argenson, le maréchal de Biron, de La Houssaye, de Morville, d'Angervilliers, de Chauvelin, de Boullongue, Foulon, de Crémille, le duc de Choiseul, de Fulvy et de Saint-Florentin, concernant : — l'ancien cimetière de l'hôpital Saint-André, placé en dehors de la porte Dijeaux, et dont l'emplacement, vendu aux jurats, fait actuellement partie de la place Dauphine, dans la partie du couchant; — l'acquisition d'un terrain à l'entrée du chemin du Tondut pour servir de cimetière audit hôpital; — les médecins et chirurgiens et les contestations élevées entre eux; — les soldats malades soignés dans ledit hôpital; — son administration; — lettres patentes, déclarations, arrêts du Conseil d'État, titres de fondations et renouvellement des privilèges dudit hôpital, etc.

C. 1102. (Carton.) — 32 pièces, papier.

1390-1789. — Arrêts du Conseil, lettres patentes et mémoires, concernant : — la fondation de l'hôpital Saint-André; — la nomination à la charge de trésorier dudit hôpital; — un arrêt du Conseil qui ordonne qu'il sera payé par les jurats 30,000 livres à prendre sur les revenus de la ville pour la continuation des bâtiments dudit hôpital; — le renouvellement de privilèges en faveur de l'hôpital; — son administration, ses statuts : — un arrêt du Conseil qui ordonne que nul ne pourra être jurat s'il n'a été trésorier dudit hôpital; — un mémoire relatif à son établissement.

C. 1103. (Portefeuille.) — 112 pièces, papier.

1476-1764. — Correspondance de MM. de Tourny et Boutin, intendants de Bordeaux, avec MM. les ministres de Boullongue, le maréchal de Noailles, de Crémille, Foulon, le duc de Choiseul et les subdélégués, concernant : — le nombre, les revenus et les dépenses des hôpitaux de la Généralité; — les instructions pour les subdélégués, au sujet de l'entrée des malades dans les hôpitaux de charité; — les distributions d'aumônes aux maisons religieuses; — des lettres patentes du mois de février 1721, portant homologation d'un règlement pour l'hôpital de la ville de Villeneuve-d'Agenais; — d'autres lettres patentes du Roi qui autorise l'établissement de l'Hôtel-Dieu de Villefranche en Périgord; — divers mémoires relatifs aux observations générales des administrateurs des hôpitaux et autres maisons de charité, etc.

C. 1104. (Portefeuille.) — 120 pièces, papier.

1733-1776. — Correspondance de M. de Tourny, intendant de Bordeaux, avec MM. les ministres de Machault, de Saint-Florentin, de Boullongue et les subdélégués, concernant : — les revenus et dépenses des hôpitaux de la Généralité de Bordeaux, de Blaye, Braud, Saint-Caprais, Marcillac, Libourne, Saint-Émilion, Fronsac, Bergerac, Sainte-Foy, Périgueux, Nontron, Thiviers, Ribérac, Sarlat, Agen et Condom; — la reddition des comptes desdits hôpitaux et des mémoires sur leurs fondations, etc.

C. 1105. (Portefeuille.) — 82 pièces, papier; 1 pièce, parchemin.

1348-1764. — Correspondance de MM. Boucher, de Tourny et Boutin, intendants de Bordeaux, avec MM. Le Peletier, Amelot, d'Aguesseau, de Boullongue, de Saint-Florentin et Bertin, ministres, et les subdélégués, concernant : — l'établissement d'un bureau de direction dans l'hôpital de Castillonnès et dans tous les autres de son ressort; — l'hôpital Saint-Louis, destiné aux enfants trouvés; — la fondation d'un hôpital à Villefranche et à Bussière-Badil, en Périgord; — les hôpitaux de Virazel, Nontron, Issigeac, Mézin, Cadillac, Monpaon, Périgueux, Condom, La Réole, Montignac, Montpazier et Bazas.

C. 1106. (Portefeuille.) — 96 pièces, papier.

1695-1769. — Correspondance de MM. Boucher, de Tourny, Boutin et de Fargès, intendants de Bordeaux, avec MM. les ministres de Saint-Florentin, Bertin, Amelot, de L'Averdy, de Chauvelin, d'Aguesseau et MM. les subdélégués, concernant : — l'administration de l'hôpital Saint-James de Libourne; — l'établissement d'une maison de charité en la communauté de Penne; — les hôpitaux de Beaumont, Casteljaloux, Nérac, Sarlat, Bergerac, Aymet, Terrasson et Ribérac.

C. 1107. (Portefeuille.) — 103 pièces, papier.

1685-1779. — Correspondance de MM. Boucher,

Boutin, de Fargès et Esmangart, intendants de Bordeaux, avec MM. les ministres de Trudaine, de Boullongue, de L'Averdy, d'Ormesson et Bertin, et les subdélégués, concernant : — l'hôpital Saint-Jacques d'Agen, sa fondation et son administration ; — les observations sur le projet de reconstruction dudit hôpital ; — une plainte portée contre les administrateurs de l'hôpital de Saint-Macaire par la supérieure de cet établissement ; — l'état des villes de la Généralité qui possèdent des hôpitaux.

C. 1108. (Portefeuille.) — 96 pièces, papier; 1 carte.

1594-1764. — Correspondance de M. l'intendant de Bordeaux avec les subdélégués, concernant : — un legs de 20,000 livres fait aux pauvres de la communauté de Castillon par M. de Turenne ; — les maisons de charité et de piété d'Agen, Bazas, Bergerac, Condom, Clairac, Casteljaloux, Sainte-Foy, Libourne, Marmande, Monflanquin, Nérac, Nontron, Périgueux, Sarlat et Villeneuve ; — une dette de l'hôpital de Montignac envers les religieuses de Sainte-Claire de Sarlat ; — une carte du diocèse de Sarlat, levée en 1594, etc.

C. 1109. (Portefeuille.) — 97 pièces, papier.

1746-1780. — Correspondance de M. l'intendant de Bordeaux avec les subdélégués, concernant : — les hôpitaux : des Incurables ; — Saint-Louis (enfants trouvés) ; — la Maison de Force ; — Saint-André de Bordeaux ; — des renseignements sur l'hôpital qui existait autrefois à Lesparre ; — les hôpitaux de charité et de bienfaisance de la Généralité ; — l'hôpital de Penne, etc.

C. 1110. (Portefeuille.) — 112 pièces, papier.

1737-1749. — Correspondance de MM. Boucher et de Tourny, intendants de Bordeaux, avec MM. Orry et Trudaine, ministres, et les subdélégués, concernant : — les enfants exposés de l'Agenais ; — les états des particuliers qui s'étaient chargés, par contrat, de l'entretien de ces enfants et pour lesquels furent expédiées des ordonnances pour pourvoir à leur subsistance ; — les procédures intentées contre les personnes qui exposaient ces enfants, etc.

C. 1111. (Portefeuille.) — 115 pièces, papier.

1737-1751. — Correspondance de MM. Boucher et de Tourny, intendants de Bordeaux, avec MM. Orry et Trudaine, ministres, et les subdélégués, concernant : — les enfants exposés dans la ville d'Agen ; — leur nourriture

et leur entretien ; — les abus commis dans l'administration de l'hôpital des Enfants-Trouvés ; — les obligations de l'engagiste de l'Agenais et du Condomois au sujet de la nourriture desdits enfants ; — les renseignements sur la fondation dudit hôpital ; — les privilèges accordés aux personnes chargées de l'entretien desdits enfants ; — l'état des gratifications allouées pour la garde des enfants, etc.

C. 1112. (Portefeuille.) — 115 pièces, papier.

1752-1758. — États des enfants trouvés de l'Agenais qui étaient à la charge du Roi depuis l'âge de huit ans jusqu'à celui de douze ; — ordonnances en faveur des particuliers chargés de pourvoir à la subsistance des enfants exposés, etc.

C. 1113. (Portefeuille.) — 73 pièces, papier ; 1 plan.

1710-1774. — Correspondance de MM. de Courson, Boucher, de Tourny et Fargès, intendants de Bordeaux, avec MM. d'Argenson, Le Pelletier de Siguy, de Morville, d'Aguesseau, de La Vrillière, de Saint-Florentin et Bertin, concernant : — l'hôpital des Enfants-Trouvés de la ville de Bordeaux ; — le projet de transporter cet établissement dans l'hôpital d'Arnaud-Guiraud, qui fut fondé dans la rue Bouhaut, où il est resté fort longtemps, pour être transporté ensuite à la Manufacture ; — les secours accordés pour le soutien de cet établissement ; — les règlements et administration de cet hôpital ; — l'état et la situation de cette maison à diverses époques ; — la translation de cette maison, avec le projet qu'on avait de la transférer dans l'ancien terrain de la Plate-Forme ; — le plan de l'ancien local de cet hôpital et quelques pièces se rapportant à divers objets qui y sont relatifs.

C. 1114. (Portefeuille.) — 95 pièces, papier.

1759-1770. — Correspondance de MM. Boucher, de Tourny, Boutin et de Fargès, intendants de Bordeaux, avec MM. Orry et de Choiseul, ministres, et les subdélégués, concernant : — la régie et l'administration des enfants trouvés de l'Agenais qui sont à la charge du Roi depuis l'âge de sept ans jusqu'à douze ; — les privilèges des familles chargées d'élever lesdits enfants ; — les revenus et charges de l'hôpital Saint-Jacques d'Agen ; — des renseignements demandés sur la fondation dudit hôpital ; — divers mémoires à ce sujet.

C. 1115. (Portefeuille.) — 119 pièces, papier.

1737-1772. — Correspondance de MM. Boucher,

Fargès et Esmangart, intendants de Bordeaux, avec MM. Orry et de Trudaine, ministres, et les subdélégués, relative : — à un projet de règlement pour les enfants trouvés ; — à la régie et administration desdits enfants ; — à la reddition des comptes de recettes et dépenses faites pour leur nourriture et entretien.

C. 1116. (Portefeuille.) — 83 pièces, papier.

1737-1775. — Correspondance de MM. Boucher, Boutin et Esmangart, intendants de Bordeaux, avec MM. de Beaumont, de Trudaine et Orry, ministres, et les subdélégués, concernant : — les dépenses de nourriture et entretien des enfants exposés de l'Agenais.

C. 1117. (Portefeuille.) — 108 pièces, papier.

1742-1777. — Correspondance de MM. de Tourny et Dupré de Saint-Maur, intendants de Bordeaux, avec MM. de Trudaine, de Courteille et de Beaumont, ministres, et les subdélégués, relative : — aux procédures intentées contre les personnes qui exposent les enfants trouvés ; — aux états et mémoires au sujet des enfants placés chez les particuliers de la campagne et leur rétribution.

C. 1118. (Carton.) — 98 pièces, papier.

1757-1760. — Correspondance de M. de Tourny, intendant de Bordeaux, avec les ministres de Moras, de Courteille et Bertin, concernant : — l'établissement de la maison de force de Cahors, ses règlements ; — les lettres patentes accordées par le Roi, en 1757, en faveur de la maison de force de Bordeaux ; — les lettres patentes et règlements des maisons de refuge d'Agen et de Limoges ; — les comptes et dépenses de la maison de force des pauvres de Bordeaux, établie sur un terrain de l'ancien hôpital d'Arnaud-Guiraud ; — les filles détenues ; — les secours alloués pour les réparations de ladite maison de force.

C. 1119. (Portefeuille.) — 82 pièces, papier ; 1 plan.

1756-1767. — Correspondance de MM. de Tourny et Boutin, intendants de Bordeaux, avec MM. de Saint-Florentin, de Crémille et le maréchal de Belisle, ministres, concernant : — la construction de la maison de force de Bordeaux ; — le plan de ladite maison ; — les filles détenues par ordre du Roi ; — les comptes et dépenses dudit établissement ; — les lettres patentes autorisant l'établissement d'une maison de force à Bordeaux ; — ses règlements et sa direction ; — l'état desdits bâtiments, etc.

C. 1120. (Carton.) — 100 pièces, papier.

1701-1758. — Correspondance de MM. de Labourdonnaye, Boucher et de Tourny, intendants de Bordeaux, avec les ministres Orry, de Trudaine, de Courteille et d'Ormesson, et les subdélégués, concernant : — l'adjudication des réparations des prisons d'Agen ; — la fourniture du pain des prisonniers ; — les frais à la charge de M. le duc d'Aiguillon comme engagiste de l'Agenais et du Condomois ; — les gages du geôlier des prisons d'Agen ; — les mesures à prendre contre l'évasion des prisonniers ; — les réparations des prisons du Port-Sainte-Marie, etc.

C. 1121. (Carton.) — 104 pièces, papier ; 2 pièces, parchemin ; 1 plan.

1741-1762. — Correspondance de MM. Boucher, de Tourny et Boutin, intendants de Bordeaux, avec MM. d'Ormesson, de Trudaine, Orry, de Lamoignon et de Courteille, ministres, et les subdélégués, concernant : — les réparations de l'Hôtel-de-Ville de Sarlat ; — les gages du geôlier des prisons de ladite ville ; — les états de fournitures du pain des prisonniers ; — les impositions sur les habitants de la ville et banlieue de Sarlat, tant sur les privilégiés que sur les non privilégiés, pour subvenir aux frais de réparations de l'Hôtel-de-Ville de Sarlat ; — l'adjudication des prisons du Présidial de Sarlat, etc.

C. 1122. (Carton.) — 90 pièces, papier ; 3 plans.

1760-1766. — Correspondance de MM. de Labourdonnaye, de Tourny et Boutin, intendants de Bordeaux, avec MM. les ministres d'Armenonville, de Lamoignon, de Courteille et le duc de Bouillon, et les subdélégués, concernant : — les réparations des prisons, palais et auditoires des villes de Tartas, Dax, Sarlat, Bordeaux, Bourg, Puymirol, Casteljaloux, Blaye, Présidial de Nérac, Monflanquin, Bazas ; — la reconstruction du palais et de l'Hôtel-de-Ville de Casteljaloux ; — l'allocation de la somme de 50 livres en faveur du prêtre chargé de dire la messe les jours de fête et dimanches dans les prisons de la ville d'Ustaritz (pays de Labour).

C. 1123. (Carton.) — 107 pièces, papier ; 1 plan.

1741-1768. — Correspondance de MM. Boucher, de Tourny et Boutin, intendants de Bordeaux, avec MM. de Lamoignon, de Courteille, d'Ormesson et de Boullongue, ministres, et les subdélégués, concernant : — les plans, devis et détail estimatif des ouvrages pour la construction du parquet et des prisons de la ville de Saint-Macaire ; —

l'adjudication des réparations à faire à l'Hôtel-de-Ville, aux prisons et à la halle de Monflanquin en Agenais ; — la proposition faite par ladite communauté d'acquérir la maison abbatiale pour y construire un nouvel Hôtel-de-Ville ; — le refus du duc de Biron de faire bâtir à ses frais ni prisons, ni auditoire, prétendant que, comme engagiste, il n'était tenu que de leur entretien ; — l'état des réparations à faire au pavillon au-dessus de l'entrée de la ville de Saint-Macaire, dépendant de la maison commune dudit lieu.

C. 1124. (Carton.) — 78 pièces, papier.

1759-1771. — Correspondance de MM. de Tourny, Boutin, de Fargès et Esmangart, intendants de Bordeaux, avec MM. les ministres Terray et Cochin, et les subdélégués, concernant : — les réparations des prisons de Nontron, Blaye, Bergerac, La Linde, Issigeac, Beaumont, Eymet, Périgueux, Thiviers, Agen, Grateloup, La Parade, Castelmoron, Villeneuve, Penne, Monclar, Bruch, Port-Sainte-Marie, Aiguillon, Valence, La Montjoie, Puymirol, Tournon, Beauville, Montégut et Sarlat, etc.

C. 1125. (Carton.) — 96 pièces, papier ; 1 pièce, parchemin.

1769-1774. — Correspondance de MM. de La Bourdonnaye, Boucher, de Fargès et Esmangart, intendants de Bordeaux, avec MM. les ministres de Courteille, de Caumont, de Beaumont et de L'Averdy, et les subdélégués, concernant : — les réparations à faire aux prisons du palais de Bordeaux, Bazas, Agen, Gensac, Monpon, Nontron, Port-Sainte-Marie, Puymirol, Valence, Coutras, Casteljaloux, Damazan, Marmande, Sainte-Bazeille, La Sauvetat, Tonneins-Dessus, Seiches, La Mothe, Gontaud, Miramont, Nérac, Caumont, La Parade et Mézin.

C. 1126. (Carton.) — 93 pièces, papier ; 1 plan.

1759-1774. — Correspondance de MM. de Tourny, Boutin et Esmangart, intendants de Bordeaux, avec MM. les ministres de Maupeou et Terray, et les subdélégués, concernant : — les réparations du parquet et auditoire de la ville du Port-Sainte-Marie, des prisons d'Agen, Bordeaux, Casteljaloux et Saint-Émilion ; — les gages du concierge des prisons de la ville d'Agen, etc.

C. 1127. (Registre.) — Grand in-folio, 81 feuillets, papier.

1775-1778. — Registre d'écrou des mendiants dans le dépôt de mendicité de Bordeaux.

C. 1128. (Registre.) — In-folio, 80 feuillets, papier.

1770-1779. — Registre d'entrée et de sortie des mendiants du dépôt de mendicité de Bordeaux.

C. 1129. (Registre.) — In-folio, 69 feuillets, papier.

1783-1784. — Registre matricule des détenus au dépôt de mendicité de Bordeaux.

C. 1130. (Registre.) — In-folio, 62 feuillets, papier.

1781-1785. — Registre matricule des détenus au dépôt de mendicité de Bordeaux.

C. 1131. (Registre.) — Grand in-folio, 55 feuillets, papier.

1776-1786. — Registre des entrées et sorties des mendiants du dépôt de mendicité de Bordeaux.

C. 1132. (Registre.) — Grand in-4°, 301 feuillets, papier.

1710-1787. — Registre des délibérations du bureau commis par la Cour pour l'exécution de la fondation faite par feu M. de Tastes, conseiller, dans son codicille du 15 septembre 1710 ; divers états se rattachant à cette fondation, en faveur des pauvres, sont joints à ce registre.

C. 1133. (Registre.) — Grand in-folio, 301 feuillets, papier.

1772-1794. — Registre d'écrou du dépôt de mendicité de Bordeaux, comprenant les noms et signalements des détenus, la date de leur entrée et de leur sortie, les causes de leur détention et les motifs de leur mise en liberté.

C. 1134. (Registre.) — Grand in-folio, 348 feuillets, papier.

1782-1798. — Registre matricule des mendiants admis et sortis du dépôt de mendicité de Bordeaux.

C. 1135. (Carton.) — 84 pièces, papier.

1768-1776. — Correspondance de MM. de Fargès et Esmangart, intendants de Bordeaux, avec MM. les ministres de L'Averdy, le duc de Choiseul, d'Invau, Terray et Turgot, et les subdélégués, concernant : — les filles prostituées et les vagabonds détenus dans les dépôts de mendicité ; — les renseignements sur les geôliers desdits dépôts ; — le traitement des filles de mauvaise vie ; — les recettes et dépenses des dépôts de mendicité ; — les réparations de la maison de mendicité de Bordeaux ; — la nourriture des prisonniers ; — la reddition des comptes ; — les établissements de charité de la Généralité.

C. 1136. (Carton.) — 65 pièces, papier; 2 pièces, parchemin.

1719-1769. — Correspondance de MM. de Clugny et Dupré de Saint-Maur, intendants de Bordeaux, avec les ministres Necker, Turgot et de Boullongue, et les subdélégués, concernant : — les pauvres bourgeois honteux et les prisonniers ; — les legs faits en faveur des pauvres en général.

C. 1137. (Carton.) — 113 pièces, papier.

1770-1773. — Correspondance de MM. de Fargès et Esmangart, intendants de Bordeaux, avec MM. les ministres Terray et Cochin, et les subdélégués, relative : à divers envois faits par le Gouvernement à l'Intendance de divers remèdes approuvés, pour être distribués aux pauvres des communautés de Beauville, Castelsagrat, Combebonet, La Montjoie, Preyssas, Tournon, La Rouquette, Villefranche, Sauveterre, Pellegrue, Saint-Ferme, Blazimont, Pujols, Clermont-Dessus, Montégut et Puymirol, etc.

C. 1138. (Carton.) — 121 pièces, papier.

1774-1777. — Correspondance de MM. Esmangart, de Clugny et Dupré de Saint-Maur, intendants de Bordeaux, avec MM. les ministres Cochin, Terray, Turgot et Taboureau, et les subdélégués, relative : — à des envois de remèdes pour les pauvres des communautés et villes de Bordeaux, Bazas, Casteljaloux, Nérac, Condom, Agen, Villeneuve, Clairac, Monflanquin, La Réole, Libourne, Sainte-Foy, Castillonnés, Sarlat, Périgueux, Thiviers, Nontron, Ribérac, Monpon, Blaye, Vitrezay, Mont-de-Marsan, Dax, Saint-Sever, Bayonne, etc.

C. 1139. (Carton.) — 119 pièces, papier.

1778-1784. — Correspondance de M. Dupré de Saint-Maur, intendant de Bordeaux, avec les ministres Necker, La Millière et Amelot, et les subdélégués, relative : — à divers envois de boîtes de remèdes pour les pauvres des communautés et villes de Bordeaux, Bazas, Nérac, Condom, Agen, Villeneuve, Clairac, Monflanquin, Marmande, La Réole, Libourne, Sainte-Foy, Bergerac, Castillonnés, Sarlat, Montpazier, Périgueux, Thiviers, Nontron, Ribérac, Monpon, Dax, Saint-Sever, Bayonne, Pauillac, le pays de Labour, etc.

C. 1140. (Carton.) — 123 pièces, papier.

1785-1787. — Correspondance de MM. Boutin et de Néville, intendants de Bordeaux, avec les ministres de Vergennes et de La Millière, et les subdélégués, concernant : — des distributions faites des divers remèdes envoyés pour les pauvres à l'intendant et qui étaient à sa disposition à la fin de chaque année, etc.

C. 1141 (Carton.) — 119 pièces, papier.

1788-1789. — Correspondance de M. de Néville, intendant de Bordeaux, avec le ministre de La Millière et les subdélégués, concernant : — divers envois de boîtes de remèdes pour les pauvres des communautés et villes de Bordeaux, Libourne, Blaye, Pauillac, Vitrezay, Périgueux, Bergerac, Thiviers, Nontron, Ribérac, Monpon, Sarlat, Agen, Sainte-Foy, Villeneuve, Marmande, Clairac, Castillonnés, Monflanquin, Cadillac, Condom, Nérac, Bazas, Casteljaloux, La Réole, Dax, Saint-Sever, Bayonne et Mont-de-Marsan, etc.

C. 1142. (Portefeuille.) — 96 pièces, papier.

1720-1722. — Correspondance de MM. de Courson et Boucher, intendants de Bordeaux, avec MM. les ministres Le Blanc, de La Houssaye, Amelot, d'Aguesseau, de La Vrillière et Dodun, et les subdélégués, concernant : — les mesures à prendre à l'occasion de la peste qui régnait à Marseille et dans le Gévaudan ; — les distributions de divers remèdes autorisés par le Roi.

C. 1143. (Portefeuille.) — 107 pièces, papier.

1723-1757. — Correspondance de MM. Boucher et de Tourny, intendants de Bordeaux, avec MM. les ministres Le Blanc, de La Houssaye, Amelot, d'Aguesseau, de La Vrillière, Dodun, de Marville, Orry, d'Argenson et de Paulmy, et les subdélégués, concernant : — les mesures qui furent prises dans la Généralité à l'occasion de la peste qui régnait à Lisbonne et à l'île de Malte ; — les vaisseaux de Tunis attaqués de la contagion ; — l'établissement d'un lazaret à l'île de la Dive près La Rochelle ; — divers remèdes ou recettes curatives pour différentes maladies, etc.

C. 1144. (Portefeuille.) — 110 pièces, papier.

1760-1783. — Correspondance entre MM. de Tourny, Boutin, de Fargès et Esmangart, intendants de Bordeaux, et les ministres Bertin, de Courteille, le duc de Choiseul

SÉRIE C. — INTENDANCE DE BORDEAUX.   189

et de L'Averdy, relative : — à la distribution de divers remèdes envoyés par le Roi ; — à divers remèdes ou recettes curatives pour différentes maladies et découvertes de nouveaux remèdes ; — à une instruction sur les moyens de rappeler à la vie les personnes suffoquées par des vapeurs méphitiques.

C. 1145. (Portefeuille.) — 106 pièces, papier.

1740-1782. — Correspondance de MM. Boucher, de Clugny, Esmangart et Dupré de Saint-Maur, avec les ministres Orry et Turgot, relative : — aux instructions à donner sur les secours qu'il faut administrer aux personnes suffoquées par des vapeurs méphitiques ; — à quatre volumes d'instructions sur la manière d'administrer les secours aux noyés, au moyen de la boîte destinée à cet usage ; — à des placards imprimés concernant les secours à administrer aux personnes noyées pour les rappeler à la vie.

C. 1146. (Portefeuille.) — 22 pièces, papier.

1750-1774. — Correspondance de M. Esmangart, intendant de Bordeaux, avec MM. le marquis de Paulmy et de La Vrillière, relative à diverses affaires concernant : — les eaux minérales et l'analyse qui en a été faite ; — des eaux prétendues minérales d'une fontaine appelée Saint-Vincent, près Bazas ; on y trouve aussi une instruction de M. Richard, ancien médecin du Roi, sur les eaux minérales de divers cantons, et des lettres, entre autres une copie de celle de M. le marquis de Monteynard adressée à l'intendant.

C. 1147. (Portefeuille.) — 137 pièces, papier ; 1 plan.

1722-1731. — Correspondance de M. Boucher, intendant de Bordeaux, avec M. de Gaumont, ministre, relative : — aux devis et adjudications d'ouvrages de réparation délibérés et arrêtés en 1723, concernant les travaux de réparation à faire au palais du Parlement de Bordeaux et aux prisons de la Conciergerie ; — au palais de la Cour des Aides de Bordeaux.

C. 1148. (Portefeuille.) — 89 pièces, papier.

1740-1759. — Devis et mémoires concernant les réparations du palais de l'Ombrière dans les parties occupées par le Présidial de Guyenne et les prisons ; — divers états des dépenses occasionnées par ces travaux, etc.

C. 1149. (Portefeuille.) — 82 pièces, papier ; 1 plan.

1723-1775. — Correspondance de MM. Boucher et de Tourny, intendants de Bordeaux, avec MM. les ministres de Gaumont, de Chauvelin, de Trudaine et Orry, concernant : — les réparations à faire aux chambres de la chancellerie de Bordeaux ; — l'entretien des couvertures des prisons du palais ; — les mémoires et devis desdites réparations produits par l'ingénieur Vimar, l'architecte Montégut et autres, etc.

C. 1150. (Portefeuille.) — 111 pièces, papier.

1744-1760. — Requêtes et ordonnances rendues par M. de Tourny, relatives ; — à des indemnités allouées pour démolition de maisons ou terrains concédés pour les embellissements des portes des Capucins, d'Aquitaine, de Berry et de Tourny, à : Antoinette Gaudon, veuve d'Antoine Boulan ; Chaduc ; Jean Labat ; Gabriel Duran ; Arnaud et Antoine Sabatier frères ; Fauquier, conseiller au Parlement ; Bordes frères ; l'abbé Rector ; Marie Laville ; Antoine Rozès ; Françoise de Lobis ; Duvergier ; Jean Lavergne ; Neufville, chirurgien ; Bouan, notaire ; la veuve de Piis ; les Dames de la Charité ; Caussade ; Louis Pomeyrol, etc.

C. 1151. (Portefeuille.) — 110 pièces, papier.

1742-1767. — Requêtes et ordonnances rendues par M. de Tourny, relatives à diverses indemnités réglées par l'intendant, concernant : — des démolitions de maisons ou de terrains concédés pour les embellissements faits aux portes Dijeaux, de Bourgogne et Dauphine ; — personnes indemnisées : dame Claire-Laurence Desbauges, veuve de François de Castellanne, écuyer ; Maunier ; Marguerite Gassot, veuve de Michel Pin ; Marie Condomine ; Jacques Bégoulé et Marie Bégoulé, épouse d'Antoine Desarbres ; Garreau : la dame Naudine Lasauray, veuve de Jean Duduc, écuyer ; Marc-Antoine Rivière ; Levasseur ; Antoine Brossart ; Pierre Dusolier, Jean Lagarde, etc.

C. 1152. (Portefeuille.) — 110 pièces, papier ; 11 plans.

1734-1752. — Requêtes et mémoires adressés à M. de Tourny, concernant : — les travaux de construction de la porte des Capucins à Bordeaux ; — les devis et états estimatifs de ces travaux dont l'adjudication fut concédée dans le mois d'août 1744 à un nommé Alary ; — les traités passés entre les jurats et divers particuliers relativement à des concessions de terrains pour la construction de cette porte et pour l'embellissement du quartier ; — cessionnaires de ces terrains : Marguerite Ribes, veuve de Gilbert Fauconnet ; Pierre Marchand ; Don Antoine Massie, syndic de l'abbaye de Sainte-Croix, ordre de Saint-Benoît ; la veuve Lassalle de Marboutin ; Antoine Boulan ; la veuve Robillard ; Catherine Brochard ; Martial Mauvais, etc.

C. 1153. (Portefeuille.) — 86 pièces, papier ; 22 plans.

1744-1770. — Requêtes et mémoires adressés à M. de Tourny, concernant : — le devis et détail estimatif de la construction de la porte des Capucins à Bordeaux ; — l'adjudication de ces travaux en faveur du sieur Alary ; — des traités passés entre les jurats de Bordeaux et divers particuliers pour cessions de terrains faites par ces derniers à la ville pour la construction de ladite porte ; — cessionnaires de ces terrains : Jean Davesie ; de Bergeon ; madame Bernard ; Marchand ; Marennes ; Robillard ; Lambert, marchand raffineur ; la veuve Poitevin ; Darlan ; Pierre David ; Longrat ; Montaigne ; Loche, notaire ; Vallance ; Royé, capitaine de vaisseau ; — des observations au sujet d'un terrain situé près la porte d'Aquitaine, appartenant à M. Bardon, procureur au Sénéchal, etc.

C. 1154. (Plans.) — 20 pièces, papier.

1744-1750. — Plans concernant : — la construction de la porte des Capucins ; — les ouvertures en élargissement des rues qui de l'intérieur devaient y aboutir ; — la prolongation de quelques-unes de ces rues jusqu'à la rue Anglaise et particulièrement l'élargissement de cette dernière ; — divers lieux circonvoisins où M. de Tourny projetait des embellissements, et entre autres : le terrain situé entre le couvent des Carmélites et cette porte ; — entre le couvent des Capucins et le fort Louis ; — tout le terrain qui était depuis l'abbaye et la grande rue Sainte-Croix ; le marché neuf ; la rue des Faures ; la rue Leyteyre ; le couvent des Petites-Carmélites, celui des Capucins et la porte ; — les plans du dehors de la porte des Capucins et divers locaux contentieux des environs depuis l'hôpital des Incurables jusqu'à celui d'Arnaud-Guiraud, et depuis les murs et fossés de ville jusqu'aux chemins de Bègles et terres de Borles ; — deux plans concernent les Corderies de la rue Sainte-Croix.

C. 1155. (Portefeuille.) — 97 pièces, papier ; 4 plans.

1746-1750. — Plans, devis et comptes concernant : — les portes Dijeaux et Dauphine ; — la place Dauphine, entre les deux portes ; — les maisons qu'il a fallu démolir pour les reconstruire dans un autre ordre pour la formation de la place Dauphine et pour les embellissements dont elle est ornée ; — comptes de dépenses de toute espèce ; — détails, devis et états estimatifs de tous les ouvrages qui ont été faits pour la construction desdites portes ; — les indemnités allouées pour démolitions de maisons ou cessions de terrains, etc.

C. 1156. (Portefeuille.) — 13 pièces, papier ; 36 plans.

1749-1750. — Plans et états concernant : — les portes Dijeaux et Dauphine et la place Dauphine, entre ces deux portes ; — les environs desdites portes et place ; — les maisons qu'il a fallu abattre et celles qui ont été rebâties pour la décoration de cette place ; — les appareils pour la construction des deux portes ; — les rôles des dépenses pour la démolition des maisons de la place Dauphine, etc.

C. 1157. (Portefeuille.) — 85 pièces, papier ; 3 plans.

1677-1751. — Requêtes, mémoires et plans relatifs : — à la démolition et reconstruction de diverses maisons pour la formation de la place Dauphine ; — au nivellement de cette place et de la porte Dijeaux ; — à des ventes de maisons et emplacements qui doivent servir à l'agrandissement de cette place ; — à des indemnités accordées à divers propriétaires dépossédés ; — à des projets de délibérations de MM. les jurats pour établir un seul alignement de la partie du grand chemin depuis le derrière des Chartrons jusqu'au premier pont du marais de l'Archevêché ; — à des mémoires et requêtes du sieur Navarre, chanoine de Saint-Seurin, concernant la cession des maisons et terrains qu'il a cédés à la ville pour ces nouveaux embellissements ; — à des plans figuratifs des maisons et emplacements, et à l'état du toisé de leur superficie.

C. 1158. (Portefeuille.) — 106 pièces, papier ; 3 plans.

1737-1753. — Plans, devis, mémoires, etc., relatifs : — à un arrêt du Parlement qui, sur le rapport de François de Thibault et Albert Demons, conseillers du Roi en sa Cour de Parlement de Bordeaux, commissaires par elle députés pour les fortifications de ladite ville, a permis et permet auxdits commissaires de faire démolir les maisons et prendre les terres qu'ils jugeront nécessaires pour lesdites fortifications, et ladite Cour ordonne que, l'estimation préalablement faite, les propriétaires en seront dédommagés sur les deniers publics ; — aux ventes, cessions, transactions, arpentements de terrains et rapports d'estimation des experts chargés d'apprécier la valeur des objets cédés ; — aux mémoires des Feuillants concernant la cession par eux faite à la ville de Bordeaux de leur maison et d'une partie de leur enclos pour la formation de la place Dauphine et dont ils demandent à être indemnisés.

C. 1159. (Portefeuille.) — 95 pièces, papier ; 10 plans.

1713-1759. — Requêtes, plans et devis concernant : — l'extrait des titres représentés par les propriétaires des maisons ou échoppes renfermées dans l'île du bastion de la porte Dijeaux et rue du pont de La Mothe, cédées à la ville pour la formation de la place Dauphine ; — divers plans des maisons démolies, qui doivent être construites sur d'autres emplacements ; — les transactions et traités faits avec les propriétaires des terrains situés en dehors de la porte Dijeaux ; — l'état des maisons avoisinant les portes Dauphine et Dijeaux ; — concernant la porte Dijeaux et ses alentours, etc.

C. 1160. (Plans.) — 25 pièces, papier.

1750. — Plans : — d'appareil de diverses assises de la porte Bourgogne depuis ses fondations jusqu'à la plate-bande ; — relatifs à la construction de cette porte. Plusieurs de ces plans d'appareil sont signés ou par des jurats ou par le sieur Portier, architecte.

C. 1161. (Portefeuille.) — 113 pièces, papier ; 1 plan.

1751-1753. — Requêtes, plan, devis et comptes relatifs : — à la grille qui doit entourer la statue équestre du Roi ; — au procès-verbal de la dédicace de la place et porte autrefois des Salinières, dédiées à monseigneur le duc de Bourgogne ; — à la copie d'une lettre de M. le comte de Saint-Florentin par laquelle il annonce aux maire, sous-maire et jurats de Bordeaux que le Roi a accordé la noblesse aux sieurs Despiau, Montaut, Poncet et Grateloup, jurats ; Thibaut, procureur syndic, et Chavaille, clerc secrétaire de la ville, à l'occasion de cette dédicace ; — aux travaux exécutés par le sieur Chavay à la place Bourgogne et ses environs ; — aux frais de transport des matériaux ; — à la construction d'une halle au poids ; — aux démolitions des maisons et échoppes aux environs de la porte et place de Bourgogne et aux indemnités réclamées par les propriétaires dépossédés de ces objets.

C. 1162. (Portefeuille.) — 96 pièces, papier ; 1 pièce, parchemin.

1754-1756. — Ordonnances, devis et comptes relatifs : — à diverses requêtes adressées à M. de Tourny, intendant de Bordeaux, par les propriétaires des maisons et échoppes qui ont été démolies pour la construction de la porte Bourgogne, anciennement connue sous le nom de porte des Salinières, et dont ils demandent à être indemnisés ; — à des ordonnances de payement de ces indemnités, rendues par M. de Tourny père, à la suite des requêtes de MM. Duvic, ancien garde du Roi ; Gombault de Razac et Tapot, écuyer ; — au détail des travaux et des approvisionnements ; — aux certificats de payement délivrés par le sieur Portier, inspecteur des travaux.

C. 1163. (Portefeuille.) — 50 pièces, papier ; 15 plans.

1757-1767. — Requêtes, plans, devis et comptes relatifs : — à des minutes d'ordonnances rendues par MM. de Tourny et de Fargès, intendants de Bordeaux, en indemnité des maisons démolies pour l'érection de la porte de Bourgogne ; — aux travaux et aux divers plans de cette construction, etc.

C. 1164. (Portefeuille.) — 18 pièces, papier ; 19 plans.

1733-1758. — Plans concernant : — la construction de diverses parties de la porte Bourgogne ; — divers locaux et maisons des environs ; — les plans géométriques du port de Bordeaux, depuis la porte du Caillau jusqu'à celle de La Grave. — Mémoires, lettres, états relatifs : — aux environs de cette porte ; — au nivellement du pavé à la place des maisons démolies ou à démolir pour les constructions ; — aux titres de propriétés, requêtes en indemnité de divers propriétaires de maisons démolies.

C. 1165. (Portefeuille.) — 73 pièces, papier ; 15 plans.

1697-1782. — Correspondance de M. de Tourny, intendant de Bordeaux, avec les ministres d'Argenson et de Courteille, relative : — à la démolition de la porte Sainte-Eulalie et à la construction de la porte de Berry ; — à diverses délibérations prises en jurade au sujet de cette porte ; — aux travaux à faire aux alentours et aux arrêts qui les autorisent ; — à un traité fait avec l'archevêque au sujet de la cession d'un terrain voisin ; — à divers papiers concernant certains ouvrages et opérations faits ou à faire aux alentours de cette porte ; — à la correspondance entre les ministres de Courteille et d'Argenson, l'intendant de Bordeaux et les jurats à l'occasion de ces travaux ; — aux pièces et états concernant les indemnités aux particuliers dont on démolissait les maisons ou qui cédaient du terrain ; — aux plans des environs de cette porte et des maisons à démolir et à construire à neuf pour l'embellissement du quartier.

C. 1166. (Portefeuille.) — 99 pièces, papier; 3 pièces, parchemin; 21 plans.

1744-1776. — Requêtes, plans et correspondance de MM. de Saint-Florentin, de Noailles et d'Argenson, ministres, avec M. de Tourny, intendant de Bordeaux, concernant : — les indemnités réglées ou réclamées pour terrains cédés ou maisons démolies pour rééditier ou réparer des portes de la ville de Bordeaux, — au nombre de ces portes, figurent celles : d'Albret, — des Portanets, — de Sainte-Croix, — du Caillau, — de Saint-Jean, — de la Monnaie, — du Chapeau-Rouge et de Tourny ; — une transaction entre les jurats de Bordeaux et les RR. PP. Feuillants ; — un traité passé entre M. de Tourny et le sieur Chalimon, au sujet des remblais à faire dans le marais qui borde l'enclos de ces religieux ; — les états des emplacements à vendre dans les fossés de la ville, depuis la porte de Tourny jusqu'à la porte Dijeaux, et de ceux de la place Dauphine du côté de ladite porte Dijeaux ; — comptes de dépenses des divers travaux exécutés à ces portes ou dans leur voisinage.

C. 1167. (Portefeuille.) — 28 pièces, papier; 20 plans.

1740-1755. — Plans et mémoires concernant : — la porte de Tourny et les lieux environnants sur lesquels M. de Tourny, intendant de Bordeaux, projetait de faire diverses constructions pour l'embellissement de la ville ; — devis, états et comptes de dépenses faites pour la construction tant de la porte que de la place de Tourny.

C. 1168. (Portefeuille.) — 60 pièces, papier; 26 plans.

1744-1758. — Plans, devis et mémoires relatifs : — à la construction de la porte d'Aquitaine ; — à la formation de la place qui est en dehors de cette porte ; — à divers autres plans des maisons qu'il s'agissait de démolir soit pour la construction de la porte, soit pour la formation de la place, soit enfin pour procéder à l'estimation de leur valeur ou à leur reconstruction ; — devis, états de dépenses et autres détails concernant ces diverses constructions.

C. 1169. (Portefeuille.) — 85 pièces, papier; 9 plans.

1693-1753. — Requêtes, mémoires, correspondance de M. de Courteille, ministre, avec M. de Tourny, intendant de Bordeaux, concernant : — la construction de la porte d'Aquitaine et l'alignement des maisons de la rue de ce nom ; — des états des maisons à acquérir pour en opérer la démolition ; — des traités, arrangements ou accords passés ou convenus avec les propriétaires des maisons démolies et ceux qui cédaient des terrains.

C. 1170. (Portefeuille.) — 86 pièces, papier; 4 pièces, parchemin ; 10 plans.

1700-1765. — Requêtes et mémoires concernant des contestations entre les propriétaires des maisons cédées pour l'érection de la porte Saint-Julien, aujourd'hui porte d'Aquitaine et la ville de Bordeaux, au sujet des indemnités qui leur sont dues pour la cession de ces diverses maisons et des terrains pour la formation de ladite place, et divers plans desdites porte et place.

C. 1171. (Portefeuille.) — 104 pièces, papier ; 1 pièce, parchemin.

1647-1733. — Titres de propriété des maisons et échoppes qui furent démolies en 1733 pour la formation de la place Royale, et qui étaient situées sur le bord de la rivière ou dans l'intérieur de la ville, aux environs de la porte Despaux, lesquels titres, les propriétaires des maisons et échoppes furent tenus de rapporter au secrétariat de l'Intendance, par suite de l'ordonnance de l'intendant Boucher, pour baser l'estimation des indemnités dues aux propriétaires, lesquelles furent réglées par des experts, sur l'inspection des lieux et examen des titres ; — propriétaires: madame de Lafont, veuve de messire Jean-Baptiste Robert, conseiller du Roi à la Cour des Aides, et madame Jeanne Giron, veuve de M. Duplessy, conseiller du Roi au Parlement de Bordeaux.

C. 1172. (Portefeuille.) — 107 pièces, papier; 1 pièce, parchemin.

1733-1757. — Requêtes concernant : — une ordonnance de M. Boucher, intendant de Bordeaux, du 17 juillet 1733, qui enjoint à tous les propriétaires des échoppes adossées au mur de ville, depuis la porte du Chapeau-Rouge jusqu'au palais de la Cour des Aides, de remettre, dans le

SÉRIE C. — INTENDANCE DE BORDEAUX. 193

délai de huitaine, au greffe de l'Intendance les titres de concession et de propriété desdites échoppes ; — une deuxième ordonnance du même intendant qui fait la même injonction aux propriétaires des maisons de la rue de la Vieille-Corderie adossées au mur de ville qui occupent les chemins de ronde et qui entrent dans le projet de construction de l'hôtel des Fermes, ainsi qu'aux propriétaires des maisons qui sont au bout de la même rue que l'on continue pour la faire déboucher dans la rue des Fossés, de faire l'apport au même greffe de tous leurs titres de propriété ; — diverses significations de ces ordonnances faites aux retardataires ; — des réclamations sur la fixation de ces indemnités ; — au nombre des déposants de ces titres de propriété, on voit figurer M. Pierre de Pontac, conseiller du Roi en la Cour du Parlement de Bordeaux.

C. 1173. (Portefeuille.) — 94 pièces, papier; 2 plans.

1730-1757. — Mémoires et ordonnances concernant : — la démolition de toutes les maisons, échoppes et du mur de ville qui se trouvent dans le vide de la place Royale, ainsi que de celles qui sont dans l'enceinte de l'hôtel de la nouvelle Bourse, afin de pouvoir poser dans la place Royale la statue équestre du Roi, dans le lieu désigné à cet effet ; — le détail et mémoire des ouvrages de sculpture exécutés à la place Royale et à la porte du Chapeau-Rouge, suivant les devis et dessins de M. Gabriel, premier architecte du Roi, par Verbereckt, sculpteur ordinaire des bâtiments de la couronne ; — les diverses grilles en fer servant de clôture ; — les deux portes en fer de la place Royale ; — l'ouverture d'une porte sous le palais de la Cour des aides pour communiquer à la rue du Chai-des-Farines ; — la porte de ville du quartier Saint-Pierre.

C. 1174. (Portefeuille.) — 98 pièces, papier; 1 plan

1747-1757. — Mémoires et états relatifs : — au pavé de la place Royale, des rues de la Douane de Royan et de la chaussée sur le port vis-à-vis les maisons entre l'hôtel des Fermes et le palais de la Cour des aides ; — aux groupes et à la statue équestre de ladite place ; — aux dépenses que ces derniers travaux doivent occasionner et qui, d'après l'évaluation du sieur Lemoine, chargé de l'entreprise, doivent s'élever à 113,448 livres.

C. 1175. (Portefeuille.) — 80 pièces, papier; 12 plans.

1738-1757. — Plans, devis, payements, états des matériaux de toute espèce, dépenses, comptes concernant : — la construction du pavillon du fonds de la place Royale ;

GIRONDE. — SÉRIE C.

— les adjudications des maisons de la place Royale, ou plutôt de leurs emplacements ; — les sommes qui devaient être comptées par les adjudicataires et les conditions sous lesquelles les adjudications furent faites.

C. 1176. (Portefeuille.) — 107 pièces papier; 1 pièce, parchemin.

1632-1759. — Requêtes concernant : — les indemnités réglées par M. de Tourny père, au sujet des démolitions ordonnées, tant pour l'entière perfection de la place Royale, que pour les embellissements des environs ; — pour l'ouverture d'une nouvelle rue pour conduire de cette place au marché Royal ; — projets d'ordonnances et autres pièces relatives à cet objet.

C. 1177. (Portefeuille.) — 109 pièces, papier.

1728-1756. — Correspondance de MM. Boucher et de Tourny, intendants de Bordeaux, avec MM. Orry et le duc d'Antin, concernant : — la fonte de la statue équestre du Roi qui devait être érigée sur la place Royale ; — les marbres du piédestal sur lequel elle devait reposer ; — les dépenses occasionnées par l'insuccès du premier jet de la statue ; — lettres originales de Bernardo de Monzoni, de Carrara, chargé de la fourniture des marbres ; — correspondance de M. Gabriel, premier architecte du Roi, au sujet des travaux de la statue.

C. 1178. (Portefeuille.) — 72 pièces, papier; 8 plans.

1698-1762. — Correspondance de MM. Boucher, de Tourny, Boutin et Fargès, intendants de Bordeaux, avec les ministres Orry, le cardinal de Fleury, de Chauvelin, Amelot, de L'Averdy et Bertin, relative : — aux plans, à la maçonnerie, aux marbres, à la sculpture et aux grillages du piédestal de la statue équestre du Roi, élevée sur la place Royale ; — à la dédicace de cette statue et aux médailles qui furent distribuées à cette occasion.

C. 1179. (Portefeuille.) — 26 pièces, papier; 19 plans.

1752-1757. — Plans et devis, relatifs : — à la construction d'un nouvel Hôtel-de-Ville à Bordeaux, qui devait comprendre non-seulement l'emplacement de l'ancien hôtel, mais encore celui où était placé l'ancien collège de Guyenne, transporté dans l'ancienne maison professe.

C. 1180. (Portefeuille.) — 30 pièces, papier; 1 pièce, parchemin; 14 plans.

1645-1758. — Correspondance de M. de Tourny,

intendant de Bordeaux, avec M. de Courteille, ministre, concernant : — divers plans relatifs à la construction du nouvel Hôtel-de-Ville ; — mémoires tant sur cette réédification que sur la nécessité de construire une église dans le faubourg des Chartrons ; — lettres de la cour et autres personnes, requêtes, mémoires, copies informes d'arrêts et autres pièces, toutes relatives à cette construction pour laquelle on avait projeté de se servir des pierres du château de Cadillac.

C. 1181. (Portefeuille.) — 108 pièces, papier.

1746-1760. — Copies des mandats de l'Hôtel-de-Ville visés par l'intendant, et ordonnances du même jour pour le payement de divers ouvrages publics ; — états de payements faits par le trésorier de la ville et comptes de dépenses faites pour divers travaux qui s'exécutaient aux dépens de la ville ; — détails de la valeur de divers matériaux provenant des démolitions faites pour embellissements publics ; — toisés d'ouvrages faits aux dépens de la ville ; — états de dépenses pour la clôture du cimetière Saint-Seurin ; — notes relatives aux ouvrages publics faits à Bordeaux.

C. 1182. (Carton.) — 121 pièces, papier ; 2 plans.

1730-1780. — Correspondance de MM. de Fargès et Dupré de Saint-Maur, intendants de Bordeaux, avec MM. les ministres de L'Averdy, Bertin, d'Invau, de Clugny, et Taboureau, concernant : — le produit des revenus de la ville ; — l'entretien des soldats du guet ; — une créance des Enfants-Trouvés sur la ville ; — des éclaircissements demandés sur la place Louis XV, à Bordeaux ; — le règlement pour le payement qui devait être fait à la ville de l'aliénation des 4 sous pour livre de la capitation ; — les carrosses de louage sur les places publiques ; — divers arrêts relatifs à l'administration de la ville ; — les prolongements d'aqueducs sur le port ; — les réparations de l'hôtel du Gouvernement ; — un règlement économique pour la ville ; — l'élection des jurats ; — l'entretien du jardin Royal.

C. 1183. (Plans.) — 19 pièces, papier.

1749. — Plans de l'ancien local où a été établi le jardin public, relatifs aux indemnités accordées aux particuliers dont le terrain fut concédé ; — état du jardin public. — Concessionnaires de terrains : MM. Communy, Bartarès, mademoiselle Michel, MM. Couette, L'Occupé et Bastero.

C. 1184. (Plans.) — 32 pièces, papier.

1752. — Plans levés pour la construction des édifices projetés dans le jardin public.

C. 1185. (Portefeuille.) — 107 pièces, papier ; 4 plans.

1740-1755. — Correspondance de M. de Tourny, intendant de Bordeaux, avec MM. les ministres d'Argenson et Orry, concernant : — la communication du jardin public avec le grand chemin du Médoc aux environs de l'ancien canton de La Rode avec la rue Saint-Joseph ; — les indemnités réclamées par divers particuliers, entre autres par MM. Louet, Dumas, Communy, etc. ; — quelques lettres ministérielles au sujet de ce jardin et quelques notes relatives à sa formation.

C. 1186. (Portefeuille.) — 115 pièces, papier ; 1 pièce, parchemin ; 4 plans.

1744-1757. — Requêtes et mémoires relatifs aux indemnités accordées à divers particuliers pour cessions de terrains nécessaires à la formation du jardin public de Bordeaux, savoir, à : Jean Communy, perruquier, Ducasse frères, François Fleix, mademoiselle Dorange, veuve Minvielle, madame Mittchel, Dufaut, etc. ; — la communication du jardin public à la rue Saint-Joseph ; — le devis des ouvrages de serrurerie pour la construction d'une grille en fer du jardin ; — la construction d'un pavillon au bout de la terrasse ; — divers états de maçonnerie, charpenterie, serrurerie, etc.

C. 1187. (Portefeuille.) — 78 pièces, papier.

1758-1759. — Détails estimatifs et états de dépenses relatifs : à la pose des grilles du jardin public sur le grand chemin, l'une joignant la terrasse et l'autre le mur de clôture du côté du manège ; — à des mémoires des ouvrages de charpente faits par le sieur Beziat dans le jardin public ; — au toisé des fondations du mur dudit jardin ; — aux ouvrages de sculpture faits par les sieurs Massé et Toufourque aux pavillons du jardin ; — à la fourniture de matériaux ; — au détail estimatif des maisons et échoppes de M. de Laborde à démolir et à reconstruire sur les lignes du nouveau chemin à former depuis la grande allée jusqu'à la rivière ; — à la fourniture de tuyaux pour le château d'eau ; — à l'adjudication de l'entretien du jardin public ; — à la demande des jurats de Bordeaux aux fins d'être autorisés à bâtir des maisons sur un terrain appartenant à la ville au delà de l'esplanade, le long du mur des Jacobins, etc.

C. 1188. (Portefeuille.) — 102 pièces, papier; 3 plans.

1639-1761. — Requêtes et ordonnances concernant : — les indemnités réglées et ordonnées par M. de Tourny, intendant de Bordeaux, pour être payées par le trésorier de la ville à ceux dont on a pris du terrain ou démoli les maisons pour la formation du jardin public; — auxdites indemnités allouées : à Jean Gouffran, la veuve Lhéricé, Jean Communy, Ducasse frères, Bartaret, les sieurs Itey, les demoiselles Danios, Augustin Maury, Anne Bordron, veuve de Lange, veuve Michel, Aubert, prêtre, Labrue, Bérard, Dumont, les demoiselles Minvielle, les curés et bénéficiers de Saint-Projet, Robert, capitaine, Dufau, Guiraudon, Meynard, Morin, Covet et les héritiers du sieur Brunet, avocat.

C. 1189. (Portefeuille.) — 86 pièces, papier; 1 plan.

1745-1769. — Comptes, rapports, etc., relatifs : — à la récapitulation des dépenses pour la formation du jardin public de Bordeaux; — à des indemnités réclamées par les sieurs Boric, Labrue et Guiraudon; — à l'estimation qui fut donnée au terrain concédé par madame Mittchel, avec diverses pièces qui concernent le même objet, entre autres un plan de l'ancienne superficie du terrain tel qu'il était avant la formation du jardin; — les ouvrages en charpente, maçonnerie et serrurerie faits pour ledit jardin, et particulièrement les payements qui furent faits aux nommés Beziat, Voisin et Fuet.

C. 1190. (Portefeuille.) — 2 pièces, papier; 30 plans.

1739-1750. — Plans concernant la construction de l'hôtel de la Bourse de Bordeaux, qui furent levés pendant les années 1739, 1740, 1744 et 1746, par M. Gabriel, inspecteur général et premier architecte des bâtiments du Roi, commis pour la direction des bâtiments à construire à la place Royale.

C. 1191. (Portefeuille.) — 82 pièces, papier.

1740-1746. — Correspondance de MM. Boucher et de Tourny, intendants de Bordeaux, avec les ministres de La Houssaye et Orry et M. Gabriel, premier architecte du Roi, concernant : — le plan de la Bourse et l'état estimatif de la somme que ce bâtiment pourrait coûter; — le devis des ouvrages de maçonnerie, charpente, couverture, plomberie, menuiserie, peinture, vitrerie et pavés pour son établissement sur le port de Bordeaux, dans un des côtés de la place Royale ; — une indemnité de 1,500 livres allouée à M. Ledreux, pour deux voyages de Paris à Bordeaux, et pour avoir travaillé aux dessins et détails de ladite Bourse, etc.

C. 1192. (Portefeuille.) — 58 pièces, papier; 19 plans.

1747-1757. — Correspondance de M. de Tourny, intendant de Bordeaux, avec le contrôleur général et M. Gabriel, inspecteur général et premier architecte de Sa Majesté, concernant : — la construction de l'hôtel de la Bourse de Bordeaux ; — divers plans faits par M. Gabriel, pour ladite construction ; — des plans de divers escaliers dudit hôtel ; — des devis et toisés d'ouvrages de toute espèce, etc.

C. 1193. (Portefeuille.) — 107 pièces, papier; 8 plans.

1743-1757. — Correspondance de M. de Tourny, intendant de Bordeaux, avec MM. de Courteille, de Lamoignon, de Trudaine, de Machault, de Richelieu et d'Ormesson, concernant : — l'incendie survenu à l'hôtel de l'Intendance le 2 février 1756; — procès-verbal qui fut dressé à ce sujet par les commissaires-trésoriers de France et diverses lettres écrites par M. de Tourny; — des états de réparations faites audit hôtel, de 1743 à 1756; — plans proposés pour la construction de l'hôtel ; — devis et marchés de diverses parties de travaux à exécuter audit hôtel.

C. 1194. (Portefeuille.) — 61 pièces, papier; 1 pièce parchemin; 51 plans.

1745-1758. — Mémoires concernant : — la reconstruction en entier de l'hôtel de l'Intendance, incendié en 1756; — les plans que les ouvriers de toute espèce dressèrent ; — les devis qui furent fournis sur tous les différents objets, et les états de dépenses et payements des ouvriers ; — états de dépenses pour des réparations faites à l'hôtel.

C. 1195. (Portefeuille.) — 102 pièces, papier.

1756-1764. — Mémoires et ordonnances de payement relatifs : — aux réparations de l'hôtel de l'Intendance, occasionnées par l'incendie survenu le 2 février 1756; — aux comptes et états des dépenses des ouvriers qui ont travaillé soit à l'entretien, soit aux grosses réparations dudit hôtel ; — aux dépenses faites par M. Dupin, dans la maison occupée par lui place Puypaulin, attenant à l'Intendance; — à l'état des sommes payées pour ledit bâtiment par ordre de M. l'intendant, savoir : à M. Voisin, 95,093 livres ; au sieur Beziat, 29,092 livres et 15 sous ; au sieur Volaire, 2,472 livres ; — aux frais de sculpture desdits bâtiments, etc.

C. 1196. (Portefeuille.) — 109 pièces, papier.

1765-1773. — États des sommes dues aux ouvriers pour travaux faits à l'hôtel de l'Intendance, pour maçonnerie, charpenterie, menuiserie, serrurerie, peinture, etc.; — la réparation de la pompe dudit hôtel ; — le pavage de l'hôtel ; — la réparation du jet d'eau du jardin ; — des états de charrois de matériaux ; — le changement des poutres et planchers dudit hôtel, etc.

C. 1197. (Carton.) — 101 pièces, papier.

1771-1775. — Minutes d'ordonnances de M. Esmangart, intendant, concernant : — les états et mémoires de travaux de diverses réparations faites dans l'hôtel de l'Intendance de Bordeaux ; — ordonnances rendues par l'intendant, pour pourvoir à ces dépenses sur la caisse des 2 sous pour livre.

C. 1198. (Portefeuille.) — 106 pièces, papier.

1728-1777. — Correspondance de MM. Boucher, de Tourny, de Fargès et Dupré de Saint-Maur, intendants de Bordeaux, avec M. Louis-Charles de Bourbon et les ministres de Courteille et de L'Averdy, concernant : — des comptes et mémoires des travaux de construction d'une salle de concerts dans le local de l'hôtel de l'Intendance de Bordeaux ; — les comptes des réparations qui furent exécutées à cette partie du bâtiment pendant les années 1765, 1768 et 1769 ; — divers règlements pour la tenue des concerts.

C. 1199. (Portefeuille.) — 75 pièces, papier ; 3 pièces, parchemin ; 3 plans.

1708-1759. — Correspondance de MM. Desmaretz, Orry et Machault, ministres, avec MM. de Labourdonnaie, Boucher et de Tourny, intendants de Bordeaux, concernant : — l'ancien hôtel de la Monnaie de cette ville ; — les plans, devis, comptes et pièces relatives aux dépenses d'entretien de ce bâtiment, et aux constructions qui furent faites à diverses époques pour son agrandissement, depuis 1708 jusqu'à 1759, époque de la construction du nouvel hôtel.

C. 1200. (Portefeuille. — 118 pièces, papier.

1756-1770. — Correspondance de M. de Tourny, intendant de Bordeaux, avec MM. de Chauvelin et de Boullongue, ministres, relative à des pièces concernant : — la construction du nouvel hôtel de la Monnaie, à Bordeaux ; — les devis faits au sujet de cette construction ; — les divers contrats des acquisitions faites par le Roi des emplacements propres à construire cet édifice ; — le détail des ouvrages faits pour la construction de cet hôtel ; — les procès-verbaux des adjudications qui en furent faites ; — les états des frais et dépenses de cette construction ; — la distribution des logements des officiers de la Monnaie et les changements qui y furent faits ; — les ouvroirs et laboratoires..

C. 1201. (Portefeuille.) — 49 pièces, papier ; 14 plans.

1759-1775. — Correspondance de MM. de Tourny et Fargès, intendants de Bordeaux, avec MM. de Chauvelin, Langlois et de Boullongue, ministres, concernant : — une demande faite par les monnayeurs de la Monnaie de Bordeaux, tendant à obtenir de nouveaux équipages de balanciers ; — des plaintes au sujet des logements projetés dans le nouvel hôtel de la Monnaie ; — la distribution des logements des officiers de cette administration ; — l'adjudication au rabais des réparations à faire à l'hôtel de la Monnaie ; — l'état des pièces, tant en logements qu'en ouvroirs, contenues dans le bâtiment de la nouvelle Monnaie, bâtie en exécution de l'arrêt du Conseil du 25 janvier 1757, et un devis des ouvrages proposés par le directeur dudit établissement, avec quatorze plans, etc.

C. 1202. (Portefeuille.) — 93 pièces, papier.

1733-1779. — Requêtes, mémoires et comptes concernant : — l'hôtel de la Monnaie de Bordeaux, qui fut transporté dans un terrain aux environs de l'ancien couvent des Capucins, pendant l'administration de M. de Tourny père, intendant de la province ; l'ancien hôtel qui menaçait ruine fut démoli, et l'emplacement en fut vendu par adjudication ; — la démolition de cet hôtel et l'adjudication de deux emplacements qui fut faite à un sieur Laduguie, négociant, et un rapport d'expert au sujet de certaines servitudes de l'hôtel de la vieille Monnaie.

C. 1203 (Carton.) — 90 pièces, papier ; 2 pièces, parchemin.

1675-1783. — Requêtes, mémoires et inventaires relatifs : — à l'administration de l'hôtel de la Monnaie de

SÉRIE C. — INTENDANCE DE BORDEAUX.   197

Bordeaux;— à divers arrêts du Conseil d'État, concernant les anciens louis d'or et d'argent; — à un projet d'établissement des tribunaux dans le local de l'ancien collége de la Madeleine et aux dépenses faites à ce sujet, etc.

C. 1204. (Carton.) — 133 pièces, papier.

1701-1789. — Correspondance de MM. de Tourny, Boutin, Esmangart et Dupré de Saint-Maur, intendants de Bordeaux, avec les ministres d'Argenson, le duc de Choiseul, Monteynard, Taboureau et Necker, concernant : — les droits prélevés sur les cartes à jouer; — un modèle de cartes signé et paraphé *ne varietur* par M. de Tourny; — diverses amendes prononcées contre des particuliers pour contravention au règlement sur la vente desdites cartes à jouer.

C. 1205. (Portefeuille.) — 108 pièces, papier.

1702-1751. — Correspondance de MM. de Courson, Boucher et de Tourny, intendants de Bordeaux, avec les ministres de Maurepas, le duc de Noailles, de Chauvelin, Amelot et Saint-Florentin, concernant : — les états des dépenses faites pour la maçonnerie du bâtiment de la salle de spectacle; — les états de payements faits aux divers ouvriers et fournisseurs; — l'incendie de la salle de la Comédie, survenu dans la nuit du 14 au 15 juillet 1776; — les indemnités accordées à M. Barbazin, pour perte de quatre maisons occasionnée par l'incendie de ladite salle de spectacle.

C. 1206. (Carton.) — 104 pièces, papier.

1751-1755. — Correspondance de M. de Tourny, intendant de Bordeaux, avec les ministres d'Argenson, de Paulmy, de Saint-Florentin et le maréchal de Richelieu, concernant : — diverses affaires et détails sur la Comédie et l'Opéra; — les recettes et dépenses des représentations; — la police des théâtres; — une affaire du sieur Petit de Boulard, avocat au Parlement de Paris et seul titulaire des priviléges de l'Opéra dans les provinces du Languedoc et de Guyenne; — des contestations entre les officiers du bataillon de Périgord, en garnison au Château-Trompette (Bordeaux), et le sieur Hébrard, directeur de l'Opéra, au sujet de l'abonnement au théâtre, etc.

C. 1207. (Carton.) — 121 pièces, papier.

1755-1756. — Correspondance de M. de Tourny, intendant de Bordeaux, avec le ministre de Saint-Florentin et M. Déséchelle, contrôleur général, concernant : — l'emprisonnement, par ordre du Roi, du sieur Lombart, acteur de l'Académie royale de musique de Paris; — la jouissance et l'exploitation du privilége de l'Opéra de Bordeaux, concédé au sieur Boulard, par M. le comte d'Eu, en sa qualité de gouverneur de Guyenne; — les règlements de police sur les théâtres; — l'état des créanciers de la société de l'Opéra; — l'incendie de la salle de spectacle, survenu le 28 décembre 1755; — le projet de construction d'une nouvelle salle de spectacle.

C. 1208. (Portefeuille.) — 101 pièces, papier.

1768-1775. — Correspondance de MM. Fargès, Esmangart et de Clugny, intendants de Bordeaux, avec les ministres Bertin, le duc de Choiseul et Monteynard, concernant : — quatre arrêts ou lettres patentes portant prorogation, amélioration des octrois et revenus de la ville de Bordeaux ; — la concession à la ville de la partie des terrains ci-devant compris dans les glacis du Château-Trompette, pour y bâtir la nouvelle salle de spectacle, avec autorisation de vendre les emplacements qui ne seraient pas employés à cet édifice et l'indication de l'emploi des fonds provenant de ces ventes; — un devis estimatif des ouvrages restant à faire à la nouvelle salle; — divers rôles des ouvriers qui ont travaillé à la construction de la nouvelle salle de spectacle.

C. 1209. (Portefeuille.) — 75 pièces, papier.

1775-1776. — États de dépenses faites pour la maçonnerie de la salle de spectacle de Bordeaux, signés par Bonfin, contrôleur, et visés par l'architecte Louis; — les payements faits aux ouvriers et fournisseurs.

C. 1210. (Carton.) — 122 pièces, papier.

1775. — Correspondance de MM. de Clugny et Esmangart, intendants de Bordeaux, avec les ministres de Maurepas, Turgot, le contrôleur général, le maréchal de Mouchy et le comte Du Muy, concernant : — divers états de dépenses faites pour la construction de la nouvelle salle de spectacle de Bordeaux; — les payements faits aux ouvriers et fournisseurs; — l'indemnité réclamée par le sieur Prieur, pour perte éprouvée par la destruction d'une échoppe qu'il occupait sur le terrain destiné à l'emplacement de la nouvelle salle de spectacle; — la copie d'un mémoire présenté à M. de Maurepas, au sujet de la vente aux enchères des terrains dépendant du Château-Trompette, dont le produit monta à 900,000 livres, qui, loin de suffire à la parfaite construction de ladite salle de spectacle, ne l'amenèrent pas même aux deux tiers ; le gouvernement, par arrêt, autorisa la ville à prélever, chaque année, 50,000 écus sur la ferme des octrois, jusqu'à la somme de 500,000 livres présumée suffisante à l'achèvement de cet édifice, etc.

C. 1211. (Carton.) — 88 pièces, papier; 1 plan.

1776. — Correspondance de M. Dupré de Saint-Maur, intendant de Bordeaux, avec MM. de Clugny, contrôleur général des finances, et le ministre Taboureau, concernant : — les frais de construction de la salle de spectacle de Bordeaux ; — les rôles de reprise des travaux de ladite salle ; — les états de situation desdits ouvrages, depuis le 4 novembre 1775 jusqu'au 24 février 1776 ; — l'entreprise des peintures par le sieur Robin ; — une ordonnance de 6,000 livres en faveur dudit Robin ; — le payement des ouvrages de serrurerie faits par le sieur Jayer ; — l'alignement des maisons de la place sur laquelle on construit la nouvelle salle de spectacle, etc.

C. 1212. (Portefeuille.) — 106 pièces, papier.

1776-1777. — Correspondance de M. Dupré de Saint-Maur, intendant de Bordeaux, avec les ministres Taboureau, Necker, et le contrôleur général, concernant : — les rôles des ouvriers maçons, charpentiers et menuisiers qui ont travaillé à la construction de la nouvelle salle de spectacle de Bordeaux ; — les états des différentes fournitures qui ont été faites pendant une année ; — divers états de dépenses ; — un mémoire des frères Seurin, de la paroisse de Fronsac, qui demandent à être indemnisés du dommage causé à leur propriété en charroyant la pierre de la carrière sur le grand chemin de Saint-Pardon.

C. 1213. (Portefeuille.) — 102 pièces, papier.

1777. — Rôles des ouvriers qui ont travaillé à la construction de la nouvelle salle de spectacle de Bordeaux ; états des différentes fournitures faites par les maçons et les charpentiers.

C. 1214. (Carton.) — 118 pièces, papier.

1777. — Correspondance de M. Dupré de Saint-Maur, intendant de Bordeaux, avec le duc de Richelieu, Bertin, Necker, le contrôleur général, de Boullongne et Taboureau, ministres, et M. Louis, architecte de la salle de spectacle de Bordeaux, concernant : — l'opposition du sieur Godefroy, entrepreneur de bâtiments, aux payements dus par les acquéreurs des terrains du Château-Trompette, dont le produit était destiné aux dépenses de la construction de la salle de spectacle ; — l'état des recettes et dépenses provenant des aliénations du glacis du Château-Trompette ; — la fourniture des bois faite par M. Mauvezin, pour la salle de spectacle ; — une demande d'emprunt, faite par les maire et jurats de Bordeaux, pour accélérer les travaux de la salle de spectacle, etc.

C. 1215. (Carton.) — 97 pièces, papier.

1777-1778. — Correspondance de M. Dupré de Saint-Maur, intendant de Bordeaux, avec les ministres Taboureau, Necker et de Sartine, relative : — aux travaux de la nouvelle salle de spectacle de Bordeaux ; — à divers rôles des ouvriers qui ont travaillé à la construction de ladite salle ; — aux fournitures faites pour maçonnerie, charpenterie, etc.

C. 1216. (Carton.) — 86 pièces, papier; 1 pièce, parchemin.

1778-1783. — Correspondance de M. Dupré de Saint-Maur, intendant de Bordeaux, avec le ministre Necker, relative : — à l'offre faite par une compagnie de la somme de 450,000 livres, pour l'achèvement de la salle de spectacle de Bordeaux, à la condition d'avoir la jouissance et le privilége des spectacles pendant quinze années, sans rien payer de plus ; — à divers états de l'emploi des sommes payées par le trésorier de la ville au sieur Durand, appareilleur de la nouvelle salle de spectacle ; — à l'état des approvisionnements sur le chantier ; — à la situation des artistes ; — au devis estimatif des ouvrages restant à faire à ladite salle de spectacle.

C. 1217. (Portefeuille.) — 83 pièces, papier; 13 plans.

1718-1766. — Correspondance de M. de Tourny, intendant de Bordeaux, avec MM. d'Argenson et le duc de Choiseul, ministres, relative aux plans, devis, comptes de dépenses concernant : — la construction des maisons édifiées sur l'ancienne esplanade du Château-Trompette, actuellement les allées de Tourny ; — la vente faite à la ville, par les Jacobins, de divers emplacements où les maisons qui décorent cette place furent construites ; — le devis de la construction des maisons de MM. Lafite, Latouche et Gruer, sur l'esplanade de Tourny.

C. 1218. (Portefeuille.) — 86 pièces, papier.

1675-1779. — Correspondance de MM. Boucher et

de Tourny, intendants de Bordeaux, avec les ministres de La Vrillière et de Courteille, concernant : — les droits sur les octrois pour acquitter les fonds des maisons démolies ; ces droits furent continués par arrêt du Conseil, à la requête des maire et jurats, pour subvenir aux besoins de la ville ; — l'état de la caisse desdites maisons et les divers emplois qui en furent faits ; — divers mémoires sur les maisons démolies et sur les remboursements qui furent faits ; — les payements faits aux propriétaires des maisons démolies ; — la reddition des comptes des receveurs des maisons démolies ; — divers payements faits pour ces maisons ; — les litiges survenus au sujet de la liquidation de ces indemnités ; trois arrêts du Conseil d'État au sujet des impositions pour le remboursement des propriétaires des maisons démolies.

C. 1219. (Portefeuille.) — 121 pièces, papier.

1744-1752. — Correspondance de M. de Tourny, intendant de Bordeaux, avec MM. les ministres d'Argenson, de Saint-Florentin, de Courteille et de Paulmy, relative : — aux embellissements de Bordeaux, en ce qui pouvait avoir rapport aux fortifications du Château-Trompette, aux environs duquel se faisaient des travaux ; — à diverses discussions et contestations que ces mêmes embellissements occasionnaient et en particulier entre l'Académie et les jurats de Bordeaux, entre lesquels il y avait eu diverses discussions au sujet de l'ouverture de la rue Saint-Dominique, pour laquelle on prenait une partie du jardin de l'Académie.

C. 1220. (Portefeuille.) — 90 pièces, papier ; 3 plans.

1753-1761. — Correspondance de M. de Tourny, intendant de Bordeaux, avec M. de Saint-Florentin, ministre, et les maire, sous-maire et jurats, concernant : — trois plans, dont l'un comprend une partie de la ville à partir du Château-Trompette jusqu'à la rue Anglaise, et les deux autres se rapportent à divers terrains dépendant de l'ancien couvent des Cordeliers ; — correspondances relatives à la gravure du plan de la ville de Bordeaux qui fut confiée à un sieur Lattré ; — observations sur les premières épreuves et notes sur diverses rectifications à y apporter.

C. 1221. (Portefeuille.) — 90 pièces, papier.

1746-1750. — États de dépenses faites par le sieur Fuet, serrurier, pour fourniture de grilles en fer à la Bourse, à l'hôtel des Fermes, à la porte Dauphine, place Royale, jardin public, porte du Chapeau-Rouge et porte Tourny ; — la vente des matériaux consentie au sieur Voisin, architecte, lesquels provenaient de la démolition d'une maison, échoppe, chai et cuvier compris dans le jardin public et appartenant ci-devant à la dame Mittchel ; — des payements faits au sieur Beziat, charpentier, pour divers ouvrages dont il fut chargé par l'Hôtel-de-Ville ; — états et toisés des murs de la porte Dauphine dans les fossés de ville du côté de la tour Ronde ; — ordonnances de payement en faveur du sieur Allary, architecte, pour divers ouvrages.

C. 1222. (Portefeuille.) — 98 pièces, papier.

1749-1755. — États des ouvrages de charpenterie, menuiserie, ferrure, peinture et vitrerie, faits par le sieur Beziat, dans le logement du portier et celui des billetiers de la porte Dijeaux ; — reconstruction de deux maisons appartenant au sieur Dumas ; — grillages du jardin public ; — états des divers ouvrages de maçonnerie dus au sieur Voisin, pour travaux exécutés aux portes Dijeaux et Dauphine et à la Grange-aux-Bœufs ; — divers ouvrages concernant la place Royale, la statue équestre, la Bourse, la porte du Chapeau-Rouge et la porte Tourny, etc.

C. 1223. (Portefeuille.) — 79 pièces, papier.

1751-1762. — Requêtes, mémoires et comptes, concernant : — les fondations de la porte des Salinières ; — les frais de transport des déblaiements des terres de la plate-forme ; — mémoires de divers ouvrages de serrurerie faits par le sieur Bautier pour le compte de la ville de Bordeaux ; — les réparations de la maison des Dames de la Foi ; — les travaux du nivellement de la halle au poids ; — les toises superficielles du terrain à supprimer aux maisons des rues Sainte-Catherine, Marchande, des Trois-Maries et du Cahernan, conformément à l'alignement de la porte Médoc à la porte d'Aquitaine ; — la pente de la rue de Berry, etc.

C. 1224. (Portefeuille.) — 122 pièces, papier.

1714-1776. — Requêtes, états de dépenses et procédure, concernant : — des projets ou minutes d'ordonnances en indemnités de diverses maisons démolies pour l'embellissement de divers quartiers de la ville de Bordeaux, principalement de ceux du voisinage des portes des Capucins, de Saint-Julien, des Salinières, de Tourny, Dauphine et Dijeaux ; des rues du Cahernan et des Faussets et place Bourgogne ; — la construction de la nouvelle porte des Capucins ; — le prolongement des aqueducs de la porte du Caillau et de la porte des Salinières ; — les réparations faites aux maisons d'Arnaud Giraud, appartenant à la ville; — parmi les propriétaires dépossédés de leurs maisons, on remarque : le sieur Ledoulx, Simon Martin, les pères Feuillants, Jean et Jeanne Baudu, Gradis, Labat, Léon Desfossés, les demoiselles Ducoin, Jean-Baptiste Desribail, la demoiselle Lalande, Dussolier aîné, Jeanne Abraham, André Plassan, Brossard et la dame Tauzin, son épouse, André Caussade, etc.; — la dépense pour le bois de chauffage de la ville; — pour divers ouvrages exécutés pour son compte; — pour les frais des réjouissances publiques ordonnées à l'occasion de la convalescence du Roi; — pour l'achat fait par la ville au sieur Peyraguey d'une maison et jardin situés rue Traversière, pour loger l'exécuteur et le castigateur; — revendication du sieur La Salle Du Cyron, pour lods et ventes, le droit d'indemnité et vente de ladite maison de Peyraguey.

C. 1225. (Portefeuille.) — 66 pièces, papier; 36 plans.

1718-1762. — Correspondance de MM. de Courson et de Tourny, intendants de Bordeaux, avec MM. les ministres d'Ormesson, de Courteille et le contrôleur général, concernant : — divers projets d'embellissement pour la ville de Bordeaux, et qui n'eurent aucune suite d'exécution, tels que la reconstruction de la flèche du clocher de l'église Saint-Michel, qui devait être rétablie dans son état primitif; — la reconstruction d'une corderie couverte en dehors de la porte des Capucins ; — la construction d'un hôtel pour les enfants trouvés dans le local de l'ancienne plateforme, etc.

C. 1226. (Portefeuille.) — 75 pièces, papier; 31 plans.

1742-1782. — Correspondance de MM. de Tourny et Boutin, intendants de Bordeaux, avec MM. les ministres d'Argenson, le duc de Choiseul, de Courteille, de Laverdy et le contrôleur général, concernant : — l'ouverture des rues des faubourgs de la Manufacture et des Chartrons ; — la construction d'une nouvelle porte de Sainte-Eulalie ; — d'un petit séminaire et de l'hôpital des Enfants-Trouvés ; — une ordonnance de 18,000 livres sur la caisse des 2 sous pour livre au profit de la ville pour l'alignement de la rue de la porte Médoc à celle d'Aquitaine ; — le nivellement de la pente proposée pour corriger et adoucir la rampe de la rue Sainte-Catherine, afin de fixer la hauteur des rez-de-chaussée des maisons qui s'y construisent ; — un projet de halle et d'un marché au blé ; — la construction d'un pont en bois sur 36 bateaux ou pontons sur la Garonne, depuis la place Bourgogne jusqu'à Labastide, etc.

C. 1227. (Portefeuille.) — 78 pièces, papier; 1 pièce, parchemin; 1 plan.

1776-1777. — Correspondance de M. Dupré de Saint-Maur, intendant de Bordeaux, avec les ministres Taboureau, le duc de Mouchy, Bertin et le contrôleur général, concernant ; — la décoration et l'alignement de la place de la Comédie ; — les représentations des propriétaires et habitants de la rue Mautrec, au sujet du plan proposé pour la construction et l'alignement de la façade des maisons situées sur ladite place de la Comédie ; — les réclamations de M. l'architecte Louis sur la nécessité d'assigner promptement des fonds pour l'achèvement de la salle de spectacle ; — une plainte des habitants du quartier du Manège au sujet de l'écoulement des eaux ; — un projet de construction des casernes de la maréchaussée de Bazas (Gironde), etc.

C. 1228. (Portefeuille.) — 80 pièces, papier; 2 plans.

1778-1789. — Correspondance de MM. Dupré de Saint-Maur, Boutin et de Néville, intendants de Bordeaux, avec MM. les ministres Bertin, le maréchal de Ségur, le baron de Breteuil et le comte de Saint-Priest, concernant : — la décoration de la place de la Comédie ; — une réclamation des officiers municipaux de Bordeaux au sujet de leurs droits sur les glacis et l'esplanade du Château-Trompette ; — les réparations de la fontaine de Bayon en Bourgès ; — l'ouverture d'une porte de ville de Libourne (Gironde) et de la salle du Musée de Bordeaux, etc.

C. 1229. (Carton.) — 49 pièces, papier; 1 plan.

1760-1789. — Mandats fournis par la ville de Bordeaux qui, pour avoir un caractère légal, devaient être revêtus du visa de l'intendant. Cet article renferme des mandats revêtus de cette formalité et l'enregistrement desdits mandats, en exécution d'un arrêt du Conseil du 11 décembre 1775.

C. 1230. (Plans.) — 8 pièces, papier.

XVIIIe siècle. — Plans du faubourg Saint-Seurin et parties environnantes, relatifs aux embellissements que projetait M. de Tourny père pendant son administration dans la Généralité de Bordeaux.

C. 1231. (Portefeuille.) — 32 pièces, papier.

1726-1785. — Correspondance de MM. Boucher, de Farges et Dupré de Saint-Maur, intendants, avec les mi-

SÉRIE C. — INTENDANCE DE BORDEAUX.   201

nistres de Morville, Le Peletier et Bertin, concernant; divers projets d'établissements d'utilité publique, tels que : la création d'une messagerie de Bordeaux à Lesparre ; — un projet de corbillards de Bordeaux aux Chartrons ; — un projet portant priviléges pour des chaises à porteur ; — un projet pour la fourniture de grains de semences aux pauvres ; — un projet de création d'une école royale de musique et de concerts ; — un projet de création d'une Maîtrise des eaux et forêts à Périgueux.

C. 1232. (Portefeuille.) — 63 pièces, papier; 10 plans.

1749-1756. — Correspondance de M. de Tourny, intendant de Bordeaux, avec M. le ministre Machault, concernant : — des plans ou croquis pour servir à la construction d'une halle au poids projetée ; — devis, mémoires, états des matériaux et états de payements faits, lettres de la cour et de l'intendant sur cette matière.

C. 1233. (Plans.) — 50 pièces, papier.

XVIIIe siècle. — Plans de diverses rues et quartiers de Bordeaux, la plupart levés tant pour cause d'embellissements à faire que pour l'alignement de certaines rues; parmi ces plans on remarque : — celui de la rue porte Dijeaux ; — de la rue des Menuts ; — de diverses rues comprises entre la porte des Capucins et la rivière ; — des environs de l'église Sainte-Croix ; — des rues Lalande et Labirat ; — des rues de la Mercy, Maucouyade et des Balutiers ; — des rues Saint-Paul et des Remparts ; — des Fossés-de-Ville et des Tanneurs ; — des rues de l'Observance et Leyteire ; — des rues Mingin et Tombeloly ; — des maisons de la rue du Cahernan, etc.

C. 1234. (Plans.) — 27 pièces, papier.

1750. — Plans de diverses rues de Bordeaux parmi lesquels des plans de nivellements et alignements de quelques rues, notamment des rues comprises entre l'ancienne porte Médoc et la porte Saint-Julien ; — plans ou tracés qui comprennent, savoir : les fossés de l'Intendance, la porte Médoc, la place Puypaulin et les rues porte Dijeaux, Castillon, Judaïque et Porte-Basse ; partie de la place Royale et les rues Saint-Remy, des Lauriers, du Parlement, des Caperans, Castignac et des Écuries ; — diverses rues du quartier Saint-Pierre ; — des rues Judaïque, Guiraude et Trois-Conils ; — des Fossés ; — des Salinières, etc.

C. 1235. (Portefeuille.) — 45 pièces, papier; 8 plans.

1746-1759. — Plans de parties du faubourg des Chartrons, comprenant une partie de la façade, depuis l'entrepôt jusqu'après la rue Bense, de la rue Monfort et de la rue Cornac ; — contestations entre les sieurs Dumas et Dartigole relativement au percement d'une rue.

C. 1236. (Portefeuille.) — 50 pièces, papier; 1 pièce, parchemin; 13 plans.

1740-1766. — Correspondance de MM. de Tourny et Boutin, intendants de Bordeaux, avec MM. de Trudaine et de Choiseul, ministres, concernant : — des ouvertures en alignements de diverses rues dans le faubourg des Chartrons; prolongations; nivellements; conduits d'eau; plans relatifs auxdits travaux, notamment : un plan d'une partie de la façade des Chartrons sur le bord de la rivière, levé depuis l'Estey de la rue Poyenne jusqu'après les anciennes possessions du procureur général Vigier ; — des plans ou tracés des rues Cornac, Saint-Joseph et partie de la rue Notre-Dame, depuis la rue Ramonet jusqu'à l'ancien glacis du Château-Trompette ; — les indemnités réclamées par divers propriétaires par suite de l'exécution des travaux faits dans ces parages.

C. 1237. (Portefeuille.) — 32 pièces, papier; 17 plans.

1650-1762. — Requêtes, mémoires et toisés, concernant : — le terrain des Cordeliers de Bordeaux, que ces religieux aliénèrent pour payer les sommes qu'ils devaient ; — divers plans des terrains aliénés ; — des emplacements vendus et des rues qui furent ouvertes dans leur ancienne clôture ; — des plans relatifs au projet de transférer les Religieuses de la Visitation dans le local qu'on avait destiné à la maison de force ; — des plans pour une maison des enfants trouvés à établir, attenant au couvent de la Visitation, ainsi que des plans et projet d'une maison destinée au petit séminaire (toutes ces constructions devaient être faites à l'ancienne ormière ou plate-forme ; de ces projets il n'est résulté que la construction du petit séminaire, qui est aujourd'hui la caserne Saint-Raphaël ; — des plans des possessions du collége des Jésuites et un projet d'ouverture d'une rue qui conduirait du Marché-Neuf à la rue Bouhaut ; par ce projet, l'église de Saint-Jacques devait être démolie ; — un plan du couvent des Augustins et des maisons contiguës leur appartenant ; nivellement du terrain des environs de ce couvent ; — plan du cloître de la Chartreuse de Bordeaux visé le 28 avril 1723 par deux visiteurs de la province d'Aquitaine et le prieur de la Chartreuse ; — copie informe par extraits du testament de dame Olive Lestonnat, épouse de M. de

Gourgues, sous la date du 30 mars 1650, par lequel il paraît que cette dame aurait fondé le couvent de la Madeleine, et qu'en surcroît de cette donation elle aurait laissé une somme de 30,000 livres pour être consacrée à la nourriture des filles pénitentes.

C. 1238. (Portefeuille.) — 112 pièces, papier; 4 plans.

1751-1764. — Requêtes, cession de terrains, projet d'arrêt de l'intendant, concernant : — le projet, qui fut en partie exécuté, de la construction et établissement d'une église paroissiale aux Chartrons, aux environs de la place Picard, sous l'invocation de saint Louis ; — plans du local où l'on projetait de l'établir ; — plans de cette église, et en particulier ceux qui furent agréés, tant par l'intendant que par les jurats, et contre-signés *ne varietur* ; — mémoires, toisés, devis, polices, etc., relatifs à cette construction ; — chapelle provisoire et maison presbytérale du vicaire desservant.

C. 1239. (Portefeuille.) — 80 pièces, papier; 19 plans.

1754-1759. — Plans et mémoires de divers travaux concernant : — la construction de l'hôtel destiné à l'école d'équitation de la ville de Bordeaux ; — les devis estimatifs et états de divers ouvrages qu'il était question de faire pour la construction de ce bâtiment ; — des mémoires fournis par les ouvriers de toute espèce contenant l'état de leurs ouvrages, les comptes des dépenses et payements faits, et une lettre de l'architecte Gabriel à M. de Tourny, relative à la façade du manége, etc.

C. 1240. (Portefeuille.) — 126 pièces, papier; 9 plans.

1697-1773. — Correspondance de MM. d'Ormesson, Orry, de Maurepas, ministres, et de l'évêque du Puy, avec M. Boucher, intendant de Bordeaux, concernant : — un arrêt du Conseil d'État du 4 décembre 1736 qui ordonne la construction du chemin de Paludate ; — les devis, plans et autres pièces relatives à la formation de ce chemin, avec les oppositions et difficultés qui y furent apportées ; — le marche-pied de la rivière ; — les emplacements concédés par la ville pour la construction des navires dans le faubourg de Paludate ou son voisinage ; — l'ouverture d'une rue pour communiquer du pont du Guit et des terres de Bordes à la rivière, le tout situé dans le faubourg de Paludate, et touchant l'indemnité demandée à l'occasion de cette ouverture ; — requêtes, mémoires et ordonnances de l'intendant.

C. 1241. (Portefeuille.) — 54 pièces, papier; 17 plans.

1688-1758. — Correspondance de MM. de Tourny et Boucher, intendants de Bordeaux, avec les ministres de Marigny, le duc d'Antin et de Cotte, concernant : — les devis des conduits des fontaines de la ville de Bordeaux ; — l'inspection pour la conduite des bonnes eaux ; — la construction de la fontaine de la Grave ; — l'entretien des fontaines de Font-Daudège ; — les indemnités réclamées par divers particuliers pour dégradations de propriétés éprouvées pour la conduite des eaux ; — un projet de machines hydrauliques ; — la nomination du sieur Lucas à la place de fontainier ; — les travaux exécutés à la fontaine de l'Or, etc.

C. 1242. (Portefeuille.) — 69 pièces, papier; 14 plans.

1612-1762. — Requêtes, plans et états de journées, concernant : — la construction d'un réservoir près la fontaine d'Or ; — un devis des ouvrages à faire pour une nouvelle conduite de la fontaine des Chartrons depuis sa source placée entre la rivière et Figuereau formant une étendue de 752 toises ; — les réparations des fontaines de Saint-Projet, Bouquière et Sainte-Colombe ; — des états estimatifs de travaux à exécuter pour de nouvelles fontaines projetées à l'entrée de la rue des Minimes et à l'îlot Saint-Christoly ; — la demande de l'établissement d'une fontaine derrière la halle par les habitants du quartier du pont Saint-Jean, en dédommagement de celle que l'on venait de supprimer ; — divers mémoires et projets de nouvelles fontaines, etc.

C. 1243. (Portefeuille.) — 100 pièces, papier.

1758-1759. — Comptes rendus à M. de Tourny, intendant de Bordeaux, par le sieur Bonfin, inspecteur des travaux de la ville de Bordeaux, de la recette et dépense par lui faites pour la construction de la maison de force élevée sur le terrain de l'ancienne plate-forme ou ormière ; ces comptes sont appuyés de pièces justificatives.

C. 1244. (Portefeuille.) — 94 pièces, papier.

1759-1760. — Comptes rendus à MM. les maire, sous-maire et jurats gouverneurs de Bordeaux, par le sieur Bonfin, architecte et directeur des travaux de cette ville, de la recette et dépense pour la continuation de la construction de la maison de force et de correction de Bordeaux pendant lesdites années.

SÉRIE C. — INTENDANCE DE BORDEAUX.

C. 1245. (Portefeuille.) — 21 pièces, papier; 18 plans.

1754-1756. — Plans du port, depuis l'hôtel des Fermes jusqu'à la porte de la Grave, à la pente et formation des crèches qui devaient être placées au bord du port pour faciliter le chargement et le déchargement des marchandises ; — lettres et explications sur les plans levés à cet effet ; — procès-verbaux, mémoires, observations et autres pièces concernant cette même matière.

C. 1246. (Plans.) — 18 pièces, papier.

1750-1762. — Plans des bords et façade du port de Bordeaux, depuis l'Estey-Majou jusqu'à la place Royale, qui ont été levés soit pour connaître l'état des bords de la rivière, soit pour constater l'état et alignement des anciennes maisons qui étaient au bord du port, soit pour servir aux embellissements qu'on projetait, soit pour la vente des terrains sur lesquels ont été construites quantité de nouvelles maisons d'une façade uniforme, qui ont contribué à l'embellissement du port de Bordeaux.

C. 1247. (Portefeuille.) — 102 pièces, papier; 10 plans.

1664-1776. — Correspondance de MM. Dodun, de Maurepas, de Saint-Florentin, de La Vrillière et de Chauvelin, ministres, avec MM. Boucher et de Tourny, intendants de Bordeaux, concernant : — la façade et les embellissements du port ; — les plans des terrains à aliéner pour y élever des constructions uniformes ; — des mémoires relatifs au port et notamment à la construction d'un magasin destiné à renfermer les agrès et apparaux propres à la mature des navires et tout ce qui serait nécessaire pour le service du port; — des requêtes et extrait des délibérations de l'Hôtel-de-Ville portant aliénation d'anciens emplacements sur le port ; — un rapport sur l'état des quais et de la rivière ; — l'établissement d'un capitaine de port ; — des pièces se rapportant à l'opposition faite par les Religieuses de Saint-Benoît sur l'élévation des édifices sur la façade du port vis-à-vis leur monastère ; — un projet de construction d'un pont sur bateaux pour traverser la rivière devant Bordeaux.

C. 1248. (Portefeuille.) — 3 pièces, papier; 8 plans.

1749. — Projet d'établissement d'un marché de bestiaux en dehors et vis-à-vis la nouvelle porte des Capucins, pour la tenue duquel le Roi rendit une ordonnance dont il se trouve une copie informe ; — plans de la place ou marché où devait se tenir le bétail, avec les édifices dont il devait être décoré.

C. 1249. (Portefeuille.) — 81 pièces, papier.

1750-1755. — Requêtes et ordonnances de l'intendant, relatives : — à l'établissement du marché royal ; — à la démolition de maisons pour la formation dudit marché ; — propriétaires des maisons démolies : Pierre Daban Broca, Guillaume Bartharez, négociant ; Dubourg, Gaultier frères et sœurs, de Boursin, Taudias de Lauverguas, la veuve Duluc, Ruf, Renaire, Labotière, Fourcade, Joseph de Gombaut, chevalier, baron de Razac, Guillaume Coppinger, négociant, le syndic des Jésuites, madame Lavaut, Tanet, Pradier, Farrouilh, Penicaut et Sudre, etc.

C. 1250. (Portefeuille.) — 62 pièces, papier; 6 plans.

1739-1759. — Plans du terrain où devait être établi le marché royal ; — des maisons à démolir pour la formation dudit marché ; — propriétaires des maisons qui devaient être démolies : MM. Farrouil, négociant, Pradier, Tenet, la présidente de Gombaut, Lavergne, Sudre, avocat, Penicaut, procureur, la dame Lavaut, Dubourg, conseiller au Parlement, les demoiselles Duro sœurs, de Camiran, la veuve Barthe, Suzanne Dirouard, veuve Loche, Reveillaud, procureur au Parlement, Jugun, ancien officier ; — des diverses maisons à construire dans la rue Royale, etc.

C. 1251. (Plans.) — 21 pièces, papier.

1762. — Plans des alentours de Bordeaux, entre autres un plan des lieux depuis l'allée de M. l'Archevêque jusqu'au Bouscat, et, d'un autre côté, jusqu'à Bacalan et au bord de la rivière ; — plan des lieux depuis le pont du Guit jusqu'au pont de Sainte-Jeanne, dans la paroisse de Bègles ; — deux plans géométriques de la même paroisse de Bègles ou d'une partie considérable du terrain qui forme sa superficie.

C. 1252. (Portefeuille.) — 11 pièces, papier; 2 plans.

XVIIIᵉ siècle. — Plans des chemins qui sont au pourtour des murs de la ville et environs, du côté des portes Sainte-Eulalie, Saint-Julien, des Capucins, du côté du Fort-Louis et du jardin public, même hors ville.

C. 1253. (Portefeuille.) — 14 pièces, papier; 19 plans.

1753-1759. — Plans ou tracés des dehors et murs de ville de Bordeaux, depuis l'ancienne barrière du Château-Trompette, côté des Chartrons, jusqu'au Fort-Louis, se rapportant aux projets d'embellissement conçus par M. de Tourny; — plans des dehors de la ville, depuis l'ancienne porte d'Albret jusqu'à la porte et place d'Aquitaine; — tracés de la partie prise le long des anciens fossés du Château-Trompette jusqu'à la cale du Roi; — tracés des anciennes portes Saint-Germain, Dauphine, Dijeaux et d'Albret; — requêtes concernant la rue de la Fontaine et les environs de Saint-Nicolas-de-Grave.

C. 1254. (Portefeuille.) — 115 pièces, papier; 1 plan.

1744-1753. — Requêtes, conventions, devis, etc., concernant : — l'achat fait par les officiers municipaux de Périgueux (Dordogne) de plusieurs terrains appartenant à divers particuliers, pour servir aux embellissements que M. de Tourny fit faire dans cette ville et ses environs; — vendeurs : M. Bertin (correspondance avec l'Intendance); — M. de Saint-Hilaire, conseiller à la Cour des aides et finances de Guyenne; — M. de La Roche-Aymond et l'abbé des Romains; — les ouvrages de maçonnerie et de terre pour former en dehors de la ville un chemin de communication de la porte de Taillefer à la porte Saint-Roch; — le pont de Firbeix; — les murs de ville de Périgueux; — lettres de MM. Vimar, Ponchaud et Contest sur lesdits ouvrages et les chemins de Périgord.

C. 1255. (Portefeuille.) — 114 pièces, papier.

1749-1755. — Correspondance de M. de Tourny et du subdélégué de Périgueux, relative : — aux travaux des chemins aux environs de Périgueux (Dordogne); — aux murs de ville de Larsant; — aux corvées des chemins; — à diverses requêtes concernant les réparations des chemins; — à des projets d'acquisition de divers terrains pour l'embellissement des dehors de la ville de Périgueux.

C. 1256. (Portefeuille.) — 86 pièces, papier; 19 plans.

1746-1757. — Requêtes, mémoires et détails estimatifs, relatifs : — à l'enclos et à la maison de M. Bertin, à Périgueux (Dordogne); — à une ordonnance de l'intendant qui assujettit les bourgeois de Périgueux aux corvées des chemins; — à des cessions pour les embellissements de la ville; — à la porte de Barbacanne; — à l'achat de la maison de M. de Vigneras; — à deux plans des terrains de M. l'abbé Des Vertus; — aux plans de la ville, promenades, casernes et environs de Périgueux; — à d'autres plans de maisons et terrains achetés à divers particuliers.

C. 1257. (Portefeuille.) — 111 pièces, papier.

1759. — Tableaux dressés par les curés des paroisses de l'Élection de Périgueux de l'état des réparations à faire à leurs églises et presbytères, présentant : — le nom du curé; — du décimateur; — l'état du sanctuaire; — des vases sacrés; — de la sacristie; — des ornements de la nef; — de la maison presbytérale; — distances des presbytères des églises et diverses observations.

C. 1258. (Portefeuille.) — 100 pièces, papier.

1596-1758. — Correspondance de MM. Boucher et de Tourny, intendants de Bordeaux, avec les ministres Orry et de Trudaine et les subdélégués, concernant : — les revenus et dépenses de la ville d'Agen (Lot-et-Garonne); — l'adjudication de la ferme des bateaux de poste d'Agen en faveur du sieur Mirassadeau, pour neuf années, à raison de 2,500 livres par an; — la subsistance des pauvres; — l'entrée ou débit des vins de la ville d'Agen, etc.

C. 1259. (Portefeuille.) — 100 pièces, papier.

1615-1769. — Correspondance de MM. Boucher, de Tourny, Boutin et de Fargès, intendants de Bordeaux, avec les ministres Angervilliers, de Courteille, Langlois et d'Invau, relatives : — aux revenus et comptes de la ville d'Agen (Lot-et-Garonne); — aux difficultés survenues au sujet de la reddition desdits comptes; — à l'augmentation des gages des valets de ville; — aux réparations et entretien de la Maison du Roi à Agen; — à l'état des revenus patrimoniaux de l'Hôtel-de-Ville; — aux réparations et entretien dudit Hôtel-de-Ville; — à l'exemption du logement des gens de guerre; — aux octrois de ladite ville; — aux baux à ferme, etc.

C. 1260. (Portefeuille.) — 111 pièces, papier.

1724-1779. — Correspondance de MM. de Tourny, de Fargès, Boucher et Esmangart, intendants de Bordeaux, avec le ministre d'Ormesson et le subdélégué, concernant : — les charges et impositions de la ville d'Agen (Lot-et-Garonne); — les comptes de l'hôpital Saint-Jacques pour l'année 1772; — la reconstruction de l'Hôtel-de-Ville; — l'adjudication des ouvrages nécessaires pour la conservation du gravier de la ville d'Agen; — les lettres patentes d'érection du duché d'Agen en faveur de la maison de Noailles; — les règlements de police; — les élections municipales; — la maison de refuge; — les enfants trouvés; — les réparations et entretien de la Maison du Roi à Agen, etc.

SÉRIE C. — INTENDANCE DE BORDEAUX.

C. 1261. (Carton.) — 90 pièces, papier; 8 pièces, parchemin ; 3 plans.

1686-1727. — Correspondance de MM. de Lamoignon, de Courson et Boucher, intendants de Bordeaux, avec les ministres Le Peletier et de Gaumont et le subdélégué de Bazas (Gironde), relative au devis estimatif des ouvrages à faire au palais du Présidial de Bazas et aux prisons de La Réole, Bazas (Gironde), Dax et Saint-Sever (Landes), Villeneuve (Lot-et-Garonne) et autres localités de la Généralité de Guyenne ; — aux plans des prisons de Bazas.

C. 1262. (Carton.) — 104 pièces, papier; 1 pièce, parchemin; 4 plans.

1728-1760. — Correspondance de MM. Boucher, de Tourny et Boutin, intendants de Bordeaux, avec les ministres de Gaumont, d'Aguesseau et de Courteille et le subdélégué de Bazas (Gironde), concernant : — l'adjudication des réparations à faire au palais du Présidial de Bazas ; — un arrêt du Conseil qui ordonne la construction d'un nouveau palais sur un emplacement plus convenable que celui où se trouve l'ancien ; — un secours de 4,000 livres accordé par le ministre pour la décoration de la salle d'audience ; — une adjudication d'immeubles de Religionnaires fugitifs ; — les églises et presbytères ; — quatre plans relatifs au nouveau palais.

C. 1263. (Carton.) — 103 pièces, papier; 1 pièce, parchemin; 3 plans.

1761-1765. — Correspondance de M. Boutin, intendant de Bordeaux, avec le ministre de Courteille et le subdélégué de Bazas, concernant : — les réparations à faire aux prisons du Présidial de Bazas (Gironde) ; — le presbytère de Saint-Macaire ; — le logement du curé de Saint-André-du-Bois ; — l'église de la paroisse de Sainte-Innocence, menaçant ruine ; — les réparations faites aux églises de Saint-Georges, de Monclar et Singleyrac ; — le mauvais état des maisons curiales de Bellebat et de Sallebœuf ; — trois plans relatifs à cette dernière.

C. 1264. (Carton.) — 79 pièces, papier; 2 plans.

1765-1770. — Requêtes et adjudications concernant : — un devis estimatif des réparations à faire au palais du Présidial de Bazas (Gironde) ; — une supplique des religieux Bénédictins de La Sauve, au sujet d'une délibération de la communauté de Saint-André-de-Cubzac, relative aux réparations du maître-autel de l'église de leur paroisse ; — les réparations de la maison curiale de Saint-Julien-en-Born ; — la maison presbytérale de Gournac ; — les réparations des églises des paroisses Saint-Léon et Razat d'Eymet.

C. 1265. (Portefeuille.) — 101 pièces, papier ; 1 plan.

1760-1767. — Correspondance de MM. de Tourny, Boutin et de Fargès, intendants de Bordeaux, avec les ministres d'Ormesson et de Courteille, concernant : — les comptes des recettes et dépenses faites pour la construction des casernes de Libourne (Gironde), rendus par M. Bulle, subdélégué, et Toutfaire, entrepreneur, avec les pièces justificatives à l'appui ; — une indemnité allouée à M. Badon Des Conches, sous-ingénieur des ponts et chaussées, pour la levée du plan des casernes ; — la fourniture du bois et lumière pour les troupes ; — la commission d'inspecteur des casernes pour le sieur Toutfaire ; — les contrats d'acquisition des terrains destinés aux constructions desdites casernes, etc.

C. 1266. (Portefeuille.) — 107 pièces, papier.

1768-1769. — États des recettes et dépenses faites pour la construction des casernes de Libourne (Gironde). Ces états sont arrêtés par M. Bulle, subdélégué, et M. Fargès, intendant de Bordeaux ; — pièces justificatives à l'appui desdits comptes.

C. 1267. (Portefeuille.) — 115 pièces, papier.

1770-1773. — Détails estimatifs et ordonnances de payement, concernant : — la construction des casernes de Libourne ; — les comptes rendus à M. Esmangart, intendant de Bordeaux, par Jean Morel, écuyer, commis à la recette générale des finances et chargé des fonds destinés à la construction desdites casernes ; — les états de recette et dépense dressés par M. Bulle, subdélégué, pour achats de matériaux ; — le refus des bouviers des paroisses de la banlieue de Libourne et de la juridiction de Saint-Émilion de transporter les matériaux nécessaires à ladite construction ; — une ordonnance de M. l'intendant qui oblige lesdits bouviers à faire les transports à tour de rôle, au prix des journées courantes, à peine de 10 livres d'amende pour chaque bouvier, etc.

C. 1268. (Portefeuille.) — 121 pièces, papier.

1774-1780. — Comptes et mandements de l'intendant, relatifs : — aux recettes et dépenses faites pour la construction des casernes de Libourne (Gironde) ; — à l'ameublement du pavillon servant de logement aux officiers des troupes; — aux états et comptes desdites dépenses et aux pièces justificatives à l'appui; — aux appointements de Jean Lacoste à la place de garde-magasin des casernes; — aux gages des caserniers; — aux réparations des matelas des officiers et soldats du régiment de Champagne, casernés, etc.

C. 1269. (Portefeuille.) — 130 pièces, papier.

1753-1754. — Réunion des états fournis par les subdélégués de la Généralité de Bordeaux, portant dénombrement des chevaux, juments, poulains, pouliches de toutes espèces, servant aux différents usages dans les paroisses de leurs départements; — on y remarque les villes et paroisses de Blaye, Cartelègue, Fours, Plassac, Étauliers, Eyrans, Bordeaux, Preignac, Sainte-Estèphe, Pauillac, Cissac, Saint-Sauveur, Saint-Michel-la-Rivière, Vayres, Fronsac, Libourne, Périgueux, Varagues, Mareuil, Issigeac, Condom, Grignols, Bazas, Agen, Monflanquin, Marmande, etc.

C. 1270. (Portefeuille.) — 52 pièces, papier.

1725-1757. — Correspondance de M. Boucher, intendant de Bordeaux, avec les ministres La Vrillière, de Morville, de Chauvelin et Amelot, relative : — aux états remis par la ville de Bordeaux, extraits des registres des paroisses, des morts et naissances survenues depuis l'année 1742 jusqu'à l'année 1757 inclusivement dans la ville de Bordeaux; — état extrait du dénombrement qui fut fait en 1747 et 1748 de la population de Bordeaux, comprenant le nombre des individualités composant ladite population à cette époque.

C. 1271. (Portefeuille.) — 109 pièces, papier.

1770. — Dénombrement des paroisses de l'Élection de Bordeaux, comprenant leurs habitants, tant vivants que décédés; les baptêmes, les mariages; les communautés religieuses et ecclésiastiques. — Paroisses de : Lacanau, Certes, Saint-Pierre-d'Ambarès, Saint-Jean-d'Illac, Martillac, Saint-Martin-de-Saux, Saint-Gervais, La Sauve, Saint-Sulpice, Cubzac, Notre-Dame-d'Ambès, Beliet, Saint-Genis-en-Benauge, Montarrouch, Fours, Marais-de-Saint-Simon, Étauliers, Saint-Androny, Saint-Paul, Eyrans, Anglade, Campugnan, Blaye, Cartelègue, etc.

C. 1272. (Portefeuille.) — 110 pièces, papier.

1770. — Dénombrement des habitants, tant vivants que décédés, des baptêmes et mariages des paroisses de l'Élection de Bordeaux. — Paroisses de : Lège, Gradignan, Parempuyre, Martignas, Villenave, Beaurech, Laruscade, Sainte-Eulalie-d'Ambarès, Saint-Léon, Vayres, Saint-Cibard, Parsac, Les Salles, Sainte-Colombe, Gardegan, Belvès, Saint-Magne-sur-Dordogne, Saint-Étienne-de-Lisse, Sainte-Terre, Capitourlan, Izon, Saint-Germain-du-Puch, Genissac, Saint-Quentin, Nérigean, Cadarsac, Cailleau, Abzac, etc.

C. 1273. (Portefeuille.) — 115 pièces, papier.

1770-1771. — Dénombrement des paroisses de l'Élection de Bordeaux, comprenant les naissances, les mariages et décès. — Paroisses de : Meynac, Cenon, Artigues, Ludon, Cussac, Bommes, Pujols, Pugnac, Barsac, Blezignac, Bonnetan-entre-deux-Mers, Bruch-en-Médoc, Villeneuve-en-Bourgès, Le Taillan, Loupiac, Saint-Étienne-de-Loupes, Moulis-en-Médoc, Bruges, Sainte-Hélène-de-la-Lande, Cestas, Salignac, Saint-Jacques-du-Bec-d'Ambès, Lalibarde-en-Bourgès, Bassens, Daignac, Pompignac, etc.

C. 1274. (Portefeuille.) — 118 pièces, papier.

1770. — Dénombrement des paroisses de l'Élection de Bordeaux, comprenant les naissances, mariages et décès. — Paroisses de : Bègles, Ivrac, Ambarès, Bouliac, Baron, Quinsac-entre-deux-Mers, Gauriac-en-Bourgès, Saint-Romain-de-Blaye, Sainte-Luce, Saint-Giron, Saint-Martin-Lacaussade, Saint-Christophe, Berson, Saint-Genis, Saint-Vivien, Cars, Plassac, Anglade, Eyrans, Saint-Androny, Étauliers, Le Marais-de-Saint-Simon, Saint-Palais, Marcillac, Saint-Julien, etc.

C. 1275. (Portefeuille.) — 119 pièces, papier.

1771. — Dénombrement des naissances, mariages et décès des paroisses de l'Élection de Bordeaux. — Paroisses de : Saint-Sulpice, Saint-Émilion, Tourtirac, Les Salles, Certes, Artigues, Meynac, Lège, Martignas, Gradignan, Villenave, comté d'Ornon, Le Pout, Gardegan, Belvès, Saint-Magne, Saint-Félix, Sainte-Terre, Castillon-sur-Dordogne, Capitourlan, Beliet, Cubzac, Montprimblanc, Saint-Vincent-de-Paule, La Sauve, Cailleau, Gabarnac, Fronsac, Lussac, etc.

C. 1276. (Carton.) — 52 pièces, papier.

1746-1776. — Noms des propriétaires et locataires des maisons et échoppes de la ville de Bordeaux; — états et département des paroisses des Élections de Sarlat, Condom (Gers), Agen (Lot-et-Garonne), Périgueux (Dordogne), Bordeaux; — composition des officiers de l'état-major gardes-côtes.

SÉRIE C. — INTENDANCE DE BORDEAUX.

C. 1277. (Portefeuille.) — 100 pièces, papier.

1731-1760. — États des naissances et des morts de l'Élection de Périgueux (Dordogne), dans les paroisses de Plazac, Allemand, Excideuil, Saint-George-de-Mucidan, Mauzens-de-Miremont, Saint-André-du-Breuil, Saint-Jean-de-Vern, Saint-Louis, Saint-Severin-d'Estissac, Saint-Astier, Pradoux, Bersac-de-Ribérac, Laveyssière, Brantôme, Carrilhe, Saint-Laurent-de-Gogubeaud, Saint-Étienne-de-Condac, Segousac, Saint-Romain, Champagnac, Saint-Front-la-Rivière, Fraisse, Grand-Castang, Saint-Laurent-de-Pradoux, Saint-Remy, Bonneville, Lamothe-Montravel, etc.

C. 1278. (Portefeuille.) — 61 pièces, papier.

1730-1761. — États des naissances et des morts des paroisses de Saint-Maurice, Dussat, Chaleix, Sait-Pardoux-de-Dronne, Veyrines, Ladonze, Gueyre, Saint-Georges, Saint-Raphaël, Saint-Sulpice, Nanteuil, Campagnac, Monclar, Queyssac. Saint-Martin-des-Combes, Saint-Estèphe, Bussières-Badel, Varaignes, Busserolle, Saint-Barthélemy, Saint-André-des-Granges, Saint-Pricix-de-Mareuil, Dargentine, La Rochebeaucourt, Romain, Montignac, Le Pizon, Saint-Sulpice-de-la-Linde, Monfaucon, Montravel, Martillac, Taillecavat, etc.

C. 1279. (Portefeuille.) — 100 pièces, papier.

1770. — États des naissances, des mariages et des décès des habitants des paroisses de Saint-Angel, Saint-Pardoux-de-Mareuil, Romain, Quinsac, Saint-Front-la-Rivière, Saint-Martial-de-Valette, Nontron, Savignac, Bourdeiz, La Rochebeaucourt, d'Aurignac, Saint-Barthélemy de Pluvier, Reilhat, Bussière-Badil, Hautefaye, La Chapelle-Saint-Robert, Saint-Pierre-de-Frugié, Saint-Paul, La Roche, Nauthiac, Coulaures, Jumilhac, La Nouaille, Saint-Sulpice d'Excideuil, Saint-Jory-de-Chaleix, Saint-Germain-des-Prés, Saint-Pierre-de-Colle, Nantheuil, Thiviers. etc.

C. 1280. (Portefeuille.) — 100 pièces, papier.

1770. — Dénombrement des paroisses de l'Élection de Périgueux (Dordogne), comprenant nombre des feux, des naissances, des mariages, des morts et professions en religion ; — paroisses de Menesterol, Saint-Remy, le Pison et Saint-Antoine, son annexe, Saint-Vivien, Pouchapt, Montazeau, Montravel, Monpeyroux¹, Monfaucon, Saint-Michel, Saint-Méard, Le Fleix, La Rouquette, Lamothe, Saint-Geraud, Fraysse, Saint-Cloud, Bonneville, Saint-Avid-de-Fumadière, Le Breuil, Fouguerolles, Saint-Aulaye, Nasteringues, Saint-Martial-de-Ribérac, etc.

C. 1281. (Portefeuille.) — 100 pièces, papier.

1770. — Dénombrement des habitants de l'Élection de Périgueux (Dordogne), comprenant le nombre des feux, des naissances, mariages et décès des paroisses de Douzillac, Saint-Cernin-de-Reilhac, Saint-Cirq, Chancelade, Bourdeilles, Saint-Avid-de-Villards, Bussac, Antonne, Saint-Astier, Saint-Vincent-d'Excideuil, Veyrines, Villambrard, Sourzac, Thenon, Saint-Surin-d'Estissac, Savignac-les-Églises, Saint-Raphaël, Rouffignac, Rossignol, Saint-Paul-de-Serre, Saint-Félix-de-Bourdeilles, Razac, Saint-Pierre-de-Chignac, etc.

C. 1282. (Portefeuille.) — 79 pièces, papier.

1770. — Dénombrement des paroisses de l'Élection de Périgueux (Dordogne), comprenant le nombre des feux, des naissances, des mariages et des décès ; — paroisses du Temple, Laguyon, Lisle, Saint-Louis, Saint-Sulpice-de-Beugue, Saint-Marcel, La Chapelle-Pommier et Saint-Jean, Belaygue, Minzac, Journiac, Saint-Jullien-de-Bourdeilles, Périgueux, Saint-Georges, Saint-Martin, Chantegeline, Excideuil, Grignol, Saint-Léon, Sainte-Marie-de-Chignac, Saint-Martial-d'Albarède, Miremont, etc.

C. 1283. (Portefeuille.) — 100 pièces, papier.

1771. — Dénombrement des paroisses de l'Élection de Périgueux (Dordogne), comprenant le nombre des feux, des naissances, mariages et décès ; — paroisses de Chantegeline, du Change, Minzac, Saint-Germain-Parantier, Saint-Georges-de-Mussidan, Gabillon, Fourteix, Excideuil, Douzillac, Cubjac, Cubas, Saint-Crépin-de-Bourdeilles, Clermand-de-Beauregard, Saint-Cirq, Chancellade, Champagnac-hors-Saint-Crampasi, Cendrieux, Saint-Cernin-de-Reilha, Bussac, Grun, Jaure, Saint-Jean-d'Estissac, etc.

C. 1284. (Portefeuille.) — 100 pièces, papier.

1771. — Dénombrement des paroisses de l'Élection de Périgueux (Dordogne), comprenant le nombre des feux, des naissances, des mariages et des décès des paroisses de Saint-Équilin, Antonne, Saint-Antoine, d'Auberoche, Anesse, Audrivaud, Lisle, Saint-Louis, Mauzac, Sainte-Marie-de-Chignac, Saint-Martial-d'Albarède, Saint-Martin-d'Excideuil, Saint-Maurice, Mayac, Saint-Méard-d'Excideuil, Miremont, Monbajol, Montréal, Montaignac, d'Auberoche, Naillac, Saint-Félix-de-Reilhac, Saint-Pierre-de-Chignac, Saint-Martin-de-Périgueux, etc.

C. 1285. (Portefeuille.) — 100 pièces, papier.

1771. — Dénombrement des paroisses de l'Élection de Périgueux (Dordogne), comprenant les feux, les naissances, les mariages et les morts ; — paroisses de Saint-Hilaire-lès-Périgueux, Belaygue, Miallet, La Coussière-Saint-Saud, Romain, Quinsac, Saint-Front-La-Rivière, Saint-Pardoux-La-Rivière, Saint-Angel, Saint-Martial-de-Valette, Nontron, Nontronneau, Augignac, Saint-Martin-le-Pin, Bussière-Badil, Connezac, Veaunac, Jumilhac, de Colle, Saint-Clément, Chaleyx, etc.

C. 1286. (Portefeuille.) — 76 pièces, papier.

1771. — Dénombrement des paroisses de l'Élection de Périgueux (Dordogne), comprenant le nombre des feux, des naissances, des mariages et des morts ; — paroisses de Douchapt, Saint-Méard, de Dronne, Saint-Pardoux, Saint-Martial-de-Ribérac, Villetoureix, Saint-Vincent-de-Connazac, Chanterac, Saint-Sulpice-de-Roumaignac, Ségouzac, Saint-Martin-de-Ribérac, Siorac, Lajemaye, Ponteyraud, Saint-Antoine, Saint-Privat, Cumaud, Chassaignes, Bersac, Épeluche, Faye-de-Ribérac, Nasteringues, Verteillac, La Chapelle-du-Chadeuil, Coutures, etc.

C. 1287. (Portefeuille.) — 114 pièces, papier.

1770. — Dénombrement des paroisses de l'Élection de Sarlat (Dordogne), comprenant le nombre des feux, des naissances, des mariages et des morts ; — paroisses de Caujac, Capdrot, Marsales, Prats-de-Belvès, Latrape, Soulaure, Eygueperses, Arliac, Saint-Laurent-de-Castelnaud, La Chapelle-Castelnaud, Veyrines, Lavalade, Saint-Caprais-de-Cahuzac, Cussac, Caltès, Saint-Front, Saint-Christophe-de-Montferrand, Saint-Avid-Rivière, Bouilhac, Cenac, Condat, Lacassaigne, Nadaillac, Saint-Léon-sur-Vezère, Bars, Campagne, etc.

C. 1288. (Portefeuille.) — 116 pièces, papier.

1770-1771. — Dénombrement des paroisses de l'Élection de Sarlat (Dordogne), comprenant le nombre des feux, des naissances, des mariages et des morts ; — paroisses de Notre-Dame-de-Biron, Simeyrols, Orliaguet, Sainte-Nathalaine, Millac, Cazoulès, Carlux, du Cheylard, Cabans et Saint-Jean-de-Bigarogue, Ladournac, Saint-Crépin, Paulin, Peyrignac, Saint-Pierre-de-Montignac, Auriac, Pazayiac, Grèzes, La Feuillade, Saint-Michel-de-Biron, Saint-Étienne-de-Villefranche, Saint-Caprais, Lavalade, Salles-de-Belvès, etc.

C. 1289. (Portefeuille.) — 118 pièces, papier.

1771. — Dénombrement des paroisses de l'Élection de Sarlat (Dordogne), comprenant le nombre des feux, des naissances, mariages et morts ; — paroisses de Saint-Cyprien, Cadouin, Montignac, Villefranche, Monpazier, Belvès, Sagellat, Domme, Allas-l'Évêque, Saint-Quentin, Saint-André, La Rocque-Gajac, Vezac, Saint-Étienne-de-Villefranche, Lavaur, Notre-Dame-de-Biron, Saint-Martial, Saint-Aubin-de-Nabirac, Grèzes, Condat, Razac, etc.

C. 1290. (Portefeuille.) — 100 pièces, papier.

1771. — Dénombrement des paroisses de l'Élection d'Agen (Haute-Garonne), comprenant le nombre des feux, des naissances, mariages et morts ; — paroisses de Saint-Urbain-de-Doulmayrac, Saint-Vivien, Lapoujade, Virazel, Viraguet, Saint-Vincent-du-Temple, Villeneuve, Saint-Victor, Verteuil, Varès, Valence, Tournon, Courbiac, Tonneins-Dessus, Tonneins-Dessous, Tombebœuf, Thezac, Le Temple, Sommensac, Saint-Sixte, Saint-Silvestre, Saint-Sibournet, Saint-Seurin, Sévignac, Serres, Saint Sernin, Sèches, La Sauvetat-de-Caumont, Saint-Sauveur, Sauveterre, Savignac, Salles, Sainte-Sabine, Saint-Romain, etc.

C. 1291. (Portefeuille.) — 100 pièces, papier.

1771. — Dénombrement des paroisses de l'Élection d'Agen (Lot-et-Garonne), comprenant le nombre des feux, des naissances et des mariages ; — paroisses de Sainte-Radegonde, Sainte-Quiterie, Quissac, Saint-Quentin, Puy-Dauphin ou Rouffiac, Puimasson, Preyssas, Port-Sainte-Marie, Pompiac, Pineuil, Pinel et Hauterive, son annexe ; Saint-Pierre et Saint-Julien, Saint-Pierre-de-Malaure, Saint-Philippe, Saint-Pardoux, Saint-Paul-le-Vieux, Saint-Pastour, Paranguet, Parisot, Pardaillan, Saint-Orens-d'Artigues, Notre-Dame-de-Villeréal, Montpezat, Montignac, Montauriol, Montastruc, etc.

C. 1292. (Portefeuille.) — 100 pièces, papier.

1771. — Dénombrement des paroisses de l'Élection d'Agen (Lot-et-Garonne), comprenant le nombre des feux, naissances, mariages et morts ; — paroisses de Mérens, Saint-Médard, Mazères, Maurillac, Maurignac-de-Lusignan, Saint-Macaire, Masquières, Saint-Martin-du-Drot, Marsac, Marmande, Margueron, Marcoux, Lusignan-le-Grand, Lusignan-le-Petit, Lugagniac, Luiversac, Longueville, Sainte-Horade, Levignac, Les Lèves, Lantignac, Saint-Légor, Saint-Laurent, Lastreilles, Laugnac, Lamothe, Lalande, etc.

C. 1293. (Portefeuille.) — 100 pièces, papier.

1771. — Dénombrement des paroisses de l'Élection d'Agen (Lot-et-Garonne), contenant le nombre des feux, des naissances, des mariages et des morts des paroisses de Saint-Cosme, Corconnac, Condat et Fumel, son annexe ; Sainte-Colombe, Saint-Clair, Saint-Cirq, Cezérac, Sainte-Cécile, Cauzac-le-Vieux, Castillonnés, Castelnau-de-Gratecambe, Castelmoron, Cassignas, Casseneuil, Dondas, Saint-Dizier, Saint-Denis-de-Vitrac, Saint-Ciprien, Crouzillac, Sainte-Croix, Saint-Cristophe-de-la-Fox, Caussan, Cours, Courbiac, Couloussac, Fongrave, Ferussac, Saint-Eutrope, Saint-Étienne, Esclottes, Engueyrac, etc.

C. 1294. (Portefeuille.) — 94 pièces, papier.

1771. — Dénombrement des paroisses de l'Élection d'Agen (Lot-et-Garonne), contenant le nombre des feux, des naissances, des mariages et des morts des paroisses de Curdonnet, Saint-Caprasy, Saint-Caprais-de-Lerm, Caplong, Campagnac, Cambot, Cambes, Calvignac, Calviac, Collongues, Cahuzac, Cadillac, Cabanes, Bourbon, Bonneval, Bonnenouvelle, Boisset, Bugassat, Bruch, Saint-Brice, Bournac, Bourleas, Bistouzat, Dirac, Bernat, Beauville, Beaupuy, Bazens, Boyne, Baugas, Saint-Barthélemy, Saint-Astier, Arpens, Saint-Arnaud, Saint-Aignan, etc.

C. 1295. (Portefeuille.) — 93 pièces, papier.

1730-1761. — États relatifs aux naissances, mariages et décès, envoyés à l'intendant de Bordeaux, par le subdélégué de Montflanquin (Lot-et-Garonne), des paroisses de Saint-Paul, Saint-Étienne-de-Castanède, Montrastruc, Saint-Pierre-de-Cailladelles, Saint-Sulpice, Saint-Germain-de-Tayrac, Saint-Martin-de-Barbas, Saint-Vincent-de-Salles, Saint-Vivien, du Pin, Saint-Martin-de-Montagnac, La Sauvetat-de-Blanquefort, Sauveterre, Saint-Pierre-de-Cabanes, Beaugas, Cancon, Monbahus, Cahuzac, Douzains, Saint-Vincent-de-Gassas, Castillonnés, Saint-Dizier, Saint-Maurice, Montauriol, Pompiac, Saint-Germain, Saint-Grégoire, Tourliac, Savignac, Calviac, etc.

C. 1296. (Portefeuille.) — 83 pièces, papier.

1730-1761. — États des naissances, mariages et décès, envoyés à l'intendant de Bordeaux, par le subdélégué de Bergerac (Dordogne), des paroisses de Pont-Roumieu, Saint-Germain, La Madelaine, Verdon, Labouquerie, Saint-Sernin-de-Beaumont, Saint-Laurent-des-Vignes, Coqulot, Issigeac, Eymet, Rouillac, Saint-Sernin-de-Labarde, Saint-Aulaire, Sadillac, Cadelech, Falgueyras, Ribaignac, La Mongie, Carlux, Vitrac, Campagnac, Saint-André, Larroque, Gajac, Vezac, Saint-Sulpice, Monguiard, Puyguilhem, Saint-Étienne-de-Couze, Coutures, Saint-Pierre-de-Poujol, Thenac, Saint-Julien-de-Puyguilhem, Flaugeac, etc.

C. 1297. (Portefeuille.) — 130 pièces, papier.

1730-1761. — États relatifs aux naissances et décès, adressés à l'intendant de Bordeaux, par le subdélégué de Sarlat (Dordogne), des paroisses de Saint-Pierre-Debat, Saint-Sernin-de-Mareyroles, Fongalo, Caudon, Montpazier, Veyrine, Castelnau, Bourniquel, Saint-Amant-de-Belvès, Saint-Pardoux, Saint-Julien-de-Castelnau, Prats-de-Belvès, Marsalés, Eyquesperses-de-Biron, Fontenilles, Beaurepos-de-Carlux, Peyrignac, Saint-Rabier, Bersac, Lavigueric, de Mellet, Nadaillac, Jayac, etc.

C. 1298. (Portefeuille.) — 8 pièces, papier.

1730-1763. — États relatifs aux naissances et décès, envoyés à l'intendant de Bordeaux, par les subdélégués d'Agen et de Clairac (Lot-et-Garonne), des paroisses de Grateloup, Sainte-Marthe, Lafitte, Clairac, Vares, Lacepède, Saint-Vincent, Saint-Pierre-des-Pins, Saint-Brice, Saint-Gayran, Saint-Gervais, Castelmoron, Saint-Nazaire, Pineuil, Sainte-Foy, Mounestier, Caplon, Saint-Quentin, Thezac, Saint-Aignan, Laugnac, Saint-Clair, Beauville, Goudourville, etc., et aux relevés des paroisses de la subdélégation de Libourne (Gironde), des Élections de Périgueux (Dordogne) et Condom (Gers) qui n'ont pas fourni ces états à l'intendant.

C. 1299. (Portefeuille.) — 130 pièces, papier.

1730-1763. — États des naissances et des morts, envoyés à l'intendant de Bordeaux, par le subdélégué d'Agen (Lot-et-Garonne), des paroisses de Rondouloux, Sainte-Foy-de-Preyssas, Sainte-Eulalie, Saint-Pierre-Delpech, Goudourville, Tournon, Lamothe et Lucante, Sembas, Clermont-Dessous, Saint-Beaujel, Lalande, Cardonnet et Montréal, Galapian, Sainte Croix, Sainte-Eulalie-de-Caujac, Saint-Cernin-de-Biron, Saint-Étienne et Saint-Capray-d'Agen, Saint-Pierre-de-Merens, Sainte-Foy-de-la-Ville, Saint-Hilaire-d'Agen, Coussou, Saint-Cirq, Saint-Denis, Dolmairac, Monbusq, Saint-Pierre-de-Maubert, Saint-Sulpice et Sainte-Radegonde-d'Agen, Saint-Vincents-des-Corbeaux, Artigues, Lusignan-Grand, Lusignan-Petit, etc.

C. 1300. (Portefeuille.) — 106 pièces, papier.

1730-1764. — États concernant : — le relevé fait d'après les registres des églises paroissiales du nombre des naissances et des morts pendant un certain nombre d'années, pour constater l'état de la population de la Généralité ; — la correspondance à ce sujet entre les subdélégués et divers curés avec l'intendant ; — divers états faits par les subdélégués ; — lettre de M. le ministre de Trudaine, ayant pour objet principal d'empêcher le dépeuplement de la population et d'en favoriser la multiplication.

C. 1301. (Portefeuille.) — 100 pièces, papier.

1730-1761. — États des naissances et des morts, envoyés à l'intendant de Bordeaux, par le subdélégué de Périgueux (Dordogne), des paroisses de Thénon, Dazevat, Badefol, Savlande, Saint-George-de-Monclard, Plazac, Limeyrat, Saint-Aignan-d'Hautefort, Lourtoirac, Cubjac, Mayat, Saint-Martin-de-Couture, Saint-Germain-des-Prés, Corgnac, Saint-Pierre-de-la-Nouaille, Saint-Prié-les-Fougères, Sirbeix, Notre-Dame-de-Thiviers, Saint-Étienne-de-Nantheuil, Saint-Jean-de-Cole, Sorges, Saint-Martin-d'Agonat, Villars, Saint-Crépin-de-Bourdeille, Saint-Pantaléon, Poussac, Saint-Just, Champagne-de-Bourzac, etc.

C. 1302. (Portefeuille.) — 126 pièces, papier.

1730-1762. — États des naissances et des morts, envoyés à l'intendant de Bordeaux, par les subdélégués de l'Élection de Condom (Gers), des paroisses de Castelmoron-d'Albret, Pellegrue, Castelmoron-Ville, La Réole, Notre-Dame-de-Damazan, La Gruère, Sainte-More, Montaignac, Saint-Simon, Andiran, Moncrabeau, Lamonjoie, Francecas, la ville et paroisse de Nérac, Espiens, Calignac, Vianne, Lavardac, Xaintrailles, Montgaillard, Buzet, Faugueroltes, Thouars, Durance, Boussés, La Frêche, Saimpé, Meylan, Saint-Martin-d'Albret, Lisse, Artigues, Lasserre, Gardère, Fieux, etc.

C. 1303. (Portefeuille.) — 113 pièces, papier.

1730-1762. — États des naissances et des morts, envoyés à l'intendant de Bordeaux, par les subdélégués de l'Élection de Périgueux (Dordogne), des paroisses de Saint-Privat, Saint-Martin-de-Riberac, Mensignac, Saint-Vincent-de-Duzillac, Saint-Pierre-de-Lurlac, Sainte-Aulaye, Manzac, Saint-Félix-de-Villadeix, Saint-Alvère, Saint-Sulpice-du-Bugue, Roufignac, Marsaneix, Saint-Front-de-la-ville de Périgueux, Notre-Dame-de-Trélissat, Saint-Paul-Laroche, Négronde, Lisle, Flaujagues, Saint-Méard-de-Gourson, Saint-Barthélemy-de-Bellegarde, Menesplet, Saint-Martial-d'Artenseq, Saint-Laurent-de-Mareuil, Vieux-Mareuil, etc.

C. 1304. (Portefeuille.) — 88 pièces, papier.

1730-1764. — États des naissances et des morts, envoyés à l'intendant de Bordeaux, par les subdélégués des Élections d'Agen (Lot-et-Garonne) et de Sarlat (Dordogne), des paroisses de La Monjoie, Espalais, La Sauvetat-de-Savère, Preyssas, Saint-Amans, Saint-Maurillon et Monségur, et dans celles de Campagne, Saint-Caprais, Bertis-de-Biron, La Force, Saint-Pierre-d'Eyraud, Saint-Pierre et Saint-Martin de Bergerac, Saint-Jacques de la même ville, Sainte-Foy-des-Vignes, Sainte-Radegonde-de-Roquepine, Campunan, Mollon, La Linde, La Chapelle-Castelnaud, Doissac, Saint-Camprary-de-Cleyrans, Pont-Saint-Mamet, Livrac, etc.

C. 1305. (Portefeuille.) — 101 pièces, papier.

1730-1764. — États des naissances et des morts, envoyés à l'intendant, par les divers subdélégués de l'Élection de Bordeaux, de quelques paroisses de leurs subdélégations : Preignac, Saint-André-du-Bois, Cazaux, Castillon, Cambianncs, Lormont, Arbanats, Bordeaux, Saint-Seurin-de-Cursac, Blaye, Saint-Giron, Saint-Vivien, Eyrans, Saugeon, Saint-Simon, Saint-Louis, Saint-Martin-de-la-Caussade, Saint-Germain, Saint-Romain, Gironde, Saint-Martin-de-Mazerac, etc.

C. 1306. (Portefeuille.) — 128 pièces, papier.

1730-1766. — États des naissances et des morts, envoyés à l'intendant, par les subdélégués de l'Élection de Condom (Gers), de diverses paroisses de leurs subdélégations : Astafort, Ligardes, Lagarde-Fimarcon, Marsolan, Larroumieu, Gazaupouy, Fourcès, Courrensan, Beaumont, Montréal, Lialores, Caussens, Saint-Pierre, Saint-Michel, Saint-Jacques, Saint-Barthélemy, ces quatre dernières de la ville de Condom, Sauveterre, Clairac, Casteljaloux, Blaziert, Castelnau, Torrebren, Cieurac, Saint-Orens, Tonneins, Mauvezin, Balissac, Sainte-Gemme, Duras, Monteuton, etc.

C. 1307. (Carton.) — 37 pièces, papier.

1770-1779. — États imprimés des naissances, mariages et décès de la Généralité de Bordeaux.

SÉRIE C. — INTENDANCE DE BORDEAUX.

C. 1308. (Carton.) — 128 pièces, papier.

1773-1781. — Correspondance de MM. de Clugny, Esmangart et Dupré de Saint-Maur, intendants de Bordeaux, avec MM. Turgot, Terray et Necker, ministres, et des subdélégués avec l'intendant, relative à l'envoi des états des naissances, mariages et décès de la Généralité de Bordeaux.

C. 1309. (Carton.) — 135 pièces, papier.

1780-1782. — États des naissances, mariages et décès, envoyés à l'intendant par les subdélégués de diverses paroisses de leurs subdélégations; — correspondance des subdélégués avec l'intendant à laquelle l'envoi de ces états a donné lieu.

C. 1310. (Carton.) — 79 pièces, papier.

1781-1782. — États des naissances, mariages et décès des paroisses, envoyés à l'intendant de Bordeaux par les subdélégués, et à la correspondance qui a eu lieu entre l'intendant et ces derniers, au sujet de l'envoi de ces états. — Lettre de M. de Calonne à M. Dupré de Saint-Maur, concernant le même objet.

C. 1311. (Carton.) 148 pièces, papier.

1783. — États des naissances, mariages et décès, envoyés à l'intendant de Bordeaux par les subdélégués de la Généralité ; — correspondance au sujet de ces envois.

C. 1312. (Carton.) — 71 pièces, papier.

1780-1789. — États des naissances, mariages et décès de toutes les subdélégations de la Généralité de Bordeaux, envoyés à l'intendant, pour l'année 1786 ; — trois états relatifs, l'un à la nation portugaise établie à Bordeaux, et les deux autres aux protestants répandus dans la Généralité ; — correspondance des subdélégués avec l'intendant.

C. 1313. (Carton.) — 55 pièces, papier.

1771-1789. — États récapitulatifs des naissances, mariages et décès des paroisses de la subdélégation de Bordeux, envoyés à l'intendant par le subdélégué ; — lettres de M. Esmangart et copies de lettres de M. le contrôleur général, au sujet de la formation et de l'envoi de ces états ; — lettres et états des curés de Bordeaux.

C. 1314. (Carton.) — 25 pièces, papier.

1773-1787. — États récapitulatifs des naissances, mariages et décès de l'Élection de Bordeaux.

C. 1315. (Carton.) — 15 pièces, papier.

1773-1786. — États récapitulatifs des naissances, mariages et décès des paroisses de la subdélégation de Libourne, envoyés à l'intendant par le subdélégué, et état du nombre des feux des villes et paroisses de l'Élection de Bordeaux.

C. 1316. (Carton.) — 111 pièces, papier.

1741-1762. — Mémoires adressés à l'intendant par les subdélégations de Blaye, Villeneuve, Libourne et Agen, concernant : — toutes les branches de l'agriculture et les divers produits du sol ; — une statistique des subdélégations de Périgueux (Dordogne), Nontron et Bergerac, où il est question du nombre d'habitants de chacune d'elles, de leur production en blé, légumes, châtaignes, glands de chêne, chanvre, navets, prunes, vins, foins, bois de haute futaie, bois taillis, bestiaux, moutons, brebis, agneaux, chèvres, cochons, résine, brai, goudron, laines, etc. ; — les arts et métiers ; — les forges de Périgueux et de Nontron ; — les mûriers blancs et les haras ; — une dissertation sur les moyens de prévenir le préjudice occasionné par les vers qui naissent dans le blé, etc.

C. 1317. (Carton.) — 84 pièces, papier.

1739-1764. — Mémoires envoyés à l'intendant par les subdélégués des subdélégations de Marmande, Casteljaloux (Lot-et-Garonne), Sainte-Foy, Lesparre et Bazas (Gironde), et des Élections de Bordeaux et Sarlat, concernant : — l'agriculture en général ; — une expérience faite en 1758 pour recueillir plus de blé en en semant une moins grande quantité ; — les états des revenus et la répartition de l'imposition de la taille de l'Élection de Sarlat ; — la culture du mûrier blanc ; — le prix des grains et leur conservation ; — les choix des semences ; — les difficultés de transporter les denrées à cause du mauvais état des chemins et le préjudice énorme qu'elles font éprouver aux propriétaires. — États signalant les propriétaires de diverses localités qui se livrent à l'agriculture avec le plus de persévérance et de discernement.

C. 1318. (Portefeuille.) — 102 pièces, papier.

1760-1770. — Correspondance de l'intendant avec les subdélégués, concernant : — diverses cultures en usage dans plusieurs localités des subdélégations de Clairac, Monflanquin, Vitrezay, Périgueux et Bazas ; — divers mémoires et notes statistiques sur ces localités, etc.

C. 1319. (Portefeuille.) — 97 pièces, papier.

1760-1783. — Mémoires, éclaircissements et instructions relatifs : aux différentes cultures en usage dans les paroisses de la subdélégation de Condom, parmi lesquelles on remarque celles de Lagarde-Fimarcon, Lias, Larressingle, Vopillon, Larroque-Verduzan, Castelnau-de-Fimarcon, Blaziert, Villeneuve, Roquepine, Abrin, Pouy-Roquelaure, Marsolan, Mezin, Dunes, Fourcès, Montréal, Ligardes, Gazaupuy, Beaumont, Torrebren, Astafort ; — à un mémoire sur les fréquents débordements du ruisseau appelé l'Auvignon, sur les causes qui les occasionnent et sur les moyens de les prévenir, etc.

C. 1320. (Carton.) — 6 pièces, imprimées.

1773. — Avis aux cultivateurs sur la formation des prairies artificielles, principalement du ray-gras, du fromental et du trèfle. — Un secret pour détruire les taupes dans les champs, prairies et jardins ; — un mémoire sur une espèce de poison connu sous le nom d'*ergot*.

C. 1321. (Carton.) — 88 pièces, papier.

1761-1789. — Ordonnances et mandements de M. Boutin, intendant, relatifs : — aux dépenses faites pour procurer des graines de fourrages propres à former des prairies artificielles ; — aux prix des graines et fourrages ; — à la fourniture des livres d'agriculture ; — aux prix de culture, etc.

C. 1322. (Portefeuille.) — 113 pièces, papier.

1769-1785. — Correspondance de MM. Esmangart et de Clugny, intendants de Bordeaux, avec le ministre Bertin et les subdélégués, concernant : — les pépinières, les plantations de mûriers ; — la manière de semer le blé ; — la culture de la garance dans les marais ; — la culture du tabac ; — des betteraves, des navets et des pommes de terre ; — la plantation des pommiers ; — quelques notes sur les belles vaches de l'Agenais ; — des mémoires sur les laboureurs ; — le moyen d'en accroître le nombre ; — les moyens de remédier aux obstacles qui s'opposaient au progrès des cultures, etc.

C. 1323. (Portefeuille.) — 107 pièces, papier.

1769-1773. — Correspondance de M. de Fargès, intendant de Bordeaux, avec MM. les ministres de L'Averdy, d'Ormesson, d'Invau et Terray, concernant : — les apparences et les produits des récoltes des subdélégations de Bordeaux, Libourne, Blaye, Médoc, Périgueux, Nontron, Ribérac, Sainte-Foy, Bergerac, Monpon, Thiviers, Sarlat, Agen, Clairac, Villeneuve, Monflanquin, Marmande, Condom, Nérac, Bazas, Casteljaloux, La Réole, Dax, Saint-Sever et les Lannes, etc.

C. 1324. (Portefeuille.) — 122 pièces, papier.

1774-1776. — Correspondance de MM. de Clugny et Esmangart, intendants de Bordeaux, avec les ministres Terray, d'Ormesson et Turgot, concernant : — les apparences et les produits des récoltes des subdélégations de Bordeaux, Libourne, Blaye, Vitreray, Médoc, Périgueux, Nontron, Ribérac, Sainte-Foy, Bergerac, Monpont, Thiviers, Sarlat, Agen, Clairac, Villeneuve, Monflanquin, Marmande, Condom, Nérac, Bazas, La Réole, Castillonnès, Bayonne, Dax, Mont-de-Marsan et Saint-Sever.

C. 1325. (Carton.) — 64 pièces, papier.

1776-1787. — Correspondance de MM. les ministres d'Ormesson, de Saint-Germain, de Fargès et de Montaran, avec M. Dupré de Saint-Maur, intendant de Bordeaux, et de ce dernier avec les subdélégués, relative : — aux apparences et aux produits des récoltes de toute nature et à deux états récapitulatifs, par subdélégation, dressés par l'intendant pour toute la Généralité, d'après les états partiels qui lui ont été fournis par les subdélégués sur ces apparences et ces produits.

C. 1326. (Carton.) — 93 pièces, papier.

1777-1781. — Correspondance de MM. de Montbarrey, Necker et de Montaran, ministres, avec M. Dupré de Saint-Maur, intendant de Bordeaux, et de ce dernier avec les subdélégués, relative à l'envoi des états sur les apparences et les produits des récoltes de toute nature dans la Généralité de Bordeaux.

C. 1327. (Carton.) — 116 pièces, papier.

1756-1770. — Correspondance de MM. de Tourny et Boutin, intendants de Bordeaux, avec MM. les ministres de Moras, Bertin et le duc de Choiseul, concernant : — l'établissement de plusieurs sociétés d'agriculture ; — la contagion sur les bestiaux ; — la formation des prairies artificielles ; — la culture des mûriers ; — les prix décernés pour les frais de culture ; — divers mémoires relatifs au chanvre, etc.

SÉRIE C. — INTENDANCE DE BORDEAUX.

C. 1328. (Carton.) — 105 pièces, papier.

1761-1780. — Mémoires, instructions et prospectus relatifs : — aux prairies artificielles ; — à l'amélioration de la culture dans la subdélégation de Bazas ; — au défrichement des landes de Bordeaux ; — à l'encouragement pour la culture ; — à l'instruction sur la manière de cultiver, préparer et employer le petit millet, connu dans les landes sous le nom de *panis* ou *millade*, etc.

C. 1329. (Portefeuille.) — 122 pièces, papier.

1760-1762. — Correspondance de M. Boutin, intendant de Bordeaux, avec les subdélégués d'Agen, Bazas, Bergerac, Blaye, Condom, Clairac, Casteljaloux, Sainte-Foy, Libourne, Marmande, Monflanquin, Lesparre, Nérac, Nontron, Périgueux, Sarlat, Villeneuve, Vitrezay et La Réole, concernant : — les livres de culture ; — divers états des personnes intelligentes qui s'occupaient d'agriculture : on y remarque les noms de MM. le comte de Poudenas, de Condom, Dubouzet, chevalier de Saint-Louis, de Sarrounieu, de Montaut, de Montréal (Gers), de Bacalan, Belloc, de Gauzelle, de Liste, de Pontac, près Langon ; — la culture des prairies artificielles, la distribution des graines étrangères, etc.

C. 1330. (Portefeuille.) — 105 pièces, papier.

1761-1762. — Correspondance de M. Boutin, intendant, avec les subdélégués, relative à des distributions de graines de luzerne et de trèfle faites aux cultivateurs pour leur inspirer le goût de l'agriculture.

C. 1331. (Portefeuille.) — 120 pièces, papier.

1762-1767. — État général de l'achat des graines fait par ordre de l'intendant de Bordeaux pour servir à la formation des prairies artificielles ; — une méthode de Despommiers pour la culture du sainfoin ; — états des amateurs de cultures, où l'on remarque les noms de MM. le baron de Labescau (de Bazas), de Marbotin, lieutenant des maréchaux de France ; Lavaissière de Beauséjour, Goyon de Brichaut, Bazignan, commandeur de Saint-Lazare, de La Bruyère, ancien mousquetaire du Roi, etc.

C. 1332. (Carton.) — 87 pièces, papier.

1764-1773. — Correspondance des subdélégués avec MM. Boutin et Esmangart, intendants de Bordeaux et de ces derniers avec les ministres d'Ormesson, d'Invau et Terray, relative : — aux défrichements et desséchements qui ont été faits dans les Élections de Bordeaux, Périgueux, Sarlat, Agen et Condom ; — à des états d'étrangers qui ont fait la déclaration qu'ils étaient venus en France pour se livrer à ces travaux et y acquérir l'exemption du droit d'aubaine et à divers autres états de déclarations faites au sujet de l'entreprise de ces mêmes travaux.

C. 1333. (Carton.) — 87 pièces, papier.

1774-1780. — Correspondance des subdélégués avec MM. Esmangart et Dupré de Saint-Maur, intendants de Bordeaux, et de ces derniers avec les ministres d'Ormesson, Terray, Bertin et Necker, relative aux défrichements et desséchements faits dans les Élections de Bordeaux, Périgueux, Sarlat, Agen, Condom et les Lannes.

C. 1334. (Portefeuille.) — 52 pièces, papier.

1751-1764. — Correspondance de MM. de Tourny et Boutin, intendants de Bordeaux, avec les ministres de Courteille et de Beaumont, relative : — à l'arpentement des padouens, marais et landes de Saint-Loubès ; — aux travaux de défrichements et desséchements réclamés par les habitants de cette paroisse ; — à un devis estimatif de ces travaux ; — à des demandes en concession de terrains pour être défrichés et mis en culture ; — au partage de la *matte* de Valeyrac ; — à la déclaration du Roi, concernant les terrains connus sous la dénomination de Barthes.

C. 1335. (Portefeuille.) — 102 pièces, papier.

1746-1771. — Correspondance des divers subdélégués de la Généralité avec MM. de Tourny, Boutin et de Fargès, intendants de Bordeaux, et de ces derniers avec les ministres Bertin, d'Ormesson, de L'Averdy et d'Invau, relative : — à un livre sur la pratique des défrichements recommandés par le ministre ; — à l'arrêt du Conseil, du 16 août 1761, qui accorde des encouragements à ceux qui défrichent des terres ; — à divers états de défrichements faits depuis la déclaration du Roi du 13 août 1766, ou états de déclarations de défrichements à faire dans les subdélégations de Périgueux, Condom, Nérac, Bazas, Monflanquin, Blaye et Vitrezay ; — à une lettre du contrôleur général à l'intendant pour encourager les communautés à demander le partage des communaux pour les mettre en culture ; — au défrichement des landes de Bordeaux ; — au desséchement des marais de Ludon, Cantenac, Labarde, Arcins, Bechevelle et Saint-Laurent, Lafitte, Verteuil, Saint-Vivien, Le Gua, Talais, Monferrand et Ambès ; — aux vacans de Sainte-Croix du Mont ; trois requêtes à cet effet : l'une, de M. Joseph-François Despeus Destignols de Lancre, président du Parlement de Bordeaux; la deuxième, de M. Le Doyen, lieutenant de la grande louveterie de France; la troisième, de M. Gontaut de Biron, maréchal et pair de France.

C. 1336. (Portefeuille.) — 104 pièces, papier.

1720-1776. — Correspondance de MM. de Tourny et de Fargès, intendants de Bordeaux, avec les ministres de Courteille et d'Ormesson, relative : — aux padouens de Saint-Macaire, Sainte-Croix-du-Mont, Saint-Maixant et du Pian ; — à des demandes en concession des vacans des vignes et de Pennot, situés dans la juridiction, formées par MM. le maréchal duc de Biron, le président de Lancre, Le Doyen, lieutenant de la grande louveterie de France, de Verteuil, d'Arche, de Fayard, de Butré et Merle, garde du corps du Roi ; — à un procès entre M. le duc de Biron et la communauté de Saint-Macaire, au sujet de la propriété de ces vacans qu'ils veulent s'attribuer réciproquement ; — à une contestation entre les jurats de Saint-Macaire et la communauté de Sainte-Croix-du-Mont, concernant la propriété des vacans de cette dernière ; — aux vacans de Notre-Dame de Pian et de Saint-Maixant dont les habitants réclament le partage, afin de pouvoir ensuite les défricher et les mettre en culture ; — aux îles et îlots de Granon.

C. 1337. (Portefeuille.) — 81 pièces, papier.

1725-1727. — Correspondance de M. Boucher, intendant de Bordeaux, avec MM. les ministres Dodun, de Gaumont, d'Ormesson et Le Péletier, concernant : — les plantations des vignes de la Généralité (parmi les demandes faites par divers pour être autorisés à planter des vignes, on voit figurer les noms de MM. de Rastignac, seigneur de Coulonges ; Ségur de Boirac, demeurant à Coutras ; de L'Ostière, de Favière et Bouillon d'Angalin) ; — un arrêt du Conseil d'État du 27 février 1625 qui défend toute nouvelle plantation de vignes sans une permission expresse du Roi, sous peine de 3,000 livres d'amende, etc.

C. 1338. (Portefeuille.) — 78 pièces, papier.

1728-1736. — Correspondance de M. Boucher, intendant de Bordeaux, avec MM. les ministres de Chauvelin, d'Ormesson, Le Péletier, de La Houssaye, Orry et d'Angervillier, concernant : — diverses demandes de propriétaires pour être autorisés à planter des vignes, parmi lesquels on remarque les noms de MM. de Belrieu, de la paroisse de Creysse, près Bergerac ; de Mandolet, garde du corps du Roi, à Juliac ; Antoine Fouguet de Gensac (duché d'Albret) ; Rigau, garde du corps du Roi, à Saussignac ; la veuve Mérens, etc.

C. 1339. (Portefeuille.) — 11 pièces, papier; 1 pièce, parchemin.

1738-1753. — Correspondance de MM. Boucher et de Tourny, intendants de Bordeaux, avec MM. Orry, d'Ormesson et Machault, ministres, concernant : — diverses demandes faites par des propriétaires pour être autorisés à planter des vignes ; de ce nombre sont : MM. Muator, procureur-ducal au Sénéchal d'Aiguillon ; Le Grix (à Ambès) ; le chevalier de Chanterac, lieutenant-colonel de carabiniers ; Charlot de Fongrave, Favereau de Belair, Froydefont, supérieur de la mission de Bergerac ; — les contraventions à l'arrêt du Conseil d'État du 5 juin 1731 relatif aux plantations des vignes dans la Généralité de Bordeaux, etc.

C. 1340. (Portefeuille.) — 100 pièces, papier.

1725-1751. — Requêtes adressées à M. de Tourny, intendant de Bordeaux, par les subdélégués des diverses subdélégations de la Généralité, en autorisation de faire de nouvelles plantations de vignes. Dans ces requêtes, on distingue les noms de Hélie de Grenier, sieur de Monlon, Daniel Valeton, de Lagrange, Jean Trillard, seigneur de La Chapelle ; la dame Paty, de Caussade, Imbert Duroy, écuyer, lieutenant-criminel d'Albret ; Charles de Lavie, président au Parlement de Bordeaux ; Alain Amanieu, de Ruat, captal de Buch ; Jean Troquoy, trésorier de France ; de Châtillon, colonel des grenadiers royaux ; François de Paule de Valette, seigneur de Saint-Germain et de Monbrun ; Du Lau, marquis de Lacoste d'Allemans ; Dupleix, écuyer, seigneur d'Ansoulés et de Courrensan.

C. 1341. (Portefeuille.) — 112 pièces, papier.

1735-1751. — Correspondance des subdélégués avec MM. Boucher et de Tourny, intendants de Bordeaux, concernant : — les condamnations à l'amende et à l'arrachement des vignes, prononcées par ces derniers, contre divers particuliers pour contraventions à l'arrêt du Conseil de 1731, portant défense de planter de la vigne sans une autorisation expresse du Roi ; — des diverses requêtes en autorisation de faire de nouvelles plantations. Dans ces requête son distingue les noms de Paul de Goyon, conseiller du Roi ; Salleton de Saint-Michel, écuyer ; Joseph de Bacalan, conseiller au Parlement ; de Selve, conseiller du Roi ; Augustin de Valbrune, écuyer, seigneur de Belair.

C. 1342. (Portefeuille.) — 122 pièces, papier.

1752. — Requêtes adressées à M. de Tourny, intendant

SÉRIE C. — INTENDANCE DE BORDEAUX.

de Bordeaux, par des particuliers des diverses subdélégations de la Généralité à l'effet d'obtenir l'autorisation de planter des vignes sur des terrains impropres à toute autre culture. Parmi les noms qui figurent sur ces requêtes, on distingue notamment ceux de MM. Paul de Laverrie Vivans, écuyer; Brugière de Labarrière; de Montaigne de Ségur; Alexandre de Lur de Saluces, seigneur comte d'Uza; Faget de Cazaux frères; messire de Géres, chevalier, seigneur de Vaquey; François de Courson, écuyer, sieur de Caillavet ; Ducluzel de Lagrange, écuyer, sieur de Brouillaux; d'Abzac de La Douze; Emeric de Méredieu, écuyer, sieur d'Ambois; Blaise de Beaupoil de Saint-Aulaire, marquis de Fontenille.

C. 1343. (Portefeuille.) — 122 pièces, papier.

1735-1753. — Correspondance des subdélégués et autres avec M. de Tourny, intendant de Bordeaux, relative : — aux plaintes portées contre les contrevenants aux ordonnances du Roi sur la plantation des vignes ; — à l'envoi de commissaires dans les paroisses pour constater ces contraventions ; — aux condamnations à l'amende et aux frais d'arrachement des vignes prononcées par l'intendant contre ceux qui ont fait faire des plantations sans autorisation, contrairement à l'arrêt du Conseil ; — à des requêtes en autorisation de faire de nouvelle plantations, dans lesquelles requêtes on distingue les noms de MM. Longueval de Villars; le maréchal duc de Biron; Noble François de Coursson; Pierre de Cran de Lachenay, écuyer, et Louis Daulede, chevalier, seigneur de Pardaillan; — états nominatifs des personnes qui ont fait des plantations sans autorisation.

C. 1344. (Portefeuille.) — 122 pièces, papier.

1735-1753. — Requêtes adressées à M. de Tourny, intendant de Bordeaux, par des propriétaires de diverses subdélégations de la Généralité, tendantes à obtenir l'autorisation de complanter en vignes des portions de terrains impropres à tout autre genre de culture; de ce nombre sont : MM. le comte de Paulin, marquis de Laroche, baron du Cusagues et colonel aux grenadiers de France; de Brescon, le chevalier de Ségur; dom Jacques Luce, prieur de la maison des Célestins de Verdelais; de Castillon; Simon de Mercy, grand secrétaire du Roi; Brilhole de Bellefond; messire Élie du Reclus, écuyer, seigneur, baron de Gageac; Charles de Goyon, écuyer; Laulanie, seigneur de Sudrat et messire Jean de Chambor.

C. 1345. (Portefeuille.) — 133 pièces, papier.

1753-1754. — Requêtes en autorisation de complanter des vignes, adressées à M. de Tourny, intendant de Bordeaux, dans lesquelles on voit figurer les noms de MM. Darblade, seigneur de Barbotan et de Birae; François de Bastard, grand-maître des eaux et forêts; Fournier de Lacharmie; Coursson de Calhiavel; messire de Sounier, seigneur de Puyscruser; Antoine de Gascq, président à mortier; le marquis de Campel et Laurent de Larigaudie, écuyer; on y trouve aussi des lettres patentes du Roi qui nomment des commissaires pour procéder au papier terrier du domaine de la prévôté d'entre deux mers et des comtés d'Agenais et Condomois.

C. 1346. (Portefeuille.) — 133 pièces, papier.

1749-1768. — Correspondance de MM. Boucher et de Tourny, intendants de Bordeaux, avec les ministres Dodun, Orry, de Moras et d'Ormesson, concernant : — l'exécution de l'arrêt du Conseil du 27 février 1725, portant défense de faire aucune nouvelle plantation de vignes dans l'étendue de la Généralité de Guyenne sans une permission expresse du Roi, et ordonnant l'arrachement de celles qui seraient restées pendant deux ans sans culture, à peine de 3,000 livres d'amende ; — l'envoi de commissaires dans les paroisses pour signaler les contraventions à cet arrêt ; — les ordonnances de condamnation prononcées par l'intendant contre les contrevenants ; — deux mémoires sur les vins par rapport à la culture des terres et au commerce ; — des requêtes adressées à l'intendant en autorisation de faire de nouvelles plantations de vignes sur des terres impropres à d'autres cultures. Dans ces requêtes, on distingue les noms de MM. Chaperon de Terrefort, secrétaire du Roi ; Gaston de Poitiers, le comte de Baudre et Gaston de Beaupuy; une lettre de M. le ministre de Moras dans laquelle il consulte M. l'intendant à l'effet de savoir si on pourrait abroger, sans inconvénient, l'arrêt du Conseil de 1731.

C. 1347. (Portefeuille.) — 103 pièces, papier.

1766. — Diverses requêtes en décharge d'impôts ; — les froids excessifs qu'il fit pendant l'hiver de 1766 ayant fait périr une grande partie des vignes de la Généralité de Bordeaux, les propriétaires qui éprouvèrent ces pertes présentèrent des requêtes pour être déchargés de leurs impositions; les requêtes contenues dans ce portefeuille concernent les propriétaires du Sarladais et particulièrement ceux de la subdélégation de Bergerac.

C. 1348. (Portefeuille.) — 100 pièces, papier.

1766. — Requêtes des propriétaires de deux Élections

de Sarlat et Bergerac, tendantes à être déchargées de leurs impôts pour pertes occasionnées dans leurs vignes par les froids excessifs qui eurent lieu en l'année 1766.

C. 1349. (Carton.) — 78 pièces, papier.

1754-1763. — États et notices sur les différents cépages qui se cultivent dans les Généralités d'Aix, Auch, Montauban, du Languedoc, La Rochelle, Paris, Metz, Soissons, Dijon, Bourges et l'Auvergne ; — ces détails furent envoyés par l'abbé Rosier, qui faisait une étude spéciale de cette branche de culture ; — contestations entre les négociants et les jurats de Bordeaux au sujet de la descente des vins du haut-pays.

C. 1350. (Portefeuille.) — 90 pièces, papier.

1681-1727. — Requêtes et mémoires relatifs : — à la fabrication du tabac, — aux arrêts et ordonnances sur les abus qui se commettaient sur le pesage des tabacs ; — aux contestations entre les cultivateurs de tabac du cru de Tonneins, Clairac et autres lieux et Charles Michaud, adjudicataire de la Ferme générale des tabacs, etc.

C. 1351. (Portefeuille.) — 116 pièces, papier.

1719-1723. — Arrêt du Conseil du 16 février 1724, portant défense de cultiver du tabac dans les comtés de Turenne et de Monfort ; pour parvenir à son exécution, des troupes furent cantonnées sur les limites des provinces voisines, afin d'empêcher la sortie des tabacs. Les intendants de Bordeaux, Montauban et Limoges se concertèrent à cet effet, et il leur fut attribué la connaissance des affaires concernant cette suppression, ainsi que des déclarations que les propriétaires de ces comtés furent tenus de faire des tabacs qu'ils avaient chez eux, etc.

C. 1352. (Carton.) — 107 pièces, papier.

1713-1740. — Correspondance de MM. Le Péletier, de Gaumont, Le Blanc, Law, Desmaretz, d'Argenson, Dodun, de Breteuil et Orry, ministres, avec MM. de Courson et Boucher, intendants de Bordeaux, relative : — à l'annulation des ventes des tabacs du crû de Guyenne, faites entre les marchands, fabricants et cultivateurs ; — à la contrebande et fraudes dans les manufactures ; — à la rébellion des sieurs Lamothe, Descan, Labourdasse et autres habitants de Laplume, contre les commis de la Régie ; — aux contestations entre divers particuliers et le fermier général de la Ferme des tabacs.

C. 1353. (Carton.) — 100 pièces, papier.

1720-1740. — Correspondance de MM. Boucher et de Lamoignon, intendants de Bordeaux, avec MM. les ministres d'Aguesseau, Le Blanc, Dodun, de Gaumont et de La Houssaye, concernant : — la suppression de la culture des tabacs, les indemnités allouées à divers propriétaires au sujet de ladite suppression ; — plusieurs mémoires pour les cultivateurs du cru de Guyenne, etc.

C. 1354. (Carton.) — 76 pièces, papier ; 1 plan.

1707-1780. — Correspondance de MM. de Beaumont, Bertin, Trudaine et Necker, ministres, avec MM. de Tourny, Boutin et Dupré de Saint-Maur, intendants de Bordeaux, relative : — aux délibérations des habitants d'Arcins, concernant des ouvrages à exécuter pour le desséchement de leurs marais ; — à la construction d'un canal de navigation entre la rivière de Garonne et le pont construit près d'Arcins, sur la grande route de Bordeaux à Pauillac ; — aux marais salants de Certes sur les bords du bassin d'Arcachon ; — à des mémoires sur les défrichements des landes.

C. 1355. (Carton.) — 79 pièces, papier ; 3 pièces, parchemin ; 1 plan.

1733-1774. — Correspondance de MM. Boucher, de Tourny et Esmangart, intendants de Bordeaux, avec les ministres Dodun, d'Aguesseau, Orry, Trudaine, de Beaumont et de Boullongue, concernant : — les desséchements, l'entretien et réparations des marais situés dans le Médoc, savoir : 1° les marais et palus de Gillet et de Macau ; 2° de Bayssevelle, avec des mémoires et requêtes du seigneur ; 3° de Soussans, avec le plan et des notes ; 4° de Verteuil ; 5° d'Arcins ; 6° de Grayan ; 7° enfin, de Cantenac.

C. 1356. (Portefeuille.) — 63 pièces, papier ; 10 pièces, parchemin.

1733-1773. — Mémoires, renseignements et arrêts d'attributions à l'intendant, concernant : — les contestations qui ont existé entre les seigneurs de Lesparre et le chapitre Saint-André de Bordeaux, au sujet des marais de Verteuil et touchant les bornes qui devaient faire la séparation des propriétés respectives des parties ; — ensemble les pièces relatives à des contestations qui s'élevèrent entre divers au sujet de l'entretien des digues et fossés des marais de Lesparre, du Polder, de Hollande et de Saint-Vivien.

C. 1357. (Portefeuille.) — 50 pièces, papier.

1741-1775. — Requêtes, mémoires, instructions,

concernant les anciens seigneurs de la maison noble d'Anglade d'Izon, dans l'entre-deux-mers, qui, ayant donné à fief nouveau aux habitants des paroisses de Saint-Sulpice et de Cameyrac une lande de 15 ou 16 cents journaux appelée la lande de Saint-Sulpice, comme aussi le marais du Plaujola aux habitants d'Izon, les communautés de ces paroisses procédèrent au partage de ces propriétés, et il fut rendu un arrêt de la Table de marbre en 1742 qui l'annula, et contre lequel le seigneur d'Anglade se pourvut. Le partage des landes fut de nouveau demandé en 1772 et 1773 et fut exécuté.

C. 1358. (Portefeuille.) — 47 pièces, papier; 2 pièces, parchemin; 1 plan.

1732-1752. — Correspondance de MM. Boucher et de Tourny, intendants de Bordeaux, avec MM. les ministres Machault, de Baudry et d'Aguesseau, au sujet du recurement de divers ruisseaux, esteys ou cours d'eau des palus de la Généralité, et particulièrement de l'estey des Ances en Fronsadais, de l'estey de Courrejean, de l'estey de Cateau, dans la palu de Queyries; instance relative à la palu de Cateau, entre les propriétaires des fonds intérieurs de la palu de Queyries et ceux aboutissant à l'estey de Cateau, etc.

C. 1359. (Portefeuille.) — 69 pièces, papier ; 3 pièces, parchemin.

1745-1757. — Correspondance de MM. de Tourny et Boucher, intendants de Bordeaux, avec les ministres Orry, d'Aguesseau et Machault, concernant une ancienne instance entre divers intéressés, relative au recurement de l'estey de Courrejean, devant le tribunal des eaux et forêts, et dont la solution fut envoyée devant M. de Tourny, à la suite d'un arrêt d'attribution du mois de décembre 1750.

C. 1360. (Portefeuille.) — 115 pièces, papier.

1714-1782. — Correspondance de MM. Boucher, de Tourny, Boutin, de Fargès et Dupré de Saint-Méur, intendants de Bordeaux, avec les ministres Orry, Machault, de Moras, Bertin et de Trudaine, concernant : — l'exportation et l'importation des bestiaux ; — les droits d'entrée et de sortie ; — l'exemption de ces mêmes droits ; — enfin différentes espèces de bêtes à laine, leur produit et leur amélioration, etc.

C. 1361. (Portefeuille.) — 96 pièces, papier.

1716-1721. — Correspondance de MM. de Courson et Boucher, intendants de Bordeaux, avec les ministres de Machault, le maréchal de Villeroy, le duc de Noailles, le maréchal d'Estrées, d'Argenson, Amelot, Le Péletier, Le Blanc, d'Aguesseau, Law, de La Houssaye et d'Ormesson, concernant : — la circulation des grains dans le royaume et leur exportation ; — divers arrêts du Conseil d'État rendus au sujet des transports desdits grains, etc.

C. 1362. (Portefeuille.) — 112 pièces, papier.

1724-1727. — Correspondance de M. Boucher, intendant de Bordeaux, avec les ministres Dodun et Le Péletier, concernant : — des soumissions faites en 1724 par plusieurs négociants pour faire venir de diverses provinces de France des grains pour l'approvisionnement de Bordeaux et de la Guyenne ; — des acquits-à-caution pour faire passer en entrepôt des farines en Amérique ; — des permissions accordées en 1726 et 1727 pour l'exportation des blés, soit pour l'approvisionnement de différents lieux de France, soit pour les exporter à l'étranger.

C. 1363. (Portefeuille.) — 95 pièces, papier.

1713-1715. — Correspondance de M. de Courson, intendant de Bordeaux, avec les ministres Desmaretz et Villeroy, concernant : — les grains, principalement leur libre circulation dans le royaume, leur importation et exportation, suivant que les circonstances le permettraient ; — l'établissement d'une Chambre d'abondance pour subvenir aux besoins du peuple ; — le prix des grains, etc.

C. 1364. (Portefeuille.) — 105 pièces, papier.

1721-1723. — Correspondance de M. Boucher, intendant de Bordeaux, avec les ministres d'Aguesseau, de La Houssaye, Le Blanc, La Vrillière, de Bourbon, Dodun et de Baudry, relative : — à la circulation des grains dans les provinces ; — à un arrêt du Conseil d'État portant défense de faire sortir les grains hors du royaume ; — à l'exemption des droits levés au profit de Sa Majesté sur les grains, farines et légumes transportés d'une province du royaume dans l'autre, etc.

C. 1365. (Portefeuille.) — 100 pièces, papier.

1724-1725. — Correspondance de M. Boucher, intendant de Bordeaux, avec les ministres Dodun, de Breteuil et de Bourbon, relative : — à la circulation des grains ; — à des demandes de distributions de riz pour les hôpitaux ; — à l'exportation du gros mil, ou blé d'Espagne, pour Lisbonne ; — aux chargements de blés faits au port de

Dunkerque, destinés pour la Généralité de Bordeaux ; — à un arrêt du Conseil qui proroge jusqu'au 1er juillet 1726 la décharge des droits de péage, travers, passage et tous autres sur les blés, farines et grains de toute espèce qui seront conduits dans la ville de Paris, etc.

C. 1366. (Portefeuille.) — 100 pièces, papier.

1726-1728. — Correspondance de M. Boucher, intendant de Bordeaux, avec les ministres Dodun, Le Péletier et Le Blanc, concernant : — la circulation des grains dans le royaume ; — la défense de transporter à l'étranger aucuns grains, farines, ni légumes ; — un arrêt du Conseil qui attribue aux intendants la connaissance des contestations relatives aux contraventions ; — la reddition des comptes par le commis principal de l'Extraordinaire des guerres de la Généralité de Bordeaux ; — la recette et dépense par lui faites des deniers provenant de la vente des blés appartenant au Roi, etc.

C. 1367. (Portefeuille.) — 103 pièces, papier.

1729-1730. — Correspondance de M. Boucher, intendant de Bordeaux, avec les ministres Le Péletier, Orry et d'Angervilliers, concernant : — la circulation des grains ; — les autorisations demandées par les négociants de la ville de Bordeaux pour faire passer des blés en Espagne et à Lisbonne ; — les chargements de blés de Flandre et d'Artois faits pour Bordeaux dans le port de Dunkerque, etc.

C. 1368. (Portefeuille.) — 101 pièces, papier.

1731-1734. — Correspondance de M. Boucher, intendant de Bordeaux, avec le ministre Orry, concernant : — les grains ; — leur circulation ; — les exemptions de tous droits sur les blés passant des provinces des cinq grosses fermes dans celles réputées étrangères ; — divers états des blés chargés dans le port de Dunkerque pour l'approvisionnement de Bordeaux, etc.

C. 1369. (Portefeuille.) — 105 pièces, papier.

1735-1739. — Correspondance de M. Boucher, intendant de Bordeaux, avec les ministres Orry, d'Aguesseau et de Maurepas, concernant : — la circulation des grains ; — les demandes faites par les négociants de la ville de Bordeaux, aux fins d'être autorisés à faire transporter en Espagne et en Portugal plusieurs tonneaux de gros millet, dit blé d'Espagne ; — la perception des droits sur les grains passant devant Bordeaux ; — un arrêt du Conseil d'État qui ordonne qu'à l'avenir les blés, grains, farines et légumes seront exempts, dans toute l'étendue du royaume, des droits de péage, passage et pontonnage, etc.

C. 1370. (Portefeuille.) — 103 pièces, papier.

1740-1742. — Correspondance de M. Boucher, intendant de Bordeaux, avec les ministres Orry, de Maurepas, de Breteuil et d'Aguesseau, relative : — à l'approvisionnement des grains, soit pour les troupes de la ville de Paris, soit pour celui de la ville de Bordeaux et de la province ; — à des déclarations du Roi au sujet desdits approvisionnements, etc.

C. 1371. (Portefeuille.) — 123 pièces, papier.

1739-1743. — Soumissions faites par divers négociants de Bordeaux pour le transport des grains dans diverses localités du royaume et pour le rapport des acquits-à-caution ; permissions accordées par l'intendant concernant le même objet.

C. 1372. (Portefeuille.) — 102 pièces, papier.

1743-1747. — Correpondance de MM. Boucher et de Tourny, intendants de Bordeaux, avec les ministres Orry, Machault et d'Aguesseau, concernant l'approvisionnement des grains dans les cantons de la Généralité qui en étaient dépourvus. — Cette correspondance constate les sages prévoyances de MM. les intendants pour prévenir la disette des grains, etc.

C. 1373. (Portefeuille.) — 100 pièces, papier.

1747. — Correspondance de M. de Tourny, intendant de Bordeaux, avec les ministres Machault, le comte de Maurepas, d'Ormesson et de Saint-Florentin, au sujet de l'approvisionnement des grains dans les divers cantons de la Généralité, etc.

C. 1374. (Portefeuille.) — 100 pièces, papier.

1747. — Correspondance de M. de Tourny, intendant de Bordeaux, avec les ministres Machault, de Maurepas et d'Aguesseau, concernant l'approvisionnement des grains dans les divers cantons de la Généralité qui en étaient dépourvus.

C. 1375. (Portefeuille.) — 107 pièces, papier.

1747-1748. — Correspondance de M. de Tourny, intendant de Bordeaux, avec MM. Bouret, fermier général, Le Nain, intendant de Languedoc, et le sieur Ribes, négociant à Toulouse, concernant : — l'approvisionnement des grains ; — un traité fait par les jurats de Bordeaux avec une compagnie de négociants pour ces approvisionnements ; — les comptes des dépenses faites par les sieurs Beaujon, Sarrau et autres commissionnaires de grains, pour l'approvisionnement de Bordeaux et de la province ; — des arrêts du Conseil qui ordonnent que toute la perte qu'il y aura sur les grains d'approvisionnement sera prise sur les revenus de la ville de Bordeaux ; — les états des grains envoyés dans cette ville par le sieur Ribes ; — l'envoi par le même de trois bâtiments chargés de blé à destination de la rive droite de la Garonne, depuis le Port-Sainte-Marie jusqu'à Saint-Macaire, où, suivant les avis reçus par M. de Tourny, il est déjà mort plusieurs habitants de faim.

C. 1376. (Portefeuille.) — 87 pièces, papier.

1749-1754. — Comptes rendus par les sieurs Ribes et Beaujon, négociants, chargés de l'approvisionnement des grains pour Bordeaux et la province.

C. 1377. (Portefeuille.) — 98 pièces, papier.

1746-1755. — Correspondance de M. de Tourny, intendant de Bordeaux, avec le contrôleur général et les jurats de Bordeaux, relative : — aux comptes des commissionnaires des grains pour l'approvisionnement de Bordeaux pendant les années 1747 et 1748 ; — à diverses ordonnances au profit desdits commissionnaires, etc.

C. 1378. (Portefeuille.) — 109 pièces, papier.

1747. — Correspondance de M. de Tourny, intendant de Bordeaux, avec les intendants des autres Généralités et les subdélégués, concernant : — la disette des grains ; — les moyens auxquels il fut obligé de recourir pour procurer des secours à sa Généralité, qui était menacée d'une famine prochaine, dont les effets se firent ressentir l'année suivante (1748) ; — le prix des grains et du pain, etc.

C. 1379. (Portefeuille.) — 100 pièces, papier.

1747-1748. — Correspondance de M. de Tourny, intendant de Bordeaux, avec ses subdélégués et les intendants des autres Généralités, concernant : — la disette des grains ; — les règlements de police sur les achats de blé ; — diverses demandes faites par les négociants de Bordeaux, pour être autorisés à transporter des grains ; — les précautions prises par M. de Tourny pour éviter la famine dont la Généralité de Guyenne était menacée.

C. 1380. (Portefeuille.) — 101 pièces, papier.

1750. — Correspondance de M. de Tourny, intendant de Bordeaux, avec ses subdélégués et les intendants des autres Généralités, relative aux précautions qu'il fut obligé de prendre pour prévenir la famine dont sa Généralité était menacée.

C. 1381. (Portefeuille.) — 123 pièces, papier ; 1 pièce, parchemin.

1747-1756. — Mémoires et contestations relatifs aux comptes présentés par les commissionnaires chargés des approvisionnements de grains ; — contestations entre les maire et jurats de Bordeaux et les commissionnaires sur divers objets de ces approvisionnements ; — mémoires, répliques, pièces produites à cette occasion ; ordonnance du 9 août 1752 ; — appel des jurats ; — arrêt du Conseil du 27 août 1756 les déclarant déchus dudit appel, ordonnant que le jugement rendu par M. de Tourny sur ces contestations sera exécuté selon sa forme et teneur.

C. 1382. (Carton.) — 94 pièces, papier.

1748. — États de répartitions de riz et d'argent alloués par le Roi pour aider à la subsistance des pauvres des communautés de Saint-Pierre-d'Eyraud, Laforce, Saint-Georges-de-Blancanet, Lunas, Sainte-Foy-des-Vignes et Genestet, Prigonrieu, Saint-Martin-de-Bergerac, Lembras, Queyssas, Sainte-Marie-de-Maurens, Saint-Julien de Crempse, Montaignac, Campignac-de-Monclard, Saint-Ibard, Saint-Capraise-de-Clérans, Pressignac, Sainte-Colombe, et ordonnances délivrées pour aumônes aux pauvres de la province de Guyenne, etc.

C. 1383. (Carton.) — 106 pièces, papier.

1748. — États de répartitions de riz entre les paroisses de Casteljaloux, Villefranche-de-Queyran, Puch-de-Gontaud, Damazan, La Bastide-de-Castel-Amouroux, Bouglon, Marcellus et Gaujac, La Gruère, Callouges, Villeton, Monheurt, Ruffiac, Poussiguac, Bouchet, Saint-Martin-de-Curton, Saint-Gervais, Pindères, Saumejean, Houillés, Macau, Soussans, Rions, Nontron, Villeneuve, Penne, Sainte-Livrade, Monflanquin, Villeréal, Pujols, Tombebouc, etc.

C. 1384. (Carton.) — 100 pièces, papier.

1748. — États de répartitions de riz entre les paroisses de Libourne, Pommerol, Saint-Émilion, Saint-Martin-de-Mazerat, Saint-Sulpice, Vignonnet, Saint-Pierre-d'Armens, Saint-Étienne-de-Lisse, Saint-Hippolyte, Saint-Laurent-de-Saint-Émilion, Saint-Christophe, Castillon, Capitourlan, Sainte-Terre, Saint-Félix, Saint-Magne, Condom, Larressingle, Vopillon, Beaumont, Larroque-Maniban, Montréal, Courrensan, Torrebren, Fourcès, Mézin, Villeneuve, Bergerac, La Force, Queyssac, Bordeaux, Blaye, Lesparre, Agen, etc.

C. 1385. (Portefeuille.) — 75 états.

1748-1749. — États des fournées de pain dans Bordeaux. Les grains ayant manqué et l'approvisionnement de la ville donnant des craintes aux habitants et à l'autorité, M. de Tourny, intendant, pour remédier aux inconvénients qui pourraient en résulter pour la subsistance des pauvres, ordonna qu'il lui serait rendu compte par tous les boulangers de la ville du nombre des fournées de pain que chacun d'eux ferait.

C. 1386. (Portefeuille.) — 98 pièces, papier.

1748-1750. — États, comptes et ordonnances de M. de Tourny, concernant les fournitures des grains que les commissionnaires s'étaient engagés de procurer; —délibération des jurats de Bordeaux pour inviter des négociants à faire venir, moyennant des arrangements pris avec eux, soit de l'étranger, soit de diverses provinces et cantons de France, une certaine quantité de grains; — remboursement du montant de ces grains et mandats des payements qui en furent faits.

C. 1387. (Portefeuille.) — 113 pièces, papier.

1748-1757. — États et comptes relatifs : — à l'achat des grains par le sieur Maydieu, négociant de Villeneuve, pour l'approvisionnement de Bordeaux; — aux états des blés envoyés à Bergerac par ordre de M. l'intendant; — aux frais de transport desdits blés; — aux frais et commission du sieur Tafard Lavergne, et dépenses des deux commis employés aux achats des blés et autres grains pour la ville de Bordeaux, etc.

C. 1388. (Portefeuille.) — 115 pièces, papier.

1748.—Bordereaux des ordonnances de M. de Tourny, concernant la disette des grains et les fonds d'aumônes; la disette des grains ayant été si considérable en 1748 que, les pauvres manquant de subsistance, le Roi accorda à titre de fonds d'aumône la somme de 100,000 livres, qui fut distribuée, soit en fournitures de riz, soit en argent d'aumônes aux pauvres des paroisses de Taillebourg, Saint-Vincent, Caumont, Monpouillan, Samazan, Sainte-Bazeille, Castelnau, Caubon, Taillecavat, Monségur, Lévignac, Saint-Sauveur, Bourdeix, Saint-Front-la-Rivière, Miallet, Nontron, La Linde, Sainte-Colombe, Saint-Pierre-d'Eyraud, etc.

C. 1389. (Portefeuille.) — 100 pièces, papier.

1748. — Ordonnances délivrées par M. de Tourny, intendant de Bordeaux, en faveur des pauvres des paroisses d'Ayzieu, Lias, Larrée, Toujouze, Monguillem, Dunes, Astafort, Ligardes, Pouy-Roquelaure, Larroque-Fimarcon, Marsolan, Blaziert, Larroumieu, Gazaupouy, Mézin, Fourcès, Louspeyroux, Torrebren, Courrensan, Montréal, Larroque-Maniban, Condom, Saint-Laurent-de Castelneau, Prats-de-Belvès, Capdrot, Gaujac, etc.

C. 1390. (Portefeuille.) — 109 pièces, papier.

1748. — Ordonnances délivrées par M. de Tourny, intendant de Bordeaux, en faveur des pauvres des paroisses de Pommiers, Aillas, Labescau, Gans, Lados, Auros, Savignac, Branens, Barie, Langon, Rouaillan, Roquetaillade, Bazas, Foncaude, Roquebrune, La Réole, Cauderot, Saint-Pardon, Grignols, Cocumont, Montastruc, Saint-Paul-le-Vieux, Lentignac, Monbahus, Bonaguil, La Sauvetat, Salles, Le Fréchou, Lisse et Durance, etc.

C. 1391. (Portefeuille.) — 100 pièces, papier.

1748. — Ordonnances délivrées par M. de Tourny, intendant de Bordeaux, en faveur des pauvres des paroisses de Macau, Agassac, Blanquefort, Ludon, Arès, Parempuyre, Saint-Médard, Saint-Aubin, Soussans, Corbiac, Bruges, Gradignan, Villenave-Comté-d'Onon, Eysines, Canejean, Talence, Pessac, Cauderan, Mérignac, Bègles, Cadaujac, l'Ile-Saint-Georges, Aigues-Mortes, Saucats, Beautiran, Arbanats, Castres, Portets, etc.

C. 1392. (Portefeuille.) — 105 pièces, papier.

1748. — Ordonnances délivrées par M. de Tourny,

SÉRIE C. — INTENDANCE DE BORDEAUX.

intendant de Bordeaux, en faveur des pauvres des paroisses de Floirac, Gauriaguet, Saint-Antoine-d'Artiguelongue, Aubie, Virsac, Marcans, Prignac, Cazelles, Saint-Laurent, Saint-Gervais, Saint-Andréas, Léognan, Saint-Morillon, Landiras, Virelade, Pujols, Cérons, Sauternes, Preignac, Barsac, Fargues, Notre-Dame-du-Pian, Saint-André-du-Bois, Donzac, Omet, Aubiac, Semens, Gournac, Montpezat, Saint-Pierre-de-Bat, etc.

C. 1393. (Portefeuille.) — 100 pièces, papier.

1748. — Ordonnances délivrées par M. de Tourny, intendant de Bordeaux, en faveur des paroisses de Lamourelle, du Temple, Saint-Germain, Dolmayrac, Saint-Michel, Saint-Cyprien, Pinel, Fongrave, Saint-Remy, Saint-Hilaire, Saint-Gervais, Notre-Dame-de-Tourrailles, Saint-Jean, Saint-Médard, Lacépède, Saint-Amand, Saint-Caprais, Sainte-Foy, Saint-Sardos, Granges, Saint-Maurice, Lussac, Monclar, Sait-Pastour, Rayet, Monségur, du Pin, Saint-Eutrope, etc.

C. 1394. (Portefeuille.) — 100 pièces, papier.

1748. — Ordonnances de M. de Tourny, intendant de Bordeaux, délivrées en faveur des pauvres des paroisses de Cantenac, du Pian, Avensan, Margaux, Arsac, Lamarque, Saint-Laurent, Pauillac, Moulis, Cussac, Listrac, Castelnau, Valeyrac, Lesparre, Uch, Saint-Sauveur, Cissac, Verteuil, Saint-Estèphe, Saint-Seurin de Cadourne, Saint-Christoly, Begadan, Civrac, Saint-Germain, Saint-Trélody, Queyrac, Vensac, Saint-Grégoire-d'Agen, Cahuzac, Sainte-Livrade, etc.

C. 1395. (Portefeuille.) — 100 pièces, papier.

1748. — Ordonnances délivrées par M. de Tourny, intendant de Bordeaux, en faveur des pauvres des paroisses de Dondas, Saint-Romain, Saint-Pierre-de-Clairac, Roudouloux, Saint-Julien, Lafox-Saint-Christophe, La Sauvetat-de-Savères, Saint-Amans, Cours, Laugnac, Savignac, Castella, Lasfargues, Floirac, Preyssas, Saint-Barthélemy-de-Frégimont, Miramont-d'Aiguillon, Saint-Mézard-de-Clermont-Dessous, Mazères, Montbrun et Quissac, Saint-Caprais-de-Lerm, Serres, Saint-André-d'Agen, etc.

C. 1396. (Portefeuille.) — 108 pièces, papier.

1748. — Ordonnances délivrées par M. de Tourny,

intendant de Bordeaux, en faveur des pauvres des paroisses de Journiac, Saint-Cirq, Saint-Avid-de-Villard, Pezul, Sainte-Foy-de-Longuas, Grand-Castang, Saint-Félix-de-Villadeix, Clermont-de-Beauregard, Saint-Maurice, Saint-Michel-de-Villadeix, Veyrines, Saint-Louis-de-Périgueux, Saint-Méard-de-Mussidan, Saint-Astier, Annesse, Cumont, Villetourcix, Saint-Martial-de-Ribérac, Brassat, etc.

C. 1397. (Portefeuille.) — 100 pièces, papier.

1748. — Ordonnances délivrées par M. de Tourny, intendant de Bordeaux, en faveur des pauvres des paroisses de Valence-d'Agen, Golfech, Lagarde, Saint-Martin-de-Clermont-Dessus, Saint-Pierre-de-Malauze, Sainte-Victoire-de-Clermont-Dessus, Sainte-Croix-de-Puymirol, Saint-Romain, Saint-Pierre-de-Clérac, Roudouloux, Cambat, Perville, Saint-Damien, Saint-Robert-de-La-Sauvetat-de-Savères, Saint-Martin, Gaudaille et Saint-Sixte, La Sauvetat, Quissac, Laugnac, Laconne, Sévignac, Marsac, Saint-Aignan, etc.

C. 1398. (Portefeuille.) — 113 pièces, papier.

1748. — Ordonnances de M. de Tourny, intendant de Bordeaux, délivrées en faveur des pauvres des paroisses de Monpeyroux, La Rouquette, Fouguerolles, Gajeac, Gardanne, Montazeau, Saint-Géraud, Saint-Méard, Villefranche Monfaucon, Montignac, Pizon, Saint-Barthélemy-de-Bellegarde, Saint-Laurent-de-Pradoux, Saint-Remy-Beaupouyet, Saint-Sauveur-de-Lalande, Menesplet, Menesteyrols, Porchères, Saint-Antoine-de-Coutras, Queyrac, Salignac, Monbadon, Camps, Tayac, Lagorce, Marcenais, etc.

C. 1399. (Portefeuille.) — 120 pièces, papier.

1748. — Correspondance de M. de Tourny, intendant de Bordeaux, avec les ministres d'Aguesseau, de Saint-Florentin, de Fulvy et Machault, concernant : — diverses informations dressées par des commissaires du Parlement au sujet de la disette et de la mauvaise qualité des grains dans divers cantons de la Généralité de Bordeaux ; — la conduite du Parlement, dont l'arrêt fut cassé, et plusieurs de ses membres mandés à la cour par suite de cet arrêt.

C. 1400. (Portefeuille.) — 97 pièces, papier ; 1 pièce, parchemin.

1747-1748. — Correspondance de M. de Tourny,

intendant de Bordeaux, avec le ministre d'Argenson, au sujet : — de la disette des grains, survenue en 1748 ; — du tarif du prix du pain ; — de la fourniture du pain faite par le nommé Deveaux, boulanger de Blaye, à sept compagnies du 3ᵉ bataillon du régiment de La Couronne en garnison en ladite ville ; — de la police sur les boulangers ; — des procès-verbaux dressés contre eux, etc.

C. 1401. (Portefeuille.) — 87 pièces, papier.

1747-1753. — Correspondance de M. de Tourny, intendant de Bordeaux, avec le ministre d'Aguesseau et le contrôleur général, concernant : — l'approvisionnement des grains pour la Généralité de Bordeaux ; — les tarifs du prix du pain dans les différentes villes de la Généralité ; — la police sur les grains ; — l'achat de fèves et de riz pour la subsistance des pauvres ; — un traité passé entre les maire et jurats de Bordeaux et une compagnie de négociants pour faire venir de la Bretagne, du Poitou et autres pays trois cent mille boisseaux de grains, etc.

C. 1402. (Portefeuille.) — 100 pièces, papier.

1747-1748. — Correspondance de MM. Boucher et de Tourny, intendants de Bordeaux, avec les ministres Orry, Machault, d'Argenson, de Fulvy, d'Ormesson et de Maurepas, concernant : — la disette des grains ; — l'approvisionnement de grains pour Bordeaux et la province ; — les permissions accordées à plusieurs négociants d'envoyer à l'étranger du froment et du blé d'Espagne ; — des informations sur certains monopoles exercés sur les blés ; — les apparences de la récolte de 1748, etc.

C. 1403. (Portefeuille.) — 100 pièces, papier.

1748. — Correspondance de M. de Tourny, intendant de Bordeaux, avec les ministres de Maurepas, de Machault, de Fulvy et de Saint-Florentin, concernant : — l'approvisionnement des grains pour la Généralité de Bordeaux ; — les secours accordés aux paroisses, soit en argent, soit en riz ; — les états des grains destinés pour la Guyenne ; — les soumissionnaires de grains ; — la sortie des grains par les ports de Bretagne, etc.

C. 1404. (Portefeuille.) — 100 pièces, papier.

1748. — Correspondance de M. de Tourny, intendant de Bordeaux, avec les ministres de Machault, de Saint-Florentin et de Maurepas, concernant : — la disette des grains ; — les précautions à prendre dans cette déplorable circonstance pour éviter la famine dont était menacée la province de Guyenne ; — la reddition des comptes des fonds d'aumônes en faveur des paroisses de la Généralité ; — la situation des récoltes ; — le rétablissement du libre commerce des grains avec la Bretagne, etc.

C. 1405. (Portefeuille.) — 95 pièces, papier.

1748-1749. — Correspondance de M. de Tourny, intendant de Bordeaux, avec les ministres de Machault, d'Ormesson et de Saint-Florentin, concernant : — l'approvisionnement de grains pour la Généralité de Bordeaux ; — la libre sortie des blés de la province de Bretagne pour Bordeaux ; — un secours de 2,000 livres par mois accordé par le Roi aux pauvres de la ville de Bordeaux et des paroisses de la Généralité, etc.

C. 1406. (Portefeuille.) — 104 pièces, papier.

1741-1756. — Correspondance de MM. Boucher et de Tourny, intendants de Bordeaux, avec les ministres Orry et d'Ormesson, relative à une saisie et vente de grains envoyés à Bordeaux au sieur Marchand, pour le compte du receveur général des finances de Montauban, qui était en faillite, et dont les biens et effets furent saisis, tant pour faire face aux deniers royaux qu'à diverses autres créances (la connaissance et juridiction de cette affaire, et en particulier la saisie des grains, fut attribuée à M. Boucher, en 1741). — Affaire concernant les grains entre les consuls de Tournon en exercice et les anciens, qui exerçaient dans les années 1751 et 1752 ; ces derniers demandaient le remboursement du montant des grains fournis par le Roi pour semences, dont lesdits consuls étaient garants ;—achat et vente de certains grains pour le compte de la communauté de Lamothe-Montravel, qui formaient matière à contestation.

C. 1407. (Portefeuille.) — 100 pièces, papier.

1751-1752. — États relatifs à la distribution de grains et au prêt de semences. — La récolte des grains en 1751 ayant été insuffisante, et une quantité de petits propriétaires manquant de grains pour ensemencer leurs terres, M. de Tourny, intendant de Bordeaux, obtint 100,000 livres du Roi pour être employées en achats de grains pour les semences ; ces achats furent opérés, et les grains distribués à plusieurs de ces propriétaires, à la charge et condition de remettre en nature, l'année suivante, une quantité de grains pareille à celle qu'ils avaient reçue ; — subdélégations auxquelles ont été distribués ces grains de semence : Villeneuve-d'Agen, Casteljaloux et Marmande, etc.

C. 1408. (Portefeuille.) — 110 pièces, papier.

1751-1755. — États de distributions de grains de semences prêtés par M. de Tourny, intendant de Bordeaux, à divers particuliers des paroisses d'Agen, Lusignan, Port-Sainte-Marie, Clermont-Dessus, Bruch, Aiguillon, Miramont, Clairac, Madaillan, Sevignac, Cours, La Sauvetat-de-Savères, Sainte-Radegonde, Cambes, Marsac, Saint-Sourin, Saint-Julien, Saint-Pierre de Clayrac, Saint-Maurin, Montaigut, Cauzac, Fauguerolles, etc.

C. 1409. (Portefeuille.) — 112 pièces, papier.

1751-1752. — États des grains achetés par ordre de M. de Tourny, intendant en Guyenne, pour la fourniture de semences aux particuliers qui n'étaient pas en position de s'en procurer dans les paroisses de Villeneuve, Penne, Puycalvary, Boynet, Monflanquin, Born, Villeréal, Le Rayet, Le Temple, Castillonnés, Cancon, Montastruc, Castelmoron, Casseneuil, Tombeboeuf, Pujols, Cahuzac, Monclar, Fongrave, Hauterive, Saint-Pastour, Monbahus, Monviel et Lamaurelle, etc.

C. 1410. (Portefeuille.) — 95 pièces, papier.

1751-1753. — États des grains de semences fournis par ordre de M. de Tourny, intendant de Bordeaux, aux habitants des paroisses de Colombier, Monbazillac, Conne, Ribagnac, Rouffignac, Bonniagues, Sainte-Agnès ; — une somme de 200,000 livres est accordée par le Roi, pour être employée au soulagement des pauvres de divers cantons de la Généralité ;— achats de riz, etc.

C. 1411. (Portefeuille.) — 111 pièces, papier.

1745-1751. — États et mémoires, concernant : — la disette des grains ; — les déchargements et chargements de blés et farines ; — les villes et lieux des subdélégations de Nérac, Sarlat et Condom, où se tiennent les principaux marchés aux grains ; — les états des grains entrés et sortis de Bordeaux et de ceux fournis aux boulangers en 1747 et 1748 ; — la quantité de pain qu'ils en ont fabriqué ; — les chargements de farines devant le port de Bordeaux pour les îles françaises de l'Amérique ;—les droits perçus sur les grains par l'octroi de Bordeaux ; — la consommation des grains ; — leur prix et celui du pain, etc.

C. 1412. (Portefeuille.) — 118 pièces, papier.

1751-1752. — États, concernant : — les quantités de blés et farines achetés par les boulangers de Bordeaux pendant l'année 1751 et le prix du pain pendant chaque semaine ; — les chargements de barils de farines devant Bordeaux ; — les états des grains et farines déclarés aux octrois de Bordeaux en 1752 ; — les déchargements de grains, tant à Bordeaux qu'à Blaye et à Libourne ;— le prix du pain pendant la même année, etc.

C. 1413. (Portefeuille.) — 118 pièces, papier.

1752-1754. — États, concernant : — les blés et seigles qui sont arrivés à Bordeaux pendant l'année 1752 ; — le relevé des blés existant chez les commissionnaires, les détaillants et les boulangers ; — les états des grains arrivés par mer ; — le prix du froment et du pain ; — les états des blés, froments et seigles arrivés sur le port de Bordeaux et de ceux qui restent dans les greniers après la consommation faite depuis le 28 décembre 1753 jusqu'au 22 novembre 1754.

C. 1414. (Portefeuille.) — 108 pièces, papier.

1750-1751. — Correspondance de M. de Tourny, intendant de Bordeaux, avec les ministres de Machault, d'Ormesson, de Saint-Florentin et de Courteille, concernant : — la disette des grains et les mesures arrêtées pour les approvisionnements de la Généralité ; — les envois de riz pour le soulagement des pauvres ; — la circulation des grains ; — les remboursements en faveur des négociants de Bordeaux, pour avances par eux faites à l'occasion des approvisionnements de grains ; — les apparences de la récolte de 1751, etc.

C. 1415. (Portefeuille.) — 117 pièces, papier.

1752-1753. — Correspondance de M. de Tourny, intendant de Bordeaux, avec les ministres de Courteille et de Machault, concernant : — une demande faite par les consuls de Marmande pour subvenir aux besoins pressants des habitants de leur communauté ; — l'état des blés, froments et seigles arrivés dans le port et havre de Bordeaux ; — la misère extrême dans l'Agenais et le Condomois ; — l'envoi de 100,000 livres pour être employées aux semences; — la formation d'ateliers de charité; — les permissions accordées pour la sortie des blés de la ville de Bordeaux, etc.

C. 1416. (Portefeuille.) — 94 pièces, papier.

1752-1755. — Correspondance de M. de Tourny, intendant de Bordeaux, avec les ministres de Machault et de Courteille, concernant: — la sortie des grains pour l'Espagne; — l'approvisionnement de grains pour Bordeaux et la province; — les états des farines, minot et gruau envoyés aux îles françaises de l'Amérique par les négociants et armateurs de la ville de Bordeaux pendant l'année 1753; — le transport des grains à l'étranger; — diverses demandes des négociants bordelais pour être autorisés à faire passer divers grains à l'étranger, etc.

C. 1417. (Portefeuille.) — 116 pièces, papier.

1756-1757. — Correspondance de M. de Tourny, intendant de Bordeaux, avec les ministres de Courteille, Bertin, de Moras et Paulmy, concernant: — l'approvisionnement des grains; — les droits de mesurage; — les prétentions des fermiers généraux sur les blés d'Espagne et le sarrasin; — l'imposition ordonnée en 1757 de 56,697 livres 4 sous, d'une part, et 3,302 livres 19 sous 8 deniers, pour parfaire les 300,000 livres avancées par le Roi en 1751 et 1752; — les tableaux des villes, bourgs et autres lieux de la Généralité de Bordeaux où se tiennent des marchés de grains et des droits de mesurage qui s'y perçoivent; — la libre circulation des grains dans l'intérieur du royaume, etc.

C. 1418. (Portefeuille.) — 95 pièces, papier.

1753-1756. — Correspondance de M. de Tourny, intendant de Bordeaux, avec les ministres de Trudaine et de Moras, relative: — aux grains arrivés ou chargés dans le port de Bordeaux; — aux états des permissions accordées pour la sortie des grains à divers négociants de Bordeaux: MM. Bethman et Imbert, Black, Anglais; de Kater frères, Féger, La Roque, Faurès, Swinburne, Aaron Loppes et Mainken, etc.; — aux soumissions faites dans les ports et villes maritimes de la province de Bretagne pour le transport des grains dans la Généralité de Bordeaux, etc.

C. 1419. (Portefeuille.) — 85 pièces, papier.

1757-1758. — Correspondance de M. de Tourny, intendant de Bordeaux, avec M. de Boullongue, ministre, relative: — aux permissions accordées aux négociants de Bordeaux pour transports de farines dans nos colonies; — aux précautions à prendre pour empêcher ces négociants de faire passer aux Anglais leurs cargaisons, sous prétexte d'approvisionnement des îles; — aux états des grains entrés dans la rivière de Bordeaux en 1757; — au prix des grains et des fourrages, etc.

C. 1420. (Portefeuille.) — 119 pièces, papier.

1757-1758. Correspondance de M. de Tourny, intendant de Bordeaux, avec MM. les ministres de Boullongue, de Moras et de Courteille, concernant: — l'approvisionnement des grains pour Bordeaux et la Généralité; — le transport des farines pour les colonies françaises; — les états des soumissions faites dans différents ports et villes maritimes de la province de Bretagne pour le transport des grains et légumes dans la Généralité de Bordeaux; — les observations sur le libre transport des grains; — les prix des grains d'Espagne; — le tarif pour la réduction des grains et farines de différents endroits à la mesure de Bordeaux, etc.

C. 1421. (Portefeuille.) — 122 pièces, papier.

1758. — Correspondance de M. de Tourny, intendant de Bordeaux, avec MM. les ministres de Boullongue, de Courteille et Crémille, concernant: — l'approvisionnement des grains; — les états de soumissions faites dans différents ports et villes de la province de Bretagne en 1758; — les grains embarqués dans la Généralité de Poitiers; — les défenses de faire sortir les farines du port de Bordeaux; — les moyens de procurer des secours aux provinces méridionales; — l'état général des bâtiments chargés de grains et entrés en rivière de Bordeaux, etc.

C. 1422. (Portefeuille.) — 100 pièces, papier.

1759. — Correspondance de M. de Tourny, intendant de Bordeaux, avec MM. les ministres Berryer et de Choiseul, concernant: — les envois de farines au Canada; — l'état général des bâtiments chargés de grains arrivés à Bordeaux en 1759; — les récompenses accordées aux négociants pour transport des blés des pays étrangers pour l'approvisionnement de la Généralité de Bordeaux; — les précautions à prendre pour les approvisionnements; — les grains et légumes d'aumône, etc.

C. 1423. (Portefeuille.) — 106 pièces, papier.

1759. — Correspondance de M. de Tourny, intendant

SÉRIE C. — INTENDANCE DE BORDEAUX.

de Bordeaux, avec les ministres Berryer et de Choiseul, de Courteille, de Saint-Florentin et de Boullongue, concernant : — le prix des grains d'Espagne ; — l'exportation des grains d'Espagne par le port de Bilbao ; — des distributions de fèves aux pauvres ; — les états des bâtiments chargés de grains et entrés en rivière ; — les soumissions faites en différents ports et villes maritimes de la province de Bretagne, pour l'exportation des grains dans le Languedoc et dans les Généralités de Bordeaux, Poitiers, La Rochelle, etc.

C. 1424. (Portefeuille.) — 11 pièces, papier.

1763. — Correspondance de M. Bertin, contrôleur général, avec M. Boutin, intendant de Bordeaux, relative : — à la conservation des grains ; — à des mémoires, avis, instructions concernant cette matière.

C. 1425. (Portefeuille.) — 100 pièces, papier.

1760-1763. — Correspondance de M. Boutin, intendant de Bordeaux, avec les ministres de Courteille et Bertin, concernant : — les apparences de la récolte ; — le prix des grains ; — l'exportation des farines ; — les états des navires et barques chargés de grains montés à Libourne en 1760 ; — le tarif pour la réduction des grains et farines de différents endroits, à la mesure de Bordeaux ; — le refus fait à diverses demandes des négociants de Nérac, pour l'exportation de grains en Portugal ; — l'état général des bâtiments entrés en rivière à Bordeaux ; — l'exportation des orges, fèves et autres grenailles, etc.

C. 1426. (Portefeuille.) — 126 pièces, papier.

1764-1766. — Correspondance de M. Boutin, intendant de Bordeaux, avec les ministres de Courteille, de L'Averdy, le duc de Choiseul et Trudaine de Montigny, concernant : — des plaintes des négociants de Bordeaux contre les fermiers généraux qui exigeaient des droits sur les blés venant des Iles-Dieu, Bouin, Beliste et Noirmoutiers ; — l'exportation des menus grains, graines et grenailles, des fèves et autres légumes ; — mémoire sur les poids et mesures des différents pays de Guyenne et leur rapport entre eux ; — le prix commun des grains de la Généralité de Bordeaux, etc.

C. 1427. (Portefeuille.) — 128 pièces, papier.

1767-1769. — Correspondance de M. de Fargès, intendant de Bordeaux, avec les ministres de L'Averdy, Trudaine de Montigny, d'Invau et Bertin, concernant : —

GIRONDE. — SÉRIE C.

la libre circulation des grains dans l'intérieur du royaume ; — les marchés aux grains ; — les états des grains, farines et légumes entrés dans la rivière de Bordeaux en 1767 ; — le prix du pain, des grains et foins dans la Généralité de Bordeaux, etc.

C. 1428. (Carton.) — 120 pièces, papier.

1778. — États, relatifs : — à la disette des grains ; — aux distributions de riz et de fèves que le gouvernement fit distribuer aux pauvres de la Généralité de Bordeaux, pour subvenir à leurs besoins ; — subdélégations qui participèrent à ces distributions de riz et de fèves : Bordeaux, Bazas, Casteljaloux, Nérac, Condom, Agen, Villeneuve, Clairac, Monflanquin, Marmande, La Réole, Bayonne, Labour, Dax, Saint-Sever, Mont-de-Marsan, Libourne, Sainte-Foy, Bergerac, Castillonnès, Périgueux, Thiviers, Nontron, Monpon, Sarlat, Blaye et Vitrezay, etc.

C. 1429. (Carton.) — 100 pièces, papier.

1778. — États de distributions de riz pour la subsistance des pauvres des paroisses de Benquet, Arzac, Ayze, Aurice, Castelnau-et-Chalosse, Cazalis, Coudures, Eyres, Gaujac, Geaune, Nérac, Moncrabeau, Francescas, Lamontjoie, Fieux, Montaignac, Lavardac, Vianne, Mongaillard, Saintaraille, Le Fréchou, Durance, Sainte-More, Saint-Martin, Saint-Pé, Saint-Simon, Autièges et Trenqueleon, etc.

C. 1430. (Carton.) — 123 pièces, papier.

1778-1779. — États de distributions de riz et de fèves aux pauvres des subdélégations de Bergerac, Dax, Périgueux, Sarlat, Blaye, Thiviers, Libourne, Sainte-Foy, Pauillac, Marmande, Monflanquin, Villeneuve, Casteljaloux, Bazas, Ribérac, Mont-de-Marsan, Bayonne, Vitrezay, Bergerac, Condom, Nérac, Nontron, Monpon et Clairac, etc.

C. 1431. (Portefeuille.) — 120 pièces, papier.

1770. — Correspondance de Esmangard et de Fargès, intendants de Bordeaux, avec les ministres Terray et Bertin, concernant : — le prix des grains ; — la police des grains dans l'intérieur du royaume ; — un arrêt du Conseil d'État qui ordonne que, sans s'arrêter à l'arrêt du Parlement de Bordeaux du 17 janvier 1770, il sera libre à toutes personnes de vendre leurs grains dans les provinces du Limousin et du Périgord, tant dans les greniers que dans les marchés ; — la libre circulation des grains ;

— les approvisionnements de grains pour la ville de Bordeaux; — les seigles ergotés; — des demandes de secours pour les habitants du Périgord; — l'état des grains, farines et légumes entrés en rivière de Bordeaux, etc.

C. 1432. (Portefeuille.) — 124 pièces, papier.

1771-1772. — Correspondance de M. Esmangart, intendant de Bordeaux, avec les ministres de Terray, Bertin, d'Ormesson et le marquis de Monteynard, concernant: — les permissions accordées à plusieurs négociants de Bordeaux pour la sortie des grains; — la police des grains; — des observations générales sur la récolte de 1771; — l'état des grains importés à Bordeaux pendant l'année 1771; — les défenses de transporter à l'étranger des farines et des biscuits de mer; — les renseignements sur la manière dont les semences ont été faites dans la Généralité de Bordeaux; — les moyens à employer pour empêcher la cherté des grains de renaître en Périgord; — les apparences des récoltes; — le prix des grains, etc.

C. 1433. (Portefeuille.) — 107 pièces, papier.

1770-1772. — Correspondance de M. Esmangart, intendant de Bordeaux, avec M. Terray, ministre, relative: — aux grains, farines et légumes entrés dans la rivière de Bordeaux en 1770; — aux permissions délivrées à divers négociants d'exporter hors du royaume des grains qu'ils avaient fait venir de l'étranger; — dans le nombre on remarque les noms de MM. Bethman, Meinicken, Overman, Gibert Antoine, Lamothe, Woldt et Meyère, Plassan, Brun frères, Schalch, Brommer, Harmensen, Diati Poppe.

C. 1434. (Portefeuille.) — 110 pièces, papier.

1772-1773. — Correspondance de M. Esmangart, intendant de Bordeaux, avec M. le ministre Terray, concernant: — l'exportation des grains; — les permissions accordées à divers négociants de Bordeaux pour la sortie des grains, parmi lesquels on remarque les noms de MM. Lucas, Luctkens, Brueys, Nicolas Von, Dohren, Lafargue frères, Imbert Mutzenbecker et Lubbert, Plassan, Labat de Serène, Kern, Eckman, Colck, Linneau frères, Charles Brust, Féger frères, David Gradis et Nairac fils, etc.

C. 1435. (Portefeuille.) — 119 pièces, papier.

1773. — Correspondance de M. Esmangart, intendant de Bordeaux, avec les subdélégués de la Généralité, concernant: — la disette des grains; — les grains existants dans la ville de Sainte-Bazeille; — l'exportation de grains à La Martinique; — les demandes de secours en faveur des habitants de la communauté de Duras; — l'envoi de troupes pour l'escorte des bateaux chargés de blés; — l'approvisionnement de fourrages pour le régiment Dauphin, établi à Castillon; — les troubles survenus à Libourne, au sujet de la cherté des grains; — la fourniture de chevaux pour la troupe, etc.

C. 1436. (Portefeuille.) — 119 pièces, papier.

1773. — Correspondance de M. Esmangart, intendant de Bordeaux, avec les subdélégués de la Généralité, relative: — à la disette des grains; — à la révolte des habitants de Langon, au sujet de la cherté du pain; — à l'envoi d'un détachement de troupes à Langon, pour empêcher les bateaux qui descendent du haut-pays, chargés de blés, d'être arrêtés et pillés par les habitants des paroisses qui bordent la Garonne; — au casernement du régiment de Condé à Créon; — à la fourniture du pain pour la troupe; — aux patrouilles bourgeoises à Langon; — aux troubles de Marmande; — à la fourniture de chevaux et chariots pour les troupes, etc.

C. 1437. (Portefeuille.) — 100 pièces, papier.

1773. — Correspondance de M. Esmangart, intendant de Bordeaux, avec les subdélégués de la Généralité, relative: — à la disette des grains; — à la subsistance des pauvres; — au casernement d'un détachement du régiment Dauphin (dragons), dans la paroisse de Cenac; — aux fournitures faites aux officiers et cavaliers de la maréchaussée, par les sous-traitants ou préposés du directeur des étapes; — à une émeute à Moissac à l'occasion de la cherté du pain; — au pillage d'un bateau chargé de blés; — aux états des froments, seigles et farines reçus par MM. Bethman et Desclaux; — au pillage des bateaux chargés de farines, dont se sont rendus coupables les habitants de Cauderot et de Saint-Macaire; — à l'envoi d'un détachement à La Réole pour préserver du pillage d'autres bâtiments qui se trouvaient dans le port, etc.

C. 1438. (Portefeuille.) — 102 pièces, papier.

1773. — Correspondance de M. Esmangart, intendant de Bordeaux, avec les subdélégués de la Généralité, concernant: — les soulèvements, pillages et autres violences commises dans les Sénéchaussées de Bordeaux, Bazas et dans les lieux voisins de Casteljaloux; — des demandes de secours en faveur des habitants de la communauté de Saint-Quentin; — les troubles d'Ambès; — l'envoi de troupes à Blanquefort, Marmande et Cadillac; — des désordres occa-

SÉRIE C. — INTENDANCE DE BORDEAUX. 227

sionnés à Castillon et les mesures à prendre pour y remédier ; — un chargement de blés pour le port de Langoiran ; — la distribution de pain, viande et vin pour la troupe ; — des secours en faveur des habitants des communautés de Portneuf, Cambes, Langoiran, Paillet, Rions, Cadillac, Portets, Castres, Poudensac, Barsac et Preignac, etc.

C. 1439. (Portefeuille.) — 116 pièces, papier.

1773-1779. — Correspondance de MM. Esmangart et Dupré de Saint-Maur, intendants de Bordeaux, avec M. le ministre Terray, concernant : — la disette des grains pendant les années 1773 et 1774 dans la Généralité de Bordeaux ; — les mesures prises pour y remédier ; — un arrêt de la Cour de Parlement de Bordeaux qui interdit toute augmentation du prix du pain dans cette ville et ordonne l'apport des blés dans les marchés ; — l'achat de blés pour l'approvisionnement de la ville d'Agen (Lot-et-Garonne) ; — l'appréciation des récoltes ; — le produit de chaque espèce de grains (années communes) dans la subdélégation de Condom ; — l'imposition faite en 1775 pour indemniser différentes communautés et plusieurs boulangers de leurs avances pour la subsistance des pauvres en 1773 ; — des arrêts du Conseil relatifs à la police des grains, etc.

C. 1440. (Portefeuille.) — 116 pièces, papier.

1773-1776. — États et ordonnances de M. Esmangart, intendant, relatifs : — aux dépenses de toute espèce faites à l'occasion de la disette des grains survenue en 1773 et 1774, soit pour divers détachements de troupes envoyés en plusieurs lieux de la Généralité pour contenir les gens des villes et des campagnes, soit dans d'autres vues ; — aux comptes rendus par le sieur Guiard, secrétaire de l'Intendance, des sommes qu'il avait en main pour subvenir à ces dépenses ; — comptes des secours distribués aux pauvres habitants par ordre du contrôleur général.

C. 1441. (Portefeuille.) — 108 pièces, papier.

1773. — Correspondance de M. Esmangart, intendant de Bordeaux, avec les ministres Terray et de Monteynard, concernant : — la disette des grains survenue dans l'année 1773 ; — les moyens à employer pour subvenir aux besoins pressants des habitants de la Généralité de Bordeaux ; — l'exportation des grains ; — un arrêt du Conseil d'État qui fixe les ports des Généralités de Bretagne, La Rochelle et Poitiers par lesquels le commerce des grains sera libre, comme dans les ports où il y a un siège d'amirauté ; — la taxe du pain ; — la police des grains, etc.

C. 1442. (Portefeuille.) — 117 pièces, papier.

1773-1775. — Correspondance de M. Esmangart, intendant de Bordeaux, avec les ministres Terray et Turgot, concernant : — les défenses d'expédier d'aucun port du royaume des grains pour celui de Marseille ; — la sortie et l'entrée des grains dans le royaume ; — les règlements sur les grains ; — l'ouverture des marchés ; — les grains des pauvres ; — les plaintes des habitants du Médoc au sujet de l'augmentation du prix des grains ; — la distribution de fèves ; — la rébellion des habitants de Ribérac et l'envoi d'un détachement de dragons pour la réprimer ; — l'exportation de châtaignes, etc.

C. 1443. (Portefeuille.) — 112 pièces, papier.

1773-1775. — Correspondance de M. Esmangart, intendant de Bordeaux, avec le ministre Terray et les subdélégués de Castillonnès, Nérac, Marmande, Sainte-Foy, Clairac, Condom et Bergerac, concernant les indemnités allouées aux boulangers et fournisseurs, pour les pertes qu'ils ont éprouvées par suite de la taxation du prix du pain à un taux inférieur à celui des grains ; — personnes indemnisées : MM. Gardelles, Rapin, Duluguet, Charrié, Poujardin, Bonnin père, Verguin, Rondereau, Martinet, la veuve Picard, Saint-Germain, Paul Dancy, Lajoux, Bruneau, Coursan, Geneste, Dupuy, Sabathier, etc.

C. 1444. (Portefeuille.) — 125 pièces, papier.

1773-1775. — Requêtes, mémoires et états relatifs aux indemnités allouées aux boulangers et fournisseurs, pour les pertes qu'ils éprouvèrent sur les grains à l'occasion des révoltes qui éclatèrent dans différents cantons de la subdélégation de Bordeaux ; — indemnités accordées à MM. Dumas, Pinaut, Bugeau, Pierre Dubois, Castaigna, Mérigon, Bayle, Basseterre, Pierre Jandreau, Laribaud, Cazaubon, Bertrand Meynard, Françoise Guarach, Jean Baudin, Andraut, Memain, Jean Elliot, Lavansan, Arnaud Frouin, Dufourg, Olivier, Jean Gabard, Chrétien et Mallard, etc.

C. 1445. (Portefeuille.) — 111 pièces, papier.

1773-1776. — Requêtes, ordonnances et états relatifs aux indemnités allouées aux boulangers et fournisseurs des subdélégations d'Agen et de Bazas, pour pertes par eux éprouvées sur les grains pendant l'année 1773 : — personnes indemnisées : MM. Dominique Goux, Antoine Fayroux, Mourgues de Carrère, Falque, maire, et Audebert, échevin de la communauté de Beauville; Pierre Samazeuil, Jacques Gouges, Labarre, Cedeuilh, Durbas, Defous, Jean Groulier et Lagorce, etc.

C. 1446. (Portefeuille.) — 61 pièces, papier.

1773-1777. — États concernant : — les recettes et l'emploi des fonds destinés au soulagement des pauvres de la Généralité de Bordeaux; — les emprunts faits par les communautés à l'occasion de la disette des grains ; — les indemnités accordées aux boulangers et fournisseurs, pour les pertes qu'ils avaient éprouvées sur les grains ; — indemnités allouées à MM. Boc aîné, Marie Brétonneau, François Mouras, Bertrand frères, Ramuzat, Dauzas, Merigon, Peyraud, Baron, Frouin, Groulier, Malard, Bourgeois, Castaignet, Bugeau, Dumas, Pinaut, Chiballon, Larrivaud, Ollivier et Gassies, etc.

C. 1447. (Portefeuille.) — 122 pièces, papier.

1773-1774. — Correspondance de M. Esmangart, intendant de Bordeaux, avec le ministre Terray, concernant : — les acquits-à-caution des grains et farines chargés en diverses provinces du royaume et déchargés dans les ports de la Généralité de Bordeaux pendant le cours desdites années; — acquits envoyés à l'intendant, qui, après les avoir déchargés, les faisait parvenir au contrôleur général des finances, etc.

C. 1448. (Portefeuille.) — 115 pièces, papier.

1775. — Correspondance de MM. de Clugny et Esmangart, intendants de Bordeaux, avec les ministres Turgot, de Boullongne et Bertin, concernant : — l'exportation des grains, ; — la perception des droits, soit dans les halles et marchés, soit ailleurs ; — la suspension des droits d'octroi des villes sur les grains, farines et pain ; — l'exportation des châtaignes et farines de minot ; — la police des grains ; — les gratifications en faveur de ceux faisant entrer des grains étrangers dans le royaume, etc.

C. 1449. (Portefeuille.) — 107 pièces, papier.

1775-1776. — Correspondance de MM. Esmangart et de Clugny, intendants de Bordeaux, avec le ministre Turgot et les subdélégués de la Généralité, concernant :— l'exportation des grains ; — la suspension des droits d'octroi sur les grains, les farines et le pain ; — l'approvisionnement de l'intérieur de la province ; — le prix des grains et autres denrées ; — les gratifications pour les grains venant de l'étranger ; — les soumissions de quelques négociants pour remplacer les quantités de grains qu'ils avaient exportées;—divers états des droits perçus sur la vente des grains de la Généralité de Bordeaux ; — l'exportation du blé de l'Inde, etc.

C. 1450. (Portefeuille.) — 86 pièces, papier.

1767-1768. — Mémoires concernant la proportion du prix du pain avec celui du blé dans les subdélégations de Condom, Lesparre, Blaye, Nérac, Bazas, Libourne, Casteljaloux, La Réole, Agen, Sainte-Foy, Monflanquin, Villeneuve, Clairac, Marmande, Sarlat, Ribérac, Bergerac, Nontron, Vitrezay, Périgueux, Thiviers et Monpon, etc.

C. 1451. (Portefeuille.) — 87 pièces, papier.

1773-1776. — Essais, mémoires et ordonnances relatifs : — au tarif et à la police du pain ; — au rapport du prix du pain avec celui du blé dans les subdélégations de Bordeaux, Blaye, Libourne, Lesparre, Vitrezay, Périgueux, Bergerac, Monpon, Nontron, Thiviers, Ribérac, Sarlat, Agen, Sainte-Foy, Monflanquin, Villeneuve, Clairac, Marmande, Condom, Nérac, Bazas, Castèljaloux et La Réole ; — aux observations sur les résultats des essais faits sur le pain dans diverses subdélégations, etc.

C. 1452. (Portefeuille.) — 89 pièces, papier.

1777-1780. — États et pièces relatifs : — aux grains prêtés en 1777 aux cultivateurs de la Généralité de Bordeaux, dans l'impossibilité de se procurer des semences; le prêt était fait à la charge, par les preneurs, de remettre en nature, immédiatement après la récolte, la même quantité de grains qu'ils recevaient ; — subdélégations qui participèrent aux prêts de semences : Clairac, Sainte-Foy, Agen, Nérac, Bergerac, Marmande, Dax, Villeneuve, Libourne, Bazas, Sarlat et Saint-Sever ;—à la vente des semences qui restaient dans divers dépôts de la Généralité de Bordeaux ; cette vente fut faite par les dépositaires, en vertu des ordres de l'intendant, etc.

C. 1453. (Portefeuille) — 100 pièces, papier.

1777-1779. — Correspondance de Dupré de Saint-Maur, intendant de Bordeaux, avec Necker, ministre, concernant la disette des grains ; — en 1777, la province, et surtout le Périgord, ayant manqué de grains, l'intendant rendit une ordonnance, le 25 novembre de

SÉRIE C. — INTENDANCE DE BORDEAUX.

cette année, pour annoncer des gratifications particulières, à titre d'encouragement, en faveur des négociants qui contribueraient le plus à faire conduire dans les marchés des principales villes du Périgord la plus grande quantité et bonne qualité de grains, expédiés d'un port maritime, à compter de cette époque jusqu'à la récolte suivante; une somme de 22,000 livres fut allouée pour gratifications, et répartie en 10, 6, 4 et 2 mille livres, qui furent dévolues, par une ordonnance de l'intendant, aux sieurs Lespinasse, de Bergerac; Delbos, de Domme; Lacombe, de Brives, et Martin, de Montignac. — Attestations des officiers municipaux, pièces justificatives des approvisionnements faits par les négociants et ordonnances de l'intendant concernant les gratifications allouées.

C. 1454. (Portefeuille.) — 103 pièces, papier.

1777-1778. — États de la quantité des grains et farines importés à Bordeaux et provenant des ports de Dunkerque, Marennes, Pimpol, Vannes, Auray, Marans, Nantes, Bourgneuf, La Trinité, Oléron, Le Havre, Noirmoutiers, Amsterdam, Saint-Domingue, Hambourg, la Hollande, Kœnigsberg, Dantzick, Volga, Archangel, Danemark, Rostock, Auray, Hennebon, Pétersbourg, Redon, La Roche-Bernard, Rochefort, Saint-Michel, Saint-Brieuc, Aligre, Quimperlé, Landernau, Cherbourg, etc.

C. 1455. (Portefeuille.) — 122 pièces, papier.

1778. — États des grains et farines entrés à Bordeaux et provenant des ports de la Hollande, de Kœnigsberg, Noirmoutiers, Saint-Sébastien, Hambourg, Stettin, Lubeck, des colonies françaises, de Bourgneuf, Saint-Mâlo, Quimperlé, Aligre, La Charité, Morlaix, Nantes, Vannes, Rochefort, Beauvoir, Redon, Marans, Auray, Quimper, Dunkerque, Oléron, Paimbœuf, Bayonne, Amsterdam, Saint-Sébastien et Rotterdam; — de diverses espèces de grains et farines sortis du Bureau de Bordeaux pour l'étranger pendant l'année 1778, etc.

C. 1456. (Portefeuille.) — 123 pièces, papier.

1778. — États des diverses espèces de grains ou farines entrés par le Bureau de Bordeaux pendant les cinq derniers mois de l'année 1778 et provenant des ports de Kœnigsberg, Bouin, Nantes, Bourgneuf, Croix-de-Vie, Elbing, Saint-Sébastien, Redon, La Charité, Marans, Saint-Malo, Amsterdam, Hambourg, Rotterdam, Lubeck, Noirmoutiers, Dantzick, Stettin, Wismar, Dunkerque, Rostock, Marennes, Pont-l'Abbé, Paimbœuf, Laroche-Bernard; — des grains ou farines sortis par le Bureau de Bordeaux pour l'étranger, etc.

C. 1457. (Portefeuille.) — 106 pièces, papier.

1779. — États des différentes espèces de grains ou farines importés à Bordeaux, provenant des ports de Noirmoutiers, La Caroline, Bellisle, du Danemark, Bouin, Archangel, Hambourg, Amsterdam, la Hollande, Morlaix, Vannes, La Roche-Bernard, Quimper, Landernau, Brest, Marans, Aligre, Paimpol, Sables-d'Olonne, Auray, La Barre-du-Mont, La Trinité, Saint-Pol-de-Léon, Hennebon, Beauvoir, Bourgneuf, Oléron; — des grains et farines sortis par le port de Bordeaux pour l'étranger.

C. 1458. (Portefeuille.) — 98 pièces, papier.

1779. — États des diverses espèces de grains et farines entrés à Bordeaux pendant les six derniers mois de l'année 1779 et provenant des ports de Rotterdam, Rochefort, des Sables-d'Olonne, Redon, Aligre, Oléron, Nantes, Marans, Bourgneuf, La Barre-du-Mont, Noirmoutiers, Bellisle, Bouin, Amsterdam, Quimper, Paimpol, Morlaix, Croix-de-Vic, Saint-Malo; — des grains et farines sortis du port de Bordeaux pour l'étranger, etc.

C. 1459. (Carton.) — 120 pièces, papier.

1780. — États des diverses espèces de grains ou farines entrés à Bordeaux et provenant des ports de Pont-Labbé, Nantes, Bourgneuf, Auray, Lorient, La Barre-du-Mont, Hambourg, Aligre, Morlaix, Calais, Redon, Marans, Vannes, Bréchac, Rouen, La Hollande, Dunkerque, Quimper, des Sables-d'Olonne, Landernau, Amsterdam, La Rochelle, Oléron, Croix-de-Vie, l'Isle-Dieu, Norden, Landrès; — des grains et farines sortis du Bureau de Bordeaux pour l'étranger, etc.

C. 1460. (Carton.) — 113 pièces, papier.

1789. — États des diverses espèces de grains ou farines entrés à Bordeaux, provenant des ports de la Hollande, Dunkerque, Nantes, Quimper, Pontaven, Redon, Lorient, Bouin, Amsterdam, la Suède, Ostende, Aligre, Lezardrieux, Morlaix, Luçon, Rotterdam, des Sables-d'Olonne, Brest, Marans, Noirmoutiers, La Barre-du-Mont, Quimperlé, Croix-de-Vie, Marennes, Beauvoir, Landernau, Soubize et Bourgneuf; — des grains et farines sortis par le Bureau de Bordeaux pour l'étranger, etc.

C. 1461. (Carton.) — 98 pièces, papier.

1782-1785. — États des diverses espèces de grains ou farines entrés à Bordeaux, provenant des ports de Hambourg, Kœnigsberg, Dantzick, l'Isle-de-Bonin, Noirmoutiers, Nantes, La Barre-du-Mont, Marennes, Quimper, Aligre, Beauvoir, La Trinité, Bayonne, Surzan, Pont-Labbé, Saint-Malo, Landernau, Rotterdam, Brest, des Sables-d'Olonne, Le Havre, Croix-de-Vie, La Charente, Rochefort, Rouen, Auray, Calais, Amsterdam, Marans, La Rochelle;— des grains et farines sortis du Bureau de Bordeaux pour l'étranger, etc.

C. 1462. (Portefeuille.) — 94 pièces, papier; 1 pièce, parchemin.

1777-1778. — Correspondance de M. Dupré de Saint-Maur, intendant de Bordeaux, avec le ministre Necker, concernant : — la disette des grains pendant les années 1777 et 1778;— les mesures à employer pour pourvoir aux besoins pressants des habitants de la Généralité; — les fonds alloués pour les travaux de charité; — la perte des récoltes par les inondations; — la suspension de la sortie des grains pour l'étranger; — les prêts des grains de semence; — l'exportation du maïs; — les encouragements pour l'exportation des grains dans le haut Périgord; — l'état général des grains achetés par le sieur Labat de Serène, négociant de Bordeaux, par ordre de l'intendant; — les dépenses imputées sur le fonds de 100,000 livres accordé par le directeur général des finances pour secourir les habitants de la Généralité de Bordeaux, etc.

C. 1463. (Portefeuille.) — 115 pièces, papier.

1777-1778. — Correspondance de M. Dupré de Saint-Maur, intendant de Bordeaux, avec les ministres Bertin, de Vergennes, de Sartines et le maréchal duc de Mouchy, concernant : — la disette des grains ; — une émeute qui eut lieu à Périgueux à l'occasion de la cherté des grains ; — la poudre alimentaire pour les pauvres ; — l'exportation des grains des Pays-Bas ; — l'expédition des bâtiments de Bretagne à destination de la Guyenne ; — une demande de secours pour les pauvres de l'Agenais, etc.

C. 1464. (Portefeuille.) — 90 pièces, papier.

1778. — Correspondance de MM. Esmangart et Dupré de Saint-Maur, intendant de Bordeaux, avec les subdélégués, relative : — à la pénurie des grains ; — aux secours accordés aux malades de la paroisse de Thenon ; — à l'établissement d'un atelier de charité à Castelsagrat ; — à un secours en faveur du nommé Ségué, de Gaujac, chargé de dix enfants ; — à un secours de 200 livres accordé à madame de Cugnac, habitante de la ville de Montpazier ; — aux établissements de travaux de charité à Marmande et à Condom ; — à la distribution de riz et de fèves aux pauvres des subdélégations de Casteljaloux, Thiviers, Nontron, Castillonnés, Bayonne et Périgueux, etc.

C. 1465. — Portefeuille.) — 86 pièces, papier.

1779-1789. — Correspondance de M. de Néville, intendant de Bordeaux, avec les subdélégués, concernant : — la disette des grains ; — la misère extrême des habitants de la Généralité ; — l'établissement d'une filature dans l'hôpital de Nontron, en Périgord ; — les états des sommes prêtées par le gouvernement, dans le temps de la cherté des grains, aux communautés de La Montjoie, Castillon-sur-Dordogne, Saint-Martin, Montfélix, Camiran, Montagoudin, Rambaut, Saint-Hilaire de La Noaille, Cambebonnet, Dondas et Falcyrac ; — les primes accordées à l'importation en France des blés et farines venant des États-Unis d'Amérique ; — les troubles survenus au bourg de Thénon, à l'occasion de la disette des grains, etc.

C. 1466. (Carton.) — 70 pièces, papier.

1746-1789. — Correspondance de MM. de Tourny et Boutin, intendants de Bordeaux, avec les ministres Machault, d'Argenson et le duc de Choiseul, concernant : — le prix des grains et autres denrées ; — les différentes mesures usitées dans les principaux marchés des subdélégations ; — le prix des voitures pour le transport des fourrages ; — la visite des grains avariés ; — les gratifications accordées à ceux qui faisaient venir des grains de l'étranger ; — la suspension des droits des seigneurs sur les grains ;—les moyens de procurer par une augmentation de travail des ressources au peuple de Paris en cas d'enchérissement des denrées ; — les grains et farines entrés à Bordeaux, etc.

C. 1467. (Portefeuille.) — 119 pièces, papier.

1700-1778. — Arrêts du Conseil, déclarations du Roi, ordonnances de MM. les intendants, arrêts du Parlement, mémoires imprimés, concernant : — la subsistance des pauvres en temps de disette ;— des instructions et autres documents relatifs à la disette des grains.

C. 1468. (Portefeuille.) — 111 pièces, papier.

1725-1726. — Ordonnances de payements rendues par M. Boucher, intendant de Bordeaux, concernant : — les sommes imposées sur la Généralité, et réparties dans les formes adoptées pour les impositions ordinaires, pour la formation, entretien et loyers de terrains des pépinières royales établies dans les Élections de Bordeaux, Périgueux, Sarlat, Agen et Condom pour l'année 1726 (c'est à compter de cette époque qu'il fut établi des rôles distincts pour ces sortes de dépenses) ; — la reddition des comptes des pépinières par M. Choart de Maguy, receveur général des finances de la Généralité, etc.

C. 1469. (Portefeuille.) — 100 pièces, papier.

1727-1728. — Reddition des comptes de M. Choart de Maguy, receveur général des finances de la Généralité de Bordeaux ; — ordonnances de payements rendues par M. Boucher, intendant, concernant : — les pépinières royales de Bordeaux, Libourne, Périgueux, Bergerac, Sarlat, Agen, Sainte-Foy, Villeneuve, Marmande, Casteljaloux, Bazas et Damazan ; — les dépenses et frais faits pour la formation et l'entretien des pépinières ; — leur situation sous le rapport des arbres ; — les loyers des terrains occupés par lesdites pépinières, etc.

C. 1470. (Portefeuille.) — 115 pièces, papier.

1728-1729. — Correspondance de M. Le Péletier, ministre, avec M. Boucher, intendant de Bordeaux, concernant : — les actes passés entre les entrepreneurs et les propriétaires des terrains occupés par les pépinières de Libourne, Sainte-Foy, Périgueux, Marmande, Bergerac, Bazas, Casteljaloux, Villeneuve, Nérac, Bordeaux, Condom, Agen et Damazan ; — la situation des pépinières de la Généralité de Bordeaux ; — divers états de ventes d'arbres ; — la reddition des comptes des pépinières royales et les ordonnances de payements rendues par ledit intendant, etc.

C. 1471. (Portefeuille.) — 113 pièces, papier.

1730-1731. — Correspondance de M. Boucher, intendant de Bordeaux, avec les ministres Le Péletier et Orry, concernant : — le nombre et les espèces d'arbres des pépinières de Bordeaux, Casteljaloux, Villeneuve, Nérac, Libourne, Périgueux, Bazas et Damazan ; — les plantations d'arbres sur les grandes routes ; — les observations sur la plantation d'arbres sur la grande route de Toulouse, dans l'étendue de la subdélégation d'Agen ; — les états des dépenses faites pour l'entretien des pépinières de la Généralité ; — un mémoire concernant les abus qui se commettent dans la Généralité au sujet des noyers ; — l'état de la situation des pépinières, etc.

C. 1472. (Portefeuille.) — 110 pièces, papier.

1732. — Correspondance de M. Boucher, intendant de Bordeaux, avec M. le ministre Orry et les subdélégués, concernant : — le nombre et les espèces d'arbres des pépinières royales de Bordeaux, Libourne, Sainte-Foy, Villeneuve, Casteljaloux, Bazas et Nérac ; — la plantation d'arbres sur les grandes routes ; — les nouveaux marchés passés par les entrepreneurs des pépinières et les propriétaires des terrains ; — les états de la vente des arbres ; — le remplacement des arbres morts sur les grandes routes ; — les disproportions dans la répartition du prix de l'entretien des pépinières ; — les états des arbres bons à être transplantés, etc.

C. 1473. (Portefeuille.) — 103 pièces, papier.

1732-1733. — Correspondance de M. Boucher, intendant de Bordeaux, avec les subdélégués, concernant : — les frais d'entretien des pépinières royales de Villeneuve, Casteljaloux, Sainte-Foy, Périgueux, Damazan, Bordeaux, Bazas, Nérac et Libourne ; — les frais de location des terrains occupés par les pépinières ; — les états des arbres vendus à divers particuliers ; — le dépérissement des arbres plantés sur la route de Toulouse, dans les juridictions de La Réole et Cauderot ; — les états du nombre et des espèces d'arbres bons à être transplantés ; — la reddition des comptes des pépinières royales ; — ordonnances de payement rendues par l'intendant en faveur des entrepreneurs des pépinières, etc.

C. 1474. (Portefeuille.) — 117 pièces, papier.

1733-1734. — Correspondance de M. Boucher, intendant de Bordeaux, avec M. Orry, ministre, et les subdélégués, concernant : — la reddition des comptes des pépinières royales de Bordeaux, Périgueux, Sainte-Foy, Bazas, Casteljaloux, Libourne, Damazan, Bergerac, Nérac, Villeneuve, Agen, Sarlat et Condom ; — la répartition sur les cinq Élections de la Généralité de Bordeaux, de la somme de 6,132 livres pour l'entretien et les loyers des terrains occupés par les pépinières ; — les divers états du nombre et des espèces d'arbres existant dans les pépinières ; — le remplacement des arbres sur la route de Bergerac, depuis Castillon jusqu'à Gardonne, etc.

C. 1475. (Portefeuille.) — 102 pièces, papier.

1735. — Correspondance de M. Boucher, intendant de Bordeaux, avec les subdélégués, concernant : — l'entretien et les dépenses des pépinières royales de Sainte-Foy, Casteljaloux, Nérac, Marmande, Libourne, Bazas, Villeneuve et Bordeaux ; — le renouvellement des arbres morts sur les grandes routes ; — la nomination de syndics pour la surveillance des plantations sur les grands chemins ; — divers états des arbres bons à être transplantés ; — des contrats passés entre les subdélégués et les propriétaires des terrains occupés par les pépinières royales, etc.

C. 1476. (Portefeuille.) — 113 pièces, papier.

1735-1736. — Correspondance de M. Boucher, intendant de Bordeaux, avec M. le ministre de Fulvy et les subdélégués, concernant : — les dépenses faites pour l'entretien des pépinières royales d'Agen, Casteljaloux, Bordeaux, Libourne, Damazan, Villeneuve, Bazas, Sainte-Foy et Nérac ; — les frais de loyers des terrains occupés par lesdites pépinières ; — l'imposition d'une somme de 2,044 livres pour servir aux frais et à l'entretien des pépinières ; — leur situation, et enfin les plantations sur les grandes routes, etc.

C. 1477. (Portefeuille.) — 108 pièces, papier.

1737. — Correspondance de M. Boucher, intendant de Bordeaux, avec M. Orry, ministre, et les subdélégués, concernant : — les frais d'entretien des pépinières royales de Bordeaux, Bazas, Villeneuve-d'Agen, Casteljaloux, Libourne, Sainte-Foy, Nérac, Sarlat, Agen et Condom ; — les frais de plantation sur les routes ; — les plantations de mûriers blancs ; — un mémoire de M. Chatal sur les vers à soie ; — les frais de loyers des terrains occupés par les pépinières royales ; — la reddition des comptes des pépinières de la Généralité, etc.

C. 1478. (Portefeuille.) — 116 pièces, papier.

1738-1740.—Correspondance de M. Boucher, intendant de Bordeaux, avec les subdélégués, concernant : — les frais d'entretien des pépinières royales de Bordeaux, Villeneuve-d'Agen, Bazas, Damazan, Sainte-Foy, Libourne, Périgueux, Nérac, Sarlat, Agen et Condom ; — la reddition des comptes des pépinières ; — ordonnances de payement rendues par l'intendant ; — les frais de loyers des terrains occupés par les pépinières ; — un projet d'établissement pour les vers à soie ; — les plantations d'arbres sur les grandes routes ; — divers états du nombre et des arbres existant dans les pépinières, etc.

C. 1479. (Portefeuille.) — 109 pièces, papier.

1740-1741. — Correspondance de M. Boucher, intendant de Bordeaux, avec les subdélégués, concernant : — le nombre et les espèces d'arbres existant dans les pépinières royales de Bordeaux, Libourne, Bazas, Nérac, Villeneuve-d'Agen et Marmande ; — le remplacement des arbres morts sur les grandes routes ; — la distribution de mûriers blancs ; — les états des arbres bons à être transplantés, etc.

C. 1480. (Portefeuille.) — 118 pièces, papier.

1741-1742. — Requêtes, états de dépenses et ordonnances de payement rendues par M. Boucher, intendant de Bordeaux, concernant : — les frais d'entretien des pépinières royales de Bordeaux, Libourne, Villeneuve-d'Agen, Bazas et Nérac ; — les plantations de mûriers blancs sous l'inspection d'un nommé Chatal ; — les frais de plantations sur les grandes routes ; — les loyers des terrains occupés par les pépinières royales ; — le projet de l'établissement d'une pépinière de mûriers blancs à Villeneuve-d'Agen, etc.

C. 1481. (Portefeuille.) — 116 pièces, papier.

1743-1744. — Correspondance de M. de Tourny, intendant de Bordeaux, avec le ministre Orry et les subdélégués, concernant : — les frais d'entretien des pépinières royales de Bordeaux, Libourne, Villeneuve-d'Agen, Blaye, Nérac, Périgueux et Condom ; — la réclamation faite par mademoiselle de Ménoire de La Feuillade d'une somme de 130 livres pour le loyer du terrain de la pépinière de Villeneuve ; — la plantation de mûriers blancs ; — les gratifications allouées au sieur Chatal, inspecteur des pépinières, etc.

C. 1482. (Portefeuille.) — 100 pièces, papier.

1744-1745. — Correspondance de M. de Tourny, intendant de Bordeaux, avec les subdélégués, concernant : — les marchés passés par ces derniers avec les propriétaires des terrains occupés par les pépinières royales ; —

SÉRIE C. — INTENDANCE DE BORDEAUX.

les frais d'entretien des pépinières de Villeneuve-d'Agen, Sainte-Foy, Périgueux, Nérac, Agen, Bordeaux, Blaye et Libourne; — la reddition des comptes des recettes et dépenses des fonds affectés à l'entretien des pépinières de mûriers blancs; — les gratifications allouées à l'inspecteur des semis desdits arbres, etc.

C. 1483. (Portefeuille.) — 100 pièces, papier.

1745-1746. — Correspondance de M. de Tourny, intendant de Bordeaux, avec les subdélégués, concernant : — les frais d'entretien des pépinières royales de Blaye, Périgueux, Sainte-Foy, Villeneuve, Agen, Nérac, Bordeaux et Libourne; — divers mémoires sur la culture des mûriers blancs; — les états de situation des fonds des pépinières; — l'établissement d'une manufacture pour le tirage des soies à la croisade dans la ville de Montauban; — les frais de loyer des terrains occupés par les pépinières; — les gratifications accordées au sieur Chatal, inspecteur des pépinières de mûriers blancs, etc.

C. 1484. (Portefeuille.) — 110 pièces, papier.

1746-1747. — Correspondance de M. de Tourny, intendant de Bordeaux, avec les subdélégués, concernant : — l'entretien des pépinières royales de Bordeaux, Périgueux, Sarlat, Agen, Condom, Libourne, Sainte-Foy, Villeneuve, Nérac et Duras; — les frais de loyer des terrains occupés par les pépinières; — la culture des mûriers blancs; — l'établissement d'une manufacture de soie à Villeneuve-d'Agen; — les gratifications allouées au sieur Chatal, inspecteur des pépinières de mûriers blancs, etc.

C. 1485. (Portefeuille.) — 108 pièces, papier; 2 plans.

1747-1748. — Correspondance de M. de Tourny, intendant de Bordeaux, avec les subdélégués, concernant : — les frais d'entretien des pépinières royales de Bordeaux, Périgueux, Duras, Villeneuve, Nérac, Agen, Sainte-Foy et Libourne; — la culture des mûriers blancs; — les appointements du sieur Chatal, inspecteur; — les frais de loyer des terrains occupés par lesdites pépinières; — les mémoires du sieur Chatal sur l'état des pépinières de mûriers blancs; — ordonnances rendues par l'intendant, pour les dépenses desdites pépinières, etc.

C. 1486. (Portefeuille.) — 103 pièces, papier.

1748-1749. — Correspondance de M. de Tourny, intendant de Bordeaux, avec le ministre Machault et les subdélégués, concernant : — l'emploi des fonds destinés,

GIRONDE. — SÉRIE C.

par arrêt du Conseil d'État, en date du 11 juillet 1748, aux dépenses des pépinières royales de Bordeaux, Libourne, Duras, Sainte-Foy, Périgueux, Nérac, Agen, Villeneuve et Condom; — divers mémoires du sieur Chatal, inspecteur, sur les pépinières de mûriers blancs; — la situation desdites pépinières; — la reddition des comptes des recettes et dépenses pour l'entretien, les loyers des terrains et les frais extraordinaires desdites pépinières; — ordonnances rendues à cet effet par l'intendant, etc.

C. 1487. (Carton.) — 116 pièces, papier; 1 plan.

1750. — Correspondance de M. de Tourny, intendant de Bordeaux, avec MM. les ministres de Trudaine et Machault et les subdélégués, concernant : — l'emploi des fonds destinés à l'entretien des pépinières royales de Bordeaux, Périgueux, Sarlat, Agen, Condom, Villeneuve, Sainte-Foy, Libourne, Duras et Nérac; — les frais de loyer des terrains occupés par lesdites pépinières; — la mauvaise réussite des mûriers blancs; — la reddition des comptes des recettes et dépenses; — un mémoire du sieur Chatal sur l'établissement de la culture des mûriers blancs dans plusieurs provinces du royaume, etc.

C. 1488. (Carton.) — 100 pièces, papier.

1751. — Correspondance de M. de Tourny, intendant de Bordeaux, avec les subdélégués, concernant : — l'emploi des fonds destinés à l'entretien des pépinières royales de Bordeaux, Périgueux, Sarlat, Agen, Condom, Libourne, Sainte-Foy, Duras, Villeneuve et Nérac; — les frais de loyer des terrains occupés par lesdites pépinières; — la reddition des comptes des recettes et dépenses de l'année 1751; — ordonnances de payement rendues par l'intendant pour l'entretien et frais extraordinaires desdites pépinières, etc.

C. 1489. (Carton.) — 90 pièces, papier.

1751. — Correspondance de M. de Tourny, intendant de Bordeaux, avec M. le ministre de Trudaine et les subdélégués, concernant : — l'emploi des fonds destinés au payement des dépenses des pépinières royales établies à Bordeaux, Périgueux, Sarlat, Agen, Condom, Villeneuve, Libourne, Duras, Sainte-Foy et Nérac; — l'état de la situation des pépinières de la Généralité de Bordeaux; — la reddition des comptes des recettes et dépenses pour l'entretien, des loyers des terrains et frais extraordinaires desdites pépinières; — les contestations au sujet du cimetière affermé pour l'augmentation de la pépinière de mûriers blancs établie à Nérac, etc.

C. 1490. (Carton.) — 100 pièces, papier.

1752. — Correspondance de M. de Tourny, intendant de Bordeaux, avec les subdélégués, concernant : — les frais d'entretien des pépinières royales de Bordeaux, Duras, Libourne, Périgueux, Sainte-Foy, Villeneuve, Agen, Nérac, Blaye, Sarlat et Condom ; — la reddition des comptes des recettes et dépenses pour l'entretien, les loyers des terrains et frais extraordinaires desdites pépinières ; — ordonnances de payement rendues par l'intendant ; — des mémoires et instructions sur les ensemencements et plantations des mûriers blancs ; — les états de la situation des pépinières de la Généralité de Bordeaux, etc.

C. 1491. (Carton.) — 100 pièces, papier.

1753. — Correspondance de M. de Tourny, intendant de Bordeaux, avec M. le ministre de Trudaine et les subdélégués, concernant : — les frais d'entretien des pépinières royales de Bordeaux, Libourne, Périgueux, Sainte-Foy, Duras, Villeneuve, Agen et Nérac ; — la reddition des comptes des recettes et dépenses pour l'entretien, les loyers de terrains et les frais extraordinaires desdites pépinières ; — les ordonnances de payement rendues par l'intendant ; — la nomination du sieur Dufau aux fonctions d'inspecteur des pépinières de mûriers blancs, en remplacement de M. Chatal, décédé, etc.

C. 1492. (Carton.) — 119 pièces, papier ; 1 plan.

1753-1754. — Correspondance de M. de Tourny, intendant de Bordeaux, avec le ministre Machault et les subdélégués, concernant : — l'emploi des fonds destinés au payement de l'entretien des pépinières royales de Bordeaux, Périgueux, Sarlat, Agen, Condom, Duras, Villeneuve, Sainte-Foy, Nérac et Libourne ; — la culture des mûriers blancs ; — le plan de la pépinière de Villeneuve ; — les marchés passés tant pour les loyers de terrains que pour la culture desdites pépinières, etc.

C. 1493. (Carton) — 90 pièces, papier ; 7 plans.

1754-1755. — Correspondance de M. de Tourny, intendant de Bordeaux, avec M. le ministre de Trudaine et les subdélégués, concernant : — les frais d'entretien des pépinières royales de Bordeaux, Libourne, Périgueux Sainte-Foy, Duras, Villeneuve, Nérac et Agen ; — la situation des pépinières de la Généralité de Bordeaux au 1er octobre 1754 ; — les plans des pépinières de Nérac, Libourne, Duras et Agen ; — la culture des mûriers blancs ; — les états des particuliers qui ont récolté de la soie en 1775 ; - diverses demandes d'arbres, etc.

C. 1494. (Carton.) — 99 pièces, papier ; 3 plans.

1756-1761. — Correspondance de M. de Tourny, intendant de Bordeaux, avec M. le ministre de Trudaine et les subdélégués, concernant : — l'emploi des fonds destinés aux dépenses des pépinières royales de Bordeaux, Périgueux, Sarlat, Agen, Condom, Nérac, Libourne, Duras, Sainte-Foy et Nérac ; — les états de situation desdites pépinières ; — la distribution de mûriers blancs à divers particuliers ; — l'établissement d'une manufacture de soie et d'étoffes à Bordeaux ; — l'encouragement à la culture du mûrier blanc ; — les conventions passées entre les subdélégués et les propriétaires des terrains occupés par les pépinières, etc.

C. 1495. (Carton.) — 100 pièces, papier ; 5 plans.

1762-1764. — Correspondance de M. Boutin, intendant de Bordeaux, avec les subdélégués, concernant : — les frais d'entretien des pépinières royales de Bordeaux, Périgueux, Sarlat, Agen, Condom, Nérac, Duras, Libourne et Villeneuve ; — les dépenses extraordinaires et les locations de terrains occupés par lesdites pépinières ; — l'établissement d'une nouvelle pépinière de mûriers blancs à Agen ; — les plans des pépinières de Nérac et d'Agen ; — les états des arbres délivrés dans la Généralité de Bordeaux, etc.

C. 1496. (Carton.) — 108 pièces, papier.

1765-1766. — Correspondance de M. Boutin, intendant de Bordeaux, avec les subdélégués, concernant : — les frais d'entretien des pépinières royales de Bordeaux, Périgueux, Villeneuve, Agen et Nérac ; — les frais extraordinaires et les locations des terrains occupés par lesdites pépinières ; — divers états des arbres et arbustes délivrés par ordre de l'intendant ; — la reddition des comptes ; — les ordonnances de payement rendues par M. Boutin pour l'entretien des pépinières, etc.

C. 1497. (Carton.) — 119 pièces, papier.

1767-1768. — Correspondance de M. de Fargès, intendant de Bordeaux, avec les ministres de L'Averdy et de Trudaine et les subdélégués, concernant : — l'entretien des pépinières royales de Bordeaux, Villeneuve, Nérac et Périgueux ; — les frais de location des terrains occupés par lesdites pépinières ; — la plantation de 500 peupliers d'Italie à l'entrée de Ribérac, sur la route d'Angoulême ; —

l'état des arbres plantés dans la pépinière de Bordeaux en l'année 1767; — les comptes des pépinières de Villeneuve et de Bordeaux; — le projet d'établissement d'un jardin potager dans l'emplacement des pépinières près le jardin public; — la tournée de M. Pomier, ingénieur des ponts et chaussées, relative à la plantation des mûriers blancs et à l'éducation des vers à soie, etc.

C. 1498. (Carton.) — 123 pièces, papier.

1768-1769. — Comptes, mémoires et ordonnances de payement rendus par M. de Fargès, intendant de Bordeaux, concernant : — l'entretien des pépinières royales de Villeneuve, Nérac, Périgueux et Bordeaux ; — les frais de location de ces pépinières; — l'imposition sur la Généralité de Bordeaux de la somme de 9,600 livres, pour le payement des dépenses d'entretien des pépinières de mûriers blancs, ormes, noyers et autres arbres, établies dans ladite Généralité, etc.

C. 1499. (Carton.) — 105 pièces, papier.

1769-1770. — Correspondance de MM. de Fargès et Esmangart, intendants de Bordeaux, avec les subdélégués, concernant : — les frais d'entretien des pépinières royales de Bordeaux, Périgueux, Villeneuve et Nérac ; — les loyers des terrains occupés par lesdites pépinières; — l'établissement d'une pépinière de mûriers blancs à Sainte-Foy ; — la reddition des comptes ; — les ordonnances de payement rendues par les intendants, etc.

C. 1500. (Carton.) — 101 pièces, papier.

1770-1771. — Correspondance de MM. de Fargès et Esmangart, intendants de Bordeaux, avec les subdélégués, concernant : — les frais d'entretien des pépinières royales de Bordeaux, Périgueux, Villeneuve, Nérac et Sainte-Foy ; — les loyers des terrains occupés par lesdites pépinières ; — les états de distribution d'arbres ; — la situation des pépinières ; — les états des arbres fruitiers et d'agrément bons à être transplantés ; — la reddition des comptes des pépinières de la Généralité de Bordeaux ; — les ordonnances de payement rendues par lesdits intendants, pour les frais d'entretien des pépinières, etc.

C. 1501. (Carton.) — 119 pièces, papier.

1771-1772. — Comptes rendus à M. Esmangart, intendant de Bordeaux, par le sieur Louis Choart, conseiller du Roi et receveur général des finances de la Généralité de Bordeaux, des recettes et dépenses faites en 1771 et 1772, pour l'entretien des pépinières royales de Bordeaux, Sainte-Foy, Villeneuve et Périgueux ; — les frais de loyers desdites pépinières ; — les ordonnances de payement rendues par l'intendant, etc.

C. 1502. (Carton.) — 117 pièces, papier.

1772-1773. — Correspondance de M. Esmangart, intendant de Bordeaux, avec les subdélégués, concernant : — les frais d'entretien des pépinières royales de Bordeaux, Villeneuve-d'Agen et Antoniat ; — une demande de graine de mûriers blancs par M. de Saint-Priest, intendant du Languedoc à Montpellier ; — les états de distribution de mûriers, peupliers et arbres fruitiers ; — les comptes rendus par le sieur Miral des dépenses pour les frais d'entretien de la pépinière royale de Bordeaux.

C. 1503. (Carton.) — 108 pièces, papier; 1 plan.

1773-1774. — Correspondance de M. Esmangart, intendant de Bordeaux, avec les subdélégués, concernant : — l'entretien des pépinières royales de Bordeaux et de Villeneuve-d'Agen; — l'état de leur situation ; — les baux à ferme consentis entre l'intendant et les propriétaires des terrains occupés par les pépinières ; — des demandes de mûriers et d'arbres fruitiers ; — divers états des arbres bons à délivrer dans la pépinière de Bordeaux ; — le plan de la pépinière de Villeneuve, etc.

C. 1504. (Carton.) 102 pièces, papier; 1 plan.

1774-1775. — Correspondance de M. Boutin, intendant de Bordeaux, avec les subdélégués, concernant : — les frais d'entretien des pépinières royales de Villeneuve-d'Agen et de Bordeaux ; — le bail à ferme du terrain occupé par la pépinière de Villeneuve ; — les conditions sur l'objet de sa culture et de son entretien ; — une distribution d'arbres à divers particuliers ; — l'état des plans de la pépinière de Bordeaux ; — l'envoi de graines de mûrier à M. de Saint-Priest, intendant à Montpellier ; — les états des pépinières contenant le nombre d'arbres, leur espèce, leur âge, etc.

C. 1505. (Carton.) — 93 pièces, papier.

1775-1776. — Correspondance de MM. de Clugny et Dupré de Saint-Maur, intendants de Bordeaux, avec les subdélégués, concernant : — les frais d'entretien des pépinières royales de Bordeaux et de Villeneuve-d'Agen ; —

les baux à ferme des terrains occupés par lesdites pépinières ; — les arbres délivrés à divers particuliers d'après les ordres des intendants ; — la situation des pépinières ; — les états des arbres bons à être transplantés, etc.

C. 1506. (Carton.) — 100 pièces, papier.

1776. — Demandes d'arbres, adressées à M. Dupré de Saint-Maur, intendant de Bordeaux, par divers particuliers, parmi lesquels : Élie Fradin, Antoine Batauchon, recteur de l'académie de peinture ; Dutasta, négociant ; Jean Cayre, Sermensan, Langlumé, Lafrance, greffier en chef du Domaine du Roi ; Roborel-Descorps, procureur à la Cour ; Chaigne, secrétaire du procureur général du Roi au Parlement de Bordeaux ; Jean Malard, marchand, etc.

C. 1507. (Carton.) — 109 pièces, papier.

1777. — Requêtes et ordonnances de payement rendues par M. Dupré de Saint-Maur, intendant de Bordeaux, concernant : — les comptes rendus audit intendant par M. Choart, receveur général des finances, des recettes et dépenses des fonds destinés à l'entretien des pépinières royales de la Généralité ; — les états des qualités et du nombre des arbres demandés ; — les frais de location de la pépinière de Bordeaux ; — les états des arbres bons à être délivrés ; — des demandes adressées à l'intendant par divers particuliers pour obtenir des arbres de la pépinière de Bordeaux, etc.

C. 1508. (Carton.) — 106 pièces, papier.

1777. — Demandes d'arbres, adressées à M. Dupré de Saint-Maur, intendant de Bordeaux, par différents particuliers, au nombre desquels figurent : MM. Dunogués, subdélégué de La Réole ; Saint-Martin, Saint-Guirons, Larrieu, Beraut, Champès, Jean Roche Latuque, écuyer ; le comte de Ségur, Jean Coustaud, Henri de Grailly, écuyer ; David, marchand ; Graves, receveur des poudres ; François Castaing, négociant ; Fatin, curé de Podensac ; Arbouet de Labernède, avocat à la Cour ; Dozan, avocat au Parlement ; Jacques Bertin, écuyer ; Jacob Pexoto, etc.

C. 1509. (Carton.) — 112 pièces, papier.

1777-1778. — Requêtes et comptes concernant : — les dépenses faites par M. Miral pour les frais de culture de la pépinière royale de Bordeaux depuis le 30 juin 1777 jusqu'au 30 mai 1778 ; — le loyer de ladite pépinière ; — des demandes d'arbres à M. Dupré de Saint-Maur, intendant de Bordeaux, par : MM. Pierre Seignouret, Pelusset, commissaire de police ; Raymond Bedouret, Langlumé, négociant ; Jean Peletan de Lamanseau, procureur en la Cour ; Conilh, conseiller au Parlement ; Barret de Latour, prévôt général de la maréchaussée de Guyenne ; Arnaud de Tranchère, ancien trésorier de France, etc.

C. 1510. (Carton.) — 100 pièces, papier.

1778. — Demandes d'arbres, adressées à M. Dupré de Saint-Maur, intendant de Bordeaux, par divers particuliers, parmi lesquels : MM. de Laguette, sous-ingénieur des ponts et chaussées ; Fonbrauge, conseiller à la Cour ; Graves, receveur des poudres ; Duprat, notaire ; Maupetit, capitaine de navire ; Mme de La Salle, Du Paty, le vicomte Duhamel, Granger, acteur du spectacle de Bordeaux ; de Gestas, lieutenant-colonel au régiment de Conti, etc.

C. 1511. (Carton.) — 100 pièces, papier.

1778-1779. — Demandes d'arbres, présentées à M. Dupré de Saint-Maur, intendant de Bordeaux, par différents particuliers, parmi lesquels : MM. Baritault, conseiller au Parlement ; Brun de Lafon, conseiller à l'Élection ; Barret de Latour, grand prévôt de la maréchaussée ; Belmont, ancien directeur du spectacle ; Barbe de Laburthe, écuyer ; Cameyran, seigneur de Baumes ; Delmestre, courtier royal ; Duval, conseiller au Parlement ; Filhot de Chimbaud, Grelat, capitaine aide-major ; Genevaix, directeur des Domaines ; Hostin, capitaine de dragons ; Lynch, écuyer ; Le Blanc-Mauvezin, Malleret, lieutenant criminel ; Pichon, commandeur, etc.

C. 1512. (Carton.) — 100 pièces, papier.

1779. — Demandes d'arbres, adressées à M. Dupré de Saint-Maur, intendant de Bordeaux, par divers particuliers, parmi lesquels : MM. Zénon de Fayet, conseiller à la Cour des aides ; Pierre de Conilh, conseiller à la Cour de Parlement ; de Lacolonie, Jacques Legris, trésorier de France ; le marquis de Solvignac, madame Darche de Castelnau, Daniel Astruc, négociant ; Thibaud de Gobineau, conseiller au Parlement ; D'Arche, chanoine de Saint-André ; Léonard Dozat, contrôleur du Bureau des fermes du Roi ; Dechay, visiteur au Bureau des congés ; Jean Baptiste Tanchon, procureur au Parlement ; Olive-Marguerite de Biré, veuve de Jean Cat, écuyer, etc.

C. 1513. (Carton.) — 97 pièces, papier.

1779. — Requêtes, mémoires et ordonnances de payement, rendues par M. Dupré de Saint-Maur, intendant de Bordeaux, concernant : — la reddition des comptes par-devant ledit intendant par M. Louis Choart, receveur général des finances, des recettes et dépenses faites sur les fonds alloués en 1779 pour l'entretien des pépinières royales de la Généralité de Bordeaux ; — des demandes d'arbres pour la plantation de la promenade du Mas-d'Agenais ; — les états des qualités et du nombre d'arbres réclamés par différents particuliers ; — les états des dépenses faites pour l'entretien de la pépinière de Bordeaux ; —les frais de loyer de ladite pépinière, etc.

C. 1514. (Carton.) — 113 pièces, papier ; 2 plans.

1780-1781. — Mémoires et ordonnances de payement rendues par M. Dupré de Saint-Maur, intendant de Bordeaux, concernant : — les états des journées des jardiniers et manœuvres ; — les fournitures employées à l'entretien de la pépinière de Bordeaux ; — les plans figuratifs de toute la dépendance de la pépinière située derrière le Jardin public ; — le projet des conditions auxquelles seront assujettis les jardiniers, cultivateurs des arbres des pépinières et d'autres herbages ; — l'imposition des pépinières en 1780 ; — la fourniture de fumier par le sieur Muller ; — la distribution d'arbres provenant de la pépinière d'Antoniat, près Périgueux, etc.

C. 1515. (Portefeuille.) — 122 pièces, papier.

1781. — Demandes d'arbres, adressées à M. Dupré de Saint-Maur, intendant de Bordeaux, par divers particuliers, parmi lesquels : MM. Percy, greffier, commis du Bureau des finances ; Hérault, négociant ; Batanchon, chanoine de Saint-Seurin ; Éléonor Jouaneau, avocat au Parlement ; Darribeau de Lacassagne, seigneur d'Artigues ; de Beauvallon, Capmartin, subdélégué ; de Chaperon, écuyer ; Laronde, officier et monnayeur à Bordeaux ; Cornic, capitaine des vaisseaux du Roi ; de Kater, écuyer ; Maleret, lieutenant criminel au Sénéchal de Guyenne ; Gaillard de Beauchamps, Clémenceau, monnayeur à Bordeaux ; Théophile de Pontoise, etc.

C. 1516. (Portefeuille.) — 112 pièces, papier.

1781. — Demandes d'arbres, adressées à M. Dupré de Saint-Maur, intendant de Bordeaux, par : MM. Langlumé, directeur des messageries royales ; de Ruat-Lussac, avocat au Parlement ; Galineau, secrétaire à l'Intendance ; Taffard, conseiller à la Cour des aides ; le marquis de Belbrune, Dyquem, chevalier de Saint-Louis ; Chaperon, ancien capitaine d'infanterie ; de Malartic, écuyer ; Noirac, négociant ; Joseph de Vigier, écuyer ; l'abbé Baurein, archiviste de l'Intendance ; Le Brun de Lafon, conseiller du Roi en l'Élection ; de Ponsard, médecin à Bordeaux, etc.

C. 1517. (Portefeuille.) — 112 pièces, papier.

1782-1783. — Requêtes et comptes concernant : — des demandes d'arbres faites à M. Dupré de Saint-Maur, intendant de Bordeaux, par divers particuliers : MM. le comte de Laroque, le comte de Jumilhac ; de Blanzac, écuyer ; le chevalier Ducheyron, lieutenant-colonel d'infanterie ; de Chamisac, lieutenant criminel ; Bayle de Pérignac, Mandavy, conseiller à la Cour des aides de Bordeaux ; le marquis de Buylli, de Belair, avocat ; Bienassis, président ; de Brivazac, conseiller au Parlement ; Biran, subdélégué à Bergerac ; de Salle, Paty du Rayet, Gaillard de Beauchamps ; — les états des journées des jardiniers et manœuvres ; — les fournitures pour l'entretien de la pépinière royale de Bordeaux, etc.

C. 1518. (Portefeuille.) — 100 pièces, papier.

1783. — Requêtes et comptes concernant : — des états des journées des jardiniers et manœuvres ; — les fournitures pour l'entretien de la pépinière royale de Bordeaux ; — des demandes d'arbres adressées à M. Dupré de Saint-Maur, intendant de Bordeaux, par divers propriétaires : MM. de Virazel, président ; Sauteyron, secrétaire de l'Intendance ; de La Molère, conseiller au Parlement ; Ducournau, subdélégué à Bayonne ; de Moncheuil, Lhoste, contrôleur de la Monnaie ; de Laroche, conseiller à la Cour des aides ; de Baritault, conseiller au Parlement ; Drouyn, écuyer ; de Cist, ancien subdélégué ; Le Blanc de Mauvezin, etc.

C. 1519. (Portefeuille.) — 104 pièces, papier.

1784-1785. — Requêtes et comptes de dépenses, concernant : — des demandes d'arbres ; — des observations sur les pépinières ; — les frais de loyer de la pépinière royale de Bordeaux ; — l'inventaire des anciens titres relatifs à l'établissement de ladite pépinière ; — l'état des arbres de la pépinière d'Antoniat bons à être délivrés à M. le comte de Jumilhac, au chevalier Ducheyron, à Delpy de La Roche et Lacoste ; — le recurement des fossés de la pépinière de Bordeaux ; — les états des journées des jardiniers et manœuvres employés à ladite pépinière pendant l'année 1784, etc.

C. 1520. (Carton.) — 111 pièces, papier.

1785-1786. — Comptes de dépenses concernant : — les rôles de journées des jardiniers et manœuvres employés à l'entretien de la pépinière royale de Bordeaux ; — le bail à ferme consenti par M. Lemoyne, ancien commissaire général de marine, au sieur Miral, de bâtiments et terrains situés dans la paroisse de Talence, pour y transférer ladite pépinière royale ; — les frais de labour qu'elle a nécessités, etc.

C. 1521. (Carton.) — 119 pièces, papier.

1787-1789. — Comptes de dépenses concernant : — les états de journées des jardiniers et manœuvres et des fournitures faites pour l'entretien de la pépinière royale de Bordeaux ; — l'achat de plants et graines ; — les rôles quittancés et mémoire à l'appui, etc.

C. 1522. (Carton.) — 100 pièces, papier.

XVIIIᵉ siècle. — Requêtes, mémoires et comptes de dépenses concernant : — les états de journées de jardiniers et manœuvres employés à l'entretien de la pépinière royale de Bordeaux ; — les rôles de quinzaine et les comptes particuliers fournis et payés par le sieur Catros, jardinier de la pépinière du département, pour les dépenses relatives à ladite pépinière ; — le mémoire de M. Bremontier sur l'établissement des pépinières royales ; — divers ordres donnés à M. Catros de faire des distributions d'arbres à MM. Dubourdieu, Joseph Leclerc, Blagrand, Desclaux, négociant ; Delbos courtier ; Bremontier, ingénieur en chef des ponts et chaussées ; madame Lassale Leblanc, Langlumé, Cazenave, Pierre Duprat, négociant ; madame Quinsac, Maignol, etc.

C. 1523. (Carton.) — 119 pièces, papier.

XVIIᵉ siècle. — Divers ordres de distribution d'arbres à des propriétaires, parmi lesquels : MM. Pierre Ternis, Charles Brunaud, Blondel, madame Latapy ; — Hérault, les demoiselles Coppinger, Dufeuille, Despouy, Poujeau, Fiton, Barbé, prêtre ; Laguebat, Duranthon, Pellet, Cholet, Viard, Lemoyne, Dubord, officier municipal de Pessac ; Bernada, administrateur ; Spelette, Castaing,
Hazera, Roullet, Mazeau, Lamarque, Rachon, Pujoulx-Laroque, Loustau, chirurgien ; de La Ville, notaire ; madame Clemenceau, Roullier de Gassies, Gérard-Nauville, Meynieu, Journu-Maisonneuve, Desmirail-Fontareaux, de Gombault, Cossin-Lecouvreur, Lafourcade, juge.

C. 1524. (Carton.) — 116 pièces, papier.

1729-1737. — Correspondance de M. Boucher, intendant de Bordeaux, avec MM. Le Péletier, Orry et de Chauvelin, ministres, et les subdélégués, concernant : — la maladie épizootique ; — les précautions à prendre pour en éviter la contagion ; — des mémoires au sujet de la mortalité des bestiaux dans le Périgord et l'Agenais ; — les traitements des bêtes à cornes par le sieur Helvétius ; — les ravages occasionnés par les bêtes féroces dans les environs de Sarlat, etc.

C. 1525. (Carton.) — 86 pièces, papier.

1745-1771. — Correspondance de M. de Tourny, intendant de Bordeaux, avec le ministre Orry et les subdélégués, concernant : — la maladie des bestiaux ; — les précautions à prendre pour empêcher la contagion de se répandre ; — les états des principaux marchands de bestiaux dans la basse Navarre ; — un mémoire sur une maladie qui avait attaqué les bêtes à cornes dans les Généralités d'Auvergne, Limoges et Moulins ; — une ordonnance de M. l'intendant de Bordeaux faisant défense aux propriétaires ou marchands de bestiaux de la Saintonge d'en conduire aucuns dans la Généralité de Guyenne ; — des observations sur la maladie des bestiaux et sur les remèdes déjà éprouvés ; — divers avis ou instructions sur ladite maladie.

C. 1526. (Carton.) — 31 pièces, papier.

1775. — Correspondance de MM. Esmangart et de Clugny, intendants de Bordeaux, avec MM. Daine, intendant de Limoges ; Boisbedeuil, subdélégué à Angoulême, etc., concernant : — la maladie contagieuse dont sont attaquées les bêtes à cornes dans quelques cantons de la Généralité de Bordeaux ; — la réussite de la guérison des bêtes à cornes ; — les difficultés qu'on a éprouvées de la part des paysans pour l'enfouissement des bestiaux assommés pour cause de contagion ; — un supplément de solde de 10 sous par jour accordé aux soldats employés soit à faire des fosses, soit à la désinfection des étables ; — une plainte de M. d'Esparbès de Lussan contre le nommé Roussel, de la paroisse de Brivac ; — deux lettres de

M. Vicq-d'Azyr qui constatent l'incurabilité de la maladie contagieuse des bestiaux ; — un recueil imprimé d'observations sur les différentes méthodes proposées pour guérir la maladie épidémique qui attaque les bêtes à cornes, par M. Vicq-d'Azyr, etc.

C. 1527. (Portefeuille.) — 120 pièces, papier.

1776. — Correspondance de M. de Clugny, intendant de Bordeaux, avec les subdélégués, concernant : — la maladie des bestiaux ; — les précautions prises dans certaines subdélégations de la Généralité d'Auch pour empêcher la communication de cette maladie et pour l'éteindre entièrement ; — divers états envoyés par les subdélégués à M. de Clugny des bestiaux morts de la maladie épizootique, ou qui ont été assommés ; — de ceux qui sont guéris et de ceux qui n'ont point encore été atteints ; — le remplacement des bestiaux ; — les frais de déplacement des artistes vétérinaires ; — les réclamations de divers propriétaires pour pertes de leurs bestiaux ; — une gratification de 3,000 livres accordée au sieur Sallenave, ancien subdélégué à Pau ; — la désinfection des laines, etc.

C. 1528. (Portefeuille.) — 23 pièces, papier et un cahier.

1774-1776. — Imprimés relatifs aux maladies épizootiques, comprenant : — une brochure de 728 pages, par M. Vicq-d'Azyr, contenant les moyens curatifs, les moyens préservatifs, les ordres émanés du gouvernement et les principaux édits et règlements rendus sur cette matière ; — des mémoires de M. Doazan, médecin de Bordeaux, sur lesdites maladies ; — des moyens préservatifs au moyen d'un vinaigre aromatique ; — des recherches sur l'épizootie par M. Billecocq ; — des observations de M. Vicq-d'Azyr pour désinfecter une paroisse ; — un recueil d'observations du même ; — enfin, des avis au public, des mémoires sur le traitement, des procédés à suivre, des consultations et entre autres un mémoire de l'académie de Bordeaux.

C. 1529. (Carton.) — 102 pièces, papier.

1782-1788. — Correspondance de M. Dupré de Saint-Maur, intendant de Bordeaux, avec les ministres de Vergennes, Necker, d'Ormesson et de Calonne, concernant : — les maladies contagieuses qui règnent sur les animaux dans diverses localités de la Généralité de Bordeaux ; — les moyens curatifs et préservatifs contre cette maladie ; — les défenses de laisser vaguer les chiens et de faire rouir du chanvre et du lin dans les rivières, ruisseaux, fossés et mares qui servent d'abreuvoir aux animaux ; — rapport de M. Vicq-d'Azyr sur l'épizootie putride et charbonneuse qui régnait dans quelques cantons des provinces méridionales du royaume, etc.

C. 1530. (Portefeuille.) — 100 pièces, papier.

1775. — Mémoires et ordonnances de payement rendues par M. Esmangart, intendant de Bordeaux, concernant : — les états qui lui ont été fournis par les subdélégués de la Généralité de Bordeaux des habitants les plus pauvres des paroisses de leurs subdélégations et qui ont perdu des bestiaux par la maladie épizootique ; — les états des drogues employées pour la désinfection des étables ; — le payement desdites drogues ; — les indemnités pour pertes de bestiaux ; — une gratification accordée aux détachements de la légion corse employés à la formation du cordon, afin d'empêcher la propagation de la maladie ; — des gratifications et autres dépenses faites pendant l'année 1775.

C. 1531. (Portefeuille.) — 112 pièces, papier.

1775. — Mémoires et ordonnances de payement rendues par M. Esmangart, intendant de Bordeaux, concernant : — les mandats tirés sur les collecteurs des diverses subdélégations par les subdélégués, pour le payement du tiers de la valeur des bêtes à cornes assommées en vertu de l'arrêt du Conseil du 18 décembre 1774 ; — les frais des drogues employées à la désinfection des étables ; — les frais de tournée des artistes vétérinaires ; — l'envoi de la première compagnie de grenadiers du régiment de Foix, pour être employée à la désinfection des étables, dans les communautés de Manciet, Villeneuve et Mont-de-Marsan ; — les états des propriétaires de la Généralité de Bordeaux qui ont perdu des bestiaux par la maladie épizootique et qui ont le plus grand besoin de secours, etc.

C. 1532. (Portefeuille.) — 101 pièces, papier.

1775-1777. — Requêtes, mémoires et ordonnances de payement rendues par M. Esmangart, intendant de Bordeaux, concernant : — les états des dépenses faites pour la désinfection des étables des subdélégations de Saint-Sever, Nérac et Condom ; — divers états des drogues fournies par les apothicaires pour cette opération ; — les frais de tournée du sieur Mianne, élève de l'École vétérinaire, envoyé dans la subdélégation de Nérac pour traiter les bestiaux attaqués de l'épizootie ; — les avances faites par la caisse du régiment d'infanterie de Vivarais, pour le supplément de solde de 2 sous par jour accordé aux bas officiers et soldats détachés pour former un cordon sanitaire; — l'état des journées employées par le sieur Barquissant, artiste vétérinaire, pour visiter les bestiaux malades dans le pays de Born; — divers états des particuliers de la subdélégation de Bordeaux qui ont éprouvé des pertes de bestiaux par l'épizootie et qui ont le plus besoin de secours.

C. 1533. (Portefeuille.) — 124 pièces, papier.

1775. — Mandats tirés par les subdélégués des Élections de Condom et d'Agen, concernant : — les dépenses occasionnées par l'épidémie épizootique ; — les indemnités accordées aux propriétaires dont on était obligé d'abattre les bestiaux, tant malades que ceux présumés tels ; — les drogues fournies par les apothicaires pour désinfecter les étables ; — les journées employées par les artistes vétérinaires envoyés en mission dans les paroisses, etc.

C. 1534. (Portefeuille.) — 117 pièces, papier.

1774-1775. — Mémoires et ordonnances de payement rendues par M. Esmangart, intendant de Bordeaux, concernant : — les dépenses faites dans l'Élection de Condom pour remédier à l'épizootie sur les bêtes à cornes ; — les états des ouvriers employés à creuser des fosses pour enfouir les animaux morts de cette maladie ; — les mandats délivrés par M. Brondeau, subdélégué de Condom, en vertu de l'ordonnance de M. l'intendant en date du 22 octobre 1774 ; — des indemnités pour pertes de bestiaux accordées à divers particuliers, parmi lesquels : MM. Joseph Molié, Dubrana, Héron de Malausane, le comte de Marin, Bezian, d'Esparbès, Moncade, de Goyon de Lassalle, madame de Lartigue, les demoiselles de Casteron, Dupuy-Labarthe, etc.

C. 1535. (Portefeuille.) — 119 pièces, papier.

1775. — Requêtes, mémoires et ordonnances de payement rendues par M. Esmangart, intendant de Bordeaux, concernant : — les états des journées employées à la désinfection des parcs de la subdélégation de Bordeaux ; — la fourniture des drogues administrées aux bestiaux atteints de la maladie épizootique ; — le creusement des fosses pour l'enfouissement de ceux qui sont morts de cette maladie, ou qui ont été abattus comme suspectés d'en être attaqués ; — les frais de tournée et gratifications allouées aux artistes vétérinaires ; — les mandats tirés par M. Capmartin, subdélégué de Bordeaux, pour indemnités accordées à divers particuliers, parmi lesquels : MM. François Bartalot, Pierre Tartas, Jean Videau, Pierre Duberga, Étienne Pradeau, Jean Bidoir, Jeanne Andron, le comte de Fumel, la veuve Bert, Antoine Hostein, etc.

C. 1536. (Portefeuille.) — 115 pièces, papier.

1775. — Mandats de payement tirés par les subdélégués d'Agen, Périgueux, Sainte-Foy, Bazas et Libourne, relatifs : — aux frais faits pour remédier aux ravages occasionnés par la maladie épizootique qui régnait sur les bêtes à cornes dans ces subdélégations ; — aux fournitures des drogues employées à la désinfection des étables ; — aux indemnités accordées pour pertes de bestiaux, à MM. Arnaud Rodier, Antrieu, Meûnier, Vidalot Du Sirat, Carles Marchand, Raymond Drouilhe, Jeantot de Coupet, Bernardet, laboureur ; de Longpred, Savignac, Gignoux-Gauran, Dulion de La Gueyre, etc.

C. 1537. (Portefeuille.) — 119 pièces, papier.

1775. — Mémoires et mandats de payement tirés par les subdélégués de Condom et de Nérac, concernant : — la dépense des fosses creusées pour l'enfouissement des bestiaux morts de maladie ; — les indemnités accordées à plusieurs particuliers pour pertes de bestiaux ; parmi eux figurent : MM. Labadie Du Pomaro, Molié de Condom, le baron de Verduzan, Lasmoles, de Caussens, Jean Buret, madame Bègue, à Beraut ; de Goalard, Palazo, à Larroumieu ; Castex, à Saint-Caprais, etc.

C. 1538. (Portefeuille.) — 119 pièces, papier.

1775. — Mémoires et mandats de payement tirés par les subdélégués de Condom et de Dax, concernant : — les dépenses du creusement des fosses pour enfouir les bestiaux morts de la maladie épizootique dans ces deux subdélégations ; les indemnités pour pertes de bestiaux en faveur de : MM. Bernard-Lapeyre, Discazaux-Cardeneau, Jean Lassalle, Jean Bellus, Camiade, Garrouteigt, Henri Dumas, Salles, André Carrère, Vincent Perès, Jean Lesgourgues, Pierre Badets, etc.

C. 1539. (Carton.) — 79 pièces, papier.

1773-1777. — Correspondance des subdélégués avec MM. Esmangart, de Clugny et Dupré de Saint-Maur, intendants de Bordeaux, concernant : — les accusés de réception des ordonnances de payement relatives aux dépenses occasionnées par la maladie épizootique ; — Charles

Ménard, artiste vétérinaire de l'école de Lyon ; — une requête du sieur Petit, qui demande l'autorisation et les moyens pécuniaires pour pouvoir s'établir à Condom en qualité d'artiste vétérinaire ; — les fosses creusées pour l'enfouissement des bestiaux morts de la contagion, ou assommés ; — la fourniture des drogues pour la désinfection des écuries ; — les indemnités pour pertes de bestiaux ; — une prime accordée au sieur Dumaine pour achat, en Saintonge et en Angoumois, de mulets vendus à Condom ; — les gratifications allouées aux artistes vétérinaires pour frais de déplacement, etc.

C. 1340. (Portefeuille.) — 104 pièces, papier.

1775. — Correspondance de M. de Clugny, intendant de Bordeaux, avec MM. les subdélégués, concernant : — les précautions à prendre contre la maladie qui régnait dans la Généralité de Bordeaux sur les bêtes à cornes ; — les frais de journées de la maréchaussée de Bordeaux, envoyée en service extraordinaire pour combattre les progrès de la maladie ; — les états des bestiaux atteints de la contagion qui ont été assommés ; — des demandes en indemnité pour pertes de bestiaux ; — les dépenses faites par les consuls de Condom pour les troupes établies en quartier dans leur ville, etc.

C. 1341. (Portefeuille.) — 100 pièces, papier.

1776. — Correspondance de M. de Clugny, intendant de Bordeaux, avec les subdélégués, concernant : — la maladie des bestiaux ; — les précautions à prendre pour maintenir la salubrité dans les subdélégations où elle règne ; — les états des paroisses du pays de Labour qui ont été désinfectées par les soins de M. Dejean, major-capitaine de dragons de la légion du Dauphiné ; — les indemnités réclamées par divers particuliers pour pertes de bestiaux, etc.

C. 1342. (Portefeuille.) — 100 pièces, papier.

1776. — Correspondance de M. de Clugny, intendant de Bordeaux, avec les subdélégués, concernant : — les frais des fosses pour l'enfouissement des bestiaux assommés, ou morts de la maladie épizootique ; — l'état des journées employées par les dragons de la légion du Dauphiné et les soldats du régiment d'Orléans à enrayer les progrès de l'épizootie ; — les frais d'enfouissement des fumiers infectés ; — les ordonnances en faveur de plusieurs particuliers pour pertes de bestiaux, etc.

C. 1343. (Portefeuille.) — 86 pièces, papier.

1776-1777. — Correspondance de MM. de Clugny et Dupré de Saint-Maur, intendants de Bordeaux, avec les subdélégués, concernant : — les vacations de la brigade de la maréchaussée de Castets en Maransin, employée à arrêter les progrès de la maladie épizootique ; — les frais d'entretien de la légion du Dauphiné, envoyée à Dax sous les ordres du capitaine Jean ; — l'indemnité allouée au sieur de Leyre, artiste vétérinaire, pour frais de voyage ; — les états des particuliers qui ont reçu des indemnités pour pertes de bestiaux ; — les états des bestiaux atteints de la maladie épizootique qui ont été assommés dans les subdélégations de Condom et de Saint-Sever ; — des ordonnances de l'intendant pour diverses dépenses relatives à l'épizootie, etc.

C. 1344. (Portefeuille.) — 115 pièces, papier.

1771-1776. — Correspondance de MM. Esmangart, de Clugny et Dupré de Saint-Maur, intendants de Bordeaux, avec les ministres Turgot, d'Ormesson, Taboureau et de Tinguy, concernant : — les précautions à prendre pour éviter la communication des maladies épidémiques sur les bestiaux ; — des mémoires et consultations sur lesdites maladies ; — les comptes d'achats de résine ; — l'augmentation de paye en faveur d'un détachement envoyé dans les Landes sous le commandement du chevalier Déjean ; — les gratifications allouées aux particuliers qui introduisaient des chevaux ou mulets dans la Généralité ; — des demandes en indemnités pour pertes de bestiaux ; — une information contre Lafitte et le prieur de Lahonce pour avoir introduit du gros bétail d'Auvergne dans le pays de Labour, etc.

C. 1345. (Portefeuille.) — 112 pièces, papier.

1776-1777. — Correspondance de M. Dupré de Saint-Maur, intendant de Bordeaux, avec les ministres de Tolozan et Taboureau, et les subdélégués, concernant : — diverses demandes en indemnités pour pertes de bestiaux ; — les états des surveillants des fosses ; — les défenses d'introduire des bestiaux dans les paroisses où règne la maladie épizootique ; — des ordonnances pour le payement des journées d'hommes et de chevaux employés dans le Maransin contre l'épizootie, etc.

C. 1346. (Portefeuille.) — 109 pièces, papier.

1777-1782. — Correspondance de M. Dupré de

Saint-Maur, intendant de Bordeaux, avec les ministres Necker, de Montbarrey et Tolozan, et les subdélégués, concernant : — les personnes préposées pour veiller à l'entretien des fosses où sont enfouis les animaux morts de l'épizootie ; — les frais de marque des bestiaux ; — les indemnités allouées à divers particuliers pour pertes de bestiaux ; — les états des dépenses relatives à la maladie épizootique ; — les journées d'hommes et de chevaux employés dans le Maransin à l'occasion de la contagion, etc.

C. 1547. (Portefeuille.) — 103 pièces, papier.

1775-1776. — Arrêts, requêtes et ordonnances de M. Dupré de Saint-Maur, intendant de Bordeaux, concernant : — les précautions à prendre pour arrêter les progrès de la maladie épizootique et pour l'étouffer dans son principe ; — les frais d'émigration des bestiaux ; — les procès-verbaux constatant le nombre des bestiaux morts de l'épizootie ; — les états des bestiaux transmigrés dont le tiers de la valeur a été payé aux propriétaires en vertu des ordres donnés par M. de Clugny, intendant de Bordeaux, aux subdélégués d'Agen et de Condom ; — les états des bestiaux attaqués de la maladie épizootique qui ont été assommés dans la subdélégation de Saint-Sever, etc.

C. 1548. (Portefeuille.) — 115 pièces, papier.

1776. — Requêtes et ordonnances de M. Dupré de Saint-Maur, concernant : — l'émigration des bestiaux ; — les états des sommes dues aux particuliers auxquels appartenaient les bestiaux soumis à l'émigration pendant la maladie épizootique qui régnait dans l'Agenais et le Condomois ; — la rentrée de partie des avances faites par le Roi sur le prix des bestiaux émigrés ; — divers procès-verbaux constatant le nombre des bestiaux atteints de la maladie épizootique, etc.

C. 1549. (Portefeuille.) — 100 pièces, papier.

1777. — Correspondance de M. Dupré de Saint-Maur, intendant de Bordeaux, avec le ministre Bertin et les subdélégués, concernant : — l'émigration des bestiaux ; — les états des bestiaux émigrés dans les communautés de Montréal, Castelnau-Fimarcon, Larroumieu, Abrin, Marsolan, Mas-Fimarcon et Condom, chez les sieurs Pelauque, Fourteau, Lartigue, de Laboupilière et de Latournerie ; — des ordonnances de payement en faveur de différents particuliers pour le déplacement de leurs bestiaux, etc.

C. 1550. (Portefeuille.) — 89 pièces, papier.

1777-1778. — Correspondance de M. Dupré de Saint-Maur, intendant de Bordeaux, avec les ministres Necker et de Tolozan et les subdélégués, concernant : — les frais de journées employées à la désinfection des granges et au creusement des fosses pour enfouir les fumiers infectés et les bestiaux assommés, ou morts de la contagion ; — des ordonnances de payement pour émigration de bestiaux rendues en faveur des sieurs Capdeville, Faulon, écuyer, Gauran, Lagutère, Merle jeune, Jean et Antoine Martin, Pierre Candelon, Ducasse, François Bosk, Arnaud Delpech, Raymond Vignes, Pons de La Flambelle ; — les comptes rendus, par les receveurs particuliers de l'Agenais et du Condomois, des sommes par eux perçues, tant pour le remboursement des indemnités avancées par le Roi, lors du déplacement des gros bestiaux, que pour le compte des propriétaires desdits bestiaux avant leur émigration, etc.

C. 1551. (Portefeuille.) — 34 pièces, papier.

1746-1784. — Arrêts du Conseil, de la Cour de Parlement de Bordeaux, ordonnances des intendants de Navarre, Béarn, de la province du Languedoc et des jurats de Bordeaux, relatifs : — aux défenses faites à toutes personnes de vendre aucune espèce de bétail à cornes, ni volaille, à aucuns étrangers pour être transportés hors du royaume ; — à l'introduction du bétail dans la ville de Bordeaux ; — aux précautions à prendre contre la maladie épizootique ; — aux moyens d'en arrêter les progrès et de prévenir la perte des bestiaux ; — aux gratifications à accorder ; — au remplacement des bestiaux morts de la contagion ; — à l'obligation imposée aux propriétaires de déclarer dans les 24 heures les animaux malades ou présumés tels ; — à la suspension des foires et marchés dans l'étendue des Sénéchaussées jusqu'à nouvel ordre ; — à la défense de faire sortir les bestiaux hors des limites des paroisses ; — au dépeuplement des bestiaux le long de la Garonne.

C. 1552. (Portefeuille.) — 116 pièces, papier.

1775-1776. — Circulaires adressées par M. de Clugny, intendant de Bordeaux, aux subdélégués de Bazas, Condom, Dax, Bayonne, Casteljaloux, Nérac, Agen, Saint-Sever et Mont-de-Marsan, concernant : — l'exécution des mesures ordonnées par Sa Majesté pour arrêter les progrès de la maladie épizootique ; — la distinction des communautés où doivent être assommés les bestiaux atteints de l'épidémie de celles où le traitement doit être toléré ; — la condamnation à la prison et à l'amende des nommés Dulac,

Dumartin, jurat de La Lacajunte; Monségur, maréchal-expert de ladite communauté ; sieur Ducousso, jurat de la paroisse de Lasque, pour avoir introduit des bœufs malades dans ladite paroisse de Lacajunte, etc.

C. 1553. (Portefeuille.) — 103 pièces, papier.

1776. — Correspondance de M. de Clugny, intendant de Bordeaux, avec les subdélégués, concernant : — les précautions à prendre contre l'épizootie ; — les états des bestiaux morts de maladie, ou qui ont été assommés ; de ceux qui sont guéris et de ceux qui n'ont pas encore été atteints par la maladie dans les communautés des subdélégations de Mont-de-Marsan et de Libourne ; — une ordonnance de l'intendant qui défend l'introduction des bestiaux dans les paroisses, ainsi que le traitement de ceux qui sont attaqués de la maladie épizootique ; — le repeuplement des bestiaux, etc.

C. 1554. (Portefeuille.) — 100 pièces, papier.

1776. — Correspondance de M. de Clugny, intendant de Bordeaux, avec les subdélégués, concernant : — l'information contre les nommés Aicagues de Beguios et Harquina de Mouguerre, accusés d'avoir contrevenu aux règlements relatifs à cette maladie ; — l'envoi des poudres pour la désinfection des granges, écuries et parcs ; — les états des bestiaux morts de l'épizootie ; de ceux qui sont guéris et de ceux qui n'ont point encore été atteints de la maladie, etc.

C. 1555. (Portefeuille.) — 100 pièces, papier.

1776. — Correspondance de M. de Clugny, intendant de Bordeaux, avec les subdélégués, concernant : — les frais de logement et d'ustensiles des soldats du détachement de Roquefort envoyés à Estigarde pour s'opposer à la sortie et à l'entrée d'aucune espèce de bétail ; — le remboursement des frais de fournitures employées à la désinfection des étables de la subdélégation de Mont-de-Marsan ; — les frais extraordinaires de la maréchaussée de Marsan ; — les états des bestiaux morts de la maladie épizootique, etc.

C. 1556. (Portefeuille.) — 113 pièces, papier.

1776. — Correspondance de M. de Clugny, intendant de Bordeaux, avec les subdélégués, concernant : — la dépense de la chaux employée à la désinfection des étables ; — les états des bestiaux morts de la maladie épizootique, ou qui ont été assommés ; de ceux qui sont guéris et enfin de ceux qui n'ont pas encore été atteint de cette maladie ;

— le remboursement des avances faites par le sieur Pierre Labat, jurat de la paroisse de Serre-Gaston, à l'occasion de la maladie épizootique ; — des demandes de plusieurs particuliers en indemnités de pertes de bestiaux ; — les frais de journées des artistes vétérinaires ; — les états des particuliers dont les bestiaux ont été assommés et auxquels le Roi a accordé, à titre d'indemnité, le tiers de la valeur desdits bestiaux, etc.

C. 1557. (Portefeuille.) — 100 pièces, papier.

1776. — Correspondance de M. de Clugny, intendant de Bordeaux, avec les subdélégués, concernant : — la fourniture des drogues employées à la désinfection des étables ; — la consigne donnée par le chevalier de Lagarde, lieutenant-colonel au régiment Royal-Vaisseaux, d'après les ordres du comte de Fumel, portant permission de transporter les vins de La Chalosse au port de Hinx-en-Dax, en prenant les précautions prescrites par ladite consigne ; — l'achat des bœufs ; — les renseignements sur la situation de l'épizootie ; — l'arrestation et l'incarcération des nommés Jean Gez et autre Jean Gez aîné, dit Cantabre, pour avoir refusé de monter la garde bourgeoise dans la paroisse de Caubeyres, juridiction de Damazan (Lot-et-Garonne), etc.

C. 1558. (Portefeuille.) — 108 pièces, papier ; 1 pièce, parchemin.

1683-1725. — Correspondance de MM. de La Bourdonnaye, de Courson et Boucher, intendants de Bordeaux, avec les ministres de Pontchartrain, de Brancas et le duc d'Antin, concernant : — le rétablissement des haras dans le royaume ; — un projet d'établissement de haras en Guyenne, présenté par M. de Cressé, trésorier de France à Bordeaux ; — les privilèges des gardes-étalons ; — les établissements de haras dans le pays de Soule et le Périgord ; — les procès-verbaux de visite des haras ; — les instructions pour les commissaires préposés aux nouveaux établissements de haras, etc.

C. 1559. (Portefeuille.) — 104 pièces, papier.

1723-1725. — Correspondance de M. Boucher, intendant de Bordeaux, avec les ministres de Brancas et Dodun, concernant : — les privilèges des gardes-étalons ; — l'établissement des haras du Médoc, de l'Entre-deux-mers, du Fronsadais et du Cubzaguais ; — la nomination du sieur Gorse aux fonctions de commissaire des haras dans le pays de Médoc ; — les états des étalons approuvés par M. Gorse, préposé à l'inspection des haras de la Généralité ; — les procès-verbaux de visite des haras du Médoc, etc.

C. 1560. (Carton.) — 106 pièces, papier.

1725-1732. — Correspondance de M. Boucher, intendant de Bordeaux, avec les ministres de Brancas, Le Peletier, d'Aguesseau et de Maurepas, concernant : — une imposition de 10,000 livres par an sur la Généralité de Bordeaux, pour être employée à l'achat des étalons nécessaires au perfectionnement des haras ; — les exemptions et priviléges des gardes-étalons ; — le produit des haras ; — les états des gardes-étalons pourvus de commissions, etc.

C. 1561. (Carton.) — 109 pièces, papier.

1733-1749. — Correspondance de MM. Boucher et de Tourny, intendants de Bordeaux, avec les ministres de Maurepas, d'Angervilliers et d'Argenson, concernant : — la situation de l'établissement des haras de la Généralité de Bordeaux ; — des mémoires sur les haras ; — les rôles des gardes-étalons commissionnés ; — les signalements des chevaux destinés pour les haras de Guyenne ; — les précautions à prendre contre les chevaux attaqués de la morve ; — les règlements sur l'établissement des haras ; — les états des étalons, des juments, poulains, pouliches, baudets, mules et mulets, etc.

C. 1562. (Carton.) — 109 pièces, papier.

1750-1761. — Correspondance de M. de Tourny, intendant de Bordeaux, avec les ministres d'Argenson, de Machault, d'Ormesson et de Saint-Florentin, concernant : — les étalons royaux établis dans la Généralité de Bordeaux ; — les commissions des gardes-haras ; — les chevaux pour l'usage des propriétaires seuls ; — la nomination du sieur Pauzie aux fonctions d'inspecteur des haras, en remplacement de M. de Gorse, décédé ; — l'autorisation de transporter des mulets en Angleterre ; — un mémoire sur les haras de Montauban ; — des procès-verbaux de visite des haras, etc.

C. 1563. (Liasse.) — 88 pièces, papier.

1762-1765. — Correspondance de M. Boutin, intendant de Bordeaux, avec les ministres d'Argenson, de L'Averdy et Bertin, concernant : — les exemptions et priviléges des gardes-étalons ; — les frais de nourriture et de pansement des chevaux ; — les états des gardes-étalons de la Généralité de Bordeaux ; — les procès-verbaux des visites des haras ; — les réclamations du sieur Boutan, inspecteur des haras de l'Agenais et du Condomois, pour ses frais de tournées ; — les états des poulains et pouliches nés des étalons établis dans la Généralité de Bordeaux ; — les instructions pour les palefreniers des haras ; — la distribution des étalons de Rieutort, etc.

C. 1564. (Portefeuille.) — 105 pièces, papier.

1765. — Correspondance de M. Boutin, intendant de Bordeaux, avec les subdélégués, concernant : — les revues des haras dans le Condomois par M. Boutan, inspecteur ; — les appointements des inspecteurs, contrôleurs, piqueurs et palefreniers ; — les frais de dépenses occasionnés par les étalons royaux dans l'Agenais et le Condomois ; — la commission de visiteur des haras de la province de Périgord pour le sieur Pautier de Ménisson ; — les procès-verbaux de visite des haras ; — divers mémoires, etc.

C. 1565. (Portefeuille.) — 116 pièces, papier.

1766. — Correspondance de MM. Boutin et de Fargès, intendants de Bordeaux, avec le ministre Bertin et les subdélégués, concernant : — les états des juments de la Généralité de Bordeaux ; — les frais de nourriture et de pansement des étalons ; — la distribution des étalons de Rieutort ; — la revue des haras dans l'Agenais et le Condomois par l'inspecteur Boutan ; — les étalons privilégiés ; — des mémoires et renseignements sur l'état et la situation des haras ; — les états des sommes dues aux palefreniers et conducteurs des étalons de la Généralité, etc.

C. 1566. (Portefeuille.) — 87 pièces, papier.

1767-1769. — Correspondance de M. de Fargès, intendant de Bordeaux, avec le ministre Bertin et les subdélégués, concernant : — les frais d'entretien et de nourriture des étalons de Rieutort ; — la distribution des chevaux d'Espagne dans la Généralité de Bordeaux ; — l'état des particuliers qui doivent prendre des étalons du Roi dans le Bordelais, l'Agenais et le Condomois ; — les gages des palefreniers ; — les étalons approuvés par M. Pauzie, inspecteur des haras dans l'Agenais et le Condomois ; — la nomination de M. Dudezert de Mazion, ancien capitaine d'infanterie, aux fonctions de sous-inspecteur des haras dans le Blayais et Vitrezais ; — le relevé des entrepôts créés depuis le commencement de la monte dans la Généralité de Bayonne, etc.

C. 1567. (Carton.) — 104 pièces, papier.

1770-1772. — Correspondance de MM. Esmangart et de Fargès, intendants de Bordeaux, avec les ministres Bertin et Terray, et les subdélégués, concernant : — une

SÉRIE C. — INTENDANCE DE BORDEAUX.

réclamation du sieur Ducourneau, garde-étalon du Port-Sainte-Marie, pour perte de deux étalons et d'un baudet noyés par le débordement de la Garonne ; — les procès-verbaux de visite des haras ; — des observations sur les haras ; — les commissions des gardes-étalons ; — des abus commis dans l'Élection des Lannes ; — la reconnaissance générale et particulière du département de M. Castets, inspecteur général des haras des Lannes et de Marsan ; — les règlements sur les haras, etc.

C. 1568. (Carton.) — 94 pièces, papier.

1773-1775. — Correspondance de MM. Esmangart et de Clugny, intendants de Bordeaux, avec le ministre Bertin et les subdélégués, concernant : — le signalement des étalons royaux destinés aux haras de la Généralité de Bordeaux ; — les commissions des gardes-étalons ; — les procès-verbaux de visite des haras ; — un mémoire sur l'état des haras de l'Élection des Lannes ; — les priviléges des gardes-étalons ; — les états des chevaux et baudets saisis au préjudice de divers particuliers par M. Boutan, inspecteur des haras ; — la nomination de M. le baron de Vassal aux fonctions d'inspecteur des haras du Périgord, en remplacement de son oncle, le chevalier de Vassal, démissionnaire, etc.

C. 1569. (Carton.) — 100 pièces, papier.

1776-1777. — Correspondance de MM. de Clugny et Dupré de Saint-Maur, intendants de Bordeaux, avec le ministre Bertin et les subdélégués, concernant : — les visites des haras de l'Agenais, du Bazadais, du Condomois et du Bordelais ; — la situation des haras du Périgord et de Libourne ; — un mémoire de M. de Cassebonne, inspecteur, sur les haras des Lannes ; — les commissions des gardes-étalons ; — l'établissement d'un haras dans la paroisse de Chourgnac (subdélégation de Montpon) ; — les priviléges des gardes-étalons ; — des renseignements sur les haras de la Généralité de Bordeaux, etc.

C. 1570. (Portefeuille.) — 107 pièces, papier.

1778-1779. — Correspondance de M. Dupré de Saint-Maur, intendant de Bordeaux, avec le ministre Bertin et les subdélégués, concernant : — les commissions des gardes-étalons ; — les procès-verbaux de visite des haras des Lannes, Bordeaux, de l'Agenais et du Périgord ; — une gratification au sieur Goze, garde-étalons à Lavardac ; — les priviléges des gardes-étalons ; — le dépérissement des haras des Lannes ; — une réclamation des habitants de la communauté de Meilhan pour le rétablissement d'un étalon ; — l'état des juments existant dans ladite communauté, etc.

C. 1571. (Portefeuille.) — 106 pièces, papier.

1779-1780. — Correspondance de M. Dupré de Saint-Maur, intendant de Bordeaux, avec le ministre de Montbarrey et les subdélégués, concernant : — les commissions des gardes-étalons ; — les procès-verbaux des visites des haras du Bordelais, de l'Agenais, du Périgord et du Condomois ; — les gratifications des gardes-étalons ; — les états de situation des haras dans l'étendue de la Généralité de Guyenne ; — la nomination de M. le marquis de Polignac aux fonctions d'inspecteur général des haras, etc.

C. 1572. (Portefeuille.) — 110 pièces, papier.

1780-1782. — Correspondance de M. Dupré de Saint-Maur, intendant de Bordeaux, avec le ministre Amelot et le marquis de Polignac, inspecteur général des haras, et les subdélégués, concernant : — les priviléges des gardes-haras ; — des instructions sur les haras ; — des observations sur les moyens de multiplier et améliorer l'espèce des chevaux du pays et de détruire les abus qui peuvent s'être introduits dans cette partie ; — les procès-verbaux des visites des haras du Bordelais, de l'Agenais et du Condomois ; — la nomination du sieur Langlois aux fonctions de garde-haras dans le Blayais, en remplacement du sieur Dudezert de Mazion, décédé ; — les commissions des gardes-étalons, etc.

C. 1573. (Portefeuille.) — 89 pièces, papier.

1783-1789. — Correspondance de MM. Dupré de Saint-Maur et de Néville, intendants de Bordeaux, avec M. le marquis de Polignac et les subdélégués, concernant : — les procès-verbaux de visite des haras des départements de Bordeaux, du Périgord, d'Agen et de Condom ; — les commissions des gardes-étalons, etc.

C. 1574. (Carton.) — 98 pièces, papier.

1710-1731. — Correspondance de MM. de Courson et Boucher, intendants de Bordeaux, avec les ministres Desmaretz, de Machault, d'Argenson, Dodun, Le Peletier et Orry, et les subdélégués, concernant : — les priviléges réclamés par le sieur Lichigary pour l'établissement d'une fabrique de serges à Agen ; — les abus et malfaçons qui se commettaient dans la fabrication des draps du Languedoc ; — les saisies et confiscations de plusieurs marchandises anglaises; — les défenses d'exposer en vente les mousselines, les toiles de coton des Indes, de la Chine ou du Levant sans être marquées et plombées; — les règlements sur les fracs qui se fabriquaient à Bernay et Lisieux; — les priviléges des commis de la ferme et des ouvriers des manufactures; — les plaintes sur la police exercée dans les manufactures, etc.

C. 1575. (Carton.) — 108 pièces, papier.

1732-1739. — Correspondance de M. Boucher, intendant de Bordeaux, avec le ministre Orry et les subdélégués, concernant : — les abus qui se commettaient sur les draps étrangers et sur ceux des manufactures de France; — les précautions à prendre pour empêcher les ouvriers des manufactures de passer en pays étranger; — la marque des étoffes; — les statuts et règlements des maîtres fabricants de bas, tondeurs, bonnetiers, etc., de la ville de Bordeaux; — la répression des vols de laine commis par plusieurs ouvriers employés à la manufacture des draps de Sedan; — les observations sur l'établissement d'un bureau de contrôle à Bordeaux des étoffes de draperies, soieries et merceries; — le règlement pour les étamines qui se fabriquaient en Saintonge, etc.

C. 1576. (Carton.) — 121 pièces, papier.

1740-1746. — Correspondance de MM. Boucher et de Tourny, intendants de Bordeaux, avec les ministres Orry et de Machault, et les subdélégués, concernant : — la réduction des droits sur les serges, cadis, molletons et autres étoffes de pareille qualité fabriquées en Languedoc, dans le Rouergue et dans la Généralité de Montauban, pour la destination de l'Italie ; — les saisies des étoffes prohibées ; — l'entrée en fraude à Bordeaux de flanelles d'Angleterre; les précautions à prendre pour y remédier; — le lavage des laines du cru des provinces de Languedoc, Provence et Dauphiné ; — les défenses de faire entrer en France aucune sorte de toiles de fil teint ou peint; — la fabrication d'étamines à Agen; — les règlements et délibérations relatifs aux fabriques d'étoffes du Condomois et du Bazadais, etc.

C. 1577. (Carton.) — 106 pièces, papier.

1747-1757. — Correspondance de M. de Tourny, intendant de Bordeaux, avec les ministres de Machault, de Trudaine, de Séchelles, de Moras et de Boullongne, et les subdélégués, concernant : — les règlements sur les étoffes fabriquées dans la Généralité de Bordeaux; — l'arrêt du Conseil d'État qui ordonne que les fabricants de couvertures seront tenus à l'avenir de mettre à l'un des bouts des couvertures qu'ils fabriqueront leur nom, leur surnom et le nom du lieu de leur demeure en entier et sans abréviation, à peine de confiscation et de 300 livres d'amende pour chaque pièce; — les étoffes fabriquées en Béarn, Bigorre, Navarre et pays de Labour ; — la nomination du sieur Alexandre Baudayn d'Orgemont aux fonctions d'inspecteur des manufactures de draps, soieries et toiles à la résidence de Bordeaux; — la prohibition des mousselines et toiles de coton provenant de l'étranger.

C. 1578. (Carton.) — 100 pièces, papier.

1758-1761. — Correspondance de MM. de Tourny et Boutin, intendants de Bordeaux, avec les ministres de Boullongne, de Trudaine, de Silhouette et Bertin, et les subdélégués, concernant :—la fabrication des étoffes nouvelles à l'imitation des étoffes étrangères; — la tolérance des toiles teintes à la réserve ; — l'autorisation accordée au sieur Dufau d'établir une manufacture de soieries à Bordeaux; — la distribution dans l'Agenais et les environs de Bordeaux des rouets propres à la filature des cotons; — la demande du sieur Segui pour être autorisé à établir une manufacture de soieries à Villeneuve;— les priviléges en matière de commerce ; — le privilège réclamé par les sieurs Bory, Chemin et Roux, négociants, pour former un établissement de fabrique de serges et étamines dans la ville d'Agen ; — les états des différentes sortes de toiles qui se fabriquaient dans les subdélégations de Sarlat, Blaye, Nontron et Libourne, etc.

C. 1579. (Carton.) — 133 pièces, papier ; 2 plans.

1761-1764. — Correspondance de M. Boutin, intendant de Bordeaux, avec les ministres de Trudaine, Bertin, le duc de Choiseul et de L'Averdy, et les subdélégués, concernant : — la visite des toiles apportées à la foire de Bordeaux par les marchands forains de Limoges, Nîmes, Toulouse, Montauban, Agen et autres villes du royaume ; — les renseignements sur le nombre, la nature, la portée et la distribution locale des fabriques de toiles et d'étoffes de la Généralité ; — la taxe de vingt livres par quintal de droits d'entrée sur les cotons filés venant de l'étranger ; — les établissements de filatures d'étoffes à l'anglaise; — la liberté de fabriquer toutes sortes d'étoffes ; — le projet d'établissement d'une manufacture d'étoffes à Villeneuve ; — un mémoire de M. d'Orgemont, inspecteur, sur les manufactures et le commerce de l'Agenais et du Condomois, etc.

C. 1580. (Carton.) — 100 pièces, papier.

1765-1766. — Correspondance de MM. Boutin et de Fargès, intendants de Bordeaux, avec les ministres de L'Averdy, de Cotte et Trudaine de Montigny, et les subdélégués, concernant : — la manufacture de toiles de Montignac ; — les recettes et dépenses de la manufacture de Sarlat ; — une requête du sieur Reboul fils, en autorisation d'établir à Bordeaux une manufacture de mouchoirs façon des Indes ; — la manufacture de laines de Périgueux ; — le rapport de M. d'Orgemont sur la filature de lin établie à Eymet ; — l'établissement à Toulouse d'un bureau pour la marque des draps destinés pour le Levant ; — un placet du sieur Chemin tendant à obtenir des lettres patentes pour sa manufacture de serges établie à Agen, etc.

C. 1581. (Carton.) — 112 pièces, papier.

1766-1769. — Correspondance de MM. Boutin et de Fargès, intendants de Bordeaux, avec les ministres de Trudaine et Boutin, et les subdélégués, concernant : l'inspection des manufactures de la Généralité par M. d'Orgemont ; — l'inventaire général des effets existant dans la manufacture de Sarlat ; — le projet d'une manufacture de toiles peintes à Libourne par le sieur Mainvielle ; — l'établissement d'une manufacture d'indiennes à Bayonne ; — les acquisitions faites par les sieurs Gradis jeune et Astruc, négociants à Bordeaux, des marchandises et effets existant dans les manufactures de Montignac, Sarlat et Eymet ; — la manufacture de toiles à voiles d'Agen ; — des demandes de secours en faveur des manufactures de Sarlat et de Montignac ; — la situation de la fabrique de serges du sieur Gadaud établie à Périgueux.

C. 1582. (Portefeuille.) — 104 pièces, papier.

1770-1772. — Correspondance de M. Esmangart, intendant de Bordeaux, avec les ministres de Trudaine et Bertin, et les subdélégués, concernant : — une demande du sieur Riché pour l'établissement d'une manufacture de blondes à Bordeaux ; — la formation d'une manufacture d'étoffes de soie par le sieur Mainbournel ; — les contestations entre la communauté et l'hôpital de Montignac au sujet de la destination d'une partie des bâtiments de l'ancien couvent de Sainte-Claire ; — la reddition des comptes des droits perçus par les gardes-jurés des fabricants et marchands d'étoffes de soie, laine et fil, etc.

C. 1583. (Portefeuille.) — 109 pièces, papier.

1773-1785. — Correspondance de MM. Esmangart, Dupré de Saint-Maur et Boutin, intendants de Bordeaux, avec les ministres Terray, Bertin, de Trudaine, le maréchal de Ségur, de Cotte, Joly de Fleury, de Calonne, le duc de Mouchy, de Colonia et Devin de Gallande, concernant : — la vérification des plombs apposés aux toiles peintes venant de l'Inde ; — les règlements pour la filature des soies du royaume ; — les contestations entre les officiers municipaux et les administrateurs de l'hôpital de Montignac relatives à la destination d'une partie des bâtiments de l'ancien couvent de Sainte-Claire ; — l'établissement de la manufacture de serges des frères Bory à Agen ; — le projet d'établissement d'une filature à Saint-Jean-de-Colle ; — la fabrique de toiles à voiles d'Agen ; — les qualités et prix des toiles fabriquées dans la Généralité de Bordeaux, etc.

C. 1584. (Portefeuille.) — 102 pièces, papier.

1717-1743. — Correspondance de MM. Boucher et de Tourny, intendants de Bordeaux, avec le ministre Orry, et les subdélégués, concernant : — les saisies de toiles peintes, mousselines, étoffes des Indes et autres prohibées ; — l'arrêt du Conseil d'État qui commet les sieurs Magneux et de Poilly, inspecteurs généraux des domaines, pour défendre au lieu et place des inspecteurs, gardes-jurés et commis des fermes, sur les appellations portées au Conseil des ordonnances rendues par les intendants ; — la visite des marchandises ; — la marque des étoffes ; — la saisie de quinze pièces d'étoffes sur le sieur Lefaucheur au profit des pauvres, etc.

C. 1585. (Portefeuille.) — 102 pièces, papier.

1744-1774. — Correspondance de MM. de Tourny et Esmangart, intendants de Bordeaux, avec les ministres Orry, de Machault, de Trudaine et Terray, et les subdélégués, concernant : — un arrêt du Conseil qui autorise M. de Tourny à juger, pendant quatre ans, les saisies faites dans les manufactures, dont la connaissance avait été interdite aux maire et jurats de Bordeaux ; — les saisies et confiscations de diverses étoffes au profit des pauvres ; — les règlements pour les toiles qui se fabriquaient à Montauban ; — la saisie de 104 pièces d'étoffes sur les fabricants de Réthel ; — la condamnation à diverses amendes contre les jurés desdits fabricants pour raison d'abus par eux faits des marques de fabrique et de contrôle etc.

C. 1586. (Portefeuille.) — 104 pièces, papier.

1719-1739. — Correspondance de M. Boucher, intendant de Bordeaux, avec les ministres de Machault, Dodun,

Le Peletier et Orry, et les subdélégués, concernant : — les règlements pour la marque des étoffes de draperie ; — la visite et marque des marchandises ; — les droits à percevoir pour la sortie des étoffes de fil, poil ou laine mêlées de soie ; — un arrêt du Conseil qui ordonne la confiscation des marchandises qui seront trouvées dans les bureaux des fermes sans plomb de la fabrique et sans nom de l'ouvrier au chef et premier bout de chaque pièce ; — la suppression des secondes marques en parchemin et en plomb sur les toiles blanches de coton, mousselines et mouchoirs provenant des pays de la concession de la Compagnie des Indes ; — l'établissement à Bordeaux d'un bureau pour la visite et marque de contrôle de toutes étoffes de laine, soie, fil et coton, etc.

C. 1387. (Carton.) — 106 pièces, papier.

1741-1782. — Correspondance de MM. Boucher, de Tourny, de Clugny et Dupré de Saint-Maur, intendants de Bordeaux, avec les ministres Orry, de Machault, de Trudaine et de Boullongne, et les subdélégués, concernant : — les visites chez les marchands drapiers et merciers de Bordeaux ; — l'établissement, à Périgueux, d'un bureau de contrôle pour la visite et la marque tant des étoffes qui se fabriquaient dans ledit lieu que dans le royaume ; — l'état général des marchandises apportées en foire par les marchands forains ; — les nouveaux plombs sur les mousselines et toiles de coton ; — le loyer du bureau du contrôle de Bordeaux et le logement de l'inspecteur des manufactures ; — les états des marchandises visitées au bureau du contrôle de Bayonne ; — la répartition des frais de bureau de contrôle ; — les places de commis aux bureaux de contrôle, etc.

C. 1388. (Portefeuille.) — 100 pièces, papier.

1692-1767. — Correspondance de MM. de Courson, Boucher et de Tourny, intendants de Bordeaux, avec les ministres Amelot, Orry, de Machault, de Trudaine, Desmaretz et Le Peletier, et les subdélégués, concernant : — la nomination de M. Henri de Lan aux fonctions d'inspecteur des manufactures de la Généralité de Bordeaux, en remplacement de M. Collet, démissionnaire ; — la commission d'inspecteur pour le sieur Lemarchant ; — la nomination du sieur Chrestien à la place d'inspecteur général des manufactures, en remplacement de M. Fondière ; — les droits, prérogatives, devoirs et fonctions des inspecteurs ; — les arrêts du Conseil et règlements des manufactures, etc.

C. 1389. (Portefeuille.) — 109 pièces, papier.

1721-1778. — Correspondance de MM. Boucher, de Tourny et Fargès, Esmangart et Dupré de Saint-Maur, intendants de Bordeaux, avec les ministres Dodun, Orry, de Machault, Terray, de L'Averdy, Necker et Mégret de Sérilly, intendant du commerce, concernant : — les gardes-jurés des manufactures ; — les appointements et gratifications des inspecteurs ; — les règlements et inspection des manufactures ; — un mémoire sur l'utilité et les inconvénients qui peuvent résulter, soit de l'exécution des règlements, soit d'une liberté illimitée dans la fabrication des étoffes et la nécessité d'établir un plan d'administration intermédiaire entre le système réglementaire et celui de la liberté indéfinie.

C. 1390. (Portefeuille.) — 102 pièces, papier.

1709-1727. — Correspondance de MM. de Courson et Boucher, intendants de Bordeaux, avec les ministres Desmaretz, d'Argenson, Amelot, le duc de Noailles, de Machault, de La Houssaye, Dodun et Le Peletier, et les subdélégués, concernant : — la prohibition des étoffes des Indes, de la Chine et du Levant ; — la marque des toiles peintes et des meubles qui en sont composés, sous peine de 3,000 livres d'amende contre toutes personnes qui auront contrevenu à cette mesure ; — les saisies des toiles peintes et autres marchandises prohibées ; — l'état des procès-verbaux de saisies faites par le sieur Collet, inspecteur des manufactures de la Généralité de Bordeaux ; — les jugements et amendes prononcés contre plusieurs particuliers qui avaient contrevenu aux dispositions de l'arrêt du 8 octobre 1726, qui défendait l'usage et le commerce des toiles peintes.

C. 1591. (Portefeuille.) — 100 pièces, papier.

1726-1737. — Correspondance de M. Boucher, intendant de Bordeaux, avec les ministres Le Peletier, Orry et les subdélégués, concernant : — une saisie de toiles peintes sur le navire le *Mentor*, venant des îles de l'Amérique ; — les arrêts du Conseil d'État qui réitèrent les défenses de faire commerce, port et usage des étoffes et toiles peintes des Indes, de la Chine et du Levant ; — la plainte contre les employés des fermes, qui n'empêchaient point l'usage des indiennes prohibées dans l'étendue de la Généralité ; — les commissions de garde pour la visite des indiennes ; — la nomination des sieurs Bernard Roger, Géraud Bourratoire, Pierre Bosselut ; — états des personnes portant des toiles peintes prises en contravention, etc.

C. 1592. (Portefeuille.) — 89 pièces, papier ; 2 pièces, parchemin.

1737-1754. — Correspondance de MM. Boucher et

de Tourny, intendants de Bordeaux, avec les ministres Orry, de Trudaine et de Machault et les subdélégués, concernant : — diverses saisies d'étoffes prohibées ; — l'arrêt qui attribue au Grand-Conseil la connaissance de toutes les contraventions aux règlements sur l'introduction et le débit des marchandises provenant de l'Inde, de la Chine, etc. ; — les défenses de modérer les amendes qui seront prononcées contre ceux qui auront contrevenu aux dispositions des règlements sur les étoffes ; — les états des procès-verbaux de saisies d'indiennes et autres étoffes prohibées ; — la plainte des marchands de Libourne contre le port et usage des indiennes dans cette ville, etc.

C. 1593. (Portefeuille.) — 95 pièces, papier.

1735-1778. — Correspondance de Boutin, Esmangart et Dupré de Saint-Maur, intendants de Bordeaux, avec les ministres Bertin, Terray, de Fourqueux et Necker, et les subdélégués, concernant : — les tanneries des subdélégations de Bazas, Médoc, Blaye, Libourne, Bordeaux ; — la nature et l'état des tanneries ; — le commerce des cuirs ; — les mémoires sur la décroissance de cette industrie ; — l'établissement d'une fabrique de boyaux de bœuf à Bordeaux ; — divers états du nombre et de la qualité des fabricants de cuirs et de peaux existant dans la Généralité de Bordeaux, etc.

C. 1594. (Carton.) — 105 pièces, papier.

1718-1741. — Correspondance de Boucher et de Tourny, intendants de Bordeaux, avec les ministres Dodun, Le Peletier, de Baudry, Orry et de Trudaine, et les subdélégués concernant :— les états des verreries établies dans la Généralité de Bordeaux, parmi lesquelles figurent celles de Ballande, dans la juridiction de Biran ; de Laforest-de-Puy-Dauphin, appartenant à M. le duc de Lauzun ; les verreries des sieurs Barthélemy Laperche, en Agenais ; de Grenier, à Pindères, dans la subdélégation de Nérac ; de M. le marquis de Pons, à Pompejac, en Bazadais ; de de Mailhautier, à Eschourgnac, juridiction de Menpon ; — les priviléges accordés aux maîtres verriers ; — l'établissement de la verrerie des sieurs Mitchell, à Bordeaux ; — la requête du sieur Destarac de Barrot, au sujet d'une verrerie qu'il se proposait d'établir à Criéré, en Albret ; — la verrerie du sieur Balthazard Fonberg, à Bourg, etc.

C. 1595. (Carton.) — 100 pièces, papier ; 1 plan.

1748-1758. — Correspondance de Boucher et de Tourny, intendants de Bordeaux, avec les ministres de Machault, de Baudry, de Trudaine, de Moras et Orry, et les subdélégués, concernant : — la verrerie du sieur Vandebrande, à Libourne ; — l'opposition à la formation de cette verrerie, faite par la veuve du sieur Mitchell, propriétaire de la verrerie de Bordeaux, qui prétendait que, d'après les lettres patentes accordées à son mari, il était défendu à tout particulier d'établir aucune verrerie à Bordeaux, ni aux environs, à une distance moindre de dix lieues ; — la requête du sieur Sansané, capitaine des gardes du corps, tendant à obtenir l'autorisation d'établir une verrerie à Bordeaux ; — la demande du sieur Bouffard, pour être autorisé à monter une verrerie dans la ville de Bergerac ; — le droit de comptablie sur les bouteilles ; — la verrerie du sieur L'Hoste, à Nérac ; — la manufacture de cristal, verres et bouteilles du sieur Fonbergue, à Bordeaux, etc.

C. 1596. (Carton.) — 111 pièces, papier.

1758-1782. — Correspondance de Boutin, de Fargès, Esmangart et Dupré de Saint-Maur, intendants de Bordeaux, avec les ministres de Trudaine, de Beaumont, de L'Averdy, le duc de Choiseul, de Fourqueux, Joly de Fleury et le maréchal duc de Mouchy, et les subdélégués, concernant : — la verrerie de Charles Bigot, à Bacalan ; — les droits sur la matière des verres ; — le projet d'établissement d'une verrerie derrière Le Chartron par le sieur Meller, négociant de Bordeaux ; — la verrerie du sieur Guilhem, à Bourg ; — les droits de ferme de la verrerie de Bazas ; — la requête du sieur de La Cardonie, capitaine de frégate, tendant à être autorisé à établir une verrerie dans son fief de Lalande, près Villeneuve-d'Agen ; — la verrerie du sieur Lignac, à Langon ; — les verreries des sieurs d'Ingirard et Duchaud, à Bayonne, etc.

C. 1597. (Portefeuille.) — 112 pièces, papier.

1779-1788. — Correspondance de Boutin, Dupré de Saint-Maur et de Néville, intendants de Bordeaux, avec les ministres Bertin, le maréchal duc de Mouchy, Devin de Galande, Débonnaire de Forges et Tolozan, et les subdélégués, concernant : — la verrerie de Bazas ; — la désertion des ouvriers de cet établissement ; — les suppliques des maîtres verriers pour leur rappel ; — l'exploitation d'une mine de charbon de terre par le sieur Bernard de La Tapie, dans sa terre de La Meynie, près Bazas ; — des mémoires, réquisitoires, etc., sur la verrerie de Pauillac ; — la demande des propriétaires de la verrerie de Bourg pour la vente exclusive des cendres ; — les mémoires sur les verreries de Bordeaux ; — la suppression de plusieurs de ces établissements ; — le tableau comparatif des prix de fabrique anglaise et française ; — le projet de règlements des verreries ; — les contestations entre le propriétaire et les ouvriers de la verrerie de La Palu, de Bordeaux ; — l'établissement d'une verrerie à Blaye.

C. 1598. (Portefeuille.) — 58 pièces, papier.

1762-1784. — Correspondance de de Fargès, Esmangart, Dupré de Saint-Maur et Boutin, intendants de Bordeaux, avec les ministres Terray, Bertin, Taboureau, de La Boullaye, Necker, d'Ormesson et de Colonia, et les subdélégués, concernant : — les états des forges, fourneaux, martinets et autres usines à fondre, forger ou fabriquer des fers, fontes, aciers et quincailleries existant dans la Généralité de Bordeaux ; — l'exploitation d'une mine de charbon par Mme la comtesse de Juliac, dans sa seigneurie de Saint-Martin-de-Seignaux ; — la demande du sieur Damestoy, de Bayonne, pour être autorisé à continuer l'exploitation d'une mine de cuivre rouge ; — la création de quatre inspecteurs des mines ; — la manière de préparer le charbon de terre du Rouergue ; — l'établissement d'une école de mines et les règlements pour leur exploitation, etc.

C. 1599. (Portefeuille.) — 115 pièces, papier.

1727-1740. — Correspondance de Boucher, intendant de Bordeaux, avec les ministres Le Peletier, Orry et d'Aguesseau, et les subdélégués, concernant : — les règlements sur les fabriques de papier de la province de Guyenne ; — les différentes plaintes sur la mauvaise qualité des papiers tant à écrire qu'à imprimer ; — un mémoire sur les deux papeteries de Casteljaloux ; — l'état et le nombre des moulins à papier établis dans le Périgord ; — la visite des papeteries par M. Baron, envoyé de Paris pour connaître les différentes manières dont les papiers s'y fabriquaient ; — les états des moulins à papier dans les subdélégations de Nontron, Périgueux, Casteljaloux, Villeneuve-d'Agen et Bergerac ; — les nominations des gardes de papeteries, etc.

C. 1600. (Portefeuille.) — 110 pièces, papier.

1740-1758. — Correspondance de Boucher et de Tourny, intendants de Bordeaux, avec les ministres Orry, de Machault, de Trudaine, de Séchelles et de Boullongue, et les subdélégués, concernant : — un arrêt du Conseil portant règlement pour les papiers qui se fabriquaient dans le royaume ; — le tarif des poids, la largeur et la hauteur des différentes sortes de papiers ; — la demande du sieur Monbrun de Valette, propriétaire d'un moulin à papier à Bergerac, d'être dispensé de faire couvrir les battoirs de son moulin ; — les procès-verbaux de visite des manufactures de papeterie établies dans le Périgord, l'Agenais et la Guyenne ; — le prix du papier de la fabrique de Couze, près Bergerac ; — le tableau des noms et surnoms des maîtres fabricants de papier de la subdélégation de Villeneuve ; — l'augmentation des droits sur les cartes à jouer, etc.

C. 1601. (Portefeuille.) — 104 pièces, papier.

1761-1772. — Correspondance de Boutin, de Tourny, Fargès et Esmangart, intendants de Bordeaux, avec les ministres Bertin, de Trudaine, de L'Averdy et Terray, et les subdélégués, concernant : — la répression des abus introduits dans les manufactures de papeterie ; — la demande en décharge d'impôts faite par le sieur Pierre Nias, propriétaire d'une papeterie établie à Donnezac, près Montendre ; — le dépérissement de la fabrique de papier de Couze, en Périgord ; — le règlement sur les matières propres à la fabrication des papiers ; — les droits sur les papiers et cartons ; — une requête du sieur Trenty, tendant à corriger les abus exercés par les compagnons papetiers dans ses fabriques de Fumel et de Condat, en Agenais ; — les défenses de faire sortir pour l'étranger des matières propres à la fabrication du papier et à la formation de la colle ; — la réduction des droits sur les papiers à la sortie du royaume ; — les états et documents sur les moulins à papier établis dans la Généralité de Bordeaux, etc.

C. 1602. (Portefeuille.) — 100 pièces, papier.

1772-1775. — Correspondance d'Esmangart, intendant de Bordeaux, avec les ministres d'Ormesson, Terray et Foullon, et les subdélégués, concernant : — une requête du sieur Meynardie de Lavaysse, fabricant de papier à Couze, en Périgord, tendant à obtenir un prêt de 12,000 livres pour subvenir à l'entretien de sa famille et de son établissement ; — un procès entre le régisseur du droit sur les papiers et le sieur Duqueyla père et compagnie, négociants-commissionnaires de Bergerac ; — les règlements sur les fabriques de papier ; — une saisie de papiers dans le magasin de Monségu-Castéra, à Bordeaux ; — les contestations entre l'adjudicataire général des fermes du Roi et le sieur Jacques Francine, marchand de papier à Bordeaux, au sujet de l'acquittement des droits de consommation de papier ; — une autre contestation entre Julien Alaterre, régisseur des droits sur les papiers, et la dame veuve Gravier, marchande-commissionnaire à Bergerac, etc.

C. 1603. (Portefeuille.) — 82 pièces, papier.

1775-1789. — Correspondance de Boutin, de Clugny

et Dupré de Saint-Maur, intendants de Bordeaux, avec les ministres Desmaretz, Turgot, Taboureau, Necker et de Calonne, et les subdélégués, concernant : — les priviléges des marchands-fabricants de papier ; — le Bureau de contrôle des marchandises des manufactures de Bayonne ; — les moyens de rendre prospères les papeteries de la Généralité de Bordeaux ; — les contestations entre le régisseur du droit sur les papiers et cartons et le sieur Fuhet, fabricant de papiers peints à Bordeaux ; — la visite des manufactures de Bayonne ; — les états des papiers et cotons expédiés à l'étranger par les négociants de la ville de Bordeaux ; — les renseignements sur les papeteries de la subdélégation de Casteljaloux ; — les droits sur les cartes ; — les contraventions, etc.

C. 1604. (Carton.) — 99 pièces, papier.

1771-1779. — Correspondance d'Esmangart et Dupré de Saint-Maur, intendants de Bordeaux, avec les ministres Terray et Necker, concernant : — les fabriques d'amidon établies dans les subdélégations de Périgueux, Clairac, Bordeaux, Agen et Nérac ; — les règlements sur la perception du droit sur l'amidon ; — les contestations entre le sieur Julien Alaterre, régisseur de ce droit, et le sieur Lapujade, perruquier de Bazas, qui voulait éluder les droits de 286 livres de poudre à poudrer ; — une demande des sieurs Pierre Brunet et Tourtelot, négociants de Bordeaux, en modération des droits sur l'amidon ; — la saisie de trois sacs d'amidon au préjudice du sieur Cogé, bourgeois d'Astafort ; — une requête du sieur Pierre Hérault, négociant à Bordeaux, tendant à obtenir des secours pour les pertes qu'il a éprouvées par l'incendie de sa fabrique d'amidon, etc.

C. 1605. (Carton.) — 98 pièces, papier.

1780-1783. — Correspondance de Dupré de Saint-Maur, intendant de Bordeaux, avec les ministres Necker, Joly de Fleury, d'Ormesson et de Calonne, et les subdélégués, concernant : — une requête du sieur Meyssan, en autorisation d'établir une fabrique d'amidon à Sauveterre ; — l'établissement de la fabrique d'amidon de Joseph Soulès, de Bordeaux, dans le faubourg Sainte-Eulalie ; — le projet d'établissement d'une fabrique d'amidon à Condom (Gers) ; — des demandes de divers particuliers, en autorisation d'établir des fabriques d'amidon ; — la sentence des jurats de Bordeaux qui enjoint au sieur Giraud de démolir, pour cause d'insalubrité, la fabrique d'amidon qu'il avait établie dans un des faubourgs de la ville ; — les contestations entre le régisseur des droits réservés et le sieur Bardon, fabricant d'amidon à Clairac, au sujet des droits dus à la régie ; — l'établissement d'une fabrique d'amidon, près Nérac, par Charles Castel, etc.

C. 1606. (Carton.) — 105 pièces, papier.

1784-1786. — Correspondance de Boutin et de Néville, intendants de Bordeaux, avec les ministres de Calonne et Devin de Gallande, et les subdélégués, concernant : — diverses demandes en autorisation d'établir des fabriques d'amidon ; — la demande du sieur Dandiran, d'être autorisé à transporter sa fabrique d'amidon de Nérac (Lot-et-Garonne) à Nogaro (Gers) ; — les contraventions aux règlements des fabriques ; — les saisies au préjudice des sieurs Lafitte, amidonnier au Petit-Nérac, et Lassalle, de Bordeaux ; — les contestations entre la régie générale et le sieur Brueys, négociant de Bordeaux, au sujet des droits sur l'entrée de l'amidon, etc.

C. 1607. (Carton.) — 88 pièces, papier.

1787-1789. — Correspondance de de Néville, intendant de Bordeaux, avec les ministres de Fourqueux, de Calonne et de La Boullaye, et les subdélégués, concernant : — une saisie faite par la régie au préjudice d'Arnaud Montheil, amidonnier à Nérac ; — l'établissement d'une fabrique d'amidon par le sieur Desnoyers, de Bordeaux, hors les murs de cette ville ; — le projet d'une fabrique d'amidon par le sieur Labatut, aux environs de la ville d'Agen ; — diverses saisies pour contraventions aux règlements des droits sur l'amidon ; — un procès entre le sieur Gibert, négociant de Bordeaux, et Jean-François Kalendrin, régisseur général des droits sur l'amidon ; — une requête du sieur Pierre de Redon Gueymus, en autorisation d'établir une fabrique d'amidon dans son château d'Auriolle, juridiction de Condom, etc.

C. 1608. (Carton.) — 63 pièces, papier ; 2 plans.

1741-1784. — Correspondance de Boucher, de Tourny, Esmangart et Dupré de Saint-Maur, intendants de Bordeaux, avec les ministres Orry, de Trudaine, Bertin et de Colonia, et les subdélégués, concernant : — les manufactures de faïencerie du sieur Hustin, à Bordeaux ; — la cherté des terres propres à la fabrication de la faïence ; — le projet d'établissement d'une faïencerie à Bordeaux par le sieur Mainbournel, de Sens ; — la requête du sieur Lange, aux fins d'obtenir l'autorisation de transporter à Bordeaux sa fabrique de vaisselle-grès établie à Saint-Omer (Pas-de-Calais) ; — la manufacture de faïence de Bayonne ; — la découverte d'une terre propre à la fabrication de la porcelaine ; — l'établissement d'une fabrique d'épingles à Bordeaux ; — la manufacture des cendres gravelées du sieur Carrère, près Bordeaux ; — la fabrique de céruse de Langoiran ; — l'établissement d'une fabrique de limes d'Allemagne, à Clairac, etc.

C. 1609. (Carton.) — 79 pièces, papier.

1764-1768. — Correspondance de Boutin et de Fargès, intendants de Bordeaux, avec les ministres Bertin, de L'Averdy et Trudaine de Montigny, et les subdélégués, concernant : — l'établissement et la propagation dans la Généralité de Bordeaux de moulins économiques à l'instar de ceux de l'hôpital général de Paris ; — les états des dépenses pour la construction des étuves à blé ; — le prix des grains ; — les avantages de la mouture économique ; — les observations de M. de La Roque sur le moulin économique et sur le mémoire présenté par le sieur Buguet sur sa méthode ; — l'essai du moulin économique de l'Ile Saint-Georges ; — le prix du pain ; — la plainte du sieur Labat, propriétaire de plusieurs moulins économiques établis dans la banlieue de Bordeaux, contre les fermiers de l'octroi de ladite ville, qui voulaient exiger deux fois le même droit sur les grains et farines qui passaient à ses moulins, etc.

C. 1610. (Portefeuille.) — 34 pièces, papier.

1744-1756. — Correspondance de de Tourny, intendant de Bordeaux, avec le ministre de Maurepas, concernant : — l'indult de 8 pour cent sur les marchandises venant de nos colonies d'Amérique, et imposées pendant les années 1744 et 1745, pour fournir aux frais des escortes des navires marchands ; — la cessation de l'indult qui se percevait sur les cargaisons des navires venant des Iles ; — les droits indûment perçus sur les navires ; — la liste des navires qui ont payé le droit d'indult.

C. 1611. (Portefeuille.) — 121 pièces, papier.

1711-1779. — Correspondance de de Courson, Boucher, de Tourny, Boutin et de Fargès, intendants de Bordeaux, avec les ministres Desmaretz, Le Peletier, Orry, de Machault, Bertin, Amelot, d'Aguesseau, de Trudaine, de Moras, de Lamoignon, de Boullongue et de Saint-Florentin, concernant : — un mémoire pour la Chambre de commerce de Bordeaux, contre la franchise sollicitée par le port de Saint-Malo ; — les commerçants nobles et leur préséance dans la Chambre ; — l'arrangement des archives de la Chambre de commerce, les honoraires de l'archiviste, ses recettes et ses dépenses ; — l'élection et la nomination du député du commerce ; — la députation de deux de ses directeurs à Paris ; — l'opposition du Parlement et des maires et jurats de Bordeaux, etc.

C. 1612. (Portefeuille.) — 112 pièces, papier.

1636-1767. — Correspondance de de Tourny, Boutin et de Fargès, intendants de Bordeaux, avec les ministres de Machault, de L'Averdy et de Courteille, concernant : — l'entrée des vins bourgeois ; — une saisie faite par les jurats de Bordeaux au préjudice du fermier de Bretagne ; — les états des vins vendus en detail pendant les années 1750 à 1753 ; — l'arrêt de la Cour de Parlement portant règlement sur les vins ; — une saisie de 14 barriques de vin rouge au préjudice du sieur Cerizier, revendeur de vin au faubourg des Chartrons ; — les contraventions aux ordonnances et règlements sur le transport et l'entrée des vins bourgeois ; — les priviléges des communautés, etc.

C. 1613. (Portefeuille.) — 112 pièces, papier.

1636-1780. — Correspondance d'Esmangart et de Tourny, intendants de Bordeaux, avec les ministres Terray, de Trudaine et Amelot, et les subdélégués, concernant : — le commerce des vins ; — les priviléges accordés à certaines localités de la Généralité ; — les vins du Quercy ; — les vins du maréchal de Duras et ses priviléges ; — un arrêt du Conseil d'État au sujet de la jauge des futailles dans lesquelles les vins des juridictions de Pujols, Rauzan, Gensac et Civrac devaient être logés ; — les défenses aux habitants du haut pays de faire descendre leurs vins devant Bordeaux avant la fête de Noël, etc.

C. 1614. (Portefeuille.) — 126 pièces, papier.

1615-1780. — Correspondance de Boucher, Boutin et Dupré de Saint-Maur, intendants de Bordeaux, avec les ministres d'Aguesseau et Orry, et les subdélégués, concernant : — la vente des vins à pot et à pinte ; — les fraudes sur les vins ; — les mesures en usage pour la vente des vins ; — les dimensions et contenances du pot et de la barrique ; — le transport des vins dans les faubourgs ; — les ordonnances des trésoriers de France ; — les mémoires et observations sur le commerce des vins ; — les contestations des jurats de Bordeaux avec les propriétaires des vins du Languedoc, haut pays et autres localités de la Généralité ; — les défenses de porter des vins ou vendanges d'une paroisse à l'autre ; — les demandes des habitants des quartiers de Cauderan, du Bouscat et de Villeneuve, aux fins d'être autorisés à vendre leurs vins en gros et en détail dans l'étendue de la paroisse de Saint-Seurin, etc.

C. 1615. (Portefeuille.) — 119 pièces, papier.

1482-1745. — Correspondance de de Courson, Boucher et de Tourny, intendants de Bordeaux, avec les ministres Rouillé de Coudray, d'Aguesseau, de La Houssaye, La Vrillière, Orry et de Trudaine, concernant : — la descente des vins muscats du Languedoc à Bordeaux ; — le commerce des vins du haut pays et d'Espagne ; — une plainte du sieur Georges Sandilands, négociant de Bordeaux, contre M. de Pressigny, pour infraction aux règles et usages du Bureau de commerce ; — une saisie faite à la requête des jurats de Bordeaux, au préjudice de quelques négociants anglais, pour avoir introduit, sans en acquitter les droits, des vins d'Espagne destinés à faire des coupages avec les vins du pays ; — le transport et séjour des vins et eaux-de-vie de Languedoc et haut pays au faubourg des Chartreux-lès-Bordeaux ; — une saisie de vins du Languedoc au préjudice des sieurs Desclaux et Geraud, négociants à Bordeaux, etc.

C. 1616. (Portefeuille.) — 118 pièces, papier.

1738-1757. — Correspondance de Boucher et de Tourny, intendants de Bordeaux, avec les ministres Orry, de Séchelles, de Trudaine et Gaurnay, intendant du commerce, concernant : — la descente des vins étrangers devant Bordeaux ; — les conditions sous lesquelles ils peuvent y être conduits ; — les fraudes dans le commerce des vins ; — les contestations entre les jurats de Bordeaux et le sieur Étienne Caussade, négociant, au sujet d'un achat de vins fait par ce dernier dans le haut pays, à destination des colonies ; — les vins du Quercy (entrepôt aux Chartrons) ; — une saisie de vins du Quercy par les jurats de Bordeaux, au préjudice du sieur Laplace, négociant ; — diverses saises faites au préjudice des négociants, pour contraventions aux ordonnances et règlements sur les vins, etc.

C. 1617. (Portefeuille.) — 119 pièces, papier.

1482-1775. — Correspondance de Boucher, Boutin, de Fargès et de Tourny, intendants de Bordeaux, avec les ministres Orry, Bertin, de La Houssaye, de Trudaine, de Moras, de Silhouette, de Courteille et de L'Averdy, concernant : — le commerce des vins ; — une procédure entre le procureur syndic de Bordeaux et Pierre Laplace, négociant, pour contravention aux règlements sur les vins ; — la confirmation des priviléges accordés à la ville et cité de Bordeaux ; — la jauge des futailles ; — la descente des vins du Languedoc ; — les défenses de mêler, falsifier, ni transvaser les vins recueillis dans la province de Guyenne ; — la marque des barriques ; — le transport et séjour des vins et eaux-de-vie de Languedoc et haut pays au faubourg des Chartrons ; — les défenses de décharger les vins de Domme et autres prohibés ailleurs qu'au lieu des Chartrons-lès-Bordeaux ; — les requêtes des habitants de l'Agenais et du Quercy, au sujet de la descente de leurs vins à Bordeaux, etc.

C. 1618. (Portefeuille.) — 100 pièces, papier.

1724-1753. — Correspondance de de Tourny, intendant de Bordeaux, avec les ministres Orry, de Trudaine et de Saint-Florentin, concernant : — la descente des vins à Bordeaux ; — la marque des barriques et futailles ; — une saisie de 66 barriques de vin, au préjudice de Louis de Carbonnières, ancien officier de cavalerie ; — les défenses à tous maîtres et patrons de bateaux de transporter aucun vin étranger en la Sénéchaussée et pays bordelais, logé en barriques, de construction, jauge, couverture et cerclage propres et particuliers à ladite Sénéchaussée, sous peine de 300 livres d'amende ; — les contestations au sujet des vins de Domme saisis par les jurats de Bordeaux, au préjudice de divers particuliers, etc.

C. 1619. (Portefeuille.) — 94 pièces, papier.

1743-1779. — Correspondance de de Tourny, intendant de Bordeaux, avec les ministres de Trudaine, de Saint-Florentin et le maréchal de Noailles, concernant : — le commerce des vins ; — une saisie de vins de Domme, par les jurats de Bordeaux, au préjudice des nommés Sarlat et La Roque ; — les contestations au sujet de la descente des vins du Sarladais ; — divers mémoires présentés par les communautés de Sarlat et de Domme contre les jurats de Bordeaux, au sujet des saisies faites à leur préjudice par lesdits jurats, etc.

C. 1620. (Portefeuille.) — 114 pièces, papier.

1757-1776. — Correspondance de de Courson, Boucher et de Tourny, intendants de Bordeaux, avec les ministres Desmaretz, Orry, de Machault et de Trudaine, concernant : — les fonctions de courtier en général ; — les discussions des courtiers royaux avec le commerce, au sujet de la suppression des courtiers volants ; — les règlements faits en divers temps au sujet des courtiers ; — leur état et profession ; — la compétence des juges pour les affaires des courtiers ; — des arrêts du Conseil, lettres patentes, déclarations et arrêts du Parlement ; — la création, suppression ou augmentation du nombre des offices des courtiers ; — les droits et émoluments qui y sont attachés ; — diverses discussions dans le corps des courtiers, etc.

C. 1621. (Portefeuille.) — 107 pièces, papier; 9 pièces, parchemin.

1560-1754. — Procès concernant : — les palus de Montferrant, au sujet de la propriété de quelques vacants ; — l'administration de quelques parties des bois du Bigorre ; — les péages perçus sur les rivières de Lot et de la Garonne.—Règlements sur le commerce des colonies françaises et des compagnies privilégiées de négociants de Bordeaux.

C. 1622. (Portefeuille.) — 124 pièces, papier; 1 plan.

1701-1757. — Correspondance de Boucher et de Tourny, intendants de Bordeaux, avec les ministres d'Aguesseau, de Saint-Florentin, de Chauvelin, de Séchelles, de Trudaine et de Paulmy, et les subdélégués, concernant : — un nouveau plan présenté par les fermiers généraux pour le chargement et le déchargement des navires, à tour de rôle et sans interruption, par le ministère des courtiers royaux ; — les divers cours du change ; — la suppression de 2 sous pour livre en faveur des vaisseaux des villes anséatiques ; — la nomination d'un député du commerce ; — les fermes du Roi et le commerce ; — la noblesse commerçante ; — les droits du Roi ; — des déclarations, arrêts du Conseil, lettres patentes portant règlements, augmentations ou fixations des droits sur les marchandises et autres objets de commerce ; — les fermiers généraux ; — les contraventions et fraudes, etc.

C. 1623. (Portefeuille.) — 118 pièces, papier.

1719-1774. — Correspondance de de Courson, de Tourny et Boutin, intendants de Bordeaux, avec les ministres de Foucault, de Trudaine, Bertin, de Machault, de Courteille et de L'Averdy, concernant : — différents Bureaux pour la pesée et la vérification des marchandises arrivant à Bordeaux dans le temps des foires ; — diverses affaires de douane avec les directeurs et les négociants, soit à l'égard du poids visité, vérification et acquits-à-caution des marchandises ; — le règlement pour l'entrepôt des marchandises prohibées ; — le renouvellement des défenses de porter et de faire usage des étoffes de l'Inde et de la Chine ; — l'entrée et la sortie des marchandises, etc.

C. 1624. (Portefeuille.) — 125 pièces, papier.

1708-1777.— Correspondance de de Courson, Boucher, de Tourny et Boutin, intendants de Bordeaux, avec les ministres Le Peletier, de Séchelles, de Saint-Florentin, Pontchartrain, Desmaretz, La Vrillière, Le Blanc, Orry, de Chauvelin, de Trudaine, de Lamoignon, de Marigny, de L'Averdy et de Maupeou, et les subdélégués, concernant : — les édits et déclarations du Roi au sujet de l'établissement des juridictions consulaires ; — la création des offices d'huissier à la bourse de Bordeaux ; — les élections des juges et consuls ; — les abus commis dans la juridiction consulaire de Bordeaux ; — la nomination des consuls de la Généralité de Bordeaux ; — les attributions de la juridiction dans le cas de faillites, etc.

C. 1625. (Carton.) — 112 pièces, papier.

1710-1722.—Correspondance de de Courson et Boucher, intendants de Bordeaux, avec les ministres Desmaretz, Pontchartrain, le duc de Noailles, d'Argenson, le maréchal d'Estrées, Le Peletier, Law, Dodun, et Amelot de La Houssaye, concernant : — l'entrée des marchandises étrangères ; — les affaires de commerce avec Hambourg et le Portugal ; — les courtiers de Bayonne ; — les consuls étrangers ; — le commerce avec la Hollande ; — les foires de Bordeaux ; — les droits de ferme ; — la modération des droits d'entrée sur le charbon de terre venant d'Angleterre, d'Ecosse et d'Irlande ; — les beurres et fromages venant des pays étrangers ; — les défenses de laisser sortir les bois hors du royaume ; — l'exemption de tous droits d'entrée pour les lards, chandelles et saumons salés provenant des pays étrangers et destinés pour les îles françaises, etc.

C. 1626. (Carton.) — 118 pièces, papier.

1725-1726.—Correspondance de Boucher, intendant de Bordeaux, avec les ministres Dodun, Le Peletier, le comte de Norville et Le Blanc, concernant : — les affaires de commerce et les droits de ferme ; — les défenses de laisser sortir du royaume les graines de colza, navette et autres servant à faire de l'huile ; — l'attribution donnée aux juridictions consulaires de la connaissance des faillites et banqueroutes ; — la modération des droits d'entrée, tant sur les beurres et fromages venant des pays étrangers que sur ceux du cru du royaume ; — le charbon de terre venant d'Angleterre, d'Ecosse et d'Irlande ; — le commerce des étoffes étrangères et des savons ; — l'élection d'un député au Bureau du commerce ; — l'introduction d'étoffes prohibées ; — les mesures à prendre pour y remédier ; — la visite et marque des étoffes de draperie, etc.

C. 1627. (Carton.) — 123 pièces, papier.

1710-1727.—Correspondance de de Courson et Boucher, intendants de Bordeaux, avec les ministres Desmaretz, Pontchartrain, Le Peletier, de Chauvelin et Le Blanc, concernant : — le commerce de morues, savons, huiles, bœufs salés, eaux-de-vie, suifs, laines, beurres et fro-

SÉRIE C. — INTENDANCE DE BORDEAUX.

mages, chanvres et soieries ; — la jauge des navires ; — la teinture des draps et autres étoffes ; — les défenses de modérer les amendes et autres peines portées par les règlements généraux et particuliers pour les manufactures et les teintures contre les fabricants qui seront trouvés en contravention ; — les moyens à prendre pour remédier aux abus qui se commettaient dans les fabriques de savon blanc et de savon marbré, etc.

C. 1628. (Carton.) — 114 pièces, papier.

1710-1757. — Correspondance de de Courson, Boucher et de Tourny, intendants de Bordeaux, avec les ministres Le Peletier, de Saint-Florentin, Desmaretz, Orry, de Machault et de Trudaine, concernant : l'attribution donnée aux juridictions consulaires pour connaître des faillites et banqueroutes ; — les défenses de faire sortir les verres à vitre du royaume ; — les décharges de tous droits d'entrée sur les moutons, brebis et agneaux venant des pays étrangers ; — l'autorisation accordée aux négociants français qui faisaient le commerce dans les îles françaises de l'Amérique d'envoyer, pendant une année seulement, leurs vaisseaux en Irlande pour y acheter des bœufs et les transporter directement auxdites îles ; — les droits sur les laines et les chapeaux appelés dauphins ; — le prix des charges sur la place de Bordeaux ; — le commerce des fers, vins, merrains, sels et poissons salés.

C. 1629. (Carton.) — 112 pièces, papier.

1729-1732. — Correspondance de Boucher, intendant de Bordeaux, avec les ministres Le Peletier, Orry, de Chauvelin, de Maurepas et d'Angervilliers, concernant : — les faillites et banqueroutes ; — le commerce des toiles ; — la modération des droits d'entrée accordée aux beurres et fromages venant de l'étranger ; — la prorogation de la permission accordée aux négociants français faisant le commerce des îles et colonies françaises de l'Amérique de faire venir des pays étrangers des lards, suifs, chandelles et saumons salés sans payer aucun droit ; — les foires de Bordeaux ; — l'établissement d'un Conseil royal de commerce ; — la nomination d'un député de commerce ; — le transport de bœufs et chairs salées pour les îles et colonies françaises de l'Amérique ; — les droits de ferme, etc.

E. 1630. (Carton.) — 135 pièces, papier.

1733-1734. — Correspondance de Boucher, intendant de Bordeaux, avec les ministres Orry, Dodun, Le Peletier et de Maurepas, concernant : — une plainte des négociants de Bordeaux contre le sieur Daumoy, directeur du Bureau des fermes, au sujet des droits sur les jambons ; — les foires de Bordeaux ; — les plaintes des négociants et armateurs de quelques ports du royaume, au sujet du prix qu'ils sont obligés de payer au fermier des poudres pour la poudre de guerre et celle de traite pour le commerce de Guinée et des colonies françaises ; — la situation de la place de Bordeaux ; — le transport de planches de noyer pour Hambourg et Dantzick ; — la nomination d'un consul de la bourse de Bordeaux ; — le commerce des chanvres, des vins et eaux-de-vie, etc.

C. 1631. (Carton.) — 77 pièces, papier.

1736-1740. — Correspondance de Boucher, intendant de Bordeaux, avec les ministres Orry et Amelot, concernant : — les productions du sol et de l'industrie de la Généralité de Bordeaux ; — l'interdiction de l'entrée en France de la racine de rhapontic (espèce de rhubarbe) ; — le commerce avec l'Angleterre ; — l'entrée des bestiaux étrangers ; — le droit d'un demi pour cent sur les marchandises venant des îles et des colonies françaises de l'Amérique ; — l'entrée des cuirs étrangers ; — la négociation du papier sur Paris ; — la réduction des droits d'entrée sur les aiguilles venant des pays étrangers ; — l'exportation de diverses denrées à l'étranger, etc.

C. 1632. (Carton.) — 97 pièces, papier.

1741-1742. — Correspondance de Boucher, intendant de Bordeaux, avec les ministres de Maurepas et Orry, et les subdélégués, concernant : — le commerce des viandes salées, des vins, eaux-de-vie et sel ; — la pêche de la morue ; — les privilèges accordés à divers établissements ; — le commerce des cuirs ; — la prise du navire l'*Océan* par un vaisseau anglais ; les renseignements demandés à ce sujet ; — la capture du navire le *Saint-Jean-Baptiste*, de Bordeaux, par un corsaire espagnol ; — le commerce des chanvres et des laines ; — la proposition du sieur Vidart Soys de faire venir d'Irlande des béliers pour les faire élever dans les Landes ; — le commerce des beurres venant d'Angleterre, d'Écosse et d'Irlande ; — la perception d'un demi pour cent sur les marchandises venant des îles françaises de l'Amérique, etc.

C. 1633. (Carton.) — 136 pièces, papier.

1743-1745. — Correspondance de de Tourny et Boucher, intendants de Bordeaux, avec les ministres Orry, de Maurepas et d'Argenson, et les subdélégués, concernant : — les défenses faites aux habitants du haut pays de faire descendre leurs vins dans le port de Bordeaux ; — la marque des mouchoirs ou fichus de soie ; — les marchandises du cru des îles françaises de l'Amérique destinées pour l'Ile-Royale et le Canada ; — l'exemption, pendant dix ans, des droits d'entrée des cinq grosses fermes sur les morues et huiles qui proviendront de la pêche des sujets du Roi à l'Ile-Royale ; — le commerce des chanvres ; — les contestations entre l'adjudicataire des fermes et les négociants de Bordeaux au sujet des droits de comptablie sur les bouteilles ou flacons de verre double ou simple ; — l'exportation du blé d'Espagne pour le Portugal ; — l'exemption des droits de sortie sur les vivres, vins, eaux-de-vie et autres boissons servant à l'avitaillement des navires, etc.

C. 1634. (Carton.) — 147 pièces, papier.

1746-1748. — Correspondance de de Tourny, intendant de Bordeaux, avec les ministres de Machault, de Maurepas, de Courteille et d'Argenson, et les subdélégués, concernant : — les droits de sortie sur les faïences des manufactures établies dans l'intérieur des cinq grosses fermes ; — le commerce des cafés ; — les droits de sortie sur les peaux de lapin brutes ; — les quatre sous pour livre sur les marchandises venant de l'étranger ; — l'exemption des droits d'entrée sur les bestiaux venant des pays étrangers ; — la perception de demi pour cent sur les marchandises des îles et colonies de l'Amérique ; — la détention dans les prisons de Bordeaux du sieur Jean Lacaire, maître batelier, pour avoir vendu à son profit, à l'Ile de Ré, une cargaison de blés de Bretagne qui lui avait été confiée par le munitionnaire général, à la destination de Bordeaux ; — la marque des mousselines et toiles de coton, etc.

C. 1635. (Carton.) — 103 pièces, papier.

1749-1751. — Correspondance de de Tourny, intendant de Bordeaux, avec les ministres de Machault, de Saint-Florentin, de Trudaine et de Chauvelin, et les subdélégués, concernant : — l'établissement d'un bureau de contrôle à Saint-Jean-Pied-de-Port ; — l'adjudication des sous-fermes des domaines ; — la prohibition des boutons de cuivre poli ou doré venant des pays étrangers ; — un brevet de permission aux sieurs Jacob et Emmanuel Dalpujet, juifs avignonais, de demeurer à Bordeaux et d'y faire la banque et le commerce avec les îles de l'Amérique ; — l'exportation des fèves en Espagne ; — les abus qui se pratiquaient aux environs de Casseneuil dans la fabrication des eaux-de-vie ; — les quatre sous pour livre des droits des fermes pour l'entrée des marchandises et denrées venant des pays étrangers ; — la tenue des foires du royaume ;

— l'exemption de droits pour les marchandises apportées de la Louisiane, etc.

C. 1636. (Carton.) — 97 pièces, papier.

1752-1758. — Correspondance de de Tourny, intendant de Bordeaux, avec les ministres de Trudaine, Rouillé, de Machault, de Séchelles, de Maurepas, de Moras et de Boullongne, et les subdélégués, concernant : — les corderies de Bordeaux ; — l'embauchage des ouvriers cordiers pour l'Espagne ; — le commerce des vins ; — les instructions sur la préparation des chanvres ; — l'exemption de tous droits d'entrée pour les fumiers ; — les cendres de houille et autres matières servant uniquement à l'engrais des terres ; — l'ordonnance qui défend la sortie de l'or et de l'argent monnayé ou non monnayé ; — la saisie de 10,560 livres, en 440 louis d'or de 24 livres, sur le chevalier Delmas, de Périgueux, qui se rendait à Gênes ; — l'envoi de cinquante-huit barriques de guildive (eau-de-vie) au Canada par le sieur Jaure, négociant de Bordeaux ; — la perception du droit de demi pour cent sur les marchandises venant des îles et colonies françaises de l'Amérique, etc.

C. 1637. (Portefeuille.) — 20 pièces, papier.

1741-1767. — Correspondance de Boutin, intendant de Bordeaux, avec le ministre Bertin, concernant : — les défenses d'envoyer à l'étranger aucuns lards et autres salaisons, à peine de confiscation et de trois mille livres d'amende pour chaque contravention ; — des contestations entre l'adjudicataire général des fermes et les négociants de Bordeaux, au sujet de l'exportation des bœufs salés pour les colonies françaises de l'Amérique ; — l'établissement aux Chartrons d'un entrepôt pour les salaisons provenant d'Irlande ; — les méthodes et instructions sur les salaisons de bœufs, etc.

C. 1638. (Carton.) — 128 pièces, papier.

1731-1782. — Correspondance de Boucher, de Tourny et Boutin, intendants de Bordeaux, avec les ministres Orry, Le Peletier, de Trudaine, de L'Averdy, de Saint-Florentin et le duc de Praslin, concernant : — la décharge des navires dans le port de Bordeaux ; — les discussions entre le fermier général et les négociants de Bordeaux, au sujet d'un nouveau plan de régie pour l'arrivée et le déchargement des navires ; — l'état général des navires partis de France pour l'Amérique et de l'Amérique pour les ports de France ; — le commerce des sucres provenant de Saint-Domingue et de La Martinique ; — les états des navires de Bordeaux pris pendant et avant la guerre d

1756; — des mémoires sur les charbons de terre d'Angleterre et d'Écosse, au sujet des droits établis sur leur introduction, par arrêt du Conseil de 1763 ; — la prohibition des navires étrangers dans les colonies ; — les offices de portefaix-rouleurs ; — le tarif de gabarage pour les marchandises tant de déchargement que de chargement, etc.

C. 1639. (Carton.) — 102 pièces, papier.

1731-1767. — Correspondance de Boucher, de Tourny, Boutin et de Fargès, intendants de Bordeaux, avec les ministres de Maurepas, de L'Averdy, de Chauvelin, de Trudaine, Orry et de Pressigny, concernant : — le commerce des villes de Bordeaux, Libourne, Blaye et Bourg ; — un projet de compagnie pour le commerce dans les ports de la mer Baltique ; — la franchise du port de Saint-Malo ; — un mémoire et une requête du directeur du commerce de Guyenne en opposition à ladite franchise ; — les remontrances faites au gouvernement par le commerce de Bordeaux sur les pertes que lui cause la guerre avec les Anglais ; — le commerce des grains avec la Bretagne ; — les vins, eaux-de-vie, sel, bois des Pyrénées, les forges, la construction de deux frégates et des armements en course ; — le commerce des graines de lin et cafés ; — les raffineries ; — la suspension de payement des lettres de change des colonies ; — la perception de divers droits sur les marchandises prohibées ; — une demande de concession dans la Guyenne et d'un privilège sur les côtes d'Afrique ; — la liberté du commerce des Indes ; — des réflexions sur le commerce en général, etc.

C. 1640. (Carton.) — 96 pièces, papier.

1776-1780. — Correspondance de Dupré de Saint-Maur, intendant de Bordeaux, avec les ministres de Sartine, de Trudaine, de Fourqueux, Necker et de Vergennes, concernant : — l'exportation du brai et de la résine provenant des landes de Bordeaux ; — les inconvénients qui pourraient résulter de la prohibition absolue de cette branche de commerce en en gênant la liberté ; — les états des résines et brais chargés pour l'étranger depuis le 1er septembre 1776 jusqu'au 23 janvier 1777, jour auquel la sortie fut suspendue ; — l'augmentation du prix du brai et de la résine ; — une plainte portée au Conseil par les négociants de la ville de Bayonne, au sujet des permissions accordées pour la sortie des matières résineuses à destination d'Espagne ; — les états des prix des matières résineuses dans les subdélégations de Bordeaux, Dax et Bayonne ; — les requêtes de divers négociants, tendantes à être autorisés à exporter à l'étranger des matières résineuses, etc.

GIRONDE. — SÉRIE C.

C. 1641. (Carton.) — 95 pièces, papier.

1781-1783. — Correspondance de Dupré de Saint-Maur, intendant de Bordeaux, avec les subdélégués, concernant : — l'exportation des bois et des résines pour les pays étrangers ; — les défenses de transporter à l'étranger, en temps de guerre, des brais secs et gras, ainsi que des goudrons ; — diverses requêtes des négociants en autorisation d'exporter à l'étranger des matières résineuses. On y remarque les noms de MM. Cocquerel, Cannègre, Lorentz, Henri Lacoste, Schroder et Schyler, Henri Martin, Pierre Portier, de La Teste, Moreau fils aîné, du Puy-Castelnau, Brun frères, Vignes, Byrne et compagnie, Jean Carto, de Bayonne, etc.

C. 1642. (Carton.) — 128 pièces, papier.

1709-1752. — Correspondance de de Tourny, de Courson, Boucher et de Néville, avec les ministres Orry, de Maurepas, d'Angervilliers, Desmarets, de Machault et de La Boullaye, concernant : — l'interdiction dans le royaume du faux quinquina, à peine de confiscation et de 500 livres d'amende ; — la manière de distinguer le bon quinquina du mauvais ; — des documents transmis par les directeurs de la Chambre de commerce de Guyenne sur les raffineries de Bordeaux, au sujet des sucres vendus à Beaucaire ; — la fabrication des biscuits de mer et les farines de minot ; — la rivalité entre les fabricants de Bordeaux et ceux de Nérac ; — les cires et bougies et l'autorisation d'élever des mouches à miel avec exemption de tous droits ; — les renseignements sur diverses productions locales, et notamment sur les fers, le sel, les vins et eaux-de-vie, les chanvres, les huiles, le merrain, le bœuf salé, les suifs ; — le droit d'ancrage et la jauge des navires, etc.

C. 1643. (Carton.) — 106 pièces, papier.

1731-1785. — Correspondance de Boucher, de Tourny, Boutin, de Fargès, Dupré de Saint-Maur et de Néville, intendants de Bordeaux, avec les ministres de Courteille, Orry, Bertin, de Trudaine de Montigny, de Vergennes, de Calonne et de Colonia, concernant : — la manufacture de spalme servant à enduire les navires ; — une saisie de plusieurs boucauts de biscuits, faite par les jurats de Bordeaux, au préjudice du sieur Delhoste, fabricant de minot à Nérac ; — la culture de la garance ; — la consommation du sucre et les droits de cette denrée ; — les chanvres étrangers et le raffinage du sucre ; — les gratifications accordées pour la traite des noirs ; — les droits sur les couperoses ; — les déclarations des marchandises : les droits sur les sels de Saintonge ; — les vins de l'Anjou, etc.

33

C. 1644. (Carton.) — 93 pièces, papier.

1742-1789. — Correspondance de Boucher, de Tourny, de Fargès, Boutin et de Néville, intendants de Bordeaux, avec les ministres Orry, Le Peletier, d'Invau, de Courteille, Trudaine, de Séchelles et Necker, concernant : — le commerce des farines ; — la pêche des morues, harengs et sardines ; — la traite des nègres ; — les droits sur les voitures étrangères à leur entrée en France ; — les sels de Saintonge ; — l'établissement des fabricants étrangers dans le royaume ; — la marque et visite des toiles blanches et imprimées des manufactures de l'Alsace ; — le droit de transit ; — les raffineries de sucre ; — l'entrée des peaux d'agneau et de chevreau ; — les droits sur les sels provenant des marais de l'Océan et exportés à l'étranger ; — les cotons et laines ; — les ports ouverts aux marchandises anglaises ; — la fixation des limites entre l'Amirauté de Vannes et celle de Lorient ; — la composition du Bureau de commerce ; — la pêche de la baleine, etc.

C. 1645. (Carton.) — 120 pièces, papier.

1722-1769. — Correspondance de Boucher, de Tourny, de Courson et de Fargès, intendants de Bordeaux, avec les ministres de Machault, de Trudaine, Orry, de Boullongne, Desmaretz, d'Invau, de L'Averdy, Bertin et de Moras, concernant : — la descente des vins et eaux-de-vie du Languedoc à Bordeaux, pour être exportés ; — la permission donnée aux habitants de Libourne et de Cherbourg de faire le commerce des colonies ; — le commerce des bestiaux, du tafia, du bois de gaïac et du coton ; — les droits d'entrée des marchandises venant de la Louisiane ; — le commerce avec le royaume d'Espagne, etc.

C. 1646. (Carton.) — 74 pièces, papier.

1730-1762. — Correspondance de Boucher, de Tourny et Boutin, intendants de Bordeaux, avec les ministres Orry, de Trudaine, de L'Averdy, de Boullongne et de Baudry, concernant : — le privilège exclusif pour l'établissement des manufactures de cuivre ; — la fabrique de savon des Chartrons, à Bordeaux ; — les droits d'entrée sur les plombs venant de l'étranger ; — l'étamage à la levantine ; — l'établissement d'une fabrique de noir de fumée dans les landes de Bordeaux ; — le privilège exclusif pour la manufacture d'amidon de racines du sieur Jacquet, négociant de Montauban ; — la marque des toiles de la Généralité ; — diverses demandes en autorisation de former des établissements de tuileries et briqueteries, etc.

C. 1647. (Carton.) — 108 pièces, papier.

1760-1768. — Correspondance de de Courson, de Tourny, Boucher, Boutin et de Fargès, intendants de Bordeaux, avec les ministres de Machault, Orry, d'Argenson, le maréchal de Villeroy, de L'Averdy, de Sartine et Trudaine de Montigny, concernant : — les règlements pour les maîtres-ouvriers et faiseurs de bas au métier et autres ouvrages, tant en soie qu'en fil, laine, poil, coton et castor ; — diverses saisies de bas au préjudice de marchands forains ; — la visite des fabriques de bas et d'autres ouvrages au métier ; — la nomination et réception des gardes-jurés desdites fabriques ; — le prix des suifs et chandelles ; — la fabrication d'armes à l'étranger ; — la manufacture de corderie de Tonneins, etc.

C. 1648. (Carton.) — 107 pièces, papier.

1680-1788. — Correspondance de Boucher, Dupré de Saint-Maur et de Néville, intendants de Bordeaux, avec les ministres Orry, de Trudaine, de Gaumont, Le Peletier, de L'Averdy, de Colonia, d'Ormesson, Joly de Fleury, de La Boullaye, concernant : — les droits d'entrée et de marque des fers étrangers ; — les droits sur les papiers peints ; — la suppression des droits de tiers-surtaux, quarantième et tous autres droits sur les soies, tant nationales qu'étrangères ; — la production de la pouzzolane d'Auvergne ; — les renseignements transmis par les subdélégués sur les manufactures de la Généralité, etc.

C. 1649. (Carton.) — 115 pièces, papier.

1649-1772. — Correspondance de de Courson, Boucher, de Tourny, Boutin et de Fargès, intendants de Bordeaux, avec les ministres Desmaretz, Amelot, de Maurepas, Rouillé, Bertin, Trudaine de Montigny, de L'Averdy, de Séchelles, de Courteille et Orry, concernant : — le droit du 21e tonneau pour 20 sur les vins à leur sortie de Bordeaux ; — les contestations entre le fermier du domaine d'Occident et les négociants de Bordeaux, au sujet du droit de 3 % sur les sucres, tabacs, indigos et autres marchandises du cru des îles et terres fermes de l'Amérique ; — le droit de ferme et la suppression de tous les bureaux intérieurs ; — le projet d'établissement d'un droit unique aux entrées et sorties des marchandises ; — le droit d'indult ; — la suspension du privilège exclusif de la Compagnie des Indes ; — les bois de construction et de merrain venant d'Angleterre ; — la jauge des barriques, etc.

C. 1650. (Carton.) — 122 pièces, papier.

1786-1789. — Correspondance de de Néville, intendant de Bordeaux, avec les ministres de Calonne, de Tolozan, Devin de Gallande, de Vergennes et Roland, concernant : — les bois destinés à la construction des navires ; — la réduction des droits sur les vins d'Aunis ; — la modération des droits sur les cartons lissés façon d'Angleterre destinés pour l'apprêt des étoffes ; — la prolongation, pendant quinze années, de la durée du privilége de la nouvelle Compagnie des Indes ; — la suppression des droits sur les eaux-de-vie qui seront expédiées par mer d'une province du royaume dans une autre ; — le commerce des sucres bruts d'Amérique ; — l'entrée des toiles de coton blanches et peintes ; — les nouveaux droits sur les laines nationales à la sortie du royaume ; — l'exportation à l'étranger des cordages et chanvres.

C. 1651. (Portefeuille.) — 72 pièces, papier.

1677-1760. — Correspondance de de Courson, de Tourny et Boutin, intendants de Bordeaux, avec les ministres de La Vrillière, Amelot, le duc de Choiseul, Desmaretz, Bertin, de Machault et Le Blanc, concernant : — divers traités de commerce entre la couronne de France et les puissances étrangères, notamment entre l'Angleterre, la cour de Rome, l'Espagne, Hambourg, le Prince-Évêque, l'Église et l'État de Liége, au sujet des limites du commerce mutuel et de la liberté des communications de leurs États respectifs ; — traité de commerce avec les Provinces-Unies des Pays-Bas, etc.

C. 1652. (Portefeuille.) — 100 pièces, papier.

1721-1757. — Correspondance de Boucher et de Tourny, intendants de Bordeaux, avec les ministres Orry, de Trudaine et de Boullongne, concernant : — les foires de Bordeaux ; — les prorogations et changements occasionnés par lesdites foires dans des circonstances extraordinaires ; — les prétentions des fermiers généraux sur cet objet ; — les marchandises des manufactures et fabriques apportées pendant les foires, leur état, leurs visites ; — les déclarations faites à l'inspecteur par les manufacturiers et les fabricants ; — les marchandises trouvées en état de contravention ; — des états généraux du produit de toutes les étoffes et mercerie apportées aux foires de Bordeaux, etc.

C. 1653. (Portefeuille.) — 108 pièces, papier.

1721-1752. — Correspondance de Boucher et de Tourny, intendants de Bordeaux, avec les ministres d'Aguesseau, d'Armenonville, le duc d'Antin, Le Peletier, Orry, Amelot, de Machault et de Trudaine, concernant : — diverses demandes formées par certains seigneurs ou par des villes et communautés pour l'établissement de foires et marchés en divers lieux de la Généralité de Bordeaux ; — parmi les réclamants, on voit figurer les noms de : MM. Pierre Lansade, seigneur de Plaigne, pour l'établissement d'une foire et d'un marché dans sa terre de Nouaille ; le marquis de Flamarens ; le duc d'Antin, pour l'établissement d'un marché à Limeuil ; les habitants de Monségur, pour une foire audit lieu ; Mme la comtesse de Riberac, pour l'établissement de foires et marchés à Calunges ; Dulau d'Allemans, pour le bourg de Celle ; le comte de Pons, pour être autorisé à transférer au lieu de Villandraut le marché et les quatre foires établis dans les baronnies de Castelnau et de Cazeneuve, etc.

C. 1654. (Portefeuille.) — 100 pièces, papier.

1752-1759. — Correspondance de de Tourny, intendant de Bordeaux, avec les ministres de Machault, de Trudaine et de Saint-Florentin, et les subdélégués, concernant : — des demandes formées par des seigneurs et plusieurs communautés pour des établissements de foires et marchés à Buzet, Bussières, Savignac en Bazadais, Montréal (Gers), Galapian, près Clairac (Lot-et-Garonne), Saint-Hilaire et Lusignan, Saint-Christoly, Badefol-d'Ans (Sénéchaussée de Périgueux), Caumont, Libourne, Casteljaloux, Castillon, Saucats, La Brède, Saint-Magne et Portets, etc.

C. 1655. (Portefeuille.) — 100 pièces, papier.

1760-1783. — Correspondance de de Tourny, Boutin, de Fargès, Esmangart et Dupré de Saint-Maur, intendants de Bordeaux, avec les ministres de Saint-Florentin, Bertin, de Trudaine, de Maurepas et de Colonia, concernant : — diverses demandes d'établissements de foires et marchés dans les communautés de La Chapelle-Faucher, Martignas, Aux Groges en Périgord, Rions-Saint-Orse et Saint-Privat en Périgord, Luxariguey, paroisse de Saint-Gouts d'Allon, juridiction de Casteljaloux ; La Teste, Milhac d'Auberoche, en Périgord ; Le Mas-d'Agenais, Montastruc, Branne, Certes et Razac, etc.

C. 1656. (Portefeuille.) — 43 pièces, papier.

1748-1782. — Correspondance de Esmangart, intendant de Bordeaux, avec les ministres Terray et de Boullongne, concernant : — diverses discussions survenues entre les pêcheurs de La Teste et les maire et jurats de Bordeaux, au sujet de la suppression des officiers des poissonniers de la ville; — l'approvisionnement de la ville en poisson de mer frais.

C. 1657. (Portefeuille.) — 56 pièces, papier.

1745-1765. — Correspondance de de Tourny et Boutin, intendants de Bordeaux, avec les subdélégués, concernant : — la mesure des terres dont on se servait pour l'arpentement dans les paroisses de Saint-Avid, Saint-Sauveur, Cambes, Longueville, Levignac, Duras, Sainte-Foy, Pardaillan, Sommensac, Théoban, La Sauvetat-de-Caumont, Miramont-d'Aiguillon, Tombebœuf, Verteuil, Grateloup, Castelmoron, Le Temple, Montpezat, La Parade, Lacepède, Saint-Vincent, Galapian, Nadaillan, Savignac, Laugnac, Port-Sainte-Marie, Clermont-Dessous, Aiguillon, Beauville, Castelsagrat, Ferrussac, Lusignan, Grasimis, Goalard et Saint-Caprais, etc. Ces mesures étaient fournies pour l'assiette de la taille et impositions royales.

C. 1658. (Portefeuille.) — 125 pièces, papier.

1733-1748. — Correspondance de Boucher et de Tourny, intendants de Bordeaux, avec les subdélégués, concernant : — les mesures des terres et des grains en usage dans les villes, chefs-lieux et communautés du Mas-d'Agenais, de Taillebourg, Caumont, Sainte-Bazeille, Lamothe, Caubau, Castelnau, Malvoisin, Monségur, Taillecavat, Samazan, Monpouillan, Marmande, Longueville, Birac, Goutaud, Agmé, Hautes-Vignes, Tombebœuf, Saint-Barthélemy, Puymiglan, Seiches, La Sauvetat, Allemans, Cambes, Montelon, Miramont, Duras, Lévignac, Tonneins-Dessus, Tonneins-Dessous, Fauilhet, Nicole, Verteuil, Lauzun, Puydauphin, Virazeil, Sarlat, Montignac, Domme, Belvès, Villefranche, Montpazier, Saint-Cyprien, Terrasson, Périgueux, Thiviers, Mussidan, Montréal, etc.

C. 1659. (Portefeuille.) — 120 pièces, papier.

1748-1767. — Correspondance de de Tourny, Boutin et de Fargès, intendants de Bordeaux, avec les ministres de Trudaine de Montigny, de L'Averdy et de Courteille, et les subdélégués, concernant : — les mesures des grains et des terres en usage dans les villes et communautés de Monflanquin, Sainte-Livrade, Castelmoron, Casseneuil, Penne, Monclar, Bergerac, La Linde, Issigeac, Beaumont, Eymet, Libourne, Castillon, La Roche-Chalais, Sainte-Foy, Gensac, Sauveterre, Périgueux, Cubjat, Branthôme, Excideuil, Thénon, Thiviers, Riberac, Mussidan, Bordeaux, Agen, Condom, Nérac, Casteljaloux, Bazas,

Nontron, Sarlat, Bergerac, Saint-Macaire, Lesparre, Sauveterre, etc.

C. 1660. (Portefeuille.) — 131 pièces, papier.

1693-1746. — Correspondance de Bazin de Bezons, de La Bourdonnaye, Boucher et de Tourny, intendants de Bordeaux, avec les ministres de Maurepas, Orry et Pontchartrain, et les subdélégués, concernant : — les fournisseurs et les fournitures des chanvres pour la marine royale depuis 1693 jusqu'en 1706 ; — les achats et payements desdits chanvres; — les défenses d'en exporter et d'en sortir du royaume; — les défenses à tous filateurs et cordiers d'acheter et d'employer aucune sorte de chanvre à quelque ouvrage que ce soit, à peine de confiscation et d'une amende de 300 livres; — l'appréciation desdits chanvres pour la marine du Roi, etc.

C. 1661. (Portefeuille.) — 100 pièces, papier.

1746-1747. — Correspondance de de Tourny, intendant de Bordeaux, avec les subdélégués, concernant : — les approvisionnements des chanvres pour le service du Roi; — les déclarations exigées des particuliers des quantités de chanvre par eux recueillies ; — diverses condamnations pour fausses déclarations à ce sujet; — les états des déclarations faites par les habitants des villes et communautés de Marmande, Caumont, Tonneins-Dessous, Tonneins-Dessus, Taillebourg, du Mas-d'Agenais, Sainte-Bazeille et Gontaut, etc.

C. 1662. (Portefeuille.) — 111 pièces, papier.

1746-1747. — Correspondance de de Tourny, intendant de Bordeaux, avec le ministre de Maurepas, et les subdélégués, concernant : — l'approvisionnement de chanvres pour la marine royale; — le prix et la valeur desdits chanvres; — les défenses de transporter des chanvres hors de la Généralité et de les vendre au-dessus de 22 livres le quintal, à peine de confiscation des chanvres et de 1,000 livres d'amende; — les déclarations faites par divers particuliers des chanvres qui étaient en leur possession, etc.

C. 1663. (Portefeuille.) — 89 pièces, papier.

1740-1769. — Correspondance de Boucher, de Tourny, Boutin et de Fargès, intendants de Bordeaux, avec les ministres de Maurepas, de Beaumont, de L'Averdy, Trudaine de Montigny et d'Invau, concernant : — les approvisionnements et fournitures de chanvres pour le service de la marine royale ; — les défenses à toutes personnes de faire sortir de la province des chanvres d'emballage propres pour les voiles et cordages de la marine, à peine de confiscation du chanvre et de cinq cents livres d'amende ; — des requêtes de divers particuliers en payement des chanvres par eux livrés pour le compte de la marine royale ; — l'exportation des chanvres, etc.

C. 1664. (Portefeuille.) — 8 pièces, papier.

1733-1780. — Correspondance de Boucher, de Tourny, Boutin, de Fargès et Dupré de Saint-Maur, intendants de Bordeaux, avec les ministres de Trudaine, de Maurepas, Rouillé, de Machault, Baudry, d'Aguesseau, de Beaumont, Orry, de L'Averdy, d'Invau, Necker et Débonnaire de Forges, concernant : — les permissions demandées par des négociants de faire venir des bois de construction et de merrain des îles anglaises de l'Amérique ; — la fourniture des bois pour la marine royale : — une saisie de bois de construction faite par les officiers des eaux et forêts ; — les bois des gens de mainmorte ; — l'exportation des bois à l'étranger.

C. 1665. (Portefeuille.) — 114 pièces, papier.

1762. — Correspondance de Boutin, intendant de Bordeaux, avec les ministres de Choiseul, Bertin, le maréchal de Richelieu et de Saint-Florentin et les subdélégués, concernant : — les souscriptions et contributions volontaires qui s'ouvrirent dans les localités de la province, ayant pour objet la construction d'un vaisseau de guerre destiné à être offert au Roi pour la défense de l'État ; — parmi les villes et communautés qui ont souscrit à ce don volontaire, on voit figurer celles de : Bazas, Villeneuve, Penne, Sainte-Livrade, Bergerac, Sainte-Foy, Agen, Libourne, Blaye, Marmande, Thiviers, Monflanquin, Langon, etc.

C. 1666. (Portefeuille.) — 115 pièces, papier.

1762. — Correspondance de Boutin, intendant de Bordeaux, avec les subdélégués, concernant : — les dons et contributions volontaires pour la construction d'un vaisseau offert au Roi par les villes et communautés de Bordeaux, Damazan, Condom, Casteljaloux, Penne, Agen, Libourne, Périgueux, Cauderot, Sauveterre, Gensac, Villeton, Castelmoron, Saint-Émilion, Puymirol, Bazas, Sarlat, Langon, Nérac, Monflanquin, Thiviers, etc.

C. 1667. (Portefeuille.) — 112 pièces, papier.

1762-1763. — Correspondance de Boutin, intendant de Bordeaux, avec le ministre de Choiseul et les subdélégués, concernant : — les dons et contributions volontaires pour la construction du vaisseau le *Bordelais*, offert au Roi par les villes et communautés de Cadillac, Libourne, Sainte-Bazeille, La Réole, Agen, Penne, Casteljaloux, Rions, Condom, Villeneuve, Périgueux, Damazan, Puymirol, Bordeaux, Villeton, Castelmoron d'Albret, Issigeac, etc.

C. 1668. (Portefeuille.) — 75 pièces, papier.

1751-1788. — Correspondance de de Tourny, Dupré de Saint-Maur et de Néville, intendants de Bordeaux, avec les ministres Rouillé, de Vergennes, d'Ormesson, Joly de Fleury, le maréchal de Castries et le comte de Montmorin, concernant : — les plaintes du Bureau des finances sur des abus pratiqués à l'égard du lest des vaisseaux ou barques qui arrivaient dans le port de Bordeaux ; — un projet de règlement sur l'emploi des matériaux provenant du délestage des navires ; — la reddition des comptes des droits de délestage ; — les états du produit du délestage tant sur les bâtiments français qu'étrangers entrés dans le port de Bordeaux, etc.

C. 1669. (Portefeuille.) — 128 pièces, papier.

1733-1744. — Correspondance de Boucher, intendant de Bordeaux, avec les ministres de Maurepas et de Saint-Florentin, concernant : — le délestage des bâtiments arrivant dans le port de Bordeaux ; — la négligence des maire et jurats de la ville sur l'exécution de l'arrêt du Conseil relatif au délestage ; — les gratifications allouées au sieur Verdier, chargé du jaugeage des bâtiments et de l'inspection du délestage ; — les recettes et dépenses du droit de délestage sur les navires entrés en rivière de Bordeaux ; — la fixation d'un local spécial dans la ville de Libourne pour y déposer les sables de délestage, etc.

C. 1670. (Portefeuille.) — 132 pièces, papier.

1735-1758. — Correspondance de de Tourny, intendant de Bordeaux, avec les ministres de Saint-Florentin, de Maurepas, Rouillé, de Machault et de Moras, concernant : — le produit des droits de délestage perçus sur les bâtiments français et étrangers entrés dans le port de Bordeaux ; — les comptes rendus à MM. les maire et jurats de Bordeaux par le sieur Crosilhac, receveur des droits du délestage des navires entrés dans le port de Bordeaux, etc.

C. 1671. (Carton.) — 81 pièces, papier.

1769-1789. — Correspondance de Boutin, Dupré de Saint-Maur et de Néville, intendants de Bordeaux, avec les ministres de Vergennes, de Colonia, le maréchal de Castries et La Luzerne, concernant : — les états des délestages qui furent ordonnés par le maire, lieutenant de maire et jurats de Bordeaux ; dans ces états figurent les noms des navires et des capitaines, le nombre de tonneaux de lest, etc.

C. 1672. (Portefeuille.) — 94 pièces, papier.

1757-1761. — États des délestages ordonnés par les jurats de Bordeaux, avec la mention de l'emploi qui aurait été fait du lest, des noms des particuliers qui l'auraient fait et des endroits de la ville de Bordeaux où ces délestages auraient été opérés.

C. 1673. (Portefeuille.) — 13 pièces, papier.

1734-1741. — États du produit du droit de délestage sur les bâtiments français et étrangers entrés en rade de Bordeaux, lequel droit se percevait en conformité de l'arrêté du Conseil d'État du 29 octobre 1734.

C. 1674. (Portefeuille.) — 57 pièces, papier.

1741-1755. — États des produits du droit de délestage sur les bâtiments français et étrangers entrés en rade de Bordeaux.

C. 1675. (Portefeuille.) — 92 pièces, papier.

1756-1768. — Correspondance de de Tourny, Boutin et de Fargès, intendants de Bordeaux, avec les ministres Berryer, de Moras, le duc de Choiseul et le duc de Praslin, concernant : — les produits des droits de délestage perçus sur les bâtiments français et étrangers entrés dans le port de Bordeaux ; — les comptes et états desdits produits de délestage. (L'année 1762 manque.)

C. 1676. (Portefeuille.) — 83 pièces, papier ; 1 plan.

1739-1770. — Correspondance de Boutin et de Fargès, intendants de Bordeaux, avec les ministres de Maurepas, les ducs de Choiseul et de Praslin, concernant : — une contestation entre les maire et jurats de Libourne et les officiers de l'Amirauté au sujet des dépôts du lest en sable provenant du délestage des navires ; — les états des délestages déchargés devant Bordeaux par les navires français et étrangers ; — les distributions qui en furent faites par les maire et jurats ; — les comptes et produits des droits des délestages, etc.

D. 1677. (Portefeuille.) — 100 pièces, papier.

1767-1774. — Correspondance de de Fargès et Esmangart, intendants de Bordeaux, avec les ministres de Boynes, le duc de Praslin, Terray, de Sartine et Turgot, concernant : — le produit des droits de délestage perçus sur les bâtiments français et étrangers entrés dans le port de Bordeaux ; — les comptes rendus à MM. les maire et jurats de Bordeaux par Guillaume Lacombe, receveur des droits de délestage, — les arrêts du Conseil d'État sur le délestage des navires, etc.

C. 1678. (Portefeuille.) — 91 pièces, papier.

1774-1779. — Correspondance de Esmangart, de Clugny et Dupré de Saint-Maur, intendants de Bordeaux, avec les ministres de Boynes et de Sartine, concernant : — les états des produits des droits de délestage des navires français et étrangers entrés dans le port de Bordeaux ; — les comptes rendus à MM. les maire et jurats de Bordeaux par le sieur Lacombe, receveur des droits de délestage, etc.

C. 1679. (Portefeuille.) — 77 pièces, papier.

1739-1755. — Correspondance de Boucher et de Tourny, intendants de Bordeaux, avec les ministres de Maurepas, de Saint-Florentin, de Trudaine et Rouillé, concernant : — le délestage des navires ; — l'inspection et la jauge des bâtiments ; — la nomination du sieur Lacombe aux fonctions de receveur des droits de délestage ; — la reddition des comptes des droits perçus sur les délestages ; — les comptes de cordages et autres accessoires pour le service du port ; — le bateau du sieur Herbé coulé à fond dans la passe du Bec-d'Ambès ; — les dégradations des chantiers du port de Blaye ; — l'arrêt du Conseil qui ordonne que le pavé ou cailloux et le sable provenant du lest des vaisseaux seront employés à la réparation des rues de la ville de Bordeaux ; — les contestations élevées entre les trésoriers de France et les jurats de Bordeaux, à l'occasion des abus commis par ces derniers dans l'emploi du lest provenant des navires.

C. 1680. (Portefeuille.) — 100 pièces, papier.

1756-1769. — Correspondance de de Tourny, Boutin et de Fargès, intendants de Bordeaux, avec les ministres de Choiseul, le duc de Praslin et les jurats de Bordeaux, concernant : — un projet de suppression du contrôleur du Bureau du délestage ; — les précautions à prendre pour le délestage des navires ; — les états de l'emploi des délestages sur les indications des jurats de Bordeaux ; — le produit des droits de délestage perçus sur les bâtiments français et étrangers entrés dans le port de Bordeaux, etc.

C. 1681. (Portefeuille.) — 123 pièces, papier ; 1 pièce, parchemin.

1697-1740. — Correspondance de de Courson et Boucher, intendants de Bordeaux, avec les ministres Le Blanc, le maréchal d'Estrées, Le Peletier, de Maurepas et d'Ormesson, concernant : — les états d'expédition des navires du port de Bordeaux depuis 1700 jusqu'en 1709 ; — les défenses d'embarquer des étrangers sans congé ; — les instructions sur les prises faites en mer et les échouements pendant la guerre, et sur les marchandises qui en proviendront ; — les contestations entre l'Amirauté de France et les fermiers généraux sur la compétence des matières de contrebande et du commerce prohibé ; — la confiscation d'un navire hollandais sur lequel s'étaient trouvés des Religionnaires fugitifs ; — la perte d'une barque chargée de tuiles dans la rivière de Dordogne ; — une imposition de la somme de 3,000 livres sur les villes de Bergerac, Sainte-Foy et Libourne, pour retirer ladite barque, qui portait obstacle à la navigation de la rivière, etc.

C. 1682. (Portefeuille.) — 105 pièces, papier.

1699-1779. — Correspondance de de Courson et Boucher, intendants de Bordeaux, avec les ministres de Pontchartrain, le maréchal d'Estrées et de Maurepas, concernant : — les passe-ports délivrés aux Espagnols et les certificats de propriété aux vaisseaux français qui navigueront à l'avenir, en vertu du traité conclu pour les frontières d'Espagne du côté de Bayonne ; — les comptes rendus par les receveurs des droits de monseigneur le comte de Toulouse, amiral de France, dans les différents ports de la Généralité de Bordeaux depuis 1699 jusqu'à 1709 ; — — une plainte des négociants de Bordeaux contre le capitaine d'un navire neutre qui avait abusé de leur confiance ; les priviléges et droits des officiers de l'Amirauté ; — la construction de quatre navires à Bordeaux pour le service du Roi ; — le droit de fret ; — les contestations entre les officiers du siége de Bayonne et les juges de police pour la visite des bâtiments entrant dans la rivière de l'Adour, etc.

C. 1683. (Portefeuille.) — 126 pièces, papier.

1770-1771. — Correspondance de Esmangart, intendant de Bordeaux, avec les ministres Bertin et de Boynes, concernant : — les états des bâtiments qui ont passé debout à Pauillac pendant la quarantaine, depuis le 7 octobre jusqu'au 30 décembre 1770 ; — les ordonnances pour les déchargements des marchandises non suspectes ; — les états des navires arrêtés à Patiras pour y faire quarantaine ; — les précautions à prendre lors de l'arrivée des navires suspects et faisant quarantaine dans la rade de Pauillac ; — les instructions pour les pilotes-côtiers de la rivière de Gironde ; — la levée des défenses faites à tous les ports de France d'y recevoir les vaisseaux venant du Nord, etc.

C. 1684. (Portefeuille.) — 120 pièces, papier.

1770-1771. — Comptes rendus par-devant Esmangart, intendant de Bordeaux, par Edme Guiart, des recettes et dépenses concernant : — les précautions ordonnées par M. le contrôleur général pour prévenir dans la province de Guyenne les effets de la maladie contagieuse qui s'était fait ressentir dans le Nord ; — les frais d'armement de deux chaloupes pour le service de la quarantaine de Pauillac ; — les frais de pilotage et de délestage ; — les réparations des fusils ; — la fourniture de poudre et de boulets pour le service de la patache de santé ; — les bois et lumières ; — les appointements et gratifications des employés de la quarantaine, etc.

C. 1685. (Portefeuille.) — 107 pièces, papier.

1770-1771. — États de dépenses, requêtes et soumissions, concernant : — les sommes payées aux particuliers employés au service de la quarantaine établie par ordre de M. Esmangart, intendant de Bordeaux, à l'île de Patiras, devant Pauillac ; — des demandes de divers négociants de Bordeaux tendantes à être autorisés à retirer de l'île de Patiras des ballots qui y étaient retenus pour cause de quarantaine ; — la permission qui avait été accordée à des négociants de Bordeaux de faire venir à Bordeaux ou ailleurs les marchandises déchargées sous les hangars de

Patiras; — des modèles d'ordonnances et de soumissions, etc.

C. 1686. (Portefeuille.) — 108 pièces, papier.

1718-1727. — Correspondance de de Courson et Boucher, intendants de Bordeaux, avec les ministres de La Houssaye, d'Ormesson, le maréchal d'Estrées, de Bourbon, Le Blanc, La Vrillière et de Maurepas, concernant : — le rétablissement de la pyramide servant de balise pour la facilité de l'entrée et sortie des bâtiments à la pointe de la Coubre à l'entrée de la Gironde ; — la levée du droit destiné pour cet ouvrage ; — l'exemption dudit droit en faveur des bâtiments des pêcheurs ; — l'armement d'une chaloupe pour garder l'entrée de la Garonne ; — l'adjudication des travaux de la balise ; — l'entretien des feux et des bâtiments de la tour de Cordouan ; — le rétablissement des brèches occasionnées par les orages à l'extérieur de la première enceinte de ladite tour ; — un mémoire sur la construction de la tour de Cordouan ; le terrain où elle fut bâtie et les ravages occasionnés journellement par la mer ; — une gratification de 2,000 livres accordée à l'ingénieur de Bitry, en considération des soins par lui pris pour les réparations de ladite tour ; — les états des dépenses faites pour la lanterne de fer élevée au sommet de la tour de Cordouan, etc.

C. 1687. (Portefeuille.) — 134 pièces, papier ; 5 pièces, parchemin ; 4 plans.

1723-1727. — Correspondance de Boucher, intendant de Bordeaux, avec les ministres de Maurepas, Le Blanc, de Breteuil et Dodun, concernant : — les recettes et dépenses des droits levés pour l'entretien de la tour de Cordouan ; — les droits prélevés, au profit du gouvernement, sur les navires qui passent devant la tour de Cordouan ; — la nomination des aumôniers ; — la réparation de la lanterne ; — un mémoire par M. de Bitry, ingénieur en chef des forts et châteaux de Bordeaux, sur la nécessité de rehausser la tour de Cordouan ; — une demande des pilotes de l'entrée de la rivière de Bordeaux pour le rétablissement de la tour de Cordouan à sa hauteur primitive, attendu que l'abaissement qui avait été fait empêchait de voir de loin les feux allumés au haut de ladite tour ; — les plans et devis estimatifs des travaux pour l'élévation de la lanterne de fer au sommet de la tour, etc.

C. 1688. (Portefeuille.) — 115 pièces, papier.

1726-1742. — Correspondance de Boucher, intendant de Bordeaux, avec les ministres de Maurepas et de Gaumont, concernant : — les comptes des recettes et dépenses des cinq sous par tonneau prélevés sur tous les vaisseaux français et étrangers qui venaient mouiller dans la rivière de Bordeaux, pour subvenir aux frais de la levée de la tour de Cordouan et à l'entretien des feux de ladite tour, etc.

C. 1689. (Portefeuille.) — 110 pièces, papier ; 7 plans.

1722-1762. — Correspondance de Boucher, de Tourny et Boutin, intendants de Bordeaux, avec les ministres de Maurepas, Rouillé, de Machault, de Bourbon, de Moras et le duc de Choiseul, concernant : — les réparations de l'enceinte extérieure de la tour de Cordouan ; — la construction d'un peyrat pour faciliter l'approche de la tour et le transport des matériaux ; — les plans et profils d'une chaussée pour le débarquement des choses nécessaires à l'usage et au service de la tour ; — l'état estimatif de la dépense à faire pour la chaussée ; — l'adjudication des travaux en faveur d'Étienne Dardan, architecte ; — la construction d'une chaloupe pour le service de la tour de Cordouan et d'un magasin à Royan pour le même service ; — la réduction du droit qui se percevait sur chaque tonneau pour les dépenses de la tour ; — la réparation de la chapelle du Verdon et du logement de l'aumônier ; — les réparations des églises de Royan et de Saint-Palais ; — les gratifications accordées au commissaire général de la marine, etc.

C. 1690. (Portefeuille.) — 123 pièces, papier.

1764-1768. — Correspondance de Boutin et de Fargès, intendants de Bordeaux, avec les ministres de Choiseul et de Praslin, concernant : — les comptes rendus par le sieur Gruer, receveur de la tour de Cordouan, du droit de quatre sous par tonneau qui se prélevait sur tous les bâtiments français et étrangers, pour les réparations et entretien des feux de ladite tour de Cordouan, etc.

C. 1691. (Portefeuille.) — 121 pièces, papier.

1722-1769. — Correspondance de MM. de Tourny et Boutin, intendants de Bordeaux, avec les ministres Rouillé et le duc de Choiseul, concernant : — les ordonnances délivrées aux entrepreneurs des ouvrages de la tour de Cordouan ; — une vente faite au Roi par la dame Pétronille, épouse de Berthomé de Barbeau, chevalier de l'ordre militaire de Saint-Louis, d'un moulin situé près l'ancienne église de Soulac, pour servir de balise aux vaisseaux qui sortent et entrent dans la rivière de Gironde ; — les réparations de l'hôtel de la marine, des bureaux et magasins

SÉRIE C. — INTENDANCE DE BORDEAUX.

qui en dépendent ; — la réédification de la maison cédée au Roi par la ville de Bordeaux pour le service de la marine, etc.

C. 1692. (Portefeuille.) — 101 pièces, papier.

1745-1752. — Correspondance de M. de Tourny, intendant de Bordeaux, avec le ministre de Baudry et les subdélégués, concernant : — la finance des offices d'inspecteur et contrôleur des communautés d'arts et métiers créés en vertu d'un édit de 1745 ; — l'état des offices d'inspecteur et contrôleur restant à lever dans les communautés des villes de Bordeaux, Blaye et Libourne, qui avaient été établies en jurandes, et dont l'imposition avait été ordonnée par arrêt du Conseil en date du 10 janvier 1747 ; — les réductions et modérations desdits offices ; — les autorisations accordées à toutes sortes de personnes qui ne font point la profession de barbier, perruquier, baigneur et étuviste, d'acquérir les places de nouvelle création, pour en jouir, sans être obligés de faire aucun chef-d'œuvre pour y être reçus ; — les priviléges des gardes-jurés des marchands ; — les contestations au sujet des prérogatives, prééminences et droits attachés aux offices de contrôleur et inspecteur des arts et métiers, etc.

C. 1693. (Portefeuille.) — 100 pièces, papier.

1745-1747. — Correspondance de M. de Tourny, intendant de Bordeaux, avec le chancelier et les subdélégués, concernant : — la fixation de la finance des offices d'inspecteur et contrôleur créés par la communauté des maîtres boutonniers ; — la réunion des deux offices et modération d'un cinquième de ladite finance ; — les bordereaux de situation du recouvrements des rôles des communautés des arts et métiers ; — l'inspection et la répartition des finances des offices d'inspecteur et contrôleur restant à lever sur les maîtres de chaque art et profession, proportionnellement aux facultés d'un chacun ; — requêtes et ordonnances à ce sujet, etc.

C. 1694. (Portefeuille.) — 74 pièces, papier.

1747-1778. — Requêtes, offices, contestations, concernant : — la création d'offices de communautés d'arts et métiers ; — les droits de réception des marchands et des maîtres de différents corps d'arts et métiers ; — les états des particuliers de différentes professions reçus maîtres en la ville et faubourgs de Bordeaux depuis le 1er octobre 1748 jusqu'en 1750 ; — un procès entre les maîtres forgerons et les acquéreurs des offices d'inspecteur et contrôleur ; — les contestations entre les maîtres charpentiers et divers autres corps d'état avec les bailes de leurs communautés au sujet de leur finance ; — diverses demandes en décharge ou modération de finances, adressées à M. l'intendant par les communautés des arts et métiers de la Généralité de Bordeaux ; — les ordonnances rendues à cet effet, etc.

C. 1695. (Portefeuille.) — 54 pièces, papier.

1716-1766. — Correspondance de MM. Boucher, de Tourny et Boutin, intendants de Bordeaux, avec les ministres Le Peletier, Orry et de Machault, concernant : — des demandes faites par les marchands de draps, soieries et mercerie de Bordeaux, pour parvenir à s'établir en jurande ; — mémoires et statuts à ce sujet ; — des contestations entre les tailleurs et les marchands drapiers de Bordeaux et le sieur Dubillon, tailleur privilégié de Paris, qui vendait au détail, aux foires de Bordeaux, des habillements de toute espèce, qui furent en partie saisis à la requête des maîtres tailleurs dudit Bordeaux ; — les renseignements sur les communautés établies en jurande dans les villes de la Généralité de Bordeaux ; — les règlements de police pour les marchands joailliers, merciers, miroitiers et quincailliers de Bordeaux, etc.

C. 1696. (Registre.) — In-folio, 280 feuillets, papier.

1623-1791. — Délibérations de la Société de médecine de Bordeaux, comprenant aussi les anciens statuts des médecins de ladite ville.

C. 1697. (Registre.) — In-4°, 41 feuillets, papier.

1764-1791. — Second livre de raison, ou recettes et dépenses du Collége des médecins de Bordeaux.

C. 1698. (Portefeuille.) — 120 pièces, papier.

1749-1757. — Correspondance de M. de Tourny, intendant de Bordeaux, avec les subdélégués, concernant : — les gages des régents établis pour l'instruction de la jeunesse dans les communautés de Lougrate, Villeréal, Monflanquin, Aiguillon, Tournon, Clermont-Dessus, Sainte-Foy, Saint-Martin, Limeuil, Mausac, Saint-Antoine, Saint-Privat, Villoureix, Cocumont, Meillan et La Réole ; — les honoraires des médecins et chirurgiens des communautés de Pujols, Puymirol, Saint-Maurin-en-Agenais et Bazas, etc.

C. 1699. (Portefeuille.) — 122 pièces, papier.

1741-1758. — Correspondance de MM. Boucher et de Tourny, intendants de Bordeaux, avec les subdélégués, concernant : — les gages des régents établis dans les communautés de Coutras, Sainte-Terre, Saint-Émilion, Damazan, Labastide-de-Castelmouroux, Casteljaloux, Villeton, Saint-Macaire, Poudensac, Saint-Pierre-d'Aurillac, Rions, Sainte-Croix-du-Mont, Cadillac et Blaye; — les honoraires des médecins à gages pour le soulagement des pauvres des paroisses de Labastide-de-Castelmouroux et Bouglon; — les discussions survenues entre les régents, les médecins et les communautés, au sujet des gages qui leur avaient été alloués par lesdites communautés, etc.

C. 1700. (Portefeuille.) — 108 pièces, papier.

1728-1768. — Correspondance de MM. Boucher, de Tourny et de Fargès, intendants de Bordeaux, avec les ministres de Chauvelin, d'Aguesseau, de Saint-Florentin et d'Ormesson, et les subdélégués, concernant : — les gages des régents des communautés de Razac, Sauvignac, Castelmoron-d'Albret, du Puy et de Coutures, Sauveterre, Saint-Ferme, Monpeyreux, Pellegrue, Saint-Barthélemy, Taillebourg, Penne, Sainte-Livrade-d'Agenais, Dunes, Astafort, Mézin, La Sauvetat de Caumont et La Montjoie ; — les honoraires des médecins établis à Monségur et Penne.

C. 1701. (Portefeuille.) — 40 pièces, papier.

1726-1775. — Correspondance de MM. de Tourny et Boutin, intendants de Bordeaux, avec les ministres de Lamoignon et Bertin, concernant : les médecins de Bordeaux ; — un projet d'établissement de deux chaires en la Faculté de médecine de Bordeaux, l'une pour la chimie et la pharmacie, et l'autre pour l'anatomie et la chirurgie ; — des mémoires, instructions, observations, notes et renseignements sur le collège ou l'agrégation des médecins de Bordeaux ; — les apothicaires de la même ville ; — les titres concernant leur communauté ; — des projets d'établissements de bienfaisance ; — des questions adressées aux médecins sur la température des années 1772 jusqu'à 1775, etc.

C. 1702. (Registre.) — In-folio, 248 feuillets, papier.

1786-1791. — Délibérations des maîtres en chirurgie de la ville de Bordeaux.

D. 1702 bis. (Registre.) — In-folio, 177 feuillets, papier.

1668-1700. — Délibérations des maîtres en chirurgie de la ville de Bordeaux.

C. 1703. (Registre.) — In-folio, 32 feuillets, papier.

1772-1791. — Enregistrement des recettes du Collége de chirurgie de Bordeaux, provenant du montant des réceptions des chirurgiens et des accoucheuses des campagnes ; des frais des examens de rigueur ; des sommes dues par les privilégiés ; des loyers des maisons appartenant à la communauté ; des opérations de chirurgie, etc.

C. 1704. (Registre.) — In-folio, 149 feuillets, papier.

1766-1791. — Examen et réception des chirurgiens et accoucheuses de la campagne, par la compagnie des maîtres chirurgiens de Bordeaux.

C. 1705. (Registre.) — In-4°, 19 feuillets, papier.

1760-1783. — Inscription des étudiants qui ont suivi le cours de chirurgie à Bordeaux.

C. 1706. (Registre.) — In-4°, 15 feuillets, papier.

1760-1787. — Enregistrement des affaires proposées et décidées par les chirurgiens de Bordeaux, réunis en assemblée dans leur chambre du conseil.

C. 1707. (Registre.) — In-folio, 197 feuillets, papier.

1760-1786. — Délibérations de la compagnie des maîtres chirurgiens de Bordeaux.

C. 1708. (Registre.) — In-4°, 142 feuillets, papier.

1757-1766. — Réception des chirurgiens de campagne par la compagnie des maîtres chirurgiens de Bordeaux.

C. 1709. (Registre.) — In-4°, 78 feuillets, papier.

1748-1788. — Réceptions des privilégiés, ou carton des veuves, et inscriptions des polices relatives à l'apprentissage de chirurgien.

C. 1710. (Registre.) — In-4°, 112 feuillets, papier.

1740-1750. — Enregistrement des chirurgiens privilégiés et des veuves de leurs collègues défunts.

SÉRIE C. — INTENDANCE DE BORDEAUX.   267

C. 1711. (Registre.) — In-folio, 137 feuillets, papier.

1733-1750. — Délibérations de MM. les chirurgiens jurés de Bordeaux.

C. 1712. (Registre.) — In-folio, 133 feuillets, papier.

1701-1789. — Délibérations des chirurgiens jurés de Bordeaux.

C. 1713. (Portefeuille.) — 107 pièces, papier.

1733-1783. — Correspondance de Boucher, de Tourny et Esmangart, intendants de Bordeaux, avec les ministres Le Peletier, Dodun, de Morville, le cardinal de Fleury, de Chauvelin, Orry, d'Argenson, de Trudaine et Bertin, et les subdélégués, concernant : — la chirurgie, les chirurgiens, barbiers et compagnons chirurgiens ; — les progrès de cet art et diverses affaires des chirurgiens de la Généralité relativement à leur profession ; — les édits et déclarations sur ces professions, etc.

C. 1714. (Carton.) — 32 pièces, papier ; 12 pièces, parchemin.

1671-1754. — Requêtes, statuts et règlements, concernant : — les aspirants en chirurgie à la maîtrise de chirurgiens jurés de Bordeaux ; — les chirurgiens des provinces établis ou non établis en corps de communauté ; — les édits, déclarations, lettres patentes et arrêts du Conseil ; — les différentes délibérations relatives aux députations, à Paris, de chirurgiens de la communauté de Bordeaux ; — l'arrêt du Parlement qui maintient les maîtres perruquiers dans le droit exclusif d'accommoder les perruques, et qui défend aux chirurgiens de friser et accommoder lesdites perruques ; — le projet d'établissement d'une école publique de chirurgie ; — l'acquisition à rente perpétuelle pour les maîtres en chirurgie d'une maison située rue de Lalande, provenant de l'hôpital de la manufacture, etc.

C. 1715. (Portefeuille.) — 117 pièces, papier ; 2 plans.

1737-1765. — Correspondance de Boucher, de Tourny et Boutin, intendants de Bordeaux, avec les ministres de Chauvelin, Amelot, de Saint-Florentin, de Moras, de Séchelles, Le Blanc, d'Aguesseau, d'Angervilliers, le duc de Choiseul, de L'Averdy et Trudaine de Montigny, concernant : — la chirurgie et les personnes qui professaient cet art dans Bordeaux, soit en totalité, soit en partie, entre autres la lithotomie ; — la construction de l'établissement de l'école de Saint-Côme à Bordeaux ; — l'agrégation des chirurgiens de Bordeaux à ceux de ses faubourgs ; — les statuts de cette communauté ; — la liste des chirurgiens reçus depuis le 13 juillet 1700 jusqu'au 27 septembre 1747, etc.

C. 1716. (Registre.) — In-folio, 73 feuillets, papier.

1690-1745. — Délibérations du corps des apothicaires de Bordeaux.

C. 1717. (Registre.) — In-folio, 147 feuillets, papier.

1745-1773. — Délibérations des apothicaires jurés de Bordeaux.

C. 1718. (Registre.) — In-folio, 124 feuillets, papier.

1773-1790. — Délibérations au sujet des assemblées des experts écrivains et teneurs de livres jurés de Bordeaux.

C. 1719. (Registre.) — In-4°, 440 feuillets, papier.

1680-1727. — Consultes des confrères de la compagnie de Jésus et des nouvelles élections des officiers.

C. 1720. (Registre.) — In-folio, 139 feuillets, papier.

1747-1790. — Délibérations de la compagnie des courtiers royaux.

C. 1721. (Registre.) — In-folio, 22 feuillets, papier.

1775-1790. — Recettes et dépenses de la compagnie des courtiers royaux.

C. 1722. (Registre.) — In-folio, 93 feuillets, papier.

1761-1786. — Inscription des recettes provenant des honorifiques payés au receveur de la compagnie des procureurs par les avocats et les officiers reçus en la Cour.

C. 1723. (Registre.) — Petit in-folio, 12 feuillets, papier.

1774-1789. — Recettes de la caisse commune des procureurs au Parlement de Bordeaux.

C. 1724. (Registre.) — In-4°, 243 feuillets, papier.

1758-1780. — Enregistrement des provisions des notaires de la Sénéchaussée de Guyenne.

C. 1725. (Registre.) — In-4°, 245 feuillets, papier.

1758-1769. — Délibérations de la corporation des notaires de Bordeaux.

C. 1726. (Registre.) — In-4°, 280 feuillets, papier.

1734-1758. — Enregistrement des provisions des notaires de la ville et Sénéchaussée de Bordeaux.

C. 1727. (Registre.) — In-4°, 189 feuillets, papier.

1729-1755. — Délibérations de la corporation des notaires de Bordeaux.

C. 1728. (Registre.) — In-folio, 151 feuillets, papier.

1745. — Délibérations de la corporation des notaires de Bordeaux.

C. 1729. (Registre.) — In-folio, 187 feuillets, papier.

1770. — Délibérations de la corporation des notaires de Bordeaux.

C. 1730. (Registre.) — In-4°, 31 feuillets, papier.

1717-1739. — Délibérations de la corporation des notaires de Bordeaux.

C. 1731. (Registre.) — In-4°, 119 feuillets, papier.

1695-1707. — Enregistrement de l'ancien rôle des 40 notaires ; — de diverses ordonnances des rois de France concernant cette institution ; — d'un règlement rédigé par cette compagnie et du tableau matricule des notaires, tabellions et gardes-notes de la ville et diocèse de Bordeaux.

C. 1732. (Portefeuille.) — 127 pièces, papier; 4 pièces, parchemin.

1715-1760. — Correspondance de MM. de Courson et Boucher, intendants de Bordeaux, avec les ministres Dodun, le duc de Noailles, d'Argenson et de Gaumont, concernant : — la réduction des notaires de Bordeaux au nombre de trente; — les sommes qui leur furent réclamées au sujet de leurs offices ; — la communauté de leurs droits, fonctions et leur bourse commune ; — les dettes passives de la compagnie; — la suppression et le remboursement de quelques offices; — les tarifs des droits qu'ils étaient fondés à percevoir ; — les visites des commis du contrôle chez les notaires et les suites qui en furent les résultats ; — les contestations des notaires avec les Cordeliers de Bordeaux ; — les différends survenus entre la communauté des notaires et les nommés Bouyé, Bolle et Séjourné, notaires, à raison de prétendus frais qu'ils auraient faits pour les affaires de ladite communauté, etc.

C. 1733. (Portefeuille.) — 86 pièces, papier.

1728-1771. — Correspondance de Boucher, de Tourny, de Fargès et Esmangart, intendants de Bordeaux, avec les ministres d'Ormesson, d'Aguesseau, de Trudaine, de Lamoignon et Bertin, concernant : — les notaires de la Généralité sous le rapport de leurs charges et au sujet de diverses plaintes portées contre eux; — un placet des notaires de la ville de Périgueux représentant les abus commis par les notaires de la campagne, qui quittaient leur résidence pour venir demeurer dans les ville, cité et faubourgs de Périgueux ; — le tarif des droits des notaires de la ville de Libourne ; — une requête du sieur Pierre Roux, tendante à ce que l'office de notaire qu'il a acquis en la paroisse d'Eyrans soit transféré dans celle de Saint-Aubin, etc.

C. 1734. (Portefeuille.) — 73 pièces, papier.

1741-1751. — Correspondance de Lacoste, premier syndic des notaires de Bordeaux, envoyé en députation à Paris avec M. Briguet, syndic des notaires, au sujet de la cassation d'un arrêt qui avait été rendu au préjudice des droits et privilèges desdits notaires; — le renouvellement et confirmation des privilèges des notaires de Bordeaux ; — les requêtes des créanciers de cette communauté au sujet du remboursement des taxes d'hérédité de leurs offices, etc.

C. 1735. (Portefeuille.) — 75 pièces, papier.

1520-1769. — Correspondance de MM. de Courson, Boucher, de Tourny et de Fargès, intendants de Bordeaux, avec les ministres Dodun, Amelot, Orry, de Fulvy, de Trudaine, d'Ormesson et de Maupeou, concernant : — des discussions élevées entre les notaires de Bordeaux ; — les jugements et ordonnances rendus à cet effet; — la création des offices des notaires ; — des mémoires et arrêts ; — la conversion de la finance des vingt offices de notaires supprimés en contrats de constitution au denier vingt; — la confirmation des droits, franchises et privilèges des notaires ; — la prolongation pendant six années du délai accordé aux notaires de Bordeaux, par arrêt du 19 janvier 1733, pour le remboursement des vingt offices de notaires réunis à leur communauté ; — l'opposition de Jean Roussillon, pourvu de l'office de notaire pour les faubourg et paroisse de Saint-Seurin, à la création d'un second office dans ladite paroisse, etc.

C. 1736. (Portefeuille.) — 78 pièces, papier.

1691-1761. — Requêtes, comptes, concernant : — une obligation du 3 février 1691, de 112 livres, consentie par les clercs en faveur de Joseph Monet ; — les clercs au Parlement, au sujet du vol d'une montre imputé à l'un d'eux en 1696 ; — le sieur Dufaure, clerc de 1700, qui demande à être jugé, en exécution de l'arrêt qui condamne Pichon, syndic, à rendre ses comptes de 1702 ; — la reddition des comptes par les sieurs Barotte, Capdeville, Chevalier et Penicaut, avec une requête en autorisation de contraindre un syndic au payement de sa portion de reliquat ; — la reddition des comptes par les sieurs Salefranque, Pierre Feydieu, Pierre Lapujade et Henri Dubroca, syndics de la frérie des clercs du palais pour l'année 1714 ; — les comptes des sieurs Laugier, Demarinajou, Vialle et Tonnens pour 1716 ; — les comptes des sieurs Péconet, Gourssac, Gensour et Dubardon pour 1717 ; — la contrainte par corps contre les sieurs Nouchet, Castets, Goynard et Lacombe, aux fins du payement du reliquat de leurs comptes, etc.

C. 1737. (Portefeuille.) — 123 pièces, papier.

1700-1789. — Requêtes, mémoires et comptes concernant : — la reddition des comptes par les sieurs Dubrey, Deyrem, Lamanceau et Desgraviers, syndics de la frérie de Saint-Jacques et de Saint-Philippe, des recettes et dépenses par eux faites pendant le cours de leur syndicat, depuis le 9 mai 1762 jusques et compris le 15 mai 1763 ; — les comptes rendus par les sieurs Raffin, Chaigne jeune, Tanchon et Baudard, syndics des clercs-praticiens pour la gestion de 1766 ; — les syndics contre deux procureurs ; — le contrat de fondation de la chapelle des clercs ; — l'ordonnance de la Cour qui enjoint aux sieurs Rateau, Baccarisse, Capdeville et Bentejac de rendre compte de leur gestion de 1769 ; — liste contenant les noms de MM. les confrères qui ont reçu des couronnes depuis le 1er mai 1769 jusqu'à pareil jour 1770 ; — la reddition des comptes de Debernard, Martin, Espagnet et Plantey, syndics pour 1770 ; — l'inventaire des titres et papiers de la compagnie des clercs ; — les comptes rendus par Penicaut, Saint-Guirons et Razac pour l'année 1771 ; — la réparation de la chapelle des clercs-praticiens, etc.

C. 1738. (Registre.) — In-4°, 142 feuillets, papier.

1690-1732. — Délibérations de la communauté des huissiers de Bordeaux.

C. 1739. (Registre.) — In-folio, 56 feuillets, papier.

1778-1791. — Délibérations de la communauté des orfévres de Bordeaux.

C. 1740. (Registre.) — In-4°, 97 feuillets, papier.

1756-1796. — Délibérations de la communauté des orfévres de Bordeaux.

C. 1741. (Registre.) — In-folio, 46 feuillets, papier.

1722-1756. — Délibérations de la communauté des orfévres de Bordeaux.

C. 1742. (Registre.) — In-folio, 50 feuillets, papier.

1690-1722. — Délibérations de la communauté des orfévres de Bordeaux.

C. 1743. (Registre.) — In-folio, 36 feuillets, parchemin.

1515. — Terrier, chartier et rentier de la communauté des orfévres de Bordeaux.

C. 1744. (Registre.) — In-4°, 49 feuillets, papier.

1787-1779. — Comptes de la communauté des perruquiers.

C. 1745. (Registre.) — In-4°, 72 feuillets, papier.

1784-1790. — Réception des maîtres et élection des syndics de la communauté des perruquiers.

C. 1746. (Registre.) — In-folio, 42 feuillets, papier.

1782-1791. — Délibérations de la communauté des perruquiers.

C. 1747. (Registre.) — In-4°, 379 feuillets, papier.

1746-1783. — Réception des maîtres et élection des prévôts-syndics de la communauté des perruquiers.

C. 1748. (Portefeuille.) — 105 pièces, papier.

1781. — Requêtes et états concernant : — la création de nouveaux perruquiers à Bordeaux ; — des demandes des aspirants perruquiers tendantes à obtenir de ces nouveaux brevets ; — des lettres de recommandation en leur faveur ; — les soumissions de divers aspirants relatives à leurs droits à des brevets ; — des lettres patentes en forme de statuts pour toutes les communautés des maîtres barbiers, perruquiers et étuvistes établis dans les villes et lieux du royaume, à l'exception des villes et lieux des Généralités du Roussillon, Auch, Pau, Châlons, Dijon, Montauban, Franche-Comté, Alsace et Maubeuge ; — les états des particuliers qui ont présenté des requêtes à l'effet d'obtenir des offices de perruquier nouvellement créés pour la ville de Bordeaux, etc.

C. 1749. (Portefeuille.) — 105 pièces, papier.

1781-1783. — Correspondance de Dupré de Saint-Maur, intendant de Bordeaux, avec le ministre Joly de Fleury, concernant : — diverses requêtes des aspirants perruquiers aux fins d'obtenir de nouveaux brevets de maître perruquier, créés pour la ville de Bordeaux ; — — les noms et demeures des cent sept barbiers, perruquiers, baigneurs et étuvistes des ville, faubourgs et banlieue de Bordeaux, suivant leur rang de réception ; — les soumissions pour la finance des nouveaux offices de perruquier ; — notes et observations sur les aspirants aux nouveaux brevets de perruquier ; — l'état des offices ou brevets de perruquier des villes de la Généralité ; — le nombre et le prix de ces offices ; — le montant des frais de réception et la répartition qui s'en faisait entre les maîtres de ces différentes villes, etc.

C. 1750. (Carton.) — 97 pièces, papier.

1787-1788. — Comptes des recettes et dépenses rendus par le sieur Jarry, premier syndic de la communauté des perruquiers de Bordeaux.

C. 1751. (Carton.) — 109 pièces, papier ; 1 pièce, parchemin.

1771-1789. — Comptes, états et délibération, concernant : — les recettes et dépenses faites par les sieurs Mouribot et Layet, syndics de la communauté des perruquiers de Bordeaux : — l'arrêt de la Cour, en date du 10 août 1787, portant homologation d'une délibération des maîtres perruquiers de Bordeaux, du 5 juillet précédent, qui règle et fixe l'ordre des assemblées de ladite communauté ; — les inhibitions et défenses à tous garçons, chambrelans et autres, sans droits ni priviléges, de raser, pommader, peigner et accommoder les perruques et cheveux d'homme et de femme, etc.

C. 1752. (Carton.) — 80 pièces, papier ; 5 pièces, parchemin.

1786-1789. — Comptes rendus par le sieur Layet, syndic de la communauté des perruquiers de Bordeaux, des recettes et dépenses par lui faites.

C. 1753. (Registre.) — In-folio, 31 feuillets, papier.

1786-1790. — Délibérations des maîtres chaudronniers.

C. 1754. (Registre.) — In-folio, 79 feuillets, papier.

1774-1791. — Délibérations des maîtres cloutiers.

C. 1755. (Registre.) — In-4º, 18 feuillets, papier.

1774-1789. — Délibérations des fabricants de bas.

C. 1756. (Registre.) — In-folio, 57 feuillets, papier.

1773-1790. — Délibérations des maîtres couvreurs et plombiers.

C. 1757. (Registre.) — In-folio, 104 feuillets, papier.

1769-1790. — Délibérations des maîtres maçons.

C. 1758. (Registre.) — In-folio, 25 feuillets, papier.

1767-1790. — Délibérations de la communauté des teinturiers.

C. 1759. (Portefeuille.) — 127 pièces, papier.

1704-1712. — Correspondance de M. de Courson, intendant de Bordeaux, avec les ministres Desmaretz, Caumartin et le duc de Noailles, et les subdélégués, concernant : — la création des inspecteurs des boucheries ; — la prorogation, pendant six années, de la perception des droits attribués auxdits inspecteurs institués par l'édit du mois de février 1704 ; — le bail à ferme d'un nouveau droit sur les bœufs, veaux et moutons, consenti par les maire et échevins de la ville de Bayonne et Bourg-Saint-Esprit, pour six années, en faveur de Joseph Verdier, pour la somme de 123,000 livres ; — la liquidation du remboursement du sieur Verdier, à cause de sa non-jouissance des droits d'inspecteur ; — un arrêt du Conseil d'État portant qu'il sera payé, aux entrées des villes et bourgs, deux deniers pour chaque livre de viande, à peine de confiscation et cent livres d'amende, etc.

C. 1760. (Portefeuille.) — 126 pièces, papier.

1713-1728. — Correspondance de MM. de Courson, Latour de Gallois et Le Blanc, intendants de Bordeaux, avec les subdélégués, concernant : — les sommes payées pour les droits des inspecteurs aux boucheries par les villes et communautés des subdélégations de Sarlat, Saint-Sever, Dax, Libourne, Mont-de-Marsan, Nérac, Blaye, Agen, Tarbes, Bergerac, Bazas, Sainte-Foy, Marmande, Villeneuve, Bayonne et Périgueux.

C. 1761. (Registre.) — In-folio, 48 feuillets, papier.

1761-1791. — Délibérations des maîtres bouchers.

C. 1762. (Portefeuille.) — 106 pièces, papier.

1726-1755. — Correspondance de M. de Tourny, intendant de Bordeaux, avec le ministre de Courteille, concernant : — les bouchers et les boucheries de Bordeaux ; l'établissement de bancs et étaux dans les marchés ; — les permissions d'en établir de nouveaux ; — les règlements faits à ce sujet ; — la taxe de la viande en carême au profit des pauvres de l'hôpital Saint-André ; — les règlements de police sur les boucheries ; — les salaisons pour nos colonies ; — les conditions imposées à ce sujet ; — l'établissement d'une boucherie aux Chartrons ; — la taxe de la viande des boucheries de la banlieue ; — les fermes des étaux versés entre les mains du trésorier de la ville pour être réunis à ses revenus, etc.

C. 1763. (Registre.) — In-folio, 187 feuillets, papier.

1747-1790. — Délibérations de la communauté des charpentiers.

C. 1764. (Registre.) — In-folio, 193 feuillets, papier.

1750-1791. — Délibérations des cabaretiers et hôteliers de Bordeaux.

C. 1765. (Registre.) — In-folio, 109 feuillets, papier.

1712-1791. — Délibérations des arquebusiers de Bordeaux.

C. 1766. (Carton.) — 102 pièces, papier.

1713-1765. — Correspondance de de Courson, Boucher, de Tourny et Boutin, intendants de Bordeaux, avec les ministres d'Argenson, Orry, de Machault, de Trudaine, de Boullongne, de L'Averdy et de Cotte, concernant : — les établissements de faïenceries de la Généralité de Guyenne, notamment ceux de Bordeaux, Limoges, Bergerac, Entre-Deux-Mers, Libourne, Poudensac, Lignan et Sadirac ; — des états et mémoires sur lesdites faïenceries ; — les plaintes des ouvriers des faïenceries du royaume sur le trop grand nombre d'élèves ou apprentis que forment les entrepreneurs de ces manufactures, d'où il résulte des inconvénients, en ce que les ouvrages fabriqués par les apprentis se trouvent souvent défectueux, ce qui en empêche le débit et décrédite la réputation des faïenciers.

C. 1767. (Portefeuille.) — 104 pièces, papier ; 3 pièces, parchemin.

1741-1761. — Correspondance de Boucher, intendant de Bordeaux, avec le ministre Orry, et les subdélégués, concernant : — les statuts des maîtres tanneurs ; — les plaintes sur la mauvaise qualité des cuirs apprêtés ; — les moyens à employer pour y remédier ; — les états des tanneries de la Généralité ; — la préparation des cuirs ; — la visite des tanneries ; — la marque des cuirs ; — les défenses de faire sortir du royaume les écorces d'arbres servant à préparer le tan pour l'apprêt des cuirs ; — les contestations entre les baîles des maîtres tanneurs de Bordeaux et Julien Alaterre, régisseur des droits sur les cuirs, etc.

C. 1768. (Portefeuille.) — 123 pièces, papier ; 1 pièce, parchemin.

1741-1775. — Correspondance de Boucher, intendant de Bordeaux, avec le ministre Orry, et les subdélégués, concernant : — les états des tanneries des subdélégations de Casteljaloux, Nérac, Condom, Marmande, Villeneuve, Agen, Sainte-Foy, Nontron, Bergerac, Périgueux, Libourne, Lesparre et Bordeaux, etc.; — diverses contestations entre les maîtres tanneurs et les maîtres bouchers de Bordeaux ; — les nouvelles manières de tanner les cuirs de bœuf.

C. 1769. (Portefeuille.) — 99 pièces, papier; 1 pièce, parchemin.

1601-1720.— Requêtes, mémoires, inventaires, polices, concernant :— les maîtres selliers ;—leurs statuts et les contestations élevées pour contravention à ces statuts ; — l'édit du Roi portant création de deux lettres de maîtrise de chaque art et métier en chacune des villes, faubourgs et bourgs du royaume où il y a maîtrise, en faveur du second mariage de monseigneur le duc d'Orléans, etc.

C. 1770. (Portefeuille.) — 100 pièces, papier.

1721-1744. — Requêtes, ordonnances, inventaires, mémoires, concernant :— les états des maîtres selliers de la ville de Bordeaux ; — les comptes des sommes payées pour différents procès soutenus par leur communauté.

C. 1771. (Portefeuille.) — 98 pièces, papier; 2 pièces, parchemin.

1620-1701.— Requêtes, sentences, inventaires, concernant : — la communauté des maîtres selliers de Bordeaux ;— la vente de maîtrises ;— l'édit du Roi du 4 septembre 1666, portant création de deux lettres de maîtrise de toutes sortes d'arts et métiers en chaque ville, bourg et lieu de ce royaume où ils sont jurés, en faveur du mariage de la Reine ;— diverses contestations entre les bailes des maîtres selliers et divers individus, pour contraventions aux statuts de leur société, etc.

C. 1772. (Portefeuille.) — 102 pièces, papier.

1701-1745. — Requêtes, mémoires, ordonnances, concernant : — les états de frais faits pour la communauté des maîtres selliers de Bordeaux ; — les répartitions des diverses sommes que doivent payer, pour le dixième des revenus de leur commerce et industrie, les selliers de Bordeaux, en exécution de la déclaration du Roi du 14 octobre 1710 ; — des demandes en décharge ou modération de la taille ; — les états de la capitation des maîtres selliers ; — les contestations entre les bailes et divers selliers pour contraventions aux statuts de leur société.

C. 1773. (Portefeuille.) — 88 pièces, papier; 13 pièces, parchemin.

1686-1740.— Requêtes, édits, ordonnances, lettres patentes, concernant : — la création de deux maîtrises en chacune des villes, bourgs et bourgades du royaume, en faveur du mariage de Madame Henriette-Marie, Fille de France, reine d'Angleterre ; — les contestations entre les bailes des maîtres selliers de Bordeaux et divers ouvriers, pour contraventions aux statuts de leur société ;—l'établissement d'un greffe dans chacune des villes où il y a maîtrise ou jurande, pour insinuer ou registrer tous les brevets d'apprentissage ; — les états des dépenses de la frérie des maîtres selliers ; — les modérations sur les taxes ; — la répartition des sommes imposées sur la communauté des maîtres selliers ; — le règlement pour les compagnons et ouvriers employés dans les fabriques et manufactures du royaume.

C. 1774. (Portefeuille.) — 124 pièces, papier.

1763.—État des décharges à accorder sur le vingtième des rôles d'industrie des corps des tonneliers des Chartrons et des tailleurs non maîtres de La Sauvetat-Saint-André.

C. 1775. (Registre.) — In-folio, 23 feuillets, papier.

1784-1791.— Délibérations de la communauté des maîtres serruriers de Bordeaux.

C. 1776. (Registre.) — In-folio, 93 feuillets, papier.

1758-1778. — Délibérations de la communauté des maîtres serruriers de Bordeaux.

C. 1777. (Registre.) — In-4°, 133 feuillets, papier.

1699-1718. — Délibérations de la communauté des maîtres serruriers de Bordeaux.

C. 1778. (Registre.) — In-folio, 84 feuillets, papier.

1625-1787.— Dépenses de la communauté des maîtres serruriers de Bordeaux.

C. 1779. (Registre.) — In-4°, 93 feuillets, papier.

1735-1782. — Délibérations de la communauté des maîtres selliers de Bordeaux.

C. 1780. (Registre.) — In-folio, 10 feuillets, papier.

1778-1788. — Délibérations de la communauté des maîtres selliers de Bordeaux.

C. 1781. (Registre.) — In-folio, 92 feuillets, papier.

1762-1790.—Délibérations des maîtres boulangers en pain bénit de Bordeaux.

SÉRIE C. — INTENDANCE DE BORDEAUX.

C. 1782. (Registre.) — In-folio, 91 feuillets, papier.

1773-1791. — Délibérations de la communauté des maîtres boulangers de Bordeaux.

C. 1783. (Registre.) — In-folio, 19 feuillets, parchemin.

1455-1624. — Statuts et contrôles de la compagnie des maîtres couturiers de la ville de Bordeaux.

C. 1784. (Registre.) — In-4°, 32 feuillets, parchemin.

1591-1697. — Inscription des noms des membres de la confrérie des maîtres tailleurs de Bordeaux.

C. 1785. (Registre.) — In-4°, 32 feuillets, papier.

1785-1790. — Délibérations de la communauté des tapissiers de Bordeaux.

C. 1786. (Registre.) — In-4°, 32 feuillets, papier.

1739-1789. — Comptes de la communauté des tapissiers de Bordeaux.

C. 1787. (Registre.) — In-folio, 110 feuillets, papier.

1739-1785. — Délibérations de la communauté des tapissiers de Bordeaux.

C. 1788. (Registre.) — In-4°, 11 feuillets, parchemin, en lettres d'or.

1651-1785. — Réception des membres de la communauté des maîtres tapissiers et contre-pointiers de Bordeaux.

C. 1789. (Registre.) — In folio, 47 feuillets, papier.

1764-1790. — Délibérations de la communauté des maîtres boutonniers, bonnetiers et garnisseurs de chapeaux de la ville de Bordeaux, auquel est joint le tarif des ouvrages extraordinaires.

C. 1790. (Registre.) — In-4°, 29 feuillets, papier.

1772-1789. — Comptes de la communauté des maîtres boutonniers, bonnetiers et garnisseurs de chapeaux de la ville de Bordeaux.

C. 1791. (Registre.) — In-4°, 150 feuillets, papier.

1759-1791. — Délibérations des maîtres charpentiers de Bordeaux.

GIRONDE. — SÉRIE C.

C. 1792. (Registre.) — In-4°, 99 feuillets, papier.

1690-1759. — Délibérations de la communauté des maîtres charpentiers de haute futaie de Bordeaux.

C. 1793. (Registre.) — In-4°, 5 feuillets, parchemin.

1660-1685. — Contrôle des membres de la confrérie des maîtres charpentiers de Bordeaux.

C. 1794. (Registre.) — In-folio, 16 feuillets, papier.

1760-1790. — Dépenses de la communauté des maîtres menuisiers de Bordeaux.

C. 1795. (Registre.) — In-4°, 49 feuillets, papier.

1768-1790. — Dépenses de la communauté des maîtres menuisiers de Bordeaux.

C. 1796. (Registre.) — In-folio, 71 feuillets, papier.

1759-1791. — Comptabilité de la communauté des maîtres tourneurs de Bordeaux.

C. 1797. (Registre.) — In-folio, 91 feuillets, papier.

1769-1791. — Délibérations de la communauté des maîtres tourneurs de Bordeaux.

C. 1798. (Registre.) — In-4°, 11 feuillets, papier.

1785-1791. — Délibérations des maîtres poulieurs et tourneurs de la marine.

C. 1799. (Registre.) — In-4°, 67 feuillets, papier.

1786-1792. — Délibérations de la communauté des maîtres poulieurs et tourneurs pour la marine.

C. 1800. (Registre.) — In-folio, 77 feuillets, papier.

1701-1741. — Délibérations de la communauté des maîtres vitriers de Bordeaux.

C. 1801. (Registre.) — In-folio, 162 feuillets, papier.

1735-1785. — Délibérations de la communauté des maîtres vitriers de Bordeaux.

C. 1802. (Registre.) — In-folio, 21 feuillets, papier.

1785-1791. — Délibérations de la communauté des maîtres vitriers de Bordeaux.

C. 1803. (Registre.) — In-4°, 37 feuillets, papier.

1746. — Réception des membres de la confrérie de Saint-Crépin, de la communauté des maîtres cordonniers de Bordeaux.

C. 1804. (Registre.) — In-folio, 232 feuillets, papier.

1767-1791. — Délibérations de la communauté des maîtres cordonniers de Bordeaux.

C. 1805. (Registre.) — In-folio, 142 feuillets, papier.

1685-1790. — Délibérations et arrêtés de comptes de la communauté des maîtres cordonniers de Bordeaux.

C. 1806. (Portefeuille.) — 124 pièces, papier.

1616-1768. — Correspondance de MM. de Courson, Boucher, de Tourny, Boutin et de Fargès, intendants de Bordeaux, avec les ministres de La Vrillière, de Chauvelin, Orry, d'Argenson, d'Aguesseau, Dodun, Trudaine, Machault, de Moras, L'Averdy et de Cotte, concernant : — les arts et métiers établis à Bordeaux, leurs statuts et règlements ; — les demandes formées par divers artisans pour être mis en jurande et y être autorisés par lettres patentes ; — les contestations soulevées par les architectes, boulangers en pain bénit, bouchonniers, cabaretiers, hôteliers, charrons, compagnons cordiers, cordonniers et savetiers, pour affaires relatives à leurs professions, etc.

C. 1807. (Portefeuille.) — 92 pièces, papier.

1665-1764. — Correspondance de MM. de Courson, Boucher, de Tourny et Boutin, intendants de Bordeaux, avec MM. les ministres de Chauvelin, d'Aguesseau, Machault, de Trudaine, de Gaumont, d'Argenson et Orry, concernant : — les statuts et règlements des maîtres poulieurs et tourneurs de la marine, des menuisiers, ouvriers en fer-blanc, tonneliers, tisserands, tapissiers, vitriers, gantiers, taverniers, fripiers, vanniers, marchands graisseux, teinturiers, potiers d'étain et orfèvres ; — les demandes formées par ces divers corps d'états pour être mis en jurande ; — les contestations pour affaires relatives à leurs professions.

C. 1808. (Portefeuille.) — 66 pièces, papier.

1715-1765. — Correspondance de MM. de Courson, Boutin, de Fargès et de Tourny, intendants de Bordeaux, avec MM. les ministres de Boullongne, Bertin, de L'Averdy, de Cotte, d'Ormesson, Trudaine de Montigny, d'Argenson, Le Blanc, Le Péletier et d'Aguesseau, concernant : — les statuts et règlements des maîtres maréchaux, tailleurs, rhabilleurs de vieux ouvrages en fer et cuivre, fabricants de bas, menuisiers, perruquiers, hôteliers, pâtissiers, rôtisseurs et serruriers ; — la confirmation des priviléges de ces communautés ; — diverses contestations relatives à ces professions.

C. 1809. (Portefeuille.) — 85 pièces, papier.

1719-1765. — Correspondance de MM. de Courson, Boucher et de Tourny, intendants de Bordeaux, avec MM. les ministres Orry, Le Péletier, de Boullongne, de Moras, de Trudaine et les subdélégués, concernant : — les visites des manufactures de teintures établies à Bordeaux ; — les contraventions qui s'y commettaient ; — les secrets, recettes et procédés pour les teintures ; — l'autorisation accordée aux habitants de Montauban de faire usage, pour la teinture en noir de leurs étoffes, de celle à froid, dite à la Jésuite ; — les ordonnances et règlements pour les teintures.

C. 1810. (Portefeuille.) — 109 pièces, papier.

1751-1766. — Correspondance de MM. de Tourny et Boutin, intendants de Bordeaux, avec MM. les ministres Machault, Bertin et de L'Averdy, concernant : — les communautés des arts et métiers établies dans chaque ville ou bourg de la Généralité ; — on y voit figurer celles de Périgueux, Bergerac, Bazas, Blaye, Libourne, Agen, Nérac, Bordeaux ; — la capitation des corps et communautés de la ville de Bordeaux, etc.

C. 1811. (Portefeuille.) — 106 pièces, papier.

1714-1769. — Correspondance de M. de Tourny, intendant de Bordeaux, avec M. le ministre Machault et les subdélégués, concernant : — les états des communautés des arts et métiers des villes de Sainte-Foy, Marmande, Nontron, Sarlat, Libourne, Blaye, Casteljaloux, Condom, Agen et Bordeaux ; — les contestations entre les bailes de la communauté des maîtres tanneurs et divers marchands tanneurs, pour infractions aux statuts de leur société.

SÉRIE C. — INTENDANCE DE BORDEAUX.

C. 1812. (Portefeuille.) — 122 pièces, papier.

1783-1788. — Requêtes, arrêt du Conseil d'État, édit du Roi, concernant : — la création de soixante nouvelles charges de perruquiers dans la ville de Bordeaux ; — les procès entre les syndics des perruquiers et plusieurs individus, pour infractions aux règlements des statuts de leur société, etc.

C. 1813. (Carton.) — 130 pièces, papier.

1769. — Éclaircissements demandés par M. le contrôleur général sur les communautés des corps et métiers de Bordeaux et de la Généralité, concernant : — le nombre des membres de chaque maîtrise ; — leurs revenus et les dettes dont elles étaient chargées ; — les moyens de les libérer et autres objets pour faciliter le progrès des arts ; — au nombre de ces communautés on trouve celles des apothicaires, arrimeurs, armuriers, mesureurs de sel, maréchaux ferrants, bouchers, boulangers, boutonniers, tailleurs, tapissiers, taverniers, teinturiers, tourneurs, épingliers, écrivains, orfévres, ferblantiers, selliers, sacquiers, savetiers, symphonistes, serruriers, voiliers, vergeurs, chapeliers, charrons, chaudronniers, couvreurs, parcheminiers, potiers d'étain, perruquiers et pâtissiers.

C. 1814. (Portefeuille.) — 58 pièces, papier.

1726-1767. — Correspondance de MM. Boucher, de Tourny et de Fargès, intendants de Bordeaux, avec MM. les ministres Orry, d'Aguesseau, Le Péletier, de L'Averdy, de Séchelle et les subdélégués, concernant : — les projets de statuts pour les tailleurs de la ville d'Agen ; — les plaintes au sujet des contestations qui s'élevaient journellement entre les communautés des arts et métiers des différentes villes du royaume ; — la modération d'un quart sur les finances imposées sur les rôles de capitation des communautés des arts et métiers ; — une requête des lieutenants, syndics et maîtres de la communauté des perruquiers de Périgueux, aux fins d'être autorisés à réunir à leur communauté les offices d'inspecteurs et de contrôleurs devenus vacants par les décès des nommés Nicolas Marat et Jacques Jacquelin ; — les demandes de maîtrises ; — l'arrêt du Conseil qui ordonne que les sujets qui justifieront d'un apprentissage et compagnonnage chez les maîtres d'une ville du royaume quelconque où il y a jurande, seront admis à la maîtrise de leur profession dans les communautés d'arts et métiers de toute autre ville qu'ils jugeront à propos de choisir, à l'exception de Paris, Lyon, Lille et Rouen.

C. 1815. (Portefeuille.) — 107 pièces, papier.

1786-1787. — Correspondance de M. de Néville, intendant de Bordeaux, avec MM. les ministres de Calonne, de Vergennes et le baron de Breteuil, concernant : — les demandes de brevets de perruquiers faites par divers particuliers des villes de Libourne, Marmande, Bordeaux, Blaye et Périgueux ; — les offices de sacquiers et mesureurs de sel ; — la création de soixante nouvelles maîtrises de perruquiers ; — les états des perruquiers aspirant à la maîtrise.

C. 1816. (Portefeuille.) — 101 pièces, papier.

1788-1789. — Correspondance de M. de Néville, intendant de Bordeaux, avec MM. les ministres de Calonne, Debonnaire de Forges, Lambert Delessart et les subdélégués, concernant : — les demandes des perruquiers de Sainte-Foy pour être établis en corps de jurande et communauté ; — diverses demandes de brevets de coiffeurs de femmes ; — une discussion entre les officiers municipaux de la ville de Bayonne et les orfévres de la même ville, qui s'étaient refusés d'assister en corps à la procession de la Fête-Dieu ; — les plaintes des marchands de toiles, basins, bas et mouchoirs contre les colporteurs étrangers, qui vendaient dans les rues et sur les places publiques de Bordeaux des marchandises prohibées ; — diverses demandes de brevets d'orfévres.

C. 1817. (Portefeuille.) — 81 pièces, papier.

1722-1724. — Correspondance de M. Boucher, intendant de Bordeaux, avec MM. les ministres Dodun, d'Armenonville, de Baudry et les subdélégués, concernant : — la création et l'établissement des maîtrises d'arts et métiers dans toutes les villes du royaume ; — les états des villes où il existe des maîtrises et jurandes de chacun des corps des arts et métiers réglées par des statuts ou autres règlements ; — les certificats de liquidation des soumissions pour acquisition de lettres de maîtrise ; — les frais de réception ; — l'évocation au Conseil des contestations mues et à mouvoir entre les jurés des communautés des arts et métiers et les acquéreurs des lettres de maîtrise ; — la liste des maîtres des communautés établies en jurande dans les villes de Bordeaux et de Blaye.

C. 1818. (Portefeuille.) — 87 pièces, papier.

1724-1730. — Correspondance de M. Boucher, intendant de Bordeaux, avec MM. les ministres Dodun, de Baudry et Le Péletier, concernant : — la création de maîtrises d'arts et métiers dans toutes les villes du royaume, dans le mois de juin 1725, à l'occasion du mariage du Roi ; — les ventes de maîtrises ; — l'arrêt du Conseil qui casse les baux à loyer passés par les anciens maîtres barbiers-perruquiers-baigneurs-étuvistes, et annule leurs places et privilèges ; — les états des maîtres composant les différentes communautés des marchands et communautés des arts et métiers établis en jurande ; — les états des maîtrises qui restaient à vendre dans la Généralité de Bordeaux ; — l'exemption du service de la milice en faveur de ceux qui acquerraient des maîtrises créées par les édits des mois de novembre 1722 et juin 1725.

C. 1819. (Portefeuille.) — 108 pièces, papier ; 3 plans.

1698-1710. — Correspondance de MM. de Labourdonnaye et de Courson, intendants de Bordeaux, avec MM. les ministres Chamillard, d'Armenonville, de Bercy et Desmaretz, concernant : — l'entretien et réparation des pavés et des ponts de la Généralité de Bordeaux ; — le compte général des dépenses faites pour les fortifications de Blaye et du fort Medoc, pendant l'année 1700 ; — l'état des pièces justificatives de la dépense faite aux châteaux de Bordeaux pendant la même année ; — l'état des ateliers publics de charité ; — un devis pour les réparations des grands chemins ; — l'ordonnance du Roi qui enjoint aux maires, consuls, syndics et collecteurs de toutes les paroisses et communautés de faire placer des poteaux sur les grands chemins pour servir de guide aux voyageurs ; — l'entretien de la navigation de la rivière du Lot ; — un mémoire de M. Fossier de Chantalou, ingénieur en chef, sur la navigation du Lot et de la Baïse, etc.

C. 1820. (Portefeuille.) — 115 pièces, papier ; 1 plan.

1711-1712. — Correspondance de M. de Courson, intendant de Bordeaux, avec MM. les ministres Desmaretz et de Bercy, concernant : — divers ouvrages à exécuter par l'administration des ponts et chaussées ; — les réparations à la digue et aux moulins de Clairac ; — l'adjudication des ponts de Saint-Georges et du Pin, à l'entrée de la ville d'Agen ; — l'estimation du rétablissement des ponts de Sirech, Sauveterre, Riots, Loustet, Bequin et Montluc ; — les rivières de Baïse et du Lot ; — une coupure à la rivière du Ciron, au-dessous du moulin des Chartreux, entre Langon et Bordeaux ; — les fonds destinés à l'entretien des rivières ; — les réparations des routes de la Généralité ; — l'enlèvement des ponts sur les petites rivières par les inondations ; — la réception des travaux ; — le mauvais état des chemins de la Généralité. — M. de Boisjoly, ingénieur, nommé inspecteur des ouvrages des ponts et chaussées, et grands chemins de Guyenne et de Montauban, etc.

C. 1821. (Portefeuille.) — 125 pièces, papier ; 2 plans.

1713-1760. — Correspondance de MM. de Courson et de Tourny, intendants de Bordeaux, avec MM. les ministres de Bercy, Desmaretz, de Trudaine et les subdélégués, concernant : — l'adjudication des ouvrages à faire au pont des Arques de la ville de Bazas ; — la carte de partie des rivières de Garonne et du Ciron, et le plan du moulin des Chartreux et du pont situé sur cette dernière rivière ; — la nomination d'inspecteurs généraux des ponts et chaussées ; — l'état des réparations à faire exécuter, dans le courant de l'année 1714, aux ponts, chaussées et grands chemins de la Généralité de Bordeaux ; — les ravages causés aux récoltes par les fréquents débordements du ruisseau appelé le Ségal ; — le chemin de Sainte-Foy à Castillon ; — les plaintes des habitants du port de Sainte-Foy et de la paroisse de Canet, juridiction de Montravel, relatives aux eaux venant de la croix de Mayac, dont ils sont inondés ; — la rupture de la digue de Garrigues par le débordement du Lot, etc.

C. 1822. (Portefeuille.) — 116 pièces, papier ; 1 pièce, parchemin ; 1 plan.

1714-1715. — Correspondance de M. de Courson, intendant de Bordeaux, avec MM. les ministres de Bercy, de Baudry, le duc Dantin et les subdélégués, concernant : — le devis de l'entretien du pont de Dax, sur l'Adour ; — les abus qui se pratiquaient dans l'entretien des rivières du Lot et de la Baïse, et la conduite de l'ingénieur Fossier de Chantalou ; — la route de Bordeaux à Toulouse ; — le procès entre MM. de Saucats, conseiller en la Grand'Chambre du Parlement de Bordeaux ; — le marquis de Montferrant, grand sénéchal de Guyenne ; Darmajean, chevalier d'honneur à la Cour des Aides, Duval, lieutenant-colonel, et le révérend père prieur, syndic et religieux de la Chartreuse de Bordeaux, au sujet du cours d'eau de la rivière du Ciron ; — les ponts de la May et de Jarnac ; — le tarif des ouvrages mentionnés en l'état général des ponts et chaussées ; — l'entretien des ponts et pavés ; — le mauvais état des routes de Toulouse et de Bayonne, etc.

C. 1823. (Portefeuille.) — 112 pièces, papier.

1715-1716. — Correspondance de M. de Courson, intendant de Bordeaux, avec MM. les ministres de Bercy, le duc d'Antin, de Baudry, de Beringhen et les subdélégués, concernant : — les plaintes des habitants de l'Entre-deux-Mers sur le mauvais état des chemins qui conduisent au port d'embarquement de Langoiran, sur la Garonne ; — M. le marquis de Beringhen, écuyer du Roi et membre du Conseil du dedans du royaume, placé à la direction des ponts et chaussées et des pavés de Paris ; — les pavés et ponts sur les grandes routes de Bordeaux à Paris, de Bayonne et autres lieux aux environs de Bordeaux ; — les droits de péage, barrage, travers et autres qui se lèvent sur les ponts et chaussées du royaume ; — le rétablissement des chemins et grandes routes ; — les malversations qui ont eu lieu dans les ponts et chaussées et l'arrêt qui en a été la suite, etc.

C. 1824. (Portefeuille.) — 126 pièces, papier.

1717-1718. — Correspondance de M. de Courson, intendant de Bordeaux, avec MM. les ministres Beringhen, le duc d'Antin, d'Aguesseau, de Baudry, d'Argenson et les subdélégués, concernant : — un projet d'ordonnance relatif à la dégradation des chemins et routes pavées, occasionnée par la surcharge des voitures ; — divers arrêts du Conseil portant règlement du poids des voitures et du nombre de chevaux de trait qui peuvent être attelés à chacune d'elles ; — les travaux du canal sur le ruisseau de l'Auvignon ; — les réparations à faire au pont de Vayres, sur la route de Bordeaux à Libourne ; — l'état de la situation des ouvrages de la Généralité de Bordeaux de l'année 1714 ; — le devis de l'entretien de la navigation de la rivière du Lot ; — l'adjudication de l'entretien de la rivière de Baïse ; — l'estimation des ouvrages à faire dans la ville de Saint-Macaire, etc.

C. 1825. (Portefeuille.) — 130 pièces, papier ; 1 plan.

1718-1719. — Correspondance de M. de Courson, intendant de Bordeaux, avec le ministre Beringhen et les subdélégués, concernant : — l'adjudication de l'entretien du chemin de la tire servant à la remonte des bateaux établis sur les bords de la Garonne ; — la réparation du pont de la ville de Lisle, dont une arche s'est écroulée ; — les deux fontaines de Tonneins-Dessus ; — le mauvais état du pont de la Cité, près la ville de Périgueux ; — l'adjudication des travaux à exécuter aux ponts de Cassenœuil ; — les devis estimatifs de l'entretien des digues et écluses de la rivière du Lot et conditions dudit devis ; — l'état des ouvrages et réparations à faire aux ponts, chemins et chaussées pendant l'année 1717, arrêté au Conseil du Roi, le 28 mars 1720 ; — le devis de l'entretien de la navigation de la rivière du Lot ; — l'entretien des routes, etc.

C. 1826. (Portefeuille.) — 98 pièces, papier.

1720-1721. — Correspondance de MM. de Courson et Boucher, intendants de Bordeaux, avec MM. les ministres de Beringhen, Le Blanc, de La Houssaye, d'Ormesson, Lavrillière et les subdélégués, concernant : — le devis des ouvrages à exécuter à l'église collégiale de Casteljaloux ; — les fonds extraordinaires des ponts et chaussées pour l'année 1721 ; — l'adjudication des réparations à faire aux murs de la ville de Marmande, près le port des Capucins ; — le mauvais état de plusieurs ponts aux environs de Castillonnés ; — le devis estimatif des réparations à faire à la digue de Buzet, sur la rivière de Bayse ; — l'état des ouvrages accordés, pendant les années 1718, 1719 et 1720, pour les routes et la navigation de la Généralité de Bordeaux ; — la construction d'un pont sur le Trec, près Marmande ; — les plaintes des officiers de la navigation au sujet du payement de leurs gages ; — le pont de la Cité de Périgueux, etc.

C. 1827. (Portefeuille.) — 76 pièces, papier.

1722-1726. — Correspondance de M. Boucher, intendant de Bordeaux, avec MM. les ministres de Beringhen, Dubois, Dodun et les subdélégués, concernant : — l'arrêt par lequel le Roi a ordonné une imposition de 70,000 livres pour les travaux des ponts et chaussées de la Généralité ; — l'état des ouvrages et réparations faits et à faire aux ponts, chemins et chaussées pendant l'année 1722 ; — l'autorisation demandée par le sieur Champier de construire un moulin sur la Garonne, au-dessus de la ville d'Agen ; — la nomination de M. Dubois en qualité de directeur général des ponts et chaussées ; — les réparations du pont de Tarascon, recommandées par le duc de Noailles ; — les réparations du pont de Vet, en Périgord ; — l'ordonnance du Roi portant défense aux mariniers et voituriers par eau de faire aucun dommage aux ouvrages qui se font dans les rivières par ordre du Roi, etc.

C. 1828. (Portefeuille.) — 123 pièces, papier ; 2 plans.

1722-1743. — Correspondance de M. Boucher, intendant de Bordeaux, avec MM. les ministres d'Ormesson et de Trudaine, concernant : — l'état des fonds de seize paroisses et la répartition entre elles de la somme de 7,729 livres qui doit être imposée en l'année 1723 ; — diverses requêtes des habitants de ces paroisses qui sollicitent l'intervention de l'autorité pour rendre viables tous les chemins de cette contrée qui aboutissent au port de Langoiran, où ils ne peuvent plus se rendre, à cause du mauvais état de ces chemins; — les pavés et engravements à faire sur le chemin royal de Langoiran au bourg des Faures; — les ordonnances de payement délivrées par l'intendant pour les réparations du chemin de Langoiran; — la mauvaise qualité des matériaux employés aux réparations dudit chemin; — la résiliation de l'adjudication qui avait été consentie au sieur Réveillaud, entrepreneur desdits travaux, etc.

C. 1829. (Portefeuille.) — 102 pièces, papier; 2 plans.

1724. — Correspondance de M. Boucher, intendant de Bordeaux, avec MM. les ministres de Gaumont, Dubois, d'Ormesson et les subdélégués, concernant : — un placet présenté par les principaux habitants de la paroisse de Saint-Vincent-de-Floirac, qui demandent que leur marais soit rendu à la culture; — l'adjudication de la construction de deux écluses dans les palus dudit Saint-Vincent; — le rétablissement du chemin de Saint-Antoine traversant ledit marais; — le rétablissement de l'estey de la Gravette; — le devis estimatif des ouvrages à faire sur le chemin de Capian à Fontigeac; — le pont de Saint-Laurent, appelé de La Roque, en Medoc; — les routes de Toulouse et de Bayonne; — le rétablissement du pont de Lartigue, sur la rivière de Losse; — les réparations à faire au pont de Pondaurat et à celui appelé le Pont-de-Pierre, sur la route de Bazas à La Réole; — le redressement et l'élargissement du chemin de Saint-Macaire à Tonneins, etc.

C. 1830. (Portefeuille.) — 135 pièces, papier.

1725-1726. — Correspondance de M. Boucher, intendant de Bordeaux, avec MM. les ministres Dubois, d'Ormesson et les subdélégués, concernant : — le devis des réparations à faire au pont et à la chaussée de Terrasson, sur la Vezère; — l'estimation des réparations urgentes que nécessitent les murs de la ville de Villeneuve; — le devis des travaux indispensables à faire aux digues et écluses de la rivière de Bayse; — la route de Tonneins à Agen; — les réparations qui ont été faites aux chemins à l'occasion du passage de l'infante et de la reine d'Espagne; — le pont de Caville, sur le ruisseau du Cantau, paroisse de Bergerac; — l'adjudication des réparations à faire à l'écluse de Rigoulière, sur la rivière du Lot; — l'état du Roi pour les ouvrages et réparations faites et à faire aux ponts, chemins et chaussées pendant l'année 1725, arrêté au Conseil royal des finances, etc.

C. 1831. (Portefeuille.) — 79 pièces, papier; 2 plans.

1727. — Correspondance de M. Boucher, intendant de Bordeaux, avec MM. les ministres Le Péletier, Dubois, d'Ormesson et les subdélégués, concernant : — les plan et devis du grand pont de Bergerac et les réparations à faire au pont de Gardonnette, situé dans la paroisse de Sigoulets et Pomport, élection de Sarlat; — le pont et la chaussée d'Astafort; — l'extirpation de bancs de rochers du lit de la rivière de Garonne, pour faciliter et rendre la circulation des bateaux moins dangereuse; — la situation des ouvrages ordonnés depuis l'année 1716 jusqu'au 1er avril dernier; — l'entretien des chemins et de la navigation; — le chemin de Druas à La Fougalière, etc.

C. 1832. (Portefeuille.) — 107 pièces, papier.

1728-1729. — Correspondance de M. Boucher, intendant de Bordeaux, avec MM. Dubois, d'Ormesson, Le Péletier et de Trudaine, ministres, et les subdélégués, concernant : — les frais de visite des rivières de la Garonne, du Lot, de la Baïse, payés aux officiers de la navigation; — l'entretien des ponts et pavés des routes de Bayonne, par Gradignan, et de Toulouse jusqu'au Bouscau; — l'adjudication des réparations et ouvrages nécessaires au pont d'Argueil, situé entre Agen et Condom; — les travaux à exécuter sur la route de Toulouse, entre Agen et Valence; — la visite par l'ingénieur de la Généralité des édifices publics, pavés, ouvrages des ponts et chaussées et de la navigation des rivières; — l'état des sommes accordées pour les travaux des ponts et chaussées de l'exercice 1728, etc.

C. 1833. (Portefeuille.) — 102 pièces, papier; 2 pièces, parchemin; 1 plan.

1738-1740. — Correspondance de M. Boucher, intendant de Bordeaux, avec M. le ministre d'Ormesson et les subdélégués, concernant : — les plan et devis du pont de la Mérille à construire près la ville de Bergerac; — les murs de la ville et la fontaine de Condom; — la reconstruction du pont de la paroisse de Quinsac, en Périgord, sur la rivière de la Dronne; — le pont de Barlet à Condom, sur la Baïse; — la halle de Mompaon; — la construction du pont de Castelnau de Fimarcon; — le rétablissement du pont de Moncrabeau, sur la Baïse, emporté en 1735 par un débordement de cette rivière, etc.

C. 1834. (Portefeuille.) — 92 pièces, papier.

1740-1752. — Correspondance de MM. Boucher et de Tourny, intendants de Bordeaux, avec le ministre d'Ormesson et les subdélégués, concernant : — l'adjudication des réparations nécessaires à faire aux chemins, ponts et pavés situés dans les juridictions de Monflanquin et Boynet; — la reconstruction du pont de Lourtiguet, sur la rivière du Gers, entre Saint-Mezard et Saint-Pesserre ; — les murs de ville de Condom ; — le pont de la Merille, près Bergerac (Dordogne) ; — le rétablissement de la fontaine de Villefranche ; — la construction d'un pont aux Guichards, dans la juridiction de Bourdeilles ; — les réparations de la route de Bordeaux à Bayonne, par les petites Landes, et du chemin de Barsac aux carrières ; — le chemin de Tournon ; — un mémoire sur le chemin de Mézin à Nérac ; — le devis d'un pont à construire sur la rivière de Lisle, devant la Porte-Saint-Thomas, à Libourne ; — les réparations de divers ponts et aqueducs.

C. 1835. (Portefeuille.) — 126 pièces, papier.

1749-1754. — Correspondance de M. de Tourny, intendant de Bordeaux, avec M. le duc d'Antin, ministre, et les subdélégués, concernant : — le plan d'une allée à Nérac, dite l'allée de Condom ; — le champ de foire et la promenade de Villeneuve-d'Agen ; — le chemin de Villeneuve à Bergerac ; — les chemins des environs d'Agen ; — la construction d'un nouveau pont près celui de la porte Saint-Georges, à Agen ; — les travaux à faire sur l'avenue de Bordeaux aux approches de la ville d'Agen ; — l'ouverture, à Sainte-Foy, d'une nouvelle rue, depuis la porte Pardaillan jusqu'au grand marché ; — le plan de la rive gauche du Lot, près d'Aiguillon.

C. 1836. (Portefeuille.) — 113 pièces, papier.

1754-1763. — Correspondance de M. de Tourny, intendant de Bordeaux, avec les subdélégués, concernant : — le champ de foire de Villeneuve-d'Agen ; — l'entretien des promenades de cette ville ; — la route d'Astafort à la rivière de Garonne ; — la fermeture du pont de Barlet, à Condom, sur la rivière de Baïse, menaçant ruine ; — le plan d'une partie de cette ville et de ses environs ; — les chemins de Périgueux à Sarlat et de Périgueux à Nontron, dans la partie de Brantôme ; — les réparations à faire sur le chemin de Cahusac à Bergerac, et celles du pont de Lisle ; — les travaux, par corvée, sur le chemin de Limeges à Sarlat, sur la partie du pont de Labance à Montignac ; — les plan, devis et adjudication de la promenade de Casteljaloux ; — un mémoire relatif à la suppression du moulin du château, appartenant à M. le duc de Bouillon, à Casteljaloux, sur la rivière de l'Avance ; — la nécessité de réparer les grands chemins royaux de la Bénauge, etc.

C. 1837. (Portefeuille.) — 107 pièces, papier ; 1 plan.

1739. — Correspondance de M. Boucher, intendant de Bordeaux, avec MM. les ministres d'Ormesson, Orry et les subdélégués, concernant : — l'état des ouvrages neufs et réparations faites et à faire aux ponts, chemins et chaussées de la Généralité de Bordeaux pendant l'année 1739 ; — l'adjudication du nivellement des terrains par lesquels passent les chemins alignés sur les routes de Bordeaux et de Blaye à Paris, et sur celui de Langoiran ; — les travaux sur le chemin de Bazas à La Réole ; — l'adjudication des réparations des levées de Lisle et du Chalard ; — le devis des travaux pour l'aplanissement et la direction des pentes des terrains où passent les chemins alignés sur les routes de Bordeaux à Toulouse, d'Agen à Sainte-Livrade, par Montbran, et de Bordeaux à Pau et Bayonne par les petites Landes ; — les réparations des chemins de Bergerac à Bordeaux et de Bergerac à Périgueux par Grignols, à Mussidan, Castillon, Cabuzac, La Sauvetat et Marmande, etc.

C. 1838. (Portefeuille.) — 160 pièces, papier ; 3 plans.

1738-1744. — Correspondance de MM. Boucher et Tourny, intendants de Bordeaux, avec MM. les ministres de Trudaine, Orry, d'Ormesson et les subdélégués, concernant : — le plan de l'écluse de Buret sur la Baïse ; — l'autorisation demandée par M. le duc d'Aiguillon de faire construire des moulins à nef sur la rivière de Garonne, vis-à-vis la ville d'Agen ; — un mémoire de M. le marquis de Flamarens dans lequel il demande au Roi le don de 1,200 toises carrées de terrain longeant la Baïse, près la digue de Buret, et un droit de bac sur cette même rivière ; — la construction d'un pont sur la rivière de Lisle, au moulin de Madame, dans la paroisse de Nanthiat ; — les réparations du pont de Corgniac, en Périgord, réclamées par M. le prince de Chalais et le marquis de Laxion ; — la démolition de la tour de Pujol ; — une imposition de 15,000 livres ordonnée pour les réparations dudit pont de Corgniac ; — la reddition des comptes du sieur Delpy de Laroche, receveur des tailles de l'Élection de Périgueux, etc.

C. 1839. (Portefeuille.) — 99 pièces, papier ; 1 plan.

1739-1755. — Correspondance de M. de Tourny, intendant de Bordeaux, avec MM. les ministres de Trudaine, d'Ormesson et les subdélégués, concernant : — les réparations du pont de Corgniac, sur la rivière de Lisle ; — les réclamations élevées par l'entrepreneur ; — l'arrêt du Conseil qui ordonne une imposition de 4,130 livres pour le payement des augmentations faites aux ouvrages dudit pont et indemnités accordées à l'adjudicataire ; — les réclamations de divers créanciers de ce dernier ; — le plan du pont de Corgniac, etc.

C. 1840. (Portefeuille.) — 115 pièces, papier; 1 plan.

1739-1740. — Correspondance de M. Boucher, intendant de Bordeaux, avec MM. les ministres Dubois, Orry, d'Ormesson et les subdélégués, concernant : — les réparations du pont d'Excideuil ; — l'adjudication des ouvrages à faire à la chaussée dudit lieu ; — l'ordonnance du Roi qui impose des peines aux voleurs et receleurs des pavés et autres matériaux destinés et mis en œuvre aux ponts et chaussées ; — le devis des ouvrages en terre, maçonnerie et pavés à faire pendant l'année 1740, près Valence d'Agen, sur la route de Bordeaux à Toulouse ; près d'Astaffort, sur la route d'Agen à Auch ; sur celle de Bordeaux à Bayonne, par les grandes Landes ; de Buch, par Pessac, et de Bordeaux à Limoges, par Libourne ; — l'emplacement des moulins de madame la duchesse d'Aiguillon devant la ville d'Agen ; — le devis des travaux à faire sur la route de Bordeaux à Paris et sur celle de communication de Périgueux à Bergerac, etc.

C. 1841. (Portefeuille.) — 115 pièces, papier; 1 plan.

1740-1742. — Correspondance de M. Boucher, intendant de Bordeaux, avec MM. les ministres d'Ormesson, Orry, de Maurepas, de Trudaine et les subdélégués, concernant : — l'état du Roi pour les réparations faites et à faire aux ponts, chemins et chaussées pendant l'année 1740 ; — les plaintes graves des négociants de Nérac contre le sieur Marsandon, entrepreneur des ouvrages de la navigation de la Baïse ; — le plan et le devis estimatif de la réparation de la chaussée du Pas-Saint-George, sur la route de Bordeaux à Toulouse, entre Cauderot et Gironde ; — les réparations et constructions sur le chemin de Bazas à Marmande ; — la fontaine de Condom ; — le mauvais état des chemins du Périgord ; — un arrêt du Conseil d'État du Roi portant un nouveau règlement pour l'ouverture des carrières voisines des grands chemins, etc.

C. 1842. (Portefeuille.) — 113 pièces, papier.

1742-1747. — Correspondance de MM. Boucher et de Tourny, intendants de Bordeaux, avec MM. les ministres Orry, de Trudaine et les subdélégués, concernant : — la répartition des fonds alloués pour les travaux des ponts et chaussées ; — la reconstruction du pont de Montignac-le-Comte, sur la Vezère, Élection de Sarlat ; — un mémoire indicatif des endroits de la route de Bordeaux à Toulouse, dans la dépendance de la Généralité de Bordeaux, qui se trouvent dans le plus mauvais état ; — l'état du Roi pour les ouvrages et réparations faites et à faire aux ponts, chemins et chaussées pendant l'année 1742 ; — la route de Lavardac et Barbaste à Auch, par Nérac et Condom ; — les ouvrages pour la navigation des rivières du Lot et de la Baïse ; — la déclaration du Roi, du 14 novembre 1724, qui fixe le nombre de chevaux qui pourront être attelés aux charrettes à deux roues ; — les gages des employés de la navigation et les frais des visites des rivières ; — les plans, devis et adjudications des ouvrages relatifs à la navigation des rivières du Lot, de la Baïse et de la Vezère, etc.

C. 1843. (Portefeuille.) — 104 pièces, papier; 5 plans.

1741-1745. — Arrêts, ordonnances, requêtes, concernant : — les réparations à faire aux écluses de Villeneuve-d'Agen, de Rigoulière et de Saint-Vicq, sur le Lot ; — à l'écluse de Lavardac et au chemin de halage, vis-à-vis Vianne, sur la Baïse ; — la réparation du Pertuis du château de Losse, sur la rivière de la Vezère ; — l'adjudication de ces travaux consentie en faveur du sieur Bertrand Amiguet ; — les difficultés survenues entre le sieur Vimar, ingénieur des ponts et chaussées, inspecteur de la navigation, et cet entrepreneur, au sujet de ces travaux ; — l'ordonnance de l'intendant qui condamne cet adjudicataire à la restitution, dans la caisse des ponts et chaussées, de toutes les sommes reçues au delà de la valeur des ouvrages et des approvisionnements ; — l'arrêt du Conseil d'État qui ordonne qu'il sera procédé à une nouvelle adjudication pour continuer les travaux entrepris par ledit Amiguet, le 17 mai 1741, et dont l'adjudication a été cassée et annulée par arrêt du même Conseil du 23 mars 1745, etc.

C. 1844. (Portefeuille.) — 122 pièces, papier.

1746-1753. — Correspondance de M. de Tourny, intendant de Bordeaux, avec M. le ministre de Trudaine, concernant : — l'adjudication des travaux restant à terminer aux écluses de Saint-Vicq et de Garrigues ; — la situation des ouvrages adjugés à Jean Marsandon et Bertrand Amiguet ; — diverses requêtes adressées à l'intendant et au ministre par ledit Amiguet, premier adjudicataire des écluses de Saint-Vicq et de Garrigues, relatives à la liquidation de son entreprise ; — les ordres décernés contre cet entrepreneur pour le contraindre au remboursement des sommes dont il était redevable envers la caisse des ponts et chaussées ; — les réparations à faire aux écluses de Bapaume, Lavardac, Nérac et Vianne, sur la Baïse, et celles de Saint-Vicq, de Garrigues, de Lustrac, d'Escoutte, de Penne, de Mayrade et de Rigoulière, etc.

C. 1845. (Portefeuille.) — 88 pièces, papier; 3 pièces, parchemin.

1734-1749. — Requêtes, ordonnances, comptes et mémoires, concernant : — l'entretien de la navigation des rivières du Lot et de la Baïse, adjugé au sieur Michel Marsandon ; — les arrangements faits entre ledit Marsandon et le sieur Chaigneau, premier adjudicataire, pour l'achèvement des travaux commencés par ce dernier ; — l'ordonnance de l'intendant qui condamne Chaigneau à payer à Marsandon les sommes qu'il a avancées pour son compte ; — le procès en instance devant l'intendant entre Marsandon et les héritiers Chaigneau ; — des états de dépenses et mémoires ; — une lettre de M. le ministre Trudaine, relative à une somme de 1,200 livres dont le défunt Pierre Chaigneau est resté débiteur envers le Roi sur les entretiens de la navigation, etc.

C. 1846. (Portefeuille.) — 56 pièces, papier.

1752-1762. — Correspondance de MM. de Tourny et Boutin, intendants de Bordeaux, avec M. le ministre de Trudaine et les subdélégués, concernant : — l'affaire du sieur Bertrand Amiguet, entrepreneur de divers travaux pour l'amélioration de la navigation des rivières du Lot, de la Vezère et de la Baïse ; — les contestations entre Michel Marsandon, entrepreneur de l'entretien des rivières du Lot et de la Baïse, et Pierre Chaigneau, auquel il avait succédé, et ses héritiers, etc.

C. 1847. (Portefeuille.) — 100 pièces, papier.

1743-1744. — Correspondance de M. de Tourny, intendant de Bordeaux, avec MM. les ministres de Trudaine, Orry et les subdélégués, concernant : — le devis des travaux à faire pour la communication de Lavardac, Barbaste et Nérac, à Auch, par Condom et Valence ; — le pavé de la route de Bordeaux à Bayonne par les grandes Landes ; — l'état du Roi pour les ouvrages et réparations faits et à faire dans la Généralité de Bordeaux pendant l'année 1744 ; — le chemin de Limoges à Bordeaux par Périgueux ; — la levée des plans des routes et l'instruction envoyée à ce sujet par le ministre de Trudaine ; — l'évêque et le chapitre de Bazas, au sujet de la réparation d'une chaussée ; — les travaux d'embellissement et d'utilité autour de la ville de Bordeaux ; — l'adjudication de 24 ponts sur la route de Lavardac à Auch par Nérac et Condom, et celle de la chaussée de Bazas.

C. 1848. (Portefeuille.) — 81 pièces, papier.

1744-1745. — Correspondance de M. de Tourny, intendant de Bordeaux, avec MM. les ministres de Trudaine, Orry et d'Ormesson, concernant : — les réclamations de l'évêque de Bazas et de son chapitre au sujet d'une chaussée dont ils voulaient faire retomber les frais à la charge du Roi, et le projet de transaction proposé par M. de Trudaine ; — l'adjudication de seize ponceaux et de trois aqueducs sur la route de Bordeaux à Bayonne par les petites Landes ; — une autre adjudication de cinq ponts en bois sur la route de Langon à Bayonne, par les mêmes Landes ; — l'affaire entre M. le marquis de Losse et le sieur Bertrand Amiguet, entrepreneur des travaux de réparation du pertuis de Losse, à l'occasion des dommages que ce dernier a causés à son moulin en exécutant ces réparations ; — le chemin qui conduit du moulin à poudre de Saint-Médard à Bordeaux : — l'état du Roi pour les travaux des ponts, chemins et chaussées à faire pendant l'année 1745, etc.

C. 1849. (Portefeuille.) — 95 pièces, papier.

1746-1749. — Correspondance de M. de Tourny, intendant de Bordeaux, avec M. le ministre de Trudaine, concernant : — l'adjudication de l'entretien des écluses de Nérac, Bapeaume, Sorbets, Saint-Caprazy, Lavardac et Vianne, sur la rivière de Baïse ; — l'entretien du chemin de halage de la Garonne et des pavés des routes : de Bordeaux à Paris ; de Bordeaux à Toulouse et à Bayonne par les petites Landes ; des chemins de La Réole à Nérac et à Bazas ; de Bordeaux à Libourne par Lormont ; à Limoges par Libourne et Périgueux ; de Bayonne par les grandes Landes, etc. ; — les travaux d'entretien des écluses du Lot ; — les comptes du sieur Thomas, trésorier des ponts et chaussées ; — la suppression des droits de péage qui se percevaient dans la ville et juridiction de Bazas, au profit de l'évêque et du chapitre.

C. 1850. (Portefeuille.) — 184 pièces, papier.

1744-1749. — Correspondance de M. de Tourny, intendant de Bordeaux, avec MM. les subdélégués, concernant : — les états des réparations à faire, par corvées, sur les divers chemins des subdélégations de Sarlat et de Sainte-Foy ; — le recurement de l'estey (canal) de Meyre, en Médoc ; — le devis des ouvrages à faire le long de la Gironde au-dessus du bourg de Macau ; — un projet de jalle au marais d'Arcins ; — une requête des habitants de La Teste et de Gujan, dans laquelle ils réclament l'intervention de l'intendant pour l'amélioration du chemin de La Teste à Bordeaux, devenu impraticable ; — le mauvais état des chemins de la paroisse de Potensac, en Médoc, dont les habitants demandent la réparation, etc.

C. 1851. (Portefeuille.) — 104 pièces, papier.

1736-1754. — Correspondance de M. de Tourny, intendant de Bordeaux, avec M. le ministre de Trudaine et les subdélégués, concernant : le rétrécissement des chemins par les propriétaires riverains ; — les trois ports d'embarquement de Bergerac ; — le ruisseau de Candau et ses moulins, près de cette ville ; — la conservation du gravier d'Agen ; — la réparation de la digue qui couvre les possessions de la communauté d'Aiguillon, du côté de Nicolle, et la préserve des inondations ; — une requête de la communauté de Marcellus, subdélégation de Casteljaloux, au sujet du recurement des ruisseaux ; — la mort de 80 personnes noyées au passage du Drot ; — le mauvais état des chemins aboutissant à la ville de Rions ; — diverses requêtes présentées à l'intendant au sujet de certains chemins de la subdélégation de Bordeaux ; — le chemin du bourg de Saint-Androny au port de Maurus et aux marais de Blaye, etc.

C. 1852. (Portefeuille.) — 104 pièces, papier ; 2 plans.

1730-1757. — Correspondance de M. de Tourny, intendant de Bordeaux, avec les subdélégués, concernant : — un arrêt du Conseil qui ordonne l'élargissement des grands chemins, lesquels seront plantés d'arbres dans toute l'étendue du royaume ; — l'ordonnance de l'intendant qui prescrit les réparations, par corvées, dans cette Généralité, des chemins de communication des villes aux gros bourgs et aux ports des rivières navigables ; — le pont de Villandreau sur le Ciron ; — le pont de Villeneuve sur la rivière du Lot ; — les chemins des subdélégations d'Agen et de Libourne ; — l'état et plans des routes d'une partie du Périgord ; — la reconstruction du pont de Vianne, bâti sous le règne d'Édouard, roi d'Angleterre, qui prenait le titre de duc d'Aquitaine, et qui fut détruit durant les guerres civiles, etc.

C. 1853. (Portefeuille.) — 89 pièces, papier.

1747-1774. — Correspondance de M. de Tourny, intendant de Bordeaux, avec les subdélégués, concernant : — la réparation en charpente du pont sur le Ciron, près de Villendraut ; — l'état des principaux chemins de la Généralité de Bordeaux ; — les plans et toisés des routes ; — le pont de Villeneuve sur le Lot ; — les fossés et canaux à creuser dans les marais de Blanquefort pour faciliter l'écoulement de ses eaux ; — le nouveau port de Barsac ; — le plan de la rivière de Lisle ; — les moulins du Port-Sainte-Marie ; — le chemin d'Agen au port de Leyrac ; — la route de Toulouse dans la partie de Bordeaux à Agen ; — la route de Bordeaux à Bayonne par les grandes Landes, etc.

C. 1854. (Portefeuille.) — 113 pièces, papier ; 2 plans.

1745-1748. — Correspondance de M. de Tourny, intendant de Bordeaux, avec MM. les ministres de Trudaine, Machault, d'Argenson et les subdélégués, concernant : — les adjudications des ponts de Sirbeix, sur la Dronne, consenties par M. l'intendant de Limoges ; de deux ponts, l'un sur le ruisseau du Garantin et l'autre sur la rivière de Jeune, de Bordeaux à Toulouse, dans la partie de Malause, et d'un autre pont sur la même route dans la partie de Bordeaux à Langon, ces dernières consenties par M. de Tourny ; — l'accident arrivé au pont du Moron ; — les observations de M. de Trudaine sur les travaux des ponts et chaussées de la Généralité de Bordeaux ; — les cartes et plans des routes ; — la répartition des fonds à employer en 1748 ; — divers travaux sur les routes, etc.

C. 1855. (Portefeuille.) — 123 pièces, papier.

1748-1749. — Correspondance de M. de Tourny, intendant de Bordeaux, avec MM. les ministres de Trudaine, Machault, de Fourqueux et les subdélégués, concernant : — l'état des anciens ouvrages à achever ou à continuer et des ouvrages nouveaux à faire dans la Généralité de Bordeaux ; — le nouveau chemin de Bazas à Langon ; — les plaintes contre les préposés de la navigation de la Garonne dans la partie de la Généralité de Bordeaux ; — les instructions relatives aux grades, fonctions et appointements des employés subalternes des ponts et chaussées , — l'adjudication de divers travaux sur les différentes routes et chemins de la Généralité ; — le devis des réparations à faire au pont de Condat et à la digue de Garrigues, etc.

C. 1856. (Portefeuille.) — 124 pièces, papier ; 3 plans.

1749-1750. — Correspondance de M. de Tourny, intendant de Bordeaux, avec MM. les ministres d'Ormesson, de Trudaine et Machault, concernant : — une requête de M. le duc de La Force relative au recurement de deux ruisseaux ; — la réception du pont de Firbeix ; — l'état de situation de la caisse des ponts et chaussées ; — la construction d'un pont à Nanthiat sur la rivière de Lisle ; — les adjudications des ouvrages à faire sur diverses routes et chemins de la Généralité de Bordeaux ; — des ponts, ponceaux et cassis à construire sur la route de Bordeaux à Toulouse, entre Fauillet et Pommevic ; — la construction de deux ponts sur les ruisseaux de la Gardonnette et de la

SÉRIE C. — INTENDANCE DE BORDEAUX. 283

Cavaille, sur la route de Bordeaux à Bergerac, et de divers autres ponts sur la route de Bordeaux à Limoges par Périgueux, dans la partie de Monpaon à Grignols, etc.

C. 1857. (Portefeuille.) — 134 pièces, papier; 1 plan.

1744-1751. — Correspondance de M. de Tourny, intendant de Bordeaux, avec MM. les ministres de Trudaine, d'Argensou, Machault, de Baudry et les subdélégués, concernant : — les états du Roi pour les ouvrages faits et à faire aux ponts, chemins et chaussées pendant les années 1747, 1748 et 1749 ; — les envois de fonds pour les dépenses des ponts et chaussées ; — le passage du marais du Gâ au delà de Lesparre ; — la prorogation des baux d'entretien des ponts et chaussées de la Généralité de Bordeaux ; — le nouveau chemin de Cadillac à Saint-Macaire ; — la répartition des fonds des ponts et chaussées pour l'exercice 1750 ;—la chaussée du marais de Blanquefort ; — les lenteurs apportées aux travaux de la navigation ; — l'entretien de l'écluse de Buzet sur la Baïse, etc.

C. 1858. (Portefeuille.) — 127 pièces, papier.

1750-1753. — Correspondance de M. de Tourny, intendant de Bordeaux, avec M. le ministre de Trudaine et les subdélégués, concernant :—les devis et l'adjudication des travaux de la chaussée du marais de Blanquefort ; — l'imposition de 15,000 livres sur l'Élection de Bordeaux pour solder ces travaux ; — les ouvrages de toute nature à faire sur les différentes routes et chemins de la Généralité de Bordeaux ; — la route de poste de Bordeaux à Paris ; — la réparation du pont de Barlet à Condom, sur la Baïse ; — l'envoi de poudre de mine de Bordeaux à Périgueux, pour être employée aux déblais des routes ; — la construction d'un pont en bois de la Gâ, au-dessous de Lesparre ; — l'adjudication de l'entretien de la navigation sur la rivière du Lot ; — la construction d'un pont au bas de la côte de Roquebouze, près La Réole.

C. 1859. (Portefeuille.) — 126 pièces, papier; 5 plans.

1743-1754. — Correspondance de M. de Tourny, intendant de Bordeaux, avec MM. les ministres de Trudaine, d'Argenson, Machault et de Saint-Florentin, concernant : — les états des ouvrages achevés ou continués, en 1752 et 1753, et de ceux à faire aux ponts, chemins et chaussées, pendant l'année 1750 ; — l'état de répartition des ponts et chaussées de l'exercice 1753 ; — le chemin de Bazas à La Réole, par le bourg d'Aillas ; —la reconstruction de la digue de Saint-Vicq ; — trois plans de cette digue ; — un mémoire de madame la comtesse de Moutalembert ; — le pont de Périgueux ; — un mémoire relatif au plan des environs de la ville d'Agen ; — la construction de divers ponts et aqueducs, etc.

C. 1860. (Portefeuille.) — 81 pièces, papier.

1752-1754. — Correspondance de M. de Tourny, intendant de Bordeaux, avec les subdélégués, concernant : — les adjudications du pont de Brannes, sur la route de Bordeaux à Bergerac ; — des ouvrages relatifs à la navigation de la rivière de la Vézère ; — un pont sur le ruisseau Casse, grande route de Bordeaux à Toulouse ; — deux ponts sur les ruisseaux de la Guerenne et des Goutes, dans la partie de Sainte-Foy à Gardonne ; — la route de Bordeaux à Auch par Nérac et Condom, et divers autres travaux à exécuter sur les routes et chemins de la Généralité, pendant l'année 1753.

C. 1861. (Portefeuille.) — 74 pièces, papier; 1 plan.

1754-1755. — Correspondance de M. de Tourny, intendant de Bordeaux, avec M. le ministre de Trudaine et les subdélégués, concernant : — l'adjudication d'ouvrages de maçonnerie, escarpements de rochers et autres, à faire sur les différentes routes et chemins de la Généralité de Bordeaux ; — la construction du pont Saint-Aignan d'Hautefort, sur le chemin de Montignac à Limoges ; — les envois, dans diverses localités, de poudre et de chanvre pour le service des mines ; — les réparations du chemin royal de Castillon à Sainte-Foy ;—le mur de soutènement construit au Pas-Saint-Georges, sur la route de Bordeaux à Toulouse, sur le bord de la Garonne, etc.

C. 1862. (Portefeuille.) — 49 pièces, papier.

1745-1761. — Correspondance de M. de Tourny, intendant de Bordeaux, avec MM. les ministres de Trudaine, Orry et Machault, concernant: — les chemins du Médoc ; — celui de Bordeaux à Lesparre, par Castelnau, et celui qui traverse les paroisses qui sont bordées par la rivière de Gironde, en passant par Blanquefort ; — diverses requêtes et des mémoires relatifs à la levée de Blanquefort, construite en vertu d'un arrêt du Conseil du 13 octobre 1750 ; — les plaintes des habitants propriétaires du Bas-Médoc, au sujet du morcellement de leurs vignes ; — le chemin de Bordeaux à Bayonne par les grandes Landes, etc.

C. 1863. (Portefeuille.) — 100 pièces, papier.

1751-1755. — Correspondance de M. de Tourny,

intendant de Bordeaux, avec M. le ministre de Trudaine, concernant la situation des fonds pour les ponts et chaussées.

C. 1864. (Portefeuille.) — 95 pièces, papier.

1755-1772. — Correspondance de MM. de Tourny et Esmangart, intendants de Bordeaux, avec M. le ministre de Trudaine, concernant : — les fonds qui doivent être remis aux trésoriers des ponts et chaussées pendant les années 1755 et 1756 ; — une ordonnance de l'intendant au sujet de l'entretien des fossés des grandes routes ; — l'état du Roi des ponts et chaussées de la Généralité de Bordeaux pour l'exercice 1771 ; — un projet de route de Bordeaux à Libourne ; — diverses requêtes adressées à l'intendant, etc.

C. 1865. (Portefeuille.) — 89 pièces, papier.

1755-1757. — Correspondance de M. de Tourny, intendant de Bordeaux, avec MM. les ministres de Trudaine, de Séchelles, Machault, d'Ormesson et les subdélégués, concernant : — les états des travaux faits par les ponts et chaussées ; — la réparation et le redressement du chemin depuis la forge d'Ans-lès-Périgord jusqu'au port de Moutier ; — deux arrêts du Conseil autorisant les réparations du pont de Corgniac et de sept églises de différentes paroisses de la Généralité ; — le plan de la route de Bordeaux à Toulouse depuis Langon jusqu'à l'extrémité de la Généralité de Bordeaux ; — l'arrêt du Conseil qui condamne M. de Montalembert à payer 3,000 livres, et madame de Vassal 1,500, pour leurs contributions à la construction de la digue de Saint-Vicq ; — les adjudications des travaux d'entretien des pavés des différentes routes, etc.

C. 1866. (Portefeuille.) — 95 pièces, papier ; 2 plans.

1755-1757. — Correspondance de M. de Tourny, intendant de Bordeaux, avec les subdélégués, concernant : — les devis et adjudications des divers ouvrages à faire sur les différentes routes et chemins de la Généralité ; — la construction du pont de Brouillage sur le chemin de Sarlat à Montignac ; — les réparations au pont de Baulac ; — la construction du pont de Calviac, sur le chemin de Monflanquin à Villeneuve ; — la poudre de mine employée sur divers chemins aux déblais des rochers ; — les adjudications d'un pont à construire sur le ruisseau de Langon, route de Bordeaux à Langon par les petites Landes ; —

d'un second pont sur le ruisseau du vallon de Fréminet, qui sépare cette Généralité de celle d'Auch, entre Astafort et Lectoure, et enfin de trois ponts sur la route de Bordeaux à Limoges par Périgueux, dans la partie de Menesplet à Mussidan.

C. 1867. (Portefeuille.) — 92 pièces, papier.

1756-1757. — Correspondance de M. de Tourny, intendant de Bordeaux, avec MM. les ministres de Trudaine, de Moras, de Courteille, d'Argenson et les subdélégués, concernant :— l'extrait de l'état du Roi pour les ouvrages et réparations faits et à faire aux ponts, chemins et chaussées ; — la répartition des fonds des ponts et chaussées de l'exercice 1756 ; — la construction de divers ponts : sur la route de Bordeaux à Limoges, dans la partie de Monpaon à Mussidan ; sur le ruisseau de Sadèges, grande route de Bordeaux à Toulouse ; sur le ruisseau du Vallon-de-Fréminet, route de Bordeaux à Auch par Agen ; sur le ruisseau de Langon, route de Bordeaux à Bayonne par les petites Landes ; et enfin divers ouvrages, tant de construction de ponts et aqueducs que de réparations d'autres ponts sur les routes et chemins de la Généralité, etc.

C. 1868. (Portefeuille.) — 96 pièces, papier.

1756-1757. — Correspondance de M. de Tourny, intendant de Bordeaux, avec MM. les ministres de Trudaine, d'Ormesson, de Saint-Florentin et les subdélégués, concernant : — l'adjudication des ouvrages du pont sur le ruisseau de Sadèges, près Laspeyres, grande route de Bordeaux à Toulouse ; — un mémoire de l'évêque de Périgueux, au sujet d'une indemnité qu'il réclamait pour cession de terrain ; — les états de situation des fonds des ponts et chaussées ; — les baux d'entretien pour six années des pavés des ponts et chaussées de la Généralité ; — l'adjudication d'un pont de trois arches sur la rivière de Lisle, au-dessous des murs de la ville de Périgueux, et celle de quatre ponceaux sur la route de Bordeaux à Auch, dans la partie de Bazas à Casteljaloux ; — la situation des routes de la Généralité ; — l'arrêt du Conseil d'État du Roi et des lettres patentes portant règlement sur les comptes de la trésorerie générale des ponts et chaussées du 31 mai 1757.

C. 1869. (Portefeuille.) — 99 pièces, papier ; 1 plan.

1758-1759. — Correspondance de M. de Tourny, intendant de Bordeaux, avec MM. les ministres de Trudaine, de Saint-Florentin, de Boullongne, Rouillé, de Courteille et les subdélégués, concernant : — l'état des ouvrages à achever ou à continuer et des ouvrages nouveaux à faire par les ponts et chaussées; — les réparations et l'entretien des grands chemins par corvées ; — la répartition des fonds des ponts et chaussées de l'exercice 1758; — le nouveau projet du Roi sur les ponts et chaussées de la Généralité de Bordeaux ; — les appointements des ingénieurs ; — les fonds des corvées ; — l'adjudication de deux ponceaux, l'un sur la route de Bordeaux à Toulouse, sur le ruisseau du moulin d'Ars, et l'autre au lieu de l'Étanchon, près Branthôme, grand chemin de Périgueux à Angoulême ; — une autre adjudication de deux ponceaux sur la route de Bordeaux à Auch par Agen, etc.

C. 1870. (Portefeuille.) — 63 pièces, papier.

1750-1770. — Correspondance de M. de Tourny, intendant de Bordeaux, avec MM. les ministres de Trudaine, de Marigny et Desilouette, concernant : — la répartition des fonds des ponts et chaussées de l'exercice 1759 ; — le pont sur le ruisseau de la Lidoize, près Castillon, sur le grand chemin de cette ville à Sarlat, Brives et Périgueux, par Bergerac ; — les observations sur les états de situation des ouvrages faits dans la Généralité de Bordeaux ; — les devis et détails estimatifs des travaux d'entretien de la navigation des rivières du Lot et de la Baïse ; — les corvées et récompenses accordées aux paroisses qui ont bien rempli leurs tâches ; — l'état des ouvrages à continuer dans la Généralité pendant l'année 1760 ; — l'état des salaires des conducteurs, piqueurs et autres employés des ponts et chaussées, et celui des ouvrages faits par les communautés sur les routes et chemins.

C. 1871. (Registre.) — Petit in-folio, 140 feuillets, papier.

1752-1763. — Comptabilité de ponts et chaussées, concernant : — les travaux d'entretien des routes et de la navigation ; — les ponts, ponceaux et routes ; — les travaux des corvées ; — les appointements des sous-ingénieurs, dessinateurs et conducteurs ; — les gratifications accordées aux différents agents.

C. 1872. (Portefeuille.) — 108 pièces, papier; 1 plan.

1759-1761. — Correspondance de MM. de Tourny et Boutin, intendants de Bordeaux, avec les ministres Bertin, de Trudaine, le duc de Choiseul et les subdélégués, concernant : — l'état de payement des appointements des sous-ingénieurs et élèves ; — le pont de Périgueux ; — l'entretien des routes par corvées ; — le chemin du Saint-Puy à Condom ; — les observations sur l'état de situation des ouvrages de la Généralité ; — l'état des gratifications proposées en faveur tant du sieur Tardif, ingénieur des ponts et chaussées, que de la veuve de son prédécesseur ; — l'état des payements faits sur l'état du Roi de l'exercice 1757 ; — l'état de la dépense des conducteurs, piqueurs et autres employés ; — l'achat d'outils ; — les levées de plans et autres dépenses, pendant l'année 1760, sur les routes de Bordeaux à Paris et Limoges, de Périgueux à Angoulême, de Sarlat à Bordeaux et à Gourdon, de Sainte-Foy à Sauveterre, etc.

C. 1873. (Portefeuille.) — 132 pièces, papier; 2 plans.

1762-1763. — Correspondance de M. Boutin, intendant de Bordeaux, avec MM. les ministres de Trudaine, d'Ormesson, de La Vauguyon, de Noailles et de Bertin, concernant : — un mémoire par lequel on demande la réparation du chemin de Bordeaux à Mont-de-Marsan par Saucats ; — l'entretien de la digue de Saint-Vicq, une requête à ce sujet de madame de Lagoute de La Poujade, veuve du comte de Montalembert ; — les Cordeliers de Bergerac, à l'occasion de l'écluse de leur moulin ; — le nouveau chemin de Clairac à Tonneins et celui de Sarlat à Gourdon ; — le projet d'état du Roi des ouvrages et dépenses des ponts et chaussées de la Généralité pour l'exercice 1761 ; — les observations sur la situation des ouvrages faits en 1761 sur les différentes routes ; — les changements à opérer sur la route de Bordeaux à Toulouse, etc.

C. 1874. (Portefeuille.) — 84 pièces, papier; 2 plans.

1763-1774. — Correspondance de M. Boutin, intendant de Bordeaux, avec MM. les ministres de Trudaine, le duc de Choiseul, de Beaumont et de L'Averdy, concernant : — l'envoi de l'extrait de l'état du Roi des ponts et chaussées de l'exercice 1760 ; — l'état de la dépense pour les appointements des sous-ingénieurs de la Généralité de Bordeaux pendant l'année 1764, et l'état des ouvrages à faire pendant la même année sur les routes et chemins de la Généralité ; — les devis de six ponts à construire sur la route de Bordeaux à Toulouse, dans la partie de Langon à Bordeaux ; — d'un pont sur le chemin de Condom à Brannes ; — de quatre ponts et cinq ponceaux sur la route de Bordeaux à Paris par Labastide, etc.

1875. (Portefeuille.) — 95 pièces, papier; 5 plans

1761-1764. — Correspondance de M. Boutin, intendant de Bordeaux, avec les subdélégués, concernant : — le plan du pont de Tourtoirac sur la Haute-Vézère ; — les réparations du chemin de Villeneuve à Cahors, dans la partie des Ondes; — la pelle ou digue du ruisseau de la Baque; — les plans, devis et détails estimatifs d'un pont à Mayac, sur la rivière de Lisle, dont les habitants demandent la construction ; — la route de Bordeaux à Auch, dans la partie du pont de Charrin et du pont de Lauloue, à l'extrémité de la Généralité ; — le chemin de Nérac à Mezin; — celui de Condom à Cassagne et de Lussac à Faize, en Puinormand ; — le plan et profil de la côte de Galaup, sur le nouveau chemin de Lavardac au Port-Sainte-Marie ; — le chemin de Bordeaux au Médoc par Lesparre.

C. 1876. (Portefeuille.) — 100 pièces, papier.

1764. — États des sommes employées en frais de corvées aux réparations des routes et chemins de la Généralité de Bordeaux ; de ce nombre sont : la route de Tonneins à Clairac ;—le chemin de Langoiran à La Sauve; — celui du Port-Sainte-Marie à Lavardac ; — la route de La Roche-Chalais à La Roche-Beaucourt ; — celles de Bordeaux à Limoges ; — de La Roche-Chalais à Ribérac et à Angoulême ; — de La Réole à Bazas ; — de Nérac à Mezin ; — de Grignols au port de Coutures ; — de Sauveterre à Saint-Jean-de-Blaignac ; — de Sauveterre à Sainte-Foy ; — de Saint-Macaire à Sauveterre ; — de Bordeaux à Toulouse ; — de Périgueux à Angoulême ; — de Villeneuve à Cahors et à Bergerac ; — de Bordeaux à Sarlat, etc.

C. 1877. (Portefeuille.) — 100 pièces, papier; 1 plan.

1764. — États des sommes employées en frais de corvées aux réparations de diverses routes et chemins de la Généralité, où figurent : la route de Bazas à Auch par Casteljaloux, Nérac et Condom ; —celle de Bordeaux à Bayonne par les petites Landes ; — de Bordeaux à Toulouse ; — de Saint-Macaire à Sauveterre et Sainte-Croix-du-Mont ; — de Bordeaux à Limoges ; — de Bordeaux à Paris par Périgueux, etc. — On y trouve aussi une requête et un mémoire de l'abbé Baurein, agent général de l'ordre de Malte, procureur constitué de M. le bailli de Fleury, syndic de Martignas, sur la nécessité indispensable de faire construire un pont en pierre sur la jalle de Martignas, etc.

C. 1878. (Portefeuille.) — 109 pièces, papier ; 1 pièce, parchemin.

1763-1765. — Correspondance de M. Boutin, intendant de Bordeaux, avec les subdélégués, concernant : — l'inventaire des titres de propriété des maisons et échoppes acquises pour le compte du Roi pour servir au redressement de la ville de La Réole ; — l'achat d'un champ de foire à Lavardac ; — le pont de Barbaste ; — la route de communication de Nérac à Agen ; — le quai de Lavardac ; — l'église de Nérac ; — les indemnités accordées aux propriétaires des terrains cédés pour l'alignement de la nouvelle route de Lavardac au Port-Sainte-Marie, etc.

C. 1879. (Portefeuille.) — 100 pièces, papier.

1764-1765. — Correspondance de M. Boutin, intendant de Bordeaux, avec les subdélégués, concernant : — les réparations faites au pont du Gâ, en Médoc, sur le grand chemin de Lesparre à Soulac et au Verdon; — les réparations par corvées aux routes de Bordeaux à Bayonne par les grandes Landes ;—de Bordeaux à Paris ;—de Bordeaux à Auch ;—au chemin de Bordeaux à Brannes ; — du Médoc ; — de Lormont ; — de Clairac ; — de Villeneuve ; — de Bordeaux à Pauillac, dans la partie de Blanquefort au Taillan ; — de Bordeaux à Périgueux, et de cette dernière ville au port Cavernes ;—du Port-Sainte-Marie à Lavardac; — de Bordeaux à Saint-Médard ;— de Coutures à Grignols; — de Villeneuve à Cahors ; — d'Agen à Villeneuve ; — la levée d'Astaffort, etc.

C. 1880. (Portefeuille.) — 100 pièces, papier.

1765. — États des fonds employés par corvées aux réparations des routes et chemins : d'Agen à Villeneuve ; — de Bergerac à Agen ; — de Villeneuve à Bergerac ; — de Bordeaux ; — de Bordeaux à Sarlat, à Bergerac et à La Linde ; — de Libourne à Blaye ; — de Blaye à Paris, entre Étauliers et Pleineselves ; — de Libourne à Blaye par Saint-André ; — de Bordeaux à Brannes ; — de Brannes à Vignonet ; — de Bordeaux à Paris, dans la partie de Saint-André à Saint-Antoine ; — de Cavignac à Pierrebrune ; — de Bordeaux à Auch par Bazas, Nérac et Condom ; — de Bordeaux à Bayonne par les petites Landes, etc.

C. 1881. (Portefeuille.) — 103 pièces, papier.

1765-1766. — États des dépenses faites par corvées aux réparations des routes et chemins : de Bordeaux à Toulouse dans la partie de Barsac à Langon ;— du pont de Laspeyres ;—de ce dernier au pont de Verdalon et à Agen ; —d'Agen à Saint-Hilaire ;— du Port-Sainte-Marie à Aiguillon ; — de Bordeaux à Périgueux ; — de Bordeaux à Limoges ; — du Mas-d'Agenais à Casteljaloux ;— de Clairac à Villeneuve et à Tonneins ;—de La Roche-Chalais à La Roche-Beaucourt et Ribérac ; — de Périgueux à Firbeix, etc.

C. 1882. (Registre.) — Petit in-folio, 115 feuillets, papier.

1764-1769. — Travaux de construction des ponts et

SÉRIE C. — INTENDANCE DE BORDEAUX. 287

chaussées, tant à continuer qu'à commencer, des travaux d'entretien de la navigation, ensemble les dépenses à faire dans la Généralité de Bordeaux.

C. 1883. (Portefeuille.) — 99 pièces, papier; 1 plan.

1765-1766. — Correspondance de M. Boutin, intendant de Bordeaux, avec MM. les ministres de Trudaine, de L'Averdy, et les subdélégués, concernant : — l'édit du Roi portant suppression des offices de trésoriers particuliers des ponts et chaussées; — le chemin de Condom à Mezin; — la chaussée construite sur la rivière de Losse à Vopillon par les religieuses de l'ordre de Fontevrault; — l'état du Roi pour les réparations faites et à faire aux ponts, chemins et chaussées pendant l'année 1761; — l'arrêt du Conseil d'État du Roi au sujet des alignements à donner dans les traverses des villes, bourgs et villages; — l'état de situation des ponts et chaussées de la Généralité et des travaux faits pendant l'année 1764; — les devis, détails estimatifs et adjudications de divers ponts, aqueducs, cassis, peyrats, pavés, chaussées, etc.

C. 1884. (Portefeuille.) — 106 pièces, papier.

1766. — États des dépenses faites par corvées aux divers travaux des routes et chemins : de Bazas à La Réole; — de Sauveterre à Saint-Jean-de-Blaignac; — de Saint-Macaire à Sauveterre; — de Villeneuve à Bergerac; — du port de Castets à Auros; — d'Agen à Bergerac et à Villeneuve; — de Bordeaux à Sarlat; — de Blaye à Paris; — de Libourne à Blaye; — du pont de la May; — de Brannes à Cypressac; — de Bordeaux à Brannes; — de Bordeaux à Auch, par Agen, et de Bordeaux à Auch par Casteljaloux, Nérac et Condom; — de Bordeaux à Bayonne par les grandes Landes; —de Bordeaux à Toulouse; —fournitures et réparations d'outils de toute nature employés à ces travaux, etc.

C. 1885. (Portefeuille.) — 106 pièces, papier.

1766. — Correspondance de MM. Boutin et de Fargès, intendants de Bordeaux, avec MM. les ministres de L'Averdy, de Trudaine, le duc de Choiseul et les subdélégués, concernant : — la déclaration du Roi sur les plantations des grandes routes; — la réparation de trois ponts sur la route de Bordeaux à Périgueux, dans la partie de Mussidan à Monpaon; — les plans, devis et détails estimatifs des ponts, ponceaux et aqueducs à construire sur différentes routes de la Généralité; — la commission de sous-ingénieur à Bordeaux, délivrée à M. de Brémontier,

avec des appointements de 1,200 livres; — une gratification de 3,000 livres accordée à la veuve du sieur Tardif, ingénieur en chef de la Généralité ;—l'état des salaires des conducteurs, piqueurs et autres employés des ponts et chaussées pendant l'année 1765 et celui des appointements des sous-ingénieurs de la Généralité pendant l'année 1766; — diverses adjudications de travaux, etc.

C. 1886. (Portefeuille.) — 92 pièces, papier.

1765-1766. — Correspondance de M. Boutin, intendant de Bordeaux, avec les subdélégués, concernant : — la manufacture et le pont de Montignac; — le chemin de Tenon à Cujac, Tourtoirac et Hautefort; —le mauvais état des chemins de la juridiction de Beaumont; — la route du Port-de-Pascau au Cap-du-Bosq; — les réparations à faire aux chemins aboutissant à la porte de Villeneuve-d'Agen; — le devis et détail estimatif des travaux à exécuter à l'entrée et à la sortie de la ville d'Aiguillon; — l'ordre d'arrestation des syndics de la paroisse de Monflanquin, pour désobéissance à l'ordonnance du subdélégué qui leur enjoint de remettre les états des corvéables défaillants, etc.

C. 1887. (Portefeuille.) — 103 pièces, papier.

1765-1767. — Correspondance de M. Boutin, intendant de Bordeaux, avec les subdélégués, concernant : — le chemin depuis le pont de Labance jusqu'à Hautefort; — l'état des dépenses à faire à prix d'argent pour différentes chaussées, pavés et empierrements sur les routes de Périgueux à Firbeix; de Bordeaux à Brannes; de Blaye à Paris, etc.; — l'état des travaux faits, à prix d'argent, sur la route de Ribérac; — le pont de Périgueux sur la route de Firbeix; — les travaux à faire à prix d'argent sur les routes et aux environs de Bazas; — l'indication des ouvrages à faire, tant à prix d'argent que par corvées, sur la route de Bordeaux à Toulouse, dans la partie de Bordeaux à Langon, etc.

C. 1888. (Portefeuille.) — 90 pièces, papier; 1 plan.

1765-1767. — Correspondance de M. Boutin, intendant de Bordeaux, avec les subdélégués, concernant : — les états des syndics des corvées de la ville de Tonneins-Dessous; — l'état des réparations à faire sur la route de Toulouse, aux environs de la ville de La Réole; — la construction de deux aqueducs sur la route de Saint-Macaire à La Réole; — le détail de la construction d'un aqueduc sur la traverse du nouveau chemin de Gironde à La Réole; — la réparation du pont de Blanchon sur le grand chemin de Marmande à Tombebœuf ; — les travaux urgents à faire sur la route de Bordeaux à Toulouse, dans la partie de Langon à Aiguillon, etc.

C. 1889. (Portefeuille.) — 47 pièces, papier.

1715-1777. — Correspondance de MM. de Courson, Boucher, de Tourny, Boutin, de Fargès et Esmangart, intendants de Bordeaux, avec MM. les ministres de Trudaine, Terray, Le Pèletier, d'Argenson, de Cremille, Bertin et de L'Averdy, concernant : — le décès de M. Vimar, ingénieur des ponts et chaussées de la Généralité de Guyenne ; — la fixation de l'indemnité de logement de l'ingénieur à la somme de 1,200 livres par an et celle de la gratification à 2,000 livres ; — l'uniforme pour le corps des ponts et chaussées ; — la franchise du droit du pied fourché en faveur des ingénieurs employés à la résidence de Bordeaux ; — un mémoire instructif sur les demandes d'admission à l'école du corps royal du génie, etc.

C. 1890. (Portefeuille.) — 107 pièces, papier ; 1 plan.

1766-1773. — Correspondance de MM. Boutin, de Fargès et Esmangart, intendants de Bordeaux, avec M. le ministre Trudaine et les subdélégués, concernant : — le recurement et l'élargissement des avenues du pont du Seignal qui traverse le chemin royal de Sainte-Foy à Bergerac ; — un mémoire relatif au chemin du Mas d'Agenais à Casteljaloux ; — la réparation du chemin du passage du port de Penne à Tournon ; — la construction de deux aqueducs au lieu de Peyronnet, entre Laussignan et Pompey, subdélégation de Nérac, et d'un pont sur le ruisseau de Goulens, route d'Auch à Agen ; — le chemin de Coutras à La Roche-Chalais ; — la réparation du pont de Rodès, près de La Magistère ; — la route de Bordeaux à La Teste et celle de Langon à Bazas ; — le pont de Barlet à Condom sur la Baïse, etc.

C. 1891. (Portefeuille.) — 116 pièces, papier.

1772-1773. — Correspondance de M. Esmangart, intendant de Bordeaux, avec MM. les ministres de Trudaine, Bertin et les subdélégués, concernant : — la reconstruction du pont de Nanthiat, subdélégation de Thiviers ; — la continuation du chemin de communication de Périgueux à Montignac ; — les observations de l'ingénieur sur les travaux de la navigation de la rivière de Lisle ; — le recurement du ruisseau du Moron ; — les réparations à faire aux portes des écluses de Laubardemont et Abjac ; — les réparations du chemin de La Teste réclamées par les habitants ; — les chemins de Gans et de Bazas à La Réole ;

— les réparations du pont de pierre sur le chemin de Bazas à Auros ; — la construction de trois aqueducs sur la route de Bazas à La Réole ; — le foiral de Bazas, etc.

C. 1892. (Portefeuille.) — 116 pièces, papier.

1773. — Correspondance de M. Esmangart, intendant de Bordeaux, avec le ministre Bertin et les subdélégués, concernant : — la réparation du chemin de l'église du Bec-d'Ambès ; — le mauvais état du chemin qui conduit de la route de Bordeaux à Toulouse au port de Hourtin ; — les réclamations de madame de Flamarens au sujet des réparations de la rue et des chemins de la communauté de Fongrave ; — la route d'Eause à Mezin ; — l'ouverture d'un chemin de Bordeaux à Libourne ; — les chemins de La Teste ; — les réparations du chemin d'Agen à Layrac ; — la route de Bordeaux à Toulouse ; — l'ouverture de la route de Périgueux à Cahors ; — la construction du pont de La Chapelle-Faucher et la réparation de celui du Plassot, près Casteljaloux ; — la route de Condom à Agen, etc.

C. 1893. (Portefeuille.) — 113 pièces, papier ; 1 plan.

1773. — Correspondance de M. Esmangart, intendant de Bordeaux, avec les subdélégués, concernant : — la dégradation du grand chemin de Périgueux à Angoulême, près de Château-l'Évêque ; — les réparations au pont de Bordes et l'établissement d'un cassis à Lavardac ; — le chemin du Mas-d'Agenais à Casteljaloux ; — la construction de deux aqueducs sur le ruisseau qui traverse le chemin de Bordeaux à Auch, au lieu de Peyronnet ; — le chemin de Montréal à Mezin ; — la réparation du chemin de communication de Saint-Émilion à Libourne ; — la réparation du chemin de Condom à Saint-Puy ; — le plan et projet d'arrêt pour l'ouverture d'un chemin de communication de la ville de Tonneins à celle de Villeneuve, passant par Clairac, le Temple et Sainte-Livrade ; — la construction d'une halle au bourg du Fleix, etc.

C. 1894. (Portefeuille.) — 108 pièces, papier ; 4 plans.

1773-1774. — Correspondance de M. Esmangart, intendant de Bordeaux, avec MM. les ministres de Trudaine, d'Ormesson et les subdélégués, concernant : — la réparation de deux aqueducs sur le chemin de Saint-Macaire à Sauveterre ; — l'ordonnance de MM. les trésoriers de France relative à la liberté des grands chemins ; — la construction du pont de Brantôme et celui de Tourtoirac ; — le pont de Saint-Loubès, sur le ruisseau de la Laurence ; — l'état des ouvrages proposés, tant à continuer qu'à commencer, dans la Généralité de Bordeaux, pendant l'année 1773 ; — le pavé de la traverse de la ville de Marmande ; — la jetée en pierre au bord du bourg de Nicole, pour la conservation de la grande route de Bordeaux à Toulouse, etc.

C. 1895. (Registre.) — 49 feuillets, papier, petit in-folio.

1770-1773. — Enregistrement des états du Roi ; — des dépenses des travaux des ponts et chaussées ; — de l'entretien des rivières, chemins de halage, écluses et autres ouvrages concernant la navigation ; — des appointements et gratifications des ingénieurs ; — des salaires des conducteurs, piqueurs et employés à la conduite des travaux de corvée, et autres dépenses.

C. 1896. (Portefeuille.) — 93 pièces, papier.

1768-1774. — Correspondance de M. Esmangart, intendant de Bordeaux, avec les subdélégués, concernant : — les réparations du pont et de la levée de Quinsac, sur la rivière de la Dronne, en Périgord ; — la construction du pont de Mayac, sur la rivière de Lisle, et celle d'un pont en bois près Bergerac, sur la route de La Linde ; — les indemnités de logement accordées aux sous-ingénieurs et à M. Saint-André, inspecteur de la navigation ; — la construction et les réparations de sept cassis sur la route de Bordeaux à Auch, entre Condom et Nérac ; — le pont de Barbaste, sur la Gelize ; — la construction d'un pont et autres ouvrages faits au port de Clairac-sur-Dordogne, etc.

C. 1897. (Portefeuille.) — 85 pièces, papier.

1773-1774. — Correspondance de M. Esmangart, intendant de Bordeaux, avec MM. les ministres de Trudaine, de Beaumont, et les subdélégués, concernant : — l'adjudication de la construction d'un pont au bas de la côte de Campagnac, près Sarlat, route de Cahors à Limoges ; — M. Pontet de Perganson, trésorier de France, nommé commissaire des ponts et chaussées de la Généralité ; — la route de Bordeaux à Bayonne ; — la direction de la nouvelle route de Mézin à Montréa ; — le pavé de la grande rue du Port-Sainte-Marie ; — les pavés des faubourgs et banlieue de Bordeaux ; — la réparation du pont du Gâ, sur la route de Bordeaux à Soulac ; — la réparation, à prix d'argent et par corvée, de la route de Périgueux à Limoges ; de la route de Blaye à Libourne, etc.

C. 1898. (Carton.) — 104 pièces, papier ; 3 plans.

1761-1764. — Correspondance de M. Esmangart, intendant de Bordeaux, avec MM. les ministres Bertin, de Trudaine, de Beaumont, et les subdélégués, concernant : — l'établissement de deux moulins sur le ruisseau du Candau, route de Bergerac à Périgueux ; — le chemin de Beaumont à Couze ; — les réparations de divers ponceaux sur la route de Sainte-Foy à Bergerac, et celle du pont de Lisos, sur la route de Grignols au port de Coutures ; — le chemin de Pessac, en Limousin, à La Nouaille, en Périgord ; — les encombrements qui obstruent la route de Périgueux à Limoges, dans la partie qui traverse Thiviers ; — le chemin de Villards à Sirbey ; — les divers ateliers de corvées de la subdélégation de Castillonnès ; — les ateliers de charité de Ribérac, etc.

C. 1899. (Carton.) — 94 pièces, papier.

1770-1774. — Correspondance de M. Esmangart, intendant de Bordeaux, avec les subdélégués, concernant : — la réparation de quatre ponts en bois sur la levée des marais de Lafite, sur la route de Lesparre à Soulac ; — le chemin qui conduit de la route royale de Libourne à Castillon ; — la digue de la rivière de la Dronne ; — es réparations des ponts et chaussées le long de la rivière du Lot, dans la subdélégation de Clairac ; — le pont de Canteranne, sur le chemin de Monflanquin au port de Libos ; — les remblais du pont de Galaup, près Thouars ; — la réparation du chemin du Port-de-Pasquau au Cap-du-Bosq ; — la construction d'un pont et de la levée ordonnée dans les marais de la paroisse de Gaujac, subdélégation de Marmande ; — le chemin du port de Balade à la montagne de Rouqué, joignant le chemin de Langoiran, etc.

C. 1900. (Carton.) — 91 pièces, papier ; 4 plans.

1773-1775. — Correspondance de M. Esmangart, intendant de Bordeaux, avec les subdélégués, concernant : — le chemin de Périgueux à Excideuil ; — la réparation de celui de Firbeix à Villards ; — l'essartement des bois sur les grandes routes ; — les devis de deux ponts en charpente à construire l'un, sur la rivière de la Loue, route de Périgueux à Limoges, par Excideuil, et l'autre sur la rivière de Lisle, au gué de Ferrières, même route ; — les réparations du pont de Villambrard, sur la route de Périgueux à Bergerac, et de celui de la cité de Périgueux ; — la communication de la route de Bordeaux à Bayonne hors les murs de Bazas ; — la réparation du pont de Lisos, sur le chemin de communication de Coutures à Cocumont et Grignols ; — la construction de deux ponts en pierre à Condom, sur le ruisseau de la Gelle, etc.

C. 1901. (Portefeuille.) — 85 pièces, papier; 2 plans.

1775. — Plans, devis, rapports, requêtes et comptes, concernant : — le pont de Canteranne sur la rivière de Leize, juridiction de Monflanquin ; — les appointements de l'inspecteur de la navigation ; — les pavés du chemin de Bazas à Langon ; — l'ouverture d'une grande route de Sarlat à Villeneuve ; — la demande d'une nouvelle route de Mont-de-Marsan à Grenade ; — les ordonnances de payement du logement de M. Picault, ingénieur en chef des ponts et chaussées de la Généralité d'Auch ; — les fontaine, lavoir et abreuvoir de Thiviers ; — les ponts et ponceaux à reconstruire sur la grande route de Dax à Bayonne ; — un mémoire relatif à la direction à donner à la route de communication des provinces du Limousin et du Périgord avec le Bas-Quercy, l'Agenais et le Condomois, etc.

C. 1902. (Portefeuille.) — 80 pièces, papier.

1776. — Correspondance de M. de Clugny, intendant de Bordeaux, avec MM. les ministres d'Ormesson, de Trudaine, de Fourqueux, et les subdélégués, concernant : — les réparations à faire au pont de Lavardac, sur la rivière de Baïse ; — le pont de Montignac sur la Vézère, en Périgord, qui, à peine achevé, menace de s'écrouler ; — l'édit qui ordonne la suppression des corvées et qu'à l'avenir les travaux des chemins seront faits à prix d'argent ; — la digue à construire sur la Garonne au-devant de la ville d'Agen ; — un mémoire sur les abus commis dans la ville de Dax par les employés des ponts et chaussées ; — la construction du pont de Toulon sur la route de Périgueux à Angoulême ; — un mémoire relatif à l'ouverture du grand chemin de la province de l'Agenais avec le Bas-Limousin passant par Sarlat, etc.

C. 1903. (Portefeuille.) — 86 pièces, papier.

1776-1779. — Correspondance de MM. de Clugny et Dupré de Saint-Maur, intendants de Bordeaux, avec les subdélégués, concernant : — un mémoire relatif à la construction d'un pont sur la levée de Menet, près de Mugron (Landes), réclamé par les habitants de cette communauté ; — l'adjudication de l'entretien des pavés, pendant six années, de partie des routes de Bordeaux à Bayonne, par les Petites Landes, et de Bordeaux à Auch par Casteljaloux ; — une imposition de 40,000 livres pour être employée à la réparation et à l'entretien des chaussées construites sur les différentes routes de la Généralité ; — les comptes à l'appui de ces dépenses, etc.

C. 1904. (Carton.) — 114 pièces, papier.

1780-1784. — Correspondance de M. Dupré de Saint-Maur, intendant de Bordeaux, avec les subdélégués, concernant : — la construction de l'aqueduc de Chantemerle au-dessus du pont de ce nom, près de La Réole ; — les travaux de charité sur les routes et chemins de Bordeaux à Toulouse ; de Paris en Espagne par les Grandes Landes ; de Bazas à La Réole ; de Bordeaux au Tondut ; de Saint-Sève au port de Castres ; de Langon à Sainte-Foy ; de Langon à Bazas ; de Paris à Bordeaux par Saint-André ; de Bordeaux à Brannes ; de Puch à Monheurt ; de Paris à Bordeaux par Blaye, et de Lagune au port de La Maréchalle (Médoc).

C. 1905. (Carton.) — 105 pièces, papier.

1781-1784. — Correspondance de M. Dupré de Saint-Maur, intendant de Bordeaux, avec M. le ministre de La Millière et les subdélégués, concernant : — les divers travaux des ateliers de charité établis sur les routes et chemins du bourg de Baurech au port vieux sur la Garonne, et du port neuf au bourg de Camblannes ; de Paris à Bordeaux par Saint-André et Blaye ; — l'adjudication de la chaussée d'empierrement de la lande d'Étauliers et celle des ouvrages à faire pour la réparation de la traverse de La Prade, sur la route de Bordeaux à Toulouse ; — le rapport de l'inspecteur des ponts et chaussées à ce sujet ; — le chemin de Saint-Émilion à Libourne, etc.

C. 1906. (Carton.) — 96 pièces, papier, 2 en parchemin.

1777-1784. — Correspondance de M. Dupré de Saint-Maur, intendant de Bordeaux, avec M. le ministre Necker et les subdélégués, concernant : — les réparations à faire au chemin de Bordeaux à La Teste ; — un rapport de M. Brémontier au sujet de la requête de MM. les jurats de Bourg ; — une imposition de 12,000 livres pour être ajoutée aux fonds des travaux de charité qui doivent servir à établir trois communications intéressantes ; — le chemin de Bourg à Saint-Savin, à Blaye et à Saint-André-de-Cubzac ; — la reconstruction du pont de Lervaut, sur la route de Lesparre à Soulac ; — les travaux de charité sur le chemin de Martignas ; — le détail estimatif des travaux à exécuter de Lagune au port de La Maréchalle (Médoc), etc.

C. 1907. (Carton.) — 95 pièces, papier.

1784-1787. — Correspondance de M. Dupré de Saint-Maur, intendant de Bordeaux, avec les subdélégués, concernant : — les adjudications des travaux de charité des ateliers des dehors de la ville de Bazas ; — de l'atelier de charité de la levée de Gironde, route de Bordeaux à Toulouse ; — le détail estimatif des travaux à faire sur l'atelier du chemin qui conduit de la grande route de Bazas à Captieux au moulin des Filles de la Charité à Beaulac ; — trois adjudications de travaux de charité à faire sur les chemins : la première, sur le chemin de Saint-Ciers de La Lande à la route de Blaye ; la deuxième, sur l'atelier de la traverse et les abords du bourg de Pauillac ; et la troisième, sur l'atelier du chemin de La Réole au port de La Barthe sur le Drot.

C. 1908. (Carton.) — 75 pièces, papier.

1784-1788. — Correspondance de MM. Dupré de Saint-Maur et de Néville, intendants de Bordeaux, avec les subdélégués, concernant : — l'adjudication des travaux de réparations à exécuter par l'atelier de charité de Cubzac aux abords de cette ville ; — l'adjudication des ouvrages à faire à l'atelier des pourtours de la ville de Langon, entre la porte Maubec et le port ; — la continuation des travaux par l'atelier de charité du chemin de Saint-Émilion à Libourne et à la route de Castillon ; — un rapport de M. Brémontier sur ces travaux ; —les devis et adjudication d'une partie de chaussée à construire sur la route de Paris à Blaye, aux abords du bourg d'Étauliers ;—la réparation, par l'atelier de charité, d'une partie de la route de Saint-André-de-Cubzac, près du village de Guesnard.

C. 1909. (Carton.) — 123 pièces, papier ; 1 plan.

1784-1789. — Correspondance de MM. Dupré de Saint-Maur et de Néville, intendants de Bordeaux, avec les subdélégués, concernant : — les devis et adjudications des divers travaux de charité à exécuter par les ateliers sur les routes de Bordeaux à Paris ; de Bordeaux à Toulouse ; de Bordeaux à Brannes ; de Brannes à Saint-Jean-de-Blagnac ; du bourg de Lamarque, en Médoc ; du pourtour de la ville de Langon ; de Libourne à Bergerac ; du bourg de Pauillac ; — de Lesparre au port de By, sur la Gironde ;— du port de Reuille, sur la Dordogne.

C. 1910. (Carton.) — 131 pièces, papier ; 1 plan.

1786-1789. — Correspondance de M. de Néville, intendant de Bordeaux, avec les subdélégués, concernant : — les travaux à faire sur les ateliers de charité des routes de Bordeaux à Toulouse ; de Bordeaux à Bayonne ; de Bordeaux à Eysines ; de Bordeaux à Saint-Médard ; de Bordeaux à Mont-de-Marsan ; de Preignac à Villandraut ; du port de Reuille, sur la Dordogne ; de Bordeaux à Paris ; de la chaussée de Margaux ; du canal d'Arcins ; du chemin de La Réole au port de La Barthe, et de Lesparre au pont de By, sur la Gironde.

C. 1911. (Carton.) — 101 pièces, papier ; 1 plan.

1780-1788. — Correspondance de MM. Dupré de Saint-Maur et de Néville, intendants de Bordeaux, avec les subdélégués, concernant : — l'adjudication des travaux à faire sur l'atelier de charité de la traverse de Langon à Bazas ; — la reconstruction de la fontaine de Saint-Martin de Bazas ; — les devis et adjudication des ouvrages à faire par l'atelier du Mirail sur le chemin conduisant de la route de Bazas, par Captieuse, au moulin des Filles de la Charité ; — l'atelier de charité du dehors de la ville de Bazas ; — les devis et adjudications des travaux au pourtour de la ville de Langon ;—la construction du pont de Lavazan, sur la route de Bazas à Casteljaloux, etc.

C. 1912. (Carton.) — 106 pièces, papier.

1780-1788. — Correspondance de MM. Dupré de Saint-Maur et de Néville, intendants de Bordeaux, avec le ministre de La Millière et les subdélégués, concernant : — la réparation d'un pont en bois sur le territoire de Belin ;—les devis et détails estimatifs des ouvrages à faire par les ateliers de charité à Belin et à Muret, sur la route de Bordeaux à Bayonne ; — les plaintes des fermiers des messageries sur le mauvais état de cette dernière route ; — les réparations du pont de Lipostey, etc.

C. 1913. (Carton.) — 120 pièces, papier.

1773-1781. — Correspondance de MM. Esmangart, de Clugny et Dupré de Saint-Maur, intendants de Bordeaux, avec MM. les ministres Joly de Fleury, Necker, et les subdélégués, concernant :—les réparations des port et chemin de Hourtins ; — du port de Cubzac ; — des chemins de Lagravade et Du Gontey ; — l'état des travaux d'entretien à faire sur la route de Paris à Bordeaux par Saint-André, et de Paris à Blaye ; — l'état de distribution d'une somme de 200,000 livres accordée pour les travaux de charité dans la Généralité de Guyenne ;— l'adjudication de la construction d'un peyrat au port de Fronsac ; — divers rapports de l'ingénieur Brémontier ;—l'entretien des banlieues ;—le redressement de la route de Bordeaux à Toulouse, dans la partie du village de Laprade, etc.

C. 1914. (Carton.) — 119 pièces, papier.

1781-1789.—Correspondance de MM. Boutin, Dupré de Saint-Maur et de Néville, intendants de Bordeaux, avec le contrôleur général Blondel, intendant des finances, et les subdélégués, concernant : —la reconstruction des deux ponts de Saint-Romain, sur la route de Sauveterre à La Réole ; — le redressement et le recurement du ruisseau de la Vignague ; — l'alignement des rues de Libourne ; — l'état de distribution des fonds accordés aux ateliers de charité ; — l'état de situation des travaux de charité exécuté sou suspendus depuis 1778 jusqu'à 1784 inclusivement; — un mémoire de l'ingénieur à ce sujet, etc.

C. 1915. (Carton.) — 88 pièces, papier; 2 plans.

1776-1784. — Devis, détails estimatifs, adjudications et rapports d'ingénieurs, concernant : — les ouvrages à exécuter par les ateliers de charité sur les routes de Libourne à Blaye ; de Sainte-Foy à Saint-Macaire ; de Bordeaux à Lesparre ; de Paris en Espagne par les Grandes Landes, et sur la route de Bordeaux à Toulouse, par les ateliers : des paroisses de Saint-Martin-de-Sescas ; de Cadaujac ; de Villenave ; de Léognan ; de Bègles ; de Saint-Macaire ; de Talence ; de Castres ; entre le pont de La May et ceux de Langon ; de Faurie ; de la traverse de Laprade ; de Bretous ; de Lalande-de-Bellevue ; de Langoiran à La Sauve ; etc.

C. 1916. (Carton.) — 137 pièces, papier ; 3 plans.

1780-1789. — Correspondance de MM. Dupré de Saint-Maur et de Néville, intendants de Bordeaux, avec les subdélégués, concernant : — les devis et adjudications des travaux à exécuter par les ateliers de charité sur la route de Bordeaux à Paris ; — les devis, détails estimatifs et adjudications de ces divers travaux et de ceux des ateliers de la côte de Baurech ; de Bordeaux à La Teste ; de Saint-André au port de Plaigne ; de Bordeaux à Brannes ; de Bordeaux à Saint-Médard ; du chemin et peyrat de Cavernes ; des chemin et port de Reuille, sur la Dordogne ; de Langoiran à Créon et à La Sauve ; de Bourg à Saint-Savin, et de Preignac à Villandraut, etc.

C. 1917. (Carton.) — 114 pièces, papier ; 1 plan.

1777-1781.—Correspondance de M. Dupré de Saint-Maur, intendant de Bordeaux, avec MM. les ministres de Cotte, Bertin, de La Millière, Necker, Rigoley d'Oguy, et les subdélégués, concernant : — les plaintes des habitants de Carlux au sujet des vexations que les entrepreneurs des chemins leur font éprouver ; — l'ouverture d'un aqueduc sur le chemin de Roaillan, près Langon ; — un rapport de l'ingénieur sur la dégradation du pont d'Ars, entre la porte Saint-Julien de Bordeaux et le pont de La May. ; — l'arrêt du Conseil du Roi du 23 mars 1779 portant concession en faveur de M. Amanieu de Ruat des dunes situées dans l'étendue des terres de La Teste, Gujan et Cazeaux, pour en jouir par lui et ses hoirs à titre d'acensement et de propriété incommutable à perpétuité, à la charge de les planter en pins ou autres arbres en quantité suffisante pour contenir et arrêter leurs progrès. Les pins dont les dunes de ces trois communes étaient plantées jusqu'au bord de la mer furent dévorés par l'incendie de 1776.

C. 1918. (Carton.) — 120 pièces, papier ; 2 plans.

1782-1784. — Correspondance de M. Dupré de Saint-Maur, intendant de Bordeaux, avec M. le ministre de La Millière et les subdélégués, concernant :—la reconstruction du mur de soutenement écroulé à la sortie de la ville de Bazas, près la porte Saint-Martin ; — les réparations urgentes à faire à la grande route qui avoisine la poste de Lipostey ; — un rapport de l'inspecteur des ponts et chaussées au sujet du changement d'une partie du chemin de Lesparre à La Maréchalle ; — les dégradations des routes par suite des inondations ; — les casernes de Libourne ; — la démolition du mur de ville entre la porte d'Aquitaine et celles des Capucins ; — la destruction de plusieurs ponts par les débordements, etc.

C. 1919. (Carton.) — 116 pièces, papier ; 2 plans.

1784-1789. — Correspondance de MM. Dupré de Saint-Maur et de Néville, intendants de Bordeaux, avec M. le ministre de La Millière et les subdélégués, concernant : — l'essartement de bois taillis sur la route de La Réole à Bazas ; — la chute du pont de Tayac, sur la levée d'Arcins ; — la démolition du mur de l'ancien cimetière de Barsac ; — l'ouverture du chemin de Saint-Jean-de-Blagnac à Libourne ; — la route de Bordeaux à Angoulême par Coutras ; — les requêtes, mémoires, rapports des ingénieurs, devis et détails estimatifs relatifs aux travaux de construction, de réparation et d'entretien des ponts, aqueducs, routes et chemins, etc.

C. 1920. (Carton.) — 90 pièces, papier ; 1 plan.

1778-1789.—Devis, détails estimatifs, adjudications, rapports des ingénieurs et ordonnances de l'intendant, relatifs : — aux réparations du jardin public ; — au pavé de l'Intendance et du collège de La Madeleine ; — au bail d'entretien des chaussées et pavés des banlieues de Bordeaux ; — à la reconstruction de chaussées neuves sur les derrières des Chartrons, entre la rue Poyenne et la rue de Surson ; — aux travaux à faire pour faciliter l'écoulement des eaux stagnantes sur la chaussée de la route de Bordeaux à Toulouse, dans la partie du Sablona ; — à la chaussée du pavé du pont d'Artus à l'allée des Noyers, faubourg de Bordeaux, et aux pavés devant l'hôtel des Fermes et de la rue de la Course, derrière le Jardin Public, etc.

C. 1921. (Carton.) — 119 pièces, papier.

1776-1783. — Correspondance de M. Dupré de Saint-Maur, intendant de Bordeaux, avec MM. les ministres de Cotte, Necker, de Trudaine, de La Millière, Joly de Fleury, d'Ormesson et les subdélégués, concernant ; — l'état des dépenses indispensables à faire sur les routes dépendant de la Généralité de Bordeaux, pendant l'année 1778 ; — l'état des avances des entrepreneurs des ponts et chaussées de la Généralité ; — une allocation de 75,000 livres pour les ouvrages des ponts, chaussées et routes, et une autre de 50,000 livres pour les ports de commerce de la Généralité ; — le rétablissement du chemin de Sainte-Foy à La Sauvetat ; — les états des travaux à faire, par corvée, sur les diverses routes de la Généralité ; — l'état des gratifications accordées aux ingénieurs ; — la construction des ponts de Lisos, d'Aillas et de Lavazan, etc.

C. 1922. (Carton.) — 119 pièces, papier ; 2 plans.

1782-1785. — Correspondance de MM. Dupré de Saint-Maur, Boutin et de Néville, intendants de Bordeaux, avec MM. les ministres de La Millière, de Calonne et les subdélégués, concernant : — les contraventions à la police des grandes routes ; — les rapport, mémoire et profils de M. Garnier de Saint-Vincent, présentés à l'assemblée des ponts et chaussées, relatifs à la construction des chaussées en bois, sur la route de Bordeaux à Bayonne, par les Grandes Landes ; — les projets de redressement à opérer sur divers travaux des ponts de la route de Bordeaux à Toulouse, et sur celle de Bordeaux à Paris ; — l'état de situation des divers travaux des ponts et chaussées ; — l'adjudication du pont de Lavasan et celui d'Aillas, etc.

C. 1923. (Carton.) — 122 pièces, papier ; 1 plan.

1786-1789. — Correspondance de M. de Néville, intendant de Bordeaux, avec MM. les ministres de La Millière, le duc de Polignac, Rigoley d'Oguy, Necker, Lambert et les subdélégués, concernant : — la continuation de la grande route de Lyon à Bordeaux, mémoires et rapports à ce sujet ; — les pavés en bois sur la route de Bayonne ; — les réparations du pont de La Crabette sur la même route, et celles du pont de Cavignac ; — M. de Brémontier, chargé des travaux des ponts et chaussées de la Généralité de Pau réunie à celle de Bordeaux ; — la grande route de poste de Paris en Espagne par Bordeaux, les Grandes Landes, Bayonne et Saint-Jean-de-Luz ; — l'état des ateliers de charité établis sur diverses parties des routes de la Généralité.

C. 1924. (Registre.) — 24 feuillets, papier, grand in-folio.

1765-1789. — Enregistrement des lettres, mémoires ou requêtes, sur différentes matières concernant les ponts et chaussées.

C. 1925. (Carton.) — 118 pièces, papier.

1768-1789. — Correspondance de MM. Esmangart et de Néville, intendants de Bordeaux, avec MM. les ministres de Trudaine et d'Ormesson et les ingénieurs du Roi, concernant : — l'adjudication des pavés à construire sur l'embranchement de la porte Sainte-Eulalie, à la route de Bayonne, par les Grandes Landes ; — l'imposition de 40,000 livres, pour l'entretien des pavés ; — les états indicatifs des routes sur lesquelles doivent être exécutés les travaux d'entretien des ponts, ponceaux, aqueducs, chaussées et pavés de la Généralité de Bordeaux, etc.

C. 1926. (Plans.) — 30 pièces, papier.

Sans date. — Plans concernant : — la route de Bayonne, par les Grandes Landes, jusqu'à la limite de la Généralité de Bordeaux ; — la route de Saint-André de Cubzac à Blaye, et de Blaye à l'extrémité de la Généralité ; — la grande route de Bordeaux à Captieux, où finit la Généralité, et enfin d'une partie de la Garonne, à partir du lieu de l'Ilet et Flondés, près La Réole, jusqu'après Barie.

C. 1927. (Portefeuille.) — 89 pièces, papier ; 1 plan.

1716-1728. — Correspondance de MM. de Courson et Boucher, intendants de Bordeaux, avec MM. les ministres d'Ormesson, Le Pelletier, de Maurepas, L. de Bourbon et le maréchal d'Estrée, concernant : — un mémoire pour la conservation d'une pyramide en bois de chêne, qui fut élevée, en 1699, au lieu de La Coubre, à l'entrée de la rivière de Bordeaux, pour servir de balise et de signal aux pilotes des vaisseaux entrant en rivière ; — l'adjudication des travaux pour l'établissement de cette pyramide et des réparations de la tour de Cordouan ; — des plans, devis, rapports de M. de Bitry, ingénieur en chef, et ordonnances de l'intendant ; — les états des fournitures de bois, etc.

C. 1928. (Portefeuille.) — 130 pièces, papier; 3 pièces, parchemin; 1 plan.

1730-1731. — Correspondance de M. Boucher, intendant de Bordeaux, avec les ministres Dubois, d'Ormesson et les subdélégués, concernant : — les réparations à faire aux canal, pont et chemin du ruisseau appelé du pont du Sart, dans la paroisse de Saint-Julien-en-Born ; — l'écroulement du pont de Barsac, sur la rivière du Ciron ; — le ruisseau du pont du Casse ; — le moulin de La Salève et celui de Montanon, dans l'Agenais ; — les réparations du chemin de Moulon et Génissac ; — l'arrêt du Conseil qui ordonne le recurement des esteys de ces deux paroisses et la construction d'un pont à Canandonne ; — requêtes, rapports des ingénieurs, adjudications, comptes, ordonnances de l'intendant, etc.

C. 1929. (Portefeuille.) — 134 pièces, papier ; 2 plans.

1731-1732. — Correspondance de M. Boucher, intendant de Bordeaux, avec MM. les ministres Orry, Dubois, d'Ormesson, de Gaumont, et les subdélégués, concernant : — les travaux à exécuter sur la Garonne et le Lot pour améliorer la navigation de ces deux rivières, qui se trouvent dans un très-mauvais état ; — les envois de fonds pour les travaux des ponts et chaussées ; — la réduction du prix des pavés ; — le pont de Lidoire, entre Sainte-Foy et Monpaon ; — l'adjudication des ouvrages du pont de Barsac ; — la révocation du sieur Ubelesky, ingénieur des ponts et chaussées de la Généralité de Bordeaux ; — mémoires, rapports, requêtes, plans, devis et ordonnances de l'intendant, etc.

C. 1930. (Portefeuille.) — 76 pièces, papier.

1722-1733. — Correspondance de M. Boucher, intendant de Bordeaux, avec M. le ministre Dubois et les subdélégués, concernant : — les devis et adjudication de l'entretien et des réparations des ponts, pavés, chaussées et engravements des routes de la Généralité de Bordeaux ; — la construction d'un pont en pierre sur le ruisseau du Toulousat, entre Marmande et Tonneins, route de Bordeaux à Toulouse ; — devis de l'entretien et des réparations des ponts et pavés sur les routes ou parties des routes de Toulouse, Tulle, Paris, Bayonne, Nérac, Limoges, et les chemins de Bordeaux à Saint-Médard, Mérignac, Margaux et La Teste par Pessac ; — l'état de la navigation sur les rivières de la Généralité de Bordeaux ; — le détail estimatif de la construction de la fontaine du Mas-d'Agenais et des réparations à faire aux chemins et entrées de la même ville, etc.

C. 1931. (Portefeuille.) — 93 pièces, papier.

1734-1735. — Correspondance de M. Boucher, intendant de Bordeaux, avec MM. les ministres Dubois, d'Aguesseau, Orry, et les subdélégués, concernant : — le devis des ouvrages neufs à construire dans la Généralité de Bordeaux ; — l'état des réparations à faire sur la route de Bordeaux à Limoges par Libourne ; — l'écroulement de l'écluse de Villeneuve, qui intercepte la navigation du Lot ; — les baux d'entretien des ponts et chaussées ; — les dommages causés aux ponts de la ville de Brantôme par le débordement de la Dronne du 20 janvier 1733 et l'urgence de les réparer promptement ; — le devis estimatif de ces réparations ; — un mémoire sur la navigation des rivières de la Généralité de Bordeaux ; — rapports des ingénieurs, requêtes, ordonnances de l'intendant, etc.

C. 1932. (Portefeuille.) — 116 pièces, papier; 4 pièces, parchemin; 1 plan.

1732-1736. — Correspondance de M. Boucher, intendant de Bordeaux, avec les ministres Dubois, d'Ormesson et Orry, concernant : — le devis des ouvrages pour la construction du portail et autres réparations à l'église collégiale de Casteljaloux ; — l'état des visites de la rivière de Garonne par les officiers de la navigation ; — l'arrivée à Bordeaux du sieur Vimar, ingénieur de la Généralité ; — le plan de la route de Périgueux à Chalus, portant indication des réparations qui doivent y être faites ; — un mémoire relatif au grand chemin royal de Limoges à Bordeaux par Périgueux ; — le procès du sieur Charron, ex-ingénieur de la Généralité, accusé de plusieurs exactions par des entrepreneurs ; — le dessèchement des palus de Saint-Loubès ; — devis, adjudications, ordonnances de l'intendant, etc.

C. 1933. (Portefeuille.) — 117 pièces, papier; 2 pièces, parchemin; 1 plan.

1736-1738. — Correspondance de M. Boucher, intendant de Bordeaux, avec MM. les ministres Dubois, d'Ormesson et Orry, concernant : — un mémoire sur les abus qui se commettaient au port de Libourne au sujet du délestage ; — un arrêt du Conseil sur la police des rivières de la Généralité d'Auch et le département de Pau ; — l'adjudication de la construction d'un pont sur le ruisseau de Benac, chemin de Buzet à Thouars ; — le devis des travaux de réparations à faire sur le grand chemin de Bordeaux au Médoc ; — le pont de Bourdeilles, sur la rivière de la Dronne ; — le projet des travaux les plus urgents à exécuter sur la route de Paris; — rapports, devis, adjudications, requêtes, ordonnances de l'intendant, etc., relatifs aux ponts et chaussées.

C. 1934. (Portefeuille.) — 52 pièces, papier.

1735-1738. — Correspondance de M. Boucher, intendant de Bordeaux, avec MM. les ministres de Trudaine, de Gaumont, et les subdélégués, concernant : — trois adjucations relatives, la première, aux réparations à faire à l'écluse et à la digue de Buzet ; — la deuxième, au surhaussement de trois pieds que l'on a exigé que le marquis de Flamarens fît à cette digue ; — et la troisième, aux ouvrages nécessaires pour la construction d'un moulin à quatre roues sur cette digue ; — les rapports des ingénieurs constatant que la construction de ce moulin ne peut porter aucune atteinte au service de la navigation, etc.

C. 1933. (Portefeuille.) — 111 pièces, papier; 1 plan.

1714-1738. — Correspondance de MM. de Courson et Boucher, intendants de Bordeaux, avec MM. les ministres de Gaumont, Orry, d'Ormesson, et les subdélégués, concernant : — le recurement de l'estey de Merle ; — le mauvais état de la route de Paris à Bordeaux et les travaux qu'il convient d'y faire ; — la réparation du pont de Chalais ; — les devis et adjudications des ouvrages à exécuter sur les routes de Bordeaux à Toulouse ; — de Bordeaux à Bayonne par les Petites Landes et à Libos pour la communication de Périgueux avec le Quercy ; — le chemin de Saint-Macaire à Sauveterre ; — un mémoire des ouvrages ordonnés par le Roi en 1738 dans la Généralité de Bordeaux ; — l'entretien des routes et de la navigation ; — la fontaine et le chemin de Cocumont ; — le pont de Merle et les ponceaux qui se trouvent sur les chemins de halage du Lot et de la Dordogne, etc.

C. 1936. (Portefeuille.) — 100 pièces, papier.

1738-1742. — Correspondance de M. Boucher, intendant de Bordeaux, avec les ministres d'Ormesson, Orry, et les subdélégués, concernant : — l'adjudication des ouvrages neufs et d'entretien de la route de Toulouse ; — le projet des travaux à exécuter pendant l'année 1739 aux ponts et chaussées de la Généralité de Bordeaux ; — les réparations du pont de l'Auvignon, sur la route de Condom à Larroumieu ; — les envois de fonds pour les ponts et chaussées et leur emploi en 1738 ; — les chemins de Fronsac à Libourne et de Saint-Pardoux à Fronsac ; — la correspondance de M. le maréchal de Richelieu avec l'intendant au sujet des réparations de ces chemins ; — le devis des ouvrages à faire pour l'entretien des routes de la Généralité de Bordeaux pendant neuf années ; — la chaussée en cailloux sur la route de Bordeaux à Limoges, etc.

C. 1937. (Portefeuille.) — 122 pièces, papier ; 5 plans.

1742-1762. — Correspondance de MM. de Tourny et Boutin, intendants de Bordeaux, avec le ministre Bertin et les subdélégués, concernant : — les plan, devis et adjudication du pont des Guichards, en Périgord ; — le pont de Bourdeilles, sur la rivière de la Dronne ; — les mémoires relatifs à la route de Lapezade, en Rouergue, à Clermont (Puy-de-Dôme) ; — les Religieux de Saint-François de Bonencontre d'Agen ; — l'écluse et la digue de Saint-Vieq ; — le pont de Condat ; — le chemin de Bazas à Nérac ; — le chemin de Saucats à La Brède ; — le plan du canal de Saint-Vivien ; — le port de Lormont ; — le chemin de Sainte-Foy à Monpaon ; — des requêtes, ordonnances de l'intendant, etc.

C. 1938. (Portefeuille.) — 100 pièces, papier.

1659-1724. — Correspondance de M. de Courson, intendant de Bordeaux, avec les ministres de Machault, le duc d'Antin, et les subdélégués, concernant : — les frais d'entretien de la navigation des rivières de la Garonne, de la Baïse et du Lot ; — la visite des chemins, des ponts, des bateaux et moulins à nef sur la Garonne ; — les réclamations de la Chambre de commerce de Toulouse au sujet des réparations à faire le long de la rivière de Garonne, pour empêcher l'interruption de la navigation ; — les frais des officiers attachés à la navigation des rivières, etc.

C. 1939. (Portefeuille.) — 91 pièces, papier.

1725-1745. — Correspondance de M. Boucher, intendant de Bordeaux, avec le ministre Le Blanc et les subdélégués, concernant : — la navigation des rivières de la Généralité de Bordeaux ; — les privilèges des visiteurs et inspecteurs généraux desdites rivières ; — l'adjudication en faveur du sieur Chaigneau de l'entretien de la rivière de Baïse, pour cinq années, moyennant la somme de deux mille livres par an ; — un mémoire du sieur Madaillan, ancien ingénieur du Roi, sur les ouvrages à faire pour prévenir les inondations de la Soenne et de Barguelonne ; — les commissions des syndics particuliers des rivières, etc.

C. 1940. (Registre.) — 127 feuillets, papier.

1738-1751. — États du Roi ou mémorial relatif aux recettes et dépenses portées chaque année sur les états du Roi, depuis 1738 jusques et y compris 1751, pour reconnaître l'emploi des sommes qui avaient été dépensées chaque année, et dont la destination paraissait devoir être principalement l'entretien et les ouvrages de réparations relatifs à la navigation des rivières.

C. 1941. (Portefeuille.) — 41 pièces, papier; 1 plan.

1734-1746. — Correspondance de MM. de Tourny, de Fargès et Boutin, intendants de Bordeaux, avec les ministres de Beaumont, de Trudaine, de L'Averdy, Boutin, et les subdélégués, concernant : — les mémoires, requêtes et procès-verbaux des officiers de la navigation, au sujet des obstacles mis par divers particuliers à la libre navigation des rivières de la Généralité de Bordeaux, tels qu'établissements de moulins à nef, plantation de piquets jetins, nasses de pêcheries, mauvais état des écluses, atterrissements, peyrats et autres obstacles ; — l'établissement d'une bourse commune à Bergerac par les marchands fréquentant la Dordogne et la Vezère, etc.

C. 1942. (Portefeuille.) — 120 pièces, papier ; 1 plan.

1739-1746. — Correspondance de MM. Boucher et de Tourny, intendants de Bordeaux, avec les ministres de Baudry, de Trudaine, et les subdélégués, concernant : — les officiers de la navigation des rivières de la Généralité de Bordeaux et les procès-verbaux constatant le mauvais état où se trouvait la rivière de Garonne ; — le rapport sur le débordement de la Garonne, qui eut lieu le 16 mai 1735; — les gages et frais de visite alloués aux officiers ; — une requête de la marquise de Longua au sujet d'un moulin qu'elle désirait placer sur la rivière de Dordogne, près le lieu de Gardonne ; — une réclamation des habitants de La Réole et des environs pour être autorisés à établir un moulin à blé sur la Garonne ; — le projet d'une nouvelle commission de patrons pour la navigation des rivières, etc.

C. 1943. (Portefeuille.) — 127 pièces, papier; 2 plans.

1746-1756. — Correspondance de M. de Tourny, intendant de Bordeaux, avec le ministre de Trudaine et les subdélégués, concernant : — les visites des rivières de la Généralité de Bordeaux ;—l'arrêt du Conseil du 8 mars 1746, qui ordonne que les propriétaires et possesseurs de moulins construits sur les ponts seront tenus de remettre leurs titres de propriété dans le délai de trois mois ; — les abus commis par les tireurs de corde à la remonte des bateaux ; — le recurement des ruisseaux dans les communautés du Mas d'Agenais et de Caumont ; — les amendes prononcées contre les propriétaires de fonds riverains de la Garonne, etc.

C. 1944. (Portefeuille.) — 126 pièces, papier ; 2 plans

1750-1756. — Correspondance de M. de Tourny, intendant de Bordeaux, avec le ministre de Trudaine et les subdélégués, concernant : — la navigation des rivières de la Généralité ; — les instructions sur la navigation ; — les amendes prononcées contre divers particuliers pour n'avoir pas exécuté l'ordonnance du 29 juillet 1748, qui leur prescrivait l'arrachement des plantations par eux faites sur les bords des rivières ; — requêtes à ce sujet, etc.

C. 1945. (Portefeuille.) — 138 pièces, papier; 6 plans.

1749-1756. — Correspondance de M. de Tourny, intendant de Bordeaux, avec les ministres de Trudaine, Rouillé et les subdélégués, concernant : — la navigation à l'entrée de la rivière de Bordeaux à Pauillac ; — les délibérations et projets pour remédier aux inconvénients de la navigation ; — des notes sur les balises, mémoires et arrêts du Conseil ; — un projet d'établissement de digues le long du bord de la Gironde, du côté du Médoc, à l'effet de renvoyer les courants vers Ambès, et de rendre aux vaisseaux le passage qui existait autrefois entre le bec et l'île de Cazeaux ; — les corps-morts et boyes à placer au banc de sable vis-à-vis la Bringuière ; — la mission du sieur Mangin, ingénieur de la marine, envoyé par le gouvernement pour améliorer l'entrée de la rivière, etc.

C. 1946. (Portefeuille). — 117 pièces, papier.

1752-1763. — Correspondance de MM. de Tourny et Boutin, intendants de Bordeaux, avec MM. les ministres de Trudaine, de Courteille, et les subdélégués, concernant : — la navigation des rivières de la Généralité de Bordeaux ; — le projet de rendre navigable la rivière de Gelise depuis la ville de Mézin jusqu'à son embouchure à la Baïse, qui communique avec la Garonne ; — les commissions de syndics et patrons de la navigation des rivières ; — les contestations entre les négociants et navigateurs fréquentant la rivière de Baïse et le marquis de Flamarens au sujet de son moulin de Buzet, situé sur ladite rivière ; — la demande du sieur Duhamel pour être maintenu en possession et jouissance de l'île de Casseuil ; — la tire des bateaux sur la Dordogne.

C. 1947. (Portefeuille.) — 97 pièces, papier.

1717-1773. — Correspondance de MM. de Tourny

SÉRIE C. — INTENDANCE DE BORDEAUX. 297

et Boutin, intendants de Bordeaux, avec MM. les ministres de Trudaine et de Courteille, et les subdélégués, concernant : la navigation des rivières ; — l'adjudication pendant six années de l'entretien des ouvrages de la navigation de la rivière de Baïse ; — le syndicat de la Bourse commune des marchands fréquentant la rivière de Dordogne, établie à Bergerac et son administration ; — les appointements de l'inspecteur de la navigation ; — la réclamation des maîtres de bateaux de la ville d'Agen et autres fréquentant la rivière de Garonne, au sujet du mauvais état des chemins de halage, depuis le port Sainte-Marie jusqu'à Bordeaux, etc.

C.1918. (Portefeuille.)—89 pièces, papier; 2 pièces, parchemin; 1 plan.

1730-1779. — Correspondance de MM. Boucher, Boutin et Esmangart, intendants de Bordeaux, avec MM. les ministres Baudry, Bertin et de Trudaine, et les subdélégués, concernant : la navigation des rivières de la Généralité ; — une requête de la demoiselle de La Peyre et de plusieurs particuliers, tendante à ce qu'il soit ordonné que la rivière de Garonne, dans la partie qui passe devant Sainte-Bazeille, soit élargie, écurée et remise dans son ancien état, et que tout ce qui nuit à la navigation soit supprimé, le tout aux frais et dépens des propriétaires riverains ; — l'entretien des écluses à l'endroit des chaussées des moulins ; — la fixation des fonds pour la navigation des rivières ; — les commissions de patron de la navigation de la Dordogne ; — des mémoires et procès-verbaux de visite des rivières, etc.

C. 1919. (Portefeuille.) — 139 pièces, papier; 11 plans.

1768-1779. — Correspondance de MM. de Fargès et Esmangart, intendants de Bordeaux, avec MM. les ministres de Trudaine, de L'Averdy, de Fourqueux et Terray, et les subdélégués, concernant : les devis estimatifs et états de situation des travaux faits ou à faire par corvées ; — les adjudications des ouvrages pour le maintien et l'amélioration de la navigation des rivières de Garonne, du Lot, de la Baïse, de la Vezère et de la Dordogne ; — les appointements des sous-ingénieurs ; — les salaires des conducteurs et piqueurs ; — la construction et réparation des écluses ; — le rapport de l'ingénieur Saint-André sur les dégâts causés sur la route de Toulouse, dans la partie du Pas-Saint-George par le débordement de 1770 ; — l'élargissement et le redressement d'un ruisseau appelé la Cone, situé aux environs de Bergerac, etc.

C. 1930. (Portefeuille.) — 104 pièces, papier.

1765-1770. — Travaux, réparations, comptes, etc.,
GIRONDE. — SÉRIE C.

concernant : le projet pour rendre navigables les rivières de l'Isle et de la Vezère en Périgord ; — celle de Lisle, depuis la ville de Périgueux jusqu'à Libourne, où elle se joint à la Dordogne, et celle de la Vézère, depuis Terrasson jusqu'à Limeuil ; — de l'Aveyron, de la Vèze et du Tarn ; — les réparations de la rivière de l'Adour ; — la reddition du compte de l'imposition pour les travaux de la rivière de l'Isle, etc.

C. 1931. (Portefeuille.) — 100 pièces, papier.

1744-1782. — Comptes, ordonnances, projets, mémoires, concernant : les frais des travaux de la navigation de la rivière de l'Isle ; — les commissions des gardes éclusiers de ladite rivière ; — les comptes rendus par M. Marquet, receveur général des finances de la recette et dépense des deniers provenant de l'imposition faite pour les travaux de la rivière de l'Isle en Périgord ; — l'ordonnance rendue par le siége des eaux et forêts de Guyenne, qui ordonne à tous les propriétaires aboutissant à la rivière de l'Isle, depuis Coutras jusqu'à la paroisse Saint-Seurin, de couper tous les arbres qui sont sur leurs possessions, à peine de 500 livres d'amende ; — la navigation du canal du Languedoc ; — la construction d'un canal navigable du bassin d'Arcachon à Bordeaux, et d'un port à La Teste, etc.

C. 1932. (Carton.) — 63 pièces, papier; 2 pièces, parchemin.

1743-1790. — Correspondance de MM. Boutin, de Fargès et de Néville, intendants de Bordeaux, avec MM. les ministres Bertin, de Courteille, de Trudaine et de Calonne, et les subdélégués, concernant : la réception et les fonctions des pilotes lamaneurs établis pour la rivière de Gironde ; — l'indemnité réclamée par le sieur Canolle, pour avoir travaillé au projet de la navigation de la rivière de l'Isle ; — les devis et estimation des ouvrages pour l'entretien de la navigation du Lot ; — l'établissement du moulin à nef sur la Garonne au-dessous de Tonneins ; — des concessions d'îles et de graviers ; — les règlements pour le flottage et la navigation de la Garonne ; — la vérification des titres de propriété des établissements placés sur la Garonne ; — la navigation de la rivière de Dordogne ; — des concessions de graviers ; — la suppression de moulins ; — le droit de pêche, etc.

C. 1933. (Carton.) — 128 pièces, papier; 4 plans.

1766-1788. — Correspondance de MM. Dupré de Saint-Maur et Boutin, intendants de Bordeaux, avec MM. les ministres de La Millière et Débonnaire de Forges, et les

38

subdélégués, concernant : la rivière du Lot et le projet pour la rendre navigable ; — la destruction des nasses ; — les plantations et construction des écluses par MM. d'Arche, Dancy, Dalesmes de Graville et Lavau, nuisibles à la navigation de ladite rivière ; — un mémoire relatif aux destructions ordonnées à l'embouchure du Drot ; — la navigation du Ciron ; — les travaux à exécuter aux moulins neufs ; — des ouvertures de pertuis ; — des requêtes des religieux de la Chartreuse de Bordeaux ; — les réclamations des habitants de Villandraut sur le droit exorbitant de péage établi par les sieurs Duroy et de Ruat ; — des rapports et observations sur la navigation du Ciron, etc.

C. 1954. (Carton.) — 50 pièces, papier ; 4 plans.

1749-1784. — Correspondance de MM. de Tourny, Esmangart et Dupré de Saint-Maur, intendants de Bordeaux, avec M. le ministre de Trudaine et les subdélégués, concernant : la navigation de la Garonne depuis Bordeaux jusqu'à Pauillac ; — des requêtes, mémoires et rapports sur la situation du cours de cette rivière et des dangers qu'occasionnent les courants formés par les peyrats des îles de Carmeil et de Cazaux ; — les délibérations de la Chambre de commerce au sujet de la sûreté de cette navigation ; — un mémoire du sieur Magin, sur la nécessité d'établir des balises à l'entrée de la rivière de Bordeaux ; — le mauvais état des peyrats de Pauillac, du port de Macau et de Lormont ; — les plans de l'île du pâte de Blaye, de la côte de Macau et de l'anse de Rohan, etc.

C. 1955. (Carton.) — 117 pièces, papier ; 2 plans.

1772-1789. — Correspondance de MM. Esmangart, de Clugny, Dupré de Saint-Maur et de Néville, intendants de Bordeaux, avec MM. les ministres de Trudaine, Bertin, Turgot et de La Millière, et les subdélégués, concernant : la navigation de la rivière de l'Isle ; — les moyens à prendre pour la rendre navigable ; — les réparations des écluses et canaux ; — les travaux à exécuter pour le perfectionnement de cette rivière ; — la reconstruction et entretien des digues, écluses et moulins situés sur la rivière de Lisle ; — les adjudications des travaux à faire sur cette rivière, etc.

C. 1956. (Carton.) — 142 pièces, papier.

1770-1787. — Correspondance de M. Dupré de Saint-Maur et de Néville, intendants de Bordeaux, avec MM. les ministres de La Millière, d'Ormesson, Joly de Fleury, de Calonne, de Trudaine, de Cotte, Necker et Débonnaire de Forges, et les subdélégués, concernant : l'adjudication de quinze ponts de halage le long de la Garonne ; — les procès-verbaux de visite des rivières de la Généralité de Bordeaux ;—les règlements sur le service de la navigation ;—les appointements de M. Allemant, conservateur général de la navigation de la Garonne ; — une plainte contre le sieur Allemant, au sujet de l'irrégularité de ses états de service ; — la police de la navigation des rivières et un projet d'arrêt portant règlement sur la navigation de la Garonne, etc.

C. 1957. (Carton.) — 114 pièces, papier ; 5 plans.

1770-1789. — Correspondance de MM. Dupré de Saint-Maur et de Néville, intendants de Bordeaux, avec M. le ministre de La Millière, concernant : les commissions de patrons de bateaux, des agents et syndics de la navigation de la rivière de Garonne ; — les ouvrages et réparations à faire sur ladite rivière ; — l'emploi des fonds pour la réparation des chemins de halage ; — le traitement des agents des ponts et chaussées ; — les fonctions respectives de l'ingénieur en chef et du conservateur de la navigation ; — la construction de bateaux pour le service de ladite rivière ; — les appointements du sieur Jarry, conservateur de la Garonne, etc.

C. 1958. (Carton.) — 137 pièces, papier ; 1 plan.

1773-1789. — Correspondance de MM. de Clugny, Dupré de Saint-Maur, Boutin et de Néville, intendants de Bordeaux, avec MM. les ministres Necker, d'Ormesson, de Calonne, de Vergennes et de La Millière, et les subdélégués, concernant : un projet pour la défense de la rivière de Bordeaux en cas de guerre avec une puissance maritime ; — les règlements pour le flottage de la navigation de la Garonne ; — la visite générale de ladite rivière en 1786 ; — l'établissement d'un moulin sur la Garonne ; — une affaire de M. Mirambet, sur les obstacles portés à la navigation ; — les travaux de navigation exécutés dans les paroisses de Bourdeilles et de Mongauzy, subdélégation de La Réole, etc.

C. 1959. (Carton.) — 113 pièces, papier ; 5 pièces, parchemin ; 2 plans.

1699-1786. — Correspondance de MM. de Tourny, Boucher, de Cluny, Dupré de Saint-Maur et de Néville, intendants de Bordeaux, avec MM. les ministres de Trudaine, de Baudry, Taboureau, Turgot, Necker, Débonnaire de Forges, de Vergennes et de La Millière, concernant : la contribution imposée sur les habitants de Bayonne, des Lannes et de Marsan, pour faciliter l'entrée de la rivière de l'Adour du côté de la mer ;—les appointements du sieur

Vimar, inspecteur de la navigation ; — l'imposition de 10,000 livres pour la navigation de la Généralité de Bordeaux ; — les frais d'entretien des rivières du Lot et de la Baïse ; — les règlements et ordonnances sur la navigation des rivières ; — l'état de la rivière de l'Adour depuis Dax jusqu'à Bayonne et des difficultés de sa navigation ; — la navigation du Gave ; — les contestations entre Mᵐᵉ la vicomtesse de Montréal et la communauté de Peyrehorade, au sujet des pêcheries qui gênaient la circulation de la navigation des rivières du Gave et de l'Adour, etc.

C. 1960. (Carton.) — 90 pièces, papier.

1757-1789. — Correspondance de MM. Dupré de Saint-Maur, Boutin et de Néville, intendants de Bordeaux, avec MM. les ministres de La Millière et Necker, et les subdélégués, concernant : la destruction d'un môle en bois placé au milieu de la Garonne, près du Pas-Saint-Georges, par le sieur Babin, habitant de la paroisse de Barie ; — les contraventions sur les règlements de la police de la navigation de la Garonne ; — le rouissage des chanvres dans les ruisseaux, rivières et fossés ; — l'abatage des arbres, jetins, souches et grosses branches nuisant à la liberté du chemin de halage ; — les procès-verbaux de visite de la rivière de Garonne ; — l'indemnité réclamée par M. de Lavaissière de Lonbens, pour dommages causés à son domaine par l'établissement des levées faites dans la communauté de Bourdeilles ; — l'urgence des réparations du chemin de halage dans l'étendue du département de la Gironde ; — l'échouage du navire Les Enfants, à Bordeaux, au-dessous de La Grange, etc.

C. 1961. (Portefeuille.) — 10 pièces, papier.

1779-1789. — Correspondance de M. le ministre de La Millière, avec M. de Néville, intendant de Bordeaux, relative : — à quatre projets d'états du Roi pour les ouvrages de la navigation des rivières ; — quatre états d'enregistrement des payements faits sur chacun de ces états ; — plus à un état d'enregistrement des payements, jusqu'en avril 1786, pour l'entretien des rivières navigables ; — aux indemnités allouées à Mᵐᵉ la comtesse de Lur-Saluces, pour cession de terrain pour la construction du pont de Barsac ; — à la demoiselle Durand, pour dommages occasionnés à sa propriété par l'extraction des matériaux nécessaires aux travaux du pont de Saint-Jean-de-Luz, etc.

C. 1962. (Carton.) — 120 pièces, papier.

1743-1744. — Comptes, concernant : les déblais des terres le long des murs de la ville de Bordeaux, entre les portes Dauphin et Saint-Germain : — les états des journées des manœuvres employés aux travaux des promenades publiques, pendant l'année 1744, etc.

C. 1963. (Carton.) — 128 pièces, papier.

1744. — État des journées des manœuvres employés aux travaux des promenades publiques de la ville de Bordeaux. Ces journées sont réglées à raison de 12, 15, 22 et 25 sous.

C. 1964. (Portefeuille.) — 103 pièces, papier.

1745. — Comptes concernant : les travaux exécutés aux portes d'Albret, Saint-Germain et Porte-Dijeaux ; — les listes de quinzaine des manœuvres commandés par ordre de M. Letellier, derrière la verrerie, aux Chartrons, sous le commandement d'un nommé Coppe ; — la réparation des outils des manœuvres employés sous les ordres des sieurs Désoard, Chatinier et Sallefranque, piqueurs ; — la réparation de l'aqueduc des allées du marais ; — le transport de terres pour la formation de la chaussée du marais de l'Archevêché ; — les frais de démolition de la porte Saint-Julien ; — les réparations des fossés du grand chemin des allées de Bouteau, etc.

C. 1965. (Carton.) — 107 pièces, papier.

1745. — Comptes concernant : les états des journées des manœuvres employés aux travaux de la porte Saint-Julien ; — les frais de remblais de terre sur le chemin derrière l'Archevêché ; — les réparations des portes Sainte-Eulalie et de Tourny ; — les appointements des piqueurs ; — la réparation de tombereaux ; — le transport de gravier ; — les frais de démolition de la porte Saint-Julien ; — les payements faits au sieur Chalimon, entrepreneur des déblais et remblais des terres, formant la chaussée qui traverse les marais, derrière l'Archevêché, etc.

C. 1966. (Carton.) — 117 pièces, papier.

1743-1747. — Compte rendu à M. de Tourny, intendant de Bordeaux, par M. Montégut, ingénieur de ladite ville, des recettes et dépenses par lui faites pour les travaux des environs de la ville de Bordeaux, depuis le 24 décembre 1743 jusqu'au 26 octobre 1745 ; — les pièces justificatives à l'appui des comptes, s'étendant du 1ᵉʳ février 1747 jusqu'au 31 octobre suivant, etc.

C. 1967. (Portefeuille.) — 110 pièces, papier.

1745-1746. — Comptes des recettes et dépenses

concernant : les réparations de la porte royale des allées derrière l'Archevêché; — des portes Sainte-Barbe, Dijeaux et Saint-Julien, sous les ordres du sieur Cappe; — les frais de raccommodage des tombereaux employés au déblaiement des terres; — la réparation des pioches; — la liste des journées des manœuvres employés à la porte d'Albret; — la démolition des anciennes maisons de la place Royale; — le transport de Lest pour l'alignement du grand chemin des Chartrons; — les réparations de la Porte-Neuve, près les Capucins, etc.

C. 1968. (Portefeuille.) — 115 pièces, papier.

1746-1747. — Comptes de dépenses relatifs : aux travaux exécutés à la porte du Chapeau-Rouge; — les frais des journées des manœuvres employés aux réparations de la butte de l'hôpital des Incurables, près la porte Saint-Julien; — les mémoires des bouviers, pour charrois de terre à la butte de la porte Dijeaux; — le déblaiement de la porte du Chapeau-Rouge; — la démolition de quatre maisons situées à la porte du Chapeau-Rouge, attenantes aux murs de ville; — les frais de transport de pierres et moellons provenant des démolitions de la place Royale, etc.

C. 1969. (Portefeuille.) — 117 pièces, papier.

1747-1748. — Compte-rendu par M. Montégut, ingénieur de la ville de Bordeaux, des recettes et dépenses par lui faites pour les travaux de la ville et ses environs, avec les pièces justificatives à l'appui, etc.

C. 1970. (Portefeuille.) — 110 pièces, papier.

1748-1750. — Compte rendu à M. de Tourny, intendant de Bordeaux, par M. Bonfin, ingénieur de cette ville, des recettes et dépenses par lui faites pour les travaux exécutés dans ladite ville et ses environs, avec les pièces justificative à l'appui, etc.

C. 1971. (Portefeuille.) — 103 pièces, papier.

1749-1750. — Comptes rendus à M. de Tourny, intendant, par M. Bonfin, ingénieur, concernant : les dépenses faites avec la recette de 3 sous pour livre, pour l'exécution des divers travaux opérés, tant dans la ville de Bordeaux que dans ses environs; ensemble les pièces justificatives à l'appui. — Parmi ces travaux, on remarque ceux de la porte d'Albret; — des déblais de terre entre les portes Dauphin et Saint-Germain, aux promenades et aux Chartrons, près la verrerie, etc.

C. 1972. (Carton.) — 101 pièces, papier; 1 pièce, parchemin.

1742-1745. — Correspondance de M. de Tourny, intendant de Bordeaux, avec MM. les ministres Machault, de Courteille et Rouillé, concernant : le transport de terres pour la formation d'une chaussée dans le marais de l'Archevêché; — la construction de l'hôtel des fermes de la ville de Bordeaux; — de la place Royale; — d'une grille et d'une porte en fer à la place de Tourny; — la reconstruction des murs des bâtiments des pères Carmes, aux Chartrons; — les frais de démolition d'une maison située près la porte Saint-Germain; — l'établissement de deux ponts aux allées de l'Archevêché;—le pavage des fossés du Chapeau-Rouge;—l'indemnité allouée aux Feuillants, pour cession de terrain et d'une maison près la porte Dijeaux; — la réparation de l'hôtel de l'Intendance; — l'établissement de corps-morts et boyes, sur la Garonne; — l'entretien du jardin public, etc.

C. 1973. (Carton.) — 118 pièces, papier.

1742-1758. — Correspondance de M. de Tourny, intendant de Bordeaux, avec M. le ministre de Moras et les subdélégués, concernant : l'établissement de balises et signaux pour faciliter la navigation de la Garonne; — les frais d'entretien de la tour de Cordouan; — les frais de visite de la rivière de Garonne; — les moyens à employer pour en faciliter la navigation; — les appointements du sieur Mogin, ingénieur ordinaire de la marine; — les réparations de l'hôtel de la Bourse; — le pavage de la place Royale; — les ouvrages de sculpture de la porte de Dijeaux, etc.

C. 1974. (Carton.) — 74 pièces, papier.

1743-1768. — Comptes de dépenses concernant : les appointements du sieur Portier, inspecteur des travaux de la place Royale sur le port de Bordeaux; — la démolition et reconstruction de maisons et échoppes près la porte Dijeaux;—la démolition de la maison à trois étages du sieur Simon Martin, située rue Saint-Joseph, aux Chartrons; — les frais des fondements et des piliers pour marquer la façade de la place Dauphine du côté du marais de l'Archevêché, et de la place de Tourny, du côté des Chartrons attenant ladite porte;—les frais de la charpente des glacières situées au voisinage de la porte Dijeaux; — l'ouverture d'une nouvelle rue perçant de la place Royale à la rue du Parlement; — la construction des façades des maisons sur l'esplanade près la porte Tourny et sur la place d'Aquitaine, etc.

C. 1975. (Carton.) — 98 pièces, papier.

1669-1696.—Demandes en indemnités par MM. l'abbé de Boulieu, Minvielle, Cassaigne, Cassan, Teillet, Boudey, Lauverguac, écuyer, Chambort et Duval, fermiers sur les grains et farines, propriétaires des maisons qui furent démolies à Bordeaux pour la construction des fortifications du Château-Trompette ; — divers titres produits par lesdits propriétaires.

C. 1976. (Carton.) — 115 pièces, papier.

1772-1784. — Correspondance de MM. Esmangart et Dupré de Saint-Maur, intendants de Bordeaux, avec les subdélégués, concernant : les frais de construction et d'entretien des pavés dans les faubourgs et banlieue de Bordeaux ; — l'entretien des routes de Bordeaux à Toulouse et Bayonne ; — les réparations du chemin de Bordeaux à Buch, par Pessac ; — des bâtiments du palais Sénéchal et des prisons ; — les travaux à exécuter à l'établissement de la Cour des Aides de Casteljaloux ; — les états des paroisses composant les ateliers de corvées, etc.

C. 1977. (Registre.) — In-8°, 145 feuillets, papier.

1777. — Journal de l'emploi des fonds de cette année pour diverses dépenses des ponts et chaussées.— Entretien des chaussées et pavés des routes, de la navigation de la Dordogne, de l'île de la Baïze et du Lot, des ateliers de charité établis sur les routes, etc.

C. 1978. (Registre.) — In-8°, 143 feuillets, papier.

1778. — Journal de l'emploi des fonds de cette année pour dépenses des ponts et chaussées dans la Généralité de Bordeaux ; — entretien des rivières navigables, des pavés, chaussées, ponts, grandes routes, construction d'un port à Saint-Jean-de-Luz, casernement des troupes, travaux de charité sur les grandes routes.

C. 1979. (Carton.) — 115 pièces, papier.

1770. — Correspondance de MM. Esmangart et de Fargès, intendants de Bordeaux, avec MM. les ministres de Terray et d'Ormesson et les subdélégués, concernant : l'emploi des fonds délivrés sur les mandats des subdélégués de Périgueux, Nontron et Thiviers, pour être employés à procurer des moyens d'existence aux pauvres journaliers ; — l'envoi d'un nouveau secours de 30,000 livres pour le soulagement des habitants de la Généralité de Bordeaux ; — l'établissement de chantiers de charité à Notre-Dame-de-la-Garde et à la montée de Gardoune, au-dessus du pont de la ville ; — le relevé des grains et farines existants à Thiviers et du nombre des personnes à nourrir ; — un attroupement à Périgueux au sujet de la cherté des grains, etc.

C. 1980. (Carton.) — 78 pièces, papier.

1777-1780. — Correspondance de MM. de Clugny et Dupré de Saint-Maur, intendants de Bordeaux, avec MM. les ministres Turgot, de Trudaine, Taboureau, d'Ormesson, Necker et de Cotte, et les subdélégués, concernant : l'établissement et la répartition des ateliers de charité pour les travaux des ponts et chaussées de la Généralité de Bordeaux ; — l'entretien du jardin royal et de la place Dauphine ; — la communication de Bordeaux à Bayonne par les Grandes Landes ; — la réparation des chemins de Bordeaux à Castres, à la Teste et à Branne ; — l'entretien du chemin de Périgueux à Mussidan et de Sarlat à Limoges ; — une dépense imprévue faite sur les fonds de charité de l'année 1777 ; — les états de situation des travaux, etc.

C. 1981. (Carton.) — 143 pièces, papier.

1778-1788. — Correspondance de MM. Dupré de Saint-Maur et de Néville, intendants de Bordeaux, avec le ministre de Vergennes et les subdélégués, concernant : les travaux de charité exécutés dans les communautés de Saint-Émilion, Saint-Jean-de-Blaignac et Branne ; — le redressement de la rue du Chapeau-Rouge ; — la prolongation de la rue des Lauriers ; — le pavage des rues de l'Allée-des-Noyers, des Remparts, Gensac et Labotière ; — les alignements de la rue de Sarson, aux Chartrons ; — du mur de clôture du cimetière de Libourne ; — le pavage de la rue de la Trésorerie ; — le canal de ceinture de Bordeaux ; — le projet d'agrandissement du grand marché de Bordeaux, etc.

C. 1982. (Carton.) — 127 pièces, papier.

1774-1789. — États des frais de réparation des bâtiments du palais Sénéchal et des prisons de la ville de Bordeaux, de la Cour des Aides, du brigantin de l'intendant et du hangar servant à le renfermer ; — divers états de dépenses acquittées pour la réparation des bâtiments du vieux palais de l'Ombrière.

C. 1983. (Carton.) — 120 pièces, papier.

1741-1789. — Correspondance de MM. Boucher et de Néville, intendants de Bordeaux, avec MM. les ministres Orry, de La Houssaye, de La Millière et de Calonne, concernant : les réparations de l'hôtel du premier pésident ; — les contestations entre la ville de Bordeaux et ses fermiers, au sujet de leur demande en indemnité pour la non-jouissance des droits sur les grains ; — le remboursement du prix des maisons démolies par la ville ; — les frais d'entretien de pavés dans la partie le long du jardin royal et du faubourg des Chartrons ; — l'adjudication passée au profit du sieur Mirail pour ouvrages et réparations de la salle de concert ; — les frais de réparation du pavage devant les chantiers du Roi, etc.

C. 1984. (Registre.) — Petit in-folio, 82 feuillets, papier.

1776-1785. — Enregistrement des requêtes ou mémoires concernant les travaux publics adressés à l'intendant par les subdélégués et les divers particuliers des paroisses de la Généralité pour être autorisés à faire des travaux d'utilité publique, réparations aux chemins, curage des cours d'eau, corvées, alignements.

C. 1985. (Carton.) — 144 pièces, papier.

1775-1786. — Correspondance de MM. Dupré de Saint-Maur et Boutin, intendants de Bordeaux, avec MM. les ministres de Trudaine, de Cotte, Bertin, Necker, de Vergennes et Débonnaire de Forges, concernant : un projet de construction d'un pont sur la Garonne à Langon ; — l'établissement d'un moulin économique à l'entrée du faubourg des Chartrons, etc.

C. 1986. (Carton.) — 114 pièces, papier.

1777-1789. — Devis estimatifs, soumissions, procès-verbaux d'adjudication, rapports et comptabilité de travaux exécutés sur les routes dans l'arrondissement de Lesparre ; — la construction des pavés à Pauillac dans les rues de Ségur, Esmangart, Richelieu et Royale ; — l'établissement d'un atelier de charité au bourg de Lamarque pour le pavé de la rue dudit bourg et pour les réparations à faire à la chaussée qui conduit de ladite rue au port de Lamarque, etc.

C. 1987. (Carton.) — 83 pièces, papier.

1764. — États des commissaires et syndics des chemins dont le dévouement et le zèle ont opéré l'avancement des travaux depuis Périgueux jusqu'à Firbeix, et diverses demandes faites par lesdits syndics et commissaires en décharge de capitation et de vingtième, parmi lesquelles on remarque les noms de MM. Dauriat, Lagrange, La Salle-Dumeyniaux. Ventou de Lacombe, Monte de Latrade, Puiffé de Magondeaud, Laplace, Thomas, Chadeau, Nicolas de Maison, Jacques Dufourd de Saint-Priest, Pierre Reynaud, Jean Lacougerie, Vacher, Léonard Du Perier, Pierre Bouyer et Jean Picot.

C. 1988. (Portefeuille.) — 84 pièces, papier ; 1 plan.

1764. — Correspondance de M. de Tourny, intendant de Bordeaux, avec MM. les ministres de Trudaine et Orry et les subdélégués, concernant ; les commissaires et syndics des chemins qui ont obtenu des décharges de capitation et de vingtièmes en considération du zèle et des soins avec lesquels ils ont rempli leurs fonctions pendant le cours de l'année 1764 ; — les valets des privilégiés ; arrêt rendu en leur faveur par la Cour des Aides ; — la réparation d'un pont à six arches à la sortie de la ville d'Exideuil, situé sur la rivière de La Loûc, avec chaussées des deux côtés de ses abords et murs de soutènement, etc.

C. 1930. (Portefeuille.) — 83 pièces, papier.

1776-1785. — Correspondance de M. Dupré de Saint-Maur, intendant de Bordeaux, avec MM. les ministres Necker, de La Millière et d'Ormesson, et les subdélégués, concernant : un édit du Roi qui supprime les corvées et ordonne la confection des grandes routes à prix d'argent ; — un arrêt du Conseil d'État qui réduit à 42 pieds la largeur des routes principales et prescrit des règles pour fixer la largeur des routes moins importantes ; — la plantation d'arbres le long des grandes routes, les règlements pour les travaux des grands chemins ; — la situation des routes de la Généralité de Bordeaux au 1er octobre 1781 ; — le rachat des corvées ; — l'inspection des chemins par M. Mathieu, sous-ingénieur des ponts et chaussées dans les subdélégations d'Agen, Condom et Bayonne, etc.

C. 1990. (Carton.) — 76 pièces, papier ; 2 pièces, parchemin.

1776-1786. — Correspondance de MM. Dupré de Saint-Maur et Boutin, intendants de Bordeaux, avec MM. les ministres de Clugny et de Trudaine, et les subdélégués, concernant : les réparations provisoires à faire aux principales routes de la Généralité de Bordeaux ; — les rôles d'imposition pour le rachat des tâches assignées aux habitants taillables de la paroisse de Bonnetan ; — les états des recettes faites sur les impositions des corvées et des restes à recouvrer ; — les tables du prix auquel revient le transport de la toise cube de sable, etc. ; — un plan pour servir à la construction d'un tombereau, etc.

SÉRIE C. — INTENDANCE DE BORDEAUX.

C. 1991. (Portefeuille.) — 6 pièces, papier.

1778-1782. — Arrêts du Conseil d'État du Roi, qui, en exécution de celui du 3 mai 1778, casse l'arrêt de la Cour des Aides et finances du 20 mars 1778, relatif aux travaux des chemins, et ordonne que tous greffiers et autres dépositaires des rôles pour le recouvrement des sommes destinées auxdits travaux seront contraints par corps à en faire la remise ; — qui ordonne que les plans et devis des grandes routes du pays de Labourd et tous les ouvrages nécessaires pour leur alignement, construction, réparation et entretien, ainsi que les états de dépense qui concernent lesdits travaux, seront à l'avenir arrêtés par l'intendant et commissaire départi en la Généralité de Bordeaux.

C. 1992. (Portefeuille.) — 100 pièces, papier.

1720-1740. — Correspondance de MM. Boucher et de Tourny, intendants de Bordeaux, avec MM. les ministres de Trudaine, d'Angervilliers, Orry et d'Ormesson, et les subdélégués, concernant : l'élargissement des grands chemins ; — les plantations d'arbres sur les grandes routes ; — les réparations des chemins de communication de ville en ville ; — un mémoire sur le travail par corvées ; — les instructions sur la réparation des chemins ; — l'entretien de la route de Toulouse ; — une plainte de l'abbé Dugros, conseiller clerc au Parlement, au sujet des ordres qui ont été donnés à son bouvier de marcher à son tour à la corvée pour porter les matériaux nécessaires aux réparations des chemins ; — les états du nombre des carriers, paveurs et journaliers employés à la réparation desdits chemins ; — le devis estimatif des travaux indispensables à faire pour réparer les chemins dans la subdélégation de Libourne, etc.

C. 1993. (Portefeuille.) — 108 pièces, papier.

1740-1779. — Correspondance de MM. Boucher et de Tourny, intendants de Bordeaux, avec MM. les ministres d'Ormesson, d'Aguesseau et de Trudaine, et les subdélégués, concernant : la construction et entretien des chemins de la Généralité de Bordeaux ; — les moyens proposés par M. Sabouroux pour faciliter le travail des corvées ; — le devis estimatif des réparations des levées des ponts de l'Isle et du Chalard ; — les états de l'emploi des fonds pour l'entretien des chemins ; — des projets d'ordonnance de l'intendant ; — des observations et décisions sur les corvéables ; — les priviléges des gentilshommes et des officiers du Présidial ; — les instructions relatives aux corvées ; — les défenses à toutes personnes de rompre, couper ou abattre les arbres plantés sur les bords des routes ; — le prix auquel doit revenir le transport de la toise cube de sable, cailloutis ou terre, etc.

C. 1994. (Portefeuille.) — 94 pièces, papier.

1743-1744. — États des hommes ou garçons en état de travailler et des voitures à bœufs, vaches et chevaux des communautés de Cézac, Cubnezais, Saint-Aignan, Saint-Gervais, Pujard, Marsas, Gauriaguet, Saint-Antoine-d'Artiguelongue, Cubzac, Salignac, Saint-Romain, Lalande, Cadillac et l'Isle de Carney, Tarnès, Saint-Genis, Verac et Mouillac, Queynac, Lugon, Galgon, Fours, Eyrans, Saint-Androny, Anglade, Étauliers, Blaye, Larivière, Saillans, Villegouge, Saint-Germain, Campugnan, Cartélègue, Mazion, Saugon, Cars, Savignac et Saint-Michel, etc.

C. 1995. (Carton.) — 115 pièces, papier.

1773. — Correspondance de M. Esmangart, intendant de Bordeaux, avec les subdélégués, concernant : des procès-verbaux dressés contre les corvéables défaillants des paroisses de Machotte sur le chemin de Mézin à Nérac, de Pompignac, Marcenais, Civrac, Saint-Savin, Salignac, Clairac, Agen, etc. ; — les états des défaillants contre lesquels il a été expédié des ordres d'emprisonnement, savoir : Arnaud Aillet, Jean Medail, Pierre Jarquet, Pierre Moulinne, Jean Rougé, Lacoste, Bernard Serres, Salomon Arphel, Jacques Badimont, habitants de la subdélégation de Clairac, etc.

C. 1996. (Carton.) — 129 pièces, papier.

1773-1781. — Correspondance de MM. Esmangart et Dupré de Saint-Maur, intendants de Bordeaux, avec MM. les ministres de Cotte, Necker, le maréchal duc de Mouchy et le duc de Castrie, et les subdélégués, concernant : les procès-verbaux dressés contre les défaillants aux corvées des paroisses de Sainte-Croix-du-Mont, Saint-Pierre-d'Eyrans, Versac, Saint-Romain, Tarnès, Saint-Genis, Lalande, Périssac, Saint-Martin-de-Mazerat, Neuffonds, Condat, Terrasson, Saint-Pierre-de-Montignac, Azerac, etc. ; — la réparation du chemin qui conduit du bourg de Hinx au port ; — la nouvelle direction du chemin de Puiguilhem au port de Gardonne ; — l'extraction de gravier dans la propriété de Mme de La Caze pour la réparation de la route aux abords du pont de la May, etc.

C. 1997. (Portefeuille.) — 83 pièces, papier ; 1 plan.

1773-1777. — Correspondance de M. Dupré de Saint-Maur, intendant de Bordeaux, avec MM. les subdélégués, concernant : —le transport de la pierre de taille, moellon et sable nécessaires à la construction du pont de Camps, d'un aqueduc vis-à-vis le village de Rieux et d'un pont sur le ruisseau de Saint-Seurin, route de Libourne à Périgueux; — la délibération des habitants du bourg de Saint-Esprit à l'occasion des sommes à imposer pour pourvoir aux frais des ouvrages à faire sur la route qui conduit de Saint-Vincent à Bayonne; — les réparations du chemin de Thiviers à Brantôme; — l'entretien de la route royale de Mézin à Nérac; — le pavage de la principale rue d'Aiguillon; — les états des paroisses des subdélégations de Casteljaloux, Condom, Vitrezay et Clairac, qui ont fourni leurs corvées, soit en nature, soit en argent; — la liste des corvéables défaillants de la ville d'Aire, etc.

C. 1998. (Portefeuille.) — 77 pièces, papier.

1777-1780. — Correspondance de M. Dupré de Saint-Maur, intendant de Bordeaux, avec les subdélégués, concernant : les états des corvéables défaillants de la ville d'Aire et du Mas; — les requêtes présentées par les sieurs Saint-Félix, Jacques Langon et Philibert Langon, aux fins d'être déclarés exempts du logement de gens de guerre et des corvées, les deux premiers comme capitaines au régiment de Gâtinais, et le troisième en sa qualité de lieutenant au régiment des milices de Béarn ; — un arrêt de la Cour des Aides portant empêchement au recouvrement du rachat des corvées, etc.

C. 1999. (Portefeuille.) — 14 pièces, papier.

1782. — Rôles du rachat des tâches et corvées des paroisses de Lormont, Cenon, Artigues, Bassens, Tresses, Ivrac, Salaunes, Talence, Saint-Aubin en Blanquefort, Eyzines, quartier de Lascombes, Eyzines, quartier de Laforest, Eyzines, quartier du Haillan et Floirac.

C. 2000. (Carton.) — 116 pièces, papier ; 2 pièces, parchemin.

1776-1781. — Correspondance de M. Dupré de Saint-Maur, intendant de Bordeaux, avec M. le ministre Joly de Fleury et les subdélégués, concernant : — la réunion de trois paroisses du département de Périgueux à la subdélégation de Montpont pour le service des corvées ; — la répartition des impôts pour l'entretien des grandes routes; — les travaux à exécuter sur les routes de la Généralité de Bordeaux ; — les instructions sur la construction et entretien des grands chemins ; — des demandes en exemption de corvées ; — les frais de signification de l'arrêt du Conseil du 12 septembre 1779, qui casse et annule celui rendu par le Parlement de Bordeaux relativement aux corvées ;

— la construction de trente-trois ponts en charpente sur la nouvelle route de Bordeaux à Bayonne par les Grandes Landes et sur le chemin de Pauillac à Sainte-Estèphe, etc.

C. 2001. (Carton.) — 58 pièces, papier; 2 pièces, parchemin; 2 plans.

1775-1787. — Correspondance de MM. Dupré de Saint-Maur et de Néville, intendants de Bordeaux, avec MM. les ministres Debonnaire de Forges, Necker, de Cotte, de La Millière, Joly de Fleury et de Calonne, concernant : — les moyens à employer pour subvenir aux dépenses d'entretien et de réparations des grandes routes; — les états des communautés ou paroisses de la Généralité de Bordeaux qui ont préféré acquitter à prix d'argent les corvées de 1777 ; — la réduction des fonds destinés aux corvées pour la campagne de 1781 ; — l'opposition du curé de la paroisse de Saint-Clair de laisser imposer ses domestiques à la corvée à cause du privilége de son état; — la demande d'emprisonnement contre les défaillants aux corvées ; — l'exemption des corvées en faveur des gardes-étalons et des gardes-haras; — l'état général des routes faites et de l'entretien parfait de celles à réparer, de celles qui ne sont encore qu'ébauchées, et enfin de celles qui ne sont encore que projetées, etc.

C. 2002. (Carton.) — 27 pièces, papier.

1781. — Rôles des rachats des tâches et corvées des paroisses d'Illats, Naujean, en Bazadois, de Tresses, Ivrac, Artigues, Cenon, Floirac, Lormont, Poudensac, Landiras, Saint-Médard, Isle-Saint-George, Beautiran, Pujols, Villenave, comté d'Ornon , Labrède, Saint-Michel-en-Landiras, Virelade, Saint-Morillon, Sauternes, Preignac et Barsac.

C. 2003. (Portefeuille.) — 54 pièces, papier.

1781. — Rôles de rachats des tâches et corvées des paroisses de Cérons, Bègles, Cadanjac, l'Isle-Saint-Georges, Aigues-Mortes, Martillac, Arbanats, Castres, Portets, Budos, Lamothe-Noaillan, Saint-Morillon-de-Labrède, Genissac, Daignac, Saint-Germain-du-Puch, Blazignac, La Sauve-Majour, Notre-Dame-de-Saint-Pey-d'Arveyres, Cadarsac, Millac, Bouliac, Latresne, Carignan, Cénac, Fargues, Saint-Hilaire, Nérijean, Moulon, Guillac, Baron, Saint-Martin-de-Cannac, Saint-Léon, Dardenac, Loupes, Meynac, Saint-Quentin, Bennetan, Sadirac, Le Pont, Saint-Denis, Pompignac, Croignon, Cameyrac, Montussan, Sallebœuf, Camarsac, Beychac, Lignan, Cursan, Gréziliac, Espiet et Tizac.

C. 2004. (Carton.) — 109 pièces, papier.

1778-1781. — Correspondance de M. Dupré de Saint-

Maur, intendant de Bordeaux, avec le ministre de Cotte et les subdélégués, concernant : les états des paroisses dont les corvées ont été faites à prix d'argent dans les subdélégations de La Réole, Vitrezay, Libourne, Blaye, Bazas, Pauillac et Sainte-Foy; — le rapport sur les plaintes et les raisons alléguées par les paroisses qui se refusent à payer l'imposition pour le rachat des corvées ; — les priviléges, franchises et exemptions en faveur des préposés, commis et employés aux fermes de Sa Majesté; — les états de situation des corvées; — des demandes d'exemptions de corvées, etc,

C. 2005. (Carton.) — 106 pièces, papier.

1781-1783. — Correspondance de M. Dupré de Saint-Maur, intendant de Bordeaux, avec MM. les ministres Joly de Fleury, de La Millière et Necker et les subdélégués, concernant : le rachat des corvées; — la condamnation du sieur Bacquey, vigneron de M. Dalon, de la paroisse de Villenave, à trois jours de prison ; — sa mise en liberté, à la charge par lui de payer un amende de 30 livres à laquelle il avait été condamné par ordonnance du 18 mars 1782, pour avoir refusé de faire ses corvées ; — les poursuites exercées contre les fermiers de la terre de Landiras, pour obtenir le payement de leurs corvées ; — l'élargissement du sieur Vincent Latiffonie, valet du sieur de Nabre, de la paroisse de Villenave, détenu dans les prisons de l'Hôtel-de-Ville de Bordeaux, à la charge par lui de justifier préalablement qu'il aura acquitté la cote pour laquelle il se trouve compris au rôle du rachat des corvées de la paroisse de Villenave, etc,

C. 2006. (Carton.) — 112 pièces, papier.

1784-1785. — Correspondance de M. Dupré de Saint-Maur, intendant de Bordeaux, avec MM. les ministres de La Millière et de Calonne et les subdélégués, concernant : le recouvrement des fonds de rachat des corvées dans la subdélégation de Libourne ; — les observations sur les ordonnances relatives au recouvrement des arrérages des rachats ; — la condamnation du sieur Forcade de La Grézère, cadet, officier des troupes provinciales, résidant dans la paroisse de Saint-Loubert de Grignols en Bazadais, à un mois de prison, pour avoir tenu des propos séditieux à l'occasion du rachat des corvées ; — la détention du sieur Bataille, collecteur de la paroisse de Budos, dans les prisons de l'Hôtel-de-Ville de Bordeaux, jusqu'à ce qu'il ait acquitté le montant des sommes par lui perçues du rachat des corvées, etc.

GIRONDE. — SÉRIE C.

C. 2007. (Carton.) — 123 pièces, papier.

1784. — Enquêtes ordonnées par arrêt de la Cour de Parlement de Bordeaux sur le fait d'infractions à l'ordre public par l'exécution d'une ordonnance de M. l'intendant tendante à une augmentation d'impositions et autres innovations au sujet des corvées ; ladite ordonnance autorisait le rachat des corvées, et le Parlement, qui était partisan de la prestation en nature, soutenait dans son arrêt que cette ordonnance donnait lieu à des abus et à des vexations, et qu'enfin elle était cause de la ruine des cultivateurs. Ces enquêtes concernent les sénéchaussées de Libourne, Périgueux, Bergerac, Sarlat, Nérac, Condom, Mont-de-Marsan et Dax, etc.

C. 2008. (Portefeuille.) — 138 pièces, papier.

1784. — Déclaration du Roi du 11 août 1776, par laquelle il fut ordonné de pourvoir à la construction et entretien des grandes routes du royaume, suivant l'ancien usage ; des corvées furent ordonnées, et c'est dans l'emploi de ces ressources qu'il se glissa des abus que l'autorité entreprit d'abord de redresser au moyen d'enquêtes et instructions faites dans les diverses sénéchaussées de la Généralité. Celles contenues dans ce portefeuille concernent les sénéchaussées de Bordeaux, Agen, Tartas et Casteljaloux.

C. 2009. (Carton.) — 57 pièces, papier.

1777-1783. — États de situation des fonds du rachat des corvées fournis à M. l'intendant de Bordeaux par les subdélégués de Villeneuve-d'Agen, Blaye, Thiviers, Marmande, Périgueux, Agen, Casteljaloux, Nérac, Monflanquin, La Réole, Sarlat, Bordeaux, Sainte-Foy, Bergerac, Monpont, Ribérac, Clairac, Nontron, Condom, Castillonnès, Bazas, Libourne et Mézin, etc.

C. 2010. (Carton.) — 98 pièces, papier ; 4 pièces, parchemin.

1757-1789. — Correspondance de MM. Dupré de Saint-Maur et de Néville, intendants de Bordeaux, avec MM. les ministres de La Millière, de Calonne et de Vergennes et les subdélégués, concernant : les instructions et mandements sur les corvées des grands chemins ; — la répartition de la taille ; — les rôles du rachat des corvées ; — la réduction du tiers des impositions en faveur des paroisses des subdélégations de Périgueux, Ribérac, Monpont, Nontron et Sarlat, qui avaient supporté le poids de l'impôt pour le rachat des corvées ; — le compte des recettes et dépenses provenant du rôle du rachat des corvées perdu par le sieur Ducluzeau de Fayard, receveur particulier des finances en l'Élection de Condom ;— l'essai, pendant trois ans, de la conversion de la corvée en une prestation en argent ; — les procès-verbaux de situation des trésoriers des pays réunis ; — les états des ouvrages exécutés sur les fonds de rachat des corvées sur lesquelles il reste dû aux entrepreneurs, etc.

C. 2011. (Portefeuille.) — 134 pièces, papier.

1744-1745. — États de l'emploi des fonds, concernant : les corvées ; — les appointements et salaires des inspecteurs, piqueurs et autres employés aux ouvrages par corvées dans la Généralité de Bordeaux ; — la fourniture des outils pour les années 1744 et 1745 ; — l'exemption des corvées en faveur des ouvriers de la manufacture de Tonneins et des personnes chargées des enfants exposés ; — les frais d'entretien de la route de Bordeaux à Limoges ; — l'indemnité allouée aux sieurs Moulinier frères pour la démolition du portail de leur propriété située paroisse de Gradignan, pour l'ouverture d'un nouveau chemin aboutissant à la route de poste de Bordeaux à Bayonne, par les grandes landes ; — la confection du chemin depuis Lavardac et Barbaste, par Nérac et Condom, jusqu'au pont de Lauloue, route d'Auch en Armagnac, etc.

C. 2012. (Portefeuille.) — 100 pièces, papier.

1746. — États des payements faits sur les fonds affectés aux corvées pour appointements et salaires des sous-inspecteurs, piqueurs et autres employés aux travaux et réparations des routes de la Généralité de Bordeaux : fournitures d'outils et autres frais pendant l'année 1746 ; — gratification au sieur Portier, sous-inspecteur des ponts et chaussées, en considération du long temps qu'il a employé tant à lever les plans qu'à conduire les travaux par corvées sur différentes routes ; — travaux et réparations de la place Duplantier à Périgueux, etc.

C. 2013. (Portefeuille.) — 79 pièces, papier.

1746. — États des payements faits sur les fonds affectés pour appointements et salaires des sous-inspecteurs, piqueurs et autres employés aux ouvrages des grands chemins de la Généralité de Bordeaux, concernant : la fourniture d'outils et autres frais pour l'année 1746 ;— la gratification de 400 livres au profit du sieur Portier, sous-inspecteur des ponts et chaussées, pour avoir levé divers plans ; — les ouvrages posés à achever ou à continuer, en exécution des adjudications faites, ensemble des nouveaux ouvrages à faire par corvées ; — les frais d'entretien de la route de Bordeaux au bas Médoc, partie du Taillan à Saint-Laurent ; — l'indemnité allouée au sieur Bernard Serres pour la démolition du portail de sa propriété, située dans la paroisse de Villenave, pour l'alignement du grand chemin de Bordeaux à Langon, etc.

C. 2014. (Portefeuille.) — 114 pièces, papier.

1747-1748. — Correspondance de M. de Tourny, intendant de Bordeaux, avec MM. les subdélégués, concernant : le payement des appointements et salaires des sous-inspecteurs, conducteurs, piqueurs et autres employés à la conduite des corvées ; — l'établissement d'un canal au-dessus et au-dessous du pont du Mouron ;— les réparations du pont de Vel en Périgord ; — les frais des réparations ; — les frais de réparation des outils servant à l'entretien des grandes routes ;— l'indemnité de 250 livres allouée à Mme Prinseaut pour la démolition des murs de sa maison, située au lieu de Becquet, paroisse de Bègles, pour l'alignement du grand chemin de Bordeaux à Langon.

C. 2015. (Portefeuille.) — 95 pièces, papier.

1749. — Correspondance de M. de Tourny, intendant de Bordeaux, avec les subdélégués, concernant : l'emploi des fonds des corvées de l'année 1749 ; — les appointements et salaires des sous-inspecteurs, conducteurs, piqueurs et autres employés aux ouvrages par corvées dans la Généralité de Bordeaux ; — les frais de fournitures d'outils ; — les états des journées employées pour la réparation du chemin de Perigueux à Thiviers ; — les réparations des routes de Bazas à Langon, Casteljaloux et Marmande ; — l'achat de tombereaux et outils à l'usage des ateliers de charité employés aux réparations des chemins des environs de Sarlat, etc.

C. 2016. (Portefeuille.) — 113 pièces, papier.

1750. — États des payements concernant : les appointements et salaires des sous-inspecteurs, conducteurs, piqueurs et autres employés aux ouvrages par corvées dans la Généralité de Bordeaux, comprenant : les fournitures d'outils et autres frais pendant l'année 1750 ;— la levée des plans de différentes routes ; — la réparation des chemins des environs de Sarlat allant de cette ville à Montignac, Terrasson et Domme ; — la levée des plans du faubourg du Grand-Pont de la ville de Périgueux, route de Sarlat.

SÉRIE C. — INTENDANCE DE BORDEAUX.

du cours de la rivière du Lot, en Agenais ; — les états des journées employées à la levée de la carte de la route de poste de Paris à Bordeaux, depuis la porte de Tourny jusqu'à l'extrémité de la Généralité, etc.

C. 2017. (Portefeuille.) — 88 pièces, papier.

1750-1751. — Correspondance de M. de Tourny, intendant de Bordeaux, avec les subdélégués, concernant : la construction du pont appelé le Pontet, près la ville de Sarlat ; — les frais d'entretien des routes de Périgueux à Bergerac et de Bergerac à Libourne ; — l'état des journées employées par la maréchaussée de la brigade de Langon pour la surveillance des travaux par corvées, sur les nouvelles routes de Bazas à Langon, Marmande et Casteljaloux; — l'achat de pins pour la réparation : des deux ponts du Beuve à la sortie de Bazas sur la route de Casteljaloux ;—du pont de Pouilles, entre Bazas et Beaulac, et du pont de Bourdes, près Captieux ; — les appointements des sous-inspecteurs, conducteurs, piqueurs et autres employés aux ouvrages, par corvées, dans la Généralité de Bordeaux ; — les réparations des outils servant aux travaux des ateliers, etc.

C. 2018. (Portefeuille.) — 129 pièces, papier.

1751. — États de l'emploi des fonds affectés aux travaux par corvées, et de payements appuyés de pièces comptables, comprenant : les salaires et gages des employés aux travaux des corvées ;—les réparations : du chemin entre Barsac et Preignac (grande route de Bordeaux à Toulouse) ; — de la route de Bordeaux en Médoc aux avenues d'Eyzines et de Cantinolle ; — du chemin de Bergerac à Périgueux; — de Bazas à Marmande et Casteljaloux; — de Lavardac et Barbaste à Nérac, et de Nérac à Condom; — du grand chemin de Bordeaux au Bas-Médoc, entre le Taillan et Castelnau ; — de Bordeaux à Toulouse ; — de la nouvelle route de Saint-André à Blaye ; — le nivellement des environs de Périgueux, etc.

C. 2019. (Portefeuille.) — 83 pièces, papier.

1752. — États des payements faits pour appointements et salaires des sous-inspecteurs, conducteurs, piqueurs et autres employés aux travaux des corvées dans la Généralité de Bordeaux, comprenant : les fournitures et réparations d'outils et autres frais pour l'année 1752 ; — l'indemnité de 63 livres allouée au sieur Pierre Dosque, meunier, pour chômage de son moulin, situé sur la jalle de Cantaret, en la paroisse de Blanquefort ; — la levée du plan des marais de Verteuil ; — la réparation des chemins de Bordeaux au Bas-Médoc ; — le dépôt loué pour renfermer les outils et équipages employés aux travaux des corvées sur les chemins des environs de Sarlat ; — les frais d'extraction de pierres pour la réparation du chemin de Libourne à Saint-André, etc.

C. 2020. (Portefeuille.) — 93 pièces, papier.

1752. — Emploi des fonds affectés : aux travaux par corvées ; — aux appointements et salaires des sous-inspecteurs, conducteurs, piqueurs et autres employés pour l'année 1752 ; — aux réparations : du chemin de Cypressac, entre La Bastide et le Carbon-Blanc (grande route de Bordeaux à Paris) ;—au chemin de Cadillac à Saint-Macaire et de Saint-Macaire à Sauveterre ; — de ceux de Bourg à Saint-Savin ; — de Libourne à Saint-André-de-Cubzac ; — du chemin qui conduit au Port-Neuf sur Dordogne ; — du Pavillon à Branne (route de Bordeaux à Bergerac) ; — du chemin nouvellement aligné de la jalle du moulin de Gour, paroisse de Blanquefort, en Bas-Médoc ; — du chemin de La Bastide à Branne, et de Saint-André à Blaye, etc.

C. 2021. (Portefeuille.) — 160 pièces, papier.

1752-1753. — Emploi des fonds affectés : aux travaux par corvées ; — aux appointements des sous-inspecteurs, conducteurs, piqueurs et autres employés auxdits travaux ; — aux réparations et entretien des chemins de Périgueux à Ribérac, au Pas-de-Langlois ; — à la grande route de Bayonne, dans la partie de Bordeaux à Talence ; — de Bordeaux à Toulouse ; — du chemin d'Agen à Villeneuve ; — à la formation des avenues du pont Saint-Hilaire, sur la grande route de Bordeaux à Toulouse ; — à l'engravement des chemins des environs d'Agen ; — à la formation d'une chaussée près la Croix de Saint-Genis, sur la route de Bordeaux à Toulouse, etc.

C. 2022. (Portefeuille.) — 121 pièces, papier.

1755. — Appointements et gages des sous-inspecteurs, conducteurs, piqueurs et autres employés aux travaux par corvées pendant l'année 1755 pour les réparations et entretien : des chemins de Périgueux à Brantôme, Nontron et La Roche-Chalais ; — de Sarlat à Montignac ; — des avenues du pont de Gironde (grande route de Bordeaux à Toulouse) ; — de Cypressac au Pavillon ; — de La Bastide à Créon et au Carbon-Blanc ; — du chemin de Talence (route de Bordeaux à Bayonne par les grandes landes) ; — de Périgueux à Ribérac et Limoges ; — de Brantôme à Angoulème ; — de la route de Saint-Macaire à Sauveterre ; — de Bourg à Saint-Savin ; — de Libourne à Blaye, etc.

C. 2023. (Portefeuille.) — 92 pièces, papier.

1755. — Fournitures d'outils à l'usage des corvoyeurs employés aux réparations: des chemins de Libourne à Blaye; — de Sarlat à Domme ; — de Bordeaux à Toulouse ; — de Sainte-Foy à La Sauvetat;— de Mézin à Nérac ; — de Périgueux à Brantôme ; — des chemins des environs de Nontron ; — de Sarlat à Montignac ; — de la grande route de Bordeaux à Limoges par Périgueux, dans la partie de Thiviers à Firbeix ; — de Périgueux à Angoulême, au lieu de Barbadeau, et acquisition de tombereaux et charrettes pour le service des ateliers desdits chemins.

C. 2024. (Portefeuille.) — 111 pièces, papier.

1755. — États de dépenses concernant : les appointements et gages des sous-inspecteurs, conducteurs, piqueurs, et autres employés aux travaux par corvées dans la Généralité de Bordeaux ; — les frais de réparations et d'entretien des routes de Bordeaux à Toulouse, Nérac, Mézin, Villeneuve et Astafort ; — du nouveau chemin du Casse proche la porte Saint-Georges de la ville d'Agen ; — l'amélioration des routes de Villeneuve-d'Agen à Bergerac et Cahors, par le port de Penne et de Fumel ; — de Périgueux à Limoges, au lieu dit de Thiviers, et à Ribérac au lieu appelé le Pas-des-Angles, etc.

C. 2025. (Portefeuille.) — 122 pièces, papier.

1755-1756. — États de dépenses relatifs : aux appointements et gages des sous-inspecteurs, conducteurs, piqueurs et autres employés aux travaux par corvées dans la Généralité de Bordeaux ; — aux réparations des chemins de Sainte-Foy à La Sauvetat;— de Sarlat à Domme ;— de Bazas à Langon ; — d'Auros à Castets et de Grignols à Coutures ; — de Bordeaux à Blanquefort, dans la partie du Marais ; — du Pavillon à Branne ; — de Bordeaux à Créon; — de Montignac à Limoges ; — de Bazas à Marmande ; — de Sarlat à Mograls ; — de Bazas à Casteljaloux, etc.

C. 2026. (Portefeuille.) — 134 pièces, papier.

1756-1757. — Dépenses concernant : les appointements et gages des sous-inspecteurs, conducteurs, piqueurs et autres employés aux travaux par corvées dans la Généralité de Bordeaux sur les routes : de Bazas à Marmande ; — de Périgueux à Angoulême et Limoges ; — de Villeneuve à Agen et Bergerac ;— de Sarlat à Bergerac ; — de Domme à Limoges ; — de Sauveterre à Libourne, dans la partie de Saint-Jean de Blagnac ; — de Bordeaux à Toulouse, dans la partie de La Réole à l'atelier du Pas-Saint-Georges; — du nouveau chemin de l'avenue, près la porte Saint-Georges de la ville d'Agen ; — de Brantôme à Angoulême ; — de Sainte-Foy à Sauveterre ; — les réparations des outils et tombereaux à l'usage desdits travaux, etc.

C. 2027. (Portefeuille.) — 102 pièces, papier.

1756-1757. — Dépenses concernant : les appointements et gages des sous-inspecteurs, conducteurs, piqueurs et autres employés aux travaux par corvées sur les chemins : de Bordeaux en Médoc par Saint-Médard, dans la partie de ce dernier lieu à Sainte-Hélène ; — du Pavillon à Branne ; — de Bordeaux à Bayonne par les grandes landes ; — de Thiviers à Coquille (route de Périgueux à Limoges) ; — de Monpont à Mussidan ; — d'Agen à Villeneuve; — de Périgueux à Angoulême ; — de Domme en Quercy ; — de Sauveterre à Sainte-Foy ; — de Libourne à Blaye ; — les frais d'entretien des outils et tombereaux servant aux réparations desdits chemins, etc.

C. 2028. (Portefeuille.) — 100 pièces, papier.

1756-1757. — Appointements, gages et salaires des sous-inspecteurs, conducteurs, piqueurs et autres employés aux travaux par corvées sur les chemins : de Libourne à Blaye, dans la partie du tertre de Saint-Germain; — de Bazas à Beaulac ; — de Sarlat à Meyrals ; — du Pavillon à Branne, dans les parties dudit Branne et de Grézillac; — de Cypressac à Créon ; — de Condom à Valence et Nérac; — des environs de la ville de Périgueux, dans la partie de la porte de Laiguillerie; — de Bordeaux à Blanquefort; — de Saint-Macaire à Sauveterre ; — de Sarlat à Limoges ; — de Libourne à Sainte-Foy ; — de Sarlat à La Linde; — de Villeneuve à Monflanquin, etc.

C. 2029. (Portefeuille.) — 102 pièces, papier.

1756-1757. — Appointements, gages et salaires des sous-inspecteurs, conducteurs, piqueurs et autres employés aux travaux par corvées sur les chemins : de Bazas à Gans; — de Marmande à Bazas ; — d'Agen à Auch, dans la partie d'Astafort ; — de Nérac à Mézin ; — à la construction d'une chaussée sur le chemin de Villeneuve ; — de Bordeaux à Blanquefort ; — de Fumel à Cahors ; — de Tizac à Branne ; — de Bordeaux à Bergerac ; — de Cypressac à

Créon ; — de La Bastide à Branne ; — de Villeneuve à Monflanquin ; — de Sarlat à Domme ; — de Périgueux à Nontron, etc.

C. 2030. (Portefeuille.) — 97 pièces, papier.

1756-1757. — Appointements et salaires des sous-inspecteurs, conducteurs, piqueurs, dessinateurs et autres employés aux travaux par corvées sur les chemins : du Carbon-Blanc à La Bastide ; — de Bazas à Langon ; — de Bordeaux à Paris ; — de Bergerac à Mussidan ; — de Montignac à Sarlat ; — de Sarlat à Limoges ; — de Domme à Sarlat ; — de Cypressac au Pavillon ; — de By à Begadan ; — de Sainte-Foy à La Sauvetat ; — de Nérac à Mézin ; — à la construction de différents ponts sur la route de Libourne à Périgueux ; — ensemble les réparations d'outils et tombereaux et les gratifications allouées à la maréchaussée pour la surveillance desdits travaux, etc.

C. 2031. (Portefeuille.) — 83 pièces, papier.

1771-1782. — États concernant : les frais de poursuites exercées par les receveurs pour opérer le recouvrement des tailles pendant les années 1771 et 1772 ; — les rôles d'impositions, par corvées, de La Bastide à Branne, à la charge des paroisses de Falcyras, Espiet et Daignac; — l'entretien des routes de Bordeaux à Toulouse ; — de Dadillac à Saint-Macaire ; — de Sainte-Foy à Saint-Macaire par Sauveterre ; — de Sauveterre à Saint-Jean-le-Blaignac ; — de Paris en Espagne, par Saint-André ; — de Libourne à Blaye ; — les délibérations des communautés de Villenave d'Ornon, d'Ezyines, Izon, Martillac, Le Pian, Preignac, Coirac, Semens, pour l'acquittement de leurs tâches pour l'année 1782, etc.

C. 2032. (Portefeuille.) — 80 pièces, papier.

1782. — Délibérations des communautés de Moustey, Ludon, Hostcins, Bonnetan, Saint-Sulpice, Laignan, Saint-Vincent-de-Paul, Villagrain, Salles-en-Buch, Castres, Beliet, Mios, Belin, Saint-Loubès, Saucats, Muret, Cenac, Landiras, Léogats, Lamothe-Noaillan, Saint-Léon, Branne, Arbanats, Parampuyre, Arveyres, Cameyrac, Gradignan, Caillau, Cestas, Le Taillan, Falcyras, Ivrac, Villeneuve-en-Bourgès, Salaunes et Dardenne, pour l'acquittement de leurs tâches pendant l'année 1782.

C. 2033. (Portefeuille.) — 130 pièces, papier ; 2 plans.

1773. — Correspondance de M. Esmangart, intendant de Bordeaux, avec les subdélégués, concernant : le compte rendu par M. Brondeau de la recette et de la dépense par lui faites des fonds de charité accordés pour l'année 1773, pour la réparation de la route de Condom à Mezin jusqu'à la rivière de Losse ; — la construction d'un aqueduc près l'hôpital de Condom ; — l'établissement de travaux de charité sur la route de Villeneuve-d'Agen à Bergerac ; — l'adjudication, en faveur du sieur Tourfaire, entrepreneur, de la réparation du chemin et du port de Portets ; — de la grande route au port de Cérons ; — du port et chemin de Hourtins ; — du chemin et des ports de Baurech et Bazas et de deux chemins qui aboutissent au port de Preignac, etc.

C. 2034. (Portefeuille.) — 97 pièces, papier.

1773. — Correspondance de M. Esmangart, intendant de Bordeaux, avec les subdélégués, concernant : les établissements des ateliers de charité de la subdélégation de Périgueux ; — la réparation de la route de Bordeaux à Paris par Périgueux, Laroche-Beaucourt et Mussidan ; — les ateliers de Pinpineau, des Tavernes, de Château-l'Évêque ; — de La Coquille à Firbeix ; de Thiviers à La Coquille ; — de Bergerac à Villambrard, sur la route de Grignols ; — les réparations de la route de Cahors à Limoges, par Sarlat et Montignac ; — les états des fonds employés par la subdélégation et dont la somme totale était de 120,000 livres, etc.

C. 2035. (Portefeuille. — 90 pièces, papier.

1773-1774. — Correspondance de M. Esmangart, intendant de Bordeaux, avec les subdélégués, concernant : les réparations et entretien des routes de Bordeaux à Auch ; — de Bordeaux à Bayonne, par les petites landes ; — de Bazas à La Réole ; — les établissements d'ateliers de charité de Langon à Bazas, Beaulac et Captieux ; — de Bazas à Casteljaloux, Gajac et embranchement de Gans ; — l'adjudication des travaux à exécuter aux avenues de la ville de Bazas ; — la construction d'une chaussée en pavés aux environs de cette ville, à l'effet d'établir la communication des grandes routes de Bordeaux à Bayonne par les petites landes ; — la construction d'un pont sur le chemin de Gans ; — le devis et détail estimatif des ouvrages à faire à la place du faubourg de Fondespans et aux allées du séminaire de Bazas, etc.

C. 2036. (Portefeuille. — 113 pièces, papier.

1774. — Correspondance de M. Esmangart, intendant de Bordeaux, avec les subdélégués, concernant : l'envoi des fonds destinés aux travaux de charité des subdélégations de Thiviers, Périgueux, Agen, Condom ; — les réparations des promenades d'Agen ; — des chemins de Condom à Mézin ; — d'Agen à Tournon ; — du Port Sainte-Marie ; — les ateliers de charité de Giget au Pontet ; — du port de Cubzac à Saint-André ; — de Bordeaux à Sancats ; — la réparation de la nouvelle route de Condom à Agen par La Montjoie, Laplume et Aubiac, etc.

C. 2037. (Portefeuille.) — 121 pièces, papier.

1774. — Correspondance de M. Esmangart, intendant de Bordeaux, avec les subdélégués, concernant : les réparations et entretien de la route de Bordeaux à Toulouse par Langon, Saint-Macaire, La Réole et Tonneins ; — les ateliers de charité de Gironde, de Flautat et Mongauzy ; — les réparations du pont de Brantôme ; — l'entretien de la route de Périgueux à Angoulême par La Roche-Beaucourt, La Roche-Chalais et Riberac ; — de la route de Bazas à La Réole et embranchement de Gans ; — de Bordeaux à Auch par Bazas et Casteljaloux ; — de Bordeaux à Bayonne par Beaulac et Captieux ; — d'Agen à Bergerac, etc.

C. 2038. (Portefeuille.) — 124 pièces, papier.

1774. — Correspondance de M. Esmangart, intendant de Bordeaux, avec les subdélégués concernant : les travaux de charité exécutés pendant l'année 1774 sur les routes d'Agen à Tournon ; — du Port-Sainte-Marie à Lavardac et au pont de l'Auvignon ; — d'Agen à Astafort par Leyrac ; — de Paris à Blaye par Étauliers ; — du port de Cubzac à Saint-André, etc.

C. 2039. (Portefeuille.) — 97 pièces, papier ; 1 plan.

1752-1761. — Correspondance de MM. de Tourny et Bertin, intendants de Bordeaux, avec les subdélégués, concernant : la construction d'un pont de charpente sur la rivière de La Dronne, au bourg de Champagnac ; — l'adjudication du pont de Château-l'Évêque, sur le chemin de Périgueux à Angoulême, en faveur du sieur Élie Gontié ; — la construction d'une chaussée d'empierrement dans la paroisse de Cénon, et dans la montagne de Cypressac ; — l'adjudication des travaux restant à faire sur la partie de route de Bordeaux à Toulouse, depuis la porte Saint-Martin de la ville de La Réole, jusqu'au bas de la côte de Roquebouze ; — les états de l'emploi des fonds destinés aux travaux de charité ; — les réparations du collège de Sarlat, etc.

C. 2040. (Portefeuille.) — 100 pièces, papier.

1761.—Correspondance de M. Boutin, intendant de Bordeaux, avec les subdélégués, concernant : les adjudications de terrassements, engravements et empierrements sur les routes de poste de Bordeaux à Paris, depuis Labastide jusqu'au delà du Carbon-Blanc ; — de Bordeaux à Bayonne, par les petites landes, depuis Langon jusqu'à Bazas ; — la formation d'une chaussée d'empierrement aux abords du pont de Pénon, près Gradignan, route de Bordeaux à Bayonne par les grandes landes ; — les réparations des routes de Bordeaux à Branne, depuis la montagne de Cypressac jusqu'au Pavillon ; — du chemin de communication de Mézin aux landes ; — du prolongement du ponceau appelé de Barlet près la ville de Condom, etc.

C. 2041. (Portefeuille.) — 118 pièces, papier.

1762-1763. — Correspondance de M. Boutin, intendant de Bordeaux, avec les subdélégués, concernant : — les frais de réparation et d'entretien des routes de Bordeaux à Branne ; — la construction d'un aqueduc sur le ruisseau de Rieupourri, sur la grande route de Bazas à Casteljaloux ; — la réparation de la côte de Cubzac ; — la construction du Pont de Réaux, sur la route de Castillon à Sainte-Foy ; — la construction d'aqueducs et ponceaux, sur la route de Condom à Cassagne ; — les réparations de la route de Bazas à Langon, Beaulac et Casteljaloux ; — les indemnités à allouer aux particuliers possesseurs de fonds traversés par le nouvel alignement de Condom à Cassagne ; — l'état des fonds remis à M. Bourriot pour les travaux publics de la subdélégation de Bazas, etc.

C. 2042. (Portefeuille.) — 143 pièces, papier.

1758-1771. — Adjudications, comptes et ordonnances concernant : les réparations du chemin de Mézin aux landes ; — du chemin entre la ville et le port de l'Isle ; — la construction d'un pont en bois au bourg de Champagnac ; — un aqueduc sur le chemin de Bazas à Auch ; — la réparation du pont de Barlet à Condom ; — de la route de Paris, entre Labastide et le Carbon-Blanc ; — les terrassements sur la route de Bordeaux à Bayonne par les grandes landes et sur celle de Bazas à Auch ; — des emprunts faits par la caisse des ponts et chaussées à M. Morel, à Bordeaux, sur les fonds d'aumônes ; — les frais d'entretien des routes de Bordeaux à Paris et de Cypressac à Branne ; — l'éboulement de la partie du haut de la côte du Grezel sur le chemin de Villeneuve près la ville d'Agen; — la reddition des comptes des travaux de charité, etc.

C. 2043. (Portefeuille.) — 92 pièces, papier.

1772-1773. — Ordonnances de payements pour les travaux faits, à prix d'argent, dans les subdélégations de Périgueux, Villeneuve, Bordeaux, Thiviers, Bazas, La Réole, Sarlat, Condom, Bergerac, Marmande et Clairac; — reddition des comptes par le sieur Gaspard-Barnabé Mel de Fontenay, des fonds destinés aux travaux de charité de l'année 1773, etc.

C. 2044. (Portefeuille.) — 122 pièces, papier.

1774-1775. — Compte rendu à M. Esmangart, intendant de Bordeaux, par le sieur Gaspard-Barnabé Mel de Fontenay, des fonds destinés aux travaux de charité de l'année 1774, et ordonnances de payements faits, à prix d'argent, dans les subdélégations de Villeneuve, Bazas, Riberac, Périgueux, Thiviers, Sarlat, Blaye, Agen, Condom, Nontron, Bordeaux et La Réole, etc.

C. 2045. (Portefeuille.) — 121 pièces, papier; 1 plan.

1775-1776. — Correspondance de M. Esmangart, intendant de Bordeaux, avec MM. les ministres Turgot, d'Ormesson, Terray et les subdélégués, concernant : les établissements d'ateliers de charité sur les routes de Condom à Agen, Mézin et Lectoure; — de Montréal à Mézin; — d'Agen à Tournon; — de Langon à Bazas; — de Gaud à La Réole; — de Casteljaloux à Barbaste; — de Périgueux à Excideuil, Montignac et Mucidan; — de Bordeaux à Paris par Cubzac et de Blaye à Cubzac, etc.

C. 2046. (Carton.) — 101 pièces, papier.

1756-1765. — Correspondance de MM. de Tourny et Boutin, intendants de Bordeaux, avec les subdélégués, concernant; — les divers états des journées employées sur les ateliers de charité de l'Élection de Bordeaux dont le prix a été soldé au moyen du produit provenant du fonds d'aumône.

C. 2047. (Carton.) — 107 pièces, papier.

1759-1765. — Correspondance de MM. de Tourny et Boutin, intendants de Bordeaux, avec les subdélégués, concernant : l'état de dépense d'une partie du fonds d'aumône employé à la porte de Barbacanne de la ville de Périgueux; — aux digues de Saint-Vincens-de Cosse, Cazoulès, Peyrillac et Saint-Julhien-de-Fénélon; — l'état des sommes qui restent disponibles sur les fonds distribués pour les travaux des chemins et autres ouvrages publics; — la distribution des fonds d'aumône aux pauvres qui ont travaillé par corvée sur les routes des environs de Sarlat et sur celle de la forge de La Mouline au port de Couze; — des états de fournitures de pain aux pauvres des diverses paroisses, etc.

C. 2048. (Portefeuille.) — 60 pièces, papier.

1759-1765. — Correspondance de MM. de Tourny et Boutin, intendants de Bordeaux, avec les subdélégués, concernant l'emploi des fonds d'aumône en travaux exécutés à Casteljaloux, Bazas, Nérac, Villeneuve et les Élections d'Agen et Condom.

C. 2049. (Portefeuille.) — 33 pièces, papier.

1651-1691. — Requêtes, rapports, procès-verbaux, arrêts et ordonnances, concernant : l'estimation de plusieurs maisons et dépendances qu'il convient de démolir pour l'église Saint-Romain de Blaye (au nombre de ces maisons figure celle de Mgr le duc de Saint-Simon, gouverneur de la ville et du château, évaluée, suivant le rapport des experts, à la somme de 27,200 livres); — le procès-verbal d'une nouvelle expertise des maisons démolies auxquelles, dans la précipitation de leur travail, les premiers experts attribuèrent une estimation inférieure au prix de leur valeur réelle; — l'état des matériaux vendus provenant de la démolition de ces maisons; — la production des titres de propriété des maisons démolies; — ensemble, un état des maisons démolies; — un mémoire sur les difficultés à éclaircir concernant plusieurs articles de ces maisons et le bordereau des payements faits aux propriétaires.

C. 2050. (Portefeuille.) — 53 pièces, papier; 5 pièces, parchemin.

1689-1721. — Correspondance de MM. de Courson et Boucher, intendants de Bordeaux, avec M. le maréchal d'Asfeld, ministre, concernant : le plan du terrain occupé pour les fortifications du fort Médo; — des ventes de maisons et cessions de terrain faites par divers propriétaires pour lesdites fortifications; — les titres de ces propriétés; — les jardins établis sur le bord de l'avant-fossé du fort Médoc et occupés par l'état-major et autres personnes qui l'habitent; — le plan des marais salants; — le rétablissement de la balise de La Courbe; — une dette de

11,051 livres à répartir entre les propriétaires des héritages compris dans les fortifications du fort Médoc ; — l'état de ce qui peut être dû, dans la Généralité, aux propriétaires des héritages compris dans les fortifications des places.

C. 2051. (Portefeuille.) — 123 pièces, papier.

1732-1763. — Correspondance de MM. Boucher et de Tourny, intendants de Bordeaux, avec MM. les ministres Le Blanc, d'Angerviliers, d'Argenson, de Morville, de Paulmy et le maréchal duc de Bellisle, concernant : une plainte de M. Brassier, conseiller au Parlement, contre le commandant et le major du fort Médoc, au sujet du dommage que ces deux officiers ont causé dans les vignes de ses terres de Poujaux et de La Marque en y chassant ; — le payement des appointements dus au sieur Dupuy, cordelier, aumônier du fort, et une gratification extraordinaire de 200 livres accordée au P. Moreau, religieux Augustin, son successeur ; — le recurement du chenal de Cussac ; — des contestations entre le curé de cette paroisse et l'aumônier, au sujet de l'enlèvement des personnes qui meurent dans le fort ; — la chapelle dudit fort.

C. 2052. (Portefeuille.) — 64 pièces, papier ; 2 pièces, parchemin ; 1 plan.

1731-1770. — Correspondance de MM. Boucher et de Tourny, intendants de Bordeaux, avec MM. les ministres Orry, d'Argenson et le maréchal d'Asfeld, concernant : la vérification des ouvrages ordonnés aux fortifications de la citadelle de Blaye et île vis-à-vis, exécutés par le sieur Mellier ; — des contestations entre la veuve de cet entrepreneur et ses héritiers d'une part, et le sieur Desmurger, ingénieur en chef de la citadelle de Blaye d'autre part. Cette veuve prétendait que, lors du décès de son mari, il lui était dû certaines sommes, tandis que l'ingénieur prétendait le contraire. Cette affaire fut terminée par l'intendant en conséquence d'un arrêt d'attribution du 2 septembre 1736.

C. 2053. (Portefeuille.) — 55 pièces, papier.

1744-1789. — Correspondance de MM. Esmangart, de Clugny, Dupré de Saint-Maur, Boutin et de Néville, intendants de Bordeaux, avec MM. les ministres Du Muy, de Montbarrey, de Ségur, de Breteuil et Débonnaire de Forges et les subdélégués, concernant : les marchés passés pour les travaux des fortifications de Blaye et du fort Médoc, de Bayonne, Dax, Hendaye, fort de Socoa, de Saint-Jean-Pied-de-Port, Lourdes, Navarreins, etc. ; — le devis général des ouvrages qui s'exécutent dans les places de partie de la Guienne et dans celles des Pyrénées ; — les fortifications maritimes ; — l'établissement de corps de garde et de poudrières sur les côtes d'Arcachon, de Médoc et de Saintonge ; — la prolongation des marchés des ouvrages des fortifications des places de Bordeaux, Dax, Bayonne, Blaye, etc.

C. 2054. (Portefeuille.) — 80 pièces, papier ; 1 plan.

1739-1754. — Correspondance de MM. Boucher, de Tourny et de Courson, intendants de Bordeaux, avec les ministres de Breteuil, Amelot, d'Argenson, d'Angerviliers, de Chauvelin et Le Blanc, concernant : des informations dirigées contre divers particuliers détenus dans les prisons de l'Hôtel-de-Ville de Bordeaux ; — des plaintes des habitants des Chartrons, au sujet des désordres que commettent journellement les militaires en garnison au Château-Trompette ; — le plan d'ouvrages et embellissements de la ville projetés aux environs dudit château et approuvés par le comte d'Argenson ; — les échoppes dont jouit le Château-Trompette en dedans et en dehors des murs de ville ; — l'arrêt du Conseil qui attribue à M. Boucher, comme à ses prédécesseurs, la connaissance des contestations entre les habitants de Bordeaux et les troupes en garnison dans le château du Hâ et fort Sainte-Croix ; — l'état des appointements de l'état-major des châteaux Trompette et du Hâ, etc.

C. 2055. (Portefeuille.) — 99 pièces, papier.

1730-1767. — Correspondance de MM. Boucher, de Tourny, de Courson et Boutin, intendants de Bordeaux, avec MM. les ministres Le Blanc, de Breteuil, de Bellisle, de Beaumont, le maréchal d'Asfeld, Orry, d'Angerviliers, d'Argenson et le duc de Choiseul, concernant : les appointements des officiers de l'état-major des châteaux Trompette et du Hâ ; — les réparations à faire au magasin d'artillerie du Château-Trompette ; — l'état de la dépense d'un approvisionnement nécessaire pour le service du Château-Trompette et de la côte du Médoc ; — l'ordre du directeur des fortifications de la province de faire palissader le Château-Trompette ; — la franchise du droit de pied-fourché en faveur des officiers d'état-major et ingénieurs employés à la résidence de Bordeaux ; — un mémoire sur les réparations à faire à la fausse braye du Château-Trompette, etc.

C. 2056. (Portefeuille.) 106 pièces, papier ; 1 plan.

1675-1782. — Correspondance de MM. de Courson, Boucher, de Tourny, de Fargès et Esmangart, intendants de Bordeaux, avec MM. les ministres Le Blanc, d'Angervilliers, d'Argenson, de Paulmy, le duc de Choiseul, Châteauneuf, de Morville, de Gaumont, d'Asfeld et de Breteuil, concernant : — le chirurgien-major des châteaux et forts de Bordeaux; l'exemption des droits de ferme réclamée par le chirurgien du Château-Trompette; — les appointements de ce chirurgien; les réclamations des médecins de Bordeaux, au sujet des soins qu'ils donnent aux soldats malades; — un mémoire sur les plaintes portées à l'intendant par l'état-major de la citadelle et forts de Bordeaux, relatives aux mauvais traitements qu'on faisait subir aux officiers et aux soldats malades à l'hôpital Saint-André; — l'ordre de faire raser les maisons qui sont sur l'esplanade du Château-Trompette; — l'établissement d'un impôt sur le vin pour indemniser les propriétaires de ces maisons; — la demande des maire et jurats de Bordeaux pour obtenir du Roi la permission de bâtir au profit de la ville dans un terrain provenant du fonds des maisons démolies; — le plan des embellissements de la ville du côté du Château-Trompette; — l'entretien de la chapelle de ce château, etc.

C. 2057. (Registre.) — Grand in-folio, 24 feuillets, papier.

1758. — Capitainerie de Blaye, gardes-côtes. — Registre matricule des miliciens qui ont été levés dans les paroisses ci-après et incorporés dans la compagnie de Braud, ceux des paroisses de Braud, Saint-Ciers, Saint-Aubin, Etauliers, Anglade, Saint-Palais, Saint-Simon ; — dans la compagnie de Sours, ceux des paroisses de Mazion, Saint-Seurin, Saint-Martin, Cartelegue, Eyran, Saint-Genis, Saint-Androny ; — et dans la compagnie de Cars, ceux des paroisses de Cars, Berson, Saint-Paul, Plasaq, Saint-Sauveur, Saint-Romain et Sainte-Luce.

C. 2058. (Portefeuille.) — 7 pièces, papier.

1758-1759. — Correspondance de M. de Tourny, intendant de Bordeaux, avec MM. les ministres de Crémille et le maréchal de Belle-Isle et les subdélégués, concernant : — les états des dépenses qui ont été faites dans les hôpitaux de Lesparre, de Pauillac et du Verdon pendant la campagne de 1758, tant pour l'entretien des malades, officiers servants et domestiques, que pour les appointements des chirurgiens ; — l'état de la dépense, par estimation, qui doit être faite à l'occasion des troupes qui peuvent se rendre sur la côte du Médoc ; — un règlement relatif aux milices gardes-côtes de la province de Guyenne ; — l'augmentation dans les batteries de divers forts du Médoc de onze canons et de deux obusiers ; — les mouvements de divers corps de troupes de toutes armes envoyés sur les côtes de Guyenne, etc.

C. 2059. (Carton.) — 100 pièces, papier.

1779-1785. — Correspondance de M. Dupré de Saint-Maur, intendant de Bordeaux, avec MM. les ministres de Montbarey, de Ségur et de Saint-Germain et les subdélégués, concernant ; — l'état des pièces, ustensiles et effets de campement qui existent dans les magasins du Roi au Château-Trompette ; — la vérification des motifs d'exemption proposés en faveur de divers particuliers désignés par le sort pour le service de matelots gardes-côtes ; — des requêtes au sujet du tirage au sort ; — des états de revues des canonniers gardes-côtes ; — le loyer du magasin d'armes de Pauillac ; — l'habillement et le petit équipement des canonniers gardes-côtes ; — les états de solde de ces militaires ; — l'état de la dépense de l'école, pour l'instruction des canonniers gardes-côtes, établie à Lormont par ordre du prince de Montbarey et dont la durée doit être de quatre mois ; — la solde et fourniture de cette école, etc.

C. 2060. (Carton.) — 104 pièces, papier.

1781. — Correspondance de M. Dupré de Saint-Maur, intendant de Bordeaux, avec MM. les ministres de Ségur et le maréchal de Mouchy et les subdélégués, concernant : — la construction de la batterie de la pointe de Grâve ; — le logement des canonniers gardes-côtes à Lormont ; — diverses requêtes en exemption de service ; — l'habillement et le petit équipement des canonniers gardes-côtes ; — une gratification accordée aux instructeurs de l'école du canon ; — les appointements des gardiens des batteries des côtes de la Généralité de Bordeaux ; — le logement des canonniers gardes-côtes en route ; — deux gratifications de 150 livres chacune accordées par le maréchal de Mouchy aux sieurs Dublan, capitaine, et Taffard de La Ruade, des gardes-côtes.

C. 2061. (Carton.) — 129 pièces, papier.

1781-1782. — Correspondance de M. Dupré de Saint-Maur, intendant de Bordeaux, avec MM. les ministres de Ségur et le duc de Mouchy et les subdélégués, concernant : — les changements survenus dans le personnel de l'école du canon établie à Lormont pour l'instruction des canonniers gardes-côtes ; — les loyers et réparations des magasins d'armes à l'usage des canonniers gardes-côtes de Ludon, de Labarde, du Carbon-Blanc, de Latresne, de Nérigean, de Lamarque, de Saint-André, de Cubzac, Izon et la

Grâve, etc.; — la fourniture du bois et lumière au corps de garde de la pointe de Grâve ; — une gratification aux canonniers postiches qui ont conduit à Bordeaux sept anglais pris sur la côte d'Arcachon ; — la construction de la batterie du Boucaut ; — l'état de la solde accordée aux bas officiers et canonniers gardes-côtes employés à la police du tirage au sort ; — le règlement pour la levée des canonniers gardes-côtes de la Généralité de Bordeaux ; — le traitement extraordinaire accordé au commissaire des guerres chargé du service de la garde-côtes.

C. 2062. (Carton.) — 113 pièces, papier.

1782-1785. — Correspondance de M. Dupré de Saint-Maur, intendant de Bordeaux, avec MM. les ministres de Ségur et le maréchal de Mouchy, concernant : — le tirage au sort des remplacements à faire dans les compagnies gardes-côtes de la Généralité de Bordeaux ; — une gratification de 600 livres accordée au commissaire des guerres chargé de la police des canonniers gardes-côtes ; — l'état de dépense de cinq affûts marins construits pour les batteries de Capbreton et fort Socoa ; — des requêtes en exemption de service ; — les canonniers employés à la police du tirage au sort ; — une ordonnance de 700 livres accordée au sieur Cabarrus à titre de dédommagement pour le magasin qu'il a prêté gratuitement pendant la dernière guerre pour y déposer les munitions de la batterie de Capbreton ; — l'état des appointements des gardiens des batteries des côtes ; — la remise au Château-Trompette des effets d'habillement et d'armement des canonniers gardes-côtes, etc.

C. 2063. (Registre.) — In-folio, 41 feuillets, papier.

1775. — Registre de contrôle et de signalement des hommes des compagnies de grenadiers de Branot, de Lacan, de Mirabeu, de Montfort, de Bruyères, de Castaignos, de Roux Saint-Didier, de Rafliez, de Darné, de Bretous, de Platea, de Saint-Victor, de Boche, de Lavalgaigne, de Dabrac, de Durons, de Delard, de Bastard, de Villas, de Charrel, de Baillet, de Lafitte et de Borsol, composant le régiment provincial de Bordeaux.

C. 2064. (Carton.) — 92 pièces, papier.

1774-1778. — Correspondance de M. Dupré de Saint-Maur, intendant de Bordeaux, avec M. le ministre de Montbarey et les subdélégués, concernant : — les ordonnances du Roi relatives aux régiments provinciaux et à leur suppression le 15 décembre 1775 ; — l'état des soldats provinciaux de la levée de 1775 existant au 1er janvier 1776 ; — la levée pour l'année 1777 des hommes nécessaires pour compléter les bataillons provinciaux ; — une circulaire de l'intendant sur la composition de ces bataillons ; — les états de officiers royaux de Bordeaux et Périgueux, de ceux qui étaient employés dans les régiments provinciaux et des nouveaux sujets qui sollicitent des emplois dans les troupes provinciales de la Guyenne ;— les assemblées des troupes provinciales ; — l'habillement et l'équipement de ces troupes, etc.

C. 2065. (Carton.) — 74 pièces, papier.

1778-1780. — Correspondance de M. Dupré de Saint-Maur, intendant de Bordeaux, avec M. le ministre de Montbarey et les subdélégués, concernant : — la réunion des assemblées des régiments provinciaux ; — la fixation des époques et lieux de réunion ; — une circulaire relative à la nouvelle formation des régiments et bataillons de ces troupes ; — diverses demandes d'emploi d'officiers de tous grades ; — l'état des officiers qui étaient employés en 1774 et 1775 dans les régiments provinciaux de la Généralité de Guyenne, etc.

C. 2066. (Carton.) — 65 pièces, papier.

1748. — Instructions et ordonnances concernant : — l'assemblée et la conduite des soldats de milice ; — les fugitifs et déserteurs de ce corps ; — la compagnie de mineurs ; — les charpentiers et bateliers du corps des volontaires royaux ; — la levée de nouveaux bataillons ; — le service des milices gardes-côtes de la province de Normandie pendant la campagne de la présente année ; — le payement des troupes pendant la campagne prochaine ; — le service des milices gardes-côtes en Provence ; — la suspension d'armes par mer ; — la distribution du tabac de cantine aux troupes ; — le renvoi des milices dans leurs provinces ; — la réforme dans les dragons ; — la réforme d'un bataillon dans chacun des régiments d'infanterie et de celle qui doit être faite dans les régiments de cavalerie ; — les compagnies à cheval du régiment Royal-Cantabres ; — la suppression des troupes légères des volontaires Dubruelh, ci-devant de Belloy ; — la nouvelle réforme dans différents corps de troupes légères, etc.

C. 2067. (Carton.) — 9 pièces, papier.

1751. — Mémoires et modèles d'états imprimés relatifs : — aux titres qu'il est nécessaire de produire pour être reçu au nombre des gentilshommes de l'École royale militaire ; — à l'instruction sur ce que les parents doivent observer pour proposer leurs enfants à cette école, et aux questions auxquelles les parents de ces gentilshommes qui se présenteront doivent répondre exactement.

C. 2068. (Carton.) — 98 pièces, papier.

1616-1788. — Correspondance de MM. de Courson, Boucher, de Tourny et Boutin, intendants de Bordeaux, avec MM. les ministres de Morville, de Chauvelin, de Saint-Florentin, d'Angervilliers, Amelot, Orry, de La Vrillière, d'Aguesseau, d'Ormesson et de Paulmy, concernant : — l'état-major des troupes bourgeoises de la ville de Bordeaux ; — un mémoire des officiers de la milice bourgeoise de cette ville, relatif à leurs privilèges auxquels ils veulent ajouter celui du port d'armes ; — les délits militaires jugés par les jurats et officiers de ville ; — l'état des régiments et compagnies composant la milice bourgeoise de Bordeaux en 1743 ; — l'insulte faite aux officiers de cette milice par le sieur Montigny, chevalier du guet, à la tête de ses soldats, le jour de l'érection de la statue équestre du Roi ; — des lettres patentes du Roi et arrêts du Parlement de Bordeaux, de 1712 et 1731, relatifs aux privilèges octroyés par Sa Majesté aux capitaines, lieutenants et enseignes de la ville ; — les procès-verbaux du tirage au sort, pour les troupes provinciales de la subdélégation de Bazas pour l'année 1778.

C. 2069. (Carton.) — 80 pièces, papier.

1758-1759. — Correspondance de M. de Tourny, intendant de Bordeaux, avec MM. les subdélégués, concernant : — les états demandés par le ministre, de MM. les gardes du corps, gendarmes de la garde du Roi, chevau-légers et mousquetaires réformés ou retirés volontairement du service, résidant actuellement dans l'étendue de la Généralité de Bordeaux, et portant les indications réclamées sur le compte de chacun d'eux en particulier ; — des requêtes de plusieurs de ces officiers désirant rentrer dans les cadres d'activité.

C. 2070. (Carton.) — 44 exemplaires imprimés

1759. — Ordonnance du Roi du 5 décembre 1730, portant règlement sur les voitures qui seront fournies aux troupes pendant leur marche, le nombre et le prix des charrettes à bœufs, ainsi que des chevaux de selle qui doivent être fournis aux troupes de passage, etc.

C. 2071. (Carton.) — 58 pièces, papier.

1766-1769. — Correspondance de M. de Fargès, intendant de Bordeaux, avec les subdélégués, concernant : — les états des miliciens qui ont tiré au sort dans les paroisses de la subdélégation de Bordeaux et des requêtes en exemption de service présentées à l'intendant par plusieurs d'entre eux.

C. 2072. (Carton.) — 54 pièces, papier.

1766-1769. — Ordonnances du Roi, relatives : — au règlement sur l'exercice de l'infanterie ; — au chauffage des troupes dans les provinces ; — au régiment des Gardes-Lorraine ; — au règlement du service des colonels attachés au corps des grenadiers de France ; — au régiment des volontaires de Clermont qui portera à l'avenir le nom de *Régiment de Condé* ; — au règlement concernant les charges de lieutenants-colonels et majors qui vaqueront désormais dans l'infanterie, la cavalerie, les dragons et les troupes légères ; — à la création d'une légion pour l'île de Saint-Domingue ; — aux engagements, rengagements et au nombre des congés qui sera délivré chaque année ; — aux congés de semestre accordés aux officiers, bas officiers et soldats ; — à la levée et à l'entretien des milices qui doivent compléter les bataillons ; — aux régiments de recrue ; — à la paye et à l'entretien des officiers, bas officiers et soldats invalides, détachés à l'hôtel pour servir dans les compagnies ou retirés avec pension ; — à l'instruction sur la comptabilité des régiments, etc.

C. 2073. (Carton.) — 34 pièces, papier.

1770-1773. — Ordonnances du Roi relatives : — au logement des brigades de maréchaussée ; — à la formation des bataillons de milice en régiments provinciaux ; — à la solde des officiers et gardes de la compagnie de la connétablie ; — à la création de huit régiments, sous la dénomination de : corps royal de marine et d'une compagnie de maréchaussée pour le service des voyages et chasses du Roi ; — à l'assemblée des régiments provinciaux ; — au règlement concernant l'administration des masses et les approvisionnements nécessaires à l'habillement et à l'équipement des troupes ; — aux invalides pensionnés ; — aux officiers employés à l'hôtel de l'École royale militaire ; — aux hôpitaux militaires ; — aux payements de soldes et demi-soldes ; — à la fonte, à l'épreuve et à la réception des bouches à feu ; — aux jugements des conseils de guerre tenus à Lille par ordre du Roi le 12 juillet 1773, et à l'Hôtel royal des Invalides le 12 octobre de la même année, etc.

C. 2074. (Carton.) — 112 pièces, papier.

1760-1762. — Correspondance de M. Boutin, intendant de Bordeaux, concernant : — la levée des recrues nationales dans la Généralité de Guyenne ; — les dépenses qu'elles ont occasionnées dans chaque subdélégation ; — le logement des gens de guerre ; — la disette de la paille dont souffrent les troupes cantonnées dans le Bas-Médoc ; — l'état général des dépenses faites pour la levée des recrues nationales de la Généralité, pour frais d'engagements, subsistance, équipement, petit entretien, pourboires, gratifications et rétributions aux enrôleurs ; — des ordres de route, etc.

C. 2075. (Carton.) — 117 pièces, papier.

1761-1762. — Correspondance de M. Boutin, intendant de Bordeaux, avec M. le ministre de Choiseul et les subdélégués, concernant : — la levée des troupes provinciales dans les diverses subdélégations de la Généralité de Bordeaux ; — les ordres de route des recrues, leur marche et leur destination ; — l'état de subsistance des canonniers gardes-côtes employés à la garde des batteries du Bas-Médoc ; — ensemble les états des dépenses occasionnées par les quatre divisions des recrues de la Généralité en frais de transport, d'escorte, de subsistance d'engagements, pourboires, gratifications et rétributions aux enrôleurs, etc.

C. 2076. (Carton.) — 47 pièces, papier.

1767-1775. — Ordonnances du Roi relatives : — au transport des équipages militaires ; — aux semestres des officiers d'infanterie ; — à l'établissement d'une masse affectée aux recrues des régiments ; — au règlement du service dans les places et dans les quartiers ; — aux voitures qui doivent être fournies aux troupes pendant leurs marches ; — à des gratifications accordées à tous ceux qui arrêteront des déserteurs ou embaucheurs ; — au logement des officiers des troupes ; — à la création de la légion corse ; — aux hautes payes accordées aux anciens soldats ; — à la formation des bataillons de milices en régiments provinciaux ; — aux fourrages ; — aux troupes à cheval ; — à l'assemblée des régiments provinciaux ; — aux hôpitaux militaires ; — à la création de quatre régiments pour le service des colonies ; — au régiment des carabiniers de M. le comte de Provence qui prendra la dénomination de Monsieur ; — à divers règlements militaires ; — à l'établissement d'un dépôt de recrues à l'île de Ré ; — à l'amnistie générale ; — à la suppression des régiments provinciaux, etc.

C. 2077. (Carton.) — 108 pièces, papier.

1764-1775. — Correspondance de MM. de Fargès, Esmangart et Dupré de Saint-Maur, intendants de Bordeaux, avec M. le ministre de Choiseul et les subdélégués, concernant : — le décompte des officiers, bas officiers et soldats invalides retirés dans la subdélégation de Lesparre et le payement qui leur a été fait de leur traitement jusqu'au 31 décembre 1764 ; — l'habillement des invalides retirés avec pension dans les différentes provinces du royaume ; — le contrôle des invalides de la subdélégation de Pauillac ; — ensemble les pièces de dépenses relatives à la solde et à l'entretien de ces militaires.

C. 2078. (Carton?) — 98 pièces, papier.

1775-1779. — Correspondance de MM. Esmangart et Dupré de Saint-Maur, intendants de Bordeaux, avec les subdélégués, concernant : — les ordonnances du Roi relatives à l'administration de l'Hôtel royal des Invalides, aux officiers, bas officiers et soldats pensionnés ; — à la suppression, dans les régiments, des hautes payes attachées aux vétérans ; — le contrôle des invalides pensionnés existant dans la subdélégation de Pauillac ; — l'habillement de ces militaires ; — ensemble les mandats de payement de leur pension de retraite sur les fonds de l'extraordinaire des guerres.

C. 2079. (Carton.) — 122 pièces, papier.

1767-1780. — Correspondance de MM. de Fargès, Esmangart et Dupré de Saint-Maur, intendants de Bordeaux, avec MM. les ministres de Choiseul et Monteynard et les subdélégués, concernant : — les états des gratifications qui doivent être payées dans la Généralité de Bordeaux aux officiers invalides ; — la fixation des dates des payements aux bas officiers et soldats vétérans jouissant dans les provinces des soldes et demi-soldes attribuées à leur ancienneté de service et à leur grade ; — les sommes dues aux lieutenants invalides de la compagnie de Bordeaux, employés par ordre du Roi dans diverses villes de la Généralité, etc.

C. 2080. (Carton.)— 125 pièces, papier.

1781-1787. — Correspondance de MM. Boutin, Dupré de Saint-Maur et de Néville, intendants de Bordeaux, et les subdélégués, concernant : — les états des gratifications qui doivent être payées aux officiers invalides dans la Généralité de Bordeaux ; — les contrôles des bas officiers et soldats retirés avec solde, demi-solde et récompense militaire ; — leur habillement ; — des ordonnances de payement rendues par l'intendant ; — le contrôle des officiers, bas officiers et soldats invalides pensionnés existant dans la subdélégation de Bordeaux, etc.

C. 2081. (Carton.) — 116 pièces, papier.

1787-1789. — Contrôles, états et mandats de payements relatifs : — aux bas officiers et soldats invalides retirés dans la subdélégation de Bordeaux ; — aux invalides pensionnés ; — aux hommes des différents régiments retirés avec la demi-solde et la récompense militaire dans la Généralité de Bordeaux ; — aux vétérans retirés avec solde et demi-solde, dans la subdélégation ; à leur habillement ; — aux certificats de payement délivrés aux invalides changeant de résidence ; — à la requête de mademoiselle de Montignac en payement de la gratification qui était due à son frère lors de son décès ; — aux gratifications à payer aux officiers invalides de la Généralité de Bordeaux, Pau et Bayonne, etc.

C. 2082. (Carton.) — 133 pièces, papier.

1710-1789. — Correspondance de MM. Esmangart, Dupré de Saint-Maur, Boutin et de Néville, intendants de Bordeaux, avec MM. les ministres de Choiseul, Monteynard, Du Muy, le duc d'Aiguillon, de Montbarey, de Saint-Germain, d'Ormesson, de Colonia et le maréchal de Ségur et les subdélégués, concernant : — le transport des bagages militaires ; — des décisions ministérielles relatives aux soldats vénériens et galeux ; — le fourrage des chevaux de remonte ; — le port du médaillon de la vétérance ; — les plaintes des prieur et religieux de l'hôpital de la Charité de Condom, au sujet de l'inconduite et de l'insubordination des militaires allant aux eaux de Baréges qu'ils reçoivent dans leur maison ; — les aumôniers des régiments ; — le service des convois militaires ; — le traitement des cadets-gentilshommes dans les hôpitaux ; — diverses requêtes en décharge de la capitation adressées à l'intendant pour pertes de bestiaux par l'épizootie ; — dans le nombre de ces requêtes on voit figurer celle de dame Serène de Secondat, veuve de messire Gérard Dupleix, chevalier, baron de Courrensan et de Cadignan, habitante de la ville de Condom, mère de douze enfants vivants, dont six au service du Roi, et le septième aumônier de madame la comtesse d'Artois.

C. 2083. (Carton.) — 125 pièces, papier.

1775-1779. — Correspondance de M. Dupré de Saint-Maur, intendant de Bordeaux, avec MM. les ministres de Montbarey et de Vergennes et les subdélégués, concernant : — la levée des soldats royaux dans les paroisses des subdélégations de Bordeaux, Libourne, Sainte-Foy, Vitrezay, la Réole et Marmande ; — les assemblées des grenadiers royaux qui doivent avoir lieu à Bordeaux, Blaye, Libourne et Périgueux ; — les trois bataillons de garnison de Guyenne, Aquitaine et Médoc ; — l'état des officiers des grenadiers royaux ; — l'envoi des effets d'habillement nécessaires pour les sept bataillons de troupes provinciales du département de Bordeaux, etc.

C. 2084. (Carton.) — 125 pièces, papier.

1779-1782. — Correspondance de M. Dupré de Saint-Maur, intendant de Bordeaux, avec M. le ministre de Ségur et les subdélégués, concernant : — les états des soldats provinciaux du tirage de l'année 1779, propres à être incorporés dans les grenadiers royaux de Guyenne, Aquitaine et Médoc ; — l'assemblée des recrues propres à les compléter ; — les états relatifs à l'assemblée du 1er novembre 1781 et à celle de l'année suivante, qui eurent lieu pour le même objet ; — les états de revues dressés par les commissaires des guerres, les contrôles et les états de signalement, etc.

C. 2085. (Carton.) — 84 pièces, papier.

1780-1781. — Procès-verbaux du tirage au sort entre les garçons et les hommes veufs, sans enfants, de la subdélégation de Libourne, pour le contingent destiné aux troupes provinciales.

C. 2086. (Carton.) — 93 pièces, papier.

1782-1783. — Procès-verbaux du tirage au sort entre les garçons et les hommes veufs, sans enfants, des paroisses de la subdélégation de Libourne, dont le contingent doit être incorporé dans les troupes provinciales.

C. 2087. (Carton.) — 101 pièces, papier.

1770-1775. — Correspondance de MM. Esmangart et de Clugny, intendants de Bordeaux, avec MM. les ministres de Terray, de Boullongne, d'Ormesson, du Muy, de Choiseul et d'Argenson et les subdélégués, concernant : — l'état des sommes à imposer dans la Généralité de Bordeaux pour les indemnités de logement de l'inspecteur général des troupes ; — du prévôt général de la maréchaussée ; — des commissaires des guerres ; — de directeurs et ingénieurs des fortifications ; — des officiers d'artillerie ; — des officiers de marine et autres employés dans la province ; — des officiers d'administration des ports de Bordeaux, Libourne, Blaye, la Teste, de Buch et Marmande ; — ensemble les ordonnances de payement de ces indemnités délivrées par l'intendant.

C. 2088. (Carton.) — 101 pièces, papier.

1776-1777. — Correspondance de M. Dupré de Saint-Maur, intendant de Bordeaux, avec MM. Bertin, de Montbarey et le comte de Saint-Germain et les subdélégués, concernant : — les indemnités de logement de M. le marquis de Beaumont, brigadier des armées du Roi et gouverneur de Domme ; — des officiers d'artillerie, du génie et des troupes, tant de passage qu'en garnison ; des officiers de marine des différents ports de la Généralité, des commissaires ordonnateurs et commissaires des guerres ; — ensemble les ordonnances de payement de ces indemnités délivrées par l'intendant.

C. 2089. (Carton.) — 93 pièces, papier.

1778-1786. — Correspondance de MM. Dupré de Saint-Maur et de Néville, intendants de Bordeaux, avec MM. les ministres de Montbarey, Necker, de Ségur et de Vergennes et les subdélégués, concernant : — les indemnités de logement des officiers d'artillerie, canonniers, du génie, de marine, des commissaires des guerres et officiers des maréchaussées à la charge de Bordeaux, du directeur des fortifications de Bayonne, du marquis de Beaumont, gouverneur de Domme ; — l'état des officiers d'administration de la marine employés dans le département de Bordeaux et de Bayonne ; — ensemble les ordonnances de l'intendant pour le payement de ces indemnités.

C. 2090. (Carton.) — 112 pièces, papier.

1761-1768. — Correspondance de M. de Fargès, intendant de Bordeaux, avec M. le ministre de Choiseul et les subdélégués, concernant : — les états des dépenses faites pour les invalides sur les fonds de l'Hôtel royal ; — les invalides retirés à Montpazier ; — l'état des anciens sergents, soldats, cavaliers et dragons retirés à Montpazier et de ceux retirés avec leur solde entière ou demi-solde dans la Généralité de Bordeaux ; — les payements qu'ils ont reçus, l'état des mutations survenues dans les invalides pensionnés ; — les sommes payées aux hommes réformés du corps royal destinés au service de l'artillerie dans les ports de Brest, Rochefort et Toulon, retirés dans la Généralité de Bordeaux, etc.

C. 2091. (Carton.) — 110 pièces, papier.

1768-1775. — Correspondance de MM. de Fargès, Esmangart et de Clugny, intendants de Bordeaux, avec MM. les ministres de Choiseul et Monteynard et les subdélégués, concernant : — l'état des sommes qui ont été payées aux soldats, cavaliers et dragons, à titre de solde ou demi-solde, lorsqu'ils se sont retirés dans les provinces par suite de réforme ; — les invalides retirés avec pension ; — la solde et demi-solde des anciens soldats ; les états de réparations et d'entretien des bâtiments et magasins de la citadelle de Saint-Jean-Pied-de-Port, des châteaux de Lourdes et de Navarreinx, etc.

C. 2092. (Carton.) — 102 pièces, papier.

1775-1785. — Correspondance de M. Dupré de Saint-Maur, intendant de Bordeaux, avec M. le ministre de Ségur et les subdélégués, concernant : — les contrôles des invalides pensionnés existant dans diverses subdélégations de la Généralité ; — celui des bas officiers et soldats retirés avec la pension militaire attribuée à leur grade ; — ensemble les ordonnances délivrées par l'intendant pour le payement de leurs pensions.

C. 2093. (Carton.) — 117 pièces, papier.

1774-1776. — Correspondance de MM. Esmangart, de Clugny et Dupré de Saint-Maur, intendants de Bordeaux, avec M. le ministre d'Ormesson et les subdélégués, concernant : — les états des prix des denrées composant les rations d'étape et celles de fourrage dans les divers marchés de la Généralité de Bordeaux et le renouvellement des marchés par la régie générale des étapes.

C. 2094. (Carton.) — 115 pièces, papier.

1776-1778. — Correspondance de M. Dupré de Saint-Maur, intendant de Bordeaux, avec le ministre Necker et les subdélégués, concernant : — les états des prix des denrées dont se composent les rations d'étape et celles de fourrage dans les divers marchés de la Généralité de Guyenne et le renouvellement des marchés par la régie générale des étapes, à laquelle ces états doivent servir de régulateur.

C. 2095. (Carton.) — 124 pièces, papier.

1779-1782. — Correspondance de M. Dupré de Saint-Maur, intendant de Bordeaux, avec MM. de Necker et d'Ormesson, ministres, et les subdélégués, concernant : — les états des prix des denrées composant les rations d'étape et de fourrage dans les principaux marchés de la Généralité de Bordeaux et dans les lieux de passage des troupes qui correspondent auxdits marchés, et le renouvellement des marchés par la régie générale des étapes à laquelle ces états doivent servir de régulateur.

C. 2096. (Carton.) — 84 pièces, papier.

1783-1785. — Correspondance de M. Dupré de Saint-Maur, intendant de Bordeaux, avec les ministres de Calonne et de Vergennes et les subdélégués, concernant : — les états des prix des denrées composant les rations d'étape et de fourrage dans les principaux marchés de la Généralité de Bordeaux et le renouvellement des marchés par la régie générale des étapes.

C. 2097. (Carton.) — 101 pièces, papier.

1779-1782. — Correspondance de M. Dupré de Saint-Maur, intendant de Bordeaux, avec MM. les ministres de Montbarey et de Ségur et les subdélégués, concernant : — les dépenses qui restent à payer dans les provinces aux employés réformés et aux officiers-majors des places ; — les lits militaires ; — les officiers et employés de l'artillerie des places de la Généralité de Bordeaux ; — les contrôles des revues des commissaires des guerres ; — le dépôt des divers effets militaires placés dans les magasins du Château-Trompette ; — le logement des recrues volontaires de Luxembourg ; — les hôpitaux militaires et de charité ; — la fourniture des bois et lumières dans les places, citadelles, forts et châteaux, ci-devant du département de Bayonne ; — les dépenses dans les hôpitaux militaires pour le traitement des galeux, etc.

C. 2098. (Carton.) — 85 pièces, papier.

1782. — Correspondance de M. Dupré de Saint-Maur, intendant de Bordeaux, avec M. le ministre de Ségur et les les subdélégués, concernant : — le mouvement des troupes ; les distributions de fourrages ; — les contrôles des revues de subsistance ; — un mémoire des officiers municipaux de Périgueux, au sujet d'une fourniture de bois de chauffage faite aux troupes ; — les administrateurs généraux des hôpitaux militaires du royaume ; — des réclamations au sujet de la fourniture du pain et du payement des voitures de transport pour le service des convalescents ; — des demandes de congés absolus ; — la distribution de poudre pour les exercices à feu ; — les employés aux fortifications et bâtiments du Roi, et les gages et appointements qui leur sont attribués ; — les ouvriers de la verrerie de Saint-Macaire.

C. 2099. (Carton.) — 131 pièces, papier.

1788. — Correspondance de M. Dupré de Saint-Maur, intendant de Bordeaux, avec M. le ministre de Ségur et les subdélégués, concernant : — le mouvement des troupes ; — un mémoire des officiers municipaux de Langon au sujet du logement des troupes chez les privilégiés ; — les difficultés entre M. de La Ferrière, major, et le maire de Bayonne, au sujet de la viande de la troupe ; — les titres de noblesse du sieur Gripière de Moncroc ; — les ouvrages de fortification à faire dans les places de Bordeaux, Blaye, Handaye, Bayonne, Dax et fort de Socoa ; — les lits de l'hôpital militaire de Bayonne ; — ensemble diverses demandes de congés absolus, etc.

C. 2100. (Carton.) — 129 pièces, papier.

1784. — Correspondance de M. Dupré de Saint-Maur avec M. le ministre de Ségur et les subdélégués, concernant : — la plainte de M. Bartouilh de Taillac, lieutenant criminel au siége de Nérac, contre le sieur Capot de Feuillide, son neveu, capitaine de dragons ; — les logements militaires ; — des demandes de congés absolus ; — ensemble diverses requêtes relatives à différents objets, etc.

C. 2101. (Carton.) — 129 pièces, papier.

1783-1785. — Correspondance de MM. Dupré de Saint-Maur et de Néville, intendants de Bordeaux, avec M. le ministre de Ségur et les subdélégués, concernant : — les distributions de poudre aux troupes pour les exercices à feu ; — un billet d'honneur consenti par M. le marquis de Savignac ; — l'inventaire dans chaque hôpital militaire des effets à demeure qui y restent à la charge du Roi, et des ustensiles de caserne et corps de garde ; — une plainte des consuls de Brantôme contre le sieur de Lestrade ; — l'envoi des effets et marchandises du dépôt du Château-Trompette au magasin des effets du Roi à Saint-Denis ; — l'état des effets d'équipement et de campement existant aux magasins de Blaye ; — la proposition de M. le comte de Saint-Germe, de Nérac, de faire à ses frais la levée de deux cents hommes armés et équipés pour le service du Roi ; — le mouvement des troupes ; — la condamnation du sieur Stanislas de Pierre de Vianteix, lieutenant, à la dégradation des armes et de noblesse, et à vingt ans de prison pour avoir porté sans titre la croix de Saint-Louis, etc.

C. 2102. (Carton.) — 116 pièces, papier.

1786. — Correspondance de M. de Néville, intendant de Bordeaux, avec les ministres de Ségur et de Vergennes et les subdélégués, concernant : — le mouvement des troupes ; — le procès-verbal de la vente, par la direction de l'artillerie de Bordeaux, des vieux fers battus provenant d'affûts de canons ; — une ordonnance du Roi sur la désertion ; — les commissaires des guerres ; — les officiers généraux chargés de l'inspection des troupes de la Généralité ; — des demandes de congés temporaires et de congés absolus ; — les ouvrages de fortification à faire au château de Blaye ; — un mémoire de madame de Paty dans lequel elle demande la grâce de son fils déserteur ; — les employés aux fortifications des places de Bordeaux et Blaye ; — les revues de subsistance des troupes ; — ensemble des requêtes relatives à divers objets.

C. 2103. (Carton.) — 105 pièces, papier.

1773-1786. — Correspondance de MM. Esmangart, de Clugny, Dupré de Saint-Maur et de Néville, intendants de Bordeaux, avec MM. les ministres Joly de Fleury et de Vergennes, et les subdélégués, concernant : — les états des prix des denrées qui entrent dans la composition des rations d'étape dans les principaux marchés de la Généralité de Bordeaux et dans les lieux de passage des troupes qui correspondent auxdits marchés ; — le renouvellement des marchés par la régie des étapes.

C. 2104. (Carton.) — 109 pièces, papier.

1777-1789. — Correspondance de MM. Dupré de Saint-Maur et de Néville, intendants de Bordeaux, avec M. le ministre de Ségur et les subdélégués, concernant : — le bail de la maison qui doit servir de caserne à la maréchaussée de Tartas ; — la demande des officiers municipaux de cette ville, en remboursement de la somme de 800 livres qu'ils ont avancées pour le logement de cette brigade ; — le loyer de la caserne de gendarmerie de Saint-Sever ; — la translation de la brigade de maréchaussée d'Arzac à Aire.

C. 2105. (Carton.) — 131 pièces, papier.

1776-1789. — Correspondance de MM. Dupré de Saint-Maur et de Néville, intendants de Bordeaux, avec MM. les ministres de Montbarey et d'Ormesson et les subdélégués, concernant : — les frais de logement des officiers de gendarmerie en résidence à Saint-Sever et Dax (Landes) ; — l'incendie de la maison servant de caserne à la maréchaussée de Dax ; — une enquête relative à cet incendie ; — les réparations à faire à cette maison ; — l'état des brigades de maréchaussée établies dans la subdélégation de Dax ; — une réclamation des dames de la Charité de Dax, au sujet du local servant de caserne à la gendarmerie ; — les maréchaussées de Castels et de Bayonne ; — le renouvellement des marchés par la régie des étapes.

C. 2106. (Carton.) — 104 pièces, papier.

1776-1789. — Correspondance de MM. Dupré de Saint-Maur et de Néville, intendants de Bordeaux, avec les subdélégués, concernant : — le logement de la maréchaussée de Mont-de-Marsan et de celui des officiers des deux bataillons du régiment d'infanterie de Bourbon en garnison à Bayonne ; — du régiment des grenadiers royaux de Guyenne, des régiments de Cambrésis, d'Angoumois, etc.

C. 2107. (Carton.) — 109 pièces, papier.

1778-1784. — Ordonnances et décisions concernant : — l'assemblée des régiments provinciaux ; — les grenadiers royaux de Guyenne ; — différentes questions relatives aux exemptions du tirage de la milice ; — l'état des frais occasionnés par la levée des soldats provinciaux dans la subdélégation de Bazas ; — les états nominatifs dressés d'après les listes remises par les syndics, des garçons et hommes veufs, sans enfants, depuis l'âge de dix-huit ans et au-dessus jusqu'à quarante, qui, après l'examen qui en a été fait, ont été reconnus propres au service ; — les procès-verbaux du tirage au sort, par paroisse, des soldats provinciaux de cette subdélégation et leur contrôle signalétique.

C. 2108. (Carton.) — 87 pièces, papier.

1782-1789. — Ordonnances et arrêtés concernant : — la levée des troupes provinciales par la voie du sort ; — les états des frais occasionnés par la levée des soldats provinciaux de la subdélégation de Bazas ; — l'état nominatif dressé d'après les listes remises par les syndics des garçons et hommes veufs sans enfants, depuis l'âge de dix-huit ans et au-dessus jusqu'à quarante, qui, depuis l'examen qui en a été fait, ont été reconnus propres au service ; — l'état signalétique des soldats provinciaux qui ont subi le tirage au sort et les procès-verbaux de ce tirage dans les paroisses de ladite subdélégation.

C. 2109. (Carton.) — 100 pièces, papier.

1740-1777. — Correspondance de MM. Esmangart, de Clugny et Dupré de Saint-Maur, intendants de Bordeaux, avec les ministres de Choiseul, de Monteynard, Du Muy, le duc d'Aiguillon et de Saint-Germain, concernant : — les inventaires généraux des pièces d'artillerie et munitions de guerre existantes dans les magasins et sur les remparts du Château-Trompette, dans la citadelle de Blaye et le fort de Sainte-Croix de Bordeaux ; — les états des appointements payés : aux officiers généraux employés en Guyenne ; — aux commissaires des guerres ; — aux ingénieurs destinés par le Roi pour servir dans les places ; — aux officiers majors du Château-Trompette et du Hâ ; — aux officiers réformés tant d'infanterie que de cavalerie et dragons retirés dans la Généralité de Bordeaux et au corps royal de l'artillerie.

C. 2110. (Carton.) — 97 pièces, papier.

1777-1789. — État des appointements payés : aux officiers généraux employés en Guyenne, parmi lesquels figurent MM. le duc de Mouchy, commandant en chef ; — le comte de Fumel ; — le marquis de Troisnel ; — le marquis de Miran ; — le marquis de Voyer ; — le comte de Montazet et le marquis de Lastic ; — aux commissaires des guerres ; — aux officiers et majors de place ; — à l'inspecteur général des canonniers gardes-côtes et aux officiers réformés de la Généralité de Bordeaux, etc.

C. 2111. (Carton.) — 89 pièces, papier.

1784-1785. — Procès-verbaux de l'opération du tirage au sort pour la levée des troupes provinciales entre les garçons et hommes veufs sans enfants des diverses paroisses de la subdélégation de Libourne.

C. 2112. (Carton.) — 100 pièces, papier.

1786-1788. — Procès-verbaux de l'opération du tirage au sort pour la levée des troupes provinciales entre les garçons et hommes veufs sans enfants dans les diverses paroisses de la subdélégation de Libourne.

C. 2113. (Carton.) — 120 pièces, papier.

1787. — Correspondance de M. de Néville, intendant de Bordeaux, avec MM. les ministres de Ségur, de Brienne et de Breteuil et les subdélégués, concernant : — les effets d'habillement et d'équipement déposés dans les magasins provinciaux d'Auch, Libourne, Périgueux, Agen et Montauban ; — les mouvements des troupes ; — l'ordre d'arrestation du sieur La Grave La Mothe de Tampsey ; — les travaux de fortification de la place de Bayonne et de la citadelle de Blaye ; — les recrues destinées à compléter les troupes des colonies ; — l'état des officiers généraux chargés par le Roi de l'inspection des troupes de la Généralité ; — les distributions de poudre pour les exercices à feu ; — ensemble des demandes d'emploi, de congés absolus, des requêtes, mémoires, etc.

C. 2114. (Carton.) — 115 pièces, papier.

1787-1788. — Correspondance de M. de Néville, intendant de Bordeaux, avec MM. les ministres de Ségur, Blondel et de Brienne et les subdélégués, concernant : — des réclamations de créances sur MM. le vicomte de Durfort, capitaine dans le régiment de dragons de Chartres ; — le vicomte d'Agoult, capitaine de vaisseau, chevalier de Saint-Louis, et le sieur Doncour, lieutenant de maréchaussée ; — une demande en indemnité de frais de voyage formée par M. de Chancel, commissaire des guerres à Blaye ; — la résiliation des marchés des hôpitaux militaires ; — la condamnation des déserteurs ; — les observations relatives à l'usage et à l'application des bandages herniaires ; — les entrepreneurs généraux des lits militaires ; — l'état des objets dont jouissent MM. les officiers généraux commandant dans la Généralité de Guyenne ; — ensemble des mémoires, requêtes, etc.

C. 2115. (Carton.) — 113 pièces, papier.

1788. — Correspondance de M. de Néville, intendant de Bordeaux, avec MM. les ministres de Brienne, La Luzerne, de Breteuil et de Ségur, concernant : — les distributions de poudre aux troupes pour les exercices à feu ; — l'exemption du logement des gens de guerre en faveur des officiers de la connétablie ; — la dispense du service de la garde en faveur des pilotes lamaneurs ; — l'instruction pour les commissaires des guerres, relative au soin confié aux troupes de pourvoir à leur subsistance en pain de munition ; — un règlement provisoire relatif à l'administration des vivres ; — un autre règlement arrêté par le Roi, au sujet de la composition et des fonctions du directoire des subsistances militaires ; — le mouvement des troupes ; — l'état des sommes destinées aux fortifications de Bordeaux et de Blaye ; — le changement de la constitution des commissaires des guerres; — le logement et le casernement des troupes à cheval; — les prix du froment et du seigle, etc.

C. 2116. (Carton.) — 100 pièces, papier.

1759-1773. — Correspondance de MM. de Tourny, Boutin, de Fargès et Esmangart, intendants de Bordeaux, avec MM. les ministres Foulon, le duc de Choiseul, le comte de Saint-Germain et Monteynard, concernant : — les capotes à l'usage des sentinelles des places de la généralité de Bordeaux; — l'état du nombre et de la situation de celles du Château-Trompette, du château du Hâ, fort Sainte-Croix de Bordeaux et fort du Médoc; — l'état des bas officiers et soldats invalides qui ont obtenu la pension dans la compagnie de Bordeaux et de ceux qui se sont retirés dans leurs foyers pour y jouir de leur solde entière.

C. 2117. (Carton.) — 114 pièces, papier.

1773-1775. — Correspondance de MM. Esmangart et de Clugny, intendants de Bordeaux, avec MM. les ministres Du Muy et le comte de Saint-Germain, concernant : — les états des hommes de la compagnie d'invalides de Bordeaux auxquels il a été accordé, aux revues d'inspection, de se retirer dans les lieux du royaume qu'ils ont élus pour domicile, à l'effet d'y jouir de leur solde ou demi-solde; — des officiers, bas officiers et soldats invalides qui ont obtenu la pension dans la compagnie de Bordeaux; — l'habillement des troupes; — les commissaires des guerres, etc.

C. 2118. (Carton.) — 74 pièces, papier.

1776-1788. — Correspondance de MM. Dupré de Saint-Maur et de Néville, intendants de Bordeaux, avec MM. les ministres de Montbarey, de Ségur et de Brienne, concernant : — des envois de capotes neuves dans les diverses places de la Généralité de Bordeaux, pour servir à l'usage des sentinelles et remplacer celles qui sont hors de service; — les états des officiers, bas officiers et invalides qui ont obtenu la pension dans la compagnie de Bordeaux et des hommes auxquels il a été accordé, aux revues d'inspection, de se retirer dans les lieux du royaume qu'ils ont élus pour domicile, à l'effet d'y jouir de leur solde ou demi-solde; — le contrôle des invalides pensionnés à la charge de l'Hôtel; — les états des bâtiments français pris en mer par les Anglais avant la dernière guerre, ou arrêtés dans les ports d'Angleterre.

C. 2119. (Carton.) — 126 pièces, papier.

1776-1784. — Correspondance de M. Dupré de Saint-Maur, intendant de Bordeaux, avec MM. les ministres de Saint-Germain, de Montbarey et de Ségur et les subdélégués, concernant : — les établissements formés par les régisseurs des vivres pour la fabrication du pain des troupes; — le prix du pain payé aux troupes employées aux cordons sanitaires; — les transports militaires; — les mouvements des troupes; — les réparations à faire aux bâtiments et fours affectés à la cuisson du pain de munition; — l'inventaire des matières et effets existant dans les magasins de vivres de Blaye et de Bayonne; — l'inventaire de la régie générale des vivres; — l'ordonnance du Roi relative à la composition du pain de munition; — l'envoi de Calais à Bordeaux de 1,980 sacs de seigle pour être employés à la fabrication du pain; — les prix du blé sur les marchés, etc.

C. 2120. (Carton.) — 127 pièces, papier.

1784-1788. — Correspondance de MM. Dupré de Saint-Maur et de Néville, intendants de Bordeaux, avec M. le ministre de Ségur et les subdélégués, concernant : — les tableaux du prix du blé et du seigle dans les subdélégations de la Généralité de Bordeaux; — la nouvelle forme du service des vivres; — le marché passé pour la fourniture du pain de munition aux troupes dans les provinces du royaume; — la faillite de M. Labat de Sérenne, trésorier des vivres du département de Guyenne et garde-magasin à Bordeaux; — les magasins et fours pour la manutention des vivres; — la compagnie des munitionnaires; — l'inventaire des matières, effets et ustensiles existant dans les magasins des vivres, etc.

C. 2121. (Carton.) — 72 pièces, papier.

1758-1788. — Ordonnances et règlements relatifs : — aux milices gardes-côtes; — au service, à l'établissement et à l'entretien des batteries servant à la défense des côtes; — au payement des troupes pendant l'hiver; — au traitement des bataillons des prisonniers de guerre non échangés; — aux revues des commissaires des guerres; — aux déserteurs des milices; — aux régiments des grenadiers de France; — aux troupes légères; — au corps des volontaires du Dauphiné; — aux deux régiments de Nassau, d'infanterie allemande, réunis en un seul régiment, sous le nom de Prince Louis de Nassau; — aux cinq bataillons de milice des provinces et Généralités du royaume; — l'augmentation de la ration du pain de mu-

SÉRIE C. — INTENDANCE DE BORDEAUX.

nition; — à la levée d'un régiment, sous le titre de : Volontaires étrangers de Clermont-Prince; — au service intérieur, la police et la discipline des troupes; — aux quatre compagnies des gardes du corps; — à la réforme du corps de gendarmerie; — à la formation et à la solde de divers corps, etc.

C. 2122. (Carton.) — 124 pièces, papier.

1768-1776. — Correspondance de MM. Esmangart, de Clugny et Dupré de Saint-Maur, intendants de Bordeaux, avec MM. les ministres de Monteynard, le duc d'Aiguillon, d'Ormesson et de Sartine et les subdélégués, concernant : — les voitures qui doivent être fournies aux troupes pendant leurs marches; — les abus signalés dans ce service; — le marché passé avec le sieur Gérard Grandjean, entrepreneur général des convois militaires; — des requêtes, mémoires et ordonnances de payement de l'intendant relatifs à la dépense de ces convois; — les observations aux réponses des entrepreneurs généraux des voitures de la Généralité de Bordeaux, etc.

C. 2123. (Carton.) — 100 pièces, papier.

1776-1787. — Correspondance de MM. Dupré de Saint-Maur et de Néville, intendants de Bordeaux, avec MM. les ministres d'Ormesson, le comte de Saint-Germain, Necker, de Montbarey, Joly de Fleury, de Ségur et de Calonne, concernant : — la suppression de la corvée des bagages militaires; — l'entrepreneur général des étapes et voitures de la Généralité; — les jugements par contumace contre les déserteurs; — les obstacles éprouvés dans le service des convois; — la régie, au nom et au compte du Roi, de la fourniture aux troupes, ainsi que de celle des chevaux nécessaires pendant leurs marches; — les abus dans le service des convois militaires; — les conducteurs de recrues pour les colonies; — les régisseurs des étapes et convois.

C. 2124. (Carton.) — 100 pièces, papier.

1774-1778. — Correspondance de M. Dupré de Saint-Maur, intendant de Bordeaux, avec les subdélégués, concernant : — une imposition de trente mille livres dans la Généralité pour les frais de casernement des troupes; — les états des dépenses extraordinaires occasionnées aux communautés par les troupes pendant l'épizootie de 1775 et 1776; — les rôles des taxes; — les fournitures de bois et lumières; — le loyer des lits pour les militaires; — l'ameublement du pavillon des casernes de Libourne et une ordonnance de vingt mille livres délivrée par l'intendant en faveur du sieur Cabarrus jeune, négociant à Bordeaux, à compte sur les fournitures par lui faites pour cet ameublement; — les honoraires de M. Valframbert, ingénieur en chef des ponts et chaussées, en sa qualité d'inspecteur des casernes de Libourne, etc.

C. 2125. (Carton.) — 122 pièces, papier.

1678-1779. — Correspondance de M. Dupré de Saint-Maur, intendant de Bordeaux, avec les subdélégués, concernant :— le passage et le séjour des troupes; — les frais de logement et de casernement des troupes envoyées dans les communautés de la Généralité pour empêcher la communication de la maladie épizootique; — la procuration retenue par MM. Lagrenée et Leclerc, conseillers du Roi, notaires au Châtelet de Paris, et consentie à noble dame Marie-Françoise-Constance Fougeroux par M. Jean-Étienne Faucher, écuyer, conseiller du Roi, chevalier de ses ordres de Saint-Michel et de Saint-Louis, commissaire des guerres, seigneur de Faucher, etc., à l'effet de retirer des mains du sieur Branlat, notaire à la Réole, le montant de son office de maire de cette ville, dont M. Faucher avait exercé les fonctions; — les fournitures pour le service des corps de garde, etc.

C. 2126. (Carton.) — 100 pièces, papier.

1780-1783. — Correspondance de M. Dupré de Saint-Maur, intendant de Bordeaux, avec les subdélégués de la Généralité, concernant : — les frais de casernement des troupes; — la caserne de Libourne; — le corps de garde du détachement des troupes préposé au passage de Cubzac; — la fourniture des lits militaires; — les réparations faites aux casernes de Libourne et les gages des caserniers; — le blanchissage du linge et la fourniture de la paille à l'usage des troupes; — une indemnité à accorder au maître de poste de Périgueux; — la fourniture du bois et chandelles au corps de garde par l'Hôtel-de-Ville de Périgueux; — les lits de camp et les râteliers d'armes; — le passage des troupes; — l'état des loyers des écuries; — ensemble des mémoires, requêtes et ordonnances de payement délivrées par l'intendant, etc.

C. 2127. (Carton.) — 91 pièces, papier.

1783-1789. — Correspondance de MM. Dupré de Saint-Maur et de Néville, intendants de Bordeaux, avec les subdélégués de la Généralité, concernant : — les réparations à faire à la toiture du corps de garde de Cubzac;—

l'état des fournitures faites aux troupes de passage dans cette localité; — le corps de garde de Castres; — la fourniture de paille au régiment du Roi dragons; — l'état des frais de l'entrepreneur de la fourniture des lits militaires; — les logements militaires; — les réparations et augmentations aux casernes de Périgueux; — les frais de blanchissage de draps et serviettes fournis aux officiers et soldats du régiment de Franche-Comté en garnison à Libourne; — les gages des caserniers; — le plan et devis estimatifs des augmentations et réparations à faire aux casernes de la ville de Périgueux; — ensemble des mémoires, requêtes, ordonnances de l'intendant, relatifs aux dépenses occasionnées aux communautés pour le casernement des troupes, etc.

C. 2128. (Carton.) — 106 pièces, papier.

1757-1783. — Correspondance de M. Dupré de Saint-Maur, intendant de Bordeaux, avec M. le ministre Necker et les subdélégués, concernant : — la délibération relative à un emprunt de cent vingt mille livres fait par la commune de Libourne pour l'achat de divers emplacements pour la construction des casernes de cette ville; — l'état de situation de la recette et de la dépense des casernes de Libourne, Bergerac et Sainte-Foy; — le détail estimatif des ouvrages à faire pour la construction du second corps de caserne à Libourne, projeté pour le logement des soldats; — le devis et adjudication desdits ouvrages; — les frais de casernement du régiment Royal-Champagne cavalerie, en garnison à Libourne; — une gratification extraordinaire accordée au sieur de Saignes, lieutenant de maréchaussée; — les honoraires du sieur Valframbert, ingénieur en chef du Roi, pour l'inspection et direction des casernes de Libourne; — les frais d'entretien du casernement; — ensemble des ordonnances de payement délivrées par l'intendant.

C. 2129. (Carton.) — 113 pièces, papier,

1783-1789. — Correspondance de MM. Dupré de Saint-Maur et de Néville, intendants de Bordeaux, et les subdélégués, concernant : — l'état et frais de journées employées par la brigade de maréchaussée de Saint-André de Cubzac, pour mettre à exécution une ordonnance d'arrestation rendue par l'intendant contre un nommé Auge; — le logement des officiers dans les casernes; — des états de réparations faites aux casernes de Libourne; — l'achat de deux maisons qui sont devant les casernes de cette ville et du terrain qui en dépend; — le chauffage du corps de garde du quartier des soldats; — les réparations des deux puits et des pompes des casernes; — les dommages causés aux deux corps de logis du quartier par l'ouragan survenu le 18 juillet 1784; — les réparations faites aux casernes de Libourne pour détruire l'infection et prévenir la communication de la maladie épidémique des chevaux, etc.

C. 2130. (Carton.) — 93 pièces, papier.

1763-1789. — Correspondance de MM. Boutin de Fargès, Esmangart, de Cluny, Dupré de Saint-Maur et de Néville, intendants de Bordeaux, avec MM. les ministres de Choiseul, de Montbarey et d'Ormesson et les subdélégués, concernant : — le dépôt, dans la manufacture d'Agen, des armes de plusieurs bataillons de milice des Généralités de Bordeaux, Auch et Montauban; — les états de situation des effets des troupes provinciales qui existent dans les divers magasins de la Généralité ; — les appointements de gardes-magasins des effets d'habillement et d'équipement; — le règlement pour l'entretien des armes de guerre qui existent dans les différentes places du royaume; — ensemble des ordonnances de payement délivrées par l'intendant, etc.

C. 2131. (Carton.) — 120 pièces, papier.

1759-1778. — Correspondance de MM. Esmangart, de Cluny et Dupré de Saint-Maur, intendants de Bordeaux, avec MM. les ministres de Monteynard, Du Muy, le duc de de Choiseul et de Montbarey et les subdélégués, concernant : — l'état des dépenses qui ont été faites pour le logement d'un détachement de gardes de la connétablie des maréchaux de France employé dans la Généralité de Bordeaux; — l'état des ingénieurs nommés par le Roi dans les places du département de Bordeaux et des appointements qui leur sont attribués; — les logements accordés sur la province aux officiers d'administration de la marine employés à Bordeaux et à Bayonne; aux inspecteurs généraux; aux officiers des troupes; aux commissaires des guerres; aux directeurs et ingénieurs des fortifications; aux officiers invalides; aux officiers de marine; aux états-majors de la cavalerie et de l'infanterie; aux officiers d'artillerie, du génie et canonniers, etc.

C. 2132. (Carton.) — 125 pièces, papier.

1779-1791. — Correspondance de M. Dupré de Saint-Maur, intendant de Bordeaux, avec le ministre de Ségur et les subdélégués, concernant : — les districts du corps royal du génie de la direction de Guyenne et d'Aunis; — la revue du corps royal de l'artillerie à Bayonne, fort Socoa et

SÉRIE C. — INTENDANCE DE BORDEAUX.

Handaye, pour servir aux appointements des officiers de ce corps ; — les logements des officiers d'artillerie, génie, cavalerie, infanterie, maréchaussée, invalides et officiers d'administration ; — ensemble des requêtes, mémoires et ordonnances de payement délivrées par l'intendant, relatives à l'indemnité de ces logements.

C. 2133. (Carton.) — 114 pièces, papier.

1781-1784.—Correspondance de M. Dupré de Saint-Maur, intendant de Bordeaux, avec MM. les ministres de Ségur et de Vergennes et les subdélégués, concernant : — des contestations au sujet de l'indemnité de logement réclamée par divers officiers ; — les logements des officiers de toutes armes et d'administration de la Généralité de Bordeaux ; — ensemble des requêtes, mémoires et ordonnances de payement délivrées par l'intendant, relatifs à ce service.

C. 2134. (Carton.) — 93 pièces, papier.

1785-1789. — Correspondance de M. de Néville, intendant de Bordeaux, avec MM. les ministres de Ségur, de Vergennes et de Brienne et les subdélégués, concernant : — l'état des officiers du corps royal du génie désignés par le Roi pour servir dans les places de Bordeaux, Blaye, Bayonne, Dax, Handaye, fort de Socoa, et Lourdes, Saint-Jean-Pied-de-Port et Navarreins ; — l'inspection des troupes qui sont dans la Généralité de Bordeaux ; — les logements des officiers de troupes, de places, d'administration, de la marine, de la maréchaussée et d'invalides ; — ensemble des requêtes, mémoires et ordonnances de payement délivrées par l'intendant au sujet de l'indemnité de ces divers logements, etc.

C. 2135. (Carton.) — 90 pièces, papier.

1788-1789. — Impressions et modèles concernant : — deux ordonnances du Roi portant règlement, la première, sur le recrutement, les engagements, l'envoi des recrues, la correspondance et la comptabilité du recrutement, les engagements et les congés ; — la seconde, sur l'administration et la comptabilité, tant des appointements et solde que des masses ; — une décision du Roi relative aux semestres des troupes ; — le prospectus d'un plan pour la construction de casernes ; — le conseil d'administration du département de la guerre ; — l'ordonnance du Roi portant suppression de la punition des coups de plat de sabre dans ses troupes ; — des modèles de livret pour la revue d'inspection et du registre général des délibérations du conseil d'administration ; — les états de logement ; — le tableau de l'ancienne administration des hopitaux militaires.

C. 2136. (Carton.) — 129 pièces, papier.

1770-1785. — Correspondance de MM. Esmangart, de Clugny, Dupré de Saint-Maur et de Néville, intendants de Bordeaux, avec MM. les ministres de Monteynard, le comte de Saint-Germain et de Ségur et les subdélégués, concernant : — le renouvellement du marché de la fourniture du bois et lumières des Châteaux-Trompette, du Ha et fort de Sainte-Croix de Bordeaux, citadelle de Blaye, tour de l'Ile et du fort de Médoc ; — des mémoires relatifs à ces fournitures ; — le marché des lits militaires ; — les fournitures du bois aux troupes et du bois et lumières aux corps de garde de la place de Bayonne, du château de Dax, du fort de Socoa et de la redoute de Handaye ;—le renouvellement des marchés de l'hôpital militaire de Bayonne et l'état des officiers de santé et servants qui y sont employés ; — les plaintes des officiers municipaux de la ville de Bayonne au sujet d'une dépense de 3,690 livres dont elle est chargée annuellement pour le service de cet établissement ; — le règlement général sur la fourniture des fourrages aux troupes à cheval, etc.

C. 2137. (Carton.) — 100 pièces, papier.

1786-1787. — Correspondance de M. de Néville, intendant de Bordeaux, avec le ministre de Ségur et les subdélégués, concernant : — les états des fournitures de fourrages faites aux troupes à cheval dans la Généralité de Bordeaux ; — la composition de la ration de fourrage ; — le renouvellement des marchés ; — les approvisionnements des magasins ; — les conditions des marchés avec les directeurs généraux des fourrages ; — les remboursements des loyers et réparations des magasins ; — la vente des effets existant aux magasins des entrepreneurs généraux des fourrages à Libourne ; — le remboursement des fournitures extraordinaires faites dans la Généralité de Pau et Bayonne ; — l'inspection des fourrages par le commissaire ordonnateur ; — ensemble des requêtes et ordonnances de payement délivrées par l'intendant au sujet de ces fournitures.

C. 2138. (Carton.) — 100 pièces, papier.

1787-1789. — Correspondance de M. de Néville, intendant de Bordeaux, avec MM. les ministres de Brienne et de Ségur, concernant : — le renouvellement du marché pour cinq années de la fourniture des bois et lumières aux corps de garde des châteaux Trompette, du Hâ et fort Sainte-Croix de Bordeaux, citadelle de Blaye, tour de l'Ile et fort de Médoc et aux troupes qui les occupent ; — le remboursement des loyers et les réparations des magasins ; — la fourniture de pain aux troupes et celle des fourrages à la cavalerie ; — les conditions auxquelles ces fournitures doivent être faites ; — les divers états de la fourniture en fourrage faite aux troupes de la Généralité de Bordeaux et les ordonnances délivrées par l'intendant pour le payement de ces fournitures.

C. 2139. (Carton.) — 120 pièces, papier.

1775-1785. — Correspondance de MM. Esmangart, de Clugny, Dupré de Saint-Maur et de Néville, intendants de Bordeaux, avec MM. les ministres Du Muy, de Montbarey, de Ségur et de Vergennes et les subdélégués, concernant : — l'état de répartition, par subdélégation, des hommes de la Généralité qui devait fournir en six années 4,970 soldats provinciaux ; — les dispositions pour le tirage au sort de la milice ; — le mouvement des troupes ; — le refus de trois jeunes gens de la paroisse d'Illats de tirer au sort ; — les poursuites dirigées contre le curé de la paroisse de l'Isle en Périgord, pour avoir commis pour la deuxième fois un faux en dénaturant un extrait baptistaire pour soustraire un jeune homme au tirage de la milice ; — le relevé général des listes fournies par les officiers municipaux ou syndics des paroisses de la Généralité ; — ensemble des instructions sur la milice, des demandes de congés absolus et d'exemption de tirage au sort, des mémoires, correspondances diverses, etc.

C. 2140. (Carton.) — 106 pièces, papier.

1786-1788. — Correspondance de M. de Néville, intendant de Bordeaux, avec MM. les ministres de Ségur, de Brienne et le baron de Breteuil et les subdélégués, concernant : — l'émeute de Basserolles, dans la subdélégation de Nontron, et les excès commis sur le subdélégué par quatre soldats de milice à l'occasion du tirage au sort ; — la suspension du tirage et la peine infligée aux émeutiers ; — le mouvement des troupes ; — le relevé général des listes fournies par les officiers municipaux ou syndics des paroisses de la Généralité pour la levée de la milice ; — les dispositions pour le tirage ; — ensemble des mémoires, requêtes, demandes de congés, d'exemption de tirage au sort, etc.

C. 2141. (Carton.) — 98 pièces, papier.

1788-1789. — Correspondance de M. de Néville, intendant de Bordeaux, avec MM. les ministres de Brienne, de Ségur et La Tour-du-Pin et les subdélégués, concernant : — la suspension jusqu'à nouvel ordre des opérations relatives au tirage au sort dans la Généralité de Bordeaux ; — le relevé général des listes fournies par les officiers municipaux ou syndics des paroisses de la Généralité de Bordeaux lors de la levée des troupes provinciales de 1778 ; — les états, par subdélégation, des tirages des troupes provinciales ; — la dispense du tirage au sort de la milice accordée par le Roi, à titre de soulagement à son peuple qui souffre de la cherté des vivres provenant de la disette des récoltes détruites par la grêle et les inondations, etc.

C. 2142. (Carton.) — 118 pièces, papier.

1769-1777. — Correspondance de MM. Esmangart, de Clugny et Dupré de Saint-Maur, intendant de Bordeaux, avec MM. les ministres de Choiseul, Du Muy, de Saint-Germain, Bertin et de Monbarey, concernant : — des commissaires ordonnateurs et commissaires des guerres ; — les loyers des lits militaires ; — les officiers du régiment d'Orléans et du Vivarais ; — la fixation de l'indemnité des logements des lieutenants généraux et maréchaux de camp employés aux divisions ; — l'état des officiers et employés attachés aux directions d'artillerie, fonderies, forges et manufactures d'armes ; — des commandants des écoles ; — des élèves du corps royal et autres et des appointements dont ils doivent jouir ; — des difficultés élevées au sujet du logement des officiers du corps royal du génie et des ingénieurs géographes ; — les commissaires généraux de la marine et commissaires des classes ; — ensemble des requêtes, mémoires et ordonnances délivrées par l'intendant pour le payement de ces diverses indemnités de logement.

C. 2143. (Carton.) — 115 pièces, papier.

1778-1779. — Correspondance de M. Dupré de Saint-Maur, intendant de Bordeaux, avec MM. les ministres de Montbarey et Necker, concernant : — les logements militaires de la Généralité de Bordeaux ; — le loyer des lits des officiers supérieurs ; — les directeurs des fortifications des places comprises entre les Pyrénées et la Loire ; — la revue de l'artillerie des places des provinces de Guyenne, Saintonge et du pays d'Aunis ; — la constitution et le service des commissaires des guerres et les fonctions qui leur sont attribuées ; — ensemble des requêtes, mémoires et ordonnances de l'intendant relatives au payement des indemnités de logement, etc.

C. 2144. (Carton.) — 100 pièces, papier.

1780-1784. — Correspondance de M. Dupré de Saint-Maur, intendant de Bordeaux, avec MM. les ministres de Sartines, Necker et de Ségur et les subdélégués, concernant : — les états des logements des officiers supérieurs logés, tant au Château-Trompette de Bordeaux qu'à la citadelle de Blaye ; — des officiers des divers régiments et des officiers d'administration employés dans la Généralité de Guyenne ; — ensemble des requêtes, mémoires et ordonnances de payement délivrées par l'intendant au sujet de l'indemnité de ces logements.

C. 2145. (Carton.) — 88 pièces, papier.

1784-1787. — Correspondance de M. de Néville, intendant de Bordeaux, avec M. le ministre de Ségur et les subdélégués, concernant : — les états de logement des officiers supérieurs, directeurs d'artillerie, directeurs des fortifications, des officiers du régiment de Champagne ; — des commissaires ordonnateurs ; — des commissaires des guerres ; — des employés d'administration ; — des officiers du corps royal du génie employés en Guyenne, Béarn et Bigorre ; — les appointements et traitements des officiers et employés de l'artillerie ; — la visite des armes ; — ensemble des requêtes, mémoires et ordonnances de payement délivrées par l'intendant pour les indemnités de ces logements, etc.

C. 2146. (Carton.) — 90 pièces, papier.

1788-1789. — Correspondance de M. de Néville, intendant de Bordeaux, avec MM. les ministres de Brienne, Necker et de Ségur et les subdélégués, concernant : — le logement des officiers supérieurs au Château-Trompette ; — du directeur du corps royal du génie ; — de l'inspecteur général du corps royal de l'artillerie ; — des commandants d'écoles ; — directeurs, sous-directeurs, officiers et employés aux arsenaux de construction, manufactures d'armes, forges et fonderies ; — des officiers du régiment de Champagne ; — les dépenses dont les villes et provinces sont particulièrement chargées pour l'établissement des troupes ; — ensemble des mémoires, requêtes et ordonnances de payement délivrées par l'intendant pour le service des logements militaires.

C. 2147. (Carton.) — 86 pièces, papier.

1757-1780. — Correspondance de MM. Esmangart, de Clugny et Dupré de Saint-Maur, intendants de Bordeaux, avec MM. les ministres de Monteynard et de Montbarey et les subdélégués, concernant : — les ordonnances et règlements relatifs aux milices gardes-côtes de la province de Guyenne ; — aux voitures qui doivent être fournies aux troupes pendant leurs marches ; — aux décomptes des régiments de grenadiers royaux et des régiments provinciaux ; — au payement des soldes et demi-soldes ; — à l'assemblée des régiments provinciaux ; — au service des convois militaires ; aux invalides pensionnés ; — à la constitution et administration de l'Hôtel royal des Invalides ; — aux récompenses militaires ; — à l'augmentation des matelots classés dans diverses provinces du royaume ; — ensemble des mémoires, requêtes et ordonnances de payement délivrées par l'intendant pour le service des logements militaires.

C. 2148. (Carton.) — 96 pièces papier.

1781-1789. — Correspondance de M. Dupré de Saint-Maur, intendant de Bordeaux, avec MM. les ministres de Ségur et de Brienne et les subdélégués, concernant : — le contrôle des hommes retirés avec solde, demi-solde et récompense militaire dans la subdélégation de Bergerac ; — celui des invalides pensionnés existant dans la même subdélégation ; — l'état des officiers et employés de l'artillerie des places fortes de la Généralité ; — les fortifications et les bâtiments du Roi dans le département de Bordeaux ; — le renouvellement des marchés des étapes ; — les prix, sur les différents marchés, des denrées qui entrent dans la composition des étapes ; — les logements militaires, etc.

C. 2149. (Carton.) — 107 pièces, papier.

1772-1773. — Correspondance de M. Barret de Ferrand, prévôt général de Bordeaux, avec M. de Monteynard, ministre de la guerre, concernant : — les arrestations des militaires prévenus de désertion, fraudes, vols et autres délits, leur mise en liberté ou leur renvoi devant les tribunaux compétents.

C. 2150. (Portefeuille.) — 100 pièces, papier.

1734-1735. — États des miliciens appartenant aux subdélégations de Périgueux, Libourne, Sarlat, Marmande, Nérac, Bordeaux, Condom, Agen, Bergerac, Nontron, Bazas, Casteljaloux, Sainte-Foy et Villeneuve qui avaient reçu leurs congés, et renvoyés dans leurs foyers pour cause d'infirmités qui les avaient rendus impropres au service militaire, etc.

C. 2151. (Portefeuille.) — 71 pièces, papier.

1735. — Correspondance de M. Boucher, intendant de Bordeaux, avec M. le ministre d'Angervilliers et les subdélégués, concernant : — la levée des miliciens en l'année 1735 dans les subdélégations de Sarlat, Agen, Périgueux, Libourne, Nontron, Marmande, Sainte-Foy, Bergerac, Bordeaux, Villeneuve, Bazas, Nérac, Casteljaloux et Condom ; — le départ des recrues pour les régiments auxquels ils étaient destinés, etc.

C. 2152. (Registre.) — In-folio, 34 feuillets, papier.

1750. — Registre d'inscription des officiers et jeunes gentilshommes de la Généralité qui demandaient de l'emploi dans les milices.

C. 2153. (Portefeuille.) — 52 pièces, papier.

1746-1759. — Correspondance de M. de Tourny, intendant de Bordeaux, avec les subdélégués, concernant : — la levée de la milice dans les subdélégations de Bordeaux, Libourne, Périgueux, Bergerac, Sarlat, Nontron, Marmande, Bazas, Sainte-Foy, Nérac, Condom, Agen, Casteljaloux, Blaye, Villeneuve, Monpon, Monflanquin, Clairac, Saint-Palais de Vitrezay, Ribeyrac et Thiviers ; — la répartition des miliciens dans les bataillons stationnés dans la Généralité de Bordeaux, afin de remplacer les morts ou les déserteurs, etc.

C. 2154. (Carton.) — 1 pièce, parchemin, 113 pièces, papier.

1766-1772. — Correspondance de MM. de Fargès et Esmangart, intendants de Bordeaux, avec M. le ministre Bertin et les subdélégués, concernant : — les états des miliciens et des hommes fournis par les corps et communautés de la ville et faubourg de Bordeaux en remplacement du tirage de la milice ; — les noms des enrôlés ; — le montant de leurs engagements ; — les sommes payées à compte et celles restant dues ; — l'exemption du tirage à la milice en faveur des élèves chirurgiens et des facteurs de la petite poste à Bordeaux, etc.

C. 2155. (Portefeuille.) — 123 pièces, papier.

1767-1770. — Correspondance de MM. de Fargès et Esmangart, intendants de Bordeaux, avec les subdélégués, concernant : — les états des absents à la milice arrêtés par la maréchaussée ; — les frais faits à l'occasion de la levée de la milice de l'année 1769, dans les subdélégations de Périgueux, Marmande, Clairac, Agen, Villeneuve, Monflanquin, Condom, Nérac, Casteljaloux, Bazas, Riberac, Thiviers, Sarlat, Monpon, Bergerac, Sainte-Foy, Libourne, Vitrezay et Bordeaux.

C. 2156. (Portefeuille.) — 101 pièces, papier.

1772. — Procès-verbaux de la levée des soldats provinciaux, dans les subdélégations de Dax et de Libourne.

B. 2157. (Portefeuille.) — 101 pièces, papier.

1773. — Procès-verbaux de la levée des soldats provinciaux dans les subdélégations de Saint-Sever, Bayonne et Bergerac.

C. 2158. (Portefeuille.) — 84 pièces, papier.

1773. — Procès-verbaux de la levée des soldats provinciaux, dans les subdélégations de Castillonnés, Nérac, Condom et Bazas.

C. 2159. (Portefeuille.) — 1 cahier in-folio, de 24 feuillets, papier.

1774. — Contrôle général des invalides pensionnés formant la compagnie de la Généralité de Bordeaux, à la suite de la revue qui fut passée le 1er mai 1774.

C. 2160. (Carton.) — 116 pièces, papier.

1769-1770. — Correspondance de MM. de Fargès et Esmangart, intendants de Bordeaux, avec MM. les ministres d'Invau, d'Ormesson, Terray et le duc de Choiseul, concernant : — des ordonnances de payement au profit du sieur Gérard Grandjean, adjudicataire général de la fourniture des étapes faite aux troupes du Roi ; — les soumissions des sieurs Jean Fayard, Henri Soutier et Gauchet pour la fourniture des étapes ; — les adjudications desdites fournitures ; — le marché passé avec le sieur Roudès par M. de Fargès, intendant, pour la fourniture des étapes ; — des ordonnances de remboursement d'étapes au profit dudit Roudès, etc.

C. 2161. (Carton.) — 1 pièce, parchemin ; 110 pièces, papier.

1771-1789. — Correspondance de MM. Esmangart,

de Cluny, Dupré de Saint-Maur et de Néville, intendants de Bordeaux, avec MM. les ministres de Monteynard, Terray, d'Ormesson, Necker, de Ségur et Montbarey, concernant : — les étapes pour la maréchaussée ; — les abus sur la fourniture des étapes ; — les états des soustraitants de la fourniture de l'étape et voitures aux troupes dans l'étendue de la Généralité de Bordeaux ; — les instructions relatives aux achats des grains par les fournisseurs des étapes ; — les comptes et liquidation de la fourniture de l'étape ; — une ordonnance de 12,500 livres au profit du sieur Roudès, adjudicataire des étapes, etc.

C. 2162. (Portefeuille.) — 64 pièces, papier.

1717-1719. — Comptes en recettes et dépenses du commis de l'extraordinaire des guerres pour la subsistance des troupes.

C. 2163. (Registre.) — In-folio 199 feuillets, papier.

1737. — Registre d'inscription de la recette et de la dépense faite par M. Durey de Sauroy, écuyer, conseiller du Roi, trésorier général de l'extraordinaire des guerres, tant pour la subsistance, solde et entretien des troupes, qu'autres dépenses ordinaires et extraordinaires concernant le service du Roi, etc.

C. 2164. (Carton.) — 101 pièces, papier.

1776-1788. — États : de la fourniture du pain de munition faite aux troupes tenant garnison dans la Généralité de Bordeaux par le directeur des vivres ; — les états des dépenses qui, en entreprise, étaient à la charge du Roi, dont le régisseur général des vivres avait fait les avances pour le service de la place de Bordeaux et arrondissement ; — des loyers des fours et magasins employés au service de la régie, et des dépenses extraordinaires à l'occasion des approvisionnements versés sur Bordeaux, pour les secours des peuples de Guyenne, etc.

C. 2165. (Carton.) — 94 pièces, papier.

1677-1689. — Procédures, concernant : — le sieur Joseph de Litterie, jurat de Bazas, et le sieur Bernard Chaumette, bourgeois dudit Bazas, détenu prisonnier, au sujet de certaines sommes qui devaient être employées au remboursement des étapes des derniers six mois de l'année 1675 ; — l'arrestation des collecteurs de la paroisse de Cénon, pour certains abus de malversation dont ils étaient accusés au sujet de la distribution des étapes aux troupes logées dans ladite paroisse ; — procès entre le maire et les jurats de la ville de Castelsagrat en Agenais, et Antoine Tiffèdre, notaire royal et étapier de ladite ville, au sujet de son emprisonnement et saisie de son cheval à raison des étapes qu'il devait restituer ; — Guillaume Lacaze, préposé aux étapes du bourg de Saint-André en Cubzaguais, contre Raymond Bayez, syndic de ladite paroisse, au sujet du remboursement qu'il demandait à la communauté de Saint-André d'une somme de 660 livres, que ledit Lacaze prétendait avoir avancée pour la fourniture des étapes aux troupes.

C. 2166. (Carton.) — 108 pièces, papier.

1768-1771. — Correspondance de MM. de Fargès et Esmangart, intendants de Bordeaux, avec MM. les ministres de Choiseul et de Monteynard et les subdélégués, concernant : — les états des anciens soldats retirés du service avec solde ou demi-solde dans la Généralité de Bordeaux ; — le renouvellement des habillements des invalides pensionnés.

C. 2167. (Carton.) — 108 pièces, papier.

1771-1783. — Correspondance de MM. Esmangart et de Clugny, intendants de Bordeaux, avec MM. les ministres de Monteynard, Du Muy et le comte de Saint-Germain et les subdélégués, concernant : — les fournitures des habillements des invalides pensionnés, retirés dans la Généralité de Bordeaux ; — les états des sommes dues au sieur Cauvin, garde-magasin des effets du Roi, au Château-Trompette, pour remboursement des avances par lui faites pour l'emballage et transport des habillements des troupes invalides ; — les dégâts occasionnés à la caserne de la maréchaussée de Villeneuve, etc.

C. 2168. (Carton.) — 113 pièces, papier.

1784-1789. — Correspondance de MM. Dupré de Saint-Maur et de Néville, intendants de Bordeaux, avec MM. les ministres de Ségur, de Vergennes et Latour-Dupin et les subdélégués, concernant : — les appointements du sieur Bayle, garde-magasin des effets des bataillons provinciaux ; — la fourniture des habillements des officiers, bas officiers et soldats invalides retirés dans la Généralité de Bordeaux ; — la réclamation des maîtres charpentiers de navires de Libourne attachés au service de la marine tendante à être exemptés du service de matelots ; — l'arrestation de déserteurs, etc.

C. 2169. (Carton.) — 103 pièces, papier.

1765-1783. — Correspondance de MM. Esmangart, de Clugny et Dupré de Saint-Maur, intendants de Bordeaux, avec MM. les ministres Terray, Turgot, d'Ormesson, Necker, Montbarey, de Vergennes et Joly de Fleury et les subdélégués, concernant : — la prise de possession par Alexis Demont pour la fabrique, fourniture, vente et débit des poudres et salpêtres ; — la nomination des régisseurs préposés à l'administration du service des poudres et salpêtres ; — les états des entreposeurs, des salpêtriers, inspecteurs et entrepreneurs ; — la forme de cette administration ; — le prix extraordinaire proposé par l'Académie royale des sciences pour trouver le moyen d'augmenter le produit du salpêtre ; — la fourniture des habillements des invalides et des anciens soldats retirés en Guyenne ; — les états des officiers, bas officiers et soldats invalides pensionnés ; — des secours accordés aux veuves des ouvriers qui périrent lors de l'explosion de la fabrique de poudre de Saint-Médard, près Bordeaux, etc.

C. 2170. (Carton.) — 94 pièces, papier.

1784-1785. — Correspondance de MM. Dupré de Saint-Maur et de Néville, intendants de Bordeaux, avec M. le ministre de Ségur et les subdélégués, concernant : — la fourniture des habillements des officiers, bas officiers et soldats invalides retirés dans la Généralité de Bordeaux ; — les dépenses sur les fonds de l'extraordinaire des guerres ; — les états des invalides pensionnés, etc.

C. 2171. (Carton.) — 94 pièces, papier ; 2 en parchemin.

1785-1789. — Correspondance de M. de Néville, intendant de Bordeaux, avec MM. les ministres de Ségur, de Vergennes et de Calonne et les subdélégués, concernant : — la fourniture des habillements des invalides de la Généralité de Bordeaux ; — les états des officiers, bas officiers et soldats invalides pensionnés ; — l'arrêt du Conseil d'État qui proroge indéfiniment la régie des poudres et salpêtres ; — l'arrêt du Conseil qui accorde un uniforme aux régisseurs, employés et ouvriers de la régie des poudres et salpêtres, etc.

C. 2172. (Portefeuille.) — 137 pièces, dont 1 plan.

1627-1769. — Correspondance de MM. de Labourdonnaye, Boucher, de Tourny, Boutin et de Fargès, intendants de Bordeaux, avec MM. les ministres de Maurepas, d'Ormesson, d'Aguesseau, de Courteille, de L'Averdy, le duc de Choiseul et d'Invau et les subdélégués, concernant : — la remise des poudres destinées à la fourniture des places ; — les contestations élevées entre les jurats et le directeur des poudres et salpêtres de Bordeaux, au sujet de la remise qui devait être faite par les maîtres des navires qui arrivaient à Bordeaux des poudres qu'ils avaient à leur bord ; — les réparations du moulin à poudre de Saint-Médard et de la raffinerie de salpêtre près la porte Saint-Germain ; — la reddition des comptes de gestion du sieur Bacon, directeur des poudres et salpêtres du département de Bordeaux ; — la construction d'un magasin de poudre à canon en Queyrie, etc.

C. 2173. (Portefeuille.) — 121 pièces, papier.

1696-1782. — Correspondance de MM. de Courson, Boucher et de Tourny, intendants de Bordeaux, avec MM. les ministres d'Ormesson, Leblanc, de Breteuil, Orry, d'Argenson, de Paulmy, de Crémille et L'Averdy et les subdélégués, concernant : — la fabrication des salpêtres ; — les terres et cendres nécessaires à ladite fabrication ; — l'envoi de poudres et de plomb à Toulouse et dans le Roussillon ; — la rareté des salpêtres et la difficulté où étaient les salpêtriers de pouvoir subsister du produit de leur profession ; — les prix des poudres ; — les réparations du moulin à poudre de Saint-Médard ; — la fourniture de poudres pour l'exercice des troupes, depuis 1749 jusqu'à 1760 ; — une saisie, au préjudice d'un nommé Nairac, de poudre à feu et d'autres marchandises qu'il avait fait venir d'Angleterre pour la traite des noirs, etc.

C. 2174. (Portefeuille.) — 86 pièces, papier.

1700-1779. — Arrêts, ordonnances et règlements, concernant : — l'adjudication générale des poudres et salpêtres ; — les priviléges des salpêtriers ; — les états des entreposeurs ou gardes-magasins des poudres dans le département de Bordeaux ; — les délits et fraudes commises sur les poudres et salpêtres ; — la suppression de la ferme du plomb à giboyer ; — des permissions accordées à toutes personnes, même au fermier des poudres, d'en faire vendre et débiter sans payer aucuns droits, etc.

C. 2175. (Carton.) — 131 pièces, papier.

1762-1764. — Correspondance de M. Boutin, intendant de Bordeaux, avec M. le duc de Choiseul, ministre de la guerre, et M. Barret de Ferrand, directeur général de la maréchaussée à Bordeaux, concernant : — les procès-verbaux d'arrestations opérées par les brigades sur des déser-

SÉRIE C. — INTENDANCE DE BORDEAUX.

teurs ; — un nommé Jean Quinsac et un inconnu soupçonnés de servir d'espions aux ennemis de l'État ; — des mendiants valides ; — les interrogatoires de tous ces individus ; — la confrontation d'un nommé Jean Labbé, signalé comme chef d'une bande de voleurs, avec les prévenus détenus dans les prisons de Dourdan (près Paris), dont on le soupçonnait d'être le complice, etc.

C. 2176. (Carton.) — 120 pièces, papier.

1765. — Correspondance de M. Boutin, intendant de Bordeaux, avec M. le duc de Choiseul, ministre de la guerre, et M. Barret de Ferrand, prévôt général de la maréchaussée de Bordeaux, concernant : — les militaires déserteurs ; — les poursuites exercées contre eux ; les procès-verbaux de capture par les cavaliers de la maréchaussée ; — leur translation dans les prisons ; — leurs interrogatoires, etc.

C. 2177. (Carton.) — 130 pièces, papier.

1765-1767. — Correspondance de M. Boutin, intendant de Bordeaux, avec M. le duc de Choiseul, ministre de la guerre, et M. Barret de Ferrand, prévôt général de la maréchaussée de Bordeaux, concernant : — les militaires déserteurs ; — les poursuites dont ils ont été l'objet ; — les procès-verbaux de leur arrestation par les cavaliers de la maréchaussée ; — leurs interrogatoires ; — des ordonnances de payement pour le remboursement des frais de translation et de conduite desdits déserteurs dans différentes prisons du royaume, etc.

C. 2178. (Carton.) — 128 pièces, papier.

1756-1761. — Correspondance de MM. de Tourny et Boutin, intendants, avec MM. les ministres de Crémille, Désilhouette, de Courteille et Bertin et les subdélégués, concernant : — les frais de courses extraordinaires de différentes brigades de la maréchaussée ; — les procès-verbaux de capture ; — des réclamations des cavaliers pour les travaux extraordinaires ; — les gratifications accordées aux maréchaussées au sujet des arrestations des miliciens déserteurs ; — des ordonnances de payement, etc.

C. 2179. (Carton.) — 127 pièces, papier.

1760-1767. — Correspondance de MM. Boutin et de Fargès, intendants de Bordeaux, avec MM. les ministres de Crémille, Désilhouette, de Courteille et Bertin et les subdélégués, concernant : — les réclamations faites par les officiers et cavaliers de la maréchaussée pour être indem-

nisés des courses par eux faites par les ordres de M. le maréchal duc de Richelieu, lorsque les Anglais ont paru sur nos côtes ; — des ordonnances de prise de corps ; — des arrestations et des interrogatoires des prisonniers ; — les travaux extraordinaires de la maréchaussée.

C. 2180. (Carton.) — 129 pièces, papier.

1779. — Journal, sur feuilles détachées, du service ordinaire fait par les diverses brigades de maréchaussée du département de Bordeaux, relatif aux tournées dans les diverses paroisses ; — aux gardes et patrouilles sur les routes et dans les foires et marchés ; — aux escortes des voitures ; — aux correspondances ; — aux captures de voleurs, vagabonds et mendiants, main-forte, etc.

C. 2181. (Carton.) — 120 pièces, papier.

1774-1777. — Correspondance de MM. Esmangart, de Cluny et Dupré de Saint-Maur, intendants de Bordeaux, avec MM. les ministres de Beaumont, Turgot, Du Muy, Debonnaire de Forges, Saint-Germain et Necker et les subdélégués, concernant : — la demande faite par le prévôt général de la maréchaussée du département de Bayonne, du payement des journées employées par différentes brigades de sa compagnie pour favoriser l'établissement de la vente exclusive du tabac dans le pays de Labour ; — les états des opérations des diverses brigades ; — les tournées ; — les escortes ; — les captures et main-forte ; — les courses extraordinaires ; — les états et les ordonnances de payement.

C. 2182. (Carton.) — 124 pièces, papier.

1777-1789. — Correspondance de MM. Dupré de Saint-Maur et de Néville, intendants de Bordeaux, avec MM. les ministres Debonnaire de Forges, Necker et de Calonne et les subdélégués, concernant : — les états des opérations des diverses brigades de maréchaussée pour le service ordinaire des paroisses, des gardes et patrouilles sur les routes et dans les foires et marchés ; — les escortes des voitures ; — les correspondances ; — les captures de voleurs, vagabonds et mendiants ; — les courses extraordinaires ; — la translation des détenus, les interrogatoires et les frais de procédure.

C. 2183. (Carton.) — 101 pièces, papier.

1750-1780. — Correspondance de MM. de Tourny, Boutin, de Fargès, Esmangart, de Cluny et Dupré de Saint-

Maur, intendants de Bordeaux, avec MM. les ministres d'Argenson, de Paulmy, de Crémille, du duc de Choiseul, de Montbarey et de Castries, concernant : — les procès-verbaux de capture dressés par diverses brigades de maréchaussée de la Généralité ; — ensemble les interrogatoires et signalements des vagabonds, mendiants et autres soupçonnés de crimes ou délits ; — des frais de procédure, de conduite des prisonniers et des ordonnances de payement délivrées par l'intendant.

C. 2184. (Carton.) — 105 pièces, papier.

1780-1781. — Correspondance de M. Dupré de Saint-Maur, intendant de Bordeaux, avec MM. les ministres de Castries, de Montbarey, de Sartine et de Ségur, concernant : — les procès-verbaux de capture dressés par diverses brigades de la Généralité ; — ensemble les interrogatoires des prisonniers ; — leur translation d'une prison dans une autre ; — les frais de procédure ; — les ordonnances des payements.

C. 2185. (Carton.) — 111 pièces, papier.

1781-1787. — Correspondance de MM. Dupré de Saint-Maur et de Néville, intendants de Bordeaux, avec MM. le ministre de Ségur et Barret de Latour, prévôt général de la maréchaussée de Bordeaux, concernant : — les procès-verbaux de capture dressés par diverses brigades de maréchaussée de la Généralité ; — les interrogatoires et signalements des déserteurs, vagabonds et mendiants arrêtés ; — leur translation d'une prison dans une autre ; — les ordres de conduite, etc.

C. 2186. (Carton.) — 108 pièces, papier.

1777-1780. — Correspondance de M. Dupré de Saint-Maur, intendant de Bordeaux, avec MM. les ministres Necker, Debonnaire de Forges, de Montbarey et les subdélégués, concernant : — les abus résultant de l'exécution de l'arrêt de la Cour de parlement de Bordeaux relatif aux exécutoires pour frais de justice décernés par les juges ; — l'état des vagabonds et mendiants condamnés à être renfermés au dépôt par jugements prévôtaux ou ordonnances ; — les courses extraordinaires des brigades de maréchaussée à la poursuite des voleurs masqués et armés ; — les procès-verbaux d'arrestations ; — les interrogatoires des prisonniers ; — leur translation d'une prison dans l'autre ; — les ordonnances de payement des frais de justice, etc.

C. 2187. (Carton.) — 96 pièces, papier.

1781-1788. — Correspondance de MM. Dupré de Saint-Maur et de Néville, intendants de Bordeaux, avec MM. les ministres Debonnaire de Forges, le maréchal de Castries, de Calonne et d'Ormesson et les subdélégués, concernant : — l'information à l'occasion des attroupements, émotion populaire et rébellion commis aux arrêts de la Cour de parlement de Bordeaux, dans la ville de Gontaud ; — les ordres de conduite au port de Rochefort des criminels condamnés aux galères, qui sont dans les prisons de la Généralité ; — les courses extraordinaires de la maréchaussée ; — les procès-verbaux de capture ; — les interrogatoires des prisonniers ; — leur translation d'une prison dans une autre ; — les ordonnances de payement des états des frais de justice, etc.

C. 2188. (Portefeuille.) — 110 pièces, papier.

1675-1752. — Correspondance de MM. de Courson, Boucher et de Tourny, intendants de Bordeaux, avec MM. les ministres de Villeroy, de Morville, d'Armenonville, de Breteuil, de Saint-Florentin et d'Argenson et les subdélégués, concernant : — les contestations soulevées par les jurats de Bordeaux au sujet de la résidence de la maréchaussée dans la ville et des fonctions qu'elle prétendait y exercer au préjudice des priviléges de la ville ; — l'ordre transmis à l'intendant par M. le maréchal de Villeroy de faire arrêter et conduire à la prison du Fort-l'Évêque le sieur Delcreusel, lieutenant de la maréchaussée de Bordeaux ; — la cassation, par ordre du Roi, de la procédure faite par les jurats et le Parlement contre trois archers de la maréchaussée de cette ville ; — le mémoire des griefs exposés par les jurats contre la maréchaussée, etc.

C. 2189. (Portefeuille.) — 109 pièces, papier.

1752-1768. — Correspondance de MM. de Tourny, Boutin et de Fargès, intendants de Bordeaux, avec MM. les ministres d'Argenson, le maréchal de Noailles, de Paulmy, de Saint-Florentin et de Maupeou, concernant : — les contestations entre les jurats de Bordeaux et la maréchaussée ; — le sieur Bastard, grand-maître des eaux et forêts ; — les défenses aux officiers du guet, faites par les jurats, de laisser entrer dans la salle de spectacle, sans une permission expresse de leur part, les archers de la maréchaussée avec leur habit d'ordonnance ; — une remontrance de M. le procureur-syndic de la ville avec demande en permission d'informer au sujet des introductions violentes des cava-

SÉRIE C. — FINANCES DE LA GÉNÉRALITÉ DE BORDEAUX. 333

liers de maréchaussée dans les maisons de la ville ; — des mémoires, requêtes, avis, observations, etc.

C. 2190. (Carton.) — 104 pièces, papier.

1772-1778. — Correspondance de MM. Esmangart, de Clugny et Dupré de Saint-Maur, intendants de Bordeaux, avec M. le maréchal de Castries et les subdélégués, concernant les états des sujets de la Généralité qui se sont présentés pour servir dans le corps de la gendarmerie et admis provisoirement jusqu'à la production des renseignements que doivent fournir les subdélégués sur les noms, lieux de naissance des postulants, l'état et facultés de leurs pères et mères.

C. 2191. (Carton.) — 104 pièces, papier.

1779-1785. — Correspondance de MM. Dupré de Saint-Maur et de Néville, intendants de Bordeaux, avec MM. les ministres de Montbarey, de Castries et les subdélégués, concernant les états des sujets de la Généralité qui se sont présentés pour servir dans le corps de la gendarmerie, et les renseignements fournis par les subdélégués sur l'état, la position de fortune des pères et mères des postulants, etc.

C. 2192. (Carton.) — 81 pièces, papier.

1786-1789. — Correspondance de M. de Néville, intendant de Bordeaux, avec MM. les ministres de Castries, de Ségur et Latour-Dupin et les subdélégués, concernant : — les états des nouveaux sujets qui se sont présentés pour être reçus dans le corps de la gendarmerie ; — les renseignements fournis par les subdélégués sur leur naissance, l'état et la position de fortune de leurs pères et mères ; — deux règlements, l'un sur la constitution et l'administration générale des hôpitaux militaires, et l'autre sur les détails intérieurs desdits hôpitaux.

BUREAU DES FINANCES DE LA GÉNÉRALITÉ DE BORDEAUX.

C. 2193. (Carton.) — 103 pièces, papier.

1743-1744. — Minutes d'ordonnances rendues par MM. Boucher et de Tourny, intendants de la Généralité de Bordeaux, concernant le payement des droits domaniaux, comme francs-fiefs, contrôle, droits d'amortissement, insinuations et centièmes deniers, échanges et amendes, dus par divers particuliers de la Généralité, au nombre desquels on remarque : MM. Goyon de Lamothe, Flouissac de Latour, François de Guyon, sieur de Tersac, Jean Lescure, de La Grange, Leymarie, notaire à Eymet, de Goudon, les religieuses de la Croix d'Aiguillon, Laurets, ancien capitaine d'infanterie ; le comte de Goas, Étienne de Vassal, sieur de Sineul ; Joseph Fauché, Jean et François Commarque, Jean de Fayolle, Martial Rambaud, sieur de Lafeuillade ; Barthélemy de Lespinasse ; Raffin, notaire royal, etc.

C. 2194. (Carton.) — 104 pièces, papier.

1744. — Minutes d'ordonnances rendues par M. de Tourny, intendant de Bordeaux, concernant le payement des droits domaniaux, tels que francs-fiefs, droits de contrôle, d'amortissement, insinuations et centième denier, droits d'échanges, contraventions et amendes, dus par divers particuliers de la Généralité, parmi lesquels on distingue : la veuve et les enfants du sieur Mournier de Fontroubade ; noble de Bonnefonds, sieur de Belair ; Moulère, notaire ; dame Marthe de Tours, veuve de Jean Sabaros, sieur de Saint-Laurent ; Jean Veyssière, chirurgien à Monsignac ; le curé de Calonges ; les héritiers de la demoiselle Feydieu, la fabrique de Caumont, le curé de Fourque et celui de Castillonnés, les Cordeliers d'Agen, de Lagrange de Saint-Aubin, Raymond de Vaubrun, etc.

C. 2195. (Carton.) — 108 pièces, papier.

1744. — Minutes d'ordonnances rendues par M. de Tourny, intendant de Bordeaux, concernant le payement des droits domaniaux, comme francs-fiefs, amortissements, droits de contrôle d'insinuation, d'échanges, centième denier, contraventions et amendes, dus par divers particuliers de la Généralité, parmi lesquels on distingue : les héritiers de Charles-Gaspard de Tarde, la demoiselle Lesnier, veuve du sieur Le Tellier ; M. Descorbiac, conseiller au Parlement de Toulouse ; Raymond-Clément du Claud ; le comte de Goas, Guillaume de Molinery, Marie de Galibert, veuve de M. Castelgaillard ; demoiselle Françoise de Galibert, épouse du sieur Tancoigne, sieur de Bosc ; et Antonie Galibert, sieur de Bulit, sieur de Mothes ; Drouillard, trésorier de France ; de Larrey, de Torrebren, etc.

C. 2196. (Carton.) — 93 pièces, papier.

1744. — Minutes d'ordonnances rendues par M. de Tourny, intendant de Bordeaux, concernant le payement des droits domaniaux, comme francs-fiefs, amortissements, droits de contrôle, insinuations, centième denier, droits d'échanges, amendes, etc., dus par divers particuliers de la Généralité, dans le nombre desquels on distingue: MM. Pierre Marteau, les Cordeliers d'Agen, Guillaume Fabre, de Bap de Lagreze, Ratier, lieutenant magistral de la ville de Tournon ; Étienne Parrot, procureur ; Arnaud et Jean Gibert frères, le curé de Gresillac, de Montesquieu, de Montluc, Bernard Fayet, Pons de Charron, Du Prouzet, Grancès, curé de la paroisse de Parisot, le curé de Tournon, etc.

C 2197. (Carton.) — 87 pièces, papier.

1744. — Minutes d'ordonnances rendues par M. de Tourny, intendant de Bordeaux, concernant l'acquittement des droits domaniaux, tels que francs-fiefs, amortissements, droits de contrôle, insinuation et centième denier, droits d'échanges, amendes, etc., dus par divers particuliers de la Généralité, où l'on voit figurer : MM. Ragoit, sieur de L'Espinasse; la dame de Galeteau, épouse La Marthonie ; La Peronie, la dame veuve de Civialle, Mathieu Grimard, le curé de Saint-Vivien, Pierre de Lot, Du Bousquet, Fayet, conseiller à la Cour des aides ; Du Breuil, les héritiers d'Arnoul Mathieu, Bertrand Lafore, sieur de Reville ; la demoiselle de Lamoussie, le curé de Campaniat, de Segonsac, etc.

C. 2198. (Carton.) — 106 pièces, papier.

1745. — Minutes d'ordonnances rendues par M. de Tourny, intendant de Bordeaux, concernant l'acquit des droits domaniaux, comme contrôle, insinuation, centième denier, droits d'indemnité, d'amortissement, de francs-fiefs, d'échanges et d'amendes, dus par divers particuliers de la Généralité et au payement desquels ils avaient été condamnés ; parmi ce nombre on remarque : les Bénédictins de Bordeaux, le sieur de Leygue, les consuls de la ville de Doumes, Marie d'Artenset, veuve d'Étienne Forien, sieur de Labory ; la dame Montozon de Léguillac, Reynaud de Beaubrun, Jean Du Sol, Joseph Du Gros, les curé, prêtre et fabrique de Saint-Morillon ; le sieur de La Crosse, le curé de la Bachellerie, la dame de Nébleys, veuve de Madillan ; Guy de Fayard, sieur de la Dosse, et demoiselle de Bosloraud, sa fille ; les R. P. Augustins de Bordeaux, etc.

C. 2199. (Carton.) — 115 pièces, papier.

1745-1746. — Minutes d'ordonnances rendues par M. de Tourny, intendant de Bordeaux, concernant ; les payements des droits domaniaux , tels que contrôle, insinuation, centième denier, droits d'indemnité, d'amortissement, d'échanges, francs-fiefs, contraventions et amendes, dus par divers particuliers et à l'acquittement desquels ils avaient été condamnés ; dans le nombre on distingue : le sieur de Musignat, les Cordeliers de Condom, les sieur et dame de Mailhard, le curé et la fabrique de Cenac, les Cordeliers de Villeneuve, le sieur de Leygue, dame Marie-Anne Lacoste, épouse de noble Charles Hébrard ; Paul, sieur Durival ; le sieur de Florenssac, d'Abzat de La Grèze, le seigneur de Thommassau, Sébastien de Redon, Jean La Renie, Marguerite Lacombs , veuve d'Antoine Dyronde, sieur de la Fage, Joseph d'Audebard, seigneur baron de Ferussac, etc.

C. 2200. (Carton.) — 124 pièces, papier.

1746. — Minutes d'ordonnances rendues par M. de Tourny, intendant de Bordeaux, concernant l'acquit des droits domaniaux, tels que, contrôle, insinuation, centième denier, droit d'indemnité, d'amortissement, de francs-fiefs, d'échanges, contraventions et amende, dus par divers particuliers de la Généralité et à l'acquittement desquels ils avaient été condamnés ; parmi eux on distingue : MM. de Colombet, curé de Saint-Victor ; le sieur de Guilhem, Pierre Sabouroux, sieur de Malardie ; le curé de la paroisse de Sorge, les Ursulines de Périgueux, de Nux, Gaufreteau de Châteauneuf, de Cabannieux, Grenier de Monlon, Gabriel de Camin, de Ferussac de Jonatas, de Sallegourde, la fabrique de Sainte-Croix du Mont, le curé et la fabrique de Cherval, la communauté des Hermites de Saint-Vincent, de Vassal, Jacques Rey, sieur de Malmusson, etc.

C. 2201. (Carton.) — 117 pièces, papier.

1746. — Minutes d'ordonnances rendues par M. de Tourny, intendant de Bordeaux, concernant le payement des droits domaniaux, tels que contrôle, insinuation, centième denier, droits d'amortissement, d'échanges, de francs-fiefs, contraventions et amendes, dus par divers particuliers de la Généralité et à l'acquittement desquels ils avaient été condamnés ; dans ce nombre figurent les noms de Delart, notaire à Pujols ; Jean Thoumasson, seigneur de Plamon ; de Grailly, Jean Cantegrel, sieur de Mayne ; le syndic de l'église et fabrique Saint-Projet, de La Porte, de Lamothe-Lantic, monnayeur de Bordeaux; Pierre de Nux, sieur de Lassales ; Jean de Raffin, Jean de Bonneguize, de Brognac, Campot, curé de Saint-Sauveur ; Jean Audebard, baron, seigneur de Ferussac ; Guillaume Nogues, sieur de Bellet ; de Marbotin, Du Cluseau, Perret de Saint-Aignan, les héritiers du sieur Bonaventure de Reignac, le curé de Lusignac, etc.

SÉRIE C. — FINANCES DE LA GÉNÉRALITÉ DE BORDEAUX.

C. 2202. (Carton.) — 114 pièces, papier.

1746-1747. — Minutes d'ordonnances rendues par M. de Tourny, intendant de Bordeaux, concernant le payement des droits domaniaux, tels que contrôle, insinuation, centième denier, droits d'amortissement, d'échanges, contraventions et amendes dus par divers particuliers de la Généralité et à l'acquittement desquels ils avaient été condamnés; parmi eux on distingue, François Biès, sieur de Puiblanquet; Rousselle de Lebeytour, Bertrand La Renaudie, Jean Chaumette, sieur de Lavergne; sieur Du Breuil, lieutenant de robe courte dans la vénerie; les demoiselles de Sallegourde, de Teyssières, seigneur de Bories, les sieurs de La Brousse, Joseph de Grailly, seigneur de Sainte-Terre; les religieuses du Chapelet, les Chartreux de Bordeaux, François Vernet de Marqueysac, Goyon de Verduzan, l'église et fabrique d'Absac, la fabrique de l'île Saint-Georges, etc.

C. 2203. (Carton.) — 108 pièces, papier.

1747. — Minutes d'ordonnances rendues par M. de Tourny, intendant de Bordeaux concernant le payement des droits domaniaux, tels que contrôle, insinuation, centième denier, droits d'amortissement, de francs-fiefs, contraventions, échanges et amendes dus par divers particuliers de la Généralité et à l'acquittement desquels ils avaient été condamnés; parmi eux eux on remarque : le sieur Villeneuve de Ramont, Jeanne et Élisabeth Des Lannes, Aubarbier de La Borie, de La Crèze, les Cordeliers de la Réole, le curé de Roubillon, Pierre Chamel, sieur de Pemége, de Colombet, la demoiselle de Mousties, veuve d'Antoine Trubelle; sieur de Berail, de Rimonteil, sieur de Lalande, Élisabeth Dacosta, sieur de Bonneson, François de Labrousse, la dame de Caubios, M. de Baudin-Dussaut, d'Audebart de Ferussac, de Galard, les sieur et dame de Cussac, etc.

C. 2204. (Carton.) — 92 pièces, papier.

1747-1748. — Minutes d'ordonnances rendues par M. de Tourny, intendant de Bordeaux, concernant le payement des droits domaniaux, comme contrôle, insinuation, centième denier, droit d'amortissement, de franc-fiefs, d'échanges, contraventions et amendes, dus par divers particuliers de la Généralité et à l'acquittement desquels ils avaient été condamnés; de ce nombre sont : Joseph de Reyne, Ladoux de Meaux, les héritiers de madame de Cezanne, madame de Senart, veuve de M. de Saintoux; les sieurs de Boucaud, Grenier de Monlon, Catherine Rattier, veuve de Bernard Delerm de Lamothe; le sieur Du Tour, Desset, Du Breuil, la marquise de Lusignan, Guiral Du Colombier, Perret de Saint-Aignan, le sieur de Gironde, Jean Delbourg, sieur de Serpol; la demoiselle Jeanne Durand, veuve Mathurin; Jolly Du Sabla, l'hôpital Saint-André de Bordeaux, les religieux Bénédictins de Mezin, les héritiers de la dame veuve de Gassie, etc.

C. 2205. (Portefeuille.) — 110 pièces, papier.

1749. — Minutes d'ordonnances rendues par M. de Tourny, intendant de Bordeaux, contre divers particuliers de la Généralité condamnés au payement des droits domaniaux, tels que centième denier, droits de contrôle et d'insinuation, d'échanges, francs-fiefs, amortissements, contraventions et amendes. — Parmi ceux qui y figurent on distingue : les trois sœurs de Christophe Depichard de Cauvignac, Jean Delars de Saint-Romme, la dame Marianne Dauzac de Lamartinie, épouse de Jean Lacoste, sieur de Maisonguie; les Chartreux de Bordeaux, Bertrand Soulié, sieur de La Lande, le sieur de La Barde Du Rosel, Marcel de Plamont, Pierre Raynaud, sieur de Vaubrun; la fabrique de Saint-Michel de Bordeaux, les sieurs et demoiselle Jossiando, Pierre de Larose, nobles Arnaud et Joseph de Mondenard frères, de Lapeyrière, Pierre Leyraud, sieur de Prénillac, etc.

C. 2206. (Portefeuille.) — 106 pièces, papier.

1749. — Minutes d'ordonnances rendues par M. de Tourny, intendant de Bordeaux, contre divers particuliers de la Généralité condamnés au payement des droits domaniaux, comme centième denier, droits de contrôle et d'insinuation, d'échanges de francs-fiefs, amortissements, contraventions et amendes, et parmi lesquels on remarque : Coët, commissaire des guerres, et Thibaud de Chanvallon; les syndics et praticiens de la paroisse de Bouglon, André Delbourg de Serpol, Arnaud Benaud, sieur de Laubère; la demoiselle de Mérignac; de Pomiès, baron Du Breuil; Perret de Saint-Aignan, le sieur de Fonté, Bertrand Lafore, sieur de Reveille; la fabrique de la paroisse de Barsac et celle de Castillon, le sieur Vihier de Gamot, Chambon de Lissac, les Carmélites de Bordeaux, la dame Marie de Tasses de Labarthe, veuve du sieur Losselnau, etc.

C. 2207. (Portefeuille.) — 81 pièces, papier.

1749. — Minutes d'ordonnances rendues par M. de Torny, intendant de Bordeaux, contre divers particuliers de la Généralité condamnés à l'acquittement des droits domaniaux, comme centième denier, droits de contrôle et d'insinuation, d'échanges, de francs-fiefs, amortissements, contraventions et amendes, et parmi lesquels on remarque: le sieur Senigon Du Roussel, Dougnac de La Lande, Rimonteil de Boresdon, de Lanegrie, sieur du Birou; le sieur de La Moulinasse, Raymond Clément, sieur du Claud; la demoiselle de Savignac, Constans de Piquemolle, le sieur de Rupin, Jean-Colas de Laplante, les Carmes déchaussés d'Agen, la fabrique de l'église de Preichac, Bonfis de Lescaminade, les chanoines Réguliers de Pontdaurat, les consuls de Condom, la dame de Lascombes, le sieur Paché, curé de la paroisse de Capian, etc.

C. 2208. (Portefeuille.) — 110 pièces, papier.

1750. — Minutes d'ordonnances rendues par M. de Tourny, intendant de Bordeaux, concernant les affaires domaniales, au sujet de l'acquittement des droits de contrôle, insinuations, centième denier, droits de francs fiefs, d'indemnités, d'amortissements et autres droits domaniaux dus dans l'étendue de la Généralité par divers particuliers, au nombre desquels on voit figurer: Puyoulx de Philipon, le chapitre Saint-André de Bordeaux, les religieux grands Carmes de Bordeaux, Léotard de La Faye, de Lachenaye, les religieux Cordeliers de la Réole, les héritiers de la dame de Gassie, la dame de Goas, le commandeur de Roquebrune, de Carrière, le sieur de Senaillac, Petit de Laburthe, la demoiselle de Vatines, le sieur de Tardes, Pierre Du Verdier de Montfort, le sieur de Clermont, Danglade d'Autièges, le sieur de Cassius, de Gusquet de Clermont, de La Chappelle, etc.

C. 2209. (Portefeuille.) — 101 pièces, papier.

1750. — Minutes d'ordonnances rendues par M. de Tourny, intendant de Bordeaux, concernant l'acquittement des droits de contrôle, insinuations, centième denier, droits de francs-fiefs, d'indemnités et autres droits domaniaux dus dans l'étendue de la Généralité par divers particuliers, parmi lesquels on distingue: M. le marquis de Rastignac, Françoise de La Brousse, les religieux de la Charité de Condom, le curé de Castelmoron, le sieur de Pis, les enfants du sieur de Quinsac, les Religieux de la Mercy, Jeanne Souffron, veuve des Vignes; le curé de Terrasson, les Bénédictins de l'abbaye d'Eysse, la dame de Carrière, épouse du sieur Joas, et le sieur Carrière, de Saint-Sever, frère de ladite dame; Lafaure de Reveille, la dame Roudès de Sainte-Croix, le curé de la paroisse de Courniac, etc.

C. 2210. (Portefeuille.) — 123 pièces, papier.

1751. — Minutes d'ordonnances rendues par M. de Tourny, intendant de Bordeaux, concernant le payement des droits domaniaux, comme francs-fiefs, droits de contrôle, d'amortissements, insinuations, centième denier, droits d'échanges, contraventions et amendes dus par divers particuliers de la Généralité, où l'on remarque les noms de Louis Masson, sieur de Lavigne; Arnaud Martin de Moriset, le sieur de Guérin, Gabriel Amblard, sieur de Chapeyronnie, Joseph Rouissac, sieur de Latour, madame Jeanne Duproy, veuve de Jean de Bontemps, écuyer, sieur de Puch, le président de Dunes et la dame de Vignolles, son épouse; Daniel Gressier, écuyer, seigneur de Nabinaud; Louis de Larroche, Louis-Guillaume de Massip, Labadie de Bicon, Deuron de Lalande, le sieur de Beauvoir et la dame de Fayolle, la dame veuve de Pichon, Suzanne de Reynal, veuve de Raymond Dujarrie, sieur Ducluseau, etc.

C. 2211. (Portefeuille.) — 111 pièces, papier.

1751. — Minutes d'ordonnances rendues par M. de Tourny, intendant de Bordeaux, concernant l'acquittement des droits domaniaux, tels que francs-fiefs, droits de contrôle, d'amortissements, d'insinuation, centième denier, droits d'échanges, contraventions et amendes dus dans l'étendue de la Généralité par divers particuliers, parmi lesquels on distingue: les administrateurs de l'hôpital de Saint-Macaire, le sieur de Péré, Étienne Lavigne, président de l'Élection de Sarlat, la demoiselle de Miussans, Pierre Dufauré, écuyer, seigneur de Monmiral; Jean Du Puy, la dame Marguerite de Roquefeuille, veuve de messire Pierre Devins, écuyer, seigneur de Pepeyrous, Étienne de France et Catherine Cadiot de Pontigny, son épouse; Duburguet, écuyer, sieur de la Lunerie, et dame Jeanne Radegonde Grand de Luxolière de Nanchet, etc.

C. 2212. (Portefeuille.) — 105 pièces, papier.

1751. — Minutes d'ordonnances rendues par M. de Tourny, intendant de Bordeaux, concernant l'acquittement des droits de contrôle, d'insinuation, centième denier, droits de francs-fiefs, d'amortissement et autres droits domaniaux dus par divers particuliers de la Généralité, parmi lesquels on remarque: M. de Berthouneau, le sieur de Chambar, le sieur de Lot, Tavas, sieur de Tavols; sieur de Biron, la fabrique de Martignas, la dame veuve noble Jean de La Chaussée, l'hôpital de Monflanquin,

François La Can de la Molinière ; Jean de Brugière, sieur de Roquedet; la demoiselle Blanche Leblanc ; Marguerite de Gorsse et le sieur de Molènes, son fils; M. de Rastignac, marquis de Laxion; la dame Lascombes, veuve du sieur La Carrière d'Espaigne, etc.

C. 2213. (Portefeuille.) — 104 pièces, papier.

1751. — Minutes d'ordonnances rendues par M. de Tourny, intendant de Bordeaux, concernant le payement des droits domaniaux, comme droits de contrôle, insinuations, francs-fiefs, centième denier, amortissements, échanges, contraventions et amendes, etc., dus par divers particuliers de la Généralité, parmi lesquels figurent : le sieur de Gatebois ; madame de Redon, veuve du sieur de Fillol; les maire et jurats de La Réole ; Pierre de Constantin, seigneur de Pechagut ; Cézard de Lamouillère ; Joseph de Pisson, sieur de Rougerie; le sieur de Laulanie de Montama ; la dame de Calvimont ; dame Jeanne de Tarde, veuve de messire Jean de Salignac, écuyer ; la demoiselle Joyeux et le sieur de Berthonneau, président en la cour des aides de Guienne; noble François de Labrousse, sieur de Carsac, de Cazemont, etc.

C. 2214. (Portefeuille.) — 90 pièces, papier.

1751. — Minutes d'ordonnances rendues par M. de Tourny, intendant de Bordeaux, concernant l'acquittement des droits domaniaux, tels que droits de contrôle, amortissements, francs-fiefs, échanges, centième denier, insinuations, contraventions et amendes dus par divers particuliers de la Généralité, parmi lesquels figurent : le sieur de Lamarthonie; madame de Lusignan ; le sieur de Bussac ; le sieur de Ricard; Pierre Audy du Genest ; la demoiselle Desparbès de Lussan ; noble Joseph de Berne, sieur du Puch ; Raymon de Pons ; les prêtres de la congrégation de Sarlat ; de Gaufreteau ; M. de Pomiers, baron du Breuil ; les Bénédictins de La Réole ; Jean de Sauvin; dame Guillelmine de Salis; le sieur Lesparre de Beter; les religieuses de l'hôpital de Bergerac, etc.

C. 2215. (Portefeuille.) — 108 pièces, papier.

1752. — Minutes d'ordonnances rendues par M. de Tourny, intendant de Bordeaux, au sujet de l'acquittement des droits domaniaux, auxquels divers particuliers de la Généralité ont été condamnés en matière de francs-fiefs, d'amortissements, de droits d'échanges, de centième denier, de contrôle, d'insinuations, etc. Parmi eux on remarque : Catherine de Gamel, épouse de messire Gérard de Monpezat de Coquet, écuyer ; Verrones, écuyer ; Duverdier, sieur de Monfort; les dames religieuses de la Visitation d'Agen; la comtesse de Rollier ; François de Bellade et Antoinette de Baupoil, son épouse ; François de Labrunie; la dame de Sabourin, veuve de M. le comte de Goas; Jean Massac de Beziat ; messire Alexandre de Béard ; Benjamin de Chibert, seigneur, abbé de Rivet; Louis Masson, sieur de Lavigne ; Michel Noiret, seigneur du Breuil, etc.

C. 2216. (Portefeuille.) — 106 pièces, papier.

1752. — Minutes d'ordonnances rendues par M. de Tourny, intendant de Bordeaux, concernant les affaires domaniales au sujet des droits de contrôle, de francs-fiefs, d'amortissements, de droits d'échanges, insinuations, contraventions et amendes dus et auxquels ont été condamnés divers particuliers de la Généralité, dans lesquels on distingue : Jean Cassiens de Latour ; Pierre Boudet, sieur de Montplaisir ; le sieur Germain de Chatillon ; M. le président de Gascq ; la dame veuve de messire Pierre du Lion, seigneur de Gasques; Joseph de Rives, sieur de Bosredon; Jean-François de Castillon de Mouchan, baron de Mauvesin, écuyer ; Eyman de Torisson ; Combaud, sieur de La Croze; Jacques Remonteil de Bosredon ; Pierre Philiou de Latour et Jean Philiou, sieur de Lapeyre ; Pierre Grenier ; Françoise de Martin, veuve du sieur de Lespinasse, etc.

C. 2217. (Portefeuille.) — 103 pièces, papier.

1752. — Minutes d'ordonnances rendues par M. de Tourny, intendant de Bordeaux, concernant l'acquittement des droits domaniaux, comme francs-fiefs, amortissements, droits de contrôle, insinuations, centième denier, droits d'échanges, contraventions et amendes dus par divers particuliers de la Généralité, au nombre desquels on distingue : Monteil de Cussac; Jean-Baptiste de Luzier et dame Amiéde Laclergerie, son épouse; Antoine et Isabeau de Mestre; Nicolas de Ségur; Armand Petit de Plassiac et Jean-Louis de Rimonteil; Jean-Claude de Labernadie; Suzanne Reynal, veuve de Raymond Dujarry, sieur Ducluseaux ; M. d'Albert de Laval ; Bosredon de Rimonteil ; Bonnet de Sagelat ; Brugières de Roquedet; de Lapeyrière; de Belcier, Bernard Dasson; Pierre de Comps ; la dame Marie de Verduzan ; Miran de Chateauregnard et le sieur de Roquepine, etc.

C. 2218. (Portefeuille.) — 108 pièces, papier.

1752-1753. — Minutes d'ordonnances rendues par M. de Tourny, intendant de Bordeaux, concernant l'acquittement des droits domaniaux, tels que contrôle, insinuations, francs-fiefs, droits d'échanges, centième denier, contraventions et amendes auxquels ont été condamnés divers particuliers de la Généralité et parmi lesquels on remarque les noms de Pierre Bertrand, sieur de Labonne; Soullard de Lasansay ; François de Lacrosse ; Labonne de Lagremie ; Joseph de Giraudel, sieur de Dumoulin ; le sieur de Cazemont ; Jacques Noël de Razat ; Jean Cornière, sieur de Lamolère, mari de dame Isabeau de Baissière ; noble Michel de Montard, écuyer ; le sieur de Villeserre ; les sieur et demoiselle Pie de Père; Edme Duval de Pize ; noble Raymond de Gayon et demoiselle Catherine Dathia ; de Saint-Marc de la Tour-Blanche, etc.

C. 2219. (Portefeuille.) — 112 pièces, papier.

1753. — Minutes d'ordonnances rendues par M. de Tourny, intendant de Bordeaux, contre divers particuliers de la Généralité, condamnés à l'acquittement des droits domaniaux dus pour contrôle, insinuations, francs-fiefs, droits d'échanges, amortissements, centième denier, contraventions et amendes. Parmi eux on distingue : Jean Marcou de Landas ; le marquis d'Allemans ; Jean Duval, sieur de Libersac ; le sieur de Vacher et Bourdey de Beaulieu ; Léon-Auguste de Nogaret ; les dames Anne de Foucaud, épouse du sieur de Foucaud de Mémon, et Isabeau de Foucaud de Lafaye ; Antoine de Brannes, sieur de Cours ; Guérin de Péfran et la demoiselle veuve du sieur Ragot de Lespinasse ; Léonarde Sabourien, comtesse de Goas ; noble Joseph de Lamothe-Vedel ; la dame Thérèse de Saint-Sever, veuve de M. de Carrière ; l'hôpital des incurables de Bordeaux ; les religieuses de l'Annonciade de la ville d'Agen.

C. 2220. (Portefeuille.) — 112 pièces, papier.

1753. — Minutes d'ordonnances rendues par M. de Tourny, intendant de Bordeaux, contre divers particuliers de la Généralité, condamnés au payement des droits domaniaux dus pour droits de contrôle, insinuation, amortissements, franc-fiefs, droits d'échanges, centième denier, contraventions et amendes. Parmi eux on distingue principalement : le sieur Jean de Saint-Clar du Thon ; M. de Pichard, messire Jean-Alexis de Rebeyère ; le sieur Solimon de Mourois ; Jean Lubriac ; le sieur de Labrunce, chevalier, seigneur d'Escoute ; messire François de Montalembert, seigneur de Cascoure ; messire Étienne de Raquy ; Jean de la Bonnelie ; Josset de Pomiès, écuyer, seigneur du Breuil ; Jean Nadal, sieur des Barrières; noble Jacques de Rimonteil, sieur de Bosredon ; messire François de Gasq, sieur de Laclaverie, et la dame Isabeau de Lamouroux ; les R. P. Cordeliers de Rions, etc.

C. 2221. (Portefeuille.) — 101 pièces, papier.

1753. — Minutes d'ordonnances rendues par M. de Tourny, intendant de Bordeaux, contre divers particuliers de la Généralité, condamnés au payement des droits domaniaux dus pour contrôle, insinuation, amortissements, franc-fiefs, droits d'échanges, centième denier, contraventions et amendes ; dans ce nombre on voit figurer : Marie de Bousquet, veuve de feu Saint-Jean Ragot, sieur de Lespinasse ; Étienne de Montel de Saint-Denis ; Pierre de Labrouhe, écuyer ; Joseph de Narsac, sieur de Plaigne ; Dominique de Royère, seigneur marquis de Peyraux ; André de Minvielle, colonel d'infanterie ; dame Catherine Albert, veuve de sieur Daniel de Bessotis ; Bernard Lamoulère Sibirol, écuyer ; Marie Delard de Sombal ; dame Marie-Anne de Testas, veuve de noble Jean de Lachausse, écuyer, etc.

C. 2222. (Portefeuille.) — 118 pièces, papier.

1741-1744. — Correspondance des subdélégués et autres particuliers de la Généralité de Bordeaux, avec l'intendant, au sujet de l'acquittement des droits domaniaux, comme de franc-fiefs, d'échanges, insinuation, contrôle, centième denier, etc., avec le précis des réponses et ordonnances intervenues à ce sujet. Dans cette correspondance on voit figurer : madame la marquise de Lussan ; madame de Moutard de Gastebois ; le chevalier du Plaissat ; Sabaros de Saint-Laurans ; madame Albert de Laval ; madame Molinier de Laserre ; noble Henry de Mestre ; Barthélemy de Sainte-Croix, major du fort de Médoc ; madame de Sarraud de Girles ; Villette de La Haye ; Laclotte de Massas ; Nouaillan de Capdeville ; Xaintrailles, marquis de Lusignan ;

SÉRIE C. — FINANCES DE LA GÉNÉRALITÉ DE BORDEAUX. 339

Dubernet de Grelot, religieux ; Haufort de Laroque ; Périère du Vignau, etc.

C. 2223. (Portefeuille.) — 101 pièces, papier.

1745-1750. — Correspondance des subdélégués et de divers particuliers avec l'intendant, au sujet de l'acquittement des droits domaniaux, comme francs-fiefs, de contrôle, d'échanges, centième denier, amortissements, contraventions, amendes, etc., avec le précis des réponses et ordonnances intervenues à ce sujet. On trouve dans cette correspondance des lettres de Lafont de Monplaisir ; Blancher de Laserre ; la dame de Beaumont de Lissac ; Dupuy de Labarthe ; Audry du Genest ; Monbrun de Valette ; Lafaye de La Serve ; du Barry de Perrau ; Lajaunie, ancien garde du corps du Roi ; la dame Brugière d'Alba ; de D'Andiran ; le chevalier de Bellusière ; P. Combes, prieur et curé de Laurenque ; Saget de Casaux ; le maréchal de Noailles, etc.

C. 2224. (Portefeuille.) — 112 pièces, papier.

1750-1752. — Correspondance de divers particuliers de la Généralité et des subdélégués avec M. de Tourny, intendant de Bordeaux, concernant : le payement des droits domaniaux, comme de francs-fiefs, contrôle, échanges, centième denier, amortissements, contraventions et amendes, avec le précis des réponses et ordonnances intervenues à ce sujet. Dans cette correspondance se trouvent des lettres de dame Tarde de Salignac ; Bousquet de Dulerm ; Rolle de Ballissac ; Cabios de Benque ; de Lachapelle ; madame Miran de Chateaurenard ; madame de Bacheretie de Pouineyrol ; Lartigue de Bassabat ; Lacrosse Ducau, capitaine ; de Bridat ; l'abbé de Rivet ; Bayne de Raissac ; la dame Capdeville de Nouailhan ; Brocas de Ferrand ; Dumas, curé de La Chapelle ; Thomassin de la Garrigue ; Desmaisons, garde du corps du Roi, etc.

C. 2225. (Portefeuille.) — 110 pièces, papier.

1753-1756. — Correspondance de divers particuliers de la Généralité et des subdélégués, avec M. de Tourny, intendant de Bordeaux, au sujet de l'acquittement des droits domaniaux, comme de francs-fiefs, de contrôle, d'échanges, d'amortissements, d'insinuation, centième denier, contraventions et amendes. On trouve dans cette correspondance des lettres de M. le chevalier de Lorman ; du Fraysse ; dame Vigouroux de Baille ; madame de la Gorce, supérieure des Filles de la Foi de Beaumont ; d'Arnault de Sarasignac ; Verdier Dubuisson ; de Rivière ; le chevalier de Calmeils ; Descudié de Rigal ; l'abbé Mongin ; Arnaud de Chesne ; Charlotte Mourgna de Doumenjon ; Laval, curé de Naussanne ; Duchesne de Barrière ; Dubernat de Lecussan ; madame de Fongaufier ; de Bilhon ; le baron de Gimel, etc.

C. 2226. (Portefeuille.) — 125 pièces, papier.

1744-1757. — Correspondances, requêtes et mémoires, concernant : l'acquittement ou des demandes en décharge de droits domaniaux, adressés à M. de Tourny, intendant de Bordeaux, par les subdélégués et divers particuliers de la Généralité parmi lesquels on distingue : Pierre Marteau, écuyer ; Tayrac de Lamothe-Vedel ; Guillaume Fisson, sieur de Bonnaveaut ; Jean de Vigier, écuyer, conseiller du Roi, président de l'élection de Condom ; noble Joseph Duroy, écuyer, sieur du Mirail ; Cluseau de la Silvestrie ; Rives de Villemont ; de Montaux ; sœur Duprat, supérieure du couvent de Sainte-Ursule d'Auvillars ; d'Aubusson de Lafeuillade ; Carbonnières de Joyac ; Rayniac de Varennes ; Marie de Laval d'Albert ; le marquis de Lusignan ; le chevalier de Brimont ; des Molinyer, Dubarry de Peyrelongue, etc.

C. 2227. (Portefeuille.) — 104 pièces, papier.

1756. — Minutes d'ordonnances rendues par M. de Tourny, intendant de Bordeaux, contre divers particuliers de la Généralité, au sujet des droits domaniaux dus par eux pour contrôle, insinuation, droits d'échanges, d'amortissements, de francs-fiefs, de centième denier, contraventions, etc., et parmi lesquels on distingue : la demoiselle Valleton, veuve Babut, sieur des Merles ; Antoine Martin, sieur de la Martinie ; Lalix de Cantaraune, sieur de Senzillon, seigneur de Beaulieu et Mensignac ; Thibaut de Chanvallon ; Pierre-Joseph de Sajal ; Louis-Joseph de Soulinet, comte du Bourg ; sieur Rimonteil de Bosredon ; Reynaud de Marcantoine ; dame Marguerite Morel, veuve d'Étienne Leprince, sieur Duplessis ; le marquis de Roquepine ; le sieur de Reclaud, sieur Galibert de Buillet ; Charles de Carmentran d'Espalais ; le chapitre de Bazas, etc.

C. 2228. (Portefeuille.) — 107 pièces, papier.

1756. — Minutes d'ordonnances rendues par M. de Tourny, intendant de Bordeaux, contre divers particuliers de la Généralité, au sujet de l'acquittement des droits domaniaux dont ils étaient redevables pour contrôle, droits d'insinuation, de francs-fiefs, d'amortissements, centième denier, échanges, contraventions et amendes; dans le nombre on remarque: David Vernet, sieur de l'Étang; la dame veuve de Châlons; Jean Lemoine, sieur de Clerac; le sieur Florimond de Raignac; Jean Saubat de Lahumade; François Balateau de Lafeuillade; Bertrand Dujarric, sieur Duverdier; le sieur de Lamothe Saint-Martin de Savis; Charles Carmentran d'Espalais de Berails; Dangiroux de Castelgaillard; le curé et les fabriciens de la paroisse de Martignas; Jean Devatine, sieur de Marasy; Pierre de Nollet; Pierre Bigos, sieur de la Borie, etc.

C. 2229. (Portefeuille.) — 107 pièces, papier.

1756. — Minutes d'ordonnances rendues par M. de Tourny, intendant de Bordeaux, contre divers particuliers de la Généralité pour l'acquit des droits domaniaux dont ils étaient redevables au sujet du contrôle, insinuation, droits d'échanges, d'amortissements, centième denier, contraventions et amendes, etc. Parmi eux on distingue: Lacan de Molenier; Antoine Cabrières de Foncaude; Yvette de Lascombes; le marquis de Timbrune; le sieur Gigounous; Jean de Badillac; Jean Auchier de Chatillon; Elie Ricard, sieur de Laurets; Ducasse du Mirail; Gabriel Lavaissière de la Faux; dame Marie du Chatenot, veuve de messire Bertrand de Saint-Silion; Marc-Antoine de Rives de Villemont; le sieur Taupié de Gamage; les sieur et dame de Redon d'Auriole; Pierre de Berail, écuyer, sieur de la Ferrière, etc.

C. 2230. (Portefeuille.) — 108 pièces, papier.

1756. — Minutes d'ordonnances rendues par M. de Tourny, intendant de Bordeaux, concernant le payement des droits domaniaux, comme contrôle, d'insinuation, d'amortissements, de francs-fiefs, centième denier, contraventions et amendes auxquels ont été condamnés divers particuliers de la Généralité, au nombre desquels on distingue: Léonard Chevaucheau, sieur de Latour; Etienne Leprince, sieur Duplessis et demoiselle Morel, son épouse; Nadal des Barrières; le curé archiprêtre de la paroisse de Saint-Pierre de Montignac; la dame de Senaut, veuve de M. de Sentout; les Récollets de Beauville; demoiselle Madeleine Desclaux, veuve de noble Pierre de Gasq, écuyer, seigneur de Monréal; Antoine Papon, sieur de la Giscardie; le sieur de la Gistonie; la veuve d'André Cassany de Mazet; MM. de Bourran de Béaville et noble François de Bourran de Saint-Hilaire, etc.

C. 2231. (Portefeuille.) — 115 pièces, papier.

1756. — Minutes d'ordonnances rendues par M. de Tourny, intendant de Bordeaux, concernant: l'acquittement des droits domaniaux, comme contrôle, insinuation, droits d'amortissements, de francs-fiefs, etc., auxquels ont été condamnés divers particuliers de la Généralité parmi lesquels on distingue: la demoiselle Roze de Gaucher, veuve du sieur Arnaud Tournade de Sainte-Colombe; David Girou; sieur de Lafaye; le sieur de Natalis; Bernard de Menou de Camboulan; le curé de la paroisse Saint-Vincent de Rausan; la dame veuve de Gisson; messire Jean-Antoine de Chabanne, marquis de Dunes; Dame Florence Rossignol, veuve du sieur de Baumont; Antoine Cabrière de Foncaude; sieur Antoine de Bayle, chevalier de Saint-Louis; sieur François Lasalle de Lafaurie; sieur Darene de La Crosse, etc.

C. 2232. (Portefeuille.) — 103 pièces, papier.

1756-1757. — Minutes d'ordonnances rendues par M. de Tourny, intendant de Bordeaux, relatives: au payement des droits domaniaux, comme contrôle, échanges, insinuation, droits d'amortissements, de franc-fiefs, de centième denier, contraventions et amendes, contre divers particuliers de la Généralité parmi lesquels on remarque: David de la Peyre; François Roche de la Rivière; Pierre de Beler; de Lamothe-Vedel; Nadal, sieur des Barrières; veuve Babut des Merles; Jean de Constantin, écuyer, sieur Duclaux; M. de la Chusse, chanoine de Saint-Seurin; noble Jean Dauziliers; les sieurs curés d'Aurival; messire Jean-Pierre de Longueval; le curé de Monferrant; les chanoines du chapitre de Saint-Emilion; le sieur Chapelain de La Magistère, etc.

C. 2233. (Portefeuille.) — 103 pièces, papier.

1757. — Minutes d'ordonnances rendues par M. de Tourny, intendant de Bordeaux, contre divers particuliers de la Généralité, relatives au payement des droits domaniaux auxquels ils avaient été condamnés pour contrôle, échanges, insinuation, droits d'amortissements, de francs-fiefs, de centième denier, contraventions et amendes. Dans ce nombre on distingue: Labessede de Philipon; messire Jacques de Sirven de a Fouillouze et dame Marie de Vallette, son épouse ; Jean Patel de Montaut ; demoiselle Roze Patel, épouse du sieur Simon Masquart de Laval ; le baron de Ferrussac ; Jean-Charles de Carmentran ; les religieux Bénédictins de Saint-Livrade ; René ; Auson de Fosse ; Jean Valleton de la Raimondie ; Jean Sirven de la Gelivie ; etc.

C. 2234. (Portefeuille.) — 93 pièces, papier et 2 en parchemin.

1719-1767. — Correspondance de MM. de Courson, Boucher, de Tourny, Boutin et de Fargès, intendants de Bordeaux, avec MM. les ministres de Lavrillière, d'Aguesseau, de Chauvelin, de Trudaine, de Courteille, Desilhouette et le duc de Praslin et les subdélégués, concernant : l'acquittement des droits domaniaux, comme contrôle des actes, insinuation, amortissements, centième denier, franc-fiefs, etc., dus par les hôpitaux des pauvres ; le sieur de La Roque, écuyer ; Jean de Saint-Clar, sieur Duton ; noble Jean de Grenier, sieur de Commebelle ; Louis de Chamillac ; Jean de Lansac de Chanac, seigneur de Cernet ; veuve Malide de Colome ; madame de Montréal ; Le Roy de Joinville ; Gelicu de Calviac ; Brondeau de Monpezat, de Mignot de Las, etc.

C. 2235. (Portefeuille.) — 77 pièces, papier.

1722-1779. — Correspondance de MM. Boucher et de Farges, intendants de Bordeaux, avec MM. les ministres de Gaumont, d'Aguesseau, de Maupeou et d'Ormesson et les subdélégués, concernant : les affaires domaniales, comme droits de contrôle des actes, d'insinuation, d'amortissements, de centième denier, etc., les greffiers et les droits de greffe. Il y est aussi question des religieuses de Sainte-Claire de Sarlat ; des Juifs portugais établis à Bordeaux ; du sieur de Lavergne, président de l'élection de Sarlat ; du baron de Pichon ; de Paul-Alexis de la Bernade ; du sieur d'Albert, seigneur de Parasols, etc.

C. 2236. (Portefeuille.) — 131 pièces, papier.

1716-1779. — Arrêts et ordonnances, concernant : les domaines ; — les droits d'insinuation, centième denier, les droits de contrôle des actes avec un projet de tarif pour leur perception ; un mémoire du Parlement sur le contrôle des actes et droits domaniaux : les abus et exactions commises par les préposés à leur perception et leurs principales causes ; les observations sur le nouveau tarif du contrôle des actes : on remarque aussi dans cet article les noms de Alphonse de Donissan, écuyer, seigneur de Citran, et la dame marquise des Ajots, sa belle-mère ; la marquise de Beauvais ; sieur de Constantin ; Gérard du Barry ; dame Jeanne du Bos, veuve de messire Joseph de La Lande, écuyer ; Jean-Louis de Vermejoul, écuyer ; le comte de Poléon ; le marquis de Baynac ; Gratien Fargeot de Barzac ; Jean Cubilier de Fontenelle ; Marie Bonfis et le sieur Pauchot de la Fonsade ; Pierre Beron, sieur d'Oche, etc.

C. 2237. (Portefeuille.) — 95 pièces, papier et 5 en parchemin en très-mauvais état.

1645-1730. — Correspondance de MM. Le Blanc, de Courson et Boucher, intendants de Bordeaux, avec MM. les ministres de Noailles, d'Argenson et Le Peletier, concernant : des édits et déclarations du Roi, relatifs aux droits seigneuriaux dus à Sa Majesté par contrat d'échange ; — à l'arrêt du conseil portant que les foi et hommages, aveux et dénombrements des fiefs mouvants des domaines du Roi, seront rendus au bureau des finances de chaque Généralité ; — à M. Joseph de Montaigne, écuyer, seigneur du Taillan et de la maison noble de Bussaguet ; — aux droits des échanges de la sénéchaussée de Libourne ; — aux unions et désunions des seigneuries et justices ; — aux engagistes, etc.

C. 2238. (Portefeuille.) — 104 pièces, papier, en mauvais état.

1720-1731. — Correspondance de MM. de Courson et Boucher, intendants de Bordeaux, avec MM. les ministres de Gaumont, de Chauvelin, Le Peletier et Orry et subdélégués, concernant : l'arrêt du conseil qui défend aux communautés d'habitants d'acquérir des domaines sans y être autorisés par les intendants des provinces ; — les engagements et les engagistes ; — la liquidation de la succession de Walter Prendergast, Irlandais, avec le compte et pièces justificatives à l'appui ; les sieurs Monlezun de Carabelle et de Favols ; le droit d'aubaine ; — une contestation entre le procureur du Roi au bureau du domaine et M. de Raignac, conseiller au parlement de Bordeaux, au sujet du domaine de Frespech dont ce dernier se disait seigneur ; — les vieux châteaux du Roi ; — le recouvrement des droits d'amortissements, francs-fiefs nouveaux, etc.

C. 2239. (Portefeuille.) — 114 pièces en très-mauvais état.

1732-1778. — Correspondance de MM. Boucher, de Tourny, Boutin, de Fargès, Esmangart, de Clugny et Dupré de Saint-Maur et les ministres de Caumont, de Chauvelin, de Trudaine, Orry et de Courteille et les subdélégués, concernant : des demandes de titres du domaine du Roi ; — les ensaisinements, les bois ; — le droit d'indemnité ; — la représentation des titres enregistrés à la chambre des comptes de Paris ; — les francs-alleux et droits d'échanges ; — les lettres patentes relatives à la confection du papier terrier et du terrier général du domaine du Roi de la Généralité de Bordeaux ; — la ratification du Roi, de la convention entre Sa Majesté et le cardinal de Rohan, comme évêque de Strasbourg, pour l'exécution du droit d'aubaine, entre les sujets français et ceux des bailliages du duché de Strasbourg situés en Allemagne ; — le droit de franc-fief ; — les justices, les greffes, etc.

C. 2240. (Carton.) — 79 pièces, papier, et 1 en parchemin.

1634-1651. — Procès-verbaux d'aveux et dénombrements par-devant MM. les trésoriers de France des biens, domaines et devoirs seigneuriaux relevant du Roi à cause de son duché de Guienne, où se trouvent impliqués les noms et faits qui suivent, savoir : Gillis de Preyssac, seigneur baron d'Esclignac, Larée et autres places, pour les biens nobles et autres droits seigneuriaux qu'il possède dans la sénéchaussée du Condomois ; — madame la comtesse de Saint-Paul pour les terres et baronnies de Caumont, Gavaudan et Taillebourg ; — noble Charles de Fourcès, seigneur et baron dudit lieu, pour les biens nobles, droits et devoirs qu'il possède en la ville et juridiction de Fourcès ; — noble Gaston de Condat, seigneur de Bardou, pour les château et biens qu'il possède dans la juridiction de Beaumont (Périgord) ; — de Barreau, écuyer, seigneur du Testa et coseigneur d'Andiran, pour les biens nobles qu'il tient dans les juridictions de Lavardac et Nérac, sénéchaussée d'Albret ; — M. de Blanq, conseiller du Roi, pour la maison noble de Mauvesin ; — M. Jean de Carrier, sieur du Roch, pour raison des biens nobles qu'il possède dans la paroisse de Faux, juridiction de Beaumont (Périgord) ; — biens, repaire et maison nobles de Maurigoux situés à Bergerac, à messire Jean Guy de Salignac ; — Pierre Delbech, écuyer, seigneur et baron de la Montzic et Saint-Martin, pour ses biens situés en la sénéchaussée de Périgord ; — messire Louis Descodeca de Boisse, chevalier, seigneur et baron de Saucignac, pour la terre, seigneurie et baronnie dudit Saucignac ; — Christophe Grain de Saint-Marsaut, pour la seigneurie de Parcou ; — la vicomtesse de Montbazilhac, pour la terre et vicomté de ce nom ; — messire Jacques de Belzunce, chevalier, seigneur de Born, pour son château et ses dépendances en la juridiction de Monflanquin ; — François de Caussade, vicomte de Calignac, seigneur et baron de Tonneins, pour ses biens, terres et seigneuries de Grateloup, Villeton, Sanict, Migrin, Puicornet et Larugol, sénéchaussées d'Agenais et Gascogne ; — nobles Antoine et Charles de Lombard, sieurs de Malemain et de Picon, pour les biens et château dudit Picon, en la juridiction de Sainte-Foy en Agenais ; — messire Jean Narbonne Darnouil, chevalier, seigneur baron de Clermont dessous, Cambebonnet, Monfort, etc., pour ladite terre et seigneurie de Cambebonnet, en Agenais.

C. 2241. (Carton.) — 100 pièces, papier.

1651-1660. — Aveux et dénombrements de propriétés, biens, domaines, devoirs seigneuriaux relevant du Roi, à cause de son duché de Guienne où se trouvent impliqués les noms et faits qui suivent, savoir : maison noble de Seguenie en Agenais, à noble Pierre-Leberton ; — Isaac de Cahors, sieur de Couloumat ; — de la juridiction de La Sauvetat de Caumont ; — biens nobles possédés par Pierre de Tapié, écuyer, seigneur de Monteils, dans la paroisse de Saint-Jean de Turac et Saint-Pierre de Clairac et juridiction de Puymirol, en Agenais ; — messire Jonathan de Garrisson, seigneur et baron de la terre et seigneurie de Lustrac, en Agenais ; — noble Matheu de Féragut, pour la maison noble de Barbonnielle ; — noble Théophile de Laur, seigneur de la maison noble de Panissaud ; — François de Villepontoux, écuyer, sieur de Jaure, pour les droits seigneuriaux et terre de La Force en Périgord ; — messire Jean-Jacques de Cassaignet de Narbonne et de Lomaigne, seigneur et marquis de Fimarcon, Astafort, Larroumieu, Aurade, Sèches, etc. ; — maison noble de la Renaudie, en Périgord ; — maison noble de la Nanne dans la juridiction de Bergerac ; messire Hector de Larmandie, chevalier, seigneur de Longua, Grancastang et Gardonne ; — biens nobles de Carabelles, situés dans les juridictions de Villeneuve, Pujols et Tombebouch en Agenais ; — maison noble de Favols à Tournon ; — maison noble de Palocque à Saint-Martin de Ruch ; — biens nobles de la maison de Bétueze à Damazan ; — terre et seigneurie de Samazan, au duché d'Albret ; — biens nobles de la maison de Caubeyres en Condomois ; — terre et seigneurie de Fongrave, en Agenais ; — biens nobles de la maison de

SÉRIE C. — FINANCES DE LA GÉNÉRALITÉ DE BORDEAUX. 343

Saint-Aignan à Penne ; biens de la maison noble de Bonnal Daujac, en Agenais ; — biens de la maison noble de Labrande à Monflanquin.

C. 2242 (Carton.) — 103 pièces, papier ; 3 en parchemin.

1660-1663. — Aveux et dénombrements des biens, domaines et devoirs seigneuriaux, relevant du Roi à cause de son duché de Guienne, où se trouvent impliqués les noms et faits qui suivent, savoir : maison noble de messire Jacques Hébrard, écuyer, seigneur dudit lieu ; — noble Jean de Laboissière, écuyer, sieur de Boutie ; — noble Jacques de Paty, pour ses biens situés dans la paroisse de Villeréal ; — biens de la maison noble de Grossolles de Flamarens à Damazan ; — biens nobles possédés par messire Pierre-Silvain de Fumel, seigneur baron de Montégut, dans l'Agenais ; — terre et seigneurie de Birac, à M. de Narbonne ; — biens nobles à François Gillet, écuyer, en la sénéchaussée de Bergerac ; — maisons nobles de Goualard et Puipardin, en Condomois ; — maison noble de Parron, à Jean-Denis de Barrau, baron de Benque ; — terre et seigneurie de Villeneuve en Agenais ; biens nobles de messire Armand de Lusignan, seigneur marquis dudit lieu ; — maison noble de la Roquette, à Antoine de Bonnal ; — maison noble de Fondouze, à Isaac Flouyssac ; — maison noble de Boynet, à Jean de Sarraut ; biens nobles, à Jeanne Charron, veuve de Étienne de Lajonie, sieur de Saint-Nazaire ; — Raymond de Cours, seigneur de Puyguiraud, pour les biens qu'il possède dans la juridiction de Marmande ; — château noble de Trignan et biens possédés par Jean-Bernard de Mélignan, en Condomois ; — terre et baronnie de Saintrailles, à messire Jean-Jacques de Montesquieu de Sainte-Colombe ; — baronnie de Villeton, au comte de Lavauguyon ; — terre et seigneurie de Larroquetimbaut, en Agenais ; — le château et maison de Puycalvary, Quissac et Anthé et biens qui en dépendent ; — terre et seigneurie de Castelnau, en Agenais, à M. de Cursol, seigneur et marquis de Monsalle ; — terre, seigneurie et baronnie de Pauliac, à M. de Fumel ; — messire Lionel de Gironde, pour son château et biens nobles de Castelsagrat ; — maison noble de Sainte-Foi, à Arnaud François du Castanier, — la seigneurie de Prades à M. de Courtele ; — seigneurie de Lamothe-Dante, à M. de Carbonnères.

C. 2243. (Carton.) — 55 pièces, papier; 23 en parchemin.

1664-1717. — Aveux et dénombrements des biens, domaines et devoirs seigneuriaux, relevant du Roi à cause de son duché de Guienne, où se trouvent impliqués les noms et faits qui suivent : maison noble de Gardes, à Monflanquin ; — maison noble de la Filolhie, à Condat ; — François Guantonnet, sieur de Tazat, pour son château de ce nom dans la paroisse de Thiviers ; — maison noble des Voiziers et de la Mazardie, à Marc de Lambert ; — biens nobles possédés par mademoiselle de Claissat, à Villefranche ; — repaire noble de Montauriol, à Villefranche ; — biens et château de la seigneurie et marquisat de Valence, à M. de Timbrune ; — maison noble Dursault, juridiction de Castelsagrat, à M. le marquis de Saint-Projet ; — biens nobles et rentes possédés par Charles de Durand, sieur de Carabelles ; — Jean-Antoine de Pardaillan, duc de Bellegarde, marquis de Gondrin et Bruch, pour rentes qu'il possède en la ville et juridiction de Condom ; — maison noble de Charles de Vayres, sieur de la Goudonnie, en Périgord ; — maison noble de Nadallon, dans la paroisse de Montignac ; — le domaine et repaire noble de Bragedalles, possédés par Joseph de Cubgniac ; — Léon de la Cousse, seigneur de Bonilhènes, pour les biens de Montignac ; — repaire noble de Faye, à Bernard de Chabanes, sieur de La Force ; — biens nobles de la maison du Chambon, à Montignac ; — maison noble et seigneurie de Gots, à Antoine Lafontan ; — terre et seigneurie d'Ambrus, à messire Charles-Asdrubal de Ferron, seigneur marquis de Carbonnieux ; — maison noble de La Gorsse, dans la sénéchaussée de Guienne ; — dénombrement du fief de Maurel, sénéchaussée d'Agen ; — maison noble de Pedelmas, à messire Grassien de Roussannes ; — Jean Bibal, sieur de Mercade, pour son fief dans la juridiction de Puymirol ; — biens nobles, fiefs et autres dépendances, situés dans la ville et juridiction de Francescas, possédés par François Procope, comte d'Egmont ; — terre et seigneurie de Saintrailles, possédés par Jean-Jacques de Montesquieu, seigneur dudit Saintrailles ; — messire Nicolas de Ségur, conseiller du Roi, président à mortier au Parlement de Bordeaux, pour ses maisons nobles et dépendances, situées dans la paroisse de Règles ; — messire Jean Duperrier, chevalier, seigneur de Larsan, pour ses biens situés dans la paroisse de Montussan et autres.

C. 2244. (Portefeuille.) — 16 procès-verbaux réunis en cahiers in-4°.

1667-1668. — Procès-verbaux d'aveux et dénombrements de biens, domaines et devoirs seigneuriaux relevant du Roi, à cause de son duché de Guienne, où se trouvent impliqués les noms et faits qui suivent, savoir : biens nobles de François Palhiet, sieur de Curmond, situés paroisses de Thiviers, de Nanteuilh, Saint-Pol et Laroche; — biens nobles possédés par la demoiselle de Buzat, situés dans la juridiction de Moncuq, paroisse de Rouillas (Périgord); — biens nobles de Vassal, situés à Saint-Caprazy, Saint-Sernin et Mazerolles; — maison noble et biens de Bastineau dans la juridiction de Sarlat; — biens de Jacques de Vaucocour, sieur de Chasteau; — maison noble de Chasteau à Sarazac; — biens de Chancel pour la maison noble de Chaloupie, située à Saint-Martin Deylat; — maison noble de Boulhiens avec château à Lacousse, en Périgord; — seigneurie d'Azerat à Verneuil; — fief de Peylaroche dans la paroisse de Grange; — biens nobles de Fourye, Budesol et Trigonat; — maison noble de la Fourye de Jean Blanc; — maison noble de Vacher, à Léonarde Millet; — maison noble de Bigort, à Martin; — maison noble de la Condonnie (Périgord). — Repaire noble de Lafaye au seigneur de La Force; — terre et châtellenie de Monpaon (Périgord), au seigneur de Caumont.

C. 2245. (Registre.) — 53 procès-verbaux, papier, formant un volume in-4°.

1671. — Procès-verbaux d'aveux et dénombrements des biens, domaines et devoirs seigneuriaux relevant du Roi à cause de son duché de Guienne, où se trouvent impliqués les noms et faits qui suivent, savoir : Gabriel Darrade Vignes, pour la ville, terre et seigneurie de Sault, Nassiet et Marpas (près Saint-Sever); — Jean de Narbonne, pour la terre de Cambebonnet (Agenais); — Froment de Boutier, pour la seigneurie de Catus, dans la juridiction de Penne; — Pierre Rougy pour une maison noble située à Bordeaux, rue des Faussets; — Thillaud, pour une maison située à Bordeaux; — Gourdièges, pour la seigneurie de Mazières, près Villeréal (Agenais); — Baraillon, pour une maison située à Bordeaux, rue Rousselle; — Guy Dulios, pour la maison noble de Gasques (Agenais); — Marie Nosères, pour la maison noble et château de Taline dans la paroisse de Fouilleronne (Agenais); — Julien Molinard, pour la seigneurie de Jouatas, paroisse Saint-Caprazy; — Jean de Narbonne pour la seigneurie de Clermont, juridiction du port Sainte-Marie; — Léonard d'Amou, pour la terre, seigneurie et marquisat d'Amou (sénéchaussée de Saint-Sever); — Marie Duverger pour la maison noble de Lamothe à Beautiran (Bordelais); — Lamouroux, pour la maison noble de Pleine-Selve, paroisse de Cassou, juridiction d'Agen; — Lopès Lostetnau, pour la terre de Roquecor (sénéchaussée d'Agenais); — Jean de Beauregard, pour la baronnie de Benquet, près de Mont-de-Marsan; — Jean Descorailhes, pour la maison noble de Saint-Gruères, paroisse de Corbiac (Villeneuve d'Agen); — la terre et seigneurie de Bonnaguilh; — Laporte, pour une maison à Bordeaux, rue du Pont-Saint-Jean; — Jean de Reillac, seigneurie de Monmège et Salaignac (Périgord); — Frères prêcheurs pour leurs fiefs dans la juridiction de Belvès; — le duc de Ventadour, pour la terre de Ventadour près Dax; — Dabadie pour les maisons nobles d'Arboucave, Lacajunte et Dabadie (Saint-Sever); — Fournel, pour les fiefs et rentes qu'il possédait dans la juridiction de Sainte-Foy; — Meynac, pour autres fiefs et rentes dans la même juridiction; — Lavergne, pour divers ténements situés à Montravel; le duc de Ventadour, pour les terres et baronnies de Cauna et Manco (Saint-Sever); — de la Tremouille, pour le marquisat de Royan; — Cruzeau pour ses biens à Toupeau près Libourne; — Roulier, pour ses fiefs de Camblannes (Bordeaux); — Galiot-Lostange, pour la terre et seigneurie de Saint-Alvère (Périgord); — le marquis de Monbrun, pour la terre de Saint-Jean Dangle, en Saintonge; Gentillot et Junye, rentes et fiefs nobles dans la juridiction de Sainte-Foy; — Jean Villemont, pour la terre et seigneurie de Larroquetimhault, en Agenais; — Foix de Candalle pour la terre de Lévignac (Agenais); — le même pour la terre de Moncuq (Périgord); — Charles Guillan, maison noble de Colombier (Saintonge); — François de Montesquieu de Sainte-Colombe, pour la maison noble de Lavergne, à Saint-Laurens, juridiction de Gironde; — Jean de Reillac, pour la seigneurie de Lascous, paroisse de Brena (Périgord); — Lafiteau, pour la seigneurie de Monbet et Lafiteau à Monségur (Saint-Sever); — Langlade, rentes et fiefs (juridiction de Sainte-Foy); — Pons de Gironde, pour la baronnie de Lavaur (Périgord); — Foix de Candalle, pour la seigneurie de Curson, en Périgord; — le même, pour la seigneurie du Fleix, en Périgord; — la ville de Saint-Sever, pour les fiefs relevant du Roi et des Bénédictins de Saint-Sever; — Monferrant, pour la seigneurie de La Salle de Villeneuve, juridiction de Barsac; — Marin, pour la maison noble de Nadeau, à Tauriac en Bourgès; — de Laroque, pour la terre de Bellegrade, à la Grave, entre deux mers; — de Lansac, pour la seigneurie de Roquetaillade, près Langon; — de Lacanal, pour la maison noble de Maisonneuve, à Gontaud (Agenais); — ville de Bourg, pour divers fiefs et rentes à Bourg; — Laborde, pour la maison noble de la Tour-de-la-Cassaigne (Agenais); — Lajeunie, pour un bien dans la paroisse de Tourneyrague à Sainte-Foy.

C. 2246. (Registre.) — 63 dénombrements, papier, in-4° reliés, en assez mauvais état.

1676-1677. — Dénombrements de biens, domaines et devoirs seigneuriaux relevant du Roi à cause de son duché de Guienne, savoir : maison noble de Lestelle dans la juridiction de Tournon (Agenais); maison noble de La Caussade (même juridiction); terre et château de Monbeau (même juridiction); — terre et seigneurie de Poudenas (Condomois); — terre et baronnie de Gavaudan (juridiction de Villeréal); — maison noble de Cezerac (juridiction de Tournon); — fiefs et rentes dans la paroisse de Masquères (même juridiction); — terre et seigneurie de Bosc (en Agenais); — cens et rentes dans la paroisse de Courbiac (juridiction de Tournon) à M. Laboulbenne; — le même pour ses cens et rentes dans la même juridiction; — maison noble de Nojejoulx (juridiction de Tournon); — terre et château de Fages (même juridiction); — maison noble de Carbonnac (même juridiction); — château de Mensenot (juridiction de Monflanquin); — terre de Labarde (juridiction de Tournon); — fiefs et rentes à Salomon de Grezès (même juridiction); — maison noble de Laval (juridiction de Penne); — château et maison noble de Lapoujade (juridiction de Tournon); — maison noble de Barrail (juridiction de Sainte-Foy); — terre de Sauveterre (juridiction d'Agen); — maison noble de Monberoux (juridiction de Penne); — maison noble de Lacan (juridiction de Villeneuve); — cens, rentes et fiefs à Armand de Sevin (dans la juridiction d'Agen); — fiefs et rentes de Lassalle (juridiction du port Sainte-Marie); — Étienne de Ranse, pour ses maisons et terres au même lieu; — divers ténements en la paroisse d'Artigues (juridiction d'Agen), à mademoiselle Mauris; — Goyon Daix pour ses cens et rentes (dans la juridiction de Tournon); — Reau, pour ses fiefs et rentes (dans la même juridiction); — fiefs et rentes, à Dulaurens dans la juridiction d'Agen; — terre de Seyches (juridiction de Marmande); — maison noble de Loustelnau (juridiction de Puymirol); — maison noble de Fompeyre (juridiction de Marmande); — Gentillot, pour ses rentes dans la même juridiction; — Labat, pour ses fiefs et rentes dans la juridiction de la Gruère; — maison noble de Fortiron (juridiction de Penne); — maison noble de Latour Laboulbenne (même juridiction) ; — terre de Montviel (juridiction de Penne); — de Guerin, pour ses biens et rentes à Villeréal ; — les consuls de Monclar pour leurs droits et devoirs seigneuriaux ; — Antoine Bor, pour ses biens et rentes dans la juridiction de Monclar; — maison noble de Beaulieu (juridiction de Sainte-Foy); — terre et seigneurie de la Perche (Agenais); Jacques Dupont, pour ses biens nobles et fiefs dans la juridiction de Sainte-Foy; — Antoine de Filhol pour ses biens et fiefs dans la même juridiction; — les consuls de Castelsagrat, pour leurs droits et devoirs seigneuriaux ; — terre de Blanquefort en Agenais; — maison de la Garde noble (juridiction de Villeneuve) ; — maison noble de Lachapelle (juridiction de Penne); — terre et seigneurie de Galapian (Agenais); — maison noble de Cazenobe (juridiction de Monheurt); — Dugout, pour ses rentes et biens nobles (juridiction de Penne); — terre et seigneurie de Berrat (juridiction de Saint-Martin de Goyne); — les consuls de Mezin, pour les fiefs, cens et rentes de la ville ; — maison noble de Parrail (juridiction de Monflanquin) ; — seigneurie de Gontault ou de Taillefer; — le marquisat de Clermont-Soubirat.

C. 2247. (Registre.) — 783 feuillets, papier; petit in-folio en assez bon état.

1678-1679. — Aveux et dénombrements de biens, domaines et devoirs seigneuriaux situés en Périgord relevant du Roi, pour son duché de Guienne, où se trouvent impliqués les noms et faits qui suivent, savoir : seigneurie de Peyruzet en Périgord ; — maison noble de Pechagut ; — maison noble de Bort; — baronnie de Lanau ; — terre et seigneurie de Bons ; — Saint-Aulaire, pour ses seigneuries de Celle et Berty ; — propriété de Thiviers ; — maison noble de Lanouye ; — seigneurie de Belcaire ; — ténement de Peyrebrune ; — Vivideau, pour ses maison et jardin de Thiviers; — ténements de la Vaisserie et de Lapoujade; — une maison située à Thiviers, à Charles Ranouih ; — Poumeran, pour les rentes qu'il a acquises des seigneurs de l'Islefont ; — terre et château de Campaignac ; — rentes sur le moulin de la Salargue, au seigneur de Pis ; — domaine de Labatasserie ; — château et maison noble de Mayac ; — ténements dans la paroisse de Marcenais, à Denis d'Huart ; — repaire de Beaumont ; — seigneurie de Boulong ; — repaire de la Fillolie ; — Élisabeth de Clermont, pour sa terre de Pilles ; — repaire noble Marguiat ; — maison noble de la Rocque ; — terre et seigneurie de Ladoussi ; — maison et repaire nobles de Limagne ; — château de Glane ; — seigneurie de Saint-Loons ; — château de Razac ; — terre seigneuriale de Reilhac ; — terre seigneuriale de Rouffignac ; — château de Frugie ; — terre et seigneurie de Tayac ; — le ténement de Cluzeau ; — ténements de Bertrand de Lestable dans la paroisse de Fauzac; — la forêt du Pouyoblanc ; — repaires de la Fayze du Cousset ; — rentes et ténements du village de Vallelie à François Dulat ; — ténement de Simon, à Antoine Degat ; — Armand de Sensillon, pour la justice de Beaulieu ; — fiefs et rentes de Fillolie à Jean de Beaulieu ; — château de Saint-Martin ; — Raimon de Bordas, pour la justice et château de Ciusac ; — Gratien de Party, pour ses rentes au village des Huguenots ; — terre et seigneurie d'Anesse ; — Joseph Lastané, pour ses rentes dans la juridiction de Saint-Germain ; — château de

Rouffiac; — divers ténements au moulin de Taffarin; — le grand ténement des Tours de rivière; — Pierre Villedary, pour ses ténements dans la paroisse Sainte-Colombe; — Fronton de Leymarie, pour ses biens et rentes dans la paroisse de Razat; — Godefroy Daubusson, pour la justice des paroisses de Breyssac et Église; — terre et seigneurie de Condat; — maison et repaire noble de Rezeidon; — domaine noble de Dubreuil; — pont des Aymaries, pour ses ténements de la paroisse Saint-Gerat; — terre et justice de Saint-Apre; — repaire de Villards (paroisse de Saint-Pardoux); — seigneurie de Segonniat; — terre et seigneurie de Courbessy Saint-Priest; château de Rossignol; — terre et seigneurie de Fontanilhes; comté et juridiction de Grignols.

C. 2248. (Registre.) — 38 procès-verbaux, papier et parchemin remis en 1 volume in-folio.

1679. — Aveux et dénombrements des biens, domaines et devoirs seigneuriaux relevant du Roi à cause de son duché de Guienne, savoir : maison noble du Breuil (Périgord); — Conseil, pour ses maisons et terres situées à Bergerac; — maison noble de Bellet ou Residou (Périgord); — terre de Labarde près Bergerac; — repaire noble de Beaumont; — maison noble de Coulomb; — Fronton Leymarie, pour son moulin de la Roche; — seigneurie de Masvalais de Lavalouze; — terre et seigneurie de Lunau; — terre et seigneurie de Roussil; — terre et seigneurie de Condat; — terre de la Tourette; — maison noble de Pechagut; — Villadarit, pour ses ténements, la Taillade, le Sinon, Lafosse, etc.; — terre et seigneurie de Campaniac; — terre et seigneurie de Mayiac; — maison noble de Monflanges; — terre et seigneurie de Courbessy; — terre et seigneurie de Cuisat; — terre et seigneurie de Ponchatmourguet; maison noble Dubreulh; — terre et seigneurie Danessi; — Jean de Pys pour ses fiefs et rentes à Bergerac; — terre et seigneurie de Roufiac (Périgord); — Daubusson, pour l'église et enclos de Creissensae (Périgord); — prévôté de Thiviers et vicomté de Limoges; — Virideau, pour sa maison de Thiviers; — Descymarie, pour ses terres et bois de Thiviers; — maison noble de Laroque; — repaire noble de Marguiat; — maison noble de Beauséjour; — maison noble de Bons; — maison noble de Bort; — terre et seigneurie de Sigounat; — Janel, pour son ténement des Tours de rivière; — de Paty pour son ténement des Huguenots; — domaine de Labatusserie; — château de Langon.

C. 2249. (Registre.) — 42 procès-verbaux, papier, réunis en 1 volume petit in-folio.

1679-1680. — Aveux et dénombrements des biens, domaines et droits seigneuriaux de l'élection des Lannes, relevant du Roi, à cause de son duché de Guienne, savoir : les biens nobles de la communauté de Pimbo; — terre et seigneurie de Lourque; — maison noble de Sarres; — terre de Japoy, à Saint-Sever; — métairie noble de Ranquet, au même lieu; — maison noble de Lassalle; — maison noble de Henriet; — terre de Cazalis; — terre de Castelnau à Saint-Sever; — terre et baronnie d'Ancos; — terre et baronnie de Casteyde; — château de Pouyallet; — seigneurie de Misson (Dax); — seigneurie de la Caberie ou Capitaine; — seigneurie de Lassalle (Hastingues); — terre et baronnie de Cauneilhe; — terre et baronnie de Peyrehorade; — terre et baronnie de Classun; — terre de Roquefort; — maison noble et abbaye de Casalon; — maison noble et abbaye de Castaignos; — baronnie de Vielle; — terre et seigneurie de Doro; — maison abbatiale de Sebie; — maison noble de Talence; — maison noble de Daunes; — maison noble de Talauresse; — maison noble de Bastère; — château et maison noble d'Étignos; — maison noble de Lassalle; — terre et seigneurie Dargelos; — terre et seigneurie de Cantiran; — baronnie de Peyre; — terre et baronnie d'Arthos; — terre d'Arrimbles; — terre de Bonnegarde; — terre de Maignos; — terre et baronnie de Montaut; — terre et baronnie de Pomaros; — terre et baronnie de Gaujac; — terre et baronnie de Bastennes; — terre et baronnie de Castelsarrasin.

C. 2250. (Registre.) — 32 procès-verbaux, papier, réunis en 1 volume format in-folio.

1780-1681. — Aveux et dénombrements des biens, domaines et devoirs seigneuriaux relevant du Roi à cause de son duché de Guienne, savoir : la métairie de Lamarque (Agenais); — maison noble de Gauthière (Agenais); — maison noble Dupin Juncarot (Agenais); — fiefs et rentes de la ville de Périgueux; — terre et seigneurie de Lias en Condomois; — terres et seigneuries de Castelnau et Taillecavat (Agenais); — terre et seigneurie de Montances, en Périgord; — terre de Lanneplan (sénéchaussée de Saint-Sever); — maison noble de la Tourre en Condomois; — terre de Latour à la Sauvetat (Agenais); — terre de Pineuille à Sainte-Foy sur Dordogne; — maison noble de Chanteloup aux Agouts; — Dupleix pour son droit de

SÉRIE C. — FINANCES DE LA GÉNÉRALITÉ DE BORDEAUX.

péage et coutume sur la rivière de Charente; — Garros pour son droit de péage du pont de Saintes; — terre et seigneurie de Sansonac en Périgord; — seigneurie de Beauregard en Périgord; — terres de Montréal, Moncuq et Breuilh en Périgord; — repaire noble de Candou près Bergerac; — terre et seigneurie de Caussens (Périgord); — terre Dabesse en Périgord; — Loiseau pour ses fiefs dans la ville de Bergerac; — seigneurie de Saint-Hilaire du Bois (Saintonge); — Barraud, pour ses fiefs et rentes dans les juridictions de Monpaon, Mussidan; — prévôté de Saint-Sulpice en Saintonge; — seigneurie d'Iquem en Bourgés; — Ribeyres de Lassalle pour la justice et les fiefs de Sainte-Marie en Périgord; — ténements de la Trappe et Pommaret en Périgord; — seigneurie de Castelvieil, près Sarlat (Périgord); — terre et seigneurie de Saint-Germain et Ataux (Périgord); — terre de Labatut, près de Dax; — la dîme de Cabidos, près Saint-Sever; — maison noble de Saintaignet (Lannes).

C. 2251. (Registre.) — 37 procès-verbaux, papier, réunis en 1 volume petit in-folio.

1683-1684. — Aveux et dénombrements des biens, domaines et devoirs seigneuriaux relevant du Roi à cause de son duché de Guienne, savoir : Pelissier pour ses fiefs dans le Blayais; — maison noble de Bellevue (Périgord); — Turcaud, pour ses fiefs de Gardonne, en Périgord; — maison noble de Saint-Pé, pays de Labour; — terre et seigneurie de Chassiron (Saintonge); — maison noble de Hon près Saint-Sever; — Dhebrard, pour ses fiefs et rentes dans la juridiction de Penne; — terre et seigneurie de Saint-Maurice au pays de Labour; — rentes sur le marquisat de Lusignan; — maison noble de Morillon en Blayais; — maison noble de Gadeau à Plassac (Blayais); — maison noble du Pin à Loupiac (Bazadais); — Teysseron pour ses rentes de Saint-Hilaire en Bazadais; — maison noble de Boutet en Condomois; — terre et seigneurie de Lamothe près Saint-Sever; — fiefs et moulin de Mazerac (Saint-Émilion); — terre de Pellegrue près Bergerac; — Delzens, pour ses rentes dans la juridiction de Penne (Agenais); — maison noble de Carabolle en Agenais; — Dupuy, pour ses fiefs et rentes dans la ville et juridiction de Condom; — maison noble Darasse en Agenais; — maison noble de Cassagne en Agenais; — Bastenier pour ses rentes dans la juridiction de Sainte-Foy; — Sargasset, pour ses rentes dans la juridiction de Mézin; — maison noble de Comarque et Briasse (Blayais); — maison noble de Lambertie (juridiction de Sainte-Foy); — maison noble de Lamothe-Pradines en Agenais; — maison noble et abbaye de Lançon (juridiction de Saint-Sever); — Grayac, pour son fief de Ribes en Agenais; — terre et seigneurie de Beaudouïre en Saintonge; — fief de Medis en Saintonge; — Dauric, pour ses fiefs et rentes dans la juridiction d'Agen; — les habitants de Labastide de Monpazier, pour leur droit de justice; — Cardis, pour ses biens nobles de la juridiction de Lusignan; — Mauque, pour ses fiefs de la juridiction de Condom; — Gouyon, pour ses fiefs et rentes dans la même juridiction; — terre et seigneurie de Monbalen en Agenais.

C. 2252. (Registre.) — 56 procès-verbaux, papier, réunis en 1 volume petit in-folio.

1693-1695. — Aveux et dénombrements des biens, domaines et devoirs seigneuriaux relevant du Roi à cause de son duché de Guienne, savoir : la seigneurie du Petit Tauzia en Condomois; — terre et seigneurie de Bouffignac (Périgord); — maison noble de Lamothe-Brunet, près Damazan; — terre et seigneurie de Bridoire (Périgord); — maison et terre du Pudot aux Chartrons à Bordeaux; — la paroisse de Fourcès, pour ses landes et maison en Condomois; — maison noble de Lescalette en Bourgés; — maison noble de Villebeau en Agenais; — Delaporte, pour ses biens dans les marais de Blaye; — seigneurie d'Arcet, sénéchaussée de Saint-Sever; — de Bignos, pour ses biens dans le marais de Blaye; — maison noble de Semens, entre deux mers; — maison noble de Corbiac, en Périgord; — Desparbès de Lussan, pour ses biens dans le marais de Blaye; — Pechpeyron, pour ses fiefs et rentes dans les juridictions de Tournon et Puymirol (Agenais); — Gaston de Balades, pour ses biens dans les marais de Bayel; — la veuve Dudu, pour ses fiefs de Cazenobe et Taris en Condomois; — maison noble de Tirepeau près Libourne; — terre et seigneurie de Lamotte (sénéchaussée de Dax); — terre et seigneurie de Monnains près Sarlat; maison noble de Lamothe-Dursault (Agenais); — terres et rentes dans la paroisse de Masquière, à Mariol Ladou (Agenais); — terre de Foucaude en Bazadais; — de la Bertrandie, pour ses terres de Monflanquin; — maison noble de Grange (sénéchaussée de Saint-Sever); — maison noble de Lassale-Masure (Agenais); — terre de Saucignac (Périgord); — maison noble de Basteverde, sénéchaussée de Dax; — terre et seigneurie Dambrun en Condomois; maison noble de Palahot (Condomois); — terre de Blanquefort en Agenais; — maison noble de Cause (Agenais); — maison noble de Taillible (Agenais); — maison noble de Loubens, près La Réole; — maison noble de Moussaron en Condomois; — terre de Mugriet, juridiction de Saint-

Sever; — maison noble d'Aubert de Peyrelongue (Agenais); — terre et seigneurie de Monclar (Périgord); — terre et seigneurie de Saint-Go et Violotte, sénéchaussée de Saint-Sever; — terre et seigneurie de Soumensac (Agenais); — terre et seigneurie de Puymiélan (Agenais).

C. 2253. (Registre.) — 792 feuillets, papier et parchemin, en 1 volume in-folio.

1696-1705. — Aveux et dénombrements des biens, domaines et devoirs seigneuriaux relevant du Roi à cause de son duché de Guienne, savoir : maison noble de Capellas en Agenais; — maison et salle de Moussaron (juridiction de Condom); — maison noble de Caussade en Agenais; — terre et seigneurie d'Habas dans la prévôté de Dax; — terre et seigneurie de Saint-Cricq (même prévôté); — maison noble de Bruet (juridiction de Marmande); — maison noble de Primet (juridiction du port Sainte-Marie); — maison noble de Cessac (juridiction de Penne, en Agenais); — maison noble de Boudon (juridiction de Monflanquin); — maison noble de Pompejac, en Agenais; — terre et seigneurie de Taillecavat (juridiction de Marmande); — terre et seigneurie de Cauhon (même juridiction); — terre et seigneurie de Castelnau de Gupie (même juridiction); — marais et comtau de Blaye, au duc de Saint-Simon; — le cours d'eau de la Dordogne, au marquis de Ségur; — biens nobles de Rouffignac (Périgord); — terre et seigneurie de Longueville, près Marmande; — maison noble de la Taulade, paroisse de Saint-Cricq; — maison noble de Tresaygues (prévôté de Bazas); — maison noble de Lamothe à Sissac en Médoc; — maison noble de Noaillac (juridiction de Penne); — maison noble de la Bassecour (prévôté de La Réole); — maison noble de Gaye (haute juridiction de Tournon); — maison noble de Lagrange (juridiction d'Agen); — maison noble de Schiescas en Périgord; — terre et seigneurie de Rouets (Agenais); — seigneurie de Lustrac (juridiction de Penne); — seigneurie de la Castaigne dans le Sarladais; — maison noble de Parron près Mézin; — seigneurie de Peyre dans la sénéchaussée de Saint-Sever; — maison noble des Ardouins, prévôté de Blaye; — maison noble de Fontiron, en Agenais; — seigneurie de la Beaume (sénéchaussée de Bergerac); — terre et seigneurie de Poudenas (sénéchaussée de Condom); — maison noble de Lavison (prévôté de La Réole); — maison noble de Péchagut (juridiction de Monpazier); — maison noble de Roquat (juridiction de Penne); — maison noble de Lanauve en Périgord; — maison noble des Ondes en Agenais; — maison noble de Picon, à Sainte-Foy; — maison noble de Granevon, près Sainte-Foy; — maison noble de Champières (Périgord).

C. 2254. (Registre.) — 32 procès-verbaux, papier et parchemin en 1 volume petit in-folio.

1751-1760. — Aveux et dénombrements des biens, domaines et devoirs seigneuriaux relevant du Roi à cause de son duché de Guienne, savoir : l'ancienne maison noble de Pellegrue près Bergerac; — terre de Pelaot dans la paroisse de Lisse en Condomois;—seigneurie de Lambertie près Sainte-Foy; — seigneurie de Morguilhem, en Périgord; — maison noble de Caussade à Belvès en Périgord; — maison noble de Lestelle dans la paroisse de Tournon (Agenais); — seigneurie de Goudourville et Lalande à Saint-Julien; — seigneurie de Perotain dans la paroisse de Civrac; — seigneurie et terre d'Allemans, à Saint-Eutrope d'Allemans; — terre et seigneurie de Pardaillan en Agenais; — seigneurie de Liard dans la sénéchaussée de Condom; — maison noble d'Aubeze près Sauveterre; — maison noble de Semens en Benauge; — maison noble de Couveyras (Bourgès); — Métairie noble de Labarte dans la paroisse Floudès en Bazadais; — maison noble d'Astafort de la Salle-Taillac en Condomois; — maison noble du Cap-du-Bosc (Condomois).

C. 2255. (Registre.) — 17 procès-verbaux, papier, réunis en 1 volume petit in-folio.

1760. — Aveux et dénombrements des biens, domaines et droits seigneuriaux qui relèvent du Roi à cause de son duché de Guienne, savoir : la seigneurie de Vertg en Périgord; — maison noble du Luc dans la prévôté de La Réole; — maison noble de Pérord, dans le Bourgès; — maison noble de La Tourre en Condomois; — seigneurie de La Fox dans l'Agenais; — seigneuries de Réjaumont et Laval en Condomois; — maison noble de Glane dans le Périgord; — maison noble de Monconseil en Bourgès; — le moulin de Mondot (juridiction d'Agen); — maison noble de Paradou (même juridiction); — terre et seigneurie de Ponchat près Libourne; — maison noble de Grateloup, près Bergerac; — maison noble Chapelle Faucher, en Périgord; — maison noble de Breuilh, en Périgord; — terre et seigneurie d'Embrena (Condomois).

C. 2256. (Registre.) — 196 feuillets, papier, formant 1 volume petit in-folio.

1761. — Aveux et dénombrements des biens, domaines et devoirs seigneuriaux relevant du Roi, à cause

SÉRIE C. — FINANCES DE LA GÉNÉRALITÉ DE BORDEAUX. 349

de son duché de Guienne, savoir : la ville, seigneurie, juridiction et châtellenie de Saint-Macaire ; — maisons nobles de Tardes, Argadens, Vigouroux, Pinsac, Monadey et le port, situées dans la juridiction de Saint-Macaire.

C. 2257. (Registre). — 9 procès-verbaux (752 feuillets) papier, 1 volume petit in-folio.

1762. — Aveux et dénombrements des biens, domaines et devoirs seigneuriaux relevant du Roi, à cause de son duché de Guienne, savoir la maison noble de Tirepeau ou Cruzeau, près Libourne ; — les maires et consuls du Port-Sainte-Marie pour les fiefs et rentes de la ville ; — métairie noble du Taillis, à Saint-Genis (Blayais) ; — le moulin de Lafont de Ladoux, près Bergerac ; — Faucher, pour les fiefs de Callebrey, Vert et Baudry, près Cauderot ; — Elie Cugneau, pour la maison noble de Saugeron-Lannessan (Blayais) ; — Jean Dinaud, pour la métairie de Chodins dans le petit marais de Blaye ; — la métairie de Lassalle à Saint-Androny (Blayais) ; — maison noble Dupuch-Dubageran et prévôté de Sauveterre.

C. 2258. (Registre). — 292 feuillets papier, 6 parchemin, en 1 volume petit in-folio.

1763. — Aveux et dénombrements des biens, domaines et devoirs seigneuriaux relevant du Roi, à cause de son duché de Guienne, savoir : terre et seigneurie de Bauvais (juridiction de Nontron en Périgord) ; — maison noble de Beguey de Lansac, rue des Bahutiers, à Bordeaux ; — terre et baronie de Monteton (comté d'Agenais) ; — maison noble de Montmoytié, paroisse Saint-Julien en Médoc ; — Dartigaux, pour sa maison noble située rue du Cahernan, à Bordeaux ; — terre et seigneurie de Guilleragues, près Monségur ; — terre et seigneurie de Monségur (Bazadais) ; — maison noble de la Rivière près Bergerac ; maison noble du Pont près Bergerac.

C. 2259. (Registre). — 5 procès-verbaux, papier, formant 1 petit volume in-folio.

1764-1766. Aveux et dénombrements des biens, domaines et devoirs seigneuriaux relevant du Roi, à cause de son duché de Guienne, savoir : Souillagon, pour sa maison noble dans la juridiction de Marmande ; — Gerault pour sa maison noble de Langalerie près Sainte-Foy ; — Guy de Campistron, pour les fiefs et ténement de Tourteaut (Bourgès) ; — Elie de Reclus pour la terre de Gageac (sénéchaussée de Périgueux) ; — Pierre Dusage pour des fiefs et rentes dans la paroisse du Pomaro (juridiction de Condom).

C. 2260. (Registre). — 10 procès-verbaux, papier, réunis en 1 volume petit in-folio.

1764. — Aveux et dénombrements des biens, domaines et devoirs seigneuriaux relevant du Roi, à cause de son duché de Guienne, savoir : Charles de Gontaut pour sa terre et seigneurie de Gontaut en Périgord ; — Raimond de Lalande pour la terre et seigneurie de Castelmoron sur Lot, en Agenais ; — Nicolas de Fayolle, pour la terre et seigneurie de Saint-Apre, en Périgord ; — Arnaud Annet, pour sa terre et seigneurie de Labeaume, en Périgord ; — de Laage pour ses fiefs et rentes dans le Périgord ; — Joseph de Louppes, pour la maison noble de Loubens, dans le Bazadais ; — Dupeyron, pour la maison noble Labarbe-Montauban (entre deux mers) ; — Jean Pauly, pour sa maison noble de Groleau (Bourgès) ; — Dumontet pour sa maison noble du Rat (Blayais) ; — Dureau, pour sa métairie de la Quenouille, au marais de Blaye.

C. 2261. (Registre). — 380 feuillets, papier, formant 1 volume grand in-4º.

1766. — Aveux et dénombrements de biens, domaines et devoirs seigneuriaux relevant du Roi, à cause de son duché de Guienne, savoir : M. le marquis de Flamarens, pour ses seigneuries et fiefs de Labarthe, Cluzet, Marsan, etc., situés dans la juridiction de Damazan, en Agenais.

C. 2262. (Registre). — 12 procès-verbaux, papier, réunis en 1 volume petit in-folio.

1767. — Aveux et dénombrements des biens, domaines et devoirs seigneuriaux relevant du Roi, à cause de son duché de Guienne, savoir : terre et seigneurie de Razac (élection de Périgueux) ; — maison noble de Cantin à Saint-Sulpice de Vernac (entre deux mers) ; — terre et seigneurie de Labarde (sénéchaussée de Bergerac) ; — biens nobles et rentes du seigneur de Peyrelongue situés à Marmande ; — fiefs de Compeyre, Lamothe et Saint-Mas (juridiction de Marmande); — terre et seigneurie de Pineuil (juridiction de Sainte-Foy); — ténements de Brandouly, Brasselane, Tilaire et Carlat situés paroisse d'Artigues, dans la juridiction d'Agen; — fief de Goursac dans la paroisse de Tourtoirac, en Périgord; — fief et bien noble de Jean de Bocq, dans la juridiction d'Agen; — bien noble d'Alexandre Rigaud de Grandefon, juridiction de Sainte-Foy; — Joseph Reignac, pour son fief d'Artigues, entre deux mers; — maison noble de Bellevue, paroisse de Razac, élection de Sarlat.

C. 2263. (Registre.) — 13 procès-verbaux, papier, formant 1 volume petit in-folio.

1767. — Aveux et dénombrements des biens, domaines et devoirs seigneuriaux relevant du Roi, à cause de son duché de Guienne, savoir : Pindray, pour les fiefs et rentes de la commanderie de Clairac, près Sauveterre; — Marsolier de Montaut pour sa terre de Fournel à Saint-Laurent, sénéchaussée de Libourne; — Descodeca de Boisse, pour sa terre et seigneurie de Mauvoisin (Bazadais); — de Reclus, pour son domaine de Lespinasse dans la paroisse d'Issac en Périgord; — Puidutour pour sa terre de Salmonie, juridiction de Nontron; — Claude de Sarrau, pour sa terre et seigneurie d'Arasse en Agenais; — Puidutour, pour sa terre et seigneurie de Laborie en Périgord; — les maires et jurats de Saint-Émilion pour les fiefs, rentes et cens dans la ville et sa juridiction; — Annet de Labaume, pour la terre et seigneurie Saint-Germain à Taux (Périgord); — Achard, pour raison de la maison noble de Comps (juridiction de Bourg); — Bordon, pour sa terre et seigneurie de Ségonzac, en Périgord; — de Rangouse, pour le domaine noble de la Mothe de Teste, en Agenais.

C. 2264. (Registre.) — 13 procès-verbaux, papier, réunis en 1 volume petit in-folio.

1768. — Aveux et dénombrements des biens, domaines et devoirs seigneuriaux relevant du Roi, à cause de son duché de Guienne, savoir : Sevin de Ganot, pour sa maison noble de Lamothe-Teste, en Agenais; — Raimond Lassus, pour sa maison noble de Bordeaux (fossés du Chapeau rouge); — Brun de Montguyon, pour sa maison noble de Gadeau (Blayais); — de Lafaye, pour le fief de la Brugère à Thiviers, en Périgord; — Ambroise Charron, pour le maine de Livrons, en Bourgès; — de Bonsol, pour la maison noble de Legis, paroisse des Esseintes, juridiction de La Réole; — Saint-Gilis, pour le ténement de Martel de Colleyrac, juridiction d'Agen; — de Tastes, pour la maison noble Duvigneau, juridiction de Marmande; — Simon Mirey, pour la terre et seigneurie de Courbon, en Bazadais; — le même, pour la terre et seigneurie de Castelnau sur Gupie dans le Bazadais; — la veuve Cropte, pour la terre et seigneurie de Fontaut de Double (Périgord); — Simon Mirey, pour la terre et seigneurie de Taillecavat (Bazadais); — Médard de Laville, pour la terre de Lacepède (Agenais).

C. 2265. (Registre.) — 1 procès-verbal, parchemin, formant 1 volume in-4°.

1769. — Aveux et dénombrements de biens, domaines et devoirs seigneuriaux relevant du Roi, à cause de son duché de Guienne, savoir : Marguerite, Thérèse, Anne et Jeanne Montaigne sœurs, demoiselles, et messires Nicolas, Michel et Joseph de Montaigne frères, tantes et neveux, seigneurs et barons de Saint-Médard-en-Jalles, seigneurs et possesseurs par indivis des terre et seigneurie de Corbiac situées dans la paroisse dudit Saint-Médard, avec tout droit de justice haute, moyenne et basse, droit de directité et fondalité.

C. 2266. (Registre.) — 10 procès-verbaux, papier, formant 1 volume petit in-folio.

1769. — Aveux et dénombrements des biens, domaines et devoirs seigneuriaux relevant du Roi, à cause de son duché de Guienne, savoir : Laurent Dubar, pour la terre et seigneurie de Moncaton (Sarladais); — de Lageart de Cherval, pour la terre et seigneurie de Saint-Martial de Viveyrol (Périgord); — Subercazeaux, pour la maison noble des Eyquems, à Tauriac en Bourgès; — de Goalard, pour la maison noble de Balarin en Condomois; — Alexis de Conan, pour la terre et seigneurie de Connezac (Périgord); — Clok, pour la terre et seigneurie de Longueville (comté d'Agenais); — veuve René Berryer, pour la maison noble de la Barrière (en Blayais); — Courtade de Salis, pour des biens nobles dans la juridiction de Condom; — le comte de Javerlhac, pour sa terre et seigneurie de Javerlhac (Périgord); — le comte de Rastignac, pour sa terre de Firbeix en Périgord.

C. 2267. (Registre.) — 4 procès-verbaux, papier, réunis en 1 volume petit in-folio.

1770. — Aveux et dénombrements des biens, domaines et devoirs seigneuriaux relevant du Roi, à cause de son duché de Guienne, savoir : d'Audebard Ferussac, pour la maison noble et fiefs de Joathas (juridiction de Puymirol en Agenais); — Jean Roux, pour la baronnie de Lerm, pour le fief Roux *sive* de Lerm (juridiction de Lerm) ; — Lafontan de Gots, pour la seigneurie de Gots, juridiction de Puymirol (Agenais) ; — Godefroy de Cosson, pour le fief et repaire Lamothe-Leches, juridiction de Mucidan (Périgueux).

C. 2268. (Registre.) — 5 procès-verbaux, papier, réunis en 1 volume in-4°.

1770. — Aveux et dénombrements des biens, domaines et devoirs seigneuriaux relevant du Roi, à cause de son duché de Guienne, savoir : Bénigne de Sacriste, pour la sirie et marquisat de Tombebœuf en Agenais ; — de Luscomps, pour le fief et ténement de Pelautier et Landrivie, juridiction de Monclar (Périgord) ; — de Jaucourt, pour la maison noble de Noaillac (Agenais) ; — le même, pour le fief de Cazenove et Monheurt, et domaine de Cristau (sénéchaussée de Nérac) ; — de Raymond, pour les fiefs, cens et rentes à Lamothe-Masères et au port Sainte-Marie (Agenais).

C. 2269. (Registre.) — 4 procès-verbaux, papier, réunis en 1 volume grand in-4°.

1771. — Aveux et dénombrements des biens, domaines et devoirs seigneuriaux relevant du Roi, à cause de son duché de Guienne, savoir : maison noble et seigneurie de Montluc (juridiction de Monheurt et Damazan) ; — fiefs de Bois-Vert et Bossol, paroisse et juridiction de Monpoirier ; — Jean de Macy, pour sa métairie noble de Barthe, située paroisse Sainte-Raphine, en Agenais ; — Duhamel, pour la seigneurie de Castets-en-Dorte.

C. 2270. (Registre.) — 250 feuillets, in-folio, relié en parchemin.

1770-1771. — Aveux et dénombrements des biens, domaines et devoirs seigneuriaux relevant du Roi, à cause de son duché de Guienne, savoir : François Brun de Monguyon, pour la maison noble de Gadeau et Morillon et Vigier de la Vigerie, paroisse de Campugnan (Blayais) ; — Louis-Julie-Delphin Daulède, seigneur de Pardaillan, pour la maison noble de Lamothe-Saint-Androny, en Blayais ; — André-Bernard du Hamel, pour la seigneurie de Lados (sénéchaussée de Bazas) ; — Henry Lafaye, pour le fief et maison noble de Chardeuil, en Périgord ; — Gabriel-Louis de Lacropte, pour la terre et seigneurie de Chanterac (sénéchaussée de Périgueux) ; — François Dubernard, pour la terre et seigneurie de Lecussan, paroisse de Dolmeyrac, en Agenais.

C. 2271. (Registre.) — 437 feuillets, papier, et parchemin, en 1 petit volume in-folio.

1772. — Aveux et dénombrements des biens, domaines et devoirs seigneuriaux relevant du Roi, à cause de son duché de Guienne, savoir : les fiefs de Saint-Vivien, à la veuve de Levequot, en Blayais ; — messire Jean-Luc Déalis, pour la maison noble d'Escalette, paroisse de Villeneuve, en Bourgès ; — la veuve de Philogène Brulard, marquis de Puysieulx et de Sillery, pour la seigneurie de Castelnau, située dans la sénéchaussée de Bazas ; — la veuve de Jean-Baptiste Lecomte, le captal de Latrenne, pour les château et seigneurie de Thau, situés dans la paroisse de Gauriac, en Bourgès ; — Joseph de Raigniac, pour la seigneurie de la Maurelle, en Agenais ; — Jean de Chillaud, pour la seigneurie de Somensac (Agenais) ; — Alexandre-Jean-Marie de Larralde, pour la seigneurie de Puiguilhem (sénéchaussée de Bergerac) ; — Jean-Simon de Sorbier, pour la seigneurie de Lespinassat (même sénéchaussée) ; — Joseph Béchau, pour son fief de Ferrachapt, paroisse d'Artanelle (juridiction de Monpon) ; — Jean-Joseph Duval, pour la seigneurie de Lamothe-Campgrand, dans la vallée et prévôté de Sauveterre ; — Balguerie de Larmande, pour sa terre et seigneurie de Galapian, Claira, Aiguillon, en Agenais ; — Jean-Pierre Villate de la Grave, pour la terre et seigneurie de Frégimont (sénéchaussée d'Agen).

C. 2272. (Portefeuille.) — 440 pièces papier, et 2 plans.

1647-1774. — Aveux et dénombrements devant les trésoriers de France, savoir : Bernard de Foix, duc d'Épernon, pour sa maison noble de Mauvezin ; — Ségur Nicolas-Marie-Alexandre, pour sa terre et seigneurie de Pauillac et de Lorthe, paroisse de Saint-Laurent ; — le révérend père syndic de Notre-Dame de Miséricorde-les-Bordeaux, pour sa maison noble de la Louvière ; — François de Bouschier, sieur de Laussel, pour sa maison noble et château de Laussel, paroisse de Marquais en Périgord ; — dame Françoise Tourtel de Gramond, prieure des religieuses du petit Ligneux, pour ses biens nobles de Saint-Sénat (Périgord) ; — François Régnier de Glane, pour sa seigneurie de Glane en Périgord ; — Jean de Massaud, pour sa seigneurie de Saint-Léons, dans le comté de Périgord ; — Charles Roux, pour sa seigneurie de Reillac, sise dans la paroisse dudit Reillac dans la sénéchaussée de Périgueux ; — terre et seigneurie de Ladusse, en Périgord ; — terre et seigneurie de Tayac, en Périgord ; — terre et seigneurie de la Coussière (Périgord) ; — terre et seigneurie de Pilles (sénéchaussée de Bergerac, en Périgord) ; — terres et seigneurie de Razac, dans la sénéchaussée de Périgueux ; — terre et château de Vilhac, en Périgord ; — terre et seigneurie de Michac, Périgord ; — seigneurie de Lachapelle, sénéchaussée de Périgueux ; — terre et seigneurie de Lafaye et Dauziac, en Périgord ; — terre et seigneurie de Filolie, en Périgord ; — terre et seigneurie de Mouzeilhas (Périgord) ; — terre et seigneurie de Segonzac, en Périgord ; — terre et seigneurie de Tabossies, en Périgord ; — terre et seigneurie de la châtellenie de Saint-Martial, en Périgord ; — baronnie de Castelnau, en Médoc ; — maison noble de Rignac et de Caravoque, dans la paroisse Saint-Loubès ; — terre et seigneurie de Razac sur l'Isle, en Périgord ; — maison noble et dépendances de Belair, dans la paroisse de Sadirac entre deux mers, etc., etc.

C. 2273. (Portefeuille.) — 750 feuillets, format in-folio, papier.

1772. — Aveu et dénombrement fourni par la dame Marie de Chaperon, veuve de messire Guillaume-Joseph Saige, pour la terre et seigneurie de l'Ile Saint-George, Beautiran, Laprade et Ayguemorte, en tout droit de justice, haute, moyenne et basse, mère, mixte et impaire, droits honorifiques, droits utiles, domaines et fiefs, arrière-fiefs, cens, rentes, agrières, droits d'échange et contre-échange et autres droits et devoirs seigneuriaux (sénéchaussée de Guienne).

C. 2274. — (Portefeuille.) — 800 feuillets, papier, in-folio.

1663. — Domaine du Roi, papier terrier de la ville et juridiction de Laparade, en Agenais, indivis entre le Roi et l'abbé de Clairac, relevant du Roi à cause de son comté d'Agenais, renfermant les baux à fiefs et reconnaissances consenties au Roi devant les commissaires délégués, trésoriers de France et généraux des finances de la Généralité de Guienne, pour tous les biens tenants de la juridiction dudit Laparade.

C. 2275. — (Portefeuille.) 597 feuillets, papier.

1663. — Domaine du Roi, papier terrier et réception des exporles, reconnaissances et liquidation du domaine du Roi dans les villes et juridictions de Monclar, Saint-Pastour, La Sauvetat de Caumont, Miramont, Barsac et Astafort, consenties au Roi devant les commissaires délégués, trésoriers de France et généraux des finances de la Généralité de Guienne, pour tous les biens tenants des susdites juridictions.

C. 2276. (Portefeuille.) — 137 feuillets, papier.

1664. — Domaine du Roi, papier terrier, réception des exporles et reconnaissances du domaine du Roi dans les villes et juridictions de Monclar, Saint-Pastour, La Sauvetat, Caumont, Miramont, Barsac, Astafort, Blaye et Vitrezay en Agenais et Condomois, consenties au Roi devant les commissaires délégués, trésoriers de France et généraux des finances de la Généralité de Guienne pour tous les biens tenants desdites juridictions.

C. 2277. (Portefeuille.) 193 feuillets, papier.

1665. — Domaine du Roi, papier terrier, réception des exporles et reconnaissances du domaine du Roi dans les villes, bastilles et juridictions royales d'Agenais, Condomois et Périgord, consenties au Roi devant les commissaires délégués, trésoriers de France et généraux des finances de la Généralité de Guienne pour tous les biens tenants desdites juridictions.

C. 2278. (Portefeuille.) — 197 feuillets, papier.

1666. — Domaine du Roi, papier terrier, réception des exporles et reconnaissances du domaine du Roi dans les villes et juridictions de Monclar, Astafort, Saint-Pastour, La Sauvetat, Caumont, Miramont, Primirol et Barsac dans le comté d'Agenais, consenties au Roi devant les commissaires délégués, trésoriers de France et généraux des finances de la Généralité de Guienne pour tous les biens tenants des susdites juridictions.

C. 2279. (Portefeuille.) — 134 feuillets, papier.

1667. — Domaine du Roi, papier terrier de la ville et juridiction de la Linde en Périgord relevant du Roi, renfermant les baux à fiefs et reconnaissances consenties au Roi devant les commissaires délégués, trésoriers de France et généraux des finances de la généralité de Guienne, pour tous les biens tenants de ladite juridiction de la Linde.

C. 2280. (Carton.) — 67 pièces, papier, et 67 en parchemin.

1737. — Domaine du Roi, terrier de Sauveterre. — Déclarations et reconnaissances de tous les biens tenants, reçues par maître Sangosse notaire audit Sauveterre, à ce commis, en exécution de l'ordonnance rendue par la commission nommée pour procéder à la confection d'un nouveau terrier pour la terre et seigneurie dudit Sauveterre.

C. 2281. (Carton.) — 67 pièces, papier, et 60 en parchemin.

1738. — Domaine du Roi, terrier de Sauveterre. — Déclarations et reconnaissances de tous les biens tenants de la terre et seigneurie de Sauveterre, reçues par maître Sangosse notaire audit Sauveterre, à ce commis, en exécution de l'ordonnance rendue par la commission nommée pour procéder à la confection d'un nouveau terrier pour ladite terre et seigneurie de Sauveterre.

C. 2282. (Carton.) — 77 pièces, papier, et 24 en parchemin.

1735-1737. — Domaine du Roi, papier terrier de Sauveterre. — Arrêts du conseil de nomination des commissaires généraux députés par le Roi, par lettres patentes du 8 septembre 1735, pour la confection et réformation du terrier de Sa Majesté dans l'étendue de la ville et juridiction de Sauveterre, ensemble les déclarations faites par devant lesdits commissaires par les tenanciers de ladite seigneurie de Sauveterre des terres par eux possédées et relevant du Roi, puis enfin une correspondance ministérielle et des copies des divers règlements à observer pour la confection des papiers terriers dans la généralité.

C. 2283. (Carton.) — 98 pièces, en papier, et 31 en parchemin.

1737-1740. — Domaine du Roi, papier terrier de Sauveterre. — Arrêts du conseil de nomination des commissaires, et jugements rendus par eux, ensemble les déclarations faites devant lesdits commissaires par les tenanciers dans l'étendue de la seigneurie de Sauveterre, des terres par eux possédées et relevant du Roi, puis une correspondance ministérielle et des copies des divers règlements à observer pour la confection des papiers terriers dans la généralité.

C. 2284. (Carton.) — 126 pièces, papier, et 4 en parchemin.

1735-1752. — Correspondance de MM. Boucher et de Tourny, intendants de Bordeaux, avec MM. les ministres de Trudaine, d'Angervilliers et d'Aguesseau, concernant ; les arrêts du conseil de nomination des commissaires, et jugements rendus par eux, ensemble les déclarations faites par devant lesdits commissaires par les tenanciers dans l'étendue de la seigneurie de Sauveterre, des terres par eux possédées et relevant du Roi, et des copies des divers règlements à observer pour la confection des papiers terriers dans la généralité.

C. 2285. (Portefeuille.) — 119 pièces, papier.

1731-1734. — Correspondance de MM. Boucher et de Tourny, intendants de Bordeaux, avec MM. les ministres de Chauvelin, Orry, de Gaumont, Trudaine et les subdélégués, concernant une contestation entre les habitants de Montpezat et de Madaillan et M. le duc d'Aiguillon au sujet de la réunion au domaine du Roi de plusieurs paroisses de ces juridictions ; — un mémoire des maire et consuls de la ville de Condom, contre les prétentions du même duc d'Aiguillon qui voulait exiger d'elle en qualité d'engagiste du Condomois, des honneurs et des droits qu'aucun de ses prédécesseurs n'avait jamais réclamés ; — une charte de l'année 1,200 dont les consuls de Marmande sont dépositaires qui établit le droit de directe appartenant au Roi dans cette ville, contre la prétention de franc alleu qu'ils soutiennent au Conseil.

C. 2286. (Portefeuille.) — 100 pièces, papier.

1744-1751. — Correspondance de M. de Tourny avec les ministres Orry, Trudaine et Saint-Florentin, concernant : la question de savoir si le franc alleu sans titre doit avoir lieu en Agenais ; — le renouvellement des terriers du domaine en Agenais et Condomois, pour les terres engagées au duc d'Aiguillon ; — les hommages et dénombrements rendus anciennement au Roi par les communautés de Condom, Mezin et Montréal ; extraits, mémoires, et copies tirées des archives des trésoriers de France en Guienne ; — la directe universelle du Roi dans l'Agenais prétendue par le bureau des domaines.

C. 2287. (Portefeuille.) — 115 pièces, papier.

1750-1752. — Correspondance de M. de Tourny avec les ministres Saint-Florentin et Machault concernant le cérémonial de la réception à faire au duc d'Aiguillon à sa première entrée dans les villes du Condomois et de l'Agenais, dont une partie des habitants prétendait s'affranchir; lettres du duc, de l'évêque, du chapitre et des officiers du présidial; enquête sur la réception de 1642.— Notes sur le projet de nouvelles lettres-patentes pour le terrier de l'Agenais, arrêté par l'opposition du bureau des finances en lutte avec la commission instituée à l'effet de recevoir les déclarations des vassaux et des tenanciers.

C. 2288. (Portefeuille.) — 105 pièces, papier.

1734-1748. — Correspondance de MM. de Boucher et de Tourny intendants de Bordeaux avec M. Trudaine et les subdélégués relative au terrier de l'Agenais et du Condomois; — à la vente et revente du domaine dans le ressort du parlement de Bordeaux; — au tarif et règlement général des droits des notaires des villes du ressort du parlement dépourvues de présidial; — aux exemptions et priviléges de l'ordre de la Merci, et autres requêtes sur les opérations des commissaires chargés d'établir le terrier de la province.

C. 2289. (Portefeuille.) — 100 pièces, papier.

1748-1749. — Correspondance de l'intendant concernant le terrier d'Agenais et Condomois — les réclamations des seigneurs Dugravier de Goirod, Thoumazeau de Puygirault, Fouissac Carbonnac, Descorbiac, Carabelles, d'Albert de Laval, de Jonzac, d'Aubeterre seigneur de Francescas, Brons, seigneur de Cezerac, Brach, seigneur de Montussan, Poudenas, Poléon seigneur de Castelnovel, contre le fermier du duc d'Aiguillon; — le trouble apporté par les habitants de Montjoye dans l'accensement d'un vacant fait par le duc au sieur Delatour; — les excès commis par le sieur de La Brunie contre le sieur Dejouy, notaire chargé des opérations du terrier dans la juridiction de Penne; — les plaintes des notaires sur la modicité des droits établis pour la passation des déclarations; — les craintes des gens du duc de voir remettre en question le franc alleu, dont un arrêt du conseil en date du 12 septembre 1746 avait proscrit l'existence.

C. 2290. (Portefeuille.) — 102 pièces, papier.

1749. — Correspondance de M. de Tourny avec M. de Machault concernant : — un mémoire du duc d'Aiguillon au sujet des terriers des domaines d'Agenais et Condomois ; — une instance entre celui-ci et le sieur François de Mothes, seigneur de Blauche, capitaine de canonniers ; — une requête de Louis-Pierre de Gontaud, duc de Biron, commendataire des abbayes royales de Moissac et de Cadouin ; — de nombreuses suppliques présentées contre les prétentions de M. le duc d'Aiguillon par les seigneurs et possesseurs de fiefs Jacques d'Escorbiac, Claude Dordé, Françoise Bégoulle, Anne Dalesme veuve d'Ant. d'Essenault, Louis d'Abzac sieur de Montviel, Thérèse de Bosredon, veuve de L. de Bonal, seigneur de Roquette, J. de Lamothe-Vedel, Cursol de Vassal, Lavaissière, et dame Marie-Catherine Meallet de Fargues, veuve de messire Jean de Bonal.

C. 2291. (Portefeuille.) — 60 pièces, papier.

1750. — Requêtes à M. de Tourny et aux commissaires institués pour la confection du terrier d'Agenais par divers acquéreurs de fonds poursuivis à la demande du duc d'Aiguillon en payement des droits de lots et ventes.

C. 2292. (Portefeuille.) — 115 pièces, papier.

1750-1752. — Correspondance de l'intendant avec les subdélégués concernant : le terrier de l'Agenais ; — les réclamations de MM. de Carbonnac Fouissac, Béchon de Caussade, de Gauréault de Folmont, de Jouard de Monberoux, de Montpezat seigneur de l'Escalle et de Sevin ; — et les cérémonies à observer par les villes de l'Agenais et du Condomois lors de l'arrivée du duc d'Aiguillon dans son duché.

C. 2293. (Portefeuille.) — 102 pièces, papier, 1 parchemin.

1752-1753. — Requêtes et réclamations relatives aux droits prétendus de lods et ventes par les agents du duc d'Aiguillon, sur les seigneurs de Malbès de Lamothe-Vedel, le prieur de Saint-Caprais d'Agen, et les consuls de la ville de Mezin.

C. 2294. (Portefeuille.) — 109 pièces, papier, 1 parchemin.

1753-1778. — Correspondance de MM. de Tourny et Dupré de Saint-Maur avec le ministre Debonnaire de Forges et les subdélégués sur les affaires du terrier d'Agenais, mentionnant : — la juridiction de Francescas possédée en paréage avec le Roi par la maison d'Aubeterre ; — les droits perçus par les notaires chargés des déclarations de fiefs — les jugements de la commission du terrier qui se sont trouvés au greffe après l'incendie de l'intendance le 2 février 1756 ; — l'arrêt du conseil du 2 décembre 1778 qui sans avoir égard aux représentations du chapitre de Condom, ni aux délibérations de la communauté, déclare que l'ensaisinement est dû dans la seigneurie de Condom par les possesseurs des héritages sis dans la directe commune entre le Roi et le chapitre, les prétentions de la ville à la coseigneurie étant écartées sur une consultation signée Lalanne, De Sèze et Duranteau.

C. 2295. (Portefeuille.) — 90 pièces, papier.

1779-1785. — Mémoires, états, requêtes, consultations concernant : les prétentions respectives de la ville et de l'évêque de Condom sur la question de co-seigneurie, mentionnant : — les titres du XIVe siècle présentés par les consuls en faveur de la ville, et les entreprises des évêques sur ses propriétés ; — l'état des archives de l'Hôtel de Ville, abandonnées à quelques personnes et la disparition de pièces importantes, ainsi que le cisellement des coutumes de Condom dont le manuscrit est presque tout détruit ; — les lettres de Louis XIV adressées à l'intendant de Bordeaux sur les devoirs à rendre à l'évêque par les consuls et la ville entière, contestés de nouveau en 1780 par le corps de ville et le présidial réunis après le retour de Mgr d'Auberoche ayant obtenu gain de cause en parlement ; — les moyens d'opposition et les demandes en autorisation de plaider de nouveau formées par les consuls et l'abbé de Polignac contre l'évêque et le duc d'Aiguillon ; — les juridictions royales et seigneuriales, avec l'état des rentes dont les emphytéotes sont tenus envers leurs seigneurs, limitrophes à celles d'Agen, Montréal, Marmande, Mezin, Condom ; les juridictions d'Agenais et Condomois qui n'ont pas invoqué le franc alleu et sont néanmoins comprises dans l'engagement de 1642 ; l'état des mesures des terres par cartonats, lattes, boisselées, picotins, escats, pognerées, et journaux, adoptées dans chacune des juridictions précédentes.

C. 2296. (Portefeuille.) — 100 pièces, papier, 3 parchemin.

1727-1750. — Correspondance de MM. de Boucher et de Tourny, intendants, avec les ministres et les subdélégués concernant : — les lettres à terrier accordées aux seigneurs engagistes des terres de Bergerac, Captieux, Entre-les-deux-Mers, — les requêtes des tenanciers de Captieux refusant de reconnaître le droit de corvée au seigneur engagiste ; — les droits de péage, minage et mesurage prétendus par le duc de La Force, seigneur, et repoussés par les habitants de Bergerac, qui rappellent à cette occasion un pareil procès soutenu et gagné en 1322 ; — les prétentions du chapitre de Saint Blaise de Cadillac à la seigneurie par engagement de la prévôté royale d'Entre-deux-Mers, qui lui aurait été transférée par le duc d'Epernon.

C. 2297. (Portefeuille.) — 109 pièces, papier, 1 parchemin.

1751-1753. — Correspondance de M. de Tourny avec M. de Commarrieu, commissaire au terrier, relative : — aux difficultés apportées à Paris à la réglementation de de certains points, entre autres du droit pour l'intendant de juger en dernier ressort et de fractionner en commissions le bureau des finances — au choix à faire des notaires chargés de l'opération — aux démêlés des jurats de Bordeaux avec l'intendance, au sujet des cens et rentes dus au domaine, parmi lesquels se trouvent comprises des affaires de travaux publics, comme l'alignement de l'Académie sur la nouvelle esplanade, le chemin de la Palu-des-Chartrons, dont les jurats veulent se donner l'honneur, le percement projeté d'une rue de la porte Médoc à la porte S.-Julien, la noblesse demandée par les jurats pour ceux d'entr'eux qui étaient en exercice au moment de la construction de la porte-Bourgogne, etc., et l'opposition rencontrée par Tourny à ses plans d'embellissement, jusque dans le ministère ; — état des différentes mesures agraires de toutes les seigneuries de l'Agenais et du Condomois, des divers taux de l'imposition des cens, des feux, nombre de journaux nobles, ou ruraux des seigneurs de fiefs réunis par liste, dans les juridictions de Sauveterre, et de La Réole, domaines de Sa Majesté ; tableau des officiers de justice ; — instructions ministérielles sur le terrier général de Guienne mentionnant : l'état de négligence en cette partie du domaine, où sur plus de dix mille fiefs, il n'y en a pas quatre cents qui aient rendu leurs hommages depuis l'avènement du roi Louis XV ; — L'habileté des gens de main-morte à transformer en fief de simples rentes arbitraires, des posesseurs à se faire seigneurs, des habitants qui ont des fiefs en roture à les présenter comme servant noblement, pratiques facilitées par le défaut de titres, et surtout par la faveur accordée dans la province à la possession allodiale ; — les formulaires de déclarations pour les seigneurs, les simples fiefs, les francsalleus, les rotures ; — l'interdiction de mêler les fiefs en formant un seul dénombrement de plusieurs possédés par une seule personne ; — l'opposition du Parlement d'abord à l'établissement du terrier général, ensuite à sa confection par le bureau des trésoriers, et à la juridiction suprême attribuée à l'intendant, sous le nom duquel on veut désigner M. de Comarrieu, commissaire nommé en cette partie, et procureur au bureau des finances ; — la réponse des officiers de ce bureau prouvant par titres que toutes les réformations générales du domaine depuis Charles V jusqu'à Charles VII ont attribué aux trésoriers la connaissance, en tout ressort, et depuis, sinon la connaissance en dernier ressort qui a été portée soit au conseil, soit déléguée aux intendants, au moins l'administration et le jugement ordinaire des questions, sans que pas une fois les parlements y aient été appelés ; enfin l'arrêt du conseil, sans date, par lequel le Roi mettant fin aux divisions de ces deux Compagnies casse l'arrêt du parlement du 13 novembre 1755, en opposition avec les lettres patentes du 15 août 1752, et ordonne aux commissaires par elles institués de procéder sans retard à la confection du terrier général de Guienne.

C. 2298. (Portefeuille.) — 107 pièces, papier, 1 plan.

1752-1755. — Domaines du Roi, terrier de la généralité. — Correspondance de M. de Tourny avec les ministres et le sieur Commarieu, en mission à Paris, sur l'opposition des jurats de Bordeaux soutenus par le Parlement, à l'établissement du terrier de Guienne ; — arrêts, ordonnances, mémoires sur les droits des procureurs au Parlement, instructions générales et particulières ; — mémoires sur la prévôté de la Réole ; — les usurpations du bois Majour, du droit de boucherie, des îles sur la rivière de Garonne, appartenant au domaine, et possédées par divers, en même temps contestées, à propos du terrier, entre la ville et les possesseurs ; — Copie collationnée de l'hommage de la Réole au roi Louis XIV, en laquelle sont compris les droits de justice, boucheries, halles, péages, minages, chemins, ports, vacants, padouens, etc. : — continuation de l'opposition passionnée du Parlement et des jurats contre l'intendant et le bureau des finances sur la question de l'établissement du terrier.

C. 2299. (Portefeuille.) — 103 pièces, papier, 5 parchemin.

1755-1765. — Correspondance de M. de Comarieu, commissaire au terrier général avec M. de Tourny, relative aux difficultés soulevées dans les Landes, la Saintonge et l'Aunis contre les opérations, et aux tentatives contre sa personne, sur l'ordre et à l'instigation du Parlement, et mentionnant : la protection et sauvegarde que l'intendant de la Rochelle, monseigneur Baillon, lui assure, les menaces de décret personnel portées contre l'intendant lui-même, à cause des arrêts du conseil obtenus contre les désirs du Parlement ; — les arrêts du Parlement cassant, sur la demande de madame Daugeard, veuve du président, une ordonnance d'évocation donnée par les commissaires ; — un autre arrêt défendant d'obéir à des huissiers et notaires de la seigneurie de Bergerac ; — adresse de la noblesse de la prévôté d'Entre-deux-Mers au Roi, pour obtenir la confirmation du privilège d'être unie au domaine de la Couronne, et de ne pouvoir en être aliénée directement ni indirectement, contre les prétentions du comte de Pons, déjà engagiste du domaine rural, d'obtenir ce qui est du domaine noble dans la même prévôté ; — et état complet des fiefs et biens nobles situés dans les paroisses dépendantes de la grande prévôté d'Entre-deux-Mers.

C. 2300. (Registre.) — In-folio, papier, 454 feuillets.

1621-1626. — Domaine du Roi, papier terrier de la ville et juridiction de Sainte-Foy et des paroisses de Pineuilh, Saint-André, Marqueyron, La Rouquile, Saint-Quentin, Eynesse, Rioucault, Sainte-Croix, Appelle, Ligneux, Thoumeyragues-en-Agenais, relevant du Roi à cause de son comté d'Agenais, — renfermant les reconnaissances consenties au Roi devant les commissaires délégués, trésoriers de France et généraux des finances par tous les bientenants de la juridiction de Sainte-Foy.

C. 2301. (Registre.) — In-folio, papier, 191 feuillets.

1760-1761. — Domaine du Roi ; — papier terrier de la ville et juridiction de Saint-Macaire, ses annexes et dépendances, relevant du Roi à cause de son domaine et seigneurie de Saint-Macaire, renfermant les reconnaissances consenties au Roi devant les commissaires délégués, trésoriers de France et généraux des finances, pour tous les bientenants de la susdite juridiction de Saint-Macaire.

SÉRIE C. — FINANCES DE LA GÉNÉRALITÉ DE BORDEAUX. 357

C. 2302. (Registre.) — In-folio, papier, 189 feuillets.

1760-1761. — Domaine du Roi; — papier terrier, réception des exporles et reconnaissances du domaine du Roi dans la ville, et juridiction de St-Macaire-en-Guyenne, consenties au Roi devant les commissaires délégués, trésoriers de France et généraux des finances pour tous les bientenants de la susdite juridiction de Saint-Macaire.

C. 2303. (Registre.) — In-4°, parchemin, 48 feuillets.

1661-1672. — Domaine du Roi; — terrier, réception des exporles et reconnaissances du domaine du Roi dans la juridiction de La Cenne-en-Agenais, consenties au Roi devant les commissaires délégués, trésoriers de France et généraux des finances par tous les bientenants de la susdite juridiction de la Cenne.

C. 2304. (Registre.) — In-4°, parchemin, 48 feuillets.

1665-1672. — Domaine du Roi; — terrier, réception des exporles et reconnaissances du domaine du Roi dans la ville et juridiction de La Sauvetat-de-Savères en Agenais, consenties au Roi devant les commissaires délégués, trésoriers de France et généraux des finances par tous les bientenants de la susdite juridiction de La Sauvetat.

C. 2305. (Registre.) — In-4°, parchemin, 97 feuillets.

1667-1672. — Domaine du Roi, — terrier, réception des exporles et reconnaissances du domaine du Roi dans la ville et juridiction de Villaréal en Agenais consenties au Roi devant les commissaires délégués, trésoriers de France et généraux des finances par les bientenants de la juridiction de Villaréal.

C. 2306. (Registre.) — In-4°, parchemin, 121 feuillets.

1662-1673. — Domaine du Roi, — terrier, réception des exporles et reconnaissances du domaine du Roi dans la ville et juridiction du Puch-de-Gontaud-en-Albret, consenties au Roi devant les commissaires délégués, trésoriers de France et généraux des finances par tous les bientenants de la susdite juridiction du Puch-de-Gontaud.

C. 2307. (Registre.) — In-4°, parchemin, 232 feuillets.

1661-1673. — Domaine du Roi, — terrier, réception des exporles et reconnaissances du domaine du Roi, dans la ville et juridiction de Villeneuve en Agenais, consenties au Roi devant les commissaires délégués, trésoriers de France et généraux des finances par tous les bientenants de la susdite juridiction de Villeneuve.

C. 2308. (Registre.) — In-4°, parchemin, 71 feuillets.

1668-1673. — Domaine du Roi, — terrier, réception des exporles et reconnaissances du domaine du Roi dans la juridiction de Naneras en Saintonge, consenties au Roi devant les commissaires délégués, trésoriers de France et généraux des finances pour tous les bientenants de la susdite juridiction de Naneras.

C. 2309. (Registre.) — In-folio, papier, 231 feuillets.

1741. — Domaine du Roi, relevé des cens et rentes dus au Roi par ses tenanciers : de la ville de Bordeaux, rues de la Sau, des Argentiers, Pont de la Mousque, Lacoquille ou Chai des farines, Mérignac, Place du Palais, Descombes ou des trois chandeliers, pont Saint-Jean, du Loup, vieille craberie sur les fossés des Salinières, de la Monnaie, Poitevine, Sainte-Croix, Saint-Seurin, des Menuts, Pas-St-Georges, près la porte St-Julien, Maubec, Terre-Nègre, Sainte-Eulalie, Carles, la vieille porte Saint-Julien, Sainte-Catherine, du Soleil, Neuve, Saint-Michel, Sainte-Colombe, Margaux, Chartrons, Palais de Lombrière, Pondiot, des Fours, Casse, du Caire, Tour de Gassies, des Truyes, Saint-Remy, Saint-James, Cahernan, des Lauriers, Neuve-des-Capucins, du Parlement, Cancera, Devise, des Murs, Fossés-des-Salinières, la Fusterie, Puy-des-Cazaux, Mousquet, Portanets, Pillet-de-dessous-le-Mur, Douhet; — de plusieurs villes, paroisses, îles, etc., dont les noms suivent : Saint-Macaire, Quinsac, Saint-Etienne-de-Tourne, Tabanac, Bassens, Sainte-Eulalie-en-Graves, Latresne, Saint-Caprazy, Bouliac, Talence, Léognan, Petit Haut-Brion, Saint-Aubin, Villeneuve, les Queyries, Ambarès, Cenon, Cadaujac, Pessac, Saint-Loubès, Lormont, Blanquefort, Eysines, Lansac, Mérignac, Lestiac, Canejean, Artigues, Bonnetant, Camillas-en-Bourgès, Cussac, Loupes, Beaurech, Palus-d'Arveyres à Saint-Pey, Ivrac, Palus-de-Barbe, Bourg, Pompignac, Carignan, Ile-de-Caudrot, Floirac,

Saint-Martin-de-Mazerac, Montferrand, Bègles, passage de Barie à Caudrot, Ile Dargenton autrement Marquet, Saint-Médard-en-Jalles, Saint-Genes, Lalibarde, Tauriac-en-Bourges, le Pian, Montussan, Pontet des Salinières-en-Périgord, Bruges, Meynac, Blaye, graves de Bordeaux, palus de Bordeaux, Caverne, Camblanes, Sainte-Croix-du-Mont, Fargues, Cestas, Taillan, Ile de Vimeney près Geneste, Ile de Pachan près Ludon, Ile de Maignan vis-à-vis Roque-de-Thau, Ile vis-à-vis Camblancs, Haux et palus de la Souys-en-Floirac.

C. 2310. (Registre.) — In-folio, papier, 237 feuillets.

1741. — Domaine du Roi, relevé des cens et rentes dus au Roi par ses tenanciers, savoir : de la ville de Bordeaux, rues des Portannets, Pont Saint-Jean, Hôtel-de-Ville, du Loup, Saint-Pierre, Poitevine, Chartrons, des Argentiers, La Rousselle, Neuve-du-Marché, Pas-Saint-Georges, graves de Bordeaux, Fustey, Caguebœufs, Pignadours, Place-du-Palais, Arnaud-Miqueu, coin du marché et rue Sainte-Colombe, Menuts, Maucoudinat, Bouquière, Bouscalot, Sainte-Catherine, Chai des farines, Corbin, Chapeau-Rouge, Poyenne, Bacalan, des Petits carmes, de la Devise, Desirade, paroisse Sainte-Eulalie, d'Enfer, des Épiciers, les maire et jurats, Saint-Genès, Tour-de-Gassies, — l'hôtel de ville pour le passage de Labastide, — Académie royale des sciences; — de plusieurs villes et paroisses dont les noms suivent, savoir : Saint-Quentin, Ambarès, Bassens, Bouliac, Cenon, Bourg, Ludon, Macau, Quinsac, Tresses, Cantenac, Cubzac, Mérignac, Bègles, Crapazy, Cambes, palus de Bordeaux, Ile de Maton, Gradignan, Saint-Martin Lacaussade, Moulon, Camblanes, Sainte-Eulalie d'Ambarès, l'Entre-deux-Mers, Talence, Pessac, Sadirac, Floirac, Anglade, Saint-Androny, Artigues, Lormont, Ivrac, l'Ile de Tartifume ou Tirefon, Curton, Saint-Médard-en-Jalles, Blanquefort, La Réole, Bruges, Caudrot, Nouillac, Castillon, Bouscat, Sauveterre, Beaurech, Blasimon, Saint-Bris, Saint-Léger, Carignan, Libourne, marais de la Comtau-de-Blaye Sainte-Croix-du-Mont, Saint-Christophe de Saint-Emilion, Cadillac, le gravier blanc vis-à-vis Barie, l'île vis-à-vis Paillet, Portets, Saint-Pey-de-Langon, Saint-Sulpice-de-Faleyrens, Ile du Bec-d'Ambes, Fours-en-Blayais, Cadaujac, Villenave, Saint-Genis-en-Blayais, droits de pêche sur la Dordogne, Barsac, passage sur la rivière de l'Isle, Sevestre, bateaux de poste de Tonneins, l'Ile de Matha sur le bassin d'Arcachon, l'Ile vis-à-vis Soussans, l'Ile Mazerac, l'Ile Maigre, Marmande.

C. 2311. (Registre.) — In-folio, papier, 407 feuillets.

1764. — Domaine du Roi, relevé des rentes dues au Roi par ses tenanciers, savoir : de la ville de Bordeaux, rues des Argentiers, Arnaud-Miqueu, Bouquière, Boucalot, Bahutiers, Puy-de-Bagne-Cap, Sainte-Croix, La Coquille, Combes, Vieille-Crabrerie, Carles, Causserouge, les Chartrons, Vieille-Comptablie, Sainte-Catherine, Casse, du Caire, Cahernan, Cancera, Sainte-Colombe, Caguebœuf, Chai-des-Farines, Corbin, Chapeau-Rouge, Palus-des-Chartrons, Pas-Saint-Georges, d'Enfer, des Épiciers, Fusterie, des Fours, Fustey, Faursets, Faures, Tour-de-Gassies, Gensan, Gauriac, Saint-James, Labirat, Lasau, du Loup, des Lauriers, Lalande, Mérignac, de la Monnaie, Maubec, Menuts, Margaux, des Murs, du Mût, Mousquet, Maucoudinat, Neuve, Pontet, Pont-de-la-Mousque, Place-du-Palais, Pont-Saint-Jean, Portanets, Poitevine, Parlement, Poudiot, Pillet, Saint-Pierre, Place-Puypaulin, Porte-Médoc, du Portail, de la Cadène, Poyen, Pedagen, Saint-Remy, Rousselle, Saint-Seurin, du Soleil, Salinières, Truyes, Tartifume, — de plusieurs villes et paroisses dont les noms suivent, savoir : Saint-Aubin, Ambarès, Artigues, Anglade, Bassens, Blanquefort, Bègles, Bruges, Bouliac, Barsac, Bourg, Bonscat, Baurech, Blaye, palus de Barbe, Canejan, Carignan, Cadaujac, Cenon, Saint-Caprazy, Camblanes, Sainte-Croix-du-Mont, Cestas, Créon, Cantenac, Cubzac, Cambes, Curton, Cabreton, Cadillac, Caudrot, Saint-Martin-Lacaussade, Casseuil, Saint-Christophe, Saint-Genès, Eysines, Gradignan, Saint-Genis, Ivrac, Izon, Haux, Latresne, Lormont, Lansac, Saint-Loubès, Lalibarde, Lestiac, Ludon, Le Pian, Leognan, Mérignac, Saint-Médard, Montussan, Meynac, Macau, Moulon, Pessac, Pompignac, Lussac, l'Ile de Paillet, Portets, l'Ile de Pachan près Ludon, Quinsac, Saint-Sulpice, Sadirac, Talence, Taillan, Tresses, Tizac, Tabanac, Tourne, Tauriac, Targon.

C. 2312. (Registre.) — In-folio, papier, 522 feuillets.

1764. — Domaine du Roi, relevé des cens et rentes dus au Roi par ses tenanciers, savoir : de la ville et banlieue de Bordeaux, — de plusieurs villes et paroisses dont les noms suivent : Cadarsac, Nérigean, Izon, passage de Barie à Caudrot et Gironde, l'Ile Maigre, le moulin de Lavardac, juridiction de Nerac, droit de pêche sur la Dordogne, Saint-Emilion, Cadaujac, île dans la rivière de Garonne, juridic-

SÉRIE C. — FINANCES DE LA GÉNÉRALITÉ DE BORDEAUX.

tion de Monhurt-en-Albret, Curton, Cadillac, Casseuil, Eysines, Sainte-Eulalie-d'Ambarès, Leognan, Floirac, Palus-de-la-Souys, Fargues, Fours, l'île ou gravier blanc appelé de Grammont, Loupes, Bonnetan, Mérignac, Gradignan, Saint-Genis, Ivrac, Haux, Latresne, Lormont, Lansac, Saint-Loubès, Lalibarde, Lestiac, Ludon, Saint-Médard-en-Jalles, Corbiac, Montussan, Meynac, Macau, Saint-Martin-Lacaussade, Moulon, Monbrier, Saint-Macaire, île de Maignan vis-à-vis Roque-de-Tau, Nouaillac, Pessac, Pompignac, Le Pian, Plassac, île vis-à-vis Paillet, Portets, île de Pachau, île du Bec, Saint-Sulpice de Faleyrens, Sadirac, Talence, Taillan, Tresses, Tizac, Tabanac, Tourne, Tauriac, en Bourges, Targon, île de Tartifume, Saint-Michel-Larivière, Villenave, île de Vimeney près Geneste, Quinsac, La Réole, Sauveterre, Saint-Pierre-d'Aurillac et département de Sarlat.

C. 2313. (Registre.) — In-folio, papier, 239 feuillets.

1783. — Domaine du Roi, lieve des cens et rentes dus au Roi par ses tenanciers de la ville et banlieue de Bordeaux, et les villes, paroisses, îles, etc., dont les noms suivent : — Quinsac, Entre-deux-Mers, Saint-Macaire, Saint-Étienne-du-Tourne, Tabanac, Bassens, Latresne, Saint-Caprazy, Bouliac, Blaye, Talence, Léognan, Saint-Aubin, Villenave, Ambarès, Montferrant, Cenon, Cadaujac, Pessac, Saint-Loubes, Lormont, Blanquefort, Eysines, Lansac, Mérignac, Lestiac, Canejean, Artigues, Bonnetan, Ivrac, Camillas-en-Bourgès, Cussac, Loupes, Beaurech, Palus-d'Arveyres, Palus-de-Barbe, Bourg, Pompignac, Tresses, Carignan, île de Caudrot, Floirac, Saint-Martin-de-Mazerac, Saint-Martin-Lacaussade, Bègles, passage de Barie, île d'Argenton autrement Marquet, Saint-Médard-en-Jalles, Saint-Genes, Lalibarde, Tauriac, Le Pian, Montussan, Bruges, Meynac, Caverne, Camblanes, Sainte-Croix-du-Mont, Fargues, Cestas, Taillan, île de Maignan vis-à-vis Roque de Tau, île vis-à-vis Camblanes, île de Vimeney, île de Pachan, Haux, Palus-de-Souys, Plassac, Saint-Médard, Saint-Quentin, Banlieue-de-Bourg, Ludon, Macau, Cantenac, Cubzac, île de Maton près de Barsac, Gradignan, Moulon, engagiste de l'Entre-deux-Mers, Tizai, Sadirac, Anglade, Saint-Androny, île de Tartifume ou Tirefon, marquisat de Curton, La Réole, Bouscat, Sauveterre, Blasimon, Saint-Bris, Saint-Leger, Frontenac, Carignan, Libourne, marais de la Comtau-de-Blaye, île de Sainte-Croix-du-Mont, Saint-Christophe, Saint-Emilion, Cadillac, île vis-à-vis Paillet, engagement de Portets, rivière de Garonne, Saint-Pey-de-Langon, Saint-Sulpice-de-Faleyrens, Fours, Casseuil.

C. 2314. (Registre.) — In-folio, papier, 144 feuillets.

1784. — Domaine du Roi, lieve des cens et rentes dus au Roi par ses tenanciers de la ville et banlieue de Bordeaux et des villes, juridictions, îles, etc., dont les noms suivent : — Saint-Genis-en-Blayais, droit de pêche sur la Dordogne, Lormont, Rouffiac, île du Bec, Barsac, îlot d'atterrissement appelé Lieu-du-Passage, passage de la pointe de Fronsac, bateau de poste au port de Tonneins, île vis-à-vis Soussans, île des Trois-Cousins, gravier blanc, île d'Arcins en œil de bœuf, île Maigre, Monhurt-en-Albret, gravier vis-à-vis Saint-Pierre-d'Aurillac, Marmande, Monclar-en-Agenois, engagement de Condat et Barbanne à Saint-Emilion, Lavardac-en-Albret, engagement de Saint-Irié et Courbazit-en-Limouzin et Périgord, Saint-Seurin-de-Couveyras-en-Bourgès, banlieue de Bourg, Cenon, gravier près Cadillac, gravier entre celui de l'Auvergnas et de Preissac près Cadillac, Camillas, Le Pian, Saint-Etienne-du-Tourne, Tabanac, Quinsac, Civrac-en-Bourgès, île de Casseuil, Loupes, île de Granon, île de l'Espérance, Libourne au faubourg des Fontaines, rivière du Lot, Beaurech, deux graviers dans la paroisse de Saint-Caprais, île de Lamarche, moulin de Lannat près Marmande, La Réole, paroisses Dufleix et Monfaucon, Monségur, Langoiran, Campagnac, dunes de Gujan et de Cazeaux, Agen, La Montjoie, Damazan, gravier près l'embouchure du Drot, Monpont-en-Périgord, Samazan-en-Bazadois.

C. 2315. (Registre.) — In-folio, papier, 116 feuillets.

1784. — Domaine du Roi, lieve des cens et rentes dus au Roi par ses tenanciers de la ville et banlieue de Bordeaux et de La Lande de Baurech.

C. 2316. (Registre.) — In-folio papier, 118 feuillets.

1784. — Domaine du Roi, lieve des cens et rentes dus au Roi par ses tenanciers, de la ville et banlieue de Bordeaux et des villes, juridictions, îles, etc., dont les noms suivent : — Curton, Cabreton dans la généralité d'Auch, Cadillac, Caudrot, Casseuil, Eysines, Sainte-Eulalie-d'Ambarès. Saint-Emilion,, Floirac, palus de la Souys, Fargues, Fours-en-Blayais, Juzac, Latresne, Lormont, Lansac, Saint-Loubès, Lalibarde, Lestiac, Ludon, Léognan, Mérignac, Saint-Médard-en-Jalles, Montussan, Meynac, Macau, Saint-Martin-de-Lacaussade, Moulon, Monbrier, Saint-Médard près Cadaujac, Saint-Martin-de-Mazerac, Saint-Mexans, Saint-Macaire. Marmande, île de Maignan vis-à-vis Roque-de-Tau, Madirac, Pessac, Pompignac, Le Pian, Plassac, île vis-à-vis Paillet, engagement de Portets, île de Pachan près Ludon, Saint-Sulpice-de-Faleyrens, Saint-Sulpice-d'Izon, Sadirac, Talence, Taillan, Tresses, Tizac, Tourne, Tauriac-en-Bourgès, Tabanac, Targon, Île de Tartifume, Villeneuve, Île de Vimeney près Geneste, Yvrac, Quinsac.

C. 2317. (Registre.) — In-folio, papier, 410 feuillets.

1616-1618. — Domaine du Roi. — Verbal de liquidation du domaine du Roi dans la juridiction de Sainte-Foy.

C. 2318. (Liasse.) — papier, 147 feuillets.

1666. — Domaine du Roi. — Reconnaissances des tenanciers des fiefs de la juridiction de la chapelle de Marmande relevant du Roi.

C. 2319. (Registre.) — In-folio, papier, 58 feuillets.

1672-1673. — Domaine du Roi. — Registre des ordonnances sur requêtes concernant le papier terrier du Roi dans la prévôté de Bazas, etc.

C. 2320. (Registre.) — In-folio, papier, 181 feuillets.

1681. — Domaine du Roi, — sommaire des biens nobles et hommages rendus au Roi dans les juridictions et paroisses dont les noms suivent : Blanquefort, Villenave, Labrède, Caillau, Entre-deux-Mers, Grésillac, Ludon, Saint-Giron, Saint-Sulpice, Montferrant, Cenon, Sancats, Cazelles, Bassens, Floirac, Camblanes, Montussan, Castillon, Pompignac, Tresses, Yvrac, Saint-Macaire, Montuzeau, Cerons, Barsac, prévôté d'Entre-deux-Mers, Camillas, Eysines, Mérignac, Lalibarde, péage et passage de Cubzac, Saint-Marias, Dizan, Cartelègue, Saint-Christoly, Cadaujac, Lavalade, Villeneuve, Fargues, Preignac, Bayon, Arbanats, Cambes, Virelade, Lamothe d'Eyrans, Cénac, l'île de Port-Neuf, Colombie, Vignoles-en-Saintonge, Libourne, Plassac, Beaurech, Le Breuil-en-Médoc, Castera-Lilhan, Saint-Germain, Campugnan, Saint-Etienne-de-Lisse, Saint-Emilion, Caselles, Cubzaguès, Bègles, Sainte-Croix-du-Mont, Blaye, Blagnac, Bouillac, Bordeaux, etc.

C. 2321. (Registre.) — In-folio, papier, 307 feuillets.

1702-1732. — Domaine du Roi. — Ensaisinement des contrats translatifs de propriétés de terres et héritages, tenu en exécution de l'édit du mois de décembre 1701, par Jean Arnaud, conseiller du Roi, receveur général des domaines et bois en la généralité de Bordeaux.

C. 2322. (Registre.) — In-folio, papier, 246 feuillets.

1713. — Domaine du Roi. — Livre de recette de décimes, dons du Roi et capitation du clergé du diocèse.

C. 2323. (Registre.) — In-folio, papier, 100 feuillets.

1793-1794. — Domaine du Roi. — Registre de recette des lods et ventes provenant des droits seigneuriaux casuels dus au Roi à cause de mutations des biens dans les mouvances et directes de Sa Majesté.

C. 2324. (Registre.) — In-folio, papier, 32 feuillets.

1779-1793. — Domaine du Roi. — Registre de recette des cens, rentes et redevances de toute nature dus au Roi, tant en argent qu'en grains, volailles et denrées de toutes espèces en conformité de l'édit du mois de juin 1716.

C. 2325. (Registre.) — In-4°, 34 feuilles parchemin.

1632-1634. — Hommages d'Agenais et de Guienne, présentés aux trésoriers de France, juges du domaine, à Bordeaux, par les seigneurs de Pichon, Hébrard, Grimond de Garrot, madame de Brach, de Massiot, de Péchard, de Fonte, de Caumont, comtesse de Saint-Pol, de Bonnaire, de Chasteignier, de Lustrac, Mauris, Julliot, Lesportes, Ségur, Laval, Nesmond, Hos, Fabas, etc., pour les terres de Saint-Aulaye, Bonrepos, Carabelles, Montussan, Boisgrammont, la Mothe-d'Ursault, la Valade, Saint-Ujan, Montflanquin, Auros et Barie, etc.

C. 2326. (Rigistre.) — In-4°, 173 feuilles, papier.

1661-1666. — Hommages de la généralité, rendus par les seigneurs de Saige, de Gastz, de Litton de Madaillan, Stuart de Caussade, Noaillan, Dejean, de Reymond de Cours, de Lusignan, Estissac de La Roche-Foucault, de Barrault, de Vivans, Hugla, Escodeca de Boisse, pour les terres situées en Condomois et Agenais, baronnies, seigneuries et maisons nobles de Villeton, Villeneuve, La Mothe-d'Ursault, le marquisat de Lusignan, Puygiraut, Montpeyron, Parron, Mirambeau, Allemans, Pardaillan, Pineuil, etc.; par les seigneurs de Carbonnières, Fumel, Héguy, Giscard, Clermont, Luppé, Canolles, Galateau, Ballodes, Montesquiou, Latour-d'Auvergne, Pompadour, d'Eydie, les consuls de Villeréal et de Bazas, les seigneurs de Bonneau, de Fortin de la Hoguette, de Gascq, Nesmond, Borda, Lalanne, Fontainemary, Poléon, Jonard, Lascours, Mauny, Donzon de Bourran, vicomtesse d'Argelouze, J. de Laborde, Lalande, Séguier, Montalembert, Paloque, pour les terres de la Chapelle-Biron, la Mothe-d'Antes, Fumel, Caudesaigues, Lavizon, Pontons, Puycalvary, Pilles, Gontaut, Andron, Saucatz, Xaintrailles, Castillon, Tonneins, le Verdus, Mauvoisin, La Roque-Timbaut, Biscaye, Sore, Montberoux, Roquecor, Narosse, Sorde, Cauneille, Fontonlon, Sèches, etc.; par les seigneurs de Timbrune, de Valence, de Ségur Cabanac, de la Tour-Gouvernet, de Beynac, de Ventadour, de Lachèze, de Durfort de Civrac, de Maniban, de Pommiès, de Labrouste, etc., pour les seigneuries de Valence d'Agenais, Castels, Grand-Puch, Entre-deux-Mers, baronnie de Cubzaguais, seigneuries de Montfort, Saint-Maurice, Montgaillard, Cauna, Caupène, Ambès, Civrac, Blaignac, Captalat de Certes et de Buch, Agassac, la Mothe-de-Cambes, etc., sises dans la généralité.

C. 2327. (Registre.) — In-4° relié, 40 feuillets, papier.

1668. — Hommages rendus au Roi pour son domaine de Saintonge; par Jacob Moreau, écuyer, seigneur de Pantois et la Tour-Saint-Sorlin, Ch. de Brillac de Nouzières, Eutrope de Courbon, François Duplaix, Acaire du Bourdet, le maire de la ville de Saintes, Fr. de Laforétière, seigneur de Beaudoire, Boscal de Réals, L. de Sainte-Maure, marquis d'Auzillac, R. du Grenier, seigneur de l'île d'Oléron, Ch. de la Mothe-Fouquet, curateur de demoiselle de la Cropte-Martel, les seigneurs de Saint-Jean-d'Angle, de Crosanes, de Gimoussac, Polanzac, etc., pour des terres tenues du Roi en engagement à devoir d'un marbotin d'or, d'un lévrier au collier de cuir et la boucle d'argent, d'une paire d'éperons de deux marcs d'argent, d'un pichet d'eau et d'une miche de pain, lorsque le roi fait son entrée à Saintes, d'une maille d'or appréciée à demi-écu, d'une sonnette d'argent, etc., à cause des châteaux et seigneuries royales de Saintonge, château et pont de Saintes, baronnie de Naveras, bailliage de Rivoyron, etc.

C. 2328. (Registre.) — In-folio, relié, 180 feuillets, papier.

1669-1676. — Hommages de la généralité de Guienne rendus par les seigneurs Delas, Laborde, de Gironde, de Cours, de Belsunce, de Gourdon-Vaillac, de Brannes, de Montaigne, de Villemonteix, Boissonnade, Belrieu, Damou, de Pondens, Dalon, Dubosq, de Paloque, etc., pour les terres du Palais, de la Tour de Castelmoron, Cassenœuil, Cancon, Terrefort, Bussaguet, La Roque-timbaut, Virazel, Amou, Castaing, en Agenais, Guienne, et sénéchaussée de Dax; par les sieurs de Losse-Saint-Astier, Lecomte, Montalembert, Montpezat, De Lur, d'Aligre, pour leurs fiefs de Sauveterre, Captalat de la Tresne, Gourdouville, Préchac, Thouars en Talence, Faugueroles, Bonaguil, Uza; par J. Destignols de Lancre, pour le Tilh, en Médoc, Salignac-Fénelon, pour Château-Bouchet, en Périgord, Henri de Lageard, seigneur de Semens; la dame de Foix, dame de Montpont, J. de Pontac, J. de Puch, F. de Giscard, etc., pour les terres de Tonneins, de la Tour-Saint-Maubert, et de Biganos.

C. 2329. (Registre.) — In-folio, relié, 180 feuillets, papier.

1669-1676. — Hommages de la généralité de Guienne, rendus pour les terres de Budos, Lamenaude, Peyrelonge, Cissac, Portets, Verteillac, Langoiran, Campaigne, La Taste Baurech, Labat, Magesc, Basterre, Arès, La Gorse, Curson, Fleix, Eymet, Levignac, Sainte-Terre, par les seigneurs de la Roque, de la Chèze, Pontac, De Gascq, Daffis, de Calvimont, Dabbadie, de Gombaut, la dame de Bergues, P. Delaville, Inglish, Dujunca, de la Lande, Foix-Candale, J. Descars, Dauriac, veuve Clergeaud; par la dame de Pardiac, Jeanne de Fabas, pour la vicomté de Castets en Bazadais, M. de Sarrau d'Essenaut, pour la seigneurie de Geyac, madame de Pontac, pour les seigneuries de la Faubertière en Bazadais et de l'île Saint-Georges, en Bordelais, les Feuillants de Bordeaux, pour leur terre du Vignan, à Eyzines, les Chartreux, pour la Louvière, en Léognan, d'Alesme, seigneur d'Ambès, J. de Souillac d'Azerac, seigneur de Roufignac, Ph. de Laur, B. de Suduiraut, J. de Villepontoux, Duburgh, J. de La Chassaigne Soudan de Preissac, S. de Saint-Ours, Gourdon de Genouillac, Baleste-Caupos et Mauvezin.

C. 2330. (Registre.)— In-folio, relié, 86 feuillets, papier.

1679. — Hommages des sénéchaussées de Dax et de Saint-Sever, rendus par les seigneurs de Batz, Lalande, Brux, Escoubleau de Sourdis, Junca, Capdeville, Darrigrand, Laborde, Biandos, Lafargue, Sarrante, Craboz, Cès, Despens, Tucquo, Tuquoy, Beynac, Léon, Tréville, Estoupignan, Brethous, Montmaas, de Lévy duc de Ventadour, de Monneins, Delaville, dame d'Argelouze, le vicomte d'Orthe Jean d'Aspremont, etc., pour les terres et seigneuries suivantes: La Mothe-Leluy, Saint-Cric, Favas, Brux, Pommarès, Bastennes, Hinx, Monget, Landresse, Saint-Louboir, Classun, Hauriet, Pandaux, Brassenpouy, Horsarieu, Estignols, Montaut, Buannès, Vignolles, Pimbo, Campet, Maignos, Belloc, Poyré, Lanemas, Esterac, Hirigaro, Cauna, Caupène, etc.

C. 2331. (Registre.) — In-folio, relié, 137 feuillets, papier.

1679-1680. — Hommages du Périgord, Arnaud de Beynac, chevalier, pour la seigneurie de Vilhac, G. Saunier, chevalier, pour la justice de Burée, J. de la Bermondie, A. de la Romagère, Ant du Rocq, Marguerite Béron, veuve de J. d'Abzac, pour les seigneuries de Fauloc, la Filolie, Ronssassy, Sarrazac ; Claude de Chabans, chevalier, et Marie de la Martonie, sa femme, pour la seigneurie de Condat ; J. de Talleyrand, seigneur de Mareuil, Chapt de Rastignac, seigneur de Firbeix, J. de Ferrières, seigneur de Sauveboeuf, Fr. Deydie, comte de Ribérac, J. d'Abzac de la Douze, seigneur de Montanceis , Ch. de Saint-Chamans, G. d'Aubusson, Samuel de Saint-Ours, G. de Saint-Aulaire, Antoinette de Touchebœuf, veuve du seigneur Arlot de Frugie, G. de Riberex, N. de Fayolle, F. de Belcastel, E. de Poulard, Ch. de Loupiac, J. de Javerlhac, Et. Delaage, Jouard des Achards, Cl. de Bourdeille, pour les terres de Cressensac, Montaut, Fontenilles, Frugie, Courbefy, Laxion, Chadeuil, Verg, Pilles, Mayac, Marsac, Beauregard, Champniers, Verlhiac, La Bletterie, La Double, Saint-Pardoux-la-Rivière ; H. de Solminiac, pour la maison noble de Ressidon, Bardon, pour les seigneuries de Segonzac et de Saint-Michel ; F. Julliot, seigneur de la Devize ; A. de la Marthonie, seigneur de Puyguilhem ; la dame de la Ménardie, dame de Fontaut; Suzanne Jaubert de Saint-Gelais, dame de Grignols ; le commandeur Saint-Antoine d'Aubeterre ; le seigneur de Cumont ; J. Duchaylard ; le seigneur de Losse ; J. de Beaulieu, chanoine seigneur de Paulin ; la dame marquise de Navailles, pour la seigneurie de la Moulière ; Giry, Dubarry, Gontaut-Saint-Geniès, Logeard, Belrieu, Bailly, La Cropte, Pourquéry, Valleton, La Roche-Aymon, comtesse de La Vauguyon, P. de Baraud, vicomte de Montbazillac, le seigneur de la Martinie, Éléonore de Clermont dame de Pilles, B. de Lespès de Lostalnau, marquise de Montelor, pour les seigneuries de Milhac, Viveyrol, Razac, Boursac, Sallegourde, Varaigne, Segonzac, Frugie, Lavaur, situées dans les paroisses de Saint-Angel, Sargeac, Bergerac, Jumilhac, La Cropte, Montpont, Saint-Astier et Tourtoyrac, en Périgord.

C. 2332. (Registre.) — In-folio, relié, 35 feuillets, papier.

1679-1680. — Hommages de Saint-Sever, Joseph de Navailles, pour la maison appelée « le capitaine », ou la colonie d'Eyres; A. de Poustens, pour la seigneurie d'Arricault ; J. Duhaut et J. de Cabannes, pour la seigneurie de Laneplan ; madame de Beisunce, veuve de J. Henri de Salettes, pour la maison de Casteydes ; la dame veuve de Fortisson, pour la terre de Roquefort de Tursan ; J. de Batz, pour la vicomté d'Aurisse ; B. de Coulonges d'Abadie, pour la maison noble de La Salle ; Ch. de Labadie, pour celle de la Vielle ; J. de Gourgue, pour la seigneurie de Saint-Julien ; J. du Casse, pour la maison du Baure ; les sieurs Desclaux, Dubroca, Dubernet, Duluc, Dambidones, Antin ; A. de Poyferré, pour la seigneurie de Varenne ; P. de Trubesse, pour la caverie de Cabidos ; Pierre de Jaques, pour la seigneurie de Laquis; J. de Betbède, pour les terres de Brutaïlhe et la Nave ; et L. D'amou, pour les seigneuries de Bonut et d'Arsagues.

C. 2333. (Registre.) — In-folio, relié, 135 feuillets, papier.

1679-1680. — Hommage de Perigord. — Isabeau de Camain, demoiselle, veuve de J. de Maillard pour les maisons nobles de La Faye et du Cousset, paroisse Saint-Sulpice de Mareuil ; — J. Taleyrand de Perigord, prince de Chalais, pour la seigneurie de Mareuil ; — J. Bruchard P. Monffanges, J. Varideau, P. Viladari, pour des rentes et domaines à Courniac et à Thiviers ; — J. de Pis, pour le moulin de Salargues, à Bergerac ; — les consuls de Thiviers ; — Fr. de la Baume de Torsac, pour sa seigneurie ; — J. Rafaillac, curé de Faulac ; — l'abbaye de Notre-Dame de Peyrouse, le chapitre de Montpasier et l'abbaye de Cadouin ; — Joseph de Makanan de Reymond de Sallegourde ; Isabeau Daubery de Saint-Julien, pour la seigneurie de Taboussies, en la paroisse de La Cropte ; — Pardaillan Bridoire, et Pardaillan Roufignac, pour ces deux seigneuries.

C. 2334. (Registre.) — In-folio, relié, 197 feuillets, papier.

1682-1684. — Hommages de la généralité rendus à Bordeaux par les vassaux — de l'Agenais : Pierre Digeon de Boisverdun ; F. de Halot de Castille ; Foix de Bonnefond de Beaubelle ; les consuls de Mezin ; P. Gardes ; P. de Mellet ; J. de Cazenove ; Ch. de Badet ; J. de Bourran ; E. de Sarran ; J. de Guilhem ; Lissalde ; Dubernet ; L. de Guiscar, seigneur de Puycalvary ; A. de Vivans, seigneur de Noaillac ; — A. de Pontac, seigneur de Cessac et Caubon ; — J. de Bedel ; Ch. Delzons de Ribeyrolles ; Esther de Bacalan ; Ch. de Villemon ; Marguerite de Laguchat, veuve de Madaillan ; J. de Gout ; de Chapelas ; — du Bazadais ; N. Rolle ; J. Despujols, sieur de la Mazourie ; L. de Blanc, seigneur de Piis ; de Gascq, seigneur de Cocumont ; J. Desportes ; le seigneur de Lansac, baron de Roquetaillade ; le seigneur de Lavergne, seigneur de Guillerages ; P. de Malvin, seigneur de Primet et de la Bassane ; J. Despagnet, marquis de Castelnau ; Mayance de Camiran, vicomte de Foncaude ; P. de Martin, seigneur de Tartifume, paroisse de Fontet ; — des Landes et Saint-Sever ; J. de Brosser ; H. de l'ruret pour la seigneurie de la Caverie ; J. de Borda, pour le moulin de Cabanes ; la dame de Seiches, Marie de Mayance, veuve de Mosnier ; P. de Lartigue, chevalier, pour la maison noble de La Muraille ; B. de Caplane, seigneur de Montdebat, pour le moulin de Malausane ; J. de Melet, seigneur de Laboure ; Pardaillan Gondrin, pour les terres de Saint-Gresse, Castetnau, Geaune, Saubanelle ; B. de Colonges d'Abadie de Salles ; J. de Prugnes ; J. de Laborde ; Marie de Guichanières, dame de Benquet, etc. ; — de la Guienne et de l'Entre-deux-Mers : J. Dupérier, chevalier, seigneur de l'Hefort ; Th. de La Vie, seigneur de Cessac en Tabanac ; Cath. de Reymond, veuve du seigneur de Cères ; J. de Picon ; Dubois de Libersac ; Ferrand de La Lande ; G. de Manibau ; G. de Donissan ; J. Daulède, pour la maison noble d'Espagne ou du Parc, à Mérignac ; G. de Reymond, seigneur d'Eyran ; Montaudon, seigneur de la Gorse ; etc.,..

C. 2335. (Registre.) — In-folio, relié, 179 feuillets, papier.

1684-1686. — Hommages de la généralité, rendus au bureau des trésoriers de France, à Bordeaux, par : — Fr. de La Rochefoucault, chevalier, au nom de sa femme Charlotte de Beaumont, pour la maison de Rocheran, à Loupiac, juridiction de Créon, Entre-deux-Mers ; — J. de Ballode, seigneur de Montijeau, pour la maison de Comarque, à Berson, juridiction de Blaye ; — Joseph de Montferrand, pour la seigneurie de Landiras en Guienne ; — Antoine et François d'Eydie, comtes de Ribérac, pour les seigneuries de Rions et de la Bénauge ; — le duc de Gramont, pour les comté, seigneuries et justice de Levigny, d'Arzac, d'Hagetmau, de Cazalis, de Hortsarieu, en Saint-Sever et du Thil, d'Hastingues, de Sordes à Dax et à Bayonne ; — A. de Nergassier, pour la seigneurie de Lacépède, en Agenais ; — Marie de Salomon, veuve Leberthon, pour les seigneuries d'Arbanats et de Virelade en Guienne ; — Sarrau de Lalanne, pour la terre de Rouaillan en Bazadais ; — Fr. de Foix Candale, pour les baronnies et terres de Lamarque, Castillon, Lège, Buch, Cadillac, Podensac, Bénauges, en Médoc, Guienne et pays de Buch, et la seigneurie de Doazit en Saint-Sever ; — L. de Narbonne, pour le comté de Clermont d'Agenais ; — P. Penel de La Brède, pour la seigneurie de La Brède Martillac ; — J. de Pichard, pour la maison de Boisgrammont, à Eyzines (Guienne) ; — Marguerite de Lur Saluces, veuve Delaneau pour la seigneurie de Cubzaguais ; — Arn. de Belcier Grain de Saint-Marsault ; J. de Gourgues, évêque de Bazas ; A. de Saint-Marc ; F. de Calvimont ; Fr. de la Goutte ; Durfort de Civrac, pour les fiefs de — Crain, seigneurie de Parcon, maison noble de Saint-Crapazy, seigneurie de Fayac, seigneurie de Cours, de Certes, de La Lalande à Bordeaux dans les paroisses de Baron, Saint-Crapazy, Cubzac, Genon, Tayac, etc. ; J. d'Abbadie, conseiller au Parlement pour la seigneurie d'Ambleville en Cubzagais (Gironde).

C. 2336. (Registre.) — In-4°, parchemin, 100 feuillets.

1686-1689. — Hommages de la généralité rendus par : — Demons, de Poitevin, de Monneins, de la Coste d'Estourmel, de Jehan, de Belcier et de Grailly, de Gillet, Daffis, de Carbonnières, de Losse-Saint-Astier, de la Veyssière, de Prugnes, d'Alesme, de Saint-Ours, de Cugnac, Bourran, Tortaty, Hugla, le chevalier de Fénélon, la dame de Montazeau, Marie de Lur Saluces, de Laborie, de Las de Pin, etc., pour leurs terres et seigneuries situées — en Guienne ; — en Périgord, — en Agenais, — en Bazadais, — en la sénéchaussée de Dax.

C. 2337. (Registre.) — In-4°, parchemin, 100 feuillets.

1689. — Hommages de la généralité. — Hommage que rend pour : — la seigneurie de Monjet en Saint-Sever,

J. Du Junca, écuyer; — la seigneurie de Cocumont en Bazadais, Anne de Gascq; — des terres à Massaurolles près Sarlat, H. de Bosredon, seigneur de Garinières; — la seigneurie de Varaignes en Périgord, F. Forcadel, écuyer, seigneur de Bléru; — la seigneurie d'Audenge-en-Buch; J. de Niort, bourgeois et marchand, tuteur de son petit-fils A. de Ruat; — la seigneurie de La Lande, paroisse de Faleyrens, le seigneur de Lescours, Sarrau de Canolle; — le moulin de Plessac en Condomois, Suzanne de Biran de Gouhas, veuve P. de Faudoas; les seigneuries d'Hauterive, de Savignac et d'Ayguesvives en Agenais, E. de Raffin, chevalier; — les maisons nobles de Tayrac et de Taline, G. de Lespès de Loustalnau, et Anne de Redon, veuve de Fr. de Sevin; — les seigneuries d'Escassefort, de Cahuzac, de Pantois, de Marsac-Tursac, d'Estibaux, de la Salle, de la Monjoye, de Couloussac-en-Agenais, Condomois, Périgord, les vassaux dont les noms suivent: Alesme, duc de Larochefoucault, dame de Verthamon, Rouffignac, Saint-Christaux, F. de Cours, Dubourzet, de Villards; — les maisons nobles de — l'Entre-deux-Mers: Beauséjour, paroisse de Fargues; Luc de Bessan, paroisse de Tabanac; Cissan; Fontenilles, paroisse de Tresses; Lahaie-en-Baurech; Cantin et Montussan, paroisse de Cameyrac; La Perrière; Mouchac-en-Grezillac; Vimeney, à Bouliac, J. de Chassaing, F. du Boscq, sieur de Lamothe-Verte, J. Minvielle-Bessant, prévôt de la monnaie de Bordeaux, Demons, L. de Cadouin, F. de Gorse, de Brach, duc de Durfort, etc...

C. 2338. (Registre.) — In-4º, parchemin, 103 feuillets.

1690-1692. — Hommages de la généralité, — rendus à Bordeaux par les vassaux et pour les terres dont les noms suivent: — Fr. de Piis, seigneurie de Noailhan en Guienne; J. de Cruzeau, veuve de Lopez, professeur à la Faculté de médecine, maison de Migron; — P. de Marbotin, maison noble d'Eyquem, à Mérignac; — Michel de Gourgues, maison de Pelegrin, au Toudut; — J. de Mirat, maisons de Tartifume et de Cocut, à Bègles; — Samuel de Jouglins, comme époux de demoiselle Achard, maison de Mauconseil, à Plassac; — R. de Maniban, comme héritier de sa mère M. de Lavie, maison de la Barrière, à Artigues-Entre-deux-Mers; — J. de Jumilhac, la seigneurie de Langoiran; — J. de Pontac, la maison d'Anglade, à Izon, et la seigneurie de Fourens à Nérigean; — Cath. Rougy; Dartigaux; Cath. de Marsan, veuve Laroque; G. de la Chabanue; Lamy; maisons nobles situées dans Bordeaux; — Du Besson, de Rastignac, de Reilhac, de Parfait, Eléonor de Gassion, au nom de son époux Gouffier de Gonnor, Taillefer, Beynac, Robinet, Jarnac, Percy, du Buisson, de Vassal, de Patras, seigneuries et maisons nobles situées en Périgord; — L. De Barry, baron de Batz; — Christophe de Tuquoy, seigneurie de Montaut; — G. de Blair; — J. de Gourgues, marquis de Vayres, seigneurie de Saint-Julien; — J. Martin de la Salle de Carens, seigneurie de Sango; — Guy de Beynac, seigneurie de Montgaillard, sénéchaussée de Dax et Saint-Sever; — G. de Pris, A. de Sabourin, J. de Loppes, A. d'Arche, J. Pallotte, Anne de Pontac, veuve du seigneur de Lavergne-Guilleragues, seigneurie du Bazadais et de la Réole, La Salle d'Argadens, Lonbens, le Sendat, la seigneurie de Monségur; — De Sarrau, seigneur de Fauquerolles d'Agenais; — De Barraud, maison de Parron; — Claire de Beynac, veuve du seigneur de Pujols, biens à Campagnac; — De Bacalan, maison noble de la Mothe Sudre à Montflanquin; — F. de Roquefeuil, seigneurie de Blanquefort; — P. de Vezins, seigneurie de Gibel; — J. de Gironde, seigneurie de Castelsagrat; — Duran de Carabelles; — Dauray, seigneuries de Peyrclevade, de Montauriol et de Vilhac; — A. de la Ville, seigneurie de Barreyre; — Et. de Fourcade, maison noble de Galapian.

C. 2339. (Registre.) — In-4º, parchemin, 95 feuillets.

1692-1693. — Hommage de la généralité pour les terres et seigneuries de Tauzia, Saint-Alvère, Puy-de-Rège, Montignac, Saint-Martin, aliàs de Biré, Monségur, Gontaut, Flex, Cazideroque, Auriolle, Comparian, comté de Beaumont, Argelos, Ambrux, Cazallon, Sebii, Castelnau, Pujo, Péruc, La Salle-d'Oyré, Sore, Josse, Haches, les Eyquems; le Taillan; Montbau; la ville et cité de Condom; murailles et fossés; Castelsagrat; Taris; Bellevue; le fief de Catau en Queyries, autrement Plante-Caillau, anciennement nommé le Bourdieu-du-Nord, à Cenon-la-Bastide près Bordeaux; la Touffagne; le fief de Martel, juridiction de Galapian; le château de Madaillan en la Sauvetat-de-Caumont; la maison noble de Rouilhac à Canéjean hommagée par J. Paul Loret, conseiller au parlement au nom de Anne Delbreil, veuve de J. de Loret sa mère, héritière de la dame de Martiny; la seigneurie de Semens, Madaillan de Sauveterre; La Roque-Timbaut; La Planc, à Eyzines; la maison de Maleret, à Saint-Loubès; la terre de Gourdonville; le Captalat de la Tresne; la ville de la Réole; la maison d'Anglade à Izon, hommagée en 1645 par Gabriel de Pontac, et présentement par J. de Narbonne Pelet, comte de Talmont; la maison d'Andissans, à Floirac; le Port-Aubin, dans la paroisse de Cantenac en Médoc; la maison noble de Primet, juridiction du Port-Sainte-Marie, avec ses droits de pêche sur la Garonne; le fief de Malvi-

SÉRIE C. — FINANCES DE LA GÉNÉRALITÉ DE BORDEAUX.

rade, à Bordeaux, aux Chartrons; îles sur la Garonne entre Rious et Paillet; la maison de Fourens à Nérigean, dans l'Entre-deux-Mers; Jonqueyres, La Grave, Sentout, Donzac, Pontaut, Arcet, Sainte-Croix, en Condomois, Périgord, Agenais et Saint-Sever, par: — L. de Lostanges, — Et. de Gères, — Marie de Morely de Choisy, veuve du comte de Fumel, — F. de Montlezun, chevalier, comte de Campaigne, — Marie-Anne de Luppé d'Arblade, — Gilbert de Galateau, — J. d'Hoilles de Montlezun, — J. de Rufz, — F. de Cézard, — Martin Farnuel, — Elisabeth d'Aubin d'Andissas de Bezolles, — J. de Loyac, — F. de Chalon, — F. de Gellas, marquis d'Ambres, — J. de Ferron-Carbonieux, — J.-B. Secondat de Montesquieu, — Bernard Luppé, — Bérénice de Montgon, veuve du marquis de Poyanne, — J. de Laborde, — J. de Borda, — De Vignault de Maignol, — J. de Guyonnet, — dame de Lévy, — Ch. de Bourrit, — J. de Law, J. de Las, etc.

C. 2340. (Registre.) — In-4°, parchemin, 100 feuillets.

1693-1695. — Hommages de la généralité rendus par: — Ant. de Lustrac; — Samuel d'Arrieubat, seigneur d'Aydie; — G. du Bouzet, chevalier; — P. de Fourcade, seigneur de Baure; — G. de Besse, seigneur de Maurian; — Isaac de Maran, seigneur de Pisani; — E. de Lat, seigneur de Brémont; — J. de Jousset de Pommiès; — H. D'arrerac, seigneur d'Arsac, Parempuyre et Sainte-Hélène; — S. de Redon, au nom de sa femme Esther d'Anglade; — Ant. de Losse; — Saint-Marc de Vaucocour; — V. de Chaumels, seigneur de Bonnefusée; — Th. de Villepontoux; — D'Alogny; — G. de Roussane; — N. de Vivans; — J. de Caupos; — J. D'Abadie; etc., pour des terres situées en Agenais, Condomois, Saint-Sever, Périgord, Entre deux Mers, appelées maisons nobles de Canabat; La Grange; Aydie; Pondenas; Sacolle; Cos; Auriole; Sauveterre; Olivier; Tirepeau; Monneins; Gassies; Mataplane; Haux; Feuillas; La Marque; Lescalle Peyrussel; Pechagut; Paloque; et Comtau de Blaye.

C. 2341. (Registre.) — In-4°, parchemin, 116 feuillets.

1695-1697. — Hommages de la généralité: — par J. de Lart, pour la maison de La Roque; — J. de Bessotis, pour le moulin de Puchon; — Ch. de Varagne, pour le château de Campagnac; — Marie de Garisson, dame de Caussade, pour les seigneuries de Rouetz et de Lustrac; — Esparbès de Lussan, pour la maison de Saint-Aignan; — J. de Xaintrailles pour sa terre; P. de Gironde, pour sa maison de Piquet; — P. de la Tour, seigneur de Fontiron; — Ant. de Moret, seigneur de Preichac (tous ces domaines situés en Agenais). — Hommages rendus pour le Périgord et la Guienne, sur les terres dites: — le Petit Tayac, Migron, seigneurie de Paulin, Esconges, Porrey, seigneurie de Podensac, la Tour-Saint-Mambert, Cabanes, Ambleville, le Vignau, Ivrac, Cerons, Rouillac, La Libarde, le Parc, ou l'Espagne, Montmirail, Le Brana, Budos, etc. par: — L. de la Roque d'Eyquem; — J. de Louppes; — J. de Gondière; — R. de Las; — J. Dumat, maire de Blaye; — A. de Ségur des Francs, au nom de sa femme Marie de Clauzel; — Jacques Bel; — J. de Lageard; — J. Roche; — E. de Baritault; — B. de Malvin, seigneur de la moitié d'Ambès, comme époux de Marguerite Dalesme; — H. de Martiny; — G. de Nort; — J. de Coulomb; — J. de la Roque, etc. — Hommages pour La Réole, Bazas et Saint-Sever sur la maison de Montagoudin, par le comte de Comminges; — la maison de Latour par N. Ferrand; — des biens dans la paroisse d'Aubèze, par F. de Carle; — les terres de Banos, Dumes, Capitaine, par Marie de Lansac, veuve de J. de Noailles, chevalier; — la seigneurie de Taillecavat par E. de Crussol d'Uzès.

C. 2342. (Registre.) — In-4°, papier, 207 feuillets.

1699-1704. — Hommages rendus au bureau des finances, à Bordeaux, par: — L. de Materre; les jacobins de Bordeaux; J. de Rafliu; Catherine de Bonard, veuve Leclerc; de Guérin; de Rossane; de Suau; de Lamalétie; Delaroque; veuve Dubois de la Grèze; Bonnal; Duhamel; De Bacalan; F. de la Goutte, comte de Poyanne, comme époux de Marguerite de Bosredon; Montalembert; Gourdon de Genouillac, seigneur de Forcadel; Hébrard; Maniban; De Beaulieu, seigneur de la Filothe; Duchesne, seigneur de Montréal; de Bailly; Lottin; Ratié; Laclaverie; de La Brousse; Arlo, seigneur de Cumon; De Montozon; Labenazie; De Batz d'Aurice; de Monctey de Chassiron; Montallier; L. de Paty; Vassal de Bellegarde; Ballode de Vignolles; Ségur; Durfort; Belrieu; Estoupignan; de Bar; de Goalard; de Ferron; de Clary; Dalesme; Dagravier; de Losse; J. de Chamborel; de Caplanes; d'Oro; La Lande Saint-Cricq; Maniban; Pourquéry; V. de Chavailles, baron de Fougeras; Duroy; Saint-Marc de la Tourblanche; Darche; Saige; de Prugnes; Inglish; de Boisse; Castelnau d'Essenault; de Tascher; Laveissière; Tuquoy; Delaville; Dorty de Boissonnade; de Saburas; J.-J. de Montesquiou, marquis de Xaintrailles; J. de Narbonne; J. Lecomte, seigneur de la Tresne; Anne Martinelly; P. de la Salle; le comte d'Egmont, seigneur de Francescas; Mercadet; De

Labarthe de Giscaro; le marquis de Pons; Calvimont; Lamothe Vedel; Descamps de Cazeaux; J. de Caupène; De Colombier; Anne de Narbonne, comtesse de Rastignac; Borgues d'Escalup; Dagès; G. de Fortisson; l'abbé de Pimbo; J. Chaperon de Terrefort; Charlotte d'Aubusson, veuve du seigneur de Neufvic; Madeleine de Grammont, dame du Cap de Buch, etc.

C. 2343. (Registre.) — In-folio, papier, 150 feuillets.

1713-1717. — Hommages rendus devant les Généraux Trésoriers de France, à Bordeaux par : — J. de Vincens; Et. Papus; R. de Fillol; Lajeunie; L. Sauvage; D. de Suduiraut; F. de Chancel; J. Bel; Durège de Langalerie; De Lachèze; de Cram; Lacam; De Jousseran; de Fayet; de Massip; J. Joan; G. de Joigny; L. de Ballode; de Pommiès; P. de Jumilhac; De Belhade; de Rolland; de Gères; Beaupoil Saint-Aulaire; de Sauvage et de Loubes; Demons; de Senilhac; de Pis; de Marbotin; de Paty; Duval; de Chapelas; J. Bacon; de Calmeil; de Chabrié; Hostein; Dupérier; de Cursol; Lavie; Fénelon; de Fayet; da Baleste Caupos; de Majance; Arrouch; de Caplanes; Bavolier; Beaumont; de Pichard; Richon; Pigaueau; Cadouin; Brivazac; La Chabanne; Jude; Donissan de Citran; Dalon; Pontac; Sentout; Vauconcour; Grein de Saint-Marsault; Geneste; Deydie, marquis de Ribérac; de Lancre; Montalier de Grissac; de Cugnac; Dufaure; de Law; Vivans; Arlot de Frugie; Touchebœuf-Clermont; marquis de Jumilhac; Peyronnet, marquis de Saint-Chamarand; au nom de ses fils, héritiers de Fr. de Belcastel; de Gères, de Salignac Fénelon; de Lageard; du Reclus; de Julliot; de Gironde; de Beynac; Lavalette; Lachassaigne; Ségur.

C. 2344. (Registre.) — In-folio, papier, 200 feuillets.

1732-1751. — Hommages de la généralité rendus devant les Trésoriers de France, à Bordeaux pour les terres, seigneuries et maisons nobles situées dans toute l'étendue de la province, savoir : — La Bardonnie; Nagijouls; Campaignac; Carbonnac; Augeron; Bois Verdun; Cessac; Frégimont: Fauguerolles; Quasideroque; Cancbazes; Montberoux; Cadres; la Maurelle; Cézerac; La Duguie; La Roquette; Pompéjac; seigneurie de Monségur; seigneurie de Tonneins; Villeton; Fumel; Pineuil; Pardaillan; Saint-Avit; Lacépède; le Luc de Bessan; Beauséjour; Pompoix; Tustal; Jos; le grand Puch; La Taste; La Loubière; Rubilhide; Montussan; le Bédat; Labatud; la Grande Gorce; Garette; Jonchet; château de Pranssac;

Roquette; Reignac; La Ligne; Cissan, on Carmail; Giron; Donevide; Bisquetan; Morion; Castaing; La Mothe Saint-Loubès; Saroux; le Grand Verdus; Gourgues; Séguin; Lacaussade, Saujan; Latour de Sallebœuf; Sacolle; Talence; Carreyre; Grossombre, maisons nobles de l'Entre-deux-Mers; — et autres terres et fiefs dans le Périgord, l'Agenais et la Guienne.

C. 2345. (Registre.) — In-folio, papier, 212 feuillets.

1767-1768. — Hommages de la généralité: Bonafé; Coetlogon, au nom de Charlotte de Ségur; de Bazon; de Vincent; demoiselle d'Essenault; de Grossoles Flammarens; de Campet; Catherine de Ligarde, veuve de Tascher; de Cursol; Marie de Goalard; J. Tapol, seigneur de Pommiès; Barthez, pour sa maison de Pontcastel, à Mérignac; le marquis de Jumilhac, seigneur de Langoiran; de Malvin; Jeanne de Nairac, veuve de Narbonne Pelet, seigneuresse de Belmont et de Roquelaure, hommagère de la palu de Blanquefort; Josch de Ségur, comte de Cabanac, baron d'Arsac, pour la tour noble d'Eyquem, autrement de Montaigne, dans la ville de Bordeaux, sur le ruisseau des Anguilles ou du Peugne, autrement du Pont-Saint-Jean, paroisse Saint-Michel; J. Tourat, bourgeois de Bordeaux; Durfort de Civrac, seigneur de Blaignac (Gironde); Dupuch; Elie de Massip; F. de Foncault; Anne de Maury; Dillon; J.-Joseph Médard de la Ville, seigneur de Lacépède, en Agenais; le comte de Preissac et Foix-Candale, seigneur de Cadillac; dame Louise Martin, veuve de Larralde; P. de Gérault, seigneur de Langalerie; Ant. de Lansac, seigneur de Roquetaillade; J. de Bavolier; Carbonnier de Marsac; J. de Philippe; Lavalette, seigneur de La Linde; J.-B. Aubert de La Roche; Paul Dalesme de Saint-Clément; Brach de Montussan; Suzanne de Sallegourde, dame d'Eyrans; J. Bordier de Beaumont; Montsec, seigneur de La Mothe-Saint-Loubès; Marguerite de Montaigne, dame de la maison de Corbiac; le marquis de Fayolle; J. de Bayle; Bardon de Segonzac; Marie Devaux, veuve de Pierre de Meredieu; Pascault de Béarn, comte de Poléon, seigneur de Castelnovel; Théobon de Péchagut; Chapt de Rastignac, seigneur de Laxion; P. Méran, lieutenant général du Guet et garde du Blayais et Vitrezay; Thomas Lynch, écuyer; Paulin de Saint-Gilis; Joseph Chassaing, sieur du Thil en Saint-Médard; Brousse, seigneur de Sallevert en Saint-Seurin-lès-Bordeaux; Dumas, sieur de Pradets, aux Chartrons; A. de Laporte, au nom de F. de Queux, son épouse; de Martin, comte de Marcellus; Mirey de Vaumorillon, seigneur des terres de Caubon, Taillecavat et Castelnau-sur-

Gupie, en Bazadais; le duc de Biron, seigneur de Montcucq, en Périgord, d'Eymet, de Villefranche et de Gurson; J.-Baptiste de Secondat, seigneur de La Brède; Th. de Labrousse, marquis de Verteilhac, gouverneur et grand sénéchal du Périgord; Cath. de Jord de Frébois, veuve de Nicolas René Berryer, ministre d'État, dame de la Barrière, en la paroisse d'Anglade, en Blayais; Martial Dumas, avocat au Parlement, et premier secrétaire de M. l'ambassadeur de France, à la Cour de Naples, seigneur de la maison noble de Boisgramond, à Eyzines; Suzanne et Clémence de Percy de Montdésir; G. de Rossanes; de Brassier, seigneur de Beychevelle et Landiras; de Lur-Saluces, seigneur de la maison noble de Malle à Preignac; dame Marie de Campistron, veuve de Ch. de Jouglins de Monconseil, lieutenant-colonel du régiment de la marine, pour les maisons de Villeneuve et de Monconseil en Bourgès et Blayais et la seigneurie de Romefort; J. de Teyssier, chevalier, seigneur de Burée, en Périgord; Étienne Faucher, commissaire des guerres, pour un fief à Caudrot près La Réole; Antoine d'Abzac, seigneur de Saint-Pardoux et de la maison de Madaillan, en Agenais; le comte de Rastignac, seigneur de Puyguilhem et de Firbeix; Fr. de Marsolier de Montaut, seigneur du Fournil, en Périgord; Honoré de Bardonin, comte de Sanzac, seigneur de Pardaillan, La Tour de Mouviel, Pineuil et Allemans, en Agenais; la dame comtesse de Taillefer, marquise de Vergt; Ambroise Rozier, négociant, en son nom et celui de ses sœurs, veuves des sieurs de Kater et Roche, copropriétaires de la maison noble d'Andride, au Pian-en-Médon; Ségur, seigneur de Francs et Bègle, Saint-Ujan, La Tour et Paulliac; Guill. Estèbe, conseiller honoraire au conseil supérieur de Québec, possesseur de biens nobles à Pompignac dans l'Entre-deux-Mers; Pierre de Gères, seigneur de Vaquey; Élie Duranton, marchand, pour partie de la maison noble, appelée le « Grand Conti », et anciennement l' « Hôtel de Talbot », située rue des Aydes, à Bordeaux; Louis-Antoine-Armand de Gramont, comte de Guiche, sire de Lesparre; Bernard Duhamel, chevalier, ancien premier jurat de Bordeaux, seigneur de Castets en Dorthe, en la sénéchaussée de Bazas; Henri Letellier, seigneur de Cerqueux, inspecteur du port de Bordeaux, seigneur de la maison noble de La Salle de Bruges; Michel de Montaigne et ses sœurs, seigneurs de Corbiac, en la paroisse de Saint-Médard-en-Jalles; Joseph de Branne, seigneur de Mouton, en Médoc, etc.

C. 2346. (Registre.) — In-folio, 296 feuillets, relié.

1769-1776. — Hommages rendus au roi Louis XV, par-devant les généraux des finances, trésoriers de France au bureau de Bordeaux par les seigneurs: Guichanière d'Armajan; de Citran; Taillefer; Villecour; Arlot de Frugie; Pourquéry de la Bigottie; Duhamel; Gourdouville; Brulart de Sillery; Garisson; Balguerie; vicomte de Broglie; Désaigues de Salles; la Ville de Bordeaux; Joseph de Durfort-Civrac; Madame la duchesse de Larochefoucault d'Amville, dame des seigneuries de Cahusac, d'Estissac et de Montclar; L. de Lostanges, marquis de Sainte-Alvère; dame Suzanne de Narbonne-Pelet; le comte de Galard; les marquis de Souillac et de Fontenille; Louis Desmoulins de Leybardie; les seigneurs de Preyssac, de Calvimont, de Monségur, de Carle, de Rabar, de Monviel, de Reignac, de Laborie de Prunet; de la Marthonie, de Paty du Rayet; Jean-François de Lageard, seigneur de Semens; J. Dupuy; J. Christophe, marquis de Beaumont, seigneur de Comarque; J.-Baptiste de Secondat, seigneur de la Brède et de Bessan, en Médoc; Léonard-Antoine de Castelnau, seigneur de Lahet, dans la paroisse de Villenave-d'Ornon; demoiselle de Villepreux, pour le domaine de la Chaume, au Pont et à Cursan (Entre-deux-Mers); L. de Lassale, chevalier, pour la maison noble d'Yquem, à Bayon; Achard de Joumard, seigneur de La Double; Latour de Durège, pour la maison de Beaulieu, à Toumeyragues; Martin Dufau, prêtre, directeur du séminaire des Missions étrangères, à Paris, pour la maison de Makanan, dans la paroisse de Sainte-Eulalie d'Ambarès; Josset de Pomiers, seigneur de Breuil, en Médoc: Du Temple; Duplcix de Cadignan; Nicolas de L'Ile-Ferme; Valleton de la Boissière; le marquis de la Tresne; Du Barry, seigneur du fief de Curton, à Margaux; Leroy de La Salle, seigneur de Pradines; la dame veuve de Brach de Jallais et de Montussan; les comtes de Coëtlogon, de Miromesnil et le seigneur de Frémilly, comme maris de leurs femmes, nées de Ségur, pour la terre de La Tour Caronne, en Médoc, dans la paroisse Saint-Mambert; Ménoire de Beaujon, président à la Cour des aides, seigneur du Noyer, à Talence; de Sevin; Désaignes; de Saige; de Pontac; d'Arsy et Kirwan; le duc de Biron pour les terres du Fleix, de Gurson, de Moncucq, de Lévignac, d'Eymet et de La Salle; J. de Pichon, baron de Parempuyre, et seigneur de la maison de Carriet à Lormont; Delphin de Lamothe, avocat, professeur royal en droit français de l'Université de Bordeaux, au nom de demoiselle Élisabeth de Brulz, sa femme; Élie Sans, conseiller au Parlement; la Ville d'Estafort; la Ville d'Agen, représentée par son maire Gilbert de Raymond; le vicomte de Broglie, colonel du régiment d'Aquitaine-infanterie; Bertrand-Peychaud, premier jurat de Bourg; Eymeric de Meredieu, chevalier, seigneur d'Ambois; P. de Geslin, écuyer, seigneur de la maison noble du Taillan; J.-B. Carrère, pour les maisons de Poujau de Branne et Maynet, dans l'Entre-deux-Mers; de Chabrié; F. Desèze, jurat de la Ville de Saint-Emilion; de Malet; Briançon ; Montalembert ; D'Albert de Laval; Tarlas ; Timbrune ; Rossanes ; Boyer-Fonfrède ; Journiac; Marie Brisard et Roger ; Goyon de Verduzan ; André de Martin de Marcellus ; la dame comtesse de Puycalvary ; Percy de Mondésir; Cazemajor de Gestas; Gerault de Laugalerie ; le marquis de Verteuil, pour les seigneuries d'Ornon ; d'Eyzines, de Veyrines, la prévôté d'Entre-deux-Mers, etc., desquelles il rend hommage en qualité de premier jurat, au nom de la Ville de Bordeaux, etc.

C. 2347. (Registre.) — Petit in-folio relié, 94 feuillets.

1677-1679. — Hommages de l'Agenais, rendus par : — Monteil, Canet, Béchon, Fumel, Bosredon, Laborie, Neymet, Bonnaire, Vassal, Bacalan, Niac, Montpezat, Madaillon, Pierre Buffière, Lespez, Laurière, Timbrune, Cathus, Caumont, Malvin, Du Broca, Vivans, Raymond, Gourdon-de-Genouillac, Narbonne, Ferron, Bridières, Secondat, Guyonnet-de-Montbalen, etc... pour leurs terres et seigneuries sises dans les juridictions de Penne, Tournon, Monflanquin, Marmande, Clairac, Damazan, Puymirol, Mézin, Port-Sainte-Marie, etc.

C. 2348. (Portefeuille.) — 140 pièces, papier, 1 parchemin.

1702-1721. — Domaine du Roi : Aliénations. — Correspondance de MM. de Labourdonnaye, de Courson et Boucher, intendants de Bordeaux, avec les ministres d'Armenonville, Le Peletier, Desmaretz, de Bercy, d'Argenson et de Gaumont concernant : le rachat proposé par les communautés des justices aliénées de Penne, Monflanquin et Sauveterre; de Saint-Sève, Saint-Morillon et Villagrains, détachées de la Prévôté de Barsac ; de Pujols et Cérons, situées dans la même prévoté, etc. — Un mémoire du premier président Dalon au sujet de l'achat par lui fait en 1697 de la justice et fief de la paroisse de Berson ; — les adjudications, par devant l'intendant : de la baronnie de Captieux, vendue pour 11,120 livres à un sieur Forest qui n'aurait eu ni laissé poser aucune affiche, la vente accusée de clandestinité par le syndic au nom des habitants ; — de la palud et le barrail d'Apernon, situés dans la paroisse Saint-Remy à Bordeaux ; — des redevances de la comtau de Blaye, dues au Roi par les propriétaires de marais ; — d'une maison hors les murs, derrière Saint-Pierre, joignant la tour de Luc-Majour et la Cour des Aides ; — du bois du Cypressa à Lormont dont le couvent de la Merci demande l'inféodation ; — de la seigneurie de Puypaulin à Bordeaux ; — du sol, place, masure et matériaux du moulin de Garrigues-sur-le-Lot, paroisse de Monteiral, « lequel « moulin appartenait cy devant aux heritiers d'Isaac et Sylvie « Brugnières, au sieur de Boisredon de Pericard et au sieur « de la Goutte de la Puyade, et par eux abandonné faute « d'entretien des réparations de la chaussée qui ont été « faites aux despens du Roy ; » — de la justice de la paroisse de Pimbo-Boucouvée, ensemble le « guidonnage de la béroge » consistant aux droits levés pour le Roi sur les bestiaux qui descendent des montagnes pour paître dans les landes de Bordeaux ; — du péage de Mont de Marsan, ensemble celui de Saint-Pierre, appelé péage de pelecogot, du droit de size, des deux tiers des poids et mesures, et du tiers du pontage de la ville; le sieur Du Lion, baron de Campet, acquéreur pour 20,000 livres.

C. 2349. (Portefeuille.) — 128 pièces, papier, 4 parchemin.

1712-1765. — Domaines engagés : Aliénations. — Correspondance des intendants Latour de Gallois, de Courson, Boucher, Tourny, et Boutin avec les ministres et les subdélégués concernant : les aliénations et engagements tant des petits domaines du Roi que des justices royales par démembrement, la représentation des titres d'engagement, en exécution de l'arrêt du Conseil du 1er mai 1718, — les instructions sur les vérifications à faire des titres produits par les engagistes. — Adjudication des moyennes et basses justices des paroisses de Preignac, Boumes, Sauternes, Cérons et Pujols dépendant de la prévôté de Barsac ; — achat de la justice de Boumes par Marguerite de Truchon, veuve de P. de Castelnau conseiller à la grand'chambre, et de celle de Pujols par Catherine de Suduiraut, veuve de J. Duroy, conseiller au parlement. — Représentations de titres : par Pierre de Meredieu, chanoine de la cathédrale à Périgueux pour l'acquisition de la justice de Senillac ; — G. Saige, jurat de Bazas, pour la seigneurie de la ville, au nom du corps de ville engagiste dès 1641 ; — Barthelemy de la Verrie, au nom de dame Du Lyon, sa femme, substituée par héritage à G. de Vivans, comte de Panjas, sorti du royaume pour fait de religion ; à raison de rentes acquises en 1583 des commissaires du Roi de Navarre sur la ville de Tournon en Agenais et de la justice des paroisses de Masquères et Tézac, de la seigneurie de Villefranche en Périgord, et des justices de la Linde, Montpazier, etc., acquises de 1582 à 1601 par le seigneur de Caumont la Force qui les revendit à G. de Vivans, auteur de la dame Du Lyon ; — adjudication des justices de Corgniac, Eyzerac et Nanteuil en Périgord, et de deux îles dans la Garonne en face du port de Candrot, et en la paroisse de Barie ; d'un terrain inculte au Cypressa près Lormont ; du Bois-Majou à la Réole, sur les paroisses de Fontet, Hure, Puybarban, Aillas, formé de 2,000 journaux de landes et bruyères, desquels, au moment de conclure, il ne reste que 1,200 à peine, le reste usurpé, et la partie subsistante contestée par la ville de la Réole ; — États : des domaines vendus tant à titre d'engagement qu'à vente perpétuelle, en exécution de l'édit d'août 1717 ; — des domaines revenus au Roi par la mort des engagistes ; — des juridictions sujettes à l'aliénation dans les élections d'Agen et de Condom ; — des paroisses qui peuvent être aliénées ou démembrées des juridictions de la généralité ; tableaux comprenant le nombre des feux par paroisse.

C. 2350. (Portefeuille.) — 77 pièces, papier.

1553-1788. — Domaines engagés. — Déclarations. — Aliénations. — Correspondance des intendants concernant la mise à exécution dans la province des édits et déclarations sur la matière ; les engagistes des domaines tenus de les entretenir ; l'inspection des travaux à faire ou à imposer, donnée aux ponts et chaussées ; le certificat de vie exigé des engagistes pour être adressé au contrôleur général, etc. — Déclaration des alluvions et atterrissements dans la rivière de Garonne, que nombre des particuliers possèdent sans redevance ; le duc d'Aiguillon, engagiste de partie de l'Agenais et du Condomois. — Mémoire non signé du procureur général près le parlement établissant l'usurpation dès le XIVe siècle et la possession injuste depuis 1311 par les seigneurs de Madaillan et de Montpezat, auteurs du duc de Richelieu, de ces deux terres et seigneuries du domaine direct du Roi, qui par une suite de jugements des Rois de France et des Rois d'Angleterre, tour à tour possesseurs du pays, (notamment celui de 1334 donné par les commissaires des deux Rois, celui de 1349 donné par Philippe de Valois, celui de 1363, édicté par le grand conseil de Guienne à Bordeaux, et confirmé cent ans après par arrêt du parlement), furent cependant toujours rattachées au domaine propre du Roi, même par le dernier arrêt de 1727 dont le procureur général demande enfin l'exécution par le duc d'Aiguillon, condamné à rendre les terres. — Mémoire en faveur du chapitre de Condom sur les droits honorifiques prétendus par le duc dans le chœur de l'église cathédrale, et procès-verbal de sa réception en 1751. — Transaction passée entre le chapitre et le duc, par laquelle le premier se déclare paréager avec le Roi dans toute juridiction et censive. — Projet de requête au conseil pour le duc d'Aiguillon contre les consuls et habitants de Ville-neuve-d'Agen qui venaient d'obtenir, au préjudice des droits acquis par la maison de Richelieu en vertu de l'engagement de 1642, la concession ou la confirmation des terrains occupés par les anciens murs de ville, tours et fossés des remparts.

C. 2351. (Portefeuille.) — 123 pièces, papier, 3 plans, parchemin.

1643-1730. — Domaine. — Iles et graviers. — Correspondance de MM. de Courson et Boucher, intendants, avec la cour et les ministres concernant les concessions d'îles et graviers des rivières navigables de la généralité. — *Rivière de Garonne* : droit de pêche au long d'un gravier, concédé au sieur de Gase ; îlot entre Portets et Balade, demandé par le sieur de Tarneau, graviers environnant l'ancien château de Dunes accordés au sieur de la Chabanne ; atterrissement à l'extrémité d'une île appartenant au demandeur, dans la juridiction de Monheurt, obtenu par le sieur Duduc Desbordes ; île nouvellement formée le long de la terre de Montesquieu, sur l'emplacement d'une plus grande emportée par les eaux, concédée au président de Montesquieu, sur sa demande ; concession au sieur de Tartas ; placet d'un sieur Morin, de Casteljaloux pour une île près de Marmande ; île, dite de la Jalle, le long de la seigneurie de Blanquefort, demandée en don par le duc de Duras, seigneur de Blanquefort ; — Ile près d'Agen ; les consuls demandent la concession d'un petit gravier qui s'est formé à une demi-lieue de la ville, par la séparation que l'inondation de 1712 a faite d'une pièce de terre appartenant aux jésuites ; demande en révocation du don fait à la ville d'une île située dans la paroisse de Dolmeyrac, pour la promenade du Gravier, sous condition de la détruire en quatre ans, ce que le prieur de Dolmeyrac affirme n'avoir pas été fait, en élevant au surplus des prétentions à la propriété de cette île, du chef de ses prédécesseurs ; — Ile de Caudrot et de Barie : Placards manuscrits de l'adjudication ordonnée du gravier blanc situé vis-à-vis l'île de Caudrot (Elle ne paraît pas avoir eu lieu). — *Rivière de Dordogne* : Ile nouvelle du Bec-d'Ambès, concédée en 1643 au sieur De la Chèze, comme un atterrissement qui commence à se former près du Bec, du côté de la rivière de Dordogne, augmentée vers 1720 par un nouvel atterrissement en forme d'île séparée, unie néanmoins par le fond à la première ; le sieur Nunez de Pereyre, seigneur d'Ambès, et ayant-cause du sieur de La Chèze concessionnaire primitif, les sieurs de Tayac et Delpit de La Roche demandent la concession du nouvel atterrissement que les deux derniers supposent être une île séparée, sans union avec la première ; adjudication définitive au sieur Pereyre sous la redevance annuelle de

4 livres 6 deniers par journal. — *Ile de Civrac*, anciennement fie de la Forcade; procès-verbal d'enchère sans résultat; — *Iles de la Dordogne à Sarlat*, demandées et obtenues en inféodation par l'évêque; mais la concession retirée ensuite, sur l'opposition des sieurs de la Giscardie et du Pont, faisant valoir que le Roi n'avait pas pu, la terre de la Roque Gayac n'étant point domaniale, disposer de ces îles situées sur une rivière non navigable à cet endroit.

C. 2352. (Portefeuille.) — 124 pièces, papier.

1731-1778. — Domaine. Iles et graviers. Aliénations. — Correspondance des intendants avec le ministre sur les aliénations demandées. « J'ai vu avec une véritable « douleur un grand nombre d'exemples des dommages « qu'ont coutume de causer aux propriétaires des rives « voisines les ouvrages qui se font pour consolider et « agrandir les îles inféodées lorsqu'une fois la concession « en a été faite par le Roi. (Signé) Tourny. »— *Ile d'Ambès*: arpentement à la suite de la concession de 1730; requête en diminution de rente, présentée par Jacques Pereyre, sur la diminution progressive et enfin (1750) la disparition entière de l'île inféodée; opposition du directeur du Domaine, établissant que les ouvrages et jetées de pierre faits par le demandeur ont seuls causé la perte de l'île, en procurant d'ailleurs au sieur Pereyre plus du double du terrain que l'île contenait. — *Ile de Bourg*: Demande du chevalier de Tayac d'une île nouvellement formée, de la contenance supposée de 15 arpents, en réalité de 72 journaux du pays; lettre de M. de Tourny condamnant en principe les inféodations sur la rivière. — Mémoire anonyme sur les travaux faits au bec d'Ambès par un conseiller au parlement, qui aurait, au moyen de deux éperons avançant dans le fleuve, gagné une grande quantité de prairie. « Si ce mémoire vous parvient anonyme, vous ne devez pas en être surpris dès qu'il s'agit de se plaindre d'un conseiller au parlement de Bordeaux. » — *Iles Matoc et île du bassin d'Arcachon*: demandées en inféodation, la première par M. d'Estissac; la seconde par M. de Marbotin, comme formée en partie de sa terre de Lège; toutes les deux incultes et infertiles. — *Ile de Patiras*: inféodation demandée par le conseiller au parlement Leblanc de Mauvesin de l'île de Patiras, vis-à-vis Paulliac sur la Gironde, ayant appartenu au président de Cazeaux, grande, belle et considérable. — *Ilet de La Réole*: arrêt du conseil recevant les maires et jurats de la Réole opposants à la vente ordonnée par un arrêt précédent d'une pièce de terre en aubarèdes, appelée l'Ilet, joignant l'ancien château de la ville, et confrontant au port, à des îles et des alluvions, et maintenant en possession les différents propriétaires. — *Ile de Marmande*, appelée de Granon. — Ile et gravier dans la paroisse de Floudès, subdélégation de La Réole, formée des débris détachés par la rivière des fonds appartenant au conseiller de Piis; il obtient l'inféodation. — Lettres, mémoires, requêtes et observations contradictoires de l'archevêque de Bordeaux et du duc de Durfort sur le droit de pêche dans la Dordogne devant les possessions de la maison noble de Lamothe-Montravel, respectivement prétendu par le duc, propriétaire de la terre, et l'archevêque seigneur haut justicier.

C. 2353. (Portefeuille.) — 121 pièces et 1 plan.

1723-1761. — Iles, graviers, atterrissements. — Correspondance de MM. Boucher, de Tourny et Boutin, avec la cour et le ministère; opposition de l'intendance aux inféodations d'îles et de graviers. « Si on les donne à « condition de ne point planter dessus, ce sont des grâces « inutiles à ceux qui les obtiennent, ainsi on ne leur fait « aucun tort de les refuser. S'il est permis d'y planter « pour en retirer du revenu, il faut nécessairement qu'on « les mette à couvert de la diminution ou destruction lors « des débordemens, et cela ne se peut faire qu'en plan- « tant continuellement sur les bords, ce qui fait qu'ils « s'agrandissent tous les ans, au grand dommage des héri- « tages riverains, dont les fonds diminuent pour la même « cause, par l'effet des courants qu'on rejette sur eux... « Je vous laisse à juger s'il convient au public, à la navi- « gation et au commerce, de faire de ces sortes de conces- « sions. (Signé) Boucher. » — *Ile de Tirefond* à La Réole. Le capitaine Marcellus obtient décharge des deux tiers de la rente fixée par les inféodations de 1682 et 1689. — *Iles devant Gironde, île Grande*: Sur la concession qui en est demandée par le sieur Lapeyre, les possesseurs et détenteurs font preuve d'une concession ancienne de plus de 200 ans, confirmée à chaque règne: c'est d'ailleurs un atterrissement et non pas une île. — *Ile devant Caudrot*: le Roi confirme la possession du sieur Darche contre le sieur de Montferrand. — *Ile devant Casseuil*, à l'embouchure de la rivière du Drot: danger pour la route de Bordeaux à Toulouse, au pas Saint-Georges, et pour la paroisse de Barie, dont une partie des fonds ont été emportés à l'occasion d'un autre gravier quasi attenant à celui dont le sieur Dupuy demande la concession pour le planter. — *Iles devant Saint-Macaire, Barsac et Mazerac* entre Barie et Castets. Lettres, demandes et mémoires où sont mentionnés: le moulin des chartreux sur le Ciron, le gravier de Sainte-Croix-du-Mont, le projet de détruire un autre gravier considérable devant Mazerac et Castets, et où sont nommés les sieurs de Montferrand, Lançon de Lostière, Alain, Descures et Bonchereau, les Ursulines de Langon, M. d'Armajan, la fabrique de Barsac contre la veuve Rouquette, concessionnaire d'un atterrissement; le sieur de Mellet, et le seigneur Romain Dalon, avocat général au parlement, lequel ayant obtenu en 1670 la concession de l'îlet de Maton, cet îlet en aurait formé d'autres, comme celui de Bertranou, que les héritiers Ferbos demandent à inféoder.

C. 2354. (Portefeuille.) — 116 pièces, 1 parchemin, 4 plans.

1588-1767. — Iles, graviers, atterrissements. — *Garonne.* Correspondance de l'intendance avec les ministres MM. Chauvelin, Trudaine, le duc de Bouillon, de Courteille de Gaumont et de Séchelles, concernant les îles et graviers formés dans la rivière de Garonne, à Preignac, Caudrot, Floudès et Barie.

C. 2355. (Portefeuille.) — 80 pièces, papier, 4 plans.

1610-1771. — Domaine. Iles et graviers. — Rapport adressé à l'intendance par l'ingénieur des ponts et chaussées Pudefer, sur la consistance d'une île de 30 journaux formée dans la Garonne entre Floirac et Bègles, et dont la concession est sollicitée. — Placets des sieurs de Melet et de Liliendhal afin d'obtenir l'inféodation de graviers devant Loupiac et devant Sainte-Croix-du-Mont. — Concession au sieur abbé d'Alphonse, ayant droit du chevalier Dalon, qui l'avait tenu lui-même d'un sieur d'Arribaut pourvu par le roi Louis XIV en 1670, d'un gravier nouvellement formé à côté de l'île de Paillet, ou Dalon; opposition des habitants, dont la demande en concession est repoussée comme sans cause. — Copie informe de la mise en possession de M. le président de Gascq, en vertu d'un arrêt du 9 août 1610, de la pêcherie de Portets; mémoires, requêtes et oppositions des sieurs de Gascq, de Tarneau, de Seguineau, etc., et autres propriétaires riverains; descente de lieux par M. Boucher, intendant, en 1740; arrêt du conseil qui autorise le sieur Tarneau à se mettre en possession de l'atterrissement contesté.

C. 2356. (Carton.) — 109 pièces, papier, 4 parchemin.

1771-1779. — Domaine. Murs de villes, etc. — Correspondance de MM. Esmangard, de Cluguy et Dupré de Saint-Maur, intendants, avec le ministère, concernant les prétentions des officiers municipaux d'Astaffort et de Villeneuve d'Agen sur les fossés et les murs de leurs villes; les dégradations de l'île ou gravier de Barennes, dans la terre du marquis de Caumont; les engagements des terres de Puy Paulin et de Monpon. — Mémoire pour Fr. de Bachardie et L. Desmoulins de Leybardie, co-seigneur de Monpon, terre engagée en 1582 par le roi de Navarre au vicomte de Rohan, confirmée par supplément de finance au comte de Gurson en 1633, possédée successivement au même titre de rachat perpétuel par Mlle de Foix de Candale, le duc de Foix, le duc de Lauzun, le marquis de Belzunce, tous possesseurs avant les exposants des droits de justice et de nomination d'officiers. — Procès-verbal de tous les habitants de Villeneuve-d'Agen dont les maisons sont adossées aux murs de ville, avec leurs dires et justifications; discussion entre les officiers municipaux et le sieur Aubert au sujet de la démolition de partie de ces murs; règlement par l'intendant des honoraires de l'ingénieur de la Guette, chargé de lever le plan des lieux; cahier des déclarations fournies par les divers particuliers de Villeneuve qui ont des héritages appuyés sur les murs, noms, contenance et confrontations; arrêt du conseil qui en retenant dans la main du Roi les fossés, murs et tours de la ville, en concède la possession aux officiers municipaux sous un cens, que revendique en-suite le duc d'Aiguillon, seigneur engagiste de l'Agenais; l'arrêt du 1er avril 1777, réformant le premier, lui adjuge tous les droits de cens (3 deniers par toise carrée) établis sur les possesseurs des murs et fossés.

C. 2357. (Carton.) — 135 pièces, papier.

1784-1789. — Domaine. Murs de ville, îles et graviers, etc. — Concession à l'abbé de la Motte-Vedel d'une partie des murs de ville d'Agen, sous la redevance habituelle de 3 deniers par toise, et l'autorisation du seigneur engagiste M. le duc d'Aiguillon. — Demande des officiers municipaux d'être déchargés de la réparation d'une brèche occasionnée par l'écroulement des murailles, car elles appartiennent au Roi, et l'engagiste même n'ayant qu'un droit de jouissance et non de propriété, les reconstructions sont à la charge du Roi, comme propriétaire. — Demande du sieur de Labastide du Boujat de la concession d'un terrain dit de l'ancienne chapelle des Pénitents, attenant aux murs de la ville de la Monjoie, contestée par le maire et les cousuls, qui se déclarent possesseurs; mention de la fondation de la ville, le 1er janvier 1298 et du récent pillage de ses archives par des particuliers malintentionnés.

entre autres par M° R***, notaire fameux pour ses forfaits.
— Soumission du marquis de la Tourette d'acquérir l'île du Petit-Fagnard située dans la Gironde entre l'île du Nord et celle du Pâté de Blaye, à cause du voisinage immédiat de sa terre de Mauconseil; elle est demandée en même temps par les sieurs Leblanc de Mauvezin et Brou de la Chèze. — Adjudications provisoire et définitive (1786-1789) des îles du Grand-Fagnard, du Bec d'Ambès et de l'île aux Vaches et de leurs accroissements, à titre d'accensement, aux sieurs Duluc et Lumière, de Secondat et Daniel Astruc.

C. 2358. (Carton.) — 39 pièces, papier.

1789. — Domaine. — Inventaire des effets du Roi, habillements des troupes, matériel, magasins, existant au 1ᵉʳ juillet 1789 dans les forts du Hâ, du Château-Trompette, à Bordeaux, et dans la citadelle de Blaye; inventaire général des pièces d'artillerie de Blaye, avec leurs noms, leur calibre, leur poids, leurs armes et leur longueur: 21 canons de fonte, dont 5 du calibre de 24; 9 du calibre de 16; 3 de celui de 12, tous de dix pieds de long; 2 de 8 et 2 de 4; 52 canons en fer; 4 mortiers; 2,800 sacs à terre. — Tour de l'île devant Blaye, armée de 6 canons. — Fort Médoc, 3 canons de fer. — Château-Trompette, 26 canons des calibres de 4, 8, 12, 16 et 24, aux armes du duc du Maine et du duc de Lude. — Château du Hâ, 5 canons de fonte; — Fort Sainte-Croix, 4. — Agendas des reconnaissances en franc alleu roturier consenties en faveur du Domaine dans les paroisses des juridictions du Port-Sainte-Marie, d'Aiguillon, du Mont-de-Marsan, de Marmande, Agen, Bazas, Condom, Monclar, Sainte-Foy, Montréal, la Sauvetat de Caumont, etc.; états dressés en 1789 et envoyés à l'intendance.

C. 2359. (Portefeuille.) — 42 pièces, papier.

1761-1765. — Domaine du Roi. — Forêt de Blaye. Correspondance de M. Boutin, intendant de Bordeaux, avec MM. les ministres de Courteille et de Beaumont, concernant l'aliénation demandée par le sieur Martineau d'un terrain inculte, d'environ 60 journaux, situé au Bois-du-Roi, dans la paroisse de Berson (Gironde), dépendant du domaine de la Comtau-de-Blaye engagé au duc de Randan; les habitants de la paroisse présentent un titre de 1603 par lequel ils sont déclarés propriétaires de ce terrain, sous l'exporle de 2 deniers envers le Roi; le bois en question y est appelé le Bois-de-Buche: — l'engagement proposé de la forêt du Roi à Blaye, composée de 1,000 journaux retenus au domaine par l'acte de concession faite au duc de Saint-Simon en 1672, en vertu duquel cette réserve est affectée à l'entretien des fortifications de la citadelle; le grand maître des eaux et forêts présente un plan pour l'aménager en 12 années; observations de l'ingénieur sur le nombre actuel des pieds d'arbres qui seraient bons à être mis en œuvre, la diminution par usurpations des voisins, de la contenance de la forêt, et la différence entre le journal du Blayais et l'arpent de Paris, qui contient 1,400 pieds de plus que l'autre. — Copie certifiée du traité du 19 mars 1672, confirmatif de celui de 1647, par lequel le Roi engage Comtau au duc de Saint-Simon, sous la réserve de 1000 arpents de bois, dès ce moment réunis au domaine.

C. 2360. (Carton.) — 77 pièces, papier, 4 parchemin.

1647-1789. — Domaine du Roi. Marais de Blaye. — Contrat passé entre les commissaires du Roi et P. Lanquet, bourgeois de Paris, au sujet de la palu et comtau de Blaye, portant que les habitants de la ville auront pour eux 7,000 journaux, le chapitre de Saint-Romain, 130; le chapitre de Saint-Sauveur, 120; chacun des vingt curés des vingt paroisses ayant-droit dans la Palu, 15; les gentilshommes, chacun, 60; cent mille livres au duc de Saint-Simon, pour subrogation de ses droits; les dettes de la ville envers l'hôpital payées, les devoirs de la palu, cens, rentes, droits de comtau, dus au Roi, acquittés par le cessionnaire, le reste du terrain devant appartenir au sieur Lanquet, après avoir été desséché et mis en culture. — Accord entre le duc Saint-Simon, seigneur du Marais, et reprenant pour son compte le traité de Lanquet, et le sieur abbé de Fonteneil, directeur de la congrégation des prêtres du clergé de Bordeaux, par lequel ce dernier s'oblige à faire bâtir une église, un presbytère, etc...; transactions avec les curés de Brau et de Saint-Ciers-la-Lande avant l'érection des nouvelles paroisses; procès-verbal *de commodo* pour l'établissement de la paroisse Saint-Louis; visite de la palu pour y fixer un lieu propre à y bâtir une ou deux églises; lettres signées du duc de Saint-Simon relativement à ces érections; — mémoire pour les intéressés et associés au desséchement mentionnant une transaction de 1276 entre le seigneur et les possesseurs usagers de la comtau, — la réunion au domaine de la comtau de Blaye en 1347; la proposition de Lanquet à fin de desséchement en 1645 et 1647, l'ordonnance de 1659 par laquelle la comtau est déclaré n'être pas du domaine du Roi, mais appartenir au contraire en propriété au seigneur duc, comme ayant cause du comte d'Halluin auquel le roi Louis XIII

SÉRIE C. — FINANCES DE LA GÉNÉRALITÉ DE BORDEAUX.

en avait fait don en 1630 ; et l'arrêt du Conseil du 19 mars 1672 confirmant les dessécheurs et le duc dans la propriété complète du marais, sous la condition d'une rente de 6 sous par journal. — État de la contenance des fonds possédés. — Marché pour la cloche de l'église Saint-Louis, fondue par le sieur Patinié, de Bordeaux ; — prise de possession de la cure, au nom de la congrégation de la Mission ; aveu et dénombrement du marais et de la comtau fait au domaine par le duc de Saint-Simon ; contrats d'achat de la métairie de Ricaut ; état des ornements de l'église, que la mission est tenue de fournir en exécution de la transaction entre l'abbé de Fonteneil et le duc, etc...

C. 2361. (Carton.) — 59 pièces, papier, 2 parchemin.

1719-1764. — Domaine royal. — Droit de pêche. États des pêcheurs et matelots des ports d'Asques, Caverne, Vayres, l'île du Carney et Vignonet (Gironde).

C. 2362. (Portefeuille.) — 123 pièces, papier.

1765-1768. — États du Roi. — Payement. — Correspondance de M. Fargès, intendant de Bordeaux, avec MM. les ministres de Laverdy et d'Ormesson concernant les règles à observer tant par les parties prenantes que par les payeurs des États du Roi, dans la représentation de leurs titres.

C. 2363. (Portefeuille.) — 115 pièces, papier.

1769-1775. — États du Roi. — Correspondance de MM. Fargès, Esmangard et de Clugny, intendants, avec MM. d'Ormesson et Terray, au sujet des titres novels de rentes sur les tailles. — Certificats de publication d'arrêts du Conseil, — Suppression de la caisse des amortissements, etc...

C. 2364. (Portefeuille.) — 124 pièces, papier, 1 plan.

1701-1724. — Domaine. — Correspondance des intendants Lamoignon de Courson et Boucher avec le ministère concernant les réparations du palais et des prisons de la conciergerie de Bordeaux, — de l'hôtel de ville de Casteljaloux, du palais de Bergerac, — de l'hôtel de l'intendance, etc... — États des ordonnances de réparations, frais de justice, pain des prisonniers, entretien d'enfants exposés décernées sur le fermier du domaine de Guienne, et payées par lui. — Enquête sur les gages des concierges des prisons royales.

C. 2365. (Portefeuille.) — 111 pièces, 2 plans.

1724-1727. — États des ordonnances de réparations, etc., décernées sur le fermier du domaine : — projet de construction d'un parquet à Blaye, — adjudication des réparations des prisons de Caudrot, — réparation des prisons de Villeneuve d'Agen, — construction de celles de Condom, — contrat d'acquisition d'une maison appartenant à un sieur Michel, dit l'Albigeois, pour y établir les prisons de Gontaut : — le sieur Héricé, architecte de l'intendance, le sieur Buissière, de la Cour des aides.

C. 2366. (Portefeuille.) — 104 pièces.

1736-1749. — Correspondance des intendants sur les réparations de prisons à la charge du domaine : Marmande, Créon, Bergerac, Libourne, Agen ; — état de dégradation de presque toutes, ce qui est cause de nombreuses évasions ; — parquet de la prévôté de Barsac, et toiture de la Cour des aides. État des geôliers des prisons royales de la Généralité de Bordeaux ; dispositions des édits sur eux ; danger qu'il y ait des geôliers pourvus en titre d'office ; dessein de la Cour de les supprimer, pour ne laisser subsister que des geôliers par commissions.

C. 2367. (Portefeuille.) — 97 pièces.

1750-1773. — Correspondance des intendants avec le contrôleur général et les ministres sur les dépenses de construction ou réparations du palais, auditoires ou prisons à la charge du domaine. — Tableau général de toutes les villes de chacune des sénéchaussées de Bordeaux, Libourne, Périgueux, Sarlat, Bergerac, Bazas, Condom, Agen et Nérac en Albret, avec leurs observations résumées sur leurs constructions ou réparations à faire, et le montant évalué des dépenses, en regard de leurs revenus. — Requête de la ville de Tartas à l'intendant afin d'être aidée dans le rétablissement de ses prisons. — Adjudications par devant l'intendant des ouvrages nécessaires aux prisons du palais, et au bâtiment de la Cour des aides. — Mandatement d'une somme de 2,900 livres pour le premier tiers du prix de l'adjudication du magasin à poudre, situé sur le chemin de Lormont, en Queyries, somme assignée sur le receveur du domaine ; procès-verbal de réception des travaux, signé Bonfin, architecte de la ville.

C. 2368. (Portefeuille.) — 45 pièces, papier, 7 parchemin.

1643-1679. — Domaine du Roi. Greffes, justices, francs-fiefs. Arrêts du conseil, mémoires adressés à l'intendance sur les greffes du parlement de Guienne, le payement des frais de justice, et réparations des bâtiments dépendant du domaine, — les aliénations de hautes justices par démembrement des justices royales, et les aliénations des petits domaines : réquisitoire du procureur général près le parlement de Bordeaux contre le greffier des présentations, et copie d'un arrêt du parlement de Paris portant règlement des droits de greffe. — Règlement de l'intendant Faucon de Ris sur le tarif des greffiers au parlement de Guyenne, à la requête des directeurs du domaine du Roi, intervenant en exécution de l'Edit de réunion au domaine des greffes de la Cour ; — Règlement de l'intendant de Sève ; mémoires contradictoires des greffiers et des agents du domaine.

C. 2369. (Portefeuille.) — 101 pièces.

1719-1769. — Domaine du Roi. Démembrements de justices. Correspondance des intendants avec la cour sur les réunions demandées de fiefs et justices ; — Castelmoron d'Albret, mémoires des officiers du duché d'Albret, du sénéchal et des habitants de la ville, chacun pour soi demandant la réunion de la justice à ses propres affaires, et mentionnant le contrat d'échange (20 mars 1651) entre le Roi et le duc de Bouillon de la principauté de Sédan contre le duché d'Albret : — La Linde, en Périgord ; requête du seigneur de Cumont, Jacques d'Arlot de Frugie ; — réunion demandée par M. de Paty du Rayet des trois paroisses de Rayet, de Monseyron et de Saint-Grégoire en la juridiction de Villeréal, afin d'en former une seule terre avec l'érection en baronnie ; par le comte de La Vauguyon des justices de Tonneins-Dessous, Grateloup et Villeton en Agenais, avec le titre de comté de Carency, « afin de conserver à sa postérité le titre de la terre de ce même nom, située en Artois, entrée dans sa famille par le mariage d'Isabeau de Bourbon-Carency, sa trisaïeule, et depuis vendue forcément pour le payement de dettes contractées au service des Rois. » — Par le comte de Ségur Cabanac, de la justice de Villagrain ; — par le président de Montesquieu de partie de Saint-Morillon à la terre de La Brède (le placet manque), — par le seigneur Pelet-d'Anglade, conseiller au parlement, de paroisses dont il est seigneur foncier, avec le titre de comté de Gontaut, puis de vicomté de Pelet ; propositions qui n'ont point été admises et desquelles on ne voit pas la fin ; par le sieur de Montalier-Grissac, le seigneur de La Vie, le duc de Noailles et le seigneur de Béraud en réunion de justices ou érection de terres.

C. 2370. (Portefeuille.) — 132 pièces.

1727-1729. — Domaine. — Correspondance de l'intendance avec les ministres relative à l'application par les directeurs du domaine des droits de contrôle et de sceau ; — affaires diverses : le sieur de Pommiers, seigneur d'Agassac ; — le sieur Brun, de Casteljaloux, les Ursulines de Périgueux, les notaires de Bordeaux, pour se maintenir dans l'usage de signer des billets à ordre au nom des artisans et petits marchands qui ne savent écrire, les seigneurs de la généralité, pour conserver celui de mettre des quittances sous seing-privé de lods et ventes au pied des contrats, sans être en contravention à l'édit du contrôle, — le sieur Tarneau, sur le testament de Marianne de Launay, sa femme, — les procureurs au sénéchal et les procureurs au parlement mutinés contre la perception des droits de contrôle et de petit sceau, les villes et communautés de la province au sujet du droit perçu sur les procès-verbaux de nomination de leurs officiers ; observations de l'intendant sur l'application de ce droit tant dans les deux élections de taille réelle, Agen et Condom, dans lesquels tout est ville et communauté, et partout des consuls et des hôtels de ville, que dans les trois autres de taille personnelle, Bordeaux, Périgueux et Sarlat, où à l'exception de quelques villes qui nomment leurs officiers municipaux, il n'y a nulle part ni maire, ni jurat, ni consul, mais seulement de simples collecteurs qui même depuis 1716 ne sont plus nommés par acte des paroisses ; le tableau des habitants de chacune tenant lieu d'acte ou de nomination ; — les communautés séculières et régulières contre lesquelles le domaine prétend étendre et reculer jusqu'à l'année 1700 les dispositions sur le contrôle de leurs baux, édictées par l'arrêt du Conseil, en date du 27 juillet 1727 ; — l'extension désordonnée donnée aux termes de l'ordonnance par les agents du domaine, l'irritation des juges, du parlement, du clergé, de tous, et le danger « de mettre en combustion la province » selon les expressions de l'intendant Boucher.

C. 2371. (Portefeuille.) — 61 pièces.

1715-1745. — Domaine. Droits de confirmation d'engagement d'îles, terres domaniales, noblesse, etc. — Correspondance des intendants de Courson, Boucher et de

Tourny avec le contrôleur général relativement au payement des droits de confirmation, dont la continuation, en vertu de l'édit de 1708, vient d'être ordonnée par un arrêt de 1715, et la levée vigoureusement poursuivie contre : — la demoiselle Grenier, descendante de Jacques Grenier, anobli en 1659, pour être confirmée dans sa noblesse, 2000 fr., — le sieur de Castelnau, pour une île ; — le marquis de Peyraux pour les engagements des paroisses de Bersac, Badefol et Saint-Nicolas (Dordogne). Le premier président, le procureur général, le président de Gascq, la marquise de Courcillon, la présidente Daugeard, la présidente Lavie, le comte d'Aubeterre, le sieur de Charon, les sieurs de Lage, de Poinsonet, de Lansade, etc. pour les îles, forges, droits de pêche, atterrissements dans la palu de Queyries en face Bordeaux, dans les rivières de Dordogne et Garonne, et dans les paroisses de la généralité, qui est la seule en 1744 où ces restes à recouvrer soient, encore demeurés en souffrance.

C. 2372. (Portefeuille.) — 100 pièces.

1714-1756. — Domaine. — Droit de prélation. — Correspondance ministérielle sur la délégation par le Roi de son droit de prélation dans les terres de son domaine en faveur de : la dame de Pontac, sur trois métairies de la terre de Captieux ; — les habitants de la seigneurie de Captieux, devenus propriétaires en vertu du remboursement fait par eux à l'adjudicataire de la baronnie ; — le sieur d'Alogny, sur quelques parties de biens vendus par son aïeul dans la terre du Puy-Saint-Astier ; — le sieur Bannes de Vicq, pour la paroisse de Pressignac (Dordogne) ; — le sieur de Lagrange-Chancel, sur une portion de droit de pêche vendue par le sieur Bailly de Razac, son parent ; — le président d'Albessard sur la seigneurie de Galapian ; — les sieurs Perroux, de Marandat, de Vielcastel, de la Vernède ; la dame de Gombaut, baronne de Pujels ; le sieur Gaillard de Vaucocour, en Périgord, le comte de Monblanc, les sieurs de Fouillouse et de Cypierre.

C. 2373. (Portefeuille.) — 86 pièces.

1752-1769. — Domaine. — Droit de prélation. — Correspondance des intendants avec le ministère et leurs observations sur les demandes d'abandon par le Roi de son droit de prélation en faveur des pétitionnaires, auxquelles ils sont généralement opposés : — le seigneur Pascault de Poléon, pour la terre de Castelnovel ; — le sieur Fressingues de Miramont, pour le domaine noble de Pecn-Redon, paroisse de Bias en Agenais, à lui adjugé comme appartenant au Roi à titre d'aubaine, par la mort de Martin de Gatière, étranger, à qui l'avait vendu le conseiller de Ruat ; — le sieur Durand de Najac, pour des terres dans la palu de Montferrand ; — le sieur de la Chodésie, pour la terre de Clérans ; — madame la comtesse d'Aydie ; — madame Berryer ; — les sieurs Brethous, acquéreurs de la terre de Castelnau sur M. de Pondenas : « Il est notoire qu'ils ne cessent de faire du bien dans cette terre ; ils ont établi et « pensionné dans leur château un chirurgien pour traiter « gratuitement les pauvres malades des campagnes dont « plusieurs habitent les Landes ; » — le comte de Montazet, pour la terre de Tours en Agenais, limitrophe de la sienne, et que le sieur de Montalembert est en marché de vendre au sieur Carton, bourgeois de Bordeaux ; — le sieur Pourquéry, pour des rentes revendiquées par les parents du vendeur, à titre de retrait lignager ; — rappel dans la correspondance des ministres des principes sur la matière ; respect de la situation acquise par un contrat de bonne foi, préférence en faveur de la famille, avis de favoriser la reconstitution des terres démembrées, etc…

C. 2374. (Portefeuille.) — 32 cahiers.

1770-1773. — Domaine d'occident. — Cahiers de déclaration pour servir à la perception du droit de demi pour cent *ad valorem* des sucres, indigos, cafés, bois et coton venant des îles françaises d'Amérique et arrivant dans le port de Bordeaux ; trente-cinq millions de marchandises par an apportées par 235 navires en moyenne, rendant au domaine annuellement 180,000 livres de droits ; trimestres d'avril et de juillet plus chargés que les autres, et arrivages plus nombreux.

C. 2375. (Portefeuille.) — 18 cahiers et 9 pièces détachées.

1777-1783. — Correspondance de M. Dupré-Saint-Maur, intendant, avec M. Necker, relative à la perception du droit de demi pour cent dans la généralité, dont les trois receveurs de Bordeaux, Bayonne et Libourne auront à envoyer à l'intendance tous les cahiers et registres de leur service depuis 1770 ; à compléter leurs comptes depuis 1776, et à remettre les sommes qu'ils recevront à l'avenir entre les mains des fermiers généraux du domaine. — Cahiers de déclarations pour les années 1776 à 1783. En 1777, le chiffre de perception a baissé à 70,000 livres.

C. 2376. (Portefeuille.) — 93 pièces, 2 plans.

1700-1766. — Domaine. — Magasin des marbres du Roi. — Correspondance des intendants Boucher, Tourny et Boutin avec les ministres : le duc d'Antin, Orry, Lavrillière, d'Argenson et le marquis de Marigny, relative à l'établissement à Bordeaux d'un magasin pour les marbres des Pyrénées, dont le Roi s'est réservé l'exploitation ; — à la nomination des contrôleurs et directeurs des transports, des carrières à Bordeaux et de Bordeaux à Rouen ; — à l'acquisition par Gabriel, architecte du Roi, du terrain nécessaire à l'emplacement du dépôt : il est sur les possessions de l'église Sainte-Colombe ; — au dévasement de quarante-trois gros blocs de marbre, et de plusieurs colonnes, en 1756, trouvés sous l'eau entre la cale Sainte-Croix et celle de la Monnaie ; — à la saisie pour défaut de payement des droits de la ferme de douze caisses de marbres de Grasse (Alpes-Maritimes), destinées par le Roi à l'impératrice de Russie, à l'adresse de M. Rinaldi, architecte de cette princesse ; — à la vente au profit du domaine tant de marbres qui vienne restés sur les plate-formes des carrières des Pyrénées que de ceux des magasins de Toulouse et de Paris, avec défense aux particuliers et aux villes d'acheter ou de vendre pendant ce temps d'autre marbre, quel qu'il puisse être : les marbres destinés à l'embellissement de la place de Bordeaux (place Royale) étant seuls exceptés. — Mention de l'envoi par le marquis de Marigny du sieur Lucas, fontainier, pour les neuf fontaines que la ville se propose d'établir sur un plan monumental. — Plan du quai de la Manufacture.

C. 2377. (Portefeuille.) — 107 pièces.

1722-1727. — Fermes générales du domaine. — Correspondance de M. Boucher, intendant, avec les ministres Dodun, de Morville, de Gaumont et Le Peletier concernant les fermes générales. — Brèches aux murailles et échoppes qui bordent la rivière depuis le pont de la Manufacture jusqu'à la porte du Chapeau-Rouge et favorisent l'entrée en fraude ; procès-verbal de l'état des lieux, jours, brèches, réparations à faire tant du côté de la rivière qu'à toute l'enceinte de la ville : le Chapeau-Rouge, Portes des Paux, du Caillau, du Pont-Saint-Jean, du Portault, des Salinières, de la Grave, de Sainte-Croix, de Saint-Julien, de Sainte-Eulalie, d'Albret, Dijaux, Dauphine, Saint-Germain, jusqu'au château Trompette ; — vaines injonctions du ministère et de l'intendance sur l'exécution des travaux ordonnés. — Recherche et poursuite des faux-sauniers dans la terre du seigneur d'Arès, au marais de Soulac. — Arrivée à Bordeaux du premier vaisseau russe qui soit encore venu en France ; à la demande du prince Kourakine, ambassadeur moscovite à Paris, et sur la proposition de l'intendant Boucher, ce navire est exempté de moitié des droits des fermes à l'entrée et à la sortie : « Il doit être chargé « des vins de tous les différents crus de cette province, le « czar voulant éprouver ceux qui se conserveront le mieux « dans le transport » (23 février 1725). — Proposition du ministre combattue par l'intendant et la chambre de commerce de ramener aux taux uniforme de 3 0/0 le droit de grande coutume qui est dû à l'entrée à Bordeaux à raison de 5 0/0 pour les étrangers et de 2 1/2 pour les Français et régnicoles, sur ce que les courtiers faisant de fausses déclarations, il n'y a presque pas de droits perçus sur les navires étrangers ; la chambre représente au contraire que l'insuffisance de perception sur eux vient de ce que le Roi a assimilé les Hollandais et les Villes Hanséatiques aux sujets français pour la grande coutume, et que toutes les marchandises qui viennent d'Angleterre étant prohibées, il est certain qu'il n'y a presque pas de commerce étranger à Bordeaux ; d'où le chiffre dérisoire du droit perçu ; mais ce n'est pas une raison pour imposer le commerce national de plus de 50,000 livres par l'augmentation du demi pour cent proposé.

C. 2378. (Portefeuille.) — 114 pièces, papier, 2 parchemins.

1728-1733. — Fermes générales. — Correspondance de Boucher, intendant de Bordeaux, avec les ministres, concernant : — la reddition de compte du receveur du domaine d'Occident relativement au commerce des îles françaises ; la restitution à des cordeliers d'Espagne traversant la France pour aller à Rome solliciter la canonisation d'un saint de leur ordre, des sommes que le bureau des fermes leur a fait consigner pour le transit de piastres, chaînes et tabatières d'or qui leur ont été données par aumône ; — l'unification du tarif à tous les bureaux de passage du bois merrain descendant du pays de Bigorre, Béarn et Armagnac pour fabriquer les barriques ; — l'égalité de droits à payer par les poivres de la compagnie des Indes, sur lesquels la ville percevait une imposition spéciale de 3 sols par livre, et ceux de Hollande exempts ; — la fraude du tabac et du sel ; — la prévarication de quelques employés ; — l'application exagérée du privilège des villes de la généralité de ne permettre l'entrée d'autre vin que le leur ou celui du pays, à peine de confiscation et amende ; affaire de la ville de Libourne contre le sieur Ducheyron, receveur des fermes, au sujet de l'introduction d'une barrique de vin de Domme, venant du haut pays.

C. 2379. (Portefeuille.) — 98 pièces.

1734-1743. — Correspondance de l'intendant et du contrôleur général sur les fraudes du sel au port de Libourne ; mesures prises, mémoires et états produits.—Saisie comme étain d'Angleterre, prohibé en France en ce moment, d'objets fabriqués en étain de Siam, venant par navires hollandais de la compagnie des Indes orientales ; cet étain admis sans payer droits lorsqu'il est revêtu de la marque de provenance. — Débarquements frauduleux de ballots de tabac sur la côte de la Teste. — Usage des officiers de l'état-major et de plusieurs fonctionnaires de faire venir à Bordeaux, quitte de droits d'entrée, du vin de Domme, du haut pays (Dordogne), pour leur consommation annuelle. — Défense aux fermiers de la marque des fers de percevoir aucun droit sur les ouvrages de quincaillerie fabriqués dans les provinces où les droits n'ont pas cours et qui entreront dans le pays de la ferme ; — opposition de l'intendant à l'exécution d'une saisie des fermiers du sucre sur une partie de cargaison qu'un capitaine, forcé de relâcher à Pontevedre en Galice, aurait débarquée et vendue pour conserver le vaisseau et donner des vivres à l'équipage ; question de savoir si le droit était dû au départ ou à l'arrivée. — Dispositions nouvelles sur le chargement pour Hambourg des marchandises des îles françaises, qu'on envoie toutes à destination de ce port afin d'éviter, n'y ayant pas de consul, la déclaration de déchargement imposée que les consuls font donner et exécuter ailleurs ; c'est pourquoi tout le commerce bordelais a l'air de charger pour Hambourg. — Maintien de l'exemption de la traite foraine en faveur de l'Armagnac et du pays Breuilhois considérés à tort par la ferme comme dépendant du Languedoc, malgré l'édit de 1727 ; requête des fabricants d'étoffes de la ville d'Agen ; mention que les registres du bureau des fermes antérieurs à l'année 1734 ont été envoyés à l'hôtel des Fermes, à Paris.

C. 2380. (Portefeuille.) — 115 pièces, papier, 1 parchemin.

1742-1753. — Correspondance de M. de Tourny avec les ministres MM. de Machault et Trudaine, concernant les fermes du Roi. — Défense de faire venir de l'étranger du salicor ou cendre de varech, celui qui se recueille en Normandie suffisant pour en fournir les verreries de Normandie et de Guienne ; — ordonnance de l'intendant mettant définittvement à la charge du marchand les frais de pesage de ses marchandises par les agents de la ferme pour l'acquittement des droits ; — saisie, pour 59 sous de charbon et d'acier, de la marchandise et du cheval porteur ; — saisie, dans le château Trompette, de tabac en fraude, qui occasionne presque un soulèvement de la garnison ; — saisie, dans les maisons des juifs, de différents ballots de tabac en fraude, malgré la précaution qu'ils ont tous d'avoir chacun de doubles portes ferrées, dont on leur a déjà fait abattre cependant quelques-unes ; leur syndic est le sieur Raphaël Mendès ; — plainte des sieurs Bethmann et Imbert, dont le second est Français, né à Bordeaux ; le premier est né à Francfort-sur-le-Mein, ville qui prétend jouir du bénéfice des régnicoles, comme les villes hanséatiques, tous les deux ayant passé par la charge de trésoriers de l'Hôpital, ladite plainte basée sur ce que le bureau des Fermes leur fait payer, pour leur commerce, les droits d'étranger, par le motif que le Français associé avec Bethmann perd son droit de Français pendant la durée de l'association, et que ni le mariage de l'autre associé avec une Française, ni sa fonction de trésorier de l'Hôpital, ni sa naissance dans une ville alliée, mais non assimilée aux régnicoles, ne peuvent, en l'absence de la naturalisation, lui procurer la qualité de Français ; — remise de droits indûment perçus sur des navires hollandais et prussiens apportant des grains en France ; — conséquence d'une rivalité d'attribution entre la Cour des Aides et le président des traites Foraines de la Guienne, à Bordeaux : tout négociant a le droit de faire embarquer, sans congé ni permission, même pendant la nuit, ses vins et eaux-de-vie ; par transaction, cette autorisation est restreinte ensuite au jour seulement ; — intervention de tout le commerce au procès dressé par les Fermes à deux négociants, sur la nécessité absolue d'admettre un déchet de 15 à 16 p. 100 entre le départ et l'arrivée à destination des vins du Languedoc et du haut pays qui doivent aller aux Îles françaises ; tentative de fixation d'un déchet légal, — intercession de M. de Tourny en faveur d'un arrimeur coupable de rébellion au fisc, condamné à l'amende qu'il ne peut pas payer en s'exténuant de travail ; — mémoire des fermiers généraux en réponse à des propositions de remise d'amende faites par l'intendant au sujet de la saisie de quelque mercerie venant d'Angleterre, sans relâche forcée et sans justification, à Bordeaux. « On donne souvent trop d'étendue au prin-
« cipe de la liberté du commerce, et plus à Bordeaux que
« partout ailleurs ; malheureusement nous ne sommes pas
« jugés sur ces mêmes principes dans les pays étrangers,
« et notamment en Angleterre, où l'on exerce les plus
« grandes rigueurs contre les marchandtses françaises,
« même et surtout depuis la paix. »

C. 2381. (Portefeuille.) — 115 pièces.

1752-1757. — Correspondance de M. de Tourny avec le ministère au sujet des Fermes royales ; — longue procédure contre un sieur Duforest, courtier d'assurances à Bordeaux, accusé de faire la contrebande du tabac ; — saisies diverses, sur navires danois et hollandais, de marchandises prohibées, entre autres de toiles peintes, dont la contrebande a rempli la généralité au commencement de l'année 1754 ; — refus du contrôleur général d'accepter la proposition de quelques négociants d'abandonner au profit des hôpitaux de Bordeaux les marchandises dont l'entrée est prohibée, et qu'on saisit sur eux, comme étant de leur part un expédient assuré tant pour éviter l'amende que pour faire passer la marchandise à l'acquéreur en empruntant le nom de l'hôpital ; — état de ce que paie un boisseau de fèves à la sortie de Bordeaux pour les pays étrangers : convoi, comptablie, contrôle, courtage, 4 sols pour livre, 2 sols pour livre de la Ville, sol pour livre aliéné : 8 sols, 6 deniers ; — mésintelligence entre les négociants, soutenus par la Chambre de commerce et les jurats, et le directeur des Fermes de la Ville ; insulte publique au théâtre, refus de la municipalité de trouver les coupables ; emprisonnement à la citadelle de Blaye de trois des principaux, après quoi une députation de la Chambre ayant donné, par une visite, satisfaction au directeur, les prisonniers sont élargis.

C. 2382. (Portefeuille.) — 128 pièces.

1759-1776. — Correspondance des intendants, MM de Tourny, Boutin, Fargès et de Clugny, avec MM. les ministres d'Argenson, de Choiseul, Trudaine, de l'Averdy et de Séchelles, concernant diverses instances intentées par l'adjudicataire général des Fermes, à raison de saisies de marchandises prohibées ou non, faites sur le commerce de Bordeaux et même sur des particuliers non commerçants : difficulté de ménager le droit de la Ferme et les priviléges des uns et des autres ; les commis vont jusqu'à saisir dans les maisons privées, dans des armoires fermées, des pièces d'étoffe étrangère ; opposition des intendants à ces excès ; — priviléges du Nébouzan pour a liberté du commerce du sel ; — saisies d'indiennes, etc. ; — projet d'organisation de troupes des Fermes générales afin d'être en force contre les bandes équipées et armées des contrebandiers dont le point de ralliement paraît être l'Auvergne, et qui, sous le nom de « Mandrins », descendent par fractions de 80 à 120 hommes à Sarlat, Ville-neuve, Agen, etc., pénétrant dans les villes, plaçant des sentinelles aux portes, débitant le tabac de contrebande à 30, 40 et 50 sols la livre, sans faire aucun mal aux habitants, pas même aux entreposeurs qu'ils font prévenir de ne pas s'opposer à leur débit, et opérant, le fusil levé, ouvertement au grand jour, même annonçant leur marche à l'avance.

C. 2383. (Portefeuille.) — 49 pièces.

1758-1779. — Correspondance de l'intendant avec le ministre, concernant les droits d'entrée et de sortie des épices, la vente des prises et leur soumission aux droits de la Ferme, la régie des droits sur les vins et eaux-de-vie, à Bordeaux ; le service des employés sur la rivière de Garonne et sur les quais ; — arrêts du conseil, instructions, état et tenue des registres des commis à la Recette générale.

C. 2384. (Carton.) — 104 pièces. — sceau.

1674-1751. — Fermes du Roi : Jugement des intendants : J. Martinon, ancien fermier général du « convoi et comptablie » de Bordeaux, contre J. Dudon, ancien caissier de la Ferme ; — Claude Durier, fermier général des poudres et salpêtres de France, contre Poncet, accusé d'avoir vendu de fausse poudre et fait faire de fausses empreintes ; informations secrètes, mémoires contradictoires ; preuve que la poudre saisie ne sort d'aucune fabrique royale, ni de Saint-Médard-en-Jalles, ni de Limoges, ni de Toulouse ; — Saybois, fermier des domaines, contre des bateliers de la rivière de l'Isle, au sujet de la pêche sans permission ; ceux-ci soutiennent que de Coutras à Libourne, l'Isle n'est pas du domaine, ses bords appartenant, à droite, au duc de Fronsac, à gauche au duc de Bouillon ; et quant à la rivière de Dordogne, de Libourne au port de Vayres, elle serait possédée non par le domaine, mais par les seigneurs de Fronsac et de Gourgues, dans la mouvance et dépendance desquels sont les terres de Savignac et de Laubardemont, où le procès-verbal leur a été dressé, condamnés néanmoins en vertu de l'ordonnance générale de 1669 ; — affaire Duforest, courtier d'assurances, rébellion, inscription de faux. (Sans suite.)

C. 2385. (Carton.) — 88 pièces, papier, 9 parchemin.

1751-1755. — Fermes : Affaire Duforest, prévenu de fraude sur le tabac ; du sieur Bris, prévenu de vente

SÉRIE C. — FINANCES DE LA GÉNÉRALITÉ DE BORDEAUX.

frauduleuse de café; éclaircissements demandés par l'intendant ; — l'adjudicataire explique la raison qui fait tenir bons en justice jusqu'à inscription de faux les procès-verbaux faits par un seul employé; c'est qu'on ne trouverait jamais aucun témoin dans les affaires de saisie ou de fraude ; — interprétations différentes d'un arrêt de 1726 ordonnant, pour dégager les magasins de douanes, de vendre après deux ans au profit de l'adjudicataire les marchandises non retirées ; encombrement des magasins en 1746 à cause de la guerre qui forçait les vaisseaux des marchands de venir en flotte, et les armateurs d'entasser pêle-mêle leurs cafés et autres denrées ; à cause de quoi lors du transfèrement de l'entrepôt du Chapeau-Rouge à l'ancienne Bourse, la partie de cafés en litige se serait trouvée comme abandonnée et perdue.

C. 2386. (Carton.) — 104 pièces, papier, 2 parchemin.

1776-1785. — Fermes : Correspondance de MM. Dupré-Saint-Maur et de Néville, intendants, avec MM. les ministres de Sartines, Jolly de Fleury, de Colonia et de Calonne, concernant le produit des droits de délestage perçus sur les bâtiments étrangers et français ; — un arrêt du conseil autorisant la délibération de la Chambre du commerce de Bordeaux portant offre et don à Sa Majesté, de la somme de quinze cent mille livres pour un vaisseau de 110 canons, qui sera appelé le *Commerce de Bordeaux*, et de cent mille livres pour les veuves et orphelins des gens de mer de ce pays ; — les droits sur les fils de lin et de chanvre et les rubans, etc. ; — navires entrés dans le port de Bordeaux d'avril à juillet 1776, selon l'état de délestage, 105 ; — mémoire des paroisses de Montguilhem, Toulouse, Lias, Aizieu et Larée en l'élection de Condom, représentées par leur syndic général, J. d'Airie de la Coste, seigneur de Sauvanières, contre l'adjudicataire des Fermes, qui prétend les soumettre aux droits dits de la patente, en traite foraine et domaniale, comme étant lisière et limitrophe du Languedoc, où ce ce genre d'imposition est perçu ; observations de ces communes, établissant d'abord qu'elles sont de la généralité de Bordeaux, exemptée contre finance de la traite foraine par l'édit de 1554 de la domaniale par l'édit de 1582, et premièrement par le traité de reddition de la Guienne en 1451 ; et ensuite qu'on les doit traiter aussi justement dans la même cause qu'on a fait pour les sénéchaussées d'Agenais, Rouergue, Quercy et Armagnac en 1609 et 1725, qui bien qu'actuellement du ressort du Parlement de Toulouse et dans les *généralités* d'Auch et de Montauban, n'ont eu besoin de prouver que leur démembrement de l'ancienne généralité de Guienne pour être reconnus exempts, en conformité des édits, des droits de circulation sur les denrées appelés « Patente du Languedoc », ou traite foraine et domaniale ; — arrêt du conseil qui déclare suspensifs les appels interjetés par l'adjudicataire des Fermes, d'ordonnances ou jugements des intendants portant main-levée de saisie en matière de marchandises prohibées.

C. 2387. (Carton.) — 105 pièces.

1785-1786. — Fermes : Correspondance de l'intendant avec le ministre sur le renouvellement des anciennes défenses d'introduire aucune toile de coton et mousseline venant de l'étranger, autres que celles de l'Inde apportées par le commerce national et d'exporter à l'étranger les cendres, salins et potasses, et verre cassé ; — saisies diverses.

C. 2388. (Carton.) — 105 pièces.

1786-1787. — Fermes : Minutes d'ordonnances de l'intendant sur des saisies faites par la direction des Fermes ; — affaire de la translation de l'entrepôt des marchandises prohibées destinées pour le commerce de Guinée : Gouteyron contre Crozillac ; lettres de la Chambre de commerce ; — projet des fermiers généraux d'établir un poste au Bec-d'Ambès afin de surveiller la fraude sur les deux rivières : on l'aurait placé au lieu dit « Barbe de Squire ».

C. 2389. (Carton.) — 101 pièces.

1787-1788. — Fermes : Correspondance de M. de Néville, intendant, avec les ministres relativement à des saisies de coton, tabac, étoffes, quincaillerie étrangère ; — arrêt du conseil qui excepte de l'entrepôt, accordé par l'arrêt du conseil du 29 décembre 1787 aux productions et marchandises des Etats-Unis, la morue provenant de leurs pêches, afin de ne pas nuire à la pêche française.

C. 2390. (Carton.) — 117 pièces.

1749. — Fermes : Saisies. Requêtes à l'intendant en main-levée de saisie, formées par les particuliers, marchands et marins ; — interprétation du traité de commerce avec l'Angleterre, du 15 janvier 1787, sur les articles composés de fer ou d'acier, les cotonnades manufacturées dans les deux pays, etc. ; — désignation des ports de France ouverts, en vertu du traité, aux marchandises d'Angleterre ; — requête à l'intendant, accompagnée de copie de mémoires divers sur la demande des habitants de Bergerac de voir proroger la suspension des droits de transit prononcée par l'arrêt du conseil de 1786, en attendant, selon l'espoir que le Roi en avait donné, la suppression générale de tous droits de circulation à l'intérieur du royaume (20 novembre 1789).

C. 2391. (Portefeuille.) — 143 pièces.

1698-1767. — Fermes de la ville de Bordeaux : Correspondance des intendants Boucher, Tourny et Fargès avec le ministre sur les Fermes et Octrois de la ville de Bordeaux, leurs baux et enchères, les soumissions des particuliers, les états de produits et dépenses, etc. ; — état en 1698 des sous-fermes et revenus de la ville : pied fourché ou grande boucherie ; échats, ou droit sur la vente au détail des vins par bourgeois ou cabaretiers ; poisson salé ; barres de la clie du marché, volaille, herbes, gibier, dont le droit s'appelle « Bigueyrieu » (un coq, en gascon, se nomme « biguey ») ; kas, ou charriots landais qui amènent le goudron et la résine ; grande et petite marque du vin descendant du haut pays ; droit du Toulousan ou d'emballage et déballage des tonneaux, et poissons venant de Buch ; mesurage des blés au pont Saint-Jean ; Ferme de l'hôpital d'Arnaud Guiraud ; Ferme du bois vendu sur la rivière ; taxe des boucheries suburbaines de la Bastide, Lormont, Bègles, Talence, Pessac, Bruges et Eyzines ; revenus et autres droits divers ; — état des produits des droits sur les grains de 1731 à 1739, la moyenne annuelle est de 126,000 livres ; — tableau statistique pour les années 1740 à 1745 d'arrivée ou de consommation dans la ville, par an : 50,000 barriques de vin, débitées en tavernes, 4,000 bœufs, 2,000 veaux, 25,000 moutons, 6,000 barriques de sardines, 3,000 de harengs, 10,000 kas de gemme, goudron, térébenthine et résine, 4,000 kas de charbon ; — état des grains consommés à Bordeaux en 1749 : froment, importé par mer, 248,000 boisseaux, venant du haut pays, 171,000 ; seigle, par mer, 94,000, du haut pays, 52,000 ; fèves, par mer, 8,400, du haut pays, 2,500 ; total de tous les grains consommés, 625,000 boisseaux, au poids de 114 livres ; — adjudication des Fermes de la ville en 1739, quatre cent quatre-vingt mille livres par an ; — lettres de M. de Ségur, sous-maire de Bordeaux, de M. Boucher, intendant, et de M. le contrôleur général, relativement à l'évaluation des offices de receveurs et contrôleurs des octrois, l'octroi des maisons démolies,

droit créé afin d'indemniser les propriétaires de maisons prises pour former l'esplanade du château Trompette, la prorogation du bail de l'adjudicataire des Fermes de la ville en échange de sa proposition d'avancer 200,000 livres pour le prix de la statue équestre du Roi Louis XV qui doit être posée sur le port dans la place que l'on doit construire (1730), les grandes dépenses de la place Royale, l'insuccès de la fonte de la statue, et l'examen de détail de quelques articles du budget de la ville en ce qui regarde les Fermes.

C. 2392. (Portefeuille.) — 122 pièces.

1695-1760. — Fermes de la ville de Bordeaux. — Correspondance des intendants avec la Cour ; arrêts imprimés du conseil, autorisant la vente du vin par les cabaretiers, en tout temps, même les fêtes et dimanches, excepté pendant l'office divin (1695) ; confirmation en 1714 et en 1724 ; discussion sur la ferme des échats, ou du vin vendu en taverne, tant bourgeois que cabaretier ; exercice dans les sauvetats des églises et chapitres, notamment dans la sauvetat de Saint-André (1749) ; réclamation des directeurs généraux des fermes contre l'établissement à Bordeaux d'une brasserie de bière, sur ce que dans un pays vignoble la bière est superflue ; opposition des fermiers à la faculté obtenue de tout temps par les jurats de faire les adjudications des fermes en l'hôtel de ville, dont le résultat est que ce sont toujours les bourgeois de Bordeaux qui se trouvent déclarés adjudicataires ; — restitution demandée aux fermiers de la ville d'une somme de 6,160 francs par le sieur Petiot de la Richardière, sur des morues qu'il a fait pêcher au Canada, à l'île Royale, comme créateur de ce commerce à Bordeaux ; mémoire complet sur la matière.

C. 2393. (Portefeuille.) — 92 pièces.

1716-1760. — Fermes de la ville de Bordeaux. — Confirmation de la juridiction attribuée par l'arrêt du conseil de 1712 à l'intendant sur les procès entre les particuliers et la ferme des échats ; application et commencements de l'exercice dans les caves et chais des cabaretiers ; — discussion entre les fermiers de l'octroi et le munitionnaire général pour raison des droits sur les grains destinés à la Provence ; mémoires divers, requêtes et règlements.

C. 2394. (Portefeuille.) — 103 pièces.

1704-1777. — Correspondance de MM. Boucher, de Tourny et Boutin, intendants, avec la Cour, concernant les

SÉRIE C. — FINANCES DE LA GÉNÉRALITÉ DE BORDEAUX. 381

fermes de la ville de Bordeaux. — Consommation journalière de la viande échappant pour les trois cinquièmes aux droits du fermier ; mémoires et requêtes, lettres des jurats, et connaissance des contestations attribuées à l'intendant, sur la demande de la ferme. — Concurrence pour la vente en détail des vins des bourgeois et de ceux des autres habitants non bourgeois, poursuivie par le parlement et la jurade, sou tenue par la population, l'intendance et les fermiers ; — baux imprimés des principales fermes.

C. 2395. (Portefeuille.) — 103 pièces.

1743-1749. — Bureau de la comptablie à Bordeaux. — États adressés à l'intendance des marchandises étrangères, entrées et sorties, passant au bureau de la comptablie et convoi de Bordeaux. — États des marchandises venues des îles françaises ou y allant : noms des navires, des capitaines ; tonnage, détail du chargement. — Angleterre : une tapisserie d'Aubusson (1749) du prix de 1,000 livres ; une tenture de 700 livres ; charbon de terre importé (1743) ; — Hollande, Hambourg, Lubeck, Brême, Dantzig, Danemark, Prusse (1743), Russie (1744) ; c'est la Hollande qui a le plus d'entrées de toutes sortes (1747, allumettes soufrées), — marbres de Suède et de Danemark, — merrain et amidon de Prusse. — Exportation de vins ; ceux du haut pays paraissent en regard des vins de ville dans la proportion de un à trente.

C. 2396. (Portefeuille.) — 95 pièces.

1744-1767. — Douanes. — Plaintes du sieur Forceville, adjudicataire des fermes, présentées devant l'intendant contre des commis au bureau des douanes et un courtier de la ville, pour faux enregistrements et enlèvement de soumissions insérées dans les registres. — Procédure administrative au sujet d'un déchargement de marchandises regardé comme clandestin par l'adjudicataire.

C. 2397. (Portefeuille.) — 36 pièces.

1747-1749. — Douanes. — Correspondance de M. de Tourny avec les ministres Machault et de Maurepas, concernant un procès entre l'adjudicataire général des fermes et le sieur Christobal de Robillac, capitaine du navire espagnol la *N. D. de la Barque*, de Bilbao, saisi et visité, au mépris des priviléges de la nation espagnole, qui portent exemption de la visite, dans les ports de France, de ous les bâtiments de l'Espagne, et réciproquement.

C. 2398. (Portefeuille.) — 66 pièces.

1739-1752. — Droits maritimes. — Correspondance des intendants Boucher et Tourny avec la cour, relative à la lenteur et la difficulté d'exécution dans la généralité, et particulièrement dans le Médoc et le pays de Born, d'un arrêt du conseil en date du 21 août 1739, établissant une commission extraordinaire pour y faire la représentation de tous les titres des seigneurs riverains, communautés et particuliers, à la perception des droits en nature ou en deniers sur tous les ports, havres, rades et rivages le long des côtes de la mer, dans toute l'étendue du royaume. — Rappel par l'intendant de ce qu'il y a eu de lenteur et de mauvais vouloir lorsqu'on a voulu se rendre compte du nombre et de la valeur des droits de péages par terre ou par eau. — Arrêt de janvier 1752 rappelant le remplacement de la commission extraordinaire en 1747 par les officiers de l'amirauté de France, à la Table de Marbre, et remplaçant ce dernier tribunal, vu des questions de procédure, par celui des commissaires députés, pour juger les contestations dans lesquelles la Compagnie des Indes est partie.

C. 2399. (Portefeuille.) — 111 pièces.

1732-1734. — Droits d'entrée et de sortie. — Correspondance de M. Boucher avec le ministère sur la publication d'arrêts du conseil relatifs : à l'exemption pendant un an de tout péage intérieur entre les provinces des cinq grosses fermes et les provinces réputées étrangères, sur les grains de toute nature ; — à l'approvisionnement du bas Dauphiné ; — au renouvellement pour six ans de l'exemption des droits sur les huiles de baleine, morue et poissons pêchés à l'île Royale, et amenés en France par bâtiments français ; — à la modération des droits d'entrée sur les aiguilles, les plumes d'autruche, les beurres étrangers, et la continuation de l'exemption totale sur les lards, bœufs salés, suifs, introduits par négociants français faisant le commerce des colonies françaises ; — à la sortie des chapeaux de castor et des couvertures de laine qui se fabriquent à Montpellier.

C. 2400. (Portefeuille.) — 102 pièces.

1735-1768. — Droits d'entrée et de sortie. — Lettres d'envoi, de réception et de publication d'arrêt du conseil sur toutes les matières du commerce intérieur et extérieur, prohibitions, exemptions annuelles et renouvelables, exemptions définitives, création de la ferme des cuirs.

C. 2401. (Portefeuille.) — 129 pièces, 4 plans.

1612-1739. — Officiers du bureau des finances, trésoriers de France à Bordeaux. — Correspondance de MM. de Courson et Boucher, intendants, avec MM. les ministres de la Vrillière, d'Argenson, d'Ormesson, Dodun, d'Armenonville, de Gaumont, Le Peletier et La Houssaye, concernant les droits et prérogatives, rang, réception et provisions des trésoriers de France; leur juridiction en fait de voirie, leurs démêlés avec les autres compagnies, la prétention des notaires, en vertu de l'édit de 1520, d'inventorier à l'exclusion des trésoriers les biens des aubains, bâtards et successions en déshérence; le règlement intérieur du bureau (1660) pour les affaires de la voirie, du domaine et des finances; les précédents relatifs au corps tirés par extraits du Recueil des ordonnances du Louvre, dès l'année 1355; les arrêts, déclarations et édits rendus pour déterminer les droits et devoirs des trésoriers sur toutes les parties de leur office, l'opposition du bureau à la réception de quelques officiers du domaine, ou des finances, etc...

C. 2402. (Portefeuille.) — 111 pièces, 4 plans.

1740-1751. — Correspondance des intendants avec la Cour relative aux affaires des trésoriers de France. — Règlement des droits prétendus par le bureau pour l'installation, réception, serment, provisions des officiers qui sont tenus d'aller devant lui. — Extrait imprimé des édits, servant à prouver la prétention des trésoriers de France des provinces, d'être du corps des compagnies supérieures, particulièrement des chambres des comptes et cours des aides. — Extrait de l'arrêt du conseil du 12 février 1704, interdisant au bureau de nommer des voies, et faire de son autorité des chemins particuliers aux dépens des propriétaires des héritages riverains et des villes, son droit se bornant à obliger les riverains des chemins à les rétablir, restituer et entretenir par le curage des fossés. — Mémoire de la ville de Périgueux contre l'usurpation de sa voirie par le bureau des finances, où sont rappelés les avis des jurisconsultes en faveur des seigneurs haut justiciers, les articles en faveur de l'édit de création de la charge de grand voyer, et de celui de réunion de cette charge aux bureaux des finances, les exemples, dans Paris même, du chapitre de l'abbaye de Saint-Germain-des-Prés, des chanoines de Sainte-Geneviève, du prieuré de Saint-Martin-des-Champs, tous en possession de la voirie sur leurs territoires; et dans les provinces, du chapitre de Chartres, des chanoines comtes de Lyon, de la ville de Toulouse, maintenus dans les mêmes droits par une foule d'arrêts du conseil; la ville de Périgueux se déclare de même en possession de la haute justice, par conséquent de la voirie dans la cité, banlieue et faubourgs, par succession aux droits du comte de Périgord, à elle cédés pour partie en 1232 et 1286, et attribués ensuite en totalité par un arrêt de 1399, en indemnité d'une somme de 30,000 livres à laquelle le comte avait été condamné envers la commune. — Arrêt contradictoire du conseil qui déboute la ville de Périgueux, et ordonne, en exécution des règlements, que la voirie y appartiendra au bureau des finances. — Mémoires respectifs des trésoriers, des jurats, de l'hôpital général, du procureur du roi près le bureau, lettres de l'intendant, des ministres et du contrôleur-général, plans des lieux et procès-verbaux de situation, intervention du parlement contre l'intendance et le bureau, et arrêts du conseil, relativement à une ordonnance des trésoriers qui réduisait à Bordeaux la longueur des auvents des boucheries du grand marché, et des marchands de grains dans la rue du Pont-Saint-Jean, dont au moins les auvents de boucheries encombraient et interceptaient les rues et passages par une extension non justifiée de la propriété privée sur la voie publique; rappel des arrêts qui fixent la compétence des trésoriers, et ôtent aux parlements le droit de prendre connaissance des appels, qui sont attribués au conseil du Roi. — Copie certifiée du procès-verbal de pose et d'inauguration de la statue équestre du roi Louis XV sur la place Royale, à Bordeaux.

C. 2403. (Portefeuille.) — 114 pièces et 1 plan.

1704-1777. — Correspondance des intendants Boucher, Tourny et Boutin avec la Cour, et de M. de Tourny avec le procureur du Roi Commarieu, procureur au bureau des finances, auteur de bonnes ordonnances sur la voirie de la ville de Bordeaux. — Réparation du chemin royal de Cadaujac à Léognan et Carbonnieux, ordonnée par corvées par le bureau, autorisée par l'intendant, défendue par la cour comme excédant dans la forme le droit d'un bureau des finances, qui ne peut jamais établir de contribution en argent, même volontaire. — Chemin du port de Hourtins, conduisant de Martillac à la Garonne. — Ordonnance de M. de Tourny prêtant main-forte au bureau pour l'exécution des règlements sur une maison à Sarlat (Dordogne) menaçant ruine, que son propriétaire refusait de faire réparer; — affaire du bureau contre le chapitre, au sujet de la petite place Saint-André, dont le dépavement avait été ordonné sans enquête. — Suppression des auvents de boucherie, et leur réduction à 3 pieds et demi de saillie; exception demandée par les marchands de blé pour leurs auvents du pont Saint-Jean; opposition des jurats. — Projets d'alignement de la rue Leytère, de déplacement pour partie de la rue Trésorerie; ligne projetée de la porte Médoc à la porte Saint-Julien; suppression projetée des *andronnes* (carrefours entre plusieurs rues), et rejetée par la cour sur ce qu'elles ne concernent pas la voirie, devant être regardées non comme voie publique, mais comme vacant appartenant par moitié à chacun des voisins; réforme poursuivie des maisons en bois dont les premiers étages saillissent sur la rue; annonce d'un plan exact de la ville qui sera dressé aux frais du bureau (1749); ordonnance des trésoriers chargeant les commissaires des alignements de dresser, au fur et à mesure, des procès-verbaux de l'état actuel des rues; lettre en minute de Tourny aux trésoriers sur le mauvais état du pavage; dilapidation du lest venant de Bretagne, qui devrait continuer d'être affecté, pour la dureté des cailloux, au pavé de la ville, explications des urats, et transaction en forme de règlement, en présence de l'intendant; — réponse du procureur du roi Commarieu au mémoire des jurats de Périgueux sur leur droit exclusif de voirie, comme hauts justiciers. — Réparation au « chemin Bordelais » qui va de Paulliac à Saint-Julien, etc...

C. 2404. (Portefeuille.) — 104 pièces et 8 plans.

1751-1779. — Correspondance des intendants avec la Cour sur les trésoriers de France. — Enquête sanitaire faite par les jurats accompagnés de médecins et chirurgiens, sur le danger pour la santé publique de la réduction des auvents de boucherie à la mesure arrêtée par le bureau, renseignements sur l'emplacement et la disposition des différents marchés de la ville. — Conflit entre les jurats et les trésoriers à l'occasion des ordres donnés par les premiers de la réparation du grand chemin qui traverse la palu de Bordeaux; mémoires intéressants des deux parts sur les divers édits de voirie, et les précédents pour ou contre l'attribution au bureau. — Conflit avec le parlement sur la réforme et nouvelle exécution du terrier du Roi dans la province, assoupi après longtemps par un arrêt de surséance, mais repris sous une autre forme à l'occasion d'un procès entre le seigneur de Portets, président à mortier, et les habitants de sa terre; décret de prise de corps contre les trésoriers. — Place et honneurs de la compagnie dans les grandes cérémonies; elle a droit de complimenter les princes avant le chapitre Saint-André, et de le précéder immédiatement après la cour des aides; procès-verbal de la visite aux intendants, à leur arrivée. — Personnel de la compagnie, notes signalétiques. — Plans et détails d'un bureau des finances à construire dans l'emplacement de l'ancienne Monnaie. — Voirie des villes du ressort revendiquant aussi leurs privilèges pour échapper aux règlements sur les alignements et la réfection des rues et chemins portés par les ordonnances: ville de Sauveterre, défendant à l'ouverture d'une porte dans ses murs pour donner passage à un grand chemin; ville de Libourne, au droit de voirie que le bureau entend exercer; ville de Bordeaux, s'opposant par des ordonnances imprimées aux ordonnances du bureau des finances, notamment celle du 31 janvier 1752, réglementaire sur tous les objets de voirie urbaine.

C. 2405. (Portefeuille.) — 104 pièces.

1716-1761. — Directeurs et officiers de la Monnaie. — Correspondance de MM. Boucher, de Tourny et Boutin avec MM. les ministres Chauvelin, Machault, Bertin, Orry, d'Ormesson et de Courteille, concernant les officiers et employés de la Monnaie de Bordeaux, privilèges, charges, obligations des monnayeurs, office du procureur du roi, directeurs et personnel; — état matériel du bâtiment, à l'entrée de la porte du Caillau, sur la rue du Chai des Farines et de la place du Palais. — Difficultés entre le directeur et les juges-gardes; — lettres patentes de mars 1717 et de février 1760 portant confirmation des privilèges des monnayeurs de Bordeaux (exemption de toute imposition, de toute charge civile comme tutelle et dépôt, droit de *committimus*, et permission de porter les armes). — Réparations à l'hôtel de la Monnaie, respectivement supportées par le directeur et les juges.

C. 2406. (Portefeuille.) — 127 pièces, papier, 3 parchemin.

1720-1776. — Personnel de la Monnaie: suisse, greffiers, officiers et suppôts. — Discussion pour le maintien de leurs privilèges contre les jurats et la ville, etc.... Lettres de la cour et de l'intendance.

C. 2407. (Portefeuille.) — 85 pièces, papier, 1 parchemin.

1716-1761. — Changeurs de monnaie et change. — Correspondance de la cour et de l'intendance sur l'établissement, les privilèges, la suppression ou diminution du nombre des changeurs à Bordeaux et dans les autres villes de la généralité. Noms et qualités des changeurs institués ou supprimés, etc...

C. 2408. (Portefeuille.) — 101 pièces.

1693-1763. — Changeurs. — Correspondance de la cour et des intendants concernant les fonctions et salaires des changeurs tant titulaires que commissionnaires, établis dans les villes du royaume; — arrêt du conseil portant établissement des changeurs partout où il en sera besoin ; — règlement sur les anciennes espèces et matières d'or ou d'argent; — état des payements faits par le directeur de la Monnaie de Bordeaux aux changeurs et négociants pour le droit à eux attribué sur les matières d'or et d'argent qu'ils avaient remises au change de ladite Monnaie.

C. 2409. (Portefeuille.) — 60 pièces.

1705-1759. — Monnaie. — État des espèces et matières d'or et d'argent représentées en nature à l'intendant par les directeurs de la Monnaie en 1705, 1738 et 1759 ; — adjudication de la marque d'or et d'argent dans la généralité, passée par-devant l'intendant ; lettres de la cour et réponses ; — mémoire concernant la Monnaie de Bordeaux, en faveur des juges-gardes. — Affaire du sieur Petit, graveur, contre le sieur Princeteau, juge, et le directeur Gendreau ; — travaux de la Monnaie interrompus par la défense des surachats des monnaies et matières étrangères, qui exposent trop l'honnêteté des directeurs. — Lettre de M. de Machault adressée à M. de Tourny, intendant de Guienne, pour l'informer qu'il fait travailler à la collection des monnaies de France, et le charger de faire recueillir de son côté les monnaies anciennes, antérieurement au règne de Louis XIV, qu'il pourra se procurer ; instructions données aux directeurs et changeurs à cet égard.

C. 2410. (Portefeuille.) — 91 pièces.

1711-1786. — Monnaies. — Matières et espèces. Fausse monnaie. — Jugements et condamnations à mort de divers faux monnayeurs, même du personnel de la Monnaie de Besançon, etc... — Correspondance des intendants avec la cour sur le droit de marque et de contrôle, l'entrée libre en France de l'argent tiré, que fabriquent les tireurs d'or et d'argent de la principauté des Dombes, la suppression des différents offices, la découverte de quelques grains d'or dans la Garonne, à Marmande, etc...

C. 2411. (Portefeuille.) — 91 pièces et 8 plans.

1735-1774. — Carte de la généralité. — Correspondance de MM. Boucher, de Tourny, Boutin et Fargès, intendants de Bordeaux, avec MM. les ministres Orry, d'Aguesseau, Machault, d'Argenson, Berryer et le duc de Choiseul, concernant : les opérations de MM. de Cassini et Maraldi, de l'Académie des sciences, qui sont chargés dans ce département de tracer une ligne méridienne depuis Nantes jusqu'à Bayonne, et de travailler à la description des côtes de la mer dans toute cette étendue; avertissements donnés aux curés de porter en chaire à leurs paroissiens la connaissance des travaux de ces géographes, et ordre partout de les protéger ; — les instructions du ministère, de dresser, préalablement à la grande carte générale de France aux différentes époques qu'on se propose de former, des mémoires d'observations sur le cours des rivières, et l'élévation des ponts de la généralité, les points atteints en 1711 et en 1734, époques des plus hautes et des plus basses eaux connues, et la vitesse des courants ; — un projet de souscription publique pour la carte générale de la France en 173 feuilles, proposé par Cassini ; — un dictionnaire géographique de tout le royaume, patronné par le ministère, et pour la formation duquel l'intendant devra envoyer un exemplaire des états imprimés qui contiennent les noms de toutes les paroisses de la généralité ; — une carte du dépôt de la marine prêtée à M. de Tourny le père, et qui est revendiquée par le dépôt; le ministre Berryer écrit qu'il ne sait positivement qu'elle n'a pas été comprise dans la vente qui a été faite après sa mort ; — l'état de situation de la carte de la généralité au 17 septembre 1774.

C. 2412. (Portefeuille.) — 114 pièces, papier, 1 parchemin.

1739-1783. — Carte de la généralité. — Correspondance de MM. Boucher, de Tourny et Boutin, intendants de Bordeaux, avec MM. les ministres Orry et Trudaine, et les subdélégués, concernant : le prospectus du grand dictionnaire géographique, historique et critique imprimé à Dijon par Augé ; — les difficultés apportées par les paysans aux opérations géométriques des ingénieurs géographes chargés de la carte de France ; — l'attribution d'une somme de 1,200 livres par chaque carte particulière d'un des cantons de la généralité, sur la caisse des deux sols pour livre ; — les commissions d'ingénieurs des sieurs Fontaine et Pasquier pour lever et mesurer les détails des provinces de Guienne, Périgord et pays adjacents ; — le personnel des géographes

— le projet conçu par Turgot, intendant de Limoges, de former la carte générale des différents lieux d'étape du royaume.

C. 2413. (Portefeuille.) — 100 pièces.

1765-1783. — Correspondance des intendans avec les ingénieurs chargés de la carte de Guienne. — Copie du marché pour l'exécution des gravures de la carte particulière de la province entre M. Boutin et le sieur Seguin, et notes particulières en conséquence du marché, comme suppression des petits chemins de détail communiquant d'un village à l'autre, excepté les chemins des landes ; des terres labourées, excepté celles des landes du Médoc et des landes qui bordent la mer ; des divisions de pièces de terre ; les détails des hameaux et même des paroisses autres que celles qui se trouvent le long des chemins, seront traités sommairement comme dans la carte particulière du duché de Bourgogne, etc... — Extrait du journal de recettes et dépenses faites par le sieur de Belleyme relativement à la gravure de la carte de Guienne en 1780 et 1781, et correspondance de cet ingénieur avec l'intendant Dupré Saint-Maur sur quelques détails des planches de Libourne et de Castelnau, de la gravure du plan de Bordeaux, de la forme et hauteur de la lettre, du tirage, etc. — Gravures du mémoire de Dupré Saint-Maur sur les embellissements à donner à la ville de Bordeaux et particulièrement sur la création du canal de ceinture.

C. 2414. (Portefeuille.) — 105 pièces, et 2 plans.

1783-1785. — Correspondance de M. Dupré de Saint-Maur avec les géographes, concernant : la confection de la carte de Guienne ; — les deux cartes de Cassini relatives au Blayais et à une partie du Médoc ; — les opérations relatives au canal jonction de la Garonne à l'Adour confiées au baron de Villiers, ingénieur de la marine ; — l'arrêt du conseil et lettres patentes en date de 1756 sur la carte générale de France ; — les ordonnances de l'intendant pour le payement de la gravure de la carte de Belleyme ; — les perfectionnements ou les rectifications de détail à apporter au travail, à mesure qu'il est présenté.

C. 2415. (Portefeuille.) — 114 pièces.

1785-1787. — Correspondance de M. Le Camus de Néville, intendant de Bordeaux, avec les ingénieurs de la carte de France. — Commissions anciennes maintenues et emplois nouveaux ; — envoi par l'intendant aux maire et jurats de Bordeaux d'un exemplaire pour chaque personne, plus d'un supplémentaire destiné à être déposé aux archives de l'hôtel de ville, des quatre feuilles de la carte de Guienne qui comprennent la ville de Bordeaux et ses environs ; — conflit entre les directeurs de la carte de France, représentés par M. Cassini, et les géographes chargés sous la direction de M. de Belleyme du levé de celle de la Guienne, accompagné d'un mémoire explicatif duquel il résulte que : « la levée de la carte de France fut commencée aux frais du gouvernement, continuée en 1756 par une compagnie privilégiée à laquelle, en 1764, l'État ayant accordé une subvention de 150,000 livres, à prendre sur les généralités, quelques intendants, entre autres MM. Boutin et Turgot avaient préféré faire lever eux-mêmes sur une plus grande échelle et plus détaillée les cartes particulières de leurs intendances, sauf à les transmettre en communication à la compagnie pour les réduire à son échelle et les faire servir ainsi à la carte générale. — Comptes de la carte de Belleyme. — Projet de l'intendant de Néville d'une carte réduite de la généralité dans laquelle seraient tracés les arrondissements des subdélégations, des élections, des brigades de maréchaussée, et les circonscriptions de sous-ingénieurs avec les routes qui y sont comprises : le sieur de Belleyme est chargé de la dresser.

C. 2416. (Portefeuille.) — 106 pièces.

1787-1788. — Correspondance de M. de Néville avec les ingénieurs géographes, relative à la continuation de la carte de France, à l'exécution de la carte réduite, et à ce qui aurait été commencé de la carte des bailliages et autres siéges royaux de la généralité de Guienne, ordonnée en 1775 par M. de Miromesnil.

C. 2417. (Portefeuille.) — 102 pièces, papier.

1788-1789. — Correspondance, ordonnances de payement des frais de gravure, pièces justificatives de dépense, etc. — État de la carte de Guienne au commencement de l'année 1789.

C. 2418. (Portefeuille.) — 100 pièces.

1789. — Pièces justificatives des dépenses de la carte de Belleyme, état au 14 décembre 1789.

C. 2419. (Portefeuille.) — 3 registres, in-folio, papier.

1671-1672. — Cadastres et arpentement général des élections de la généralité. — Minutes signées de M. de Baritaut, un des commissaires généraux députés pour l'arpentement et l'abonnement des élections d'Agen, Condom et les Landes, des cadastres de : Pissos, quartier de Lipoustey (Landes) ; — mention du chemin Romieu ; — noms des possesseurs et des terres ; — Pignadas et vacants ; — Pindères, juridiction de Casteljaloux, et Couthures (Lot-et-Garonne) ; — nombreuses landes ; — Saint-Pierre, vocable de l'église de Pindères. — Table des particuliers bien-tenants de la paroisse.

C. 2420. (Portefeuille.) — 143 pièces.

1614-1757. — Cadastres et arpentements. — Correspondance de M. de Tourny avec le ministre, les présidents d'élections et les subdélégués, sur les cadastres d'après lesquels la taille réelle a été établie en 1672 dans les élections d'Agen et de Condom et les modérations ou changements à y apporter, à la demande des villes et des subdélégués. — Mémoires : des officiers de ces élections adressés à l'Intendance, et des différentes subdélégations sur le problème de la péréquation de l'impôt, et vues particulières sur le remplacement des non-valeurs proposées, par un développement plus grand de l'agriculture. — Renseignements sur l'établissement du cadastre en 1672 dans l'élection de Condom, bases de l'abonnement, formalités de la répartition et du classement en cinq classes, dépôt des cadastres aux municipalités, et non dans les greffes des élections, cause rapide de leur disparition actuelle. — Mémoire du subdélégué de Bazas, dont l'arrondissement est compris dans le Condomois ; exemption pendant six ans des domaines devenus incultes depuis 1672, dont la taille toujours imposée est rejetée sur les autres ; mise à l'impôt des nouveaux domaines établis, sans payer d'impôt, depuis le même temps ; dégrèvement des paroisses riveraines de la Garonne pour les territoires entraînés sur d'autres paroisses qui n'en payent rien ; proposition de refuser pour toujours toute concession d'île ou de gravier, arracher les îles déjà formées, autoriser les palissades des fonds riverains en défendant les piquettements des îles ; placer dans les ménages des landes, qui manquent de bras, non pas les mendiants vagabonds et paresseux par nature, mais les troupes d'enfants de sept à douze ans qui les suivent, ainsi que les enfants exposés dont regorgent les hôpitaux, tout cela noyau de colonies agricoles, qui resteraient jusqu'à vingt-cinq ans dans la maison et au service de leur maître ; encourager par des maîtres marneurs que les communautés et villages payeraient pour leur indiquer l'emplacement et l'emploi de la marne, et qu'on ferait venir des pays de Béarn, Bigorre, Armagnac et Chalosse nouvellement rendus à l'agriculture par cet engrais, toutes les communautés et terres du Bazadais, qui sont limitrophes à ces territoires, et qui d'ailleurs ont beaucoup plus près d'elles, par ce qui vient d'être fait par la ville de Meilhan et le bourg d'Hûre dans la plaine du Bois Meilhan, un exemple des transformations de culture que l'emploi de la marne peut produire ; restreindre par quelques édits la toute puissance des marchands de Bordeaux sur le prix des vins de la subdélégation, « la prétendue liberté du commerce n'étant qu'une espèce de servitude que les marchands de vins nous imposent ; » enfin pourvoir à l'entretien et à la réparation plus qu'urgente de ces chemins royaux, au moins de ceux qui débouchent sur la rivière de Garonne, par des taxes d'argent au lieu de corvées toujours onéreuses et cependant insuffisantes. — Mémoire sur l'élection de Condom, limites, rivières, commerce de grains et farines, détails sur la ville de Condom, prix des denrées, poids et mesures, terres incultes ou abandonnées, principales terres des seigneurs, leurs noms et leurs revenus, taux de la taille différent par juridictions, recouvrement ; détails sur les villes de la Réole et de Bazas ; 180 juridictions, 1,200,000 livres d'impositions. — Procès verbaux de tournée dans l'élection de Condom par le receveur général des finances ; — Mémoire du receveur des tailles sur la difficulté des rentrées et les moyens employés pour lever l'impôt. — Etat général de la subdélégation de Marmande comprenant l'ensemble des affaires qui sont du ressort du subdélégué, et une notice particulière sur toutes les villes et grands bourgs dont est composée la subdélégation ; — Mémoires sur l'élection et la subdélégation d'Agen, et procès-verbal de visite du receveur-général, en exécution des ordres de M. de Tourny, intendant de Bordeaux : cinq rivières, la capitale de l'Agenais placée pour être l'entrepôt des deux mers, et cependant presque sans commerce, le blé consommé sur place à cause des arrivages qui se font à Bordeaux venant de l'étranger, prix des denrées, poids et mesures, mesure des grains, des futailles, des terres ; carterée et ses subdivisions ; principales seigneuries, noms et revenus ; désordre des cadastres, difficulté d'établir la taille proportionnelle aux biens, etc. — Etat du pied, ou proportion de taille, payé à différentes époques depuis 1614 par les communautés de l'Agenais et du Condomois ; tableau de 1614 à 1721. — Etat des communautés des élections d'Agen et de Condom qui ont fait leur cadastre, et de celles qui ne l'ont pas fait, avec les dates de l'établissement de chacun d'eux, et de son dépôt dans les greffes. — Arpentement demandé par les habitants des juridictions : — De Seiches (Lot-et-Garonne). — Gontaut, — Buzet, — Caumont, — La Chapelle Marmande, — Miramont, — Monguilhem, — Marquisat de Calonges, — et Clairac ; dans cette dernière juridiction un accord intervenu en 1706 entre les habitants et l'abbé, seigneur, mettait à la charge de la paroisse, tous les vingt-neuf ans, la confection d'un nouveau cadastre.

C. 2421. (Registre.) — In-folio, relié, 620 feuillets, 1 table.

1672. — Cadastre de la juridiction de Damazan (Lot-et-Garonne).

C. 2422. (Registre.) — 1 in-folio, 309 feuillets.

1672. — Cadastre des juridictions de Foncaude (Gironde) et de Cocumont (Lot-et-Garonne).

C. 2423. (Registre.) — 1 in-folio, relié, 600 feuillets.

1672. — Cadastre de Casteljaloux (Lot-et-Garonne) et des paroisses de la juridiction : Saint-Raphaël et Belloc, Gassac, Loupiat, Senlat, Mirandes, Couthures et Bayrac.

C. 2424. (Registre.) — 1 in-folio, relié, 468 feuillets.

1672. — Cadastre de Saint-Vivien près Monségur (Gironde), contenant 3,568 journaux, à 20 lattes le journal, fait en vertu de l'ordonnance donnée par M. de Baritault, commissaire général député par Sa Majesté, par les arpenteurs désignés, et remis le présent cadastre, ainsi que les autres, au greffe du sieur de Baritault. »—Mention des villages de Bizière, de Barre, de Gorreau, des Aubains, etc...

C. 2425. (Portefeuille.) — 1 cahier, in-folio, 42 feuillets.

1690-1738. — Cadastre et « coppie du livre terrier du lieu et juridiction d'Espalais, fait par M. Jean Roger arpenteur juré, enregistré en l'élection d'Agen, la copie faite en l'année 1738. » Espalais (Tarn-et-Garonne) ; — Maison noble de Lastours et dépendances ; — religieuses d'Auvillars ; — Commanderie de Golfech ; — Village d'Auvillars, ruisseau Diaudège, chemin de la *Peyre traucade*, lieu dit : *le seste* (ad sextam?) sur un chemin public. — Noms des possesseurs : le Mis de Saint-Projet, les sieurs de Vedel, de Luppé, de Salat, de Chastanet, du Castera, de Bordes, etc.

C. 2426. (Portefeuille.) — 1 cahier, in-folio, 28 feuillets.

1672. — Arpentement général de la paroisse d'Allon, juridiction de Casteljaloux dressé en vertu de l'ordonnance de M. de Baritault, commissaire député par le Roi : — Allon (Lot-et-Garonne) ; 4,122 journaux, abonnés à 2,000, possédés par 38 propriétaires : Saint-Vincent de la Tourneuve, de Sangresse, de la Bissière du Règue, de Maurin, des Combes, etc. — Mention des landes du sieur de Sévignac, dans la paroisse de Goutz limitrophe, etc.

C. 2427. (Portefeuille.) — 1 registre, in-folio, relié, 45 feuillets.

1672. — Cadastre de la paroisse d'Arriet (Gironde) actuellement en Saint-Michel-de-Castelnau, ancienne juridiction de Casteljaloux et subdélégation de Nérac. — Landes, sables et broustis.

C. 2428. (Portefeuille.) — 1 registre, in-folio, relié, 180 feuilles.

1668-1673. — Cadastre de la paroisse de Fieux en Albret (Lot-et-Garonne). Possesseurs : Le seigneur Jean-Ollivier de Pujollé, seigneur vicomte de Fieux et de Juillac, maître Dalong, conseiller à la cour des Aides de Guienne, président en la cour présidiale d'Albret, J. de Caumont, écuyer, le sieur de Sarros, Duroy de Saint-Orens, J. de Montagut sieur du Mollya, etc... lieux dits : chapelle Sainte-Catherine, chapelle de Coraphel, à la Galliane, au Crestiââ, au Gleysas, le camp de Mallat, les commanderies, le comte Ramon, etc... Mention des biens de l'Eglise réformée. — Superficie du territoire rural 2,704 cartellades, divisées en 1,400 parcelles entre 240 propriétaires.

C. 2429. (Portefeuille.) — 1 cahier relié in-4°, 69 feuillets.

1672. — Cadastre de la paroisse de Meylan (Lot-et-Garonne). Mention du grand chemin qui va de Sos à Dax ; rivière de la Gueyze ; paroisses Saint-Martin et Saint-Georges, limitrophes de Meylan, aujourd'hui réunies aux communes de Sos et de Gueize.

C. 2430. (Portefeuille.) — 1 registre, in-folio, relié, 75 feuillets.

1672. — Cadastre de la paroisse de Montagoudin (Gironde). — Élection de Condom, juridiction de la Réole. — Maître Jean Descamps, avocat au Parlement, habitant de la ville de Mézin et Daniel Bertrand Razet, bourgeois de Bazas, nommés abonnateurs par les commissaires à l'arpentement; — noms de possesseurs : J. Orger, écuyer, sieur du Luc, la dame d'Amalby, Defaux et Poitevin, notaires, sieurs Teysseron, Dulon, Seguin, Lavissière, Mauriac, Lafargue, bourgeois. 840 journaux divisés en 300 parcelles sur la tête de 170 possesseurs.

C. 2431. (Portefeuille.) — 1 registre, in-folio, relié, 48 feuillets.

1672. — Cadastre de la paroisse de Moustey en Bazadais, juridiction de Belhade (Landes). — 3,000 journaux, abonnés seulement sur le pied de 1,700, divisés en 355 parcelles possédées par 47 possesseurs et propriétaires, dont le nombre est diminué depuis la confection du cadastre par l'achat fait dans la paroisse de quatre cents arpens de pignadas au nom du comte de Belhade, messire Jacques de Pontac, procureur général au Parlement.

C. 2432. (Portefeuille.) — 1 registre, in-folio, relié, 75 feuillets.

1672. — Cadastre de la paroisse de Muret et Castelnau en Bazadais, actuellement canton de Pissos (Landes). — Mention du *camin romieu* passant aux tènements de Muret, Caplane, Pontet, etc. — chemin Marcadey — chemin du Rey, — chemin du Charet séparant Moustey de Castelnau; — églises de Savignac et de Castelnau; lieux dits au Bougès, à la Rue, au Pontevic, Lupsault, le Sarsin; — forge; — padouens, ayriaux, eyres, courgères, abeilley, broustey et autres noms locaux pour indiquer l'état des terres ou des cultures; — contenance, 5,000 journaux, abonnement à 900 arpens à cause de la pauvreté du sol.

C. 2433. (Portefeuille.) — 1 Registre, in-folio, relié, 255 feuillets.

1672. — Cadastre de la paroisse de Saint-Géraud de Lévignac (Lot-et-Garonne), juridiction de Taillecavat: 1,320 journaux abonnés à mille pour la taille, et divisés en 2,000 parcelles entre 220 possesseurs : E. Fortés, sieur de Bernateau, Richier, Tiffon, Guibert, le Mⁱˢ de Monsalés, etc. — Noms de lieux : la Bizière, le bois du Maine, le Manse, à Collibet, le Cherpe, le champ de Gourgues, le Sibadat, etc.

C. 2434. (Portefeuille.) — 1 registre, in-folio, relié, 50 feuillets.

1672. — « Livre de l'arpentement général de la paroisse de Saumejean faict et comancé le dix-huitiesme febvrier mil six cens septante deux par Jean Pampolye et Moize Breton, arpanteurs, comme ensuit. » — Saumejean (Lot-et-Garonne). — Élection de Condom, subdélégation de Nérac, terres divisées en 5 classes; superficie 3,152 journaux; abonnement à mille; 384 parcelles, 67 propriétaires, parmi lesquels : Al. Broncas, sieur du Villard, sieur Pierre Chardavène, sieur Hélies Castan, sieur Henri de Saint-Vincens, Jeanne Maurin, damoiselle, veuve Étienne Dulau, Jeanne Castan, demoiselle, veuve du sieur de Labissière, sieur Nicolas Ducasse, et le seigneur de Samazan.

C. 2435. (Portefeuille.) — 1 registre, in-folio, relié, 50 feuillets.

1672. — Cadastre de la paroisse de Vignolles au duché d'Albret actuellement partie de Pellegrue (Gironde) et limitrophe avec le département du Lot-et-Garonne.

C. 2436. (Portefeuille.) — 1 registre, in-folio, relié, 100 feuillets.

1672. — Cadastre de la paroisse de Barie en Albret (Gironde), contenance 1,430 journaux, imposition conforme, toutes les terres étant du premier degré. Possesseurs : Brannens; Majence; Giresse; Fr. la Maison, « homme d'armes; » F. de Piis, sieur de Puybarban; J. de Pichard sieur de l'Isle; le chevalier de Bonsol; Ch. de Meslon sieur de Montault; J. de Raffin, écuyer; J. de Louppes, seigneur de Loubens; Mathieu de Majence, seigneur de Camiran; Lacourtiade, de Pommiers; Dame de l'Houstau; J. de Grimard et Ramon de la Roque; De Blanc de Goujas; Cabanieux, etc...

C. 2437. (Portefeuille.) — 1 registre, in-folio, relié, 416 feuillets.

1672. — Cadastre de la juridiction d'Aillas en Albret, comprenant les paroisses d'Aillas, Gleyroux, Berlin, aujourd'hui commune d'Aillas-le-Grand (Gironde), et Ail las-le-Vieux, commune de Sigalens (Gironde) : — Noms : Et. Delas seigneur de Condom, De Lestang sieur de Garélie, F. de Louppes, J. de Paty Saint-Gresse, De Gombaud, de Laveyssière, de Paupailhe, Lauvergne sieur de Labescau, De Gas seigneur de Razins, de Pichard Latour, Lamazou sieur de Barbuzan, de Pedesclaux, de Vollet, etc.

C. 2438. (Portefeuille.) — 1 registre, in-folio, relié, 450 feuillets.

1672. — Cadastre de la ville et paroisse de Sainte-Bazeille en Bazadais (Lot-et-Garonne).

C. 2439. (Portefeuille. — 1 registre, in-folio, relié, 333 feuillets.

1672. — « Cadastre de la paroisse de Roumagne au comté de Blaignac en Bazadais suivant l'arpentement qui en a été fait en 1672. » Romagne (Gironde) canton de Targon : Jeanne de Chartres Dame de Perponcher, demoiselle d'Arpailhan ; — Jacq. Coiffard, sieur de Mazeuilles ; — Fr. Daguar, écuyer ; — Garsie de Reblays, écuyer, Allien — de Saint-Jean, etc... — Au lieu dit : le Bélat existe un fossé qui fait séparation d'avec la Bénauge.

C. 2440. (Portefeuille.) — 1 registre, in-folio, relié, 110 feuillets.

1673. — Cadastre de la ville et juridiction de Meilhan et de toutes les paroisses qui en dépendent : Meilhan, Segueix, Tersac, Jusix, Saint-Sauveur, Le Bois Meilhan, Le Bois de la Ville (Lot-et-Garonne).

C. 2441. (Portefeuille.) — 1 registre, in-folio. 150 feuillets, 20 feuillets enlevés.

1673. — Cadastre et arpentement de la paroisse de Soussac en Albret, juridiction de Castelmoron (Gironde). — Noms des tenanciers et propriétaires : Anne de Carle demoiselle, David Deniault écuyer, F. de Ségur seigneur du Grand Puch, G. de Tasque sieur de Belair, P. de Villepreux écuyer, Guill. Satanas, J. Beylard, J. de Meslon, écuyer, J. Mosnier juge royal de Pellegrue, Mathieu Pellé, avocat en la cour, Suzanne Benoît demoiselle, Thomas Dufossat, Marie de Bayle, Marie Verdun demoiselle. — Terre mesurée 1,432 journaux, imposée 1,351 journaux, divisée en 1,300 parcelles entre 160 propriétaires.

C. 2442. (Portefeuille.)— Registre, in-folio, relié, 562 feuillets.

1672-1673. — Cadastre de Pellegrue (Gironde) : — Le sieur de Lugaignac ; F. de Ségur du Grand Puch ; J. de la Noaille, Sieur de Guizac ; J. Dupuy de Labatut ; J. du Puch d'Astarac, J. André sieur de Lestang ; J. de Busserolles, etc. — Mention du Temple des Réformés.

C. 2443. (Portefeuille.) — 1 registre, in-folio, relié, 150 feuillets.

1673. — Cadastre de la paroisse de Caumont (Gironde) en la juridiction de Castelmoron d'Albret. contenance 1,673 journaux abonnés à 1,334. — Noms de tenanciers : Deniau ; Lassime ; J. de Lecat, écuyer ; Ézémar ; demoiselle de Rochefort ; J. de Bacalan, écuyer, sieur de la Grèze ; — Mention du communal du village de Gautié et du puits du village de Robineau ; — mention des vacants et terres abandonnées dans la paroisse.

C. 2444. (Portefeuille.) — 1 registre, in-folio, relié, 216 feuillets.

1672. — Cadastre de la paroisse de Branne (Gironde) au comté de Blaignac en Bazadais ; 510 journaux de bonne terre abonnés à 498, répartis entre 324, propriétaires ou tenanciers : Turgan, De Cadouin, le marquis de Civrac seigneur de Branne, les Feuillants, la Halle, la Maison commune : lieux dits au Luc, estey de Garon, estey Saint-Étienne, vacants du Roi, etc.

C. 2445. (Portefeuille.) — 1 registre, in-folio, relié, 225 feuillets.

1672. — Cadastre de la paroisse de Caudrot (Gironde), 2,550 journaux abonnés à 2,050 répartis entre 440 propriétaires : Ézémar, Lescure, de Meslon ; Darche ; de Lur, comte d'Uza ; la dame de Bourgueil, la marquise de Pardiac ; Cazenave ; Lamarque ; Philipon ; Guadet ; Du Bayle ; Arnolet juge de Caudrot ; de Saintout ; — mention du gravier appartenant à la ville, en partie, et en partie à l'Ile de M. Darche.

C. 2446. (Portefeuille.) — 1 registre, in-folio, relié, 607 feuillets.

1672. — Cadastre de la ville et juridiction de Mezin (Lot-et-Garonne) : Noms des possesseurs : Chantegric, Laterrade, J. de Saint-Géry seigneur de Magnas, J. de Castillon sieur de Mauvezin, J. Dubarry, B. de Mérignas J. du

Bouzet, J. de Lustrac de Losse, Dufaur, De Cléret, De Larocque, de Poudenas, etc.

C. 2447. (Portefeuille.) — 1 Registre, in-folio, relié, 310 feuillets.

1672. — Cadastre de la paroisse de Lavardac (Lot-et-Garonne) : — Les demoiselles de La Mothe de Montesquieu, Louis Despens, les demoiselles de Courrejoles et du Blanc, madame de Campeilhs, madame de Lusignan, P. Périsso, — lieux dits : à la Hitte, la Barbacane, lou castel vieil, le ruisseau de Galoup, etc.

C. 2448. (Portefeuille.) — 1 cahier, in-folio, relié, 60 feuillets.

1672. — Cadastre de la paroisse de Casseuil (Gironde), contenance : 672 journaux. Noms des possesseurs : De Vizier, Faucher, J. Le Breton, écuyer, sieur de la Ferrière, P. de Pichard, écuyer, sieur de Sainte-Marthe, etc. — Mention des villages de Bernon, Chantemerle, Arbouliers, Larquet, autrement Carcos, Marcadé, etc...

C. 2449. (Portefeuille.) — 1 registre, in-folio, relié, 350 feuillets.

1672. — Cadastre des paroisses de la juridiction de Castels en Dorthe, Saint-Loubert, Bieujac, et Mazeras de Bieujac (Gironde) ; Noms de possesseurs : Baylle, Grimart, De Pourdiac, de Brisson, de Peyrusse, l'Abbaye du Rivet, J. de Baritault, la dame de Castelnau, etc... (Ce registre a servi d'Herbier au commencement du XVIIIe siècle : on y trouve des empreintes de plantes et des noms comme : *Euphrasia, Tithimalus latifolius, equisetum, origanum silvestre, centaurium, althæa Dioscoridis et Plinii, Jalea, anagallis, bignonia, lotus*, etc., jusqu'à la page 107.)

C. 2450. Portefeuille.) — 1 registre, in-folio, relié, 150 feuillets.

1673. — Cadastre de la paroisse de Savignac (Gironde). Vincent de Pedesclaux seigneur baron de Savignac ; de Pichard ; de Jonas, etc. — Lieux dits : à Fontauriolle ; à la Hitte sur les limites de Brannens et de Castets ; à Pélegrin sur le chemin de la Réole à Bazas ; aux Chrestiââs ; à Peybona (où à la Hitte) ; le vieux Sendat ; à Espagnolet ; à Gabachet ; chemin ancien dit de Papajot. — Mention de la déclaration de noblesse du sieur de Tamaignan de Bellegarde, par jugement de maintenue en date du 14 août 1673.

C. 2451. (Portefeuille.) — Registre, in-folio, relié, 100 feuillets.

1672. — Cadastre de la paroisse de Poussignac, en la juridiction de Casteljaloux (Lot-et-Garonne).

C. 2452. (Portefeuille.) — 1 registre, in-folio, relié, 130 feuillets.

1672. — Cadastre de la paroisse du Tren, juridiction de Casteljaloux (Lot-et-Garonne). — Nom de possesseurs : Castaing, de Malvin, Ducasse, De Béraud, De Cursan, De Bernard, Me Pierre Augier, ministre, etc.... contenant 2,529 journaux, abonnés à 1,000 ; landes et sables.

C. 2453. (Portefeuille.) — 1 registre, in-folio, relié, 175 feuillets.

1673. — Cadastre de la paroisse de Saintrailles (Lot-et-Garonne). « Le Roy s'etant fait représenter en son conseil l'arrest du premier avril dernier rendu en icelluy, Sa Majesté aurait commis le sieur d'Aguessau, commissaire départy en la Généralité de Bordeaux pour procéder à l'abonnement et refformation des cadastres des élections d'Agen, Condom et les Lannes, en conséquence de son édit de juillet 1668, et Sa Majesté s'estant informée que ledit sieur d'Aguessau ne peut vaquer toujours en personne à l'abonnement desdits cadastres à cause des autres affaires dont il est chargé, et que cela retarderait l'exécution dudit arrest qui sera advantageux aux peuples desdites élections..., à quoy Sa Majesté voulant pourvoir, et ouy le rapport du sieur Colbert. Sa Majesté en son conseil a commis et commet le sieur de Baritaud, advocat général en la cour des Aydes de Guyenne pour procéder à l'exécution de ladite refformation. » — « L'an 1673, et le 25 juillet. nous abonnateurs commis par nosseigneurs les commissaires à l'arpentement nous estans transportés dans la terre et juridiction de Saintaraille en Condomois, esloignée d'une lieue et demie de la rivière de Garonne, après avoir parcouru tout le territoire dudit taillable, avons demeuré d'accord de faire deux degrés de terre, comme il a esté cy-devant réglé par lesdits habitants.... fait à Nérac. (Signé) Descamps et Razet. » — Noms des possesseurs : Cuny, Arnaud Trois-Henris, Beretté dit l'Espagne, messire Jean-Jacques de Montesquieu, seigneur marquis de Saintrailles, J. de Carbonieux d'Ambrus, Fillon, Jarlas, l'abbé de Durance, maitre Pierre Tapol, docteur en médecine, Amanieu du Bousquet, seigneur de Caubeyres, etc.

SÉRIE C. — FINANCES DE LA GÉNÉRALITÉ DE BORDEAUX.

C. 2454. (Portefeuille.) — 1 cahier, format petit in-folio, 40 feuillets.

1672. — Cadastre des paroisses de Tillet et de Boussès (Lot-et-Garonne) actuellement réunies. — Canton d'Houeilles — le chemin Porcaté, allant de Tillet à la Tour d'Avance; le chemin Moliant ou Molier; le chemin du Charet séparant les paroisses de Jaultan et Tillet; le bosc du Hazan; le tuko de sable, la Lague, etc...., — J. de Pedesclaux, J. de Reaup, demoiselle Léglize, Arnaud de Loze, Bédouret, Mᵉ Jean Malleville, etc...

C. 2455. (Portefeuille.) — 1 registre, petit in-folio, relié, 93 feuillets.

1672. — Cadastre de la ville et juridiction de Monhurt en Albret (Lot-et-Garonne) : — Contenance 2,573 journaux abonnés à 2000, répartis entre 250 propriétaires, parmi lesquels : les Anciens du consistoire; Daniel Jurquet; Ch. Roullan, sieur de Lastous; P. Matha; D'Arblade, Guy Arnaud de Bridies, sieur de Lamothe; Géraud de Langalerie; J. de Vivans seigneur de Launay; J. d'Esterac; Jacques de la Jaunie; J. Petit, ministre; madame la duchesse d'Aiguillon; V. de Morely, seigneur de Choisy; P. Duduc de Bordes; le seigneur de Corbian : noms de baptême : Abraham, Daniel, David, Elisée, Elie, Jérémie, Isaac, Jacob, Moïse, Salomon, etc... — Noms de lieux : Montluc, Mauhourat, etc...

C. 2456. (Portefeuille.) — 1 cahier, relié, in-8°, 32 feuillets.

1672. — Cadastre de la paroisse du Bouchet (Lot-et-Garonne) en Albret.

C. 2457. (Portefeuille.) — 1 registre, in-folio, relié, 47 feuillets.

1672. — Cadastre du Bazadais; — Paroisse de Goutz, juridiction de Casteljaloux, actuellement partie de la commune d'Allon (Lot-et-Garonne), sections de Lubans et de Luxurige. Noms de possesseurs et propriétaires : H. de Saint-Vincens, écuyer, seigneur de Pellebicoq; J. de Labories, écuyer, seigneur du Bocage; L. Descombes, seigneur de Savignac; A. de Maurin de Sainte-Abondance; P. de Sacriste; J. de Malvirade; J. de Biros.

C. 2458. (Portefeuille.) — 1 cahier, in-4°, 76 feuillets.

1672. — Cadastre du Bazadais. — Paroisse de Saint-Albert (Gironde), actuellement partie de la commune de Lamothe Landeron : — seigneur Claude Brizetz, bourgeois; J. Tiffon, etc...

C. 2459. (Portefeuille.) — 1 registre, in-folio, 66 feuillets.

1672. — Cadastre du Bazadais. — Paroisse d'Andiran (Lot-et-Garonne), élection de Condom.

C. 2460. (Portefeuille.) — 1 registre, in-folio, relié, 40 feuillets.

1672. — Cadastre du Bazadais. — Paroisse de Sauviac, (Gironde). — Noms de possesseurs : Joseph de Lamarque, baron de Sauviac; J. Faber, conseiller du Roi, etc...

C. 2461. (Portefeuille.) — 1 registre, in-folio, 379 feuillets.

1673. — Cadastre de la ville de Bazas (Gironde). — Noms de possesseurs : Baulos, Marescot, Gons, Sage, Ménoire, Tamaignant, Lamarque, Deyres, Quincarnon, Dubernet, Labarthe, de Jeayle, Guibert, Chalup; de La Lande de la Loubère; de Robert, de Mothes, Basterot, Saint-Espès, de Bourges, Litterie, J. de Suède, Rabion, Tezis, de Brustis, Laroque-Latour, Belloc, Tarride, Fabri, Dubourdieu, de Lalanne, de Sarraud, de Girard, du Hos, etc. — La Chapelle Notre-Dame, pour une contenance de 13 lattes 5 escats. — L'église Saint-Jean, un journal, 8 lattes. — L'hôpital, — L'évêque, pour un moulin à eau, au moulin de Saint-Martin, et un jardin au aubarède de la contenance d'un journal et demi. — Le chapitre, pour 136 journaux de pré, terre, maisons, dans les paroisses de Saint-Michel, Tontoullon et Saint-Vincent. — Place commune au bourg de l'Hospitau, contenant 2 lattes 6 escats (le 1/7 d'un journal). — Laude commune dans la paroisse Notre-Dame, de six journaux abonnés à un et demi; — le commun de la paroisse Saint-Jean, sur le chemin de Bazas à Cazats. — Le commun de la ville, appelé à Gailhut, ou au padouen de Saint-Martin, de la contenance de 122 journaux, abonnés vu la classe (4°), à trente journaux et demi. — Le commun de Saint-Cosme avec ceux des villages de Tonlieu et de Gailot, du Bourie et de Pierre Nau; — de la paroisse Saint-Michel, entre tous les habitants du village de Praderon, où est le puits et pastey ; et ceux des villages de Hourtin et de la Sablière ; — de la paroisse Saint-Vincent, villages de Haut, de la Grange, de Peryçaine, de Tontoulon, et de Saint-Hyppolite. — Somme de tout le cadastre de la ville de Bazas dix mille deux cent-quatre journaux, « abonnés à 7,300, revenant avec le chiffre de 2,390 arpens « pour l'abonnement des maisons de la ville, à l'assiette « totale de 9,613 arpents de premier degré sur lesquels « doivent être faites à l'avenir les impositions des charges « ordinaires et extraordinaires de la communauté. »

C. 2462. (Portefeuille.) — 1 registre in-folio, 256 feuillets.

1672. — Cadastre et « livre de l'arpentement général de la paroisse de Caberac, comté de Blagnac en Bazadais, fait par les arpenteurs soussignés l'année mil six cens septante-deux, comme ensuit. » — Cabara (Gironde), canton de Branne, arrondissement de Libourne.

C. 2463. (Registre.) — 1 Registre, format in-folio, mauvais état.

1672. — Cadastre de la juridiction et paroisse de Caubon en Bazadais, actuellement Caubon-Saint-Sauveur (Lot-et-Garonne), arrondissement de Marmande.

C. 2464. (Registre.) — 1 Registre, in-folio, relié, 525 feuillets.

1672. — Livre d'arpentement général de la terre et juridiction de Caumon, en Condomois (Lot-et-Garonne), paroisses Saint-Germain — de Fourques — de Sainte-Marthe — de Saint-Sauveur — de Saint-Martin — de Taillebourg et la Franche-Comté de Paradis, sur les limites de Caumont et Marmande. Noms de possesseurs : Laliman, Brezets, Rouault, Feytis de La Coste, Lagarde, M° Jean Royal, ministre, Chauffour, Melet, seigneur de Saint-Orens, P. Sacriste, baron de Samazan, Rolland, Carrelet, messire Armand Nompar de Caumont, duc de La Force, pair et maréchal de France, Fr. de Salomon, L. de Comarque, etc. — Lieux dits : « à la vigne où soulait être la ville de Caumon. » Au Paradis — au Temple — chemin de l'Estrade, etc. — Contenance générale 6,517 arpens, divisés en 5,230 parcelles, distraction faite de 700 journaux de terre noble.

C. 2465. (Carton.) — 127 pièces, papier, 2 parchemins.

1777-1780. — Correspondance de M° Dupré Saint-Maur, intendant de Bordeaux avec les ministres d'Ormesson et Necker et les subdélégués concernant la formation d'un nouveau cadastre de la terre de Fumel en Agenais (Lot-et-Garonne), les assemblées des habitants, les requêtes contradictoires, l'homologation du nouveau cadastre et ses différences avec l'ancien.

C. 2466. (Registre.) — 1 in-folio de 315 pages.

1605. — XVIII° siècle. — Copie informe, d'une écriture du milieu du dix-huitième siècle, des procès-verbaux de délimitation et de contenance des juridictions de l'Agenais, et de toute la sénéchaussée, dressés en 1604 et 1605. — Somme totale des carterées formant les cinq subdélégations d'Agen, Marmande, Sainte-Foy, Villeneuve, Montflanquin, 493,298 carterées. — Tableau de toutes les juridictions d'Agenais, par subdélégation. — Extrait de l'arpentement général du pays appelé les Aides-d'Agenais, et dressé en 1612, à la requête dudit pays, par maître Pierre de Gourgues, trésorier des finances en Guienne, comprenant le Brulhois, la Lomagne, chef-lieu Auvillars, La Vidt, Miradoux, Saint-Cla, Goudonville, les quatre baronnies (Tarrède, Faudoas, Lannac, Marestang), les comtés de l'Ile Jourdain et de Cramaing. — « Premier des quatorze quartiers qui ont été suivis faisant l'arpentement général » ville d'Agen — Bajamon — La Roque Timbaut. Fauguerolles — Monbalen — Lusignan — Madaillan — Sauvaignas — Castelculier — La Fox — II° quartier, Puymirol — La Sauvetat de Savères — Combebonnet-Dondas — Montjoye — Saint-Maurin — Castel-Sagrat — Clermontdessus — Golfech — Valence — Gondourville — La Lande — Pommevie Ferrussac — Espallais. — III° quartier. Villeneuve — Pujols — Sainte-Livrade — Sévignac — La Maurelle — Casseneuil — Hanterive. — IV° à XIV° quartier, etc. comprenant le reste des juridictions, chacune délimitée, comme les précédentes, par un procès-verbal détaillé et très-complet.

INTENDANCE DE BORDEAUX.

C. 2467. (Carton.) — 73 pièces, papier, 61 plans, parchemin.

1698-1702. — Finances. — Requête adressée à M. de Labourdonnaye, intendant de Bordeaux, par Bertrand Lugat, chargé du recouvrement des deniers de la capitation due par le présidial d'Agen, aux fins de saisir entre les mains du receveur et payeur des gages de ce présidial, maître Fr. Bayle, les traitements et pensions des officiers du siége, jusqu'à concurrence de leur dû ; — dépôt des pièces justificatives des comptes des exercices 1698 à 1702, accompagnés des copies des provisions d'offices pour MM. Laurent, Labat, J. de Bessières, J. de la Ville, Vergnes, Douzon, Vidalot, Reignac, Cunolis, Hugonis, Bordes, Jayan, Benassis, Redon, Grousson, Conquet, etc., pourvus par succession ou résignation de leurs prédécesseurs ; La Basty, Baulenne, Coquet, Faure, Reyre, Roussanes, Carroussel, Ancelin, Nargassier, Bressolles, Ducros, Philippes, Daunefort, Muraille, etc.

C. 2468. (Carton.) — 5 pièces, papier, 119 parchemin.

1703-1709. — Quittances de gages des officiers du présidial d'Agen délivrées, contre pièces justificatives telles que copie de provisions d'office, au receveur payeur du présidial pour les exercices 1703-1709 : Douzon, Cornier, Redon, Fabre de Goltz, Muraille, Brousse Bosoq, Bessières, Grousson, Laville, Jeyan, Labat, Darfeuille, Capot, conseillers et officiers de la cour présidiale.

C. 2469. (Carton.) — 19 pièces, papier; 103, parchemin.

1710-1714. — Quittances de gages du présidial d'Agen : mêmes noms que ci-dessus : juge mage 500 livres; premier ancien président, 300 livres ; conseiller 100 livres ; avocat du Roi, lieutenant-général, lieutenant particulier, 100 livres ; — provisions d'offices pour Antoine De La Ville, J. Lacuée *loco* J. de Beaulac, J.-H. de Sabouroux ; — Etat et relevé des gages de feu maître Étienne Cunolis D'Espalais, lieutenant assesseur au présidial ; Pierre Dailhen, conseiller au présidial, *loco* P. de Coquet; Vivie, greffier de la cour de la sénéchaussée et siége présidial.

C. 2470. (Carton.) 2 pièces, papier, 119 parchemin.

1715-1719. — Quittances de payement de gages fournies au sieur Bayle par les officiers du présidial d'Agen ; — provisions de J. Bienassis et de Antoine De La Fitte ; mêmes officiers que ci-dessus.

C. 2471. (Carton.) — 4 pièces, papier; 100 pièces parchemin.

1720-1723. — Quittances de gages des officiers du présidial d'Agen, remises au payeur des gages, maître Fr. Bayle.

C. 2472. (Carton.) — 5 pièces, papier ; 81 pièces, parchemin.

1724-1726. — Quittances de gages des officiers du présidial d'Agen : J. Vergnes, Fr. Mieussens, Pierre Couloussac de Labrit, J. Seguran de Jaudonenc, etc..., provisions de l'office de conseiller pour J. Louis Vergne, Fr. Mieussens, P. Couloussac, J. de Séguran, et J. de Sabouroux.

C. 2473. (Registre.) — In-folio, 143 feuillets.

1767-1771. — Rentes sur les tailles. « Registre des titres qui en conséquence de l'arrêt du conseil du 30 octobre 1767 doivent être remis à M. l'intendant, et par lui envoyés à M. d'Ormesson, conseiller d'Etat et intendant des finances, au sujet des rentes employées dans les Etats du Roi. » Noms des porteurs de rentes : Brocas, Béchade de Labarthe, De Bonneau, de Gombaud, Le Berthon, les demoiselles Chasseran de La Tour, De Calvimont, De Caupos, De Cazeaux, Chimbault de Fillolb, D'Abadie, Tapot, de Sarrau, D'Albessard, De Piis, de Nort, Dulion, Dufaure de Lajarthe, Balguerie, Destignols, Pic de la Mirandole, De Lassalle de Roquefort, Lynch, de Marbotin, de Paty, de Pontac, de Pichon, de Verthamon, de Vernejouls, etc., et une grande quantité de communautés.

C. 2474. (Registre.) — Grand in-folio, 124 feuillets.

1768-1775. — Registre des rentes sur les tailles. — Noms : De Bastard, Bézian, de Bernède, de Beaumont, Chancel de Mareynon, Courtade de Quissac et de Salis, de Saubasse, veuve De L'Epée, Laclaverie, Dupuy de La Barthe, de Campaigno, De Brons, de Montlezun, de Goyon, de Galaup, De Cadrès, De Valence, La Vaissière, La Beaume, de Lart, Roquevert, Commaque, Vitrac, diverses communautés et hôpitaux.

C. 2475. (Carton.) — 103 pièces, papier.

1719-1768. — Finances. — Demandes d'exemption de tailles en considération du nombre d'enfants mâles ; état des familles de la généralité composées de dix enfants, et au dessus : — Les sieurs de Salle de Brux, La Vergne Monraval, Dupérier de l'Ilefort, de Ruat, Dupleix, De Mothes de la Beziade, Valet de Payraud, Constantin, Larrieu,

De Saulnier du Plaissat, etc... Propositions des intendants aux ministres, et remises ou modérations accordées par le Roi.

C. 2476. (Carton.) — 104 pièces.

1768-1769.—Finances. — Familles nombreuses : demandes d'indemnité, de modération d'impôts, ou de secours : Bugeaud de Ribeyrolie, seigneur de la Piconerie, paroisse de la Nouaille en Périgord, père de douze enfants; Jacques Tillos, bourgeois ; Jacques Lamothe, laboureur; Pierre de l'Eglise, chevalier de Saint-Louis; J. Lugeol ; Béchade, juge à La Réole, Choury de la Vigerie ; de Bregeas; Antigna; Debans; Sainsevin; Héraud, médecin, et notable de la ville de Marmande, etc... — Etats des pères de famille qui ont dix enfants, dressés par subdélégations et envoyés à l'intendance.

C. 2477. (Carton.) — 117 pièces.

1769. — Correspondance de M. Fargès, intendant, avec M. le ministre d'Ormesson, concernant les demandes de secours ou pensions, formées en exécution de l'édit de 1666 par les pères de familles nombreuses; le ministre accorde surtout des modérations de taille.

C. 2478. (Carton.) — 96 pièces.

1770-1785. — Familles nombreuses et secours accordés lors de la disette de 1773. Correspondance des intendants Fargès, Esmangart, et Dupré Saint-Maur avec les ministres Ormesson, Necker et de Vergennes. États par subdélégation des familles de dix enfants. — Compte que rend, pardevant l'intendant, le sieur Guiard, avocat en parlement, chargé de la distribution des fonds employés pour le soulagement des pauvres habitants de la province lors de la disette et de la cherté des grains en 1773 : frais de casernement de troupes envoyées dans différents cantons pour maintenir l'ordre; sommes données aux paroisses de Langon, Meynac, Budos, Bruges, Saint-Seurin-sur-l'Ile, Saint-Lambert, Martillac, Barsac, Ladaux, etc... — Solde attribuée par M. Necker, de 3 sous par jour et par tête aux familles acadiennes en subsistance dans la généralité, mais seulement aux enfants, femmes au-dessus de 60 ans, et hommes au-dessus de 70 ans; le gouvernement n'ayant jamais entendu s'engager à pensionner à perpétuité des gens valides, et la solde précédemment donnée par M. Necker depuis 1778 à la quantité d'Acadiens rassemblés dans la généralité de Bretagne n'ayant été accordée que pour servir à leur dispersion dans les provinces

C. 2479. (Carton.) — 102 pièces.

1786-1789. — Correspondance de M. de Néville, intendant, avec les ministres De Vergennes, Blondel et Lambert, relative aux secours à donner aux chefs de familles nombreuses, et aux paroisses affamées par la disette en 1789.—Frais de casernement de quelques détachements de Royal-Pologne, cavalerie, à Bassens, Lormont et Saint-André de Cubzac (Gironde).

C. 2480. (Carton.) — 66 pièces.

1770-1789. — Secours et ateliers de charité. — Correspondance de l'intendant avec les subdélégués concernant l'établissements des ateliers de charité sur quelques routes ; la volonté du Roi qu'on accueille aux chantiers toute personne, même enfant ou femme qui se présentera ; la cherté du prix de revient de la partie faite par les troupes (Régiment de Royal-Vaisseaux) de la route des grandes Landes, entre Bayonne et Bordeaux décrétée en 1775 sur la proposition de l'intendant M. de Clugny; l'ouverture entre le Condomois et Bordeaux d'un nouveau chemin de Boussères à Fauguerolles (Lot-et-Garonne), passant par Thouars; les réparations de la route de Saint-Sever à Aire (Landes); les instructions données par M. de Voglie inspecteur général des ponts et chaussées à M. Valframbert, ingénieur en chef de la généralité de Bordeaux, concernant les changements qui doivent résulter dans son département de la suppression des corvées.

C. 2481. (Carton.) — 108 pièces.

1773-1778. — Finances. — Secours et pensions. — Correspondance des intendans avec les ministres et les subdélégués concernant les secours, gratifications et pensions à accorder pour grand nombre d'enfants, pertes par force majeure, services exceptionnels, etc... au sieur Latapy; dont la verrerie située à Bazas a brûlé et devra être reconstruite; à la veuve du sieur Galineau, ancien employé de l'intendance; au sieur Lalo, secrétaire de l'intendance; pension de retraite de 600 livres allouée par le contrôleur général sur les fonds libres de la capitation.

SÉRIE C. — INTENDANCE DE BORDEAUX. — FINANCES. 395

C. 2482. (Registre.) — in-folio, relié, 126 feuillets.

1776-1777. — Finances. — Registre des ordonnances de payement, en quatorze chapitres : — I. *Fonds libres de la Capitation.* — Ordonnance de 24 livres à Antoine Bouldouyre pour avoir retiré le nommé Trau de la rivière de Dordogne ; de diverses sommes aux subdélégués pour avances faites ; de 200 livres au sieur Descudé, de Gabarret, en considération de pertes faites dans un incendie ; de 367 liv. pour la pension de deux élèves entretenus à l'école vétérinaire de Lyon aux frais de la généralité ; de 24 livres au sieur Joubert de Michiats pour avoir sauvé un homme ; de 250 livres au sieur Simon, employé à l'arrangement des archives de l'intendance ; de 600 livres à l'abbé Baurein pour le même objet ; ordonnances de payement des traitements des employés, commis, secrétaires de l'intendance, et de MM. les subdélégués. — II. *Nouvelle salle de spectacle :* ordonnances en faveur de MM. Louis, architecte ; Robin, peintre du Roi ; Durand entrepreneur ; ordonnances tirées sur les fonds que la ville de Bordeaux a empruntés à Gênes, pour la construction de son hôtel commun. — III. *Pépinières de Périgueux et de Bordeaux :* ordonnances de payement pour les sieurs de Chancel, Letellier, Mirail, Moncheuil, Frère, propriétaires du sol, ou inspecteurs et fonctionnaires chargés de de l'établissement. — IV à VIII. *Ponts et chaussées, Casernements, Caisse des deux sous pour livre, Vingtièmes :* ordonnances pour les travaux du pont de Vezère à Montignac (Dordogne), des rivières de la Bayse et du Lot, du port de Saint-Jean de Luz ; pour le supplément de dépenses occasionné aux villes de la généralité par le casernement des troupes ; pour les appointements ou indemnités de MM. d'Orgemont, De Belleyme, géographe de la carte de Guyenne, les administrateurs des enfants trouvés et ceux de la maison de Force aux hôpitaux desquels le Roifait une pension annuelle de 6,000 livres à chacun des deux ; le marquis de Fumel à cause de son logement en qualité de lieutenant de Roi de la ville de Bordeaux ; Jean-Baptiste Jumel, jardinier du Jardin Royal ; Latapie, inspecteur des manufactures ; — IX et X. *Logements militaires ;* XI et XII. *Fonds des bureaux et ateliers de charité ;* — XIII. — *Postes :* enregistrement des ordonnances expédiées aux maîtres des postes de la généralité, et nommément à chacun d'eux, inscrits par route et par station. — XIV. *Construction des casernes :* le registre ne contient rien sur cet objet.

C. 2483. (Carton.) — 101 pièces.

1709-1778. — Finances. — Affaires générales. — Correspondance des intendants avec les ministres et les subdélégués concernant : la recette générale des finances ; — la caisse des 3 sols pour livre ; — le remboursement des avances de grains de semence ; — les priviléges ecclésiastiques par rapport à la taille ; — les secours accordés à l'industrie, spécialement à la manufacture de Montpazier (Dordogne) créée par l'abbé de Laborie ; —
— Les affaires de la voirie et du domaine relativement à la succession d'un aubain, Don André d'Amileta mort aux bains à Cambo (Hautes-Pyrénées) ; au conflit de juridiction élevé par la marquise de Caumont entre le bureau des Trésoriers et le juge de sa terre de Mussidan, sur partie de la route royale qui avait cessé de traverser la ville depuis la rectification de ce chemin ; à la demande en concession de l'île de Podensac, déjà possédée sans titre par un autre particulier, le président Leberthon ; — la mise en vente par quelques jurats de la Réole de 2200 journaux de terre appelés le Bois Majou, à l'occasion de laquelle sont rappelés les droits du Domaine à la propriété de ces terrains, l'opposition d'une partie des habitants, la revendication introduite par les paroisses voisines, et les différentes instances pour ou contre la Ville et le Domaine ouvertes à ce sujet depuis l'année 1469, y compris la rétrocession faite aux jurats par le duc de Richelieu en 1768.

C. 2484. (Carton.) — 120 pièces.

1773-1778. — Finances. — Direction générale. — Correspondance de MM. Esmangart, de Clugny et Dupré de Saint-Maur, intendants de Bordeaux, avec MM. les ministres Terray, Turgot, Boullougne, Necker, Débonnaire de Forges et de Cotte concernant : — Les créances de la Caisse des deux sols pour livre levés au profit de la Ville de Bordeaux en sus des droits d'entrée et de sortie sur toutes marchandises dans la sénéchaussée de Guienne, créances dont la rentrée est très en retard, et dont le jugement est par un Arrêt du conseil attribué à l'Intendant ; — la déclaration du Roi, de 1776, relative à la répartition de la taille, que la cour des Aides de Bordeaux a gardée deux ans sans l'avoir enregistrée ni fait exécuter, ni proposé les motifs de ce retard ; — l'utilité et le bien produit par l'établissement de la manufacture de Montpazier, et la demande d'un secours faite par l'évêque de Sarlat en faveur des sœurs qui dirigent les ateliers de filature ; — la demande du chevalier de Villers chargé par M. de Sartines des opérations préliminaires du projet conçu par le sieur de l'Horte de former un port dans le bassin d'Arcachon et un canal de ce bassin à Bordeaux et à Bayonne, que les dépenses nécessaires pour la rédaction du plan général soient supportées par le Roi; — la fabrication d'étoffes étrangères dont le ministère envoie des échantillons afin de les proposer à faire aux manufactures de la province; — un projet d'établir des nitrières artificielles, divers particuliers ayant obtenu des commissions pour faire du salpêtre en différentes villes, plutôt malheureusement pour jouir des privilèges attachés à ce titre que pour en remplir les engagements; — la prorogation de l'octroi accordé en faveur de l'hôpital de Bayonne; — l'autorisation de faire venir à Bayonne des sardines de pêche espagnole, la pêche française étant nulle par les levées extraordinaires de matelots faites cette année dans le pays de Labour.

C. 2485. (Carton.) — 71 pièces, papier, 1 parchemin.

1778. — Finances. — Direction générale. — Correspondance de M. Dupré Saint-Maur, intendant, avec MM. les ministres Necker, de Cotte et de Montbarey concernant: — Les dépenses de reconstruction de l'église de Nérac détruite depuis 1569 pendant les guerres de Religion, et qu'il s'agit de reconstruire en grande partie, aux frais du Trésor; — l'exportation pour l'Espagne d'une certaine quantité de farines provenant de grains étrangers, non employés depuis la fin de la disette; — les établissements de manufactures, comme la verrerie Mitchell qu'on transfère à Bacalan, la manufacture des toiles peintes à l'instar de celles d'Angleterre, élevée à Agen par les sieurs Bory, les fabriques d'amidon de Bordeaux et de la Réole, la fabrique de quincaillerie anglaise transférée par Chéret de Maumignon, de Rouen à Lessart en Anjou, et enfin à Bordeaux, toutes peu favorisées dans leurs demandes d'exemption de droits et de privilèges; — la translation projetée par les Fermiers généraux du port de Blaye à celui de Paulliac du bureau d'expéditions des navires, parce qu'il a été « reconnu depuis longtemps que les vaisseaux qui remontent « ou descendent la rivière de Gironde étaient obligés de « s'arrêter à Paulliac, et d'y décharger leurs cargaisons « de bord à bord dans des allèges. »

C. 2486. (Carton.) — 86 pièces.

1757-1788. — Finances. — Direction générale. — Correspondance des intendants avec les ministres Necker et d'Ormesson concernant: — les rentrées à faire opérer des créances de la caisse des deux sols pour livre; états de situation, états de traitements et pensions qu'elle supporte; lettre du sieur Robin, peintre du Roi, demandant à être enfin payé des peintures par lui faites tant au plafond qu'aux pendentifs de la nouvelle salle de spectacle; la gratification annuelle pendant dix ans de 2000 liv. au sieur Gounon, entrepreneur d'une manufacture de toile à voiles à Agen; le prêt de 6000 liv. au sieur de Montmignon pour faciliter l'établissement de sa fonderie de canons, et diverses pensions ou indemnités accordées sur la caisse des deux sols pour livre.

C. 2487. (Carton.) — 107 pièces.

1750-1764. — Finances. — Jugements des intendants sur les requêtes des particuliers, en modération des droits de contrôle, centième denier, droits de succession prétendus par les commis du Domaine pour insuffisance ou erreur de déclaration; — transaction entre les jurats et l'Académie des sciences par laquelle la ville de Bordeaux s'engage à payer le droit d'amortissement qui est demandé à l'Académie à raison des nouveaux bâtiments que les jurats lui ont fait construire en échange de partie de son jardin.

C. 2488. (Carton.) — 102 pièces.

1765-1775. — Finances. — Copies adressées à l'intendance des Etats des droits d'amortissement et francs-fiefs payés dans la généralité, et requêtes en modération de droits: — l'Académie contre le Domaine.

C. 2489. (Carton.) — 92 pièces.

1776-1784. — Finances. — Jugements des intendants sur les requêtes des particuliers contre les commis du Domaine, au sujet des droits d'amortissement, francs-fiefs et nouveaux acquêts: L'académie de Bordeaux appelant la ville en garantie, et celle-ci condamnée à payer les droits, transigés à 1000 liv., des nouveaux bâtiments qu'elle lui a fait élever en compensation du terrain situé entre les rues Mautrec et Saint-Dominique, qu'elle avait repris à l'Académie pour continuer le projet de décoration sur toute la longueur de l'esplanade des allées de Tourny; — les protestants étrangers et nationaux représentés par le sieur Weltner, négociant, demandant qu'en conformité d'un arrêt du conseil du 24 mars 1726 un cimetière soit établi pour les protestants qui viennent à Bordeaux pour leur commerce, et par extension, pour tous les autres protestants de la Ville, cette dernière demande refusée par le ministère, malgré la proposition de l'intendant, sur le danger de faire autrement qu'à Paris où l'inhumation des protestants français ne se fait qu'en conséquence d'une ordonnance de police dans laquelle est désigné le lieu où l'inhumation doit se faire ; l'intendant décharge du droit d'amortissement demandé par le Domaine le terrain acquis par le sieur Weltner pour former un cimetière aux protestants étrangers ; — Les juifs de la nation portugaise établis à Bordeaux, déchargés du droit d'amortissement réclamé contre eux pour l'achat d'un terrain au Sablona, pour un cimetière ; les Bénédictins de Sainte-Croix de Bordeaux, exemptés de l'amortissement qui serait dû par eux pour avoir la faculté d'établir douze petites maisons sur un terrain déjà amorti ; — la fabrique de l'église de Sainte-Terre (Gironde), modérée à 5 liv. de droit au lieu de 666 liv. réclamées pour l'amortissement d'un legs de 4000 liv. fait à la paroisse par le sieur Vincent, curé, suivant son testament du 24 octobre 1771.

C. 2490. (Registre.) — in-folio, 189 feuillets.

1770-1784. — Finances. — Registre des ordonnances de décharge pour la capitation de la ville de Bordeaux.

C. 2491. (Carton.) — 80 pièces, papier, 4 parchemin.

1779-1786. — Correspondance de MM. Dupré Saint-Maur et de Néville, intendants de Bordeaux, avec le ministère concernant la vérification des comptes des receveurs des impositions de l'élection de Condom (Gers).

C. 2492. (Carton.) — 65 pièces, 4 papier, parchemin.

1779-1787. — Correspondance des intendants avec le ministère, concernant la vérification de la comptabilité du receveur de l'élection de Condom.

C. 2493. (Carton.) — 106 pièces.

1779-1786. — Finances. — Secours et gratifications : — au sieur Lamothe, centenaire, âgé de 105 ans ; — à des bourgeois, laboureurs, artisans et gentilshommes pauvres, et chargés de famille.

C. 2494. (Carton.) — 114 pièces.

1786-1788. — Finances. — Secours aux veuves et orphelins de matelots morts sur les vaisseaux du Roi pendant la dernière guerre, à qui le commerce de Bordeaux a offert une somme de cent mille livres, et au Roi le vaisseau la *Ville de Bordeaux*. — Quartier de la Teste, Bègles, Parempuyre, Quinsac et Tabanac, Villenave et Bordeaux-Saint-Michel.

C. 2495. (Carton.) — 120 pièces.

1788. — Finances. — Quittances aux veuves de marins des quartiers de Bayonne, Saint-Jean de Luz, Bordeaux et Beaurech (Gironde).

C. 2496. (Carton.) — 1 cahier, 105 feuillets.

1788. — Finances. — État des veuves des gens de mer dont les maris ont été tués pendant la dernière guerre : noms des vaisseaux et des commandants sous lesquels ils sont morts : *le Victor*, capitaine Renaud ; *le Sagittaire*, capitaine d'Albert : *la Médie*, *le d'Estaing* ; *le Tonnant*, *la Railleuse*, *le Languedoc*, *la Sartines*, *l'Argonaute*, capitaines : MM. Viart, Girardin, De Flotte-d'Estaing, de Barras, chef d'escadre, de Saint-Côme, de Boulainvilliers, de Clavières ; *le Guerrier*, capitaine Bougainville ; *l'Artésien*, *le Rossignol*, *la Provence*, *le Fendant*, *l'Amphion*, *la Ville de Paris*, *la Pourvoyeuse*, *le Sceptre*, *la Dorade*, capitaines : MM. de Saint-Félix, Champion de Cicé, de Suzanet, comte de Vaudreuil, de Grasse, Dutilly, de Saint-Orens, de Trémignon ; *l'Astrée*, capitaine de Lapeyrouse ; *la Nymphe*, capitaine de Mortemart ; *la Couronne*, *le Conquérant*, *l'Auguste*, etc., capitaines : MM. de Genouilly, de la Grandière, de Retz, de Castellane, de Kersaint, de Solanges, de Grimoard ; *la Surveillante*, capitaine du Couëdic, etc., etc....

C. 2497. (Carton.) — 101 pièces.

1789. — Finances. — Quittances des gratifications accordées aux veuves de marins des départements de Bordeaux et de Bayonne, sur les 100,000 livres données par les directeurs du commerce de Bordeaux : la moyenne de chaque gratification est de 280 livres.

C. 2498. (Carton.) — 109 pièces.

1989. — Finances. — Quittances des gratifications accordées aux veuves de marins tués à l'ennemi, ou morts sur les pontons d'Angleterre, ou les hôpitaux, pendant et après la dernière guerre.

C. 2499. (Carton.) — 110 pièces.

1708-1755. — Finances. — Amortissement et mainmorte. — Exécution de l'édit du mois d'août 1749. — Correspondance de M. de Tourny avec les ministres, concernant des autorisations d'inféoder, acquérir et vendre : aux Jacobins de Bordeaux, le terrain que la ville leur cède ; aux Jésuites, le prieuré d'Espessas (Gironde) ; aux curé et habitants de la paroisse Saint-Eloi de Bordeaux, une maison pour loger trois sœurs grises chargées de porter des secours aux pauvres malades ; aux recteurs de l'hôpital du Mas d'Agenais, un petit terrain environnant les bâtiments des malades ; aux supérieurs du séminaire de la Mission à Bordeaux, une maison dont les fenêtres commandent leur établissement ; aux Feuillants de Bordeaux, la confirmation de plusieurs contrats de vente de partie d'un jardin duquel ils avaient déjà généreusement donné les deux tiers, afin de contribuer aux embellissements de la ville ; la confirmation ou l'établissement de couvents qui n'ayant pas obtenu de lettres patentes se trouvent dans le cas de la nullité portée par l'article 13 de l'édit de 1749 : les Bénédictines de Marmande, établies en 1645 par Antoinette d'Esparbès de Lussan, veuve du marquis de Grignols ; les Filles de la Foi de Villeréal, établies en 1713 ; les Filles de la Foi de Nérac, établies en 1699 ; les Prêtres missionnaires de Sainte-Foy (Gironde) ; — l'établissement projeté à Bordeaux et à Agen par le seigneur de la Tresne et l'archevêque, ainsi que l'évêque d'Agen, de deux couvents du Bon-Pasteur, à la création desquels les jurats des deux villes ne donnent leur consentement que dans l'espérance d'en voir suivre l'érection par celle de maisons de Force, à leur point de vue bien plus utiles à la province.

C. 2500. (Carton.) — 92 pièces, papier, 4 parchemins, 2 plans.

1751-1759. — Finances. — Gens de mainmorte. — Exécution de l'édit de 1749, qui renouvelle toutes les dispositions des lois précédentes sur les établissements et les acquisitions des gens de mainmorte, et y ajoute les mesures les plus propres à en assurer l'exécution. — Correspondance de M. de Tourny avec le ministère, concernant des autorisations d'acquérir, inféoder et vendre, des confirmations d'établissements religieux créés depuis 1666, etc , pour : — le séminaire de Bordeaux, de cinq petites maisons dans la rue du Palais-Gallien ; — les administrateurs de l'hôpital Saint-André ; — la chapelle de Notre-Dame à Port-Sainte-Marie (Lot-et-Garonne) ; — les Recolets de Sainte-Foy (Gironde) ; — la chapelle de Gassies Eyquem, fondée à Saint-André de Bordeaux, d'un vacant dans la paroisse de Saint-Aubin en Médoc ; — les Pères de la doctrine chrétienne, de Cadillac ; — les hôpitaux de Saint-Macaire et de Monségur (Gironde) et de Périgueux (Dordogne), ce dernier demandant par erreur sa confirmation, ainsi que le ministre en fait l'observation, puisqu'il était déjà fondé en 1542, et celui de Saint-Macaire, établi de temps immémorial, mais non pourvu de lettres-patentes d'établissement ; — les Bénédictines de Casteljaloux, les Bénédictines de Périgueux dont la suppression décidée en principe donne lieu aux jurats de Casteljaloux de demander la réunion de leur couvent à l'hôpital, et à ceux de Périgueux leur maintien et conservation à cause de leurs grands services.

C. 2501. (Carton.) — 95 pièces.

1750-1760. — Finances. — Mainmorte. — Autorisation d'acquérir et confirmation d'établissements de mainmorte. — Correspondance des intendants et des ministres concernant l'obtention de lettres-patentes en confirmation du couvent des religieuses Sainte-Claire d'Excideuil (Dordogne) ; la fondation pour les stations d'un prédicateur de l'Aveut et du Carême à Meilhan (Lot-et-Garonne) ; l'établissement d'un Bouillon de charité dans la ville du Port-Sainte-Marie, déjà doté par des offres particulières ; l'autorisation pour l'hôpital de Périgueux, d'accepter des legs et la demande de ce même hôpital d'être reconnu par lettres-patentes ; l'état des biens de l'hôpital ; la permission aux Filles de la Foi d'acquérir une métairie ; l'affaire de la création à Bergerac (Dordogne) par madame Sorbier du Séran, d'une communauté de filles dite de la Miséricorde, qui est ramenée au plus simple projet de demander des lettres-patentes pour que les donations déjà faites servent à fournir le bouillon aux pauvres malades, sous l'administration des dames de la ville, « le temps n'étant pas à approuver l'établissement nouveau de maisons religieuses puisqu'on les « supprime autant qu'on peut. »

C. 2502. (Carton.) — 100 pièces, 2 plans.

1751-1761. — Finances. — Mainmorte. — Correspondance au sujet de l'édit de 1749 entre le ministère et l'intendance, concernant : l'autorisation aux Filles de la Foi de Beaumont (Dordogne), d'accepter la donation que leur fait de tous ses biens leur fondatrice, la demoiselle de la Pradelle ; — au bailli de Fleury, commandeur du Temple de Bordeaux d'acquérir une maison pour l'utilité de sa commanderie ; — l'acceptation d'une donation pour l'hôpital de Gontaut (Lot-et-Garonne) ; — l'union du prieuré de Bonzic au collège de Sarlat ; — la destination à donner soit d'hôpital, soit d'écoles gratuites que tiendraient les Filles de la Foi et les Frères de la doctrine chrétienne, au legs fait en 1675 par Henri de La Tour d'Auvergne, vicomte de Turenne aux pauvres de sa terre de Castillon-sur-Dordogne, qui se convertiraient, d'une somme de 20,000 livres, dont les intérêts non servis au moment où cette seigneurie passa au premier président en 1738 formaient avec le principal le chiffre de quatre-vingt dix mille livres ; l'église bâtie, on ne put pas s'entendre sur l'hôpital, non plus que sur les Écoles, à l'établissement desquelles le duc de Bouillon, héritier du vicomte de Turenne refuse de donner son agrément ; autre projet d'école charitable assignée sur le legs Jean Reyre, avocat au parlement.

C. 2503. (Carton.) — 114 pièces, papier, 1 parchemin.

1761-1775. — Finances. — Brevets et ordonnances rendues par l'intendant portant permission et confirmation de ventes pour ceux qui sont issus de parents de la Religion prétendue réformée : les sieurs Lespiault, Couderc, Beaupuy, de Bergerac ; Lagravère, Belloc, Lavergne, Monteil, Beysselance, etc...

C. 2504. (Carton.) — 99 pièces, papier, 1 parchemin.

1776-1787. — Finances. — Ordonnances des intendants portant permission de vendre des immeubles, à divers habitants de Nérac, Bergerac, Sainte-Foi, etc., issus de parents de la Religion P. R.

C. 2505. (Carton.) — 85 pièces, papier.

1781-1789. — Finances. — Ordonnances des intendants sur requêtes à fin de remise d'amendes ou modération de droits de centième denier, contrôle, et franc-fief, dont le payement est poursuivi par le domaine sur : Etienne Godaille, seigneur de Saint-Caprais, juridiction de Monflanquin ; Ant. Fabre de Courtade ; Pierre Bardet, juge de Frégimont ; — Mlle Laubat, épouse Dubreuil ; le sieur de Perès ; le seigneur de Gramont de Villemontrée ; la dame de Traissas, veuve du sieur Giraud de La Garde, etc... pour des biens situés dans le ressort des bureaux du Port-Ste-Marie, Puymirol, Nérac (Lot-et-Garonne) ; le sieur de la Rigaudie ; la comtesse de Rochemorin ; M. de Foucault, marquis de Lardimalie ; Delpy d'Aumassip ; Senailhac Ducluzel, etc., pour des biens situés dans le ressort du bureau de Périgueux ; — le comte de Roffignae, pour n'avoir pas fait contrôler une convention faite en 1779 avec M. de Sartines, alors ministre de la marine, à l'effet par le premier de fournir au Roi cent vingt-mille quintaux d'artillerie du produit de ses forges ; le domaine est débouté par jugement de l'intendant sur la raison qu'une commande considérable d'artillerie faite par un ministre au commencement d'une guerre doit être tenue secrète autant que possible, et par conséquent non assujetie à la formalité du contrôle des actes.

C. 2506. (Carton.) — 120 pièces.

1760-1763. — Finances. — Ordonnances des intendants sur requêtes des particuliers en contestation avec le fermier du domaine pour la perception du droit d'échange des biens par eux acquis pendant les années 1760-1763.

C. 2507. (Carton.) — 108 pièces.

1761-1778. — Finances. — Ordonnances des intendants sur requêtes relatives à la prescription du droit d'échange.

C. 2508. (Carton.) — 102 pièces.

1765-1787. — Finances. — Vivres de la guerre : correspondance de MM. de Boutin et Esmangart, intendants de Bordeaux avec MM. les ministres le duc de Choiseul et le maréchal de Ségur, concernant les États de payements faits aux différents détachements en garnison dans la Généralité pour la plus value des rations de pain qu'ils ont consommées au lieu de pain de munition de 1765 à 1787.

C. 2509. (Carton.) — 68 pièces.

1787-1789. — Etats de paiements faits sur ordonnance de l'intendant aux différents détachements en garnison dans la généralité, pour la plus-value des rations de pain fournies par les boulangers locaux, au lieu du pain de munition.

C. 2510. (Carton.) — 109 pièces.

1773-1786. — Finances. — Secours aux familles nombreuses. Correspondance y relative entre les intendants et les ministres, concernant des envois de riz, de fèves et de vin à l'hôpital Saint-André, faits par l'ordre de l'intendant; des gratifications aux médecins qui ont été chargés de donner leurs soins aux pauvres des campagnes; des secours de route au sieur Duchemin de Létang médecin du Roi, venant d'Amérique où il était aux ordres du comte d'Estaing, et qui, arrivant à Bordeaux après deux naufrages éprouvés dans la traversée, a perdu tous ses effets en route.

C. 2511 (Carton.) — 102 pièces.

1773-1789. — Finances. — Familles nombreuses. Secours. Correspondance à ce sujet entre l'intendance et le ministère, et secours délivrés pour extrême misère, ou familles nombreuses.

C. 2512. (Carton.) — 120 pièces.

1772-1779. — Finances. — Pensions sur le Trésor. Correspondance de MM. Esmangart, de Clugny et Dupré Saint-Maur, intendants, avec MM. les ministres Bertin et Turgot concernant diverses demandes de pension sur le Trésor, principalement formées par des filles de noblesse, nouvelles converties, auxquelles ces pensions serviraient de dot pour leur entrée au couvent.

C. 2513. (Carton.) — 126 pièces.

1780-1784. — Finances. — Pensions sur le Trésor. — Correspondance des intendants avec les ministres concernant la nouvelle forme des pensions de secours qui seront désormais annuelles, mais renouvelables après chaque année, et les demandes de Nouvelles Converties d'entrer en quelque couvent avec une pension du Roi.

C. 2514. (Carton.) — 98 pièces.

1785-1786. — Finances. — Pensions sur le Trésor. Correspondance administrative sur les demandes de pensions qui se multiplient malgré les embarras du Trésor; quelques unes sans le moindre fondement, et d'autres dignes en effet de grande considération, mais repoussées ou ajournées par l'état des finances du Roi.

C. 2515. (Carton.) — 119 pièces.

1786. — Finances. — Pensions sur le Trésor. — Correspondance de M. de Néville, intendant, avec MM. de Vergennes, de Breteuil et de Calonne sur des demandes de pensions pour les Nouvelles Converties; un aveugle, ancien arquebusier du Roi; des pères chargés de trop d'enfants; des gentilshommes devenus pauvres au service; un ancien subdélégué à la limite d'âge; une pauvre fille noble et de mérite, qui ne trouve aucun couvent où se retirer, vu la modicité de la pension du Roi, qui, à cause de cela, est portée à 180 livres par an; et des demandes de renseignements du ministre, M. de Vergennes, relativement aux communautés des Nouvelles Catholiques, Dame, de la Foi et Sœurs de l'instruction établies dans la généralité, qui jouissent toutes sur le Trésor de pensions annuelles à titre de subsistance, et cependant la plupart d'entre elles ne paraissent avoir personne à instruire dans la religion catholique, à cause de quoi il y aurait peut-être lieu d'en supprimer, ou du moins d'en diminuer considérablement le nombre. — État numéraire des protestantes que chaque communauté des Nouvelles Catholiques et des sœurs de l'instruction instruit actuellement dans la généralité, et de celles qu'elle a eu à instruire pendant les trois ou quatre dernières années.

C. 2516. (Carton.) — 69 pièces.

1787-1789. — Finances. — Pensions sur le Trésor. — Correspondance de l'intendant avec les ministres concernant les pensions réclamées sur le Trésor afin de pouvoir être instruites dans la religion près des dames de la Foi par diverses personnes, jeunes filles ou femmes protestantes, sollicitant en même temps un ordre du Roi pour être admises dans les couvents désignés; — et les secours demandés par des pères chargés de familles, et embarrassés dans leurs affaires.

SÉRIE C. — INTENDANCE DE BORDEAUX. — FINANCES.

C. 2517. (Carton.) — 120 pièces, papier.

1752-1753. — Finances. — Ordonnances de réimpositions demandées à l'intendant dans les élections de Bordeaux, Agen, Périgueux, Condom, et d'impositions extraordinaires pour frais et avances faites par les syndics et consuls des villes et communautés de Tauriac, Espessas, Saint-Martin de Mazerac, Castillon (Gironde), Monflanquin, Villeréal, Villeneuve d'Agen, Golfech (Lot-et-Garonne), Condom et Condomois, Bazas, et diverses paroisses du Périgord, concernant : le passage à Bazas du marquis de Paulmy, secrétaire d'Etat au département de la guerre; le remboursement des grains prêtés par le gouvernement; l'entretien de l'horloge de l'église Notre Dame du Roc, à Mussidan, nouvellement rééditée par la charité des habitants après avoir été très-longtemps en ruines; la reconstruction permise aux frais de la ville de Condom, par une imposition particulière, d'une maison abattue pour faire la part du feu dans un incendie, celle dans laquelle le feu a pris ne devant être l'objet tout au plus que d'une légère aumône à prendre sur les fonds de secours; les travaux faits d'urgence par les paroisses de Marcellus et Gaujac à la brèche de la levée de la Garonne dite des Henriquets; le logement du curé de Saint-Jean de Bazas, etc.

C. 2518. (Carton.) — 112 pièces, papier.

1753-1754. — Finances. — Ordonnances de réimpositions signées de l'intendant concernant la réparation des prisons de Sarlat, — de la chaussée du pont de Daglan; — Les frais du cadastre de la paroisse de Poumenic (Lot-et-Garonne), refait par délibération des habitants; — le remboursement des grains prêtés pour semences; — les frais de procès de plusieurs paroisses contre les seigneurs ou les collecteurs.

C. 2519. (Carton.) — 107 pièces, papier.

1754-1789. — Finances. — Gratifications et impositions particulières. — Correspondance de MM. de Tourny, Boutin, Esmangard, Dupré de Saint-Maur et de Néville, intendants, avec le ministère concernant la gratification annuelle pour tenir lieu de logement aux inspecteurs et sous-ingénieurs des ponts et chaussées; — l'abonnement de l'intendant au Journal de la Guienne, payé sous forme de gratification « en considération de son exactitude à faire mention des avis qui lui sont adressés de la part de l'intendant, relativement à l'administration de son intendance; — la somme de 500 livres accordée plusieurs années de suite par M. Dupré Saint-Maur à la Société littéraire d'Agen, présidée par M. de Lacépède, en vue de l'établissement d'une école gratuite de dessin; — les avances faites pour envoyer à Bordeaux des échantillons de différents plants de vigne de la province; — les dépenses à acquitter sur les fonds variables de l'installation d'une nouvelle salle à l'hôpital de Villeneuve d'Agen ; — le traitement du sieur Latapy comme chargé de réunir une collection de minéraux dans toute la province; — celui des sieur et dame Coutanceau, chargés de professer gratuitement un cours d'accouchement; — les indemnités à la maréchaussée; — les encouragements pécuniaires accordés à deux élèves d'Alfort, de retour dans la Généralité, — la proposition du prieur de Montignac (Dordogne) d'appliquer à l'achat de grains pour le soulagement des habitants, une somme de 3,700 livres provenant de la vente de matériaux de maisons démolies pour la construction du quai, etc...

C. 2520. (Carton.) — 113 pièces, papier.

1782-1789. — Finances. — Gratifications et indemnités pour des travaux exécutés, ou des plans projetés suivis d'un commencement d'exécution, accompagnées de quatre états approuvés par le ministre, de travaux de charité 1786-1789 avec pièces justificatives à l'appui, parmi lesquelles celles qui se rapportent au projet de M. de Ruat de fixer les dunes de sables, et de M. Brémontier de créer le canal des Landes de la Garonne à l'Adour, après qu'on aura réussi à fixer et ensemencer les dunes du littoral ; — 50,000 livres destinées aux essais.

C. 2521. (Carton.) — 117 pièces, papier.

1772-1787. — Finances. — Déclarations d'entrée. — Marque des marchandises. — Correspondance de M. Dupré Saint-Maur, intendant, avec MM. d'Ormesson, Joly de Fleury et Necker, concernant l'application à la Généralité du droit de visite et de contrôle sur les étoffes qui se perçoit depuis longtemps partout ailleurs (1778); l'exercice du droit de marque et plomb ; la création d'un receveur du droit, qui cesserait d'être perçu par les gardes jurés; la résistance des marchands drapiers et toiliers de Bordeaux à l'établissement du bureau, l'exécution du nouvel Edit de 1783 prescrivant le plombage après les apprêts et

GIRONDE. — SÉRIE C. 51

les difficultés que rencontre l'administration à la mise à exécution de ces mesures.

C. 2522. (Carton.) — 95 pièces, papier, 1 parchemin.

1785-1787. — Finances. — Déclarations d'entrée et marque des marchandises. — Correspondance de l'intendance avec les subdélégués concernant l'établissement des bureaux de marque dans différentes villes, et leur réduction à cinq, vû le peu de manufactures du pays, ainsi que la quantité d'amidon amené de Dunkerque et des Flandres dans le port de Bordeaux.

C. 2523. (Carton.) — 106 pièces, papier.

1788-179. — Finances. — Déclarations d'entrée et marque des marchandises. — Correspondance des subdélégués avec l'intendance relative à la suppression de quelques bureaux, et leur entière inutilité dans certains lieux, comme Mont-de-Marsan, où l'absence d'industrie d'un côté et de l'autre le privilége d'entrepôt attaché aux foires de Bayonne rendent sans emploi les bureaux établis.

C. 2524. (Portefeuille.) — 1 Registre in-folio, relié, 12 feuillets, papier.

1788-1790. — Douanes. — Bureau d'entrée, et recette du droit de demi pour cent du domaine d'occident appartenant à la marine, établi par déclaration du 10 novembre 1727.

C. 2525. (Portefeuille.) — 1 Registre in-folio, relié, 128 feuillets, papier.

1788-1790. — Douanes. — Bureau d'entrée et recette du droit de demi pour cent.

C. 2526. (Portefeuille.) — 1 Registre in-folio, relié, 112 feuillets, papier.

1788-1790. — Douanes. — Bureau d'entrée et recette du droit de demi pour cent à Bordeaux.

C. 2527. (Portefeuille.) — Registre in-folio, relié, 140 feuillets, papier.

1788-1790. — Comptabilité du receveur du droit de demi pour cent à l'entrée des marchandises provenant des colonies françaises, ensemble les états de dépenses faites avec les produits de ce droit.

C. 2528. (Carton.) — 66 pièces, parchemin et papier.

1644-1789. — Finances. — Rentes annuelles. Titres de rentes payées par le Roi à diverses communautés religieuses de Bordeaux.

C. 2529. (Carton.) — 43 pièces, papier.

1721-1789. — Finances. — Titres de rentes payées par le Roi à diverses communautés religieuses de Bordeaux et de la province.

C. 2530. (Portefeuille.) — 140 pièces, papier.

1710-1723. — Postes. — Correspondance de MM. les Intendants avec le Ministère, concernant les plaintes des maîtres des postes de ce qu'on les a compris dans les rôles arrêtés au Conseil pour le rachat de leur capitation ; — les anciens priviléges et les exemptions des directeurs et commis des postes ; — l'augmentation du prix des courses ; — la difficulté de rétablir et de remonter les postes ; — les départs et arrivées des courriers.

C. 2531. (Portefeuille.) — 131 pièces, papier.

1724-1725. — Correspondance de M. Boucher, intendant, avec les Ministres concernant : — le projet d'un nouveau chemin par les petites Landes au dessus de Dax et de Tartas, et passant par Captieux (Gironde) ; — les délibérations de communautés relatives à la désignation d'un habitant pour tenir la poste ; — les excès et violences de quelques officiers et gentilshommes sur les maîtres de postes dont ils crèvent les chevaux par des étapes triples ; — la fixation à 25 sols par cheval du prix de location des chevaux de brancard et de trait, etc...

C. 2532. Portefeuille.) — 117 pièces, papier.

1726-1730. — Correspondance de M. Boucher, intendant, avec le Ministère concernant : — l'état des postes de la Généralité ; — la concurrence des loueurs de chevaux contre les maîtres de postes ; — le maintien des priviléges des maîtres ; — les secours accordés par le Ministre, le cardinal de Fleury, à quelques maîtres dans l'impossibilité de continuer, etc.

C. 2533. (Portefeuille.) — 105 pièces, papier.

1731-1735. — Correspondance de l'Intendant avec le Ministère relative à — l'état des postes de Bordeaux à Bayonne ; — la poste de Podensac et de Castres (Gironde) ; — la perte de chevaux faite par le maître de poste de Cercles en Périgord ; — la représentation de celui de Coutras que les chemins jusqu'aux Chalaures sont si mauvais que les plus défectueuses parties de la route sont recouvertes par de petits ponts de bois, toujours en danger de s'effondrer ; — l'abandon des postes de La Bouhaire, de Magesc, et des Mons sur la route de Bordeaux à Bayonne, et la souffrance du service à presque tous les relais ; — la publication nouvelle des ordonnances sur la matière, à l'observation desquelles le Ministre entend ramener.

C. 2534. (Portefeuille.) — 105 pièces, papier.

1736-1740. — Correspondance de M. Boucher, intendant, avec MM. les Ministres Pajot d'Onsembray, d'Ormesson, le cardinal de Fleury, Amelot, Pajot de Villiers, et Dufort, intendant général des postes, concernant : — des gratifications, secours et indemnités accordées à des maîtres de postes pour pertes de chevaux ou de récoltes ; — un mémoire sur la question des privilèges des maîtres de poste dont le sieur Fontémoin, riche négociant de Libourne prétend avoir droit de jouir, ayant succédé dans cette charge au sieur Marsaudon, dernier titulaire ; — l'état des chemins entre Fronsac et Saint-Pardoux-la-Rivière ; — les postes de Libourne, Martignas, La Réole, Lipoustey, etc.

C. 2535. (Portefeuille.) — 105 pièces, papier.

1741-1743. — Correspondance des intendants, MM. Boucher et de Tourny, concernant : — le projet de convertir en une indemnité fixe l'exemption de tailles dont jouissent les maîtres de postes et qui leur est souvent contestée ; — le tableau des maîtres de postes de la Généralité sur les routes de Paris, Bayonne, Toulouse et Limoges ; — l'injonction aux trois plus fort imposés de la paroisse de Lipoustey (Landes) d'avoir à faire les avances du rétablissement de la poste de ce lieu, les dépenses devant être couvertes après par une imposition à ordonner d'office ; les rapports du visiteur général des postes sur l'état des chemins ; — la transmission des brevets par mariage, etc.

C. 2536. (Portefeuille.) — 118 pièces, papier.

1744-1748. — Correspondance avec les Ministres et les subdélégués sur le personnel des maîtres de postes, les indemnités et secours, la distribution des relais sur la route de Limoges à Bordeaux, la proposition de faire passer par Périgueux la route de la poste, et à ce sujet mémoire relatif aux chemins du Périgord.

C. 2537. (Portefeuille.) — 50 pièces, papier.

1635-1786. — Déclarations du Roi, ordonnances, arrêts du Conseil, règlements sur le service des Postes, concernant : — la suppression de la nouvelle route de Limoges à Bordeaux par Périgueux établie en 1625, et des postes du Petit-Palais, Montpon, Mussidan, Montanceys, Périgueux, Agonat et Saint-Jean-d'Escole, pour rétablir l'ancienne route par Coutras et la Chalaure ; — la confirmation des privilèges et exemptions accordés aux maîtres des postes du royaume ; — le règlement pour les fermiers des coches, carrosses et messageries, les maîtres de postes et les loueurs de chevaux ; — le tarif des chevaux et chaises ; — l'obligation pour les villages et communautés des lieux où la poste est vacante, d'en remonter et d'en faire le service.

C. 2538. (Portefeuille.) — 100 pièces, papier.

1755-1756. — Compte que rend par devant M. l'intendant Boutin, M. Léonard Pick, receveur des tailles de l'élection de Bordeaux, en exercice l'année 1755, de la recette et dépense de l'imposition ordonnée sur ladite élection pour gratifications accordées aux maîtres de poste, en représentation et dédommagement de l'exemption supprimée de la taille, par arrêt du Conseil du 23 Juin 1850. — Autre compte pour l'année 1756 présenté à l'intendant de Tourny, des gratifications accordées pour la même cause dans les Élections d'Agen et Condom, et quittances.

C. 2539. (Portefeuille.) — 100 pièces, papier.

1756-1757. — Comptes-rendus pour les Élections de Bordeaux, Périgueux et Condom, à M. Boutin, intendant, par les receveurs des tailles de ces Élections, Mel de Saint-Géran, Delpy et Morel, des gratifications accordées aux maîtres de postes en dédommagement de l'exemption de la

ARCHIVES DE LA GIRONDE.

taille, et mandats de secours délivrés par M. de Tourny, intendant, sur les receveurs en faveur des maîtres de poste, pour avances faites, pertes de chevaux, approvisionnement de fourrages.

C. 2540. (Portefeuille.) — 100 pièces, papier.

1757-1759. — Comptes-rendus par les receveurs des tailles des Élections d'Agen et de Condom, ordonnances de gratifications et état de répartition fait sur tous les habitants taillables de l'Élection d'Agen pour leur part et portion des gratifications accordées par arrêt du Conseil du 23 juin 1750 à ceux des maîtres de poste de cette Généralité qui en ont fait l'option pour leur tenir lieu de l'exemption de la taille.

C. 2541. (Portefeuille.) — 100 pièces, papier.

1758-1759. — Comptes-rendus par devant l'Intendant de l'emploi des sommes levées dans les Élections pour les gratifications aux Maîtres de postes.

C. 2542. (Portefeuille.) — 66 pièces, papier.

1759-1760. — Comptes-rendus par les receveurs des tailles de l'emploi des sommes levées dans les Élections pour gratifications et indemnités de taille aux Maîtres de poste de la Généralité.

C. 2543. (Portefeuille.) — 92 pièces, papier, 2 parchemins.

1703-1788. — Correspondance de MM. Boucher, de Tourny, Boutin et Esmangart, intendants, avec MM. les Ministres et directeurs généraux des Postes, concernant : — les affranchissements et ports de lettres ; — les nouveaux établissements de bureaux ; — les paquets interceptés ; — les détails du service des postes, et mentionnant des saisies de paquets de lettres portées par des messagers et autres personnes au détriment du privilége de la poste ; — les entreprises de l'octroi sur la malle chargée des lettres, qu'il est défendu d'arrêter au passage ; — l'enlèvement, à trois reprises, de la correspondance des jurats de La Réole avec l'intendant ; — la demande des États de Béarn de l'établissement de la poste sur la route des Petites Landes (par Captieux) ; — le projet de donner au Médoc « pays considérable qui contient un espace d'environ quatre-vingts lieues dans son arrondissement » un messager à cheval pour aller de Lesparre à Bordeaux par Saint-Laurent et Castelnau, les habitants de ce pays étant sans autre communication avec Bordeaux que par des exprès qu'ils envoient ; — la translation de l'Hôtel des Postes à Bordeaux dans une maison située sur les fossés du Chapeau-Rouge appartenant aux Dominicains ; — le tarif général des ports de lettres à l'intérieur et de France à l'étranger ; — la franchise des paquets et des lettres, et les personnes qui en doivent jouir.

C. 2544. (Portefeuille.) — 126 pièces, papier.

1749-1757. — Correspondance de M. de Tourny avec le Ministère, concernant : — le redressement du chemin de Périgueux à Bordeaux par Montpon et Libourne, et sa transformation en une grande route de Bordeaux à Limoges, par la section Libourne-Chalus ; — l'option présentée aux maîtres de poste de conserver le privilége d'exemption de taille ou de recevoir, sous forme de gratification, une indemnité annuelle équivalant à leurs impôts ; — le tableau, par Élections, des postes établies dans la Généralité, des lieux où elles aboutissent et des routes sur lesquelles elles servent ; — les mesures à prendre pour faire tenir les postes pourvues, et les maîtres de poste en état de vivre.

C. 2545. (Portefeuille.) — 112 pièces, papier.

1753-1756. — Correspondance de M. de Tourny avec le Ministère, concernant : — l'élévation du tarif des postes à 30 sols par cheval, sollicitée de nouveau par tous les maîtres de poste en raison de l'extrême cherté des grains et des fourrages ; — le service de la nouvelle route de Périgueux à Limoges par Libourne, Montpon et Chalus ; — la rareté des bidets depuis que les voitures, tant publiques que particulières, s'étant tellement multipliées, on en a négligé la production pour favoriser celle des chevaux de tirage ; — l'état de la poste de Bordeaux.

C. 2546. (Portefeuille.) — 109 pièces, papier.

1757-1761. — Correspondance de MM. de Tourny et Boutin, intendants de Bordeaux, avec MM. les Ministres Rouillé, d'Argenson, le duc de Choiseul et Bertin, concernant : — le mauvais état des routes ; — la condition, le nombre, la fortune de chaque maître de poste de la Généralité, la possibilité de donner les postes à l'entreprise ou de les mettre en adjudication, la déclaration à exiger de tous les maîtres de poste qui auraient des chevaux malades de la morve, et les mesures à prendre par les syndics des paroisses, en exécution des ordres de l'intendant, dans toutes les écuries publiques ou particulières, etc.

C. 2547. (Portefeuille.) — 129 pièces, papier.

1762-1769. — Correspondance de l'Intendance avec le Ministère concernant : — l'exemption du vingtième d'industrie proposée par le duc de Choiseul en faveur des maîtres de postes et refusée par le contrôleur général des finances ; — le retard dans l'arrivée du courrier de Paris à Bayonne par la suspension de service de la poste de Lipostey (Landes) ; — les demandes de secours des maîtres de poste, etc.

C. 2548. (Portefeuille.) — 103 pièces, papier.

1761-1762. — Comptes-rendus par MM. Pierre-Louis-Hulot de la Tour, receveur des tailles en l'Élection d'Agen, et P. Nicolas Mel de Saint-Céran, receveur de l'Élection de Bordeaux, à M. Boutin, intendant de la Généralité, des recettes et dépenses de l'imposition de compensation de taille, établie en faveur des maîtres de postes : 3,000 fr. sur Agen, 4,000 fr. sur Périgueux, 6,400 fr. sur Bordeaux, etc., quittances et pièces justificatives.

C. 2549. (Portefeuille.) — 108 pièces, papier.

1763-1765. — Comptes-rendus par devant l'Intendant des sommes levées dans les Élections pour faire la compensation de la taille payée par les maîtres de postes, et ordonnances de paiement rapportées par les comptables Dupin, De la Tour, Assolant, receveurs des Élections de Périgueux et d'Agen.

C. 2550. (Portefeuille.) — 89 pièces, papier.

1765-1768. — Comptes de Guillaume Assolant, receveur des tailles de l'Élection d'Agen, de l'imposition des maîtres de poste.

C. 2551. (Portefeuille.) — 105 pièces, papier.

1769. — Comptes de L. Choart, receveur général des finances en la Généralité, présentés à l'intendant, de la somme de 16,200 fr. imposée et dépensée, suivant quittances, en faveur des maîtres de poste, nommément désignés.

C. 2552. (Portefeuille.) — 89 pièces, papier.

1770. — Comptes de L. Marquet, receveur général, et détail des postes établies dans la Généralité, avec les sommes qui leur sont attribuées par l'arrêt du Conseil de 1750 (les dernières stations sur chaque route de la Généralité sont pour la route de Toulouse, la poste de la Magistère ; pour celle de Paris, la poste de Pierre-Brune ; pour celle de Bayonne, la poste de Lipostey ; pour celle de Limoges, la poste de la Coquille) ; — état des impositions extraordinaires établies en faveur de la route de Bordeaux à Limoges.

C. 2553. (Portefeuille.) 100 pièces, papier.

1761-1768. — Petite poste de Bordeaux. — Correspondance de M. Boutin, intendant, avec le Ministère, concernant : — le projet d'établir à Bordeaux une petite poste à trois distributions par jour pour la ville et la banlieue, ainsi qu'il en a été établie une à Paris, au grand avantage du public ; — les mémoires des Jurats contre le projet soutenu par le Ministère ; — les lettres-patentes du Roi, en date du 29 mars 1766, portant établissement de la petite poste à Bordeaux, et en accordant le privilège pendant une durée de quinze années à l'auteur du projet, le sieur Loliot, secrétaire général de la cavalerie ; — les comptes d'administration soumis à l'intendant et visés par lui, états des appointements payés aux facteurs et surnuméraires, relevé des journaux de recettes, mémoire des impressions, comptes d'intérêts pour avances faites, etc. (dès la première année il y a 9 facteurs de ville et 7 surnuméraires ou leveurs de boîtes et 11 facteurs de banlieue). — Deux distributions par jour dans la ville.

C. 2554. (Portefeuille.) — 111 pièces, papier.

1768-1774. — Correspondance de M. Esmangart, intendant, avec M. le Ministre Bertin, concernant : — l'administration de la petite poste par le sieur Loliot son directeur ; — l'état des remises faites à certains receveurs des bureaux de campagne ; — le relevé des recettes ; — l'état des douzièmes payés aux receveurs des boîtes ; — les comptes d'abonnement aux *Feuilles et Avis maritimes*, journal créé par Loliot ; — le versement du dixième sur le produit de la poste, à la caisse du Trésor, pour l'entretien des école vétérinaires ; — les comptes généraux de 1770 à 1773 présentés au visa de l'intendant. — Le dixième des Écoles vétérinaires n'a jamais été versé jusqu'ici.

C. 2555. (Portefeuille.) — 125 pièces, papier.

1719-1759. — Poste de Mussidan (Dordogne) — Correspondance de MM. de Courson et de Tourny, intendants, avec MM. les ministres de Torcy et d'Argenson, et les subdélégués, concernant : — la direction de la poste aux lettres de Mussidan ; — la soumission du sieur Souffron en qualité de maître de poste ; — le transport par corvée des foins nécessaires à l'approvisionnement ; — l'imposition faite sur les paroisses environnantes pour fournir à la dépense de l'entretien ; — la situation du maître de cette poste depuis l'année 1753 jusqu'à l'année 1760, présentée par comptes-rendus annuels au subdélégué de l'intendance au département de Périgueux, au nom de la communauté de Mussidan, administrant par elle-même.

C. 2556. (Portefeuille.) — 114 pièces, papier.

1760-1776. — Poste de Mussidan. — Correspondance de MM. Boutin et Esmangart, intendants, avec le Ministère, concernant : — la régie de la poste de Mussidan ; — les difficultés soulevées par divers particuliers pour devenir adjudicataires contre le gérant nommé par la communauté ; — et relatant les raisons d'importance majeure pour le Périgord qu'on a voulu vivifier, qui ont fait établir une poste à Mussidan ; — mémoires, requêtes et délibérations de la ville.

C. 2557. (Portefeuille.) — 97 pièces, papier.

1772-1773. — Correspondance de M. Esmangart, intendant, avec M. Bertin, concernant : — l'abandon de la route de Bordeaux à Bayonne par les Grandes Landes, et le transport de la poste sur celle des Petites Landes, infiniment plus peuplée et présentant les relais, fourrages, eau, gîte, tout ce dont la première manque absolument ; mais contrairement à l'avis de l'intendant de Bayonne qui ne demande que le transport de la poste sur la seconde route, l'intendant de Bordeaux réclame en même temps la poste sur toutes les deux, afin de ne pas briser le seul lien qui rattache un pays aussi étendu et aussi désert que les Grandes Landes au reste du monde ; — la fixation du nombre de toises (2,200) dont la lieue de poste doit être composée, chaque poste étant de 4,400 toises ; la destitution du maître de poste de Langon, en même temps de Bordeaux et de Gradignan pour n'avoir pas rempli les ordres à lui donnés d'envoyer des chevaux en tournée pour Mme la comtesse d'Artois, et son rétablissement dans son emploi à la recommandation de l'intendant ; — l'ouverture de la route de poste de Bordeaux à Rochefort (Charente-Inférieure) par Blaye, Mirambeau, Pons, Saintes et Saint-Porchaire, dont l'utilité est évidente soit en paix pour relier Nantes et Bordeaux qui se partagent le commerce de l'Amérique, soit en guerre pour faire passer des courriers d'un port à l'autre ; — le maintien de la poste sur la route des Grandes Landes, et le projet d'alignement et d'achèvement de cette route, au moyen de deux bataillons qu'on obtiendrait du Ministre de la guerre, vu le défaut absolu de bras dans ce pays.

C. 2558. (Portefeuille.) — 78 pièces, papier.

1774. — Correspondance de M. Esmangart, intendant de Bordeaux avec M. Rigoley d'Ogny, intendant des Postes du royaume, concernant : — l'organisation des postes sur la route de Rochefort à Bordeaux ; — la proposition de changer l'heure du courrier de Bordeaux afin de gagner quelques heures, écartée parce que « quand le courrier « arriverait à Bordeaux le soir au lieu du lendemain matin, « vous n'y trouveriez aucune facilité, car je ne pourrais pas « plus qu'à Paris (où nous avons des courriers arrivés dès « 9 heures du soir, aux malles desquels il est défendu de « toucher, même pour le service du Roy, avant le jour), « ordonner au directeur de Bordeaux de les faire ouvrir « avant l'heure fixée pour l'ouverture des bureaux. Signé : « Rigoley d'Ogny ; » — les secours et indemnités aux maîtres de poste, et les mesures à prendre contre les maladies des chevaux, etc.

C. 2559. (Portefeuille.) — 106 pièces, papier.

1775-1776. — Correspondance de MM. Esmangart et de Clugny, intendants, avec Turgot, concernant : la vérification et l'estimation par l'intendant des pertes en chevaux et en fourrages dont les procès-verbaux adressés par les intéressés au Conseil des Postes sont renvoyés à Bordeaux pour renseignement et avis ; — l'exemption de l'ustensile dû aux troupes qui sont en détachement à l'occasion de l'épizootie qui désole le pays (1775) ; — la franchise demandée par l'intendant pour ses lettres et dépêches contresignées, adressées aux officiers municipaux ou syndics de toutes les communautés, n'ayant eu jusqu'à présent la franchise qu'avec ses subdélégués et les commissaires des guerres ; — la réunion de la surintendance des postes au Contrôle général des finances entre les mains de Turgot; — la proposition de M. de Chancel, garde du corps de S. M., présentée et augmentée par l'intendant, au Conseil général des Postes, et ensuite l'établissement ordonné par le même Conseil, d'un courrier de plus par semaine pour le Périgord et d'une quatrième dépêche de Paris pour la ville de Bordeaux, par le courrier de Limoges à Bordeaux qui serait chargé de prendre à Limoges le paquet des lettres que serait désormais chargé d'y laisser le courrier de Toulouse qui part le dimanche de Paris.

C. 2560. (Portefeuille.) — 126 pièces, papier.

1771. — Correspondance de M. Esmangart, intendant de Bordeaux, avec l'Intendant général des postes, concernant : — l'état des postes établies dans la Généralité, avec les sommes qui leur sont attribuées en vertu de l'arrêt du Conseil du 13 juin 1750 (routes de Bordeaux à Toulouse, à Paris, à Bayonne, à Limoges), et le tableau des impositions ordonnées pour venir au secours des maîtres de postes de la route de Bordeaux à Limoges, au prorata de leurs besoins (les postes sont tenues sur cette route par les villes et communautés qui ont élu un préposé à elles) ; — le protocole des lettres de l'Intendant général des Postes aux intendants de province, que l'intendant de Bordeaux refuse d'admettre comme usurpant le ton d'un ministre secrétaire d'État ; — les comptes de l'année 1771, accompagnés de pièces justificatives, présentés au visa de l'intendant pour emploi des sommes attribuées dans l'État du Roi aux subventions, indemnités et secours accordés aux maîtres de postes.

C. 2561. (Portefeuille.) — 100 pièces, papier.

1772. — Comptes-rendus à M. de Clugny, intendant des généralités de Bordeaux et de Bayonne, par le receveur général, des dépenses de l'année 1772 faites pour acquitter les gratifications des maîtres de poste représentant l'équivalent de leurs tailles ; — le compte présenté en 1775.

C. 2562. (Portefeuille.) — 117 pièces, papier.

1773-1774. — Comptes des gratifications des maîtres de postes, et ordonnances de paiement.

C. 2563. (Portefeuille.) — 95 pièces, papier.

1775-1777. — Correspondance de MM. Esmangart, de Clugny et Dupré Saint-Maur, intendants de Bordeaux, avec l'intendant des postes du Royaume, M. Rigoley d'Ogny, concernant : — la régie de quelques postes tenues par les communautés ; — les gratifications et secours ; — l'établissement des voitures publiques sur la route de Bordeaux à Périgueux par Montpon ; — l'avantage de remplacer par des maîtres de poste titulaires les postes tenues en régie.

C. 2564. (Portefeuille.) — 115 pièces, papier.

1773-1778. — Correspondance de l'intendant avec l'intendant des Postes, et les subdélégués, concernant : — les secours et indemnités à accorder pour perte de chevaux ou disette de fourrages, après le grand débordement de la Garonne en 1777 ; — la suppression de la poste de Blaye et l'établissement d'un chemin de communication entre Étauliers et Cubzac, par Blais, appelé aussi Fontarabie (Gironde), Magrigne et le Pin ; observations de l'ingénieur Brémontier.

C. 2565. (Portefeuille.) — 120 pièces, papier.

1778. — Correspondance de l'intendant avec l'intendant des Postes, relative : — au toisé de la distance d'Étauliers à Cubzac par le Pin, Fontarabie et Magrigne ; — aux secours accordés sur les fonds de la province, qui ne sont que des secours et non des rentes ni des gages faits aux maîtres de postes ; — à la franchise accordée sous le contreseing de l'intendant à la correspondance des directeurs des fortifications et de l'artillerie avec les officiers de ces deux corps, et des directeurs de la Régie générale des domaines établis dans les chefs-lieux des intendances avec les directeurs particuliers, contrôleurs et receveurs ; — à la désertion de presque toutes les postes du Périgord par l'impossibilité de se soutenir, malgré les gratifications qu'on lève sur les paroisses pour entretenir le service ; — aux réparations de la route des Grandes Landes, interrompues depuis plusieurs années.

C. 2566. (Portefeuille.) — 123 pièces, papier et 1 plan.

1779. — Correspondance de M. Dupré Saint-Maur, intendant, avec l'intendant des Postes concernant : — le plan des suppressions proposées sur les routes de Périgueux à Bordeaux et Bordeaux à Bayonne afin de mieux distribuer les relais, et empêcher de tomber tout à fait le service, qui n'est plus fait en plusieurs endroits ; — le toisé de la nouvelle route de Périgueux à Mussidan par la vallée de l'Isle ; — les gratifications de l'année 1779.

C. 2567. (Portefeuille.) — 100 pièces, papier.

1779-1780. — Correspondance de l'intendant avec l'intendant des Postes, concernant : — l'établissement de la poste de Saint-Loubès (Gironde) ; — le toisé de la distance de différentes postes entre elles ; — les ordonnances de gratifications, etc.

C. 2568. (Portefeuille.) — 67 pièces, papier.

1780-1781. — Correspondance de l'intendant avec l'intendant des Postes, concernant le toisé, les gratifications, et les demandes en indemnité de l'année 1781.

C. 2569. (Carton.) — 116 pièces, papier.

1669-1787. — Postes. — Arrêts, déclarations et ordonnances concernant le service des postes, et mémoires sur la manière dont il est fait sur la route de Limoges à Bordeaux ; — Ordonnances de l'intendant sur les postes en régie de la Généralité ; — projet d'établir un courrier direct entre Lyon et Bordeaux par l'Auvergne au lieu de continuer à faire passer les lettres par Paris : le Ministère s'y oppose pour des raisons d'intérêt général.

C. 2570. (Carton.) — 138 pièces, papier.

1754-1788. — Correspondance des intendants Dupré Saint-Maur et Néville avec le Conseil des Postes, les Ministres et le directeur général des finances, concernant : — la discipline des postes, où sont rappelées les défenses de frapper et surmener les chevaux, les enlever de force, leur faire accomplir double course, etc., et de violenter les postillons et les maîtres ; — la police du roulage et la dégradation des routes de poste par l'inobservation des règlements sur le poids des chargements, la largeur des roues, et le nombre des chevaux d'attelage ; — les modérations d'amendes pour contraventions ; — les demandes d'exemption, quant au nombre règlementaire des chevaux, formées par les rouliers conduisant le papier timbré, les tabacs et les autres objets de service public ; — l'état général du service dans le ressort de l'intendance de Bordeaux demandé par le duc de Polignac, directeur général ; — réponses des subdélégués à l'intendant.

C. 2571. (Carton.) — 129 pièces, papier.

1781-1786. — Ordonnances au sieur Choart, receveur général des finances de la Généralité, ou au sieur Mel de Fontenay, son fondé de procuration, de gratifications aux maîtres de postes ; — soumissions pour le service de Montpon, Libourne, Saint-Méard, etc. — Décompte relatif aux maîtres des postes établies depuis le 1er juillet 1782 sur la route de Bordeaux à Pauliac, et auxquels il a été fait à chacun une avance de mille livres, remboursée depuis par des retenues sur les gratifications ordinaires ; établie en prévision de la durée de la guerre, à la sollicitation du commerce et des propriétaires du Médoc, cette route sert peu en temps de paix et les maîtres de relais s'y ruinent ; — états nominatifs des maîtres de poste sur toutes les routes de la Généralité, et des gratifications tant ordinaires qu'extraordinaires sur les fonds de la province : 34,000 livres en 1784.

C. 2572. (Carton.) — 129 pièces, papier.

1786-1789. — Ordonnances de gratifications et ouverture d'une section de route de poste pour relier Blaye à la route de La Rochelle, par la poste de Blais, autrement nommée Fontarabie, distante de Blaye d'une poste un quart.

C. 2573. (Portefeuille.) — 118 pièces, papier.

1732-1789. — Compte-rendu au subdélégué et approuvé par l'intendant, de l'imposition locale levée sur la communauté de Gradignan (Gironde), pour l'entretien de la poste de ce lieu ; — requête du maître de poste de Lusignan (Lot-et-Garonne), en règlement de circonscription entre lui et celui de Tonneins ; — devis, adjudication et construction par le sieur André Mollié, architecte, d'une maison de poste à Virelade, sur la route de Bordeaux à Toulouse, dont le terrain est vendu à la communauté par le sieur Expert ; — Ordonnance de l'intendant aux habitants de Castres sur la route de Bordeaux à Toulouse, d'avoir à trouver une maison pour y placer la poste ; — imposition sur les paroisses de Cérons, Pujols, Boumes, Sauternes et Podensac pour monter la poste de Barsac, et difficultés relatives à la location d'une maison malgré le propriétaire.

C. 2574. (Portefeuille.) — 114 pièces, papier.

1690-1776. — Lettres et autres pièces relatives au service des différentes postes de la Généralité ; — Procès-verbaux de visite des postes de l'année 1699, signés Buhan, visiteur; — étude du rétablissement de la route de Bordeaux à Toulouse par Langon, au lieu de la conduire par Cadillac en traversant la Garonne, cette déviation n'ayant été amenée que par la présence du duc d'Épernon qui séjournait à Cadillac; — lettres de l'ingénieur Ferry, et proposition de créer des postes à Castres et à Barsac, conséquence de la rectification de la route; — mémoire à l'intendant de Bezons pour faire voir que le chemin de la poste de Bordeaux à Limoges est plus beau et plus court en passant par Périgueux; — état des gages des maîtres de postes de la Généralité, et des gratifications ordinaires; — tableau des départs des courriers; — projet d'établissement de la route de poste de Bordeaux à Bayonne par les Petites Landes, présenté par M. d'Etigny, intendant d'Auch, et soutenu par M. de Tourny, intendant de Bordeaux; — mémoires et correspondance; — poste de l'Hospitalet sur la route de Bayonne.

C. 2575. (Portefeuille.) — 114 pièces, papier, 1 parchemin.

1710-1784. — Correspondance des intendants avec le Ministère concernant les postes de Lipostey, Dax, Bayonne; — celles de Tonneins et du Port Sainte-Marie, et ordonnances de gratifications.

C. 2576. (Carton.) — 90 pièces, papier, 1 parchemin.

1775-1787. — Messageries. — Correspondance des intendants Dupré Saint-Maur et de Néville avec les Ministres, concernant: — l'organisation du service des diligences et messageries sur les routes de Bordeaux à Limoges par Libourne, Mussidan et Périgueux, de Bordeaux à Montauban et Toulouse, de Bordeaux à Bayonne, et sur les lignes secondaires Bayonne à Pau, Bordeaux à Bergerac, Libourne à Contras, etc., avec les tarifs; — la manière de compter les distances, qui est, par privilège en faveur des Messageries, la même que celle des Postes (2,200 toises à la lieue); — la défense faite aux employés de la Ferme Générale de visiter les diligences en marche, à tout propos; — l'application des règlements sur la responsabilité des conducteurs, les plaintes du public, etc., dont le jugement est déféré à l'intendant par un Arrêt du Conseil de 1777.

C. 2577. (Carton.) — 101 pièces, papier.

1775-1783. — Messageries. — Correspondance des intendants de Clugny et Dupré Saint-Maur avec leurs subdélégués concernant: — les nouveaux règlements sur les diligences et messageries; — les renseignements demandés par le ministère sur la circulation des routes de la Généralité, parmi lesquels se trouve mentionné un projet d'unir Bazas à la Garonne présenté par le subdélégué Bourriot; — l'établissement d'un bac à Saint-Pardoux (Gironde), pour la traversée de la Dordogne par la diligence de Périgueux; — la réunion au Domaine, pour être administrés par la Régie des messageries au nom du Roi, des privilèges des coches et voitures d'eau sur toutes rivières; — l'interprétation de l'édit en forme de règlement sur l'article du transit, et sur la vérification des marchandises, qui ne paraît à la Régie pouvoir être faite qu'à l'extérieur, sans défoncement ni videment des barriques de sucre, indigo et café, opérations dont le commerce ne supporterait ni la longueur ni les difficultés; — la modération des prix de transport sollicitée par le commerce et obtenue sur quelques routes, pendant que les autres et les plus mauvaises continuent à suivre le taux de l'édit.

C. 2578. (Carton.) — 100 pièces, papier.

1783-1787. — Messageries. — Correspondance de l'intendant avec les subdélégués concernant: — les contraventions commises par les courriers de la poste aux lettres contre les règlements des messageries; — les difficultés que ce service éprouve de la part des employés des fermes qui saisissent les voitures et les chevaux de la messagerie, au lieu de se borner à y saisir les marchandises prohibées; — les discussions entre la compagnie et les particuliers pour cause de retard, perte ou avarie; — la question de savoir si en cas de faillite d'un négociant, la régie des messageries a un privilège pour le payement du transport des marchandises qu'elle a transportées dans les magasins du failli, avant la faillite; — l'annonce faite à l'intendant par les fermiers généraux des messageries royales d'un almanach des messageries et du roulage, devant contenir tous les renseignements de prix, transport, direction, bureaux et raccordements de routes pour tout le réseau exploité.

C. 2579. (Carton.) — 84 pièces, papier.

1787-1789. — Messageries. — Correspondance de l'intendant avec les subdélégués, concernant: — les contraventions imputées à des voituriers sans autorisation; — les discussions entre les fermiers des messageries et le public à raison du retard dans l'expédition, ou la perte d'objets transportés.

C. 2580. (Carton.) — 120 pièces papier, 8 parchemins.

1669-1706. — Péages. — Péages et obstacles à la navigation sur les rivières de la Généralité ; — dossiers contre les syndics des marchands fréquentant les rivières pour : — demoiselle Judith de la Chaussade de Calonges, au sujet des péages lui appartenant aux ports de Marmande, de Caumont, de la Gruère, des Célestins de Monhurt, de Taillebourg et de Thieuras ; — le marquis de La Baulme et Foursac, au sujet du péage sur le sel, levé par lui sur tout bateau déchargeant au port de Bergerac (Dordogne) ou passant au devant de lui ; — Julien de Rafin, au sujet du péage de Hauterive sur la rivière du Lot ; — Arnaud d'Hostein, baron de Sainte-Croix et président en la cour des Aides de Guienne, au sujet du péage de Sainte-Croix, juridiction de Saint-Sever (Landes), qui se percevait par la rivière de la Douze ; — J. D'Oro de Saint-Martin, au sujet du péage de Pontoux sur la rivière de l'Adour ; — le marquis Armand de Luzignan au sujet du péage de Luzignan perçu au lieu de Haute-Rive sur la Garonne, en la vicomté de Brulhois ; — dame Jeanne de Caumont, comme mère et ayant la garde-noble de Judith de Montaut de Bénac de Navailles, au sujet du péage de Badefol sur Dordogne ; — dame Olive de Pontac de Beautiran, au sujet d'un péage au Mas d'Agenais, et de deux moulins à nef sur la Garonne, l'un au devant de Caudrot, et l'autre au-dessous de Saint-Macaire ; — Pierre de Martin, conseiller en parlement, au sujet du péage de Meilhan transporté à Tartifume sur Garonne, dépendant de la maison noble de Meilhan, relevant à foy et hommage du duc d'Albret ; — J. Paul de Gourdon de Genouillac, comte de Vaillac, au sujet du péage de Cassenenil sur Lot ; — Isaac de Benac, premier baron de Périgord, au sujet du péage de Beynac, perçu sur la rivière de Dordogne ; — Jacques de Durfort, marquis de Civrac, au sujet des péages de Blaignac et de Civrac sur Dordogne ; — les consuls de la ville de Souillac en Quercy, au sujet du droit de quartonnage ou mesurage du sel appartenant à ladite ville, qu'on prétendait être un péage ; — tous opposants et défendeurs aux demandes des syndics des marchands fréquentant les rivières, lesquelles tendent à faire supprimer les péages des seigneurs.

C. 2581. (Portefeuille.) — 18 pièces, papier.

1734-1735. — Bac et passage de la Garonne à La Réole. — Contestations entre la ville et le couvent de Saint-Pierre de la Réole sur la possession du passage et des revenus qu'il peut donner de l'une à l'autre rive, terminées par un arrêt du conseil donnant gain de cause au couvent, avec charge d'avoir toujours prêtes quelques barques pour le service du public, et défense de percevoir aucun droit de péage et tonlieu sous prétexte de la taxe de passage, qui lui demeure attribuée.

C. 2582. (Carton.) — 122 pièces, papier, et 5 parchemins.

1722-1755. — Péages. — Confirmations par arrêts du conseil, des droits de tenir des bacs de passage, et autorisation des tarifs proposés ; — au duc d'Aiguillon, pour les lieux de Montluc, Monhurt, Nicolle, la Gruère, le port de Pascaut sur la rivière de Garonne, Penne sur la rivière du Lot, Libourne sur la rivière de Dordogne, etc. ; — au duc de Bouillon, pour les lieux de Bouglon, Tartifume, Moncrabeau, Fugarolles et Viane ; — au duc d'Antin, pour les villes de Cadillac et Langon sur la Garonne, en maintenant d'autre part ses droits de péage par terre et par eau ; — au marquis de Lansac pour la terre de Roquetaillade ; — au comte de Pons, pour le péage de Castelnau de Cernès. — Requête présentée au conseil des finances par le seigneur de la Tour du Pin, comte de Paulin, en augmentation des droits de bac qui ont été fixés pour le port de Cubzac sur Dordogne à un tarif trop faible, d'autant plus que ce bac est desservi d'un côté par les Jacobins de Bordeaux et de l'autre par le seigneur requérant. — Correspondance de l'intendant de Tourny avec le ministère concernant les états de péages dans la Généralité et mentionnant : les péages des chapitres d'Agen ; — les péages de l'archevêque de Bordeaux à Montravel, des Jacobins à Cubzac, du duc de La Force à Bergerac et à Tonneins, de madame de Pons à Castelnau de Cernès, etc., et les droits sur les vaisseaux chargés de grains, fruits et marchandises qui abordent au port de La Teste ou d'Arcachon, levés par M. Ruat de Baleste.

C. 2583. (Carton.) — 24 pièces, papier.

1754-1761. — Correspondance des intendants de Tourny et Boutin avec les ministres et les subdélégués, concernant : — la confirmation, la réformation ou la suppression de certains tarifs prétendus par différents seigneurs ; — la fixation en des lieux déterminés, et non ailleurs, de la levée des tarifs ; — le rétablissement des habitants de la ville de Domme (Lot-et-Garonne) dans leur droit de péage du sel sur tout bateau passant devant la ville ; — le maintien du même péage au port de Capet sur la Dordogne, en faveur du sieur de Beaumont, seigneur de la terre de la Roque, avec refus de l'augmentation demandée ; — les éclaircissements donnés par l'Amirauté de Bordeaux à l'intendant sur l'état général des bacs et passages dans l'étendue de la Généralité et l'utilité très contestable de quelques uns d'entr'eux ; — le péage de la Dronne à la Roche-Chalais ; — et la confirmation de l'hôpital de Mezin (Lot-et-Garonne) dans un droit de péage en la ville.

C. 2584. (Carton.) — 67 pièces, parchemin, et 35, papier.

1730-1737. — Arrêts du Conseil d'État portant concession, confirmation ou suppression de péages et passages dans la Généralité et concernant : — la dame veuve de Sorbier pour deux droits de péage dans la ville de Bergerac, appelés péages du Bourgès dans un document de 1471 ; — le marquis de Durfort Civrac pour des droits de péage par terre aux lieux de La Motte et de Mios et deux de péage par eau sur la rivière de La Leyre, dépendant de sa seigneurie de Certes en Guyenne, et mentionnés dans les lettres patentes par lesquelles Louis XI, en 1462, remettait à Jean de Foix, comte de Candale, les terres de Certes, Mios et du Teich en Buch, que le seigneur d'Albret tenait pour lors ; — le seigneur de Montferrand pour un droit de péage par terre perçu à Guillos, dans sa seigneurie de Landiras ; — le même, pour d'autres péages par terre à Castets-en-Dorthe, à Caudrot et à Barie, terre démembrée du duché d'Albret ; — le président de la Chabanne, pour des péages établis dans la terre de Dunes en Condomois, tant par terre que par eau, dont les premiers demeurent supprimés ; — les Cordeliers de Libourne pour le droit qu'ils ont de tout temps de percevoir une mine de sel, les soixante et une faisant le muid, sur chaque gabarre chargée de sel passant sur la rivière de Dordogne, contre l'obligation de célébrer une grand'messe par semaine pour les marchands et les mariniers, une autre de trois en trois mois pour le Roi et l'État, à laquelle ils invitaient tout le personnel du Grenier à sel, et d'enterrer gratuitement tout marinier dans l'indigence ; — la dame marquise de Mailloc, et la demoiselle de Beuvron, légataires universelles de la comtesse de Sézanne, dame de la seigneurie de la Roque, pour le péage prétendu par elles, comme étant aux droits d'Hardoin, chevalier, qui possédait en 1314, d'une hémine de sel et douze deniers bordelais d'exorle par chaque navire portant sel du poids de cent tonneaux de vin et au-dessous, et deux hémines par navire de capacité plus grande, passant devant Libourne et Fronsac ; — mention des nombreux droits sur les rivières levés par quantités de seigneurs ; — le sieur Chapt, comte de Rastignac pour sa terre de Clermont dessous en Agenais, et le sieur de Gasquet, pour le péage de la Magistère ; — la dame Dusault, épouse du sieur de Fayet, pour les droits de péage prétendus par elle, à cause de sa maison noble de Thau, sur les vins, marchandises et denrées qui se chargent aux ports de Brouillon, Roque de Thau, Plassac, Vitescale, la Rouille, Camillas et Combes ; — le sieur de Belsunce de Castelmoron ; — le comte de Nogent, comme héritier du duc de Foix, pour le péage de Saint-Macaire, déjà mentionné en 1253 ; — les Bénédictins de La Réole pour la reprise du péage, dernièrement supprimé par arrêt du Conseil, sur tout ce qui passait devant la ville et même dans la juridition, à l'occasion de quoi ils rappellent l'origine de ce péage qui leur aurait été donné en l'an de grâce 977 par le duc Guillaume Sanche et l'évêque Gombaud, afin de relever le monastère ; et mentionnent entre autre curiosités de cette charte, l'article du droit que devront acquitter les baleines (esturgeons) apportées soit par eau, soit par terre, et dont le receveur du péage aura un morceau ; — la dame veuve Saint-Marc de Vancoucourt ; — la dame comtesse de Ribérac pour le péage de Marmande ; — l'évêque et le chapitre de Bazas, pour le péage dans la ville et la juridition, à eux très-anciennement accordé par les rois d'Angleterre, et qui leur est maintenu par l'arrêt de 1734, après révision du tarif, dont le tableau est détaillé tout entier ; — le duc de Richelieu, pour les péages de Libourne et Fronsac, de Coutras, Saint-Antoine du Pizon, Laubardemont, le passage de l'Isle à Laubardemont, et de la Dordogne à Saint-Pardon, dépendant de la seigneurie de Fronsac ; — le seigneur de Monferrand demandant d'être rétabli en possession du péage de Barie ; — les seigneurs de Ribérac, et la dame Colomb de Chambert, pour le maintien de leurs péages à Sainte-Bazeille (Lot-et-Garonne) et au port de Meilhan ; — le duc de Bouillon, pour le péage du port de Gironde, etc... — La plupart de ces péages sont supprimés par les arrêts du Conseil.

C. 2585. (Carton.) — 52 pièces, parchemin, 38 imprimés, papier.

1737-1740. — Arrêts du Conseil d'État portant suppression de péages, et concernant — : le seigneur de Berbiguières, pour le péage du port de Picamy sur la Dordogne ; — le sieur de Ferron pour le péage par terre de la seigneurie d'Ambrus en Condomois ; — le marquis de Civrac, pour les droits supprimés de sa terre de Certes, dont la suppression est maintenue ; — la ville d'Agen, maintenue en possion du droit de passage en bac, sous un tarif déterminé pour traverser la rivière, et de nouveau destituée du droit de prendre des péages sur la rivière ou dans la juridiction, des étrangers ou bateaux passant; — le seigneur de Nantiac; — le seigneur d'Hautefort; — le sieur Garebœuf de Viviex pour le péage de Thiviers; — les seigneurs de Sanguinet et de Born; — les sieurs de Lalanne, d'Agès, le chapitre de Saint-Astier, les consuls de la ville de Domme, l'abbé commendataire de l'abbaye d'Eysse, le marquis de Fimarcon, le président de Gaseq, pour la terre de Cocumont, et ses seigneuries de Portets, Castres et Arbanatz, près Bordeaux, le comte de Lavauguyon pour le péage de la Gruère en la seigneurie de Xaintrailles, acquise en 1452 par le capitaine Potton, et pour le péage de Tonneins, etc.; — déchus de leurs droits de péage sur les rivières et les chemins, pour n'avoir pas représenté leurs titres dans le délai de l'édit.

C. 2586. (Carton.) — 117 pièces, papier.

1743-1775. — États particuliers des péages sur chacune des rivières de la Généralité, et état général récapitulatif, établi par subdélégations. — Lettres de la cour et mémoires responsifs des intendants sur les propositions de maintien ou de suppression des péages des seigneurs et des communautés; — intervention des duc de la Force, marquis de Chazeron, Lusignan, Clermont, marquise de Gourgues, comte de La Vauguyon et de l'évêque de Bazas, chacun propriétaires de péages, au procès existant entre le duc d'Aiguillon, les bateliers de la rivière et la chambre de commerce de Bordeaux sur le droit de péage à payer pour les eaux-de-vie de l'Agenais et du Condomois, quoique non inscrites originairement dans les pancartes des objets soumis au péage. — Arrêts du Conseil maintenant le comte de Pons dans son péage de Captieux, et le sieur de Lansac dans celui de Roquetaillade; — maintenant madame de Pons dans celui qu'elle prétendait à Castelnau de Cernès, mais supprimant les autres établis à Louchapt, Hosteins Saint-Symphorien, Bourideys et Cazeneuve; — opposition du comte de Pons et mémoire sur les chemins et communications existant dans ces paroisses des Landes de Bazas. — Correspondance de l'intendant avec les subdélégués sur l'exécution des arrêts du Conseil portant suppression de péages, ou fixation de nouveaux tarifs. — Mémoire sur l'établissement de deux écluses ou lindats, construits par MM. Duroy et de Ruat de Buch à leurs moulins situés sur la rivière du Ciron qui descend de la lande à la Garonne, et des droits qu'ils perçoivent par chaque radeau de bois des landes passant par ces écluses ou lindats.

C. 2587. (Carton.) — 65 pièces, papier.

1775-1783. — Correspondance de M. de Clugny, intendant de Bordeaux, avec les ministres Turgot et Necker concernant — les abus qui se commettent aux péages établis sur les rivières de la Généralité dans la perception des droits; — les plaintes des maîtres de bateaux fréquentant la Garonne contre la réunion à Langon de tous les péages dus à des seigneurs différents, pratique qui prête à la fraude, et nuit aux intérêts de tous les bateaux qui n'ont pas à parcourir tout l'espace des terres péagères; — les mémoires des percepteurs des péages à Langon rappelant que c'est de concert avec la chambre de commerce de Bordeaux, et dans la vue d'économiser les frais et le temps des bateliers transporteurs, qu'on avait en 1754 établi à Langon le bureau unique de vingt-six péages, évitant ainsi aux bateaux autant d'arrêts dans une petite distance; — le rapport du sieur Bourriot, subdélégué de Bazas, adressé à l'intendant, et concluant à ce que, vu l'état des choses, le commerce sur la Garonne devant toujours être exposé à une perception des péages abusive et trop forte, ou à un retardement de transport, on supprime ces divers péages, moyennant une indemnité proportionnelle à la longue jouissance des propriétaires sans jamais en avoir acquitté les charges pour l'entretien de la navigation.

C. 2588. (Carton.) — 106 pièces, papier.

1739-1740. — Correspondance de M. Boucher, intendant de Bordeaux, avec le ministère, concernant les droits de bacs et de passages séquestrés entre les mains du Domaine sur la non-représentation de leurs titres par les propriétaires de ces droits; — la main-levée des saisies opérées, ordonnée sur la production d'excuses tirées de l'absence pour le service du Roi (M. de Fénélon, ambassadeur en Hollande), de l'impossibilité de réunir dans le délai de l'arrêt du Conseil tous les titres à représenter (M. le duc de Bouillon), etc.; — la suspension de la saisie jusqu'à plus ample exposé, en faveur de certains propriétaires.

C. 2589. (Carton.) — 135 pièces, papier.

1740-1741. — Correspondance de l'intendant avec le ministre, concernant — le séquestre, la suspension jusqu'à plus complète information, ou la main-levée de saisie de droits de péages dont les pièces n'ont pas été présentées, dans les délais, au greffe de la Commission des péages, et mentionnant le péage — de Caubeyres et Damazan, au sieur de Caubeyres ; — de Saucats et de Barp, au seigneur de Pichard ; — de Ribérac, au seigneur ; — d'Arcachon, aux sieurs Ruat et Baleste ; — de Langon, au seigneur de Monferrant ; — de Caumont, au duc de La Force ; — d'Auros, d'Auzan, de Domme, de Damazan, de Grignols, des Jaubertes, de Cabanac, d'Aillas, etc., appartenant à divers seigneurs ; — de La Motte, sur la rivière de Leyre, accompagné d'une enquête établissant que le fermier du bac avait obstrué d'arbres le passage à gué de la rivière, afin d'obliger le public à aller prendre son bateau ; — de Bergerac, exercé par les maire et consuls sur un pont construit dans la ville, et levé depuis 1501, avec des augmentations successives, notamment depuis 1655 ; — de Nérac en Albret, appartenant au duc de Bouillon, dont le tarif avec les observations du subdélégué est joint à la demande d'éclaircissement faite à l'intendant par le ministre ; — de Bigarroque sur la Dordogne, et de Coutures sur la Garonne, appartenant à l'archevêque de Bordeaux, seuls points de passage entre Sarlat et Bergerac, et entre Meilhan et Marmande.

C. 2590. (Carton.) — 101 pièces, papier.

1742. — Correspondance de l'intendant avec le ministre, concernant : — le droit de péage prétendu par la paroisse de Captieux (Gironde), et engagé par elle dès l'année 1712 jusqu'en l'année 1735 ; — les péages d'Albret, qui devaient servir à l'entretien des chemins, lesquels sont impraticables ; — les péages de Pessac de Genssac (Gironde), Casteljaloux (Lot-et-Garonne), le pontonage de Bergerac, le péage dit « du Brodequin » appartenant au conseiller Verthamon, et précédemment à la famille de Gascq de Razac, levé au port de La Réole, le péage de Viane « où ne passant que des verriers qui portant leur charge de verre en donnent un des plus communs », et celui de la baronnie de Moncrabeau aux lieux de Sos, Pompiey, Tilhet, Luchet et Maillet, subdélégation de Nérac ; — les renseignements demandés sur les passages de Caudrot, Coutures, Bergerac et Libourne ; — les droits des sacquiers de Libourne, portefaix et débardeurs de sel, défendus et soutenus par l'intendant.

C. 2591. (Carton.) — 109 pièces, papier.

1753. — Correspondance de MM. Boucher et Tourny, intendant, avec le ministère, concernant : — la suppression — la demande en maintenue — la maintenue de péage entre les mains des seigneurs propriétaires.

C. 2592. (Carton.) — 109 pièces, papier.

1744-1749. — Correspondance de M. de Tourny, intendant, avec le ministère, concernant : — l'autorisation au sieur Raffin de tenir un bac sur le Lot dans la seigneurie d'Hauterive ; — le maintien des droits de bac dans les lieux de Tonneins dessous et de Lamarque en faveur du duc d'Aiguillon et du comte de La Vauguyon ; — le maintien des mêmes droits au sieur de Monteissac, à Tuillères et à Mouleydiers sur Dordogne ; à la dame Daugeard, à Creisse ; au sieur de Fénélon, à Saint-Julien de Fénélon ; à l'abbé de Guîtres ; au chapitre de Condom ; au maréchal duc de Biron, à Badefol ; au duc de La Force, à Bergerac ; au duc de Bouillon dans ses terres d'Albret, etc. ; — les contestations survenues entre le fermier des droits de passage de la dame marquise de Pons, et ladite dame seigneuresse relativement aux sommes par lui payées au domaine pendant l'interruption de l'exercice de ce droit de péage, supprimé par arrêt du Conseil ; — la réformation et augmentation des anciens tarifs pour le péage sur la Garonne, aux lieux de La Gruère, La Fox, etc., et la suppression des droits de péage jusque-là exercés par le duc de Bouillon à Aillas, Bazas et Grignols (Gironde).

C. 2593. (Carton.) — 96 pièces, papier.

1750-1753. — Correspondance de l'intendant avec le ministre, concernant : — la suppression du péage prétendu par le sieur de Jumilhac dans l'étendue de la seigneurie de Langoiran (Gironde), — la réformation du tarif de la Magistère (Lot-et-Garonne) ; — le règlement par arrêt du Conseil, des droits à percevoir au bac de Saint-Pardoux sur Dordogne, dans lesquels le maréchal de Richelieu et madame de Gourgues ont été maintenus ; — la suppression du droit de péage de la Gravère de Buzet prétendu par le seigneur de Flamarens ; — du droit de péage sur la Dordogne prétendu par le duc de Biron au lieu du Fleix (Gironde) ; — les mémoires du duc d'Antin sur son maintien en possession des droits de péage sur la Garonne, et par terre à Langon et à Cadillac, et ceux du duc d'Aiguillon sur le même objet à Aiguillon, Comabouq, Pellegat, le Temple, Sainte-Livrade, Castelmoron, Hauterive sur le Lot, et Nicolle et Thouars sur la Garonne, subdélégation de Casteljaloux.

C. 2594. (Carton. — 96 pièces, parchemin, et 34 imprimés, papier.

1740-1741. — Arrêts du conseil, statuant par suppression sur les droits de péages prétendus par différents seigneurs, et concernant : — Saint-Crapazy, aux seigneurs de Clerans ; — Grezet, à la dame de Gourgues ; — Clarens au président Daugeard ; — Sos et la Parade, au sieur de Moncassin, — Saucats, au baron de Pichard ; — Clermont dessous, au seigneur de Rastignac ; — Saint-Macaire, aux Jésuites de Bordeaux, comme propriétaires du prieuré de Saint-Macaire ; — Grignols, au comte d'Aubeterre, et à la marquise de Cosnac ; — Auros, au seigneur d'Auros ; — Astaffort, au sieur Laclotte ; — Mont-Pouissant, au seigneur de Touchebœuf ; — la ville de Domme, aux Augustines de la ville ; — le pont sur le Dropt, à l'abbé de Saint-Ferme ; — Marmande, aux sieurs de Bougy ; — La Monzie et Montastruc, à la dame de Bellegarde ; — Montpaon, au seigneur de Castelmoron ; — Vergt, au seigneur d'Aubusson, etc. — la rivière de l'Ile dans toute l'étendue de la seigneurie de Mussidan, au duc de La Force ; — Sainte-Foy, au sieur de Rabar ; — Saint-Cyprien sur Dordogne, à l'archevêque de Bordeaux ; — les ports de Bergerac et de la Linde, au seigneur de la Beaume-Fourssac ; — encore les ports de Bergerac, et les autres atterrissages jusqu'au dessus du pont, au seigneur Gillet de La Caze ; — La ville et banlieue de Ribérac, au seigneur de Ribérac ; — la seigneurie de Saint-Pardoux de Jaubertes, au seigneur marquis de Pontac, dont les droits paraissent remonter au-delà de 1569 ; — l'hôpital de Mezin ; — les jurats de Bordeaux ; — le péage de l'Ile Saint-Georges en Beautiran, au sieur Lecomte ; — le péage de Saint-Emilion ; — le péage du port de Capet sur la rivière de Dordogne, maintenu par exception au sieur de Beaumont, comte de la Roque ; — le péage du comté de Blaignac (Gironde), enlevé au marquis de Durfort-Civrac ; — Le péage au-dessus de la Réole, à la dame de Razac ; — la communauté de Thiviers ; — la baronnie de Virazel, au président d'Augeard ; — le péage de Castets, au sieur Duhamel ; — le péage de la commanderie du Temple du Breuil, sur la rivière du Lot, etc.

C. 2595. (Carton.) — 58 pièces, parchemin, et 43 papier, imprimées.

1741-1753. — Arrêts du conseil statuant par suppression sur les péages non justifiés dans les délais de l'ordonnance, et concernant : Caubeyres ; — Penne ; — Mas d'Agenais ; — seigneurie de Losse et péages de la Vézère ; — Cabanac (Gironde, où se trouve rappelé un accord du 10 juillet 1290 entre Guillaume de Boville, seigneur de Cabanac, et Bertrand de Podensac, seigneur de Saint-Magne, par lequel le droit de péage est fixé à dix deniers pour chaque voie de bois, venant des Landes ; — Bergerac, pour les Carmes du lieu, possesseurs du péage du sel qui se décharge sur le quai ; — Pellegrue et Blazimont, au seigneur duc de Bouillon ; — la moitié du péage de Caudrot, maintenue au prieur, l'autre moitié réunie au domaine ; — le péage du pont des Ondes, prétendu par le sieur de Rossanes, au bord de la rivière du Lot ; — le tarif de la terre de Monravel, appartenant à l'archevêque ; — le péage de Rions, prétendu par le sieur de Sallegourde ; — Le péage de Caumont, prétendu par le duc de la Force en vertu de lettres-patentes de Richard d'Angleterre, Jean, duc de Guienne et de Lancastre, Charles VI et Louis XI, dont le sommaire est mentionné ; — le péage dit de Saint-Martin de Chamborel, prétendu par le sieur de Louppes sur la rivière de Garonne au lieu de Sainte-Bazeille, et levé à Marmande, depuis son établissement, en 1522, par le seigneur d'Albret en faveur d'Antoine Chamborel, etc., etc.

C. 2596. (Carton.) — 59 pièces, papier, imprimées.

1732-1755. — Arrêts du Conseil portant confirmation ou suppression de péages et concernant : — le sieur de Marcellus pour son péage de Meilhan et de Sainte-Bazeille ; — le sieur de Gasquet, maintenu dans son péage de la Magistère ; — l'abbesse de N.-D. de Ligueux (Gironde), pour son péage sur les foires de Ligueux ; — le chapitre d'Agen ; — la dame de Bordes, veuve de La Roque-Budos, dans la baronnie de Budos, et sur la rivière du Ciron ; — le sieur de Ruat pour son péage du pont de Gujan ; — le marquis de Civrac, maintenu en possession de son droit de bac et passage de la Dordogne, à Brannes ; — le comte de La Vauguyon, maintenu en possession de son droit de bac et passage de la Garonne, à Tonneins dessous ; — la dame de Chambert, maintenue pour le passage de Meillan ; — les Bénédictins de La Béole, confirmés une fois de plus dans leur droit de bac et passage à La Réole, à l'exclusion des bateliers et des maire et jurats qui en revendiquaient la possession pour eux-mêmes contre le couvent ; — le duc de La Force et le procureur général Duvignier, pour la possession par moitié d'un bac sur la Dordogne au port de la Biarnaise ; — le chapitre et l'évêque de Bazas obtenant à leur requête la suppression de leur droit de péage dans la ville et banlieue, qui leur devenait trop onéreux par les charges d'entretien de chemins qu'il entraînait et de réparation de chaussées, l'inondation de juillet 1743 ayant occasionné de grands dégâts ; — le duc de Richelieu, pour le péage du sel à Agen et à Marmande; — le sieur de Gourgues, pour Saint-Pardoux sur Dordogne; — le marquis de Jumillac pour Laugoiran; — le duc d'Antin, pour Langon et Cadillac, dans les péages desquels il est confirmé; — le duc d'Aiguillon pour Sainte-Livrade, Aiguillon, Castelmoron, Thouars, etc. sur les rivières du Lot et de Garonne.

C. 2597. (Portefeuille.) — 59 pièces, papier; 4 en parchemin, et 3 plans.

1774-1779. — Correspondance entre l'intendant et ministère concernant le passage de Cubzac (Gironde), à côté duquel le seigneur de La Tour du Pin, propriétaire tenu de l'entretien et des réparations du quai et du peyrat d'embarquement, avait fait agrandir une conche, ou petite baie appartenant au sieur Chaperon de Terrefort, et contestations sur la propriété de cette conche, vû qu'elle était, d'après le plan annexé, couverte par les hautes marées; rapport de l'ingénieur Brémontier, donnant la preuve qu'elle faisait partie d'un ouvrage administratif ordonné par l'intendant Esmangart, pour la protection du passage.

C. 2598. (Portefeuille.) — 110 pièces, papier.

1774-1781. — Passages de Lormont et de La Bastide à Bordeaux. — Passage de Cubzac, sur la Dordogne. — Usage des troupes de payer un sol par homme pour le passage de Lormont, et deux sols par cheval, refusé par les officiers et soldats du régiment de Condé, et accordé, par le ministère, sur l'extraordinaire des guerres; — établissement du passage de la Bastide, octroyé à la ville, et rendu nécessaire par le point d'arrivée de la route de poste de Paris, dernièrement porté de Lormont à la Bastide; concession aux maire et jurats du droit d'y établir un service public de bac et passage; dépenses, comptes, projets; — arrêt du Parlement de Bordeaux qui fixe les droits de passage au port de Cubzac; comptes de construction du bateau de passage, épreuves d'essai et autres dépenses; — établissement d'un poste de soldats aux passages nommés ci-dessus, afin de faire exécuter les règlements et tarifs.

C. 2599. (Portefeuille.) — 1 registre in-folio, 100 feuillets, papier.

1722-1723. — Registre du contrôle des actes au bureau de Cadillac sur Garonne.

C. 2600. (Carton.) — 103 pièces, papier.

1763-1777. — Contrôle des actes et centième denier. — Correspondance des intendants Boutin, Esmangart, de Clugny, et Dupré Saint-Maur avec leurs subdélégués sur l'application ou la modération des droits de mutation dans les successions, et la remise de l'amende encourue par les particuliers pour des évaluations fausses, erronées ou incomplètes, au moins prétendues telles par le fermier du domaine : affaires Pichon, baron de Lamothe et Parempuyre; — Lavialle; — Constantin de Bursolles; — Joseph Delbreil; — baron de Verthamon; — madame Lajaunie; — sieur Taffard, de Libourne; — l'hôpital de Castillon; — la dame de Castelnau d'Aubagnan, comme étant aux droits de la dame d'Abbadie, en la paroisse de Saint-Loubouer (Landes); — un notaire de Villefranche contre lequel sont relevées des contraventions aux règlements sur le contrôle des actes; — Lafourcade, sous-fournisseur des bois de construction pour le compte du Roi, auquel, par une extension abusive de la jurisprudence du Parlement de Bordeaux, le fermier du domaine voulait faire payer le centième denier sur un certain nombre de chênes en haute futaie achetés par lui, un par un, dans une forêt, comme si c'eût été un lot de forêt tout entier soumis dans ce cas au droit de lods et ventes et par conséquent de centième denier; — Dedieu, avocat à la Réole; — le sieur de Brivazac; — le sieur Méhé Dardenne; — Tronquoy, trésorier de France, etc. — Requête à l'intendant, signée des curés, juges, notaires, greffiers et principaux habitants de 22 paroisses formant le pays de Born, et la majeure partie de celui de Maransin, aux fins de forcer la compagnie de la Ferme du contrôle des actes d'y rétablir aux moins deux bureaux, la distance extrême des bureaux les plus voisins empêchant toute communication à travers un pays de forêts, que l'établissement nouveau des forges a rempli d'une population difficile.

C. 2601. (Carton.) — 116 pièces, papier.

1777-1779. — Correspondance de M. Dupré Saint-Maur, intendant de Bordeaux avec MM. Debonnaire, de Forges et Necker, concernant le jugement des contestations entre des particuliers et le fermier du contrôle des actes pour déclaration ou évaluation fausse ou incomplète, application ou remise d'amende encourue, interprétation des arrêts et ordonnances sur la matière, et mentionnant : — le sieur de Taffard, lieutenant-colonel d'infanterie, comme héritier par sa femme de M. Gabriel Cazenave, curé de La Gorce (Gironde); — la dîme du vin de la paroisse de Monségur, appartenant à la fabrique; — les bois achetés pour la marine, sur lesquels le fermier veut prendre le centième denier; — le sieur Léonard Gaye de Martignac, avocat en la cour, répétant contre le fermier du contrôle un droit de centième denier payé précédemment sur une vente annulée par droit de prélation; — l'inféodation successive en 1725 et en 1759 par les agents du seigneur de Lesparre, à la dame Thierry de la Prévalais, veuve du capitaine Bertrand de Charmail, et ensuite à Jean-Félix Adhémar, capitaine au régiment de Cambrésis, de journaux de marais dans la paroisse de Saint-Seurin-de-Cadourne (Gironde); — la jurisprudence adoptée quant à la perception des droits d'insinuation résultant des gains de noces et de survie stipulés par contrats de mariage.

C. 2602. (Carton.) — 120 pièces, papier, 1 parchemin.

1779-1789. — Correspondance des intendants avec le ministère concernant des contraventions au droit de contrôle, insinuation et centième denier, et mentionnant : — le sieur Duplantier, avocat à Marmande; — le sieur Dupin, de Monségur, et la dame Rose de la Taste, son épouse; la comtesse de Béarn et le conseiller au Parlement Montalier de Grissac, prétendant réciproquement des droits sur les terres de Cubzaguais, appartenant au sieur de Grissac, et de La Mothe-Landeron, à Mme de Béarn; — Armand Combret, bourgeois de Bordeaux; — les familles Bessières, Combelles et Dastor, de Sainte-Livrade (Lot-et-Garonne); — les consuls de la ville de Domme en Périgord; — les consuls de la ville de Montréal; — le seigneur Jean de La Lande, baron de Magescq (Landes); — la paroisse de Saint-Genès-de-Lombaut (Gironde), etc.

C. 2603. (Portefeuille.) — 120 pièces, papier.

1710-1718. — Don gratuit. — Doublement des octrois. — Correspondance de M. de Courson, intendant de Bordeaux, avec les ministres MM. de Bercy, Desmaretz, de Baudry, de Gaumont et le duc de Noailles, concernant les moyens d'établir le don gratuit demandé par le roi sur le produit du doublement ordonné des octrois des villes de la généralité; — la difficulté d'augmenter les taxes des villes d'octroi; et l'impossibilité de mettre des octrois dans celles qui n'en possèdent pas; — la proposition d'abonner la province, en échange de la suppression de l'édit, à une somme de quatre cent mille livres; « et si je connaissais « que les villes et le pays fussent en estat de mieux faire, « il serait inutile d'exciter sur cela mon zèle; mais le dé- « sordre que l'hyver de 1709 a causé, la stérilité de plu- « sieurs années consécutives, le défaut de commerce, la « très-mauvaise récolte de cette année en blés et en vins, « et la levée du dixième des revenus, non-seulement ne me « permettent pas d'augmenter ces offres-là, mais ce sera « beaucoup faire que d'exécuter ce que j'ay offert...; « Cette province est chargée de plus de cinq millions d'im- « positions, sans y comprendre la levée du dixième des « revenus, qui ira bien à un million et demy, et je ne « comprends pas comment tout cela pourra se livrer »; — l'emprisonnement à Bordeaux des consuls de la ville d'Agen, refusant de payer la somme à laquelle était taxée la ville, et n'offrant, en vertu de l'édit, que la somme de quatre cents livres considérée comme le doublement de leur octroi, qui n'était que de deux cents livres; — les adjudications des droits d'octroi doublés pour les villes de Bazas, Mont-de-Marsan, Marmande, Périgueux et Nérac.

C. 2604. (Portefeuille.) — 123 pièces, papier.

1710-1718. — Rachat du doublement de leurs octrois ordonné par l'édit de 1710, au moyen de contributions qu'elles offrent, par les villes ci-après : Libourne, 30,000 livres, en engageant pour quatre ans les droits qui se perçoivent sur le sel; Tartas, 5,000 livres à prélever sur les débiteurs de la commune; Bayonne et bourg Saint-Esprit, 40,000 livres; Clairac, 5,000 livres qui seront avancés par l'adjudicataire du droit de vingt sols par pièce d'eau-de-vie et de celui de deux sols six deniers par chaque barrique de vin cueilli, transporté ou consommé pendant six ans dans les villes et juridictions de Clairac, Tonneins, Castelmoron et La Parade (Lot-et-Garonne); Dax, 10,000 livres obtenues par l'augmentation des droits d'entrée ou de transit sur les vins et les eaux-de-vie; Villeneuve d'Agenois, 4,000 livres par l'augmentation des droits sur la marque des vins et eaux-de-vie qui se chargent pour Bordeaux et ailleurs; Périgueux, 15,000 livres par le renouvellement d'un ancien droit de vinade, consistant en quinze sols par barrique de vin bourgeois, et trente sols de vin étranger, outre les droits déjà établis; Bergerac et Sainte-Foix, 12,000 livres par l'établissement de droits sur les vins et eaux-de-vie sur les deux rives de la Dordogne depuis la banlieue de Bergerac, jusqu'à la fin de la juridiction de Montravel; Port-Sainte-Marie, 4,000 livres; Marmande, 9,000 livres; Buzet, Nérac et Condom, et les habitants de Mezin, par des adjudications de droits sur les vins et les eaux-de-vie.

SÉRIE C. — INTENDANCE DE BORDEAUX. — DON GRATUIT.

C. 2605. (Portefeuille.) — 130 pièces, papier.

1759-1779. — Nouveau don gratuit de 1758. — Correspondance de MM. de Tourny, Boutin, Fargès, Esmangart et Dupré-Saint-Maur, intendants de Bordeaux, avec le contrôleur général et le ministre, concernant la levée du don gratuit extraordinaire, imposé par l'édit d'août 1758, pendant six ans, sur le royaume ; — la prorogation de cet impôt en 1768 jusqu'en 1774, et ensuite jusqu'au 31 décembre 1780 ; — l'opposition du Parlement à l'enregistrement des lettres patentes portant prorogation de différents autres droits et établissement de deux nouveaux sols pour livre, lesquelles ne furent transcrites sur les registres du Parlement, qu'après plusieurs lettres de jussion et en présence de M. de Fumel, comme porteur des ordres du Roi ; — l'abonnement de la ville de Bordeaux, pour l'acquit de sa part dans le don gratuit, à cent mille livres par an, dont la somme devait être prise sur la consommation et la circulation des vins dits bourgeois et non bourgeois, et la descente aux Chartrons des vins du haut pays : mémoires multipliés des jurats et de la cour des aides sur l'extension ou la restriction du privilége des vins bourgeois, qui ne devaient supporter selon le projet des jurats que la moitié du droit à payer par les vins des autres habitants de la ville.

C. 2606. (Portefeuille.) — 75 pièces, papier.

1757-1759. — Délibérations et mémoires des villes de la généralité adressés à l'intendance relativement à l'assiette du don gratuit, à la difficulté de son établissement par l'opposition qu'on prévoit de la part des familles exemptes des contributions ordinaires, et à la réduction des sommes imposées. — Villes de Périgueux, Sarlat, Tonneins, Clairac, Libourne, proposant, les unes une imposition extraordinaire par insuffisance de l'octroi ou l'impossibilité de l'augmenter, les autres un droit à établir sur les vins et les eaux-de-vie, le chanvre, et les autres denrées (la délibération de Périgueux est signée des députés de tous les corps de métiers et corporations de la ville). — Mémoire de la ville de Nérac. — Etat de fixation des sommes à payer par chaque ville de la Généralité, et nouvel état de la modération accordée aux différentes villes sous la condition qu'elles préféreront pour trouver des ressources la voie de l'imposition à celle de l'augmentation des octrois, rendant ainsi la perception plus prompte par les mains des receveurs des tailles.

GIRONDE. — SÉRIE C.

C. 2607. (Portefeuille.) — 107 pièces, papier.

1759-1761. — Répartition par certaines villes, sur les paroisses de leur juridiction, de la somme imposée sur ces villes seules, et infirmations par l'intendant des délibérations prises dans ce sens. — Rôles du don gratuit de la ville de Sarlat pour l'année 1759, de la ville et paroisse de Rions (Gironde), de la ville de Guitres (Gironde).— Représentations des villes de Coutras, Castillon, Rions, Libourne, Cadillac, Saint-Macaire (Gironde), Puymirol, Marmande, Sainte-Livrade, Agen (Lot-et-Garonne), Nérac en Albret, Bazas, Langon, Larroumieu, etc., concernant les objets qu'il serait possible d'imposer, dont la liste est très-différente selon les villes et les personnes, jurats, privilégiés, bourgeois, propriétaires ou paysans. — Mémoire des habitants de Bordeaux non bourgeois, contre le privilége attribué par les jurats aux bourgeois de la ville, tant pour la priorité de la vente de leur vin que pour l'extrême différence de la taxe d'octroi de don gratuit, dont l'effet serait, d'une part, de faire supporter tout le poids de l'imposition à la classe non bourgeoise, et, de l'autre, aux vins du haut pays. — Etats de répartition et tableaux des sommes payées et des sommes qui restent dues.

C. 2608. (Portefeuille.) — 100 pièces, papier.

1761-1764. — Délibérations des villes sur l'assiette du don gratuit : reliquats de comptes des anciens administrateurs, imposition en forme de taille, droits sur le vin vendu au détail ou circulant par le pays, droits et taxes sur la viande, droits d'octroi, etc. ; — correspondance de l'intendant avec le contrôleur général sur l'inconvénient des octrois, à cause des frais de régie qui en augmentent la charge, concernant : — l'imposition que plusieurs villes ont mise par leurs délibérations sur le vin forain ; — la nécessité de dispenser de ce droit les petits bourgs non fermés ; — l'imposition rejetée par les villes, en partie sur les paroisses rurales de leur juridiction ; — l'état de la capitation des villes.

C. 2609. (Portefeuille.) — 106 pièces, papier.

1764-1767. — Etat des impositions, taille et accessoires, vingtième et capitation des villes de la Généralité sujettes au don gratuit. — Tableau des seules villes qui ont préféré à la voie de la répartition un établissement de

53

droits nouveaux : Bordeaux, Blaye, Bergerac, Condom, Périgueux, Saint-Émilion et Sainte-Foy. — Plaintes des autres villes, et nouveaux mémoires : à la fin de 1765, elles n'ont pas encore commencé à payer.

C. 2610. (Portefeuille.) — 100 pièces, papier.

1766-1771. — Lettres patentes du 20 mai 1766 par lesquelles le Roi modère la contribution au don gratuit due par les villes et communautés qui préféreraient la voie de la répartition par une imposition extraordinaire à l'établissement de nouveaux droits, non encore enregistrées après un an de date, à la Cour des Aides, à laquelle elles avaient été adressées. — Villes de La Réole, Sauveterre, Gensac, Castelmoron. — Etat de la subdélégation de Condom et de celle de Clairac. — Etat des sommes à répartir en exécution des lettres-patentes du 20 mai 1766 sur chacune des villes ou communautés comprises en l'état de fixation annexé auxdites lettres patentes dans lesquelles il n'a été établi aucun droit pour l'acquittement de leur don gratuit. — Requêtes des villes des diverses subdélégations; correspondance des subdélégués avec l'intendance.

C. 2611. (Portefeuille.) — 102 pièces, papier.

1771. — Correspondance des subdélégués avec l'intendance concernant la levée du don gratuit et l'extrême difficulté de faire payer les villes ; — délibérations et requêtes des communautés de Puymirol, Castelsagrat, Aiguillon, Port-Sainte-Marie, Nontron, Villeneuve, Blaye et Bourg, La Réole, Périgueux et Mezin.

C. 2612. (Portefeuille.) — 100 pièces, papier.

1771-1772. — Etat de situation du don gratuit dans les villes et communautés d'Astaffort, Gensac, Sauveterre, Langon, Bazas, Libourne, Blaye, et les paroisses de l'Agenais et du Condomois.

C. 2613 (Portefeuille.) — 83 pièces, papier.

1772-1775. — Correspondance, mémoires, copie de délibérations des communautés et lettres de M. Esmangard, intendant de Bordeaux, concernant : — la ferme du droit d'octroi de Bazas, établi pour le don gratuit ; — l'extension donnée aux droits réservés dans quelques villes par les fermiers de ces droits dépendant du don gratuit ; — les arrérages dus partout par les villes ; — l'étendue des dépendances des bourgs et communautés où doit s'exercer la levée des droits réservés, créés par l'édit de 1778 ; — la déclaration du Roi qui soumet aux droits supportés par les villes et bourgs toutes les communautés qui s'y étaient jusqu'à présent soustraites, comme Castres et Portets, Créon, La Teste, Lesparre, Rions, Paillet (Gironde); Mussidan, Monpon, Saint-Marcel, Ribérac, La Linde, Montignac, etc. (Dordogne); Gontaut, Villeréal, etc. (Lot-et-Garonne); Valence (Tarn-et-Garonne), etc.

C. 2614. (Portefeuille.) — 16 pièces, papier.

1707. — Tailles et impositions. — Etats de répartition des tailles, et rachat du contrôle des voitures, facteurs commissionnaires, rouliers, etc., dans les élections de Bordeaux, Périgueux, Sarlat, Agen, Condom et les Landes pour l'année 1707.

C. 2615. (Portefeuille.) — 13 cahiers, papier, 1 p. parchemin.

1708. — Etat et département des paroisses des Élections de Sarlat, Condom, les Lannes, Périgueux et Bordeaux. — Tableau du recouvrement de l'Élection des Lannes fait à-compte des impositions de l'année 1708. — Extrait du brevet contenant les sommes que le Roi a ordonné être levées pour les tailles, taillon, solde, étapes et autres natures de deniers, jusqu'à deux millions sept cent soixante-sept mille livres. — Arrêt du conseil par lequel, informé que la récolte des grains, des vins et des fruits de la Généralité a été considérablement endommagée par la grêle, le Roi diminue de 300,000 livres la contribution aux tailles de la Généralité de Bordeaux.

C. 2616. (Portefeuille.) — 27 pièces, papier, 3 en parchemin.

1711. — Etat et département des paroisses des Élections de Périgueux, Sarlat, Agen, les Lannes ; — offices rachetés de contrôleurs des tailles, inspecteurs, greffiers, commissaires vérificateurs ; — décharge pour l'année 1711 de la somme de 400,000 livres, et pour l'année 1712 de celle de 300,000, à cause des maux causés par l'hiver de 1709 ; — Mémoire pour l'Élection de Bordeaux, plantée pour les trois quarts toute en vignes, qu'il a fallu arracher après la gelée excessive du mois de janvier 1709, mentionnant en même temps la perte irréparable des châtaigniers et noyers du Périgord, et la grande gelée du

SÉRIE C. — INTENDANCE DE BORDEAUX. — TAILLES ET IMPOSITIONS.

1er mai 1710, cause de la mort d'un très-grand nombre d'hommes, et « même de beaucoup de bestiaux » ; — correspondance de l'intendant Lamoignon de Courson avec le contrôleur général sur les remises d'impôts proposées ou appuyées par l'intendant en faveur des villes, bourgs, villages ou particuliers dévastés par la grêle ou les inondations.

C. 2617. (Portefeuille.) — 3 pièces, papier.

1713-1714. — Correspondance de l'intendant avec le contrôleur général, relative aux moyens de décharger les villes et communautés du restant dû des impositions de l'année 1709 dans l'Élection de Bordeaux, tombées en non-valeurs, sans qu'il soit nécessaire d'expédier aucun arrêt du conseil. — État de situation des recouvrements arriérés.

C. 2618. (Portefeuille.) — 33 pièces, papier.

1714. — Brevet de l'imposition de la taille sur la Généralité de Bordeaux, 2,800,000 livres. — État et département des paroisses des Élections des Lannes, de Périgueux, de Sarlat et de Condom.

C. 2619. (Portefeuille.) — 27 pièces, papier, 1 en parchemin.

1715. — État et département des Élections des Lannes, Condom, Agen, Sarlat, Périgueux et Bordeaux, pour l'imposition de la taille en l'année 1715, établi par juridictions et par paroisses dans chaque juridiction et seigneurie. — État des sommes à imposer dans quelques paroisses de l'Élection de Bordeaux, pour le loyer des maisons presbytérales : quatorze paroisses, et 222 livres à répartir. — État des mêmes sommes à imposer en l'Élection de Condom, compris le Bazadais ; toutes les paroisses de l'Élection sont inscrites. — État des sommes à imposer pour la subsistance des enfants des nouveaux convertis, et les gages des régents et régentes préposés à leur instruction. — Correspondance de l'intendant Lamoignon de Courson avec le contrôleur général Desmarets, concernant : — la diminution des 200,000 livres accordée par le Roi à la province sur la taille de l'année 1715 ; — la continuation d'un impôt de 12,000 livres levé sur le pays de Bigorre, sans ordonnance ni arrêt ; — le relevé de tous les arrêts qui ordonnent des impositions dans la Généralité ; — l'état de ce qui este dû par les acquéreurs des lettres de noblesse pour la confirmation de leurs priviléges, la plupart desquels n'ont pas acquitté les taxes ; — les demandes de dégrèvement formées par les particuliers ou les villes, et fondées sur les fréquentes inondations des rivières ; mention faite du débordement du 20 juillet 1714 dans le pays de Bigorre et la plaine de Tarbes.

C. 2620. (Portefeuille.) — 29 pièces, papier, 2 en parchemin.

1718-1719. — État et département de la taille dans les Élections de la Généralité.

C. 2621. (Portefeuille.) — 71 pièces, papier.

1710-1733. — Procès-verbaux de recherche des abus faits par les syndics collecteurs de la taille dans les paroisses des Élections de Bergerac et Périgueux, dressés par les subdélégués et commissaires de l'intendant, et rendus exécutoires quant aux sommes moins imposées.

C. 2622. (Portefeuille.) — 50 pièces, papier.

1729-1734. — États de répartition de la taille dans les différentes paroisses des cinq Élections de la Généralité.

C. 2623. (Portefeuille.) — 30 pièces, papier.

1724-1736. — États de répartition de la taille et procès-verbaux de vérification de rôles pour quelques paroisses de la Généralité.

C. 2624. (Portefeuille.) — 18 pièces, papier, 7 parchemins.

1737-1740. — États de répartition de la taille dans les cinq Élections de la Généralité, ensemble les brevets arrêtés au conseil du Roi fixant la quotité de la taille.

C. 2625. (Portefeuille.) — 100 pièces, papier.

1733-1741. — Taille proportionnelle et tarifée. — Correspondance de M. Boucher, intendant de Bordeaux, avec le contrôleur général Orry, sur la nécessité et les moyens de remplacer dans les trois Élections de la Généralité Bordeaux, Périgueux et Sarlat qui sont soumises à la taille personnelle, et à sa répartition arbitraire par les collecteurs, vu l'absence de tout cadastre, les anciennes pratiques d'imposition par une forme nouvelle, dont le premier avantage serait de forcer les collecteurs à motiver le taux qu'ils imposent à chaque taillable, et le second d'établir un tableau immuable de la valeur des terres, classées par catégories et nature de culture, et composé, quant à la contenance de chaque parcelle, de la déclaration publique que serait chargé de faire chaque possesseur, sous les amendes de droit en cas de fausse déclaration. — Rappel des règlements de 1600, 1634 et 1688 sur la formation des tableaux de la taille, et arrêt du 7 juillet 1733 complétant les précédents, à l'occasion duquel le contrôleur général écrit que « c'est, peut-être, pour avoir voulu faire trop de « bien à la fois que l'arrêt de 1688 n'a pas eu son exécu- « tion. » — Envoi par le Ministère d'un mémoire portant projet d'un tarif de la taille, avec ordre d'en tenter l'essai dans quelques paroisses, sans rechercher d'abord une précision absolue : rôles des tailles des paroisses de St-Michel de Fronsac (Gironde), Excideuil, Vendoire, Bonneville, Saint-Sulpice (Dordogne) dressés sur le nouveau modèle ; lettres impératives du contrôleur général sur — la continuation à tenter de l'essai de la taille tarifée d'après les indications générales du mémoire précédent ; — la nécessité de passer par-dessus l'opposition des trois Élections de Bordeaux, Périgueux et Sarlat, les seules de la Généralité qui, étant de taille personnelle et arbitraire, pendant que celles d'Agen et de Condom jouissent, par le cadastre, de la taille réelle et abonnée (voir C. 2420), sont l'objet de nouvelles mesures ; — l'obligation imposée directement à l'intendant de dresser lui-même, et personnellement, pour donner l'exemple, le rôle de la taille dans quelques paroisses de chaque Élection d'après les instructions précédentes : rôle de la paroisse de Bruges, près Bordeaux. — Mémoires et rapports des Élections adressés à l'intendant : celle de Bordeaux estimant que la répartition arbitraire pratiquée jusqu'ici est préférable au nouveau système par tarif, comme moins dangereuse dans ses suites, beaucoup plus au goût des taillables, et plus propre à faciliter les recouvrements ; celle de Sarlat, qu'en l'absence d'arpentement et de cadastre, il manquera toujours une base certaine à l'assiette de la taille, les déclarations des particuliers ne pouvant guère faire foi, et les mutations, testaments, translations de domicile devant être une cause perpétuelle de changement dans l'appréciation des cotes ; cependant, après nombre de mémoires et lettres, rapportant les difficultés d'exécution venant de l'intérêt, la routine, l'ignorance à dresser les nouveaux tableaux, la nécessité d'en confier le soin à des commissaires, pris en dehors des collecteurs lesquels déclarent mieux aimer payer l'amende que de se donner tant de peine, les ordres réitérés de la Cour donnent pour résultat que la nouvelle répartition, là où elle a été faite, dégrève les plus pauvres et charge les plus riches, sans que personne puisse se plaindre par droit. — Mémoires des Élections sur la question de connaître les usages de la Généralité relativement au moment où commence l'imposition d'un fermier entrant dans une ferme, et finit celle de son prédécesseur ; renseignements sur le métayage en Périgord et en Bordelais. — Témoignage de satisfaction donné par le contrôleur général au subdélégué de Sarlat, M. de Jully, à l'occasion de ses rapports et observations sur l'application du nouveau système.

C. 2626. (Portefeuille.) — 105 pièces, papier, 11 imprimés.

1742-1743. — Taille tarifée. — Modèles de rôles de taille d'après le nouveau système, instruction pour les syndics et les collecteurs, modèles imprimés des déclarations de propriété ou de revenus à faire par les taillables. — Demande d'arpentement par les paroisses de l'Élection de Sarlat. — État des rôles faits par tarif dans l'Élection de Bordeaux. — Correspondance des intendants Boucher et Tourny avec les subdélégués et les conseillers aux Élections de Périgueux et de Sarlat sur l'application ou l'interprétation du règlement de la taille par tarif.

C. 2627 (Portefeuille.) — 83 pièces, papier.

1743-1752. — Taille tarifée. — Arpentement de la paroisse de Cantenac en Médoc. — Arpentement des fonds sujets aux frais du curement de l'estey du Guâ, en la paroisse d'Ambarès (Gironde). — Rôles de taille tarifée de Barsac (Gironde), et de Saussignac (Dordogne). — Frais d'arpentement des paroisses de Razac, Saint-Sernin de La Barde, Fonroque, Monestier, Saussignac, Gajeac, en Périgord. — Ordonnances de gratification en faveur des commissaires chargés de dresser les rôles de la taille par tarif.

C. 2628. (Portefeuille.) — 124 pièces, papier.

1750-1754. — État et département des paroisses de l'Élection de Bordeaux, établies par juridictions : Villes de Bordeaux — de Libourne ; — juridictions de Saint-Émilion — Castillon-lèz-Périgord — Puynormand — Fronsac — Cadillac en Fronsadais — Guitres — Coutras — Blaye — le Marais — Vitrezay — Plenesève — Bourg — Cubzac — Vayres et Arveyres — Ambarès — Lormont — la petite prévôté d'Entre-deux-Mers — la Tresne et Cénac — la Grande Prévôté — Curton et Pressac — Blazignac — La Sauve — Langoiran — Rions — Cadillac — comté de Bénauges — Saint-Macaire — Barsac — Virelade — Podensac — Landiras — La Brède — Castelnau de Cernès — La Mothe-Nouailhan — Budos — Saint-Magne — Cabanac — Portets — Ile-Saint-Georges — Ayrans — Cadaujac — Veyrines — comté d'Ornon — Corbiac — Blanquefort — Agassac — Macau — Bessan — Arcins — Castelnau Benon — Lamarque — Verteuil — Castillon-Medoc — Lesparre — Lacanau — La Mothe-Certes — La Teste-de-Buch — Biscarrosse et Uza — Saint-Paul-en-Born — Beliet et Salles : formant en tout 461 paroisses, imposées ensemble à 628,000 livres. — État et département des Élections de : — Périgueux ; — Sarlat et comté de Monfort ; — Agen ; — et Condom, avec le Bazadais, qui est formé de 87 paroisses appartenant actuellement au département de la Gironde, plus les trois villes franches d'Uzeste, Préchac et Lignan.

C. 2629. (Portefeuille.) — 100 pièces, papier.

1750-1754. — Vingtième. — Ordonnances de décharge sur le vingtième d'industrie, vingtième taillable, vingtième des fonds nobles de l'Élection de Condom, portées par l'intendant, sur la requête des demandeurs : noblesse : dame Larroque, veuve du sieur de Bruet de Lagarde ; — Bassignan ; — Monestey, marquis de Chazeron ; — Dubroc de Trenquelléon, veuve de Batz ; — marquis de Flamarens ; — Morel ; — De Barry de Pontac, comtesse de Belhade ; — de Martin de Marcellus ; Martin du Tirac, héritier du comte de Marcellus ; — de Tamagnan ; — De Mothes ; — dame Angélique Joumard des Achards, vicomtesse de Galard de Béarn ; — Lavergne, comte de Guilleragues ; — de Castaing de Sauvin ; — décharges pour perte de terrain occasionnée par l'ouverture des nouveaux chemins de Grignols à Coutures, de Grignols à La Lande, de Coutures à Cocumont, d'Auros à Castets, de Bazas à Marmande, et de Bazas à Grignols.

C. 2630. (Portefeuille.) — 120 pièces, papier.

1750-1754. — Vingtième. — Ordonnances de décharge sur les vingtièmes de l'Élection de Condom pour perte de terrain occasionnée par l'ouverture des nouveaux chemins nommés plus haut, plus de ceux de Bazas à La Réole, de Bazas à Casteljaloux, et de Sauveterre à Saint-Jean de Blaignac (Gironde).

C. 2631. (Portefeuille.) — 96 pièces, papier.

1741-1748. — Taille tarifée. — Instruction sur la manière dont on doit opérer pour porter un rôle de taille proportionnelle à toute sa perfection. — Modèle de procès-verbal de nomination d'arpenteurs et experts et d'état des fonds et héritages composant une paroisse. — Modèle de table générale, et projet de rôle et répartition de taille tarifée. — Projets de commissions pour des commissaires au tarifement, ensemble différentes ordonnances, plans, rapports, et requêtes sur la matière ; plaintes de quelques paroisses limitrophes aux deux Généralités de Limoges et de Bordeaux, sur ce qu'elles ont été imposées à la fois dans les deux par une erreur des commissaires.

C. 2632. (Portefeuille.) — 122 pièces, papier, 3 parchemins.

1749-1751. — Tailles et impositions. — Correspondance de M. de Tourny, intendant de Bordeaux avec la cour et les ministres Machault, d'Argenson, d'Ormesson, Trudaine, concernant l'assiette de la taille ; — les remises et modérations sollicitées par l'intendant après les grandes gelées de la fin de mars 1750 ; — la quotité de l'imposition à établir pour le service des pépinières de mûriers blancs, ormes et noyers, créées dans la Généralité par un édit de 1749 ; — le budget du service des postes et la confirmation de l'exemption de la taille en faveur des maîtres de postes de la province ; — les fonds nécessaires à la réparation de l'église de Lauzun et du presbytère de Cours ; — le règlement de l'indemnité due par la ville de Bordeaux et par le reste de la Généralité aux négociants commissionnaires qui s'étaient chargés, de 1747 à 1748, de l'approvisionnement en grains ; — la contribution à imposer sur les paroisses de Loupiac, Gabarnac et Monprimblanc (Gironde), pour le payement de l'amende à laquelle les avait condamnées un récent arrêt du Parlement envers leur seigneur le marquis de Cadillac Moncassin, défendeur, relativement à ses droits de haute justice. — Extrait du brevet de la taille pour l'année 1750, mentionnant les dépenses du rétablissement des chemins dans les vingt Généralités des pays d'élections, et la quote-part de la Guienne ; — les charges d'entretien des travaux faits pour la navigation du Lot ; — la reconstruction du pont d'Orléans ; le nettoiement du havre de la Rochelle et l'enlèvement de la barre de l'Adour devant le port de Bayonne ; — la contribution de la Généralité au payement de l'intérêt des terrains achetés pour les fortifications de Bayonne, etc.

Rapport et avis de M. de Tourny sur la situation des récoltes de la province, après quatre années mauvaises, suivi d'un arrêt du conseil accordant un dégrèvement de 400,000 livres sur la taille de l'année suivante ; — arrêt du conseil accordant un nouveau dégrèvement de 600,000 livres sur la taille de l'année 1752, à la demande de l'intendant, dont l'avis était qu'une diminution de la moitié ne mettrait pas le peuple en état de payer l'autre, et de pouvoir vivre, et qu'on n'avait pas d'exemple d'une plus mauvaise récolte que celle de l'année 1751.

C. 2633. (Portefeuille.) — 92 pièces, papier.

1751-1752. — Mémoires et requêtes présentés afin de remise de taille, au contrôleur général des finances et à l'intendant de Bordeaux par les habitants de la paroisse de Florimont, Élection de Sarlat (Dordogne), dont le sort est tel, après les années 1748-1750, que depuis environ trois mois ils « sont réduits à la condition des bêtes, et de man« ger l'herbe, sans autre adoucissement que du vinaigre « pour en relever le goût » ; ils obtiennent un dégrèvement, des secours en argent, un quintal trois quarts de riz, et du temps pour acquitter les impositions en retard. — Plaintes portées devant l'intendant par les collecteurs de la paroisse de Samonac en Bourgès (Gironde) contre le privilège d'exemption de la taille dont jouit un cocher des écuries de Madame la Dauphine, en résidence à Samonac, et par conséquent hors d'exercice, bien qu'il ait été autorisé à s'absenter par M. le comte de Mailly, premier écuyer, et à conserver ainsi le privilège des commensaux des maisons royales ; transaction proposée au ministre par M. de Tourny ; — Arrêt du conseil qui répartit sur six années, à la demande de l'intendant, l'imposition de 6,917 francs représentant la somme due, par jugement du parlement, au seigneur de Cadillac par les paroisses de Loupiac, Gabarnac et Monprinblanc (Gironde), qui seraient incapables, sans être écrasées, de payer en un an cette somme, selon la volonté du seigneur ; — Lettres et mémoires des subdélégués, des consuls des villes, et des officiers de l'élection concernant l'affranchissement de taille des biens ayant appartenu à M. de Castex, chevalier, dans les juridictions de taille réelle, Pujols, Villeneuve, Monflanquin, Cassenœuil et Tombebœuf, en Agenais, pour lesquels le dit sieur de Beynac, chevalier, seigneur de Castex, en considération des services par lui rendus au Roi pendant les guerres de sa minorité avait obtenu l'anoblissement et l'affranchissement entier de toute taille, sans que les juridictions dans lesquelles ils étaient situés fussent tenus d'en acquitter aucunement la cote ; copie des lettres patentes en date des 13 avril 1654 et 9 janvier 1671, et requête des communautés de Pujols et Monflanquin à fin d'être exonérées de ces cotes qu'elles prétendent avoir ensuite été rejetées sur elles. — Autorisations de s'imposer accordées à diverses paroisses pour l'achat ou la construction de presbytères, les uns acquis (Saint-Léger de Magabal en Agenais), les autres donnés par la succession des curés défunts (Volail, curé de Mayac en Périgord), mais susceptibles de réparations, ou d'appropriation.

C. 2634. (Portefeuille.) — 72 pièces, papier, et 12 en parchemin.

1752-1753. — Lettres de la cour, et correspondance de M. de Tourny, intendant, avec les ministres d'Argenson, d'Ormesson, Machault, Trudaine et Pavé de Courteille concernant : — l'application dans les pays de taille réelle de l'édit de création (1750) d'une noblesse militaire, par lequel sont exemptés de la taille les officiers servant dans les troupes — l'exécution du règlement de 1716, 1717 et 1723 sur le récolement des tableaux des paroisses où la taille est personnelle, et l'utilité de les faire admettre aussi dans les élections de taille réelle qui en sont demeurées exemptées parce qu'ils n'ont pas été insérés dans les dispositions de la déclaration de 1726 faisant loi pour ces derniers pays ; — la diminution de 300,000 livres accordée par le Roi sur les impositions de l'année 1753, à cause de l'épuisement d'argent dans lequel est tombée la Généralité, ayant depuis dix-huit mois envoyé dehors vingt millions de livres pour acheter des grains à l'étranger ; — l'imposition particulière de 927 livres établie sur la ville de Périgueux dans la capitation pour 1754, afin d'indemniser de ses pertes le sieur Pierre Boisseau, négociant, chargé par l'intendant de faire venir de Bergerac pendant la disette de juillet 1752 des grains et farines nécessaires à l'approvisionnement de la ville, et qui s'était chargé de cette mission sans vouloir y rien gagner.

C. 2635. (Portefeuille.) — 98 pièces, papier.

1754-1755. — Lettres de la cour et correspondance des ministres avec M. de Tourny, intendant de Bordeaux, concernant : — l'entretien des pépinières ; — la demande d'une diminution de 400,000 livres sur les impositions de l'année 1755, à cause de l'avilissement du prix des grains, et du peu de récolte de la vigne ; — la remise de 175,000 livres accordée par le Roi ; les secours à apporter par une modération d'impôt, à la ville et aux paroisses de la juridiction de Villeneuve d'Agenais (Lot-et-Garonne) victimes des grands orages des 9 et 14 juin 1755, dont les ravages sont constatés par un procès-verbal et une délibération de la ville ; — la diminution d'une somme de 300,000 livres sur les impositions de l'année 1756, à cause de la disette absolue de fourrages amenée par une extrême sécheresse, de la perte totale des grains, et des dévastations occasionnées par la grêle dans deux cent soixante-treize paroisses de la généralité ; — la formation d'états et de tableaux envoyés par le ministère pour être remplis par les subdélégués avec leurs observations sur l'excédant ou le déficit probable de la récolte de l'année, afin d'avoir un tableau général de l'importation ou de l'exportation à permettre ou à provoquer ; — les rapports des subdélégués à l'intendant ; — le projet d'imposer sur quelques paroisses de l'Élection de Périgueux une somme de 7,700 livres destinée à la reconstruction du pont de Corgnac (Dordogne) ; — les secours, modérations ou remises d'impositions à accorder à divers gentilshommes, dont les biens ont été détruits ou endommagés par cas fortuit, grêles et incendies : le sieur de la Brousse de Meyses en Périgord ; — le sieur de la Greyse ; — le sieur de Camain de la Cotancie.

C. 2636. (Registre.) — In-folio, 98 feuillets, papier.

1744. — Taille de l'Élection de Périgueux. Plumitif du département. — 398 paroisses. — Noms des paroisses. — Noms des seigneurs. — Qualité du terrain. — Nombre de feux et nombre de cotes. — Taille imposée les quatre dernières années suivant les commissions du conseil. — Moins imposé. — Imposition effective. — Taille à imposer en 1744. — Observations.

C. 2637. (Registre.) — In-folio, 80 feuillets, papier.

1745. — Taille de l'Élection de Périgueux. Plumitif du département de la taille sur 398 paroisses.

C. 2638. (Registre.) — In-folio, 98 feuillets, papier.

1746. — Taille de l'Élection de Périgueux. Plumitif du département de la taille.

C. 2639. (Registre.) — In-folio, 110 feuillets, papier.

1747. — Taille de l'Élection de Périgueux. Plumitif du département de la taille : Imposition 544,830 livres ; moins imposé, remises et modérations, 50,700 livres ; imposition effective, 494,129 livres, 10 sols, 1 denier. — Etat des paroisses ravagées par l'épizootie. — Etat des paroisses pour lesquelles un moins imposé est proposé, comme ayant souffert de débordements et de la grêle.

C. 2640. (Registre.) — In-folio, 128 feuillets, papier.

1748. — Taille de l'Élection de Périgueux. Plumitif du département de la taille pour l'année 1748.

C. 2641. (Registre.) — In-folio, 16 feuillets, papier.

1749. — Taille de l'Élection de Périgueux. Projet du département pour 1749. — Cote de pertes causées par les accidents, gelée excessive et débordement, un vingtième, un dixième, un quart. — Imposition extraordinaire pour logement et séjour de troupes à Thiviers, Brantôme, Bourdeille, Ribérac, Neuvic, Mussidan ; — et pour réparation ou achat de presbytères en différentes petites paroisses.

C. 2642. (Registre.) — In-folio, 98 feuillets, papier.

1755. — Taille de l'Élection de Périgueux. Plumitif pour l'année 1755. — Mention de la grêle du 7 mai 1754.

C. 2643. (Registre.) — In-folio, 140 feuillets, papier.

1756. — Taille de l'Élection de Périgueux. Plumitif pour le département de la taille.

C. 2644. (Registre.) — In-folio, 104 feuillets, papier.

1746-1749. — Taille, capitation, translations de domicile. — Elections d'Agen et de Condom. — Ordonnance de M. de Tourny concernant les déclarations de changement de domicile à faire aux jurats et collecteurs des lieux, et les transports de cote de capitation qui en doivent résulter ; l'ordonnance n'est applicable qu'aux pays de taille réelle. — Déclarations de translation de domicile par les sieurs Baret, de Moret, Péry, Lafargue de Vidalot, Rochereau, Braylens, demoiselle Carton veuve Claverie, Loche sieur de Peychaud, etc... — Requêtes des paroisses : — Artigues (Lot-et-Garonne), dont les fonds sont possédés par des habitants d'Agen capités à Agen et exempts de la capitation d'Artigues qui retombe ainsi tout entière sur des pauvres gens sans biens ni ressources ; — Saint-Michel, juridiction de Monségur, Élection de Condom, subdélégation de Marmande ; — Barie (Gironde) en Bazadais, imposée de 500 livres, pour payer l'emplacement acquis en vue de la réédification de l'église ; — Pellegrue (Gironde) ; — Dominipech ; — Galapian ; — Malromé ; — Lusignan (Lot-et-Garonne).

C. 2645. (Portefeuille.) — 108 pièces, papier, 1 imprimé.

1748-1753. — Taille, capitation, translations de domicile. — Élections d'Agen et de Condom. Rapports des subdélégués constatant le déguerpissement d'un grand nombre de capités qui se réfugient dans les juridictions voisines. — Demandes de diminution en principal de la capitation, par les paroisses de : — Birac (Lot-et-Garonne), dont la moitié des terres, soit 18 métairies et 3 vignobles, est possédée par des forains exempts du rôle de capitation de la paroisse qui a doublé de taux depuis 1712 ; proposition de rejeter sur la taille la moitié de la capitation ; — Montaut (Lot-et-Garonne), dont la pesanteur d'une rente qu'elle paye au duc de Biron, seigneur, a fait abandonner en quelques endroits et transporter ailleurs la culture, et le taux de la capitation a fait déserter, par translation de domicile, bon nombre d'habitants ; — La Gruère (Lot-et-Garonne) ; — Dominipech ; — Fimarcon ; — La Sauvetat de Caumont, où cent particuliers non résidant possèdent 4,250 journaux, le tiers du territoire ; état et liste de ces particuliers, nobles et bourgeois, accompagnant un procès-verbal des consuls J. Vivie de Régie, avocat, J. Barbe et J. Cazemajour ; observations du subdélégué rappelant que le principal de la capitation est généralement trop fort dans toute la subdélégation de Marmande, comme ayant été presque doublé en 1722, et depuis surchargé des 4 sols pour livre et de l'augmentation du nombre des privilégiés compris au rôle de la noblesse ; — Monclar d'Agenais (Lot-et-Garonne), où les forains ont la moitié du sol, en sorte que répartition faite, la capitation est beaucoup plus forte que la taille ; — La Parade et les paroisses de Saldebosc et de Sermet (Lot-et-Garonne), ravagées par la grêle du 4 mai 1751, et réduites à la dernière misère ; — Lafitte Clairac (Lot-et-Garonne), etc... — États de translations de domicile, par subdélégation. — État du principal de la capitation taillable imposée en 1752 sur les paroisses de la subdélégation de Marmande.

C. 2646. (Portefeuille.) — 120 pièces, papier.

1752-1754. — Taille, capitation, translations de domicile. — Élection d'Agen et de Condom. — Rapport de M. Bourriot, subdélégué de Bazas, sur l'élévation de la capitation dans son arrondissement, qui fut trop forte dès le commencement, et dont on suit toujours l'assiette primitive ; état du principal de la capitation sur les juridictions et paroisses de cette subdélégation, situées presque toutes dans le département actuel de la Gironde, quoique faisant partie de l'élection de Condom. — États de répartition dans les subdélégations de Sainte-Foy, Casteljaloux et Nérac. — État et liste des taillables forains, nobles et autres, non compris au rôle de la capitation de Montréal, pour leur qualité de forains ; — Actes de translation de domicile. — Requêtes en modération de taux : — Casteljaloux, proposant pour être détaxé d'imposer de deux sols pour livre les autres paroisses de la subdélégation suivant un tableau que les consuls de la ville ont pris la peine de dresser ; — Poussignac, Lisse, Montréal, les deux premières désertées à cause de la stérilité du sol, la dernière dépeuplée par une épidémie ; — Saint-Géraud du Bois, ou de Lévignac, écrasé par la mauvaise distribution de la capitation faite par le chef-lieu de Taillecavat qui, composé de 300 personnes à l'aise, impose à 42 misérables de Saint-Géraud le tiers de la contribution totale ; — Mauvezin, près Marmande, la dîme et la rente réunies y prennent plus de la moitié du produit des terres ; — Damazan, où quoique en bon terrain, les métayers abandonnent la terre pour se faire conducteurs de voitures de laine, bois et autres denrées très-demandées, et pour 3,000 livres entrant dans la généralité par l'industrie, en font perdre 6,000 sur les grains par le défaut de culture ; la paroisse demande le rejet sur la taille du trop imposé de la capitation, afin que les forains acquittent au moins leur part dans les charges ; — La Gruère, à cause des inondations d'avril 1752, de l'abandon de la culture du tabac, et de l'augmentation du taux de la capitation qui a quadruplé ; tableau de disproportion avec les paroisses et les juridictions voisines présenté à l'intendant par les consuls ; — Taillebourg ; — Caumont ; — Clairac, imposé sur le même pied qu'au temps où la culture du tabac amenait nombre d'étrangers et de richesse, et actuellement totalement privé de ce genre de culture.

C. 2647. (Portefeuille.) — 103 pièces, papier.

1753-1756. — Taille, capitation, translation de domicile. — Correspondance de Tourny avec les subdélégués concernant : — les translations de domicile ; — les remises et modérations du taux de capitation ; — les taxes d'office, et les particuliers jouissant du privilége d'être taxés par l'intendant, etc.....

C. 2648. (Portefeuille.) — 116 pièces, papier.

1756. — Correspondance de Tourny avec les ministres d'Ormesson et de Séchelles concernant : les moyens à prendre pour diminuer les abus commis dans l'établissement des rôles de la capitation dans les pays de taille réelle, et le parti pris par l'intendant depuis trois à quatre ans de les faire établir d'office en présence des subdélégués et des consuls et principaux habitants ; — les indemnités de déplacement à rejeter sur le principal de la capitation ; — les opérations du service de la Trésorerie en ce qui touche la rentrée de l'impôt ; — le retard apporté par les receveurs des tailles dans leurs comptes par-devant l'intendant, etc... — Etat de rôles d'office dressés par les subdélégués, avec leurs observations sur l'utilité de maintenir le taux de la capitation à deux livres par capital de mille livres en fonds, le taux à trois livres étant beaucoup trop fort ; — Requêtes en modération des paroisses. — Translations de domicile : J. de la Ville, de Larmant, Durrieu de Monrecours, Passelaigue, Balguerie, Dubois de la Grèze, Deloche, Dumas de Lubriac, etc... — Taxe des nouveaux convertis, mentionnant la continuation de petites assemblées de religionnaires autour de Tonneins, pendant l'absence des dragons.

C. 2649. (Portefeuille.) — 114 pièces, papier.

1754-1757. — Taille, capitation, translations de domicile. — Elections d'Agen et de Condom. — Etat des juridictions dans lesquelles les rôles ont été faits d'office. Observations des subdélégués et efforts de l'administration pour empêcher par la confection de nouveaux rôles d'office le retour des injustices corrigées une première fois, et le surchargement des pauvres, des veuves et des mineurs.

C. 2650. (Portefeuille.) — 104 pièces, papier.

1743. — Etat des sommes imposées pour l'année 1743 sur les cinq Élections de la Généralité, et non comprises dans la taille; capitation, ustensile, quartiers d'hiver et milices, logement d'officiers. — Arrêt du conseil qui proroge le pouvoir accordé par celui de 1715 aux intendants des Généralités où la taille est personnelle, de faire procéder en leur présence ou devant leurs délégués, à la confection du rôle des tailles des paroisses dans lesquelles ils le jugeront à propos pour le bien des contribuables. — Requête des habitants de Feuguerolles (Lot-et-Garonne), en autorisation de s'imposer pour faire un arpentement général de leur territoire, et dresser deux livres terriers ; — Extrait du brevet de la taille mentionnant la réparation du presbytère de Saint-Martin de Francs (Gironde) et du chemin royal qui va du bourg des Faures au port de Langoiran. — Etat et département des Élections de taille personnelle, Bordeaux, Périgueux et Sarlat. — Avis de l'intendant sur la rentrée de l'impôt et sur l'état des récoltes ; mention des orages désastreux de juin et juillet 1742 ; épidémie et épizootie dans les Landes et dans l'Entre-deux-Mers; difficulté du recouvrement dans les Élections de Périgueux et de Sarlat, par l'absence totale de débouché pour leurs vins, et le manque de distilleries.

C. 2651. (Portefeuille.) — 88 pièces, papier.

1743. — Taille. Répartition. Etat et département des paroisses des Élections de Périgueux, Sarlat, Agen et Condom ; — des modérations de la taille, à cause d'orages, grêles, cas fortuits; — des paroisses qui n'ont point de presbytères, auxquelles l'administration accorde des secours pour frais de location de maison particulière ; — des impositions extraordinaires à lever pour construction, réparation ou achat de presbytère : Délibération des habitants de Trémons (Lot-et-Garonne) ; mention dans le rôle de l'Élection de Condom des paroisses actuelles de la Gironde: Villemartin, Saint-Fermе, Saint-Pey de Castex, Sainte-Florence, Bossugan, Castelmoron ; imposition de Belmont (Lot-et-Garonne) pour la réparation et augmentation de la maison presbytérale, suspendue à la prière du curé « par rapport à la disette des temps. » — Etat des sommes imposées pour l'honoraire des régents et régentes dans l'élection d'Agen, mention des paroisses de Sainte-Foy, Eynesse et Saint-Avit de Soulége (Gironde), dans lesquelles se trouvent trois régents abécédaires, non comptés les grammairiens.

C. 2652. (Portefeuille.) — 20 pièces, papier.

1748-1749. — Etat et département de la taille des paroisses des Élections de la Généralité.

C. 2653. (Portefeuille.) — 30 pièces papier, 1 imprimée.

1757-1758. — Etat et département de la taille des paroisses des Élections de la Généralité. — Ordonnance pour la nomination des collecteurs dans les Élections de Bordeaux, Périgueux et Sarlat, portant ordre de dresser, dans toutes les paroisses, des tableaux d'inscription des noms de tous les habitants qui doivent, à tour de rôle, être collecteurs, divisés selon le modèle, en trois classes, plus la colonne des exempts; récolement et mise à jour des tableaux déjà existant. — Projet de moins imposé sur la taille de 1758, mentionnant une grêle générale des 14 et 20 juillet 1757 dans toutes les Élections, spécialement dans celles de Sarlat et de Condom ; le débordement de l'étang de Mimizan (Landes) dans l'Élection de Bordeaux ; la pauvreté et disette d'hommes par le service des matelots; la désertion des habitants de la juridiction de Born ; les dépenses supportées par les paroisses du Médoc pour les corvées de fortification de la côte et de la pointe de Grave, et le cantonnement ou campement des troupes qui y avaient été envoyées ; l'inondation de la Garonne dans l'élection d'Agen, etc. — Etat des paroisses de l'élection de Périgueux qui doivent contribuer au soutien des postes de la grande route de Bordeaux à Limoges, passant par Périgueux.

C. 2654. (Portefeuille.) — 25 pièces, papier.

1744-1749. — Taille. Répartition. — Plumitif pour servir au département de la taille dans l'Élection de Condom, comprenant le nom des paroisses et des seigneurs, la qualité du terrain, le nombre de feux et de cotes, le total de la taille des quatre années précédentes, etc. (Les 117 juridictions du Bazadais, qui formaient partie de l'Élection de Condom, appartiennent au département actuel de la Gironde).

C. 2655. (Portefeuille.) — 28 pièces, papier.

1744-1759. — Taille. Répartition. — Plumitifs pour servir au département de la taille dans l'élection de Sarlat.

C. 2656. (Portefeuille.) — 80 pièces, papier.

1760-1762. — Etat et département des paroisses des cinq Élections de la Généralité. — Impositions extraordinaires, projets de moins imposé ; doublement de la capitation ; Tableaux des particuliers qui demandent des remises. — Diminution de cote en faveur des villes de : Bazas (Gironde), à cause des dépenses de réédification de son hôtel de ville, de l'établissement des Frères de l'école chrétienne, du changement de pente des rues des Bans-Vieux et Saint-Martin, et des deux passages du maréchal de Richelieu, gouverneur de la province, avec le duc de Lorge et l'évêque de Condom, M. de Montmorency ; — Condom (Gers), à cause des frais de dépense des voitures des soldats malades allant aux eaux de Barèges, ou en revenant ; — Nérac (Lot-et-Garonne), pour la construction de son église ; — Saint-Genès de Lombaut (Gironde), pour la fonte d'une cloche, etc. — Demandes en modération de taille, fondées sur le dommage causé par la grêle du 21 juin 1760, dans l'élection de Condom : le sieur Coupin de la garde, Dame de Bodignan d'Aston, N. de Levenier, B. de Mazelières, Duparant, D'Orlan de Polignac ; de Gensac, de Mellet, Vigier, de Mollié, vicomtesse de Saint-Araille, Peyrecave de Lamarque, Brossier, Pachas, de Claret, Goyon de Brichot, de Perignon, Pereyra d'Olivarès, etc. — Rapport des subdélégués sur l'inobservation de l'ordonnance portée par l'intendant sur le récolement du tableau des collecteurs.

C. 2657. (Carton.) — 100 pièces, papier.

1743-1765. — Taille réelle. — Elections d'Agen et de Condom. — Extrait du rôles de la taille de la banlieue de Condom pour l'année 1743. — Rôle de la taille de la ville, et des autres impositions, parmi lesquelles 1,264 livres aux Pères de l'Oratoire, pour la pension de régents de théologie, philosophie et grammaire, et 275 pour les gages d'un maître écrivain et d'un régent abécédaire. — Ordonnance de M. de Tourny étendant aux pays de taille réelle le règlement porté pour ceux de taille personnelle sur la formation et la tenue du tableau des collecteurs. — Etats : des moins imposés personnels accordés aux subdélégués, et autres employés pour le service du Roi dans les Élections d'Agen et de Condom nominativement désignés ; — des juridictions de la subdélégation de Saint-Foy ; — de l'imposition de l'Élection de Condom ; — des moins imposés pour perte de terrain, pour perte subie par les grand chemins à élargir ou à construire : dégrèvement, forme de l'indemnité pour expropriation. — Ordonnance sur l'exercice des contraintes pour le recouvrement des impositions dans les pays de taille réelle. — Arrêt du conseil statuant sur les atterrissements de la Garonne, non cadastrés ni inféodés, qui devront être déclarés aux collecteurs, et soumis à l'impôt. — Mémoires sur la taille réelle dans l'Élection de Condom, et sur les autres impositions accessoires, dressés par Pelauque, procureur à l'Élection, et correspondance suivie avec l'intendant, en vue d'opérer dans l'assiette de l'impôt des réformes devenues nécessaires ; péréquation par le retour à l'ancien cadastre, étendu et rectifié ; répartition des vingtièmes au marc la livre de la taille ; établissement de la capitation proportionnellement à la taille, au lieu de la fixer arbitrairement eu égard aux qualités des personnes, sans considération du revenu ; réduction à une unité de mesure des contenances, variables selon les juridictions et selon même les arpenteurs, sur lesquelles la taille est assise dans le tarif de 1670. — Renseignements demandés par l'intendant sur la manière dont se sont faits les cadastres de Condom en 1583, 1617 et 1670, et pourquoi il y en a beaucoup de faits seulement en 1683 ; il demande à M. Pélauque un état, dont il trace le plan, de la répartition des impositions, divisé en douze colonnes, devant servir à établir la répartition du vingtième au marc la livre de la taille, et à présenter comparativement les chiffres actuels en regard de ceux qui résulteraient du nouveau système. — Mémoire pour prouver la nécessité d'un arpentement et abonnement général dans l'Élection de Condom, rappelant les tailles devenues perpétuelles sous Charles VII, l'option laissée aux provinces de les asseoir sur les personnes, ou sur les biens, le bienfait de l'ordonnance de 1669 remplaçant dans les Élections d'Agen, Condom et les Landes la taille personnelle et arbitraire par la taille réelle fondée sur le cadastre, en sorte qu'elle ne dût pouvoir être imposée sur les biens qu'à proportion de leur force et valeur, l'exécution, dans quelques juridictions, de l'article 2 de l'ordonnance, créant des classes suivant la valeur des terres (juridictions abonnées), pendant qu'ailleurs l'impôt n'est établi que sur la contenance (juridictions non abonnées), cause de l'inégalité du tarif ; de plus, depuis 1677, beaucoup de vacants non soumis à la taille, beaucoup d'atterrissements nouveaux, ont été mis en culture sans être entrés dans le rôle d'imposition qui est demeuré fermé, même en beaucoup de lieux, aux mutations et transports d'héritages ; enfin, plaie des privilégiés. « On désire « avec M. Patulo dans son *Essai sur l'amélioration des* « *terres* de voir tous les possesseurs renoncer pour leur « propre intérêt à leur exemption, afin de rendre possible « la transformation de la taille personnelle et arbitraire « en une réelle, et fondée sur un cadastre renouvelé, mais « seulement une première fois, » à cause du danger pour les bons agriculteurs de la refonte tous les 15 ou 20 ans du cadastre. — Propositions pour la conservation aux archives de la communauté en même temps qu'à celles du greffe de l'Élection, des cadastres qui seront refaits, les anciens actuellement en usage étant ou incomplets, ou inexacts, ou déchirés en partie, ou sous la main des seigneurs ou grands propriétaires qui refusent de s'en dessaisir. — Observations détaillées sur chaque juridiction de l'Élection, tendant à rétablir l'égalité entre elles soit pour la taille en les rapprochant du tarif, soit pour la répartition des vingtièmes, et vues générales sur les moyens de proportionner l'impôt au revenu, afin de décharger les pauvres gens et les campagnes.

C. 2658. (Portefeuille.) — 105 pièces, papier.

1743-1745. — Taille. Réimpositions et non-valeurs. — Demandes de collecteurs en rectification de rôles ; demandes des paroisses en autorisation d'imposition particulière accessoire à la taille pour acquitter : — Castelmoron d'Albret, la taxe de confirmation de ses foires ; — Monbahus (Lot-et-Garonne), les avances d'un procès entre la paroisse et la dame de Montaugé de la Vaissière, faites par un habitant ; — Lormont, les frais de l'instance entre la paroisse et le sieur Treyssac, notaire, relativement à la propriété d'une source et d'un lavoir ; — Fauguerolles (Lot-et-Garonne), la confection d'un nouvel arpentement ; — Mussidan (Dordogne), le loyer de la maréchaussée avancé depuis plusieurs années par le maire et les consuls ; — et diverses communautés et paroisses, les frais de confection du tableau de récolement des collecteurs, vivement recommandé par l'intendance.

C. 2659. (Portefeuille.) — 106 pièces, papier.

1745-1746. — Taille. Réimpositions. Non-valeurs. Élection d'Agen : les dames religieuses de Fongrave contre la paroisse pour les dépens d'un procès gagné par elles depuis 1716, et dont elles avaient suspendu le recouvrement, à la demande de leurs tenanciers ; — Élection de Bordeaux : Lormont, Camblanes Castillon, Martillac, Villegouge, Anglade, Eyzines, Cambes, Saint-Androny, Saint-Morillon, Saint-Palais, etc...

C. 2660. (Portefeuille.) — 111 pièces, papier.

1746. — Taille. Rejets et réimpositions. — Élection de Périgueux : Décharge de taxes d'offices imposées l'année précédente, et payées par provision ; décharge des maîtres de postes ; frais des tableaux des collecteurs. —

Élection de Sarlat; paroisses de Saint-Avit, Razac, Saint-Rabier, etc., impositions pour réparation d'églises; — Élection d'Agen : Clairac, frais d'un nouvel arpentement. — Élection de Bordeaux : Saint-Loubès, pour le rachat d'un terrain vacant sur le port de Caverne, d'abord vendu au sieur Mauneau et repris ensuite en indemnisant l'acquéreur, par annulation de l'adjudication consentie, ledit terrain devant continuer de rester à l'usage public; — Caudéran, Bouliac, Portets, Ambarès, Gradignan, etc., impositions mises à tort, par erreur de cote. — Blaye, dépenses du passage de Madame la Dauphine, et état des ouvrages faits dans la maison de madame Merlet pour le séjour de cette princesse. (Comptes de serrurerie.)

C. 2661. (Portefeuille.) — 134 pièces, papier.

1743-1759. — Rejets, dégrèvements, réimpositions et impositions particulières. — Dépenses des tableaux de récolement des collecteurs; réimpositions pour sommes diverties; casernes, maîtres de postes; cotes indues par erreur de calcul, omission, inscription d'exempts, privilégiés ou nobles; loyers de la maréchaussée, supplément de salaire aux piétons de la poste, entretien d'un messager à cheval pour aller deux fois la semaine de Penne (Lot-et-Garonne) à Agen; construction aux frais de l'administration du puits de Virelade (Gironde) nécessaire au service de la poste; — pertes sur les grains d'approvisionnement achetés pour la subsistance du peuple et remboursement à ceux qui en ont fait l'avance; — passage à Bazas, en 1754, du marquis de Paulmy, secrétaire d'État de la guerre, et à Blaye, en 1757, du marquis de Croissy, lieutenant-général des armées du Roi; — passage et séjour dans la province des troupes et des régiments de : Maugiron-cavalerie à Etauliers, Anglade, Coutras, Castillon, Saint-André; régiment de la Couronne et bataillon des milices de Saint-Gaudens, dans tout le Médoc; — régiment de Crussol, d'Escar et de Grammont en Périgord, Agenais et Condomois (1747-1750); — Dragons d'Egmont à Castillon et à Coutras, et régiment Dauphin-dragons dans le Blayais, remplacé en 1755 par Aquitaine-cavalerie; — dragons de Languedoc à la Réole et à Marmande; — dragons de la Ferronays, en quartier dans le Médoc, avec Bigorre-infanterie et les grenadiers des bataillons de milice de Libourne et de Figeac; frais d'établissement des troupes pendant la campagne de 1757, et du cantonnement, dans les paroisses du Médoc, de Bourgogne-infanterie et du régiment de la Tresne pour assurer la défense des côtes; — régiment d'Eu et de la Fère, à Podensac, et de Bourbon-Busset, en Bourgès. — Frais de procès entre paroisses : Villagrains contre Louchapt (Gironde), à l'occasion des communaux; Bruges (Gironde), pour le marais de Vermeney; Madaillan (Lot-et-Garonne), contre le duc d'Aiguillon; Lusignan-Grand, pour homologation en Parlement d'une délibération de la juridiction concernant la police sur les vins de la sénéchaussée; — autorisations d'impositions pour travaux publics accordées à : — Condom pour reconstruction d'une maison abattue afin de circonscrire un incendie; — Nérac, pour indemnité des terrains pris dans la formation des promenades publiques; — Bazas, création de la promenade entre les portes Taillade et Bragouse; — Coutures, digue contre la Garonne; — Nontron, indemnité d'expropriation pour des maisons situées sur l'alignement du nouveau chemin de Périgueux, et dépenses extraordinaires de l'établissement des postes sur la nouvelle route de Mussidan à Périgueux et Limoges; — Montignac, acquisition du couvent de Sainte-Claire, pour servir à rétablir l'hôpital, imposition de 1,000 livres par an sur les paroisses de la juridiction : Bars, Valajouls, Saint-Pierre, Brenac; 600 livres en 1758, 1,000 livres de 1759 à 1763, 1,500 livres en 1764, 2,000 livres en 1765 et autant en 1766 : total 11,100 livres; — Coutras, réparation de la principale rue aboutissant au port; — Bazas, acquisition du terrain des Cordeliers, pour former le cimetière général; — Condom, achèvement des réparations de l'église Saint-Jacques, tombée en 1759, avec le mur de la ville qui la défendait contre la rivière. — Rachat de terrain et arrêt du Conseil d'État recevant le syndic de Saint-Loubès (Gironde), opposant au contrat de vente fait en 1738 de partie d'un journal de terrain sur le port de Caverne, et replaçant ledit terrain dans le domaine public, à la charge d'indemniser l'acquéreur.

C. 2662. (Portefeuille.) — 125 pièces, papier.

1763-1766. — Taille. Répartition. État et département des paroisses, par Élections, et états divers. — Élection de Bordeaux : secours et exemptions en faveur des veuves, femmes et enfants de matelots, au service en 1763. — Élection de Périgueux : paroisses endommagées par la grêle, état du pied de la taille, des pertes subies, et observations sur la subdélégation de Montpon, « petite ville, « chef-lieu de 14 paroisses, M. de Belsunce pour seigneur, « et qui ne se ressent point du séjour que mademoiselle « de Foix y a fait ci-devant comme seigneur, et qui y tenait « un état brillant; ressuscite pourtant depuis que le pays « a été ouvert par de grands chemins, mais le pays de la « Double continue à être en dehors de toute communica-« tion, toujours stérile et monstrueusement imposé. » — Élection de Sarlat : mention des grêles des 19 mai et 31 août 1762 et de la disette de 1763. — Élection d'Agen :

modérations sur les vingtièmes, décharges et modérations de taille en faveur des propriétaires expropriés par la construction de la route de Bergerac à Villeneuve, et du chemin de Classan à Tonneins. — Élection de Condom : état des paroisses situées dans la lande ; — état des subdélégations de Nérac, Marmande, Bazas, Casteljaloux, Monflanquin, etc., présenté par tableaux où sont portés les noms des paroisses, le nombre des articles, celui des cotes imposées, la situation des lieux, leur voisinage ou leur éloignement des chemins ou des rivières, et l'appréciation de la fertilité ou de la stérilité du sol. État du nombre des cotes par juridictions et paroisses.

C. 2663. (Portefeuille.) — 89 pièces, papier.

1757-1769. — Taille. — Taxes d'office et moins imposés. Tableau des taxés d'office : subdélégués et employés, officiers des Élections, maîtres de postes, gardes-magasin de poudres et salpêtres, gardes-étalons, gardes de la marine, anciens officiers de l'armée, garde général des eaux et forêts, etc.

C. 2664. (Portefeuille.) — 107 pièces, papier ; 1 imprimé.

1745-1747. — Taille. — Réimpositions. — Autorisations d'impositions particulières, accessoires à la taille. — La prévôté de Bazas, composée de diverses paroisses de la banlieue, obligée de tout temps à contribuer pour moitié aux charges de la ville, exemple : des frais du passage de mademoiselle de Montpensier, de mademoiselle de Charolais, et en dernier lieu de Madame de France, et présentation, comme pièces justificatives, du budget et de l'état des charges de la ville, des frais municipaux annuellement imposés, et du bail de boucherie, qui forme tout le revenu. — Imposition sur la paroisse d'Allas de Berbières, dans l'Élection de Sarlat, pour les honoraires de deux médecins, les docteurs Grézis père et fils, et d'un chirurgien opérateur, envoyés par le subdélégué sur l'ordre de l'intendant, afin de combattre une maladie épidémique, appelée dans le rapport des médecins « fièvre maligne pétéchiale » (choléra nostras ou fièvre typhoïde), qui ravageait cette paroisse, et menaçait de s'étendre : état d'un village au dix-huitième siècle, au point de vue de l'hygiène, de la propreté et de l'aisance. — Requêtes de particuliers indûment imposés : copie imprimée d'un arrêt du Conseil, 1746, maintenant sieur Pierre-Joseph de Froidefond, sieur de Laborde dans la qualité de noble, et le rayant de la taille de la paroisse de Vélines en Périgord (Dordogne). — Compte présenté par le premier jurat de Captieux (Gironde) de la dépense avancée par lui pour les troupes qui ont passé de septembre 1745 à septembre 1746. — Requête du syndic de Pessac de Genssac (Gironde), le sieur Durège de Prospert, en autorisation d'imposition particulière pour acquitter tant le prix d'acquisition que les droits d'amortissement d'un pré vendu à la paroisse par le sieur Dijon de Monteton, afin d'y construire la maison curiale.

C. 2665. (Portefeuille.) — 100 pièces, papier.

1745-1747. — Taille. — Rejets et réimpositions. — Demandes de décharges par des particuliers cotisés dans les paroisses hors de leur domicile, en pays de taille personnelle. — Rejets d'impositions, sur la taille de l'année suivante, prononcés par M. de Tourny sur les requêtes des particuliers, des collecteurs ou des paroisses, et correspondance de l'intendant avec l'Élection de Bordeaux, relativement à la règle suivie par elle pour l'imposition des biens possédés par des taillables dans des paroisses autres que celle de leur domicile, qu'ils font valoir par valets à gages ou prix faiteurs. Règle générale : tous les fermiers, imposés au vingtième du prix de leur ferme (cote d'exploitation), partout où ils exploitent des fermes ; tous les propriétaires, au vingtième du revenu des biens-fonds (cote de propriété) ; tous les métayers, au vingtième du produit partout où il y a des métairies ; tous les propriétaires de vignobles, imposés à raison de la propriété dans le lieu de leur domicile, et à raison de l'exploitation dans les paroisses dans lesquelles ils exploitent les vignobles sont situés ; le tout en exécution des déclarations des 16 novembre 1723 et 17 février 1728 ; quant aux pays de taille réelle, les habitants qui y sont domiciliés et qui possèdent dans ceux de taille personnelle jouissent presque tous de l'exemption de la taille, les collecteurs des pays de taille personnelle les supposant cotisés chez eux.

C. 2666. (Portefeuille.) — 104 pièces, papier.

1745-1748. — Taille. — Réimpositions et rejets. — Requêtes pour erreur de taille par les particuliers et les paroisses de Tizac de Curton, — Preignac et Barsac, — Anglade — Les Eglisottes, — Jau en Lesparre, — Coutras, — Talence et Pessac (Gironde), etc.

C. 2667. (Portefeuille.) — 63 pièces, papier.

1720-1769. — Taille. — État financier de la Généralité. — Situation des impositions de 1722 présentée à l'intendant par la Recette générale pour les cinq Élections, et tableau de ce qui reste dû au commencement de 1724 : dans l'Élection de Bordeaux, le dixième; dans celles d'Agen et de Périgueux, le trentième ; dans celles de Condom et de Sarlat, tout payé moins le cent trentième et le cent cinquantième. La capitation de la noblesse est en retard de la moitié, et celle des officiers de justice et des villes franches, du tiers. — Correspondance de Boucher, intendant, avec le contrôleur général Dodun, sur le rétablissement des règles de trésorerie et de comptabilité des impôts, suspendues pendant les longues guerres précédentes, et dont le régent veut la stricte et complète application. Mémoire de l'intendant sur tout l'ensemble de l'impôt dans la Généralité. Taille arbitraire et personnelle dans trois Élections ; réelle et fondée sur un cadastre dans deux autres; inégale et jamais la même deux années de suite à cause des décharges, modérations et translations de domicile dans les pays de taille personnelle; invariable dans les Élections de taille réelle, au point même que les diminutions portées par les commissions du Roi pour aide et secours aux habitants de certaines paroisses sont réparties universellement au marc la livre de la taille. L'assiette s'en fait par l'intendant assisté des Élus sur les chefs-lieux de juridictions, par les consuls des chefs-lieux sur les paroisses de leur circonscription à proportion de leur contenance respective, enfin par les paroisses sur chaque redevable, selon la cote portée au cadastre. L'assiette de la capitation et des autres impositions extraordinaires se fait au contraire par l'intendant seul, avec appel au Conseil et non à la Cour des Aides, de même que l'établissement ou le jugement des cotes d'office, lesquelles n'existent pas dans les Élections de taille réelle. — Formation des rôles et durée d'exercice des collecteurs, différentes suivant les pays de taille réelle ou personnelle. — Capitation, en taille personnelle, au marc la livre de la taille ; en taille réelle, selon un taux dressé par l'intendant de Bezons lorsqu'elle fut établie; capitation noble, selon un rôle signé de l'intendant et des gentilshommes nommés par le Roi dans chaque sénéchaussée. — Forme de recouvrement: un règlement de l'intendant réduit à cinq jours le séjour des garnisaires, qui demeuraient auparavant un mois, et plus. — La Généralité n'est sujette ni aux Aides ni aux Gabelles. — Grains très-chers, par suite du commerce des îles, auxquelles s'envoie tout le blé de la province, minoté d'abord à Nérac, et des plantations universelles en vignes, qu'il serait à propos d'arrêter, ainsi qu'on l'avait déjà tenté sous les intendances de MM. de La Bourdonnays et de Courson. — Projet d'améliorer les routes, mais une par une ; réparation de la Tour de Cordouan, baissée depuis peu de vingt-deux pieds par un ouragan, ce qui la rend moins visible du large. — Maréchaussée payée inexactement ; prisons en ruines. — Création des premiers haras de la Généralité, projet d'en établir un en Périgord. — Correspondance de l'intendant Tourny avec le contrôleur général sur l'opportunité d'adresser à la Cour des Aides de Bordeaux un règlement sur l'appel en matière de cotes d'office et impositions des privilégiés, fait pour le ressort de celle de Paris, qui ne l'a enregistré que sous des réserves auxquelles il y aurait à craindre que celle de Bordeaux voulût aussi souscrire, par esprit d'opposition aux Intendants plutôt que par aucune des raisons qui ont pu déterminer la Cour des Aides de Paris, siège d'un ressort immense en pays de taille personnelle et rempli de commensaux du Roi ou de privilégiés par le voisinage de la Cour. — Rapport sur l'état de la province, et compte rendu de tournée administrative par M. Boutin, intendant (1764), à M. d'Ormesson, avec l'état général de la taille pour 1765. Élections de Périgueux et de Sarlat : active impulsion donnée à la route de Bordeaux à Paris par Périgueux et Limoges; projet de l'intendant de rendre l'Isle navigable de Coutras à Périgueux, plans et devis déjà faits, « et par une circonstance heureuse que je soupçonnais mais que j'ai vérifiée avec exactitude, presque tous les travaux nécessaires pour former cette navigation ont été faits anciennement » ; filature de coton à Montignac, prospère et fort utile ; — Condomois et Agenais, écrasés par les arrérages d'impôts; l'intendant suscite à Agen une manufacture de toile à voile ; — Élection de Bordeaux : le vignoble très-favorisé, les landes très-misérables. — Essai de pain économique, mentionné dans la correspondance du secrétaire de l'intendance avec M. Boutin, momentanément à Paris.

C. 2668. (Portefeuille.) — 80 pièces, papier.

1758-1769. — Taille et impositions. — États de la capitation de la Généralité, noblesse, Parlement, Élections, arts et métiers, etc. Mémoires et requêtes des particuliers ou des paroisses.

C. 2669. (Portefeuille.) 101 pièces, papier.

1726-1769. — Tailles et impositions. — Surcharges. Refus de payer. Saisies. — Correspondance des intendants Boucher, Tourny, Boutin, Fargès, avec le ministère, concernant l'excès des impositions en plusieurs lieux; les demandes de dégrèvement ; les moyens proposés pour remédier au mal, soit en donnant connaissance d'avance aux contribuables des impositions qu'ils auront à supporter,

SÉRIE C. — INTENDANCE DE BORDEAUX. — TAILLE TARIFÉE.

soit en cessant de laisser faire le rôle de la taille à cinq ou six lieues de distance, et en permettant d'imposer à proportion de leurs biens le grand nombre des privilégiés ; le refus de payer de quelques gentilshommes, et la nécessité de faire quelques exemples. — Longue affaire du sieur Mausacré de Mathias, bourgeois de Virazel (Lot-et-Garonne), obstiné à ne pas acquitter ses impôts jusque dans la prison où il a été mis par ordre du ministre.

C. 2670. (Portefeuille.) — 130 pièces, papier, 3 parchemins.

1751-1773. — Taille et impositions accessoires. — État des sommes à imposer avec la taille sur les villes et paroisses pour loyer de presbytères, gages de régents, honoraires de médecins, ouvrages de la rivière de l'Isle, intérêts des dettes contractées par le pays d'Agenais, reconstruction de l'hôpital d'Agen, etc. Médecins à Bazas, Langon, Aillas (Gironde), Mézin, Lavardac, Damazan, Puch-Gontaut, Monhurt, Mas-d'Agenais (Lot-et-Garonne). — Régents, dans presque toutes les paroisses, à 150 livres par an ; — à Pessac de Genssac (Gironde), la ville demande en plus un régent latiniste, dont elle ferait le traitement par une imposition de 340 livres, mais qui entretiendrait sous lui un régent abécédaire, et instruirait et élèverait gratuitement dans sa classe six enfants des pauvres de la juridiction choisis par la jurade, la rétribution des écoliers demeurant d'ailleurs fixée par mois, pour les latinistes à trente sols, et pour les autres au taux ordinaire. Opposition d'un gentilhomme à l'établissement d'un régent de latin, celui de français pouvant suffire, et cet établissement devant être en réalité un petit séminaire de ministres protestants, les enfants des protestants seuls étant en état d'en profiter, par l'aisance de leurs parents, pendant que tous les catholiques sont trop pauvres. — Taillebourg en Albret : la paroisse demande à s'imposer pour avoir un régent qui apprenne à lire aux enfants, n'y ayant plus dans la juridiction que trois sujets sachant lire et écrire, pour faire la levée des deniers royaux ; — Hure, juridiction de La Réole ; opposition des maire et consuls de la Réole à la demande de la paroisse d'Hure d'une imposition de 150 livres qui serait naturellement répartie sur toute la juridiction, vu ce que presque toutes les paroisses ayant des maîtres d'école qui se contentent de la rétribution scolaire, celle d'Hure, qui est très-riche, peut bien payer son régent sans imposition sur la juridiction. — Don de cinquante mille livres accordé par le Roi pour le défrichement de terres dans la Généralité ; lettre de l'intendant Fargès adressée au contrôleur général, dans laquelle il témoigne la crainte que la plus grande partie de cette somme soit donnée à des propriétaires puissants que les privilèges attachés aux défrichements devraient suffire à exciter, comme font déjà M. Nezer pour les landes achetées de M. de Ruat, M. de Clonard pour celles qu'il a achetées du président Pichard, et plusieurs autres ; avec cette même somme pendant deux ou trois années l'intendant se ferait fort d'exécuter à prix d'argent tous les chemins de la province.

C. 2671. (Portefeuille.) — 129 pièces, papier.

1716-1765. — Recouvrements. — Correspondance de Lamoignon de Courson, intendant, avec le maréchal de Villeroy et le duc de Noailles concernant le paraphement général dans le même jour et l'arrêté de situation de tous les registres journaux, ainsi que de toutes les pièces comptables ou finales des receveurs des tailles et des commis à la Recette générale, dans l'état où ils se trouveront, et la prorogation de 1716 à 1720 des délais accordés aux recettes générales et des tailles pour le payement de leurs lettres de change. — État des juridictions du Condomois par taux de taille, nombre d'arpents, nombre de pieds de roi dans l'arpent, et degrés divers de l'abonnement. — État des fonds nobles de chaque juridiction de l'Élection d'Agen avec les noms des possesseurs. — Mémoire sur la taille par tarif. — Mention du débordement de la Garonne le 16 mars 1748. — État de situation du recensement de 1751 dans le Condomois, etc.

C. 2672. (Portefeuille.) — 100 pièces, papier.

1765-1771. — Tailles. — Receveurs. — Détail des registres tenus dans chaque recette. — Abus relatifs au séquestre des fruits. — Tableau des Élections, portant le nombre des cotes de chaque juridiction ou paroisse. — Projet de rôle de proportion pour la répartition de la taille dans l'Élection de Sarlat, etc...

C. 2673. (Portefeuille.) — 120 pièces, papier.

1771-1777. — Tailles. — Affaires générales. — Correspondance des intendants Esmangart, de Cluguy et Dupré de Saint-Maur avec M. d'Ormesson, concernant : la nécessité d'un arpentement général dans l'Élection d'Agen, et mémoire sur l'historique de la taille dans le pays agenais ; — la faction des rôles d'office par-devant un délégué de l'intendant, et l'utilité d'établir en règle que les déclarations de fonds se fassent, ainsi que la répartition des tailles, en présence de quatre principaux habitants de chaque bourg ; — la désunion de l'Élection des Lannes de la Généralité d'Auch, pour être comprise dans celle de Bordeaux : correspondance relative aux articles de dépense qui doivent désormais être imputés sur l'intendance de Bordeaux : ouvrages du port de Saint-Jean de Luz ; percement de montagne au port de Lapèz dans la vallée de Louron (Basses-Pyrénées), suspendu sur les observations du ministre espagnol, et depuis abandonné ; logements militaires des officiers du génie, de l'artillerie et de la marine ; traitement du médecin inspecteur et du chirurgien-major des eaux minérales de Bagnères-de-Luchon ; le docteur Campardon, chirurgien-major ; — les sommes à imposer par annexe à la taille : navigation de l'Isle ; reconstruction des ponts de Tours et de Cé, maison du Roi à Agen, hôtel du commandant de la province ; avances aux boulangers et marchands de grains ; travaux du canal de Picardie, et commencement de celui de Bourgogne ; — l'épizootie de la subdélégation de Saint-Sever ; — la désertion absolue de la paroisse de Jautan (Lot-et-Garonne) par excès d'imposition et de taille ; — la demande en modération des habitants du quartier d'Agnès, dans la paroisse de Lit (Landes), au sujet de la perte des trois quarts de leur territoire, couvert en 1770 par les dunes, dont la marche continue en 1776 ; — les arrérages de capitation de l'ordre des avocats de Bordeaux, et la décharge des vingtièmes demandée par les sœurs des écoles charitables établies en location dans la rue Désirade.

C. 2674. (Carton.) — 7 pièces, papier.

1784-1786. — Tailles. — Rôle d'office. — Paroisses d'Artigues, Talence, Gradignan, Saint-Sulpice de Saint-Emilion, etc. Noms et revenus des privilégiés dans ces paroisses.

C. 2675. (Registre.) — 96 feuillets, in-folio, relié.

1788-1789. — Tailles. — Inscription alphabétique des requêtes en décharge ou modération sur les tailles, ou reprises d'avances faites à l'occasion de l'impôt.

C. 2676. (Portefeuille.) — 127 pièces, papier.

1743-1754. — Tailles. — Requêtes en rendement de comptes pour les collecteurs des paroisses. — Reprises à exercer pour avances faites par administrateurs, comptables et collecteurs. — Mention dans un de ces comptes du feu de joie en 1743 pour la prise du comté de Nice. — Ville de Penne (Lot-et-Garonne) ; — Ville de Rions (Gironde).

C. 2677. (Portefeuille.) — 129 pièces, papier.

1724-1758. — Tailles. — État général des privilégiés de la généralité de Bordeaux, par Élection et subdélégation. Noms des personnes, noms de lieux, résidence, facultés, qualités et titres. — Union et désunion de collectes, — requêtes des particuliers.

C. 2678. (Portefeuille.) — 100 pièces, papier.

1720-1764. — Tailles. — Demandes en taxe d'office, par les particuliers, et en rôles d'office par les paroisses : — le sieur Durepaire, aide-major de Turenne-cavalerie ; le sieur de Narbonne ; le sieur de Paulhac ; la marquise de Valence, etc. ; la paroisse de Dolmeyrac (Lot-et-Garonne). — Recommandation de la Cour et du ministère de traiter doucement ceux qui ont, dans le payement de leurs impôts, moins de mauvaise volonté que d'impuissance.

C. 2679. (Portefeuille.) — 100 pièces, papier.

1743-1769. — Tailles. — Correspondance des intendants Tourny et Boutin avec le contrôleur général, concernant : — la diminution de 120,000 livres accordée à la Généralité sur l'année 1744, décharge qui ne doit pas être répartie, comme d'habitude, au marc la livre de la taille, mais attribuée spécialement aux paroisses les plus nécessiteuses ; ordre précis du Roi à cet égard ; — le département des impôts de 1760, et les vues de l'intendant Bertin sur les finances de la Généralité ; — l'état de comparaison des impositions de 1763 avec celles de 1764, ces dernières très-diminuées par la cessation de l'Ustensile, et autres taxes de la guerre, et celui des impositions de 1764 avec celles de 1749, première année de paix ; sacrifices faits par le Roi, qu'il faut porter à la connaissance du peuple ; — le retard extraordinaire du recouvrement et le nombre prodigieux de saisies des récoltes presque jamais suivies d'exécution, mais amenant, par un procédé particulier à la Guienne, l'emprisonnement du séquestre à la place du débiteur.

C. 2680. (Portefeuille.) — 107 pièces, papier.

1765-1771. — Tailles. — Dégrèvements. Requêtes des particuliers ou des paroisses : les consuls de Goutaut ;

SÉRIE C. — INTENDANCE DE BORDEAUX. — TAILLE TARIFÉE.

le duc de Duras, pour ses terres de Rauzan et de Blanquefort ; le sieur Delpit de Saint-Geyrat, défrichant avec la nouvelle charrue les terrains incultes ; le curé de Camiac, en faveur de ses paroissiens, etc., etc. — Rapport de l'intendant Fargès à M. d'Ormesson, pour demander l'autorisation, vu la gelée qui vient de détruire les vignes, l'inondation de toutes les rivières qui a détruit partout les grains semés, d'entamer la capitation d'une somme de cent mille livres pour être appliquée en secours et travaux, ainsi que M. Boutin son prédécesseur l'avait obtenu, en 1764. — Correspondance de l'intendant Esmangart avec le receveur général, concernant la disposition aux époques convenues d'une somme de cent mille livres, dont la répartition aux malheureux doit être faite par les mains de l'intendant, avec le concours du premier président et du procureur général.

C. 2681. (Portefeuille.) — 26 pièces, papier.

1686-1693. — Tailles. — Anciens départements de la taille faits sur la province par l'intendant Faucon de Ris.

C. 2682. (Portefeuille.) — 2 pièces, papier.

1732-1749. — Tailles. — Employés au recouvrement. — État des employés aux tailles, porteurs de contraintes, archers, et circonscription de chacun dans les élections de la généralité. — Noms et surnoms des porteurs de contrainte ; composition des brigades : un porteur et deux archers, ceux-ci choisis non plus parmi les valets renvoyés par leurs maîtres, mais désormais parmi les vieux soldats sachant lire et écrire : élection d'Agen, 139 juridictions, 585 paroisses, 46,000 feux, 28 arrondissements de contrainte ; élection de Condom, 470 paroisses, 19 arrondissements ; élection de Bordeaux, 460 paroisses, 36 arrondissements ; élection de Périgueux, 400 paroisses et 77 arrondissements, réduits par l'intendant à 36.

C. 2683. (Portefeuille.) — 90 pièces, papier.

1715-1752. — Tailles. Employés au recouvrement. Correspondance des intendants avec les subdélégués, et mémoires respectifs de chaque élection sur la question proposée par le ministère, à la demande des receveurs généraux des finances, d'établir des porteurs à cheval de contraintes, et d'augmenter leurs attributions jusqu'à les autoriser à saisir et à vendre, sans ministère d'huissier ; les élections désapprouvent le projet comme inutile et onéreux.

GIRONDE. — SÉRIE C.

C. 2684. (Portefeuille.) — 105 pièces, papier.

1716-1763. — Tailles. — Recouvrements. — Personnel. Les receveurs des tailles contraints de signer des traités avec les receveurs généraux pour le recouvrement et le payement par quinzième des impositions de la taille de la capitation et du dixième des années 1715 et 1716 ; — invités à se remettre en relation avec les receveurs généraux, ainsi qu'il se pratiquait avant l'arrêt du 12 octobre 1719 ; — chargés de distribuer des commissions d'huissiers aux tailles et porteurs de contraintes ; — chargés de payer, des deniers de leurs recouvrements de 1716, les appointements et charges employés dans les États du Roi de l'année 1713 et des précédentes, le conseil se réservant de pourvoir le plus tôt qu'on pourra à celles des années 1714-1716 ; — notés par l'intendant, selon l'ordre du ministère, qui a résolu de n'en conserver qu'un seul par élection, à résidence fixe et forcée, et réellement fonctionnaire ; — pressés entre la misère des peuples et la nécessité de tenir leurs engagements vis-à-vis des receveurs généraux, et les uns et les autres succombant à la peine.

C. 2685. (Portefeuille.) — 118 pièces, papier.

1716-1768. — Tailles. — Collectes et collecteurs. — Comptes. Personnes assujetties ou exemptes. — Plaintes contre eux. — Difficulté du recouvrement. — Collecteurs volés. — Congés, mutations, destitutions de receveurs des tailles.

C. 2686. (Portefeuille.) — 90 pièces, papier.

1716-1776. — Tailles. — Collecteurs et receveurs des tailles. — Comptes ; envoi par les receveurs de la copie de leurs registres. — Édit concernant les registres journaux ; arrêt du conseil portant que les receveurs généraux rendront compte par devant l'intendant ; emprisonnement de collecteurs.

C. 2687. (Carton.) — 80 pièces, papier.

1734-1752. — Ordonnances et instructions relatives à la nomination des collecteurs et syndics des paroisses de la généralité de Bordeaux. — Ordonnances de différentes généralités sur la matière. — Correspondance de l'intendance avec les élections concernant les tableaux de collecteurs et les récolements, et à leur défaut, la désignation de collecteurs d'office ; renouvellement annuel des ordonnances et injonctions réitérées à cet égard.

C. 2688. (Carton.) — 86 pièces, papier.

1753-1789. — Nomination de collecteurs d'office à défaut par les habitants d'avoir dressé le tableau ; — requêtes en radiation par des exempts de la charge de collecteurs ; — requêtes des paroisses.

C. 2689. (Carton.) — 100 pièces, papier; 1 parchemin.

1704-1784. — Commissions d'employés aux tailles, inspecteurs au recouvrement, huissiers à pied et à cheval ; — fixation de la solde ; — règlement de M. Boucher, intendant, concernant les porteurs de contraintes.

C. 2690. (Carton.) — 105 pièces, papier.

1784-1789. — Nomination d'employés ou huissiers aux tailles, à la requête de MM. Mel de Fontenay, receveur des impositions de l'élection de Bordeaux, Sauvé, receveur d'Agen, Lafon Ducluzeau, à Périgueux, etc... — Ordonnances des intendants Dupré Saint-Maur, et de Néville.

C. 2691. (Portefeuille.) — 134 pièces, papier.

1745-1772. — Surveillance, révocations, suspensions d'employés au recouvrement pour infidélité, négligence, ou connivence. — États arrêtés des huissiers ou chefs de garnisaires des élections de Périgueux, Sarlat, Bordeaux, Agen et Condom.

C. 2692. (Portefeuille.) — 134 pièces. papier.

1772-1778. — Demandes d'emplois d'huissiers au recouvrement, et de garnisaires.

C. 2693. (Portefeuille.) — 110 pièces, papier.

1714-1715. — Capitation de la noblesse : — Rôles arrêtés par M. de Lamoignon de Courson, intendant de Bordeaux, conjointement avec les seigneurs désignés par le Roi dans chaque sénéchaussée, des taxes à payer par les gentilshommes, en exécution de la déclaration du 12 août 1701, portant établissement de la capitation générale. — Noms des nobles et gentilshommes de la sénéchaussée de Bordeaux ; — de Bazas ; — de Saint-Sever (Landes) ; — des Lannes ; — de Condom ; — de Nérac ; — de Bergerac ; — de Casteljaloux ; — d'Agen ; — de Libourne ; — de Castelmoron ; — de Sarlat ; — de Périgueux ; — de Tartas ; de Mont-de-Marsan, et du pays de Labour. — Rôle des officiers des élections, des présidiaux et de leurs domestiques. — Rôles du parlement de Bordeaux. — État et département des paroisses de chaque élection, pour la capitation de chacune.

C. 2694. (Portefeuille.) — 106 pièces, papier.

1716-1719. — Capitation de la noblesse : — d'Agen ; — de Bordeaux ; — de Périgueux ; — de Sarlat ; — de Condom ; — de Bazas, etc. ; rôles des noms des gentilshommes. — Répartition sur les paroisses des impositions accessoires à la capitation.

C. 2695. (Portefeuille.) — 97 pièces, papier.

1720-1725. — Comptes rendus par-devant l'intendant par les receveurs des impositions, de la capitation tant noble que roturière des années antérieures, des différentes élections de la Généralité, lesdits comptes compensés par les ordonnances de modération et de décharge de l'intendant, en faveur des nobles, bourgeois et manants des villes et campagnes ; — capitation des officiers de la chancellerie près le parlement ; — des officiers du présidial, élection, et maréchaussée ; — des bourgeois de Bordeaux ; — des terres privilégiées : Eymet, Lanquais, etc. ; — décharges, modérations et non-valeurs.

C. 2696. (Portefeuille.) — 52 pièces, papier.

1777. — Capitation de la noblesse, des privilégiés et des officiers de justice des sénéchaussées. — Pays de Marsan ; — élection de Périgueux ; — élection d'Agen ; — Élection des Lannes ; — officiers de l'amirauté de Bayonne ; — élections de Condom, Bordeaux et Sarlat. — On compte trois cent soixante-trois nobles dans l'Élection de Bordeaux, d'après le rôle de 1777.

C. 2697. (Portefeuille.) — 77 pièces papier.

1698-1707. — Capitation du Parlement et des présidiaux. — Capitation de la noblesse de la sénéchaussée de

Bordeaux pour l'année 1698 : noms des nobles, par rues de la ville, et par paroisses de la sénéchaussée.

C. 2698. (Portefeuille.) — 24 pièces, papier.

1702-1703. — Capitation de la noblesse et rôles de chaque sénéchaussée, présentés à l'intendant par le gentilhomme nommé par le Roi pour dresser le tableau des nobles. — Noblesse des sénéchaussées de : Mont-de-Marsan, 73 noms ; — Saint-Sever, 85 ; — Dax, 31 ; — Tartas, 39 ; — Condom, 138 ; — Casteljaloux, 35 ; — Nérac, 64 ; — Agen, 336 ; — Périgueux, 397 ; — Sarlat, 128 ; — Bergerac, 79 ; Bazas, 63 ; — Castelmoron, 66 ; — Libourne, 66 ; — Bordeaux, 432.

C. 2699. (Portefeuille.) — 82 pièces, papier.

1703. — Capitation de la noblesse, de la Cour des Aides, des présidiaux et élections, ainsi que des administrations financières de la généralité pour l'année 1703 ; état et département des paroisses des élections de Bordeaux et des Lannes.

C. 2700. (Portefeuille.) — 97 pièces, papier.

1703-1712. — Capitation de la noblesse, état des décharges et modérations accordées par l'intendant ; — capitation des officiers de justice ; — rôle du parlement pour l'année 1704 ; — rôle des habitants du Bourg-Saint-Esprit, près Bayonne, divisés en habitants portugais et français : Cardoze, Silva, de Castro, de Souza, Gomez, Silva, Pereira, Fonzcea, Lopez Diaz, Carvallo, Mendès, Maxera, Léon, etc.

C. 2701. (Portefeuille.) — 128 pièces, papier.

1705-1710. — Capitation des années 1705 et 1710. Rôles de la noblesse, du parlement, des élections, de la maréchaussée, de la direction des fermes de Bordeaux et de Dax, des domestiques du parlement ; — capitation de la cour des aides. — État des restes dus de la capitation de la noblesse d'Agénais de 1705 à 1707. — État de la répartition de la capitation tant de messieurs du parlement de Bordeaux, avocats et procureurs, que des bas officiers, départie par les commissaires de la cour, à ces députés pour l'année 1705 ; les présidents à mortier, Lalanne, Montesquieu, Despaignet, de Gourgues, Lacaze, Daiguille, Virazel, Sabourin, Duhamel, sont taxés à 450 livres ; les présidents aux enquêtes, de Pommiès, de Voluzan, d'Abbadie, de Lavie, à 375 ; les conseillers, au nombre de quatre-vingt-six, à 225, ainsi que les gens du Roi ; deux présidents aux requêtes, et huit conseillers ; soixante-trois avocats, parmi lesquels Jegun, Dudon, Roussanes, Duval, Grégoire, Planche, Beaune, Fonfrède, Depeyre, Comet, Grouchy. — Rôles du bureau des trésoriers de France à Bordeaux ; — de la chancellerie du parlement ; — des présidiaux. — État et département des paroisses des différentes élections.

C. 2702. (Portefeuille.) — 80 pièces, papier.

1705-1710. — Capitation de la noblesse des sénéchaussées. — État et département des paroisses des élections, formant la généralité de Bordeaux.

C. 2703. (Portefeuille.) — 79 pièces, papier.

1710. — États des non-valeurs, modérations et décharges des taillables des élections. — Comptes rendus à l'intendant par les receveurs des tailles de la capitation imposée ; modérations des taxes sur la noblesse, les présidiaux, les villes. — Rôles de la sénéchaussée et ville de Dax. — Capitation de la noblesse pour l'année 1710.

C. 2704. (Portefeuille.) — 102 pièces, papier.

1711. — Capitation des élections d'Agen, Sarlat, Condom et les Lannes. — Capitation de l'élection de Bordeaux. — Comptes des receveurs des tailles, présentant en regard des rôles de la noblesse et des officiers de justice, les ordres de décharges et de modérations accordées par l'intendant. — Capitation de l'élection de Périgueux.

C. 2705. (Portefeuille.) — 63 pièces, papier.

1711-1712. — Capitation de l'année 1711. — Rôles de la noblesse, des présidiaux et des taillables de chaque élection. — Noblesse de Marsan, rôle présenté par le seigneur Dulion : baronne d'Ambrux, baron de la Hontan, Du Law, Fortisson, Campet, Duvignau, Loubens, de Mesmes, Pommiès, Baudignon, Dartis, Prugne, Lasalle de la Saux, Dupouy, Talence Roquefort, De Plaisance, Dulion, Jourdan, Caumale, de Sallegourde, Saint-Orans, du Jonca, etc., etc. — Noblesse de Labour, rôle présenté par le seigneur d'Urtubie de Garros : d'Urtubie, Macayet, Darcangues, de Haïtze, Berrios, Vergès d'Urt, Larralde, Saint-Martin, Daguerre de Monguerre, Dornoage, d'Etchegoyen, de Hayet,

Darquié, Lassalle Dureuil, de Soubelette. — Noblesse de Saint-Sever, rôle arrêté avec l'intendant, par le marquis Damou : vicomte de Julliac, Tingon, baron de Saule, baron de Castelnau, Fortisson baron de Maurice, de Bruix, baron de Miremont, Doazit, Banos, de Barry, Delaborde, Dartiguenave, d'Aubaignan, de Poudenx, de Mongey, de Hargues, Dupeyrou, Destoupignan, Dabadie, de Bergeron, de Varenne, Lanusse, de Bahus, de Haurriet, d'Arsac, Moncaas, Damou, marquis de Saint-Pé, Beyrie Argelos, Lassalle Boncouvée, Basquiat, Darricau, de Cès, Cabannes Cauna, Samadet, Dabadie de Saint-Germain, etc.

C. 2706. (Portefeuille.) — 70 pièces, papier.

1712. — Capitation de l'année 1712. — Rôles de la noblesse, des présidiaux et des taillables de chaque élection. — Noblesse de Dax, rôle arrêté avec l'intendant par M. d'Aspremont, seigneur: Aspremont, Lamothe Montaud, Gramont d'Ossages, Lassalle de Bordères, de Borda, Destrac de Hastingues, Doro, Castéja Rostaing, Favars, Castéja Caule, Saint-Martin, de Sist, de Luppé, de Roys, etc.

C. 2707. (Portefeuille.) — 92 pièces, papier.

1713. — Capitation des Élections d'Agen, Périgueux et Sarlat. — Noblesse et officiers de justice. Rôles arrêtés, et états de décharge. — Présidial d'Agen : président, Cocquet; lieutenant-criminel, de Jayan ; Darfeuille et Capot, lieutenants ; Daurée, lieutenant général d'épée : — Noms des conseillers. — Rôle de la noblesse d'Agen. — Rôle de la noblesse de Périgueux. — Rôle de la noblesse de Sarlat. — Décharges accordées à la sénéchaussée de Bergerac.

C. 2708. (Portefeuille.) — 82 pièces, papier.

1713. — Capitation des élections de Bordeaux et de Condom. — Rôles de la noblesse de : Libourne — Nérac — Tartas — Marsan — Saint-Sever — Castelmoron — Bergerac — Casteljaloux — Bazas — Condom. — Capitation des ingénieurs employés dans les places de Guyenne.

C. 2709. (Portefeuille.) — 86 pièces, papier.

1714. — Capitation de la noblesse et des officiers de justice dans les sénéchaussées de la province, et comptes rendus par les receveurs.

C. 2710. (Portefeuille.) — 95 pièces, papier.

1714. — Capitation des taillables et des villes de la généralité. — Rôles divers.

C. 2711. (Portefeuille.) — 97 pièces, papier.

1715. — Capitation de la noblesse dans les sénéchaussées de la province; état des décharges et modérations accordées par l'intendant; comptes rendus par les receveurs. — Capitation des présidiaux. — Capitation des bourgeois et décharges. — Bordeaux, ville et faubourgs, etc.

C. 2712. (Portefeuille.) — 78 pièces, papier.

1725. — Décharges et modérations, comptes des receveurs, rôles de non-valeurs, états et départements des paroisses ; — capitation des ingénieurs de Bitry et Olivier, ingénieurs en chef; Barbier et Jablier, ingénieurs ordinaires. — Rôle de la noblesse de la sénéchaussée de Bordeaux; 538 noms ; — de la sénéchaussée d'Agen, 352 ; — de celle de Périgueux, 376; — Sarlat, 190; — Bergerac, 68 ; — Casteljaloux, 44; — Nérac, 68; — Condom, 112 ; — Castelmoron, 37; — Bazas, 54 ; — Libourne, 140 : total 1980 dans la Généralité.

C. 2713. (Portefeuille.) — 105 pièces, papier.

1737. — Capitation de l'année 1737, un million quatre cent quatorze mille cinq cents livres. — Rôles de la noblesse, du Parlement, des présidiaux, de la cour des aides, des élections, de la Monnaie, de la Table de Marbre, des administrations du tabac et des fermes. — Rôles des domestiques. — Comptes rendus des revenus; recettes et dépenses, arriéré, non-valeurs et décharges.

C. 2714. (Portefeuille.) — 106 pièces, papier.

1739. — Rôles et comptes rendus de la capitation de 1739.

C. 2715. (Portefeuille.) — 105 pièces, papier.

1740. — Capitation de 1740. — Noblesse de la sénéchaussée de Périgueux ; — de la comté de Monfort ; — de la sénéchaussée d'Agen ; — de la sénéchaussée de Sarlat; — de la sénéchaussée de Bergerac ; — de la sénéchaussée de Castelmoron d'Albret : sieurs de Lacombe, de Chalons, Gassies de Rebleys, Villepreux de Saint-Germain, Beaupré de Melon, Duplessy, Lassalle de Beaulieu, Bondol de l'Ile, Ducla de la Mothe, Larrieu, Ducazeau, Calvimont Latour, de Puynormand, lieutenant général des armées, Lamothe Nivelle, Julliot de la Claverie, de Naujean, Monbreton, Dupuch, veuve Turpault de Lestang, dans les juridictions de Gironde, Puisseguin, Montaigne, Francs et Blazimont (Gironde); — rôles des présidiaux et des employés des fermes.

C. 2716. (Portefeuille.) — 99 pièces, papier.

1741. — État des articles rayés dans le compte de la capitation des bourgeois de Bordeaux, sur lesquels on n'a pu faire le recouvrement. — État des modérations et décharges accordées sur la capitation aux habitants de Bordeaux, divisés en corps de métiers ou professions : Armateurs : Alloran, Bardon, Balguerie, Caussade, Damers, Donnefort, Duvergier, Dufau, Féger, Gorse, Knox, Clarmont, Fesquet, etc... — Arrimeurs — architectes : Pierre Hugues, Lude, Laluque, Bellart, etc... — Commissionnaires de blé — courtiers — couteliers — charpentiers de haute futaie — drapiers — fabricants de bas au métier — gantiers — portugais — graisseux — hôteliers — pâtissiers et hôteliers non en maîtrise — taverniers — marchands de toiles, etc... — Rôles de capitation des présidiaux, des élections, des eaux et forêts ; — rôles de capitation de la noblesse des sénéchaussées ; — capitation des villes franches ; — comptes rendus par les receveurs.

C. 2717. (Portefeuille.) — 98 pièces, papier.

1742. — Capitation de la noblesse, par rôles de sénéchaussée. — Décharges. — État des employés qui composent le département de Bordeaux pour le service des traites. — Rôle général des bourgeois de Bordeaux portés en non-valeurs. — Rôle des offices de la chancellerie près le Parlement, etc...

C. 2718. (Portefeuille.) — 63 pièces, papier.

1747. — Capitation. — État et département des paroisses par élection. — Rôles des nobles et des privilégiés. — Parlement et présidiaux.

C. 2719. (Portefeuille.) — 62 pièces, papier.

1748. — Capitation. — État et département des paroisses. — Rôles de la noblesse et des privilégiés. — Parlement et présidiaux. — Élections. — Cour des aides. — Monnaie.

C. 2720. (Portefeuille.) — 78 pièces, papier.

1749. — Capitation. — Demandes en décharge et modération. — Demandes en inscription au rôle de la noblesse. — Nobles de Bordeaux ; — d'Agen ; — de Périgueux ; — de Sarlat et des villes et villages de chacune des sénéchaussées.

C. 2721. (Portefeuille.) — 99 pièces, papier.

1719-1723. — Capitation. — Rôles des présidiaux de Condom, Nérac, Bazas ; — de la noblesse de Condom, Agen, Périgueux, Casteljaloux, Bazas, Bergerac, Sarlat, Libourne, Bordeaux ; — des ingénieurs ; — de la cour des aides ; — de la chancellerie du parlement. — État des non-valeurs de la capitation des bourgeois de Bordeaux, divisés en six jurades : Saint-Rémy, Saint-Pierre, Saint-Maixent, Sainte-Eulalie, Saint-Éloi, Saint-Michel, plus la Sauvetat de Saint-André et le faubourg Saint-Seurin. — Bordereau de la capitation pour 1719 : la noblesse, 70,000 livres ; le Parlement et les présidiaux, 82 ; les officiers des cinq Élections, 703 ; les villes franches, 87, dont 64,000 pour Bordeaux seul. — Lettres signées du régent, adressées à l'intendant Lamoignon de Courson pour l'informer que depuis l'arrêt du 12 octobre 1719 qui supprime les receveurs généraux, le Roi en a porté un autre, qui fixe au 16 du même mois la prise de possession par la compagnie des Indes de toute la comptabilité des recouvrements des recettes générales, auxquelles elle est substituée.

C. 2722. (Portefeuille.) — 91 pièces, papier.

1723-1750. — Capitation. — État de la capitation des paroisses de l'élection de Bordeaux en 1723 ; — de la noblesse de Nérac en 1729 ; — rôles et états de répartition de la généralité pour 1733 ; des non-valeurs de la liste des bourgeois de Bordeaux pendant les années 1740 et 1742 ; — de la noblesse de la sénéchaussée pour 1741 : 427 noms, dont 238 pour la ville de Bordeaux. — Rôles généraux de la capitation de 1750.

C. 2723. — (Portefeuille.) — 38 pièces, papier.

1751. — Rôles généraux des nobles, officiers et privilégiés de la généralité, et département par paroisses. — Dans l'élection de Bordeaux, rôles des faubourgs de la ville : Chartrons, Saint-Michel, et le faubourg des Gahets, ou Saint-Nicolas.

C. 2724. (Portefeuille.) — 124 pièces, papier, 1 imprimée.

1755. — Rôles généraux de la capitation de la généralité, nobles, officiers, privilégiés, etc... — Tableau imprimé de l'ordre des avocats de Bordeaux pour 1755.

C. 2725. (Portefeuille.) — 82 pièces, papier.

1756. — Rôles généraux de la capitation de la généralité, divisée par élections. — Rôles des nobles et privilégiés des élections de Bordeaux, Périgueux et Condom, qui résident dans l'arrondissement de la subdélégation de Libourne ; mémoires et tableaux de mutation de domicile.

C. 2726. (Portefeuille.) — 1 cahier in-folio. 188 feuillets, papier.

1756. — Rôle de la capitation des bourgeois et habitants de la ville de Bordeaux et de ses faubourgs. — Rôle des taxes à payer par les capitaines, pilotes et autres gens de mer de la ville de Bordeaux pour leur capitation de l'année 1756 : 202 capitaines, 130 pilotes hauturiers, 18 maîtres de barques, 18 pilotes lamaneurs, 23 maîtres de gabarres.

C. 2727. (Portefeuille.) — 102 pièces, papier.

1759. — Rôles généraux de la capitation de la généralité pour l'année 1759.

C. 2728. (Portefeuille.) — 57 pièces, papier.

1763. — Rôles de la capitation pour 1763, et doublement de capitation, en exécution de l'édit de février 1760, depuis les cotes de 24 livres, et au-dessus. — États annexes à la capitation ordinaire.

C. 2729. (Portefeuille.) — 79 pièces, papier.

1767-1768. — Rôles de la capitation de la généralité, nobles, officiers, privilégiés et bourgeois.

C. 2730. (Portefeuille.) — 96 pièces, papier.

1768. — « Rôle des sommes que le Roy en son co n-« seil veut et ordonne être payées par les nobles de la « généralité, les corps et communautés, bourgeois et au-« tres particuliers des villes franches, employés aux fer-« mes, traites et tabacs, les officiers de la chancellerie « près le parlement et la cour des aides, les domestiques « des officiers du Parlement, Cour des Aides et bureau des « finances, les officiers de justice, police et finance, pour « leur capitation de l'année 1770, faits et arrêtés au con-« seil royal des finances tenu à Versailles le premier jour « de may 1770, » sur lesquels le Roy accorde d'avance aux présidiaux et officiers de justice qui, par la médiocrité de leurs facultés seraient hors d'état de supporter la totalité de leurs taxes, une diminution de 21,000 livres sur 29,000, les autres corps ou communautés n'étant l'objet d'aucune diminution ou faveur. — Changement et inscriptions au rôle de la noblesse ; le sieur Tobie Clarke, habitant de Bordeaux, dont la famille originaire d'Irlande est très-anciennement en possession de la noblesse, selon la copie collationnée de letres de reconnaissance d'ancienne noblesse à lui accordées par le Roi.

C. 2731. (Portefeuille.) — 88 pièces, papier.

1772. — Rôles de capitation, arrêtés au conseil des finances de la généralité de Bordeaux, par élections et subdélégations.— Élection d'Agen : subdélégations d'Agen, Marmande (en partie), Villeneuve, Sainte-Foy (en partie), Clairac, Monflanquin ; — élection de Périgueux : subdélégation de Monpon, Ribérac, Sainte-Foy (en partie), Périgueux, Thiviers, Nontron, Bergerac (en partie); — élection de Bordeaux : Bordeaux, subdélégation de Libourne (en partie), Blaye et le Médoc ; — élection de Condom : subdélégations de Condom, Nérac, Bazas, Casteljaloux, La Réole, et partie de celles de Sainte-Foy, Marmande et Libourne ; — élection de Sarlat : subdélégation de Sarlat, avec partie de celles de Sainte-Foy et de Bergerac.

C. 2732. (Portefeuille.) — 88 pièces, papier.

1770-1771. — Capitation d'Agen et de Condom, et état de translations de domiciles dans les pays de taille réelle ; tableaux et rectifications.

2733. (Portefeuille.) — 114 pièces, papier.

1772-1773.— Capitation d'Agen et de Condom, pays de taille réelle, contenant les augmentations et diminutions résultant, pour les juridictions, des translations de domiciles.

C. 2734. — (Portefeuille.) — 77 pièces, papier.

1773. — Rôles généraux de la capitation des élections de Bordeaux, Périgueux et Sarlat.

C. 2735. (Portefeuille.) — 71 pièces, papier.

1773. — Rôles arrêtés au conseil des sommes à payer par les nobles, privilégiés, bourgeois de la généralité, officiers de justice, police et finances.

C. 2736. — (Portefeuille.) — 89 pièces, papier.

1774. — Rôles arrêtés au conseil de la capitation de la généralité. — Projets de rôles, tableaux, mémoires, requêtes et observations. — Inscription au rôle de la noblesse des sieurs : Farcit, héraut d'armes de la prévôté générale des monnaies et maréchaussée de France, habitant le bourg de Granges, subdélégation de Clairac ; — Ricard de l'Escole, — Gaillard de Vancocour à Thiviers, ancien capitoul de Toulouse, etc... — Les échevins de Saint-Pastour demandeurs en autorisation de faire faire le rôle d'office, vu les abus du rôle actuel.

C. 2737. (Portefeuille.) — 110 pièces, papier.

1775. — Rôles arrêtés au conseil de la capitation de la noblesse et des officiers de justice, police et finances de la généralité. — Requêtes en radiation ou en inscription.

C. 2738. (Portefeuille.) — 131 pièces, papier.

1759-1763. — Décharges de capitation, accordées aux corps d'états ; charrons, épingliers, charpentiers, marchands de planches, gantiers, etc... — Imposition des milices, gardes-côtes, etc...

C. 2739. (Portefeuille.) — 131 pièces, papier.

1762. — Décharges de capitation, accordées aux corps d'états ; armateurs : les sieurs Berquin, Lartigue, Quin, de Meyère, etc... — Constructeurs de navires : Poitevin et Maynard.

C. 2740. (Portefeuille.) — 87 pièces, papier.

1763. — Décharges de capitation accordées aux corps d'états : menuisiers, orfèvres, bouchers, boutonniers, boulangers, cafetiers, pelletiers, chirurgiens, etc...

C. 2741. (Portefeuille.) — 117 pièces, papier.

1763. — Décharges de capitation accordées aux corps d'états.

C. 2742. (Portefeuille.) — 87 pièces, papier.

1745-1786. — Rôles de capitation des paroisses des juridictions de Rauzan, Civrac, Saint-Aubin (Gironde) : — Ingazan, La Veyrie, Cazevert, Cessac, Bellefont, Lugasson, Mérignas, Courpiac, Blaignac, Saint-Vincent, Frontenac ; — Bossugan, Sainte-Florence, Saint-Pey de Castetz ; — Lugagnac, Cabara, Romaigne, Branne, Postiac et Naujan.

C. 2743. (Carton.) — 107 pièces, papier.

1773-1774. — Rôles de capitation et d'impositions des pays de Labour, Marsan, Bayonne, Dax, et les Lannes distraits en 1716 de la généralité de Bordeaux et de nouveaux incorporés à elle en 1775 par désunion de la généralité d'Auch et de Pau ; — mandements des impositions ordinaires et extraordinaires ; — rôles de l'imposition pour les frais des canaux de Bourgogne et de Picardie ; — de la contribution des Lannes aux routes des petites Landes et au rétablissement des ponts et ponceaux. — Ordonnance de diminution de 500 livres sur la capitation de la nation des juifs portugais établis au Saint-Esprit près Bayonne.

C. 2744. (Portefeuille.) — 101 pièces, papier.

1789. — Rôles de capitation des paroisses du Bazadais

et des landes du département de la Gironde, plus quelques-unes de celui des Landes ; Préchac, Belin, Uzeste, Langon, Roaillan, Mazères, Bienjac, Grignols, Aillas, Captieux, Bazas, etc...

C. 2745. (Portefeuille.) — 120 pièces, papier.

1705. — Comptes rendus par-devant l'intendant de la recette et dépense faite des deniers de la capitation de l'année 1705, par les receveurs et comptables.

C. 2746. (Portefeuille.) — 96 pièces, papier.

1719-1720. — Comptes rendus par-devant les intendants Lamoignon de Courson et Boucher, par les receveurs de la capitation de l'année 1719, avec les pièces justificatives, rôles de la noblesse des sénéchaussées, états de modération, états et départements des paroisses, et mentionnant : — la gestion par les agents de la Compagnie des Indes de la Recette générale de Bordeaux ; — les ingénieurs en chef de Bitry et Fénis du Turondel, ce dernier pour Blaye et le fort Médoc (auteur d'une histoire manuscrite de la ville de Blaye).

C. 2747. (Portefeuille.) — 100 pièces, papier.

1720. — Comptes rendus par-devant l'intendant Boucher, par les receveurs de la capitation de l'année 1719, ensemble les rôles du Parlement et des officiers de justice et finances, et le département des paroisses par élection.

C. 2748. (Portefeuille.) — 87 pièces, papier.

1721-1722. — Comptes de la capitation de l'année 1721. — État du Parlement de Bordeaux : cote de capitation du premier président, 1,500 livres ; — de neuf présidents à mortier : De Gourgue, Sabourin, Lalanne, De Gascq, Daugeard, De Cazeaux, D'Aiguilhe, De Montesquieu, De Ségur, 450 ; — des quatre présidents aux enquêtes, des deux chevaliers d'honneur et des quatre-vingt-sept conseillers, 225 ; — des soixante-cinq avocats inscrits au tableau, parmi lesquels Fonfrède, Beaune, Lisleferme, Grenier, Suisse, Brochon, Grouchy, Comet, Roborel, 35 livres. — États de modérations de la cote des nobles, particulièrement pauvres dans l'élection de Sarlat, etc......

C. 2749. (Portefeuille.) — 100 pièces, papier.

1722. — Comptes de la capitation de l'année 1722. — Noblesse de la généralité, deux mille vingt-huit noms, dont 511 pour la sénéchaussée de Bordeaux, 73 pour celle de Bergerac, 43 Casteljaloux, 432 Périgueux, 67 Nérac, 141 Libourne, 113 Condom, 47 Castelmoron, 175 Sarlat, 366 Agen, 58 Bazas. — État de comparaison de la capitation de l'année précédente avec celle de l'année 1722 : 236,000 livres d'augmentation ; il est accordé des modérations pour la somme de cent mille livres.

C. 2750. (Portefeuille.) — 103 pièces, papier.

1723-1724. — Comptes de la capitation de l'année 1723, rendus par-devant l'intendant Boucher par les receveurs en exercice.

C. 2751. (Portefeuille.) — 69 pièces, papier.

1724. — Comptes de la capitation de l'année 1724, rendus par-devant l'intendant ; états et rôles de noblesse, parlement, présidiaux, etc...

C. 2752. (Portefeuille.) — 73 pièces, papier.

1727. — Comptes de la capitation de l'année 1727. États et rôles de noblesse, privilégiés, officiers de justice et finances, taillables des villes, employés au bureau des fermes et du tabac : Dupleix de Bacquencourt, directeur du tabac à Bordeaux. — Principal de la capitation de la généralité : 1,422,000 livres, dont la noblesse paye cinquante-deux mille, et la justice soixante-seize. — Bordereau des sommes imposées sur toute la Généralité pour l'année 1727 : quatre millions huit cent quinze mille livres, dont trois de taille, et un de capitation, celle-ci n'étant encore que du tiers de la taille.

C. 2753. (Portefeuille.) — 73 pièces, papier.

1727 — Comptes de la capitation de l'année 1727 : non-valeurs, modérations et décharges.

C. 2754. (Portefeuille.) — 133 pièces, papier

1728. — Comptes de la capitation de l'année 1728. — Rôles de la noblesse, du Parlement et des présidiaux.

C. 2755. (Portefeuille.) — 101 pièces, papier.

1729. — Comptes et rôles de la capitation de l'année 1729.

C. 2756. (Portefeuille.) — 105 pièces, papier.

1730. — Comptes et rôles de la capitation de l'année 1730. — quatorze cent trois mille livres, dont quarante-six mille levées sur la noblesse ; taxations des receveurs et des collecteurs, 8 deniers pour livre, déduction faite des décharges, soit pour frais de recouvrement le trentième de la somme imposée.

C. 2757. (Portefeuille.) — 111 pièces, papier.

1730-1731. — Capitation de la noblesse, et rôles des sénéchaussées.

C. 2758. (Portefeuille.) — 76 pièces, papier.

1731. — Comptes de la capitation de l'année 1731.

C. 2759. (Portefeuille.) — 120 pièces, papier.

1734. — Comptes et rôles de la capitation de l'année 1734 : quatorze cent trente quatre mille livres ; décharges et non-valeurs accordées : dans la proportion du sixième à l'élection de Sarlat, attendu la misère amenée par les grêles consécutives de six années ; dans celle du quart à Bordeaux ville ; dans celle du dixième aux taillables des élections d'Agen et de Condom ; ceux des élections de Périgueux et de Bordeaux n'obtenant nulle décharge ; total général des décharges et modérations, le vingtième de la somme imposée ; total général des frais de recouvrement 45,500 livres, ou le trentième.

C. 2760. (Portefeuille.) — 105 pièces, papier.

1736. — Comptes, rôles et états de répartition de la capitation de 1736 dont le total est de quatorze cent dix-huit mille livres formé du chiffre arrêté au Conseil (1,174,262) ; du trentième représentant les frais de perception ; du vingtième prévu pour les décharges et modérations, et des deux sols pour livre sur le principal.

GIRONDE. — SÉRIE C.

C. 2761. — (Portefeuille.) — 118 pièces, papier.

1738. — Comptes et rôles de la capitation de l'année 1738, comprenant un état de vérification fait dans l'Election de Périgueux, afin de connaître si la capitation est imposée exactement au marc la livre de la taille, duquel il paraîtrait résulter qu'elle est en 1738 à peu près du tiers de la taille, soit 7 sols et demi par livre (38 0/0).

C. 2762. (Portefeuille.) — 108 pièces, papier.

1749. — Comptes et rôles de la capitation de l'année 1749, pour l'élection de Bordeaux ; modération et décharges accordées aux bourgeois de la ville : Garat, Desmirails, Brascassat, Pastré, Portal, Delas ; Ferbos, principal du collège de Guienne, Brocq, Patanchon, professeurs et régent ; Suisse, officier du guet, etc... — Élection de Sarlat. Modérations sur le dixième du revenu des fonds nobles et roturiers, établi par la déclaration du 21 avril 1741, et renouvelé par l'édit de décembre 1746.

C. 2763. (Portefeuille.) — 101 pièces, papier.

1749. — Comptes de la capitation et du dixième dans les élections de Périgueux et d'Agen. — Capitation de la noblesse de Périgueux, quatorze mille livres ; dixième en sus, cent neuf mille. — Capitation des villes franches et des taillables de l'Election : deux cent soixante-dix mille huit cent livres, dixième en sus, deux cent soixante-deux mille. — Élection d'Agen : le dixième y égale la capitation qui est de trois cent quarante mille livres.

C. 2764. (Portefeuille.) — 97 pièces, papier.

1749. — Comptes du dixième dans l'Élection de Bordeaux, et de la capitation avec le dixième dans celle de Condom.

C. 2765. (Portefeuille.) — 129 pièces, papier.

1750. — Comptes du vingtième du revenu des fonds des offices et de l'industrie, levé en exécution de l'édit de mars 1749, portant suppression du dixième établi par la déclaration du 29 août 1741, et son remplacement par un vingtième destiné à former le fonds d'une caisse d'amortissement pour le remboursement de dettes de l'État. — Élection de Bordeaux : cinq cent soixante mille livres de vingtième pour quatre cent soixante mille de capitation. — Élection d'Agen : cent soixante quatorze mille livres de vingtième pour trois cent quarante-quatre mille de capitation ; différence de l'industrie dans les deux Élections.

C. 2766. (Portefeuille.) — 100 pièces, papier.

1726-1751. — Comptes et rôles de la capitation de la Généralité. — Comptes du cinquantième du revenu des vins, produit du rôle des maisons, biens-fonds nobles et roturiers, vendange et adjudication de récoltes, levé en exécution des déclaration et arrêt du Conseil en 1725 et 1726.

C. 2767. (Portefeuille.) — 109 pièces, papier.

1749-1751. — Comptes du dixième des fonds de la Généralité. — Rôles de capitation et décharges.

C. 2768. (Portefeuille.) — 108 pièces, papier.

1752. — Comptes de la capitation et du vingtième.

C. 2769. (Portefeuille.) — 109 pièces, papier.

1752-1753. — Comptes de la capitation et du vingtième dans les Élections d'Agen, Périgueux et Condom ; vingtièmes établis sur les biens de l'ordre de Malte, en même temps imposés et passés en non valeur.

C. 2770. (Portefeuille.) — 83 pièces, papier.

1753. — Comptes de capitation et du vingtième dans l'Élection de Bordeaux. — États de décharges et modérations accordées par l'intendant aux contribuables.

C. 2771. (Portefeuille.) — 91 pièces, papier.

1753. — Comptes de capitation et du vingtième dans les Élections de Périgueux, Sarlat, Agen et Condom.

C. 2772. (Portefeuille.) — 117 pièces, papier.

1755-1761. — Correspondance des intendants de Tourny et Boutin avec les ministres de Séchelles, de Moras, d'Ormesson, de Boullongne et Bertin, concernant : — l'emploi des excédants de la capitation ; — l'établissement des quatre sols pour livre en sus de la capitation de 1756 ; — le fonds sur lequel doivent être imputées les décharges et modérations ; — l'état des dépenses particulières qui se prennent ou sur l'excédant ou sur la capitation même. — État au vrai des recettes et dépenses sur la capitation de 1761.

C. 2773. (Portefeuille.) — 123 pièces, papier.

1762-1767. — Correspondance des intendants Boutin et Fargès, avec les ministres d'Ormesson, Bertin, de Laverdy, Turgot, concernant : — l'emploi des excédants de la capitation, et les ordonnances expédiées sur ce fonds pour dépenses extraordinaires : indemnités pour démolitions de maisons ou prises de terrains nécessitées par le redressement ou l'établissement de routes ; frais d'achat de graines pour [prairies artificielles, sainfoin, fromental d'Angleterre, trèfle de Hollande, etc... ; distribution de charrues de marais, modèle Despommiers et Filhol ; traitement et frais de tournée pour des recherches sur l'agriculture ; achat de livres spéciaux (*le Gentilhomme cultivateur*) ; pensions payées par la Généralité dans les écoles d'arpentage de Périgueux, Excideuil, Agen et Villeneuve, nouvellement créées « pour remplir les vues qu'on se propose à l'égard du cadastre » ; école de filature de Sarlat et d'Eymet ; prime de 600 livres au sieur Dubix Deschamps, pour avoir délivré le Salardais et le Périgord d'un animal féroce, et de 300 livres au sieur Lespitalié pour avoir concouru à sa destruction ; gratifications à Géraud et Bouty, paysans de Chalais et de Mareuil, pour avoir au risque de la vie tué des loups enragés, dont les morsures avaient déjà fait périr bien des gens, etc... ; — la reprise à exercer par la ville de Bordeaux sur le Trésor royal de sept ans d'arrérages d'une somme de 72,000 livres, représentant le principal des quatre sols pour livre de la capitation taillable de Bordeaux, qu'on avait rachetée au Roi au prix de 520,000 livres dès la promulgation de l'édit qui prorogeait pour dix ans cette imposition accessoire, et de laquelle somme de 72,000 livres la ville n'avait été payée que pendant les trois premières années.

C. 2774. (Portefeuille.) — 112 pièces, papier.

1764-1766. — Comptes et bordereaux des comptes

de la capitation. — Décharges et modérations, etc... Raymond Chaudordy, ancien milicien, à Puymirol.

C. 2775. (Portefeuille.) — 120 pièces, papier.

1766-1769. — Comptes et bordereaux des comptes de la capitation et du vingtième : le vingtième égale la capitation, et la dépasse dans certaines élections.

C. 2776. (Carton.) — 36 pièces, papier.

1774-1781. — Rôles de capitation des paroisses de la juridiction de Rauzan en Bazadais : Bellefond, Cazevert, Cessac, Courpiac, Frontenac, Saint-Jean, Jugazan, La Veyrie, Lugasson, Mérignas, et Rauzan.

C. 2777. (Carton.) — 72 pièces, papier.

1774-1782. — Rôles de capitation des paroisses du comté de Blaignac, et de la juridiction de Rauzau : Saint-Aubin, Branne, Cabara, Lugagnac, Naujan, Postiac, Romaigné.

C. 2778. (Carton.) — 131 pièces, papier.

1775-1789. — Correspondance des intendants de Clugny, Dupré Saint-Maur et de Néville avec le ministre d'Ormesson, concernant : — les décharges et modérations ; — les états de non-valeurs pour la ville de Bordeaux présentés par le sieur Mel de Fontenay, receveur des finances, et le nombre incroyable de gens admis à la décharge : observations de l'intendant sur la capitation « des *filles du monde*, et des demoiselles » attachées aux théâtres ; — la diminution de cote du sieur Lavau, ancien procureur du Roi aux Eaux et Forêts, « agent principal du chevalier de Pestel dans l'affaire des alluvions, et ruiné pour avoir exécuté les ordres de M. de Calonne » ; — le taux réglementaire de la capitation au soixantième du revenu, ou quatre deniers pour livre, pour les revenus ne dépassant pas mille livres ; — les réclamations du sieur Lalo, ancien secrétaire de l'intendance, rappelant « un superbe projet (non indiqué) qu'il avait adressé en 1784 à M. de Vergennes, pour Cauterets, et qui aurait manqué par l'opposition ou avis contraire de l'intendant » ; — les rôles de supplément sur les ci-devant privilégiés, domiciliés ou faisant valoir par eux-mêmes dans les paroisses de Saint-Macaire, Semens, Saint-Pierre d'Aurillac, Le Pian, Saint-Maixent et Aubiac, Saint-Martial, Saint-André-du-Bois, et Saint-Germain-du-Graveron.

C. 2779. (Portefeuille.) — 5 pièces, papier.

1752. — Rôles de la capitation des bourgeois et manans de la ville de Bordeaux, et des faubourgs des Chartrons, Saint-Seurin, des Gahets et Saint-Michel.

C. 2780. (Portefeuille.) — 1 cahier, 214 feuillets.

1754. — Rôles de la capitation des bourgeois et manans de Bordeaux, et des faubourgs des Chartrons, Saint-Seurin, des Gahets et Saint-Michel.

C. 2781. (Portefeuille.) — 100 pièces, papier.

1754-1767. — Rôles de la capitation des bourgeois et manans de Bordeaux et faubourgs de 1754 à 1757 : Rôle des armateurs, assureurs, banquiers et commissionnaires. — Rôles de la capitation de la Généralité pour l'année 1767, noblesse, Parlement, présidiaux, privilégiés ; états de département des paroisses.

C. 2782. (Portefeuille.) — 6 pièces, papier.

1758. — Rôles de la capitation des bourgeois et manans de Bordeaux et faubourgs. — Capitation de la marine, quatre cents noms portés au rôle des marins de la ville. — Noms de bourgeois et habitants : Pincemaille, Dinematin, Gardesac, Serrelabourse, Tranchemontagne ; — Frère, Tourat, Constantin, Feger, Barenne, Cornac, dont les noms ont été donnés à des rues qui se touchent toutes, aux Chartrons ; — Legrand, organiste de Saint-Michel ; demoiselles Saugeon, maîtresses d'école ; Gaëtan aîné, peintre de la comédie ; — Laterrade ; Suisse ; Pacarau, chanoine ; Montégut, géographe, et ingénieur de la ville de Bordeaux ; — Gaviniès, luthier violoniste ; les demoiselles Berquin ; l'abbé Boisson, principal du collège de Guienne, etc....

C. 2783. (Portefeuille.) — 33 pièces, papier.

1758-1762. — Rôles : — de la capitation des bourgeois de Bordeaux et faubourgs, et de celle de la marine pour l'année 1759 ; — de la capitation de la noblesse et des officiers de justice et finances de l'élection pour l'année 1762. — Notes et observations de l'intendant de Tourny sur l'établissement des rôles, et annonce des mesures qu'il se propose de prendre, à la paix, pour arriver, par des classements de paroisses, à une répartition aussi juste que possible de la capitation en pays de taille réelle.

C. 2784. (Portefeuille.) — 7 pièces, papier.

1760-1761. — Rôles de la capitation des bourgeois de Bordeaux, et faubourgs, pour l'année 1760.

C. 2785. (Portefeuille.) — 6 pièces, papier.

1768-1769. — Rôles de la capitation des faubourgs Saint-Seurin et des Chartrons, à Bordeaux, y compris le rôle des femmes, dites *filles du monde*, qui au nombre seulement de deux cent quarante, sont cantonnées dans le seul faubourg Saint-Seurin.

C. 2786. (Portefeuille.) — 100 pièces, papier.

1770. — Capitation des bourgeois de Bordeaux ; — demandes en décharge et modération.

C. 2787. (Portefeuille.) — 18 pièces, papier.

1772. — Capitation des bourgeois de Bordeaux et faubourgs. — Avocats : Reboul, de Sèze, Duranteau, Buhan, Grangeneuve, Tuquo, Trigant, Lisleferme, Guillotin, Brochon, Garat, Saint-Guirons, Barennes, etc. — Capitation de la marine : deux cent trente-six capitaines, cinquante pilotes hauturiers, vingt maîtres de gabarres.

C. 2788. (Portefeuille.) — 110 pièces, papier.

1771-1772. — Capitation de la ville de Bordeaux. — Notes des dizainiers servant à établir les rôles.

C. 2789. (Portefeuille.) — 115 pièces, papier.

1771-1772. — Capitation de la ville de Bordeaux. — Notes des dizainiers pour les faubourgs Sainte-Eulalie et Saint-Michel.

C. 2790. (Portefeuille.) — 121 pièces, papier.

1772. — Capitation de la ville de Bordeaux et faubourgs. — Etats des dizainiers du faubourg des Chartrons. — Requêtes en modération de taxes des avocats et des procureurs.

C. 2791. (Portefeuille.) — 95 pièces, papier.

1772. — Capitation de la ville de Bordeaux et faubourgs. — Requêtes en modération de la taxe des avocats et des procureurs.

C. 2792. (Portefeuille.) — 89 pièces, papier.

1777. — Capitation des bourgeois de Bordeaux et faubourgs. — Rôles des corps et communautés : *Armateurs*, 450 noms : Brommer, Balguerie, Barton, Byrne, Boyer-Fonfrède, Baour, Barreyre, Barthez, Coppinger, Cabarrus, Clarck, De Meyère, Dubergier, De Kater, Féger, Gernon, Johnston, Journu, Kirwan, Lafond de Ladébat, Luetkens, Maccarty, Vandoren, etc. ; — *Architectes*, 37 maîtres, et 270 entrepreneurs ; — *Arrimeurs*, 63 ; — *Armuriers*, 12 ; — *Apothicaires*, 21, parmi lesquels Villaris, l'inventeur du kaolin de Saint-Yriex ; — *Boulangers*, 83 ; — *Bouchers*, 50 ; — *Cafetiers* et *Liquoristes*, 45, parmi lesquels Marie Brizard et Joseph Brizard ; — *Cordonniers*, 500 ; — *Courtiers brevetés*, 69 ; — *Constructeurs de navires*, 43 ; — *Marchands droguistes* : François et Cⁱᵉ, etc. ; — *Tonneliers* des Chartrons, 470 ; — *Tonneliers* de la ville, 401.

C. 2793. (Portefeuille.) — 15 pièces, papier.

1784. — Capitation des bourgeois de Bordeaux et faubourgs. — Rôles des bourgeois : — Perrié, privilégié pour les boutiques de la foire à la place Royale ; — Romainville ; — Gratiolet ; — Mayol, peintre en miniatures ; — Brezest, avocat ; — Cavaignac ; — Courtin, organiste de Saint-Michel ; — Alien, archiviste de la Garde-note ; — Salles, géographe ; — d'Albane, Lévêque, Roux, luthiers ; — Pacarau, chanoine de Saint-André ; — la veuve Farnier, marchande de pommade pour les yeux, morte en 1784 ; — Ledentu, marchand d'estampes ; — Pasquier, graveur ; — l'abbé Baurem, rue du Hà, maison des religieuses de Notre-Dame ; — Peintres, musiciens, professeurs. — Lavau, graveur ; — Cabirol, Cessy, Vernet, Deschamps, sculp-

SÉRIE C. — INTENDANCE DE BORDEAUX. — CAPITATION.

teurs; — Bonnet, organiste à Saint-Remy; — Brensago, peintre décorateur; — Joseph Paty, peintre de la faïencerie; — Rousseau, comédien; — Le Roy, maître de chapelle à Saint-Seurin; — la veuve du sieur Hustin, directeur de la faïencerie; — Lacour, peintre, etc...

C. 2794. (Portefeuille.) — 11 pièces, papier.

1786. — Capitation des bourgeois de Bordeaux et faubourgs; — le sieur Belmont, directeur de la Comédie, logé chez M. le président de Verthamon; — Desjardins, peintre; — Thonis, peintre en miniature; — Beck, maître de musique du spectacle; — De Brémont, directeur d'une verrerie; — Boutigny, peintre; — Leblanc, hydrographe de la ville, etc., etc...

C. 2795. (Portefeuille.) — 128 pièces, papier.

1787-1789. — Capitation des bourgeois de la ville de Bordeaux et faubourgs. — Demandes en décharge et réduction : — le sieur Villemur, chirurgien, obtenant décharge pour avoir défriché à ses frais deux cents journaux de lande, dans la paroisse de Pessac; — le sieur Boyer, faïencier, comme ayant beaucoup perdu par l'introduction conformément aux dernières lois de commerce, de la faïence anglaise à Bordeaux; — le sieur Chéret de Monmignon, ingénieur du Roi, et maître de la manufacture royale d'artillerie établie par lui à Bordeaux, ruiné, pillé, volé, son usine avec les quatre murs, ses outils et machines vendues par sa femme disparue, harcelé par les jurats en payement de l'emplacement de sa manufacture, abandonné sans pain, et vieux ; artiste cependant, mais sans tête. (Note du subdélégué à l'intendance qui propose la décharge et réduction.) — Etc., etc.

C. 2796. (Portefeuille.) — 124 pièces, papier.

1774. — Capitation de la ville de Bordeaux. — Décharges. — J. Fermat, second chef des pompiers pour le service des incendies, honoré des éloges des jurats; — Niquet, machiniste de l'opéra, venu à Bordeaux pour élever la salle de comédie; — Santoux, ancien médecin suisse dans les armées du Roi, à Bordeaux, médecin des pauvres.

C. 2797. (Portefeuille.) — 123 pièces, papier.

1779. — Capitation de la ville de Bordeaux. — Décharges. — Nombreuses requêtes d'habitants des îles d'Amérique réfugiés à Bordeaux, et ne recevant rien à cause de la guerre. → Requêtes de femmes de marins prisonniers des Anglais. — Le sieur Raby du Moreau, fils d'un ancien secrétaire de la chambre des comptes de Grenoble, requérant son inscription au rôle de la noblesse; — les professeurs du collège de Guienne, maintenus au rôle, malgré le privilège d'exemption qu'ils invoquent, etc....

C. 2798. (Portefeuille.) — 128 pièces, papier.

1780. — Capitation de la ville de Bordeaux. — Décharges. — Dame Féger, veuve du sieur Pierre Gaulthier de la Touche, trésorier de France à Bordeaux; — Valet de Peyraud, avocat, père de onze enfants; — demoiselle Landia, déchargée comme attachée au spectacle, etc...

C. 2799. (Portefeuille.) — 114 pièces, papier.

1781. — Capitation de la ville de Bordeaux. — Décharges. — Dominique Garat, avocat en Parlement, comme héritier bénéficiaire de Laurent Garat, son oncle, professeur de philosophie au collège de Guienne; — divers habitants de la Louisiane réfugiés en France après la cession à l'Espagne de cette colonie.

C. 2800. (Portefeuille.) — 119 pièces, papier.

1781. — Capitation de la ville de Bordeaux. — Requêtes en décharge et modération.

C. 2801. (Portefeuille.) — 124 pièces, papier.

1781. — Capitation de la ville de Bordeaux. — Requêtes en décharge et modération.

C. 2802. (Portefeuille.) — 133 pièces, papier.

1782. — Capitation de la ville de Bordeaux. — Requêtes en décharge et modération; — Fr. Bertha, chirurgien oculiste; — Saige, avocat général honoraire au Parlement, etc....

C. 2803. (Portefeuille.) — 129 pièces, papier.

1742-1743. — Capitation des élections de Périgueux,

Sarlat, Agen et Condom. — Bordereaux des comptes du dixième des biens-fonds, de l'industrie et des offices. — États de décharges et de modérations sur la capitation générale. — Frais de perception de l'imposition, 3 1/3 0/0 ou le trentième. — Rôle du dixième des revenus des biens-fonds nobles du Bazadais, compris dans l'élection de Condom : noms des propriétaires, par paroisses.

C. 2804. (Portefeuille.) — 133 pièces, papier.

1744. — Capitation de la Généralité, toutes élections comprises, et comptes du dixième.

C. 2805. (Portefeuille.) — 105 pièces, papier.

1743-1746. — Correspondance de M. de Tourny, intendant, avec le ministère, concernant : — le taux trop élevé de la capitation des négociants hollandais établis à Bordeaux, qui se plaignent par leur ambassadeur en France ; — la nécessité de réformer plus exactement les rôles de capitation des bourgeois de Bordeaux, ainsi que ceux des corps et communautés de la ville ; renseignements demandés par M. de Tourny et donnés par M. de la Bourdonnaye, intendant de Rouen, dans une lettre particulière ; — les usages suivis dans chaque subdélégation relativement à la capitation ; — les démêlés des maçons avec les architectes au sujet de la surcharge dont ceux-ci les rendent victimes, etc. — Situation du recouvrement des exercices 1742-1745, et pertes subies dans l'Élection de Bordeaux, surtout à cause de la guerre qui ôte aux vins tout débouché. — Mémoire de l'inspecteur des finances en Guienne sur la forme du recouvrement du dixième à Bordeaux et à Périgueux.

C. 2806. (Portefeuille.) — 100 pièces, papier.

1748-1760. — Capitation. — États des juridictions dont se composent les sénéchaussées de Libourne et de Bergerac. — Plaintes des receveurs généraux sur les abus auxquels se livrent les porteurs de contraintes. — Notes des dizainiers de Bordeaux pour la confection de leurs rôles, dont est formé le rôle général des taillables.

C. 2807. (Portefeuille.) — 85 pièces, papier.

1760. — États des dizainiers des quartiers Saint-Pierre et Saint-Eloi de Bordeaux.

C. 2808. (Portefeuille.) — 92 pièces, papier.

1760-1762. — État des dizainiers des différents quartiers de Bordeaux.

C. 2809. (Portefeuille.) — 13 pièces, papier.

1765. — États des dizainiers, en feuilles, et cahier pour servir aux éclaircissements qu'ils doivent donner pour le rôle de la capitation de 1765 : faubourgs Saint-Seurin et Saint-Michel.

C. 2810. (Portefeuille.) — 103 pièces, papier.

1773. — Quittances d'articles de capitation, payées entre les mains des receveurs par les corps et communautés de la ville de Bordeaux.

C. 2811. (Carton.) — 134 pièces, papier.

1776. — Quittances d'articles de capitation, payées entre les mains des receveurs par les corps et communautés de la ville.

C. 2812. (Portefeuille.) — 122 pièces, papier.

1756-1757. — Comptes de la capitation de la Généralité, et des premiers et seconds vingtièmes ; états de décharges et de modérations ; bordereaux de situation des receveurs.

C. 2813. (Portefeuille.) — 100 pièces, papier.

1756. — Comptes de la capitation des élections de Condom et de Sarlat, et de l'excédant de la capitation de 1756, et ordonnances de l'intendant assignant sur ce fonds diverses sommes pour routes, adoucissement de rampes, achat de pain pour les pauvres ; 200 livres au sieur Lafourcade, chirurgien à Sarlat, pour être par lui distribuées aux plus pauvres habitants, malades ou infirmes, des paroisses de la campagne ; 300 livres au sieur Sudraud, curé de Florimond, (Dordogne) pour secours à distribuer aux pauvres de sa paroisse, etc.,... décharges et modérations ; état de frais de la faction d'office des rôles de la capitation dans quelques juridictions du Condomois, pays de taille réelle.

SÉRIE C. — INTENDANCE DE BORDEAUX. — CAPITATION. 447

C. 2814. (Portefeuille.) — 92 pièces, papier.

1756-1757. — Comptes de la capitation des élections de Bordeaux et de Périgueux. — États de décharges et de modérations sur les vingtièmes.

C. 2815. (Portefeuille.) — 82 pièces, papier.

1758. — Comptes de la capitation des élections; bordereaux; décharges; non-valeurs.

C. 2816. (Portefeuille.) — 99 pièces, papier.

1759. — Comptes de la capitation et des vingtièmes, et états de décharges et non-valeurs : nombreux dégrèvements de cote.

C. 2817. (Portefeuille.) — 87 pièces, papier.

1759-1760. — Comptes de la capitation et des vingtièmes des Élections de Bordeaux et d'Agen; décharges et modérations sur les maisons de la ville de Bordeaux.

C. 2818. (Portefeuille.) — 97 pièces, papier.

1760. — Comptes de la capitation et des vingtièmes de la Généralité, les cinq élections comprises.

C. 2819. (Portefeuille.) — 135 pièces, papier.

1762. — Comptes de la capitation et des vingtièmes de la Généralité; rôles et états de décharges.

C. 2820. (Portefeuille.) — 105 pièces, papier.

1764. — États des particuliers qui demandent des décharges sur leur capitation ou leurs vingtièmes, et notes des subdélégués sur le mérite ou les droits de chacun des demandeurs, par misère reconnue, incendies, fermeture d'usines pendant la guerre, comme la fabrique de minots à Agen, grandes grêles de 1763.

C. 2821. (Portefeuille.) — 107 pièces, papier.

1765. — États des particuliers qui demandent des décharges sur leur capitation ou leurs vingtièmes, notes des subdélégués et observations de l'intendant.

C. 2822. (Carton.) — 80 pièces, papier.

1756-1778. — Décharges et modérations accordées sur la capitation et les vingtièmes pour cause d'incendie : état alphabétique dans lequel on remarque divers incendies de landes. — Décharges pour indemnité d'avances faites lors du désarmement de la province en 1758, pour le transport et la direction sur les arsenaux de l'État, des armes des subdélégations et des hôtels de ville, en exécution des ordres du maréchal de Thomond, Charles O'Brien, comte de Clare; elles sont dirigées sur le Château Trompette.

C. 2823. (Carton.) — 84 pièces, papier.

1778-1785. — Ordonnances de décharges de M. Dupré Saint-Maur, intendant, accordées aux dizainiers de la ville.

C. 2824. (Portefeuille.) — 54 pièces, papier.

1705-1707. — Comptes et états de décharges et non-valeurs de la capitation de l'élection des Lannes, ville de Bayonne, noblesse des sénéchaussées de Tartas, Dax et Saint-Sever, pays de Soule et de Labourt, Bigorre et Marsan.

C. 2825. (Portefeuille.) — 80 pièces, papier.

1708-1709. — Comptes et états de décharges et non valeurs de la capitation de la Généralité.

C. 2826. (Portefeuille.) — 68 pièces, papier.

1709-1711. — Comptes et états de décharges et non-valeurs. « État des habitants des villes de la Généralité, et « paroisses, auxquels on peut faire racheter la capitation, « en exécution de l'édit de septembre 1708, en payant six « fois le montant de leur taxe. » — Ordres pressés de la cour et des ministres Le Pelletier et Desmarets, afin de faire réussir cette opération dite du rachat ou affranchissement de capitation, vainement proposée depuis un an aux particuliers riches, dont les noms sont portés, avec leur domicile, sur une liste dressée par l'intendance.

C. 2827. (Portefeuille.) — 100 pièces, papier.

1766-1768. — Requêtes de capitation relatives à la répartition des corps et communautés, spécialement du corps des quincailliers dont le commerce, composé de plusieurs autres, échappe au classement ou bien est imposé à la fois dans plusieurs corps ; — de la communauté des constructeurs de navires, ruinés depuis la guerre ; — des juifs de la nation avignonaise à Bordeaux, dont les deux tiers se sont dernièrement fixés à Paris, l'autre tiers demandant une décharge proportionnelle.

C. 2828. (Carton.) — 100 pièces, papier.

1769-1773. — Requêtes et mémoires relatifs aux rôles de la capitation. — Rôles des noms et surnoms des habitants de l'Amérique septentrionale auxquels la subsistance est accordée par le Roi à Bordeaux.

C. 2829. (Carton.) — 95 pièces, papier.

1773-1788. — Décharges et modérations sur la capitation de la généralité : fonds d'abonnement et d'impression pour le parlement et l'intendance. — États remis par l'imprimeur des arrêts, ordonnances, mandements, imprimés sur l'ordre de l'intendant et mentionnant : — les lettres-patentes, édits, arrêts du conseil portant à 250 livres la pension des vicaires de paroisses ; — réglementant les écoles académiques de peinture et de sculpture créées dans les principales villes ; — la vente des landes de Capbas et Capsus dans la paroisse de Gaillères-en-Marsan ; — la marque des brebis ; l'aliénation de toutes les landes du domaine dans le pays de Marsan ; — l'importation des grains et farines des États-Unis d'Amérique ; les arrêts du parlement de Bordeaux sur les faillis, les corvées et l'échenillage ; les ordonnances de l'intendant accordant des gratifications aux sieurs Delbos, Lacombe et Martin, pour avoir fait remonter dans le Haut Périgord des grains expédiés de l'étranger dans les ports maritimes, etc.... — Impressions de l'extraordinaire des guerres ; — du bureau de la marine ; du bureau du commandant en chef de la Basse-Guienne. — Correspondance du ministère avec les commandants sur le règlement de ces dépenses.

C. 2830. (Carton.) — 100 pièces, papier.

1770-1773. — Décharges de capitation. — Duverger, veuve J. de Pascal ; Bienassis ; Dupouy ; de Cadarset ; requêtes en modération de taxes dans les paroisses de l'Entre-deux-Mers, dévastées par les gelées et les grêles d'avril et août 1772. — Requête du sieur de Raignac, baron de Frespech, en inscription au rôle de la noblesse ; extrait des pièces qui fondent sa généalogie.

C. 2831. (Carton.) — 114 pièces, papier.

1770-1773. — Décharges de capitation des officiers de justice et finances de l'élection de Bordeaux.

C. 2832. (Carton.) — 117 pièces, papier.

1772-1773. — Décharges de capitation dans la subdélégation de Libourne. — De Carle ; Decazes, Bodin Saint-Laurent ; de Gayrosse ; Fontémoin, etc... — Requêtes en décharge des officiers de justice dont les charges ont été supprimées.

C. 2833. (Carton.) — 102 pièces, papier.

1770-1773. — Décharges de capitation dans l'élection de Périgueux. — Les métayers du ministre d'État Bertin dans les paroisses de Bourdeille, Saint-Paul de Serre, Neuvic, Sourzac et Vallœil, requêtes accompagnées de procès-verbaux de grêle et de gelées ; — Dupin des Lèzes ; dame de Bézenac, épouse du seigneur de Chassarel ; Ducluzel des Brouillaux ; — de Malet de Châtillon, etc... Requêtes en décharge pour double emploi, et certificats de capitation déjà payée au corps par N. de Vaucocour de Villecour, capitaine au régiment de Picardie ; de Roche Cavillac, capitaine au régiment de La Fère, de Rastignac, capitaine de grenadiers au régiment d'Aunis, etc., etc.

C. 2834. (Carton.) — 100 pièces, papier.

1772-1773. — Décharges de la capitation dans la subdélégation de Bergerac.

C. 2835. (Carton.) — 86 pièces, papier.

1772-1773. — Décharges de capitation, et requêtes : — F. de Montozon, chevalier ; F. d'Adhémar, chevalier ; Vaucocour ; dame Jeanne Bertin, veuve du comte de Malet de la Jorie ; dame J. de Ladoire, veuve Dauriac, conseiller au présidial de Périgueux, etc.

SÉRIE C. — INTENDANCE DE BORDEAUX. — CAPITATION. 449

C. 2836. (Portefeuille.) — 106 pièces, papier ; 1 parchemin.

1718-1755. — Correspondance des intendants avec le ministère relative : — aux requêtes en modération adressées au ministre et renvoyées par lui à l'intendant ; — à l'augmentation de traitement des secrétaires de l'intendance chargés de la confection des rôles de capitation, au recouvrement de la capitation du parlement par le payeur des gages de la chancellerie, et non par d'autres, et à l'inscription des avocats sur le rôle de la capitation de la ville, en l'absence d'un rôle spécial que le parlement eût dressé.

C. 2837. (Portefeuille.) — 97 pièces, papier.

1755-1763. — Correspondance des intendants avec le ministère, concernant les élections d'Agen et de Condom ; — les restes à recouvrer de la capitation antérieure ; — l'excédant ; la répartition faite à Agen sur des bases anciennes, à renouveler. — Situation générale des recouvrements dans les cinq élections de la Généralité pour les années 1761 à 1764.

C. 2838. (Portefeuille.) — 128 pièces, papier.

1763-1774. — Décharges et réductions. — Mémoire envoyé par le contrôleur général au maréchal de Richelieu, commandant de la province, sur l'absolue nécessité, vu les circonstances, de faire enregistrer le plus tôt possible, sans remontrances, ni retard par le parlement de Bordeaux, et même avec une sorte d'élan, les nouveaux édits concernant la continuation du doublement de la capitation, et du troisième vingtième établis par l'édit de février 1760 ; l'établissement en 1755 de taxes très-considérables sur les offices, en 1756 du second vingtième, en 1758 d'un don gratuit et d'un impôt de 4 sous pour livre ajouté aux droits sur le tabac, en 1759 d'un emprunt de douze millions de rentes sur les fermes, de l'augmentation de la taxe des ports de lettres, de l'édit de subvention suivi de la suspension des payements des gages des cours de justice, des lettres de change des colonies, des remboursements et pensions de la caisse d'amortissement, et accompagné de la fonte aux monnaies du royaume de partie de la vaisselle d'argent des princes et des particuliers ; le même édit de subvention converti par le Roi, à la demande de la nation, en un simple doublement du vingtième et de la capitation qui devait durer trois années, et que les instances du par-

lement de Paris avaient réduit à la fin de l'année 1761, moyennant quoi l'on avait pu conduire deux campagnes, payer partie des billets des fermes et des rescriptions des receveurs généraux, partie des pensions et des gages dus depuis trois années et conjurer la crise, qui se représente actuellement plus menaçante, quoique le crédit masque encore une bonne partie des besoins de l'État ; d'où la nécessité impérieuse de ne pas porter une dernière atteinte à ce crédit par des remontrances de magistrats qui ne donnent pas de remède à la situation, mais l'empirent ; et représentant enfin de quel poids serait pour les préliminaires de la paix l'accord de tout le monde à supporter cette prorogation de charges, puisque, en 1710, la sensation que fit sur les ennemis le zèle du pays à l'établissement du dixième contribua pour tant de part à la conclusion de la paix.

C. 2839. (Carton.) — 114 pièces, papier.

1770-1773. — Décharges de capitation dans la subdélégation de La Réole, en faveur des syndics des corvées sur les grands chemins de Sauveterre à Saint-Macaire, et de La Réole à Bazas ; — des pères ou mères de miliciens tombés au sort ; des particuliers expropriés pour établissement des routes, etc., et mentionnant les grands débordements de la Garonne des 6 avril 1770, et mai et juin 1773, ainsi que les fièvres putrides qui avaient suivi, sur lesquelles un mémoire médical avait été adressé à l'intendant par le docteur Gergerès, médecin de La Réole, ancien médecin pensionné de la ville du Mas-d'Agenais.

C. 2840. (Carton. — 112 pièces, papier.

1773. — Décharges de capitation dans les subdélégations de La Réole et de Nérac : — Desroziers, médecin ; — Duroy de Lalanne ; — J. de Romas ; — J. de Brassay Josselin, seigneur de La Grange Monrepos, etc.

C. 2841. (Carton.) — 104 pièces, papier.

1773. — Décharges de capitation dans le Condomois. — Dubartas de Cavaignaro ; — la paroisse de Larroumieu ; — les officiers du présidial ; — dame Sereine de Secondat, veuve de Girard Dupleix, lieutenant-général du siège de Condom ; — J. de Larrey, seigneur de Torrebrun ; — Joseph Pons Raulin, conseiller au présidial de Bazas ; — Launet, greffier en chef de la sénéchaussée, chargé du premier travail de tables sur l'état civil des subdélégations

GIRONDE. — SÉRIE C. 57

de Condom et de Nérac, statistique à continuer ; — les médecins Pouget, Bessaguet, Richard et Solès, désignés par leur charité envers les pauvres.

C. 2842. (Carton.) — 100 pièces, papier.

1773-1774. — Décharges et modérations. — Requêtes diverses.

C. 2843. (Carton.) — 100 pièces, papier.

1765-1774. — États de comparaison des forces respectives des communautés des élections d'Agen et Condom, par rapport à la répartition de la capitation des pays de taille réelle, contenant le nombre des cotes de capitation par chaque juridiction.

C. 2844. (Carton.) — 100 pièces, papier.

1774. — Décharges et modérations dans la subdélégation de Bergerac : — dame comtesse d'Abzac ; — le comte de Rastignac ; — J. Malet de la Greyze ; — De Tasque ; — Saulnier de Mondevit ; — Venton de Lapeyrière ; — E. de Bridat ; etc.

[C. 2845. (Carton.) — 103 pièces, papier.

1774. — Décharges et modérations dans l'élection de Périgueux, et subdélégation : — dame veuve du Chastenet; de Borie Porte; — Villeregnier; — Lolanier ; — Bouchier de Nosillac ; — Roux Guilhem ; — les métayers du ministre d'État Bertin ; — Eydely, subdélégué de Périgueux.

C. 2846. (Carton.) — 117 pièces, papier.

1674-1782. — Décharges et modérations de la généralité ; — dame Diane de Meredieu d'Ambois ; — marquise d'Abzac de Mayac ; — Demandes de disjonction, quant au rôle de capitation, par différentes paroisses de l'élection des Lannes.

C. 2847. (Carton.) — 102 pièces papiers.

1771-1774. — Décharges de la capitation de Bordeaux. — Les officiers poissonniers, dont les offices ont été supprimés ; — les constructeurs de vaisseaux, contre ceux de leurs confrères au nombre de douze, qui détenaient d'abord au nom de la communauté, ensuite en leur nom propre, les douze pontons de radoub et de carénage auxquels avaient été réduits, par mesure de police, le nombre bien plus grand primitivement des pontons de constructeurs ; réplique des constructeurs propriétaires ; — les Juifs de la nation portugaise, se recommandant de M. d'Ormesson, ministre, pour faire diminuer leur taux, en considération des pertes considérables qu'ils ont faites dans les banqueroutes des places du Nord, qui viennent d'affliger l'Europe.

C. 2848. (Carton.) — 113 pièces, papier.

1773-1774. — Décharges et modérations dans la ville de Bordeaux.

C. 2849. (Carton.) — 103 pièces, papier.

1773-1774.—Décharges et modérations dans la ville de Bordeaux : — Catherine Vendryès, veuve Bedail ; — les professeurs du collége de Guienne, etc.

C. 2850. (Carton.) — 113 pièces, papier.

1773-1774. — Décharges et modérations sur les corps et communautés de la ville.

C. 2851. (Carton.) — 108 pièces, papier.

1773-1774. — Décharges et modérations dans la ville de Bordeaux pour double emploi : — Trapand de Colombe, garde de la prévôté de l'hôtel du Roi ; Merlet, chevalier, fauconnier du vol pour héron de la grande fauconnerie ; — Ant. de Chambert, chanoine de Saint-André, résignataire en faveur de l'abbé d'Armajan, neveu du seigneur de La Brède ; — Martell, négociant armateur à Bordeaux ; — Les Juifs de la nation portugaise, en nouvelle instance, afin d'obtenir, sur leur requête apostillée du ministre, une diminution dans leur taux, présentant comme cause de diminution le départ et l'établissement à Paris d'un des leurs, et ne parlant pas du nombre considérable de leurs coréligionnaires dernièrement venus à Bordeaux, d'Espagne et de Portugal, dont la plupart sont de très-riches familles : refus de l'intendant, fondé sur les ordres mêmes du ministre, relativement aux décharges et aux modérations.

SÉRIE C. — INTENDANCE DE BORDEAUX. — CAPITATION.

C. 2852. (Carton. — 120 pièces, papier.

1372-1774. — Décharges et modérations dans la ville de Bordeaux.

C. 2853. (Carton.) — 110 pièces, papier.

1774. — Capitation. — État nominatif des habitants de Bordeaux, compris dans chacune des dizaines de la ville.

C. 2854. (Carton. — 109 pièces, papier.

1774. — État nominatif des habitants compris dans chacune des dizaines de la ville.

C. 2855. (Carton.) — 104 pièces, papier.

1774-1775. — État des dizaines du faubourg des Chartrons, à Bordeaux, et demandes de décharges.

C. 2856. (Carton.) — 113 pièces, papier.

1775-1776. — Décharges de capitation dans Bordeaux. — Requêtes de différents corps d'états : marchands d'œuvre, boulangers, droguistes, etc.

C. 2857. (Carton.) — 110 pièces, papier.

1773-1775. — Décharges de capitation dans Bordeaux : — les notaires de la ville.

C. 2858. (Carton.) — 122 pièces, papier.

1774-1775. — Décharges de capitation dans Bordeaux et Libourne : — les procureurs de la cour des Aides ; — les particuliers victimes d'une épizootie, etc.

C. 2859. (Carton.) — 94 pièces, papier.

1774-1775. — Décharges de capitation dans Bordeaux : — les procureurs en Guienne.

C. 2860. (Carton.) — 131 pièces, papier.

1728-1775. — Capitation. — États de comparaison du nombre des cotes de capitation contenues aux rôles anciens de 1728 avec celui des rôles de 1764, et observations des subdélégués sur les causes de la dépopulation et les moyens d'y remédier. La montagne surtout se dépeuple et descend vers les villes ; les petits propriétaires laissent leurs domaines en friche pour se faire fermiers et prendre des métairies à bail. — Diminution de la population par la décadence des mœurs, le mauvais établissement des milices, l'épuisement de santé où le régime des classes dans la marine amène les matelots, dont le dixième à peine revient des arsenaux et de la flotte, et l'élévation des impôts. Le remède proposé est d'encourager par des prix les mariages des laboureurs, retenir les paysans par des concessions de terres vacantes et des prix de labourage, première idée des comices agricoles. — La population diminuée dans toutes les élections de la Généralité, excepté quelques rares contrées, privilégiées en cela par leur position, ou leur commerce. — Le Vitrezay (Gironde), accru en population ; — la subdélégation de Sainte-Foy (Gironde et Dordogne) augmentée dans le nombre de cotes et de feux sur l'année 1725, et dans laquelle cotes et feux sont égaux, chacun y étant propriétaire. — État des impositions royales levées sur les biens ruraux, ou personnes de condition roturière depuis 1729 jusques et y compris 1764, année par année, à Condom. — Subdélégation de Clairac ; — Continence volontaire des ménages bourgeois ; abandon du pays par les fils de fermiers aussitôt qu'ils peuvent se jeter dans les villes ; dans la juridiction de Lacépède, pays de production de vins noirs qui se vendent pour Bayonne et Bordeaux, accroissement de population par immigration. — Observations générales des subdélégués : difficulté de présenter un état juste de comparaison, par l'incorrection des anciens états, et le refus des juridictions de fournir des notes exactes, à cause de la crainte qu'elles éprouvent que ces demandes d'états statistiques ne soient faites que pour les imposer davantage ; même cause à donner à leur refus d'envoyer les états des juments poulinières.

C. 2861. (Carton.) — 131 pièces, papier.

1775. — Décharges de capitation dans le Bazadais et l'Agenais : — d'Andrault, Bourriot, Saint-Espès, Biroat, Raulin, etc. — Tapie de Monteils ; Joseph de Carbonneau, ancien officier d'infanterie, exproprié pour le service des chevaux d'un escadron du régiment de la Reine, envoyé hors d'Agen à cause de l'épizootie.

C. 2862. (Carton.) — 127 pièces, papier.

1775-1776. — Décharges de capitation : — Peyrecave ; — Asdrubal de Ferron d'Ambrux, pour s'être distingué pendant l'épizootie ; — les frère Broca, de Mont-de-Marsan, fermiers de l'évêché d'Aire ; — Depuch de Paillas ; — les filles d'un ancien subdélégué de Marmande, Faget de Cazeaux, surchargées par vengeance depuis la mort de leur père ; — Béchon de Caussade ; — Dunoguès de Castelgaillard ; etc.

C. 2863. (Carton.) — 110 pièces, papier.

1771-1774. — Décharges de capitation dans la subdélégation d'Agen : — Rouliès, notaire et secrétaire des maisons hospitalières ; — veuve Laffitte ; — Sarrasin, subdélégué ; — dame Anne Molié, veuve du sieur de Lafforre ; — demoiselle de Lamartinie ; etc.

C. 2864. (Carton.) — 127 pièces, papier.

1774. — Décharges de capitation dans la subdélégation d'Agen, double emploi, surtaux, erreur ou injustice, services rendus et paternité extraordinaire ; — Jacobet, — Redon la Chapelle, — De Saint-Philip ; — dame veuve de Gironde ; — les conseillers au présidial d'Agen ; etc.

C. 2865. (Carton.) — 128 pièces, papier.

1774-1775. — Décharges de la capitation dans la subdélégation d'Agen : — Martinelli, avocat du Roi au présidial ; etc.

C. 2866. (Carton.) — 105 pièces, papier.

1772-1775. — Décharges de capitation dans les subdélégations de Castillonès, élection de Sarlat, et de Marmande, élection de Condom : — de Baillet de La Brousse, capitaine au régiment Royal-Étranger, cavalerie ; — Lantourme ; — P. De Roger ; — J. Baune, juge de Lauzun ; — J. de La Bastide, chevalier ; etc.

C. 2867. (Carton.) — 102 pièces, papier.

1772-1775. — Décharges de capitation dans la subdélégation de Villeneuve-d'Agen (Lot-et-Garonne).

C. 2868. (Carton.) — 83 pièces, papier.

1772-1775. — Décharges de capitation dans les subdélégations de Clairac et de Monflanquin (Lot-et-Garonne).

C. 2869. (Carton.) — 130 pièces, papier.

1777. — Décharges de capitation et des vingtièmes, pour pertes causées par l'épizootie de 1775, dans les juridictions de l'Agenais, pour : — Sulpice de Molier ; — J. de Ladevèze ; — Dupuy de Labarte ; — Lesage ; — Réchon, sieur de Lisante ; — dame de Pendariès, veuve de J. Thieux de Lasserre ; — Régère ; — de Béon de Verduzan ; etc.

C. 2870. (Carton.) — 130 pièces, papier.

1777. — Décharges de la capitation et des vingtièmes dans les élections de Condom et de Périgueux, et requêtes en moins imposé pour travaux de ponts, chemins et églises, exécutés par les paroisses. — Requêtes en décharge par les particuliers : Fourichon de la Bardonie de Croze, gendarme de la garde du Roi ; — veuve Charles Salvandy, avocat au Parlement ; — Dumirail ; — Balguerie ; — dame de Gout de Redon, etc... — La paroisse d'Anesse (Dordogne) demandant un rôle d'office, à cause de la mauvaise répartition du rôle par collecteurs, qui n'atteint que les pauvres.

C. 2871. (Carton.) — 108 pièces, papier.

1777-1778. — Décharges de capitation dans l'élection de Périgueux.

C. 2872. (Carton.) — 127 pièces, papier ; 1 sceau.

1769-1777. — Décharges de capitation dans la subdélégation de Bazas, mentionnant la grande inondation des 6 et 7 avril 1770 : — de Sabla ; — Baulos ; — Bourriot ; — de Gascq ; — Latapy ; — Saige ; etc.

C. 2873. (Carton.) — 125 pièces, papier ; 1 plan.

1772. — Décharges de capitation dans la subdélégation de Condom : Pélanque Béraud ; — P. de Goyon, etc... — Plan du palais de justice de Condom en 1770.

SÉRIE C. — INTENDANCE DE BORDEAUX. — CAPITATION. 453

C. 2874. (Carton.) — 106 pièces, papier.

1772. — Décharges de capitation dans la subdélégation de La Réole (Gironde). — Requêtes des syndics de corvées sur les grands chemins.

C. 2875. — (Carton.) — 106 pièces, papier.

1772-1780. — Décharges de capitation dans la subdélégation de Nérac (Lot-et-Garonne), et rôles de la capitation des paroisses de la juridiction de Rauzan (Gironde).

C. 2876. (Carton.) — 117 pièces, papier.

1761-1773. — États du revenu des paroisses et statistique des feux, bestiaux, quantité et qualité des terres, adressés à l'intendance par les subdélégués de Condom, Clairac, Sainte-Foy et quelques paroisses des élections de Périgueux et de Sarlat. — Mémoire sur l'élection de Condom, pour les productions de la terre et le commerce.

C. 2877. (Carton.) — 103 pièces, papier.

1776-1779. — Décharges de capitation dans la subdélégation de Bazas : dame de Lavaissière, veuve du sieur de Lalande de Tastes ; — dame de Quincarnon ; — dame de Ruat, veuve du sieur de Larroque ; — de Malescot ; — Arnozan ; — Drilhole de Bellefont ; — Giresse ; — l'abbé de Mac-Carty, seigneur de Lévignac ; — Monck d'Uzer de Lansac, marquis de Roquetaillade ; etc.

C. 2878. (Carton.) — 109 pièces, papier.

1777-1781. — Décharges de capitation dans les subdélégations de Condom, Bergerac, Nontron, Sarlat et les Lannes.

C. 2879. (Carton.) — 108 pièces, papier.

1779-1782. — Décharges de capitation dans la subdélégation de Sarlat : — de Ségur ; — Pourquéry de la Bigotie ; — Frescarode ; — de la Grange ; — Bretenet; etc.

C. 2880. (Carton.) — 121 pièces, papier.

1779-1782. — Décharges de capitation dans les subdélégations de Libourne, Sainte-Foy et les Lannes.

C. 2881. (Carton.) — 124 pièces, papier.

1780-1782. — Décharges de capitation dans les subdélégations de Périgueux, Nontron, Montpon, Sainte-Foy, Libourne et Bazas.

C. 2882. (Carton.) — 130 pièces, papier.

1780-1782. — Décharges de capitation dans les subdélégations de Casteljaloux et de Sarlat ; — Requête en inscription au rôle de la noblesse avec inventaire de titres, par J. D'Anduran de Duburga ; — décharges pour surtaxe : Corbian de Cruzel ; — de Selves ; — de Brons de Cézerac ; — de Péchagut de Constantin, et nombreuses décharges de paysans et laboureurs.

C. 2883. (Carton.) — 100 pièces, papier.

1780-1782. — Décharges de capitation dans la subdélégation de La Réole : — Aubert de Laroche ; — le comte de Marcellus ; — le sieur de Verdo ; — la dame de Lafforre ; — les communautés de Saint-Sève, Monclar d'Agenais, et Oradour, juridiction de Penne, en instance contre leurs cotisateurs.

C. 2884. (Carton.) — 98 pièces, papier.

1781-1782. — Décharges de capitation dans la subdélégation de La Réole : — de Fournet ; — de Baritault ; — Lavaissière de Loubens ; — de Bayne ; — Dunoguès de Castelgaillard ; — de Bayle ; — la communauté de Saint-Sauveur, juridiction de Meilhan, contre ses cotisateurs.

C. 2885. (Carton.) — 117 pièces, papier.

1780-1782. — Décharges de capitation dans les subdélégations diverses ; — Dupouy de Bonnegarde ; — d'Escailles ; — La Chausse de l'Ile de Ménoire ; — Cazeaux de Sentex ; — dame Baleste, veuve Marichon ; — Desplas de Lachambaudie ; — Delas de Valandé ; — Dubouzet ; —

Dartigolles ; De Capot ; le général de brigade Galibert ; — de Larrard de Villary ; — l'abbé Laborde, curé de Corneilhan (Gers) élection de Condom, réclamant deux quittances en blanc, de décharge de capitation pour être par lui selon l'accord fait avec l'intendant, données en prime aux deux laboureurs de sa paroisse qui se seront le plus signalés pendant l'année dans les travaux des champs ; le même curé distribuant d'ailleurs annuellement, et à ses frais, deux prix de dix écus chacun pour l'encouragement de l'agriculture.

C. 2886. (Carton.) — 115 pièces, papier.

1782. — Décharges de capitation dans les subdélégations diverses : — Darbo de Bidau, lieutenant aux bandes Gramontoises ; — de Casmont ; — Laborde, capitaine au régiment de Labour ; — Dupleix de Cadignan ; — le chevalier de Lacrosse, lieutenant de MM. les maréchaux de France, habitant de Meillan (Lot-et-Garonne), « il a un fils, « enseigne de vaisseau, actuellement employé dans l'*Argo-« naute*, qui est aux Indes-Orientales. » (Ce sera l'amiral Lacrosse.)

C. 2887. (Carton.) — 109 pièces, papier.

1782. — Décharges de capitation : — De Vassal ; — dame Lalande de Berriols, veuve de Valentin de la Ferrière, lieutenant général des armées d'Espagne ; — J. de Cours de Thomazeau ; — de Menou ; — dame d'Albert de Laval, veuve de B. de Bonal ; — d'Escorailles ; etc.

C. 2888. (Carton.) — 130 pièces, papier.

1778-1779. — Décharges de capitation dans la subdélégation de Sainte-Foy ; — Ségur ; — Peyferrier, — de Filhol ; — Desgranges Roboam ; — de Mesion d'Artigues ; — dame veuve de Carles ; etc.

C. 2889. (Carton.) — 123 pièces, papier.

1778-1779. — Décharges de capitation dans la subdélégation de Sarlat : — Lescure ; — Devaux de Lacaux ; — Lamouroux de la Poujade de la Roque ; — Francès ; — de Vassal de Constantin de Gisson ; — de Grezel ; — de Gimel de Neyrat ; — de Vassal Lacapelle ; — de Vassal de Sineuil ; — de Montalembert ; etc.

C. 2890. (Carton.) — 115 pièces, papier, 1 sceau.

1778-1779. — Décharges de capitation dans les subdélégations de Libourne, La Réole, Saint-Sever, Marmande et Thiviers ; — dame de Canolle de Lescours, veuve du sieur Dumas de Fonbrange ; — de Piis ; — Desnanots ; — Anglade, syndic de l'hôpital de La Réole ; — Dupoy Monicane ; — dame de Bahus ; — P. de Basquiat ; — de Laborde ; — Darbins de Larigade ; attestation de noblesse par les syndics généraux du pays de Béarn ; — les habitants de la paroisse de Monbusq, à cause de l'absence pour le service du Roi de presque tous les chefs de famille de la localité, envoyés au nombre de quarante-cinq pour ce seul village aux arsenaux et à la flotte ; — Ventout de la Serve des Lizardies ; — Cros des Peyrières ; — de Forest ; — Reynier ; etc.

C. 2891. (Carton.) — 100 pièces, papier.

1757-1773. — Dépenses imputées sur l'excédant de la capitation : correspondance des intendants avec les ministres de Boulongne, d'Ormesson, Bertin, concernant : — les fonds nécessaires pour parvenir à découvrir les marches et assemblées des prédicants et religionnaires, et à s'assurer de leurs différents correspondants en Périgord ; — les décharges annuelles accordées aux subdélégués, qui s'habituent à regarder ces grâces comme un traitement fixe et des honoraires certains ; — les frais de la mission d'un garde du corps en Guienne, relative à l'attentat commis sur la personne du Roi (1760) ; — le traitement de trois mille livres attribué à MM. Desmarets, naturaliste, pour ses services d'inspection d'agriculture dans la Généralité ; — le doublement de la capitation et la vérification de la recette du vingtième.

C. 2892. (Carton.) — 101 pièces, papier.

1773-1774. — Décharges de capitation dans la ville de Bordeaux.

C. 2893. (Carton.) — 111 pièces, papier.

1774-1782. — Décharges de la capitation dans la ville et banlieue de Bordeaux.

C. 2894. (Carton.) — 117 pièces, papier.

1782-1785. — Décharges de capitation accordées

par les intendants Dupré Saint-Maur et de Néville : — Ségur Montazeau ; — de Bergeron ; — d'Abzac ; — de Montlezun ; — dame de Barberin ; — de La Cipierre ; — dame Seguin, de La Réole ; — Bayle de Bellisle ; — le comte de La Douze ; — Molinier de Beauregard.

C. 2895. (Carton.) — 117 pièces, papier.

1768-1773. — Projets de rôles, et rôles de la capitation des officiers du sénéchal de Bayonne et de l'amirauté de cette ville et des nobles du pays de Labour ; — des juifs portugais établis au bourg Saint-Esprit ; — des Bastilles de Marsan ; — des officiers du présidial de Dax et des sénéchaux de Tartas et de Saint-Sever ; — des nobles de l'élection des Lannes. — Correspondance entre l'intendance et la subdélégation sur les droits d'entrée des vins des fonctionnaires à Bayonne.

C. 2896. (Carton.) — 114 pièces, papier.

1773-1783. — Décharges de capitation. — Etienne Vernet aîné, sculpteur de l'Académie de peinture, sculpture et architecture de Bordeaux, refusant d'être capité sur le rôle des maîtres menuisiers ; — P. Roi, lieutenant pompier de la ville ; — Moracin, subdélégué de Bayonne ; — Fr. Billate, anobli par des lettres patentes de juillet 1722 ; ses héritiers déchargés du rôle des bourgeois ; — Pereire, syndic de la nation portugaise des juifs de Bayonne, demandeur en décharge pour sa nation de Bordeaux, sur la capitation extrême à laquelle elle a été portée.

C. 2897. (Carton.) — 101 pièces, papier.

1735-1783. — Capitation. — Ordonnances des intendants, lettres et mémoires en demandes de décharge, état des changements de domicile, circulaires aux subdélégués, etc. Décisions prises par l'intendant, sur : — les requêtes des agents généraux du clergé en faveur des chantres et musiciens de la cathédrale ; — la disproportion injuste de la capitation de l'élection de Sarlat entre les paroisses qui avoisinent le chef-lieu et celles qui en sont plus éloignées ; — les représentations de la ville de Sainte-Foy sur la différence de son taux avec ce qu'il devrait être en vertu de l'acte arbitral de 1614, réglant le taux des juridictions de l'Agenais.

C. 2898. (Carton.) — 100 pièces, papier.

1783-1785. — Décharges de la capitation et projets d'ordonnances pour impositions extraordinaires, ou réimpositions, concernant : — le sieur de Biré, écuyer ; — le sieur de Valette Marquemont ; — la ville de La Réole ; — le sieur Lagarde, fermier d'un bien communal de la paroisse de Cantenac (Gironde), ruiné par la grande inondation de 1783 ; — la paroisse de Virelade pour l'achat d'une maison de poste ; — la reconstruction du présidial de Bazas ; — les frais d'un procès à engager par la paroisse de Mensignac (Dordogne) contre le chapitre Saint-Front de Périgueux, en refus de supporter une augmentation de dîme, etc.

C. 2899. (Carton.) — 83 pièces, papier; 1 parchemin.

1777-1789. — Correspondance des intendants Dupré Saint-Maur et de Néville avec les ministres Bertin, Joly de Fleury et Necker, concernant : — l'application des anciennes ordonnances relatives aux pères de dix enfants vivants ; — la lutte habituelle entre les corporations et les particuliers fugitifs du rôle de la communauté pour se faire inscrire à celui des bourgeois de la ville ; — l'application à la Généralité de Bordeaux, vu le nombre extraordinaire des non-valeurs, d'un arrêt du Conseil, en date du 8 avril 1727, servant de base aux receveurs des impositions de Paris, en vertu duquel les propriétaires et principaux locataires sont déclarés garants et responsables de la capitation de leurs locataires déménagés, s'ils n'ont eu la précaution d'informer les receveurs, un mois à l'avance, du départ de ces locataires ; — l'exemption de la capitation en faveur des Suisses, en vertu du traité de 1516, et de tout impôt personnel, en faveur des officiers suisses et de leurs veuves, en vertu du traité de 1713 ; — la taxation par l'intendant des sujets de la troupe de tragédie et d'opéra de Bordeaux, et tableaux de cette troupe, donnant les noms des artistes de la tragédie, du chant et de la danse.

C. 2900. (Carton.) — 108 pièces, papier.

1781-1785. — Décharges de capitation : — dame veuve de Brach ; — Dufaure Lajarte ; — de Fonteneil, chanoine de Saint-André ; — Piffon de Martouret, écuyer ; — de Gères de Vaquey ; — de Lauvergnac ; — Daniel, écuyer ; — dame de Rougerie ; — Michel de Villebois, commissaire gnéral de la marine ; de Faulong (inventaire de ses titres de noblesse à partir de 1549); — le baron de Martin du Tyrac; etc.

C. 2901. (Carton.) — 100 pièces, papier.

1787-1789. — Décharges de capitation pour la ville de Bordeaux. — Le sieur Michel de Villebois, demandant son inscription au rôle de la noblesse; inventaire de titres; de Rolland, Goyon de Verduzan, dame veuve Lynch, dame marquise d'Alphonse, de Gombaud, de l'Église, de Gaufreteau, de Massip, etc.

C. 2902. (Carton.) — 116 pièces, papier.

1759-1762. — Décharges de capitation pour la ville de Bordeaux. — Les mesureurs de sel; les marchands d'œuvre; les boulangers de la ville contre ceux des faubourgs voulant se détacher de la corporation, etc. — De Verteuil Maleret, de Meyère, Dauzats, Delas de la Gruère, de Chambre, Rocante, premier lieutenant des volontaires de Guyenne, etc.

C. 2903. (Carton.) — 110 pièces, papier.

1763-1767. — Décharges de capitation. — Ordonnances expédiées sur le fonds de la capitation. — État des ouvrages à faire sur les routes. — Faction d'office du rôle des boulangers maîtres et non maîtres. — Traitement de l'ingénieur en chef des ponts-et-chaussées, M. de Saint-André; remise de capitation au sieur Assolant, subdélégué de l'intendant à Agen, etc.

C. 2904. (Carton.) — 101 pièces, papier.

1767-1789. — Dépenses sur la capitation et décharges. — Port de Violle à Cadillac; pont de Gironde; chemin des abords de Sarlat; ouverture du chemin de Cadillac à Saint-Macaire. — Lettres ministérielles autorisant des modérations en faveur de : — la ville de Bayonne; le sieur Gervais de Roquepiquet; le sieur de Masparault; le chevalier de Boché; le duc de Bouillon, tacitement exempté du payement de ses vingtièmes pour ses possessions en France, spécialement le duché d'Albret; l'état-major de la citadelle de Bayonne, qu'on prétendait soumettre aux vingtièmes pour la jouissance et le produit des fossés et glacis des fortifications, plantés en jardin maraîcher; le duc de Penthièvre, pour ses possessions dans la ville de Dax; le sieur Carrière, bourgeois de Puycalvary; etc.

C. 2905. (Carton.) — 120 pièces, papier.

1774-1781. — Décharges de capitations. — L'abbé de Camiran; Nadau de Richemont; dame Marie Moret, veuve du chevalier de Bazimon, peintre de la ville de Bordeaux, un des fondateurs de l'Académie; Duranthon, avocat; etc.

C. 2906. (Carton.) — 113 pièces, papier.

1781-1789. — Décharges de capitation. — Veuve de Bizol, Américaine; Peixotto, négociant; de Lamontagne; Moequart, greffier en chef des présentations du parlement; demoiselle Lainé; etc.

C. 2907. (Carton.) — 137 pièces, papier.

1784-1789. — Décharges de capitation. — Delaroze; Dupuy, chirurgien; de Maledent; Seigneuret, conseiller au sénéchal; Rombault; Dubuisson; Cajus; Montaigne; Brivazac; Thilorier; Villepreux de Saint-Germain; de Chillaud des Fieux; etc. — Nécessité reconnue de refondre les rôles de l'élection de Sarlat, qui ne sont plus en rapport avec la vérité et la justice.

C. 2908. (Carton.) — 80 pièces, papier.

1774-1789. — Décharges de capitation. — P. de Cadquin, de Belliquet; dame de Biré; dame Marie de Chaperon, veuve du sieur Joseph Saige; Elie Gay de Noblac, avocat; etc.

C. 2909. (Carton.) — 120 pièces, papier.

1784-1789. — Décharges de capitation. — Maillat, capitaine de dragons des colonies; le chevalier Fauché; P. Duniagou, sieur de Labourdette, ancien secrétaire du maréchal de Saxe et ancien jurat du Mas-d'Agenais; Journu; Dapouy; etc.

C. 2910. (Carton.) — 65 pièces, papier.

1789. — Décharges de capitation dans la subdélégation de La Réole. — Garaudey de Frimont, avocat; — Dunoguès de Casseuil; de Birazel; Lavaissière de Loubens;

SÉRIE C. — INTENDANCE DE BORDEAUX. — CAPITATION.

de Tamaignan; dame Douluzon, veuve de Meslon; de Casmont; dame Delpech, veuve du sieur de Poullain; Etienne Béchade, ancien gendarme de la garde, à Duras, etc.

C. 2911. (Carton.) — 81 pièces, papier.

1768-1774. — Décharges de la capitation dans la subdélégation de Sarlat. — J. de Brous de Laromiguière; Ant. de Selves; P. de Girard; La Capelle de Vassal; de Monzie de Fenis; de Grezel; dame de Cadrieu, veuve de Mirandol; de Carbonier-Marsac, etc.

C. 2912. (Registre.) — Grand in-folio relié en parchemin, 108 feuillets papier.

1769. — Requêtes de capitation. — Les acteurs du théâtre de Bordeaux; Baour, négociant; Beck, chef d'orchestre; Brivazac, commandant du château du Hâ; Béchade, conseiller à la cour des Aides; dame de Brassier, veuve de Budos; Du Devant; Darche; d'Orfeuille; Gintrac, libraire; de Giac; Gonsonné; Jaure, etc.

C. 2913. (Portefeuille.) — 100 pièces, papier.

1777. — Décharges de capitation dans l'élection de Sarlat.—H. de Beyne; Lansade; de Courson; Carrière de Montvert; de Laurière; Bugnet, avocat; etc. — Requêtes des syndics des communautés et paroisses.

C. 2914. (Portefeuille.) — 97 pièces, papier.

1777-1778. — Décharges de capitation dans l'élection de Condom. — Requêtes des syndics des paroisses en décharge pour inondation, grêles, gelées excessives, etc.

C. 2915. (Portefeuille.) — 101 pièces, papier.

1774. — Capitation. — Rôles des corporations de la ville de Bordeaux. — Rôles de la nation portugaise de la ville.

C. 2916. — (Portefeuille.) — 106 pièces, papier.

1742-1760. — Capitation. — Rôles de la noblesse des cinq élections de la Généralité, pour l'année 1760. — Requêtes en décharge des syndics des corporations.

C. 2917. (Portefeuille.) — 105 pièces, papier.

1768-1765. — États des cotes de la capitation dans les subdélégations de la province.

C. 2918. (Portefeuille.) — 82 pièces, papier.

1768-1777. — États des cotes de capitation. — Correspondance sur l'excédant des fonds de la capitation. — Observations des subdélégués sur l'augmentation ou la diminution de la classe des laboureurs depuis vingt cinq ans; accrue dans la subdélégation de Marmande, à cause du défrichement des terres incultes en bon terrain, de l'exemption de la milice et du surhaussement de la valeur des denrées; stationnaire dans celle de La Réole; diminuée dans celle de Condom par l'émigration sur les villes. — États des cotes des juridictions et paroisses par nombre de laboureurs, vignerons, artisans, commerçants, gens de justice, bourgeois, gentilshommes et militaires, et chiffre de la population dans chaque paroisse. — Demandes en décharge, et requêtes diverses sur la capitation : — le sieur Lalande, en inscription au rôle de la noblesse, comme fils de conseiller au parlement, conseiller lui-même, et confirmé en mars 1769 dans l'érection en marquisat de la terre de Castelmoron, dernièrement acquise par lui; la juridiction de Dunes; la communauté de Puymirol; le sieur de Fumel de Roquebrune; la demoiselle Catherine de Caze, fille de noble Antoine de Caze, écuyer, receveur général des tabacs, en inscription au rôle de la noblesse de Tonneins-dessus (Lot-et-Garonne), et présentant à l'appui le contrat de mariage de son père, fils de J. de Caze, écuyer, conseiller du Roi au bailliage de Forez, à Moutbrison, et de dame Marie Constant.

C. 2919. (Portefeuille.) — 66 pièces, papier.

1768-1769. — Capitation de l'élection des Lannes. — Tableau dressé par le subdélégué : capitation des juifs de la nation portugaise établie au Bourg-Saint-Esprit. — Pays de Marsan : états de la capitation noble et roturière. — Bastilles de Marsan; impositions extraordinaires. — Dax, Labour, Bayonne, Saint-Jean-de-Luz; états de la répartition de la capitation générale et des ordonnances de décharge rendues sur la capitation de 1768.

C. 2920. (Portefeuille.) — 75 pièces, papier.

1784-1777. — Décharges de capitation dans les pays de taille réelle, Élections d'Agen et de Condom. — État de comparaison des forces respectives des paroisses des deux élections, par rapport au répartement de la capitation.

C. 2921. (Portefeuille.) — 100 pièces, papier.

1748. — Décharges de capitation dans l'élection de Sarlat.

C. 2922. (Portefeuille.) — 100 pièces, papier.

1758-1773. — Décharges de capitation dans l'élection de Sarlat et dans partie de celle de Bordeaux.

C. 2923. (Portefeuille.) — 100 pièces, papier.

1773. — Décharges de capitation dans l'élection de Bordeaux.

C. 2924. (Portefeuille.) — 94 pièces, papier.

1772-1786. — Décharges de capitation dans l'élection de Bordeaux.

C. 2925. (Portefeuille.) — 119 pièces, papier.

1748-1749. — Capitation. — Projet d'aliénation des quatre sols pour livre de la capitation des bourgeois de la ville de Bordeaux, remboursable en dix années, et arrêt du Conseil autorisant la jurade à emprunter par contrat de constitution de rente, à raison du denier vingt, jusqu'à la somme de cent-vingt mille livres pour être employée, avec celle de quatre cent mille, qu'on espère tirer du renouvellement des baux de l'octroi, à racheter au Roi les quatre sols pour livre nouvellement mis sur la capitation taillable de la ville. — Correspondance du ministre Machault, auteur des deux nouveaux sols pour livre, avec Tourny, pressant l'intendant de réussir dans l'entreprise de faire racheter aux villes l'imposition des quatre sols, et à la ville de Bordeaux, sinon l'imposition pour toute la Généralité, au moins celle de la ville et banlieue ; mémoires et délibérations des villes.

C. 2926. (Portefeuille.) — 124 pièces, papier.

1757-1784. — Correspondance de Tourny avec le ministre, le contrôleur-général et les receveurs des tailles, au sujet du rachat des quatre sols pour livre de la capitation par la ville de Bordeaux. — Subdélégations de Dax et de Bayonne ; requêtes en décharges et réductions sur la capitation noble et non noble du pays.

C. 2927. (Carton.) — 130 pièces, papier; 2 en parchemin.

1695-1775. — Capitation. — Déclarations sur l'établissement, ordonnances sur l'application, mandements des intendants sur la répartition de la capitation générale. — Lettres du Conseil et mémoires sur les dépenses que le fonds de la capitation devra supporter. — Déclaration du Roi, donnée à Versailles le 12 mars 1701, sur la généralisation de la capitation, dernièrement établie seulement pour quelques années ; établissement nécessité par la guerre de succession d'Espagne, que les puissances imposent à la France. — Règlements divers ; la levée de la capitation des corporations et métiers commise aux bayles et aux syndics ; la ville de Bordeaux, divisée en six recettes de perception, ayant les mêmes circonscriptions que les six régiments de milice bourgeoise ; les fermiers des biens nobles tenus de n'acquitter leurs fermes envers leurs maîtres que sur le vu des quittances de capitation payée par ceux-ci ; les maîtres, logeurs et propriétaires rendus responsables de la capitation de leurs paysans, valets ou locataires ; les abus de la capitation noble, à laquelle se font inscrire nombre de nobles prétendus. — États de dépenses prises sur le fonds de la capitation ; arrestation et emprisonnement de quelques personnes de Ribérac (avril 1774) ameutées contre le transport des grains ; frais de séjour et fournitures pour le régiment de Royal-Vaisseaux, employé aux travaux de la grande route de Bordeaux à Bayonne par les Grandes Landes ; prime de sauvetage au sieur P. Lassain, maître charron de Gaulejac en Sarladais (Dordogne), pour avoir sauvé trois jeunes filles en danger de se noyer ; autre prime accordée à Jeanne Boudet, pour avoir sauvé un homme qui se noyait dans la Dordogne, à Saint-Julien-de-Lampon.

SÉRIE C. — INTENDANCE DE BORDEAUX. — VINGTIÈMES.

C. 2928. (Carton.) — 110 pièces, papier.

1777-1779. — Capitation et demandes en décharge de la subdélégation d'Agen.

C. 2929. (Carton.) — 89 pièces, papier.

1780-1781. — Capitation et demandes en décharge de la subdélégation d'Agen.

C. 2930. (Carton.) — 91 pièces, papier.

1780-1782. — Capitation et demandes en décharge des subdélégations de Casteljaloux, Castillonnès, La Réole, Condom et Périgueux.

C. 2931. (Portefeuille.) — 117 pièces, papier.

1765-1769. — Capitation des pays de taille réelle. — États de translation de domicile.

C. 2932. Portefeuille.) — 106 pièces, papier.

1773-1776. — Capitation des pays de taille réelle. — États et mémoires de translation de domicile.

C. 2933. (Portefeuille.) — 103 pièces, papier.

1775-1776. — Rôles de la noblesse, des privilégiés et des officiers de justice dans l'Élection des Lannes et pays réunis et dans celles de Périgueux, Condom et Bordeaux. — États de répartition de la capitation des corps et communautés de la ville de Bordeaux.

C. 2934. (Portefeuille.) — 96 pièces, papier.

1776. — Rôles de la noblesse et des privilégiés dans les Élections d'Agen, de Sarlat et de Bordeaux. — Renseignements sur la capitation spéciale des officiers retirés du service. — Extraits de rôles, etc.

C. 2935. (Carton.) — 128 pièces, papier.

1763-1764. — Vingtièmes. — États de comparaison de la taille et du vingtième dans les Élections de taille réelle, pour arriver au dénombrement estimatif des biens du royaume. — Observations des subdélégués sur la réformation des rôles et les opérations de révision ordonnées. — Proportion du dixième avec la taille, onze sols six deniers pour livre ; de la capitation avec la taille, dix sols et demi. — Projet de répartir le vingtième au marc la livre de la taille. — Mémoire de Pélauque, procureur à l'Élection de Condom, en réponse aux questions de l'intendant sur cet objet. — Lettre de l'intendant au secrétaire de l'intendance, concernant la réforme de la taille et son ajustement à la capitation et au vingtième, et subsidiairement le démembrement de l'intendance d'Auch, le projet de réunir à celle de Bordeaux la subdélégation de Bayonne, et l'installation dans les Landes des Canadiens expatriés.

C. 2936. (Carton.) — 113 pièces, papier.

1764-1765. — Rôles de comparaison, demandes d'indemnités par les employés chargés du travail, et état général des gratifications.

C. 2937. (Portefeuille.) — 26 rôles, papier.

1763. — « États de comparaison de la taille et du vingtième, pour servir à la réformation des rôles des deux impositions et établir la conformité dans les noms des redevables et les articles de chacun desdits rôles » dans les juridictions de Penne, Montagut, Quissac, Le Castilla, La Cenne, Sauvignac, Laugnac, Cours, Bajamont, Monsempron, Caudesaygues, Valence, Espalais, Castelmoron, Frégimont, Sainte-Foy, Miramont, dans l'Élection d'Agen, et Laroque Fimarcon et Rignac, dans l'Élection de Condom.

C. 2938. (Carton.) — 100 pièces, papier.

1750-1751. — Ordonnances de décharge sur les vingtièmes, signées de Tourny, pour l'Élection de Périgueux.

C. 2939. (Carton.) — 100 pièces, papier.

1754. — Ordonnances de décharge sur les vingtièmes, signées de Tourny, pour l'Élection de Périgueux.

C. 2940. (Carton.) — 100 pièces, papier.

1754. — Ordonnances de décharge sur les vingtièmes pour l'Élection de Périgueux, représentant les indemnités de terrain occupé par l'établissement des nouveaux chemins de Brantôme à Larochebeaucourt, Nontron à Brantôme, Périgueux à Angoulême, Sarlat à Limoges, etc.

C. 2941. (Carton.) — 118 pièces, papier.

1754. — Ordonnances de décharge sur les vingtièmes pour les Élections de Périgueux et d'Agen. — État des décharges à accorder, pour vacance de location, sur le rôle du vingtième des maisons de Périgueux. — Modérations sur le vingtième noble d'Agen en faveur des sieurs de La Roche de Fontenelle; Pascault de Poléon; Darribeau; marquis de Sonneville de Sansac; de Vidal; de Carbonnac; de Laroque de Mons; Fr. Fournié, docteur en médecine; de Gombaud Razac; marquise de Jaucourt; marquis de Fumel, etc.

C. 2942. (Carton.) — 100 pièces, papier.

1754. — Ordonnances de décharge sur les vingtièmes pour l'Élection d'Agen; — Brezetz, avocat; Béchade de Laborde, bourgeois; Beylard, chevalier de l'ordre militaire; Partarrieu; de Couloussac, subdélégué, etc.

C. 2943. (Carton.) — 107 pièces, papier.

1754. — Ordonnances de décharge sur les vingtièmes pour l'Élection d'Agen, en indemnité de perte de terrain faite par les particuliers, à l'occasion de l'établissement des chemins de Sainte-Foy à Sauveterre, à La Sauvetat, à La Gardonnelle, etc.

C. 2944. (Carton.) — 118 pièces, papier.

1754. — Ordonnances de décharge sur le vingtième d'industrie pour l'Élection d'Agen.

C. 2945. (Carton.) — 108 pièces, papier.

1766-1767. — Ordonnances de décharge sur les vingtièmes pour l'Élection d'Agen.

C. 2946. (Carton.) — 107 pièces, papier.

1767. — Ordonnances de décharge sur les vingtièmes pour l'Élection d'Agen.

C. 2947. (Carton.) — 117 pièces, papier.

1767. — Ordonnances de décharge sur les vingtièmes pour l'Élection d'Agen.

C. 2948. (Carton.) — 107 pièces, papier.

1767. — Ordonnances de décharge sur les vingtièmes pour l'Élection d'Agen; — Goulfié de La Jonquière; P. de Passelaigue; Drouillet de Sigalas; Daudebar de Peyrelongue; Laliman, conseiller au Parlement; Roquette, avocat, etc.

C. 2949. (Carton.) — 105 pièces, papier.

1767. — Ordonnances de décharge sur les vingtièmes pour l'Élection d'Agen, subdélégations de Montflanquin et de Marmande.

C. 2950. (Carton.) — 104 pièces, papier.

1767-1768. — Ordonnances de décharge sur les vingtièmes pour l'Élection d'Agen; — dame de Paloque, veuve du sieur de Persy; dame de Vassal de Varang; Dalba, etc.

SÉRIE C. — INTENDANCE DE BORDEAUX. — VINGTIÈMES.

C. 2951. (Carton.) — 104 pièces, papier.

1767-1768. — Ordonnances de décharge sur les vingtièmes pour l'Élection d'Agen.

C. 2952. (Carton.) — 100 pièces, papier.

1751-1755. — Ordonnances de décharge sur les vingtièmes pour les Élections d'Agen et de Périgueux ; — marquis d'Allemans ; Fr. de Tessure ; de Galibert ; de Melet ; dame de Fontanieu, veuve du marquis de Belsunce ; de La Cropte, etc.

C. 2953. (Carton.) — 100 pièces, papier.

1755. — Ordonnances de décharge sur les vingtièmes pour l'Élection de Périgueux.

C. 2954. (Carton.) — 100 pièces, papier.

1755. — Ordonnances de décharge sur les vingtièmes pour l'Élection d'Agen ; — Bel, sieur de La Tour ; dame de Neymet de Montmarès ; de Vassal de La Tourette ; demoiselles Ledrier, fugitives pour cause de religion, représentées par leur fermier.

C. 2955. (Carton.) — 100 pièces, papier.

1755. — Ordonnances de décharge sur les vingtièmes pour l'Élection de Périgueux.

C. 2956. (Carton.) — 100 pièces, papier.

1755. — Ordonnances de décharge sur les vingtièmes pour les Élections de Périgueux et d'Agen.

C. 2957. (Carton.) — 99 pièces, papier.

1755-1757. — Ordonnances de décharge sur les vingtièmes pour les Élections de Périgueux et d'Agen.

C. 2958. (Carton.) — 115 pièces, papier.

1758. — Ordonnances de décharge sur les vingtièmes pour l'Élection de Bordeaux. — Ville de Bordeaux et faubourgs : — de Marbotin ; Darche ; Auger ; la dame Jeanne Lartigue, veuve du sieur de Montesquieu, président au Parlement ; André Lespiaut, prêtre ; dame de Gascq, veuve du sieur de Gombaud, etc.

C. 2959. (Carton.) — 115 pièces, papier.

1758. — Ordonnances de décharge sur les vingtièmes pour l'Élection de Bordeaux. — Ville de Bordeaux et faubourgs : — F. de Giac ; Mel de Saint-Céran ; marquise de Thorigny ; Bayle ; Martiny ; dame Tartas, veuve Bécheau de Ferrachat, etc.

C. 2960. (Carton.) — 115 pièces, papier.

1758. — Ordonnances de décharge sur les vingtièmes pour la ville de Bordeaux : — Colingwood ; Duvigier ; Fonfrède ; Brivazac ; Verthamon ; Marbotin ; de Louppes ; de Grissac ; Brochon, avocat ; Labat de Savignac, propriétaires de maisons vacantes.

C. 2961. (Carton.) — 111 pièces, papier.

1758. — Ordonnances de décharge sur le vingtième des maisons de la ville de Bordeaux : — Denis, écuyer ; B. de Gensac ; Ferbos ; Tenet ; Labottière ; Alary, architecte ; Letellier ; de Mignot ; de Galatheau ; du Lyon ; de Gobineau, etc.

C. 2962. (Carton.) — 106 pièces, papier.

1758. — Ordonnance de décharge sur le vingtième des maisons de la ville de Bordeaux ; — dame Esther de Clarmont, veuve du sieur Marsolier de Montaud ; Hustin, directeur de la faïencerie, etc.

C. 2963. (Carton.) — 100 pièces, papier.

1758. — Ordonnances de décharge sur le vingtième

des maisons de la ville de Bordeaux : — Batailly de Saint-Vincent ; Feger ; Descors, prêtre, aumônier du Roi de Pologne, et chapelain de la chapelle de Jean Girard ; Vandamme ; de Gères ; de Boucaut ; de Filhol ; Dumoulin, avocat, etc.

C. 2964. (Carton.) — 112 pièces, papier.

1756-1758. — Ordonnances de décharge sur les vingtièmes d'industrie et le vingtième taillable de l'Élection d'Agen dans les juridictions d'Agen, Aiguillon, Marmande, Sainte-Livrade, Clairac, Montpezat, Monségur, Tournon, etc.

C. 2965. (Carton.) — 112 pièces, papier.

1756-1768. — Ordonnances de décharge sur les vingtièmes d'industrie et le vingtième taillable de l'Élection d'Agen dans les juridictions de Port-Sainte-Marie, Tonneins, Puymirol, Puycalvary, Penne, Monflanquin, Castillonès, etc.

C. 2966. (Carton.) — 112 pièces, papier.

1756-1758. — Ordonnances de décharge sur les vingtièmes d'industrie et le vingtième taillable de l'Élection d'Agen dans les juridictions de Lafitte, Madaillan, Saint-Vincent, Montaut, etc. — Décharges de vingtièmes en faveur des particuliers à indemniser pour les travaux temporaires du chemin de Sainte-Foy à La Sauvetat.

C. 2967. (Carton.) — 112 pièces, papier.

1556-1558. — Ordonnances de décharge sur les vingtièmes d'industrie dans l'Élection d'Agen, et les juridictions de Virazel, Fumel, Roquecor, etc.

C. 2968. (Carton.) — 112 pièces, papier.

1758-1759. — Ordonnances de décharge sur les vingtièmes dans l'Élection d'Agen, pour perte de terrain occupé par le tracé du nouveau chemin de Bordeaux à Toulouse, doubles emplois, surtaxe, etc. — De Redon ; de Cours de Pauliac ; de Vassal Montviel ; de Carbonniers de La Capelle Biron ; de Raygniac ; Pierre Gérault de Langalerie ; marquis de Rabar ; de La Mothe de Chamborest ; de Ferrand d'Albaret ; de La Ville de Lacépède ; de Saint-Gilis, etc.

C. 2969. (Carton.) — 127 pièces, papier.

1759-1760. — Ordonnances de décharge sur les vingtièmes dans l'Élection d'Agen : — Fr. de Chataignier ; Lugagnac ; Dulion ; de Lascrozes ; de Béchon de Caussade ; de Salomon du Vaqué ; J. de Morny du Sendat ; de Touchard ; de Montberoux ; de Baroussel, etc.

C. 2970. (Carton.) — 114 pièces, papier.

1759-1760. — Ordonnances de décharge sur les vingtièmes dans l'Élection d'Agen : — de Maydieu ; Dupuch Monbreton ; de Geneste de Malromé ; — de Cours de Thomazeau ; de Caubeyran ; de Salledebru ; dame de Cautagrel, épouse d'Ant. de Faure ; de Galibert ; comte d'Hautefort Vandré, etc.

C. 2971. (Carton.) — 125 pièces, papier.

1749-1763. — Ordonnances de décharge sur les vingtièmes des fonds nobles dans l'Élection de Bordeaux : — dame veuve du seigneur de Pontac-Belhade ; de Favars ; de Noblet ; de Maignol ; de Geslin ; de Paty ; de Biran ; de Reymond ; Bachelier de Castetja ; de Laburthe ; de Bacalan ; de Pommiès ; Bodin de Saint-Laurent ; de Champvallon ; de Fayard ; de Sabourin ; de Barbot ; Saige ; de Pichard ; de Roussanes ; de Mondénard ; de Fresquet ; Dabadie ; de Gères ; de Rubran ; de Chatillon, brigadier des armées ; de Saint-Angel ; de Carrière, prêtre et conseiller au Parlement ; de Tennet ; de Biré ; Donissan de Citran ; dame veuve de Tascher ; de Voisin ; de Calmeilh ; de Tamaignan ; de Fonteneil ; de Bavolier ; Jarriges ; de Restié ; de Lacombe ; de Lafaurie ; de Piffon ; Desaugiers, etc.

C. 2972. (Carton.) — 125 pièces, papier.

1763-1764. — Ordonnances de décharge sur les vingtièmes des fonds nobles dans l'Élection de Bordeaux : — Simar de Pitray de Carles ; de Gombaut ; de Lur Saluces, Delisle Motmans ; de Rollye ; de Brassier ; marquis de Termes; O'Connor; du Rousset; Dumantet; comtesse de Goas; de Joas; de Gestas, etc.

C. 2973. (Carton.) — 122 pièces, papier.

1763-1764. — Ordonnances de décharge sur les vingtièmes des fonds nobles de l'Élection de Bordeaux : — Saint-Angel; Comet; Clinet de Molas; Piffon Martouret; Trapaud de Colombe; Lynch; de Chabrier de Lagarde; Trigant de Boisset; Dexmier; de Rabar; de Frugie; de Foubrauges, etc.

C. 2974. (Carton.) — 101 pièces, papier.

1764-1765. — Ordonnances de décharge sur les vingtièmes des fonds nobles de l'Élection de Bordeaux, pour biens en friche ou sans culture : — Branne de Cours; de Conilly; comte de Preyssac de Montezun, seigneur de Cadillac; de Reymond de Sallegourde; Verthamon Saint-Fort; de Ballode; de Lescours; Dillon de Terrefort, etc.

C. 2975. — (Carton.) — 104 pièces, papier.

1763. — Ordonnances de décharge sur le vingtième d'industrie de la ville de Bordeaux.

C. 2976. — (Carton.) — 102 pièces, papier.

1763. — Ordonnances de décharge sur le vingtième d'industrie de la ville de Bordeaux.

C. 2977. (Carton.) — 113 pièces, papier.

1763. — Ordonnances de décharge sur le vingtième d'industrie de la ville de Bordeaux.

C. 2978. (Carton.) — 101 pièces, papier.

1763. — Ordonnances de décharge sur le vingtième d'industrie de la ville de Bordeaux.

C. 2979. (Carton.) — 81 pièces, papier.

1763. — Ordonnances de décharge sur le vingtième d'industrie de la ville de Bordeaux.

C. 2980. (Carton.) — 100 pièces, papier.

1766. — Ordonnances de décharge sur le vingtième taillable de l'Élection de Condom, subdélégations de Marmande, Bazas, Sainte-Foy, Libourne et La Réole : — Turgan; Bulle; Drilholle; Béchade, juge de Foucaude; Augan de Caban; de Bacalan; de Mauriac; de La Jaunie; Roudier: de Létang; de Roboam; Duplessis; de Soyre, etc.

C. 2981. (Carton.) — 100 pièces, papier.

1766. — Ordonnances de décharge sur le vingtième taillable de l'Élection de Condom, subdélégation de Marmande, Bazas et La Réole : — Desnanots; Faurès du Délisse; Bentzman de Chrétien; de Casmont; Ezémar; Bourriot; Dunoguès; de Rayne; de Loménie; de Sabla; de Marbotin, etc.

C. 2982. (Carton.) — 100 pièces, papier.

1766. — Ordonnances de décharge sur le vingtième taillable de l'Élection de Condom, subdélégation de Bazas : — Delas de La Gravère; Boniol; de Comarque; Lajonquière de Noyers; de Basterrate; Labrouche; Darnaud de Pierron, etc.

C. 2983. (Carton.) — 100 pièces, papier.

1766-1767. — Ordonnances de décharge sur le vingtième taillable de l'Élection de Condom, subdélégations de Bazas, Libourne et Sainte-Foy : — marquis de Lansac; de Saubet; de Rogier; de Piis; de Cazenove; de Thays de Sébie; — de Fortassies; Dezeymeris; de Tauzia; Pellé de La Bridoire; Barbarin, etc.

C. 2984. (Carton.) — 108 pièces, papier.

1767-1768. — Ordonnances de décharge sur le

vingtième taillable de l'Élection de Condom, subdélégations de Bazas, Marmande et La Réole : — de Pardiac de Cantel ; Garaudey de Frimon; Saint-Guirons; Baulos ; de Forcade; de Cabanieux ; Saige ; de Junca ; de Pic de Père; Dupouy, etc.

C. 2985. (Carton.) — 100 pièces, papier.

1764-1767. — Ordonnances de décharge sur le vingtième taillable de l'Élection de Sarlat.

C. 2986. (Carton.) — 100 pièces, papier.

1767. — Ordonnances de décharge sur le vingtième taillable de l'Élection de Sarlat.

C. 2987. (Carton.) — 100 pièces, papier.

1767. — Ordonnances de décharge sur le vingtième taillable de l'Élection de Sarlat.

C. 2988. (Carton.) — 100 pièces, papier.

1767. — Ordonnances de décharge sur le vingtième taillable de l'Élection de Sarlat, subdélégation de Bergerac.

C. 2989. (Carton.) — 100 pièces, papier.

1767. — Ordonnances de décharge sur le vingtième taillable de l'Élection de Sarlat, subdélégation de Sarlat.

C. 2990. (Carton.) — 100 pièces, papier.

1767. — Ordonnances de décharge sur le vingtième taillable de l'Élection de Sarlat, subdélégation de Sarlat.

C. 2991. (Carton.) — 106 pièces, papier.

1767-1768. — Ordonnances de décharge sur le vingtième taillable de l'Élection de Sarlat.

C. 2992. (Carton.) — 100 pièces, papier.

1757. — Ordonnances de décharge sur le vingtième d'industrie des corporations de Bordeaux.

C. 2993. (Carton.) — 100 pièces, papier.

1757. — Ordonnances de décharge sur le vingtième d'industrie des corporations de Bordeaux.

C. 2994. (Carton.) — 100 pièces, papier.

1757. — Ordonnances de décharge sur le vingtième d'industrie des corporations de Bordeaux.

C. 2995. (Carton.) — 100 pièces, papier.

1757. — Ordonnances de décharge sur le vingtième d'industrie des villes et paroisses de l'Élection de Bordeaux.

C. 2996. (Carton.) — 100 pièces, papier.

1757. — Ordonnances de décharge sur le vingtième d'industrie des villes et paroisses de l'Élection de Bordeaux.

C. 2997. (Carton.) — 84 pièces, papier.

1757. — Ordonnances de décharge sur le vingtième d'industrie des villes et paroisses de l'Élection de Bordeaux.

C. 2998. (Carton.) — 100 pièces, papier.

1766. — Ordonnances de décharge sur les vingtièmes bourgeois de l'Élection et subdélégation de Bordeaux : — Mendès ; Delmestre; Brauwer ; Guestier; Roborel de Climens ; de Labat, etc.

C. 2999. (Carton.) — 108 pièces, papier.

1766-1768. — Ordonnances de décharge sur les vingtièmes bourgeois de l'Élection de Bordeaux ; — de Montfayon ; Delbreil ; Villaris; Paul Romain de Sèze, curé de la paroisse Saint-Sulpice d'Izon; Jean de Sèze, avocat, etc.

SÉRIE C. — INTENDANCE DE BORDEAUX. — VINGTIÈMES. 465

C. 3000. (Carton.) — 107 pièces, papier.

1766-1768. — Ordonnances de décharge sur les vingtièmes bourgeois de l'élection de Bordeaux : — de Lourde Martignac ; Patrice Mittchel, écuyer ; Martial Dumas, avocat, et chargé des affaires de France près S. M. sicilienne ; dame Walsh, veuve de Clarcke, négociant ; Comet, avocat ; de Guénet, etc.

C. 3001. (Carton.) — 107 pièces, papier.

1766-1768. — Ordonnances de décharge sur les vingtièmes bourgeois de l'élection de Bordeaux : — de Fonteneil ; de Sentout, de Fauchier ; Bonnin de Lignières ; veuve P. Berquin, capitaine de navire, etc.

C. 3002. (Carton.) — 110 pièces, papier.

1766-1768. — Ordonnances de décharge sur les vingtièmes bourgeois de l'élection de Bordeaux : — Both ; de Flavigny ; Hustin ; Salcedo ; Balguerie ; de Rolland ; de Sarreau, etc.

C. 3003. (Carton.) — 104 pièces, papier.

1766-1768. — Ordonnances de décharge sur les vingtièmes bourgeois de l'élection de Bordeaux : — Daubry de Paimorin Boisson ; Bernada ; de Pic de Blays ; Claude Drouyn, ancien officier d'infanterie ; Hansen de Lielendahl, etc.

C. 3004. (Carton.) — 100 pièces, papier.

1768-1771. — Décharges sur le vingtième taillable, élection de Condom : — Dame veuve de Chanbourg ; Vignes ; Cazenove ; de Coquet ; de Bécais ; Tamisey ; de Saint-Mars, etc.

C. 3005. (Carton.) — 100 pièces, papier.

1771. — Décharges sur le vingtième taillable, élection de Condom : — L. de Gavin d'Esguillon, seigneur de Cabos ; Delisle Descazelles ; Lalyman, conseiller au parlement ; de Bayle ; Delpech de Sans ; Lugeol ; les Pénitents gris de la juridiction de Touars, subdélégation de Nérac ; de Feyton ; de Roquaing, etc.

GIRONDE. — SÉRIE C.

C. 3006. (Carton.) — 120 pièces, papier.

1771-1772. — Décharges sur le vingtième taillable, élection de Condom : — Samazenith ; Lafaurie de Monbadon ; Boudias ; marquis de Jaucourt ; Daugeard de Virazel, etc.

C. 3007. (Carton.) — 120 pièces, papier.

1771-1772. — Décharges sur le vingtième taillable, élection de Condom : — Sacriste ; Drouillet de Sigalas ; du Sourbé ; Villemor ; de Lamy ; Balguerie ; dame Tardieu de Redon-Monplaisir ; dame d'Estaffort ; Mouchez, syndic des gens de mer au Mas d'Agenais.

C. 3008. (Carton.) — 120 pièces, papier.

1768-1773. — Décharges sur le vingtième taillable de l'élection de Périgueux : — Naud de Buade ; Vayre de Blanzac ; Tavert de Lansade ; Lavergne, ancien officier ; Alary ; Valleton de Carrieux ; Lambert de la Léotardie ; Pourquéry ; Prévost de Cours ; Trarieux ; Picard de la Coste, etc.

C. 3009. (Carton.) — 105 pièces, papier.

1773. — Décharges sur le vingtième taillable de l'élection de Périgueux : — De Fraigneau ; Burète ; Mestre des Farsies ; Thouron ; Eyma ; Brauwers ; Maulmont de Fayolle, etc.

C. 3010. (Carton.) — 105 pièces, papier.

1773. — Décharges sur le vingtième taillable de l'élection de Périgueux : — Reclus, etc.

C. 3011. (Carton.) — 100 pièces, papier.

1773-1774. — Décharges sur le vingtième taillable de l'élection de Périgueux : — Monfumat de Marembaut ; Desmaisons ; Marmontel ; de Labroue ; Dupouy ; Plazanet ; Villepontoux, etc.

C. 3012. (Carton.) — 100 pièces, papier.

1772. — Décharges sur le vingtième taillable de l'élec-

59

tion de Périgueux : — de Masfraud ; Dartensec; dame de Nanteuil ; de Poulard ; Fontaine, ingénieur géographe, habitant de la paroisse Saint-Martin de Frugie; etc.

C. 3013. (Carton.) — 100 pièces, papier.

1772. — Décharges sur le vingtième taillable de l'élection de Périgueux : — Prévost de la Rolphie; Eydely de Belair ; Delage de Fargeas, etc.

C. 3014. (Carton.) — 114 pièces, papier.

1772. — Décharges sur le vingtième taillable de l'élection de Périgueux : — Soullier, avocat; Montozon ; de Rochon ; Cellerier; Sudrie de Laporte ; Dauriac ; de Gaulier ; Magne de Vauriat, etc.

C. 3015. (Carton.) — 114 pièces, papier.

1772. — Décharges sur le vingtième taillable de l'élection de Périgueux : — de Guilhem de Puylagarde ; de Lignac ; Cros de Rochefort ; Rolle ; Dufraisse ; Choury de Laugerie, etc.

C. 3016. (Portefeuille.) — 115 pièces, papier.

1744-1751. — Correspondance des intendants avec le ministère, concernant : — le montant des rôles du dixième de la généralité arrêtés pour 1744 en augmentation de deux cent mille livres sur l'année précédente ; — l'état de situation du dixième de l'industrie depuis son établissement ; — les instructions sur la levée du dixième, et la manière dont sont dressés les rôles par des écrivains publics illettrés, qui vont attendre à la porte des villes les paysans syndics venus pour les faire dresser à des gens plus capables ; — l'assujettissement à cet impôt du revenu des octrois des villes, dont Tourny propose l'exemption, en considération de ce qu'en bonne justice les revenus patrimoniaux des villes devraient seuls y être soumis ; — l'application de la taxe du vingtième aux rentes dues au clergé et aux hôpitaux par les propriétaires fonciers chargés d'en retenir le montant en déduction du payement de ces rentes ; — la perception du vingtième ordonnée également sur les biens des princes du sang; — l'état des rentes ecclésiastiques dues dans la Généralité, présenté en forme de tableaux contenant les noms des couvents, églises, hôpitaux, la date du titre de création des rentes, et leur montant ; — l'estimation, demandée par le ministre, des biens, baux, fermes et revenus des officiers du parlement, en regard de la cote à laquelle chacun a été imposé. — Copie du bail des fruits et revenus du comté d'Agenais et Condomois consenti par la duchesse d'Aiguillon en 1735.

C. 3017. (Carton.) — 115 pièces, papier.

1752-1754. — Correspondance des Intendants Tourny et Boutin avec le ministère concernant : — les dépenses de la refonte des rôles des élections d'Agen et de Condom ; — la nécessité d'abaisser le taux d'établissement des revenus des terres dans les subdélégations de Villeneuve et de Marmande, qui a été forcé la première année du vingtième ; — État des rentes ecclésiastiques des élections d'Agen et de Sarlat. — Correspondance du duc d'Aiguillon avec l'intendant au sujet de la rigueur des percepteurs du vingtième et l'élévation des impôts.

C. 3018. (Portefeuille.) — 110 pièces, papier.

1754-1756. — Correspondance de Tourny avec le ministère concernant : — les rentes ecclésiastiques ; — la demande de l'hôpital Saint-André de Bordeaux d'être déchargé du vingtième sur la rente viagère qu'il paye à M. de Grissac, pour prix d'une maison ; — l'interprétation et l'application des ordonnances sur l'établissement du vingtième : trois lettres du contrôleur général en forme d'instruction, et traitant à fond la matière ; — l'augmentation obtenue de 34,000 livres sur la noblesse, et de 18,000 sur les bourgeois de Bordeaux, par Mel de Saint-Céran, receveur du vingtième, au moyen de la refonte des rôles dont l'intendant paraît désapprouver la rigueur ; réclamations contre l'élévation de leur taux par les nobles : De Bergeron, capitaine garde-côte à Lamarque, en Médoc ; Lamothe Guérin ; de Ségur Cabanac ; de Pineau ; dame de Fontainieu de Belsunce, marquise de Castelmoron ; de Virazel ; le chevalier de Belestat, commandeur de l'ordre de Malte, etc, etc. — État des biens fonds des officiers du parlement, accompagné de notes très-détaillées sur les biens, les revenus et la fortune de chacun. — État des principaux articles des biens fonds de la noblesse de Bordeaux qui sont susceptibles d'une augmentation considérable sur leur cote. — État des étrangers possesseurs de biens fonds dans la ville et banlieue de Bordeaux : Clarck, Jacob Albert, Quin, Vanderbranden, Both, Zacan Harmensen, Hansen, Clock, Angely, Smith, Meyère, Dillon, Collingwood, White, Lynch, Boyd, Walsh, Brauwer, Cat, Popp, Toebaert, etc. — Lettre de M. de Tourny au contrôleur général sur la néces-

SÉRIE C. — INTENDANCE DE BORDEAUX. — VINGTIÈMES. 467

sité, vu la gêne universelle, de ne pas imposer à la rigueur les biens fonds des officiers du parlement dont la fortune à tous est presque dérangée par la mauvaise récolte précédente et les croisières de l'ennemi ; le contrôleur général ordonne de passer outre.

C. 3019. (Portefeuille.) — 102 pièces, papier; 8 imprimés.

1756-1757. — États de comparaison du vingtième de 1754 avec celui de 1756 : augmentation de quatre-vingt mille livres, dont soixante-treize, seulement sur l'élection de Bordeaux. — État de décharges sur le rôle des biens fonds de la noblesse de Bordeaux. — Demandes de modération formées par : J. de la Tour ; de Ségur, prévôt de Paris ; Barbeguière ; Baulos ; de Melet ; d'Agès ; de Lusignan ; de Fontenille ; Gruau, bourgeois de Saint-Julien, en Médoc, etc. — La compagnie des Indes achète les vins bordelais pendant la guerre avec l'Angleterre. — Déclaration du Roi et arrêts du conseil prorogeant la levée du premier vingtième établi en 1749 et établissant un second jusqu'à la paix : opposition des parlements ; enregistrement de la déclaration par celui de Bordeaux, sous réserve de remontrances à adresser au Roi ; remontrances (imprimées) des États de Bretagne, des parlements de Navarre, Paris, Rouen, Toulouse, de la cour des comptes de Provence, et copie d'un article de la *Gazette de Hollande*, de la réponse du Roi au parlement de Paris, et d'une lettre du contrôleur général au parlement de Toulouse. — Correspondance de M. de Tourny avec le ministère, sur la difficulté d'obtenir des déclarations exactes de la part des propriétaires, et les ménagements à garder par l'intendant envers le parlement, qui le rend responsable de l'augmentation des impôts.

C. 3020. (Portefeuille.) — 104 pièces, papier.

1757-1767. — Comptes de la levée des vingtièmes dans la Généralité.

C. 3021. (Carton.) — 129 pièces, papier.

1755-1765. — Comptes et bordereaux du vingtième.

C. 3022. (Carton.) — 105 pièces, papier.

1752-1770. — Décharges et modérations. — Condomois et Bazadais. — Marquis de Flamarens ; de Marbotin ; de Rayne ; de Forcade ; Faucher, commissaire des guerres comte de Preyssac ; chevalier de Sérigny ; Boissonade ; de Richemont ; Brondeau ; Pérignon ; Dufourc de Bergès ; de La Guette, ingénieur des ponts et chaussées, etc.

C. 3023. (Carton.) — 124 pièces, papier.

1770-1772. — Décharges et modérations. — Condomois. — De la Chapelle ; de Malelières ; de Cambon ; de Bazignan ; de Métivier ; d'Espagne ; de Berrac ; du Bouzet ; Lassus, etc.

C. 3024. (Carton.) — 120 pièces, papier.

1772. — Décharges et modérations. — Bazadais. — Bourriot ; d'Arnaud ; de Tauzia ; de Lacrosse ; de Léglise ; Durège ; Dezeimeris, etc.

C. 3025. (Carton.) — 122 pièces, papier.

1772. — Décharges et modérations. — Condomois. — Lavaissière ; Rolle de Balissac ; Daubry de Puymorin ; Marcellus ; de Bacalan ; de Carle ; Fortassies ; etc. Nombreuses requêtes de laboureurs et artisans, qui signent presque tous leur nom.

C. 3026. (Carton.) — 117 pièces, papier.

1772. — Décharges et modérations. — Condomois. — Dame Massas de Laroque, veuve Chicq, Dabadie de Lurbe ; d'Imbert ; Tourtonde, chevalier de Saint-Louis ; de Bridiers Villemor ; Doazan ; Caucabanc de Baudignan ; de Lagonde ; d'Esparbès ; Capot Feuillide, etc.

C. 3027. (Carton.) — 117 pièces, papier.

1772. — Décharges et modérations. — Condomois. - De Barrau ; Dudrot de Capdebosc ; de Perricot ; Pinderiès de Lasserre ; de Galard ; de Claret de Goyon, etc.

C. 3028. (Carton.) — 117 pièces, papier.

1772-1775. — Décharges et modérations. — Condomois. — Mibielle ; Dubartas de Cavaignan ; de Gripière ; de Melet, etc. — Comptes rendus des vingtièmes. — Lettres de félicitations adressées à M. de Clugny sur sa translation à l'intendance de Bordeaux.

C. 3029. (Carton.) — 119 pièces, papier.

1775-1776. — Correspondance de M. de Clugny avec le directeur des vingtièmes, les subdélégués, et le secrétaire de l'intendance, sur diverses matières relatives à la capitation ou aux vingtièmes, et concernant : — les impositions des communes ; — les dépôts de mendiants, remplis de pauvres, et la forme d'engagement dans les compagnies d'ouvriers provinciaux, des mendiants qui voudraient obtenir du travail ; — le rôle d'imposition des maîtres boulangers, trop élevé eu égard à leurs bénéfices, tels qu'ils résultent de la taxe du pain établie après la reconstitution en 1772 de la maîtrise ; — la création sur les fonds de l'impôt d'un emploi de médecin provincial qui se transporterait partout où se déclarerait une épidémie, et surtout dans les campagnes, généralement dépourvues de médecins ; — le remboursement des bestiaux perdus lors de l'épizootie des Landes ; — les chargements et arrivages de farines étrangères, (un convoi de quatre vaisseaux de Boston dans le port de Bordeaux, cherchant, en échange de leurs farines, à acheter secrètement des fusils, sabres et poudre à tirer) ; — un mémoire adressé au contrôleur général Turgot, par le présidial de Condom sur les raisons qui s'opposent à la réunion dont on le menace et à son absorption dans celui d'Agen, etc.

C. 3030. (Carton.) — 100 pièces, papier.

1762-1770. — États de décharges des vingtièmes ; comptes et bordereaux de situation.

C. 3031. (Carton.) — 100 pièces, papier.

1770. — Décharges sur les vingtièmes. — Condomois. — Héron de Malaussane ; baron de Trenquelléon ; Saint-Marc ; Gombault de Lagrange ; de Pichard ; de Martin Marcellus ; de Monestay, marquis de Chazeron ; de Madaillan, etc.

C. 3032. (Carton.) — 100 pièces, papier.

1770. — Décharges sur les vingtièmes. — Condomois. — De Lasseran ; Ladevèze ; Ladevèze de Charrin ; marquis de Lussan ; Molinis ; de Barrau de Benque ; Monlezun de Lartigue, etc.

C. 3033. (Carton.) — 100 pièces, papier.

1770. — Décharges sur les vingtièmes. — Condomois. — Sauvage de Tallien ; Jurquet ; Delbreil ; Champetier ; Boileau, capitaine d'artillerie, etc.

C. 3034. (Carton.) — 112 pièces, papier.

1770-1771. — Décharges sur les vingtièmes. — Officiers du parlement et de la cour des Aides.

C. 3035. (Carton.) — 91 pièces, papier ; 3 parchemins.

1769-1774. — Comptes et rôles des vingtièmes. — États de décharges et non valeurs.

C. 3036 (Carton.) — 124 pièces, papier.

1750-1786. — Rôles des vingtièmes des paroisses de Mouliet, Saint-Pey de Castets, Pujols, Doulezun, Villemartin, Civrac (Gironde.) — Bordereaux des comptes de la capitation en 1755. — Comptes du vingtième des années 1785 et 1786. — Correspondance de l'intendance avec la recette générale sur le service de la trésorerie.

C. 3037. (Carton.) — 16 pièces, papier.

1756-1763. — État de comparaison de la taille et du vingtième pour servir à la réformation des rôles des deux impositions : le rapport de la taille au vingtième est de 20 sols à 11, 12, 13 et 15 sols, suivant les localités ; en 1763, la capitation n'est que de la moitié de la taille.

C. 3038. (Carton.) — 123 pièces, papier.

1768-1769. — Décharges sur la capitation, la taille et les vingtièmes.

C. 3039. (Carton.) — 114 pièces, papier.

1769-1770. — Décharges sur la capitation et les vingtièmes.

C. 3040. (Carton.) — 126 pièces, papier.

1770-1771. — Décharges sur la capitation et les vingtièmes.

SÉRIE C. — INTENDANCE DE BORDEAUX. — VINGTIÈMES. 469

C. 3041. (Carton.) — 120 pièces, papier.

1771. — Décharges sur la capitation et les vingtièmes.

C. 3042. (Carton.) — 119 pièces, papier.

1771. — Décharges sur les vingtièmes.

C. 3043. (Carton.) — 100 pièces, papier; 5 parchemins.

1741-1758. — Bordereaux des comptes du dixième et des premier et second vingtièmes. — Correspondance entre l'intendance et le ministère sur l'accélération des rentrées et la vérification des comptes des receveurs.

C. 3044. (Carton.) — 124 pièces, papier; 6 parchemins.

1760-1789. — Suppression de la subvention générale établie par l'édit de septembre 1759, qui est remplacée par un second vingtième, avec augmentation de la capitation et remontrances du parlement de Bordeaux. Édit prorogeant la perception du second vingtième jusqu'en 1781. — Mémoire sur les décharges et modérations; — suppression dans les campagnes des vingtièmes d'industrie. — Formulaires, instructions, observations et réponses aux questions posées au contrôleur général, par les percepteurs et contrôleurs du vingtième, sur quelques parties de ce service.

C. 3045. (Carton.) — 100 pièces, papier.

1735-1756. — Décharges d'impositions : capitation et vingtièmes.

C. 3046. (Carton.) — 100 pièces, papier.

1756-1758. — Décharges et modérations : — de Vassal de Rignac; Gillet de Lacaze; de Roche; de Bars de Lafaurie; de Roux de Brianson; Touchebœuf, comte de Clermont; de Montmirail; de Lamole; de Valette Montbrun; de Blancher; dame de Sivrac de Vivans, etc. — Minutes des rôles du vingtième des biens dans les paroisses de Saint-Loubès, Beychac, Caillau, Cameyrac, Yvrac et Saint-Sulpice (Gironde).

C. 3047. (Carton.) — 99 pièces, papier.

1758. — Décharges sur les vingtièmes. — Élection de Sarlat. — De Javel de Giversac; de la Brousse, incendié par la foudre et totale destruction du château de Meysès, bâtiments, papiers, terriers et titres; dame Foucaud de Ponthriant, veuve du vicomte de Rastignac, incendiée deux fois en trois ans à Puch et à Cabiral, élections de Périgueux et de Sarlat; de Bideren; de Selves; de Bacalan Montbazillac; les commissaires des chemins en construction; les propriétaires de terrains pris pour établissement des routes; Escot, bourgeois de Bergerac; de Lascoux, médecin des pauvres.

C. 3048. (Carton.) — 100 pièces, papier.

1758. — Décharges sur les vingtièmes. — Élection de Sarlat : — les commissaires des chemins; le seigneur de Cassius; le seigneur de Lestang, etc.

C. 3049. (Carton.) — 100 pièces, papier.

1758. — Décharges sur les vingtièmes. — Élection de Sarlat : — Daussel de Goyon; Grézis; de Geneste, etc.

C. 3050. (Carton.) — 103 pièces, papier.

1758-1763. — Décharges sur les vingtièmes. — Élections de Sarlat et de Bordeaux : — les syndics et les commissaires des chemins; les sieurs Fonfrède; Dumas; Clamageran; Frian; Chaudruc, etc. — Décharges sur le vingtième d'industrie.

C. 3051. (Carton.) — 103 pièces, papier.

1763. — Décharges sur le vingtième d'industrie, élection de Bordeaux.

C. 3052. (Carton.) — 119 pièces, papier.

1719-1789. — Décharges sur les vingtièmes, et rôles de paroisses: requêtes de particuliers. — Rôles de répartition sur la comté de Castres et de Portets (Gironde) d'une imposition complémentaire; rôles du vingtième, en 1757, des paroisses de Bouliac, La Tresne, Cénac, Sadirac, Camblancs, Meynac, Cambes, Quinsac ; Arès, Lège, Andernos, Gujan, Audenge, Biganos, le Teich, Cortes, la Teste, Mios et le Barp, Cazeaux (Gironde.) — État du nombre des fusils des paroisses de la subdélégation de Bordeaux, non comprises celles de la lande, qui ont été transportés, par ordre de l'intendant, au Château-Trompette.

C. 3053. (Carton.) — 100 pièces, papier.

1769. — Décharges sur les vingtièmes, pour incendies, gelées, grêles et inondations. — États de pères de dix enfants ; décisions du conseil.

C. 3054. (Carton.) — 103 pièces, papier.

1769-1770. — Décharges sur les vingtièmes, pour pertes par cas fortuit.

C. 3055. (Carton.) — 80 pièces, papier.

1766-1773. — Décharges sur les vingtièmes : — d'Orthez ; Daulède ; de Giac ; Bertin, comtesse de Jumilhac ; J. de Captal ; Lagrange-Chancel ; Ducluzel de la Chabrerie ; Duhousset ; Froidefond de Laborde ; Faure de Rochefort ; La Roche-Aymon ; La Marthonie ; Lavanière de Champniers ; Meredieu ; Sirven, — Astruc ; Cajus ; Guestier ; Gernon ; Patrice Mitchell ; Saintours ; Vaucocour ; Trigant ; — Desroziers, médecin ; Yriarte ; de Guérin ; de Vernejoul ; Vivie ; — Béchade ; de Lacrosse ; de Mayence ; Pardiac ; Pic de Blais de La Mirandole ; de Pindray ; — Beaune, juge de Lauzun ; Descorailles ; Digeon ; — de Lauzerte ; l'abbé Desbiey ; Brulx ; Clinet ; de Maillet ; Grenier ; Cazemayor de Gestas ; O'Connor ; Drouyn ; de Menon ; Darrieu de Maisonneuve.

C. 3056. (Carton.) — 80 pièces, papier.

1771-1774. — États des requêtes des particuliers ou contribuables en demande de décharge ou modération de leurs vingtièmes : — le chevalier d'Adhémar ; Duret de Gillet ; Desmoulins de Leybardie ; Fontainemarie ; de Brochard ; de Chantal ; Biré ; — Cassini de Mazet ; de la Roche Geneste ; de Régis ; de Rabar ; Saint-Gilis ; — vicomte de Broglio ; de Gombault ; de Joigny Bellebrune ; — Vergniaud ; de Monzie ; de Gontaut de Lauzerte ; Calmette ; Bodin de Saint-Laurent ; de Coëtlogon de Gobineau ; de Lescours ; le ministre d'État Bertin ; l'abbé Bertin ; Belleyme ; le chevalier de Lavalette, etc.

C. 3057. (Portefeuille.) — 116 pièces, papier.

1710-1712. — Dixième. — Correspondance de l'intendant avec le ministre concernant : — la levée du dixième ; — le compte rendu hebdomadaire à exiger des receveurs ; — la création d'un tribunal pour juger les contestations ; — les instructions pour les contrôleurs, receveurs, et les subdélégués. — Questionnaire des intendants et décisions du contrôleur général.

C. 3058. (Portefeuille.) — 115 pièces, papier.

1712-1714. — Les biens ecclésiastiques dispensés, les établissements des Jésuites destinés à l'enseignement exemptés du dixième. — Les villes et paroisses invitées à produire les états de leurs octrois, revenus patrimoniaux, communaux et autres, pour servir d'assiette à l'impôt. — Projet d'abonner la ville de Bordeaux, afin d'éviter de troubler le commerce en appliquant le dixième d'industrie. — Ordres donnés aux receveurs des tailles de faire d'abord rentrer le dixième avant les autres impôts ordinaires.

C. 3059. (Portefeuille.) — 123 pièces, papier.

1714-1719. — Correspondance de la Cour et du ministère avec l'intendance de Bordeaux concernant la perception, le rendement, l'augmentation dont le dixième est susceptible, les exemptions réclamées, et l'énormité des frais de sa perception dans la province.

C. 3060. (Portefeuille.) — 88 pièces, papier.

1737-1743. — Rétablissement du dixième, supprimé en 1736, au taux à cette époque de treize cent quarante mille livres ; le contrôleur général estime qu'on en pourrait tirer dix-huit cent mille ; néanmoins il ne le fixe qu'à quinze cent cinquante. — Tentative d'obtenir enfin des déclarations vraies de la part des propriétaires sur la valeur de leurs biens, par l'augmentation d'un quart en sus de l'imposition de 1736, devant donner lieu à des demandes universelles de réduction, qui ne seraient accordées que sur le vû des états de biens dûment certifiés. — État de comparaison des articles des maisons de la ville de Bordeaux en 1736 et en 1742. — État de comparaison, pour ces mêmes années, des cotes du dixième payé par les officiers du parlement. — Exemption du dixième d'industrie réclamée par les négociants anglais et hollandais ; rejet de la requête de la chambre de commerce de Bordeaux tendant à faire décharger de l'impôt les armateurs, banquiers et commissionnaires.

C. 3061. (Portefeuille.) — 127 pièces, papier.

1742-1749. — Etats des non-valeurs, décharges et modérations du dixième sur les biens fonds de la noblesse de Bordeaux et de Libourne, et sur les maisons de la ville de Bordeaux.

C. 3062. (Portefeuille.) — 10 pièces, papier.

1708. — Impositions particulières. — Répartition sur la province d'une somme de vingt mille livres pour le remboursement d'offices, créés en 1705, d'inspecteurs des matériaux destinés à la construction.

C. 3063. (Portefeuille.) — 72 pièces, papier; 3 parchemins.

1721-1730. — Impositions particulières. — Règlement sur l'imposition pour logement des officiers d'artillerie, ingénieurs et commissaires des guerres; mémoire sur la question : MM. de Tarneau, de Montviel, Roberie, inspecteurs généraux, et prévôt général de la maréchaussée; Toureau, de Tigné, directeurs des fortifications de la Guienne de Bayonne à Bordeaux, et de l'Aunis et Saintonge, avec Blaye et le fort Médoc; de Bitry, la Rondais, Barbier, Vilard, ingénieurs. — Imposition pour les droits d'usage dus par les communautés laïques à cause des biens qu'elles possèdent à titre d'usufruit, renouvelée; les deux sols pour livre en dépendant attribués à l'ordre militaire de Saint-Louis pour vingt-deux années, à reprendre en arrière depuis 1702.— Abonnement de la Généralité pour le rachat des droits établis en 1710 sur les huiles fabriquées dans le royaume; déclarations de moulins et pressoirs; exercice de la régie.

C. 3064. (Portefeuille.) — 41 pièces, papier; 6 parchemins.

1730-1731. — Impositions particulières et projets de département. — Suppression de l'indemnité de logement du prévôt général de la maréchaussée; imposition pour le logement des autres officiers et ingénieurs. — Création, en 1724, de trois deniers pour livre, en sus de la taille, en faveur des hôpitaux, formant trente-sept mille six cent soixante et une livres, la taille étant de deux millions huit cent soixante dix mille. — Fourrages et milices; états et départements.

C. 3065. (Portefeuille.) — 56 pièces, papier; 2 parchemins.

1734-1735. — Logements militaires. — Hôpitaux. — Ustensiles. — Pépinières: entretien des sept pépinières royales créées dans la Généralité.

C. 3066. (Portefeuille.) — 38 pièces, papier; 2 parchemins

1736-1737. — Entretien des pépinières. — Hôpitaux. — Fourrages. — Logements militaires : Leroy de Paulin, ingénieur en second à Blaye, sous les ordres de MM. de la Mothe Tibergeau, et Desmeurgez.

C. 3067. (Portefeuille.) — 17 pièces, papier; 2 parchemins.

1738-1739. — Logements militaires. — Hôpitaux. — Fourrages et milice; états et départements.

C. 3068. (Portefeuille.) — 20 pièces, papier.

1748. — Assiette de département. — Projet de répartition du moins-imposé pour 1748, à cause de grêles, inondation et autres accidents.

C. 3069. (Portefeuille.) — 19 pièces, papier.

1748-1750. — Répartition sur la Généralité de la somme de cent quatre-vingt mille livres, ordonnée être imposée par arrêt du conseil du 8 octobre 1748, à-compte des deux tiers de la somme à laquelle se trouvera monter la perte survenue sur les grains d'approvisionnement achetés depuis le mois de septembre 1747 pour la subsistance de la Généralité par les négociants commissionnaires préposés à cet effet sous l'autorité du conseil.

C. 3070. (Portefeuille.) — 107 pièces, papier

1744-1748. — Impositions pour les frais de milice. — Requêtes des syndics, et procès-verbaux des effets de caserne, ainsi que de la dépense faite à l'occasion du logement des conscrits; états et comptes.

C. 3071. (Portefeuille.) — 105 pièces, papier.

1748-1749. — Demandes en décharges et modération sur les impositions de la province.

C. 3072. (Portefeuille.) — 93 pièces, papier.

1749-1750. — Requêtes de collecteurs contre des contribuables pour impositions dont ils avaient fait l'avance, et demandes de réimposition.

C. 3073. (Portefeuille.) — 100 pièces, papier.

1752. — Etats de toutes les impositions particulières faites sur les juridictions des pays de taille réelle, qui ont été vérifiées dans les élections au bas de chaque rôle, autres que les impositions générales, et celles qui sont comprises dans les mandements ordonnés par le conseil (taille, fourrages, quartier, et maîtres de postes.) — Formation du budget des paroisses : loyer de la maison commune, entretien. — Traitement du secrétaire, de 25 à 150 livres selon l'importance des paroisses.— Frais municipaux, variables : dans les villes, de 500 à 100 livres, dans les paroisses rurales, de 20 à 50. — Loyer du presbytère, gages de régents et régentes, 150 et 100 livres; entretien de la maison d'école, achat de mobilier scolaire. — Entretien de l'horloge, 12 livres, salaire de l'horloger, 15 livres. — Faction des rôles d'imposition communale, papier des rôles, droit de sceau et de quittance, droit de conservation au greffe généralement attribués au secrétaire. — Frais de perception des impositions, indemnité au collecteur municipal, demi-sol pour livre accordé aux collecteurs. — Honoraires du médecin, gages des consuls, habillements des valets de ville. — Dépenses extraordinaires. Ressemblance des budgets de 1752 avec les budgets actuels.

C. 3074. (Portefeuille.) — 119 pièces, papier.

1752. — Etats des budgets de paroisses de l'élection de Condom, adressés à l'intendant par les officiers de l'élection.

C. 3075. (Portefeuille.) — 127 pièces, papier.

1752. — Budgets de paroisses de l'élection de Condom adressés à l'intendant par les élus. — Droit de sceau des rôles. — Droit de quittance. — Emprunt pour les presbytères. — Honoraires du médecin. — Frais municipaux. — Six deniers pour livre (2 centimes par franc) des collecteurs. — Indemnité au collecteur principal. — Secrétaire de la communauté. — Régent. — Imposition d'office par l'intendant, en cas de refus de vote ou d'insuffisance de fonds votés.

C. 3076. (Portefeuille.) — 97 pièces, papier.

1747-1750. — Impositions particulières. — Réunion de paroisses pour entretenir un curé et un presbytère : plusieurs paroisses dépendantes d'une cure doivent contribuer au logement du curé, au prorata des fonds situés dans chacune. — Régents et médecins. — États des régents et régentes, prédicateurs et autres, pour les honoraires desquels il se fait des impositions chaque année avec la taille des paroisses. — Le château de Puch de Gontaut, au marquis de Jaucourt, servant de presbytère depuis quatre-vingts ans, quoique en ruines. — Réparation à l'église de Marcellus, (Lot-et-Garonne.) — Le régent de Saint-Macaire. — Nomination du médecin de la ville de Bazas, lettres de l'évêque et du subdélégué. — Le régent de Puymirol. — Paroisses de la subdélégation de Libourne, affaires de loyer, achat et entretien de presbytère.

C. 3077. (Portefeuille.) — 90 pièces, papier.

1750-1753. — Impositions particulières. — Délibérations de paroisses. — Le sieur Fonguillère d'Alquié, médecin à Monflanquin, regardé comme un des maîtres de la médecine. — Requêtes de régents, en augmentation d'honoraires, au moins jusqu'à la somme de cent cinquante livres, fixée par les ordonnances. — Requête en faveur de la paroisse de Soumenssac (Lot-et-Garonne), par M. de Chilland, seigneur, dans laquelle, à l'occasion de vexations commises envers le régent par les syndics et les collecteurs, il rappelle la profonde misère qui s'approche pour le pays par le manque des deux tiers de la récolte en grains, l'émigration en masse de Français allant chercher fortune ailleurs; « c'est, il est vrai, la plus vile portion de l'État, mais ce sont des hommes qui peut-être formeront là des héros contre nous; » l'élévation sans mesure des impôts, spécialement du vingtième qui ne devait être que la moitié de l'ancien dixième supprimé, et qui a cependant été grossi au-delà du dixième; l'abandon de la culture, et surtout la mauvaise levée des impositions. — État des paroisses de l'élection d'Agen, auxquelles il manque des presbytères.

SÉRIE C. — INTENDANCE DE BORDEAUX. — IMPOSITIONS. 473

C. 3078. (Portefeuille.) — 105 pièces, papier.

1751-1755. — États des paroisses où il doit être ordonné des impositions pour honoraires de médecins, gages de régents et régentes, et supplément aux frais municipaux. — Requêtes en rappel d'indemnité de logement par les curés. — Loyers, achats, entretien de presbytères.

C. 3079. (Portefeuille.) — 120 pièces, papier.

1751-1754. — Requêtes des paroisses de la Généralité, en autorisation d'imposition particulière : — Faux (Dordogne), pour amortissement de l'achat d'un terrain destiné à bâtir le presbytère ; — Le Change et Blis (Dordogne), pour frais d'un procès de taille ; — Saint-Aignie ; — Le Monteil ; — La Cenne, pour plaider contre son curé sur le taux contesté de la dîme, etc.

C. 3080. (Portefeuille.) — 110 pièces, papier.

1754-1757. — Requêtes des syndics collecteurs, en erreur de cote, et reprise d'avances. — La ville de Bazas, en rejet sur la banlieue de partie des dépenses faites pour le pavé des chemins publics. — La ville de Casteljaloux d'Albret, en établissement d'une imposition nécessaire, vu le déficit du revenu du souchet, ou vente du vin au détail, au remboursement des avances faites par les citoyens, à la Marche du service municipal, et au payement de la rente due à M. de Bouillon. — Paroisses et communautés imposées pour remboursement de leur dettes.

C. 3081. (Portefeuille.) — 103 pièces, papier.

1744. — Tableaux dressés sur l'ordre de M. de Tourny, des sommes à imposer dans la Généralité pour le loyer des maisons presbytérales, — des paroisses sans presbytères, — des régents et régentes pour lesquels il se fait annuellement des impositions dans les paroisses, vu l'insuffisance des fonds municipaux ordinaires. — Délibérations des bourgs et paroisses, etc.

C. 3082. (Portefeuille.) — 101 pièces, papier ; 1 parchemin.

1745-1749. — États des sommes à imposer avec la taille de l'année dans les paroisses de chaque élection, tant
GIRONDE. — SÉRIE C.

pour loyer de maisons presbytérales que pour gages des régents.

C. 3083. (Carton.) — 70 pièces, papier ; 11 parchemins.

1760-1787. — Rôles d'imposition pour la réparation du presbytère de Mérignas et de celui de Saint-Sulpice de Faleyrens, réparation de l'église de la Veyrie, juridiction de Rauzan (Gironde), etc. — Correspondance du ministère avec les intendants concernant les impositions : — des milices gardes-côtes, — des troupes hors du territoire, — des casernes en construction à Libourne, Bergerac et Sainte Foy ; — l'état des récoltes et les diminutions sur la taille accordées par le Roi.

C. 3084. (Portefeuille.) — 42 pièces, papier.

1761-1763. — Rôles d'impositions diverses : ustensile, fourrages, logements, casernes, gardes-côtes, maîtres de poste, réparties entre les élections de la Généralité.

C. 3085. (Portefeuille.) — 103 pièces, papier.

1757-1759. — Requêtes en impositions de la part des paroisses, en réimposition de la part des particuliers pour avances faites aux municipalités : transport de fusils de la subdélégation de Sarlat jusqu'au Château-Trompette, lors du désarmement de la province ; réparation de la fontaine du Griffon, à Nérac ; réédification de l'hôtel de ville, et frais d'établissement des Frères des Écoles Chrétiennes à Bazas ; remboursement aux religieuses de Mezin d'un prêt contracté pour défendre à une instance ; frais de procès-verbal et d'estimation du dommage causé par la gelée dans la banlieue de Libourne, paluds de Condat, et de Claupalu, avec les noms de tous les propriétaires des paluds et des graves ; réimposition sur la paroisse de Busseroles, subdélégation de Nontron, de la cote indûment perçue sur P. Blanchard, seigneur de Puymartin, chargé, sous le nom du sieur de Reix des Rivières, de la fourniture de boulets ronds en fer pour la marine, au port de Rochefort, etc.

C. 3086. (Portefeuille.) — 100 pièces, papier.

1759. — Requêtes des paroisses en autorisation de s'imposer pour diverses causes. — Arpentement de la juridiction de Buzet ; réparation du presbytère de Condom ; loyer de celui de Nérac ; — dépenses du séjour de trois

60

compagnies des dragons de la Reine dans la banlieue de Bordeaux, et les paroisses du Médoc: Eysines, Le Bouscat, Bruges, Taillan, Blanquefort et Margaux. — Requête des fermiers de la sirie de Lesparre en modération de leur taux.

C. 3087. (Portefeuille.) — 100 pièces, papier.

1759-1760. — Requêtes en imposition ou réimposition; — frais d'un procès contre le prieur de Belin, à soutenir par la paroisse de Salles sur la quotité de la dîme des agneaux; — frais de réparation d'armes des compagnies de communes; logement des troupes en Médoc, petits frais, fascines et réortes transportées, pour les redoutes de By, et de Goulée à Bégadan (Gironde); transport de fascines et réortes à Portets, et en terre gasque; — refonte de la cloche de Morizès.

C. 3088. (Portefeuille.) — 83 pièces, papier.

1760-1764. — Réimpositions demandées pour avances des syndics; — Montignac (Dordogne), réparation de la grande rue; — Berson, en Blayais (Gironde), copie du rôle de la taille en 1761, à l'occasion d'une réclamation de cote; — Barsac, surtaux de taille sur le moulin du Pont, appartenant aux Chartreux; — Castillon-sur-Dordogne, dépense faite par la municipalité du mobilier d'une école de garçons et du transport des meubles privés de l'instituteur appelé par la paroisse; l'intendant autorise, vu le mérite de l'instituteur.

C. 3089. (Portefeuille.) — 18 pièces, papier.

1764. — État et département sur les élections, des impositions des casernes, fourrage et logements militaires.

C. 3090. (Portefeuille.) — 122 pièces, papier; 1 parchemin.

1765-1769. — Imposition de dix-huit livres sur une paroisse de l'élection de Condom, pour acquitter, après dix ans de service à l'armée, la moitié de la somme de trente-six livres moyennant laquelle un remplaçant s'était vendu à deux paroisses, en qualité de milicien.—Imposition de cinq cents livres pour la reconstruction de l'église de l'hôpital de Bazas;—reconstruction de la porte Taillade et rétablissement d'un nouveau champ de foire, — frais d'un nouvel arpentement, et de la refonte de la matrice cadastrale, à Astaffort; — imposition pour l'érection d'une croix de mission à Saint-Vincent de Clairac, votée par les habitants, quoique, dit la requête, les trois quarts de la population soient religionnaires. — Demande de la ville de Castillon d'être autorisée à créer une imposition annuelle de trois cents livres pour tenir lieu des revenus qui manquent; — demande de la paroisse de Fronsac d'une imposition destinée à couvrir les dépenses à faire dans la charge de syndic; refusée par l'intendant. — Fournitures des lits militaires, propositions d'abonnement, etc.

C. 3091. (Portefeuille.) — 119 pièces, papier.

1766-1770. — Impositions particulières. — Complément d'imposition pour le fourrage des troupes; — indemnité à payer par une paroisse pour le prix d'une bête de trait, morte dans le transport des équipages militaires, et sa valeur remboursée au propriétaire; — arpentement de la juridiction de Sommenssac; levée du plan préparatoire de l'établissement d'un port à Clairac; arpentement de la seigneurie de Dominipech;— réparation d'une fontaine à Négronde (Dordogne), la seule qui donne de l'eau aux habitants. — Imposition pour acheter un presbytère à Caudesaigues, etc.

C. 3092. (Portefeuille.) — 103 pièces, papier.

1757-1767. — État de répartition de la somme de deux cent cinquante mille livres accordée par le Roi en diminution de la taille de 1757. — Brevet de la taille de 1764 comparée à celle de 1761, et état général de comparaison des impositions; capitation des corps d'états de la ville de Bordeaux; rôles du premier et du second vingtième; capitation générale. —État de toutes les impositions, générales ou particulières, établies sur l'année 1765. — Budget de la province, répartition sous vingt-cinq chapitres spéciaux: total sept millions cinq cent soixante mille livres.

C. 3093. (Portefeuille.) — 114 pièces, papier.

1767-1770. — Impositions de 1767, sept millions cinq cent soixante mille livres, et de 1769, huit millions deux cent quarante mille; la capitation est des deux tiers de la taille; les vingtièmes l'égalent. — Impositions particulières: état des sommes imposées pour la réparation des presbytères dans la Généralité.

C. 3094. (Portefeuille.) — 115 pièces, papier.

1771. — Impositions particulières des élections d'Agen et de Condom. — Réimposition sur la paroisse de Puymian d'une somme perdue par le messager de la taille, dont le cheval s'étant noyé au passage d'Aiguillon, et le sauvetage de trente et une mille livres opéré, neuf cents livres cependant demeurèrent au fond de la rivière; — Impositions: pour la réparation du pont de Castelsagrat, limitrophe à la juridiction de La Lande (Tarn-et-Garonne); les dépenses du devis ordonnées être prises sur les gages des officiers municipaux, « l'intention du Roi étant en effet que le ministère de ses officiers soit gratuit, principalement dans les villes qui n'ont que des revenus médiocres; » — pour envoyer à Bordeaux, au cours public et gratuit d'accouchement professé par madame Du Coudray, sage-femme de Paris, pensionnée de Sa Majesté, une femme de la paroisse de Miramont, envoyée par délibération des habitants; — une autre femme de Lusignan; — et deux élèves de Clairac, dont les dépenses et frais de séjour pendant deux mois à Bordeaux ont été avancés par M. Balgueric de Raoul. — État de sommes à imposer pour loyer de presbytères, et pour complément de gages de régents.

C. 3095. (Portefeuille.) — 105 pièces, papier.

1771. — Requêtes en diminution ou remise d'impôts; loyers des presbytères et gages de régents; demandes de taux d'office, vu la pesanteur des rôles dressés par les collecteurs. — État de la subdélégation de Bergerac, composée de cent vingt paroisses: à Bergerac, trois fabriques de faïence, dont on prend la terre à deux lieues; sept moulins à blé, deux à martinets pour battre le cuivre; — rareté croissante du bois de haute futaie; carrières de pierres à bâtir et de grès pour pavés; carrières à meules de Lanquais et de Montbazillac; les habitants « peu soucieux de planter des pommes de terre, ce sont pour eux des nouveautés très-utiles, mais auxquelles ils ne se résoudront point, à moins de très-grands encouragements. » — Requête du comte de Rastignac, en faveur de son peuple de Firbeix, pour lequel il a payé la moitié des impôts et fourni les grains nécessaires à la subsistance. — Mémoire des officiers de l'élection de Périgueux, suppliant eux-mêmes que les impositions soient diminuées, étant devenus intolérables; les gens, sans pain et sans ressources, vendent les bestiaux, mettent les bois de châtaigners en coupe universelle, offrant pour rien aux forges des processions de charretées; en outre, grêles, gelées, épizootie.

C. 3096. (Portefeuille.) — 102 pièces, papier.

1771. — Impositions particulières des élections de Périgueux et de Sarlat. — Réimpositions pour pertes par incendie, grêle et gelée. — Loyers de presbytères. — Requêtes des paroisses demandant une répartition plus juste des impôts, et pour y parvenir, une taxe d'office: plus confiantes en la justice de l'administration qu'à celle de leurs concitoyens collecteurs.

C. 3097. (Portefeuille.) — 119 pièces, papier.

1740-1758. — Requêtes en autorisation de s'imposer, afin d'entretenir un régent, présentées par les paroisses. — Enquête administrative faite par M. de Tourny (1757-1758) sur les écoles de la Généralité: noms, prénoms, notes signalétiques, traitement, de tous les régents et régentes de chaque subdélégation de Périgueux, Nontron, Sainte-Foy, Marmande, Agen, Villeneuve, Montflanquin, Clairac et Nérac. Mémoire sur le rétablissement et le règlement des écoles publiques à Clairac; observations et rapports.

C. 3098. (Portefeuille.) — 84 pièces, papier.

1758-1778. — Impositions locales: tableau des contributions ordinaires à lever sur le pays de Labourt. — Gages des régents; — gages des messagers des paroisses, porteurs de lettres et paquets jusqu'au bureau de poste d'Agen; — frais de dépôt et d'entretien des armes des troupes de la vicomté d'Orthez (Basses-Pyrénées), qui, par ordonnance du ministre, ont été transportées à l'arsenal de Bayonne; — refonte de la cloche de Monget, subdélégation de Saint-Sever; — levée et entretien d'un corps de gardes champêtres volontaires dans la paroisse de Lahontan, élection de Dax, chargés de poursuivre et d'arrêter les voleurs de bestiaux et les dévastateurs des forêts; — dépense, sur le pied de trois sols et demi par journal, d'un nouvel arpentement et cadastre dans quelques paroisses.

C. 3099. (Portefeuille.) — 102 pièces, papier.

1772. — Requêtes en autorisation de s'imposer, par des paroisses de l'élection de Sarlat, pour établir des rôles d'office, rembourser des avances faites, réparer les églises, etc.

C. 3100. (Portefeuille.) — 100 pièces, papier.

1773. — Impositions dans l'élection d'Agen: loyers de presbytères, gages de régents et régentes; frais de procès à un collecteur qui s'était évadé afin de ne pas remplir son office; augmentation du traitement des secrétaires de mairies; élévation de 150 à 200 livres des gages de régents dans quelques paroisses.

C. 3101. (Portefeuille.) — 111 pièces, papier.

1773. — Élection de Périgueux. — Réimpositions pour pertes par incendies; loyers de presbytères, gages de régents; taxes et rôles d'office : le sieur de Maraleix de la Verdalle, ancien lieutenant au régiment de Poitou ; la dame de Beaumont de Lissac, veuve du sieur de Chambon. — Rappel par le contrôleur général des dispositions de l'édit de juillet 1766, ne conservant aux officiers commensaux que l'exemption de la taille personnelle (Moreau de Sénonches, gentilhomme ordinaire du Roi), etc.

C. 3102. (Portefeuille.) — 79 pièces, papier.

1773. — Élection de Bordeaux. — Réimpositions pour reprises des syndics. — Refonte de cloche à Saint-Seurin-sur-l'Isle; — grains demandés, vu la disette, par les paroisses du Médoc et du Blayais.

C. 3103. (Portefeuille.) — 105 pièces, papier.

1774. — Élection d'Agen. — Impositions : — loyer de la maréchaussée ; — arpentement général de la ville d'Agen, et loyer de l'Hôtel-de-Ville et de la prison ; — transaction, avant procès, entre le duc d'Aiguillon et la communauté de Montpezat, pour dépens et arrérages de rentes : — clocher de La Garrigue ; — frais d'élèves sages-femmes envoyées à Bordeaux suivre le cours d'accouchement ; — réparation aux églises de Puymirol et de Roquecor ; — achat du presbytère de Caudesaigues ; — traitement d'augmentation proposé pour le régent de Sainte-Foy : 400 livres fixes, plus rétribution scolaire de 30 sols par élève et par mois jusqu'aux quatre premières règles, et de 3 livres ensuite ; opposition d'une partie de la ville, qui voit là le noyau d'un séminaire protestant, et propose le maintien de l'école telle qu'elle existe, sans changement de méthode ni de titulaire. — Élection de Condom ; — reconstruction en partie de l'église de l'hôpital de Bazas : — fontaine publique de Gazaupouy ; — achat du presbytère de Blazimont, et d'un terrain adjacent ; — requête du sieur curé de Senestis (Lot-et-Garonne), contre le maire et un échevin médecin qui ont appliqué l'indemnité de logement, due au desservant, à augmenter le traitement du médecin de la juridiction, qui est cet échevin lui-même ; — augmentation des gages de la régente de Francescas, sœur Jeanne Lasserre, de l'Hôpital général de Saint-Joseph de Tarbes ; — indemnité à la ville de Monségur, pour les charges extrêmes qu'elle s'est imposées en empruntant pour la subsistance, pendant plusieurs années, des pauvres de sa dépendance.

C. 3104. (Portefeuille.) — 104 pièces, papier.

1774. — Élections de Sarlat et de Périgueux. — Gages des messagers de juridictions, porteurs de lettres ; — traitement des filles de Sainte-Marthe, religieuses directrices de l'école des filles à Eymet ; — prix de l'acquisition, par l'hôpital de Montignac, de maisons et emplacement appartenant aux Clarisses de Sarlat, à payer en neuf annuités ; — payement, par les habitants d'une paroisse, de la cote taillable précédemment due et payée par un propriétaire du pays, mais tombée en non-valeur par l'acquisition qu'avait faite de ce domaine un bourgeois de Bordeaux, exempt par conséquent de taille comme habitant d'une ville franche (Lafargue de Grangeneuve, avocat, contre la paroisse de Saucignac) ; — frais d'instance à la Cour des Aides de Guienne, puis à celle de Paris, et enfin au Parlement de Paris, d'un procès en roture soutenu par la paroisse de Bars (Dordogne) contre une famille du pays ; — réparations à la fontaine de Thiviers — rôles d'office, etc.

C. 3105. (Portefeuille.) — 101 pièces, papier; 1 parchemin.

1774. — Élections de Périgueux et de Bordeaux. — impositions pour l'entretien des postes, maréchaussée, passage de troupes, etc. ; — cloche de Puynormand ; — entretien, dans les paroisses de la Teste, le Teich et Mios, des ponts en bois établis sur la grande et la petite Craste, qui sépare le pays cultivé d'avec les landes, etc.

C. 3106. (Portefeuille.) — 81 pièces, papier.

1774. — Élection de Bordeaux. — Requête des habitants de la paroisse d'Eyzines, en diminution de ses impositions particulières (contribution aux frais d'entretien des troupes dans le Médoc, aux dépenses d'établissement de la poste du Puch Lagubat, et impôt des 8 deniers pour livre); vu l'extrême misère de la population, sans récolte en vins depuis dix ans, par la persistance des gelées, sans pain autre que du blé pourri que refusent les bêtes : procès-verbal signé Desvignes, curé, Bodin de Saint-Laurent, Caudéran, Marceron, Bonet, Arrouch, Lassalie, Ponson, Saint-Cricq, Bert, syndic. — Requête de la ville de **Blaye**, en réduction du rôle de ses impositions, qui de 17,000 livres à l'établissement de la taille tarifée en 1742, est montée, par les impositions particulières, à 24,000. — Supplique « à Paris, à notre Roy de France », des pauvres paysans de Coutras, désespérés par les « hauts tributs » qu'ils payent, et demandant, au nom de Dieu et de tous les saints, que le Roi leur envoie un commissaire départi à la faction du rôle d'office, qui ne connaisse personne dans le pays, afin de leur fixer des taux justes. — mêmes requêtes de plusieurs paroisses.

C. 3107. (Carton.) — 155 pièces, papier; 1 parchemin.

1773-1775. — Impositions particulières. — Réparations des chemins dans la paroisse de Meilhan ; frais d'arpentement de la paroisse de Dunes (Lot-et-Garonne) ; indemnité de séjour à Périgueux, pour assistance au cours d'accouchement du sieur Brachet, envoyé en mission par l'intendant, payée par la paroisse de Marsac (Dordogne) à une élève sage-femme ; contribution à la construction du pont de Ferrières, sur la rivière d'Isle, par les paroisses intéressées à voir établir la communication entre Excideuil et Périgueux ; établissement de ponts et ponceaux, et fixation de la part des paroisses.

C. 3108. (Carton.) — 114 pièces, papier.

1775. — Élections diverses. — Sarlat : impositions pour augmentation de loyer des presbytères dans quelques paroisses ; rôles d'office à établir ; secours pour incendies. — Bordeaux : requête de trente-trois veuves, et seize pauvres habitants de La Teste, en diminution de leurs cotes, vu la mort de leurs maris ou fils perdus à la grande pêche, sur le travail desquels reposait l'impôt, etc. — Condom : frais de loyers des presbytères dans les subdélégations de Bazas et de Sainte-Foy.

C. 3109. (Carton.) — 107 pièces, papier.

1775-1784. — Élections de Condom et d'Agen : — budget de la ville de Bazas (Gironde), formé d'impositions spéciales, en l'absence de tout revenu ; l'hôpital est doté de 100 livres annuellement, et en remplacement du produit des boucheries, dont le profit est pris pour les deniers royaux à raison d'un sol pour livre de viande, on lève une imposition de 1,750 livres. — Incendie de la verrerie Latapy ; secours. — Construction de l'Hôtel-de-Ville de Monflanquin (Lot-et-Garonne), sur l'emplacement de l'hôpital Saint-Jacques. — Nourriture des pauvres de La Parade, lors de la disette de 1772. — Demande de quelques paroisses en augmentation de l'imposition des loyers pour les presbytères, afin de n'avoir pas à en construire de neufs ; — Copie collationnée et authentique, d'après les registres du Conseil d'Etat, des lettres-patentes en date du 28 février 1730, qui désunissent des juridictions de Penne et de Tournon les paroisses désignées par les lettres-patentes de mars 1694, pour former le comté de Puycalvary, sur la tête du comte de Guiscard, et après, du comte de Cadrieu ; ladite désunion, qui doit soustraire ces paroisses à l'énormité des impôts payés par ces juridictions, pour en supporter de moins forts ailleurs, obtenue à l'exemple du sieur Dudon, pour ses terres distraites, en 1725, du taillable de Monflanquin, et des propriétaires de la terre de Saint-Bauzel, distraite pour la même raison du taillable de Roquecor ; forme adoptée, partout où l'on peut, afin de payer des impositions moins élevées. — Rôles de la capitation des paroisses de Saint-Aubin-de-Blaignac, Lugagnac, Postiac et Naujean en 1784.

C. 3110. (Carton.) — 77 pièces, papier

1752-1787. — Rôles d'impositions particulières pour : — réparations aux églises de Pommerol, Coutras, le Fieu, Vérac, Gardegan, Castillon, clochers de Saint-Emilion et de Castillon-sur-Dordogne ; — frais de procès à soutenir par la paroisse de Saint-Laurent-des-Combes-de-Saint-Emilion, contre le chapitre d'Uzeste, décimateur, et par les fermiers de la dîme de Saint-Christophe, contre la dame de Lescours ; loyers de presbytères à Arveyres, Fronsac, Lalande en Puynormand, Saint-Aubin, Saint-Hyppolite, Néac, Parsac, Naujean, etc. (Gironde).

C. 3111. (Portefeuille.) — 102 pièces, papier.

1751. — Élections de Bordeaux et de Sarlat. — Réimpositions demandées par les collecteurs pour avances faites, erreurs de comptes, etc.

C. 3112. (Portefeuille.) — 98 pièces, papier.

1751-1752. — Réimpositions. — Refonte de la cloche de la paroisse de Coulèranche (Dordogne), procès-verbal de descente et de pesage, et adjudication du prix en présence de la paroisse entière. — Confirmation par l'intendant de l'exemption de toute taille accordée par Louis XIV aux métayers du sieur de Saint-Laurent Du Manoir, quoique, le propriétaire ayant depuis quitté le pays, ce soient maintenant des fermiers qui exploitent; rejet de l'opposition formée par la paroisse et les collecteurs. — Refus par les habitants de Nontron, de consentir à une imposition pour augmentation des gages des piétons de la poste aux lettres de Thiviers, préférant payer 2 sols en sus de l'imposition ordinaire, par lettre venant de ce bureau. — Demande par les habitants de Penne (Lot-et-Garonne) d'une imposition de 150 livres à répartir sur la capitation et non sur la taille, afin d'atteindre les propriétaires forains, et destinée à entretenir un régent, dont l'intendant refusait d'imputer le traitement sur le revenu municipal du pesage des prunes, affermé 380 livres, etc.

C. 3113. (Portefeuille.) — 74 pièces, papier.

1752. — Décharges d'imposition pour les moulins de Saint-Méard en Puynormand, déguerpis pendant longues années. — Décharges pour les fermiers d'abbayes. — Modération d'impôt demandée pour ses fermiers par Joseph de Lavergne, écuyer, sieur de Lage en Saint-Vivien de Blayais.

C. 3114. (Carton.) — 124 pièces, papier.

1763-1770. — Décharges sur les vingtièmes : — Labeylie de Lamolie; le chevalier Du Gravier, commandant de Barèges; P. De Lalande de l'Église, écuyer, père de treize enfants; J. de Bayle, lieutenant de Roy à Marmande, etc.

C. 3115. (Carton.) — 123 pièces, papier.

1771-1772. — Décharges de capitation : — comte de Flamarens; Lozière de Thémines; comte de Fumel; De Trenquelléon; comte de Montalembert; marquis de Ladouze; marquis de Solvignac, etc., et nombre d'habitants des campagnes.

C. 3116. (Carton.) — 123 pièces, papier.

1772. — Décharges sur les vingtièmes : — De Grezel; Fontémoing; de Chillaud; de Sérigny; de Claret; comte de Valence; D'Arrbeau; de Soyres; de l'Isleferme, etc.

C. 3117. (Portefeuille.) — 25 pièces, papier.

1759-1789. — Rôles d'imposition générale pour réparation aux presbytères et aux églises de Bruges, Listrac, Madirac, La Libarde, Carignan (Gironde). — Rôles de l'imposition principale, accessoire et capitation, imposée sur les ci-devant privilégiés pour le supplément des six derniers mois de l'année 1789, répartie suivant le tarif ordinaire, et dans la même forme et proportion des impositions des anciens taillables; les privilégiés sont cotés aux deux tiers de la totalité de l'impôt par paroisse.

C. 3118. (Portefeuille.) — 100 pièces, papier.

1696-1781. — Objets divers, impositions particulières, requêtes en augmentation de traitement de la part de fonctionnaires municipaux. — Copie collationnée des provisions de payeur des gages au présidial d'Agen accordée à M⁰ Fr. Bayle. — Cahier des affaires des parties casuelles tenu à l'intendance par subdélégation; mention des offres faites par les demandeurs en achat des offices de notaires et de procureurs; translations d'études, etc., et tableau des différents notaires de la Généralité, tant royaux que seigneuriaux. — Imposition spéciale en vue d'augmenter les traitements des fonctionnaires de la ville de Bordeaux : agent de la ville à Paris, chargé de poursuivre les affaires devant le ministère; ingénieur de la ville, Barreau, architecte de Paris, proposé par l'intendant à l'agrément du ministre, avec l'expression du regret que M⁰ de Tourny ne l'eût pas choisi pour « mieux diriger ses embellissements. » — Trésorier, greffier et notaire de la ville; mémoire du sieur Lavavé, notaire, demandant en sa faveur la création d'un titre héréditaire de garde-minutes des actes notariés de la sénéchaussée, par extension de la garde-note de Bordeaux; procureur syndic, gages et émoluments. Situation de la caisse municipale en 1756.

C. 3119. (Portefeuille.) — 100 pièces, papier.

1782-1785. — Parties casuelles. — Demandes en autorisation d'acquérir ou de vendre pour les hôpitaux de

Marmande, Périgueux, Montignac, les Franciscains de Tonneins, les Carmes de Bordeaux, les Catherinettes, les religieux de la Charité de Cadillac, etc. ; le bureau de charité de Bergerac, en acceptation du legs de la dame de la Poujade ; les paroisses dépendant de l'abbaye de Faïze (Gironde), en acceptation d'une fondation annuelle de douze cents livres proposée par l'abbé de Monbaien pour l'établissement de deux sœurs de charité et le soulagement des pauvres.

C. 3120. (Portefeuille.) — 100 pièces, papier.

1785-1787. — Demandes en autorisation d'acquérir pour les Grandes Carmélites de Bordeaux, à la porte Dijeaux ; les Grands Carmes, à Cenon ; les Chartreux, à l'embouchure du Ciron, à l'emplacement de leur moulin ; le séminaire de Mussidan, autour de l'établissement ecclésiastique, etc. — Brigades de la maréchaussée, lieutenance d'Agen, compagnie de Guienne : état des noms des villes et villages, avec la distance du chef-lieu, les chemins bons ou mauvais, les rivières, les foires et marchés, qui composent les districts de brigades. — Correspondance de l'intendant avec le ministre et les maires et jurats de Bordeaux, concernant la vérification du compte municipal de la caisse des 8 sols pour livre appartenant au Roi, perçus en vertu de l'édit d'août 1781, en sus des droits réservés, dont le produit excédant la somme de quarante mille livres pour laquelle la ville est abonnée en payement perpétuel du don gratuit, est abandonné par la volonté du Roi à la ville, afin de pourvoir à différents services en cours d'institution, entr'autres l'École d'architecture navale, dont le premier titulaire est l'abbé Blanc, membre de l'académie de sculpture et beaux-arts de Bordeaux ; cette école, dans le projet des jurats, devant être gratuite. (Mention des cours publics de mathématiques professés pendant quelque temps par l'abbé Dupont de Jumeaux.) — Demande de l'intendant au ministre, qu'il contribue sur les fonds d'économats, ou sur tel autre qu'on trouvera, aux réparations urgentes à faire à la cathédrale de Bordeaux, dont un incendie, arrivé le 25 août 1787, a détruit la couverture du chœur et endommagé l'édifice : procès-verbal détaillé des réparations à faire, dressé par les ingénieurs Bonfin et Lhoste.

C. 3121. (Portefeuille.) — 125 pièces, papier.

1787-1789. — Mémoire non signé, qui paraît être du curé de la paroisse de Puy-Paulin, de Bordeaux, présenté au ministre sur les différents projets de travaux publics auxquels donne lieu celui de la construction des casernes en remplacement du château Trompette, dont la démolition est ordonnée pour l'embellissement de la ville et du port ; construction d'une église aux Chartrons (Saint-Louis) pour laquelle le Roi assigne trois cent mille livres sur le produit à venir de la démolition de la citadelle ; absorption de l'église actuelle de Notre-Dame de Puy-Paulin par les bâtiments de l'intendance qu'il est de toute nécessité d'agrandir ; établissement des casernes au petit séminaire Saint-Raphaël, qui serait transporté au couvent des Jacobins de Notre-Dame-du-chapelet, et ceux-ci sécularisés en chapitre, laissant leur église à la nouvelle paroisse de Puy-Paulin (objet essentiel du mémoire), et transférés dans la chapelle projetée aux Chartons sous le vocable de Saint-Louis, qui deviendrait entre leurs mains une paroisse. — Rôles de supplément d'imposition à payer par les anciens privilégiés et exempts pour les six derniers mois de 1789. — Frais de route et taxe des journées passées au chef-lieu par les mandataires des paroisses chargés d'apporter les cahiers de doléances et d'élire les députés des sénéchaussées, visés par l'intendant et rejetés en réimposition sur les paroisses. — Demande de création d'un office de lieutenant général de police à Bordeaux, qui aurait à sa nomination plusieurs charges de procureur, greffier, huissiers et inspecteurs de police, par le sieur Bernier, avocat au parlement, se portant premier titulaire et acquéreur au prix qui serait fixé.

C. 3122. (Portefeuille.) — 20 pièces, papier.

1755. — Impositions et projets de département et de répartition par élection des frais de milice, fourrage, postes et impositions spéciales.

C. 3123. (Portefeuille.) — 122 pièces, papier.

1757. — Impositions, et réparations des impositions spéciales, élection par élection.

C. 3124. (Portefeuille.) — 49 pièces, papier.

1760-1762. — Impositions particulières : état des frais de transport des équipages des troupes par les charriots, chevaux et bestiaux de l'élection de Sarlat. — Réparations d'églises. — Rôles et requêtes en moins imposé pour cause de grêle, inondation ou autre cas de force majeure.

C. 3125. (Portefeuille.) — 29 pièces, papier ; 2 parchemins.

1733. — Impositions particulières. — Fourrages. — Hôpitaux. — Logements d'officiers : refus concerté des ingénieurs de la province de subir sur leur traitement une réduction d'un trimestre. — Pépinières royales, établissement et entretien.

C. 3126. (Carton.) — 100 pièces, papier.

1774. — Requêtes en décharge ou réduction : — Le sieur d'Albert de Laval, dans la juridiction de Monflanquin, demandant la mise en liberté des collecteurs et du séquestre emprisonnés faute par lui d'avoir acquitté ses contributions ; — le fermier du bateau-poste de Tonneins, appartenant au duc de Lavauguyon, réclamant l'exemption de la capitation de fermier de domaine rural, et le privilége d'employé à un service public ; — les sieurs marquis de La Châtaigneraie, comtes de Poléon et de La Roque, comtesse d'Aydie, etc.

C. 3127. (Carton.) — 101 pièces, papier.

1774. — Décharges de capitation : — Guiscard de Fumel, de Gaulyac, de Chalon, de Saint-Simon, de Caumont, de Piis, de Clermont, de Marin, etc...

C. 3128. (Carton.) — 89 pièces, papier.

1774. — Les officiers d'un présidial ne doivent pas demander à l'intendant des remises en corps, mais individuellement pour chacun. — Les maîtres en chirurgie de Bordeaux, obérés depuis qu'ils ont supprimé les boutiques dans lesquelles ils rasaient et frisaient, et établi à leurs frais des écoles publiques de leur art. — Les comtes de Flamarens et de Valence, demandeurs en décharge de capitation. — Le comte de Peléon, même requête par lettre à l'intendant dans laquelle il fait mention des mouvements de Paris : « Je me souviens que, dans ma jeunesse, nous jouions au petit jeu qu'on appelle *remue-ménage* ; on prend la place l'un de l'autre ; un reste toujours le c... par terre : n'est-ce point aujourd'hui le *chancelier*? 15 décembre 1774. »

C. 3129. (Portefeuille.) — 13 pièces, papier.

1745. — Impositions ordinaires et extraordinaires. — Assiette et département.

C. 3130. (Portefeuille.) — 106 pièces, papier.

1747. — Impositions générales et particulières. — Assiette et département.

C. 3131. (Portefeuille.) — 80 pièces, papier.

1749. — États de répartition des impositions.

C. 3132. (Portefeuille.) — 116 pièces, papier.

1773. — Impositions particulières. — Élection de Bordeaux. — Loyers de presbytères. — La paroisse de Langoiran, accablée du poids de ses impositions, d'autant plus lourdes que les 14/16ᵉˢ des fonds y sont possédés par des privilégiés ou par des bourgeois de Bordeaux, exempts de taille en cette qualité. — La paroisse de Cénac dénonçant le mauvais établissement de son rôle entièrement rejeté sur les pauvres. — Les paysans de Labarde en Médoc exposant leur profonde misère par la cherté des grains, le bas prix des journées (10 ou 12 sols, et 5 sols pour les femmes), les maladies occasionnées par le voisinage des marais dont le curé demande l'assainissement aux frais de l'état : tous leurs fonds vendus à des bourgeois de Bordeaux pour acheter du pain et des grains lors de la guerre. — Réimposition sur l'élection des sommes nécessaires à la construction des ponts *en bois* sur la Craste, ou rivière séparant le pays cultivé d'avec les landes, aux points de passage pour aller à Bordeaux qui sont la Teste, Guyan, le Teich, et Mios. — Frais de la croix en pierre érigée par la paroisse de Castillon dans le cimetière, etc.

www.ingramcontent.com/pod-product-compliance
Lightning Source LLC
Chambersburg PA
CBHW050605230426
43670CB00009B/1271